面向现代化的中国区域科学

REGIONAL SCIENCE IN CHINA
FOR MODERNIZATION

杨开忠　李国平　等/著

经济管理出版社
ECONOMY & MANAGEMENT PUBLISHING HOUSE

图书在版编目（CIP）数据

面向现代化的中国区域科学/杨开忠等著 . —北京：经济管理出版社，2021. 10
ISBN 978 - 7 - 5096 - 7873 - 2

Ⅰ . ①面… Ⅱ . ①杨… Ⅲ . ①区域发展—研究—中国 Ⅳ . ①F127

中国版本图书馆 CIP 数据核字（2021）第 201598 号

组稿编辑：申桂萍
责任编辑：梁植睿 王 洋 钱雨荷 赵天宇 白 毅 谢 妙
责任印制：黄章平
责任校对：董杉珊 王淑卿

出版发行：经济管理出版社
　　　　　（北京市海淀区北蜂窝 8 号中雅大厦 A 座 11 层　100038）
网　　址：www. E - mp. com. cn
电　　话：（010）51915602
印　　刷：唐山昊达印刷有限公司
经　　销：新华书店
开　　本：880mm×1230mm/16
印　　张：50. 75
字　　数：1359 千字
版　　次：2021 年 11 月第 1 版　2021 年 11 月第 1 次印刷
书　　号：ISBN 978 - 7 - 5096 - 7873 - 2
定　　价：268. 00 元

编 委

排名不分先后，以姓氏拼音为序

安虎森、安　实、安树伟、白永亮、白永秀、曹建华、曹贤忠、陈光炬、陈红霞、陈兴鹏、成金华、崔　丹、戴柳燕、邓宏兵、董亚宁、傅十和、甘天琦、高志刚、耿庆汇、顾　芸、郭爱君、郭建科、郭　琪、韩增林、郝　庆、郝寿义、何　昊、和瑞芳、贺灿飞、洪名勇、洪水峰、胡静锋、胡述聚、胡志强、黄健英、黄　珂、黄征学、黄志基、纪晓岚、贾若祥、江曼琦、姜　玲、蒋晶晶、李爱民、李　波、李国平、李江苏、李金滟、李兰冰、李　民、李天健、李　雯、李秀敏、李雨停、李沅曦、栗向阳、梁　琦、梁双陆、刘　彬、刘秉镰、刘广珠、刘霄泉、刘修岩、卢明华、陆　军、骆　玲、吕　斌、吕　爽、马　波、马　涛、毛艳华、苗长虹、宁　启、潘泽瀚、荣健欣、邵旭阳、沈　静、沈体雁、石敏俊、苏　悦、孙才志、孙东琪、孙久文、孙铁山、孙一先、孙以栋、谭善勇、滕堂伟、田艳平、童玉芬、汪　磊、王　波、王桂新、王金营、王　磊、王颂吉、王　腾、王晓岭、王泽宇、王芝清、魏后凯、魏　冶、温锋华、文余源、吴爱芝、吴传清、吴殿廷、吴　磊、吴振明、伍国勇、席强敏、项英辉、肖金成、信超辉、修春亮、徐元朔、许立勇、薛　领、杨宏山、杨　菁、杨开忠、易　明、殷　华、喻忠磊、原　嫄、曾道智、曾　刚、张佰发、张本效、张　波、张　纯、张　晗、张建清、张可云、张　丽、张满银、张蔚文、张祥建、张学良、张　艳、张耀军、张　震、张卓颖、赵建吉、赵丽平、赵儒煜、赵晓雷、赵作权、赵　玥、郑　丹、郑长德、仲　妮、周从从、周国华、周　江、周　密、周绍斌、周晓峰、周玉龙、朱希伟、邹永华

序

区域科学产生于 20 世纪 40 年代末，它的定义多样化。区域科学之父沃尔特·艾萨德（Walter Isard）在《区域科学导论》一书中就给出了 13 种不同的定义。事实上，每一个区域科学工作者都可以在深入研究后给出自己关于区域科学的定义。尽管如此，区域科学的基本特征是明确的，这就是：①空间性。区域科学纳入地理空间因素，目的在于确定和揭示与效率、平等、可持续、社会福利等相关的空间组织基本规律，是空间规划、管理艺术与空间系统科学相结合的社会科学。②区域性。空间分异成为有意义的不同区域而组成区域系统，区域科学研究作为具有能动性机体的、有意义的区域或区域系统。③综合性。区域科学对影响一个具有意义的区域或区域系统发展的政治、经济、社会、文化、心理和生态环境诸因素作综合分析，是融经济学、地理学、政治学、社会学、生态环境科学、心理学、公共管理、公共政策和规划等多学科理论和方法的跨学科"耕耘"的"沃土"。④实践性。区域科学具有三个目标，即用空间坐标重构经济和社会理论，发展一套区域定量分析的工具以及分析区域政策与规划。因此，相对于不含空间维度的一般经济学和社会科学而言，区域科学具有相对突出的实践性，是公共规划和公共政策的理论基础。

中国历史悠久，幅员辽阔，空间分异显著，区域呈现多样性。经济和社会活动的空间组织和区域发展始终是我国经济和社会发展面临的重大理论和实践问题。改革开放以前，为适应经济和社会建设，特别是其中的"156"个项目选址、"三线建设"的需要，我国汲取苏联生产（力）布局理论的经验教训，逐步建立了基于社会主义计划经济的生产（力）布局理论。改革开放以来，面对回答和解决社会主义市场经济条件下空间组织和区域发展的重大问题，基于社会主义计划经济的传统生产（力）布局理论逐渐失灵，迫切需要形成以社会主义市场经济为基础的新空间组织和区域发展理论。在这种背景下，我国学术界开始借鉴西方区域科学理论和方法，探索适合社会主义市场经济需要的新空间组织和区域发展理论，于是区域科学在中国应运而生并发展。其中，具有重要开创性意义的标志性事件有以下三个。

一是沃尔特·艾萨德的著作 *Introduction to Regional Science* 的中译版[①]出版。1975 年，沃尔特·艾萨德概括总结了区域科学三十年的发展成果，完成了代表性、权威性、基础性区域科学著作——*Introduction to Regional Science* 并由 Prentice-Hall Inc. 出版，该书全面介绍了区域科学的基本理论和分析方法，并提供了若干成功的分析实例，是理论和实践工作者全面理解和把握区域科学理论和方法的权威参考书，中译版的出版无疑对区域科学在中国的兴起和发展具有十分重要的理论和实践价值。因此，作为地理学者，20 世纪 70 年代末，我们在北京师范大学读研期间，就在邬翊光先生等的指导下，着手介绍和翻译这本著作，并在高等教育出版社的支持下

[①] 沃尔特·艾萨德. 区域科学导论［M］. 陈宗兴，尹怀庭，陈为民，译. 陆卓明，校订. 北京：高等教育出版社，1991.

于1991年初出版。这是我国出版的第一部命名区域科学的著作，对区域科学在我国的传播发挥了开创性作用。

二是1988年杨开忠在孙尚清先生的指导下完成中国第一篇区域科学和空间经济学的经济学博士论文——《国民经济区域结构理论与应用》[①]。以此为基础，次年杨开忠完成了《中国区域发展研究》[②]一书。这项工作首次对中华人民共和国成立以来的国民经济区域结构和区域发展进行了系统的理论研究，对本土化区域科学研究具有开创性意义，作为第五届中国经济理论创新奖当选成果"中国经济结构调整理论"的重要方面，丰富和发展了中国经济结构调整理论。2012年，我和厉以宁先生应邀出席在清华大学举办的第五届中国经济理论创新奖（2012）颁奖典礼并向获奖者颁奖，见证了中国区域科学研究成果受到主流经济学界的充分认可并由衷高兴。

三是中国区域科学协会创立。为了团结区域科学相关理论和实践工作者，促进区域科学国际国内学术交流与合作，20世纪80年代末，在马洪、孙尚清、吴树青、陈述彭、李京文、吴传钧、林超、陈传康、陈栋生、陈锡康、崔功豪、高纯德、郭来喜、胡序威、胡兆量、李文彦、刘再兴、陆大道、陆卓明、梁继宗、毛汉英、王恩涌、魏心镇、卢培元、邹翱光、杨吾扬、杨树珍、邹德慈、张超以及沃尔特·艾萨德、马纳斯·恰特吉等国内外一批著名学者的关心和支持下，杨开忠着手筹备、创立全国一级学术团体——中国区域科学协会（The Regional Science Association of China，RSAC），并于1991年10月在北京大学召开成立大会，正式宣布了中国区域科学协会的诞生。

今年是中国共产党成立100周年、辛亥革命110周年，也是踏上全面建设社会主义现代化国家新征程、向第二个百年奋斗目标进军的开局之年。时逢中国区域科学协会创立三十周年，中国区域科学协会组织撰写《面向现代化的中国区域科学》，从不同层面和不同角度回顾过去三十年、展望未来三十年，意义重大。

过去三十年，中国区域科学协会针对国家战略需求和学科发展需要，动员和组织相关专家、学者和学术机构在解决中国现代化理论和实践问题中不断发展中国区域科学，取得了卓越成就。在这些成就中，以下四个方面特别值得肯定。

一是建立健全区域科学学术共同体。中国区域科学协会先后设立了二十多个专业委员会，并指导建立了黑龙江省、四川省、河北省等地方区域科学学会。特别值得一提的是，2018年12月中国区域科学协会作为中国唯一合法的区域科学学术团体正式加入国际区域科学学会，捍卫了一个中国原则，这是我国区域科学学术团体建设的一件大事。

二是系统组织开展国内外区域科学学术交流，形成了中国区域科学协会学术年会、亚洲区域科学会议、"中国区域经济50人论坛"等若干具有重要影响力的学术平台，有力地支撑和引领了中国区域科学学术交流。其中，1993年在北京大学召开的"发展中国家区域科学国际会议"是在我国举行的首次区域科学国际会议，几乎云集了世界上所有的区域科学大师，实现了中国学者与世界区域科学大师的对接，被国际社会誉为推动中国区域科学接轨全球的"种子"会议。

三是推动区域科学教育培训。举办"区域科学国际高级研讨班"，推动"区域经济学"被列为国务院学位委员会《授予博士、硕士学位和培养研究生的学科、专业目录》一级学科"应用经济学"目录之下的二级学科，"城市管理"被列为教育部《普通高等学校本科专业目录》，促进建立了一批相应的教育教学机构，从而培养并形成了世界上最大规模的区域科学教育和人才队伍。应该特别指出的是，1993年至2003年几乎每年在北京大学举办的"区域科学国际高级研

① 马建堂，贺晓东，杨开忠. 经济结构的理论、应用与政策（第三编）[M]. 北京：中国社会科学出版社，1991.
② 杨开忠. 中国区域发展研究 [M]. 北京：海洋出版社，1989.

讨班"，先后邀请了沃尔特·艾萨德（Walter Isard）、威廉姆·阿隆索（William Alonso）、马丁·贝克曼（Martin Beckmann）、藤田昌久（Fujita Masahisa）以及雅克弗朗科斯·蒂斯（Jacgues Francois Thisse）等一批国际著名区域科学家，面向全国讲授包括新经济地理学在内的区域科学理论和方法，其中沃尔特·艾萨德、藤田昌久还分别专程赴西北大学、南开大学作专题讲座，助力我国诞生了一批中国区域科学和新经济地理学人才，对中国区域科学和新经济地理学的发展产生了深远影响。

四是在不断解决中国现代化问题中发展区域科学理论和方法。沿着这条技术路线，中国区域科学工作者，一方面，积极投身于中国城镇化、区域发展、国土空间布局政策研究，提出了优化国土空间布局、推进新型城镇化和区域协调发展、实施国家重大区域战略的建议方案，为宏观决策提供了科学支持；另一方面，围绕区域协调发展、新型城镇化、国土空间布局，翻译、编著了大量区域科学相关著作，与时俱进地开展了大量的中国区域科学理论和实证研究，形成了不少本土化的区域科学理论和方法，并创新性地提出了"新空间经济学"，发展了空间分析技术等。经过三十年的发展，中国区域科学不仅成为一门正式的显学，而且实现了从起跑、追跑、跟跑到并跑的艰难转变，并正在力争从并跑到领跑的新转变，初步形成了中国特色区域科学体系。

未来三十年，是中国全面建设社会主义现代化强国、向第二个百年奋斗目标进军的三十年，向经济和社会发展全面数字化、绿色化、全球化转型，全体人民逐步实现共同富裕，中国逐渐成为世界政治、经济、科学、技术、文化中心。可以预见，随着中华民族伟大复兴，具有普遍意义的中国特色哲学社会科学将迎来前所未有的繁荣。作为一门交叉、综合的社会科学，区域科学无疑应该进一步发挥优势，努力成为我国哲学社会科学的重要突破点和繁荣极。守正笃实，砥砺前行，任重而道远！我由衷祝愿中国区域科学协会进一步凝聚国内外学科力量，为发展和繁荣中国区域科学、促进世界区域科学进步做出新的更大贡献。

陈宗兴

2021 年 7 月 20 日

前　言

　　区域科学是一门以经济学视角融合多学科理论和方法来研究人类活动空间组织规律和区域或区域系统的综合社会科学，是当代社会科学的前沿。在西方，区域科学有关理论虽可追溯到德国经济学家杜能（Thunen J. H. V.）于1826年发表的著作《孤立国》，但其作为一门正式的科学则是20世纪40年代末由美国经济学家沃尔特·艾萨德奠定的。此后，区域科学迅速向世界传播，到20世纪70年代便逐步形成了三级学术团体网络，即国际区域科学协会（RSAI），北美区域科学协会（NARSC）、欧洲区域科学协会（ERSA）和太平洋区域科学会议协会（PRSCO）三个超级区域学术团体，以及分国家、地区甚至语言的区域科学学术团体。

　　中国区域科学的一些思想虽可追溯到20世纪50年代借鉴苏联经验开始探索的社会主义生产力布局学，但与生产力布局学不同的是，它是基于社会主义市场经济，是改革开放以来在回答和解决中国现代化建设重大问题中借鉴西方区域科学逐步发展起来的。1991年中国区域科学协会成立，标志着中国区域科学作为一门正式学科诞生。改革开放以来，我国发展方式经历了20世纪90年代末以前的要素主导型、20世纪90年代末至2012年的规模主导型以及2012年后从规模主导型向创新主导型发展转变的三个阶段。与发展方式转变相适应，中国区域科学已经过面向生产要素主导型、规模主导型以及向创新主导型发展转变之战略需求的三个阶段。

　　在第一个阶段，为适应要素主导型发展的战略需求，我国区域科学在理论上重点引入了杜能农业区位论、韦伯工业区位理论、克里斯塔勒－勒施中心地理论、阿隆索区位竞租理论、李嘉图比较优势理论、赫克歇尔－俄林要素禀赋理论等各种基于先天的空间异质性的区域科学理论，同时引入了平衡发展、不平衡发展、增长极等克鲁格曼所称的各种超发展理论，并发展了基于中国经验的地域分工转型理论、空间一体化理论、点轴开发论等本土化区域发展学说；在分析方法上，重点引入和发展了重力模型、区域投入产出（I/O）、社会会计矩阵（SAM）、可计算一般均衡（CGE）分析等经典的区域定量分析技术，并发展应用GIS等地理信息分析技术；在应用对策研究上，为国家确立沿海地区发展战略、区域经济协调发展方针、《全国国土规划纲要（草案）》、西南和华南部分地区区域规划，以及各种类型的经济园区等区域发展战略、规划和政策提供了科学支撑。

　　在第二个阶段，为适应规模/投资驱动发展的战略需求，我国区域科学理论和方法接轨国际前沿。在理论上，继续基于完全竞争、空间异质性、技术外部性的区域科学理论研究的同时，重点引入和发展了基于后天因素的新经济地理学（New Economic Geography）和新新经济地理学（"New" New Economic Geography）；在方法上，重点引入和发展了空间复杂科学分析方法和空间计量经济学；在应用对策研究上，重点为制定实施西部大开发、振兴东北老工业基地、中部崛起、东部率先发展和以城市群为主体形态的城镇化等战略提供了科学支撑。

进入第三个阶段，为适应从规模主导型向创新主导型发展转变的战略需求，我国区域科学在理论上开始探索新方向，知识经济的空间经济学——新空间经济学成为理论前沿的重要生长点；在方法上，在继续开拓空间复杂科学分析方法和空间计量经济学前沿理论及应用的同时，重点发展了空间（区域）大数据等新一代信息技术分析方法；在应用对策研究上，重点转向为制定实施京津冀协同发展、长江经济带发展、粤港澳大湾区建设、长三角区域一体化发展、黄河流域生态保护和高质量发展等国家重大区域战略、主体功能区战略、新型城镇化和"一带一路"建设提供了科学支撑。

当前，我国已经进入新发展阶段，开启了全面建设社会主义现代化国家的新征程。从发展方式来看，新发展阶段的基本特征是以数字科技和能源科技为代表的创新成为发展的第一驱动力，创新主导发展。可以预见，为适应创新主导型发展的战略需求，我国区域科学发展在理论上和方法上将实现从过去跟踪国际前沿到并跑甚至领跑国际前沿的转变，新空间经济学和新一代信息技术方法将成为支撑；在应用对策研究上，将为优化国土空间布局、推动区域协调发展和新型城镇化建设奠定坚实的科学基础。

今年是中国区域科学协会成立三十周年。在此之际，我们组织撰写本书，力图比较系统、客观、全面地总结中国区域科学的过去三十年，并基于全面建设现代化对区域科学的战略需求和区域科学的学科进展与前沿，试图分析、展望中国区域科学未来三十年的发展愿景。全书共由三篇三十四章和三个附录构成，第一篇为学科篇，第二篇为领域篇，第三篇为经济区篇。

第一篇学科篇由八章构成，试图体现中国区域科学理论和方法的发展。第一章和第二章在对区域科学学科发展脉络梳理的基础上，系统回顾了中国区域科学的发展历程、主要流派以及应用研究，围绕区域科学基础理论发展、区域科学实践，以及区域科学前沿技术与方法，描绘了中国区域科学未来三十年的发展愿景。第三章阐述了作为新经济地理学的空间经济学渊源、建模策略、基本模型、中国空间经济学发展及空间经济学研究的未来方向；第四章就新经济地理学中的本地市场效应、产业集聚以及当前的研究热点和未来展望进行了分析；第五章和第六章分别阐述了区域经济学和城市经济学的学科发展、主要研究脉络与流派、研究热点及其未来展望；第七章和第八章主要围绕区域科学中的空间分析和区域定量方法进行了讨论，内容涉及空间分析历史、近三十年的研究方法进展以及未来展望，专题分析方法与模型以及综合分析方法与模型。

第二篇领域篇由十四章构成，涉及区域科学研究中的经济、社会、生态、文化、区域、城市、乡村、规划、管理等方方面面，包括生态文明研究、区域可持续发展研究、流域经济研究、区域海洋经济研究、城乡统筹发展研究、区域人口与发展研究、区域创新系统研究、民族经济研究、区域文化发展研究、区域旅游研究、国土空间规划研究、区域与城市规划研究、城市管理研究、乡村规划研究等，涉及的主要内容均包括该专题的研究脉络、研究热点以及研究展望。该篇是系统了解中国区域科学各主要专题领域研究进展和区域科学工作者在各专题领域中学术贡献的一个窗口。

第三篇经济区篇由十二章构成，是最能反映中国特色和区域特点的区域科学重大实践、服务社会和贡献决策的部分。一是由东部地区率先发展研究、中部地区崛起研究、西部大开发研究、东北地区振兴研究构成的四章，不仅系统总结梳理了构成我国区域协调发展战略中的四大区域的发展历程、研究脉络和研究热点，还对各区域发展以及研究方向进行了研判；二是分别对京津冀、长江经济带、粤港澳大湾区、长三角、黄河流域、成渝地区等国家重大战略区域的发展历程、发展规划、相关研究进行了系统性梳理、科学性提炼和前瞻性展望；三是围绕区域发展中的对外开放，开展了中国自由贸易试验区港以及"一带一路"的研究，分别就其实践、研究热点以及未来展望进行了全方位的梳理、总结和科学研判。

三个附录分别为中国区域科学协会三十年、中国区域科学协会大事记和中国区域科学协会专业委员会介绍。

本书由杨开忠、李国平牵头组织编委会讨论确定结构框架后，由中国区域科学协会23个专业委员会分别负责组织撰写各自专业领域涉及的章节，执笔者多达130余位。具体分工如下：前言，杨开忠、李国平；第一章，杨开忠、顾芸、孙一先、苏悦；第二章，张学良、李兰冰、傅十和、刘修岩、席强敏；第三章，梁琦、梁双陆；第四章，曾道智、朱希伟；第五章，文余源、王芝清、孙久文；第六章，刘秉镰、李兰冰、周密、郭琪、周玉龙、李天健；第七章，赵作权；第八章，薛领；第九章，成金华、白永亮、邓宏兵、易明、吴磊、洪水峰、李金滟、王腾、黄珂；第十章，许元朔、马涛、王晓岭、蒋晶晶、孙东琪；第十一章，周江、吴振明、邵旭阳、胡静锋；第十二章，孙才志、郭建科、王泽宇；第十三章，李波、赵丽平、甘天琦；第十四章，童玉芬、潘泽瀚、张震、王金营；第十五章，曾刚、曹贤忠；第十六章，郑长德、黄健英；第十七章，周绍斌、陈光矩、孙以栋、许立勇、周晓峰、周从从；第十八章，马波、耿庆汇；第十九章，肖金成、贾若祥、黄征学；第二十章，吕斌、沈体雁、张纯；第二十一章，陆军、杨宏山、谭善勇、项英辉、刘广珠、田艳平、张蔚文、纪晓岚、杨菁、张本效；第二十二章，周国华、刘彬、戴柳燕、张丽；第二十三章，石敏俊、邹永华、仲妮、张卓颖、郭琪、郑丹、郝庆；第二十四章，王磊、栗向阳；第二十五章，汪磊、伍国勇；第二十六章，李雨停、魏冶、修春亮；第二十七章，崔丹、吕爽、李沉曦；第二十八章，苗长虹、胡志强、赵建吉、李江苏、胡述聚、喻忠磊、张佰发、张艳、张晗；第二十九章，李国平、孙铁山、卢明华、刘霄泉、吴爱芝、原嫄；第三十章，曾刚、滕堂伟；第三十一章，毛艳华、荣健欣、信超辉；第三十二章，肖金成、李爱民、和瑞芳；第三十三章，赵晓雷、曹建华、殷华、张祥建；第三十四章，白永秀、王颂吉、何昊、宁启；附录一，姜玲、温锋华、陈红霞、黄志基；附录二，李雯、赵玥，附录三，各专业委员会负责人。除执笔人外，吕爽、杨艺、孙瑀、张洪鸣、徐祯、黄一诺、朱婷也参与了本书的辅助性工作。全书最后由杨开忠、李国平统稿。

令我们特别高兴的是，全国政协第十一届副主席、西北大学原校长、西北农林科技大学原校长陈宗兴先生对撰写本书给予了高度肯定和鼓励，并欣然应许为本书作序。陈宗兴先生长期关心和支持中国区域科学的发展。他1991年主持翻译的沃尔特·艾萨德（Walter Isard）的著作*Introduction to Regional Science*（《区域科学导论》），对区域科学在中国的兴起、发展发挥了重要的开创性作用。在听取中国区域科学协会有关领导工作汇报中，陈宗兴先生指出，区域协调发展已上升为中国共产党领导社会主义事业长期坚持的战略，中国区域科学为区域协调发展理论和实践做出了重要贡献！在中国区域科学协会成立三十周年之际，撰写出版《面向现代化的中国区域科学》纪念著作，很有必要。在序文中，陈宗兴先生提出"作为一门交叉、综合的社会科学，区域科学无疑应该进一步发挥优势，努力成为我国哲学社会科学的重要突破点和繁荣极"。这是陈宗兴先生对中国区域科学的新期待，也是我们区域科学工作者今后不断努力的方向。

中国区域科学协会秘书处及各专业委员会进行了卓有成效的组织工作。在本书形成过程中得到了中国区域科学协会以及相关领域的专家学者，特别是中国区域科学协会创始初期的老先生和中国区域科学协会历任会长、副会长、理事长、副理事长和常务理事们的大力支持，得到了北京大学首都发展研究院的全面协助，在此对相关机构和个人表示衷心的感谢。经济管理出版社以其专精的知识和技能为本书能及时和高质量出版付出了巨大努力，特此致谢。

希望本书有助于了解中国区域科学发展的过去、把握中国区域科学发展的未来，有助于推动中国区域科学在回答和解决重大区域问题中取得新的发展。限于理论水平与实践经验，本书难免存在肤浅与不足之处，著者全员诚恳希望得到广大读者的批评指正。

杨开忠　李国平

2021 年 7 月 8 日

目 录

第一篇 学科篇

第二篇 专题篇

附 录

第一篇　学科篇

第一章　中国区域科学过去三十年

　　自 1826 年德国古典经济学者杜能发表《孤立国》以来，区域科学在理论和实践上经历了前沃尔特·艾萨德（1826 年至 20 世纪 40 年代）、沃尔特·艾萨德（20 世纪 50～80 年代）和后沃尔特·艾萨德（20 世纪 90 年代至今）三个不同时期，共计 200 余年的历史。从 1954 年沃尔特·艾萨德创立了"区域科学协会"（Regional Science Association）开始，西方区域科学作为一门正式的学科也有近 70 年的历史了。20 世纪 90 年代以来，这门学科的地位和作用不断提高，在西方已经成为主流经济学所关注的重要领域。在中国，作为一门正式的学科，区域科学是改革开放以来，在探讨和解决我国区域问题的过程中，在借鉴西方区域科学、国际经济学、发展经济学以及转轨和制度经济学的基础上逐步发展起来的。从 1991 年"中国区域科学协会"成立算起，至今已有 30 年的历史。截至 2020 年底，中国区域科学协会已设立 23 个专业委员会。2018 年 12 月，中国区域科学协会正式加入国际区域科学协会，成为世界区域科学发展的重要力量。自 1997 年国务院学位委员会把城市经济专业和经济地理专业合并为区域经济学，并列为应用经济学的分支学科之一起，有关区域经济学的博士点、硕士点在全国高校和研究院所中出现爆发式增长。由于人口占世界的 1/5，又是正在迅速崛起的世界最大转型经济体，中国已经成为世界区域科学理论和实践研究的最佳"矿床"和用武之地。因此，中国区域科学的发展经验对世界区域科学的发展是十分宝贵的。区域科学是一门融合经济学、政治学、社会学、人口学、生态学、地理学、建筑学、交通科学、城乡规划等多学科的理论和方法，以研究区域决策、区位相互作用以及总体运行发展的综合社会科学。本章主要对区域科学的概念、发展历程、学派及主要实践应用进行梳理总结。

第一节　区域科学基本问题

一、区域科学的定义

　　区域科学也称为城市与区域科学，是一门研究空间的综合社会科学（理查森，1990；沃尔特·艾萨德，1991；杨开忠，1999），因其主要以现代经济学方法论为基础，又常常被称为区域经济学。中国区域科学的定义和结构是丰富多彩的，几乎每一个区域科学家或每一本区域科学教科书都有自己与众不同的定义，即使这种差异常常是微小的。这种状况的出现除了是由于区域科学涉及经济、地理、政治、社会、文化、生态等诸多因素外，主要的一个原因是中国从事区域科学研究的工作者大都是 20 世纪 90 年代中后期从其他专业领域转行过来的，这些学者缺乏正规的、专门的区域科学系统训练，对该学科的历史、思想演变、学科框架、理论和方法不甚了解。另外一个原因是，目前学者们之间较少相互引用，大家习惯于按自己的方式去定义和理解这门学科。然而，综观相关讨论，中国关于区域科学的定义可以概括为两类（杨开忠，2008）：第一类是描述性定义，即区域科学是关于满足人的自身需要、有目的的人类空间系统的学问。许多学者都或多或少从这个角度定义过区域经济学。杨开忠等（1991）指出，区域经济学是从空间分布的观点来研究人类活动的经济科学。杨吾扬（1992）、张显东（1998）指出，区域科学研究区域系统。景跃军和王胜今（2001）指出，区域经济学研究经济活动的空间表现形式。安虎森（2004）认同彼得·尼茨坎普、埃德温·S. 米尔斯（2001）的观点，认为区域经济学研究经济活动的空间分布与协调。第二类是分析性定义，即区域科学研究社会如何管理其稀缺资源的空间配置，也就是研究社会如何在各种竞争性用途之间安排稀缺资源，使之具有一定系统性的空间行为或过程，包括个体（企业、家庭、个人）的区位决策，区位相互作用以及作为整体的区域经济运行。因此，更进一步讲，区域科学是有关区位个体决策、区位相互作用以及区位总体运行的社会科学。许多学者（涅克拉索夫，1978；杨开忠，1989a；程必定，1991；郝寿义和安虎森，2004；任保平，2004）都曾从空间配置或空间组织的角度定义过区域经济学。如果把区域发展（空间发展）定义为满足人的需要的空间组织过程，那么正如某些学者那样（杨开忠等，1991；李京文，1999；孙久文和叶裕民，2003；武有德和潘良玉，2004），我们也可以将区域科学定义为研究区域发展的学问。

二、区域科学的基本问题

经典区域科学回答的基本问题是人类活动"在哪里""为什么""应该怎样"（Hoover，1990；Hoover and Giarratani，1999；张可云，2005）。这些问题实际上又可以划分为两个方面：一是人类活动的区位选择；二是区位的人类活动选择。由于在传统上单纯强调企业、家庭活动，经典西方区域科学通常只关注第一个方面。与此不同，中国区域科学的基本问题包括以下三个方面。

1. 人类活动的区位选择

在传统的中央计划经济体制下，我国学者通常只关注这个问题，而且是中央政府关于既定活动的区位选择，包括宏观区位和微观区位的选择。改革开放以来，随着中央政府向地方政府和企业分权，地方政府和企业关于既定活动的区位选择逐渐成为中国学者关注的范畴。在中国，研究特定人类活动的区位选择行为的思想理论有两个渊源：一是苏联的社会主义生产力布局学。20 世纪 60 年代，为借鉴苏联经验，开展社会主义建设，我国较为系统地从苏联引入了传统的社会主义生产力布局学，包括生产力布局的规律以及生产力布局的原则和方法。二是西方区位理论。1978 年我国开始布局从计划经济向市场经济转型，为借鉴西方市场经济国家的经验，促进社会主义市场经济的发展，我国在 20 世纪 80 年代开始较为系统地引入西方区位理论。虽然现在这方面的研究在一定程度上是苏联生产力布局学与西方区位理论中国化的混合体，但是，进入90 年代以来，随着中国成功实现了向市场经济转型，其主流是扎根于西方区位科学之中的。

2. 区位的人类活动选择

由于概念框架中缺乏政府特别是地方政府的定位，加之发达国家各个特定地区专业化与分工格局已经形成，因而西方经典区域科学并不十分关注特定地区"生产什么、为谁生产、如何生产"的问题。然而，中国是一个发展中国家，任何特定地区的资源配置都没有成型，加之转轨发展型地方政府迅速兴起，从而对研究特定地区活动选择产生了迫切而巨大的需求，因而，特定地区的活动选择，也就是特定地区"生产什么、为谁生产、如何生产"的问题，成为中国区域科学研究中一个特别重要的基本问题。这方面的研究虽然同样受到苏联生产力布局学，特别是其中关于平衡抑或不平衡布局理论的影响，但从根本上来讲则是源于发展经济学、产业经济学与中国区域经济发展具体实践的结合。我国不仅经济社会欠发达，而且人口众多、地域辽阔，地域差异显著、区域多样性极为丰富，同时，改革开放以来地方自主性、积极性和创造性显著增强，因而，如何理解和把握地区经济发展是我国经济社会发展面临的重大理论和实践问题。于是，对于既定区位的活动选择，如区域产业结构演变、区域产业政策研究等，已成为中国区域科学中极具特色的重要课题。

3. 空间组织的决策主体、程序和规则

在中国，有专家把区域科学的基本问题仅仅界定为"在哪里？为什么？该怎么办？"（张可云，2005）。这是值得商榷的。中国是一个经济转型国家，加之地域文化差异较大，对资源配置的决策主体、程序和规则的选择不仅是全社会面临的基本问题，而且是影响空间组织的关键方面之一。因此，改革开放以来，大量学者都自觉或不自觉地投身于空间组织制度方面的研究，他们试图回答"谁决定空间组织？在什么范围内是由政府决定的？在什么范围内是由私人决定的？依据什么程序和规则？该怎样改革这些程序和规制？"等问题，并初步形成了一个重要的学派——政治经济学派或制度学派。传统的生产力布局学虽然十分强调生产关系的重要性，主张"生产关系决定论"，但其并不研究体制与空间组织的关系，只是单纯地诉诸马克思主义经典作家关于社会主义生产力布局与资本主义生产力布局本质区别的论断（杨开忠，1989a），因而没有构成当前中国区域科学关于体制研究的来源。事实上，这方面的研究源于社会主义计划经济向社会主义市场经济转型的理论和实践。

第二节　中国区域科学发展历程

在社会主义计划经济时期，区域理论是在马克思主义政治经济学指导下，苏联生产力布局学的理论和实践与中国实际，特别是20世纪50年代苏联援建的156个项目布局和1965年开始的"三线建设"相结合的产物，其内容基本限于生产（力）宏观、中观、微观布局的理论和方法。改革开放以来，我国区域科学逐渐进入以社会主义市场经济为基础的时期，区域科学的发展始终植根于描述、解释中国区域发展，并为决策提供咨询。借鉴西方空间经济学、经济增长与发展理论和实践，我国区域科学大致经历了准备、正式建立、深入发展和自主创新四个时期。

一、准备时期

这个时期从20世纪70年代末至80年代末，是中国启动改革开放和目标模式探索期，也是从内地指向的传统平衡发展战略向沿海指向的不平衡发展战略模式转型期。区域科学有以下四个方面的主要特点：①建立新的空间组织理念和原则，即确立了生产力决定论，树立了以不平衡布局、区域分工为核心的新的空间组织原则（杨开忠，1989a）；②适应要素驱动发展的战略要求，引进市场经济和转型经济国家的有关理论和方法，重点引入了韦伯工业区位理论、克里斯塔勒－勒施中心地理论、阿隆索区位竞租理论、李嘉图比较优势理论、赫克歇尔－俄林要素禀赋理论以及梯度发展理论等各种基于先天的空间异质性的区域科学理论；③遵循不平衡发展和区域分工原则，设计空间差别化区域政策，包括地区间不平衡发展设计，城市化道路探讨，国土规划、地区发展战略与地区产业政策研究，以及特殊经济地区政策研究（经济特区、沿海沿江开放城市、经济技术开发区、对外开放地区以及贫困地区政策设计）；④区域科学并没有取得正式独立的学科地位，只是依附于经济地理学、生产力布局学和国民经济学。

二、正式建立时期

这个时期从 20 世纪 80 年代末至 90 年代，中国进入社会主义市场经济基本形成阶段，国家区域政策从向沿海指向的不平衡发展战略向新的区域经济协调发展转型。区域科学有以下三个方面的主要特点：①成为一门正式的学科，以中国区域科学协会成立、有关区域科学的研究机构相继成立、高等院校开设区域科学课程和确立研究生培养方向为重要标志；②中国区域科学形成了规范研究与实证研究相结合的基本格局；③兴起了本土化的区域发展学说，如探讨与国家在社会主义商品经济和市场经济中的角色相适应的区域政策理论（杨开忠，1989a）、中国区域分工转型论、空间一体化发展理论（杨开忠，1988、1989a、1993a、1993b、1994a）和大国区域经济增长模型（杨开忠，1996）。

三、深入发展时期

20 世纪 90 年代末以来，中国区域科学进入深入发展期。这个时期，中国加入世界贸易组织（WTO），进入社会主义市场经济完善阶段，确立了科学发展观，国家区域政策从上个时期的区域经济协调发展战略转变为区域协调发展战略。区域科学研究具有三个方面的特点：①"双力"驱动、接轨世界前沿，即解决国家管理空间组织实践难题的驱动（实践难题驱动）和解决区域科学知识系统内在理论难题的驱动（理论难题驱动），中国区域科学与世界区域科学前沿理论和方法研究的对接和融合；②适应规模和投资驱动发展的战略需求，我国空间经济学接轨国际前沿，引进和发展了基于后天因素的新经济地理学（New Economic Geography），包括新新经济地理学（"New" New Economic Geography），并提出了基于本土经验的"4D"理论；③学科建设多元化，表现为在区域经济学硕士、博士专业设置外，区域管理专业的兴起和发展。

四、自主创新时期

党的十八大以来，随着中国社会的主要矛盾已经转化为人民日益增长的美好生活需要和不平衡不充分的发展之间的矛盾和我国逐步转入创新驱动发展，区域科学也顺应这种转变，开始进入自主探索新方向的新阶段。从国际上来看，在 2010 年左右，区域科学基础理论创新已处于瓶颈期，一个重要表现是几乎所有文献均侧重实证研究，而有影响的基础理论研究几近空白。这意味着，我国区域科学在探索新方向上难以再像过去一样主要靠引进了。当前国际上区域科学进入基础理论"瓶颈"期预示着新的区域科学革命，这为我国区域科学从过去的追随向并跑进而领跑国际前沿转型创造了重大机遇。

第三节 中国区域科学主要流派

中国区域是丰富多彩的。面向知识结构、理论难题以及解释和破解本土区域问题，中国区域科学学者形成了众多不同的流派和观点，下面梳理了几个有代表性的流派方向。当然，由于研究选题在相当程度上是由不断变迁中的国家决策需求所驱动的，因而同一区域科学学者常常渗透到不同的流派中并有所建树。

一、垄断竞争框架下的新经济地理学流派

报酬递增成为中国经济发展的重要驱动力之一。为最大限度地获取集聚经济的好处，人口和企业倾向加速累积性地向人口和经济密集的区域集中。新经济地理学流派正是在这一背景下发展的，它强调从集聚经济的角度来理解和管理中国区域经济，已经取得了一系列面向学科国际前沿、服务国家重大需求的重要成果。

1. 发展新经济地理学集聚经济模型

①核心边缘两区域模型拓展研究。在国外相关研究基础上，翁谨（2004）通过把规模经济、旅行成本以及多样性偏好和产品差异化等因素纳入到一个统一的框架中，构建了一个具有弱不对称性的垄断竞争模型；杨开忠等（2005）尝试建立了厂商数目有限条件下的经济集聚模型；陈良文和杨开忠（2007b）则将城市内部空间结构和马歇尔外部规模经济引入了新经济地理学模型。②多区域（城市）集聚经济模型研究。代表成果有杨开忠指导的刘安国博士论文（2002），采用报酬递增、外部经济和细分产品理论相关研究方法，通过对不同区域的对外贸易成本进行区别处理，尝试建立起大国开放条件下投资与就业转移的路径依赖模型；谢燮等（2003）通过在新经济地理学模型中引入劳动力不完全自由流动因素，使得模型更符合中国的实际情况；许德友和梁琦（2012）通过拓展 Krugman 和 Livas（1996）的"两国三地区"模型，模拟中国东中西部地区与外部市场不对称的情形，以呈现内外贸易成本、市场规模与产业空间分布的关系。

2. 发展引入异质性的新经济地理学模型

我国人口众多，幅员辽阔，又是发展中国家和转轨国家，经济地理的微观主体异质性、空间异质性、动态变化性都十分显著。在引入异质性建模方面，我国学者也做出了贡献：①引入劳动力异质性构建模型研究。梁琦和黄利春（2014）引入异质工人，构建了一个要素集聚与产业地理互动的模型，分析了要素集聚影响城市层级体系的产业机理；孙楚仁（2019）在 Dixit - Stiglitz 模型中引入个体技能异质性，构建了一个异质个体贸易一般均衡模型，以考察贸易自由化的福利影响。②引入企业异质性构建模型研究。梁琦等（2016）对异质性企业区位选择研究进行了系统性评述；董亚宁等（2020）引入微观企业多重异质性，通过构建空间一般均衡模型，来探讨市场一体化、比较优势与产业区位的关系；Yang 和 Zeng（2021）把企业异质性引进了两生产要素的非对称经济空间。

3. 发展新经济地理学集聚与增长整合模型

空间区位选择机制和内生增长机制理论的逐步完善，为集聚与增长模型研究奠定了坚实基础。集聚与增长整合研究是新经济地理学的理论前沿，也是对新增长理论的新拓展。通过在新经济地理学框架中引入内生增长，使得我们能够明确地思考经济活动区位与经济增长速度之间的相互作用问题。集聚与增长整合模型阐释了集聚与增长之间的互动关系和机制，加深了我们对一体化现象和政策的理解，得到了比新经济地理学更为丰富的结论。李玉成和杨开忠（2008）较早地对集聚与增长整合研究进行了系统梳理和分类，总结了其研究框架与方法，并叙述了理论演进的路径，为我国集聚与增长模型的研究奠定了基础、厘清了思路。国内学者在集聚与增长模型研究中的贡献主要集中在以下几个方面：①侧重物质资本增长机制的整合模型研究，主要围绕新经济地理学理论和传统主流经济学框架来开展。曹骥赟（2007）对物质资本在空间溢出程度方面进行了内生化研究，以贸易自由度来衡量区际间资本外部性的程度；杨开忠等（2018）尝试构建了运输成本内生动态化的经济地理增长模型。②侧重人力资本机制的整合模型研究。Fujita 和 Thisse（2003）将 C - P 模型与内生增长机制相结合，假设劳动分为非熟练劳动与熟练劳动，谭成文（2002）在其基础上，引进参数对熟练劳动力进行了细分。③侧重知识创

新机制的整合模型研究。国内学者赵凯（2016）通过向资本密集型企业征税以补贴知识密集型产业的方式，将研发过程内生化。④侧重数量和质量机制的整合模型研究。邵宜航和李泽扬（2017）尝试从产品质量视角，用破坏式创新解释企业空间集聚与企业生产、创新与进入决策以及经济增长的关系。

二、完全竞争框架下的区域（城市）经济流学派

1990年以来，我国逐步提出了区域协调发展与新型城镇化的特色理论。从综合的角度看，区域协调发展与新型城镇化研究主要涉及城市与区域科学。在学理上，区域是指地理空间上连续的、具有某种统一性的经济和社会系统。按照统一性的不同，一般把区域分为匀质区域、功能区域和管理区域。匀质区域也称为均质区域，是指地理位置、经济结构、发展水平等形态相对一致的区域；功能区域是指内部各单元联系相对紧密的区域；管理区域则是实施同一管理或政策的区域。城市是一种特殊区域，是非农活动集聚的、人口密度相对高的狭窄区域，是所在的、范围更大的区域之中心。因此，以城市这一特殊区域为研究对象的城市科学自然是区域科学的一个特殊分支。不过，应该指出的是，考虑到城市在区域发展中的中心地位以及全球城市化率已达54%，发达国家和地区的平均城市化率更是达到80%左右，2019年中国城镇化水平已达到60.6%，人们有时也倾向于把城市科学从区域科学体系中分离出来独立门户，或以城市科学统称区域科学。我国区域科学学者面向学科国际前沿、针对国家重大需求，对新型城镇化与区域协调发展理论和实践进行了广泛、深入的研究。

1. 区域比较优势理论研究

中国人口众多、幅员辽阔、资源禀赋区域差距明显、资源流动性差。中国区域科学中的比较优势学派正是基于这一国情而产生和发展的，它强调从比较优势角度来理解和管理中国区域经济，其主要代表性成果有杨开忠的中国区域分工转型论和林毅夫的比较优势发展战略理论。中国区域分工转型论（杨开忠，1988，1989b）认为，异质区域间分工是由比较优势决定的，而同质区域间分工是由规模经济决定的，比较优势是决定中国区域分工的主导力量。林毅夫（2005）的比较优势发展战略理论是进入21世纪以来，其在探讨中国国际经济发展战略中提出的主张，后来被移植到对国内区域经济发展战略的思考上来。此外，俄林早在1933年就强调贸易理论和产业区位的关联，认为国际贸易和区域经济学是对孪生兄弟。国际贸易领域的不少学者也对此做出了贡献（如阚大学和吴连菊，2014；陈艳莹等，2014），但多集中于实证研究，检验比较优势在制造业或服务业的作用。

2. 区域一体化理论研究

空间分割、封锁、差别待遇是制约发挥地区优势、优化空间分工的关键，消除分割、平等待遇、按照分工要求调整地区结构，即一体化是中国区域发展的基本过程。空间一体化战略理论（杨开忠，1993a，1993b，1994a）是这方面的系统性开创工作。该理论认为，在市场经济条件下，国家区域政策包括三个方面，即无空间差别化的统一市场、无空间差别化的统一区域管理和空间差别化的区域政策。20世纪90年代末，特别是党的十六届三中全会以来，一体化战略理论进一步发展为统筹区域发展（陈宣庆和张可云，2007）、统筹城乡发展、城市群战略以及特定地区一体化发展理论与实践。在特定地区一体化发展理论与实践方面，杨开忠（1996，1999）将一体化理论应用于中国西部大开发，提出了"中国西部空间格局不经济学说"，从而把如何克服和规避空间格局不经济提高到西部开发战略理论和实践上来了，突破了以往中国西部开发政策单纯强调增加西部资本、技术以及水资源供给以克服其相对稀缺性的窠臼。党的十八大以来，随着京津冀协同发展、长江经济带战略和"一带一路"倡议的提出和实施，空间一体化更是成

为新型城镇化和区域协调发展的显学。王如玉和梁琦（2019）从空间经济学的角度分析了区域协调发展战略；刘秉镰和朱俊丰（2019）对新中国70年城镇化发展历程进行了回顾，并且提出了诸多问题和展望；李国平和孙瑀（2020）对面向2030年的中国城镇化进行了深入探讨和预测。

3. 区域生态文明和国土空间高质量发展研究

生态文明学派强调从人与自然相互依赖的角度来研究空间组织。它的目标就是把空间组织思维和实践基于物质现实。2015年，习近平总书记主持通过的《生态文明体制改革总体方案》强调树立空间均衡的理念，把生态文明空间组织上升为制度，明确国土空间开发保护制度、空间规划体系是产权清晰、多元参与、激励约束并重、系统完整的生态文明制度体系的两大支柱。因而，空间组织是生态文明建设面临的一个重大理论和实践问题。随着党和政府提出生态文明建设，并伴随低碳时代的到来，这一学派开始进入迅速成长的阶段，在区域生态文明建设一般理论与方法（杨开忠，1994b；杨开忠和杨咏，2000；廖尚华等，2007；葛悦华，2008；杨开忠和李玉萍，2009；杨开忠和董亚宁，2020）、区域循环经济理论与实践（肖华茂，2007；雷学勤等，2008；杨华峰和汪静，2009；林维柏，2009）以及绿色及低碳城市区域理论与实践（陈飞和诸大建，2009）等方面取得了大量研究成果。以怎样的实质性方法在空间上组织生态文明体系建设是最近几年乃至未来我国区域科学的重要研究方向，将有助于推动我国绿色低碳循环可持续发展。例如，杨开忠（2020）已经先后提出开发和实施基于流域圈的生态文明建设方案，以及以城市为主导的生态文明体系解决方案，作为与基于流域圈互补的方法。

4. 区域治理研究

中国是一个超大转型国家，正式和非正式制度的地区差异、选择与创新是影响空间组织的关键因素。区域治理研究就是在这样的背景下产生和发展起来的。区域治理研究，一是强调正式的市场规则的作用，从市场制度时空差异解释空间组织和发展。例如，董先安（2004）认为我国经济制度的变化，特别是政府对产品与要素市场的控制程度是导致我国区域差异变化的重要原因。二是强调政府作用，从政府行为，特别是地方政府行为解释空间组织和发展。例如，秦琳贵和沈体雁（2020）发现地方政府竞争有利于全要素生产率提升。三是强调政府行为与市场规则之间的互动。例如，梁琦等（2012）在异质性企业的经济地理分析框架下，引入地区补贴行为，揭示中国市场一体化进程与区域协调政策影响地区生产率差异和地区经济差距的机制；刘安国等（2019）创新性地基于新经济地理学视角，通过建立渐进一体化背景下具有中国特征的税收竞争模型，探讨了区域经济一体化条件下对流动要素的征税，使得地方政府须在税率与税基之间做出取舍。

三、新空间经济学流派

改革开放以来，我国人均GDP从1978年的155美元，到2019年突破1万美元，实现了历史性跨越，按世界银行的划分标准已经成功跨入中高等收入国家并迈向高收入国家行列。从竞争力来看，这个方面主要经历了要素及投资驱动阶段，并正在迈向创新驱动发展阶段；经济增长也从高速增长转向高质量发展阶段。理论上讲，要素及投资驱动阶段侧重强调要素禀赋、集聚经济和规模报酬作用，典型的空间经济理论解释有区域比较优势理论、新经济地理学等，这些理论侧重从生产角度有效解释要素和生产活动的空间区位问题，科学回答了"在哪里生产"的问题。然而在传统理论框架内，难以系统性诠释和探讨人力资源区位与创新区位问题。新经济地理学的代表人物也承认比起21世纪的经济地理活动，新经济地理学更适合解释20世纪的经济地理活动问题。

为此，基于传统空间经济学理论，国内学者杨开忠一直在探索空间经济学新方向，并把这一与创新驱动中的知识经济、信息经济、数字经济、智能经济相适应的方向冠以"新空间经济学"（杨开忠，2019b）。新空间经济学以人为中心，以生活为导向，强调地方繁荣内生于地方品质和人才发展的相互作用。一方面，地方品质吸引、留住和发展人才；另一方面，人才集聚增长不仅直接丰富和发展地方品质，而且，更为重要的是驱动地方创新、提高地方生产率和收入水平，以改善地方品质。

如果说新经济地理学理论的核心贡献是回答工业文明时代制造业厂商在哪里生产最优的问题，揭示地理空间中经济活动厂商和劳动力的内生集聚现象，那么新空间经济学的理论目标则是回答创新驱动、数字经济和生态文明时代的人才和创新区位问题，揭示地理空间中人才和创新的内生集聚机理，系统回答"生产在哪里、生活在哪里、创新在哪里"的理论问题。从新空间经济学建模策略来看，新空间经济学模型与新经济地理学模型、传统城市经济学模型既有相同之处，也有其自身独特之处，可以说新空间经济学是新经济地理学与城市经济学的融合研究，新空间经济学有望发展成为一支独立的空间经济理论体系。

就建模基本框架而言，新空间经济学引入 D－S 垄断竞争的市场结构、CES 效用函数、消费者多样化偏好、规模报酬递增、产品间替代弹性、成本加成定价等因素，这样能够有效地权衡规模经济与运输成本（可及性），因此在基本框架上与新经济地理学有相似之处。就要素禀赋而言，新空间经济学模型中的初始创新要素由禀赋内生决定，禀赋结构可以内生变化，在空间多区域以及部门内可流动；与新经济地理学侧重要素追逐企业不同，新空间经济学强调人才是企业的核心生产要素，人才区位决定企业区位。就部门特征而言，新经济地理学主要强调开发和提升为外部市场提供多样化产品的可贸易品部门，尽管也有研究考虑不可贸易品的消费，但其将不可贸易品主要界定为住房，具有一定的局限性；新空间经济学则突出强调要打造和提升为人力资源提供各类地方品质的不可贸易品部门。就效用函数而言，新经济地理学侧重可贸易品消费；新空间经济学则认为更好的教育、更高水平的医疗卫生服务、更舒适的居住条件、更丰富的精神文化生活等不可贸易品将成为影响劳动力区位的决定因素，因此外生和内生的地方品质是效用的重要组成，也是人才区位的决定因素。就运输成本而言，新经济地理学以"冰山运输成本"的方式考虑了可贸易货物的移动成本，城市经济学考虑了人在城市内的移动成本——通勤成本；新空间经济学则强调不可贸易品的可及性、可获得性、消费便捷性，综合考虑了物的移动成本（冰山交易成本）、人的移动成本即可及性（区内通勤成本、区际旅行成本、迁移成本、知识空间溢出成本）。就微观主体性而言，新经济地理学和城市经济学模型中的微观主体均是同质性假设，在这种假定下，企业或个人的区位选择，在一定的地理和市场环境下都是同一的，经济活动空间分布仅仅被解释为"外部环境"的产物；新空间经济学则借鉴了新新经济地理学的研究，强调微观主体的技能、偏好等个体异质性，这种引入微观主体异质性的区位选择是动态渐进的，更加符合现实。

四、复杂科学和演化经济地理学流派

改革开放以来，随着传统的计划经济向市场经济转型，一方面，分散的企业、家庭和个人决策逐渐成为空间组织的基础；另一方面，由于市场机制不完善，这些分散决策存在复杂的相互作用。因此，为理解和把握中国空间组织演化的规律，应当把空间组织作为一个不断演化的复杂系统来研究。复杂科学和演化经济地理学就是在这样的背景下，于20世纪90年代末在中国兴起的。这一流派强调应用复杂的科学理论和方法来研究空间组织的时空演化规律，其主要议题包括空间组织中宏观秩序的微观机制（也就是空间组织中宏观和微观的相互关系），大量分散的、异质性的主体间的非线性相互作用，不完备信息和不确定性条件下空间组织动态演化的规律等方面（杨开忠和薛领，2002）。与主流经济学不同，复杂科学学派在空间上包容了异质空间；在时间上关注了动态非均衡演化，更多强调的是远离均衡机制而非均衡解；在微观基础上强调了异质经济人，个体被假定为拥有空间上的有限信息、不均等资源和知识以及不同的决策战略。自20世纪90年代末以来，这一学派主要在三个方面取得了突出成果：①基于元胞自动机（CA）技术的空间模拟模型。黎夏和叶嘉安（1999）较早地在国内运用CA与GIS相结合的方法来分析珠江三角洲地区的城市发展空间布局，之后此类研究持续拓展（黎夏和叶嘉安，2002，2005；何春阳等，2005；熊利亚等，2005；刘小平和黎夏，2006a；赵晶等，2007）。②基于多主体的空间模拟模型。薛领和杨开忠（2002）较早开展这一研究，此后被越来越多的人所关注（薛领和杨开忠，2003；薛领等，2004；杨青生等，2005；李新延和李德仁，2005；刘妙龙和陈鹏，2006；刘小平和黎夏，2006b；蔡琳等，2007；沈体雁和李迅，2007；沈体雁等，2007a；陶海燕等，2009）。薛领和张晓林（2019）发现"基于Agent模拟与数值模拟在模型假设、建模范式、主体特征、模拟结果等方面均存在显著差异，前者结果为动态非均衡而后者结果为静态均衡。数值模拟由于假设过多而难以描述现实，而基于Agent模拟突破了前者完全信息、瞬间均衡、同时决策等窠臼，放松假设，则更加接近现实"，因此他们认为"基于Agent建模和数值模拟相结合的方法能有效地探索空间经济演化过程及其微观机理"。③基于其他复杂科学技术的空间模拟模型。如谭遂和杨开忠（2003）构建的基于自组织理论的复杂空间格局演变模型；李全等（2006）基于Logit模型对深圳时空扩展的模拟研究；沈体雁等（2007b）利用LRM方法对北京市城市空间结构的模拟研究；陈彦光和周一星（2007）关于中国城市化过程的非线性动力学模型探讨。

21世纪以来，经济地理学者借鉴演化经济学的经典理论与分析框架，逐渐提出演化经济地理理论。演化经济地理学基于广义达尔文主义、路径依赖以及复杂科学等理论研究成果，将时间与空间要素、微观企业与宏观制度内在地联系起来，以分析经济地理格局的历史演进过程。演化经济地理的不确定性、非线性、不可预期性等特征更加符合现实。近些年来，演化经济地理在研究企业集群、产业集聚、外部性本质和制度对区域经济发展的作用上取得了积极进展（李福柱，2011；刘志高等，2011）。国内学者贺灿飞等（2020）基于中国视角拓展演化经济地理研究，探究区域产品演化、区域企业动态以及区域产业演化，为开拓演化经济地理学研究做出了贡献。

五、空间计量经济学流派

空间计量经济学由卢克·安索林（Anselin）系统提出，其是以区域科学和空间经济理论为基础，以计量分析和地理计算为手段，以处理空间数据所特有的"空间效应"为核心，研究区域科学或空间经济模型的设定、估计、假设检验、预测和应用的理论与方法体系。空间计量经济学是区域科学、计量经济学和地理计算科学的交叉学科，其既是区域科学的一个分支，也是现代计量经济学的一个分支。

2010年，中国第一部以《空间计量经济学》命名的专著与教材问世。自此，空间计量经济学专著或教材陆续出版，如陈建宝和李坤明所著的《非参数空间计量模型的理论与应用》于2017年出版，武汉大学肖光恩等编著的《空间计量经济学：基于MATLAB的应用分析》于2018年出版，北京大学沈体雁等于2020年出版了《空间计量经济学》第二版以及"空间计量分析软件"系列丛书，这些国内团队推动了空间计量经济学在中国的发展。同时，也有不少优秀的国外空间计量经济学作品被国内学者翻译引进。空间计量经济学的发展极大地丰富了经济学实证研究，同时也促进了中国区域经济学实证研究的发展。随着空间计量经济学方法的发展、配套软件的开发和中国空间数据的丰富，国内学者越来越多地运用空间计量经济学的方法来研究中国区域经济问题，例如，吴玉鸣（2006）、柯善咨（2009）、刘秉镰等（2010）、郑长德和刘帅（2011）、张学良（2012）、周文通和孙铁山（2016）、白俊红等（2017）、韩峰和阳立高（2020）等的研究。

中国空间计量经济学已经历三个阶段，即2005～2009年的准备阶段、2010～2019年的起步阶段以及2020年开始的新发展阶段。在准备阶段，空间计量方法开始出现在核心期刊的论文之中，但是每年发表的文章不多，实证研究主要使用截面数据模型，估计和检验方法也比较传统。在起步阶段，空间计量经济学的相关论文，特别是应用研究的论文呈几何级数增加，使用面板数据模型的文章数量大幅度增加，模型设定越来越精细和复杂，估计方法也趋于国际前沿。在新发展阶段，空间计量经济学将成为一门正式的学科，逐步迈向成熟阶段，教材和专著将迅速增加，空间计量经济学将得到各个专业的广泛认可，并在各个学科产生渗透作用，中国的空间计量经济学研究与国际前沿水平不断接近。

第四节　中国区域科学应用研究

任何一个追求经济发展与社会进步的国家或地区，都会在发展实践的过程中遇到各种各样的问题，包括宏观与微观层次的问题，也包括中观层次的问题。随着我国不同发展时期提出的国民经济和社会发展的重大要求的变化，不同区域、各类问题也相应出现。面对中国在区域发展实践中的难题，中国区域科学主要应用的研究对象和具体领域也在不断变化和演进，具有鲜明的时代特征和阶段性特点。中国区域科学以解决中国现实问题为导向，通过不断的探索与发展，为党和国家制定更完善、更高质量的区域发展战略奠定了科学、坚实的基础，也通过对国家区域发展决策的不断深入参与和指导，总结出了更为多元与丰富的研究成果与经验。

自1949年中华人民共和国成立伊始，我国客观上存在着区域发展不均衡的问题，主观上也一直都在探索究竟是通过均衡发展还是非均衡发展，抑或其他方式来实现中华民族全面复兴的道路问题。这既是摆在政府决策层面一个毋庸置疑的现实问题，也是摆在每一个区域发展战略研究者心中的命题（张贡生，2019）。1978年，我国拉开了从计划经济体制向市场经济体制转变的序幕，区域发展上开始摒弃地区均衡发展战略，重点实施非均衡发展战略。特别是"七五"时期，中国的区域非均衡发展战略以"梯度发展理论"为核心，以我国中东西部三个地带为划分原则，打破片面强调均衡布局的传统布局模式，承认地区间发展非均衡的现实，强调集中资金和资源实行重点发展，同时在地区间形成产业结构转换的连续关系以达到效率优先的目的。改革开放以来，我国东、中、西部地区发展速度都很快，使区域经济成为国民经济快速增长的重要带动力量。东部沿海地区的优势和发展成就也随之带动了全国的经济发展。但同时，这种非均衡发展在客观上也加剧了东西部发展的不平衡。伴随着区域间发展差异逐步扩大所带来的社会矛盾与问题，有关专家学者和政府部门开始反思非均衡发展战略的得失。

无论是非均衡还是均衡发展都是资源在市场机制作用下实现空间流动和分配的反映，而非资源配置的标准。面对中国存在的各个不同空间组织与各类资源，如何系统性地将它们整合和利用一直是中国区域科学面临的重大挑战和实践问题。1990年初，针对我国区域协调发展现实问题，更多的学者提出了一体化战略和政策主张，指出地区分割是区域协调发展面临的关键问题，推进一体化发展是我国区域协调发展战略的基础和核心（如杨开忠，1993b）。

一、区域协调发展机制研究

市场机制在全国合理的地区生产分工与协作体系的形成和发展中都发挥着重要的基础作用。实施区域协调发展战略一直是新时代国家重大战略之一，是贯彻新发展理念、建设现代化经济体系的重要组成部分。党的十八大以来，我国各地区各部门在探索建立健全的区域合作机制、区域互助机制以及区际补偿机制等方面均取得了一些成效，但仍有发展不平衡不充分的问题。党的十九大报告中明确提出了建立更加有效的区域协调发展新机制。而在2018年通过的《中共中央　国务院关于建立更加有效的区域协调发展新机制的意见》中也提出"立足发挥各地区比较优势和缩小区域发展差距，围绕努力实现基本公共服务均等化、基础设施通达程度比较均衡、人民基本生活保障水平大体相当的目标，深化改革开放，坚决破除地区之间利益藩篱和政策壁垒，加快形成统筹有力、竞争有序、绿色协调、共享共赢的区域协调发展新机制，促进区域协调发展"。该意见成为了我国区域发展的纲领性文件，也为我国在区域发展问题的实践中建立统一的市场和有效的区域协调发展新机制发挥了支持作用。

1. 基础设施一体化

在区域经济发展的过程中，基础设施建设作为一种公共性的要求，是区域经济发展的支撑，同时也对区域经济的发展起着引导作用。改革开放之后，我国的交通运输发展成就斐然，综合运输网络四通八达。我国综合运输体系建设逐步加快，交通网络日益完善，运输能力和效率明显提升。交通运输网络的建设能够有助于打破行政壁垒，突破行政区划界限，推动区域优势互补，实现资源整合，这是区域经济合作深入发展的客观要求，也是实现可持续发展的必由之路。在经过"九五"时期综合交通大通道建设与"十五"时期综合交通规划五大系统建设后，我国东部地区的交通骨架网基本形成；中部地区重点建设和强化了纵贯南北、横穿东西，连通各大经济区的干线主通道，发挥起"东联西引"的作用；西部地区在大开发战略中，国家"五纵七横"公路主通道中的"两纵两横"和三条主要路段与西部地区有关的区段基本贯通，区域交通协调发展取得明显成效（王志平，2007）。在党的十九大报告提出要建设交通强国后，2019年中共中央、国务院印发了《交通强国建设纲要》，开启了交通强国建设的新篇章。

伴随着交通运输一体化战略的逐步实施，我国学者的相关研究按照区域关系划分主要集中在以下几个方面：我国区域经济一体化与区域交通一体化的关系研究；我国区域经济一体化与区域交通一体化的发展模式与机制的研究（如曾青，2006；苏海龙，2013；金双泉，2015）。按区域范围划分，其研究内容包括城乡交通一体化（如周继彪等，2011；张晓璇等，2021）；城市圈、城市群、流域经济带交通一体化（如全波等，2016；苏明亮等，2020；赵鹏军，2021）；"一带一路"交通一体化（欧阳向英，2016）。

在邮电通信水平方面，我国加快构建现代信息通信体系。党的十八大以来，邮电通信全面发展，"宽带中国"建设加快实施，已基本建成全球最大的移动宽带网，大数据、云计算、人工智能等现代信息技术方兴未艾，高速、移动、安全的新一代信息基础设施加快建设。董晓华和金毅（2009）等在区域信息一体化研究上有所收获。

能源供给能力也是基础设施一体化的重要衡量标准，改革开放以来，我国能源供给能力明显增强，建立了较为完善的能源供给体系。党的十八大以来，能源利用效率不断提高，清洁能源利用大幅增加。我国学者在城市群能源一体化（苏铭，2019）、亚洲和"一带一路"经济体能源一体化（唐新华，2017；陈小沁，2020）问题上有所探讨和研究。

2. 公共服务一体化

在区域协同发展中，如何实现公共服务一体化，是解决区域协同发展的根本所在。以教育、医疗为代表的公共服务业一体化是开放与集聚的前提，政府通过引导公共资源的配置，建立健全公共服务的均等化，从而实现基础设施的通达均衡。公共服务一体化的发展符合区域经济社会发展的客观要求，探索区域一体化体制机制有助于最大限度地改善民生。

在过去的三十年间，我国城市群的公共服务一体化的发展模式和改革机制（如武义青和赵建强，2017；于迎和唐亚林，2018；张国华，2020）、城乡公共服务一体化中城乡二元体制问题和农村公共服务发展的不均衡矛盾及解决措施（如姚莉，2010；吴业苗，2013；殷晓春，2014）一直是学者关注和重点研究的方向。

二、重点区域研究

为了能够增强中国的国际竞争力，协调区域关系，我国政府在促进和保持基本经济机制统一的同时，结合一体化思想，也在积极利用不同层次的地理集聚经济，建设不同类型的经济区。旨在契合不同区域的资源禀赋，发挥增长极优势，因地施策，实现多元化协调发展。

1. 四大板块

随着"九五"计划的颁布，国家明确提出"坚持区域经济协调发展，逐步缩小地区发展差距"，这标志着我国区域发展战略由非均衡发展向兼顾效率与公平的发展阶段迈进。为了加快区域协调发展，中央先后提出了西部大开发战略（1999 年）、东北等老工业基地振兴战略（2003年）、促进中部地区崛起战略（2004 年）、鼓励东部地区率先发展战略（2006 年）等。国家"十一五"规划也明确提出以四大板块为主体的区域经济发展总体战略。

伴随着区域协调发展战略的逐步实施，关于我国区域协调发展实践的研究主要有以下几个方面：①专家学者针对西部大开发中的产业协同发展、城市化发展等方面进行了探讨，提出了反思与措施（如肖金成，2000；官卫华和姚士谋，2002；孙小兰，2005；郭元晞和常晓鸣，2010）；②针对东北地区国有企业和资产、资源与生态环境、产业结构、行政区划、人口流失等困境，有关学者进行了剖析，提出了相应的发展路径和应对策略（如李诚固等，2003；张卓元，2008；魏后凯，2008；朱建华和修春亮，2019）；③针对中部崛起战略在实践过程中的塌陷因素及表现、产业发展、城市群发展、区域内部南北差异等问题，一些学者进行了探讨，并提出了解决措施（如冯子标，2005；刘乃全等，2006）；④东部地区发展格局、空间联系、产业定位等问题的实践研究（如袁奇峰等，2005；于洋等，2019）也被有关学者关注。

2. "老少边穷"地区

自从"七五"计划首次将扶持"老少边穷"地区发展正式列入国家计划以来，我国能否全面建设小康社会，能否解决好区域发展不平衡不充分的问题，能否处理好区域发展中具有挑战的"木桶问题"，能否提升发展的整体效能，关键就在于中国发展较为落后的革命老区、少数民族地区、边疆地区以及贫困地区能否脱贫致富。解决"老少边穷"地区的问题与脱贫攻坚和乡村振兴战略的实施息息相关。打赢脱贫攻坚战是全面建成小康社会的内在要求，乡村振兴战略是新时代"三农"工作的总抓手。前者是推动发展的短期目标之一，后者是国家的中长期发展战略，两者相辅相成（张亚玲等，2019）。

1984 年中共中央、国务院印发了改革开放后第一个关于农村扶贫的重要文件《中共中央国务院关于帮助贫困地区尽快改变面貌的通知》，开始启动有组织、有计划、大规模的农村扶贫开发工作。1994 年国务院印发了《国家八七扶贫攻坚计划》，提出用 7 年左右的时间，基本解决全国农村八千万贫困人口的温饱问题。进入 21 世纪，中共中央、国务院印发了《中国农村扶贫开发纲要（2011—2020 年）》，提出新的奋斗目标。党的十八大以来，以习近平同志为核心的党中央，始终贯彻以人民为中心的发展思想，把扶贫开发摆在治国理政的突出位置，把贫困人口脱贫作为全面建成小康社会的底线任务和标志性指标，在全国范围全面打响了脱贫攻坚战。直到 2021 年 2 月迎来了消灭绝对贫困的胜利。2017 年，党的十九大报告提出了实施乡村振兴战略，明确了加快推进农村现代化的总任务。学术界针对这一议题也取得了丰硕的研究成果，主要围绕科学发展观（如王亚华和苏毅清，2017）、新农村建设（如李炳坤，2005；刘彦随，2008）、农业现代化（如陈锡文，2018；北京天则经济研究所《中国土地问题》课题组和张曙光，2010）、农业供给侧改革（如孔祥智，2016；姜长云和杜志雄，2017）和乡村振兴（如张军，2018；黄祖辉，2018）等方面。

3. 流域经济带

人类文明诞生于大河流域，随之出现了大量的经济活动，流域由大河而生，依托流域内不同地段的资源禀赋，演化形成的上下游紧密联系的产业分工体系，是河流水网系统涵盖的区域经济。在我国，典型的流域有长江流域和黄河流域。

长江经济带覆盖我国南方 9 省 2 市，流域人口和地区经济总量均超过全国的 40%，是中央重点实施的"三大战略"之一。2014 年国务院发布《国务院关于依托黄金水道推动长江经济带发展的指导意见》，2016 年《长江经济带发展规划纲要》正式印发，2018 年中共中央、国务院明确要求充分发挥长江经济带横跨东中西 3 大板块的区位优势，以共抓大保护、不搞大开发为导向，以生态优先、绿色发展为引领，依托长江黄金水道，推动长江上中下游地区协调发展和沿江地区高质量发展。黄河流域是我国重要的经济地带和生态安全屏障，在国家经济社会发展以及生态安全方面具有十分重要的地位，是打赢脱贫攻坚战的重要区域。2019 年 9 月，习近平总书记在河南郑州主持召开的黄河流域生态保护和高质量发展座谈会上将黄河流域生态保护和高质量发展上升为重大国家战略。2021 年发布的"十四五"规划把黄河流域生态保护和高质量发展的地位上升到与京津冀协同发展、长江经济带发展、粤港澳大湾区建设和长三角一体化发展一样的重大国家战略高度。

回顾长江经济带和黄河流域的相关研究，生态保护和生态系统服务、水资源保护、空间布局与城镇化、绿色发展与产业发展是学者们一直关注的议题（如金凤君，2019；陆大道和孙东琪，2019；姜长云等，2019；苗长虹等，2018；方创琳等，2015；周江等，2019；杨开忠和董亚宁，2020；邓祥征等，2021）。

4. 海陆统筹

根据"一带一路"的发展思想，党的十九大提出要"优化区域开放布局"，要以"一带一路"建设为重点，扩大统筹空间，"坚持陆海统筹，加快建设海洋强国"；"加大西部开放力度"，"以粤港澳大湾区建设、粤港澳合作、泛珠三角区域合作为重点，全面推进内地同香港、澳门互利合作"。在深化沿海开放的同时，推动内陆和沿边地区从开放的洼地变为开放的高地，与京津冀协同发展、长江经济带建设等国家战略统筹推进，促进国内各地区开放型经济协同发展，形成"陆海内外联动、东西双向互济的开放格局"。

近年来，不少学者对沿海内陆分工协作、互动发展等问题展开了深入研究，主要包括陆海统筹格局的建立和发展（如韩增林等，2020；郑贵斌，2013；肖琳，2014）以及"一带一路"倡议、粤港澳大湾区等国家战略与内陆的互动研究（如杨保军等，2015；赖长强，2019；庞前聪，2019）。

5. 经济特区与经济开发区

改革开放后，自 1980 年第一个经济特区在深圳建成，1984 年党中央、国务院转批《沿海部分城市座谈会纪要》，决定开放沿海 14 个港口城市，并在有条件的地方兴建经开区，实行经济特区的相关政策起，过往的 40 年间我国先后建立了许多不同类型、不同层次的经济特区和开发区。作为中国经济发展的试验田和先导力量，经济特区和开发区的建设和发展有利于推动我国形成从沿海到内地的多层次、多渠道、全方位开放格局，在改革开放中有效地发挥了窗口、示范、辐射和带动作用，为中国经济做出了重要贡献。2010 年以来，随着第三产业对我国经济增长贡献的比重不断加大，以制造业集聚为核心的经济开发区优势有所下降，面临转型升级以适应国家经济发展新走向。

在过往的研究中，早期经济特区及开发区的制度及发展方向、开发模式成为了学者们讨论的重点（如张晓平，2002；郭小碚和张伯旭，2007；孙卓然和李正图，2011）。随着经济特区及经济开发区数量和规模的不断提升，学者们的研究热点进而集中在空间布局（如张晓平，2008；金凤君，2015；蔡善柱和陆林，2019）、土地利用（如黄凌翔等，2014；刘勇和张笑凡，2019）、产业选择（高超，2015）等方面。而近几年关于转型升级、模式转轨（如韩亚欣等，2015；吴一平和李鲁，2017）等方面的研究逐渐增多。

6. 自贸试验区和自贸港建设

中国自由贸易试验区和自由贸易港建设已形成"1＋3＋7＋1＋6＋3"的全方位开放新格局，成为我国推进新一轮改革开放和制度创新的前沿阵地。自 2013 年上海自贸试验区成立以来，我国相继部署建设了六批共 21 个自贸试验区，逐步形成了海陆沿边统筹、东西南北中兼顾、由点及面的雁阵形全方位开放新格局。我国自贸试验区的建设对接了"一带一路"倡议，以及长江经济带、长三角一体化、粤港澳大湾区、京津冀协同发展以及西部大开发等国家战略。

随着我国自贸试验区和自贸港建设的步伐不断加快，关于其经济效应、政策研究、发展挑战及其与国家战略的关系等问题，学者们进行了深入的分析与探讨（如孙久文等，2015；王旭阳等，2020；刘秉镰和王钺，2018；盛斌，2017）。

三、国土空间布局和全国主体功能区规划

国土是经济社会与国民生活的载体，国土规划则是通过对异质化的国土分区管理，来实现妥善处理经济发展与生态环境保护之间的矛盾，其是推进可持续发展战略实施的规划方案，也是市场经济体制下重要的政府行为和公共干预手段。我国是一个幅员辽阔、人口众多、区域发展不平衡的巨型国家，如何解决不平衡、不充分的问题，满足人民不同时期的需要，是中国区域科学在国土空间规划的形成与演变中不断探索和实践的意义。

1. 国土空间规划的编制与实施

1978 年改革开放后，中央领导人开始重视国土整治工作。1981 年，中共中央书记处对我国国土整治做出了"国家建委要同国家农委配合，搞好我国的国土整治"的重要决策，首次明确提出国土规划和国土整治问题。1984 年，国土规划研究中心成立，同时编辑印发了《中国国土资源概况》，这是我国第一部全面反映国土资源的资料，为掌握国土资源、摸清家底、更好地开展国土整治工作提供了基本依据。1986 年 2 月，国土局成立，这是中华人民共和国成立后第一个主管国土开发整治的职能部门。1990 年，原国家计委组织编写了《全国国土总体规划纲要（草案）》，虽然最终并未实施，但其中的很多思想与对策对后来的国土开发利用及国土空间格局的形成产生了较为深远的影响。1998 年 3 月，国土资源部成立，1998 年 8 月，国家计划委员会组建国土规划研究所。2001 年 8 月，国土资源部将深圳市和天津市作为全国首批国土规划试点城市，正式拉开了我国第二轮国土规划的序幕。经过一系列试点，直到 2017 年 1 月，国务院正式批准颁布实施《全国国土规划纲要（2016—2030 年）》。2019 年中共中央、国务院提出应将主

体功能规划、土地利用规划、城乡规划等空间规划融合为统一的国土空间规划，实现"多规合一"，国土规划被赋予新的含义，这对接下来的规划制定与实行发挥了更大的借鉴作用。

2.《全国主体功能区规划》的编制

在相关的国土规划中，最具中国特色的就是主体功能区规划。2010 年底，国务院正式印发《全国主体功能区规划》。全国主体功能区规划代表着我国首次明确提出对国土功能进行分区管理，也为今后相关规划和政策制定提供了基本依据。在 2020 年党的十九届五中全会中，我国提出构建国土空间开发保护新格局，这也是党中央、国务院在新时期做出的重大决策部署。

近年来，关于国土空间规划的研究更多地集中在国土空间规划体系的重建（如孟旭光等，2011；许景权等，2017；马永欢等，2017；王开泳，2019）、国土资源开发与土地利用（如贺艳华等，2007；严金明等，2012；陈磊和姜海，2019）、主体功能区划分的合理性及各区域间协调发展（如牛慧恩，2004；樊杰，2007；王亚飞等，2020）、规划实施中面临的挑战与效果评估（如林坚，2018；宣晓伟，2018；苏世亮等，2019）等方面。除此之外，与主体功能区规划相关的国土空间的城市发展（如杨开忠，2019；武廷海，2019）、农业发展与耕地保护（如祁帆等，2019；唐健等，2020）和生态文明与保护（如樊杰，2013；黄金川等，2017；杨保军等，2019；杨开忠，2020）三大战略格局的实践研究也得到了丰富的研究成果。

四、城镇发展

城镇化是伴随着经济发展和工业化进程的世界性趋势，改革开放以来，中国经历了人类历史上最为波澜壮阔的城镇化进程，如今有超过六成的人口居住在城镇。中国城镇化的快速推进吸纳了大量农村劳动力转移就业，提高了城乡生产要素配置的效率，促进了国民经济持续快速的发展，也推动了社会结构和经济制度的深刻转型。

1. 城镇化建设和新型城镇化

改革开放以来，我国城镇化伴随着工业化进程的加速，经历了一个起点低但速度快的发展过程。国内对于城镇化的研究普遍认为始于 1979 年南京大学吴友仁教授发表的《关于我国社会主义城市化问题》，当时我国处于改革开放初期，城市在我国国民经济社会发展中的地位和作用日益凸显，城市发展中存在的许多问题也需要得到科学解决。1978～1994 年是中国城镇化发展的初期阶段，中国城市化理论体系初步形成，既有对西方城市化理论的借鉴，又有基于中国独特国情的原创性研究。1995～2010 年是中国城市化的高速发展阶段，这一时期的研究非常丰富，由单纯的介绍和引进转向总结和评论，以及中外的比较性研究，中国城市化理论也全面展开。加之中国被纳入世界体系，用全球化的视角来研究中国城市化的进程，成为这个阶段学术上的又一创新。2003 年以来，"新型城镇化"道路理论和实践被逐步提出。2012 年起，党的十八大、中央经济工作会议和党的十八届三中全会等重要会议和决议对新型城镇化发展进行了顶层设计和总体部署，确定了我国走新型城镇化道路。2014 年，国务院发布了《国家新型城镇化规划纲要（2014—2020 年）》，为中国新型城镇化发展明确了方向。

新型城镇化是我党在新的历史进程和国家发展阶段的新命题和新战略，引领着我国区域协调全面发展。随着新型城镇化的提出，不同学者从新型城镇化与区域空间格局（如魏后凯，2014）、新型城镇化与区域发展质量（如杨传开和李陈，2014；方创琳，2019）、新型城镇化与区域城乡结构（如安虎森和皮亚彬，2013；陈肖飞和姚士谋等，2016；邓祥征等，2021）、新型城镇化与区域产业发展和经济增长（如陈滢，2007；朱孔来等，2011；蓝庆新和陈超凡，2013）、新型城镇化与制度创新（如杨开忠，2014；曾智洪，2017；范恒山等，2019）、新型城镇化与区域信息化发展（如中国电信智慧城市研究组，2011；牛文元，2014；甘丹丽，2014）、新型城镇化与生态环境及社会发展（如沈清基，2013；董亚宁和杨开忠等，2020）等方面对其进行了踊跃且丰富的研究。

2. 城市规划与城市管理

中国城市规划的发展理念与相关法律法规的制定历程体现着国家的战略方针和社会经济及人民生活的根本需求，是国家建设发展的有力支撑。中华人民共和国成立后的计划经济时期，中国的城市规划主要借鉴了苏联的城市规划模式，形成了生产计划驱动型的城市规划。改革开放后随着市场化经济的转型，城市在国家社会经济发展中的地位日益提升，同时也带来了规划和发展理念的全新变化。1978 年 3 月《中共中央关于加强城市建设工作的意见》中提出"一定要正确处理'骨头'和'肉'的关系，为逐步把全国城市建设成为适应四个现代化需要的社会主义的现代化城市而奋斗"。1980 年，全国城市规划工作会议提出"控制大城市规模，合理发展中等城市，积极发展小城市'的方针"。20 世纪 90 年代起，我国开始探索城镇体系规划的创新。

城市管理的发展历程也是城市有关法律法规的逐步建立和日趋完善的过程。中华人民共和国成立后的 1952 年、1954 年、1956 年，中国先后形成了《中华人民共和国编制城市规划设计程序草案》《城市规划编制程序暂行办法（草案）》和《城市规划编制暂行办法》。1984 年 1 月国务院正式颁布并施行《城市规划条例》。1990 年 4 月，《中华人民共和国城市规划法》正式施行。1991 年颁布《城市规划编制办法》。2000 年起，"城市规划法"逐渐向"城乡规划法"转型。2007 年 10 月，全国人大常务委员会审议通过《中华人民共和国城乡规划法》。法律名称从"城市"到"城乡"的转变反映出规划理念的全新转变，立法目标旨在改变"就城市论城市、就乡村论乡村"的规划制定与实施模式，促进城乡统一规划、统一建设及统筹协调发展。

城市规划，在实践研究中更多地被理解为是面向城市治理的规划，其核心目的是通过有效的规划来满足社会经济发展、国土空间格局和人居环境建设的共同需求（武廷海，2020）。以这三方面需求为出发点，我国学者做出了相应的实践研究与探索。其中部分学者总结城市规划与国家发展及社会需求的关系（杨开忠，2019b；杨保军，2020），也有学者探讨国土空间规划体系与城市规划的关系及改革思路（武廷海，2019；赵广英和李晨，2019），更多的实践研究则是集中在如何通过城市规划以实现美好人居环境的建设（吴志强，2016；石楠，2017；杨开忠，2019c；吴唯佳等，2020）。

3. 城乡统筹

中华人民共和国成立后，我国进入城乡二元分治、城市优先的发展阶段。鉴于中华人民共和国成立初期我国农业和手工业还很落后，亟须建立一个强大的工业国来带动农业和城市经济，毛泽东同志在中共七届二中全会上明确提出，以"城乡兼顾、工农并举"作为处理城乡关系的基本原则，同时指出"中国开始了由城市到农村并由城市领导农村的时期"。此后的 1949～1956 年是中国共产党领导中国人民巩固社会主义制度的关键时期。在这一时期，为了使中国人民摆脱贫穷落后的现状，中国共产党开始推行优先发展城市的政策，让城市先发展起来，而后带动农村发展，通过城市工业来带动农业发展。

1978 年党的十一届三中全会后，我国进入城乡互助发展阶段。1982 年，我国第一个关于"三农"问题的中央一号文件颁布，文件对 1978 年以来推开的农村改革进行了及时总结。随着改革开放在全国展开，人民公社制度被家庭联产承包责任制所取代，计划经济体制逐渐向灵活的市场经济体制转变，城乡之间的隔离障碍被打破，城乡要素得以自由流动，城乡之间合理的经济运行局面开始逐渐形成，城乡之间进入了互助发展的新阶段。邓小平表示这个时期要以农业为基础，加大对农业的扶持力度，大力恢复农业发展，并提出"中国的出路在于工业化，工业化又离不开农业的现代化"，"农业和工业，农村和城市，就是这样相互影响、相互促进"。党的十二届三中全会开始，我国改革的重心由农村逐步转移到城市，城乡居民收入差距日益扩大，二元结构和"三农"问题日益严峻。

随着国家逐渐意识到城市二元结构和"三农"问题的重要性，党中央审时度势，出台了一系列政策。自2004年中央一号文件再次关注"三农"问题以来，此后连续17年中央一号文件都聚焦"三农"。2005年，党的十六届五中全会提出了建设社会主义新农村和统筹城乡经济社会发展的要求，并在党的十七大报告中确定了把解决好"三农"问题作为全党工作的重中之重和打造城乡经济社会发展一体化的新目标与格局。在党的十八大上，城乡发展一体化被确定是解决"三农"问题的根本途径。近年来，城乡协调和一体化发展早已成为政府和学术界广泛关注和迫切需要解决的问题，众多学者就城乡统筹发展的目标（如石忆邵和何书金，1997；张国和李录堂，2001）、动力机制（如崔功豪和马润潮，1999；宁越敏，1998；周一星和曹广忠，1999）、制约因素（如苗长虹，1997；丁宝山，1992）、措施对策（如冯雷，1999；汤正刚，1995）等方面做出了一定的研究与分析。

4. 城市群与都市圈建设

国家实施新型城镇化战略，提出把城市群作为推进新型城镇化的主体形态，为城市群的形成和发展提供了新动力。2018年，中共中央、国务院发布的《中共中央　国务院关于建立更加有效的区域协调发展新机制的意见》明确指出，以京津冀城市群、长三角城市群、粤港澳大湾区、成渝城市群等城市群推动国家重大区域战略融合发展，建立以中心城市引领城市群发展、城市群带动区域发展新模式，推动区域板块之间融合互动发展。

京津冀地区间合作始于20世纪80年代。2014年2月，习近平总书记将京津冀协同发展上升为国家战略。2018年，中共中央、国务院明确要求以疏解北京非首都功能为"牛鼻子"推动京津冀协同发展，推动河北雄安新区和北京城市副中心建设。我国学者针对京津冀地区的生态环境恶化、城镇体系发展失衡、区域与城乡发展差距扩大、"大城市病"、雄安新区改革等问题进行了深入剖析，并提出了相应对策（如吴群刚和杨开忠，2010；刘秉镰和孙哲，2017；杨开忠，2019a；李国平，2020）。

长三角城市群是中国参与国际竞争的重要平台，是经济社会发展的重要引擎，是长江经济带的引领者，是中国城镇化基础最好的地区之一。2010年，国务院正式批准实施《长江三角洲地区区域规划》；2016年，国务院常务会议通过《长江三角洲城市群发展规划》；2019年，《长江三角洲区域一体化发展规划纲要》正式印发。

2009年，粤港澳三地政府联合发布《大珠江三角洲城镇群协调发展规划研究》；"十三五"规划纲要明确提出"支持港澳在泛珠三角区域合作中发挥重要作用，推动粤港澳大湾区和跨省区重大合作平台建设"；2017年，《深化粤港澳合作　推进大湾区建设框架协议》签署；2019年，《粤港澳大湾区发展规划纲要》正式印发。

成渝城市群是西部大开发的重要平台，是长江经济带的战略支撑，也是国家推进新型城镇化的重要示范区。2016年《成渝城市群发展规划》正式印发，成为培育发展成渝城市群的指导性文件。

综合来看，关于城市群和都市圈的实践研究主要集中在产业协同与转型升级、城市群空间体系、区域生态环境与可持续发展、区域治理体系与制度创新以及区域协同创新等方面，例如，李国平（2020）、孙久文（2018）、张旭亮和宁越敏（2011）、覃成林等（2017）等的研究。同时，还有学者对不同城市群进行了比较研究，例如，刘秉镰和王钺（2020）对京津冀、长三角与珠三角的发展进行了比较与思考。

五、"一带一路"倡议

2013 年，习近平总书记代表中国政府倡议共建丝绸之路经济带和 21 世纪海上丝绸之路。同年 11 月，建设"一带一路"被列入党的十八届三中全会通过的《中共中央关于全面深化改革若干重大问题的决定》中。"一带一路"倡议的重点面向亚欧非大陆，同时向所有伙伴开放，相关各方遵循"共商大计、共建项目、共享收益"的原则，围绕政策沟通、设施联通、贸易畅通、资金融通、民心相通开展互利合作，有利于推动中国构建全方位开放新格局，同时能够优化和创新国际合作与全球治理机制，为推动构建人类命运共同体贡献中国力量。"一带一路"倡议提出之后，学术界围绕"一带一路"与全球沿线国家贸易（如公丕萍等，2015；孙楚仁等，2017；白永秀等，2015）以及"一带一路"和中国内陆产业协调发展（如王颂吉，2016；白永秀等，2019；孙久文，2016）等方面展开了丰富的研究。

参考文献

（一）中文文献

［1］K J 巴顿. 城市经济学：理论和政策［M］. 北京：商务印书馆，1984.

［2］埃德加·M. 胡佛. 区域经济学导论［M］. 王翼龙，译. 北京：商务印书馆，1990.

［3］安虎森，皮亚彬. 半城市化与人口城市化研究［J］. 经济与管理评论，2013（3）：5 - 10.

［4］安虎森. 区域经济学通论［M］. 北京：经济科学出版社，2004.

［5］白俊红，王钺，蒋伏心，李婧. 研发要素流动、空间知识溢出与经济增长［J］. 经济研究，2017，52（7）：109 - 123.

［6］白永秀，何昊，宁启. 五年来"一带一路"研究的进展、问题与展望［J］. 西北大学学报（哲学社会科学版），2019，49（1）：149 - 162.

［7］白永秀，王泽润，王颂吉. 丝绸之路经济带工业产能合作研究［J］. 经济纵横，2015（11）：28 - 34.

［8］白永秀. 区域经济学的过去、现在和未来［M］//白永秀. 区域经济论丛（一）. 北京：中国经济出版社，2005.

［9］保罗·克鲁格曼，滕田昌久，安东尼·J. 维纳布尔斯. 空间经济学——城市、区域与国际贸易［M］. 梁琦，译. 北京：中国人民大学出版社，2005.

［10］保罗·克鲁格曼. 地理和贸易［M］. 张兆杰，译. 北京：北京大学出版社，中国人民大学出版社，2001.

［11］北京天则经济研究所《中国土地问题》课题组，张曙光. 土地流转与农业现代化［J］. 管理世界，2010（7）：66 - 85 + 97.

［12］彼得·尼茨坎普. 区域和城市经济学手册（第 1 卷）：区域经济学［M］. 安虎森，刘海军，程同顺，等译. 北京：经济科学出版社，2001.

［13］蔡昉，都阳. 中国地区经济增长的趋同与差异——对西部开发战略的启示［J］. 经济研究，2000（10）：30 - 37 + 80.

［14］蔡琳，薛惠锋，寇晓东. 基于 CAS 的城市空间演化多主体模型方法研究［J］. 计算机仿真，2007（4）：145 - 148.

［15］曹骥赟. 知识溢出双增长模型和中国经验数据的检验［D］. 天津：南开大学博士学位论文，2007.

［16］陈栋生. 对我国生产力布局战略的探讨［J］. 中国工业经济学报，1985（S3）：76 - 89.

［17］陈栋生. 区域经济学［M］. 郑州：河南人民出版社，1993.

［18］陈飞，诸大建. 低碳城市研究的理论内涵、模型与目标策略确定［J］. 城市规划学刊，2009（4）：7 - 13.

［19］陈斐，杜道生. 空间统计分析与 GIS 在区域经济分析中的应用［J］. 武汉大学学报（信息科学版），2002，27（4）：391 - 396.

［20］陈建宝，李坤明．非参数空间计量模型的理论与应用［M］．北京：经济科学出版社，2017.

［21］陈磊，姜海．主体功能区导向下的土地资源空间配置：对土地生长空间演进规律的理性思考［J］．中国土地科学，2019，33（10）：22 - 30.

［22］陈良文，沈体雁，杨开忠．中国制造业空间集聚及其影响因素——对三种集聚理论的检验［J］．中国区域经济，2009（1）：10 - 18.

［23］陈良文，杨开忠，沈体雁，等．经济集聚密度与劳动生产率差异——基于北京市微观数据的实证研究［J］．经济学（季刊），2008，8（1）：99 - 114.

［24］陈良文，杨开忠，吴姣．地方化经济与城市化经济——对我国省份制造业数据的实证研究［J］．经济问题探索，2006c（11）：18 - 25.

［25］陈良文，杨开忠．产业集聚、市场结构与生产率——基于中国省份制造业面板数据的实证研究［J］．地理科学，2008，28（3）：325 - 330.

［26］陈良文，杨开忠．地区专业化、产业集中与经济集聚——对我国制造业的实证分析［J］．经济地理，2006b（S1）：72 - 75.

［27］陈良文，杨开忠．集聚经济的六类模型一个研究综述［J］．经济科学，2006a（6）：107 - 117.

［28］陈良文，杨开忠．集聚与分散：新经济地理学模型城市内部空间结构、外部规模经济效应的整合研究［J］．经济学（季刊），2007，7（1）：53 - 70.

［29］陈良文，杨开忠．我国区域经济差异变动的原因：一个要素流动和集聚经济的视角［J］．当代经济科学，2007c，29（3）：35 - 42 + 124.

［30］陈锡康，刘秀丽，付雪．投入占用产出分析在理论与方法上的若干重要进展及其主要应用［J］．中国科学基金，2008（4）：224 - 227.

［31］陈锡康．投入占用产出分析［M］．北京：中国科学技术出版社，1993.

［32］陈锡文．实施乡村振兴战略，推进农业农村现代化［J］．中国农业大学学报（社会科学版），2018，35（1）：5 - 12.

［33］陈小沁．俄罗斯能源安全与中亚能源一体化：动因、实践与前景［J］．俄罗斯东欧中亚研究，2020（5）：97 - 112 + 157.

［34］陈肖飞，姚士谋，张落成．新型城镇化背景下中国城乡统筹的理论与实践问题［J］．地理科学，2016，36（2）：188 - 195.

［35］陈宣庆，张可云．统筹区域发展的战略问题与政策研究［M］．北京：中国市场出版社，2007.

［36］陈彦光，周一星．中国城市化过程的非线性动力学模型探讨［J］．北京大学学报（自然科学版），2007（4）：542 - 548.

［37］陈艳莹，聂萍，黄鼐．比较优势、本地市场效应与生产性服务业集聚［J］．产业经济评论（山东大学），2014，13（4）：31 - 43.

［38］陈耀．我国近20年区域经济及其研究的回顾与前瞻［M］//陈栋生．跨世纪的中国区域发展．北京：经济管理出版社，1998.

［39］陈滢．城镇化与产业集群的互动关系分析［J］．经济纵横，2007（10）：53 - 55.

［40］程必定．再论区域经济学的研究对象［M］//陈栋生．区域经济研究的新起点．北京：经济管理出版社，1991.

［41］崔功豪，马润潮．中国自下而上城市化的发展及其机制［J］．地理学报，1999（2）：106 - 115.

［42］戴晔，丁文峰．试论陇海—兰新线在我国生产力布局中的主轴线地位［J］．开发研究，1988（2）：26 - 29.

［43］邓祥征，杨开忠，单菁菁，董锁成，张文鸽，郭荣星，谈明洪，赵鹏军，李宇，苗长虹，崔耀平．黄河流域城市群与产业转型发展［J］．自然资源学报，2021，36（2）：273 - 289.

［44］丁宝山．中国城乡协调发展的体制条件［J］．管理世界，1992（1）：81 - 87.

［45］丁四保，王荣成，李秀敏，等．区域经济学［M］．北京：高等教育出版社，2003.

［46］董先安．浅释中国地区收入差距：1952 - 2002［J］．经济研究，2004（9）：48 - 59.

［47］董晓华，金毅．推进长三角区域信息一体化研究［J］．浙江统计，2009（6）：5－7.

［48］董亚宁，顾芸，陈威，杨开忠．地方品质、劳动力区位与区域创新发展——基于新空间经济学理论［J］．西北人口，2020，41（4）：47－57.

［49］董亚宁，顾芸，杨开忠，范博凯．公共服务、城市规模与人才区位——基于新空间经济学理论的分析［J］．科技进步与对策，2021，38（1）：132－139.

［50］董亚宁，顾芸，杨开忠．市场一体化、比较优势与产业区位［J］．工业技术经济，2020，39（3）：116－124.

［51］段志刚，冯珊，岳超源．我国省级区域产业结构变化的可计算性一般均衡模型［J］．科技进步与对策，2004（10）：58－60.

［52］段志刚，李善同．北京市结构变化的可计算性一般均衡模型［J］．数量经济技术经济研究，2004（12）：86－94.

［53］樊杰，周侃，陈东．生态文明建设中优化国土空间开发格局的经济地理学研究创新与应用实践［J］．经济地理，2013，33（1）：1－8.

［54］樊杰．从经济地理学角度对区域经济学理论体系的理解［J］．地理研究，1997（1）：39－44.

［55］樊杰．我国主体功能区划的科学基础［J］．地理学报，2007，62（4）：339－350.

［56］范恒山，魏礼群，张军扩，杨开忠，陈耀．区域政策与稳增长［J］．区域经济评论，2019（3）：1－7.

［57］范剑勇．产业聚集与地区间劳动生产率差异［J］．经济研究，2006（11）：72－81.

［58］范金，郑庆武．地区社会核算矩阵的平衡技术及其在江苏社会核算矩阵编制中的应用［C］//中国管理科学学术会议论文集，2003a.

［59］范金，郑庆武．中国地区保险－经济－社会核算矩阵的编制与分析［J］．开发研究，2004（1）：1－5＋9.

［60］范金，郑庆武．中国地区宏观金融社会核算矩阵的编制［J］．当代经济科学，2003b（5）：34－39＋93.

［61］方创琳，周成虎，王振波．长江经济带城市群可持续发展战略问题与分级梯度发展重点［J］．地理科学进展，2015，34（11）：1398－1408.

［62］方创琳．中国新型城镇化高质量发展的规律性与重点方向［J］．地理研究，2019，38（1）：13－22.

［63］费孝通．小城镇大问题［M］．南京：江苏人民出版社，1984.

［64］冯雷．中国城乡一体化的理论与实践［J］．中国农村经济，1999（1）：69－72.

［65］冯之浚．发展区域循环经济简论［J］．再生资源与循环经济，2009，2（1）：6－10.

［66］冯子标．中部塌陷原因及崛起途径探析［J］．管理世界，2005（12）：150－151.

［67］甘丹丽．科技创新与新型城镇化协同发展对策研究［J］．科技进步与对策，2014，31（6）：41－45.

［68］葛悦华．关于生态文明及生态文明建设研究综述［J］．理论与现代化，2008（4）：122－126

［69］公丕萍，宋周莺，刘卫东．中国与"一带一路"沿线国家贸易的商品格局［J］．地理科学进展，2015，34（5）：571－580.

［70］官卫华，姚士谋．西部大开发中城市化发展的几个关键问题［J］．经济地理，2002，22（5）：579－584.

［71］郭利平，沈玉芳．新经济地理学的进展与评价［J］．学术研究，2003（7）：73－76

［72］郭元晞，常晓鸣．产业转移类型与中西部地区产业承接方式转变［J］．社会科学研究，2010（4）：33－37.

［73］韩峰，阳立高．生产性服务业集聚如何影响制造业结构升级？——一个集聚经济与熊彼特内生增长理论的综合框架［J］．管理世界，2020，36（2）：72－94＋219.

［74］韩增林，董梦如，郭建科，李源．陆海统筹视角下交通运输对沿海地区经济发展的影响［J］．地域研究与开发，2020，39（5）：13－18.

［75］郝寿义，安虎森．区域经济学［M］．北京：经济科学出版社，2004.

［76］何春阳，史培军，陈晋，等．基于系统动力学模型和元胞自动机模型的土地利用情景模型研究［J］．中国科学（D辑：地球科学），2005（5）：464－473.

［77］贺灿飞，李伟．演化经济地理学与区域发展［J］．区域经济评论，2020（1）：39－54.

[78] 贺灿飞, 谢秀珍. 中国制造业地理集中与省区专业化 [J]. 地理学报, 2006 (2): 212-222.

[79] 贺艳华, 周国华. 紧凑城市理论在土地利用总体规划中的应用 [J]. 国土资源科技管理, 2007 (3): 26-29.

[80] 胡代光, 高鸿业. 现代西方经济学词典 [M]. 北京: 中国社会科学出版社, 1996.

[81] 黄金川, 林浩曦, 漆潇潇. 面向国土空间优化的三生空间研究进展 [J]. 地理科学进展, 2017, 36 (3): 378-391.

[82] 黄苹. 地区人力资本溢出与经济增长分析 [J]. 经济经纬, 2008b (3): 67-69.

[83] 黄苹. 中国省域 R&D 溢出与地区经济增长空间面板数据模型分析 [J]. 科学学研究, 2008a (4): 749-753.

[84] 黄伟, 张阿玲, 张晓华. 我国区域间产业经贸流动关系的实证研究 [J]. 经济社会体制比较, 2005 (4): 28-36.

[85] 黄祖辉. 准确把握中国乡村振兴战略 [J]. 中国农村经济, 2018 (4): 2-12.

[86] 姜长云, 杜志雄. 关于推进农业供给侧结构性改革的思考 [J]. 南京农业大学学报 (社会科学版), 2017, 17 (1): 1-10+144.

[87] 姜长云, 盛朝迅, 张义博. 黄河流域产业转型升级与绿色发展研究 [J]. 学术界, 2019 (11): 68-82.

[88] 金凤君. 东北地区振兴的新机制与政策思考 [C] //中国地理学会经济地理专业委员会. 2015 年中国地理学会经济地理专业委员会学术研讨会论文摘要集, 2015.

[89] 金凤君. 黄河流域生态保护与高质量发展的协调推进策略 [J]. 改革, 2019 (11): 33-39.

[90] 金双泉. 区域一体化的综合交通规划方法探究 [J]. 综合运输, 2015, 37 (6): 52-56.

[91] 金煜, 陈钊, 陆铭. 中国的地区工业集聚: 经济地理、新经济地理与经济政策 [J]. 经济研究, 2006 (4): 79-89.

[92] 景跃军, 王胜今. 区域经济理论与方法——中国区域经济实证研究 [M]. 长春: 吉林大学出版社, 2001.

[93] 阚大学, 吕连菊. 中国服务贸易的本地市场效应研究——基于中国与 31 个国家 (地区) 的双边贸易面板数据 [J]. 财经研究, 2014, 40 (10): 71-83.

[94] 柯善咨. 中国城市与区域经济增长的扩散回流与市场区效应 [J]. 经济研究, 2009, 44 (8): 85-98.

[95] 孔祥智. 农业供给侧结构性改革的基本内涵与政策建议 [J]. 改革, 2016 (2): 104-115.

[96] 赖长强. 粤港澳大湾区城市群全面开放的战略路径研究——基于广州、深圳的开放水平测度 [J]. 产业创新研究, 2019 (6): 18-21.

[97] 蓝庆新, 陈超凡. 新型城镇化推动产业结构升级了吗? ——基于中国省级面板数据的空间计量研究 [J]. 财经研究, 2013, 39 (12): 57-71.

[98] 雷学勤, 袁九毅, 潘峰, 等. 我国区域循环经济评价指标体系研究进展 [J]. 环境与可持续发展, 2008 (1): 15-18.

[99] 黎夏, 叶嘉安. 基于神经网络的单元自动机 CA 及真实和优化的城市模拟 [J]. 地理学报, 2002 (2): 159-166.

[100] 黎夏, 叶嘉安. 基于神经网络的元胞自动机及模拟复杂土地利用系统 [J]. 地理研究, 2005 (1): 19-27.

[101] 黎夏, 叶嘉安. 基于遥感和 GIS 的辅助规划模型: 以珠江三角洲可持续土地开发为例 [J]. 遥感学报, 1999 (3): 215-219+247.

[102] 李炳坤. 扎实稳步推进社会主义新农村建设 [J]. 中国农村经济, 2005 (11): 4-9.

[103] 李诚固, 李培祥, 谭雪兰, 刘文秀. 东北地区产业结构调整与升级的趋势及对策研究 [J]. 地理科学, 2003 (1): 7-12.

[104] 李福柱. 演化经济地理学的理论框架与研究范式: 一个文献综述 [J]. 经济地理, 2011, 31 (12): 1975-1980+1994.

[105] 李国平, 孙瑀. 面向 2030 年的中国城镇化及其区域差异态势分析 [J]. 区域经济评论, 2020 (4):

72 - 81.

[106] 李国平. 京津冀协同发展: 现状、问题及方向 [J]. 前线, 2020 (1): 59 - 62.

[107] 李京文. 走向 21 世纪的中国区域经济 [M]. 南宁: 广西人民出版社, 1999.

[108] 李科, 马超群, 葛凌. 区域经济体可计算一般均衡模型的研究与应用 [J]. 系统工程理论与实践, 2008 (5): 55 - 63.

[109] 李全, 李霖, 姜文亮, 等. 基于 LOGISTIC 模型的城市扩展时空模拟——以深圳龙岗区为例 [J]. 华中师范大学学报 (自然科学版), 2006 (3): 442 - 446.

[110] 李善同, 李强, 齐舒畅, 等. 中国经济的社会核算矩阵 [J]. 数量经济技术经济研究, 1996 (1): 42 - 48.

[111] 李小建, 李庆存. 克鲁格曼的主要经济地理学观点分析 [J]. 地理科学进展, 1999, 18 (2): 97 - 102.

[112] 李新延, 李德仁. 应用多主体系统预测和分析城市用地变化 [J]. 武汉大学学报 (工学版), 2005 (5): 109 - 113.

[113] 李玉成, 杨开忠. 集聚与增长整合研究评述 [J]. 经济问题, 2008 (5): 16 - 20 + 80.

[114] 理查森·W. 哈利. 区域经济学概论 [M]. 李俊, 译. 北京: 海潮出版社, 1990.

[115] 梁琦, 黄利春. 要素集聚、产业时空变动与城市层级体系 [J]. 城市与环境研究, 2014, 1 (2): 13 - 24.

[116] 梁琦, 李晓萍, 吕大国. 市场一体化、企业异质性与地区补贴——一个解释中国地区差距的新视角 [J]. 中国工业经济, 2012 (2): 16 - 25.

[117] 廖尚华, 胡保清, 严志强. 区域生态经济学的理论分析与应用研究 [J]. 广西师范学院学报 (自然科学版), 2007 (1): 64 - 70.

[118] 林坚, 宋萌, 张安琪. 国土空间规划功能定位与实施分析 [J]. 中国土地, 2018 (1): 15 - 17.

[119] 林维柏. 区域循环经济发展模式探讨 [J]. 管理观察, 2009 (6): 23 - 25.

[120] 林先扬, 陈忠暖, 蔡国田. 国内外城市群研究的回顾与展望 [J]. 热带地理, 2003 (1): 44 - 49.

[121] 林毅夫, 李永军. 比较优势、竞争优势与发展中国家的经济发展 [J]. 管理世界, 2003 (7): 21 - 28 + 66 - 155.

[122] 林毅夫. 比较优势与中国经济发展 [J]. 经济前沿, 2005 (11): 4 - 7.

[123] 刘安国, 卢晨曦, 杨开忠. 经济一体化、集聚租和区际税收政策协调 [J]. 经济研究, 2019, 54 (10): 167 - 182.

[124] 刘安国. 加入 WTO 和中国经济格局演化 [D]. 北京: 北京大学博士学位论文, 2002.

[125] 刘秉镰, 孙哲. 京津冀区域协同的路径与雄安新区改革 [J]. 南开学报 (哲学社会科学版), 2017 (4): 12 - 21.

[126] 刘秉镰, 王钺. 京津冀、长三角与珠三角发展的比较及思考 [J]. 理论与现代化, 2020 (3): 5 - 11.

[127] 刘秉镰, 王钺. 自贸区对区域创新能力的影响效应研究——来自上海自由贸易试验区准实验的证据 [J]. 经济与管理研究, 2018, 39 (9): 65 - 74.

[128] 刘秉镰, 武鹏, 刘玉海. 交通基础设施与中国全要素生产率增长——基于省域数据的空间面板计量分析 [J]. 中国工业经济, 2010 (3): 54 - 64.

[129] 刘秉镰, 朱俊丰. 新中国 70 年城镇化发展: 历程、问题与展望 [J]. 经济与管理研究, 2019, 40 (11): 3 - 14.

[130] 刘朝阳. 区域经济一体化与中国的发展战略选择 [J]. 经济学动态, 2002 (4): 30 - 34.

[131] 刘国新, 万君康, 陈遥. 创新动力与 R&D 溢出 [J]. 中国管理科学, 1999 (3): 68 - 75.

[132] 刘妙龙, 陈鹏. 基于细胞自动机与多主体系统理论的城市模拟原型模型 [J]. 地理科学, 2006 (3): 292 - 298.

[133] 刘乃全, 陶云, 张学良. 中国区域经济增长协整分析与区域政策选择——兼论 "中部塌陷" 现象 [J]. 财经研究, 2006 (4): 49 - 57.

[134] 刘强, 冈本信广. 中国地区间投入产出模型的编制及其问题 [J]. 统计研究, 2002 (9): 58 - 64.

［135］刘小平，黎夏，艾彬，等．基于多智能体的土地利用模拟与规划模型［J］．地理学报，2006a（10）：1101－1112.

［136］刘小平，黎夏．从高维特征空间中获取元胞自动机的非线性转换规则［J］．地理学报，2006b（6）：663－672.

［137］刘彦随．中国新农村建设创新理念与模式研究进展［J］．地理研究，2008（2）：479－480.

［138］刘勇．长三角地区空间R&D溢出与经济增长［J］．南通大学学报（社会科学版），2007（2）：10－14.

［139］刘志高，尹贻梅，孙静．产业集群形成的演化经济地理学研究评述［J］．地理科学进展，2011，30（6）：652－657.

［140］鲁凤，徐建华．中国区域经济差异的空间统计分析［J］．华东师范大学学报（自然科学版），2007（2）：44－51.

［141］陆大道，孙东琪．黄河流域的综合治理与可持续发展［J］．地理学报，2019，74（12）：2431－2436.

［142］陆大道．2000年我国工业生产力布局总图的科学基础［J］．地理科学，1986，6（2）：110－118.

［143］路江涌，陶志刚．中国制造业区域聚集及国际比较［J］．经济研究，2006（3）：103－114.

［144］骆永民．财政分权、空间溢出与经济增长［J］．财贸研究，2008（3）：66－72.

［145］马永欢，李晓波，等．对建立全国统一空间规划体系的构想［J］．中国软科学，2017（3）：11－16.

［146］孟旭光，强真，郝庆，等．新时期国土规划的功能定位与编制思路［J］．中国国土资源经济，2011，24（4）：29－31+41+55.

［147］苗长虹，胡志强，耿凤娟，苗健铭．中国资源型城市经济演化特征与影响因素——路径依赖、脆弱性和路径创造的作用［J］．地理研究，2018，37（7）：1268－1281.

［148］苗长虹．我国城乡工业联系及协调发展研究［J］．地理研究，1997（2）：30－37.

［149］聂振华．区域经济学通论［M］．北京：人民出版社，2003.

［150］涅克拉索夫．区域经济学［M］．许维新，许晶心，译．北京：东方出版社，1978.

［151］宁越敏．新城市化进程——90年代中国城市化动力机制和特点探讨［J］．地理学报，1998（5）：470－477.

［152］牛慧恩．国土规划、区域规划、城市规划：论三者关系及其协调发展［J］．城市规划，2004（11）：42－46.

［153］牛文元．智慧城市是新型城镇化的动力标志［J］．中国科学院院刊，2014，29（1）：34－41.

［154］欧阳向英．俄罗斯与中国：错位与对接——谈"一带一路"与欧亚经济联盟的兼容性［C］//中国新兴经济体研究会，中国国际文化交流中心，广东工业大学．新兴经济体发展：创新、活力、联动、包容——中国新兴经济体研究会2016年会暨2016新兴经济体论坛（国际学术会议）论文集（上），2016.

［155］庞前聪．大湾区城市群空间协同策略研究——基于珠海与粤港澳大湾区互动的视角［J］．城市发展研究，2019，26（7）：50－58.

［156］彭朝晖，杨开忠．人力资本与中国区域经济差异［M］．北京：新华出版社，2005.

［157］祁帆，谢海霞，王冠珠．国土空间规划中三条控制线的划定与管理［J］．中国土地，2019（2）：26－29.

［158］秦琳贵，沈体雁．地方政府竞争、环境规制与全要素生产率［J］．经济经纬，2020，37（5）：1－8.

［159］秦耀辰，徐铭杰，王喜．论投入产出潜力对区域可持续发展过程的约束［J］．数量经济技术经济研究，2001（1）：36－38.

［160］全波，陈莎．京津冀一体化格局下北京交通发展模式转变的思考［J］．城市规划学刊，2016（2）：60－65.

［161］任保平．区域经济理论方法与政策［M］．北京：经济科学出版社，2004.

［162］邵宜航，李泽扬．空间集聚、企业动态与经济增长：基于中国制造业的分析［J］．中国工业经济，2017（2）：5－23.

［163］沈清基．论基于生态文明的新型城镇化［J］．城市规划学刊，2013（1）：29－36.

［164］沈体雁，李迅．基于多主体的城市微模拟平台Grid ABGIS研究［J］．北京大学学报（自然科学

版），2007（4）：502－508.

　　［165］沈体雁，罗丽娥，李迅，等．基于 LRM 的北京城市未来增长模拟研究［J］．北京大学学报（自然科学版），2007b（6）：776－783.

　　［166］沈体雁，王伟东，侯敏，等．城市增长时空系统动态学模拟研究［J］．系统工程理论与实践，2007a（1）：10－17.

　　［167］沈体雁，于瀚辰．空间计量经济学［M］．北京：北京大学出版社，2020.

　　［168］沈体雁．CGE 与 GIS 集成的中国城市增长情景模拟框架研究［J］．地球科学进展，2006（11）：1153－1163.

　　［169］盛斌．中国自由贸易试验区的评估与展望［J］．国际贸易，2017（6）：7－13.

　　［170］石敏俊，金凤君，李娜，等．中国地区间经济联系与区域发展驱动力分析［J］．地理学报，2006（6）：593－603.

　　［171］石敏俊，赵曌，袁永娜．经济地理与区域经济增长差异［J］．中国区域经济，2009（2）：22－33.

　　［172］石楠．"人居三"、《新城市议程》及其对我国的启示［J］．城市规划，2017，41（1）：9－21.

　　［173］石忆邵，何书金．城乡一体化探论［J］．城市规划，1997（5）：36－38.

　　［174］宋琳，董春，胡晶，等．基于空间统计分析与 GIS 的人均 GDP 空间分布模式研究［J］．测绘科学，2006（4）：123－125.

　　［175］苏海龙，谭迎辉，周锐，王燚．基于规划过程的我国土地使用与交通一体化规划研究展望［J］．城市发展研究，2013，20（9）：66－72.

　　［176］苏明亮，赵尚坤，马聪．城市群交通运输一体化规划理论方法研究［J］．智能城市，2020，6（14）：120－121.

　　［177］苏铭．长江经济带能源协同发展研究［J］．宏观经济管理，2019（12）：37－41＋57.

　　［178］苏世亮，吕再扬，王伟，等．国土空间规划实施评估：概念框架与指标体系构建［J］．地理信息世界，2019，26（4）：20－23.

　　［179］孙楚仁，张楠，刘雅莹．"一带一路"倡议与中国对沿线国家的贸易增长［J］．国际贸易问题，2017（2）：83－96.

　　［180］孙楚仁．贸易自由化、生产再配置与国民福利：个体异质性的视角［J］．世界经济，2019，42（1）：26－50.

　　［181］孙久文，彭芳梅，姚鹏．自贸区发展与经济特区的机遇和挑战［J］．特区实践与理论，2015（4）：21－25＋45.

　　［182］孙久文，叶裕民．区域经济学教程［M］．北京：中国人民大学出版社，2003.

　　［183］孙久文．"一带一路"：构建中国区域经济发展大格局［N］．社会科学报，2016－11－10（02）.

　　［184］孙久文．京津冀协同发展的重点任务与推进路径研究［M］．北京：北京教育出版社，2018.

　　［185］孙小兰．西部走出资金困境的思考［J］．管理世界，2005（10）：153－154.

　　［186］覃成林，刘丽玲，覃文昊．粤港澳大湾区城市群发展战略思考［J］．区域经济评论，2017（5）：113－118.

　　［187］谭成文．基于人口移动和知识溢出的经济增长与集群研究［D］．北京：北京大学博士学位论文，2002.

　　［188］谭遂，杨开忠．一种基于自组织理论的城市与区域空间格局演变模型研究［J］．经济地理，2003（2）：149－153.

　　［189］汤正刚．城乡一体化：中心城市市域城镇规划的总方针［J］．经济体制改革，1995（4）：17－22.

　　［190］唐健，魏西云，戴劲．国土空间视角下差别化耕地保护政策的选择［J］．中国土地，2020（8）：4－9.

　　［191］唐新华．亚洲能源一体化"一带一路"能源互联互通的前景探析［J］．开发性金融研究，2017，13（3）：37－44.

　　［192］陶海燕，黎夏，陈晓翔．基于多智能体的居住空间格局演变的真实场景模拟［J］．地理学报，2009

（6）：665 – 676.

［193］沃尔特·艾萨德. 区域科学导论 ［M］. 陈宗兴，等译. 北京：高等教育出版社，1991.

［194］王开泳，陈田. 新时代的国土空间规划体系重建与制度环境改革 ［J］. 地理研究，2019，38（10）：2541 – 2551.

［195］王如玉，梁琦. 从空间经济学看区域协调发展战略 ［N］. 中国社会科学报，2019 – 01 – 11（05）.

［196］王颂吉. 丝绸之路经济带国内段中心城市产业合作研究：基于价值链分工视角 ［J］. 西北大学学报（哲学社会科学版），2016，46（6）：89 – 96.

［197］王旭阳，肖金成，张燕燕. 我国自贸试验区发展态势、制约因素与未来展望 ［J］. 改革，2020（3）：126 – 139.

［198］王亚飞，郭锐，樊杰. 国土空间结构演变解析与主体功能区格局优化思路 ［J］. 中国科学院院刊，2020，35（7）：855 – 866.

［199］王亚华，苏毅清. 乡村振兴——中国农村发展新战略 ［J］. 中央社会主义学院学报，2017（6）：49 – 55.

［200］王铮，李国平，苗长虹，周国华，刘筱. 中国城市与区域管理研究进展与展望 ［J］. 地理科学进展，2011，30（12）：1527 – 1533.

［201］王铮，马翠芳，王莹，等. 区域间知识溢出的空间认识 ［J］. 地理学报，2003（5）：773 – 780.

［202］王铮，武巍，吴静. 中国各省区经济增长溢出分析 ［J］. 地理研究，2005（2）：243 – 252.

［203］王志平. 我国区域经济合作与交通运输一体化问题的探讨 ［J］. 铁道运输与经济，2007（12）：6 – 8.

［204］魏后凯. 东北振兴政策的效果评价及调整思路 ［J］. 社会科学辑刊，2008（1）：60 – 65.

［205］魏后凯. 现代区域经济学 ［M］. 北京：经济管理出版社，2006.

［206］魏后凯. 中国城镇化进程中两极化倾向与规模格局重构 ［J］. 中国工业经济，2014（3）：18 – 30.

［207］翁瑾，旅游空间结构的理论及其在中国国际旅游业上的应用 ［D］. 北京：北京大学博士学位论文，2004.

［208］翁瑾. 技术扩散与上海 R&D 活动的空间集聚 ［J］. 中国区域经济，2009（1）：19 – 24.

［209］沃纳·赫希. 城市经济学 ［M］. 刘世庆，译. 北京：中国社会科学出版社，1990.

［210］吴群刚，杨开忠. 关于京津冀区域一体化发展的思考 ［J］. 城市问题，2010（1）：11 – 16.

［211］吴唯佳，吴良镛，石晓冬，王富海，汪科，周俭，毛其智，邱衍庆，王凯. 人居与高质量发展 ［J］. 城市规划，2020，44（1）：99 – 104.

［212］吴业苗. 农村基层社会管理与"社区化"体制建构——基于城乡一体化视角 ［J］. 社会科学，2013（8）：80 – 89.

［213］吴玉鸣. 空间计量经济模型在省域研发与创新中的应用研究 ［J］. 数量经济技术经济研究，2006（5）：74 – 85 + 130.

［214］吴志强. "人居三"对城市规划学科的未来发展指向 ［J］. 城市规划学刊，2016（6）：7 – 12.

［215］武廷海. 国土空间规划体系中的城市规划初论 ［J］. 城市规划，2019，43（8）：9 – 17.

［216］武廷海. 中国城市规划的历史与未来 ［J］. 人民论坛·学术前沿，2020（4）：65 – 72.

［217］武义青，赵建强. 区域基本公共服务一体化水平测度——以京津冀和长三角地区为例 ［J］. 经济与管理，2017，31（4）：11 – 16.

［218］武有德，潘良玉. 区域经济学导论 ［M］. 北京：中国社会科学出版社，2004.

［219］夏军，黄浩，海河流域水污染及水资源短缺对经济发展的影响 ［J］. 资源科学，2006（2）：2 – 7.

［220］夏绍玮，马峰，王亚利. 中国大区域间投入产出连接模型 ［J］. 系统工程理论与实践，2000（11）：19 – 24.

［221］夏禹龙，冯文浚. 梯度理论与区域经济 ［J］. 研究与建议，1982（8）：21 – 24.

［222］肖光恩，刘锦学，谭赛月明. 空间计量经济学：基于 MATLAB 的应用分析 ［M］. 北京：北京大学出版社，2018.

［223］肖华茂. 区域循环经济发展模式及其评价体系研究综述 ［J］. 生态经济，2007（4）：52 – 55.

［224］肖金成．西部大开发与金融深化［J］．宏观经济研究，2000（8）：32－34.

［225］肖琳．海陆统筹共进，构建"一带一路"［J］．太平洋学报，2014，22（2）：2.

［226］谢燮，杨开忠．新经济地理学诞生的理论基石［J］．当代经济科学，2004，26（4）：53－57.

［227］谢燮．人口有限流动的区域差异模型——新经济地理学拓展框架［D］．北京：北京大学博士学位论文，2003.

［228］熊利亚，常斌，周相广．基于地理元胞自动机的土地利用变化研究［J］．资源科学，2005（4）：38－43.

［229］徐胜．我国区域经济发展战略研究［J］．当代财经，2003（10）：94－95＋128.

［230］徐曙光．投入产出技术的研究进展［J］．国土资源情报，2005（12）：35－39.

［231］许景权，沈迟，胡天新，等．构建我国空间规划体系的总体思路和主要任务［J］．规划师，2017，33（2）：5－11.

［232］许召元，李善同．区域间劳动力迁移对经济增长和地区差距的影响［J］．数量经济技术经济研究，2008（2）：38－52.

［233］宣晓伟．我国空间规划体系存在的问题、原因及建议——基于中央与地方关系视角［J］．经济纵横，2018（12）：42－50＋2.

［234］薛领，杨开忠，沈体雁．基于agent的建模——地理计算的新发展［J］．地球科学进展，2004（2）：305－311.

［235］薛领，杨开忠．城市演化的多主体（multi－agent）模型研究［J］．系统工程理论与实践，2003（12）：1－9＋17.

［236］薛领，杨开忠．复杂性科学理论与区域空间演化模拟研究［J］，地理研究，2002（1）：79－88.

［237］薛领，张晓林．基于Agent建模的新经济地理学核心－边缘模型模拟——兼论与数值模拟的比较［J］．经济与管理，2019，33（4）：31－38＋85.

［238］严金明，刘杰．关于土地利用规划本质、功能和战略导向的思考［J］．中国土地科学，2012，26（2）：4－9.

［239］晏学峰．沿海、长江、陇海三大经济地带将构成我国经济的基本格局［J］．经济改革，1986（1）：12－16.

［240］杨保军，陈鹏，董珂，等．生态文明背景下的国土空间规划体系构建［J］．城市规划学刊，2019，（4）：16－23.

［241］杨保军，陈怡星，吕晓蓓，朱郁郁．"一带一路"战略的空间响应［J］．城市规划学刊，2015（2）：6－23.

［242］杨保军，郑德高，汪科，李浩．城市规划70年的回顾与展望［J］．城市规划，2020，44（1）：14－23.

［243］杨传开，李陈．新型城镇化背景下的城市病治理［J］．经济体制改革，2014（3）：48－52.

［244］杨华峰，汪静．中国十省区域循环经济发展动态综合评价实证研究［J］．工业技术经济，2009（2）：113－117.

［245］杨开忠，单菁菁，彭文英，等．加快推进流域的生态文明建设［J］．今日国土，2020（8）：29－30.

［246］杨开忠，董亚宁，顾芸．运输成本、异质性企业迁移与区域平衡发展——基于集聚与增长整合理论的研究［J］．系统工程理论与实践，2019，39（10）：2466－2475.

［247］杨开忠，董亚宁，薛领，刘安国，徐梓原，杨书．"新"新经济地理学的回顾与展望［J］．广西社会科学，2016（5）：63－74.

［248］杨开忠，董亚宁．黄河流域生态保护和高质量发展制约因素与对策——基于"要素－空间－时间"三维分析框架［J］．水利学报，2020，51（9）：1038－1047.

［249］杨开忠，冯等田，沈体雁．空间计量经济学研究的最新进展［J］．开发研究，2009（2）：7－12.

［250］杨开忠，李玉萍．中国生态效率地区差异研究［J］．中国区域经济，2009（1）：25－35.

［251］杨开忠，孙尚清，马建堂，等．经济结构的理论、应用与政策［M］．北京：中国社会科学出版

社，1991.

[252] 杨开忠，谢燮，刘安国. 厂商数目有限交易费用不同的垄断竞争的空间模型 [J]. 系统工程，2005 (6)：46-50.

[253] 杨开忠，薛领. 复杂区域科学：21世纪的区域科学 [J]. 地球科学进展，2002，17 (1)：5-11.

[254] 杨开忠，杨咏. 生态足迹分析理论与方法 [J]. 地球科学进展，2000 (6)：630-636.

[255] 杨开忠. 大国区域经济发展理论探讨 [J]. 经济科学，1996 (3)：9-15.

[256] 杨开忠. 关于地区产业政策的研究与制订 [J]. 管理世界，1998 (1)：143-151+221.

[257] 杨开忠. 关于区域经济学研究中的几个理论问题 [J]. 区域经济研究，1990 (1)：358-363.

[258] 杨开忠. 论区域发展战略 [J]. 地理研究，1994a (1)：9-15.

[259] 杨开忠. 迈向空间一体化：中国市场经济与区域发展战略 [M]. 成都：四川人民出版社，1993b.

[260] 杨开忠. 区域产业政策理论的系统研究 [J]. 管理世界，1989a (5)：38-53+223.

[261] 杨开忠. 区域结构理论与应用——中国区域结构研究 [D]. 北京：中国社会科学院博士学位论文，1988.

[262] 杨开忠. 区域经济学概念、分支与学派 [J]. 经济学动态，2008 (1)：55-60.

[263] 杨开忠. 区域科学学科地位、体系和前沿 [J]. 地理科学，1999，19 (4)：15-20.

[264] 杨开忠. 我国区域经济协调发展的总体部署 [J]. 管理世界，1993a (1)：171-178+225.

[265] 杨开忠. 新型城镇化的改革取向 [J]. 中国国情国力，2014 (10)：1.

[266] 杨开忠. 新型城镇化与区域协调发展 [J]. 科学观察，2019a (4)：45-48.

[267] 杨开忠. 新中国70年城市规划理论与方法演进 [J]. 管理世界，2019b，35 (12)：17-27.

[268] 杨开忠. 一般持续发展论（上，下）[J]. 中国人口·资源与环境，1994b (1-2)：11-15+7-12.

[269] 杨开忠. 以地方品质为关键推动未来城市建设 [J]. 群言，2019c (8)：4-6.

[270] 杨开忠. 中国地区工业结构变化与区域增长和分工 [J]. 地理学报，1993c (6)：481-490.

[271] 杨开忠. 中国区域发展研究 [M]. 北京：海洋出版社，1989b.

[272] 杨青生，黎夏，刘小平. 基于Agent和CA的城市土地利用变化研究 [J]. 地球信息科学，2005 (2)：78-81.

[273] 杨吾扬. 经济地理学、空间经济学与区域科学 [J]. 地理学报，1992 (6)：561-569.

[274] 姚莉. "后危机时代"湖北加快结构调整的对策选择 [J]. 政策，2010 (4)：22-24.

[275] 殷晓春. 对城乡公共服务一体化建设的初步思考 [J]. 经济研究导刊，2014 (36)：166-169.

[276] 于洋，张丽梅，陈才. 我国东部地区经济-能源-环境-科技四元系统协调发展格局演变 [J]. 经济地理，2019 (7)：14-21.

[277] 于迎，唐亚林. 长三角区域公共服务一体化的实践探索与创新模式建构 [J]. 改革，2018 (12)：92-102.

[278] 袁奇峰，易晓峰，王雪，彭涛，刘云亚. 从"城乡一体化"到"真正城市化"——南海东部地区发展的反思和对策 [J]. 城市规划学刊，2005 (1)：63-67.

[279] 曾青. 区域经济与区域交通一体化发展模式研究 [J]. 武汉理工大学学报，2006 (12)：133-136.

[280] 曾智洪. 中国新型城镇化包容性制度创新体系研究 [J]. 城市发展研究，2017，24 (5)：1-7.

[281] 张阿玲，黄伟，张晓华. 地区经济差距根源的区际产业经贸关系实证研究——从我国地区间投入产出联结表试算的视角 [J]. 财经研究，2005 (3)：109-125.

[282] 张阿玲，李继峰. 地区间投入产出模型分析 [J]. 系统工程学报，2004 (6)：615-619.

[283] 张发余. 新经济地理学的研究内容及其评价 [J]. 经济学动态，2000 (11)：72-76.

[284] 张贡生. 中国区域发展战略之70年回顾与未来展望 [J]. 经济问题，2019 (10)：10-18.

[285] 张国，李录堂. 中国未来十年城乡协调发展的目标及标志 [J]. 西北农林科技大学学报（社会科学版），2001 (1)：48-51.

[286] 张国华. 合力推动京津冀公共服务一体化 [J]. 前线，2020 (5)：55-57.

[287] 张金牡，吴波，沈体雁. 基于Agent模型的北京市土地利用变化动态模拟研究 [J]. 东华理工学院

学报，2004（1）：80-83.

［288］张军．乡村价值定位与乡村振兴［J］．中国农村经济，2018（1）：2-10.

［289］张可云．区域经济政策［M］．北京：商务印书馆，2005.

［290］张敏，范金，周应恒．省域内多地区投入产出表的编制和更新：江苏案例［J］．统计研究，2008（7）：74-81.

［291］张文忠．新经济地理学的研究视角探析［J］．地理科学进展，2003，22（1）：94-102.

［292］张显东．试论区域科学学科体系［J］．经济地理，1998（4）：38-43.

［293］张晓璇，毕鑫，孟晓阳．加快推进我国交通一体化发展的建议［J］．综合运输，2021，43（2）：36-39+46.

［294］张旭亮，宁越敏．长三角城市群城市经济联系及国际化空间发展战略［J］．经济地理，2011，31（3）：353-359.

［295］张学良．中国交通基础设施促进了区域经济增长吗——兼论交通基础设施的空间溢出效应［J］．中国社会科学，2012（3）：60-77+206.

［296］张亚玲，李雪蕾，郭忠兴．统筹推进后扶贫时代脱贫攻坚与乡村振兴的有机衔接——"脱贫攻坚与乡村振兴"学术研讨会综述［J］．南京农业大学学报（社会科学版），2019，19（6）：149-155.

［297］张卓元．中国国有企业改革三十年：重大进展、基本经验和攻坚展望［J］．经济与管理研究，2008（10）：5-19.

［298］赵广英，李晨．国土空间规划体系下的详细规划技术改革思路［J］．城市规划学刊，2019（4）：37-46.

［299］赵晶，陈华根，许惠平．元胞自动机与神经网络相结合的土地演变模拟［J］．同济大学学报（自然科学版），2007（8）：1128-1132.

［300］赵凯．R&D成本内生化及政府补贴政策效应研究——基于新经济地理框架［J］．科学学与科学技术管理，2016，37（2）：42-52.

［301］赵鹏军，罗佳，胡昊宇．基于大数据的生活圈范围与服务设施空间匹配研究——以北京为例［J］．地理科学进展，2021，40（4）：541-553.

［302］赵作权，宋敦江．中国城市创新的空间集聚与演化［J］．中国区域经济，2009（1）：44-52.

［303］赵作权．中国经济核心区在哪里［J］．中国科学院院刊，2009（4）：371-378.

［304］郑长德，刘帅．基于空间计量经济学的碳排放与经济增长分析［J］．中国人口·资源与环境，2011，21（5）：80-86.

［305］郑贵斌．我国陆海统筹区域发展战略与规划的深化研究［J］．区域经济评论，2013（1）：19-23.

［306］中国电信智慧城市研究组．智慧城市之路：科学治理与城市个性［M］．北京：电子工业出版社，2011.

［307］周惠来，郭蕊．中国城市群研究的回顾与展望［J］．地域研究与开发，2007（5）：55-60.

［308］周继彪，韩永启，林国成，李永林．城乡交通一体化发展研究［J］．交通标准化，2011（20）：145-148.

［309］周江，胡静锋，宋彦，何青松．生产效率、生产成本与比较优势——基于长江经济带的理论与实证研究［J］．宏观经济研究，2019（12）：86-101.

［310］周起业．区域经济学［M］．北京：中国人民大学出版社，1989.

［311］周岿，王铮．中国三大区域增长的技术进步方向选择［J］．科研管理，2003（6）：132-137.

［312］周文通，孙铁山．京津冀区域经济面临的空间溢出效应［J］．首都经济贸易大学学报，2016，18（3）：50-58.

［313］周一星，曹广忠．改革开放20年来的中国城市化进程［J］．城市规划，1999（12）：9-14.

［314］朱建华，修春亮．1949年以来东北地区行政区划演变格局与成因分析［J］．地理科学，2019，39（4）：606-615.

［315］朱孔来，李静静，乐菲菲．中国城镇化进程与经济增长关系的实证研究［J］．统计研究，2011，28

（9）：80 - 87.

（二）外文文献

［1］Hoover E. M. , Giarratani F. . Introduction to Regional Economics ［EB/OL］. The Web Book of Regional Science, （1999 - 05 - 13）. http：//www. rri. wvu. edu/webBook/Giarratani/ contents. htm.

［2］Isard W. . Methods of Regional Science：An Introduction to Regional Science ［M］. Cambridge：MIT Press, 1960.

［3］Mills E. S. . Growing Populations Changing Landscapes：Studies from India, China, and the United States ［M］. Washington D. C. ：National Academics Press, 2001.

［4］Montinola G. , Qian Y. Y. , Weingast B. R. . Federalism, Chinese Style：The Political Basis for Economic Success ［J］. World Politics, 1996 （1）：50 - 81.

［5］Richardson H. W. . The State of Regional Economics：A Survey Article ［J］. International Regional Science Review, 1978, 3 （1）：1 - 48.

［6］Yang X. , Zeng, D. Z. . Trade Liberalisation with Mobile Capital and Firm Heterogeneity ［J］. The World Economy, 2020, 44 （2）：530 - 559.

第二章　中国区域科学未来三十年

第一节　区域科学理论研究

一、区域科学与其他学科融合发展趋势凸显

随着以区域科学理论、新经济增长理论、新经济地理学等为代表的具备完整均衡分析理论框架的区域经济理论逐渐兴起，区域经济理论创新发展的最显著特征就是将区域经济问题带入了主流经济学研究的视野，使其成为主流经济学的重要分支（刘秉镰等，2020）。与此同时，在学科研究边际不断拓展的背景下，区域经济学与经济学内部分支学科甚至其他学科的联系也愈加紧密。

伴随着研究方法的不断创新和推广，目前经济学各个领域的研究内容和范围都得到了长足发展。在对同一个问题的研究深度不断加深的同时，其研究广度也在不断拓展。因此，经济学下各分支学科和领域也在不断地融合交叉，这也为区域经济学拓展自己的研究广度、融合其他相关领域提供了可能。例如，Desmet 和 Rossi – Hansberg（2014）将空间地理模型与动态增长模型相结合，较好地拟合了第二次世界大战之后美国主要的宏观经济数据和地区经济结构，这表明将区域经济理论引入增长模型中有助于理解宏观经济运行的规律和变化。区域经济理论与经济学其他各分支的交叉和融合也将会是未来区域经济理论研究的一个重要方向。

区域经济学不仅将与行为经济、演化经济、实验经济等经济学科融合，还将与心理学、物理学、社会学、历史学以及地理学产生更多的交叉融合，以逐渐拓展区域经济学的研究内容和研究视角，推动区域经济学研究方法的创新（刘秉镰等，2020）。例如，政治学里探讨的政府行为会通过其制定的地方政策来影响区域经济的发展，从而为区域经济理论创新提供了自然实验的基础；历史学里研究的制度因素和历史事件也会深刻地影响当代的区域融合或区域冲突，历史数据已经逐渐被引入区域经济学解决内生性问题的工具变量设定之中。由此可见，对于区域经济理论与模型的未来探索，可能有时会对不同学科的最新研究进行吸纳与融合。

二、与"双循环"新发展格局相适应的区域经济理论有待创新

改革开放后，我国通过大口径外循环抓住了发展机遇。不断扩大的外循环也对国内经济活动的空间分布及区域产业专业化产生了广泛的影响（Allen and Arkolakis，2014；Coşar and Fajgelbaum，2016）。尤其是在中国加入WTO之后，我国吸引了大量的外商直接投资，这对我国的资源配置效率和区域发展模式都产生了深远的影响（卢荻，2003）。然而，全球价值链模式下的

产业转移在助力我国实现经济快速增长的同时，也带来了区域协调发展和产业升级的双重挑战。国际技术外溢是有限的，国内市场为本国企业提供持续创新拉动力的重要性不可忽视。全球价值链的调整导致了部分制造业向发达国家回缩（Acemoglu and Restrepo，2019），区域内部的价值链长度变短，全球分工程度降低。由外循环转向内外循环并重、从"外向型发展"战略转向"内外双向循环"发展战略势在必行（张少军和刘志彪，2009）。

当前，我国社会主要矛盾已转变为人民日益增长的美好生活需要和不平衡不充分的发展之间的矛盾，充分平衡的高质量发展成为重要导向。随着外部环境和要素禀赋的变化，市场和资源"两头在外"的国际大循环动能减弱；与此同时，内需潜力释放，国内超大规模市场优势逐渐凸显。鉴于此，中央提出加快构建以国内大循环为主体、国内国际双循环相互促进的新发展格局，这是事关中华民族伟大复兴与"两个一百年"奋斗目标的重大决策，与经济战略转型密不可分。

构建新发展格局战略决策对区域经济理论的创新发展提出了新要求。在新新经济地理学（Eaton and Kortum，2002）[①]理论框架下发展起来的国际—国内多地区贸易模型受到许多国际贸易学者的关注（Atkin and Donaldson，2015）。例如，Redding（2016）在 EK 模型中引入国内贸易来研究存在迁移成本时的劳动力就业区位选择。Tombe 和 Zhu（2019）对该理论进行了拓展与中国化，建立了包含多地区（国际和中国各省份）的两部门一般均衡模型，并探讨了我国区域间和区域内不同部门之间的贸易摩擦（如劳动力流动成本）对劳动生产率的影响。同时，部分学者也开始关注一国内部空间地理形态和交通成本对本国出口行为的影响（Coşar and Demir，2016）。但是，目前关于"双循环"相互依存关系的研究多集中在国际贸易领域，区域经济理论对此问题的关注仍然不足。在"双循环"新发展格局下探讨区域经济协调发展问题具有重要意义（张可云等，2021）。如何通过重点发展都市圈和城市群来推进区域经济一体化？如何在"双循环"新发展格局下实现区域经济协调发展？如何优化不同地区的产业结构以更好地提升其在全球价值链中的地位？以上问题需要区域经济理论的创新发展来解答。

三、以产业链重构为依托的区域间产业关系值得关注

根据新经济地理学理论，产业区位的形成与地理、历史和循环累积因果的自我实现机制紧密相关。然而，随着产业在地区内的不断集聚，拥挤效应产生了使企业扩散的离心力，促使产业向新的区位转移。近年来，区域发展由传统的企业间或园区层面发展为以完整产业链重构为依托的更大尺度下的区域间关系转化。产业链的空间演化体现出由区域内到区域间、由点到线再到面的动态特征（程李梅等，2013）。这一转变对于推动区域产业结构变动和区域经济一体化有着重要影响。在区域间产业关系上，空间异质性如何影响区域产业结构优化和产业空间布局也是需要研究的重要理论问题。以往研究区域产业布局的模型往往关注区域内完全专业化或者完全的产业多样化这两种极端情况，但现实并非如此。Helsley 和 Strange（2014）建立了一个城市层面的产业共聚[②]模型来研究以上两种极端情况的中间形态：允许部分产业共聚而另一些产业保持分散，并提出均衡城市在规模上是低效的，在组成上也可能是低效的，并且城市的规模和

[①]　Eaton 和 Kortum（2002）建立了不对称多地区异质性企业模型，将地质特征纳入模型中，为传统的贸易引力模型提供了微观基础和结构表达式。由于 Eaton 和 Kortum（2002）模型中多地区的设定易于拓展，容易与宏观数据相结合，因此近年来被国际贸易学者广泛应用。

[②]　产业共聚（Coagglomeration）这一词是由 Ellison 和 Glaeser（1997）提出的，它指的是不同产业共同集聚，这是一种比单个产业集聚更为广义的形式。Ellison 和 Glaeser（1997）以及 Ellison 等（2010）等一系列关于产业"共聚"的理论为传统集聚理论提供了微观基础。

产业组成不一定是由集聚效率所驱动。

为了解释经济活动和产业在空间中的不均匀分布现象，大量研究基于空间选择模型做了新的工作。例如，在模型中引入异质性企业的区位选择（Gaubert，2018）、异质性工人之间的知识溢出和空间选择（Fajgelbaum and Gaubert，2020）或者在异质性城市、城市内部结构以及个人比较优势的理论框架下研究了城市之间不同技能、工作和产业的空间选择（Davis and Dingel，2020）。研究发现，城市的产业布局和人口规模存在系统性的相关性，更大的城市将拥有更富余的技能，因此这些城市会专业化于技能密集型工作；而产业或者技能的空间转移需要有效的分配机制相结合，即使在各地普遍存在溢出效应时，也存在促进福利政策的空间。

总而言之，产业链在异质空间上的分布这一研究领域仍是方兴未艾，并且在理论贡献上仍以国外的文献居多。对我国的区域经济理论研究而言，从承接产业转移与促进区域协调发展的视角，探讨异质性个体和企业在大空间尺度下以完整产业链重构为依托的区域间关系的演化规律是值得深入研究的重要方向。

四、大数据使得验证区域经济理论假设成为可能

近年来，因卫星灯光数据、手机定位大数据、地理信息数据等为代表的空间地理大数据的可得性和广泛应用，使得验证诸如集聚效应等区域经济学的经典理论成为可能。

近二十年来，遥感技术的发展及诸如计算机编程、地理信息等相关学科的快速发展使得高像素的卫星影像可以更精确地提取出许多与经济、社会相关的有用信息，且这些信息越来越频繁而普遍地被应用到社会科学领域。由于卫星影像既可以直接测量空间区域，又能通过灯光的亮度衡量不同区域的经济发展状况，因此卫星灯光数据的推广有效拓展了区域经济理论的发展。一是通过灯光数据拟合经济增长数据，可以有效地补充之前无法获得的数据或测量有误的数据。作为将灯光数据引入经济学的奠基之作，Henderson 等（2012）指出，通过加总不同的空间区域，灯光数据可以衡量由历史地理等因素而非行政边界确定的区域的经济增长，并比较了撒哈拉以南非洲地区的沿海与内地、大城市与周边地区、疟疾传播地区与非疟疾传播地区等的经济发展水平，而这些比较利用传统的经济数据是无法得到的。二是对灯光数据的研究和应用使得验证理论模型成为可能。例如，有学者研究发现，通过灯光数据在中国、印度和巴西定义相似的都市区，得到了与发达国家一致的聚集效应，也即工资的技术溢价。

与此同时，交通网络化大数据极大地拓展了对模型的识别和验证能力。空间规划是近年来区域经济学的一个重要研究方向。随着道路交通空间大数据可得性的增加和计算能力的提升，交通成本对区域间经济活动的影响不再由"冰山成本"这一单一指标衡量。地区之间的贸易成本可以用最快交通方式或者最短路径所耗费的时间来代理。交通方式的定义也更为贴近现实，可以具体到公路、铁路和水路等多种路径构成的全局交通网络。任何局部交通基础设施的改善都会带来网络中任意两地间贸易成本的减少以及市场可达性（Market Access）的增加。Donaldson 和 Hornbeck（2016）在 EK 模型的基础上提出了市场可达性的微观基础，评估了美国 19 世纪铁路网络的建设对农业地价的影响。Allen 和 Arkolakis（2014）将贸易的引力结构与劳动力流动相结合，建立了连续地理空间分布的一般均衡模型，进一步标准化了评估交通基础设施建设福利效应的理论框架，并以美国州际公路为例，讨论了路网的建设对福利水平的促进作用。事实上，这一领域的研究仍是方兴未艾。我国对交通基础设施的大规模投入使运输距离对交通成本的影响明显降低，区域间的经济活动由于网络化交通而联系得更加紧密。因此，大规模交通基础设施建设对区域经济的增长及异质性分析，值得在交通网络化大数据的背景下深入探究。

此外，各种包含空间或者地理信息的大数据也被用来研究各国以及全球的城市发展问题，尤其是数据缺乏的发展中国家的城市化问题，如基于卫星遥感影像的土地利用数据（Burchfield et al.，2006）、全球夜晚灯光数据、全球人居点人口分布数据等（Henderson et al.，2012；Henderson et al.，2018；Henderson and Turner，2020）。

五、城市经济研究呈现方法和领域的多元化特征

（一）城市经济研究在方法上呈现多元化特征

从 20 世纪 70 年代开始，许多著名经济学家运用微观经济理论和最优控制方法来研究城市内部土地的有效配置问题（Mills and Mackinnon，1973）。经典的 Alonso - Muth - Mills 模型（Alonso，1964；Mills，1967；Muth，1969），或称单中心城市模型，是最具代表性的成果之一（Brueckner，1987；Kraus，2006）。单中心城市模型是描述性的，可用来分析市场均衡时的城市内部土地利用结构。但均衡时的空间结构并不一定是最优的，由此发展出了一批规范分析的单中心城市模型（Normative Models），以研究不同社会福利函数和存在城市土地利用外部性的情形下的最优空间结构，尤其是交通拥堵的外部性（Arnott，1979；Fujita，1989）。另一个经典的空间均衡模型是描述人口在城市之间自由流动的空间均衡模型——Rosen - Roback 模型（Rosen，1979；Roback，1982），其解释了人们在不同城市间收入、城市便利性和住房成本之间的权衡（Glaeser，2008）。该模型的一个非常有用的应用是评价城市的生活质量，城市之间工资和住房租金或价格的差异就反映了人们为不同城市特定的便利性组合的支付意愿。该模型也被扩展用来评估城市的营商环境（Gabriel and Rosenthal，2004）。

21 世纪以来，城市经济学家更加关注城市里面的由于距离接近性导致的非市场互动（Non-market Interactions），包括知识外溢、社会资本、社会网络、同伴效应（Peer Effect）、邻里效应（Neighborhood Effect）等（Glaeser，2000），这些非市场互动大多产生正的外部性，也可以用来解释城市经济学的基本问题，即城市为什么会存在。克鲁格曼（Paul Krugman，2008）因新经济地理领域的贡献获诺贝尔经济学奖后，引起了新经济地理在城市经济和更一般的空间经济研究中的应用和扩展，并且发展了空间分析的结构模型，即量化空间模型（Quantitative Spatial Models），可以估计政策冲击对经济活动空间分布的一般均衡的影响（Holmes and Sieg，2014；Proost and Thisse，2019）。典型的应用有柏林墙的建立和拆除对附近经济活动集聚的影响（Ahlfeldt et al.，2015）、美国城市中高技能劳动者流动的决定因素和社会福利影响（Diamond，2016）、中国放松户口管制对人口和经济活动在中国城市间分布的影响（Bosker et al.，2012）等。

近些年来，现代微观计量经济学的研究方法也大量运用到城市经济学领域中来，评估各种城市公共政策和社会实验的效果，并结合城市问题和城市数据的特点有不同的改进，比如，基于截面数据的断点回归方法在城市经济学里面变成了空间或者边界断点回归（Baum - Snow，2014）。随机社会实验也得以开展，有名的实验是美国住房与城市开发署的"Moving to Opportunity"实验，实验者随机地选择一些贫困家庭给予住房券以帮助其迁移到较好的社区，该实验引起了很多经济学研究来评估其效果（Katz et al.，2001；Chetty et al.，2016）。

（二）城市经济研究领域也呈现多元化特征

城市经济研究领域除了传统的土地利用模型、城市空间结构等，还进一步拓展到人口与经济活动（在城市内部和城际之间）的空间分析、住房经济与政策、地方公共财政问题、城市劳动力市场、城市交通问题、基础（公共）教育、城市社会问题"贫困、犯罪、种族歧视、衰退社区"等（Yinger，1986；Mills，2000）。20 个世纪 80 年代后，随着大量微观数据的涌现，城市经济实证研究方面得到了快速发展，尤其在城市劳动力、房地产市场、集聚经济的微观机制和城市公共政策效果评估等领域。

中国快速城镇化和经济转型发展为城市经济研究提供了独特的机遇与挑战。中国如何应对城市人口快速膨胀所需要的住房、交通、就业和公共服务需求引起了国际学者以及世界银行、亚洲开发银行等国际机构的关注和研究兴趣。比如，代表性的研究有中国特色制度背景下的城市规模是否太小（Au and Henderson, 2006）；我国城市住房政策存在的问题和政策选择（Zenou, 2012）；以中国住房体制改革为案例建立模型探讨产权配置对均衡房价的影响（Wang, 2011）；探究改革如何通过减少信用约束释放劳动力，促进创业行为（Wang, 2012）；我国城市土地拍卖问题（Cai et al., 2013）；北京的交通限行政策对空气质量和经济活动的影响（Viard and Fu, 2015）；中国的公路和铁路等交通基础设施建设对城市空间结构的影响（Baum – Snow et al., 2017）等。

中国经济发展从高速增长阶段转向高质量发展阶段，加之国内外经济格局变化，城市经济发展将出现新特征、面临新挑战。这将为城市经济研究提供更加多元化的热点主题。①城市群发展、都市圈经济和区域一体化发展的理论和政策设计，如京津冀一体化、粤港澳大湾区、长江经济带、成渝城市群等。②区域协调发展的理论和相关政策设计，如跨界环境污染的协调治理问题、跨区域的公共基础设施的融资和成本－效益分析、缩小区域发展不平衡的政策设计、中央财政与城市财政的关系等。③韧性城市研究：城市如何应对地震、洪涝、飓风、极端气候等自然灾害以及恐怖活动、流行病、重度环境污染等重大公共突发事件，城市如何发展韧性以确保在重大的负面冲击下尽快恢复正常运营。④户籍制度改革、人口老龄化、产业转型等因素对城市人口流动和城市规模影响的理论和实证分析，对城市创新能力、社会阶层流动性、社会福利的影响等。⑤城市劳动力市场的空间演化和聚集经济的异质性，如社会网络与信息流动的机制以及企业和个人的区位选择和匹配程度等。⑥收缩（人口流失）城市和资源耗竭型城市发展和管理的理论分析和政策设计。⑦地方公共财政问题，如房产税的设计和征收，地方债务问题，土地财政的经济学分析，地方政府在招商引资、吸引人才、可持续发展和提供地方公共服务等方面的竞争等。⑧城市房地产市场的供给与需求的微观机制分析，住房质量、城市便利性与房地产价格，住房市场泡沫的测度，以及房地产政策的设计和效果评估、管制和中低收入阶层以及新进移民的可支付住房问题等。⑨城市化过程中的特殊问题，如农民工的市民化、建设用地的有效配置、不同规模城市发展和产业结构转型的规律等。⑩我国大型城市的国际竞争力以及创新城市建设等相关理论、实证及政策应用等问题。⑪地方化政策的效果评估，如各种开发区政策、自贸区政策、各地的政策实验等。⑫中国优化经济活动空间布局的理论机制分析与政策体系设计。

与此同时，城市经济发展研究与城市规划、城市管理、经济地理、地理信息系统、大数据处理、公共政策、劳动经济学、国际贸易理论、环境经济学、社会学等多学科交叉合作的特点将日益突出，这将进一步拓展未来城市经济的研究领域及创新城市经济的理论方法。

六、区域经济政策研究将呈现全链条和精准化趋势

区域政策的制定和实施是一项极具挑战性的工作，因为地区之间的异质性特点明显，区域政策动态性、复杂性和多元性突出。由于缺乏政策模拟与预测，很容易导致政策实施的不确定性和政策实施效果的偏差，从而引发政策扭曲与政策低效，这是区域经济理论创新与现实实践需要共同面对的难题。

展望未来，区域政策研究将呈现出全链条和精准化趋势：一是随着区域经济理论不断深化，将为区域政策研究提供更加有力和有效的理论支撑，有利于更好地识别政策结构与激励及约束机制之间的作用渠道与作用路径，从而降低政策实施效果偏差；二是政策预评估将逐渐受到关注，形成"政策设计—政策模拟仿真与预评估—政策实施风险控制—政策实施效果评估"的全链条模式，结合政策目标制定预警体系，利用模拟仿真与效果评估等政策分析工具，对政策实施效果进行跟踪评估，适时调整政策方向，保障政策目标的实现；三是随着大数据以及计算机科学等迅猛发展，政策评估的工具方法和数据基础将更加坚实，模拟仿真以及政策评估等模型方法将不断创新，海量数据支撑将为更细致口径下的政策效果预评估与后评估提供有效支撑。

第二节　区域科学实践研究

一、以国内大循环为基础，构建国内国际双循环

中国的发展离不开世界，世界的发展也离不开中国。面对未来全球经济发展趋势的不确定性，需要在经济发展中全面统筹国内国际两个大局，以我为主、内外兼修，积极保障我国经济安全，谋划新增长空间，推动我国从传统的国际经济均衡模式转向新的国内国际双循环模式。未来30年，我们要继续持续主动参与国际经济循环，在扩大开放中获得更有力的技术、人才、资金支撑，并在全球范围内更好地进行资源配置；加强国内经济大循环，才能让各类要素更加自由地流动，进而形成更多新的区域增长极。

国内国际双循环有着丰富的理论内涵。经济学原理告诉我们，个人或国家进行专业分工、从事具有比较优势的生产活动，通过贸易可以使个人、企业、国家获益。具体而言，在国民方面，贸易可增加国民福利、满足国民的不同需求偏好、提高国民生活水平、提供就业岗位等；在企业方面，贸易可强化品质管理、提升企业效益、提高产品品质、加强经济合作和技术交流等；在国家方面，贸易可调节市场供求关系、延续社会再生产、充分利用国际国内生产要素等。比较优势理论为不同发展阶段的国家进行自由贸易提供了理论支撑。除了比较优势带来的专业化分工方面的收益之外，构建国内国际双循环，用好国内国际两个市场，可以通过区域市场一体化带来其他方面的收益，如规模经济降低生产成本的收益、专业化分工降低服务成本的收益、市场规模扩大增加产品多样性的收益等。

在国内国际双循环体系中，国内大循环处在主体地位，是国际循环的基础和保证，国际循环则起着带动和优化的作用，是国内循环的外延和补充。

改革开放以来，发展国际循环、不断扩大开放，有力推动了我国经济的快速发展。但要看到，如果国际循环脱离国内循环，势必失去其有效运转的支撑点。从两者关系来看，国际循环是次循环，国内循环则是主循环，即应以国内大循环为基础，以满足国内需求作为发展的出发点和落脚点，在此基础上持续深化对外开放，拓展国际市场，构建国内国际双循环相互促进的新发展格局。良好的国内循环是国际循环的根本。我国是人口大国，具有庞大的中等收入群体和超大规模的消费市场，这一禀赋特点要求我们要以国内循环为支点。以国内大循环为主体，就是要建立国内有效的需求体系，为本国的外向型企业提供出口转内销的新出路，并为国内的企业提供强大的利润保障，这是确保国内产业链和供应链稳定的重要环节。没有消费市场的需求支撑，企业就会失去发展和创新的动力。当前，全球经济发展的不确定性和新冠肺炎疫情蔓延的叠加效应，已影响到我国的产业链安全，高科技领域高度依赖进口而导致的"卡脖子"短板现象已经显现。国际经验表明，只有国内产业链的安全稳定，才能促进要素更加自由地流动。因而，只有坚持构建良好的国内循环，才能提升我国在国际循环中的地位和竞争力。

国际循环会带动和优化国内循环。首先是带动效应。通过"对外贸易—产业链拉长—增加就业和收入—扩大供给—国民经济快速增长—强化国际循环"的路径，在促进国际需求的同时刺激国内生产，使得国内循环更加畅通且充满活力。改革开放以来，我国经济发展的经验事实已经证明了这一点。其次是优化效应。通过构建国际循环，我们可以更好地参与国际分工、拓展国际市场，加速资本积累、增加利润，获得国际市场的规模经济效益。最后是竞争效应。参与国际循环，会导致竞争更为激烈，迫使企业为了生存发展而提高生产率，从而提升企业的国际竞争力。从产业的角度来看，国际循环有助于产业的进一步合理化与高级化，促进国内产业链和价值链在国际经济体系中实现不断攀升。

综上，在国内国际双循环体系中，国内大循环处在主体地位，是国际循环的基础和保证；国际循环则处在次要位置，起着带动和优化的作用，是国内循环的外延和补充。另外，随着国际经济形势的变化与国内经济的不断发展，国内循环和国际循环的关系是动态变化的。构建国内国际双循环，就是坚持国内市场和国际市场、国内循环和国际循环的相互作用，全面统筹国内国际两个大局，在持续推进国内高质量发展的前提下，深化对外开放，形成更为优化的新发展格局。

二、发展好中心城市、城市群与都市圈的作用

未来三十年，城镇化仍然是推动中国社会经济实现高质量发展的重要路径和重要动力之一。以合理分工和优化发展的方式，推进国家区域发展战略落实，加强空间治理，才能进一步释放区域协调发展的新动能。要提高中心城市、都市圈和城市群综合承载能力，进一步以中心城市、都市圈和城市群作为主要空间载体促进区域间要素流动，形成优势互补、高质量发展的区域经济布局。

中国由计划经济向社会主义市场经济转轨的改革进程中，发挥好地方政府的积极性是一个重要经验。在激烈的地区竞争中，地方政府极大地推动了区域社会经济的发展，但同时也形成了"行政区经济"。受制于行政权力的约束，市场机制在资源配置中并不能充分发挥作用，"行政区经济"往往成为要素流动的边界。发挥好中心城市、城市圈和城市群的作用，打破"行政边界"，实现行政边界、经济边界、地理边界与社会文化边界的耦合，促进区域间要素充分流动，推动城市群向高质量发展。

(一) 从城市综合承载力走向城市群综合承载能力

随着中国社会经济发展进入高质量发展阶段，单个城市"各自为战"的发展模式难以为继，这倒逼我们寻求新型的区域协调发展模式，从提升城市综合承载能力走向提升城市群综合承载能力成为区域协调发展的必然选择。

城市群是空间"特化"的城市集聚体，以超越城市内部的"专业化经济"和"多样化经济"为理论基础，有效降低市场分割，从而产生"1+1>2"的"城市群经济"效应。城市群内部大中小城市间产业和功能的合理分工，会促使各城市有效发挥比较优势、把长板拉长，优势互补提高要素利用效率。同时，也可降低城市间各类恶性竞争带来的负的空间外部性，城市群整体的综合承载能力大大提升。随着全球化进程的深入，由地域上邻近的不同规模等级和功能相异的多个城市集合而形成的城市群日益成为推进国家或区域城市化的空间主体，也将成为中国经济高质量发展的动力源。近年来，随着京津冀协同发展、粤港澳大湾区建设、长江三角洲区域一体化发展等区域战略的实施和深入推进，以城市群为空间主体的城镇化格局不断得到优化。当前，我国已基本形成"19+2"的城市群格局，以城市群为主体形态促进大中小城市和小城镇协调发展的空间格局已经形成。

（二）都市圈是提高综合承载能力的重要空间载体

以都市圈建设促进区域要素自由流动，是发达国家促进区域协调发展的普遍做法。国际经验表明，都市圈建设能够通过促进各类要素在不同规模和功能相异的城市间流动，提高资源的配置效率，加强中心城市和周边区域的经济联系，形成相对合理的城市体系格局。需要指出的是，当前中国区域协调发展仍面临行政壁垒抑制资源合理布局、城市群经济效应未全面显现、跨区域协调发展面临制度障碍等问题。未来30年我国都市圈建设具有坚实的现实可行性：城市间在小空间尺度上的合作愈发紧密，城镇体系也在不断完善的过程中，同时，不断完善的高速铁路网络体系和高速公路网络体系为加快都市圈建设和发展提供了现代化的交通网络体系保障，加速了要素资源在城市间的流通，进一步加深了跨行政边界的城市合作。都市圈在城市群空间中起到重要的承接作用，是将城市综合承载能力提升到城市群综合承载能力的重要空间环节。

小尺度、跨区域、相对精准的都市圈建设是提高中心城市和城市群综合承载能力、推进重大区域发展战略的重要内容。加快形成"中心城市－都市圈－城市群"的区域空间格局对我国区域高质量发展的实践具有重要现实意义。经济学理论认为中心城市往往有着更高的工资溢价，能够提供更多的产品产出与优质公共服务，对个人或企业均有着更大的吸引力。城市群是城市发展到高级阶段的一种重要的空间组织形式，是我国新型城镇化建设的主体形态。都市圈介于城市和城市群两者之间，是促进资源要素跨行政边界流动的重要空间尺度，更是推进城市群高质量发展的重要环节。都市圈建设使得中心城市能够更容易突破行政边界，促进资源要素率先在都市圈这一小空间尺度上自由流动，形成统一的劳动力、要素市场和产品市场，实现大城市与中小城市和小城镇的协调发展。都市圈作为城市群重要的空间单元，能够强化城市群的"强核"作用，放大中心城市的辐射带动作用，优化城市群的城市体系，形成错落有致的区域空间结构，提升城市群高质量发展和提高区域政策的有效性。

（三）更好地发挥中心城市的核心作用

提高中心城市和城市群综合承载能力，重要的是要突出中心城市在城市群高质量发展中的引领带动作用。人类生产活动和消费活动主要集聚在城市中，而中心城市呈现出更高程度的人口和产业集聚特征。依据城市群的定义，中心城市是城市群空间形态中不可缺失的重要组成部分。中心城市和城市群是"点－面"关系，中心城市起到了"提纲挈领"的作用，提升中心城市综合承载能力与提升城市群综合承载能力相辅相成。根据区域经济理论，中心城市对周边区域的影响主要表现在虹吸效应、辐射效应与回流效应等方面，当前更需要发挥好中心城市的核心作用，进一步提升其综合承载能力，以发挥好中心城市对区域经济发展的辐射带动作用。条件较好的中心城市要努力提升综合承载能力，也应该承载更多的产业和人口，并带动周边区域发展，形成以城市群为主要形态的增长动力源。要使市场在资源配置中起决定性作用，促进各类生产要素自由流动并向优势地区集中，以提高资源配置效率。

未来三十年，在区域协调发展中注重发挥中心城市的核心作用，其本质就是以城市群高质量发展为目的，围绕完善配套政策、公共服务均等化、健全市场一体化发展机制与加快改革土地管理制度等方面，以中心城市功能疏解、产业扩散、人口居住的郊区化，促进城市群内部大中小城市和小城镇协调发展的作用，发挥不同等级规模城市的比较优势，实现城市功能互补，强化城市间的有机联系，最终完善区域政策和区域空间布局，构建全国高质量发展的新动力源。

第三节　城市发展实践研究

改革开放以来，中国经历了世界历史上规模最大、速度最快的城镇化进程，城市发展波澜壮阔，取得了举世瞩目的成就。党的十九大报告提出，"在中华人民共和国成立100年时建成富强民主文明和谐美丽的社会主义现代化强国"。城市发展带动了整个经济社会发展，已成为社会主义现代化建设的重要引擎。目前，中国城市发展已经进入新的发展时期，城市是中国经济、政治、文化、社会等领域的活动中心，在党和国家的工作全局中具有举足轻重的地位。

一、城市体系

城市体系是在一定区域范围内，以中心城市为核心，由各种不同性质、规模和类型的城市相互联系、相互作用所形成的城市群体组织，是一定地域范围内，相互关联、起各种职能作用的不同等级城镇的空间布局总况。未来中国城市的发展不仅要逐步优化城市体系，而且要在全球城市体系中不断提高影响力。

（一）北京、上海等超大城市在全球城市体系中的影响力、控制力和辐射力将逐步提升

国家"十四五"规划提出，发挥中心城市和城市群的带动作用，建设现代化都市圈；到2035年基本实现社会主义现代化，到21世纪中叶建成富强民主文明和谐美丽的社会主义现代化强国。随着"一带一路"的推进和对外开放的持续深入，中国的国家中心城市将不断成长为世界城市和全球中心城市，中国参与国际事务的能力将提高，并拥有更多的话语权。

作为改革开放四十余年的经济和社会发展的典范以及中国城镇化进程中大城市的代表，北京和上海在全球城市体系中的地位快速上升，城市竞争力大幅提升，已经成为具有较强竞争力的全球城市。根据GaWC发布的世界城市排名，北京和上海在该排名中的地位快速上升，北京2004年进入Alpha－等级，2008年进入Alpha＋等级，在2018年跃居第四位，仅次于伦敦、纽约和中国香港；上海则是2008年进入Alpha＋等级，在2018年跃居第六位。随着中国在全球政治、经济、文化活动和分工体系中的领导力和影响力逐渐上升，北京和上海立足发展实际，分别按照各自城市规划中提出的建设方案，将进一步提高在全球城市体系中的地位，强化金融服务业、科技服务业、商务服务业以及跨国公司总部的影响力、控制力以及辐射力，实现建设成为全球中心城市和全球卓越城市的发展目标。

（二）城市体系将从等级体系向网络体系演变

城市体系是经济区的基本骨骼系统，是区域社会经济发展到一定阶段的产物，是城市带动区域最有效的组织形式。构建协调发展的城市体系可以不断强化城市的集聚效应，切实推动区域可持续发展与城市综合效益最大化，是新时代建设现代化经济体系的重要任务。

《国家新型城镇化规划（2014—2020年）》提出："优化城镇规模结构，增强中心城市辐射带动功能，加快发展中小城市，有重点地发展小城镇，促进大中小城市和小城镇协调发展。"未来，区域性中心城市在城市体系中的能级将进一步提升，中小城市和小城镇的服务功能会不断增强。此外，伴随着高铁建设和数字经济的发展，城市之间的劳动力、资本、技术、数据等要素流动将日益紧密，传统的行政区经济将逐步向城市群和都市圈经济转变，城市体系将从等级体系逐渐转向网络体系，未来将更多地强调地区和国家城市网络体系的构建，以及提升中心城市在全球城市网络中的能级。

二、城市发展

2015 年召开的中央城市工作会议明确指出城市工作是一个系统工程，城市工作的开展必须建立在认识、尊重、顺应城市发展规律的基础上，坚持以人民为中心的发展思想，着力提高城市发展的可持续性与宜居性。

（一）以促进人的城镇化为核心、提高质量为导向的新型城镇化发展模式愈加成熟

在世界城市化进程中，大城市持续增加、城镇密集区的大量出现以及发展中国家城市人口急速增长是三个极为显著的特征，人口和产业向城市的同步集中是保障城镇化水平和质量稳步提升的重要路径。改革开放以来，中国的城镇化伴随着工业化进程的加速，经历了从工业城镇化、土地城镇化到人口城镇化三个阶段。城镇化率呈现起点低、速度快的特征，常住人口城镇化率由 1978 年的 17.9% 提高到 2018 年的 59.6%，年均提高 1.04 个百分点。未来，城市化仍将是中国城市发展实践的主旋律。

伴随着《国家新型城镇化规划（2014—2020 年）》的深入推进，未来中国城镇化发展将呈现以下趋势：随着户籍制度的深化改革，阻碍劳动力自由流动的不合理壁垒将逐渐打破，逐步全面取消落户限制，实现农业转移人口等非户籍人口在城市可以便捷入户的发展目标；在推进非户籍人口落户的过程中，逐步提高城市基本公共服务在非户籍人口中的覆盖率，大力提升农业转移人口的就业能力，构建以促进人的城镇化为核心、提高质量为导向的新型城镇化发展模式。

（二）多中心、极轴式、网络化将成为中国城市空间结构演化的主要方向

从伦敦、巴黎、东京等国际大都市的发展规律和城市理论可以发现，如同经济增长总是伴随经济结构的升级，城市空间扩张往往也伴随城市空间结构的优化和调整，即从单中心向多中心、网络化发展的模式转变。多中心、网络化是一个以有形和虚拟的网络为支撑，具有多中心、多节点的城市空间结构。

多中心、网络化的空间结构具有其结构优势，既能实现城市的规模经济效益，又能解决单中心集聚所导致的"大城市病"问题。城市空间的多中心化发展，通过城市中心区职能向外疏散，避免单中心集聚所导致的聚集不经济而带来的效率损失，并通过在更大空间尺度获取协同效应，实现城市规模的持续增长和竞争力提升。多中心化的空间发展可以避免过度集聚带来的城市问题，但也在一定程度上降低了聚集经济效益，如空间距离增加带来的交通成本，人口和经济活动的分散不利于面对面的交流和非正式的经济互动等。因此，聚集经济优势的获取必须依靠多中心之间密切的空间联系和群体化发展的外部效应，即必须将多个规模较小的中心整合为多中心一体化的城市网络系统，以此享受更大的聚集经济或外部规模经济效益，如共同分享更大规模的区域劳动市场或商品市场，分享区域基础设施等。

多中心、网络化的城市空间结构是超大城市治理交通拥堵、环境污染等"大城市病"的首要选择，这一经验已被日本东京、韩国首尔等国家大都市的发展经验所证实，北京、上海、广州等超大城市在新一轮城市总体规划中也纷纷提出了建设"副中心""多中心"的发展目标。突破最初的规划模式，并通过建设发展轴线和多中心解决单中心聚焦的困扰，逐步形成多中心、极轴式、网络化的城市空间格局，这将成为中国未来城市空间结构演化的主要方向。

（三）城市规划、建设、管理三大环节的发展理念将愈加注重以人为本和可持续发展

城市规划将由以"增量规划"为主转向以"存量规划"为主，高效配置新增用地规模，有序调整存量用地，通过旧城更新、重新利用和改造提升等手段促进建成区功能优化调整，促进城市集约化发展；城市建设将由"粗放速度型"转向"绿色低碳型"，注重城市建设内涵的提

升，以"低碳城市""海绵城市""紧凑城市""田园城市""智慧城市"等先进理念指导城市建设，致力于建设成为宜居、高效、资源节约、可持续、生态友好的城市；城市管理将由"以物为中心"转向"以人为中心"，建立以公众需求为导向的市政公共服务供给体系，实现从"治病"到"宜居"的跨越式转变。城市发展将更加关注城市的公平公正、气候变化与可持续发展、愉悦和幸福，将人文关怀和获得感作为重要的城市发展理念。

（四）新一轮科技革命和新冠肺炎疫情将给中国城市发展带来新模式和新挑战

展望 2030 年，经济全球化将进一步深入发展，新的生产方式、产业形态、商业模式和经济增长点将不断形成。新一轮科技革命和产业变革蓄势待发，三维（3D）打印、移动互联网、云计算、大数据、生物工程、新能源、新材料等将成为引领科技发展的重要领域。以人工智能、大数据、机器人等为代表的新技术推动的第四次工业革命很有可能在"十四五"时期爆发，这将给人类的生产和生活带来深刻影响，为城市转变经济发展方式、转换增长动力提供机遇。以信息技术为核心的新科技革命深入、全面影响着人类社会经济生活，特别是数字经济与传统产业的深度融合，将形成新的生产方式、商业模式和增长空间，为城市优化资源配置、推动区域协同发展拓展了新空间。

与此同时，中国城市发展面临的环境更复杂更严峻，可以预料和难以预料的风险挑战更多更大。当前国际经济秩序正在加速重构，中美贸易摩擦增加了我国经济的外部风险和下行压力，对我国的经济转型升级也造成了一定的负面影响，逆全球化风潮有愈演愈烈之势。实施国内国际"双循环"，实现平稳经济增长将放到突出的地位。此外，受新冠肺炎疫情影响，全球经济恢复增长更加艰难，增长动力更加依赖创新，高端要素集聚的区域将获得更多的发展机会。新冠肺炎疫情的"长期化"和"常态化"应对，对城市生产生活方式、经济发展模式以及城市间关系都将产生新的持久性影响。

第四节　区域科学前沿技术与方法研究

一、经典的简约式因果识别技术与方法

（一）工具变量法（Instrumental Variables，IV）

工具变量法被广泛地用于简约式估计方法中，用以改善互为因果、遗漏变量等一系列内生性问题，识别关键因素的因果效应。其原理为使用相对外生的因素或冲击以驱动内生变量的变异，通过识别局部平均处理效应从而捕捉因果效应。这一方法是经济学领域使用最为广泛的因果识别方法，主要是因为运用门槛相对较低。较为经典的工具变量可以从历史、人文、自然、地理等多个方面选取。较为经典的如 Acemoglu 等（2001）选取殖民时期欧洲定居者的死亡率作为制度变量的工具变量来识别制度因素对人均收入的影响。

在区域与城市经济学领域，有许多经典的工具变量，如使用"市政检查支出""非传统基督教规模"以及"不可开发用地"来识别土地利用规制（Saiz，2010），使用"历史人口规模"与"历史人口密度"来识别城市密度、市场潜力（Ciccone and Hall，1996；Combes et al.，2008），根据"历史交通设施分布"来识别现有的交通设施分布或城市形态变化（Baum - Snow，2007；Faber，2014），基于"气候"来识别城市规模或住房规模（刘修岩和李松林，2017；刘修岩等，2019），结合城市自然地理因素如"地理经纬度""河流密度""地表粗糙度"等因素来识别城

市空间结构（秦蒙等，2019；刘修岩等，2017；Harari，2020）。此外，诸如土壤构成、岩层深度、含水量等都是良好的地理冲击因素。

（二）双重差分法（Difference in Differences，DID）

一种专门用于分析政策效果的计量方法，将制度变迁和新政策视为一次外生于经济系统的"自然实验"的研究方法。使用个体数据进行回归，第一次差分发生在政策开始后与政策开始前之间，第二次差分发生在政策作用个体（处理组）与政策未作用个体（对照组）之间，以判断政策的影响是否具有显著的统计意义。通过估计外生政策的冲击效应，尽量避免内生性问题中联立性与遗漏变量所造成的估计偏差。双重差分法包括单时点双重差分、多时点双重差分以及渐进双重差分等。

Moser 和 Voena（2012）通过"一战"后的敌国贸易法下的强制许可事件进行双重差分，以估计所谓强制许可对技术创新的影响。Beck 和 Levkov（2010）通过双重差分识别美国大多数州放松银行分支机构设立这一外生冲击的处理效应，以评估放松管制对美国收入分配的影响。Qian（2008）根据中国政府关于农作物的分类改革作为区分时间差分的政策，以估计政策导致的发展性别失衡效应。经典的区域与城市经济学政策冲击如"柏林墙倒塌"（Ahlfeldt et al.，2015）、"地铁建设"（Heblich et al.，2020）、"商场建设"（Pope D. G. and Pope J. C.，2015）、"大企业进入"（Greenstone et al.，2010）能够在估计集聚经济、城市增长、知识溢出等方面起到良好的识别作用。

（三）断点回归法（Regression Discontinuity Design，RDD）

专注于识别政策效果的计量方法，将制度变迁和新政策视为外生冲击进行估计，是最接近"自然实验"的研究方法。通过估计政策断点两端局部样本间的差异，并且判定差异的显著性进而评估政策或外生事件的效应，这一点与双重差分颇为相似。该方法分为精确断点回归（Sharp RDD）与模糊断点回归（Fuzzy RDD），其中模糊断点回归法更为常用。

Angrist 和 Lavy（1999）根据以色列教育制度对班级规模的规定，利用精确断点回归估计了班级规模对学生成绩以及教育质量的影响，Lee（2008）针对美国众议院选举讨论了其可以作为模糊断点回归法的一个外生冲击。Greenstone 和 Gallagher（2008）使用精确断点回归法研究了1980 年美国国会通过的且由卡特总统签署的综合环境反应、赔偿和责任法案（Comprehensive Environmental Response，Compensation，and Liability Act，CERCLA）所产生的经济价值。Jerch 等（2017）使用美国各州选举作为更外生的冲击来对公共服务私有化进行模糊断点回归，进而估计私有化所节省的成本。聚焦于区域与城市经济方向、"地铁开通"（Yang et al.，2018）、"中国撤县设区"（Liu et al.，2019）以及经典的"秦岭—淮河线"（Almond et al.，2009）在估计城市化发展、拥堵等方面应用广泛。

（四）合成控制法（Synthetic Control Methods，SCM）

一种近年来逐渐兴起的政策效果评估方法，其基本思想是将未实施某项政策的地区进行加权后合成一个更为良好且合理的控制组。该控制组优于主观选定的控制组，可有效克服处理组和控制组之间存在的差异问题。根据控制组的数据特征构建"反事实"，明确处理组和控制组在政策实施之前的相似程度，以克服在选取控制对象时出现的样本选择偏误以及政策内生性问题，其原理实际是"构造"与政策处理组"长得最像"的对照组样本以估计出政策处理效应，与倾向得分匹配－双重差分法比较相似。

一些经典的使用案例如 Abadie 和 Gardeazabal（2003）评估恐怖冲突对巴斯克地区经济的影响效应，将巴斯克作为处理组，西班牙其他两个地区的合成作为控制组。Abadie 等（2010）利用合成控制方法研究了加利福尼亚烟草控制计划对人均烟草消费的政策效应，将美国其他州近似未实施控烟计划的样本进行合成构造成控制组。Jimenez 和 Mercado（2014）、Ando（2015）以及国内学者余静文和王春超（2011）、苏治和胡迪（2015）等也做出了较为出色的示范，其中许多学者使用该方法对"区域能源生产"（Munasib and Rickman，2015）、"德国的分裂与统一"（Abadie et al.，2015）、"中国房产税改革"（刘甲炎和范子英，2013）等较为经典且具代表性的城市与区域经济方面的话题进行了深入探索（不难发现大部分较为经典的研究都是将 SCM 方法应用于区域经济政策效应的评估上）。

（五）其他方法

还有一些其他的因果识别方法，例如，倾向得分匹配法（Propensity Score Matching，PSM）采用多个配对变量跟分组变量建立回归方程，首先，根据方程的每个研究对象算出一个值作为得分（Score），对评分相近的研究对象进行匹配，然后根据筛选的样本再次回归进行效应评估。这一方法一般搭配其他方法使用，少有学者会单独使用该方法。再如学者们使用倾向得分匹配法筛选控制组进行双重差分回归，较为经典的如 Heyman 等（2007）使用 PSM 法筛选出外资收购企业的对照组进行外资收购行为的工资溢价效应估计。根据区域与城市经济相关领域的研究主题，可以结合常用的地理特征等因素在针对区域或城市政策效应评估过程中筛选出合适的对照组以进行估计。

当然，最为基础与简单的方法其实是最为普通的最小二乘估计法（Ordinary Least Squares，OLS），在所研究的问题处于较合适的假设下，使用最小二乘估计法即可识别出因果效应。这一点在区域与城市经济学领域较为常见，如 Kerrand Kominers（2015）利用专利地理分布直接估计出了技术集群的知识溢出边界。

二、结构式估计技术与方法

（一）结构式估计方法简介

结构式估计（Structural Estimation）是一种完全依赖于具有明确经济理论，且要求经济理论、估计以及政策分析内在一致的经验估计方法。与评估政策处理效应的简约式（Reduced Form）估计方法不同，其主要目标是估计模型内部潜在的深层参数，而这些深层参数通常就是模型内部依附于消费者偏好以及厂商技术的参数。由于是对深层参数的估计，结构式估计的经验研究通常可以有效地捕捉政策分析的一般均衡效应。

（二）结构式估计方法的基本特征

通常来说，一个严谨的基于结构式估计方法的经验研究，通常包含以下三个方面：第一，经济模型的设定；第二，深层参数的识别与估计；第三，政策分析。对于经济模型的设定，其核心准则是不需要非常严格的模型，但模型要尽可能地拟合观察到的现实数据；对于深层参数的识别与估计，一般需要非常依赖于计算机编程的"嵌套不动点"算法，该算法一般包含基于经济模型计算内生变量的内部循环，以及估计深层参数的外部循环；对于政策分析，研究者在得到这些深层参数之后，就可以依据原先建立的模型通过不同的情景模拟来进行相应的政策分析。这些政策分析可以既包括已经发生过的政策又可以包括从未发生过的政策。

（三）结构式估计方法的经典应用范例及前景展望

结构式估计在区域和城市经济学中的经典应用包括 Ahlfeldt 等（2014）通过建立经济模型，并运用结构式估计的方法来研究柏林墙的建立对周围经济活动分布的影响；Gaubert（2018）通过建立模型并运用结构式估计的方法来研究企业在城市之间的分布对城市生产率以及福利的影响。

目前，国际上已经有越来越多的文献基于结构式估计方法来研究区域和城市问题，但对中国问题关注较少。因此，亟须应用完全基于经济理论的结构式估计方法来研究中国的区域和城市问题。例如，西部大开发的一般均衡效应问题、户籍放松的福利效应问题、交通基础设施建设的福利效应问题等。

三、空间计量前沿技术与方法

（一）空间计量方法简介

传统经济学常常假设个体在空间上具有独立性和匀质性。但在现实生活中，我们总能发现与传统经济学假设不相符合的现象：麦当劳的旁边总会存在一家肯德基，各个城市也都会存在服装一条街、小吃一条街等，这证明了个体存在着空间依赖性；还有，东部沿海地区的雾霾天气较为严重，从遥感数据来看，也是东部地区的碳排放量比其他地区多，这又证明了个体之间存在着空间集聚效应。以上例子在计量经济学分析框架中就引出了空间计量经济学。空间计量经济学是处理区域科学模型统计分析中由空间因素引致的诸多特性的技术总称，主要的空间效应分为空间依赖性和空间异质性。

（二）空间计量的基本特征

传统经济学往往假设经济活动在空间上是具有独立性和匀质性的，而区域经济学相对而言是一个新兴学科，会考虑经济活动在空间上的不一致性，其由新经济地理学派发扬光大，其代表人物为克鲁格曼和藤田昌久。在此基础上，城市经济学在更小的城市空间内部考察经济活动的空间不一致性，其代表人物为格莱泽。区域经济学和城市经济学往往假设个体在空间上是相互影响的，由此会产生空间依赖、集聚效应和扩散效应等，这与空间计量经济学不谋而合，所以空间计量经济学与城市和区域经济学有着天然的紧密联系。

由于注意到了之前传统经济学未曾注意到的空间不一致性，放宽了经济学研究的假设，使得空间计量经济学和区域经济学都获得了长足的发展。同时，如前文所述，空间矩阵 W 往往伴随着诸多问题，有着先天的不足之处，且这种问题往往不太好克服，空间权重矩阵外生性经常被诟病。Kelejian 和 Robinson（1995）认为空间权重矩阵仍是空间计量经济学中亟待解决的一个问题。所以近年来空间计量理论没有大的突破，在应用经济学领域就沿着学科交叉的道路向前发展，如能源经济学、环境经济学等。目前在世界范围内，空间计量经济学做得较为前沿的是 Anselin、Kelejian、Lee 和厦门大学王亚南研究院的团队，但尚未取得实质性的理论突破。

（三）空间计量的经典应用案例及前景展望

因为空间计量经济学能在一定程度上放宽传统经济学在空间上的假设，所以得到了诸多学者的青睐。Kelejian 和 Robinson（1995）、Kelejian 和 Prucha（1998）从理论上探讨了广义空间二阶段最小二乘法的理论模型。Gomez 等（2013）使用 SAR 模型，证明了 2009～2010 年经济危机期间的西班牙居民用电量存在空间效应。同时，国内文献也有较为丰富的论述，可参阅本文的参考文献。需要注意的是，上述文献的分析范式都囊括在 SAR、SEM 和 SDM 模型中，通过构建空间权重矩阵，使用莫兰检验和 LM 检验来决定三种模型的取舍，进而展开分析论证。

毫无疑问，空间计量经济学在城市和区域经济学领域有着广阔的前景。虽然矩阵本身可能会存在着外生性等问题，但是在空间问题上有着普通模型所没有的说服力。例如，在研究集聚效应、扩散效应、示范效应、邻里效应等问题时，有着较为广阔的前景，若运用得当，将会是一个难得的论证工具。很多时候，空间权重矩阵的选择非常敏感和关键，直接决定了模型估计结果的好坏，有时候为了研究的严谨性，甚至需要选取多种空间权重矩阵分别估计、逐一对比，以找到最佳选择。同时，对空间权重矩阵还可以进行其他层面的解读，即将空间权重矩阵视为一种网络关系，而空间计量模型则是将因变量、自变量置于这样的网络关系背景下来分析它们之间的影响关系。

四、网络爬虫技术与方法

（一）基本定义与经典算法

随着经济学领域模型复杂度不断提高，同时也为了获得更符合经济现实的分析结果，当前研究对所使用的数据精细程度和准确程度提出了更高的要求，使用简单的官方统计数据或小规模调查数据的方法已无法满足大多数理论模型的数据需求，通过网络爬虫特别是主题网络爬虫技术获取数据的方法已变得越发普遍。该方法可以按照对应的主题有目的地进行爬取，将目标定位在与主题相关的页面中，初始 URL 的获取是通过对抓取目标的定义以及相关的描述来实现的。为了帮助爬虫更有效地发现与主题相关的 URL，需要对主题准确地描述，再解析网页内的 URL，判断网页与主题的相关度，根据网页搜索策略预测链接的主题相关度并确定 URL 优先级。由于不同的爬取顺序会导致不同的爬虫执行效率，因此需要依据搜索策略来确定下一步需要爬取的 URL 地址并存储。整个主题爬虫不断重复上述过程，当符合爬虫系统中规定的停止条件时，则停止爬虫。

依据搜索方式的不同，搜索策略可分为静态搜索策略和动态搜索策略，两种搜索策略的主要区别是事先有无确定搜索规则。静态搜索策略依照确定的规则进行搜索，搜索策略的规则不会因为网页结构、文本信息的改变而改变。动态搜索策略以高效、快速完成爬取任务为第一宗旨，实时调整搜索路线。根据分析对象不同，动态搜索策略可分为基于文本内容的搜索和基于链接关系的搜索。基于文本内容的经典的搜索策略有 Fish – Search、Shark – Search，基于链接关系的经典搜索策略有 Page Rank、HITS（Hyperlink Induced Topic Search）和 HillTop。

（二）改进部分算法

改进基于文本内容的动态搜索策略算法的核心目标是提升关键词的查询准确性，以提高爬虫的运行效率和精确度。一种常见的方法是将主题词汇进行扩展后建立词典并通过改进爬虫框架建立搜索引擎，如 Wang（2017）。Song 等（2014）则在介绍关键词和支持向量机模型的基础上提出了一种动态主题爬虫系统。

在基于链接分析的改进方面，近年来的主要工作以解决"主题漂移现象"为核心。Kumar 和 Singh（2015）、Gupta 和 Yadav（2013）、Pant 和 Srinivasan（2006）等基于页面中锚的文本建立上下文主题关联，使用 SVM 或树决策分析并输出爬行决策，从链接中提取信息并引导爬虫在相关领域进行特定爬行。但由于网页中锚文本往往不能有效地表达网页含义，可能会误导主题爬虫的爬行方向（Peng and Liu，2013），因此 Geng 等（2017）基于传统主题爬虫技术提出了 HTML 分析和文本密度结合的方法对网页文本进行提取，该方法明显提高了主题爬虫爬取网页文本的准确性。

五、图像识别技术与方法

（一）图像识别技术与方法简介

近年来在经济学特别是城市和区域经济学领域，使用雷达影像、卫星图像及街景图片分析或预测城市更新（Harari and Wong，2018；Gechter and Tsivanidis，2020）、自然和人文景观（Su-nak and Madlener，2016）的研究正逐渐兴起。图像是典型的非结构化数据，需要通过图像数据进行预处理、特征提取，并运用分类器设计将图像中的信息转换为结构化数据。

（二）图像识别技术与方法的基本特征

特征提取是图像识别的关键步骤，其目的是从每个图像中提取具有鉴别性的特征，将提取的特征输入已经设计好的分类器进行分类识别。传统的图像特征提取方法是利用线性判别分析（Linear Discriminant Analysis，LDA）、主成分分析（Principal Component Analysis，PCA）、t 分布随机邻域嵌入算法（t Distributed Stochastic Neighbor Embedding，t SNE）等将图像中的高维特征进行降维并输入已设计好的分类器中（如支持向量机、随机森林、K 最近邻域、决策树等）。随着近年来深度学习算法的发展与应用，使用深度学习算法对图像进行特征提取成为了主流趋势。深度学习算法按数据形式可分为有监督学习、半监督学习和无监督学习。其中，监督学习的图像样本带有标签，根据设计的结果调解分类器。有监督学习的常见方法包括卷积神经网络（Convolutional Neural Networks，CNN）、递归神经网络（Recursive Neural Network，RNN）和图神经网络（Graph Neural Networks，GNN）等。无监督学习的数据是无任何先验信息的图像，通过机器自己学习分类，以 PCA、局部线性嵌入方法等为代表。半监督学习的输入目标图像是少量带有标签的数据样本，通过利用数据分布模型假设建立学习分类器，并对未标签图像样本划分标签。

（三）图片识别技术与方法的经典应用案例及前景展望

图像识别在城市经济学和区域经济学中具有广泛的应用，研究者通常通过提取雷达、卫星或是街景图片获取传统数据无法获得的信息。Sunak 和 Madlener（2016）利用卫星图片和建筑物内部照片识别了房屋在不同角度对风电机组的可见程度，依据对风电机组的可见程度不同，作者将房屋的空间分类由传统的依靠距离分类扩展为使用景观的可见性进行分类，相较于传统方法其具有更低的主观性，并在此基础上使用空间 DID 模型分析了风电机组对房价的影响。Wang 和 Vermeulen（2020）使用深度学习算法中的 Deeplabv3＋算法从谷歌街景图片中提取了建筑物周边环境特征的数据，通过弹性网络揭示了建筑环境与街区组织活跃性之间的动态关系，将以往研究中被视为外生变量的街区环境进行了内生化与动态化处理。Glaeser 等（2018）同样从谷歌街景图片中识别获取了房屋外观变化的信息，并与房屋内部装修图片相结合，研究了房屋外观变化和内部装修变化对房价的异质性影响。Harari 和 Wang（2018）、Gechtery 和 Tsivanidis（2020）使用 CNN 对城市中贫民窟的边界进行了识别，以分析城市更新产生的内部效应与溢出效应。

六、大数据分析技术与方法

（一）大数据分析技术与方法的特点

大数据具有四大特点：①高速性。大数据是随时可以调用和计算的，是可以通过互联网实时获取的，实时数据与高频数据都是典型的大数据。②多样性。大数据种类和来源极为丰富，可以包含结构化、半结构化和非结构化数据。③规模性。大数据的体量可以十分巨大，其采集、存储及计算的体量与复杂度都非常大。④准确性。大数据的大体量使得数据的噪声增大，质量下降，信息的密度较低。大数据方法的主要优势是可以突破传统小样本的限制，甚至可以对总体参数进行直接的计算。

（二）大数据分析技术与方法的经典应用案例及前景展望

在区域经济学的研究中，较为经典的大数据主要有遥感数据与城市网络采集数据。遥感数据的代表为夜间灯光数据。Henderson 等（2012）较为正式地将夜间灯光数据引入经济学的分析框架，基于统计框架验证了夜间灯光亮度是代表国家和地区 GDP 的一个较好指标。夜间灯光亮度的变化率可以作为 GDP 增长率的代理变量，将经济统计数据和夜间灯光数据相结合可以更加准确地度量经济增长绩效。近年来，夜间灯光数据被社会科学研究者运用于经济活动总量测算等领域，改进了经济增长等统计指标的准确性，产生了大量的研究成果。正如 Donaldson 和 Storeygard（2016）、Michalopoulos 和 Papaioannou（2014）等指出的，夜间灯光数据作为一种地理空间栅格数据，相对于 GDP 等传统数据而言，其突破了行政边界的限制，能够反映经济活动在地理空间维度的动态变化，在空间与城市经济学等领域得到了广泛应用，有力地推进了相关领域的理论与经验研究工作。除了夜间灯光数据以外，PM2.5 卫星监测数据、日间高清卫星数据也是区域经济学当前与未来的高频热门大数据。

城市网络采集的数据代表为街景数据，Google 街景数据的应用最为广泛。Google 街景是谷歌地图的一项特色服务，是由专用街景车进行拍摄，然后把 360 度实景拍摄照片放在谷歌地图里供用户使用。Glaeser 等（2018）运用 Google 街景获取了波士顿地区超过 30 万间房屋的跨年份外观数据，研究了房屋的外观与其邻居房屋的外观是如何影响房屋价格的，这一研究是当前少有的区域经济学中使用 Google 街景数据开展的研究。除了 Google 街景以外，地区大气实时监测数据、城市轨道交通客流数据与城市间人口流动等数据均是城市网络采集的大数据，这些数据都为区域经济学研究的拓展提供了丰富的素材。

七、机器学习技术与方法

（一）机器学习方法简介

机器学习（或者更确切地说是"有监督的"机器学习）围绕的预测问题是从解释变量 x 对被解释变量 y 进行预测。机器学习的吸引力在于它能够发现可归纳的模式。事实上，机器学习在智能任务中能取得成功很大程度上是由于它能够发现事先没有指定的复杂结构。它设法将复杂且非常灵活的函数形式与数据相匹配，避免了简化模型的过度拟合，同时，它可以找到在样本之外运行良好的函数。

在区域经济学实证研究的应用方面，机器学习主要从两个方面扩展传统研究：一是完全应用机器学习方法进行预测与指标测算研究；二是运用机器学习方法对计量经济学因果识别中的方法障碍进行优化改进。

（二）机器学习方法的特点和优势

经济学实证研究的重点：一是找寻解释变量与被解释变量之间的因果关系；二是对经济活动进行预测。传统计量方法前者较强、后者较弱；而机器学习方法正好相反，前者较弱、后者较强。因此，机器学习技术与传统计量方法是互补的。

两者的重要差别体现在对"无偏性"与"可解释性"的不同视角上。在"无偏性"的问题上，社会科学实证研究，特别是经济学研究，十分强调因果推论。基于这种考虑，计量经济学回归模型都致力于获得一致的估计系数。这意味着在这一"方差－偏差权衡"中，计量经济学方法宁愿付出方差较大的代价，也不能放弃"无偏性"这一性质（Athey，2018）。传统的最小二乘估计正体现了这一思路。机器学习的主要目的就是进行预测——它并不在乎用于做出预测的估计系数是否具有无偏性的特点。这就意味着在无偏性上，机器学习方法做出了"让步"，即选择用偏差来换取更小的方差以提高预测性能。

"可解释性"指的是模型估计出的结果能被容易地进行解释。计量经济学的目的不仅是预测，更在于解释现实中的现象以找到背后规律。从这个意义上来说，用来预测的函数形式越简单越好，因为复杂模型需要廓清模型拟合好坏的原因及解释变量与被解释变量间的互动关系等。机器学习方法则恰恰相反，只要这个函数能够很好地模拟现实，哪怕函数形式再复杂也无所谓。在这一点上，机器学习方法不拘泥于"可解释性"，能够灵活地选择函数形式进行数据拟合，这使得其预测能力强于计量经济学的传统方法。

（三）机器学习技术与方法的经内应用案例及前景展望

1. 基于机器学习的预测方法

机器学习方法开展预测与指标测算的工具库十分丰富，较为经典的有人工神经网络（ANN）、邻近算法（KNN）、随机森林（Random Forest）和深度学习（Deep Learning）等一系列方法。张丹等（2012）使用SOFM神经网络聚类对区域内分区县的行业门类进行聚类，探讨了首都圈内部各城市职能分工以及首都圈经济结构及空间组合特征；孙菲菲等（2014）基于随机森林这种模型组合分类器，提出了一种用于预测犯罪的新分类方法，并通过模拟实验来展示这种分类方法比一般的随机森林分类会有更高的可信度；Glaeser等（2017）使用Yelp网络平台数据结合随机森林算法预测了微观主体的经济活动；闻克宇等（2020）基于改进迁移学习算法对中国高速铁路短期客流进行了预测；欧阳志刚和陈普（2020）使用随机森林方法基于26种投入要素测算了地方工业行业的非充分发展和受要素约束状态；陈诗沁和王洪伟（2020）通过链家网和GIS获取特征变量，结合神经网络和随机森林模型对上海市二手房价格进行了预测。机器学习方法的优势是拟合的结果和预测的精度较高，但是其主要缺点是方法内部结构的"黑箱"特征使得个体研究的可复制性较低，推广难度较大（Bau et al.，2017）。

2. 基于机器学习的因果识别方法

机器学习对传统计量经济学的改进又可以从两个方面展开：一是对高维计量模型的完善；二是对因果推断中估计推断的优化。统计模型中解释变量的个数相对样本容量较大，这会带来"维数灾难"（Curse of Dimensionality）。机器学习算法通过引入估计系数的惩罚项约束条件来控制估计参数的大小，这其中的代表为岭回归（Ridge Regression）和LASSO回归。例如，张尔俊等（2013）使用LASSO方法构造多元线性回归模型，通过面板数据分析地方财政支出对经济增长的影响。

当前计量经济学因果识别的主要手段有双重差分法、断点回归法与工具变量法。在双重差分法与断点回归法中，重要的策略就是构建"反事实"，通过"反事实"研究政策效应的时间前后或者条件阈值两侧的差别。传统计量经济学方法使用线性方法估计"反事实"趋势，机器学习算法可以通过预测手段对虚拟效应进行估计，即与其直接计算介入组和控制组在介入后的差异，不如利用控制组中的样本构建出某种函数（比如样本的加权平均），使得该函数的取值与介入组足够相似，从而便可将该函数在介入后的取值作为反事实。这一领域与机器学习相结合的技术较为前沿，Cicala（2017）是目前少有的将DID与机器学习结合进行因果识别的研究。该研究试图评估美国电网从国家计划发电到市场自动调整发电量这一转变所带来的收益。Cicala将燃料价格波动纳入考量，采用了随机森林的方法预测了每个地区倘若没有市场介入时发电量的"反事实"。由于政府计划发电的废除是逐年逐地区推行的，这使得Cicala（2017）可以用一个典型的DID框架来分析市场介入带来的因果效应。由于DID的有效性依赖于样本在时间上具有平行趋势，但是这一假设在其文章中较难满足，这是因为影响发电的重要因素是燃料价格，即当前的燃料价格相对于历史价格的变动会导致发电成本改变，而不同地区的发电能力存在差异，因此这一成本变动在不同地区大小不同，最终相同的燃料价格变动会对不同地区的电量供给产生不同变动。DID无法控制这一异质性，导致其构建的"反事实"距离真正的"反事实"有较大偏差。

与之类似，在使用工具变量的两阶段最小二乘法中，第一阶段的工具变量拟合解释变量也可以通过机器学习算法来进行高精度拟合。工具变量方法的实施关键在于第一阶段，不光需要给出证据证明工具变量具有外生性，还要通过统计指标说明该工具变量和内生解释变量之间存在足够强的相关关系。因此，工具变量方法的第一阶段完全可以采用机器学习技术预测内生解释变量。这一领域已经积累起了较多的理论计量文献：有些学者采用正则化回归，比如 LASSO 和 Ridge 等方法来构建第一阶段的估计（Belloni et al.，2012；Hansen and Kozbur，2014）；另一些学者则采用神经网络等非线性方法来进行第一阶段的估计（Hartford et al.，2017）。

目前，国内社交媒体逐步开放大数据获取渠道，这更进一步凸显了机器学习技术在变量生成上的优势。但这些由机器学习生成的数据依然以变量形式进入了传统经济学研究框架内，本质上没有改变经济学的研究方法。而就当前区域经济学领域的实证研究而言，在预测与因果推断中使用机器学习方法的研究仍然非常稀缺，这一方法在城市经济研究中的拓展前景十分广阔。

参考文献

（一）中文文献

[1] 陈滢，傅十和，张希睿. 城市经济学学科介绍及国内外前沿问题 [J]. 经济资料译丛，2020（4）：22 - 27.

[2] 陈诗沁，王洪伟. 基于机器学习的房地产批量评估模型 [J]. 统计与决策，2020，36（9）：181 - 185.

[3] 程李梅，庄晋财，李楚，陈聪. 产业链空间演化与西部承接产业转移的"陷阱"突破 [J]. 中国工业经济，2013（8）：135 - 147.

[4] 江小娟，孟丽君. 内循环为主、外循环赋能与更高水平双循环——国际经验与中国实践 [J]. 管理世界，2021，37（1）：1 - 19.

[5] 李国平，孙铁山. 网络化大都市：城市空间发展新模式 [J]. 城市发展研究，2013，20（5）：83 - 89.

[6] 李琳，韩宝龙，高攀. 地理邻近对产业集群创新影响效应的实证研究 [J]. 中国软科学，2013（1）：167 - 175.

[7] 刘秉镰，朱俊丰，周玉龙. 中国区域经济理论演进与未来展望 [J]. 管理世界，2020，36（2）：182 - 194 + 226.

[8] 刘红光，刘卫东，刘志高. 区域间产业转移定量测度研究——基于区域间投入产出表分析 [J]. 中国工业经济，2011（6）：79 - 88.

[9] 刘甲炎，范子英. 中国房产税试点的效果评估：基于合成控制法的研究 [J]. 世界经济，2013，36（11）：117 - 135.

[10] 刘力强，冯俊文. 我国区域两化融合水平评价模型及实证研究 [J]. 科技进步与对策，2014，31（9）：125 - 129.

[11] 刘修岩，杜聪，李松林. 自然地理约束、土地利用规制与中国住房供给弹性 [J]. 经济研究，2019，54（4）：99 - 115.

[12] 刘修岩，李松林，陈子扬. 多中心空间发展模式与地区收入差距 [J]. 中国工业经济，2017（10）：25 - 43.

[13] 刘岩，谢天. 跨国增长实证研究的模型不确定性问题：机器学习的视角 [J]. 中国工业经济，2019（12）：5 - 22.

[14] 卢荻. 外商投资与中国经济发展——产业和区域分析证据 [J]. 经济研究，2003（9）：40 - 48 + 93.

[15] 马聪，刘黎明. 不同经济发展水平地区耕地利用集约度比较 [J]. 资源科学，2019，41（12）：2296 - 2306.

[16] 欧阳志刚，陈普. 要素禀赋、地方工业行业发展与行业选择 [J]. 经济研究，2020，55（1）：82 - 98.

[17] 秦蒙，刘修岩，李松林. 城市蔓延如何影响地区经济增长？——基于夜间灯光数据的研究 [J]. 经济学（季刊），2019，18（2）：527 - 550.

[18] 孙菲菲，曹卓，肖晓雷. 基于随机森林的分类器在犯罪预测中的应用研究 [J]. 情报杂志，2014，33（10）：148 - 152.

[19] 孙久文. 城市经济学研究值得关注的几个问题 [N]. 光明日报，2019 - 07 - 30（11）.

[20] 苏治，胡迪. 通货膨胀目标制是否有效？——来自合成控制法的新证据 [J]. 经济研究，2015，50

（6）：74－88.

［21］王芳，王宣艺，陈硕.经济学研究中的机器学习：回顾与展望［J］.数量经济技术经济研究，2020，37（4）：146－164.

［22］王贤彬，黄亮雄.夜间灯光数据及其在经济学研究中的应用［J］.经济学动态，2018（10）：75－87.

［23］王贤彬，聂海峰.行政区划调整与经济增长［J］.管理世界，2010（4）：42－53.

［24］闻克宇，赵国堂，何必胜，等.基于改进迁移学习的高速铁路短期客流时间序列预测方法［J］.系统工程，2020，38（3）：73－83.

［25］吴爱芝.如何打造全球城市［N］.光明日报，2019－01－24（14）.

［26］余静文，王春超.经济结构转型中的劳动工资收入与贸易差额——以中国为例的实证研究［J］.中国劳动经济学，2011，7（1）：21－43.

［27］张丹，韩茂莉，李国平.首都圈区域空间就业分布结构分析［J］.城市问题，2012（4）：46－49.

［28］张尔俊，马立平，闫博.财政支出对我国区域经济增长的影响研究［J］.统计与决策，2013（23）：169－172.

［29］张可云，肖金成，高国力，杨继瑞，张占仓，戴翔.双循环新发展格局与区域经济发展［J］.区域经济评论，2021（1）：14－29.

［30］张少军，刘志彪.全球价值链模式的产业转移——动力、影响与对中国产业升级和区域协调发展的启示［J］.中国工业经济，2009（11）：5－15.

［31］张学良，杨朝远.发挥中心城市和城市群在区域协调发展中的带动引领作用［N］.光明日报，2020－01－14.

［32］张学良，杨朝远.加快形成国内国际双循环相互促进的新发展格局［N］.光明日报，2020－07－07.

［33］周飞舟，吴柳财，左雯敏，李松涛.从工业城镇化、土地城镇化到人口城镇化：中国特色城镇化道路的社会学考察［J］.社会发展研究，2018，5（1）：42－64＋243.

（二）外文文献

［1］Abadie A.，Diamond A.，Hainmueller，J..Comparative Politics and the Synthetic Control Method［J］.American Journal of Political Science，2015，59（2）：495－510.

［2］Abadie A.，Diamond A.，Hainmueller，J..Synthetic Control Methods for Comparative Case Studies：Estimating the Effect of California's Tobacco Control Program［J］.Journal of the American statistical Association，2010，105（490）：493－505.

［3］Abadie A.，Gardeazabal，J..The Economic Costs of Conflict：A Case Study of the Basque Country［J］.American economic review，2003，93（1）：113－132.

［4］Acemoglu D.，Johnson S.，Robinson J. A..The Colonial Origins of Comparative Development：An Empirical Investigation［J］.The American economic review，2001，91（5）：1369－1401.

［5］Acemoglu D.，Restrepo P. Automation and New Tasks：How Technology Displaces and Reinstates Labor［J］.Journal of Economic Perspectives，2019，33（2）：3－30.

［6］Ahlfeldt G.，S. Redding，D. Sturm，N. Wolf. The Economics of Density：Evidence from the Berlin Wall［J］.Econometrica，2015，83（6）：2127－2189.

［7］Allen T.，Arkolakis C..Trade and the Topography of the Spatial Economy［J］.The Quarterly Journal of Economics，2014，129（3）：1085－1140.

［8］Almond D.，Chen，Y.，Greenstone，M.，and Li，H. 2009. Winter heating or clean air? Unintended impacts of China's Huai river policy［J］.The American Economic Review，2009，99（2）：184－190.

［9］Alonso W..Location and Land Use［M］.Cambridge：Harvard University Press，1964.

［10］Anas，Alex，et al..Urban Spatial Structure［J］.Journal of Economic Literature，1998，36（3）：1426－1464.

［11］Ando M..Dreams of Urbanization：Quantitative Case Studies on the Local Impacts of Nuclear Power Facilities Using the Synthetic Control Method［J］.Journal of Urban Economics，2015（85）：68－85.

［12］Angrist J. D.，Lavy，V..Using Maimonides' Rule to Estimate the Effect of Class Size on Scholastic Achievement [J] . The Quarterly Journal of Economics, 1999, 114 (2): 533 – 575.

[13] Arnott R. , D. McMillen. A Companion to Urban Economics [M] . Oxford: Blackwell Publishing, 2006.

[14] Arnott R. . Unpriced Transport congestion [J] . Journal of Economic Theory, 1979, 21 (2): 294 – 316.

[15] Athey S. . The Impact of Machine Learning on Economics [M] //Ajay Agrawal, Joshua Grans, Avi Gold-frob. The Economics of Artifical Intelligence: An Agenda. Chicago: University of Chicago Press, 2019.

[16] Atkin D. , Donaldson D. . Who's Getting Globalized? The Size and Implications of Intra – national Trade Costs (No. w21439) [Z/OL] . National Bureau of Economic Research, 2015, 7: [2021 – 05 – 20] . https: www. nber. org/papers/w21439.

[17] Au C. , J. V. Henderson. Are Chinese Cities Too Small? Review of Economic Studies, 2006 (73): 549 – 576.

[18] Bau D. , Zhou B. , Khosla A. , Oliva A. , A. Torralba. Network Dissection: Ouantifying Interpretability of Deep Visual Representations [C] . Computer Vision and Pattern Recognition (CVPR), 2017.

[19] Baum – Snow N. , Fernando Ferreira. Causal Inference in Urban and Regional Economics (No. W20535) [Z/OL] . National Bureau of Economic Research, 2014, 9: [21 – 05 – 20] . httpa: //www. nber. org/papers/w20535.

[20] Baum – Snow N. , J. V. Henderson, S. Rosenthal. Cities in China [J] . Journal of Urban Economics, 2020 (115): 103 – 227.

[21] Baum – Snow N. , L. Brandt, J. V. Henderson, M. Turner, Q. Zhang. Roads, Railroads, and Decentralization of Chinese Cities [J] . Review of Economics and Statistics, 2017, 99 (33): 435 – 448.

[22] Baum – Snow N. . Did Highways Cause Suburbanization? [J] . The Quarterly Journal of Economics, 2007, 122 (2): 775 – 805.

[23] Beck T. , Levkov R. L. . Big Bad Banks? The Winners and Losers from Bank Deregulation in the United States [J] . Journal of Finance, 2010, 65 (5): 1637 – 1667.

[24] Belloni A. , Chen D. , Chernozhukov V. , Hansen C. . Sparse Models and Methods for Optimal Instruments With an Application to Eminent Domain [J] . Econometrica, 2012, 80 (6): 2369 – 2429.

[25] Bosker M. , S. Brakman, H. Garretsen, M. Schramm. Relaxing Hukou: Increased Labor Mobility and China's Economic Geography [J] . Journal of Urban Economics, 2012 (72): 252 – 266.

[26] Brueckner J. K . The Structure of Urban Equilibria: A Unified Treatment of the Muth – mills Model [J] . Handbook of Regional and Urban Economics, 1987, 87 (2): 821 – 845.

[27] Brueckner J. K. , S. Fu, Y. Gu, J. Zhang. Measuring the Stringency of Land Use Regulation: The Case of China's Building Height Limits [J] . Review of Economics and Statistics, 2017 (99): 663 – 677.

[28] Brueckner J. . Lectures on Urban Economics [M] . Boston: The MIT Press, 2011.

[29] Brueckner J. . The Structure of Urban Equilibria: A Unified Treatment of The Muth – mills Model [M] //Mills, E. . Handbook of Regional Science and Urban Economics. Amsterdarn: Elsevier, 1987.

[30] Burchfield M. , H. Overman, D. Puga, M. Turner. Causes of Sprawl: A Portrait from Space [J] . The Quarterly Journal of Economics, 2006, 121 (2): 587 – 633.

[31] Cai H. , J. V. Henderson, Q. Zhang. China's Land Market Auctions: Evidence of Corruption? [J] . Rand Journal of Economics, 2013, 44 (3): 488 – 521.

[32] Chen Y. , G. Z. Jin, N. Kumar, G. Shi. The Promise of Beijing: Evaluating the Impact of the 2008 Olympic Games on Air Quality [J] . Journal of Environmental Economics and Management, 2013, 66 (3): 424 – 443.

[33] Chetty R. , N. Hendren, L. Katz. The Effects of Exposure to Better Neighborhoods on Children: New Evidence from the Moving to Opportunity Experiment [J] . The American Economic Review, 2016, 106 (4): 855 – 902.

[34] Cicala S. . Imperfect Markets Versus Imperfect Regulation in U. S. Electricity Generation (No. W23053) [Z/OL] . National Bureau of Economic Research, 2017, 1: [21 – 21 – 05 – 20] https: WWW. nber. org/papers/w23053.

[35] Ciccone A. , Hall, R. E. . Productivity and the Density of Economic Activity [J] . The American Economic Review, 1996, 86: 54 – 70.

[36] Combes P. P. , Duranton G. , Gobillon, L. . Spatial Wage Disparities: Sorting matters! [J] . Journal of Ur-

ban Economics, 2008, 63 (2): 723 - 742.

[37] Coşar A. K. , Demir B. . Domestic Road Infrastructure and International Trade: Evidence from Turkey [J] . Journal of Development Economics, 2016, 118: 232 - 244.

[38] Coşar A. K. , Fajgelbaum P. D. . Internal Geography, International Trade, and Regional Specialization [J] . American Economic Journal: Microeconomics, 2016, 8 (1): 24 - 56.

[39] Dahiwale P. , Raghuwanshi M. M. , Malik L. . Design of Improved Focused Web Crawler by Analyzing Semantic Nature of URL and Anchor Text [C] //Proceedings of the 9th International Conference on Industrial and Information Systems. New Jersey: IEEE Press, 2014.

[40] Davis D. R. , Dingel J. I. . The Comparative Advantage of cities [J] . Journal of International Economics, 2020.

[41] Desmet K. , Rossi - Hansberg E. . Spatial Development [J] . The American Economic Review, 2014, 104 (4): 1211 - 1143.

[42] Diamond R. . The Determinants and Welfare Implications of US Workers' Diverging Location Choices by Skill: 1980 - 2000 [J] . The American Economic Review, 2016, 106 (3): 479 - 524.

[43] Donaldson D. , Hornbeck, R. . Railroads and American Economic Growth: A "Market Access" Approach [J] . The Quarterly Journal of Economics, 2016, 131 (2): 799 - 858.

[44] Donaldson D. , Storeygard A. . The View from Above: Applications of Satellite Data in Economics [J] . Journal of Economic Perspectives, 2016, 30 (4): 171 - 198.

[45] Eaton J. , Kortum, S. Technology, Geography, and Trade [J] . Econometrica, 2002, 70 (5): 1741 - 1779.

[46] Ellison G. , Glaeser E. L. , Kerr, W. R. . What Causes Industry Agglomeration? Evidence from Coagglomeration Patterns [J] . The American Economic Review, 2010, 100 (3): 1195 - 1213.

[47] Ellison G. , Glaeser E. L. . Geographic Concentration in US Manufacturing Industries: A Dartboard Approach [J] . Journal of Political Economy, 1997, 105 (5): 889 - 927.

[48] Faber B. Trade Integration, Market Size, and Industrialization: Evidence from China's National Trunk Highway System [J] . Review of Economic Studies, 2014, 81 (3): 1046 - 1070.

[49] Fajgelbaum P. D. , Gaubert, C. . Optimal Spatial Policies, Geography, and Sorting [J] . The Quarterly Journal of Economics, 2020, 135 (2): 959 - 1036.

[50] Fujita M. . Urban Economic Theory: Land Use and City Size [M] . Cambridge: Cambridge University Press, 1989.

[51] Gabriel S. , S. Rosenthal. Quality of the Business Environment Versus Quality of Life: Do Firms and Households Like the Same Cities? [J] . Review of Economics and Statistics, 2004, 86 (1): 438 - 444.

[52] Gaubert C. . Firm Sorting and Agglomeration [J] . The American Economic Review, 2018, 108 (11): 3117 - 3153.

[53] Gechtery M. , Tsivanidis N. . Spatial Spillovers from Urban Renewal: Evidence from the Mumbai Mills Redevelopment [Z] . NBER Working Paper, 2020.

[54] Geng Zhiqiang, Shang Dirui, Zhu Qunxiong, et al. Research on Improved Focused Crawler and Its Application in Food Safety Public Opinion Analysis [C] //Proceedings of Chinese Automation Congress. New Jersey: IEEE Press, 2017.

[55] Glaeser E. L. , Kim H. , Luca M. . Nowcasting the Local Economy: Using Yelp Data to Measure Economic Activity at Scale [Z] . SSRN Electronic Journal, 2017.

[56] Glaeser E. L. , Kincaid M. S. , Naik N. . Computer Vision and Real Estate: Do Looks Matter and Do Incentives Determine Looks (No. 25174) [Z/OL] . National Bureau of Economic Research, 2018, 10: [21 - 05 - 21]. https://www. nber. org/papers/w25174.

[57] Glaeser E. L. . The Economics Approach to Cities [Z/OL] . SSRN Electronic Journal, https://doi. org/10. 2139/ssrn. 1080294.

[58] Glaeser E. L. . The Future of Urban Research: Non - market Interactions [J] . Brookings - Wharton Papers on

Urban Affairs, 2000: 101 – 149.

[59] Glaeser E. L.. The New Economics of Urban and Regional Growth [M]. Oxford: Oxford University Press, 2000.

[60] Gomez B., Filippini M., Heimsch F.. Regional Impact of Changes in Disposable Income on Spanish Electricity Demand: A Spatial Econometric Analysis [J]. Energy Economics, 2013, 40 (1): S58 – S66.

[61] Greenstone M., Gallagher J.. Does Hazardous Waste Matter? Evidence from the Housing Market and the Superfund Program [J]. The Quarterly Journal of Economics, 2008, 123 (3): 951 – 1003.

[62] Greenstone M., Hornbeck R., Moretti E. Identifying Agglomeration Spillovers: Evidence from Winners and Losers of Large Plant Openings [J]. Journal of Political Economy, 2010, 118 (3): 536 – 598.

[63] Gupta S., Yadav S.. Extraction of Link Context Using Tag Tree and LALR Parsing [C] //Proceedings of IEEE Conference on Information and Communication Technologies. New Jersey: IEEE Press, 2013.

[64] Hansen C., Kozbur D.. Instrumental Variables Estimation with Many Weak Instruments Using Regularized JIVE [J]. Journal of Econometrics, 2014, 182 (2): 290 – 308.

[65] Harari M., Wong M.. Slum Upgrading and Long – run Urban Development: Evidence from Indonesia [C] // Society for Economic Dynamics, 2018.

[66] Harari M.. Cities in Bad Shape: Urban Geometry in India [J]. The American Economic Review, 2020, 110 (8): 2377 – 2421.

[67] Hartford J., Lewis G., Leyton – Brown K., Taddy M.. Proceedings of the 34th International Conference on Machine Learning [C]. PMLR, 2017, 70: 1414 – 1423.

[68] Hartwick J.. Urban Economics [M]. New York: Routledge, 2015.

[69] Heblich S., Redding S. J., Sturm D. M.. The Making of the Modern Metropolis: Evidence from London [J]. The Quarterly Journal of Economics, 2020, 135 (4): 2059 – 2133.

[70] Helsley R. W., Strange W. C.. Coagglomeration, Clusters, and the Scale and Composition of Cities [J]. Journal of Political Economy, 2014, 122 (5): 1064 – 1093.

[71] Henderson J. V., A. Storeygard, D. Weil. Measuring Economic Growth from Outer Space [J]. American Economic Review, 2012, 102 (2): 994 – 1028.

[72] Henderson J. V., M. Turner. Urbanization in the Developing World: Too Fast, Too Slow or Just Right? [Z]. Working Paper, London School of Economics, 2020.

[73] Henderson J. V., T. Squires, A. Storeygard, D. Weil. The Global Distribution of Economic Activity: Nature, History, and the Role of Trade [J]. The Quarterly Journal of Economics, 2018, 133 (1): 357 – 406.

[74] Heyman F., Sjöholm, F., Tingvall, P. G.. Is There Really a Foreign Ownership Wage Premium? Evidence from Matched Employer – employee Data [J]. Journal of International Economics, 2007, 73 (2): 355 – 376.

[75] Holmes T., Sieg H.. Structural Estimation in Urban Economics [M] // Handbook of Regional and Urban Economics: vol. 5. Amsterdam: Elsevier, 2014.

[76] Jean N., Burke M., Xie M., et al. Combining Satellite Imagery Andmachine Learning to Predict Poverty [J]. Science. 2016, 353 (6301): 790 – 794.

[77] Jerch R., Kahn M. E., Li, S.. The Efficiency of Local Government: The Role of Privatization and Public Sector Unions [J]. Journal of Public Economics, 2017, 154: 95 – 121.

[78] Jimenez, R., Mercado J.. Energy Intensity: A Decomposition and Counterfactual Exercise for Latin American Countries [J]. Energy Economics, 2014, 42: 161 – 171.

[79] Katz L., J. Kling, J. Liebman. Moving to Opportunity in Boston: Early Results of a Randomized Mobility Experiment [J]. Quarterly Journal of Economics, 2001, 116 (2): 607 – 654.

[80] Kelejian H. H., Prucha I. R.. A Generalized Spatial Two – Stage Least Squares Procedure for Estimating a Spatial Autoregressive Model with Autoregressive Disturbances [J]. The Journal of Real Estate Finance and Economics, 1998, 17: 99 – 121.

［81］Kelejian H. H. , Robinson D. P. . Spatial Correlation: A Suggested Alternative to the Autoregressive Model ［M］//Anselin L. , Florax R. J. G. M. . New Directions in Spatial Econometrics, Berlin: Springer, 1995: 75 − 95.

［82］Kerr W. R. , Kominers S. D. . Agglomerative Forces and Cluster Shapes ［J］. Review of Economics and Statistics, 2015, 97 (4): 877 − 899.

［83］Kleinberg J. , Ludwig J. , Mullainathan S. , et al. Prediction Policy Problems ［J］. The American Economic Review, 2015, 105 (5): 491 − 495.

［84］Kraus M. . Monocentric Cities ［M］// R. Arnott, D. McMillen. A Companion to Urban Economics. Oxford: Blackwell Publishing, 2006.

［85］Kumar N. , Singh M. . Framework for Distributed Semantic Web Crawler ［C］//Proceedings of International Conference on Computational Intelligence and Communication Networks. New Jersey: IEEE Press, 2015.

［86］Lee D. S. , Lemieux T. . Regression Discontinuity Designs in Economics ［J］. Journal of Economic Literature, 2010, 48 (2): 281 − 355.

［87］Lee D. S. . Randomized Experiments from Non − random Selection in US House Elections ［J］. Journal of Econometrics, 2008, 142 (2): 675 − 697.

［88］Liu X. , Zeng J. , Zhou Q. . The Chosen Fortunate in the Urbanization Process in China? Evidence from a Geographic Regression Discontinuity Study ［J］. Review of Development Economics, 2019, 23 (4): 1768 − 1787.

［89］Ma J. , Cheng C. P. J. , Jiang F. , et al. Analyzing Driving Factors of Land Values in Urban Scale Based on Big Data Andnon − linear Machine Learning Techniques ［J］. Land Use Policy, 2020, 94: 104 − 537.

［90］Marshall A. . Principles of Economics: An Introductory ［M］. London: Palgrave Macmillan, 1920.

［91］McCann P. . Modern Urban and Regional Economics: 2nd edition ［M］. Oxford: Oxford University Press, 2013.

［92］Michalopoulos S. , Papaioannou E. . National Institutions and Subnational Development in Africa ［J］. The Quarterly Journal of Economics, 2014, 129 (1): 151 − 213.

［93］Mills E. , MacKinnon J. . Notes on the New Urban Economics ［J］. The Bell Journal of Economics and Management Science, 1973, 4 (2): 593 − 601.

［94］Mills E. A Thematic History of Urban Economic Analysis ［J］. Brookings − Wharton Papers on Urban Affairs, 2000, 2000 (1): 1 − 38.

［95］Mills E. . An Aggregative Model of Resource Allocation in a Metropolitan Area ［J］. The American Economic Review, 1967, 57 (2): 197 − 210.

［96］Moser P. , Voena A. . Compulsory Licensing: Evidence from the Trading with the Enemy Act ［J］. The American Economic Review, 2012, 102 (1): 396 − 427.

［97］Mullainathan S. , Spiess J. . Machine Learning: An Applied Econometric Approach ［J］. Journal of Economic Perspectives, 2017, 31 (2): 87 − 106.

［98］Munasib A. , Rickman D. S. Regional Economic Impacts of the Shale Gas and Tight Oil Boom: A Synthetic Control Analysis ［J］. Regional Science and Urban Economics, 2015, 50: 1 − 17.

［99］Muth R. F. . Cities and Housing ［M］. Chicago: University of Chicago Press, 1969.

［100］Pant G. , Srinivasan P. . Link Contexts in Classifier − guided Topical Crawlers ［J］. IEEE Trans on Knowledge and Data Engineering, 2006, 18 (1): 7 − 122.

［101］Papaioannou E. . National Institutions and Subnational Development in Africa ［J］. The Quarterly Journal of Economics, 2013, 129 (1): 151 − 213.

［102］Peng Tao, Liu Lu. Focused Crawling Enhanced by CBP − SLC ［J］. Knowledge − Based Systems, 2013, 51 (1): 15 − 26.

［103］Pope D. G. , Pope J. C. . When Walmart Comes to Town: Always Low Housing Prices? Always? ［J］. Journal of Urban Economics, 2015, 87: 1 − 13.

［104］Proost S. , J. F. Thisse. What Can be Learned from Spatial Economics? ［J］. Journal of Economic Literature,

2019, 57 (3): 575 – 643.

[105] Qian N.. Missing Women and the Price of Tea in China: The Effect of Sex – specific Earnings on Sex Imbalance [J]. The Quarterly Journal of Economics, 2008, 123 (3): 1251 – 1285.

[106] Reades J., Souza D. J., Hubbard P.. Understanding Urban Gentrificationthrough Machine Learning [J]. Urban Studies, 2019, 56 (5): 922 – 942.

[107] Redding S. J.. Goods Trade, Factor Mobility and Welfare [J]. Journal of International Economics, 2016, 101: 148 – 167.

[108] Roback J.. Wages, Rents, and the Quality of Life [J]. Journal of Political Economy, 1982, 90 (4): 1257 – 1278.

[109] Rosen S.. Wage – based Indexes of Urban Quality of Life [M] // P. Mieszkowski M. Straszheim. Current Issues in Urban Economics. Baltimore: Johns Hopkins University Press, 1979.

[110] Saiz A.. The Geographic Determinants of Housing Supply [J]. The Quarterly Journal of Economics, 2010, 125 (3): 1253 – 1296.

[111] Song Biao, Zhu Jianming, Zhang Jianguang. A Research of Dynamic Theme Crawler Based on Keywords and Support Vector Machine [C] //Proceeding of the 21st Annual International Conference on Management Science and Engineering. New Jersey: IEEE Press, 2014.

[112] Sunak Y., Madlener R.. The Impact of Wind Farm Visibility on Property Values: A Spatial Difference in – differences Analysis [J]. Energy Economics, 2016 (55): 79 – 91.

[113] Tombe T., Zhu X.. Trade, Migration, and Productivity: A Quantitative Analysis of china [J]. The American Economic Review, 2019, 109 (5): 1843 – 1872.

[114] Varian H. R.. Big Data: New Tricks for Econometrics [J]. The Journal of Economic Perspectives, 2014, 28 (2): 3 – 27.

[115] Viard B., S. Fu. The Effect of Beijing's Driving Restrictions on Pollution and Economic Activity [J], Journal of Public Economics, 2015, 125: 98 – 115.

[116] Wang Aihua. Design and Implementation of Vertical Search Platform for Electronic Product Information [C] //Proceedings of International Conference on Robots and Intelligent System. New Jersey: IEEE Press, 2017: 101 – 104.

[117] Wang M., Vermeulen F.. Life between Buildings Froma Street View Image: What do Bigdata Analytics Reveal about Neighbourhood Organizational Vitality? [J/OL]. Urban Studies, 2020: [2021 – 05 – 08]. https: //journals. sagepub. com/doi/abs/10. 1177/0042098020957198.

[118] Wang S. – Y.. Credit Constraints, Job Mobility, and Entrepreneurship: Evidence from a Property Reform in China [J]. Review of Economics and Statistics, 2012, 94 (2): 532 – 551.

[119] Wang S. – Y.. State Misallocation and Housing Prices: Theory and Evidence from China [J]. The American Economic Review, 2011, 101 (5): 2081 – 2107.

[120] Yang J., Chen S., Qin P., Lu F., Liu A. A. The Effect of Subway Expansions on Vehicle Congestion: Evidence from Beijing [J]. Journal of Environmental Economics and Management, 2018 (88): 114 – 133.

[121] Yinger J.. Measuring Racial Discrimination with Fair Housing Audits: Caught in the Act [J]. The American Economic Review, 1986, 76 (5): 881 – 893.

[122] Zenou Y.. Housing Policies in China: Issues and Options [J]. Regional Science Policy and Practice, 2012, 4 (4): 393 – 417.

第三章　空间经济学

集聚是空间经济学的主线，是资源空间配置的基本形态。21 世纪初，当国内经济学界对"空间集聚"一词还非常陌生时，经济活动的空间区位对经济发展和国际经济关系的重要作用在国际学术界已异乎寻常地引起人们的高度重视，空间经济已成为当代经济学中最激动人心的领域之一，空间经济理论被视为不完全竞争与收益递增革命的第四次浪潮。现在，空间经济理论亦成为国内经济学研究的一大热门，它可为人们研究理论和解释现实经济现象提供新的视角和新的方法。

当我们穿越时光隧道，透视空间经济学的历史、现状与未来时，一座座里程碑赫然入目，而 20 世纪 90 年代的那座丰碑则是《空间经济学：城市、区域与国际贸易》。它对 20 世纪最后十余年空间经济学的发展和成就做了精炼的概述和及时的总结。这本书于 1999 年由麻省理工学院出版，它是世界著名经济学大家的合作之结晶：三位作者分别是日本京都大学的藤田昌久、美国麻省理工学院的保罗·克鲁格曼①和英国伦敦大学经济和政策学学院的安东尼·J. 维纳布尔斯。正是由于这本书，三位作者于 2001 年获得了亚洲最具影响力的日经奖（Nikkei Prize）②；而前两位又于 2002 年双双获得国际区域经济科学协会（RSAI）所设立的第一届阿隆索奖（Alonso Prize）③。这本书的日文版已于 2000 年出版，同时也被译成了西班牙文和葡萄牙文。无疑，任何想在空间经济学这一乐园流连或耕耘者，都不得不了解这部经典巨著。梁琦教授担纲主译，这本著作在中国的出版使空间经济学在中国获得快速的发展。

第一节　空间经济学渊源

关于空间经济学的渊源，我们应该追溯到德国传统的古典区位理论。18 世纪末至 19 世纪初，德国仍然是一个封建割据的农业国，英法等国却已走上工业化道路。英国工业化前后，农产品价格上涨，一些目光敏锐的德国农场主通过与英国的农产品贸易而获利，于是尽量多买土地，扩大生产规模，德国农业开始向大型化商品化过渡。为了研究德国农业经营模式和产业化问题，约翰·冯·杜能潜心经营农庄十载，收集了极为详细的资料，于 1826 年撰写了巨著《孤

---

① 保罗·克鲁格曼从斯坦福大学转麻省理工学院工作四年后，于 2000 年 7 月赴普林斯顿大学工作。

② Nikkei 是 Nihon Keizai Shimbun 的缩写，Nikkei Prize 由 Nikkei 基金会颁发。以 Nikkei 命名的奖项范围很广，不仅涉及经济，还涉及科技、生物、文学等各个方面，是亚洲最具影响力的奖项之一。

③ 这是一个为纪念阿朗索所做出的杰出贡献，同时表彰在区域经济科学方面写出创造性并极富影响的著作的学者，由国际区域科学经济协会于 1999 年 11 月 11 日设立的奖项。其目的是激发区域经济领域的学者们秉承阿朗索的精神，勇于写出创新性的学术著作（英文）。RSAI 是个跨学科的国际性组织，成立于 1954 年，它在研究具有空间维度的社会、经济、政治和行为现象方面处于世界领先地位。

立国同农业和国民经济的关系》（以下简称《孤立国》）。书中对于地租和土地利用的分析使人耳目一新，而对于孤立国（城市）的描述，成了城市经济学的发源。[①]

到 19 世纪末，德国已完成了第一次产业革命，并迅速成为第二次产业革命的策源地之一，产业的大发展，使产业迁徙和工业布局问题为学者们所重视。韦伯于 1909 年撰写了《工业区位论》。在这部名著中，韦伯系统地建立了一系列概念、原理和规则，严谨地表述了一般的区位理论，并发展为空间经济学的另一流派。

新古典区位理论代表人物则是沃尔特·克里斯塔勒和奥古斯特·勒施。前者于 1933 年出版了《德国南部中心地原理》一书，提出了"中心 - 地方"理论，后者于 1939 年出版了《区位经济学》（原名为《空间体系经济学》，于 1954 年在美国以 "The Economics of Location" 为名翻译成英文出版），以最概括性的描述将一般均衡理论应用于空间问题研究。

1956 年，沃尔特·艾萨德出版了 Location and Space - Economy 一书，将冯·杜能、韦伯、克里斯塔勒、勒施等的模型整合为一个统一的易驾驭的框架，把区位问题重新表述为一个标准的替代问题：厂商可以被看作在权衡运输成本与生产成本，正如他们做出其他任何成本最小化或利润最大化的决策一样。这是一种开创性的贡献。"但是，他在他的这部巨著中给自己定下的目标——将空间问题带入经济理论的核心，却从未实现。……事实上，艾萨德从未提出过一个一般区位均衡的例子；这并非偶然，因为不论是他还是那个时代的任何人都不知道怎样做这件事。……艾萨德并没有对理论进行深入的研究，相反，他开创了一个折中的应用领域——区域科学。"（克鲁格曼，2000）

阿隆索（Alonso）于 1964 年出版了《区位和土地利用》一书，用经常在城市与农村来回穿梭的"通勤者"（Commuters）替代农民，用中央商业区（CBD）替代城市，建立了一个"单中心城市模型"，描绘了一幅比冯·杜能的模型更令人满意的图景。

将区位理论与国际贸易密切联系起来的是贝蒂尔·俄林（Ohlin），当他获得 1977 年诺贝尔经济学奖时，其名著《区际贸易与国际贸易》（1933）被认定为他的主要贡献。在这本书的修订版（俄林，1986）中，俄林增加了一篇新的论文《对当代国际贸易理论的看法》作为附录，他指出："如上所述，国际贸易理论是一个多边市场理论，其他多边市场理论，可以从价格差异理论和地租理论中看到。然而，尤其重要的是，国际贸易理论是接近于区位理论的。……区位理论比国际贸易理论更为广泛，贸易理论的一大部分可以看作是区位理论的一小部分。"可以说，俄林开拓了贸易与区位理论之关系的新领域。也有经济学家认为，再追溯到大卫·李嘉图之前的国际贸易理论，空间因素是得到优先考虑的，通过将环境差异弱化为土地生产力的差异，李嘉图有效地将对空间的考虑从他的分析体系中剔除了（Fujita and Thisse，2002）。他用比较成本替代了空间因素，并使比较成本成为了至关重要的因素。正是因为李嘉图模型和比较成本的重大影响，几乎将空间因素从主流理论中剔除出去，从那以后在相当长的时期里，空间因素即使被研究过，也是在英国古典经济学的主流演绎模型之外处理的。从这个意义上来说，大卫·李嘉图的经济学在空间经济的历史上形成了一个消极的分水岭。萨缪尔森于 1983 年在 "Thunen 两百年"中这样说："李嘉图的贸易理论传统上假设要素流动的可能性为 0，而商品在国家或地区间流动的可能性为 100%。冯·杜能的模型背道而驰，在一个不能移动的土地上，劳动力可以自

[①] 该书在 1966 年由 Wartenberg 译成英文版，1993 年引入中国，由商务印书馆出版。在探索工业区位和厂商定位时，冯·杜能首先探询厂商不愿定位主要城市（特别是首都和省会）的原因，即离心力（用空间经济学术语来说）。冯·杜能的论述非常全面，囊括了大城市中较高的地租和较高的食品价格对货币工资的影响。接着冯·杜能深入探讨了产业集聚的七大原因。虽然该书写于德国工业革命初期，但要超越他所思考的对产业集聚的形成的精确描述，并不是容易的。

由流动，商品的流动要花成本。对于劳动力将在哪里定位的问题贸易理论没有考虑，可是冯·杜能考虑了（Samuelson，1983）。"区位理论与贸易理论的关系也由此可见一斑。

如何才能将规模经济和不完全竞争这种常态纳入经济模型中去呢？1977年，迪克西特（Avinash Dixit）和斯蒂格利茨（Joseph Stiglitz）在《美国经济评论》上发表了一篇著名文章，建立了一个非常精巧和独特的Dixit - Stiglitz垄断竞争模型。这个模型为很多经济领域的研究提供了崭新的工具，扫除了前进道路上的技术障碍，从此，掀起了经济学研究中收益递增和不完全竞争的革命（Helpman and Krugman，1985；Grossman and Helpman，1991）。[①] 这场革命有四波：第一波是产业组织理论，第二波是新贸易理论，第三波是新增长理论，第四波则是空间经济理论。

众所周知，美国经济学家保罗·克鲁格曼独享2008年诺贝尔经济学奖。诺贝尔奖评委会认为：一直以来，有关国际贸易和经济活动的区位研究都是经济思想的前沿。即使在今天，自由贸易、全球化和城市化依然是大众讨论和学者分析的热门话题。但传统上，贸易理论和经济地理被视为两个不同的学科分支。然而，最近30年来，它们越来越走向融合。一种新的理论表明，是相同的力量同时决定了生产要素全球配置下的国际专业化分工（贸易理论）和经济活动的长期区位（经济地理）。克鲁格曼对此做出了开创性的贡献。20世纪80年代他对新贸易理论的贡献众所周知，而在80年代后期，他关注着欧洲经济不断融合的发展趋势，开始思考这个问题。他起初认为有关收益递增的有趣现象要从国际贸易的角度来进行阐述。当他潜心研究时，却发现自己的分析越来越偏离过去所熟悉的国际经济学。在国际经济学里，要素不能流动而商品可以交易且运输成本为零，这是进行国际贸易研究的基础。而现实是生产要素可以流动且运输成本也为正，他觉得自己越来越转向另一类模型，它们更接近区位理论而不是国际贸易理论。克鲁格曼（2000）定义的经济地理，是指"生产的空间区位"，它研究经济活动发生在何处且为什么发生在此处。为什么研究这种经济地理是非常重要的？克鲁格曼解释说有三个重要的理由：首先，国家内部经济活动的区位本身就是一个重要的主题，对于美国这样的大国来说，生产的区位是和国际贸易一样重要的问题。其次，在一些重要的情形中，国际经济学和区域经济学之间的界线变得越来越模糊了，比如用标准的国际贸易范式来谈欧盟成员国之间的关系就越来越没有意义了。最后，这是最重要的原因，20世纪80年代的新贸易理论和新增长理论，告诉人们一个新的经济学世界观，却很难从贸易、增长和商业周期中找出令人信服的证据，来说明这就是世界经济的实际运行方式，但研究国际国内经济活动的区位时，这样的证据就不难找到，因此，经济地理为新贸易理论、新增长理论等提供了一个思想和实证的实验室。

第二节 空间经济学建模策略

空间经济的核心问题，即解释地理空间中经济活动的集聚现象。集聚出现在很多地理空间层面上，种类繁多。例如，小型的商店或饭店集中在邻近地区，集聚就发生了。从居民小区、商业区到工业区，都是不同层面上的集聚。城市本身就是集聚的结果，区域经济一体化也是集聚的一种形式，集聚的极端则是全球经济的中心外围结构，即国际经济学家们密切关注的南北

---

① D - S模型被广泛应用到很多领域的经济建模中。从20世纪70年代末以来，一些理论家开始把新产业组织理论的分析工具应用到国际贸易中。几年后，同样的分析工具又被应用到技术变革和经济增长中。新贸易理论出现在1984年左右，新增长理论出现在1990年左右。

两极分化问题。而所有不同层面不同种类的集聚都处于一个更大的经济中，共同形成一个复杂的体系。在经济学家眼里，这就需要一个一般均衡理论来解释这些现象。新经济地理的目标就是发明一种建模方法，一个讲述故事的机制，以便人们很方便地谈论使经济活动集聚的向心力和使经济活动分散的离心力，很清楚地理解经济活动的地理结构和空间分布是怎样在这两股力量的相互作用下形成的。新经济地理与传统的区位理论和经济地理的区别也正在此。空间经济学的建模策略可以归于以下四个方面：D-S模型、冰山成本、动态演化和计算机。

D-S模型即迪克西特和斯蒂格利茨的工作，他们的文章将英国剑桥大学的罗宾逊（Robison）和美国哈佛大学的张伯伦（Edward Chamberlin）于1933年提出的垄断竞争思想赋予了严谨而漂亮的模型表述。空间经济学中的区域模型是将D-S模型应用于空间分析中，我们几乎可以视之为D-S模型的空间版本。"冰山成本"则是萨缪尔森（Samuelson，1952）的创造，本来在传统的贸易理论中是不考虑运输成本的，但现实贸易中运输成本是客观存在的，萨缪尔森并不特别描述运用资金和劳动力提供运输服务的行业，相反，他建议人们想象货物在运输途中被"融化"了一些，最终只有一部分能到达目的地，损失的那一部分便是运输成本。空间经济学中所考虑的运输成本都是采用这种聪明的形式。"毫不夸张地说：规模报酬递增和运输成本之间的权衡关系是空间经济理论的基础。"（Fujita and Thisse，2002）

藤田昌久和克鲁格曼等在《空间经济学：城市、区域与国际贸易》（2011）一书中建立的所有模型，都是借助于数值方法来解决的。人们发现，出于某种原因，即便是最简单的阐述，单纯运用解析法也是不可能的，想给那些均衡方程组找到一个解析解是极其困难的。那么，使用数值方法肯定离不开计算机，需要计算机模拟。于是还得提到数学家图灵（Turing，1952），他在研究生物学中的形态起源时，第一次运用计算机模拟求解数学模型，这给予人们新的启迪，本书作者在研究中心体系的自组织形成时，用的就是图灵机器方法。克鲁格曼在1991年连续发表了三篇重要论文，并在麻省理工学院出版了《地理与贸易》一书，之后便接到请他到各地访学和做讲座的邀请。1992年4月16日他受藤田先生的邀请去宾夕法尼亚大学做讲座。从机场到宾夕法尼亚大学的出租汽车里，克鲁格曼兴致勃勃地拿出他的笔记本电脑，开始模拟起他在波士顿机场候机时完成的"跑道经济"模型。其实这里的"跑道经济"是有渊源的。豪特林（Hotelling，1929）建立了一个线性城市选址模型，塞洛普（Salop，1979）则建立了一个圆形城市选址模型，若干个企业进行价格竞争，它们在圆环上等距离选址，空间差异化外生给定；波尔（Pal，1998）证明不论是伯川德竞争（Bertrand）还是古诺竞争（Conrnot），两家企业最终会定位在圆周直径的两端；Matsushima（2001）则证明进一步的推论，假设有n个企业进行这种类似的两阶段竞争，结果是一半企业集聚在一点，而另一半企业集聚在圆环上与之对称的另一点。在《空间经济学：城市、区域与国际贸易》这本书中，最初的跑道模型是一个有12个地区的圆周，就像一面钟，商品必须沿圆周运输。不管经济活动最初如何分布，最后制造业企业几乎总是集中到两个地区，并且具有一定的对称性，当地区数目越多，这种规律越明显。这种跑道经济的试验，就是通过计算机模拟而实现的。

最近的研究发展了经济活动空间分布的量化模型。量化空间模型的发展是理解经济活动空间分布决定因素的一个重大突破。相对于早期的理论研究，这些模型以具有实证意义的方式与观测数据相联系，从而可以量化关键的理论机制和评价政策干预在特定情况下的反事实效果。这些模型也提供了方法论和实质性的一般见解。方法上，可用于将各种聚集机制纳入统一的空间经济分析框架中。在这个框架中，还包括均衡的存在性和唯一性，可以进行反事实评价比较静态模型的参数变化。更包括市场准入的实证相关性、城市内部集聚和分散力量的强度，以及阻止经济活动空间分布演化的动态力量的重要性（Redding and Rossi-Hansberg，2017）。

第三节　空间经济学基本模型

空间经济学中有三种模型：区域模型、城市模型和国际模型。

一、区域模型——"中心－外围"模式

克鲁格曼的"中心－外围"模型考虑的是一个只有农业和制造业两个部门的经济，农业是完全竞争的，生产单一的同质产品，而制造业部门是垄断竞争的，供给大量的差异化产品，具有收益递增的特征；两个部门分别仅使用一种资源：劳动力；农业雇佣劳动力要素不可流动，而制造业工人可以自由流动；农产品无运输成本，而制造品则存在"冰山成本"。经济的演化将可能导致"中心－外围"格局：制造业"中心"和农业"外围"，条件有三个：当运输成本足够低时；当制造业的差异产品种类足够多时；当制造业份额足够大时。较大的制造业份额意味着较大的前向关联和后向关联，它们是最大的集聚力（克鲁格曼特别提倡这种金融外部性是集聚的驱动力）。关键系数的微小变化会使经济发生波动，原先两个互相对称的地区发生转变，起初某个地区的微弱优势不断积累，最终该地区变成产业集聚中心，另一个地区变成非产业化的外围。也就是说，经济演化使对称均衡在分岔点上瓦解，区域性质发生突变。

将两地区的例子推广至多个地区与连续空间，克鲁格曼用 Turing 方法证明了"中心－外围"模型中的结论仍然有意义，集聚因素将使在多个地区和连续空间中会产生数量更少、规模更大的集中。而即便放松农业运输成本为零这一非现实假设，基本结论也不会有多少改变。当然，中心外围模式能够发生并不表示必然发生，即便发生是否可维持也是有条件的。在一定的条件下，一个地区形成的产业集聚可以自我维持，但在同等条件下，产业在两个地区分布也是稳定的。同时这也表明真实世界中的空间地理结构要比想象的复杂得多。

二、城市模型——城市层级体系的演化

城市模型以冯·杜能的"孤立国"为起点，定义城市为制造业的集聚地，四周被农业腹地包围。然后逐渐增加经济的人口，农业腹地的边缘与中心的距离逐渐增加，当达到一定程度时，某些制造业会向城市外迁移，导致新城市的形成。人口的进一步增长又会生成更多的城市，然后继续向下发展。一旦城市的数量足够多，城市的规模和城市间的距离在离心力和向心力的相对强度下将在某一固定水平下稳定下来。如果经济中有大量规模各异和运输成本不同的行业，经济将形成层级结构。这种城市结构的未来趋势取决于"市场潜力"参数。经济演化的过程可看作市场潜力与经济区位的共同作用，市场潜力决定经济活动的区位，而区位的变化进而重新描绘了市场潜力。随意瞥一眼经济活动在真实世界中的地理分布，纽约之所以成为纽约，就因为一条河的作用，尽管这条运河在最近 170 年里已没有什么经济价值；硅谷之所以成为硅谷，起源于大约 80 年前斯坦福大学决策者的先见之明。当然自然地理对经济地理的作用不容忽视，比如河流和港口的作用。绝大多数拥有 200 年历史的美国城市（钢铁城市匹兹堡除外）都分布在大西洋沿岸或有可以通航的河流的北边。区位优势有催化作用：当一个新的中心出现时，一般情况下会是在这个地区而不是在其他地区形成，而一旦中心形成，它通过自我强化不断发展形成扩大规模，起初的区位优势与集聚的自我维持优势相比就显得不那么重要了，这就是空间经济的自组织作用。

三、国际模型——产业集聚与国际贸易

国际模型主要讨论国际专业化与贸易、产业集聚、可贸易的中间产品和贸易自由化趋势对一国内部经济地理的影响。贸易和经济地理（区位理论）应该融为一体，这一点细读俄林在国际贸易方面的开山之作《区际贸易和国际贸易》[①] 就能理解。然而在过去的190年里，这两个学科分支几乎没有什么联系。空间经济学则想填平这一深壑。在前面两个"中心—外围"模型和城市体系模型中，要素流动在集聚形成中都起着关键的作用。但是，在现实生活中，生产要素的流动会受到种种限制。在世界范围内考虑要素流动，"国界"是不可避免的影响因素。之所以有国际贸易理论存在，就是因为有国界的存在。国际贸易壁垒和要素流动障碍都是国界惹的祸（即便没有正式的贸易壁垒，国界仍然会产生大量的实际的贸易壁垒）。正是因为国界，在"中心—外围"模式中起关键作用的产业关联效应，并不能导致世界人口向有限几个国家集聚，却能产生一种专业化过程，使特定产业向若干个国家集聚。那么关联效应、贸易成本（涉及运输成本和贸易壁垒）和国际不平等或世界经济的"俱乐部收敛"之间有什么关系？对外贸易如何影响内部地理？随着世界经济一体化的进程，不同产业区域的专业化模式和贸易模式将如何改变？一个忽略国界的"无缝"的世界（更完美的一体化世界）将是什么样子？空间经济学力图回答这些问题。

而对一国内部来说，开放对外贸易是提升了还是抑制了国内的区域专业化水平？国际贸易的传统理论考虑的是国际专业化分工与贸易所得，将空间经济理论应用到国际贸易传统问题，更强调了外部经济在贸易中的作用，即行业层面上（与单个厂商层面上相比）的收益递增会导致在其他方面相似的国家专业化生产不同商品。对于世界经济的一体化趋势，本书的模型表明，虽然从总体上看贸易自由化会使一个国家的工业在空间上显得更加分散，但是对某些工业而言，贸易自由化却可能带来空间集聚。这隐喻着由于存在这些效应，使对外开放所带来的国民福利的增进，比通常讲的贸易所带来的福利要多得多。一般认为，国际贸易所得来自于消费者所得和生产者所得，其中后者是通过发挥比较优势，从而改变产业结构所带来的。但空间经济地理的分析表明，贸易可以导致内部经济地理的重新组织，它既在总体上促使制造业活动变得更加分散，同时又促使某些产业发生集聚。当一个产业为了适应贸易方式的变化而重新组织生产时，意味着贸易也许通过更深一层作用机制，来改变一国经济的福利水平。

第四节　空间经济学在中国的发展

集聚是空间经济学的主线，是资源空间配置的基本形态。中国集聚理论发端于20世纪90年代初，至今有了30年的历史。

---

① 俄林不仅是一名著名的经济学家，而且在瑞典，他是一名活跃的政治家。他作为政治家的名声甚至大于作为经济学家的名声。他曾是瑞典自由青年联盟主席，接着任瑞典自由党领袖。他担任了30多年的瑞典国会议员，并曾出任瑞典的贸易部长。他的著述很多，在经济学中他涉足的领域也很多，诸如就业问题、货币问题以及经济危机问题等他都有很深的造诣。中国人对他的了解主要是源于他的生产要素禀赋学说，即H－O理论，以及1977年他同英国的米德（Meade）因"对国际贸易和国际资本流动的理论作出了创造性的贡献"同时获诺贝尔奖。

一、中国制造业"一镇一品"的历史回顾

理论总是来源于实践，反过来指导实践。2000年，中国改革开放已经取得了辉煌的成就，中国工业的发展迎来了最好的时期，沿海地区的制造业如火如荼，"世界工厂"的美誉响彻全球。广东的"一镇一品"、浙江的"块状经济"，还有江苏福建等地，描述的是这样一种情景：某个地方由于历史和偶然因素而出现一家工厂生产某种产品而赚钱，周围立即现学现卖而生产这种产品，于是不久就会在本地出现一批生产同类产品的企业。在当年的中国县镇发展工业，既没有先进技术也没有科技人才，既没有固定模式也没有国外经验，甚至也没有原材料，完全是自发的，摸着石头过河的。那年代没有创业一说，然而，中国底层有脱贫致富奔小康的冲天干劲，中国农民有向往工业向往城市的无限憧憬。没有基础怎么办？创造条件也要上。就是在这样的实践中，一大批同行企业专注于生产一类产品，促成了地方声誉，该产品的上游供应商和采购商闻讯而至，拉长了产业链，形成了区域品牌。广东顺德的家电、佛山的陶瓷、乐从的家具、虎门的服装、南海的玩具、义乌的小商品、海宁的皮革、柯桥的轻纺、大塘的袜业、晋江的鞋……如雨后春笋般涌现，数不胜数。

二、经济地理学和区域科学的贡献

如波特所说，经济地理学和区域科学文献早就认识到 Cluster 现象的存在，但其认识范围还比较狭窄。波特则将这种现象和国际竞争力的成长联系起来，他定义的集群是某一特定区域的专业化分工领域，这种地域专业化形成了区域竞争力和国家竞争力。但是，波特的集群理论没有解释为什么这个特定区域下会有这么个特定专业化领域？这种区域专业化最初是怎么形成的？

区位问题不仅是区域经济学的研究对象，更是人文地理学下经济地理的研究对象。早在1992年，卢嘉瑞提出了关于空间资源的开发与利用，张可云界定了空间经济问题的各学科。1995年河北教育出版社出版了卢嘉瑞所著的《空间经济学》一书，建立并论证了空间向度、空间资源、空间生产力和空间经济四个基本范畴，但还没有体现微观经济主体的集聚行为。在中国区域经济学会和中国区域科学协会中有相当大部分的学者来自地理学相关专业，中国的区域经济研究离不开经济地理学界的贡献。

20世纪末21世纪初，经济全球化以一种不可抗拒的力量席卷而来，中国越来越深入地参与国际分工，如何抓住全球化机遇以增加国家竞争优势？这时，北京大学经济地理学教授王辑慈等于2001年出版的著作《创新的空间——企业集群与区域发展》聚焦地方企业集群和区域创新环境进行探讨，《公司地理论》（李小建，2002）提出公司地理学理论框架，为中国人文地理学开创了一个新的研究方向。《空间经济：系统与结构》（曾菊新，1996）论述了经济活动的空间观、空间经济活动的系统观和空间经济系统的运行观，揭示了空间经济系统的运行规律。

三、克鲁格曼的空间经济学：集聚理论风靡中国

如前所述，在主流经济学家那里，国际贸易与产业区位密不可分。克鲁格曼指出，经济活动最显著的空间特征是什么？那就是 Agglomeration！Spatial Agglomeration！梁琦教授将"agglomeration"译为"集聚"，她的博士论文为《产业集聚论》（2002年南京大学博士学位论文）。2003年来自经济地理学视角的另一本同名著作《产业集聚论》也得到出版。

2001～2004年，中国人民大学出版社闻洁工作室正为克鲁格曼等的 *The Spatial Economy: Cities, Regions and International Trade* 找遍中国找不到合适的翻译者而发愁，眼看购买的版权就要到期了，在中关村图书畅销榜上发现梁琦的《产业集聚论》（商务印书馆），便找到南京大学，

要求梁琦承担该书的翻译，并说"如果你不翻译这本书，中国人民五年之内是看不到这本巨著了"（版权马上要过期了）。是将 Spatial Economy 译为"空间经济"还是"空间经济学"？译为"空间经济"却不能充分体现这本书的理论价值和学术地位。梁琦向导师刘厚俊教授请教，刘老师说："Political Economy"不就译为"政治经济学"吗？

2004～2006 年，《产业集聚论》和《空间经济学》给中国学界带来一股新潮。2004 年《经济研究》发表洪银兴教授的书评《用主流经济学方法研究产业集聚——评南京大学梁琦教授的〈产业集聚论〉》，2005 年《经济学季刊》发表的《空间经济学：过去、现在与未来》一文指出：几年前，当国内经济学界对"空间集聚"一词还非常陌生时，经济活动的空间区位对经济发展和国际经济关系的重要作用在国际学术界已异乎寻常地引起人们的高度重视，空间经济学已成为当代经济学中最激动人心的领域之一。2006 年《光明日报》理论版发表《空间经济学：多学科的融合与创新》一文并加"编者按"强力推介，空间区位理论研究亦被评为"2016 年中国学术十大热点"。

2008 年《国际经济评论》适时推出梁琦著的《2008 诺奖得主克鲁格曼学术成就评述》一文，阐释了克鲁格曼学术思想的渊源和发展，厘清了空间经济学和新贸易理论之间的关系与脉络。由于克鲁格曼因空间经济学和新贸易理论独享该年度诺贝尔经济学奖，中国主流经济学界掀起空间经济学和集聚理论研究的高潮。此后，空间经济学在中国如火如荼地发展着，产业集聚方面的研究文献数不胜数。中国人民大学出版社再次购得《空间经济学》一书的版权，于 2011 年和 2013 年再次出版此书的译作。

四、"集聚"成为国家发展战略举措

克鲁格曼曾经谈到："目前中国的经济地理和发达国家大约 1900 年的时候很相似，非常符合空间经济学的框架：一是明显的'中心－外围'结构：大量中西部向沿海地区迁移的移民；二是从温州的'打火机城'，到盐步的内衣生产，中国有着显然的集聚现象……""地方化在美国是一件微不足道的事情，但在中国，这种模型对理解现实则有广泛的应用……"因此他预见"即便是已有的空间经济学理论，一旦将研究重点转向发展中国家，它也将焕然一新……"（Krugman，2011）。

中国的经济发展和制造业成长，的确成为空间经济学思想的实验场。那些年，"集聚"不仅在学术界成为热词，甚至连乡村干部也能信手拈来，侃侃而谈了。集聚对于企业家，意味着企业的选址，投资的区位；集聚对于政府，意味着资源的空间配置，国家和区域的竞争力。集聚成为国家发展战略。在《中华人民共和国国民经济和社会发展第十一个五年规划纲要》中，"集聚"一词出现 9 次；在《中华人民共和国国民经济和社会发展第十二个五年规划纲要》中，"集聚"一词出现 11 次；在《全国主体功能区规划》中，"集聚"出现 49 次；在《工业转型升级规划（2011—2015 年）》中，"集聚"出现 20 次，在《国家新型城镇化规划（2014—2020）》中，"集聚"出现 24 次。

地方经济发展战略也离不开产业集聚。例如广东，在《广东省国民经济和社会规划第十二个五年计划》中，"集聚"出现 42 次，"产业集聚"出现 14 次。2017 年 9 月的《广东省战略性新兴产业"十三五"发展规划》中，"集聚"出现 23 次。2017 年 10 月的《广东省沿海经济带综合发展规划（2017—2030 年）》，"集聚"更是高频词，出现了 74 次。

那么集聚战略实施效果如何呢？广东产业集聚以专业镇形式表现，2004 年广东省专业强镇有 93 个，到 2015 年，广东省级专业镇有 399 个，GDP 接近 3 万亿元。浙江产业集聚以专业市场和中小企业相结合的"块状特色经济"表现，一乡一品、一县一业的产业集聚模式是浙江制造

业快速发展的主流模式。

五、"集聚"成就了中国制造业

中国制造业看沿海。沿海地区的发展从制造业起始。珠三角的发展就源自于改革开放初期制造业产品的加工贸易、易货贸易。深圳从一个小渔村发展至今，最初起源于承接香港的制造业转移。东莞过去是广东的粮仓，后来成为闻名全球的世界工厂。佛山从 1978 年 GDP 只有 12 亿元到 2018 年的 9935.88 亿元，位居广东第三，靠的就是制造业。广东的经济增长连续 30 年保持全国第一，广东制造业也是全国排名第一。

中国崛起，首先是制造业强大和工业崛起。改革开放以来，正是中国制造业的 30 年历史创造了世界经济发展中的"中国奇迹"。20 世纪 80 年代中期，中国制造业开始复苏。至 2000 年，中国已从一个贫穷落后的农业大国变成令世人瞩目的世界工厂，中国制造业全面融入全球价值链；2006 年，中国制造业有 172 类产品的产量居世界第一位；2007 年，中国制造业增速已经连续 20 年居全球之首。到 2010 年，中国制造业占世界制造业比重的 19.8%，超过美国成为了全球第一制造大国和制造业中心。如今粗钢（美国水平的 8 倍，世界供给量的 50%）、水泥（世界总产量的 60%）、煤炭（世界总产量的 50%）、汽车（超过世界总供给量的 1/4）、工业专利申请（美国的 1.5 倍）。中国还是世界上最大的船舶、高速列车、机器人、隧道、桥梁、高速公路、化纤、机械设备、计算机和手机的生产国。

中国工业的这部成长史，离不开中国乡镇制造业发展史，类似于广东浙江这种专业镇和一乡一品，一县一业的产业集聚战略功不可没！是这种产业集聚和小企业集群，首先带动了原始乡镇制造业开始繁荣，民营制造业的崛起和外资制造业进入，使中国制造业竞争多元化达到一个发展高潮，继而引爆了一场轻工业革命，使中国的轻工业能够在 20 世纪 90 年代中后期开始起飞，雄厚的基础使制造业占中国 GDP 的 40% 以上，地位举足轻重。并从此开始超越一个又一个当代制造业强国，最终在 2010 年超过美国，成为全球第一大工业国。在整个过程中，产业集聚战略随影随从，集聚这种空间组织形式的作用发挥到了极致，从这个角度来看，集聚成就了中国制造，成就了中国工业的崛起。

六、"集聚"成就了中国城市化，加速了世界城市化的进程

集聚不仅成就了中国制造业，也成就了中国城市（镇）化。而中国城市化是当今世界最大的城市化，从这个意义上说，集聚加速了世界城市化的进程。

集聚与集群的不同在于，集聚侧重的是生产要素如何向一个方向集中，最终在某个地方形成集群的过程。集聚的理论根基就是空间经济学，生产要素向哪里集聚？这就是资源的空间配置问题。中国经济学以前只提资源配置，经济学教科书里只是说"经济学是研究资源配置的"。2007 年，《中国经济问题》第 3 期发表梁琦《论资源空间配置观》一文（《中国社会科学文摘》第 5 期全文转载），指出空间经济学就是研究资源空间配置的学问，集聚是资源空间配置的组织形式。

集聚是空间经济学的主线，空间经济学中的"中心－外围"可以解释中国工业的空间格局，城市层级可以解释中国城市的空间格局。为什么在地球的苍茫大地上，有那么多地方形成了称之为"城市"的经济体？城市究竟是如何形成的？为什么在人口和企业不断流动的情况下，城市可以持久不衰？为什么城市有大有小、有疏有密？为什么城市有等级之差？形成城市层级的自组织结构是如何演化的？一个优化的经济空间结构中的城市规模是如何分布的？这都是空间经济学的研究领域。

改革开放 40 多年来，中国的城市发生了翻天覆地的变化。中国经历了一个由以农业为主的传统乡村型社会向以工业和服务业为主的现代城市型社会逐渐转变的历史过程，这就是我们所说的城市化。中国城市化是世界最大最快的人口迁移、最大最快的生产要素向中心集聚的过程。

1980 年，发达地区国家的城市人口的比例平均为 70.9%，其中，美国为 77%，日本为 78.3%，联邦德国为 84.7%，英国为 90.8%，加拿大为 75.5%。而发展中国家的城市人口比例平均为 30.1%，其中一些国家低于 20%，当时中国的城镇化率只有 19.39%。根据 2008 年 11 月国家统计局发布的《改革开放 30 年报告：城市社会经济建设发展成绩显著》，2007 年末中国的城市数量达 655 个，比 1978 年增加 462 个，其中地级及以上城市由 1978 年的 111 个增加到 287 个，平均每年以两位数的速度增加。2007 年末全国共有建制镇 19249 个，比 1978 年增加 17076 个。近十年来城市数量比较稳定，但是城市人口规模和城市建成区面积在扩张。1980 年，我国 50 万人以上的城市称为大城市，100 万人以上的城市称为特大城市。2014 年，国务院印发《关于调整城市规模划分标准的通知》，提出城市划分新标准：人口 1000 万以上的为超大城市，500 万~1000 万的为特大城市，100 万~500 万的为大城市。但是，在中国城市化进程中，有些城市在增长，有些城市在衰落。在 2000 年到 2010 年，人口密度减少的一共有 180 个城市。其中，地级以上市共 41 个，县级市 139 个。

21 世纪以来，我国开启了以大都市带动周边城市，以城市群带动经济区的发展模式。麦肯锡城市群（Cluster Map）方法将中国城市分为 22 个城市群，每个城市群围绕 1~2 个中心城市发展，所有的卫星城距离 1 个中心城市不超过 300 千米，并且每个城市群的 GDP 都超过中国城市总 GDP 的 1%。学界关于城市群的讨论有：中国社会科学院《2006 年城市竞争力蓝皮书》提出的 15 城市群；中国科学院地理科学与资源研究所《2010 中国城市群发展报告》提出的 23 大城市群。政界关于城市群的版本有非正式和正式两种：一是 2007 年国家发改委课题组提出的 10 大城市群。二是住建部《全国城镇体系规划纲要（2005—2020 年）》提出的三大都市连绵区和 13 个城镇群。到目前为止，国务院共先后批复的国家级城市群是：长江中游城市群、哈长城市群、成渝城市群、长江三角洲城市群、中原城市群、北部湾城市群、关中平原城市群、呼包鄂城市群。基于"十三五"规划和"十四五"规划中的 19 个城市群，学者提出优化重组形成城市群 "5+5+9"的空间组织新格局（方创琳，2021）。城市群研究方面，我们用空间经济学模型研究了城市层级体系（梁琦等，2013）。

当今时代，区域竞争就是城市竞争，世界竞争就是城市群竞争。生产要素集聚越多，城市发展动能越大；城市层级体系越合理，城市群竞争力越大。在我们的研究中，城市层级体系与劳动力流动和户籍制度是密切相关的。事实上，劳动力是最重要的生产要素，当信息鸿沟被逐渐"抹平"，当高铁拉近了城市间距离，"准一线"和二线城市看到了"弯道超车"的机会，城市对高素质劳动力开始渴求。于是，一场高素质劳动力的争夺战爆发了。

由于生产要素的集聚度不同，中国城市间的差距越拉越大；人才作为第一生产要素，呈现出高度集中且不平衡的发展格局（古恒宇和沈体雁，2021），其集聚趋势将深远地影响中国经济的空间格局，显然对任何一个城市都是至关重要的。在中国人口红利丧失的趋势下，中国生育率全球最低的形势下，当代大学生就是最宝贵的生产要素，而且生产要素集聚的"马太效应"会更加放大。生产要素的集聚成就了中国的城市化，赋予了城市巨大的动能，反过来，中国的城市化给集聚理论提供了最好的实验场，并大大拓展了集聚理论的领域。

第五节 空间经济学研究未来方向

空间经济学至少有三个可供未来研究的重要方向：扩展理论菜单，寻求实证研究，探讨空间经济的福利与政策含义（藤田昌久等，2011）。

集聚的向心力和离心力是空间经济学研究的主要内容，它们各自有三个来源。向心力来自于关联效应、厚实的市场、知识溢出和其他外部经济。离心力有不可流动的生产要素、土地租金/运输成本、拥塞和其他外部不经济。当然还可以考虑这些集聚力和离散力的其他来源，扩大这一理论菜单。藤田认为，在考虑向心力的其他来源之前，迫在眉睫的是发展一个基于商品和服务的生产和交易关联上的、更一般的垄断竞争模型。[①] 空间经济学的进一步发展，在很大程度上取决于经济学界能否建立起囊括空间的不完全竞争市场的一系列更为一般的一般均衡模型。最近的文献表明，这方面的工作正在进行，如 Ottaviano 等（2002b）。

集聚的向心力作用会形成"中心－外围"模式，基本的 CP（Core－Periphery）模型源于克鲁格曼（1991），这个模型中有很多与实际不太相符的假定，放松这些假定，会得到新的拓展和发展。克鲁格曼和他的同伴们也在做这方面的工作，比如在基本的 CP 模型中假设农业部门是完全竞争的，生产单一的同质产品，而且不承担运输成本，而在有关农产品的研究中则放松农产品同质的假定，允许不同的地区生产差别化的农产品，并存在农产品贸易成本，得到了更进一步完善的 CP 模型。最近的文献表明，其他经济学家们也在这方面做了许多的工作。

（1）基本的 CP 模型中，制造业工人的移民行为是集聚产生和强化的关键，但假设制造业工人只依赖当前的工资差异情况做出选择，而 Baldwin（2001）则在 CP 模型基础上，放松了关于工人移民行为的假定，引入了工人的前瞻预期（Forward－looking Expectation），即认为制造业工人依赖他们对于未来工资情况的预期做出移民决定。为此，Baldwin 在模型中加入了现实贴现率以及移民成本，更细致地从微观角度讨论了历史与预期到底谁对集聚更重要。此外，Ottaviano 和 Puga（1998）也利用贴现率对于历史对预期的作用进行了归纳，发现在移民成本低且工人具有耐心的情况下，预期可以推翻历史上形成的空间经济结构。

（2）基本的 CP 模型主要建立在静态的框架之上，其中有一个隐含的假定，即模型中不存在长期的增长。Baldwin 和 Forslid（2000）扩展了该模型，引入了资金因素和罗默（Romer）的产品创新因素，得到了一个长期增长以及工业选址都是内生的模型，表明了长期增长对于经济活动空间分布的影响。除此之外，两位研究者还敏锐地观察到了当今社会地区之间融合不断加强的趋势。通过揭示地区融合过程中所表现出的一些新的趋势并以此为基础，他们对于经济融合进行了重新的定义和分类，并讨论了不同类型的融合对于经济活动空间分布的影响，从而讨论了产业选址、长期增长以及经济融合三者的关系。

（3）基本的 CP 模型中只存在两个部门，即制造业和农业。而事实上我们可以发现，政府行为对于厂商的选址决定有着重要的影响。举例来说，在中国经济特区的崛起过程中，政府所制定的优惠政策和提供的高质量服务在吸引经济活动方面功不可没。因此可知，不考虑政府部门的影响，这只是一个方便分析的简化假定。Nalaspa 等（2001）充分认识到了各地区不同的税收

---

① 同样在 RSAI 的圣吉安北美会议上，克鲁格曼和藤田昌久有一个对话式的演讲，这个对话式演讲后来正式发表了，参见 Fujita 和 Krugman（2004）。

结构在公司和消费者的选址决定过程中扮演了重要的角色，在基本的 CP 模型之中加入了一个新的经济机构——公共部门的作用，从而引入了税收负担水平以及公共管理效率的作用，讨论了政府行为对于经济活动空间分布的影响。

（4）基本的 CP 模型是基于连续时段的长期模型，也就是说其中的很多因素从长期来看都是稳定的。基于连续时段的情况进行讨论，则贸易成本的上升增强了经济活动空间分布模式的稳定性。而 Currie 和 Kubin（2003）则在短期的框架中，放弃了连续时间的假定，转而采取了离散时间的假定，以讨论基本的 CP 模型中所得出的一些结论是否会受到离散时间假定的影响。采用短期而非长期框架这一扩展，对于模型的分析方法以及结论有着很大的影响。在长期的发展中，经济活动的分布，最终都收敛于两种可能的稳定均衡状态，即对称均衡和中心外围均衡状态，而离散时间则可能导致出现两地区同时拥有较为发达的制造业部门的暂时现象。

关于厚实市场，克鲁格曼（1991）提供的一个关于劳动力池的简单模型，已在 Gerlach 等（2001）的工作中得到扩展，这些文章重点讨论了公司为提高生产力进行冒险性投资的影响。还有的学者将要素在部门间流动的交易成本纳入此模型。在这些关于劳动力池的模型中，劳动力均被假设成同质的。显然劳动力不同质的模型应该更有意义。当不同质的工人从事于最合适的工作时，厂商可以在技术空间寻求工人和技术的最优匹配，通过相应的外部性获得集聚经济效应。这种劳动力匹配的模型先见于 Helsley 和 Strange（1990），随后由 Hamilton 等（2000）进行扩展。所有这些劳动力池和劳动力匹配模型，在本质上都是非空间的，更像其他学科所讨论的问题。如果能将这些类型的模型嵌入空间经济学的框架，将为人们提供一个有趣的研究方向。

关于知识溢出和其他外部经济对集聚的作用，克鲁格曼转而发展基于关联要素的空间经济学的微观模型。发展关于知识溢出的空间经济微观模型十分迫切。经济学家们已经建立了很多基于马歇尔外部经济的城市和产业集聚模型，但其外部经济来源总不是很清楚，而且外部经济对单个厂商是外部的，对行业来说是内部的，外部经济的基本机制总是很含糊。Fujita 和 Thisse（2002）很好地描述了信息和知识交流与传播的空间过程，但缺乏对信息和知识外溢这种外部性细节的阐述，比如交流的是什么信息以及公司如何使用这些信息？

而且，知识溢出在本质上是一个动态过程，因此对知识溢出外部性的完整处理需要一个动态框架。显然，在短期内，人们的相互接近甚至面对面的交流有利于知识的传播和获得，但在长期内，同样的一群人的集聚，有知识同化倾向，所以时间将削弱知识外部性。这也意味着马歇尔的外部性有利于知识的传播和积累，从而导致经济增长，这一结论在短期内成立，但在长期内，除非不断注入新的知识要素，否则未必成立。一个成熟的关于知识溢出外部性的模型应该具有一个动态框架，无论人们在短期还是长期内在不同地区的移动或迁徙，都对经济增长起着关键作用，因为不同的知识和信息得以在不同的区域间传播和维持。推动信息流动和知识溢出的微观基础的发展，在空间经济学的进一步发展中起着关键的作用，这一定是未来研究的主攻方向。

关于集聚的离心力，一些工作如 Helpman（1999）和 Tabuchi（1998）将城市土地租金纳入新经济地理模型，表明当制造业的运输成本足够低时，产业会向外围迁徙，以避开城市土地的高租金。但是，在给定空间分离的框架下，很难区分这样的行业分布代表了区域间分布还是仅仅是中心区域的郊区化。如果能在连续空间内探讨这类问题，则是空间经济学模型的一种发展。

参考文献

（一）中文文献

[1] 阿尔弗雷德·韦伯. 工业区位论 [M]. 李刚剑，译. 北京：商务印书馆，1997.

［2］奥古斯特·勒施. 经济空间秩序［M］. 王守礼，译. 北京：商务印书馆，2010.

［3］保罗·克鲁格曼. 地理和贸易［M］. 张兆杰，译. 北京：北京大学出版社，中国人民大学出版社，2000.

［4］保罗·克鲁格曼. 发展、地理学与经济理论［M］. 蔡荣，译. 北京：北京大学出版社，中国人民大学出版社，2000.

［5］贝蒂尔·奥林. 地区间贸易和国际贸易［M］. 王继组，等译. 北京：商务印书馆，1986.

［6］伯特尔·俄林. 区际贸易与国际贸易［M］. 逯宇铎，译. 北京：华夏出版社，2008.

［7］方创琳. 2010 中国城市群发展报告［M］. 北京：科学出版社，2011.

［8］方创琳. 新发展格局下的中国城市群与都市圈建设［J］. 经济地理，2021，41（4）：1 - 7.

［9］古恒宇，沈体雁. 中国高学历人才的空间演化特征及驱动因素［J］. 地理学报，2021，76（2）：326 - 340.

［10］广东省人民政府. 广东省国民经济和社会发展第十二个五年规划纲要［M］. 广州：广东人民出版社，2011.

［11］广东省人民政府. 广东省沿海经济带综合发展规划（2017 - 2030 年）［EB/OL］. http：//www. gd. gov. cn/gkmlpt/content/0/146/post_146463. html？jump = false#7.

［12］广东省人民政府. 广东省战略性新兴产业"十三五"发展规划［EB/OL］. http：//www. gd. gov. cn/gkmlpt/content/0/146/post_ 146261. html#7.

［13］国家统计局. 改革开放 30 年我国城市社会经济建设发展成绩显著［EB/OL］. http：//www. gov. cn/gzdt/2008 - 11/04/content_ 1139530. htm，2008 - 11 - 04.

［14］李小建. 公司地理论［M］. 北京：科学出版社，2002.

［15］梁琦，陈强远，王如玉. 户籍改革、劳动力流动与城市层级体系优化［J］. 中国社会科学，2013（12）：38 - 61，207.

［16］梁琦. 2008 年度诺奖得主克鲁格曼学术成就评述［J］. 国际经济评论，2008（6）：54 - 59.

［17］梁琦. 产业集聚论［M］. 北京：商务印书馆，2004.

［18］梁琦. 空间经济学：多学科的融合与创新［J］. 地理教学，2006（9）：1 - 4.

［19］梁琦. 空间经济学：过去、现在与未来——兼评《空间经济学：城市、区域与国际贸易》［J］. 经济学（季刊），2005，4（4）：1067 - 1086.

［20］梁琦. 论资源空间配置观［J］. 中国经济问题，2007（3）：10 - 15.

［21］倪鹏飞. 2006 城市竞争力蓝皮书［M］. 北京：社会科学文献出版社，2009.

［22］藤田昌久，保罗·克鲁格曼，安东尼·J. 维纳布尔斯. 空间经济学：城市、区域与国际贸易［M］. 梁琦，译. 北京：北京大学出版社，中国人民大学出版社，2011.

［23］王缉慈. 创新的空间：企业集群与区域发展［M］. 北京：北京大学出版社，2001.

［24］威廉·阿朗索. 区位和土地利用［M］. 梁进社，李平，王大伟，译. 北京：商务印书馆，2011.

［25］沃尔特·克里斯塔勒. 德国南部中心地原理［M］. 常正文，王兴中，译. 北京：商务印书馆，2000.

［26］新华社. 国家新型城镇化规划（2014 - 2020 年）［J］. 农村工作通讯，2014（6）：32 - 48.

［27］约翰·冯·杜能. 孤立国同农业和国民经济的关系［M］. 北京：商务印书馆，1993.

［28］曾菊新. 空间经济：系统与结构［M］. 武汉：武汉出版社，1996.

［29］中华人民共和国国务院. 工业转型升级规划（2011 - 2015 年）［EB/OL］. http：//www. gov. cn/zwgk/2012 - 01/18/content_ 2047619. htm，2012 - 01 - 18.

［30］中华人民共和国国务院. 全国主体功能区规划［M］. 北京：人民出版社，2015.

［31］中华人民共和国国务院. 中华人民共和国国民经济和社会发展第十二个五年规划纲要［EB/OL］. http：//www. gov. cn/2011lh/content_ 1825838. htm，20.

［32］住房和城乡建设部城乡规划司. 全国城镇体系规划（2006 - 2020 年）［M］. 北京：商务印书馆，2010.

（二）外文文献

［1］Avinash K. Dixit and Joseph E. Stiglitz. Monopolistic Competition and Optimum Product Diversity ［J］. American Economic Review, 1977 (6): 297 – 308.

［2］Baldwin Richard E. et al. Economic Geography and Public Policy ［M］. New Jersey, Princeton: Princeton University Press, 2003.

［3］Baldwin R E. Core – periphery Model with Forward – looking Expectations ［J］. Regional Science and Urban Economics, 2001 (31): 21 – 29.

［4］Baldwin R E, Forslid R. The Core – periphery Model and Endogenous Growth: Stabilizing and Destabilizing Integration ［J］. Economica, 2000 (67): 307 – 324.

［5］Brakman S, Garretsen H. and Marrewijk C V. An Introduction to Geographical Economics ［M］. Cambridge: Cambridge University Press, 2001.

［6］Currie M and Kubin I. Chaos in the Core – periphery Model ［J］. University of Economics and Business Administration, Vienna, 2003.

［7］Helpman E and Krugman P. Market Structure and Foreign Trade ［M］. Cambridge: MIT Press, 1985.

［8］Fujita M and Thisse J F. Does Geographical Agglomeration Foster Economic Growth? And Who Gains and Loses from It? ［J］. The Japanese Economic Review, 2003, 54 (2): 121 – 145.

［9］Fujita M and Thisse J F. Economics of Agglomeration: Cities, Industrial Location, and Regional Growth ［M］. Cambridge: The MIT Press, 1999.

［10］Fujita M and Krugman P. The New Economic Geography: Past, Present and the Future ［J］. Journal of Regional Science, 2004 (83): 139 – 164.

［11］Fujita M and Thisse J – F. Economics of Agglomeration: Cities, Industrial Location, and Regional Growth ［M］. Cambridge: Cambridge University Press, 2002.

［12］Fujita M, Krugman P and Vensbles A J. The Spatial Economy: Cities, Regions, and International Trade ［M］. Cambridge: The MIT Press, 1999.

［13］Gerlach K A, Roende T and Stahl K. Firms Come and Go, Labor Stays: Agglomeration in High – tech Industries ［D］. Mannheim: University of Mannheim, 2001.

［14］Grossman G and Helpman E. Innovation and Growth in the World Economy ［M］. Cambridge: The MIT Press, 1991.

［15］Hamilton J., Thisse J F and Zenou Y. Wage Competition with Heterogeneous Workers and Firms ［J］. Journal of Labor Economics, 2000 (3): 453 – 472.

［16］Helpman E. R&D Spillovers and Global Growth ［J］. Journal of International Economics, 1999 (47): 399 – 428.

［17］Robert W, Helsley and William C. Strange. Matching and Agglomeration Economies in a System of Cities ［J］. Regional Science and Urban Economics, 1990 (2): 189 – 212.

［18］Hotelling H. Stability in Competition ［J］. Economic Journal, 1929 (39): 41 – 57.

［19］Isard W. Location and Space – economy: A General Theory Relating to Industrial Location, Market Areas, Land Use, Trade, and Urban Structure ［M］. Hoboken, New Jersey: Wiley, 1956.

［20］Krugman P. The New Economic Geography, Now Middle Aged ［J］. Regional Studies, 2011, 45 (1): 1 – 7.

［21］Krugman P. Increasing Returns, Industrialization, and Indeterminacy of Equilibrium ［J］. The quarterly Journal of Economics, 1991 (5): 617 – 649.

［22］Matsushima N. Cournot Competition and Spatial Agglomeration Revisited ［J］. Economics Letters, 2001 (73): 175 – 177.

［23］Nalaspa L F, Pueyo F and Sanz F. The Public Sector and Core – periphery Models ［J］. Urban Studies, 2001, 38 (10): 1639 – 1649.

［24］Ottaviano G I P, T Tabuchi and Thisse J. F. Agglomeration and Trade Revisited ［J］. International Economic Review, 2002b (43): 409 – 435.

［25］Ottaviano G I P, and Thisse J F. Integration, Agglomeration and the Political Economics of Factor Mobility ［J］. Journal of Public Economics, 2002a（83）: 429 - 456.

［26］Ottaviano G. I. P. and Puga D. Agglomeration in the Global Economy: A Survey of the New Economic Geography ［J］. The World Economy, 1998（21）: 707 - 732.

［27］Pal D. Does Cournot Competition Yield Spatial Agglomeration? ［J］. Economics Letters, 1998（60）: 49 - 53.

［28］Porter M E. The Competitive Advantage of Nations ［M］. New York: The Free Press, 1990.

［29］Salop S. Monopolistic Competition with Experience Goods ［J］. Bell Journal of Economics, 1979（10）: 141 - 156.

［30］Samuelson P A. The Transfer Problem and Transport Costs: The Terms of Trade when Impediments are Absent ［J］. Economic Journal, 1952（62）: 278 - 304.

［31］Samuelson P A. Thunen at Two Hundred ［J］. Journal of Economic Literature, 1983, 21（4）: 1468 - 1488.

［32］Smith T R. and Papageorgiou G. J. Spatial Externalities and the Stability of Interacting Populations Near the Center of a Large Area ［J］. Journal of Regional Science, 1982（22）: 1 - 18.

［33］Stef Proost and Jacques - François Thisse. What Can Be Learned from Spatial Economics ［J］. Journal of Economic Literature 2019, 57（3）: 575 - 643.

［34］Stephen J. Redding and Esteban Rossi - Hansberg. Quantitative Spatial Economics ［J］. The Annual Review of Economics, 2017（9）: 21 - 58.

［35］Tabuchi T. Urban Agglomeration and Dispersion: A Synthesis of Alonso and Krugman ［J］. Journal of Urban Economics, 1998（44）: 333 - 351.

［36］Turing A. The Chemical Basis of Morphogenesis ［J］. Philosophical Transactions of the Royal Society of London, 1952（237）: 37 - 72.

第四章　新经济地理学[①]

　　和世界其他国家一样，中国各地的经济发展也呈现不平衡现象。沿海与内地之间经济发展有差距，东部、中部、西部之间的发展有差距，南北之间的发展有差距，城乡之间的发展也有差距。这些地区间差距的形成有地理方面的因素，也有经济活动本身的原因。

　　新经济地理试图从经济学的角度来探讨导致这些不平衡现象出现的经济机制。经济活动牵涉到消费者、企业、资源拥有者，还有地方政府。新经济地理试图通过一般均衡模型来分析各个市场对产品的需求和企业的供给之间的均衡，包含各种生产要素和资源的需求与供给间的均衡和最优分配。

　　Krugman 在 1980 年和 1991 年发表的两篇论文是新经济地理领域的代表作，它们的发表刚好和中国区域科学协会的诞生时期相仿。Krugman 在 2008 年荣获诺贝尔经济学奖，把很多年轻有为的学者引入该领域，大大加快了这个领域的发展速度。比较 Fujita 和 Thisse（2002）可以发现，短短的 10 年间这一领域涌现了很多新成果，两位作者为此不得不修改了他们的经典著作《城市经济学》中的大部分章节。

　　在中国，2002 年杨开忠教授邀请了 Fujita 教授到中国来讲学，系统介绍了新经济地理的基础。当时很多被这门新学科的魅力所吸引的年轻学生，现在已经成为活跃在该领域等前沿的研究者。不久，新经济地理学的代表作 Fujita 等（1999）、Fujita 和 Thisse（2002）、Baldwin 等（2003）、Fujita 和 Thisse（2013）也陆续被翻译成中文，在中国得到了广泛的传播。最近，曾道智和高塚（2018）也在中国出版，年轻学者们对这门学科的最新发展动向也有了进一步的了解。

　　特别值得一提的是，中国区域科学协会和日本应用区域学会多年来开展了富有成效的合作，共同召开学术交流会议。Fujita、Thisse、Tabuchi 等国际著名学者也多次到中国来讲学，促进了中国新经济地理领域的国际交流和合作研究。与此同时，中国区域科学协会成立了空间经济学、新经济地理等专业委员会，并开展了各种学术交流活动。

　　中国改革开放四十多年来取得了巨大成果。家电下乡等有中国特色的政策也推进了中国区域经济的发展。中国已经融入了全球价值链，对外贸易实现了跨越式发展。经济起飞的同时，也带来了一些新的问题。比如，环境污染和经济发展的不平衡，城市流动人口和户籍管理问题，等等。国外很多学者也越来越关心如何解决和中国经济发展有关的学术问题。中国的经济发展为新经济地理学的发展提供了大量的新素材，促进了空间经济学的发展。比如，杨开忠结合中国的国情把新经济地理学用于研究各区域的地方品质所带来的人才移动、产品创新、经济增长等问题。

---

　　① 两位作者感谢国家自然科学基金重点项目"我国产业集聚演进与新动能培育发展研究"（批准号：71733001）的资助。另外，朱希伟感谢国家自然科学基金面上项目"局域政策与区域协调发展"（批准号：71773112），曾道智感谢日本科学研究费辅助金基盘研究（B）"空间经济学里空间异质性的影响分析和政策反映"（批准号：20H01485）。

人类生产活动的集聚提高了生产效率。同时科技发展带来了产业深化、分工细化，还衍生出更多的工作方式。新经济地理学理论揭示了贸易一体化会导致集聚的经济机制。经济一体化除了体现在产品的贸易成本下降上外，还体现在资本移动费用的递减，工人的通勤成本以及企业间和工人间的交流成本的下降上。事实上，随着中国的数字人民币、支付宝、微信支付等资金结算方式在中国和世界各地的普及，资本的流动成本还将大大降低。此外，2020年初暴发的新冠肺炎疫情大大改变了人们的生活方式。为控制疫情，大多数国家政府鼓励企业让员工在家工作。近年来，英国的脱欧、美国的"退群"都严重影响了世界经济的发展。我们需要进一步拓展现有知识来探讨在这些情况下形成的世界经济新格局。

本章先从贸易和区域经济两个方面总结了新经济地理学理论是如何发展起来的，是如何揭示经济结构变化后面所隐藏的经济机制的。我们同时还要了解这些理论是如何分析，如何指导我们制定经济发展策略的。之后，我们稍微介绍了近年理论发展的一些新趋势。最后我们简要介绍了地理和工学（特别是计算机模拟）方面的成果。

第一节　本地市场效应

经济活动的不均匀分布是现实世界中最为显著的现象之一。新经济地理学揭示了在没有第一自然属性外生差异的情况下，经济活动是如何发挥多样化偏好、规模报酬递增、运输成本相互作用下的货币外部性，以形成被喻为第二自然属性的本地市场效应，这为空间集聚现象的内在机制提供了有别于传统区位理论的新解释。

Ohlin（1933）就强调了贸易理论和产业区位的关联，认为国际贸易和区域经济学是对孪生兄弟。Krugman也是先从贸易角度创立了新经济地理学。Krugman（1980）揭示了本地市场效应的奥秘，开创了新贸易理论。下面我们分别从本地市场效应的概念源起、理论演进、实证检验与现实应用方面进行系统梳理和阐述。

一、概念源起

Ricardo（1817）、Ohlin（1933）及其老师 Eli Heckscher 分别从生产技术比较优势和资源禀赋比较优势出发，对"国家之间为什么会有贸易"这一问题提供了解释，奠定了比较优势的H–O理论在国际贸易领域的基础地位。不可否认的是，外生自然特性（即第一自然属性）的先天差异在相当程度上决定了国家之间的产业分工，进而形成各国产业之间的贸易。然而，在20世纪50年代，Leontief（1953）根据投入产出表推算发现，作为世界上资本最雄厚的国家，美国并未成为资本密集型产品的净出口国，反而大量进口资本密集型产品，出口劳动密集型产品，这显然有悖于"资本丰富国家出口资本密集型产品，劳动力丰富国家出口劳动密集型产品"的H–O理论。尽管此后有关学者仍然试图从要素密集度逆转（Jones，1968；Minhas，1962）、贸易保护政策（Travis，1961；Baldwin，1971）、自然资源（Vanek，1963；Hartigan，1981）以及工人技术水平（Keesing，1966）等方面出发，为"里昂惕夫悖论"寻求合乎比较优势理论的解释，但这些解释已经无法掩盖传统贸易理论的内在弊端。

事实上，不论是 Ricardo 理论，还是 H–O 理论，都是从供给方的条件来分析各国的贸易模式，忽略了需求方的作用。正如 Valavanis – Vail（1954）指出的那样，如果某国消费者对于资本品具有特定偏好，即使该国具有丰富的资本条件，仍然可能无法匹配本国市场的巨大需求，那么该国依然可能成为资本密集产品进口国。Linder（1961）则做出了一个更为大胆的猜想，即如果某个产业存在巨大的国内需求，那么该国会因某种外部性而获得该产业的生产优势，从而成为这种产品的净出口国。值得一提的是，Linder 的猜想虽然没有经过严格的逻辑推演，但已经试图跳出第一自然属性的束缚，开始从经济活动的内生力量来分析产业分工和贸易的成因，由此初步揭开了本地市场效应的神秘面纱。

20 世纪 60 年代以来，产业内贸易得到迅速发展，相似国家之间的相似产品的贸易所占比重越来越大。当时，以 Balassa（1966）为代表的一批学者已经注意到，在国际贸易中，每个国家仅仅对各产业中潜在产品范围内的某些产品进行生产，通过积攒生产经验以获得规模经济，其余则依赖于进口。由此可见，因规模经济引致的产品专业化生产是形成产业内贸易的重要前提。需要指出的是，由于规模经济与完全竞争并不相容，比较优势理论又恰恰建立在完全竞争的基本假定之上，这必然造成传统贸易理论无法对国际贸易的新趋势进行合理解释。

Krugman（1980）首次对 Linder（1961）和 Balassa（1966）的思想加以严格数理论证，并巧妙地将 Dixit 和 Stiglitz（1977）的垄断竞争一般均衡模型导入含运输成本的贸易理论之中，建立了一个镜像对称的两国两部门单要素的一般均衡模型。分析结果发现需求大的市场会吸引高于市场需求比例的企业，因此成为净出口国。这个成果成功揭示了产业内贸易的成因和机理，推动了传统贸易理论向新贸易理论跨越。值得一提的是，伴随产业内贸易发生的正是本地市场效应，它与企业在大国选址上的优势密切相关，即在由两个国家构成的经济空间里，由于生产采用规模报酬递增技术以及贸易存在"摩擦"，制造业企业会偏向在大国选址继而"放大"产业需求。换言之，对某种制造业产品具有较大需求的国家，该产业企业比例会高于人口比例，最终成为制造业的净出口国，这进一步证实了 Linder 猜想的合理性。

二、理论演进

尽管 Krugman（1980）模型引领了 20 世纪末贸易理论研究的学术潮流，但从现实角度来看，其关于本地市场效应的分析至少还存在两个不足：一是忽略了非制造业部门特别是农业部门的作用；二是未把可流动资本要素纳入理论分析框架。为弥补以上不足，Helpman 和 Krugman（1985）改进了只有规模报酬递增制造业部门的原模型设定，加入了规模报酬不变且不含运输成本的农业（同质品）部门，阐释了本地市场效应的形成机制。然而，正如 Davis（1998）批评的那样，Helpman 和 Krugman（1985）关于农业部门零运输成本的假定并不符合现实，一旦农产品的运输成本和制造业产品的运输成本同样高时，农产品就无法自由贸易，本地市场效应便不复存在。此后，Yu（2005）以及 Takatsuka 和 Zeng（2012a）进一步推广 Davis（1998）的研究结果，先后解明了本地市场效应的各种形成条件。其中，后者的研究发现只有当农产品的运输成本小于这个阈值时，本地市场效应才可能出现。此外，有关学者还成功改进了 Helpman 和 Krugman（1985）模型，构建了包含劳动力、资本两种要素，农业、制造业两个部门的"松脚资本模型"（Footloose Capital Model，FC 模型）（Martin and Rogers，1995；Baldwin et al.，2003；Ottaviano and Thisse，2004）。由于假定每个劳动力都拥有一单位资本，并且资本具有跨国自由流动性，因此 FC 模型找到了一条有别于以农业部门平衡两国贸易的新渠道，使得农产品运输成本大小甚至有无农业部门对于本地市场效应是否出现都无关紧要（Takatsuka and Zeng，2012b；Takahashi et al.，2013）。

为了对本地市场效应做更深入的考察，对上述模型的设定做进一步的改进十分必要。用 VES 框架替换 CES 框架就是其中一种改进。具体而言，Ottaviano 和 Thisse（2004）借助 Ottaviano 等（2002）提出的二次准线性效用函数，发现在农产品无运输成本的前提下，本地市场效应仍然存在；Chen 和 Zeng（2018）采用 Zhelobodko 等（2012）提出的一般可加性效用函数，发现本地市场效应甚至有出现反转的可能；Takatsuka 和 Zeng（2018）考虑因劳动遭遇"精神和肉体上的痛苦"所带来的效用损失，将弹性劳动引入模型之中，发现难以确定本地市场效应是否出现。此外，还有学者分别在多国（Behrens et al. ，2009；钱学锋和黄云湖，2013；Zeng and Uchikawa，2014）、多产业（Erhardt，2017）以及企业生产率异质性（Felbermayr and Jung，2018）等情形下对本地市场效应加以分析。然而，不论是采用一般性的效用函数形式，还是考虑更多复杂情形下的经济空间，上述研究对于本地市场效应是否出现，在何种条件下出现等问题，尚未得出统一答案。不过可以肯定的是，Krugman 的结论并不适用于很多新的模型环境，对于本地市场效应这一第二自然属性，仍然有待进一步的研究与论证。

三、实证检验

自 Krugman（1980）提出本地市场效应以后，学术界并不满足于理论上的探讨，还在实证上进行了专门考察。早期研究大多分析了本地市场效应的存在性问题，方法大致可分为两种：其一，直接检验产业规模是否大于需求规模（Davis and Weinstein，1996，1999，2003；Head and Ries，2001；张帆和潘佐红，2006；钱学锋和陈六傅，2007；范剑勇和谢强强，2010）；其二，基于贸易引力模型比较不同市场规模下的出口需求弹性（Feenstra et al. ，2001；Hanson and Xiang，2004；Schumacher and Siliverstovs，2006）。尽管存在性得到了广泛的实证检验，但本地市场效应在行业层面呈现出的强弱差异也引起学者们的较多关注。例如，邱斌和尹威（2010）基于中国制造业 28 个细分行业的面板数据研究发现，比起加工贸易，本地市场效应只在一般贸易中显著存在。张鹏辉和李若兰（2013）则通过中国和 OECD 国家双边贸易的面板模型估计发现，运输成本越高、规模经济越强的行业，本地市场效应也越强。

上述实证研究大多集中于分析制造业的本地市场效应。随着服务贸易对世界经济发展的贡献越来越大，近年来有关学者开始将目光投向服务业。一个普遍共识是，以比较优势为代表的第一自然属性和以本地市场效应为代表的第二自然属性都是驱动我国服务出口的重要因素，但本地市场效应的促进作用并不明显，以劳动力禀赋为代表的比较优势依然占据主导（许统生和涂远芬，2010；阚大学，2013；阚大学和吴连菊，2014；毛艳华和李敬子，2015；涂远芬，2015）。与制造业的研究相类似，服务业细分行业的异质性分析也随即展开。陈艳莹等（2014）发现我国商务服务、交通运输业由本地市场效应主导，而金融保险业则由比较优势主导，这是因为前者往往受制于较高的运输及信息传递成本。毛艳华和李敬子（2015）研究了中国生产性服务业的本地市场效应，发现技术和知识密集型服务业的本地市场效应强于资本密集型服务业。刘恩初和李文秀（2016）则通过理论建模，将本地市场效应分解为规模和结构两个部分，相应的实证研究表明，中国除金融中介外的服务业普遍具有本地市场规模效应，批发贸易、交通运输、金融中介和租赁商务服务业则具有显著的本地市场结构效应的影响。最近，李敬子等（2020）基于 Stone－Geary 非位似偏好下的服务贸易模型，探究了需求结构与需求规模对服务业出口的本地市场效应。首次在实证上验证了世界整体服务业出口存在需求结构作用的反向 HME 和非线性 HME。进一步的异质性检验发现，需求结构作用下的消费性服务业的反向 HME 和非线性 HME 均高于生产性服务业，而需求规模作用下则恰好相反。

从以上研究可以发现，一方面，现有研究通过实证分析，证实了本地市场效应普遍存在这一客观事实，有效验证了本地市场效应理论的科学性和适用性；另一方面，本地市场效应也在制造业、服务业的下属细分行业中呈现出较为复杂的特殊性和异质性，这也为今后理论研究在具体行业、具体市场上的拓展积累了大量经验素材。

四、现实应用

如前文所述，规模报酬递增且含运输成本的制造业部门是 Krugman 贸易理论考察的重点。为更好地揭示制造业空间分布背后的本地市场效应，经典模型往往对非制造业部门做各种简明但并不契合现实的设定，如 Krugman（1980）直接省略了非制造业部门，而 Helpman 和 Krugman（1985）以及 FC 模型则将非制造业（农业）视作一个同质且不含运输成本的辅助部门。事实上，在现有模型的基础之上对非制造业部门作进一步设定，特别是明晰非制造业产品运输成本的作用，可以拓展本地市场效应的理论内涵和适用范围，阐明现实世界中各种难解之谜的经济机制，资源诅咒就是典型一例。

"荷兰病"可能是有关资源诅咒研究的最早案例。20 世纪 60 年代，本是制造业主要出口国的荷兰因发现大量的油气资源，开始大力发展石油、天然气产业。然而，资源产业的蓬勃发展却造成制造业的日趋衰落，荷兰的出口竞争力被严重削弱。油气资源对于各国经济发展都不可或缺，但世界上少有依靠资源型产业而真正致富的国家，相较于资源稀缺的国家其经济发展水平反而更低。"是什么原因造成这样一种极其反常的资源诅咒现象？"引起了学者们的思考。Corden 和 Neary（1982）以及 Corden（1984）的理论研究表明，资源储量的增加一方面会吸引劳动力向资源部门转移，直接减少制造业部门的就业数；另一方面会带来额外收入，增加非贸易品的支出，从而提高其相对价格，吸引劳动力向非贸易部门转移，间接减少制造业部门的就业数。然而，他们的理论模型建立在小国开放经济框架下，制造业产品价格由世界价格外生给定，并且可贸易品的运输无成本，因此仍有不足。Takatsuka 等（2015）为改进这一框架，借鉴此前将农业部门纳入 Krugman 贸易模型的研究思路，在更加一般的情形下对资源诅咒的形成机制展开分析，发现资源品的运输成本在其中发挥着十分关键的作用。

从前面的分析可以知道，一旦在 Krugman 模型里考虑农产品的运输成本，本地市场效应的分析立刻变得十分复杂。正如在 Takatsuka 和 Zeng（2012a）的模型中，农产品的运输成本会决定本地市场效应是否出现一样，资源部门在 Takatsuka 等（2015）的模型中扮演了类似农业部门的角色，因为资源品的运输成本同样决定"荷兰病"是否出现。在资源品可作为制造业中间品的前提假设下，对模型的分析发现，当资源品运输成本较高时，大量制造业特别是资源密集型产业会向那些资源丰富的地区转移，形成本地市场效应；而当资源品运输成本较低时，向资源丰富地区靠近就显得不那么重要了，本地市场效应反而会在资源相对稀缺的地区出现。这里的现实含义是，降低资源运输成本对资源型城市的发展未必是好事，由于缺少制造业部门的支撑，这些城市落入"资源诅咒"陷阱就不难理解了。

当前，世界上资源丰富国家的经济发展水平大多处于相对落后地位，我国东北地区一批资源型城市也同样面临衰落的风险，这都与资源诅咒不无关系。运用本地市场效应的理论分析框架，可以严谨地剖析资源诅咒背后的经济学规律，这也体现了新经济地理学在解释现实经济现象上的重要应用价值。

第二节　产业集聚理论

如前文所述，从本质上讲，以 Krugman（1980）为代表的新贸易理论（New Trade Theory，NTT）与以 Krugman（New Economic Geography，1991）为代表的新经济地理学（NEG）同属空

间经济学的理论范畴。二者都是在一个存在产品运输成本的经济空间里，考察多样化偏好、规模报酬递增和运输成本复杂作用下经济活动的空间分布问题。只不过前者把重点聚焦于国际贸易的新兴模式，后者将目标对准产业集聚的原理解释。并且 Krugman（1991）建立的中心—外围模型（简称 CP 模型）放松了 Krugman（1980）劳动力无法跨区域自由流动的限制，考虑了个体的区位选择。值得一提的是，中心—外围理论不仅对集聚现象形成的经济学机制进行了专门考察，也由此引发了集聚现象背后有关地区收入差距问题的讨论。

一、产业集聚的理论渊源

产业集聚在当今世界普遍存在。从宏观视角来看，它是一种经济活动不均匀分布的空间现象。从微观视角来看，它描述了企业、家庭等经济主体偏向某个地区选址的集体行为。有关集聚现象的研究由来已久。古典区位理论的奠基人 von Thünen（1826）考察了农业选址问题，指出在竞争机制下，每种农业都试图靠近城市中心布局以节省运输成本，由此导致离城市中心越近，地租也越高，所以农业的区位选择会根据运输成本和对地租的权衡形成一种围绕城市中心的圈层结构。后来，Alonso（1964）运用类似的方法构建了一个城市空间模型，发现家庭居住地的选择面临房租和通勤费用的权衡，对住宅面积需求不大的家庭会倾向于居住在通勤更方便的市中心附近，反之对住宅面积有较大需求的家庭则更愿意居住在房租更便宜的郊区。不过，von Thünen 和 Alonso 并未解释城市中心是如何形成的这一关键问题，因此他们的理论仍然存在天然缺陷。

Marshall（1890）对产业集聚现象进行了专门研究。他强调企业和劳动力之所以选择向城市聚集，正是因为城市具有丰富的生产要素资源，企业可以方便地找到各类投入品和具有专业技能的劳动力，同时劳动力也有更多机会找到与自己技能相匹配的工作。此外，知识溢出的作用也不容忽视。通过空间集聚，知识、信息和技术可以在劳动力之间、企业之间加速传播，从而带来整体生产率的提升，形成所谓的"外部规模经济"。虽然 Marshall 没有明确使用外部性这个概念，但他却开创了运用外部性理论解释产业集聚现象的先河，相关学者甚至将这一理论引入城市经济的研究领域，推动了城市经济学的发展。其中，Jacobs（1969）指出产业内的知识溢出并非导致集聚的唯一因素，产业间的知识外溢也可能促进城市内部多产业的集聚。Henderson（1974）基于 Alonso 的城市模型，探讨了在外部规模经济、居住成本和通勤费用的共同作用下，城市规模的决定机制。不仅如此，还有学者用企业知识溢出获得的外部性收益阐释了多中心城市的形成机制（Ogawa and Fujita，1980，1982）。诚然，作为一种纯粹的技术外部性，溢出效应不失为一种直观的解释途径，但由于缺乏严谨科学的技术手段作为支撑，因此仍然难以揭示集聚"黑箱"背后的深层次微观机制。

有学者已经意识到，要为产业集聚现象提供根本性解释，将空间问题融入经典的经济理论，构建全新的空间一般均衡分析框架势在必行。虽然 Isard（1949）明确指出了空间问题对于经济学研究的重要性，但其却长期游离于主流经济学之外，未能得到当时一批经济学者的认可。Schumpeter（1954）便是其中之一，他认为把运输成本这一空间概念引入经济理论并无必要，由于生产成本已经将其包括在内，因此传统理论仍然适用。另外，Arrow 和 Debreu（1954）指出，只要对不同地点生产的同种产品加以重新区分，空间因素便可自然地融入一般均衡分析当中。尽管对商品本身赋予空间性质的确可以解释部分空间问题，但主流经济学者仍然忽略了一个重要事实，即现实中的企业和家庭可以在地理空间中自由选址。Takayama 和 Judge（1971）尖锐地指出，传统的一般均衡分析一旦考虑空间的流动性问题就立刻变得捉襟见肘。所幸的是，空间不可能定理的提出则为化解两派的争论做出了根本性贡献。Starrett（1978）证明了如果空间均质且存在运输成本，便不可能存在支持地区间贸易的竞争均衡。换言之，只要经济活动完全可分，任何地区都会形成自给自足的后院资本主义。事实上，不论是古典区位理论，还是技术外部性理论，都是基于规模报酬不变和完全竞争的基本设定。空间不可能定理给予的重要启示恰恰在于，若要构建一套全新的理论分析框架来解释产业集聚现象，就必须从根本上打破规模报酬不变和完全竞争的传统范式。

二、中心－外围模型

前文已述及，Dixit 和 Stigliz（1977）首次构建了一个垄断竞争一般均衡模型（简称 DS 模型），为新经济地理学的开辟做出了不可磨灭的贡献。垄断竞争市场的显著特征体现在两个方面：一是垄断性，表现为市场中每个企业对于各自生产的差异化产品具有垄断定价权；二是竞争性，表现为市场中潜在的企业数量有无限个，可以自由进入和退出，因此每个企业的市场份额几乎为零，在均衡时只能获得零利润。同时，由于假定了生产技术的规模报酬递增性，随着生产规模的扩大，企业的平均成本会下降形成"内部规模经济"。DS 模型不仅为解释产业内贸易提供了可遵循的理论框架，也使运用一般均衡方法分析空间问题成为可能。有别于研究经济活动区位选择的传统范式，Krugman（1991）正是在 DS 模型中引入"冰山型"运输成本（Samuleson，1954）这一空间概念，借助一般均衡分析的技术手段，刻画个体选址行为和市场出清条件，成功揭示了产业集聚现象的微观机制，开创了新经济地理学。

Krugman（1991）的 CP 模型考察了由初始禀赋完全相同的两个地区构成的经济系统。该系统拥有垄断竞争的制造业和完全竞争的农业两个部门，此外还包括高技能劳动力、低技能劳动力两种生产要素，前者从事制造业且可以跨地区流动，后者从事农业但不可跨地区流动。在达到均衡时，制造业企业的空间分布状态由集聚力量和分散力量的相对强弱决定。具体而言，集聚力量有两种来源：一是本地市场效应，即规模报酬递增的制造业企业在存在运输成本的情况下会倾向于选址在市场需求更大的地区；二是价格指数效应，即具有多样化偏好的消费者在存在运输成本的情况下会选择去制造业企业更多的地区生活，因为这里的产品种类更多，物价水平也更低。分散力量包括两种：①市场拥挤效应，即企业较多的地区，市场竞争程度更高，且由于存在运输成本，外地市场需求相较于本地市场需求会"打折"，这使得制造业企业利润水平相对较低，因此推动其向企业较少的地区流动；②不可流动要素，即对称分布于两地区且不具备流动性的农业劳动力，他们同样对制造业产品存有消费需求，会促使制造业企业均匀分散在两地。值得一提的是，运输成本是决定两种力量强弱的关键因素。当运输成本较高时，分散力量大于集聚力量，从而经济活动保持稳定的对称分布状态。随着运输成本的下降，集聚力量会逐渐超过分散力量，使得经济活动的空间分布由分散状态转变为集聚状态。

高技能劳动力可跨地区自由流动是区域理论区别于贸易理论的重要特征之一。由于劳动力可以自由选址，新经济地理学模型较一般的贸易模型更为复杂，多重均衡以及均衡稳定性的考察就是显著的例证。具体来看，CP 模型借鉴进化博弈论中的复制动态，通过假定某个地区的高技能劳动力所占比例之增长率与两地区的实际收入差距成正比，用以刻画人的流动行为。显然，当增长率为零，也即两个地区的实际收入相等时，系统会达到均衡状态。但需注意的是，由于存在规模经济，模型可能具有多重均衡，并且一旦初始解稍微偏离均衡而使方程新解无法复原时，则意味该均衡不具有稳定性。此外，如果有多个稳定均衡存在，那么经济活动的实际分布将取决于历史和其他偶然因素（曾道智，2013）。

根据 CP 模型，中心地区的制造业份额随运输成本大小的变化过程可以由图 4 - 1 表示。

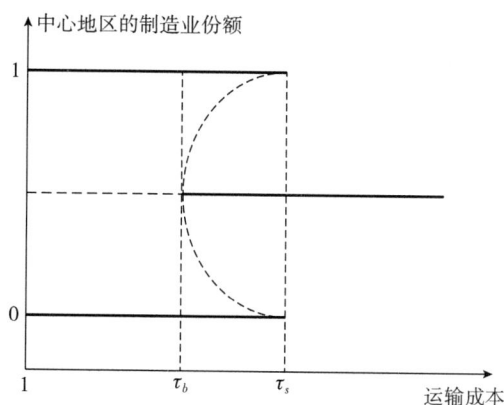

图 4 - 1 中心 - 外围模型

注：当运输成本大于 τ_s（称为"维持点"）时，只有对称均衡是稳定均衡；当运输成本小于 τ_b（称为"突破点"）时，只有集聚均衡是稳定均衡；当运输成本在 (τ_b, τ_s) 时，对称均衡和集聚均衡都是稳定的。值得注意的是，在运输成本下降的过程中，对称均衡向集聚均衡转化并非是连续的而是突变的，此时具体的经济活动分布将由历史和其他偶然因素决定。

三、CP 模型与理论进展

Krugman（1991）建立的 CP 模型成功地解释了现实世界中的复杂空间现象，在把空间因素引入经济学理论方面做出了具有里程碑意义的贡献，也因此获得了 2008 年的诺贝尔经济学奖。后来一批学者通过不断地开拓创新，使 Krugman 的研究进一步完善，推动了新经济地理学不断向前发展。

尽管 Krugman（1991）的基本设定较为简明，但仍有不尽如人意的地方，这也给模型分析带来了一些疑难和困惑。一方面，由于 CP 模型很难得到解析解，Krugman 不得不借助计算机进行数值模拟，这难免给福利分析和政策分析带来障碍。为了解决这一问题，有关学者进行了多番尝试。例如，Forslid 和 Ottaviano（2003）把制造业的边际生产者由高技能劳动力改为低技能劳动力，用解析解的方式得到与 Krugman（1991）几乎相同的结果。Ottaviano 等（2002）和 Pflüger（2004）则分别采用拟线性和对数形式的效用函数，也获得了解析解。另一方面，由于 CP 模型中的对称均衡向集聚均衡的转化并非连续而是突变的，这显然与现实不符。之所以发生突变，一个重要的原因在于消费者的偏好是同质的，面对实际收入的边际变化会做出相同的反应。因此，通过引入选址的异质性偏好，可以得出一些导致连续变化的机制（Tabuchi and Thisse，2002）。此外，若同时考虑第一自然属性和第二自然属性，制造业分布的变化过程也将变得连续（Picard and Zeng，2010）。

还有一些研究通过引入产业集聚的新机制，得到了与 CP 模型类似的解释。Krugman 和 Venables（1995）就是一个很好的例子。现实中，相较于消费需求，中间品需求在企业销售额中所占比例更高，然而 Krugman（1991）却忽视了中间品的作用。为把这一经验事实考虑进来，Krugman 和 Venables 通过引入最终品和中间品之间的投入产出关系，发现了最终品部门集聚和中间品部门集聚之间的相互促进关系。因此产业集聚用中间品需求即能解释，并不一定诉诸劳动力流动。Toulemonde（2006）的模型假定制造业部门同时需要资本和高技能劳动力两种要素，并且低技能劳动力可以通过教育投资提升技能水平，实现从农业到制造业的跨部门流动。一方面，高技能群体的不断壮大，会吸引更多制造业企业进入；另一方面，企业的进入又会激励更多劳动力进行教育投资。因此，在企业和劳动力的前后向关联下，产业集聚和人力资本提升会相互促进。值得一提的是，Krugman 和 Venables（1995）以及 Toulemonde（2006）都着重强调了循环累积因果效应在集聚增强过程中发挥的潜在作用。

由于 CP 模型忽略了产业集聚过程中可能出现的负面效应，集聚会随运输成本的降低变得越来越强，最终甚至发生现实世界中并不存在的完全集聚现象。基于这一谬误，有关学者开始关注集聚现象背后的潜在"代价"，得到的基本结论是，运输成本的持续下降会使分散力量最终超过集聚力量，导致经济活动出现再分散过程。对此，已有研究从不同角度给出解释。例如，当分散力量来源于住房而非不可流动的农业劳动力时，运输成本下降不仅未能引发集聚，反而造成分散，这是因为劳动力流入会加剧住房市场的竞争，使得分散力量明显增强（Helpman，1998）。此外，当消费者具有不同偏好（Tabuchi and Thisse，2002；Murata，2003），农产品存在运输成本（Fujita et al.，1999；Picard and Zeng，2005），抑或是考虑城市的拥挤（Tabuchi，1998）、制造业的污染（Hosoe and Naito，2006）时，都会出现再分散过程。有学者还注意到人口流动障碍也可能是一种潜在的分散力量（朱希伟，2004；Song et al.，2012），因此 Krugman（1991）关于劳动力完全自由流动的基本设定并不符合现实。Tabuchi 等（2018）将劳动力流动成本这一"中国元素"引入空间一般均衡模型，打破了 Krugman（1991）"运输成本下降促进产业集聚"的经典解释，阐释了在更一般的"有摩擦"的世界中，技术进步提升企业生产率、促进产业集聚的新机制，具有重要的理论创新价值。

四、产业集聚与地区差距

Krugman（1991）提出的"运输成本下降带来产业空间集聚"这一基本结论为自工业革命以来世界经济朝向不均衡发展的显著事实提供了一般性理论解释。紧接着一个值得考虑的问题是，产业集聚带来经济活动的空间不平衡分布是否同时意味着地区差距的扩大？

新经济地理学的相关学者围绕个人福利（实际收入），从理论上给出了不同解释。朱希伟（2012）指出，根据 CP 模型，在运输成本从无穷大降低到零的过程中，中心地区和外围地区居民的实际收入差距会呈现出先增加后减小的倒"U"形趋势。而在 Ottaviano 等（2002）二次准线性效用函数和线性运输成本的理论框架下，由于促进竞争效应的存在，原有的规模效应相对弱化，运输成本下降促使企业从中心地区向外围地区迁出，反而缩小了两地区的实际收入差距。Picard 和 Zeng（2005）进一步把农业部门考虑进来，发现只有当农产品运输成本小于某个阈值时，制造业的空间分布才会随制造业产品运输成本的下降呈现出"分散—集聚—再分散"的演进过程，这似乎表明随着区域一体化向纵深发展，地区间的收入差距将出现收敛。

除了从个人福利水平出发考察产业集聚与地区差距的关系，还有研究重点关注了地区间人均 GDP（人均工资水平）的变化规律。需要注意的是，在 CP 模型中，由于劳动力可以跨地区自由流动，企业数量和人口规模成正比，因此原本地市场效应的定义已经不再适用。一个更加准确的定义是，在两个地区构成的经济空间里，对制造业具有较大市场需求的一方工资也更高（曾道智，2020）。事实上，市场需求常常反映为市场接入（Market Access），地区工资水平则与之密切相关（Fujita et al.，1999；Redding and Venables，2004）。如果考虑一个 Dixit - Stiglitz - Krugman 垄断竞争模型，以下方程可以清晰地呈现出工资和市场接入之间的关系（即工资方程）：

$$w_i = \frac{\sigma - 1}{c_i \sigma} = \left[\frac{c_i}{F(\sigma - 1)} \right]^{\frac{1}{\sigma}} \left[\sum_j E_j P_j^{\sigma-1} \tau_{ij}^{1-\sigma} \right]^{\frac{1}{\sigma}}$$

其中，等式左边的 w_i 表示地区 i 的工资水平；等式右边的 c_i 表示地区 i 企业的平均生产率（单位产量所需劳动力），F 表示企业的固定成本，E_j 代表地区 j 的消费支出，P_j 代表地区 j 的价格指数，

$\sum_{j} E_{j} P_{j}^{\sigma-1} \tau_{ij}^{1-\sigma}$ 即地区 i 的市场接入，是各地区市场容量（Market Capacity）$E_{j} P_{j}^{\sigma-1}$ 以运输成本 $\tau_{ij}^{1-\sigma}$ 为权重的加总。工资方程不仅揭示市场规模、价格指数以及地理因素对于工资水平的决定机制，也为从实证上验证产业集聚与地区工资差异的关系提供了理论基石。Redding 和 Venables（2004）最早借助这一方程，实证检验了市场接入对工资的正向促进作用。此后的研究也纷纷效仿 Redding 和 Venables（2004），运用不同的数据和计量方法，在不同层级下为二者的因果关系提供经验证据（Hanson，2005；Breinliich，2006；Head and Mayer，2006；刘修岩等，2007；范剑勇和张雁，2009；刘修岩和殷醒民，2009；Hering and Poncet，2010）。

事实上，大量的实证研究表明生产要素的跨地区流动和集聚并不会带来地区差距的扩大。结合中国的现实背景来看，户籍制度阻碍了人口的跨地区自由流动，这才是导致城乡区域差距扩大的根源（王美艳，2003；陆铭和陈钊，2004；姚先国和赖普清，2004；Wan et al.，2006；Meng and Bai，2007；陈斌开等，2010；Chen et al.，2015）。值得一提的是，有关人口跨区流动的歧视问题，Head 和 Mayer（2006）基于工资方程做了专门分析。其核心思想是，倘若高技能劳动力流动不受限制，而低技能劳动力流动受限，由于高技能劳动力相较于低技能劳动力平均消费支出 E 更大，更多高技能劳动力的流入迅速增加了流入地的市场接入水平，进而拉大了地区之间的工资差距。但是一旦消除低技能劳动力的流动障碍，那么该地区的价格指数 P 会下降，从而抵消支出 E 的增加，使得地区间的市场接入和工资差距缩小。此外，朱希伟（2004）和 Song 等（2012）的研究先后表明，如果进城农民和城市工人的产品差异化程度足够大，农民进城带来两者之间的互补效应会超过竞争效应，实现帕累托改进与城乡"和谐发展"。上述研究给予的政策含义是，应逐步放开户籍制度等政策管制，破除地区间的人口流动障碍，特别是通过消除劳动力市场上的歧视，引导涌向城市的农民从事生产与城市工人生产的产品具有较低替代弹性的产品，这在一定程度上可以有效缩小收入差距，实现地区间和谐共赢。

五、乡村振兴与城乡协调

产业集聚伴随着工业化的快速发展。由于工农部门之间较大的技术差异，城乡间收入差距逐步扩大，引发大量农村剩余劳动力向城市涌入，城乡二元结构日益凸显，许多乡村甚至变成"空心村"，大有衰落的迹象。但作为现代化的"稳定器"和"蓄水池"，乡土社会始终是我国经济社会发展的深厚根基。事实上，农村、农业、农民关乎国际民生，解决好"三农"问题也一直是我国政府工作的重中之重。自2005年党的十六届五中全会启动新农村建设以来，我国每年向"三农"投入大量资金，用于农村基础设施建设和加大农业补贴，以期增加农民收入，扭转城乡收入差距扩大的趋势。2017年，党的十九大报告更是明确提出实施乡村振兴的发展战略，旨在促进农业农村现代化，推进城乡协调发展，实现全体人民的共同富裕。

在政府众多的惠农政策中，家电下乡尤其引人关注。该项政策始于2007年我国政府为应对全球金融危机推行的财政政策救市方案。长期以来，由于城乡收入存在巨大鸿沟，我国农民群体虽然极为壮大，但消费能力却始终薄弱。为此，家电下乡政策通过为农民购买家用电器提供补贴，促进其释放潜在需求，扩大内需，助力我国平稳度过危机，促进经济持续增长。那么，"家电下乡政策如何影响社会总体福利？以及是否缩小了城乡之间的福利差距"？也由此成为兼具理论价值和现实意义的学术问题。

Zhu（2014）结合我国城乡二元结构以及农民大量进城的新趋势，建立了一个区域的一般均衡模型，为家电下乡政策提供了理论注解。其主要结论：①如果工业品高度差异化，家电下乡政策就能降低城乡实际收入差距，并提升社会总福利。从现实背景来看，我国自2007年实施家电下乡政策以后，还于 2009 年进一步推行了汽车下乡政策，由于汽车品牌之间的替代弹性较家电品牌更小，所以汽车下乡政策的实施恰好验证了这一结论的合理性。②在城乡劳动力可跨地区流动的情形下，城乡社会福利会随运输成本的下降呈现出先降低后上升的"U"形演进趋势。可见，家电下乡政策的有效实施要以城乡一体化的纵深发展作为前提。事实上，我国于 2004 年实施的"村村通"计划已经大大改善了农村公路、电力等基础设施条件，相当于为家电下乡政策做好了铺垫。此外，鉴于财政定向补贴可能带来的转移支付悖论（Yano and Nugent，1999），Zhu（2014）还进一步考察了家电下乡政策的最优实施方案，即在工业品高度差异化，以及工业品相对标准化但运输成本很高，抑或是很低的情形下，补贴应该覆盖所有的工业品；在其余情形下，家电下乡政策都是无效的，不应为政府所采纳。

乡村振兴不能只依赖于政府补贴，还应当因地制宜，充分利用本地优质资源，激发自主发展的内在动力。作为一种新兴产业，乡村旅游方兴未艾，正在成为农民致富的有效手段。但作为一种非贸易部门，旅游产业为地方创收（收入效应）的同时，也可能使生产要素从工业部门析出（转移效应），对其造成负面冲击，使地方经济发展陷入"旅游资源诅咒"陷阱。朱希伟和曾道智（2009）通过建立两国三部门三要素模型，从理论上探讨了旅游业扩张对工业集聚的影响及其福利含义。研究发现：①旅游业究竟是促工业化还是去工业化取决于收入效应和转移效应的相对强弱。当工业品运输成本足够低且居民对本国旅游产品偏好足够强时，一国丰富的旅游资源所带来的资源转移效应才不至于超过收入效应，因此国家仍然能够吸引更多资本进入，形成本地市场效应，从而逃脱"旅游资源诅咒"陷阱。②在资本可以自由流动的前提下，如果两国居民同时消费本国和外国的旅游产品，随着人民对旅游产品支出比例的提高，小国居民的相对福利水平会不断提高以至于超过大国居民的福利水平。

朱希伟和曾道智（2009）给予的重要启示是，区域一体化特别是交通基础设施建设是促进工业和旅游业协同发展的重要前提。根据 Krugman（1991）的结论，建设公路、铁路等传统交通基础设施可以降低工业品运输成本，充分发挥工业的本地市场效应，促进工业集聚。而自 21 世纪以来，我国开始逐步迈入"高铁时代"。高铁建设降低了人口的流动成本，亦对区域旅游空间格局造成深远影响。大量实证研究已经表明，高铁联通地区能够借助出行便利优势，推动当地旅游经济发展，使旅游地收入水平明显提升（Prideaux，2000；Banister and Berechman，2001；熊元斌和黄颖斌，2010）。尽管 Masson 和 Petiot（2009）认为高铁可能产生旅游的"虹吸效应"，会进一步增强旅游发展水平较高地区的竞争优势，使得旅游发展较弱的地区在区域竞争中更弱，从而不利于区域均衡发展。但是 Garmedia 等（2011）的一项研究也发现，高铁开通能明显改善交通落后地区居民出行的便利性，使其旅游意愿不断增强并提高其福利水平。汪德根（2013）的研究进一步表明，高铁对区域旅游空间格局的影响为：一方面强化了核心地区的极化效应，使整体区域旅游发展差异扩大；另一方面则产生对边缘地区的扩散效应，使得区域内部旅游发展差异缩小。

可以预见的是，随着我国经济社会发展和人民生活水平的不断改善，乡村旅游业将迎来光明的发展前景。与高铁促进区域旅游发展的影响效应相类似，城乡交通基础设施建设亦是实现乡村旅游发展的助推器。那么，如何充分发挥交通基础设施的作用，使乡村旅游既能带来整体福利的改进，又能使农民增收，缩小城乡福利差距？也将成为摆在政策制定者面前的重要议题。与此同时，作为重要的理论武器，新经济地理学也需对交通基础设施促进城乡协调发展的内在机理和政策效果做进一步探索，以便更好地为政府有关部门提供理论和决策参考。

第三节　研究热点和展望

CES 效用函数被广泛用于一般均衡的模型中是因为它有很强的可解性，这主要是源于它的简单函数形式：一是可加分离性。各种产品组合的总效用等于各个产品的效用之和；二是位似（Homothetic）函数形式，使每个产品的恩格尔曲线都呈线性。另外，各个产品之间还有对称性。因此，CES 框架里产品间的替代弹性和需求价格弹性都是常数。其结果即使有企业生产率异质性的存在，企业定价的加成率也是常数。

Arkolakis 等（2012）在假定 CES 偏好后基于定量贸易模型（Quantitative Trade Models）考察了外国经济的变化对某个国家的贸易福利的影响。定量贸易模型是个非常广的模型类，包括了 Ricardo 比较优势模型、Armington 模型、Krugman 模型、Melitz 模型、引力模型、Eaton – Kortum 模型等。Arkolakis 等发现了令人惊奇的结果，即在这么一个宽广的需求函数类所对应的经济系统中，贸易的福利变化居然可以仅仅用 2 个指标来描述：其一是本国市场的国内产品支出比例，其二是贸易弹性。

尽管 CES 给我们分析模型带来了很多便利，然而 De Loecker（2011）、De Loecker 和 Warzynski（2012）、Feenstra 和 Weinstein（2017）等的实证研究结果表明，企业加成率是随着市场发展的情况而变化的。因此，如何建立一个非 CES 的理论框架便成为学者们迫切需要解决的问题。

早在 2002 年，Ottaviano、Tabuchi、Thisse 就把二次准线性效用函数导入 NEG 模型。这个模型分析起来比 CES 还要方便，因此也被广泛用于分析各种经济现象。可是它有一个弱点，就是无法体现收入效应。也就是说，消费者对工业产品的需求不受收入变化的影响。因此，作为一般均衡模型，其有一定的局限性。

最近十多年，很多学者在考虑如何在一般均衡模型中把变化弹性和收入效应都体现出来。这里简单介绍一下他们的方法。

一些学者尝试了在保持各种产品之间的可加分离性和对称性的基础上扩展了 CES。虽然这种函数不再具有位似性，可是 Krugman（1979）的简单模型表明，基于 CES 的一些贸易结论可以在这个更一般的框架基础上进行探讨。Zhelobodko 等（2012）进行了更严格的理论分析，给出了保证消费者和企业行为所构成的均衡需要存在的一些条件，还得出关于各种外生参数的静态分析结果。Dhingra 和 Morrow（2019）在导入企业生产异质性的基础上，从社会计划者的角度分析了最优和均衡在 VES 情况下的不同。

Feenstra（2003）挑战了如何保持位似性和对称性并扩展可加分离性。他的办法是从支出函数而不是效用函数出发来建立一般均衡模型。微观经济学告诉我们，从支出函数出发我们也能得出需求函数，尽管有时候对应的偏好无法用一个效用函数表达出来。他提出使用对称的超越对数（Translog）支出函数，因为它既能导出变化的弹性需求从而观察到加成率的变化，又能保持位似偏好，因此可以简化模型分析。Feenstra（2018）进一步建议采用 QMOR（Quadratic Mean of Order）支出函数。这是一个比较大的函数类，包含了 CES 所对应的支出函数和超越对数的支出函数。同时，它仍然对应着位似偏好。采用这类支出函数也便于我们分析 CES 和非 CES 的区别。

因为从直接效用函数导出需求函数有困难，Bertoletti 和 Etro（2017）尝试了从间接效用函数出发建立模型。微观经济学早就告诉我们直接效用和间接效用有对偶关系。他们假定了间接效用函数的可加分离性来分析企业行为和个人消费的均衡，在此基础上得出了一些和基于直接效用函数模型不同的结果。比如，企业的加成率与消费者的收入有关而与产品数目无关。他们还发现 CES 是唯一保持直接效用和间接效用中各种产品之间可加分离性的函数形式。

也有不少学者仅仅保留对称性。他们既放弃了可加分离性也舍去了位似性。Mrázová 和 Neary（2017）从企业的角度对一般的需求函数进行了考察，发现需求价格弹性和凸性程度是两个重要指标。在消费者具有同样的 CES 偏好的情况下，需求价格弹性和凸性程度都是常数，不会收到市场外界因素的影响。可是，只要共同偏好不是 CES，当市场受到经济一体化等外在因素的影响时，价格弹性和凸性程度会有变化。这些变化所描绘出来的曲线代表了经济模型对各种经济现象的刻画能力。作者把它称为需求流形（Demand Manifold），他们也给出了一些有名的偏好模型（比如，CARA、Stone - Geary、Kimball 等），还有前文提到的超越对数的支出函数框架所对应的需求流形。在考察一个新的偏好系统时，只要看看它的需求流形和各种已知偏好系统的相互位置关系即可得出大致的性质。

Arkolakis 等（2019）也是从需求函数出发。他们通过导入需求移动函数（Demand Shifter）给出了一个很大的需求函数类。比如，它轻易地囊括了各种位似偏好，各种可加分离性函数，还有二次准线性效用函数所对应的需求函数。作者在非 CES 的框架下推广了 Arkolakis 等（2012）的结果。在考察外国经济对某个国家的贸易冲击时，贸易的福利变化可以仅仅用三个指标来描述。他们还发现，基于 CES 的经济系统的贸易福利变化比非 CES 经济系统的要大。

Parenti 等（2017）坚持从效用函数出发的想法，可是他们的效用函数没有具体的形式。因此，既没有假定可加分离性，也没有假定位似性。但是，他们保留了各种产品之间的对称性。各种产品之间的替代弹性已经不是常数了，而依赖于各个产品的消费量和产品种类数。可是作者发现这个函数依然可以用来描绘整个经济系统。类似于 Mrázová 和 Neary（2017）的结果，他们也发现两个重要指标。具体来说，他们给出了如何通过替代弹性函数，来推导出关于消费量的弹性和关于产品种类数的弹性的各种均衡结果。在这个很一般的框架里，作者还对市场规模和生产力变化的影响进行了分析。

以上各种办法都把产品的需求当作连续变量来分析。Foellmi 等（2018）建立的非 CES 框架假定了消费者的 0～1 需求。现实生活中很多产品是无法分割的，大多数人仅仅消费一辆汽车、一部手机、一个冰箱。因此，连续变量的 CES 模型便于考察深度需求（Intensive Margin）的经济问题，而 0～1 需求的非 CES 模型便于分析广度需求（Extensive Margin）引起的经济现象。另外，这个框架可以用来研究套利行为对企业定价的影响。

Behrens 等（2020）进一步建立了一个多产业一般均衡模型，每个产业都是垄断竞争。劳动者在产业之间可以移动。他们通过两层效用函数来描述消费者偏好。针对各个产业的下层函数采用了 Zhelobodko 等（2012）的具有可加分离性的方式。上层效用是个凹函数，关于各产业效用变量的偏导可以分离成该产业效用的函数和整个效用的函数的乘积形式。这类函数比 CES 函数类要广泛些。模型还导入了企业生产力的异质性，他们给出了均衡和最优经济结构的存在性和唯一性条件，并对两种经济结构进行了比较。

目前的大多数非 CES 的论文还是基于一个生产要素（劳动力）的假定。在封闭经济的模型里，这个假定比较合理。可是在考虑了贸易以后，由于移动生产要素的存在可能会带来不同的结果。比如，Chen 和 Zeng（2018）从非 CES 偏好的角度考察了两要素的模型。他们把 Zhelobodko 等（2012）的框架推广到非对称的两国模型后，发现了和 CES 模型不同的结果，即基于企业选址的本地市场效应和基于贸易模式的本地市场效应不再等价。Zeng 和 Peng（2021）在一般效用函数的贸易模型基础上进一步考察了区域间针对流动资本的税收竞争问题。在 CES 和二次准线性效用的情况下，两地的均衡税率均为负。可是在具有可加分离性的一般偏好的情况下，当贸易费用比较大时税率可能为正。另外，Arkolakis 等（2019）在福利研究中假定了各国产品贸易的均衡。这个条件在有流动资本出现时不再成立。所以 Yang 和 Zeng（2021）把企业异质性引进了两生产要素的非对称经济空间。他们改写了 Arkolakis 等（2012）的福利公式，移动资本的作用也就更明显了。

因为把 CES 推广到非 CES 后，解析解的分析越来越困难，我们期望将来能找到更好的数学工具，来重新检验新经济地理学的重要结果。由于这方面的很多研究成果和多个经济学领域有很强的关联，因此出现在主流期刊上的论文增多也就不足为奇了。

第四节　学科贡献

前文从经济学发展的角度总结了新经济地理学这 30 年的发展。笔者想强调一下这是跨越经济学、工学、地理学的理论，工学领域的计算机仿真技术也对这一领域的发展起到了重要推动作用。经济学方面能取得跨越性进展，与从地理、工学出发的研究方法和贡献是分不开的。

地理学方面的进展也很突出。如贺灿飞等（2007）注意到相较于农产品投入较多的产业，金属矿物投入较多的产业集聚程度更高，而贺灿飞和朱彦刚（2010）发现资源禀赋、历史基础、交通通达性、市场规模共同影响着我国资源密集型产业的地理分布。He 等（2008）考察了 1980~2003 年中国产业分布状况，发现整个中国的产业在地理空间上呈现集聚的同时，不同产业在时间上有差异。特别是受保护少的产业集聚程度越来越高，而大多数全球化产业都集聚在沿海区域。贺灿飞和谢秀珍（2006）发现 20 世纪 80 年代以来，中国制造业空间格局发生了显著变化。在空间上呈现出越来越集中的趋势，各省的产业结构则越来越多元化。贺灿飞和胡绪千（2019）考察了改革开放 40 年中国工业的地理格局之演变，发现了中国工业总体上是从内陆扩散到沿海地区并形成集聚，之后再向内陆转移的分散过程。不同类型产业地理格局及变化受制于不同力量，显现出一定的行业差异性。需要注意的是，中国的产业地理分布还深受地方分权和全球化两种力量的相互影响，呈现出转型经济制度背景下的复杂性和特殊性。一方面，我国正处于从计划经济向社会主义市场经济的转轨期，市场机制还不完善，因此制度和政策等因素仍对产业地理分布起到关键作用（贺灿飞等，2010）。特别是在中央—地方分权的财政体制下，各地政府有激励采取地方保护主义政策，实行"以邻为壑"的经济增长方式（Young，2000；周黎安，2004；Li and Zhou，2005；张军和周黎安，2008；钱学锋等，2012；张宇，2018），加剧了我国的区际竞争与市场分割，不利于提升我国产业地理集中度和专业化程度（白重恩等，2004；贺灿飞等，2007；路江涌和陶志刚，2007）。此外，地方政府在制定产业政策时会相互模仿（Thun，2004；贺灿飞等，2007），甚至跟风中央政府产业政策（吴意云和朱希伟，2015；Wu et al.，2019），造成 20 世纪 80 年代被马建堂（1989）喻为"倾斜的金字塔"的"地方产业结构趋同，城乡工业结构相似"现象的长期存在，并且导致我国无法依托超大规模经济体的国内市场优势发挥集聚的作用，与中心—外围理论隐喻的大国经验相背离。另一方面，在经济全球化背景下，国际贸易与外商直接投资也对我国制造业的空间集聚具有重要的推动作用（冼国民和文东伟，2006；Chen et al.，2008；Ge，2009；He and Wang，2010）。从产业差异来看，利用外资和参与国际贸易程度高的产业，集聚程度也越高（贺灿飞等，2007）。从地区差异来看，沿海地区相较于内陆地区对外开放程度更高，贸易成本更低，因此对于制造业选址具有更强的吸引力，产业集聚的地理优势更为显著（范剑勇，2004；罗勇和曹丽莉，2005；金煜等，2006；林理升和王晔倩，2006）。因此，第一自然属性和第二自然属性共同决定着产业的区位选择。而对于中国产业集聚现实因素的分析，还需进一步结合中国经济转型的特殊背景来考察全球化和分权化带来的综合影响。

在工学领域的计算机仿真技术应用方面，随着复杂系统理论和计算地理学的兴起，剖析产业集聚时空演化的内在机制成为可能。特别是基于 Agent 的建模方法（ABM）强调数学模型与模拟实验并重的理念，是新经济地理学新近研究领域中的一朵"新葩"。例如，在理论验证方面，薛领等（2009）提出 ABM 的两层次 Agent 模型结构，再现和验证了 Christaller（1933）的六边形中心地空间格局，为阐释中心地宏观空间结构的微观机理提供了新的研究路径。在现实应用方面，薛领等（2013）结合空间经济学演绎模型与 ABM 的计算实验方法，对中国沿海与内陆两区域旅游系统演化的非均衡动态过程予以考察。在方法革新方面，薛领和张晓林（2019）针对 CP 模型进行了 ABM 的模拟分析，发现 ABM 突破传统数值模拟完全信息、瞬间均衡、同时决策等的窠臼，从而使结果更加贴近现实。总之，ABM 运用非均衡动态分析方法，探究异质性主体之间在复杂作用下运用传统研究方法难以企及的空间演化过程及其微观机理，是对一般均衡分析框架的大胆突破，这已经成为新经济地理学未来建模和创新的重要方向之一。

随着人力资源对于区域创新与发展的支撑作用日益凸显，人才区位与创新区位问题愈发重要，但新经济地理学侧重从生产角度解释要素和生产活动的空间区位问题，只回答了"在哪里生产"的问题（董亚宁等，2018），并未对创新区位、人才区位等具有知识经济时代特色的经济地理活动加以系统探讨和诠释。鉴于传统空间经济学的理论缺憾，杨开忠（2019）提出以"创新区位决定于人才区位，而人才区位内生于地方品质"为核心观点的新空间经济学。根据董亚宁等（2020）的研究，相较于传统理论，新空间经济学具有四大特征：一是从产业部门看，与传统理论侧重可贸易品部门不同，新理论强调不可贸易品部门对于人才区位选择的决定性作用；二是从空间成本看，与传统理论侧重运输成本不同，新理论强调不可贸易品的可得性、人力资源的流动成本以及知识溢出成本；三是从微观主体看，与传统理论侧重同质性微观主体不同，新理论强调个体的异质性偏好和技能；四是从消费者效用看，与传统理论侧重可贸易品消费不同，新理论强调微观主体从优质的医疗卫生服务、舒适的居住条件以及丰富的精神文化生活等地方品质中获得的效用。创新驱动实质上是人才驱动。当前，我国经济发展正在经历由要素驱动向创新驱动的结构转换，各地需要以提升地方品质为抓手，不断挖掘吸引人才的各类要素资源，打造有利于激发人才创新活力的发展环境，加快推进产业集聚向创新集聚的联动和跨越式发展。

最后，中国的经济发展还面临着人口减少和老龄化的问题。这也是很多发达国家的共通问题，目前还没有找到圆满的解决办法。"多胎"政策是否有效还需要从理论方面进行考察。

参考文献

（一）中文文献

［1］白重恩，杜颖娟，陶志刚，仝月婷. 地方保护主义及产业地区集中度的决定因素和变动趋势［J］. 经济研究，2004（4）：29-40.

［2］陈斌开，陆铭，钟宁桦. 户籍制约下的居民消费［J］. 经济研究，2010，45（S1）：62-71.

［3］陈艳莹，聂萍，黄嵩. 比较优势、本地市场效应与生产性服务业集聚［J］. 产业经济评论（山东大学），2014，13（4）：31-43.

［4］董亚宁，顾芸，陈威，杨开忠. 地方品质、劳动力区位与区域创新发展——基于新空间经济学理论

［J］. 西北人口, 2020, 41 (4): 47 - 57.

　　［5］董亚宁, 杨开忠, 杨书. 运输成本内生动态化的经济地理增长模型 ［J］. 系统工程理论与实践, 2018, 38 (2): 351 - 360.

　　［6］范剑勇, 谢强强. 地区间产业分布的本地市场效应及其对区域协调发展的启示 ［J］. 经济研究, 2010, 45 (4): 107 - 119 + 133.

　　［7］范剑勇, 张雁. 经济地理与地区间工资差异 ［J］. 经济研究, 2009, 44 (8): 73 - 84.

　　［8］范剑勇. 市场一体化、地区专业化与产业集聚趋势——兼谈对地区差距的影响 ［J］. 中国社会科学, 2004 (6): 39 - 51 + 204 - 205.

　　［9］贺灿飞, 胡绪千. 1978 年改革开放以来中国工业地理格局演变 ［J］. 地理学报, 2019, 74 (10): 1962 - 1979.

　　［10］贺灿飞, 潘峰华, 孙蕾. 中国制造业的地理集聚与形成机制 ［J］. 地理学报, 2007 (12): 1253 - 1264.

　　［11］贺灿飞, 谢秀珍. 中国制造业地理集中与省区专业化 ［J］. 地理学报, 2006 (2): 212 - 222.

　　［12］贺灿飞, 朱彦刚, 朱晟君. 产业特性、区域特征与中国制造业省区集聚 ［J］. 地理学报, 2010, 65 (10): 1218 - 1228.

　　［13］贺灿飞, 朱彦刚. 中国资源密集型产业地理分布研究——以石油加工业和黑色金属产业为例 ［J］. 自然资源学报, 2010, 25 (3): 488 - 501.

　　［14］金煜, 陈钊, 陆铭. 中国的地区工业集聚: 经济地理、新经济地理与经济政策 ［J］. 经济研究, 2006 (4): 79 - 89.

　　［15］阚大学, 吕连菊. 中国服务贸易的本地市场效应研究——基于中国与 31 个国家 (地区) 的双边贸易面板数据 ［J］. 财经研究, 2014, 40 (10): 71 - 83.

　　［16］阚大学. 中日服务贸易的本地市场效应估计 ［J］. 南方经济, 2013 (3): 75 - 82.

　　［17］李敬子, 陈强远, 钱学锋. 非位似偏好、非线性本地市场效应与服务贸易出口 ［J］. 经济研究, 2020, 55 (2): 133 - 147.

　　［18］林理升, 王晔倩. 运输成本、劳动力流动与制造业区域分布 ［J］. 经济研究, 2006 (3): 115 - 125.

　　［19］刘恩初, 李文秀. 中美生产服务贸易的本地市场效应对比研究——基于投入产出面板数据的引力模型实证分析 ［J］. 中国软科学, 2016 (4): 166 - 175.

　　［20］刘修岩, 殷醒民, 贺小海. 市场潜能与制造业空间集聚: 基于中国地级城市面板数据的经验研究 ［J］. 世界经济, 2007 (11): 56 - 63.

　　［21］刘修岩, 殷醒民. 空间外部性与地区工资差异: 基于动态面板数据的实证研究 ［J］. 经济学 (季刊), 2009 (1): 77 - 98.

　　［22］陆铭, 陈钊. 城市化、城市倾向的经济政策与城乡收入差距 ［J］. 经济研究, 2004 (6): 50 - 58.

　　［23］路江涌, 陶志刚. 我国制造业区域集聚程度决定因素的研究 ［J］. 经济学 (季刊), 2007 (3): 801 - 816.

　　［24］罗勇, 曹丽莉. 中国制造业集聚程度变动趋势实证研究 ［J］. 经济研究, 2005 (8): 106 - 115 + 127.

　　［25］马建堂. 偏斜的金字塔——我国产业结构的失衡 ［M］. 北京: 学苑出版社, 1989.

　　［26］毛艳华, 李敬子. 中国服务业出口的本地市场效应研究 ［J］. 经济研究, 2015 (8): 98 - 113.

　　［27］钱学锋, 陈六傅. 中美双边贸易中本地市场效应估计——兼论中国的贸易政策取向 ［J］. 世界经济研究, 2007 (12): 49 - 54 + 87.

　　［28］钱学锋, 黄玖立, 黄云湖. 地方政府对集聚租征税了吗?——基于中国地级市企业微观数据的经验研究 ［J］. 管理世界, 2012 (2): 19 - 29 + 187.

　　［29］钱学锋, 黄云湖. 中国制造业本地市场效应再估计: 基于多国模型框架的分析 ［J］. 世界经济, 2013 (6): 59 - 78.

　　［30］邱斌, 尹威. 中国制造业出口是否存在本土市场效应 ［J］. 世界经济, 2010 (7): 44 - 63.

　　［31］涂远芬. 中国服务贸易的本地市场效应研究——基于面板协整模型的分析 ［J］. 经济问题探索, 2015 (5): 100 - 106.

［32］汪德根．武广高速铁路对湖北省区域旅游空间格局的影响［J］．地理研究，2013（8）：1555－1564.

［33］王美艳．转轨时期的工资差异：歧视的计量分析［J］．数量经济技术经济研究，2003（5）：94－98.

［34］文玟．中国工业在区域上的重新定位和聚集［J］．经济研究，2004（2）：84－94.

［35］吴意云，朱希伟．中国为何过早进入再分散：产业政策与经济地理［J］．世界经济，2015（38）：140－166.

［36］冼国明，文东伟．FDI、地区专业化与产业集聚［J］．管理世界，2006（12）：18－31.

［37］熊元斌，黄颖斌．新干线 新速度 新旅游——武广高铁对湖北旅游业发展的影响与对策［J］．学习月刊，2010（7）：35－36.

［38］许统生，涂远芬．中国可贸易产业本地市场效应的估计及其政策启示——基于变截距面板数据模型的分析［J］．经济学动态，2010（7）：66－70.

［39］薛领，翁谨，杨开忠，李国平．基于自主体（agent）的单中心城市化动态模拟［J］．地理研究，2009，28（4）：947－956.

［40］薛领，翁瑾，吴春萍．基于 agent 的两区域旅游系统非均衡动态模拟［J］．地理科学，2013，33（1）：1－7.

［41］薛领，张晓林．基于 Agent 建模的新经济地理学核心－边缘模型模拟——兼论与数值模拟的比较［J］．经济与管理，2019（33）：31－38＋85.

［42］杨开忠．京津冀协同发展的新逻辑：地方品质驱动型发展［J］．经济与管理，2019（33）：1－3.

［43］姚先国，赖普清．中国劳资关系的城乡户籍差异［J］．经济研究，2004（7）：82－90.

［44］袁冬梅，魏后凯．对外开放促进产业集聚的机理及效应研究——基于中国的理论分析与实证检验［J］．财贸经济，2011（12）：120－126.

［45］曾道智，高塚创．空间经济学［M］．北京：北京大学出版社，2018.

［46］曾道智．本地市场效应的由来和研究前沿［J］．城市与环境研究，2020（1）：96－112.

［47］曾道智．空间经济学简介［J］．经济资料译丛，2013（3）：37－57.

［48］张帆，潘佐红．本土市场效应及其对中国省间生产和贸易的影响［J］．经济学（季刊），2006（1）：307－328.

［49］张军，周黎安．为增长而竞争：中国增长的政治经济学［M］．上海：上海人民出版社，2008.

［50］张鹏辉，李若兰．中国制造业出口贸易的本土市场效应研究［J］．财贸研究，2013（24）：86－93.

［51］张宇．地方保护与经济增长的囚徒困境［J］．世界经济，2018（41）：147－169.

［52］周黎安．晋升博弈中政府官员的激励与合作——兼论我国地方保护主义和重复建设问题长期存在的原因［J］．经济研究，2004（6）：33－40.

［53］朱希伟，曾道智．旅游资源、工业集聚与资源诅咒［J］．世界经济，2009（5）：65－72.

［54］朱希伟．偏好、技术与工业化［J］．经济研究，2004（11）：96－106.

［55］朱希伟．理性的空间［M］．杭州：浙江大学出版社，2012.

（二）外文文献

［1］Alfred Marshall. Principles of Economics［M］. London：Macmillan Publishers Limited，1890.

［2］Alwyn Young. The Razor's Edge：Distortions and Incremental Reform in the People's Republic of China［J］. The Quarterly Journal of Economics，2000，115（4）：1091－1135.

［3］Arkolakis，Costas，Arnaud Costinot，Dave Donaldson，Andrs Rodrguez－Clare. The Elusive Pro－Competitive Effects of Trade［J］. The Review of Economic Studies，2019，86（1）：46－80.

［4］Arkolakis，Costas，Arnaud Costinot，Andrés Rodríguez－Clare. New Trade Models，Same Old Gains？［J］. The American Economic Review，2012，102（1）：94－130.

［5］Avinash Kamalakar，Dixit，Joseph E.，Stiglitz.. Monopolistic Competition and Optimum Product Diversity［J］. The American Economic Review，1977，67（3）：297－308.

［6］Bagicha S. Minhas. The Homohypallagic Production Function，Factor－Intensity Reversals，and the Heckscher－Ohlin Theorem［J］. Journal of Political Economy，1962，70（2）：138－156.

［7］Bela Balassa. Tariff Reductions and Trade in Manufacturers among the Industrial Countries ［J］. The American Economic Review, 1966, 56（3）: 466 - 473.

［8］Bertil Ohlin. Interregional and International Trade ［M］. Cambridge: Harvard University Press, 1933.

［9］Binkai Chen, Ming Lu, Ninghua Zhong. How Urban Segregation Distorts Chinese Migrants' Consumption? ［J］. World Development, 2015, 70: 133 - 146.

［10］Bruce Prideaux. The Role of the Transport System in Destination Development ［J］. Tourism Management, 2000, 21（1）: 53 - 63.

［11］Canfei He, Yehua Dennis Wei, Xiuzhen Xie. Globalization, Institutional Change, and Industrial location: Economic Transition and Industrial Concentration in China ［J］. Regional Studies, 2008, 42（7）: 923 - 945.

［12］Canfei He, Junsong Wang. Geographical Agglomeration and Co - agglomeration of Foreign and Domestic Enterprises: A Case Study of Chinese Manufacturing Industries ［J］. Post - Communist Economies, 2010, 22（3）: 323 - 343.

［13］Costas Arkolakis, Arnaud Costinot, Dave Donaldson, Andrés Rodríguez - Clare. The Elusive Pro - Competitive Effects of Trade ［J］. Review of Economic Studies, 2019, 86（1）: 46 - 80.

［14］Costas Arkolakis, Arnaud Costinot, Andrés Rodríguez - Clare. New Trade Models, Same Old Gains? ［J］. American Economic Review, 2012, 102（1）: 94 - 130.

［15］Dao - Zhi Zeng, Shin - Kun Peng. Symmetric Tax Competition and Welfare with Footloose Capital ［J］. Journal of Regional Science, 2021, 61（2）: 472 - 491.

［16］Dao - Zhi Zeng, Tomohiro Uchikawa. Ubiquitous Inequality: The Home Market Effect in A Multicountry Space ［J］. Journal of Mathematical Economics, 2014, 50（1）: 225 - 233.

［17］David Banister, Yossi Berechman. Transport Investment and the Promotion of Economic Growth ［J］. Journal of Transport Geography, 2001, 9（3）: 209 - 218.

［18］David Richardo. On the Principles of Political Economy and Taxation ［M］. Dover: J. M. Dent & Sons, 1817.

［19］David Starrett. Market Allocations of Location Choice in a Model with Free Mobility ［J］. Journal of Economic Theory, 1978, 17（1）: 21 - 37.

［20］Dieter Schumacher, Boriss Siliverstovs. Home - Market and Factor - Endowment Effects in a Gravity Approach ［J］. Review of World Economics, 2006, 142（2）: 330 - 353.

［21］Donald B. Keesing. Labor Skills and Comparative Advantage ［J］. The American Economic Review, 1966, 56（1/2）: 249 - 258.

［22］Donald R. Davis, David E. Weinstein. Does Economic Geography Matter for International Specialization? ［R］. National Bureau of Economic Research, 1996.

［23］Donald R. Davis, David E. Weinstein. Economic Geography and Regional Production Structure: An Empirical Investigation ［J］. European Economic Review, 1999, 43（2）: 379 - 407.

［24］Donald R. Davis, David E. Weinstein. Market Access, Economic Geography and Comparative Advantage: An Empirical Test ［J］. Journal of International Economics, 2003, 59（1）: 1 - 23.

［25］Donald R. Davis. The Home Market, Trade, and Industrial Structure ［J］. The American Economic Review, 1998: 1264 - 1276.

［26］Elhanan Helpman, Paul R. Krugman. Market Structure and Foreign Trade: Increasing Returns, Imperfect Competition, and the International Economy ［M］. Cambridge: MIT Press, 1985.

［27］Elhanan Helpman. The Size of Regions ［M］//Pines, D. , Sadka, E. , Zilcha, I. , et al. , Topics in Public Economics: Theoretical and Applied Analysis. Cambridge: Cambridge University Press, 1998.

［28］Eric Thun. Keeping up with the Jones': Decentralization, Policy Imitation, and Industrial Development in China ［J］. World development, 2004, 32（8）: 1289 - 1308.

［29］Eric Toulemonde. Acquisition of Skills, Labor Subsidies, and Agglomeration of Firms ［J］. Journal of Urban Economics, 2006, 59（3）: 420 - 439.

［30］Evgeny Zhelobodko, Sergey Kokovin, Mathieu Parenti, Jacques - François Thisse. Monopolistic Competition: Beyond the Constant Elasticity of Substitution ［J］. Econometrica, 2012, 80 （6）: 2765 - 2784.

［31］Friedmann J.. Review Symposium: The Economy of Cities. Jane Jacobs. New York: （Random House, 1969） ［J］. Urban Affairs Review, 1970, 5 （4）: 474 - 480.

［32］Gabriel Felbermayr, Benjamin Jung. Market Size and TFP in the Melitz Model ［J］. Review of International Economics, 2018, 26 （4）: 869 - 891.

［33］Gianmarco Ottaviano, Takatoshi Tabuchi, Jacques - François Thisse. Agglomeration and Trade Revisied ［J］. International Economic Review, 2002, 43 （2）: 409 - 436.

［34］Gianmarco Ottaviano, Jacques - François Thisse. Agglomeration and Economic Geography ［J］. In Handbook of Regional and Urban Economics, 2004 （4）: 2563 - 2608.

［35］Gordon H. Hanson, Chong Xiang. The Home - market Effect and Bilateral Trade Patterns ［J］. The American Economic Review, 2004, 94 （4）: 1108 - 1129.

［36］Gordon H. Hanson. Market Potential, Increasing Returns and Geographic Concentration ［J］. Journal of International Economics, 2005, 67 （1）: 1 - 24.

［37］Guanghua Wan, Ming Lu, Zhao Chen. The Inequality - Growth Nexus in the Short and Long Run: Empirical Evidence from China ［J］. Journal of Comparative Economics, 2006, 34 （4）: 654 - 667.

［38］Hajime Takatsuka, Dao - Zhi Zeng, Laixun Zhao. Resource - Based Cities and the Dutch Disease ［J］. Resource and Energy Economics, 2015 （40）: 57 - 84.

［39］Hajime Takatsuka, Dao - Zhi Zeng. Elastic Labor Supply, Variable Markups, and Spatial Inequalities ［J］. Review of International Economics, 2018, 26 （5）: 1084 - 1100.

［40］Hajime Takatsuka, Dao - Zhi Zeng. Mobile Capital and the Home Market Effect ［J］. Canadian Journal of Economics, 2012a, 45 （3）: 1062 - 1082.

［41］Hajime Takatsuka, Dao - Zhi Zeng. Trade Liberalization and Welfare: Differentiated - Good versus Homogeneous - Good Markets ［J］. Journal of the Japanese and International Economies, 2012b, 26 （3）: 308 - 325.

［42］Hideaki Ogawa, Masahisa Fujita. Equilibrium Land Use Patterns in a Nonmonocentric City ［J］. Journal of Regional Science, 1980, 20 （4）: 455 - 475.

［43］Holger Breinlich. The Spatial Income Structure in the European Union - What Role for Economic Geography? ［J］. Journal of Economic Geography, 2006, 6 （5）: 593 - 617.

［44］Hongbin Li, Li - An Zhou. Political Turnover and Economic Performance: The Incentive Role of Personnel Control in China ［J］. Journal of Public Economics, 2005, 89 （9）: 1743 - 1762.

［45］Huasheng Song, Jacques - François Thisse, Xiwei Zhu. Urbanization and/or Rural Industrialization in China ［J］. Regional Science and Urban Economics, 2012, 42 （1 - 2）: 126 - 134.

［46］James C. Hartigan. The U. S. Tariff and Comparative Advantage: A Survey of Method ［J］. Weltwirtschaftliches Archiv, 1981, 117 （1）: 65 - 109.

［47］Jan De Loecker, Frederic Warzynski. Markups and Firm - Level Export Status ［J］. The American Economic Review, 2012, 102 （6）: 2437 - 2471.

［48］Jan De Loecker. Product Differentiation, Multiproduct Firms, and Estimating the Impact of Trade Liberalization on Productivity ［J］. Econometrica, 2011, 79 （5）: 1407 - 1451.

［49］Jaroslav Vanek. The Natural Resource Content of United States Foreign Trade, 1870 - 1955 ［M］. Cambridge: MIT Press, 1963.

［50］Johann Heinrich von Thünen. Der Isolierte Staat in Beziehung auf Landwirtschaft und Nationalökonomie ［M］. Jena: Jena G. Fischer, 1826.

［51］Joseph A. Schumpeter. History of Economic Analysis ［M］. Great Britain: Allen & Unwin Ltd., 1954.

［52］J. Vernon Henderson. The Sizes and Types of Cities ［J］. The American Economic Review, 1974, 64 （4）: 640 - 656.

［53］Katharina Erhardt. On Home Market Effects and Firm Heterogeneity ［J］. European Economic Review, 2017 (98): 316 – 340.

［54］Keith Head, John Ries. Increasing Returns versus National Product Differentiation as an Explanation for the Pattern of U. S. – Canada Trade ［J］. The American Economic Review, 2001, 91 (4): 858 – 876.

［55］Keith Head, Thierry Mayer. Regional Wage and Employment Responses to Market Potential in the EU ［J］. Regional Science and Urban Economics, 2006, 36 (5): 573 – 594.

［56］Kenneth J. Arrow, Gerard Debreu. Existence of an Equilibrium for a Competitive Economy ［J］. Econometrica, 1954, 22 (3): 265 – 290.

［57］Kristian Behrens, Andrea R. Lamorgese, Gianmarco I. P. Ottaviano, Takatoshi Tabuchi. Beyond the Home Market Effect: Market Size and Specialization in a Multi – Country World ［J］. Journal of International Economics, 2009, 79 (2): 259 – 265.

［58］Kristian Behrens, Giordano Mion, Yasusada Murata, Jens Suedekum. Quantifying the Gap between Equilibrium and Optimum under Monopolistic Competition ［J］. The Quarterly Journal of Economics, 2020, 135 (4): 2299 – 2360.

［59］Laura Hering, Sandra Poncet. Market Access and Individual Wages: Evidence from China ［J］. Review of Economics and Statistics, 2010, 92 (1): 145 – 159.

［60］Maddi Garmendia, Josemaria Ureña, Josemaria Coronado. Long – distance Trips in a Sparsely Populated Region: The Impact of High – Speed Infrastructures ［J］. Journal of Transport Geography, 2011, 19 (4): 537 – 551.

［61］Makoto Yano and Jeffrey B. Nugent. Aid, Nontraded Goods, and the Transfer Paradox in Small Countries ［J］. American Economic Review, 1999, 89 (3): 431 – 449.

［62］Masahisa Fujita, Paul R. Krugman, Anthony J. Venables. The Spatial Economy: Cities, Regions, and International Trade ［M］. Cambridge: MIT Press, 1999.

［63］Masahisa Fujita, Hideaki Ogawa. Multiple Equilibria and Structural Transition of Non – Monocentric Urban Configurations ［J］. Regional Science and Urban Economics, 1982, 12 (2): 161 – 196.

［64］Masahisa Fujita, Jacques – Francois Thisse. Economics of Agglomeration (1st edition) ［M］. Cambridge: Cambridge University Press, 2002.

［65］Masahisa Fujita, Jacques – Francois Thisse. Economics of Agglomeration: 2nd edition ［M］. Cambridge: Cambridge University Press, 2013.

［66］Mathieu Parenti, Philip Ushchev, Jacques – François Thisse. Toward a Theory of Monopolistic Competition ［J］. Journal of Economic Theory, 2017 (167): 86 – 115.

［67］Michael Pflüger. A Simple, Analytically Solvable, Chamberlinian Agglomeration Model ［J］. Regional Science and Urban Economics, 2004, 34 (5): 565 – 573.

［68］Monika Mrázová, J. Peter Neary. Not so Demanding: Demand Structure and Firm Behavior ［J］. The American Economic Review, 2017, 107 (12): 3835 – 3874.

［69］Moriki Hosoe, Tohru Naito. Trans – boundary Pollution Transmission and Regional Agglomeration Effects ［J］. Papers in Regional Science, 2006, 85 (1): 99 – 120.

［70］Paolo Bertoletti, Federico Etro. Monopolistic Competition When Income Matters ［J］. Economic Journal, 2017, 127 (603): 1217 – 1243.

［71］Paul Anthony Samuelson. The Transfer Problem and Transport Costs, II: Analysis of Effects of Trade Impediments ［J］. Economic Journal, 1954, 64 (254): 264 – 289.

［72］Paul R. Krugman, Anthony J. Venables. Globalization and the Inequality of Nations ［J］. The Quarterly Journal of Economics, 1995, 110 (4): 857 – 880.

［73］Paul R. Krugman. Increasing Returns and Economic Geography ［J］. Journal of Political Economics, 1991 (99): 483 – 499.

［74］Paul R. Krugman. Increasing Returns, Monopolistic Competition, and International Trade ［J］. Journal of

International Economics 1979 (9): 469 – 479.

[75] Paul R. Krugman. Scale Economies, Product Differentiation, and the Pattern of Trade [J]. The American Economic Review, 1980 (70): 950 – 959.

[76] Philippe Martin, Carol Ann Rogers. Industrial Location and Public Infrastructure [J]. Journal of International Economics, 1995, 39 (3): 335 – 351.

[77] Pierre M. Picard, Dao – Zhi Zeng. A Harmonization of First and Second Natures [J]. Journal of Regional Science, 2010, 50 (5): 973 – 994.

[78] Pierre M. Picard, Dao – Zhi Zeng. Agricultural Sector and Industrial Agglomeration [J]. Journal of Development Economics, 2005, 77 (1): 75 – 106.

[79] Qing – mu Chen and Dao – Zhi Zeng. Mobile Capital, Variable Elasticity of Substitution, and Trade Liberalization [J]. Journal of Economic Geography, 2018, 18 (2): 461 – 494.

[80] Reto Foellmi, Christian Hepenstrick, Zweimüller Josef. International Arbitrage and the Extensive Margin of Trade between Rich and Poor Countries [J]. Review of Economic Studies, 2018, 85 (1): 475 – 510.

[81] Ricardo D.. The Theory of Comparative Advantage [M] //Principles of Political Economy and Taxation. London: Cambridge University Press, 1817.

[82] Richard Baldwin, Rikard Forslid, Philippe Martin, Gianmarco I. P. Ottaviano, Frederic Robert – Nicoud. Economic Geography and Public Policy [M]. New Jersey: Princeton University Press, 2003.

[83] Rikard Forslid, Gianmarco IP Ottaviano. An Analytically Solvable Core – Periphery Model [J]. Journal of Economic Geography, 2003, 3 (3): 229 – 240.

[84] Robert Baldwin. Determinants of the Commodity Structure of U. S. Trade [J]. The American Economic Review, 1971, 61 (1): 126 – 146.

[85] Robert C. Feenstra, James R. Markusen, Andrew K. Rose. Using the Gravity Equation to Differentiate among Alternative Theories of Trade [J]. Canadian Journal of Economics, 2001, 34 (2): 430 – 447.

[86] Robert C. Feenstra, David E. Weinstein. Globalization, Markups, and US Welfare [J]. Journal of Political Economy, 2017, 125 (4): 1040 – 1074.

[87] Robert C. Feenstra. A Homothetic Utility Function for Monopolistic Competition Models, without Constant Price Elasticity [J]. Economics Letters, 2003, 78 (1): 79 – 86.

[88] Robert C. Feenstra. Restoring the Product Variety and Pro – Competitive Gains from Trade with Heterogeneous Firms and Bounded Productivity [J]. Journal of International Economics, 2018 (110): 16 – 27.

[89] Ronald W. Jones. Variable Returns to Scale in General Equilibrium Theory [J]. International Economic Review, 1968, 9 (3): 261 – 272.

[90] Sophie Masson, Romain Petiot. Can the High Speed Rail Reinforce Tourism Attractiveness? The Case of the High Speed Rail Between Perpignan (France) and Barcelona (Spain) [J]. Technovation, 2009, 29 (9): 611 – 617.

[91] Staffan Burenstam Linder. An Essay on Trade and Transformation [M]. Stockholm: Almqvist & Wiksell, 1961.

[92] Stefan Valavanis – Vail. Leontief's Scarce Factor Paradox [J]. Journal of Political Economy, 1954, 62 (6): 523 – 528.

[93] Stephen Redding, Anthony J. Venables. Economic Geography and International Inequality [J]. Journal of International Economics, 2004, 62 (1): 53 – 82.

[94] Swati Dhingra, John Morrow. Monopolistic Competition and Optimum Product Diversity under Firm Heterogeneity [J]. Journal of Political Economy, 2019, 127 (1): 196 – 232.

[95] Takashi Takayama, George G. Judge. Spatial and Temporal Price and Allocation Models [M]. Amsterdam: North – Holland Publishing Company, 1971.

[96] Takatoshi Tabuchi, Jacques – François Thisse, Xiwei Zhu. Does Technological Progress Magnify Regional Dis-

parities? [J] . International Economic Review, 2018, 59 (2): 647 – 663.

[97] Takatoshi Tabuchi, Jacques – François Thisse. Taste Heterogeneity, Labor Mobility and Economic Geography [J] . Journal of Development Economics, 2002, 69 (1): 155 – 177.

[98] Takatoshi Tabuchi. Urban Agglomeration and Dispersion: A Synthesis of Alonso and Krugman [J] . Journal of Urban Economics, 1998, 44 (3): 333 – 351.

[99] Toshiaki Takahashi, Hajime Takatsuka, Dao – Zhi Zeng. Spatial Inequality, Globalization, and Footloose Capital [J] . Economic Theory, 2013, 53 (1): 213 – 238.

[100] Walter Christaller. Die zentralen Orte in Süddeutschland: Eine Ökonomisch – geographische Untersuchung über die Gesetzmässigkeit der Verbreitung und Entwicklung der Siedlungen mit städtischen Funktionen [M] . Darmstadt: Wissenschaftliche Buchgesellschaft, 1933.

[101] Walter Isard. The General Theory of Location and Space – Economy [J] . The Quarterly Journal of Economics, 1949, 63 (4): 476 – 506.

[102] Warner Max Corden, J. Peter Neary. Booming Sector and De – Industrialisation in a Small Open Economy [J] . Economic Journal, 1982, 92 (368): 825 – 848.

[103] Warner Max Corden. Booming Sector and Dutch Disease Economics: Survey and Consolidation [J] . Oxford Economic Papers, 1984, 36 (3): 359 – 380.

[104] Wassily Leontief. Domestic Production and Foreign Trade: American Capital Position Re – Examined [J] . Proceedings of the American Philosophical Society, 1953, 97 (4): 332 – 349.

[105] William Alanso. Location and Land Use: Toward a General [M] . Honalulu East – West Center Press, 1964.

[106] William Penfield Travis. The Theory of Trade and Protection [M] . Boston: Harvard University Press, 1964.

[107] Xi Yang, Dao – Zhi Zeng. Trade Liberalization with Mobile Capital and Firm Heterogeneity [J] . World Economy, 2021, 44 (2): 530 – 559.

[108] Xin Meng, Nansheng Bai. How Much Have the Wages of Unskilled Workers in China Increased? Data from Seven Factories in Guangdong [M] //Ross Garnaut, Ligang Song. China: Linking Markets for Growth. Canberra: Asia Pacific Press, 2007: 151 – 175.

[109] Xiwei Zhu. An Economic Analysis of 'Home Appliances Going to the Countryside' in China [J] . Papers in Regional Science, 2014, 93 (2): 301 – 320.

[110] Yasusada Murata. Product Diversity, Taste Heterogeneity, and Geographic Distribution of Economic Activities: Market vs. Non – Market Interactions [J] . Journal of Urban Economics, 2003, 53 (1): 126 – 144.

[111] Ying Ge. Globalization and Industry Agglomeration in China [J] . World Development, 2009, 37 (3): 550 – 559.

[112] Yiyun Wu, Xiwei Zhu, Nicolaas Groenewold. The Determinants and Effectiveness of Industrial Policy in China: A Study Based on Five – Year Plans [J] . China Economic Review, 2018 (53): 225 – 242.

[113] Zhihao Yu. Trade, Market Size, and Industrial Structure: Revisiting the Home – Market Effect [J] . Canadian Journal of Economics, 2005, 38 (1): 255 – 272.

第五章 区域经济学

党的十九大明确提出："我国社会主要矛盾已经转化为人民日益增长的美好生活需要和不平衡不充分的发展之间的矛盾。"作为一个拥有 960 万平方千米陆地面积和 300 万平方千米海洋面积的领土大国，我国各区域发展程度差异巨大。而 2020 年突如其来的新冠肺炎疫情席卷全球，进一步加剧了逆全球化趋势，决定了我国经济发展的立足点必须放在国内，必须要因地制宜处理好区域发展进程中人民美好生活需要和不平衡不充分发展之间的具体矛盾，共同推进社会主义现代化进程。目前以习近平同志为核心的党中央正统筹实施区域重大战略和区域协调发展战略的区域经济发展战略组合，按照五大发展新理念，深入实施区域重大战略，推动区域重大战略取得新的突破性进展，重点包括加快推动京津冀协同发展、全面推动长江经济带发展、积极稳妥推进粤港澳大湾区建设、提升长三角一体化发展水平和扎实推进黄河流域生态保护和高质量发展。深入实施区域协调发展战略，重点是推进西部大开发形成新格局、推动东北振兴取得新突破、开创中部地区崛起新局面、鼓励东部地区加快推进现代化和支持特殊类型地区发展，并大力全面落实"一带一路"倡议，进而构建"以国内大循环为主体、国内国际双循环相互促进"形成东中西互动、优势互补、相互促进、共同发展的空间新格局。这对中国的区域经济理论提出了新的研究任务，在中国已经全面实现小康社会和完成消除绝对贫困任务，并迎来中国共产党一百周年的重要时刻，对中国改革开放以来对中国经济布局和发展做出重要贡献的区域经济学进行历史回顾和展望未来，对于在新时代继续推动区域经济学学科发展和更好发挥区域经济学在国家发展中的重要作用，具有重要的理论和现实意义。本章将首先对区域经济学的发展进行历史回顾，然后介绍区域经济学主要流派及其发展，归纳国内外区域经济学发展的特征与研究热点，最后对区域经济学的未来发展进行展望。

第一节 区域经济学演进的历史回顾

一、国际区域经济学发展的历史回顾

区域经济学滥觞于 19 世纪初的区位理论，经历了古典区位论、现代区位论和现代区域经济学三个阶段，下面将依次回顾上述理论的主要内容，并梳理发展脉络。

1. 古典区位论

区位论是区域经济学重要来源，是区域经济学的母体，主要解决的是厂商最优布局实现利润最大化或者成本最小化。区位论的形成为区域经济学奠定了理论基础和基本框架，如专业化生产理论、资源禀赋理论、规模经济理论、相互依存理论和区域贸易理论都是区域经济学重要

的组成部分。区位论最早可以追溯到德国经济学家杜能的农业区位论，之后经过德国经济学家韦伯、德国地理学家克里斯·泰勒和德国经济学家廖什的进一步发展，到20世纪40年代形成较为成熟的体系。

（1）农业区位论。杜能从农业生产布局入手研究区位论，他在1826年编写的《孤立国同农业和国民经济的关系》一书中指出，影响农业区位布局的决定性因素是级差地租。他在书中假定存在一个和世界其他国家没有联系但是内部同质的"孤立国"，国内农业生产自然条件、交通条件完全相同，运费和运输距离成正比，农业生产以最大化现金收益为目的，最终得出的结论是消费市场的远近对农业布局具有重大影响，并划分了六个同心农业圈，这一研究方式开创了区域经济学的先河。

（2）工业区位论。继承了杜能的研究范式，韦伯将关注的重点放在了工业区位布局问题上，和杜能相比，韦伯增加了劳动费用和集聚两个因素，认为这两个因素也会导致基于运输费用选择的区位发生重大变化，即如果劳动费用和集聚效应低于运输成本，则区位不会发生变动，否则工厂会迁移到低劳动费用或者高集聚效应的区域。韦伯的贡献在于将区位理论系统化，对于区位因素的考察更加全面，这适应了德国大面积工业化的需求。

（3）运输区位论。无论是农业区位论还是工业区位论，都离不开运输条件的分析，而运输本身就涉及了很多问题，美国学者胡佛在1931年和1948年重点考察了运输成本问题，胡佛将运输成本分解为作为距离函数的线路运营费用和作为常数的站场费用。胡佛指出，原料和市场之间的交通便利程度决定了企业布局，交通越便利，则企业越倾向于在交通线路的起点和终点布局，否则会设立转运点以实现成本最小化。这一理论在一定程度上解释了大城市工业集聚的现象。

2. 现代区位论

运输区位论提出之后，市场因素也进入区域经济学的研究视野，这标志着区域经济学进入了现代区位论阶段。这一阶段代表性理论有市场区位论、中心地理论和市场区理论。

（1）市场区位论。该理论同样假定企业寻求利润最大化的区位。企业在激烈的市场竞争中扩大份额，就必须尽可能靠近市场，合理划分市场和市场网络结构。研究市场划分的若干理论中最有代表性的是空间相互作用理论，该理论认为两地之间的市场分界点是两地作用均衡点。

（2）中心地理论。克里斯·泰勒提出的中心地理论强调区域的发展必须要有自己的核心，拥有若干大小不同的城镇，每个城镇大都位于服务区域的中央，城镇级别和城镇数量成反比，各级中心地及其市场区在一个完整的网络系统中形成大小不同的六边形，不同规模的中心地提供不同种类的服务，同一级别的两个相邻中心地距离相等，级别越低，相邻两个中心地之间的距离越短。

（3）市场区理论。经济发展使产业布局的综合性大大提高，单一的理论很难解决所有问题，廖什在1940年提出了市场区理论，认为工业布局应当服从五个均衡条件，即每个企业的布局在区域之间和市场之间能获得最大利润；生产区位多且占满整个空间；没有超额利润，价格必须与成本相符；供应、生产和销售区必须尽可能小，使独立生存的企业数量达到最大值；经济区的便捷是无差异曲线。在均质区、劳动力均匀分布、技术假设一定的前提下，正六边形是最理想的高效市场区。

3. 现代区域经济学

现代区域经济学形成于20世纪50年代，美国区域经济学家艾萨德探讨了平衡状态下空间经济的一般形态，进而讨论了空间经济的相互依存问题，把成本最小化和利润最大化的利润决策引入一般化的经济学中。引入纯理论的推导，研究空间上的区域各个发展阶段的经济分布及其空间结构，设计出区域分析和应用模型，是艾萨德的重要贡献。艾萨德把单个厂商的最佳区位模型加以拓展，转变成区域综合模型，成为区位论两大方向之一——区域科学方向的代表人物。而区位论的另一个方向则是人文地理学的区域分析方向，从地理区域角度考察区域系统的结构和内部机制，模拟和预测发展过程，代表性人物是美国的贝里、瑞典的赫格尔斯特兰、德国的巴尔特尔斯等。

完全竞争条件下以具体企业微观的区位选择为主要研究对象的区位论难以适应制定宏观的国家区域发展计划与区域经济政策的需要，西方经济学家跳出区位论的限制，开始用宏观经济学的研究方法分析区域问题，代表性人物是 Hoover（1975）和 Richardson（1969），其中 Hoover（1975）系统分析了区域资本积累、劳动就业、技术创新与国民收入增长的关系，重新定义了运输的概念和范围，具体分析了区域产业结构演化升级，以及投资率、失业率、通货膨胀率等与区域增长的关系。书中基于微观和宏观的经济理论，运用了动态的综合分析方法，在一定程度上推动了区域经济学学科理论的形成。

现代区域经济学学科理论体系由三部分构成：一是区域发展理论，包括区位论、区域经济增长理论、区域产业结构理论、区域产业布局理论和区域创新理论等；二是区域关系理论，包括区域合作理论、区域贸易理论、区域竞争力理论和区域经济一体化理论等；三是区域经济研究方法论，包括区域经济发展战略、区域规划、区域经济政策，也包括各类研究模型等。目前区域经济学形成了三个主要流派，分别是新经济地理学派、新制度学派和区域管理学派。关于学派的介绍，将在第二节中展开。

二、中国区域经济学发展的基本历程

中国区域经济学的起步应当从 1949 年中华人民共和国成立起计算，表现出三个显著的特点：一是区域经济学被视为宏观经济学的分支；二是坚持问题导向，和与解决我国经济发展问题存在着对应关系；三是中国的区域经济学是借鉴吸收西方区域经济学并融入中国区域经济学研究建构的区域经济学。参考安虎森和肖欢（2015）以及刘秉镰等（2020）的划分方式，并结合不同时期我国的发展战略，进而将中国区域经济理论的演进归纳为四个阶段：一是 1949～1977 年，模仿应用苏联区域经济学均衡发展理论的主导时期；二是 1978～1999 年，引进、吸收和应用西方区域经济学非均衡发展理论主导时期；三是 2000～2011 年，以吸收、消化综合性和应用性的区域经济协调发展理论为主导的时期；四是 2012 年至今，借鉴融合多学科前沿经济学原理、创新区域经济高质量发展理论为主导的时期。

1. 区域计划经济均衡发展理论主导时期（1949～1977 年）

第二次世界大战后苏联的崛起使与其计划经济体制相适应的区域经济均衡发展理论迅速在理论界发展壮大，形成了以投入产出分析为基础的区域要素配置与均衡发展模式。中华人民共和国的经济建设主要还是"以俄为师"，决定了这一时期的区域经济学理论具有浓厚的苏联色彩，如"大推进"理论（Rosenstein – Rodan，1943）、"贫困恶性循环"理论（Nurkse，1953）、"低水平均衡陷阱"理论（Nelson，1956）以及"临界最小努力"理论（Leibenstein，1957）都强调发展中国家或地区对国民经济的各个部门同时进行大规模投资，以促进这些部门的均衡增长。在上述现实和理论背景下，毛泽东在《论十大关系》中首次提出在中国优先发展内地、平衡布局生产力的生产力均衡布局思想（安虎森和肖欢，2015），即充分发挥沿海工业基地优势，大力布局内地工业以保证工业均衡发展，从某种程度上说，《论十大关系》是中华人民共和国第一部在政府层面上指导区域经济发展的重要著作。生产力均衡布局理论强调在内地落后于沿海地区，经济发展非均衡的前提下，如何在内地为中心区域进行重点工业建设项目布局，保障少数民族地区的经济发展，让区域经济布局匹配国防需求，提高内地劳动生产率水平，加快新中

新中国工业扩大再生产的进程，又能够促进落后地区的经济发展（刘再兴，2017）。从更加微观的视角来看，在生产力均衡布局的大背景下，大量生产主体需要重新布局，区域经济的最佳发展与生产力的最佳地域组织是紧密联系在一起的，合理集聚和最佳规模是生产力布局空间结构问题的核心（陆大道，1989）。但是这一时期的区域经济学存在着平均主义倾向，"大锅饭"思维明显，根据安虎森和邹璇（2004）的评价，这一时期的区域经济学理论几乎完全忽视了除了国家之外的经济主体作用，有着强烈的计划经济色彩。

2. 区域经济非均衡发展理论主导时期（1978~1999 年）

随着中国进入改革开放时期，计划经济向市场经济转变，以政府为主导进行均衡生产力布局的传统模式已无法有效指导资源的空间配置（孙久文，2003）。非均衡增长理论的兴起，强调效率为先、超越发展，在诸多理论中，对于中国区域经济发展意义最大的当属增长极理论，为中国的区域经济发展提供了三个方面的指导意义：①为吸引要素资源、推动产业集聚提供了理论依据；②解决了改革开放以来有效配置资源的问题，为政府决策提供了理论依据；③倡导效率优先原则下的非均衡发展模式，被广泛应用于中国的区域开发实践。但是增长极理论主要适用于经济发展步入成长阶段或成熟阶段的区域，对落后区域经济开发的指导能力不足，在一定程度上拉大了收入差距（安虎森，1997）。在此期间，以邓小平同志为核心的党中央提出让沿海地区先发展，然后沿海地区帮助内地发展，实现共同富裕的概念。中国学者也提出了具有中国特色的区域经济发展理论。如主张首先重点发展高梯度地区，然后依次向低梯度区域推移，逐步达到区域之间的相对均衡的梯度理论（刘再兴，1988）；将点与轴要素结合在同一空间，联系区域经济发展与空间结构的点轴开发理论（陆大道，1989；周茂权，1992）；随着区域经济的发展以及增长极影响范围的扩大，在增长极和点轴开发理论基础上出现了强调要重视均衡发展，将增长极与增长轴的影响范围向外推进，以达到经济布局的均衡网络开发理论（吴传清、周晨晨，2013），在增长极理论和发展轴理论的基础之上提出的"中心－港口""中心－外围"双核结构理论（陆玉麒，1998）；基于上述的相关衍生理论所产生的，由不同层级和不同规模体系下的增长极组合而成的增长极体系的层级增长极网络理论（吴传清和周晨晨，2013）。但是这一理论一般适用于经济较发达地区均衡发展的目标，未必适用于内陆地区，在这一理论的指导下，中国的区域经济，尤其是沿海地区取得了很大的发展，优势得到了进一步的发挥，但是区域发展差距却在逐渐拉大。

3. 区域经济协调发展理论主导时期（2000~2011 年）

改革开放以来，在沿海地区快速增长的同时，东部与中西部地区之间的差距不断扩大，制约了中国经济增长的可持续性。为解决区域差距逐渐扩大的现实问题，区域均衡发展模式下的区域经济发展研究开始在中国兴起，研究焦点集中在集聚经济学、区域增长及差距、区域政策、空间模拟以及区域理论体系化等方面（杨开忠，2008；陈良文和杨开忠，2008；许召元和李善同，2008；黄玖立和李坤望，2006；郝寿义，2004），尝试融合现代区域经济学的前沿理论，分析中国区域经济发展的问题，促进了中国区域经济理论研究的转变。除了新古典主义框架下中心城市和区域经济的协同发展问题，中国学者也从区域科学理论与新经济增长理论视角，针对地区差距进行了大量的理论与实证分析，综合考虑了报酬递增、知识、人力资本、创新等经济因素与地区差距之间的作用机理，建立了基于要素禀赋的"均质与非均质统一的"空间经济分析框架（郝寿义，2007）。依托于新经济地理学理论，中国区域经济学研究主要聚焦于区位选择（陈良文和杨开忠，2007）、产业集聚（金煜等，2006；陈良文和杨开忠，2008）、异质性劳动力流动与地区差距、集聚经济的微观基础、测度与经验估计、空间集聚与经济增长（魏后凯，2006；刘修岩等，2012）等多个方面，用于指导国家与区域内产业的转型升级。区域经济发展离不开产业集群的推动，学术界重新梳理了产业集群的定义，研究重点放在了地方产业集群战略，认为产业集群理论作为一种新型的区域发展理论，能够整合区域内各种资源要素，提高区域竞争力和创新水平，形成具有区域特征的经济发展道路（王缉慈，2002，2004），还尝试探索了创新、制度变迁、人力资本、教育与区域发展的关系（魏后凯，2006），提升了技术创新在区域经济发展中的地位。国内学者也结合区域一体化理论和新区域主义理论分析中国区域经济问题，主要包括国内区域一体化的测度和路径选择、区域一体化的经济增长效应、区域一体化模式下政府与市场的关系研究等多个方面（刘生龙和胡鞍钢，2011；徐现祥等，2007）。

4. 区域经济高质量发展理论主导时期（2012年至今）

在中国由大国向强国跨越的过程中，不平衡不充分的问题已经成为制约中国区域经济高质量发展的关键环节，经济全球化、社会信息化的深入推进也使中国区域经济学研究呈现出多元化倾向。国内研究成果中开始大量吸收演化经济地理学、城市群理论、区域创新体系等西方区域经济理论，重点研究产业集群的形成与演化（刘志高等，2011；王周杨等，2013）、产业关联与路径依赖（郭琪和贺灿飞，2018），关注产业转移对于收入差距的作用（张龙鹏和周立群，2015）；引进了区域创新体系理论并将其作为区域创新战略实施的理论基础，探索高质量的区域创新发展模式。考察像人工智能、数字经济等战略性新兴产业对于区域高质量发展的关系（曾刚等，2012），运用大数据技术分析中国区域产业结构的调整机理、网络关联与区域经济增长（张伟丽等，2019）等研究主题开始出现。从具体问题为导向的理论创新和发展来看，我国创新性地提出主体功能区规划以寻求空间均衡与高质量发展，从发展理念与理论基础、内涵界定、主体功能区划分、发展原则及特征、区域政策与规划体系等方面进行探索，有效完善了中国的国土空间规划与区域规划理论（杨伟民等，2012；樊杰等，2015），形成了中国特色农村扶贫开发道路："计划经济体制下的广义扶贫战略—农村经济体制改革推动减贫—区域开发式扶贫战略—综合性扶贫攻坚战略—整村推进与两轮驱动扶贫战略—精准扶贫精准脱贫战略"（黄承伟和刘欣，2016），从理论层面研究精准扶贫的内涵、治理模式转型、治理突破路径（莫光辉，2016）以及相对贫困等问题（孙久文、夏添，2019），用以指导中国扶贫开发战略的有效实施，以新型城镇化为理论基础来指导城镇化的高质量发展。新型城镇化理论立足于民生、经济可持续发展与高质量发展原则，主要从城乡统筹与区域协调发展、产业转型升级、集约利用与低碳经济以及生态文明等方面来指导并实现中国新型城镇化的特色之路（姚士谋等，2014），提升了区域环境质量在区域经济分析中的地位（李彦等，2020），以城市群作为未来中国城镇化的主要空间载体是重要趋势，新型的城市群空间结构将成为城镇化高质量发展的重要支撑（刘秉镰和朱俊丰，2019）。在高质量发展背景下，中国特色的城市群理论研究开始从以往城市群的概念内涵、特征和形态的界定延伸到城市群生态环境建设与效率测度、城市群与经济发展、城市群空间结构与空间演化研究等方面（方创琳等，2016；刘修岩等，2017）。随着双循环政策的提出，区域经济发展也肩负起双循环枢纽的作用（郭先登，2021），2020年的新冠肺炎疫情冲击也是一个重要考量（刘帅，2021）。

三、区域经济学演进脉络总结

和大多数经济学理论一样，区域经济学的演进发展同样经历了从简单到复杂的过程。结合中外区域经济学的发展阶段，可以判断区域经济学演进脉络呈现出如下特征：

1. 从微观向宏观不断拓展

从早期区位论的提出者杜能，到克鲁格曼的新经济地理学派，国外的区域经济学脱胎于区位理论，从传统的单个厂商的区位选择问题逐渐演变为宏观区域决策者提供理论依据的完整体系，在演变的过程中，资本主义国家问题区域的出现以及凯恩斯主义的国家干预政策发挥了重要作用。

2. 核心观点注重问题导向

杜能提出的农业区位论是为了解决农业仍然占主导地位的德国经济而提出的，韦伯提出的工业区位论则解答了工厂布局问题，而随着市场对于产业布局的重要性日益显著，现代区位论把市场纳入分析框架。中国的区域经济学理论发展脉络也有相似的特点，以高质量发展为例，为了解决区域发展不平衡不充分的问题，五大发展理念成为指导我国区域经济协调发展的指导思想，如精准扶贫、脱贫攻坚、新型城镇化、乡村振兴、城乡一体化、产业集群发展以及供给侧改革等方面，都贯彻了新的发展理念。最新的动向是关注如何通过空间思维为构建国内国际双循环相互促进的新发展格局提出区域经济学的合适解决方案。

3. 区位理论和区域经济发展是两条相互交织的线索

无论是中国区域经济学还是西方区域经济学，核心问题就是要解决如何布局问题以及经济效益最大化问题，杜能提出农业区位论就解决了如何布置农业圈实现经济效益最大化，廖什的市场区理论也离不开寻求最大经济利润的问题，中国的区域经济学也需要解答哪些区域布置哪些产业，或者如何定位不同区域在全国经济发展格局的功能才能实现协调发展等一系列问题。

但是中国和国外的区域经济学发展也存在着明显的不同：第一，从理论模型的角度看，西方区域经济理论基于一般均衡范式，并尝试将空间与区位因素纳入其中，建立严谨的区域经济理论模型，进而形成一系列创新性区域经济理论。中国区域经济学是借鉴西方区域经济学理论发展起来的，并已经逐渐过渡到将西方区域经济学理论模型与中国经济发展特征事实相结合，正在逐步深化发展。第二，从科学研究的具体范式来看，西方区域经济理论进展以经济学和地理学两类研究范式互为支撑，且大多以数据为支持进行严谨分析。相比之下，国内早期区域经济研究主要侧重于对区域经济现象及发展规律的描述，缺乏严谨的数据分析和对理论机制的深入探讨。但是，近年来我国的区域经济学逐渐向定量研究转变。第三，从区域经济理论研究的发展模式来看，西方区域经济理论研究主要采取自上而下的梳理分析方法，通过假设、定理、函数等准自然科学的理论范式及理论模型构建，以数据为支撑进行实证结果检验，归纳出区域经济学的一般结论；中国区域经济学主要采取的是自下而上的经验归纳模式，加之区域经济理论体系尚不完善，中国学者往往是以解决问题为导向，结合定性分析、政策模拟分析等方法，提出相应的结论和政策建议。

第二节 区域经济学主要流派及其发展

前文提到，目前的区域经济学主要流派是新制度学派和区域管理学派以及新经济地理学派。本节将重点介绍这三个学派。

一、传统流派及其发展

1. 新制度学派

新制度学派，或者称"区域政策"学派，关键的特征就是注重区域分析中制度要素的作用，即强调研究政府及其体制对区域发展的影响，并通过制定相应的区域政策，协调区域发展。因此，新制度学派的中心是政策导向，解决区域问题和协调区域利益。区域政策的主要特征是积极的区域倾斜和集中化，因而区域政策的内容包括：通过政府的干预而导致生产的空间转移。

政府可以选定可支持的部门，并由这些部门的分布来影响空间结构，从而提高地区的经济竞争力，改善贸易平衡，发展自身的 R&D 等；产业和部门规划是区域政策的重要组成部分。国家通过制定援助规划，促进某些产业和部门的发展，或是延缓其衰退的过程；缩小区域差距是区域政策最直接的内容。国家通过财政政策、金融政策等，实现转移支付，帮助落后区域发展，缩小地区差距，或者抑制地区差距的扩大。

区域政策的主要目标可以概括为：提高区域内现有资源的利用水平；更有效地在区域内各种用途间分配资源；实现区域内最佳增长；在区域间有效地再分配生产要素，以使总收入与总增长最大化；区域间增长率的均等化；区域间收入的均等化；为缓解通货膨胀压力而缩小区域差异；减少区内拥挤而造成的外部成本，形成最佳空间结构。上述目标在许多情况下并不是相容的，所以必须依据不同的区域和不同的发达程度做出选择。区域政策研究将向什么样的方向发展呢？一种观点认为，区域问题反映了资本对空间的控制，形成了高技术水平的职能保留在发达区域，低技术水平的职能集中到不发达区域，按照梯度依次向外转移，利用政策工具改变分布的不均衡，采用创造性的政策来解决区域问题。另一种观点认为，目前的区域政策演化的方向应当是：协调性，消除各国各自制定的政策所造成的冲突与矛盾；选择性，稀缺资源应尽可能集中用于能实现可持续增长的区域，不主张把发展的优先权给予一个国家最不发达的区域；灵活性，政策应有灵活性，因地制宜。

2. 区域管理学派

区域管理起源于人们对 20 世纪五六十年代区域发展和区域问题的认识，由于落后地区和发达地区的对立，人口大量从落后地区流向发达地区，而发达地区的产业部门却很难向落后地区转移，产业结构升级受到阻碍，要解决这一问题，人们认识到，仅有政策和规划是不够的，还必须借助管理学的方式，把区域作为对象进行管理，如日本的国土开发、美国的区域再开发等，都是著名的范例。区域管理由三部分内容组成。

（1）区域经济发展管理。区域经济发展管理面对的主要是宏观经济问题，其面临的两大挑战是：经济增长和充分就业。区域经济发展管理是在公平竞争的前提下，通过对区域内经济资源的有效协调，使区域经济能够健康有效地发展。区域经济管理的主要方法，其一是管理学的方法，其二是法律的方法，其三是行政的方法。方法当中包括指导性的手段，也包括强制性的手段。

（2）区域人口管理。区域管理的基本目标是服务于人，人口管理是区域管理的基本问题。区域的适度人口应主要考虑区域内的资源状况、经济发展基础和人口就业的形势。通过对人口的管理和人力资源开发，使区域的发展能够上到一个新的台阶。人力资源开发是近年来颇受重视的一个区域发展题目。在新经济时代，人力资源已逐渐成为创造财富的主体资源，区域的发展状况，很大程度上取决于这个区域人口教育水平、科技开发能力和技术创新精神。所以，人力资源开发正成为区域管理的重要组成部分。

（3）区域环境管理。区域环境管理正在成为区域管理的主要内容。近年来，一些学者提出区域环境管理应当是创造一种发展模式，在对环境进行严格控制的前提下，造就一种经济发展的良好空间。一种被称为"环境经济模式"的观点认为，环境经济模式是以区域或城市的区位优势和环境优势为前提条件，发展相应的经济中心，带动周边地区发展。这种模式将区域或城市视为最大的产品，以城市自身形象为品牌，吸引投资者，促进区域和城市发展。由于这种模式的行为主体是地方政府，所以更能够突出其环境管理的功能，其引起的累积效应也就更大。

总之，区域经济学发展到今天，其研究内容在不断扩展，理论体系在不断完善，应用方法也在推陈出新。

二、新经济地理流派及其演进

1991年，Krugman在美国《政治经济学》（*Journal of Political Economy*）上发表开创性论文《规模报酬与经济地理》，标志着新经济地理学（New Economic Geography，NEG）的正式诞生，并伴随着2008年Krugman获得诺贝尔经济学奖而引起主流经济学的广泛关注，"空间"作为经济学的最后前沿因此而有被纳入主流经济学分析框架的趋势，同时也为区域经济学的研究提供了一套似乎更为严谨的分析工具，并渐次成为区域经济学的一个前沿流派和新兴领域。下面简要介绍新经济地理学的基本框架及其演进、应用发展和未来方向。

1. 基本理论框架与演进

20世纪70年代至90年代，Krugman通过将规模经济、不完全竞争市场结构引入模型，建立了新的国际贸易理论，并指出规模经济是国际贸易的发生原因。Krugman突破了传统国际贸易理论中假设运输成本为零的不合理约束，并将国际贸易模式和经济活动区位分析相结合，从而提出了创造性的新经济地理学理论，开启了国际贸易学和区域经济学研究的新时代。传统经济学理论有众多缺陷，其中广为诟病的是与现实相去甚远的完全市场竞争和规模报酬不变的假设，而新经济地理学则将规模报酬递增和市场不完全竞争作为其基本假设内容，并通过精巧的建模技术将其纳入理论模型，使其理论与现实更为契合，并逐渐获得主流经济学的认可。

继Krugman（1991）的开创性研究之后20余年来，新经济地理学的理论和实证研究持续发展。Fujita等（1999）发表影响广泛的《空间经济学：城市、区域与国际贸易》，Brakman等（2001）出版《经济地理导论：贸易、区位与增长》、Baldwin等（2003）出版《经济地理与公共政策》，这三部著作的出版标志着新经济地理学理论框架的形成。

长期以来，地理学和经济学似乎相互独立发展，从地理学视角来讲，经济学缺乏空间维度，要么将空间及其组成要素进行等同，要么直接忽略；而从经济学视角来看，地理学没有严谨的量化分析，是一种描述性的学科。不过，主流经济学不考虑空间维度并非没注意到空间因素，而是因为长期以来无法找到将空间因素纳入其分析框架的工具。在经济学的发展中曾有两次将空间因素纳入主流经济学分析框架的尝试，但都以失败告终。第一次是Von Thunen（1826）创立农业区位论时做的第一次努力，但并未获得主流经济学家的认可，后来Alonso（1964）将其发展并形成区域科学和城市经济学。第二次是Hotelling（1929）创立空间竞争模型，尝试将空间纳入主流经济学，但也仅停留在经济学层面（经济学家普遍将其看作解释市场失灵的双寡头垄断模型），同样以失败结局。两次努力失败主要与新古典经济理论对传统的规模报酬不变范式墨守成规，同时也与当时建模技术相关。尽管规模报酬递增和垄断竞争对经济活动的空间聚集可以进行近乎完美的解释，但在一般均衡框架下并不容易探讨这些问题。只有当Dixit - Stiglitz即DS模型工具的出现，Krugman（1991）才借助冰山运输成本、垄断竞争以及规模报酬递增的设定建构了新经济地理学的基本框架。

冰山运输成本（Iceberg Transport Cost）是新经济地理学理论不可或缺的因素。Samuelson（1952，1954）建立的冰山运输成本模型认为产品在贸易过程中就像冰山在水中运动一样会有部分被"融化"掉，只能有部分商品最终可以抵达目的地。作为分析技术，冰山运输成本建模技术使模型大为简化。在新经济地理学模型如C-P模型中，运输成本是距离的连续方程，产品售价和运输距离之间的弹性系数即冰山距离衰减率固定不变。

垄断竞争是新经济地理学的另一个理论基石。虽然早在1933年Chamberlin就提出了垄断竞争思想，但垄断竞争思想与一般均衡建模技术的结合，却直到1977年才由Dixit和Stiglitz完成，构建了所谓的Dixit - Stiglitz垄断竞争模型，即D-S模型。根据该模型思想，最终产品生产者的规模收益递增来自于消费者对多样性产品的偏好。由于经济全球化发展迅猛，跨国跨境投资、贸易、要素流动和区域政策问题对传统经济地理学研究也提出了新要求，在此背景下，自20世纪90年代以来，新经济地理学凭借 D－S 模型、新贸易理论和增长理论的研究快速推进，并推动了经济学领域报酬递增理论的革命。在 D－S 模型框架中所使用的不变替代弹性（CES）被广泛应用，是绝大多数新经济地理学建模中不可或缺的一个假设。但以 D－S 模型框架为基础构建的竞争模型通常因多数情况下没有显性解析解而难以处理，只能借助计算机技术得到模拟解。为此，Ottaviano 等（2002）提出了新经济地理学的线性模型并开辟了新经济地理学新的研究路径。由于建模中 CES 的假设过于苛刻，不少学者试图继续探索新的形式，比如 Behrens 和 Murata（2007）在新经济地理学框架下就采用了其他形式的垄断竞争框架。尽管学者不断在探索基于 D－S 垄断竞争模型的新的框架形式，但其作为新经济地理学的理论基石不可动摇。

规模报酬递增是新经济地理学的又一核心内容。在现实世界中，由于生产要素的不完全可分性等原因，厂商的生产经常表现为规模报酬递增。规模报酬递增和垄断竞争紧密相连。20世纪70年代，规模报酬递增与垄断竞争的框架推动了一些新学科的出现。最早的领域是 Henderson（1974）等在城市经济学的研究中运用规模报酬递增并取得重要进展，但是相关研究大多局限于研究城市及城市体系中的外部规模报酬递增问题。规模报酬递增和不完全竞争在发展过程中经历了四波革命，其中产业组织理论的兴起是第一波（Krugman，1998）。Krugman（1980）、Lancaster（1980）和 Ethier（1982）等对产业内贸易的研究发展属于第二波，并在20世纪80年代发展形成了新贸易理论。而 Romer（1987）和 Lucas（1988）等的研究将这场革命推入了第三波，其重大成果是进一步在规模报酬递增的基础上形成了新增长理论及内生增长理论。1990年，Krugman 将冰山交易成本纳入 D－S 框架，后经 Krugman、Thiss、Venables 和 Baldwin 等学者的贡献，新经济地理学理论体系逐步形成，称为第四波革命。

2. 新经济地理学的应用发展及未来方向

安虎森和蒋涛（2006）提出新经济地理学在区域经济学领域的应用有广泛的领域。

（1）分析企业区位选择行为。区别于外生视角、静态考虑区位条件的传统区位论，新经济地理学强调动态的区位。根据新经济地理学，企业区位选择受市场规模、区内外贸易自由度影响将选择市场规模较大的区域，因此，当区际贸易变得自由度很大时，企业的生产区位将很不稳定，会发生向市场规模较大的区域迁移。

（2）分析产业分散与集中机理。新经济地理学为产业集群形成的内在机理提供了新的分析工具。如果一区域具备某生产优势，那么在不断强化产业集聚而提高工资水平的循环累积过程中会使区际工资差距拉大并导致产业逐渐扩散到区外，这是产业分散机理。产业的聚集过程与产业扩散过程相反，如果因产业前后向联系产生的成本节约足以超越因集聚导致的工资成本上升，那么产业会继续产生聚集并维持下去。

（3）分析公共产品供给。市场条件下，公共产品主要是利用纳税者的税收来提供的。因此，区际公共产品竞争主要表现为区际税收竞争。根据新经济地理学框架，由于存在聚集租金，当贸易自由度足够高时，即使区际不存在税收差异，聚集力将促使流动要素在某一区域集中。只有当贸易成本足够高或聚集力很弱时，流动要素才不会集中在某一区域。当存在聚集租金时，资本聚集区域可以对资本征收高税率而不会造成产业的流失，并且贸易自由度足够高时，资本－劳动比高的地区征收高税率是可能的，此时资本聚集区或资本－劳动比更高的地区将提供更多的公共产品。

（4）分析资本流动与税收政策。如果资本是完全自由流动，并且所有区域都是对称区域，那么为吸引更多的资本，区际税收竞争迫使追求社会福利最大化的政府选择较低的税率。如果贸易更加自由和聚集力更强，那么区际税收竞争必然导致更低的纳什均衡税率，即使资本完全不流动，但只要存在资本创造和资本折旧，则区际税收竞争仍然导致均衡时的税率低于社会最优税率。由于存在聚集力，资本完全自由流动条件下的税收竞争，必然使初始产业分布均衡的所有区域，最终存在税率上的差异。

（5）分析国民收入区际分配、效率和公平问题。新经济地理学框架下的国民收入区域分配，取决于各地区资本份额的大小，资本份额越大，则国民收入份额也就越大。要素流动导致产业活动重新布局，从而引发区际收益分配差距。社会最优的产业分布，要求规模较大区域应拥有较大份额的产业，而产业的市场配置主要考虑市场规模，尽可能把更多的产业配置在市场规模大且收入水平高的地区。市场条件下的产业分布是社会次优的，随着贸易自由化进程的加快，市场配置的产业空间分布会不断偏离社会最优分布。不管是市场配置还是计划配置，市场规模较小地区的福利水平总是低于市场规模较大地区的福利水平，这是无法调节的一对矛盾。除非完全对称的世界，存在聚集力的块状世界中，区际福利差异是永远存在的，不可能实现绝对的公平。

（6）分析区域协调发展问题。根据新经济地理学理论，在存在聚集力的块状经济中，完全自由化使各种要素向经济发达地区集中，可以提高整体经济增长率，但同时降低欠发达地区所拥有的产业份额。因此，区域经济一体化的福利效应从动态和静态两个方面去考虑，动态效应是指产业的集中导致整体经济增长率的提高，整体经济增长率的提高将提高整体的福利水平；静态效应是指自由化提高可流动要素的流动性，使可流动要素向经济发达地区集中，这将减少欠发达地区的产业份额，而国民收入的区际分配取决于不同区域所拥有的产业份额的多少，因此产业份额的减少降低欠发达地区的福利水平。如果动态效应大于静态效应，则一体化可以实现区域协调发展，反过来，则一体化加大区域差距。

近年来新经济地理学的理论研究边际贡献并不是很大，但实证研究取得了较快的发展。未来，新经济地理学的理论研究需要进一步提升，实证也将蓬勃发展。尽管建模技术的假设比较严苛，但新经济地理学作为一门工具可以融入多个学科的发展，目前已经与区域科学、城市经济学、国际贸易理论、产业经济学、财政学等学科有着广泛的关联。纳入企业异质性的新新经济地理学将是未来新经济地理学的重要方向。将新经济地理学的理论进行具体区域经济问题的研究，随着数据的丰富、建模技术的发展和计算技术的提升，也将成为一个重要分支和研究热点。

第三节　国内外区域经济学发展新动态

一、国际区域经济学发展新动态与热点领域

根据夏添等（2019）的研究，国外区域经济学主要关注交通运输、基础设施、环境保护、社会治安、土地利用等一系列区域管理问题，与此同时对于城乡发展、贫困问题、人口迁移和产业再布局等问题有了新的认识。同时，古典区位论有复兴之势，集聚经济理论面临尺度挑战。国外的区域经济学趋向于微观层次，对于经济学中的不同主体之间的互动关系成为热点问题之一。

1. 城乡发展和居住环境

在大都市区成为主流之后，如何定义农村呢？Goetz 等（2018）认为，应该新定义一个都市毗邻区，因为远郊区域通常仍独立于城市的发展，依旧靠农业来发展经济，这些地区才是农村。Andrés 和 Ketterer（2012）发现美国和欧盟西部地区的城市舒适性福利更发达，这是城乡的重要区别之一。对于这种分散型农村地区，基于地区的政策往往很难奏效，以人为本的区域政策更容易实施。这种以城市为主导的增长验证了都市毗邻区存在的价值，通过不断的城市化来发挥集聚经济的溢出效应。对于这种相对落后地区，其政策路径应该是寻求与其他区域的合作。具体而言，提升商业环境，比如投资环境，以及提供创业必需品，还有教育、企业家精神以及生活质量。Matthew 和 Randall（2015）探讨了与城市可持续性和环境质量问题，强调环境便利设施在塑造家庭在城市中的位置方面所扮演的角色，分析正在进行的郊区化如何影响城市的碳足迹。

2. 贫困问题

区域发展从根本上来说就是人的发展，是区域内人的福祉的改善，其中贫困问题是区域发展的关注点之一，如何度量贫困问题？不同于单纯以收入为衡量基础，Oshio 和 Kan（2014）建立了多维贫困（收入、教育、社会保护和住房条件）与健康水平（健康自测水平、心理压力和吸烟状况）的分析框架，发现多维贫困在识别健康状况不佳的个体更为有效；Nakamura 和 Avner（2018）从就业的角度发现肯尼亚内罗毕市发现仅有 10% 的工作可以与居住匹配，大多数贫困劳动力的就业机会受限。Gibson 和 Le（2018）还利用获取越南 1000 多个社区中 64 种商品价格的均值和方差计算区域生活费用指数，使用食品恩格尔曲线得出平减指数。目前来看全球尺度的区域差距仍严重制约着发展中国家和欠发达地区的发展，尤其是在撒哈拉以南的非洲。因此，多维贫困将成为未来衡量真实贫困现象的主要指标，它将把农村地区的货币贫困人口、城市中的失业人口、家庭中子女数量较多的人口等考虑进去。为了解决贫困问题，尤其是"居者有其屋"，政府的力量不容忽视，Olsen 和 Zabel（2015）就介绍了美国低收入租金援助和通过干预抵押贷款市场促进住房所有权的政策，并描述了这些政策的基本原理。

3. 人口流动与人力资源积累

Moretti（2012）提出要构建一个新的区域经济体系，包括创造者、技术工人和资本家的理论来引导就业。Lee 和 Francisco（2010）通过回归发现父母教育、生育率下降、公共教育支出都提高了大学的入学率。目前亚洲国家的教育年限增幅依旧小于发达国家，这意味着未来要花更多资金来进行人力投资。Javdani 和 McGee（2018）发现加拿大白人移民比其他肤色的移民更容易辞职迁移（晋升更容易），因此加拿大的经济发展被归功于白人移民。Bridgespan 集团在《美国农村的社会流动：年轻人正在攀登收入阶梯的社区的见解》报告中指出，推动年轻人收入快速增长的因素有六种：维护社区的命运共同感、把握一切接近机遇、获得生活技能的机遇、早期的职业规划、强大的软支持以及可选择的良好教育。欧洲劳动力市场则存在两极化趋势（Dijk，2018）——中间技能水平者消失，以及高学历者的流动性和低学历者的安土重迁，因此毕业生主要在大城市之间流动（倾向于短距离迁移），小城市面临人才流失。但是人口流动带来的治安问题也值得关注，Flaherty 和 Sethi（2015）从犯罪经济学与空间经济学的结合点，探讨了刻板印象在罪犯、受害者和执法人员之间的互动中的作用，以及受害，犯罪和监禁中的种族差异。

4. 产业再布局与协同集聚

Billings 和 Johnson（2012）先后对服务业、制造业单独和相互做了集聚测算，发现前者中的生活性服务业存在与制造业共生集聚的情况。Ellison 等（2010）构建了共生集聚指标来对美国制造业的共生集聚水平（用工厂层面数据）进行测算，并检验了马歇尔外部性三个来源（劳动力市场池、投入产出品共享和知识溢出）对其的贡献水平。其结论既具有一般性——投入产出品共享最显著，也具有产业差异性——对于产品运输成本低的产业，劳动力市场池更显著。Faggio 等（2014）沿用 E - G 指标，对英国的 TTWA（上班区域）的产业共生集聚水平进行测算，并用马歇尔外部性三大来源进行回归。其异质性考虑的产业异质性，即将企业按照产业的年龄（新旧）、科技水平、劳动力教育水平、产业组织结构（市场内外企业数量）等标准，分别考察了产业共生集聚的异质性。Davis 和 Nieuwerburgh（2015）还分析了金融问题，探索了宏观经济、金融和住房之间的相互关系，专注于住房和商业周期，住房和投资组合选择以及住房和资产收益等问题。

5. 古典区位论的复兴与现代集聚理论的反思

Puga（2010）总结了集聚经济的三种来源：由随机机制或比较优势决定的超越阈值的生产集聚机制；工资和收入的空间分布；生产率的结构性空间变量。文献主要是关注以生产为导向（企业）的集聚经济，但其实最近以消费为导向的外部性对城市本地优势影响更大。Glaeser 等（2001）发现消费外部性对经济增长具有三方面的间接影响：高舒适性福利城市高增速；高地租高增速；反向流动的兴起。Oner（2017）发现更靠近一个多样化且广泛的消费组合能够解释其微观机制，即在大都市市场内更靠近商店将会提高都市区的吸引力，但大都市的农村地区就不存在这种效应。区域的空间尺度决定了其规划的性质。Gorroochurn（2012）指出数据的合并有可能导致相反的结论。这表明，研究大尺度问题时，对空间异质性的讨论通常是不可避免的。当然，空间异质性又将尺度问题简化成区位问题，即假设不同区位的空间单元结构是不同的。一以贯之的空间范式并不能解释所有集聚效应，集聚在空间范围内是存在尺度衰减效应的，但空间尺度与集聚机制的相互关系尚不明晰。因此，需要通过实证寻找尺度重构的标准以及其他理论关于尺度重构的新思路。在实证研究中，得益于大数据的发展，厂区尺度成为较新的一个尺度，其集聚形式为共生集聚，发生的空间范围接近于中国行政体制中的街道，研究视角更加偏向于微观层次。城市尺度的研究对象主要是市域范围内的建成区以及城市群里的中心城市，国家 - 区域尺度则对应区域化的城市群和大都市区。

二、中国区域经济学新进展与重点问题

就目前而言，中国的区域经济研究重点集中在区域经济学的理论体系建设、区域经济发展的影响机制和制度创新、区域经济协调发展、区域经济发展战略和区域规划。

1. 区域经济学的理论体系建设

长期以来我国的区域经济学是从经验分析、定性分析认识区域问题，近些年模型化、数理化分析成为主要的研究方法，例如向量自回归方法，空间杜宾模型以及门槛模型，并且研究视角趋于微观层次（郭晨和张卫东，2018），还和其他学科有所结合，例如系统论（蔡之兵，2020b）、新结构经济学（吕一清等，2020）等。

2. 区域经济发展的影响机制和制度创新

区域经济发展主要考察了区域经济增长方式、组织结构和发展过程，考虑了资本积累、劳动投入、技术要素和人力资本的影响（宋丽敏等，2021），分析产业和区域经济发展的互动关系，例如旅游业、物流业、金融业等进入了区域经济学研究者的视野（张芷若和谷国锋，2020），交通基础设施成为推动区域一体化的重要因素。中国的区域经济发展由政府主导是一个客观事实，因此政府和市场的作用也是关注的重点（庄汝龙等，2020；曹清峰，2020）。中国经济进入新常态，创新的角色越来越重要（陶金国等，2020；李佳雯和郭彬，2020）。

3. 区域经济协调发展

随着中国区域经济发展进入新阶段，区域之间的协调发展成为处理不同区域之间关系的重要途径，新时期我国要着力推进的区域协调发展重点有京津冀协同发展、长江经济带发展、粤港澳大湾区发展、成渝双城经济圈发展、振兴东北老工业基地以及"一带一路"背景下不同区域的协调发展。因此，区域经济高质量协同增长、区域发展差距、区域分工协作和区域开发开放是当前主要研究热点，例如城市群如何带动区域经济增长（范晓敏，2020），区域福利水平差异的处理（赵鑫铖，2020），剖析区域经济发展差距的原因（王曙光和王彬，2020）等。

4. 区域经济发展战略和区域规划

中国的区域经济学诞生之初就坚持问题导向，为促进区域经济政策提供理论依据，解决区域的发展方向、定位、结构、布局和政策等问题，实现高质量发展，这方面的研究注重应用性，分析的视角也主要有以下若干方面：区域经济发展和地方政府之间的合作形式（王芳等，2020），生态环境的协调（李永平，2020）和高新技术产业如何推动高质量发展（蔡之兵，2020a）。

第四节　区域经济学未来展望

《习近平在哲学社会科学工作座谈会上的讲话》（2016）（以下简称《讲话》）指出"需要不断在实践和理论上进行探索、用发展着的理论指导发展着的实践"，当前我们正面对世界"百年未有之大变局"，历史表明，社会大变革时代，一定是经世济用的科学大发展时代。中国经过40余年的改革开放，经济建设、社会发展取得了举世瞩目的成就，正处于我国历史上最为广泛而深刻的社会变革之中，也正在进行着人类历史上伟大壮阔的实践创新。这种伟大实践，给实践性极强的区域经济学的理论创新、学术繁荣和现实应用提供了强大动力和广阔空间。《中共中央关于制定国民经济和社会发展第十四个五年规划和二〇三五年远景目标的建议》（以下简称《建议》）中提出"坚持实施区域重大战略、区域协调发展战略、主体功能区战略"。《讲话》和《建议》为区域经济学未来一段时期的发展指明了方向，给出了重点，作为以中国区域发展宏大叙事为研究对象的区域经济学必将迎来又一个大发展的春天。展望未来，以下重点领域将是区域经济学发展的着力点和方向。

一、区域经济理论体系

数十年来，由于解决实际区域问题的需要，国内外区域经济学蓬勃发展，各种理论、方法和技术工具不断出现，区域经济学的理论体系日渐丰富。但不可否认，尽管区域经济学是发展最快的经济学科之一，但其理论体系并不成熟，其理论和方法工具几乎都来自别的学科。比如区域经济发展理论来自宏观经济学和发展经济学，区域产业结构理论来自产业经济学，区域空间结构来自地理学，区域量化分析来自统计学、计量经济学，区域关系理论来自贸易分工理论，区域发展战略与规划来自战略规划学等。区域经济学的核心理论缺乏自身独立的内核，从不同的区域经济学教材或学术著作来看，其研究内容、体系和方法都存在显著差异，并缺乏统一的学术规范语言和研究范式。由于理论基础薄弱，出现了理论滞后于区域发展现实问题的现象。因此，未来区域经济学理论体系的进一步完善将是其重要的研究方向。特别值得指出的是，中国教育部正在组织《中国区域经济学》教材的编撰，在"两个一百年"之际，基于新中国成立以来尤其是改革开放以来取得的区域发展伟大成就及其经济逻辑，构建具有中国特色的区域经济理论体系，将是中国学者未来探讨的重点和热点主题。

二、分析方法与技术工具

国际上的区域经济学自20世纪中期后，对研究方法问题十分重视，并通过方法的应用实现理论的创新和现实问题的解决。各种分析方法如投入产出模型、线性规划模型、区域空间均衡模型、区域经济增长模型、环境影响模型、动态城市模型、城市体系一般均衡模型、分散化城市理论模型、计量经济模型、政策评估模型等，各类新技术如地理信息系统（GIS）、遥感（RS）、全球定位系统（GPS）、元分析系统、系统动力学等，在区域经济学研究方面被广泛运用。未来的发展，除了传统分析方法通过创新性应用继续获得进一步发展外，随着大规模、高速计算技术、高性能网络技术的日益普及和低成本使用，新兴的分析方法和工具不断涌现和应用，比如空间计量分析建模、大数据分析与挖掘技术、云计算技术、高维网络分析技术、复杂巨系统建模技术、大规模时空模拟技术、区块链技术、人工智能技术等，将被广泛应用于区域经济的分析和决策支持，也将成为区域经济学研究的热点领域。

三、分析范式变革

由于区域经济学一直以来缺乏一个完善的理论体系（魏后凯，2012），其理论渊源来自其他各个学科，因此其分析范式也基本承袭其理论来源学科，而采用如宏观经济学、产业经济学、地理学等学科的分析范式，还未完全建立自己独特的分析范式。未来区域经济学的研究将会建立自身相对独立的学术研究规范和分析范式框架。其中，一个具有重要前景的方向可能是将新经济地理学的方法作为贯穿区域经济学分析的技术工具，进而构建一以贯之的区域经济学研究范式。

四、重要方向

1. 区域的微观行为与机制

与主流经济学从微观主体出发，演绎严密的理论体系不同，区域经济学一直就因缺乏微观基础而困惑（杨开忠，2008），但是因为区域发展的空间过程和空间动态变化是由区域的微观主体行为产生的，研究其行为机制是区域经济学应有的重要任务和内容。一是经济空间集聚机制，不管是大至国家层面，还是小到区县层面，都表现出明显的经济集聚趋势（郝寿义，2007）。对区域的经济集聚如何判断？我国经济高密度区域、都市圈、大城市是集聚不足还是集聚过度？这直接关系到这些区域和城市采取促进集聚还是消除膨胀政策问题。二是企业空间组织问题。在市场配置资源要起决定性作用的条件下，企业作为资源配置的主体，政府应该给予什么样的政策进行引导以使经济布局符合国家和企业发展双重目标的协调？三是产业转移与企业迁移问题，产业转移的研究主要以区域和产业部门层面的分析较多（陈建军和黄洁，2008），而鲜有从微观企业迁移的视角进行研究，与国际同类研究形成鲜明对比。未来的方向是建立企业再区位和迁移数据库，基于大数据研究企业空间区位选择和迁移的特征规律、动力机制及其决定因素，研究企业迁移与区域劳动力配置的关系，研究企业迁移对迁入迁出地区的影响。四是如何识别产业集群，产业集群已成为区域经济学研究的核心内容和区域经济发展的重要依托，然而如何识别产业集群、判断集群的增长活力、创新力及竞争优势，还缺乏科学简便有效的方法。企业进出与迁移对产业集群的影响及其机制也需要予以关注。

2. 区域格局、主体功能区与协调发展

我国经历了40余年的高速发展，从改革开放初期的东中西三大地带划分，到21世纪初的东

中西东北四大板块分类，再演化为多极增长的格局，区域格局和空间模式发生了很大的变化。区域格局变化的重要表现就是区域差距拉大和区域发展不平衡不充分并引发系列经济社会问题。要解决这一矛盾应该坚持帕累托改进原则，即不损害发达地区利益前提下加速欠发达地区的经济发展。2010年，国家颁布《全国主体功能区规划》，为区域发展明确了目标方向和设定了新的发展框架，为区域发展模式提供了新的逻辑。《建议》中明确提出"坚持实施区域重大战略、区域协调发展战略、主体功能区战略"，表明在未来十余年内，按照主体功能区的思想重塑区域发展格局和促进区域协调发展，仍是中国区域经济学的理论与现实研究课题，也是中国区域经济学最有可能产生创新理论的地方。

3. 区域发展模式

区域发展模式一直是区域经济学关心的问题，也是中国区域经济学者的研究热点，但学界对于区域发展模式始终未取得统一认识。一般来讲，区域发展模式包括空间模式、产业模式和组织模式。空间模式包括区域增长模式、发展点轴模式、网络模式等，反映区域经济发展的空间过程及其机制。产业模式主要有初级产品出口模式、出口替代模式、进口替代模式、自给自足模式等，它们可对应于区域发展的不同阶段和不同的内外环境。组织模式就是采取什么样的组织形式，包括组织的特征、机制、趋势与体制变革等。尽管过往研究已经产生了大量成果，由于观点、视角、方法的不统一，对区域发展模式的认识可谓千奇百态、莫衷一是。但区域发展模式无论对于区域经济学本身的理论建设还是现实区域必须采取一定发展模式，都是绕不过去的，因而也是未来继续发展的领域。

4. 区域战略、区域规划与区域政策

改革开放40余年来，我国的区域发展战略经历了均衡发展、非均衡发展和协调发展三个发展阶段。从空间特征看，全国经济发展重心从内地转向沿海，再从沿海向内地转移，然后转向东、中、西、东北协调发展。重大的区域发展战略方面，自2000年国家开始实施西部大开发战略后，相继实施东北等老工业基地振兴战略、中部崛起战略、长江经济带发展战略、京津冀协同发展战略、粤港澳大湾区发展战略、长三角区域一体化发展战略等，为了落实这些重大战略，配套出台了系列重大区域发展规划，如"西部大开发五年规划"（至今已实施了"十一五""十二五""十三五"三个五年规划）和《东北地区振兴规划》、《长江经济带发展规划纲要》、《京津冀协同发展规划纲要》、《粤港澳大湾区发展规划纲要》、《长江三角洲区域一体化发展规划纲要》等。与此对应，40余年来，中国区域政策也经历了20世纪80年代优先发展沿海的梯度发展阶段、90年代促进市场化改革与全方位对外开放的市场一体化阶段和21世纪以来进入全面、协调和可持续发展阶段。可见区域战略、规划与政策具有相辅相成、互相匹配、互为支撑的关系，协同完成国家的总体战略布局目标。在新阶段，区域战略、规划和政策呈现三大特点：一是主体多元化，各级地方政府、企业、社会组织都是主体和利益相关者，利益多元，诉求不同，使战略、规划和政策必须兼顾这种多元利益格局。二是效率优先和地区公平兼顾，这是中国可持续的区域政策必须考虑的目标问题。三是目标取向多元化，缩小地区发展差距、引导要素跨区域流动、遵循主体功能区原则、提高竞争优势、实施以城市群为主体的新型城镇化方针、构建适应新时代要求的区域协调机制。显然，区域战略、规划和政策的制定与实施是一系列复杂的多方博弈的政治经济过程。但目前对这一问题的基础性规范研究还严重不足。另外对于区域战略、规划和政策实施的效应效果评估的理论基础和技术规范也严重缺失。这些问题无疑是未来区域经济学必须关注的重要内容。

5. 区域治理

国家内部区域体系由不同的政治、经济、社会、文化和环境要素构成，在这些要素间的联

系、组合、互动、反馈和协调过程中，形成了不同的单位和行为主体，构成区域治理网络结构。不同于区域政策，在区域发展和空间管治的文献中，区域治理已被频繁讨论。区域治理是指政府、非政府组织、私人部门、企业、民众及其他利益相关者为实现最大化区域公共利益，通过谈判、协商、伙伴关系等方式对区域公共事务进行集体行动的过程（陈瑞莲和杨爱平，2012）。它是治理理念或理论在区域公共事务管理中的运用。区域治理包括三个基本内涵：一是区域内多元主体形成的组织化网络；二是把非政府组织、企业和民众的参与作为重要的治理力量；三是注重多主体协商协调来解决区域问题，而非政府全部包揽。从这个意义上讲，区域治理对所在区域的各行为主体要求是有条件的，具有较高的门槛。对我国而言，是否具备这些条件还有待进一步观察，但作为未来大国的治理无疑是发展的方向。区域治理推进的关键在于其治理机制的建立，区域治理机制是多样的，是不同区域变量在治理体系中的多样组合与不同运作，协调、管理和监测都是治理方式，协调是柔性的管理，管理是协调的制度化，协调和管理是治理的主要内容，监测使其更加科学。三种机制的相互联系构成了一个动态的区域治理体系（张云，2019）。区域治理的持续推进将改变和重塑国家治理结构，并在区域治理的外溢和区域间的合作中推动国家治理和成为国家治理的有机组成部分。郝寿义（2007）对区域治理进行了深刻分析，正如杨开忠（2008）指出的那样，从强调区域政策过渡到凸显区域治理的推行，这种转向代表了未来区域经济研究的最新趋势。过去中国制定了不少区域经济政策，但效果并不尽如人意。这除了政策本身的问题外，更为关键的是执行政策主体的自身利益诉求影响了政策的效果。而区域治理体现了多区域主体行为互动，强调了不同区域主体权益的交互作用，既包括了制定区域政策的政府行为，也涵盖了其他区域主体的作用和行为。目前区域经济学在区域治理方面还没有达成广泛的共识，其理论建构有待进一步突破，付诸实践上还需要夯实基础条件。

6. 区域关系与区域合作

区域关系既包括区域内部各组成部分间的关系，也包括不同区域之间的关系。由于主体多元、利益诉求不同，区际冲突和区域内部各组成部分摩擦不可避免，当然也可以相互合作互利，因此这可以概括为竞争关系、合作关系和竞合关系。竞争关系主要是指因区域产业产品相近、结构趋同等而发生的市场和资源争夺。合作关系主要是指区域间为了共同利益实现专业化分工和进行区域贸易而实行某种经济联合，是生产社会化、劳动地域分工发展的必然趋势。竞合关系是指区域之间既有竞争又有合作，而且是一种良性的福利互增关系，这在现实中比较普遍并被广泛接受。我国改革开放后的经济体制和运行机制发生了重大变化，市场机制逐步取代计划机制成为配置资源的主要方式，国家区域管理体制变革和区域发展战略的调整，使地方政府成为发展经济的主体，极大地调动了地方发展经济的积极性。但由于地方政府作为区域利益主体地区的确定，它们在追逐本地区利益的过程中可能产生地方保护主义，人为设定各种壁垒，阻碍地区间的资金、人才、技术等生产要素的流动。对于区域关系的研究已经取得不少成果，但现实中区域冲突频发的问题并未得到有效解决。因此，为有效应对区域利益矛盾，促进有效竞争与合作，进一步深入研究区域关系及区域合作或竞合机制，仍是区域经济学未来的一项重要内容。

7. 都市圈、城市群与城市化道路

我国城市化快速发展，至2019年城镇化率已达到60.6%，根据诺瑟姆城市化规律，我国依然处于城镇化中期加速阶段，未来十数年数量化的快速城镇化仍将持续。当前以城市群为主体形态的新型城镇化稳步推进，都市圈的建设在大城市区域如火如荼。城镇化对我国区域经济发展的贡献评估多高也不为过。城镇化、都市圈和城市群在过去十余年里取得了丰硕的研究成果，但对于应该选择什么样的新型城镇化道路？城市群和都市圈的合理边界如何确定？城市群、都市圈发展的核心规律和内在机制及其影响因素是什么？如何推进中国城市群的发展和都市圈的发展？如何促进城市群内城市间的协作分工和利益协调？如何正确处理城市环境问题、城乡发展失衡问题、土地问题和交通问题？如何贯彻新型城镇化，并以都市圈和城市群为主导引领区域高质量发展？等等，都是中国区域经济学应该回答的问题。

参考文献

（一）中文文献

[1] 安虎森，蒋涛．块状世界的经济学——空间经济学点评 [J]．南开经济研究，2006（5）：92-101.

[2] 安虎森，肖欢．我国区域经济理论形成与演进 [J]．南京社会科学，2015，335（9）：23-30.

[3] 安虎森，邹璇．区域经济学的发展及其趋势 [J]．生产力研究，2004（1）：180-186.

[4] 安虎森．增长极理论评述 [J]．南开经济研究，1997（1）：31-37.

[5] 蔡之兵．高质量发展的区域经济布局的形成路径：基于区域优势互补的视角 [J]．改革，2020a，318（8）：132-146.

[6] 蔡之兵．构建优势互补高质量发展区域经济布局之省思——以系统论为视角 [J]．河北学刊，2020b，40（4）：147-154.

[7] 曹清峰．国家级新区对区域经济增长的带动效应——基于70大中城市的经验证据 [J]．中国工业经济，2020，388（7）：43-60.

[8] 陈建军，黄洁．集聚视角下中国的产业、城市和区域 [J]．浙江大学学报（人文社会科学版），2008，38（4）：12-21.

[9] 陈良文，杨开忠．产业集聚、市场结构与生产率——基于中国省份制造业面板数据的实证研究 [J]．地理科学，2008（3）：325-330.

[10] 陈良文，杨开忠．集聚与分散：新经济地理学模型与城市内部空间结构、外部规模经济效应的整合研究 [J]．经济学（季刊），2008（1）：53-70.

[11] 陈良文，杨开忠．我国区域经济差异变动的原因：一个要素流动和集聚经济的视角 [J]．当代经济科学，2007（3）：35-42+124.

[12] 陈瑞莲，杨爱平．从区域公共管理到区域治理研究：历史的转型 [J]．南开学报（哲学社会科学版），2012（2）：48-57.

[13] 樊杰，王亚飞，陈东，等．长江经济带国土空间开发结构解析 [J]．地理科学进展，2015，34（11）：1336-1344.

[14] 范晓敏．城市群如何带动区域经济增长 [J]．人民论坛，2020，671（16）：72-73.

[15] 方创琳，周成虎，顾朝林，等．特大城市群地区城镇化与生态环境交互耦合效应解析的理论框架及技术路径 [J]．地理学报，2016，71（4）：531-550.

[16] 郭晨，张卫东．产业结构升级背景下新型城镇化建设对区域经济发展质量的影响——基于PSM-DID经验证据 [J]．产业经济研究，2018，96（5）：78-88.

[17] 郭琪，贺灿飞．演化经济地理视角下的技术关联研究进展 [J]．地理科学进展，2018，37（2）：229-238.

[18] 郭先登．论"双循环"的区域经济发展新格局——兼论"十四五"及后两个规划期接续运行指向 [J]．经济与管理评论，2021，37（1）：23-37.

[19] 郝寿义．建立区域经济学理论体系的构想2004 [J]．南开经济研究，2004（1）：68-72.

[20] 郝寿义．区域经济学原理 [M]．上海：上海人民出版社，格致出版社，2007.

[21] 黄承伟，刘欣．新中国扶贫思想的形成与发展 [J]．国家行政学院学报，2016（3）：63-68.

[22] 黄玖立，李坤望．出口开放、地区市场规模和经济增长 [J]．经济研究，2006（6）：27-38.

[23] 金煜，陈钊，陆铭．中国的地区工业集聚：经济地理、新经济地理与经济政策 [J]．经济研究，2006（4）：79-89.

[24] 李佳雯，郭彬．高校科技创新与区域经济发展耦合协调及时空分异研究 [J]．技术经济，2020，39

（4）：112 – 119.

［25］李彦，王鹏，梁经伟．生态旅游示范区对区域经济绿色发展的影响研究——基于准自然实验的视角［J］．经济问题探索，2020，451（2）：21 – 30.

［26］李永平．旅游产业、区域经济与生态环境协调发展研究［J］．经济问题，2020，492（8）：122 – 129.

［27］刘秉镰，朱俊丰，周玉龙．中国区域经济理论演进与未来展望［J］．管理世界，2020，36（2）：182 – 194，226.

［28］刘秉镰，朱俊丰．新中国 70 年城镇化发展：历程、问题与展望［J］．经济与管理研究，2019，40（11）：3 – 14.

［29］刘生龙，胡鞍钢．交通基础设施与中国区域经济一体化［J］．经济研究，2011，46（3）：72 – 82.

［30］刘帅．新冠肺炎疫情对中国区域经济的影响［J］．地理研究，2021，40（2）：310 – 325.

［31］刘修岩，李松林，秦蒙．城市空间结构与地区经济效率——兼论中国城镇化发展道路的模式选择［J］．管理世界，2017（1）：51 – 64.

［32］刘修岩，邵军，薛玉立．集聚与地区经济增长：基于中国地级城市数据的再检验［J］．南开经济研究，2012（3）：52 – 64.

［33］刘再兴．刘再兴文集［M］．北京：经济管理出版社，2017.

［34］刘再兴．论我国生产力布局战略［J］．开发研究，1988（1）：11 – 15.

［35］刘志高，尹贻梅，孙静．产业集群形成的演化经济地理学研究评述［J］．地理科学进展，2011，30（6）：652 – 657.

［36］陆大道．空间结构理论与区域发展［J］．科学，1989（2）：108 – 111 + 159.

［37］陆玉麒．双核型空间结构模式的探讨［J］．地域研究与开发，1998（4）：45 – 49.

［38］吕一清，邹洪，匡贤明．人力资本差异化影响区域经济增长的实证研究——基于新结构经济学视角［J］．工业技术经济，2020，39（5）：13 – 22.

［39］苗长虹，魏也华，吕拉昌．新经济地理学［M］．北京：科学出版社，2011.

［40］莫光辉．精准扶贫：中国扶贫开发模式的内生变革与治理突破［J］．中国特色社会主义研究，2016（2）：73 – 77，94.

［41］宋丽敏，乔中娜．区域经济增长要素贡献率差异分析——以东北地区为例［J］．辽宁大学学报（哲学社会科学版），2020，48（1）：45 – 53.

［42］孙久文，夏添．中国扶贫战略与 2020 年后相对贫困线划定——基于理论、政策和数据的分析［J］．中国农村经济，2019（10）：98 – 113.

［43］孙久文．现代区域经济学主要流派和区域经济学在中国的发展［J］．经济问题，2003（3）：2 – 4.

［44］沈万根，马冀群．习近平精准扶贫思想在民族地区的实践［J］．科学社会主义，2018（2）：102 – 108.

［45］陶金国，刘海艳．战略性新兴产业集聚、空间溢出效应与区域经济增长质量［J］．统计与信息论坛，2020，35（5）：26 – 34 + 112 – 119.

［46］王芳，余莎，陈硕．区域经济发展与地方政府间合作：基于重力模型的证据［J］．中国行政管理，2020，423（9）：106 – 113.

［47］王缉慈．地方产业群战略［J］．中国工业经济，2002（3）：47 – 54.

［48］王缉慈．中国地方产业集群及其对发展中国家的意义［J］．地域研究与开发，2004（4）：1 – 4.

［49］王曙光，王彬．竞争中性与区域经济发展差距研究［J］．社会科学战线，2020，301（7）：44 – 53，281.

［50］王周杨，胡晓辉，马木兰．演化经济地理的理论基础及其在集群研究中的应用［J］．人文地理，2013，28（4）：13 – 19.

［51］魏后凯．《区域经济学的演变、体系及前沿问题》评介［J］．中国工业经济，2012（12）：155.

［52］魏后凯．论我国产业集群的自主创新［J］．中州学刊，2006（3）：30 – 34 + 261.

［53］吴传清，周晨晨．增长极理论在中国的新发展：基于学说史视角的考察［J］．贵州社会科学，2013（10）：47 – 52.

［54］夏添，孙久文，宋准．新时代国内外区域经济学研究热点评述［J］．经济学家，2019，249（9）：15－24.

［55］徐现祥，王贤彬，舒元．地方官员与经济增长——来自中国省长、省委书记交流的证据［J］．经济研究，2007（9）：18－31.

［56］许召元，李善同．区域间劳动力迁移对地区差距的影响［J］．经济学（季刊），2009，8（1）：53－76.

［57］杨开忠．区域经济学概念、分支与学派［J］．经济学动态，2008，563（1）：55－60.

［58］杨开忠．我国区域科学研究前沿介绍——兼评《区域经济学原理》［J］．开放导报，2008（4）：63－68.

［59］杨伟民，袁喜禄，张耕田，董煜，孙玥．实施主体功能区战略，构建高效、协调、可持续的美好家园——主体功能区战略研究总报告［J］．管理世界，2012（10）：1－17＋30.

［60］姚士谋，张平宇，余成，等．中国新型城镇化理论与实践问题［J］．地理科学，2014，34（6）：641－647.

［61］曾刚，耿成轩，翁旻．京津冀战略性新兴产业集聚对区域经济增长的空间溢出效应研究［J］．技术经济，2021，40（2）：56－64.

［62］张龙鹏，周立群．产业转移缩小了区域经济差距吗——来自中国西部地区的经验数据［J］．财经科学，2015（2）：80－88.

［63］张伟丽，叶信岳，李栋，等．网络关联、空间溢出效应与中国区域经济增长——基于腾讯位置大数据的研究［J］．地理科学，2019，39（9）：1371－1377.

［64］张云．国际关系中的区域治理：理论建构与比较分析［J］．中国社会科学，2019（7）：186－203＋208.

［65］张芷若，谷国锋．中国科技金融与区域经济发展的耦合关系研究［J］．地理科学，2020，40（5）：751－759.

［66］赵鑫铖，梁双陆．中国区域经济福利的水平测度与增长测度研究［J］．数量经济技术经济研究，2020，37（7）：26－47.

［67］周茂权．点轴开发理论的渊源与发展［J］．经济地理，1992（2）：49－52.

［68］庄汝龙，李光勤，梁龙武，等．撤县设区与区域经济发展——基于双重差分方法的政策评估［J］．地理研究，2020，39（6）：1386－1400.

（二）英文文献

［1］Alonso W. Location and Land Use［M］. Cambridge：Harvard University Press，1964.

［2］Andrés Rodríguez Pose，Ketterer T D. Do Local Amenities Affect the Appeal of Regions in Europe for Migrants？［J］. Journal of Regional Science，2012，52（4）：535－561.

［3］Baldwin R，Martin P，Ottaviano G I P. Global Income Divergence，Trade and Industrialization：The Geography of Growth Take－off［J］. Journal of Economic Growth，2001（6）：5－37.

［4］Baldwin R，Forslid R，Martin P et al. Economic Geography and Public Policy［M］. Princeton：Princeton University Press，2003.

［5］Behrens K，Murata Y. General Equilibrium Models of Monopolistic Competition：A New Approach［J］. Journal of Economic Theory，2007，136（1）：776－787.

［6］Billings S B，Johnson E B. A Nonparametric Test for Industrial Specialization［J］. Journal of Urban Economics，2012，71（3）：312－331.

［7］Combes P P，Mayer T，Thisse J. Conomic Geography：The Integration of Regions and Nations［M］. Princeton：Princeton University Press，2008.

［8］Davis M A，Nieuwerburgh S V. Chapter 12－Housing，Finance，and the Macroeconomy［A］// Handbook of Regional and Urban Economics［C］. Elsevier B. V.，2015.

［9］Dijk J V. Human Capital，Regional Economic Development and Inequality［A］//65th Annual Meetings of the NARSC［C］. San Antonio：North American Meetings of the Regional Science Association International，2018.

［10］Dixit A K，Stiglitz J E. Monopolistic Competition and Optimum Product Diversity［J］. American Economic Review，1977（67）：297－308.

［11］Ellison G，Glaeser E L，Kerr W. What Causes Industry Agglomeration？Evidence from Coagglomeration Patterns［J］. Social Science Electronic Publishing，2010.

［12］Ethier W J. National and International Returns to Scale in the Modern Theory of International Trade ［J］. American Economic Review, 1982, 72 （3）: 389 –405.

［13］Faggio G, Silva O, Strange W C. Heterogeneous Agglomeration ［J］. LSE Research Online Documents on Economics, 2014.

［14］Fujita M, Krugman P, Venables A J. The Spatial Economy: Cities, Regions, and International Trade ［M］. Cambridge: The MIT Press, 1999.

［15］Gibson J, Le T. Improved Modelling of Spatial Cost of Living Differences in Developing Countries: A Comparison of Expert Knowledge and Traditional Price Surveys ［R］. Working Papers in Economics, 2018.

［16］Glaeser E L, Kolko et al. Consumer City ［J］. Journal of Economic Geography, 2001, 1 （1）: 27 –50.

［17］Goetz S J, Partridge M D, Stephens H. S. The Economic Status of Rural America in the President Trump Era and Beyond ［J］. Applied Economic Policy Perspectives, 2018 （40）: 97 –118.

［18］Gorroochurn P. Simpson's Paradox: Classic Problems of Probability ［M］. Hoboken: John Wiley & Sons, Inc. , 2012.

［19］Henderson J V. The Sizes and Types of Cities ［J］. American Economic Review, 1974, 64 （4）: 640 –656.

［20］Hoover E M. An Introduction to Regional Economics （2nd ed. ） ［M］. New York: Alfred A. Knopf Inc. , 1975.

［21］Hotelling H. Stability in Competition ［J］. The Economic Journal, 1929, 39 （153）: 41 –57.

［22］Javdani M, McGee A. Labor Market Mobility and the Early – career Outcomes of Immigrant Men ［J］. IZA Journal of Migration and Development, 2018, 8 （1）: 1 –28.

［23］Jovanovic M N. Evolutionary Economy Geography: Location of Production and the European Union ［M］. New York: Routledge, 2009.

［24］Krugman P. Increasing Returns and Economic Geography ［J］. The Journal of Political Economy, 1991, 99 （3）: 483 –499.

［25］Krugman P. Scale Economies, Product Differentiation, and the Pattern of Trade ［J］. The American Economic Review, 1980, 70 （5）: 950 –959.

［26］Krugman P. Space: The Final Frontier ［J］. The Journal of Economic Perspectives, 1998, 12 （2）: 161 –174.

［27］Lancaster K. Intra – industry Trade under Perfect Monopolistic Competition ［J］. Journal of International Economics, 1980, 10 （2）: 151 –175.

［28］Lee J W, Francisco R. Human Capital Accumulation in Emerging Asia, 1970 – 2030 ［J］. Japan & the World Economy, 2012, 24 （2）: 76 –86.

［29］Leibenstein H. Economic Backwardness and Economic Growth: Studies in the Theory of Economic Development ［M］. One of a Series of Books from the Research Program of the Institute of Industrial Relations, University of California, 1957.

［30］Lucas R E. On the Mechanics of Economic Development ［J］. Journal of Monetary Economics, 1988, 22 （1）: 3 –42.

［31］Matthew E. Kahn and Randall. Walsh Cities and the Environment ［A］//Gilles Duranton & J. V. Henderson & William C. Strange （ed. ）. Handbook of Regional and Urban Economics （edition 1） ［C］, 2015: 405 –465.

［32］Moretti E. The New Geography of Jobs ［M］. New York: Houghton Mifflin Harcourt, 2012.

［33］Nakamura S, Avner P. Spatial Distributions of Job Accessibility, Housing Rents, and Poverty in Nairobi, Kenya ［J］. Policy Research Working Paper Series, 2018: 8654.

［34］Nelson, Richard R. A Theory of the Low – Level Equilibrium Trap in Underdeveloped Economies ［J］. American Economic Review, 1956, 46 （5）: 894 –908.

［35］Nurkse R. Problems of Capital Formation in Underdeveloped Countries ［M］. Oxford: Oxford University Press, 1953.

［36］O' Flaherty B, Sethi R. Urban Crime ［J］. Handbook of Regional and Urban Economics, 2015 （5）:

1519 – 1621.

［37］Olsen E O, Zabel J E. US Housing Policy ［J］. Handbook of Regional and Urban Economics, 2015 (5): 887 – 986.

［38］Oner O. Retail City: The Relationship Between Place Attractiveness and Accessibility to Shops ［J］. Spatial Economic Analysis, 2017, 12 (1): 72 – 91.

［39］Oshio T, Kan M. Multidimensional Poverty and Health: Evidence from a Nationwide Survey in Japan ［J］. Int J Equity Health, 2014, 13 (1): 128.

［40］Ottaviano G I P, Tabuchi T and Thisse J. Agglomeration and Trade Revisited ［J］. International Economic Review, 2002 (43): 409 – 436.

［41］Puga D. The Magnitude and Causes of Agglomeration Economies ［J］. Journal of Regional Science, 2010, 50 (1): 203 – 219.

［42］Richardson H W. Elements of Regional Economics ［M］. New York: Penguin, 1969.

［43］Romer P M. Growth Based on Increasing Returns Due to Specialization ［J］. The American Economic Review, 1987, 77 (2): 56 – 62.

［44］Rosenstein – Rodan, Paul N. Problems of Industrialization of Eastern and South – Eastern Europe ［J］. The Economic Journal, 1943, 53 (210/211): 202 – 211.

［45］Samuelson P A. The Transfer Problem and Transport Costs, Ⅱ: Analysis of Effects of Trade Impediments ［J］. The Economic Journal, 1954 (64): 264 – 289.

［46］Samuelson P A. The Transfer Problem and Transport Costs: The Terms of Trade When Impediments are Absent ［J］. The Economic Journal, 1952, 62 (246): 278 – 304.

［47］Von Thunen J H. Der Isolier Staat in Beziehung aut Landwirtschaft and Nationa Konomie ［M］. Hamburg: Perthes, 1826.

第六章　城市经济学

第一节　城市经济学的主要研究脉络与流派

从广义上来讲，城市经济学就是对城市地区进行经济研究，包括运用经济分析工具去研究诸如犯罪、教育、公共交通、住房及本地政府财政等多种城市问题（Quigley，2008）。1964 年，阿隆索（Alonso）出版《区位和土地利用》，这标志着城市经济学成为一门独立学科（Mills & Nijkamp，1987；Evans，2003）。

一、城市经济学的理论渊源

早在城市经济学成为独立学科之前，城市经济问题就已经在古典区位理论和新古典经济学研究中得到广泛讨论（Mills，2000），其中古典区位学派以杜能（Johann Heinrich von Thünen）、韦伯（Alfred Weber）、克里斯塔勒（Walter Christaller）与勒施（August Lösch）为代表，新古典经济学派以马歇尔（Alfred Marshall）为代表。[①] 由于这些经济学家在研究框架及分析工具上存在的一些缺陷，城市经济学未能从经济学中独立出来。但这些开创性的研究成果为城市经济学的诞生奠定了坚实基础，并构成了城市经济学的理论来源。

1. 古典区位理论

古典区位理论起源于 1826 年杜能出版的《孤立国同农业和国民经济的关系》[②] 一书，在随后的一个世纪里达到巅峰。杜能的农业区位论、克里斯塔勒与勒施的中心地理论，均对城市经济学的形成与发展有着重要影响。对于经济现象进行空间分析最早可以追溯到 18 世纪的亚当·斯密（Adam Smith），但是第一个借助空间分析模型研究经济现象的人却是杜能（Ponsard，1983），因此杜能被认为是区位理论的开创者。他基于一系列假定构建了一个封闭的经济空间，将运输成本从其他影响要素中分离出来并作为距离的线性函数，从而得出一个一般性原理：能达到在每单位产品中总成本最大缩减的作物将占据离市场最近的区位，并产生最高的土地地租（Samuelson，1983）。这一原理始终影响着此后空间经济问题的研究。

杜能研究的着重点在于生产区位分析，但在克里斯塔勒的时代，古典区位理论开始转而研究一个自劳恩哈特以后就很少涉及的问题，即市场区位分析。1933 年，克里斯塔勒出版《德国南部中心地原理》，他也因此成为城市地理学的奠基人之一。很显然，克里斯塔勒的理论与之前

---

① 也有一种说法将克里斯塔勒与勒施的研究称为新古典区位理论。
② 下文简称《孤立国》。

的古典区位理论是一脉相承的，中心地理论是对农业区位论和工业区位论的补充和发展。在这本书中，克里斯塔勒对市场区位分析给出了一个全新的解释。他从消费者行为假设出发，推导出一个地区的城镇规模（等级）、数量及分布，同时他第一个创立了蜂巢状的市场区域结构，并认为六边形是最有可能的经济地理单元结构。

与克里斯塔勒不同，勒施（1995）在代表作《经济空间秩序》[①] 中将一般均衡理论及张伯伦（Chamberlin，1933）的垄断竞争理论作为一种核心思想贯穿始终。勒施在这本书中指出了杜能和韦伯在理论上的不足，并予以改进。一方面，勒施将杜能和韦伯的静态的、单方面的区位理论扩展为动态的、综合的中心地理论；另一方面，他发现经济在空间上的六边形规律性。此外，他将区位理论研究从工业区位理论中的微观经济学视角引向了宏观领域（Ponsard，1983）。

虽然古典区位理论的研究很大程度上借助于物理学、几何学的原理和概念，但是古典区位理论学家仍然没有忽视经济学方法的运用，甚至以经济学作为研究的出发点。但遗憾的是，他们的这些努力仍然没有能够得到主流经济学界的认可，这其中自然有古典区位理论自身的原因。首先，其模型都只是简单地假设城市或中央商业区本身是预先存在的，这样得到的模型具有很大的局限性（Fujita et al.，1999）。其次，许多空间参数具有不可分性和非连续性，古典区位理论只是尝试借助于"黑箱"式的集聚经济来解释城市经济问题，这妨碍了边际分析在城市空间研究中的运用。最后，古典区位理论虽然强调数学工具的应用，但是在提供关于产出与价格变化的数学模型时，仍然显得有些力不从心。

2. 新古典经济学

主流经济学界对城市经济问题研究中最具代表性的当属新古典经济学的集大成者马歇尔，他提出的外部经济（External Economics）解释了同产业企业在空间上集聚的原因，即为了共享劳动力市场和中间投入品以及享受知识溢出。然而，由于马歇尔外部经济的这三个来源难以模型化，一定程度上限制了新古典经济学派在经济活动空间研究上的发展，但他们提出的启发性思考使外部经济至少从胡佛（Hoover，1948）开始就在关于城市经济问题的理论中占据了重要地位（Henderson，1974）。

总体而言，新古典经济学仍然忽视经济活动的空间因素，这决定了其不能发展出独立的城市经济学科，主流经济学界的这种忽视实际上一直持续到了20世纪中叶（Blaug，1997）。究其原因，主要在于技术难题无法解决，即加入空间因素后，无法建立经济学的理论模型。此后，斯塔雷特（Starrett，1978）"空间不可能定理"的证明以及 Fujita 和 Thisse（2002）的研究使经济学家认识到，研究经济活动的空间问题必须采用不完全竞争与规模报酬递增，并且充分考虑运输成本，但这些难题在当时是无法解决的。

新古典经济学对空间的忽视仍然不妨碍其对城市经济学产生的深刻影响，不仅城市经济学的理论基础有很大一部分来源于新古典经济学，而且它的研究范式、分析工具与模型构建都是基于新古典经济学的研究框架。虽然古典区位理论与新古典经济学没能在其研究框架下发展出独立的城市经济学科，但两者所取得的研究成果作为理论与灵感来源，最终推动了城市经济学的产生。

二、城市经济学的研究框架

在《区位和土地利用》出版之前，城市经济问题研究涌现出了一些较为突出的成果。海格（Haig）基于纽约大都市区的研究发现，经济活动在城市不同地区的分布取决于不同区位的土地

---

① 1995年被商务印书馆译成中文版出版。

价值差异（Haig，1926a，1926b）。泰勃特（Tiebout，1956）建立泰勃特模型，其重要贡献在于指出公民在选择地方政府时以低税收和优质公共物品为标准。这种公民以移居方式投票所导致的辖区间流动性会避免多数票制原则带来的低效率，也是对主流经济学关于公共物品研究（Samuelson，1954）的很好回应。此后也有一些重要研究成果，包括《大都市的剖析》（Hoover & Vernon，1959）、《大都市1985》（Vernon，1960）等，均为城市经济学成为独立学科奠定基础。

1. 城市经济学的诞生与发展

在贝克曼（1952，1953）、艾萨德（1956）及温戈（Wingo，1961）等的研究基础上，阿隆索于1964年出版《区位和土地利用》，这标志着城市经济学的诞生。城市经济学脱胎于经济学，阿隆索用经济学的方法建立了城市经济学的理论体系（Alonso，1964）。《区位和土地利用》将之前被认为完全无关的主题整合成一个研究框架，发展出一个"科学的研究程序"（Evans，2003）。

阿隆索的区位分析从杜能的农业区位论发展而来，把竞租曲线（Bid Rent Curves）拓展到城市内部空间研究中（Fujita，1989）。他将杜能农业区位论中的农民和城市分别替换为通勤者和中央商业区，依然是均质平原假设，区位以到市中心的距离来表示，距离越远，交通费越高，以相似形式重新解释了土地利用模型。阿隆索的突破在于模型中包括了微观经济学中标准的家庭效用函数及预算约束。影响家庭效用的变量包括到市中心的距离、消费的土地数量、商品数量。模型表明，通勤距离增加一方面增加了交通成本，另一方面与土地消费量的减少互相抵消。该单中心模型构建了城市内部空间的竞租曲线和在土地供求均衡下地价和土地利用的决定因素（Alonso，1964）。该模型为城市经济学的发展提供了理论基础（Fujita，2012），并且奠定了城市经济学对城市内部结构研究的传统（Krugman，2011）。

在阿隆索的土地利用模型基础上，米尔斯（Mills，1967）与穆斯（Muth，1967，1969）发展出住宅区位模型，把家庭效用函数中的土地替换为住房。家庭对土地具有派生需求，不仅取决于家庭偏好，也取决于住房生产函数的特征。阿隆索、米尔斯、穆斯的研究分析了关于城市内住宅土地市场、商业土地市场及城市劳动力市场三者之间的相互作用，被统称为 Alonso - Mills - Muth 模型。

基于以上模型，亨德森（Henderson，1972，1974，1982a，1982b）构建了城市体系的一般均衡模型（O'Sullivan，2011）。该模型来源于克里斯塔勒（Christaller，1933）的中心规划理论（Central Plan Theory），并以勒施（1954）的零售商框架为基础（Henderson，1987），被用于研究城市规模和不同类型城市的分布（Henderson，1980，1988）。亨德森（1987）认为，外部经济与城市内产业空间集聚有关，而外部不经济与大城市有关，两者的净效应反映出城市规模与居民的个体效用之间的倒"U"形关系。换句话说，城市的最佳规模出现在居民效用最大的地方，并且各类城市达到各自最佳规模时，效用是相同的，至此形成了城市体系的一般均衡模型。

城市经济学早期研究从古典区位理论中借鉴许多，并从新古典经济学中获取研究框架与分析范式，既一定程度上避免了两者的缺陷，又使城市经济问题研究相对独立，模型也被主流经济学界所接受。

2. 城市经济学的研究框架

城市经济学在诞生初始阶段主要有两个基本研究发展方向：Alonso - Mills - Muth 模型与亨德森的城市体系模型。围绕这两个方向产生的研究成果形成了城市经济学的研究逻辑与框架，即在新古典经济学的框架下，以市场完全竞争和规模报酬不变为基本假定，强调家庭与厂商等微观主体的经济行为，从而得到城市空间内的一般均衡。因此城市经济学通常被经济学界认为是研究城市空间结构及家庭与企业区位选择的微观经济学分支（Quigley，2008），但城市经济学并不是区位理论和经济学的简单加总，而是在新古典经济学的研究范式下，研究城市土地利用与城市空间结构。

空间及其稀缺性是城市经济学区别于其他经济学分支的主要特征。空间分析是城市经济学的研究核心，例如人口密度高、市内交通拥堵、区位间土地价值差异等。学者们将这些空间特征建模，分析城市经济活动的空间分布。城市土地具有稀缺性，由此带来了经济活动的高密度特征，这是在对城市经济学研究时必须考虑的重要因素。例如，运输成本和租金是研究厂商选址时的决定性因素；城市的高密度往往是交通拥堵、污染等城市问题研究时的基本出发点之一（Glaeser，2007）。

城市经济学的微观经济学建模是来自微观经济学的分析工具。家庭和企业作为城市的微观主体在空间资源稀缺的前提下，是相互联系、相互作用的：首先，家庭在预算约束下在城市空间内追求自身的效用最大化；其次，企业在生产成本、运输成本及聚集经济的约束下追求自身的利润最大化；最后，两者之间相互作用就导致了对空间区位的分配。因此，城市经济学可以被认为是一门研究土地、区位等城市资源配置的科学（Mills，2000）。

城市经济学早期的研究成果精彩纷呈，但是也存在一些不足。例如，阿隆索等城市经济学模型与杜能的农业区位论一样，都假设单中心城市以及企业聚集于城市中心，这对现实世界的解释力有限。后来为了弥补这一缺陷，城市经济学家们总是用集聚理论作为对单中心假设的补充。又如，空间问题是亨德森模型及其后续模型的关键，但是这些模型本身却是非空间的，甚至没有将城市的内部结构模型化（Fujita et al.，1999）。城市经济学早期成果显然是成功的，但其存在的不足也推动了城市经济学的不断发展。

三、中国城市经济学科发展演进

改革开放以后，中国城市经济发展与建设的需求激增，加之西方城市经济学研究成果的不断引入，共同推动了中国城市经济学学科的兴起与发展。1981年中国社会科学院财贸经济研究所设立城市经济研究室，随后，北京、天津、上海、辽宁、四川、黑龙江、山西、江苏、湖南先后成立城市经济学会、城市经济研究所或研究室。从1981年起，南开大学、辽宁财经学院（东北财经大学前身）率先开设城市经济学的本科课程。在此之后，清华大学、北京大学、上海财经大学、西南财经大学、华中师范大学、东南大学、湘潭大学等高校先后建立城市经济研究室、所或系，有些院校还相继建立城市经济硕士学位授予点。在20世纪90年代中期，南开大学和东北财经大学建立城市经济学博士点。2000年10月，中国城市经济学会城市经济学科建设专业委员会在天津南开大学成立，担负起促进中国城市经济学发展的历史重任，推动中国城市经济学科建设不断走上新台阶。据不完全统计，21世纪初，中国约有20所大学开设城市经济学课程，近百名科研工作者从事该课程的教学研究工作（吴德春等，2006）。

从20世纪80年代开始，大量学者的切实研究对中国城镇化研究中若干重大问题的解决与推动提供了重要的思路和线索。如费孝通先生的"小城镇大问题"，这篇文章发表后曾在社会上引起巨大反响，引发了中央对小城镇的重视，对推动20世纪的小城镇和乡镇企业的发展起到巨大作用。

中国城市经济学科虽然经历了20世纪80年代的快速发展，但在90年代却遭遇了一段艰难发展阶段（饶会林等，2006）。由于传统的条块分割体制，城市经济学找不到对口部门，得不到地方政府的重视和支持，有些地方的城市经济学会、研究所或研究室相继解散，使城市经济学科成长艰难。与此同时，1997年，在国家教委全国学科调整过程中，原本是二级学科的城市经济学被降为三级学科，大学城市经济学专业课停开和本科生停招，已有的城市经济硕士点、博士点转到区域经济，这使原本就不利好的学科发展形势雪上加霜。

近年来，随着中国经济发展阶段的跃升和城市化速度的加快，城市规划、建设、管理和房地产建设等领域对城市经济学理论与应用研究的需求越来越紧迫。一方面，这推动了城市经济学相关专业的人才培养，使城市经济学成为中国发展最快的经济学科之一，各种版本的教材和论著不断涌现，呈现前所未有的发展前景。另一方面，中国城市经济学直面时代重大问题，并与地理学、管理学、社会学等其他学科广泛交叉，促进具有中国特色的城市经济学理论的创新与突破。

第二节　城市经济学研究热点与特点

一、研究热点

1. 集聚经济

集聚经济是城市经济学的经典命题，集聚经济的微观机制与影响、空间尺度与规模是城市经济学领域内经久不衰的话题。但随着产业结构和信息技术等的发展，研究对象开始由制造业向服务业转变，研究热点也随之出现了一系列变化。

第一，知识溢出的机制与影响受到更多关注。服务业发展最重要的驱动力是可持续的创新成果生产，同时集聚经济重要的机制和结果之一是知识溢出。随着创新在经济发展中所受重视程度的提高，相对于劳动力池和中间投入品共享等因素，知识溢出在集聚中的发生机制和影响成为了最近的研究热点之一（Crescenzi et al.，2016；白俊红等，2017；马静等，2018；Davis and Dingel，2019；Cortinovis and van Oort，2019；Buzard et al.，2020；何凌云和陶东杰，2020）。

第二，多样化或城市化（Urbanization）经济在集聚经济的研究中更加重要。相对于关注单一产业的马歇尔外部性导致的集群（Clustering）或集聚（Agglomeration），协同集聚（Co - agglomeration）也成为最近研究的热点，主要探讨异质性企业或产业的集群机制（Behrens，2016；He et al.，2016；陈建军等，2016；O'Sullivan and Strange，2018；Diodato et al.，2018；Coll - Martínez et al.，2019；Aleksandrova et al.，2020；Faggio et al.，2020）。

第三，微观尺度的集聚经济开始受到重视。制造业企业邻近带来集聚经济的优势之一是降低要素和产品的运输成本，在这个意义上，企业在同一个企业集群、开发区、区县、城市，甚至都市圈或者省份都可以带来这种益处。但对服务业而言，企业邻近的目的是从业者之间或其与消费者的面对面沟通，交通工具的介入会降低高频率会面的效率。因此，对于服务业的集聚经济在何种空间尺度上发挥作用的问题，需要精确到街区层面进行研究，甚至楼宇内部的垂直密度也得到了进一步研究（Billings and Johnson，2016；陈红霞和李国平，2016；于斌斌，2017；刘奕等，2017；Cainelli and Ganau，2018；Verstraten et al.，2019；Liu et al.，2020；Rosenthal and Strange，2020；韩峰和阳立高，2020）。

2. 城镇化

快速城镇化是进入 21 世纪以来我国经济社会发展的最重要特征之一。相对于西方发达经济体，政府力量在我国城镇化进程中发挥了尤为突出的作用。因此，诸多学者从政策视角切入，推动了城镇化的相关研究。特别是以城乡统筹、城乡一体、产业互动、节约集约、生态宜居、和谐发展为基本特征的"新型城镇化"在近些年的发展实践过程中，引出了一系列学术研究热点。

图 6 - 1 是我国 CSSCI 期刊近五年发表的城镇化或城镇化文章涉及的相关主题，其中乡村振兴、农民工、城乡一体化、城乡收入差距、市民化、工业化、产业结构、城市群等为热点研究主题。具体来看，相关研究主要关注了如下几个问题。

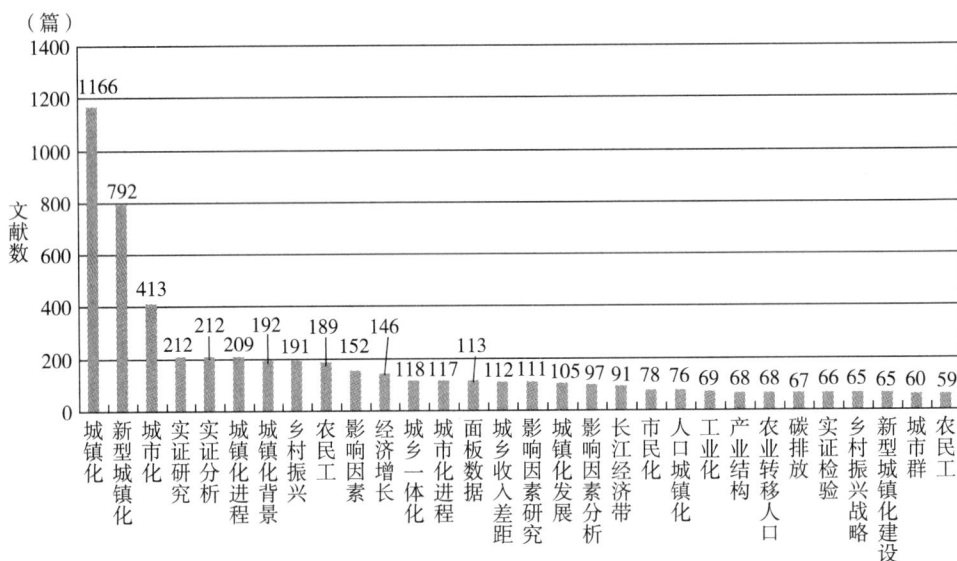

图 6 - 1 2016～2020 年 CSSCI 期刊中城镇化/城市化的研究热点

资料来源：中国知网。

一是城乡关系问题。过去数十年，我国经历了快速的城镇化过程，经济迅速增长、居民生活水平在不断提升的同时，也伴随着公共服务均等化水平不足、城乡收入差距扩大以及农村空心化等一系列亟须解决的问题。二元城乡结构和户籍制度使实质上已经进入城市工作生活，但户籍和社会关系仍然保留在农村的居民无法享受与城镇居民相当的医疗和教育等公共资源。尤为严重的是，"初代农民工"的子女若没有获得良好的教育，则可能既无法从事农业工作，也没有像父辈一样继续在城市从事底层工作的意愿，将造成一定的社会问题（崔新蕾和王丹丹，2020）。异地城镇化较为普遍，但质量普遍不高，同时伴随的是城镇化导致的城市土地扩张过程中出现的土地闲置浪费问题。另外，农村人口的外流，特别是青壮年劳动力进城务工导致农村留守人口无法有效支撑农村的产业发展和消费活力，导致农村空心化问题越来越严重（常进雄和赵海涛，2016；宁光杰和李瑞，2016；杨曦，2017；Glaeser and Steinberg，2017；Chauvin et al.，2017）。

二是城镇化的模式问题。一方面是城镇化的动力机制问题。政府主导的土地城镇化和工业化是过去拉动人口城镇化的主要动力，有效加快了人口由农村往城市转移的速度，但也导致户籍人口城镇化与工业城镇化和土地城镇化速度失调。这直接表现为城市面积在快速扩张的同时，农业转移人口"离土不离乡"，无法享受与市民同等的城市基本公共服务，形成了"半城镇化"的状态。在以人为核心的新型城镇化背景和要求下，相对于自上而下的动力机制，如何让农村居民主动自下而上地实现完全的城镇化，成为了目前亟须研究的问题，其中涉及的户籍改革、基本公共服务均等化、农业转移人口市民化成本分担等问题获得了诸多关注。另一方面是与快速城镇化相配套的城市空间体系问题。要实现高质量的城镇化，解决好我国土地与人口之间的矛盾，必须改善当前的城市分布空间格局，实现合理的空间结构（李兰冰等，2020）。城市群、都市圈、中心城市、中小城市、特色小镇等人口和产业布局空间载体的规模、结构与布局，以及如何构建与之相适应的产业分工体系是学术界关注的主要问题（Meijers et al.，2016；原倩，2016；刘修岩等，2017；夏柱智和贺雪峰，2017；熊湘辉和徐璋勇，2018；王芳和陈硕，2020）。

3. 土地市场

土地是城市经济发展的最基本生产要素。特别是在中国，城市土地供应为国家垄断，地方政府可以通过调整城市土地供应的规模和结构实现对本地经济发展的直接调控，由此产生了一系列关于土地市场与城市经济发展互动的研究话题。

一是城市土地出让行为研究，对于城市政府来说，除了财税手段，土地也是地方政府的重要资源。1994 年分税制改革后，地方政府财权不足而事权相对较大。在财政支出方面，除了满足教育、医疗卫生、社会保障和行政管理等一般公共服务支出外，还需要进行基础设施建设、发展本地经济。在地方政府支持经济发展的财政工具受到限制的情况下，土地供给便成为政府促进本地经济发展和推进城镇化的重要政策工具。土地财政是现有文献的主要研究视角，即从不同的土地出让动机角度讨论土地出让对地方发展的影响。总体上看，"以地生财""以地生税""土地引资"等解释是主要的理论观点。"以地生财"假说强调，地方政府通过高价出让土地获得的土地出让金，加上以土地为抵押物的政府融资收入，成为地方政府充实本地财政的重要手段。"以地生税"假说指的是出让土地中的税费收入以及在所出让土地上发展产业的税收收入可以缓解地方财政困境。"土地引资"理论认为，地方政府基于经济增长的晋升锦标赛是影响土地出让的主要因素。根据晋升锦标赛理论，地方政府官员需要在官员晋升锦标赛中取胜才能获得晋升，而比赛锦标往往主要基于经济发展成果，这就使地方政府争相进行招商引资以促进资本流入。此时，土地出让便成为了招商引资的重要手段，直接导致各地方政府在出让土地时进行"逐底竞争"，使大量产业用地的价格远低于正常的市场价格。基于这一理论，土地成为了地方政府实施产业政策、促进本地经济增长的重要手段（杨继东等，2016；张莉等，2018）。

二是土地开发与城市经济发展，讨论土地通过何种渠道促进城市经济增长的问题。一方面，地方政府高价出让商业和住房用地，通过显性土地财政和隐性土地财政两个渠道为地方基础设施建设进行融资。显性的土地财政是指土地出让金及与房地产相关税费和以土地为抵押品的信贷融资；隐性的土地财政是指地方政府将土地开发权与周边特定类型的地方公共产品提供责任相捆绑一起"出售"给开发商，鼓励开发商提供相关的基础设施建设。另一方面，低价出让工业用地吸引私人资本来本地投资，与公共投资形成互补，两者都刺激了经济增长（张莉等，2017；杨继东等，2018；徐升艳等，2018）。

三是土地开发导向的城镇化模式问题，虽然土地出让有利于吸引投资而促进经济增长，但以土地开发为导向的城镇化也带来了一系列问题：首先，商业和住房用地出让价格的升高导致城市房价在近些年来一路飙升，这反而抑制了经济增长；其次，导致土地资源配置扭曲，降低了土地利用效率，不利于长期经济增长；再次，"廉价工业化"和"高价城镇化"的土地开发模式造成土地违法和腐败；最后，土地财政在增加基础设施建设的同时挤压了其他类型公共品支出（丁成日和高卫星，2018；Chen and Kung，2019）。

4. 公共政策影响评估

政府对改革战略的"顶层设计"是我国经济社会发展过程中的重要动力，特别是随着近些年快速推进的城市建设，对城市管理水平提出了更高要求，而其中公共政策制定是城市管理的重要环节。顶层设计一般是自上而下的，因此对其科学性、目标性和效率性的要求更高。这就要求相关决策主体对政策效应有更加充分的认识（范子英，2018）。在这样的背景下，对城市公共政策影响的评估成为了城市经济学研究的另一热点。

其中，在方法上，潜在结果框架下的双重差分、断点回归和工具变量等因果推断方法的应用已经成为城市经济学研究中公共政策评估经验研究的主流方法。Baum – Snow 和 Ferreira（2015）发现，与 1990 年相比，2010 年在 *Journal of Urban Economics* 上发表的文章经验导向性显著加强。另外，潜在结果框架下的因果推断方法也逐渐成为其中的主流研究策略，相对于 1990 年只有屈指可数的几篇文章使用了相关方法，2010 年超过 50% 的经验研究使用了双重差分、工具变量和匹配等方法来解决内生参数问题，而这些方法恰恰是经济学领域进行政策影响评估的主要工具。值得注意的是，潜在结果框架下的因果推断方法主流的应用场景为劳动经济学，其研究对象往往为个人，其间的互动关系较弱，因此能够满足个体间不存在溢出效应的前提假设。但空间层面的溢出效应和再分配往往是客观存在的，因此需要谨慎处理。一些研究利用空间计量经济学的方法来处理这种溢出效应，但无法有效解决内生性问题。因此在城市公共政策评估的过程中需要根据研究背景和需求，酌情考量方法的应用（Baum – Snow and Ferreira，2015；Kelejian and Piras，2017）。

在研究主题上，随着城市经济社会发展对多样化、精细化公共政策的需求，学术研究的关注对象也在进行动态调整，包括高铁和地铁等新型城市交通基础设施、城市新区建设、行政区划调整、政府搬迁、生态保护政策试点等在实践中成本投入和影响较大的政策都在最近的文献中得到了较多关注（Lin，2017；周玉龙等，2018；Koster et al.，2019）。

5. 房地产市场

房地产市场是城市经济学公认的重点研究领域，其中的研究热点集中在影响房价的因素和高房价的后果两大方面。

一些研究关注了土地开发与房价关系，从土地供给角度进行分析，认为地价推高了建房成本，因而推高了房价。有研究指出棚户区改造的货币化安置渠道增加了住房需求，而房屋建造的长周期性使房地产市场供不应求，从而提升房价。另外，有研究关注公共服务对房价的影响，认为三甲医院、重点学区和地铁站等属地性质的公共服务显著推高了城市房价（周玉龙等，2018；孙伟增和林嘉瑜，2020）。

持续的高房价对经济发展产生了负面影响。中国经济增长前沿课题组于 2011 年指出，土地财政下住房价格的升高导致各地积极"去工业化"，第二产业比重下降，在居民之间产生了强烈的再分配效应；同时降低了新购房者的效用，提高了已有住房者的效用。还有研究发现，房价的迅速增长抑制了创新和企业投资，较高的房价收入比会阻碍经济增长（Glaeser et al.，2017；余泳泽和张少辉，2017；梅冬州等，2018；鲁元平等，2018；王芳和姚玲珍，2018）。

二、研究特点

1. 研究范式规范化

总体来看，我国学者的城市经济学研究，越来越多地见诸国内外顶级经济学期刊。一方面，大量研究已经在遵循主流经济学学术论文的研究范式，沿着"界定经济环境→设定行为假设→给出制度安排→选择均衡结果→进行评估比较"的思路展开。另一方面，过去的大量城市经济学研究注重现实描述和政策解读，当前的大量研究在过去经验研究为主的基础上，开始注重理论构建、因果推断、机理分析和福利评估等环节，补齐高水平经济学研究的缺失环节。

2. 研究内容时代化

从研究内容上看，城市经济学研究与国家城市发展战略、现实城市经济问题的关联越发紧密。集聚经济、城镇化、公共政策影响评估和土地与房地产市场等近期的热点研究主题，皆为我国经济改革与发展过程中亟须智力支持的领域。特别是党的十八大以来，城市经济学者的研究选题与国家战略更加紧密相关，国家发展改革战略的制定为城市经济学研究者提供了丰富的选题，而后者同时为城市经济改革与发展提供了有效的理论支撑。

3. 研究数据丰富化

传统的经济学研究的数据来源主要是政府统计部门发布的年鉴以及研究者或相关机构组织的调研等，在时效性、更新频率、覆盖群体等方面存在诸多问题。随着信息技术的进步，大量互联网企业将多个领域的大数据信息与研究人员共享，政府部门也逐渐将相关信息数字化，能够为研究者使用。因此，近期城市经济学的研究中出现了越来越多元化的研究数据，使相关研究能够更及时、精准、全面地刻画研究对象，有效提高了研究质量。

第三节　城市经济学研究展望

一、城市内部空间结构呈现日新月异的变化

我国现代城市内部的空间结构问题始终是当前我国城市经济学研究领域的重要学术课题和理论热点，并且具有非常重要的理论与现实指导意义。20 世纪中期以来，城市快速的无序化和规模化扩张、空间功能的严重错配及城市交通网的拥挤堵塞等各类城市病问题，日益发展成为我国城市发展面临的一大难题（刘成玉，2012）。为此，很多学者致力于从城市内部空间结构优化视角寻找良方，未来城市内部空间结构研究将呈现以下趋势：

在传统的单中心城市模型上，将土地使用、家庭偏好、房产开发、基础设施等异质性纳入模型进行分析。例如，将住房耐用性纳入模型，可以验证当城市的开发密度受到开发时滞和不确定性的交互影响时，城市结构如何演变；将区域快速铁路纳入模型，可以分析交通基础设施的重大改善对城市空间结构的影响，以及该区域的就业和人口密度等一系列变化（刘修岩等，2016；Garcia－López Mà et al.，2017）。

从单一空间结构为主向多元聚集－分散相结合为主转变。在近 30 年间，城市内部空间结构多中心化发展分异已成为我国城市发展的新常态（郑建锋和陈千虎，2019）。"单中心""多中心""广义分散"三个类别的都市区空间结构可以为未来区域尺度的研究提供一个理论框架，包括空间类型对旅行行为、住房负担能力或失业率的影响。不同空间结构与经济效率的关系，市域和省域更适用于哪种空间结构，将是学者进一步研究的重点，同时也为政府针对不同的地理尺度制定更具有空间指向的城市发展政策提供了指导（Hajrasouliha and Hamidi，2016；刘修岩等，2017）。

虚拟空间与实体空间的双空间形态将影响城市经济学的内部结构。当前正处于新一代信息技术下产业变革的关键时期，空间集聚的运输、交易、选择等成本均下降，传统生产供给方式的变化引发了空间内部的虚拟集聚。虚拟空间可以随着信息技术的发展充分扩展，信息传递的时效更快，使城市内部结构有着更广泛的空间和更丰富的内涵（王如玉等，2018）。因此未来学者将更关注虚拟空间与实体空间的双空间形态，而非传统的实体空间。

城市内部密度的研究将对城市经济学空间结构产生深远影响。城市内部工资、创新、租金、基础设施、公共服务提供成本、交通和环境等密度弹性的增加会使产生的收益大于成本。因此，

采用捕捉城市内部聚集程度差异的更为精细的经济密度测算方法，可以在空间上对城市进行一致的定义，以衡量城市内部的集聚程度，进而对城市经济学空间结构产生深远影响（Ahlfeldt and Pietrostefani，2019；Henderson et al.，2019）

二、数字经济正在引领传统城市经济学理论的重构

随着移动互联网、大数据和人工智能技术的普及，数字经济快速发展，并作为新要素、新资源配置效率和新的全要素生产率促进城市经济增长，驱动智慧型城市发展。传统城市经济学理论已经不足以解释或支撑智慧城市的发展和实践，数字经济正在引领城市经济学理论之变革（范轶芳和侯景新，2018）。具体来看，包括以下几点：

一为城市创新理论。在城市发展过程中，传统企业不断探索推进管理变革，创新已逐渐成为其持续发展的驱动力和关键环节。网络化的互信管理机制也彻底改变了传统企业中生产要素流动的基本机制，并进而影响居民的日常消费行为。企业为了创新发展，必须整合形成更加公正和开放的企业生产与产品销售管理体系，以更加灵活的扁平化组织管理结构取代以往过于传统的"金字塔"式科层制组织管理结构，从而生成新型产品生产者与新型消费者之间的长效互动合作机制。

二为城市交易成本理论。数字化发展减弱了市场交易中的信息不对称性，市场价格的调控作用进一步显现出来，降低了市场交易和资源配置成本，并大大提升了效率，市场将更加趋向完全竞争。互联网以极低的成本将"天量生产者"与"海量消费者"对接起来，高速发展的软硬件基础设施使物流、资金流、信息流和其他要素的流动成本大幅降低，极大地降低了生产者和消费者之间的交易成本，提升居民收入水平（曾德彬和卢海霞，2020）。

三为城市空间区位理论。随着数字经济的发展，城市内部空间结构不断优化，以往大城市与次级城市、县域的传统"核心-边缘"结构正在随着数字经济的发展发生巨变。在数字信息流视角下，基于传统中心地理论的圈层式区域空间结构将被打破，地理邻近效应减弱，主要城市之间的跨区域联系增强。中心城市之间的联系远大于其他城市，整体上呈现多中心网络空间形态（姚文萃等，2017）。

三、城市经济学的制度化趋势日益明显

我国在实施改革开放40多年来，已经迅速跃升成当今全球第二大的市场经济体和最大的现代制造业综合强国，这与我国在经济政策及制度上的创新是完全分不开的。随着如今党中央再次提出"新发展理念"，不断推进社会制度改革创新，出台关于推进国家社会治理机制体系与现代国家社会治理能力同步现代化的一系列详尽改革方案，城市经济学的制度化趋势也日益明显（刘治彦，2020），具体可以从以下几个方面分析：

（1）生态文明制度。近些年来，我国一直高度重视各大城市的绿色生态和绿色文明建设，将其重点纳入"五位一体"城市建设制度之一，这也为加快推动我国城市绿色生态文明发展进程及其空间生态结构的持续优化发展打下了坚实基础。在现代工业化信息社会时代，我们还需要回顾人类经济社会发展的历史过程，归纳出实现人与自然和谐相处的新型可持续性发展经济模式，践行"绿水青山就是金山银山"的发展理念，坚持节约资源、保护环境的根本发展国策，构建以大力推进能源产业化和生态化、推动经济可持续发展为主要战略目标和发展核心的新型可持续性生态文明经济体系。严格按照生态绿色文明建设管理制度执行安排，将有效促使城市进一步实现转型改造发展。

（2）国土空间协调发展制度。实施城市国土资源空间主体功能区管理规划，可以将城市生

态项目建设用地、农业用地、城镇居民项目建设用地统一划定。在此工作基础上，组织研究制定以国家公园为主的城市生态保护性用地建设规划、基本农田用地保护建设规划、新型城镇化管理建设规划等城市国土利用空间规划管理体系，以及进行国家公园改革、新型农村城镇化、特色生态小镇和美丽乡村建设等多项试点实践，从城市宏观布局层面上，将城市生态利用空间、生产空间和居民生活空间紧密联系起来，为加快推动我国城市绿色创新转型与可持续发展打下了国土空间规划格局的坚实基础。

（3）新型城镇建设制度。从我国的新型城镇化总体规划角度来看，已经把绿色、人文智慧的城镇建设作为转型建设的重点方向，这也被认为是城市经济实现转型和升级的主要目标。具体而言，绿色化、智能化、特殊化和产品品质化的产业发展方向，以及战略性新兴产业、现代制造业、现代服务业、文化创意产业和新型民生服务业等都成为了产业的新增长点。新型城镇建设以生态人文智能城市作为主要载体，为我国城市经济的转型升级提供了动力和支持，也是实现我国城市经济高质量发展的主要形式。以高铁、物联网为首的新型基础设施网络建设的推进，把我国的都市区、都市群和全国各个主要地区紧密衔接在一起，形成了相辅相成的城市人居生态环境系统。

四、城市经济研究主题呈现微观化趋势

在研判城市经济形势时，通常看 GDP 增速、CPI、财政收入、投资增长、消费增长、贸易顺差、货币供应等宏观经济指标。但在实践中，通过这些指标判断一个城市的经济形势并不是很有效。一方面，这些指标的同比环比、特殊因素扰动，使分析具有难度。另一方面，经济统计仍然存在失真现象，去伪存真仍有挑战。因此，越来越多的研究通过微观经济指标入手。

灯光数据是衡量城市经济增长水平的较为客观的微观指标。随着研究深入，未来将对现有夜间灯光数据的模糊、光照像素随时间变化的不稳定性以及夜间亮度图像跨卫星和跨时间的可比性低等问题进行修正，隔离的夜间灯光像素构成城市足迹，可以与地理人口数据集结合，用于计算城市化率、城市密度和城市规模分布。灯光数据还可以与其他交通基础建设数据综合起来，分析交通可达性如何提升产业结构、促进劳动力流动、促进产业集聚，从而促进城市经济有效增长（Rafael et al.，2020；王振华等，2020）。

企业微观数据也逐渐被用来研究城市经济增长水平。例如，用高楼内租户水平的数据和企业水平的数据衡量城市就业密度，高楼商业建筑作为独特的、以市场为基础的空间单元，在城市中扮演重要的角色，不仅是城市引人注目的天际线，更有助提高城市生产力（Liu et al.，2020）。

除此之外，经济发展离不开能源消耗的支撑，而工业是经济发展的先行者，因此，相关能源指标可以用来判断整体经济运行趋势，也是判断未来经济的重要"风向标"。水、电消耗及建设用地的投入量可以表征自然资源投入，探究城市规模效应如何逐渐过渡到创新效应，以及自然资源投入强度降低、创新投入强度提升如何影响城市绿色经济效率（曹靖和张文忠，2020）。

五、城市经济学科与其他学科的高度融合

随着城市转型发展，城市经济学科已经与其他学科不断融合，形成包括城市规划、城市交通、水治理与水科技、生态建设、土地问题、社区建设等多方面的城市研究。

城市规划对于现代城市发展具有深刻影响，城市经济发展与城市规划进行高度融合。从微小城市一角，到整体的城市布局，构建特设的城市景观，局部设施的建设可体现出该城市公共设施的完整程度、美观度以及城市设施利用率。优秀的城市规划能够改善人们的居住质量，维

持生态环境的平衡，促进人与自然的和平相处。生活环境优美、休闲设施配套齐全等成了大城市吸引人口，尤其是高技能人才及相关企业的一种新兴方式（Carlino & Saiz，2019）。

随着以交通基础设施为主体的基础设施建设在各地如火如荼开展，基础设施建设与城市经济增长间的关系也日益受到学者的关注。例如，机场规模如何促进一个城市的公司数量、人口规模、就业率和当地 GDP 等增长；高铁开通如何影响城市经济增长以及对邻近城市经济增长的空间溢出效应有多大，以及如何促进经济要素向不发达区域集聚（Sheard，2019；刘勇政和李岩，2017；李红昌等，2016）。这些研究将为政府规划城市基础建设、降低区域经济差异提供学术指导。

我国正处于绿色经济转型升级的关键阶段，绿色城市已经成为我国城市未来的发展方向，城市经济和生态系统融合发展是必不可少的关键环节。未来的绿色城市将结合城市自身的功能、经济、文化及地域特征，寻求一条适用于城市自身特点的绿色发展道路，并通过完善城市功能来满足城市居民的各种需求及生态系统健康发展。在此基础上逐步建立具有可比性的评价体系，识别城市间的绿色水平差距，进一步促进绿色城市的建设，提升绿色城市评价的稳定性、公平性和灵活性，为我国的城市绿色发展评估提供指导（黄云风等，2020）。

参考文献

（一）中文文献

［1］白俊红，王钺，蒋伏心，等. 研发要素流动，空间知识溢出与经济增长［J］. 经济研究，2017（7）：109 – 123.

［2］曹靖，张文忠. 不同时期城市创新投入对绿色经济效率的影响——以粤港澳大湾区为例［J］. 地理研究，2020，39（9）：1987 – 1999.

［3］常进雄，赵海涛. 所有制性质对农村户籍劳动力与城镇户籍劳动力工资差距的影响研究［J］. 经济学（季刊），2016，15（1）：627 – 646.

［4］陈红霞，李国平. 中国生产性服务业集聚的空间特征及经济影响［J］. 经济地理，2016（8）：113 – 119.

［5］陈建军，刘月，陈怀锦. 市场潜能、协同集聚与地区工资收入——来自中国 151 个城市的经验考察［J］. 南开学报（哲学社会科学版），2016（1）：77 – 88.

［6］崔新蕾，王丹丹. 基于文献计量学方法的城镇化研究进展与热点分析［J］. 郑州轻工业学院学报（社会科学版），2020，21（3）：32 – 39.

［7］丁成日，高卫星. 中国"土地"城市化和土地问题［J］. 城市发展研究，2018（1）：29 – 36.

［8］范轶芳，侯景新. 智慧城市发展中的理论变革——基于城市经济视角［J］. 城市，2018（3）：40 – 47.

［9］范子英. 如何科学评估经济政策的效应？［J］. 财经智库，2018，3（3）：42 – 64 + 142 – 143.

［10］韩峰，阳立高. 生产性服务业集聚如何影响制造业结构升级？——一个集聚经济与熊彼特内生增长理论的综合框架［J］. 管理世界，2020（2）：10.

［11］何凌云，陶东杰. 高铁开通对知识溢出与城市创新水平的影响测度［J］. 数量经济技术经济研究，2020，37（2）：126 – 143.

［12］黄云风，张项童，崔胜辉，等. 绿色城市评价指标体系的构建与权重［J］. 环境科学学报，2020，40（12）：4603 – 4612.

［13］［德］勒施. 经济空间秩序［M］. 王守礼，译. 北京：商务印书馆，1995.

［14］李红昌，Linda Tjia，胡顺香. 中国高速铁路对沿线城市经济集聚与均等化的影响［J］. 数量经济技术经济研究，2016，33（11）：127 – 143.

［15］李兰冰，高雪莲，黄玖立. "十四五"时期中国新型城镇化发展重大问题展望［J］. 管理世界，2020（1）：7 – 21.

［16］刘成玉. 中国"大城市病"诊断与治理新思路——基于公共品供给视角［J］. 中国经济问题，2012

（6）：25 – 32.

［17］刘修岩，李松林．房价、迁移摩擦与中国城市的规模分布——理论模型与结构式估计［J］．经济研究，2017，52（7）：65 – 78.

［18］刘修岩，李松林，秦蒙．城市空间结构与地区经济效率——兼论中国城镇化发展道路的模式选择［J］．管理世界，2017（1）：51 – 64.

［19］刘修岩，李松林，秦蒙．开发时滞、市场不确定性与城市蔓延［J］．经济研究，2016，51（8）：159 – 171，186.

［20］刘奕，夏杰长，李垚．生产性服务业集聚与制造业升级［J］．中国工业经济，2017（7）：24 – 42.

［21］刘勇政，李岩．中国的高速铁路建设与城市经济增长［J］．金融研究，2017（11）：18 – 33.

［22］刘治彦．城市经济转型升级动力机制分析［J］．企业经济，2020（2）：5 – 11，2.

［23］鲁元平，张克中，欧阳洁．土地财政阻碍了区域技术创新吗？——基于 267 个地级市面板数据的实证检验［J］．金融研究，2018，455（5）：101 – 119.

［24］马静，邓宏兵，张红．空间知识溢出视角下中国城市创新产出空间格局［J］．经济地理，2018（9）：11.

［25］梅冬州，崔小勇，吴娱．房价变动、土地财政与中国经济波动［J］．经济研究，2018，53（1）：35 – 49.

［26］宁光杰，李瑞．城乡一体化进程中农民工流动范围与市民化差异［J］．中国人口科学，2016（4）：37 – 47.

［27］饶会林，苗丽静，王晓玲，于洪平．加强城市经济学科的建设与发展［J］．上海市经济管理干部学院学报，2006，4（1）：43 – 49.

［28］孙伟增，林嘉瑜．教育资源供给能够降低学区房溢价吗？——来自北京市新建小学的证据［J］．经济学（季刊），2020（2）：499 – 520.

［29］王芳，陈硕．晋升激励与城镇化——基于地级市数据的证据［J］．中国经济问题，2020，6（6）：74.

［30］王芳，姚玲珍．高房价会抑制私营企业的投资规模吗？［J］．财经研究，2018，44（8）：88 – 100.

［31］王如玉，梁琦，李广乾．虚拟集聚：新一代信息技术与实体经济深度融合的空间组织新形态［J］．管理世界，2018，34（2）：13 – 21.

［32］王振华，李萌萌，江金启．交通可达性提升对城市经济增长的影响——基于 283 个城市 DMSP/OLS 夜间卫星灯光数据的空间计量分析［J］．中国经济问题，2020（5）：84 – 97.

［33］吴德春，饶会林，郭鸿懋，雷仲敏．我国城市经济学发展现状及未来趋势［J］．中国城市经济，2006（7）：29 – 37.

［34］夏柱智，贺雪峰．半工半耕与中国渐进城镇化模式［J］．中国社会科学，2017（12）：117 – 137.

［35］熊湘辉，徐璋勇．中国新型城镇化水平及动力因素测度研究［J］．数量经济技术经济研究，2018，35（2）：44 – 63.

［36］徐升艳，陈杰，赵刚．土地出让市场化如何促进经济增长［J］．中国工业经济，2018（3）：44 – 61.

［37］杨继东，杨其静，刘凯．以地融资与债务增长——基于地级市面板数据的经验研究［J］．财贸经济，2018（2）：52 – 68.

［38］杨继东，赵文哲，刘凯．刺激计划、国企渠道与土地出让［J］．经济学（季刊），2016（3）：1225 – 1252.

［39］杨曦．城市规模与城镇化、农民工市民化的经济效应［J］．经济学（季刊），2017，16（4）：1601 – 1620.

［40］姚文萃，周婕，陈虹桔，陈秋华．基于互联网公共信息流的区域网络空间结构研究［J］．经济地理，2017，37（10）：10 – 16.

［41］于斌斌．生产性服务业集聚能提高制造业生产率吗？——基于行业、地区和城市异质性视角的分析［J］．南开经济研究，2017（2）：112 – 132.

［42］余泳泽，张少辉．城市房价、限购政策与技术创新［J］．中国工业经济，2017（6）：98 – 116.

［43］原倩. 城市群是否能够促进城市发展［J］. 世界经济, 2016, 39（9）: 99 – 123.

［44］曾德彬, 卢海霞. 农村电子商务提高农民收入和消费的原理研究——基于科斯的"交易成本"视角［J］. 商业经济研究, 2020（13）: 138 – 141.

［45］张莉, 年永威, 刘京军. 土地市场波动与地方债——以城投债为例［J］. 经济学（季刊）, 2018（3）: 1103 – 1126.

［46］张莉, 朱光顺, 李夏洋, 等. 重点产业政策与地方政府的资源配置［J］. 中国工业经济, 2017（8）: 63 – 80.

［47］郑建锋, 陈千虎. 单中心还是多中心? ——中国城市内部空间结构演进的特征及解释［J］. 中国经济问题, 2019（2）: 93 – 105.

［48］周玉龙, 杨继东, 黄阳华, 等. 高铁对城市地价的影响及其机制研究——来自微观土地交易的证据［J］. 中国工业经济, 2018（5）: 118 – 136.

（二）外文文献

［1］Ahlfeldt G, Pietrostefani E. The Economic Effects of Density: A Synthesis［J］. Journal of Urban Economics, 2019（11）: 93 – 107.

［2］Aleksandrova E, Behrens K, Kuznetsova M. Manufacturing（Co）Agglomeration in a Transition Country: Evidence from Russia［J］. Journal of Regional Science, 2020, 60（1）: 88 – 128.

［3］Alonso W. Location and Land Use: Toward a General Theory of Land Rent［M］. Cambridge: Harvard University Press, 1964.

［4］Baum – Snow N, Ferreira F. Causal Inference in Urban and Regional Economics［A］//Handbook of Regional and Urban Economics［J］. Elsevier, 2015（5）: 3 – 68.

［5］Beckmann M J. A Continuous Model of Transportation［J］. Econometrica: Journal of the Econometric Society, 1952, 20（4）: 643 – 660.

［6］Beckmann M J. The Partial Equilibrium of a Continuous Space Market［J］. Weltwirtschaftliches Archiv, 1953（71）: 73 – 89.

［7］Behrens K. Agglomeration and Clusters: Tools and Insights from Coagglomeration Patterns［J］. Canadian Journal of Economics/Revue Canadienne D'économique, 2016, 49（4）: 1293 – 1339.

［8］Billings S B, Johnson E B. Agglomeration Within an Urban Area［J］. Journal of Urban Economics, 2016（91）: 13 – 25.

［9］Blaug M. Economic Theory in Retrospect［M］. Cambridge: Cambridge University Press, 1997.

［10］Buzard K, Carlino G A, Hunt R M, et al. Localized Knowledge Spillovers: Evidence from the Spatial Clustering of R&D Labs and Patent Citations［J］. Regional Science and Urban Economics, 2020（81）: 103490.

［11］Cainelli G, Ganau R. Distance – based Agglomeration Externalities and Neighbouring Firms' Characteristics［J］. Regional Studies, 2018, 52（7）: 922 – 933.

［12］Carlino G A, Saiz A. Beautiful City: Leisure Amenities and Urban Growth［J］. Journal of Regional Science, 2019, 59（3）: 369 – 408.

［13］Chamberlin E. H. The Theory of Monopolistic Competition［M］. Cambridge: Harvard University Press, 1933.

［14］Chauvin J P, Glaeser E, Ma Y, et al. What is Different about Urbanization in Rich and Poor Countries? Cities in Brazil, China, India and the United States［J］. Journal of Urban Economics, 2017（98）: 17 – 49.

［15］Chen T, Kung J K. Busting the "Princelings": The Campaign Against Corruption in China's Primary Land Market［J］. The Quarterly Journal of Economics, 2019, 134（1）: 185 – 226.

［16］Christaller W. Die Zentralen Orte in Süddeutschland［M］. Jena: Gustav Fischer, 1933.

［17］Coll – Martínez E, Moreno – Monroy A I, Arauzo – Carod J M. Agglomeration of Creative Industries: An Intra – Metropolitan Analysis for Barcelona［J］. Papers in Regional Science, 2019, 98（1）: 409 – 431.

［18］Cortinovis N, van Oort F. Between Spilling over and Boiling Down: Network – Mediated Spillovers, Local

Knowledge Base and Productivity in European Regions [J] . Journal of Economic Geography, 2019, 19 (6): 1233 – 1260.

[19] Crescenzi R, Nathan M, Rodríguez – Pose A. Do Inventors Talk to Strangers? On Proximity and Collaborative Knowledge Creation [J] . Research Policy, 2016, 45 (1): 177 – 194.

[20] Davis D R, Dingel J I. A Spatial Knowledge Economy [J] . American Economic Review, 2019, 109 (1): 153 – 70.

[21] Diodato D, Neffke F, O' Clery N. Why Do Industries Coagglomerate? How Marshallian Externalities Differ by Industry and Have Evolved Over Time [J] . Journal of Urban Economics, 2018 (106): 1 – 26.

[22] Evans A. The Eevelopment of Urban Economics in the Twentieth Century [J] . Regional Studies, 2003, 37 (5): 521 – 529.

[23] Faggio G, Silva O, Strange W C. Tales of the City: What Do Agglomeration Cases Tell Us about Agglomeration in General? [J] . Journal of Economic Geography, 2020, 20 (5): 1117 – 1143.

[24] Fujita M, Thisse J F. Economics of Agglomeration: Cities, Industrial Location, and Regional Growth [M] . Cambridge: Cambridge University Press, 2002.

[25] Fujita M, Krugman P and Venables A J. The Spatial Economics: Cities, Regions and International Trade [M] . Cambridge: The MIT Press, 1999.

[26] Fujita M. Thünen and the New Economic Geography [J] . Regional Science and Urban Economics, 2012, 42 (6): 907 – 912.

[27] Fujita M. Urban Economic Theory: Land Use and City Size [M] . Cambridge: Cambridge University Press, 1989.

[28] Garcia – López Mà, Hémet C and Viladecans – Marsal E. How Does Transportation Shape Intrametropolitan Growth? An Answer from the Regional Express Rail [J] . Journal of Regional Science, 2017, 57 (5): 758 – 780.

[29] Glaeser E L. The Economics Approach to Cities [R] . National Bureau of Economic Research, 2007.

[30] Glaeser E, Huang W, Ma Y, et al. A Real Estate Boom with Chinese Characteristics [J] . Journal of Economic Perspectives, 2017, 31 (1): 93 – 116.

[31] Glaeser E L, Steinberg B M. Transforming Cities: Does Urbanization Promote Democratic Change? [J] . Regional Studies, 2017, 51 (1): 58 – 68.

[32] Haig R M. Toward an Understanding of Metropolis: Ⅱ The Assignment of Acitivities to Areas in Urban Regions [J] . The Quarterly Journal of Economics, 1926a, 40 (3): 402 – 434.

[33] Haig R M. Toward an Understanding of the Metropolis: Ⅰ. Some Speculations Regarding the Economic Basis of Urban Concentration [J] . The Quarterly Journal of Economics, 1926b, 40 (2): 179 – 208.

[34] Hajrasouliha A H, Hamidi S. The Typology of the American Metropolis: Monocentricity, Polycentricity, or Generalized Dispersion? [J] . Urban Geography, 2016 (4): 420 – 444.

[35] He C, Guo Q, Ye X. Geographical Agglomeration and Co – agglomeration of Exporters and Nonexporters in China [J] . Geo Journal, 2016, 81 (6): 947 – 964.

[36] Henderson J V. Community Development: The Effects of Growth and Uncertainty [J] . The American Economic Review, 1980, 70 (5): 894 – 910.

[37] Henderson J V. General Equilibrium Modeling of Systems of Cities [A] //Handbook of Regional and Urban Economics [C] . Amsterdam: Elsevier Science Publishers, 1987 (2): 927 – 956.

[38] Henderson J V. Systems of Cities in Closed and Open Economies [J] . Regional Science and Urban Economics, 1982a, 12 (3): 325 – 350.

[39] Henderson J V. The Impact of Government Policies on Urban Concentration [J] . Journal of Urban Economics, 1982b, 12 (3): 280 – 303.

[40] Henderson J V. The Sizes and Types of Cities: A General Equilibrium Model [D] . Chicago: University of Chicago, 1972.

［41］Henderson J V. The Sizes and Types of Cities ［J］. The American Economic Review, 1974, 64 (4): 640 – 656.

［42］Henderson J V. Urban Development: Theory, Fact, and Illusion ［M］. New York: Oxford University Press, 1988.

［43］Henderson J V, Nigmatulina D, Kriticos S. Measuring Urban Economic Densit ［J］. Journal of Urban Economics, 2019 (8): 103188.

［44］Hoover E M, Vernon R. Anatomy of a Metropolis: The Changing Distribution of People and Jobs Within the New York Metropolitan Region ［M］. Cambridge: Harvard University Press, 1959.

［45］Hoover E M. Location of Economic Activity ［M］. New York: McGraw – Hill, 1948.

［46］Isard W. Location and Space – economy: A General Theory Relating to Industrial Location, Market Areas, Land Use, Trade, and Urban Structure ［M］. Cambridge: The MIT Press, 1956.

［47］Kelejian H, Piras G. Spatial Econometrics ［M］. Pittsburgh: Academic Press, 2017.

［48］Koster H R A, Cheng F F, Gerritse M, et al. Place – based Policies, Firm Productivity, and Displacement Effects: Evidence from Shenzhen, China ［J］. Journal of Regional Science, 2019, 59 (2): 187 – 213.

［49］Krugman P. Masahisa Fujita and the Transformation of Urban Economics ［J］. Recherches Économiques De Louvain, 2011, 77 (2): 9 – 10.

［50］Lin Y. Travel Costs and Urban Specialization Patterns: Evidence from China's High Speed Railway System ［J］. Journal of Urban Economics, 2017 (98): 98 – 123.

［51］Liu C H, Rosenthal S S, Strange W C. Employment Density and Agglomeration Economies in Tall Buildings ［J］. Regional Science and Urban Economics, 2020 (84): 103555.

［52］Lösch A. The Economics of Location ［M］. New Haven: Yale University Press, 1954.

［53］Meijers E J, Burger M J, Hoogerbrugge M M. Borrowing Size in Networks of Cities: City Size, Network Connectivity and Metropolitan Functions in Europe ［J］. Papers in Regional Science, 2016, 95 (1): 181 – 198.

［54］Mills E S, Nijkamp P. Advances in Urban Economics ［C］ // Handbook of Regional and Urban Economics. Amsterdam: Elsevier Science Publishers, 1987.

［55］Mills E S. A Thematic History of Urban Economics Analysis ［C］ // Brookings – Wharton Papers on Urban Affairs. Washington: Brookings Institution Press, 2000.

［56］Mills E S. An Aggregative Model of Resource Allocation in a Metropolitan Area ［J］. The American Economic Review, 1967, 57 (2): 197 – 210.

［57］Muth R F. Cities and Housing: The Spatial Pattern of Urban Residential Land Use ［M］. Chicago: University of Chicago Press, 1969.

［58］Muth R F. The Distribution of Population Within Urban Areas ［C］ // Determinants of Investment Behavior. NBER, 1967: 269 – 300.

［59］O'Sullivan A. Urban Economics ［M］. Boston: McGraw – Hill, 2011.

［60］O'Sullivan A, Strange W C. The Emergence of Coagglomeration ［J］. Journal of Economic Geography, 2018, 18 (2): 293 – 317.

［61］Ponsard C. From Thunen to Weber ［C］ //History of Spatial Economic Theory. Berlin: Springer, 1983.

［62］Quigley J M. Urban Economics ［C］ // The New Palgrave Dictionary of Economics (2nd Edition). New York: Palgrave Macmillan, 2008.

［63］Rafael Ch, Diego A. Martin, Juan F. Vargas. Measuring the Size and Growth of Cities Using Nighttime Light ［J］. Journal of Urban Economics, 2020: 103254.

［64］Rosenthal S S, Strange W C. How Close is Close? The Spatial Reach of Agglomeration Economies ［J］. Journal of Economic Perspectives, 2020, 34 (3): 27 – 49.

［65］Samuelson P A. The Pure Theory of Public Expenditure ［J］. The Review of Economics and Statistics, 1954, 36 (4): 387 – 389.

［66］Sheard Nicholas. Airport Size and Urban Growth ［J］. Economica, London School of Economics and Political Science, 2019, 86 (342): 300 – 335.

［67］Samuelson P A. Thünen at Two Hundred ［J］. Journal of Economic Literature, 1983, 21 (4): 1468 – 1488.

［68］Starrett D A. Market Allocations of Location Choice in a Model with Free Mobility ［J］. Journal of Economic Theory, 1978, 17 (1): 21 – 37.

［69］Tiebout C M. A Pure Theory of Local Expenditures ［J］. Journal of Political Economy, 1956, 64 (5): 416 – 424.

［70］Vernon R. Metropolis 1985 ［M］. Cambridge: Harvard University Press, 1960.

［71］Verstraten P, Verweij G, Zwaneveld P J. Complexities in the Spatial Scope of Agglomeration Economies ［J］. Journal of Regional Science, 2019, 59 (1): 29 – 55.

［72］Wingo L. Transportation and Urban Land ［M］. Washington: Resources for the Future, 1961.

第七章　空间分析

空间分析、空间数据及空间现象是许多学科领域共同关注的重要方向。遥感卫星、信息通信、互联网等现代技术使海量空间数据不断增加，加之计算机计算能力的迅速提升和包括地理信息系统（GIS）在内的大型统计分析软件的普及，使得诸多研究领域涌现了大量针对空间数据的空间分析方法。例如，一篇题目中包含空间计量指标（Spatial Metrics）的文章罗列了160多种用来描述城市空间形态与结构及其变化的空间分析指标（Reis et al.，2016）。Kulldorff（2006）讨论空间集聚的文章综述了100多种空间集聚性分析和检验方法，涉及经济学、地理学、统计学、卫生管理等多个研究领域。特别是在1991年，美国3所大学联合建立国家空间信息与分析研究中心，来自世界各地的许多知名学者会聚在那里，从多学科融合的角度系统、深入地开展对空间分析与模型方法的探索，推动了地理信息科学和空间综合人文科学的创立。今天，经济学等非地理领域的学者时常应用空间分析方法以加深对相关领域科学规律的认识。两位诺贝尔经济学奖获得者，美国经济学家 Krugman 和 Nordhaus 的研究工作都展示了空间数据分析的重要性，前者提出了基于经济核心–边缘模型的新经济地理理论（Krugman，1991），后者使用10年时间探索基于全球经纬度网格尺度的气温与经济产出的关系（Nordhaus，2006）。2020年美国 MIT 经济学家、Clark 奖获得者 Donaldson 做了大量与空间分析有关的研究工作，他甚至还与他人合作撰写了一篇有关在经济研究中如何运用卫星遥感数据的综述文章（Donaldson and Storeygard，2016）。

面对诸多领域在空间分析方法与应用的大量探索，本章试图从空间表征模型的角度来重点总结三十年来空间分析领域的主要进展。我们利用适用于各种空间数据"5特征2状态"的三椭圆模型，勾画出一个独立于数据类型、空间分割框架的空间分析方法体系，显示空间数据（现象、对象、分布和关系）的多维性、层次性和整体性，空间分析方法的统一性以及区域分析方法的局限性，其中包括许多基于分区（或面、格）数据并与"5特征2状态"对应的区域分析方法。在此我们将空间分析方法区分为描述、集聚检验测度、聚类分析、预测等类型，其中涉及不同程度的空间模型方法。这里，首先简要回顾一下空间分析的历史，然后重点论述1991年以来空间分析研究的进展，侧重于平面、球面和网络等空间上的空间分析方法的创新、拓展与重要应用，最后展望空间分析可能面临的前景与挑战。我们认为，更加通用和完整的空间表征模型是进行有效的空间分析和模型研究的关键所在，空间分析领域可能呈现多样化和一体化并进的发展局面。

我们如此勾画空间分析领域的整体发展态势，主要有以下几方面的原因：首先，空间表征和空间分析是密切相关的，数学和计算工具不管多么强大都不能挖掘出表征之外的信息（Miller and Wentz，2003）。由于传统的空间分析基于对地理空间的十分简单的表征，因此新时代的科学发展需要我们重新全面审查空间分析中的地理表征问题（Miller，2000）。一些学者呼吁在通达性研究——一个空间分析重要方向中同时考虑空间表征、方法构建和具体应用问题（Kwan et al.，2003）。同时，少数学者试图从空间表征角度探讨部分空间分析领域的方法体系构建问题，如中心图形学（Bachi，1995）、地理信息科学（Miller and Wentz，2004）、空间格局统计（赵作权，2014）。显然，有效的空间分析方法体系及其发展需要更加完善、更具有代表性的空间表征模型来支撑。

我们这里提出的空间数据"5特征2状态"的三椭圆表征模型，认为空间数据所代表的空间对象（格局或分布）具有中心性（Centrality）、展布性（Spread）、密集性（Intensity）、方位（Orientation）和形状（Shape）5个特征，并因其镶嵌于某种约束空间而处于空间集聚和空间差异2个状态之中，其中空间对象、约束空间、足迹空间（空间上在其约束空间上的足迹空间）的5个特征可以用空间统计椭圆（通常为标准差椭圆，参见Gong，2002）的参数进行表达和计量，这里共有3个椭圆。而空间集聚（Agglomeration）和空间差异（Inequality）2个状态可以通过相应或相关的椭圆比较进行表达和计量。这里空间集聚状态相对于空间完全随机存在，是空间对象偏离空间完全随机的程度；空间差异状态相对于空间全等存在，空间差异是空间对象偏离空间完全均匀的程度（赵作权，2014）。这个表征模型理论上适用于点、线、面、域、格和流等各种类型的空间数据和对象，不论这些数据所处的空间是平面、球面还是网络空间。事实上学术界多年来提出了许多定量方法、指标和概念来直接或间接地描述和揭示上述5个特征和2个状态，表7-1列出了若干来源于许多学科领域的重要方法、指标和概念，其中大多数会在下文中有所论述，我们在此强调了椭圆方法和其他方法在定量描述"5特征2状态"时的共性与差别。

表7-1　空间分析方法分类

表征模型	特征/状态	定量指标	相关特征/概念
特征	中心性	重心、平均中心、中位中心、网络中心度、到重心/中位点的距离	网络（度）中心性、核心性、边缘性
	展布性	径向距离、面积、距离、离散度、椭圆长/短轴、球面大圆弧距离、最短路径距离、网络直径、网络分位线	空间离散、区域离散
	密集性	密集度、密度、梯度、潜能、NND、K函数、紧凑度、核密度、网络接近中心度	引力方程、极化
	方向	方位、分布轴线、椭圆长轴方位	方向关系
	形状	圆度、狭长度、紧凑度、形状指数、椭圆短长轴之比	形态
状态	集聚性	集中度、EG指数、Kd函数、M函数、NND、网络集聚系数	空间随机、空间格局、空间自相关、区域集中
	差异性	Gini系数、H指数、Theil指数、相似度	空间均匀性、空间异质性、拓扑关系、区域差异

注：NND是最近邻距离的缩写，EG指数是Ellison-Glaeser指数的缩写。

其次，已有许多学者开展了空间分析的系统综述（赵永，2018；Griffith，2012；王劲峰等，2006；郭仁忠，1997），但他们只涉及空间分析的部分领域，还没有与空间分析的表征模型联系起来。关于网络空间分析研究，请参考Baddeley等（2021）、Okabe（2018）和Barthelemy（2010）；关于球面空间分析研究，请参考Borradaile（2003）；关于空间集聚性分析方法研究，请参考Marcon和Puech（2017）、陈建军等（2017）、Mclafferty（2015）、乔彬等（2007）和

Kulldorff（2006）；关于空间聚类与时空聚类分析方法研究，请参考 Ansari 等（2020）和 Grubesic（2014）；关于空间优化方法研究，请参考 Tong 和 Murray（2012）；关于区位分析方法研究，请参考 Eiselt 和 Marianov（2011）；关于时空数据分析研究，请参考邓敏等（2020）、邬群勇等（2016）、王劲峰等（2014）、Diggle（2013）与 Cressie 和 Wikle（2011）；关于时空预测模型研究，请参考 Kounadi 等（2020）、Ermagun 和 Levinson（2018）。空间分析相关领域比较系统的综述，请参考《区域科学手册》（Fischer and Nijkamp，2014）、《空间统计手册》（Gelfand et al.，2010）、地理信息科学（周成虎等，2020；Goodchild，2011；Goodchild，1992）。

再次，我们试图勾画一个独立于数据类型、空间分割框架的空间分析方法体系，为此将基于域数据（或分区数据）的若干区域分析方法与基于空间数据"5 特征 2 状态"表征模型的空间分析方法对应起来，例如，将区域集中分析列入空间密集性分析，以显示空间分析具有的多维性、层次性和整体性以及区域分析的局限性。在论述空间数据"5 特征 2 状态"分析方法的同时，我们既关注空间集聚检验、空间聚类分析、时空过程预测等方法对空间数据的描述与"5 特征 2 状态"模型的差异，也关注各类空间分析方法在平面空间、球面空间和网络空间上的概貌与进展。

学术界早就有人呼吁建立独立于空间分割框架的空间分析方法（Tobler，1989）。一方面，基于各种区域数据的空间分析方法越来越多，其中包括区域化聚类方法（Guo and Mennis，2009）、区域集中分析方法（Kopczewska，2018）；另一方面，空间统计、空间聚类、空间随机试验等不断用于空间格网研究之中（Okabe and Sugihara，2012），与空间尺度密切相关的空间分割对空间分析的影响越来越大，区域分析与空间分析的关系需要重新认识，这样我们才能知道什么样的空间分析方法不依赖于空间分割框架。事实上，对空间分析来说，空间数据的空间观测尺度越小越好（Kulldorff，2006；Gotway and Linda，2002），所用方法对空间数据的区位变化或调整越敏感越好，但通常使用的区域分析方法对空间数据的结构变化或调整并不敏感，可能导致错误的结论，这是空间分析应该特别注意的问题（Goodchild and Haining，2004）。

最后，空间分析面临着许多挑战（Getis，1999）。本文试图探讨与展示解决这些挑战的新角度、新方向和新境界。这些挑战包括：①适用于各种空间数据的表征模型真的不存在吗？（Miller，2000；Miller 和 Wentz，2003）②统计学原理和独立性假设的确不适用于空间数据吗？（Getis，1999）③一般的空间数据（空间格局、空间分布）能够用有限的定量指标来描述吗？（Goodchild，2011）④空间分析方法能够独立于空间分割框架、其结果不受空间可变单元问题的影响吗？（Tobler，1989）⑤空间分析将如何加深空间经济学对空间结构和空间集聚的认识？（Proost and Thisse，2019）鉴于上述"5 特征 2 状态"表征模型在理论上适用于各种空间数据，本文由此探讨空间分析研究如何解决上述的各种挑战。

本章涉及的文献从发表的期刊所属的学科领域来看，主要包括地理学（如地理信息科学、健康地理）、经济学（如城市经济）、统计学（如环境统计）、综合科学（如科学、美国科学院院刊）、区域科学与生物生态学、计算机科学、运筹学、心理学、物理学和交通领域；从发表的期刊来看，包括国际地理信息科学杂志（IJGIS）和地理分析（GA）、地理系统杂志（JGS）、空间统计（SS）、美国经济评论（AER）与美国地理学家协会年刊（AAAG）、经济地理杂志（JEG）、经济与统计评论（RES）与美国科学院院刊（PNAS）、美国统计协会杂志（JASA）、经济学季刊（QJE）、政治经济学杂志（JPE）、经济展望杂志（JEP）、城市经济学杂志（JUE），以及计算机、环境与城市系统（CEUS）。

我们承认空间关系和空间相互作用在空间分析中的重要性（Shekhar et al.，2011；Goodchild and Haining，2004；Miller and Wentz，2003；Getis，1999）。本章所使用的"5 特征 2 状态"表

征模型就是对其重要性的体现。该模型将空间数据先分层再分析，将空间数据表征成多个不同的椭圆，这些椭圆之间的差异就是空间关系的直接体现，不同椭圆的中心（即空间分布重心）和方位的差异也体现了空间数据所包含的空间关系，而"2状态"是对空间数据内在空间关系的定量刻画。同时，"5特征"中的密集性指标和"2状态"中的集聚测度都是对空间相互作用的分析与计量，前者的函数形式与反映两个物体相互作用的引力方程非常相似，后者所揭示的集聚水平与空间相互作用正相关。许多学者把基于空间自相关分析的方法作为空间集聚检验的重要手段（Grubesic，2014；Kulldorff，2006），可见空间自相关现象是空间集聚性的体现，为此，本章中没有综述大量基于空间自相关的研究文献。

需要说明的是，本章所依据的空间表征"5特征2状态"的三椭圆模型包含许多学科的概念、方法，既区分了空间数据的特征与状态，又显示了状态的表征计量与"5特征"的密切关系，由此解决了空间数据的特征和状态的统一计量问题。表7-2表明，单靠少数学科的概念与方法很难建立更有代表性或更全面完整的空间表征模型，空间分析方法及其应用也很难摆脱方法上"诸侯割据"的局面。因此，基于更完善的空间表征模型的空间分析研究是一个充满魅力的发展方向。本文只是在这个方向上的一个初步探索，大量的理论方法与应用问题需要更多学者的努力和关注。

表7-2 "5特征2状态"空间表征模型的多学科基础

空间表征	学科	方法/概念
5特征	社会学	标准差椭圆
	地理学	区位、距离、方位/方向、形状/形态、紧凑性、几何变换
	经济学	密集性
	运筹学	中位中心、中心性、网络
	统计学	平均中心、分散、集中
	物理学	重心
2状态	经济学	集聚性、集聚检验测度、差异计量、区域差异、随机试验、区域集中
	地理学	空间层次、空间分异、坐标系、空间剖分
	统计学	空间随机、随机分布、支撑

需要强调的是，本章无意也不可能覆盖分散在众多学科领域的空间分析方法与应用研究，我们侧重地理学、经济学与统计学方面的主要进展，没有包括空间模型的研究，也没有涉及与GWR有关的研究，更没有涉及与空间自相关有关的计量与模型及其应用研究。由于时间和篇幅有限，本文所涉及的文献是有选择性的，作者并非有意遗漏一些非常重要的研究与探索。同时我们承认我们重点关注了英文文献中的空间分析研究历程与进展，其实中文文献中也有很多空间分析方面的研究与探索值得总结和关注。

本章分三个部分：第一部分简要回顾一下1990年之前空间分析的历史，突出介绍做过最初贡献的文献或学者；第二部分重点论述了1991年以来空间分析研究的进展，侧重点为平面、球面和网络等空间上的空间分析方法的创新、拓展与重要应用；第三部分展望了空间分析面临的前景和挑战。

第一节 空间分析的历史

空间分析研究具有悠久的历史。美国学者 Day 早在 1919 年就认识到空间分布是与频度分布、时间序列不一样的三大数据类型之一，图形方法具有描述空间数据及空间关系的优势。根据已有文献记载，最早的空间分析探索发生在 1826 年，德国学者 Thunen 提出以"同心环"为特征的农业土地利用模型，首次将空间结构引入经济分析，对空间经济分析、空间模型、空间经济学乃至经济学发展产生了巨大的影响（Samuelson，1980）。1872 年，美国学者 Hilgard 探讨了如何测度美国人口地理分布的空间中心问题，美国国家统计局 1874 年使用人口中心方法正式发布了 1790 ~ 1870 年该国的人口中心（赵作权，2009）。

20 世纪六七十年代统计学对空间数据分析产生了巨大和深远的影响，在美国地理学界发生了定量革命运动。第一部以空间分析命名的著作是 Berry 和 Marble（1968），它展示了地理学定量革命的学术成果。另一部反映统计学对空间分析研究影响的著作是 Neft（1966），开展了在当时最为全面深入的全局空间分析。

下面我们从空间数据"5 特征 2 状态"的角度简要综述 1990 年之前空间分析方法的发展历史。

一、空间数据特征的计量

美国学者 Lefever（1926）提出了标准差椭圆方法，Furfey（1927）对标准差椭圆方法进行了改进，使用该方法测度美国人口地理分布的各种整体性特征，如空间中心、离散性和密集度（赵作权，2009）。Fisher（1985）在讨论基于方向数据的球面点分布的球面中位时论述了中位大圆的概念。

1. 空间中心性分析

球面空间中心性的最早探索是 Drezner 和 Wesolowsky（1978）。关于网络空间中心性研究，华罗庚等和 Goldman 最早探讨了网络中位（1 - median）计算问题，Hakimi 提出了计算网络中心（1 - center）的算法（ReVelle and Eiselt，2005；Eiselt and Marianov，2011）。Harris（1954）使用到全国市场的最低交通费用点表明美国东北部制造业带是最邻近全国市场的地方。

2. 空间展布性分析

除了标准差椭圆之外，描述空间展布性的指标主要有标准距离差、平均距离差、标准距离、平均半径，它们分别由 Stewart 和 Warntz、Warntz 和 Neft、Bachi 和 Jones 提出，其中 Jones（1980）使用平均半径方法分析了 1940 ~ 1975 年美国亚特兰大市人口空间扩张的趋势（赵作权，2009）。

3. 空间密集性分析

早期的空间密集性方法主要包括梯度、潜能、最近邻距离（Nearest Neighbor Distance，NND）和 K 函数（赵作权，2014）。Thunen 于 1826 年提出梯度方法，分析经济活动和指标随着到城市（市场）的距离增加而下降的规律（Samuelson，1983）。潜能指标包括人口潜能和市场潜能，地理学家 Harris（1954）提出的基于地理距离测度市场空间邻近性的市场潜能（Market Potential，MP）指标，并定量分析了美国制造业的地理分布，这个指标与物理学家 Stewart（1947）提出的人口潜能指标非常相似。生态学家 Clark 和 Evans（1954）建立了 NND 方法，该方法基于一个点分布中每个点到其最邻近点的距离。Ripley（1976）提出了 K 函数方法，这是基于点分布中点之间距离的全局集聚分析方法。Bachi（1962）利用基于标准距离圆的单位面积上的人口数量刻画人口分布的空间密度（赵作权，2009）。

4. 空间方向分析

方向是空间对象固有的特征之一（Miller，2000）。方向（或角度）数据可以用圆环或球面上的点表达，因此方向数据通常被称为圆数据或球面数据，针对方向数据的统计分析即方向统计通常被称为圆统计或球面统计。Fisher（1953）最早讨论了方向数据的球面离散问题。最早的方向数据统计著作是 Mardia（1972），最早的球面数据统计著作是 Fisher（1987），Mardia（1975，1988）系统综述了早期对方向数据的统计研究。标准离差椭圆的长轴方向常常用来揭示一个空间分布的方向（赵作权，2009）。

5. 空间形状分析

空间形状是空间对象固有的特征之一（Miller，2000）。它是指一个空间分布在二维空间上不受平移、旋转和扩张（或收缩）转型影响的特征（Kendall，1984）。学术界对空间形状测度方法的早期探索有很多，其文献综述见 Pavlidis（1978），其中比较早的研究是 Attneave 和 Amoult（1956），他认为形状包括许多维度，其复杂性可能导致不计其数的计量方法。Lord 和 Wilson（1984）从数学的角度分析了形状和形态的描述问题。Kendall（1977）、Mardia 和 Dryden（1988）从统计学的角度探讨了形状分析问题，他们将平面空间的形状定义为多维空间的若干个点，Mardia 和 Dryden（1988）将这些点作为表征研究形状的界标（Landmark）。Kendall（1989）对早期形状的统计分析进行了综述。Jones（1980）使用标准差椭圆的短轴与长轴的长度之比描述了一个点格局的形状。

二、空间集聚检验、探测与计量

空间集聚性分析起源于点格局分析，通常通过比较来判断现实世界的平面空间点分布是否与某种随机分布存在显著的差异，其中参照的随机分布是经典的随机分布（如泊松分布）或是来自空间随机试验。早期的空间集聚检验与计量方法包括 NND、K 函数、空间扫描、样方分析和等步长聚类（Clumping）方法。Clark 和 Evans（1954）提出并将 NND 方法用于空间随机检验，利用现实分布与随机分布的平均最邻近距离之比来确定现实分布偏离空间完全随机的程度。Ripley（1976）不仅提出了 K 函数方法，还揭示了空间区位、距离和尺度对空间集聚性度量的影响。Naus（1965）提出了空间扫描（集聚性探测）方法，利用固定大小的矩形窗口作为探测器来寻找空间点格局上点最多的地方，建立了相应的空间随机检验方法。Greig - Smith（1952）提出样方（Quadrats）统计方法，用一个设计的格网覆盖所研究的点空间格局，比较跨样方点的统计分布与随机分布（通常是泊松分布）以确定点格局是否处于集聚状态。Roach（1968）建立了基于点格局的等半径聚类方法（Fixed Clumping Method），围绕每一个点生成具有相同并固定半径的圆，然后将圆与圆之间重叠的点聚成一个集群。

三、空间差异分析

计量区域空间差异常用的指标包括变异系数（CV）、Gini 系数和 Theil 指数等。Williamson（1965）是最早探讨区域差异的文献，他使用 CV 分析比较了全球许多国家区域的差异水平。Theil（1967）是最早系统探索区域差异计量的著作，他提出了 Theil 指数（Gluschenko，2018）。Jones 和 Manson（1982）利用标准差椭圆方法十分直观地揭示了美国某城市职住空间的差异问题。

四、空间聚类分析

空间聚类分析依据区位和属性的相似性把一个空间分布（包括点状、线状、网络）中的所有物体分成若干类型区（类）。空间聚类分析包括一般空间聚类方法和区域化方法（Guo and Mennis, 2009），其中一般空间聚类是一般统计聚类分析在空间上的延伸，主要通过分割（Partition）、层次（Hierarchical）、密度（Density）和网格（Grid）等途径进行聚类分析。对点分布的网格聚类探索是 Artle（1959）和 Rogers（1965），后者探讨了网格聚类中几个概率分布函数问题。对点分布的分割聚类探索包括 Dempster 等（1977）、Kaufman 和 Rousseeuw（1990）。对点数据的层次聚类探索包括 Kaufman 和 Rousseeuw（1990）、Han 等（2009）。值得一提的是，在区位分析点格局分割研究中，Cooper（1963，1964）提出了求解的启发式算法。

区域化（Regionalization）聚类分析是一种针对区域（面、格）数据的空间聚类方法，它通过目标函数最优化将若干较小的区域转变成由一些空间相连区域构成的较大的区域（Duque et al., 2007）。关于区域化方法的早期探索，一些研究侧重区域连续性，另一些研究不关注区域连续性，前者如 Vickrey（1961）提出的基于种子区的聚类方法，Lankford（1969）建立的基于层次的聚类方法，后者如 Weaver 和 Hess（1963）提出的侧重区域均匀性和紧凑性的聚类方法，Openshaw（1973）的关注区域均匀性的方法（详见 Duque et al., 2007）。

网络空间聚类分析同样是学术界早期关注的研究方向。区位分析中与空间优化有关的 p - 中心（有时被称为 p - 区域）问题和 p - 中位问题，是一种相对特殊的网络空间聚类问题。Hakimi（1964，1965）最早提出了 p - 中心和 p - 中位的计算方法（Eiselt and Marianov, 2011）。

五、空间过程预测

Cliff 和 Ord（1975）是学术界最早探索预测时空系列的研究之一。Pfeifer 和 Deutsch（1980）提出了基于空间依赖及空间权重矩阵的 STARIMA 模型，即时空 ARIMA 模型，将时间序列的 ARIMA 模型（Box and Jenkins, 1970）拓展到时空序列数据，并利用美国波士顿市多城区时间系列数据检验了 STARIMA 模型的有效性。Bates（1987）介绍了用于犯罪时空分析的方法和软件 STAC，这是最早和最广泛使用的热点制图应用软件之一（Wang et al., 2013），其中包括使用标准差椭圆预测未来犯罪的空间范围。

第二节　近三十年空间分析研究进展

下面我们从空间数据"5 特征 2 状态"的角度简要综述空间分析方法的研究进展。

一、空间数据特征的计量

1. 多方面空间数据特征分析

Cidel（2015）利用标准差椭圆方法确定机场建设对城市就业的带动作用，通过对比机场、商城等重大基础设施在都市区专业服务型企业分布的椭圆中的相对位置，发现在美国 25 个大都市区中，有 8 个都市的机场是与其中央商务区相当或更重要的就业中心，16 个都市的机场位于其专业服务型企业分布的椭圆内，7 个都市的机场到椭圆中心的距离在 5 英里以内，表明机场对都市就业的拉动作用是比较有限的。李德仁等（2017）利用标准差椭圆方法和夜光遥感影像数据，分析了"一带一路"沿线国家城市发展的时空演化格局，发现该区域内的城市在1992～2013年总体呈现空间扩张、向东南亚方向移动的趋势。赵作权（2014）将标准差椭圆方法拓展为适用于平面和球面空间分布的距离椭圆方法，将椭圆与空间随机分布直接联系起来，提出了均值椭圆、中位椭圆、椭圆标准差和椭圆分布曲线等椭圆分布统计概念，建立了基于椭圆特征、椭圆比较和椭圆分布的空间格局统计与空间经济分析方法体系。白冰等（2021）利用标准差椭圆方法分析了2000～2017年中国南北经济分化与融合发展的态势，提出二次椭圆方法（标准差椭圆内要素分布的标准差椭圆）并分析比较了不同尺度区域经济的空间密集水平，发现横跨南北方的北京—杭州沿线区域和郑州—武汉沿线区域经济的空间密集度更高，它们可能成为促进我国南北区域经济协调一体化发展的关键轴带。

对全球经济的空间分析已引起主流经济学家的高度关注。Henderson等（2018）利用密度、球面大圆弧距离等指标以及全球经纬度网格尺度的卫星夜间灯光、经济与自然地理数据，分析了全球经济活动的空间分布现象，探讨了自然地理因素、农业、贸易和结构转型等对一个国家内部经济区域差异的影响，发现了发达国家的经济是空间均衡的，其他国家的经济是集聚和不均衡的。Hodler和Raschky（2014）利用1992～2009年全球126个国家38427个地区卫星夜间灯光数据发现，国家领导人的家乡变明亮（密集）的全球性区域偏袒现象。Desmet等（2018）利用最低费用路径计算方法、全球经纬度网格人口密度、交通网络、经济、土地等数据分析了人口流动、地理因素等对全球经济福利及其空间集聚的影响。

2. 空间中心性分析

Aboufadel和Austin（2006）提出了计算球面分布重心的方法，重新计算了1790～2000年美国大陆的人口中心。Quah（2011）使用球面重心方法和全球700个城市GDP数据预测了2013～2049年世界经济重心由大西洋向欧亚大陆迁移并最终进入中国西藏地区的过程。

空间网络分析通常侧重与区位、距离无关的拓扑特征如邻近中心性（Closeness Centrality）和网络直径，以及与区位、距离有关的局域空间特征如平均距离（Barthelemy，2010；Xie and Levinson，2007）。

3. 空间展布性分析

Ioannides和Overman（2004）使用平均距离的方法分析了1900～1990年美国城市体系的空间演化特征，发现美国城市间的平均距离在上升。Donaldson（2018）使用1853～1930年印度经济数据和铁路交通网数据（20千米长标记）分析了铁路网扩张的经济效应，发现铁路扩张降低了印度的贸易成本和区域间物价差异，增加了区际贸易和国际贸易，提升了国民真实收入水平。

空间邻近（可达）性是网络空间展布性的一种反映。地理学家对空间可达性特别是交通网络可达性分析做了大量的研究（Lei and Church，2010；Church and Marston，2003；Kwan et al.，2003）。Li和Shum（2001）详细地分析了中国高速公路网络的空间可达性，金凤君和王娇娥（2004）、Wang等（2009）评价了20世纪中国铁路网络的空间可达性及其变化。

4. 空间密集性分析

（1）一般空间密集性分析。一般空间密集性分析可以基于离散空间的密度方法、区域集中指数和连续空间、距离的密集度等方法。Ciccone和Hall（1996）提出了加权平均密度指标，分析了美国县域就业密度对各州劳动生产率的影响，发现县域就业密度的差异能够解释50%以上的州际劳动生产率的差异。De la Roca和Puga（2017）使用1×1千米格网和半径10千米的圆分析西班牙城市的平均人口密度，用人均10千米圆内的人口数反映。Duranton和Puga（2020）认为城市密度的计量应该考虑城市的形状、中心和分中心数量等。

关于连续空间上的空间密集性计量，Liu等（2015）讨论了用于点格局集聚探测的若干密度计算方法和算法，其中包括最近邻方法、空间扫描统计、尺度—空间方法（核密度）、密度聚类算法（如 DBSCAN 与 DENCLUE）、栅格聚类算法（如 STING 与 WaveCluster）等，其涉及表征空间尺度或距离的圆、栅格、步长、边长等。Ioannides 和 Overman（2004）使用平均最邻近距离方法分析了 1900～1990 年美国城市体系的空间密集化过程，认为美国城市体系的空间分布基本上是随机的。

（2）市场邻近性分析。市场邻近性（Market Access）分析旨在确定市场的空间邻近性，是新经济地理等实证分析的主要内容（Fujita et al.，1999）。Head 和 Mayer（2004）详细介绍了有关计算邻近市场距离的方法，Hering 和 Poncet（2010）使用国家之间的球面大圆弧距离分析了国际市场邻近性水平。赵作权（2012）利用国道最短路径距离确定了中国圈层型国内市场邻近性结构。

5. 空间方位分析

Fisher（1995）发表了圆数据统计分析著作。Mardia 和 Jupp（2000）出版了方向统计著作，其中一章讨论了圆数据，两章讨论了球面分布与推理。Mardia（1999）讨论了方向统计与形状分析的关系，利用方向统计中的典型方法探讨了高度离散形状的一致性检验问题。

交通网的路径与方向是学术界关注的研究内容。Baum-Snow（2007）利用 1950～1990 年美国城市人口和州际高速公路数据发现，新建一条穿越中心城（城区）的高速公路能使中心城人口下降 18%，如果不建穿越中心城的高速公路，中心城人口将上升 8%。Dell（2015）利用基于毒品走私路径的网络模型和 2007～2010 年墨西哥城市选举与走私犯罪数据发现，主张打击毒品走私的保守党在获得地方权力后，会改变毒品走私美国的路径构成与方向。

6. 空间形状分析

形状分析引起不同研究领域越来越多的学者关注，有关综述见 Small（2011）、Zhang 和 Lu（2004）、Loncaric（1998），其中 Zhang 和 Lu（2004）将形状的表征和描述指标分成基于轮廓、区域的全局性和结构性指标，共 4 大类 27 个类型。Small（2011）则侧重界标数据的统计分析。有关形状分析的英文著作有 Kendall（1999）、Dryden 和 Mardia（1998）、Small（1996）。Ziezold（1994）分析了平面空间上生物图形的平均图形、随机图形问题，提出了针对形状差异的检验方法。Mardia 和 Jupp（2000）在他们的方向统计著作中讨论了形状分析，介绍了形态（Form）均值、平均形状和形状变异问题。Wentz（2000）评述了地理学研究中的紧凑指数、边界指数、形态指数和多参数指数等形状指数，提出了基于边界（光滑度）、延伸性（紧凑度）、有孔性（孔数量与大小）三个维度的形状计量指标，通过聚类方法比较了美国大陆 48 个州的行政区形状。Zhao 和 Stough（2005）提出了基于几何叠合度量的各种平面空间上的面状对象形状相似程度的指数，建立了两个形状相似性计量的规则。

近年来，形状计量及其影响也引起经济学家的高度关注。Harari（2020）利用分散（Disconnection）指数和夜间灯光数据分析了印度城市足迹空间的紧凑尺度及其变化，剖析了影响城市形态的经济因素，发现城市的紧凑性与城市人口的快速增长有关，城市居民愿意为更紧凑的城市支付各种成本。

二、空间集聚的检验、探测与测度

空间集聚的检验、探测与测度涉及全局集聚检验、集聚探测检验和聚焦式集聚检验三个类型，其中全局集聚检验侧重整个研究区的空间集聚性问题，集聚探测检验侧重空间集聚的区位或区域集聚性问题，聚焦式集聚检验侧重邻近某个地理特征的集聚性问题，它们的统计理论基础是同质泊松、非同质泊松、Bermoulli 等概率模型（Kulldorff，2006）。空间集聚的检验、探测与测度得到了医学健康、经济学、区域科学等许多领域学者的高度关注。例如，Mclafferty（2015）对近 10 年的疾病集聚探测研究进行了系统综述，涉及基于网络的方法、空间搜索方法、时空集聚探测、局域集聚统计等研究方向，表明基于贝叶斯统计的集聚探测方法正在引起越来越多的关注。

Marcon 和 Puech（2017）系统分析了经济学和区域科学领域比较流行的基于距离的集聚检验方法的特点，论述了这类方法的原理和一般性分析步骤，其中不仅涉及点距离的计算，也涉及点密度的计算与估计，甚至在面对非均质空间点分布时使用核密度函数的方法。他们评述的方法可以用 g、K、Kmm、D、g_{inhom}、Kinhom、Kd、M 与 m 指数为代表。在这九个指数中，K 是个基于累积分布的函数，g 是 K 函数的密度分布形式，Kmm 是 K 函数的加权形式，D 是两个 K 函数的差异表现形式（如实例与控制对象），Kinhom 是 K 函数在非均质空间的表达形式，g_{inhom} 是 g 函数在非均质空间的表达形式，而另外三个指数，Kd、M 与 m 是与 K 函数具有明显区别的函数。Marcon 和 Puech（2017）根据集聚检验所依靠的零假设的基准（Benchmark）将这些方法分成地理空间型（Topographic）、相对型和绝对型三个类型，其中地理空间型集聚检验方法以点格局所在的均质地理空间为基准，包括 g、K、Kmm、D、g_{inhom} 与 Kinhom；相对型集聚检验方法以另一个分布为基准，如 M 与 m 函数；而绝对型集聚检验方法并没有基准，如 Kd 函数。在这九个指数中，g、g_{inhom}、Kd、m 为基于密度分布的函数，其他五个为基于累积分布的函数；g、Kmm、Kd、M 与 m 为加权（或可加权）的函数，其他四个为不可加权函数；g、K、Kmm 与 Kd 为基于均质空间的函数，g_{inhom} 与 Kinhom 为基于非均质空间的函数。

在上述 9 个指数中，g 函数由 Marcon 和 Puech（2017）提出，是对 K 函数的补充；Kmm 函数由 Penttinen 等（1992）提出，被用于分析森林中树的高度的空间依赖性；D 函数由 Diggle 和 Chetwynd（1991）提出，被用于分析某地区 2 种儿童疾病的空间分布，后来被用于评估法国工业的地理集中状况（Marcon and Puech，2003）；Kinhom 函数由 Baddeley 等（2000）提出，被用于检验森林中树的空间依赖性；g_{inhom} 由 Marcon 和 Puech（2017）提出，是对 Kinhom 函数的补充；Kd 函数由 Duranton 和 Overman（2005）提出，被用于分析英国若干产业的空间集中水平；M 函数由 Marcon 和 Puech（2010）提出，被用于分析产业内的空间集中和产业间的共集聚问题；m 函数由 Lang 等（2015）提出，它是 M 函数的累积分布表现形式。Lang 等（2019）详细介绍了一种相对集聚检验的方法 m 函数，利用几个模拟案例和实际案例论述了 m 函数在经济学空间结构探测中的优势与局限性。在我国，刘春霞等（2006）利用 M 函数分析了北京市 25 个制造业行业的空间集聚状态，表明不同行业空间集中的范围存在明显的差异；孟美侠等（2019）使用 Kd 函数和企业数据分析了 2003～2012 年中国 182 个工业行业的空间集聚状况，发现 70% 左右的行业是空间集聚的，少数行业是空间分散或空间随机的。目前来看，K 函数是点格局空间集聚检验与测度研究中十分有影响的方法，Kd 函数是经济学界普遍接受的方法（Marcon and Puech，2017）。

Kulldorff（2006）深入分析并比较了一百多年以来数十个在多个学科领域广泛应用的平面空间点与格两种分布集聚检验方法，其中包括若干个由 K - NND、空间扫描、核密度 Gini 系数和空间自相关系数的检验方法，建立了针对非均质空间随机检验的"7 步骤"一般性分析框架，提出了 26 个新的集聚检验方法，是 21 世纪以来空间集聚检验研究领域的标志性成果。非常有趣的是，Kulldorff（2006）发现许多检验方法具有十分密切的关系：有 6 对检验方法是一样的，4 个检验方法与另 1 个检验方法是一样的；同时，有 2 个检验方法是另外 2 个检验方法的特例，而这另外 2 个检验方法又是其他 2 个检验方法的特例。不同集聚检验方法的有效性差异也引起了其他学者的关注。Song 和 Kulldorff（2003）利用统一的数据比较了 K - NND、空间扫描等 8 种集聚检验方法的检验效果，发现一些方法适用于全局集聚性探测，另一些方法适用于局域集聚检验。

关于点格局的集聚检验与测度研究也取得了其他进展。Okabe 和 Funamoto（2000）拓展了 Roach 建立的等半径聚类方法，提出了多尺度的变半径聚类（Variable Clumping Method，VCM）方法及相应的集聚检验方法，并通过若干案例对这些方法进行了验证。Scholl 和 Brenner（2014）提出了基于点之间距离倒数之和的相对集聚检验方法（Cluster Index，C 指数），利用德国企业数据验证了该方法的合理性与计算的有效性，该方法能识别空间集中和空间分散的差异，不仅符合 Kd 函数的 5 个标准，还比 Kd 函数节省大量的计算时间。Scholl 和 Brenner（2015）利用企业大数据比较了 Kd 函数、M 指数和 C 指数的计算有效性，在计算中利用了抽样方法，回避了蒙特卡洛随机模拟带来的计算负担。Murata 等（2014）运用 Kd 函数和地方企业（机构或个人）专利引用数据，评估了 1975～1999 年美国不同技术的相对集聚状态，发现大多数技术及其知识外溢是显著集聚的，某些技术的知识外溢的距离至少接近 200 千米，大致相当于纽约到波士顿的距离。Kerr 和 Kominers（2015）利用知识溢出半径（最大值）、Kd 函数和企业（机构或个人）专利引用数据，分析了美国硅谷不同技术产业的相对集聚状态和集群形状，认为知识外溢的距离越长（短），技术集群就拥有越低（高）的密度和越大（小）的空间尺度。Buzard 等（2017，2020）利用全局与局域 K 函数、多步长（半径）距离、私有实验室区位和专利引用数据，分析和验证了美国东北走廊和加州研发活动的多尺度核心—集聚格局，认为基于多尺度距离分析的知识外溢边界乃至集聚格局比基于区域和都市区尺度分析的结果更准确。

空间统计椭圆被用于产业集聚的检验与测度。赵作权（2014）提出基于距离椭圆的空间非均质点格局的集聚检验方法，其中涉及绝对（国土）空间集聚、足迹空间集聚和相对空间集聚，利用空间随机试验结合中国城市经济和美国城市人口数据，表明中国制造业在中国大陆空间和城市足迹（区位）空间上是显著集聚的，中国消费市场在中国大陆空间上是显著集聚的但在城市足迹（区位）空间上不是显著集聚的，美国人口在美国大陆空间和城市区位空间上都不是显著集聚的，是近似随机或随机的。赵作权（2014）还提出了基于距离椭圆的空间非均质点格局的集聚性指数方法，其中涉及研究对象椭圆、随机椭圆（系列）以及均值椭圆的相似性比较，并利用中国城市制造业数据，发现中国制造业的空间集聚指数在 0.5 以上。贾鹏等（2019）利用标准差椭圆、空间随机试验和空港客货运量数据分析了 2005～2014 年中国空港客货运格局的空间集聚和时空演化态势，表明中国空港客货运格局一直呈现显著的空间集聚状态。

关于区域数据的集聚检验与测度研究也取得了其他进展。Mori 等（2005）提出了一种新的产业局域化检验方法即基于相对熵的趋异统计量 D 指数方法，该方法既能检验相对于区域空间完全分散的产业局域化的显著水平，也能识别不同产业间相对局域化的显著水平，验证了日本大多数三位数产业在经济区和都市尺度的区域集中水平。Cassey 和 Smith（2014）利用随机模拟试验建立了基于置信区间的 EG 指数统计检验方法，由此对 Ellison 和 Glaeser（1997）完成的美国 459 个制造行业的集中水平进行了检验，发现 EG 指数高的行业其集聚性可能是不显著的，EG 指数低的行业其集聚性可能是显著的。Mori 和 Smith（2014）建立基于精细空间分析的探测多集聚区的概率模型，从区域趋异、全局范围（基于凸面体的集聚基本区占国土面积的比重）和局域密度（局域集聚区占集聚基本区的比重）相结合角度刻画集聚的形态，以日本两个制造业行业为例，识别了产业集聚格局（Scheme）即集聚区的空间尺度、位置和密度。Mori 和 Smith（2015）利用他们提出的多集聚区的全局范围（集聚尺度）和局域密度（集聚程度）2 个指标，分析了日本制造业诸行业（163 个）的空间集聚格局，其中包括"全局分散＋局域密集""全局分散＋局域稀疏""全局有限＋局域密集"和"全局有限＋局域稀疏"4 个集聚格局类型，发现 155 个行业具有显著的空间集聚性。Murray 等（2014）提出了基于空间连续和约束优化的集聚探测方法，认为没有必要使用任意人为形态的扫描窗口或者对探测对象实施任何人为形态的约束，其以美国某城市街道层面的犯罪数据显示了其集聚探测方法的可行性。

空间扫描集聚检验也取得了显著的进展，空间扫描窗口被拓展为面积固定的圆形与椭圆形（Alm，1997）以及大小可变的圆形（Kulldorff，1997）、椭圆形（Kulldorff et al.，2006）乃至任意形状（Duczmal and Assuncao，2004；Patil and Taillie，2004）。Costa 和 Kulldorff（2009）对空间扫描集聚检验、测度的方法与应用进行了系统综述。

网络空间集聚性分析已成为国际研究的热点。Baddeley 等（2021）对近年来网络空间点格局的集聚分析方法进行了全面综述，其中包括网络 K 函数、对相关函数、参数与非参数的密度模型、核密度估计、相对风险估计等，认为网络空间上的距离测度选择对理论发展和真实数据分析是至关重要的。Okabe 等（1995）将 NND 方法拓展到网络空间。Okabe 和 Yamada（2001）首先将 K 函数引入网络空间分析，提出了网络 K 函数的具体算法。Okabe 和 Satoh（2006）利用 K 函数检验了日本某城市干道交通事故的网络空间的相对集聚性，其中关于网络空间的随机假设是交通事故的发生与路网的交通流量成正比。Shino Shiode 和 Narushige Shiode（2009）将多尺度的变半径的 VCM 方法拓展到网络空间，利用东京市中心街道网络及饭店分布数据验证了网络版 WCM 方法的有效性。Expert 等（2011）提出了基于分割和模块度函数的网络空间聚类方法，利用移动电话通信（流）数据识别了比利时的社区格局。Shiode（2011）将空间扫描统计和时空犯罪分析 STAC 方法拓展到网络空间，使用形状可调整的扫描窗口与网络空间随机模拟，利用美国 1995～1996 年纽约和水牛城两市的市区街道毒品与抢劫犯罪数据，揭示了两种犯罪格局的空间集聚形态与稳定性。

球面空间集聚性分析已引起一些学者关注。Robeson 等（2014）将 K 函数拓展到球面空间，探讨了球面空间完全随机的函数形式，使用球面 K 函数评估了基于全球经纬度格网、全球六边形格网和全球气候观测网络的不同点格局的集聚、分散或有偏状态。Møller 和 Rubak（2016）提出了球面 Kinhom 函数、球面 NND 等概括性统计量，展示了在等面积方位投影下，半球面上点格局的空间完全随机等状态，认为球面时空过程模型是值得探讨的新方向。

时空格局的集聚检验也得到了学术界的高度关注。Diggle 等（1995）将 K 函数拓展到时空维度，建立了时空 K 函数，利用该方法描述和探测了点过程数据中的时空相互作用。Kulldorff 等（1998）提出了将时间作为第三维度的时空扫描检验方法，该方法可以用来探测以前的空间集聚区。Cainelli 等（2020）利用 K 函数、时空 K 函数、EG 指数和企业数据分析了 2007～2012 年意大利制造业行业的时空集聚过程，发现大多数行业展示了空间小尺度、短时间的空间分散过程，表明使用不同的集聚指标能导致非常不同的分析结果。

区域（或产业）集中测度指标包括 Gini 系数、EG 指数等，其中 EG 指数是能控制企业规模及区域尺度影响的地理集中度指数，被用来分析美国 459 个制造行业的集中水平（Ellison and Glaeser，1997）和 1993～2003 年中国 20 个制造行业的集聚程度及增长趋势（罗勇和曹丽莉，2005）。一些区域（或产业）集中测度指标也可以用来计量一个经济体的区域差异，如 Gini 系数。Kopczewska（2018）对包括 EG 指数在内的 22 种产业和区域集中测度指标的特征进行了系统比较和综述。不过，这些传统测度产业区域（空间）集中的方法受到了质疑。Arbia（2001）认为空间集中包括对置换不变的非空间的变异和与观测对象空间位置相关的极化（或集聚）两个不同特征，Gini 系数、EG 指数等空间集中指数只考虑了变异特征而忽略了数据的空间特征。为此，Arbia（2001）提出将测度空间自相关的 Moran's I 指数和测度空间相关性的 Getis - Ord 统计量与 Gini 系数结合起来共同测度产业的空间集中水平，以意大利省域制造业分布为例展示了空间相关性计量可以弥补传统区域集中测度指数忽视空间结构信息的缺陷。

三、空间差异分析

Andresen（2009）提出了识别和计量两个点格局空间差异的检验方法，利用相似性指数和蒙特卡洛模拟方法，分析评估了加拿大温哥华市三种犯罪点分布之间的相似程度。Lopez - Castro（2019）利用标准距离、距离方差和重复随机试验建立了评估两个点格局差异的检验方法，分析了1996~2006年加拿大魁北克市单亲家庭与退休夫妻家庭两个格局的不同。赵作权（2014）利用标准差椭圆、空间叠置分析方法和城市数据分析了2003~2011年中国经济空间的差异变化，发现这种差异呈现出比较稳定的演化趋势。Zhao等（2011）提出了基于几何变换（平移、旋转和缩放）的两个面状对象空间差异（或全等）的函数，以美国两个州的几何形状为例表明该函数可以计量的两个空间格局的差异性，并定量识别了其中心性、展布性、方位和形状的差异对其整体差异的贡献。赵作权（2012）使用网络中位、网络分位线和轴线方法，通过比较在国道交通网上城市人口分布与城市消费分布，发现位于我国中部、南北向带状展布的"空间差异裂谷"。

周晓艳等（2015）从文献计量角度评估了1990~2012年国内外区域差异研究的现状与趋势，发现了地理空间分析技术和方法在解释复杂空间现象上的显著作用。吴爱芝等（2011）对中国区域经济差异研究进展进行了系统综述，其中涉及许多区域层次和区域差异计量指数或系数。

四、空间聚类分析

1. 一般空间聚类分析

一般空间聚类分析包括分割、层次、密度和网格等聚类分析方法。Ester等（1996）提出了基于点分布的密度聚类DBSCAN算法，Karypis等（1999）提出了基于点分布与K - NND的层次聚类CHAMELEON算法，Sheikholeslami等（1998）提出了基于点分布的网格聚类WaveCluster算法（Han et al.，2009）。Rozenfeld等（2011）提出了基于居住点格局的网格、密度以及距离的城市聚类方法，比较了基于居住点聚类分析的城市化格局和基于行政区的城市化格局的差异。Rodriguez和Laio（2014）提出了一种快速找到密度峰值的聚类方法，强调聚类的关键是找到簇（Cluster）的中心（具有高于其邻居的密度）到高密度点的距离，使用该方法容易识别任意形状和空间维度中的簇，容易识别并剔除异常，簇的数量会自然而然地增加。

一般空间聚类分析常常面临许多如城市聚集区的空间不均匀分布，需要同时考虑变量的区位差异和属性差异。不过由于这两种差异的性质不同，目前空间聚类分析还很难将二者整合在一个合理的分析框架中。Murray和Shyy（2000）试图通过加权方法同时考虑变量的区位差异和属性差异，提出了基于双重标准的中位聚类算法。

一般网络空间聚类于2004年兴起。Yiu和Mamoulis（2004）首次建立了网络空间分布的分割聚类k - medoids方法、密度聚类DBSCAN算法与ε - 连接算法以及层次聚类的单一连接算法，并使用美国大陆及其部分地区的道路网络数据检验这些方法的表现，这是基于网络连接（加权）而不是网络节点的聚类分析。Sugihara等（2011）利用多种网络距离（平均距离、半径距离）建立了基于网络空间点分布的层次聚类方法。Stefanakis（2007）提出了计算网络空间节点密度的DBSCAN聚类法，以希腊50个城市的路网为例验证了其算法的有效性。

赵作权（2014）提出基于空间紧凑矩阵和距离椭圆特征的2层次空间格局聚类分析方法，该方法在足迹空间上利用点组（Group - Based）最近邻距离建立了基于点数的空间紧凑矩阵以维持聚类过程中的空间连续性，同时利用空间紧凑矩阵中每个数组（Cell）的点属性数据确定了每个数组所对应的椭圆特征参数，最后利用每一个数组的点数、属性量和椭圆参数建立了聚类目标函数（如空间密集度最大）和约束条件（如对点数、属性量和椭圆参数的具体要求）。该方法的优势是能够发现从空间连续的尺度，即从空间微观（几个点）到空间宏观（任意多数量的点）揭示空间集聚的多维度特征。赵作权（2014）利用上述聚类分析方法以及中国城市消费市场和城市最短（国道网）路径距离数据，以市场空间密集性最大为目标，从城市数量、市场比重、市场空间展布性、市场空间密集性角度对中国市场空间集聚性进行了聚类分析，发现在国土空间尺度上消费市场主体集聚于华北平原和长江中下游平原，在区域尺度上消费市场主体集聚在长三角、京津冀和珠三角三大沿海地区。

2. 区域化聚类分析

Guo（2008）建立了6种基于不同空间联系和空间连续约束的凝聚型聚类方法，利用2004年美国总统选举数据评估并比较了这些方法在处理大数据上的有效性。Mu 和 Wang（2008）建立了旨在减少区域数据尺度效应的尺度 – 空间聚类方法，通过案例展示了该方法的聚类过程是被聚类的区域在属性同质化和空间邻近性方面不断趋同的过程。Duque 等（2011）提出了3种基于混合整数规划和空间连续性的 p – 区域聚类算法，与其他 p – 区域聚类算法相比具有无任何聚类组合区形状约束的优势。Li 等（2019）首次提出基于自然语言词镶嵌模型的新区域化聚类方法，利用移动手机轨迹数据识别了北京市社会经济的空间结构。

五、空间过程预测

空间过程预测是社会经济和犯罪等研究领域所关注的研究方向。Tellier（1995）利用标准离差椭圆方法预测2015~2060年美国大陆人口呈现持续向西迁移与扩张的趋势。赵作权（2014）和赵作权等（2015）使用标准差椭圆方法、ARIMA 方法分析中国城市数据，预测了2030年中国消费市场的空间演化趋势，认为中国消费市场整体上呈现空间收缩、向内陆西南移动和空间密集化的趋势。Kounadi 等（2020）对近年来空间犯罪预测方法与应用研究进行了系统分析，其中涉及空间椭圆和核密度等方法。Chainey 等（2008）使用标准差椭圆、核密度估计、点制图和格网主题制图等方法预测未来犯罪的空间格局，分析出核密度估计是结果表现最好的犯罪时空预测方法，标准差椭圆和格网主题制图是表现比较差的时空预测方法。Kamarianakis 和 Prastacos（2005）利用 STARIMA 模型和城市多点交通流量数据预测了希腊雅典市道路网络交通流的时空演化格局。Seto（2012）使用空间直观模型和2000年全球土地覆盖等数据预测了到2030年全球城市扩张的概率，2030年的城市土地与2000年相比很可能增长了185%，其中几乎一半发生在亚洲，且中国和印度占其中的55%，中国将形成从杭州到沈阳的1800千米的沿海城市走廊。Eaton 和 Eckstein（1997）在研究法国和日本城市化时发现一个国家的城市化呈现城市平行增长或以相似的增长率增长的过程，建立了城市化与增长模型，为城市体系增长预测提供了理论基础。由此可推理，一个国家的城市呈现相似速率的增长过程，其城市人口的标准差椭圆在空间上变化很小，也可能随机变化或保持不变。

第三节 空间分析展望

空间分析是一个交叉、相对分散但发展迅猛的研究领域，三十年来越来越多的证据表明，空间分析领域正在呈现多维化和一体化并进的发展局面。一方面，在平面、球面和网络上的空间格局的统计描述侧重空间格局的中心性、展布性、密集性、方位和形状等特征。另一方面，在平面、球面和网络上的空间格局的识别、检验、聚类与预测等关注空间集聚与空间差异两个方面，其中展示了对空间数据特征的多维度的理解与认识。本章利用面向各种空间数据"5 特征 2 状态"的三椭圆模型，勾画了一个独立于数据类型、空间分割框架的空间分析方法体系，显示空间数据（现象、对象、分布和关系）的多维性、层次性和整体性、空间分析方法的统一性以及区域分析方法的局限性，其中包括许多基于分区（或面、格）数据并与 5 特征 2 状态对应的区域分析方法。我们认为，更加通用和完整的空间表征模型是进行有效的空间分析和模型的关键所在。统一的空间数据表征模型将扩大空间分析的影响力，统计学原理和独立性假设将为空间数据分析奠定更坚实的根基，完整的空间数据分析将揭示空间数据有限复杂的图景，独立于空间分割框架的空间分析将引起更多的探索，空间分析将加深空间经济学中对空间结构的认识。

今天我们可以看到描述空间格局的方法不计其数，即便是一个简单的点格局也是如此，有基于距离的方法如 K 函数，有基于空间分割（各种格网）的方法，如样方分析。当计量城市密度或点分布密度的时候，空间格局的其他信息往往被忽视，如形状特征信息和差异状态信息。特别是在空间分析中对空间格局的部分信息的计量为进行空间集聚检验、空间聚类、时空分析与预测带来了巨大的挑战。一方面可能导致空间分析的结果表达缺乏空间直观性和简单性（如许多时空数据的分析方法），另一方面可能引起空间分析结果出现偏差与错误。目前来看，基于多空间统计椭圆的空间分析方法正在改变空间分析是对部分和局部空间信息分析的局面，为揭示空间数据更多的奥秘提供了新的方向，为空间分析在更多研究领域的深度应用提供了更多的可能性。

展望未来，随着各式各样的空间分析软件和空间数据的普及，空间分析方法会在经济学、统计学、地理学、计算机科学等领域发挥越来越不可替代的作用。但是，空间分析作为一个相对独立的领域还面临着各种来自对空间数据特征认识的重大挑战。Goodchild（2009）认为空间分析面临三个重大挑战：计算和网络化技术进步带来的挑战、分析动态现象中时间维度带来的挑战、新科学哲学带来的挑战，其中时间维度的挑战涉及空间数据基本定律的空间依赖性和空间异质性是否有其时间维度和动态形式，二者与时空参数的关系，时空现象是否有其他规律。Golledge（2009）强调各种尺度、大脑工作机理和数字化对空间分析未来的影响，认为空间分析适用于所有尺度，目前没有想到的其他层次的空间分析可能成为未来必不可少的海量数据挖掘工具。赵作权（2014）认为基于空间统计椭圆的网络、球面和三维空间统计分析是空间分析的重要方向，其中概率分布、空间抽样、时空过程、空间差异性分解、空间集聚检验、极限问题和软件开发值得深入研究。

下文侧重对空间数据的多维性、层次性和整体性，以及空间分析方法的统一性进行展望，试图为空间数据的统计分析、空间模型的发展以及提升空间分析与模型在统计学、经济学、地理学等领域的深度发展提供新的根基。

一、统一的空间数据表征模型将扩大空间分析的影响力

将空间格局简化为少数几个有用的概括性度量，将其与空间格局形成与演化的理论所产生的预期度量进行比较，进而检验预期度量与数据的弥合水平，这是许多统计学家对空间数据分析逻辑的认识（Ripley，1981）。尽管空间数据有许多类型，不同类型的空间数据又常常使用不同的度量指标（Cressie，1991；Openshaw，1991），但是不同的空间数据可以使用统一的度量方法，其中上文所述的"5 特征 2 状态"空间表征模型是对空间数据统一度量的一种探索，只是所对应的空间格局度量指标体系明显不同于基于统计分布曲线的概括性度量指标（赵作权，

2014）。目前，基于"5 特征 2 状态"空间表征模型的空间分析方法已经用于球面空间数据和网络空间数据的特征分析与估计、状态分析、聚类分析和预测（赵作权，2014），展示了基于"5 特征 2 状态"空间表征模型或多椭圆的空间分析方法的适应性。这是因为各种空间数据都可以转换成点数据，再使用空间统计椭圆进行分析，其中区域数据会导致不同程度的误差，网络空间数据也可以用于开展基于网络中位、轴线和分位线的网络空间分析。

网络空间分析与球面空间分析将成为未来空间分析的重要发展方向。目前网络空间分析主要侧重于网络的局域特征（Okabe，2018；Barthelemy，2011），球面空间分析主要关注方向数据。网络空间分析与球面空间分析应重点关注网络流数据和球面空间数据的统计描述、集聚检验、差异性分析、聚类分析、时空过程与预测、概率分布函数等，其中球面空间分析还应该重视球面空间数据的抽样研究（赵作权，2014）。

二、统计学原理和独立性假设将为空间数据分析奠定更坚实的根基

空间分析既涉及空间观测数据，也涉及空间试验数据。许多空间数据通常是通过观测而不是设计或抽样获得的，因此空间数据不具有重复性，但具有空间依赖性，这给空间数据的统计分析带来了巨大的挑战（Getis，1999）。Haning（2014）甚至认为"在空间数据情形下，即便通过随机抽样过程获取观测样本，但如果样本值在地理空间上足够密集在一起，他们便不是独立的，这是因为被抽样数据的总体是空间自相关的"。同时，空间随机试验产生了大量空间数据，这在上述的空间集聚检验研究中更是如此。可见关键不在于空间数据是观测性的还是试验性的，而在于面对大量的空间数据（空间大数据）时空间分析的目的是什么。如果空间分析关注空间数据的特征和状态，那么通过空间抽样就可以估计这种特征或状态，其中空间分析要求的精度越高，对空间数据的观测尺度或抽样格网的尺度可能越小，这种空间数据量的增加提高了空间抽样的必要性。例如，赵作权（2014）利用简单和分层空间抽样方法估计全球陆地地形高程格局的球面重心、径向距离和方位；Lee 等（2006）利用抽样方法估计网络空间格局的路径长度；Scholl 和 Brenner（2014，2015）利用抽样方法估计企业的空间集聚水平，从而节省了大量的计算时间。

统计学原理和独立性假设同样适用于空间数据的统计分析。赵作权（2014）论证了空间格局大数定律和空间格局趋同定律，发现大数定律针对一个和多个空间格局都成立，空间随机试验中随机格局的空间特征值与试验所用的约束空间的特征值趋同，这为空间格局特征和状态参数的估计提供了统计学的依据。

随着各种空间数据（包括空间随机试验数据）的大量增长、空间分析精度的持续提高，各种空间抽样方法将获得越来越多的关注，其中基于空间格局的抽样会得到越来越广泛的应用。同时，基于空间数据"5 特征 2 状态"的统计估计会应用在经济学之外的社会科学领域和自然科学领域的研究中。

三、完整的空间数据分析将揭示空间数据有限复杂的图景

空间数据的复杂性让人们不禁怀疑空间分析对空间数据完整信息的揭示能力和分析能力。国际著名地理信息科学家 Goodchild（2011）曾感慨，"如果地理信息科学有一个单一的挑战的话，那就是在有限的空间和计算机的数字世界里发现既有用又有效地捕获和表征地理世界（Domain）的无限复杂性"。地理空间格局或空间数据真的是无限复杂吗？不能用有限的度量指标揭示空间数据的完整信息吗？根据空间数据"5 特征 2 状态"的 3 椭圆表征计量模型，描述空间数据至少需要其 3 个椭圆的特征，以及它们之间的 3 个集聚状态和 3 个差异状态，而每个椭圆要用

中心性、展布性、密集性、方位和形状 5 个指标，因此至少有 21 个指标。即便使用空间抽样，要估计的就是与这 3 个椭圆相关的 21 个指标。此外，这 3 个椭圆中之所以呈现集聚和差异状态，是因为它们彼此在中心性、展布性、方位和形状这 4 个特征中的不同所引起的，因此要描述这 3 个椭圆在 4 个特征方面的差异及对它们的 3 个集聚状态和 3 个差异状态的贡献，这样就需要 24 个特征贡献的计量指标。这样看来，完整地描述空间数据需要 45 个指标（见图 7 - 1）。可见，空间数据的确复杂，但其复杂性从表征和计量的角度来看是明显有限的。

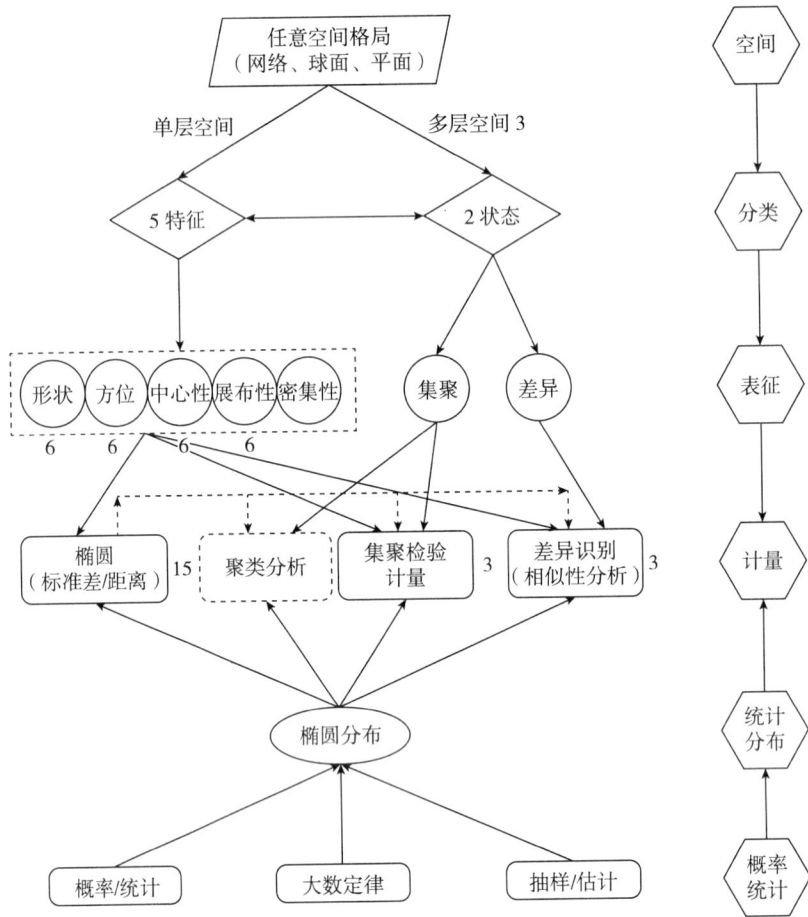

图 7 - 1 空间格局统计的逻辑与参数

如何计算描述空间数据的 3 个椭圆和 45 个指标呢？这里的椭圆可以用标准差椭圆或者距离椭圆作为代表，差异状态的计量需要椭圆叠合分析，集聚状态的计量需要空间随机试验及其所产生的系列随机椭圆与描述空间数据的椭圆进行比较分析（赵作权，2014）；特征贡献的计量需要使用基于两个空间统计椭圆的空间差异函数来计算，该函数可以用来分析相互分开的两个空间格局的差异性，并识别、区分中心性、展布性、方位和形状对差异状态的贡献（Zhao et al.，2011）。同样，该空间全等函数在原理和可操作性上可以用来分析、区分中心性、展布性、方位和形状对集聚状态的贡献。图 7 - 1 中的概率分布层次对应的是椭圆分布，它可以用来描述对一个指定空间上的点分布进行若干次的随机试验所产生的一系列空间随机格局，其中既涉及平均椭圆、中位椭圆、椭圆方差等描述椭圆分布的统计量，也涉及大数定律对空间数据的适用性，对空间数据进行空间格局抽样并估计其"5 特征 2 状态"参数等（赵作权，2014）。值得一提的是，随机椭圆、平均椭圆、中位椭圆等概念已经引起几个领域的学者的关注（Walden，2013；Wernke，2007），甚至计算机视觉研究中的椭圆拟合（Fitting）与标准差椭圆计算非常类似（Ouellet and Hébert，2009；Stojmenovic and Nayak，2007）。

四、独立于空间分割框架的空间分析将引起更多的探索

空间分析通常要处理各式各样的空间数据，其中涉及格网等规范形态的空间分割和任意形态大小的行政区的区域数据，而区域数据又形成许多与一般空间分析不一样的区域分析方法。区域数据给区域（化）聚类分析和区域集聚检验带来了难以克服的重大挑战。例如，在区域集中集聚分析中，分析结果往往随区域尺度的变化而改变，同时区域集聚也可能来源于某种随机过程（Ellison and Glaeser，1997），区域集聚检验所需要的区域空间随机试验也要考虑区域尺度的影响。

著名地理学家 Tobler（1989）强调空间分析应独立于空间分割框架，其结果应与空间数据所依托的坐标系或区域单元无关，即不受空间可变分单元（MAUP）问题的制约。为此，学术界越来越倾向于使用 K 函数、标准差椭圆等基于距离的空间分析方法。在空间集聚检验与计量研究中，已出现越来越多的基于点距离分布函数的方法，Marcon 和 Puech（2017）综述了其中 9 种集聚性度量指数。赵作权（2014）使用标准差椭圆方法和多种空间数据，系统剖析了空间分析产生误差的 10 种来源，其中 7 种误差与空间数据的足迹空间的变形、转换、简化、替代、表征与遗失（部分或全部）有关，2 种误差与空间格局的表征与替代有关，1 种误差与边界效应有关。研究表明，对区域数据的分析之所以导致误差主要是因为足迹信息遗失所致，可以通过足迹空间信息的恢复即足迹简化和足迹替代来进行弥补。可见，空间分析要独立于空间分割框架，通过基于距离的空间分析方法是完全可以实现的，例如，使用标准差椭圆所表征的空间格局的重心和方位就构成了空间分析独立于空间观测单元等分割框架的参照系，可见这已不是方法的问题，而是对区域数据的足迹空间信息恢复的问题。

由此可见，合适的空间表征模型和描述方法是让空间分析不受空间分割框架乃至数据类型约束的关键所在。

五、空间分析将加深空间经济学中对空间结构的认识

基于距离和椭圆的空间分析方法可能在以下几个方面推动经济学研究中经济空间模型的发展。在空间经济学规模经济与运输费用的权衡（Proost and Thisse，2019）中可以使用椭圆方法，以椭圆的面积反映经济活动的展布范围和运输距离。在引力方程（Proost and Thisse，2019）实证分析方面，国际贸易分析中的两点（国）距离可以被基于多点（国）的径向距离所替代，需要验证的是多国之间的贸易量与它们经济之间的椭圆面积成反比。在新经济地理（Mori and Smith，2015）实证研究中，制造业发展建立初期的分散到工业化阶段的集中再到后来的再分散，制造业的"再分散"和"分散"的空间展布范围应该是不一样的。在空间发展理论（Desmet and Rossi-Hansberg，2014）的实证研究中，制造业集中替代服务业集中可能是两个相互依赖、非常复杂的空间过程，其中制造业发展经历了从集中到分散的过程，而服务业经历了从分散到集中的过程，两个产业的空间展布范围及其变化可能是非常不一样的。在空间集聚检验与测度（Duranton and Overman，2005）的研究中，标准差椭圆可以作为随机空间的边界即集聚度为零的边界线，然后通过椭圆比较测度制造业空间集聚的水平（赵作权，2014）。在城市体系随机增长的（Duranton，2007；Eeckhout，2004）研究中，使用标准差椭圆方法揭示城市随机增长过程是

否为一个空间随机增长过程，其中代表城市体系的椭圆会围绕某个平均椭圆来回地进行小幅摆动，不会呈现明显的时空趋势（Tellier，1995）。在空间增长理论的（Arrow，1994；Romer，1994）研究中，将生产要素的空间展布范围即空间密集度引进生产函数（赵作权，2014），在实证分析中揭示不同生产要素空间范围的变化及其对生产率影响的差异。

空间分析将推动许多学科领域的空间模型化发展。在经济学领域，将空间完整地纳入经济模型是空间分析的重要发展方向。国际著名经济学家 Duranton（2008）认为"空间经济学实证研究的第一个关键挑战是开发新的空间分析工具"。美国经济学家 Krugman 在 2008 年因建立核心—边缘理论（Krugman，1991）而获得诺贝尔经济学奖，这激发了经济学界、区域科学界对诺贝尔经济学奖首届得主 Tinbergen "将空间要素纳入经济模型"这一梦想的强烈追求。尽管新经济地理学的核心—边缘模型是一个两区域模型，包含非常有限的空间内涵，但随着空间数据越来越丰富，经济空间模型开始考虑更多的空间变量，例如，Desmet 等（2018）的空间经济增长模型包含了土地、自然舒适性、劳动力流动、创新扩散、运输网络等空间因素。在不远的将来，越来越多的空间经济模型能充分考虑空间格局的层次性、多维性和整体性。因此，在经济学等领域建立完整有效的空间模型的步伐将逐渐加快，空间分析的作用和影响将与日俱增。

参考文献

（一）中文文献

[1] 白冰，赵作权，张佩. 中国南北区域经济空间融合发展的趋势与布局 [J]. 经济地理，2021，41 (2)：1 – 10.

[2] 陈建军，陈怀锦. 集聚的测度方法评述：基于前沿文献的研究 [J]. 西南民族大学学报（人文社科版），2017，38 (4)：134 – 142.

[3] 邓敏，蔡建南，杨文涛，等. 多模态地理大数据时空分析方法 [J]. 地球信息科学学报，2020，22 (1)：41 – 56.

[4] 郭仁忠. 空间分析 [M]. 北京：高等教育出版社，1997.

[5] 贾鹏，胡燕，匡海波. 全国空港客货运格局的时空演化及驱动机制研究 [J]. 系统工程理论与实践，2019，39 (5)：1198 – 1211.

[6] 金凤君，王娇娥. 20 世纪中国铁路网扩展及其空间通达性 [J]. 地理学报，2004，59 (2)：293 – 302.

[7] 李德仁，余涵若，李熙. 基于夜光遥感影像的"一带一路"沿线国家城市发展时空格局分析 [J]. 武汉大学学报（信息科学版），2017，42 (6)：711 – 720.

[8] 刘春霞，朱青，李月臣. 基于距离的北京制造业空间集聚 [J]. 地理学报，2006 (12)：1247 – 1258.

[9] 罗勇，曹丽莉. 中国制造业集聚程度变动趋势实证研究 [J]. 经济研究，2005 (8)：106 – 115 + 127.

[10] 孟美侠，曹希广，张学良. 开发区政策影响中国产业空间集聚吗——基于跨越行政边界的集聚视角 [J]. 中国工业经济，2019 (11)：79 – 97.

[11] 乔彬，李国平，杨妮妮. 产业聚集测度方法的演变和新发展 [J]. 数量经济技术经济研究，2007 (4)：124 – 133 + 161.

[12] 王劲峰，等. 空间分析 [M]. 北京：科学出版社，2006.

[13] 王劲峰，葛咏，李连发，等. 地理学时空数据分析方法 [J]. 地理学报，2014，69 (9)：1326 – 1345.

[14] 吴爱芝，杨开忠，李国平. 中国区域经济差异变动的研究综述 [J]. 经济地理，2011，31 (5)：705 – 711.

[15] 邬群勇，孙梅，崔磊. 时空数据模型研究综述 [J]. 地球科学进展，2016，31 (10)：1001 – 1011.

[16] 赵永. 空间数据统计分析的思想起源与应用演化 [J]. 地理研究，2018，37 (10)：2058 – 2074.

[17] 赵作权. 地理空间分布整体统计研究进展 [J]. 地理科学进展，2009，28 (1)：1 – 8.

［18］赵作权. 中国经济核心 – 边缘格局与空间优化发展［J］. 管理世界，2012（10）：46 – 54 + 187.

［19］赵作权. 空间格局统计与空间经济分析［M］. 北京：科学出版社，2014.

［20］赵作权，唐世芳，赵璐. 2030 年中国消费市场空间预测分析［J］. 城市与环境研究，2015（2）：36 – 48.

［21］周成虎，孙九林，苏奋振，等. 地理信息科学发展与技术应用［J］. 地理学报，2020，75（12）：2593 – 2609.

［22］周晓艳，郝慧迪，叶信岳，张自然，宋祯利. 基于文献计量的区域差异研究现状与趋势分析［J］. 世界地理研究，2015，24（4）：46 – 56.

（二）外文文献

［1］Adrian Baddeley, Gopalan Nair, Suman Rakshit, Greg McSwiggan, Tilman M. Davies. Analysing Point Patterns on Networks – A Review［J］. Spatial Statistics, 2021, 42, Article 100435.

［2］Alan E. Gelfand, Peter Diggle, Peter Guttorp, Montserrat Fuentes. Handbook of Spatial Statistics［M］. Florida: CRC Press. 2010.

［3］Alan T. Murray, Tony H. Grubesic, Ren Wei. Spatially Significant Cluster Detection［J］. Spatial Statistics, 2014（10）：103 – 116.

［4］Alan T. Murray, Tung – Kai Shyy. Integrating Attribute and Space Characteristics in Choropleth Display and Spatial Data Mining［J］. International Journal of Geographical Information Science, 2000, 14（7）：649 – 667.

［5］Alan T. Murray, Vladimir Estivill – Castro. Cluster Discovery Techniques for Exploratory Spatial Data Analysis［J］. International Journal of Geographical Information Science, 1998（12）：431 – 443

［6］Alan T. Murray. Spatial Analysis Using Clustering Methods：Evaluating the Use of Central Point and Median Approaches［J］. Journal of Geographical Systems, 1999（1）：367 – 383.

［7］Alex Rodriguez, Alessandro Laio. Clustering by Fast Search and Find of Density Peaks［J］. Science, 2014, 344（6191）：1492 – 1496.

［8］Alireza Ermagun, David Levinson. Spatiotemporal Traffic Forecasting：Review and Proposed Directions［J］. Transport Reviews, 2018, 38（6）：786 – 814.

［9］Alm S. E.. Approximations of the Distributions of Scan Statistics of Poisson Processes［M］//Glaz J., Balakrishnan N.. Scan Statistics and Applications. Statistics for Industry and Technology. Boston：Birkhäuser, 1999.

［10］Andrei Rogers. A Stochastic Analysis of the Spatial Clustering of Retail Establishments［J］. Journal of the American Statistical Association, 1965, 60（312）：1094 – 1103.

［11］Andrew J. Cassey, Ben O. Smith. Simulating Confidence for the Ellison – Glaeser Index［J］. Journal of Urban Economics, 2014（81）：85 – 103.

［12］Antonio Ciccone, Robert E. Hall. Productivity and the Density of Economic Activity［J］. The American Economic Review, 1996, 86（1）：54 – 70.

［13］Atsuyuki Okabe, Kokichi Sugihara. Spatial Analysis Along Networks：Statistical and Computational Methods［M］. Hoboken：Wiley, 2012.

［14］A. Getis. Spatial Statistics［M］// P. A. Longley, M. F. Goodchild, D. J. Maguire et al. Geographical Information Systems：Principles and Technical Issues：Vol. 1, 2nd ed. Hoboken：John Wiley and Sons, 1999：239 – 251.

［15］A. J. Baddeley, J. Møller, R. P. Waagepetersen. Non – and Semi – Parametric Estimation of Interaction in Inhomogeneous Point Patterns［J］. Statistica Neerlandica, 2000, 54（3）：329 – 350.

［16］A. Okabe, H. Yomono, M. Kitamura. Statistical Analysis of the Distribution of Points on a Network［J］. Geographical Analysis, 1995, 27（2），152 – 175.

［17］A. Okabe, K. Okunuki, S. Funamoto. SANET：A Toolbox for Spatial Analysis on a Network［J］. Geographical Analysis, 2006（38）：57 – 66.

［18］A. Okabe, I. Yamada. The K – Function Method on a Network and its Computational Implementation［J］. Geographical Analysis, 2001（33）：271 – 290.

［19］A. Okabe, S. Funamoto. An Exploratory Method for Detecting Multilevel Clumps in the Distribution of Points

[J]. Journal of Geographical Systems, 2000 (2): 111 – 120.

[20] A. Okabe, T. Satoh. Uniform Network Transformation for Point Pattern Analysis on a Non – Uniform Network [J]. Journal of Geographical Systems, 2006, 8 (1): 25 – 37.

[21] A. Okabe. Spatial Statistics along Networks [M]. Hoboken: Wiley. 2018.

[22] A. Penttinen, D. Stoyan, H. M. Henttonen. Marked Point Processes in Forest Statistics [J]. Forest Science, 1992, 38 (4): 806 – 824.

[23] A. D. Cliff, J. K. Ord. Space – time Modelling with an Application to Regional Forecasting [J]. Transactions of the Institute of British Geographers, 1975 (64): 119 – 128.

[24] A. T. Walden. Rotary Components, Random Ellipses and Polarization: A Statistical Perspective [J]. Philosophical Transactions of the Royal Society A: Mathematical, Physical and Engineering Sciences, 2013, 371 (1984): 1 – 19.

[25] B. D. Ripley. Spatial Statistics [M]. Hoboken: Wiley, 1981.

[26] B. G. Jones, D. M. Manson. The Geography of Enterprise Zones: A Critical Analysis [J]. Economic Geography, 1982, 58 (4): 329 – 342.

[27] B. G. Jones. Applications of Centrographic Techniques to the Study of Urban Phenomena: Atlanta, Georgia 1940 – 1975 [J]. Economic Geography, 1980, 56 (3): 201 – 222.

[28] B. J. L. Berry, D. F. Marble. Spatial Analysis. A Reader in Statistical Geography [M]. New Jersey: Prentice Hall, 1968.

[29] Chauncy D. Harris. The Market as a Factor in the Localization of Industry in the United States [J]. Annals of the Association of American Geographers, 1954 (64): 315 – 348.

[30] C. A. Gotway, L. J. Linda. Combining Incompatible Spatial Data [J]. Journal of the American Statistical Association, 2002, 97 (458): 632 – 648.

[31] C. G. Small. Statistics of Shape [J]. WIREs Computational Statistics: Advanced Review, 2011, 3 (5): 428 – 433.

[32] C. G. Small. The Statistical Theory of Shape [M]. Berlin: Springer, 1996.

[33] C. Song, M. Kulldorff. Power Evaluation of Disease Clustering Tests [J]. International Journal of Health Geographics, 2003 (2): 9 – 17.

[34] C. S. ReVelle, H. A. Eiselt. Location Analysis: A Synthesis and Survey [J]. European Journal of Operational Research, 2005, 165 (1): 1 – 19.

[35] Daniel A. Griffith. Spatial Statistics: A Quantitative Geographer's Perspective [J]. Spatial statistics, 2012 (1): 3 – 15.

[36] Danny Quah. The Global Economy's Shifting Centre of Gravity [J]. Global Policy, 2011, 2 (1): 3 – 7.

[37] Daoqin Tong, Alan T. Murray. Spatial Optimization in Geography [J]. Annals of the Association of American Geographers, 2012, 102 (6): 1290 – 1309.

[38] Dave Donaldson, Adam Storeygard. The View from Above: Applications of Satellite Data in Economics [J]. Journal of Economic Perspectives, 2016, 30 (4): 171 – 198.

[39] Dave Donaldson. Railroads of the Raj: Estimating the Impact of Transportation Infrastructure [J]. The American Economic Review, 2018, 108 (4 – 5): 899 – 934.

[40] David G. Kendall, D. Barden, T. K. Carne, H. Le. Shape and Shape Theory [M]. Hobdken: John Wiley & Sons, 1997.

[41] David G. Kendall. A Survey of the Statistical Theory of Shape [J]. Statistical Science, 1989, 4 (2): 87 – 99.

[42] David G. Kendall. The Diffusion of Shape [J]. Advances in Applied Probability, 1977, 9 (3): 428 – 430.

[43] Dawei Wang, Wei Ding, Henry Lo, Melissa Morabito, Ping Chen, Josue Salazar, Tomasz Stepinski. Understanding the Spatial Distribution of Crime Based on its Related Variables Using Geospatial Discriminative Patterns [J]. Computers, Environment and Urban Systems, 2013 (39): 93 – 106.

[44] Dell Melissa. Trafficking Networks and the Mexican Drug War [J]. The American Economic Review, 2015,

105 (6): 1738 - 1779.

[45] Dengsheng Zhang, Guojun Lu. Review of Shape Representation and Description Techniques [J]. Pattern Recognition, 2004 (37): 1 - 19.

[46] Diansheng Guo, Hu Wang. Automatic Region Building for Spatial Analysis [J]. Transactions in GIS, 2011, 15 (s1): 21 - 45.

[47] Diansheng Guo, Jeremy Mennis. Spatial Data Mining and Geographic Knowledge Discovery: An Introduction [J]. Computers, Environment and Urban Systems, 2009, 33 (6): 403 - 408.

[48] Diansheng Guo. Regionalization with Dynamically Constrained Agglomerative Clustering and Partitioning (REDCAP) [J]. International Journal of Geographical Information Science, 2008, 22 (7): 801 - 823.

[49] Dornbusch R., S. Fischer, P. Samuelson. Heckscher - Ohlin Trade Theory with a Continuum of Goods [J]. The Quarterly Journal of Economics, 1980, 95 (2): 203 - 224.

[50] D. S. Neft. Statistical Analysis for Areal Distributions [M]. Philadelphia: Regional Science Research Institute, 1966.

[51] Edmund E. Day. Classification of Statistical Series [J]. Publications of the American Statistical Association, 1919, 16 (128): 533 - 535.

[52] Eeckhout J.. Gibrat's Law for (all) Cities [J]. The American Economic Review, 2004, 94 (5): 1429 - 1451.

[53] Eric Delmelle, Changjoo Kim, Ningchuan Xiao, Wei Chen. Methods for Space - Time Analysis and Modeling: An Overview [J]. International Journal of Applied Geospatial Research, 2013, 4 (4): 1 - 18.

[54] Eric Marcon, Florence Puech. A Typology of Distance - based Measures of Spatial Concentration [J]. Regional Science and Urban Economics, 2016, 62: 56 - 67.

[55] Eric Marcon, Florence Puech. Evaluating the Geographic Concentration of Industries Using Distance - Based Methods [J]. Journal of Economic Geography, 2003, 3 (4): 409 - 428.

[56] Eric Marcon, Florence Puech. Measures of the Geographic Concentration of Industries: Improving Distance - based Methods [J]. Journal of Economic Geography, 2010, 10 (5): 745 - 762.

[57] Ester M., Kriegel H. P., Sander J., et al.. A Density - based Algorithm for Discovering Clusters in Large Spatial Databases with Noise [C/OL]. 1996. https://dblp. uni - trier. de/rec/conf/kdd/Esterksx96. html? view = bibtex.

[58] E. A. Lord, C. B. Wilson. The Mathematical Description of Shape and Form [M]. West Sussex: Ellis Horwood Limited, 1984.

[59] E. A. Wentz. A Shape Definition for Geographic Applications Based on Edge, Elongation, and Perforation [J]. Geographical Analysis, 2000, 32 (2): 95 - 112.

[60] E. Stefanakis. NET - DBSCAN: Clustering the Nodes of a Dynamic Linear Network [J]. International Journal of Geographical Information Science, 2007, 21 (4): 427 - 442.

[61] Feng Xie, David Levinson. Measuring the Structure of Road Networks [J]. Geographical Analysis, 2007, 39 (3): 336 - 356.

[62] F. Attneave, M. D. Arnoult. The Quantitative Study of Shape and Pattern Perception [J]. Psychological Bulletin, 1956 (536): 452 - 470.

[63] Gilles Duranton, Diego Puga. The Economics of Urban Density [J]. Journal of Economic Perspectives, 2020, 34 (3): 3 - 26.

[64] Gilles Duranton. Urban Evolutions: The Fast, the Slow, and the Still [J]. The American Economic Review, 2007, 97 (1): 197 - 211.

[65] Giulio Cainelli, Roberto Ganau, Yuting Jiang. Detecting Space - time Agglomeration Processes over the Great Recession Using Firm - level Micro - geographic Data [J]. Journal of Geographical Systems, 2020 (22): 419 - 445.

[66] Glenn Ellison, Edward Glaeser. Geographic Concentration in U. S. Manufacturing Industries: A Dartboard Approach [J]. Journal of Political Economy, 1997, 105 (5): 889 - 927.

［67］Graham Borradaile. Statistics of Earth Science Data: Their Distribution in Time, Space, and Orientation ［M］. Berlin: Springer, 2003.

［68］G. Arbia. The Role of Spatial Effects in the Empirical Analysis of Regional Concentration ［J］. Journal of Geographical Systems, 2001, 3（3）: 271 – 281.

［69］G. Duranton, H. G. Overman. Testing for Localization Using Micro – Geographic Data ［J］. Review of Economic Studies, 2005, 72（4）: 1077 – 1106.

［70］G. Duranton. Spatial Economics ［M］// S. N. Durlauf, L. E. Blume, The New Palgrave Dictionary of Economics. London: Palgrave Macmillan, 2008.

［71］G. E. P. Box, G. M. Jenkins. Series Analysis, Forecasting and Control ［M］. San Francisco: Holden – Day, 1970.

［72］G. Lang, E. Marcon, F. Puech. Distance – based Measures of Spatial Concentration: Introducing a Relative Density Function ［J］. The Annals of Regional Science, 2019（64）: 243 – 265.

［73］G. P. Patil, C. Taillie. Upper Level Set Scan Statistic for Detecting Arbitrarily Shaped Hotspots ［J］. Environmental and Ecological Statistics, 2004, 11（2）: 183 – 197.

［74］Haning J. M.. Feature Selection for High – Dimensional Individual and Ensemble Classifiers with Limited Data ［D］. University of Cincinnati, 2014.

［75］Harvey J. Miller, Elizabeth A. Wentz. Representation and Spatial Analysis in Geographic Information Systems ［J］. Annals of the Association of American Geographers, 2003, 93（3）: 574 – 594.

［76］Harvey J. Miller. Geographic Representation in Spatial Analysis ［J］. Journal of Geographical Systems, 2000, 2（1）: 55 – 60.

［77］Herbert Ziezold. Mean Figures and Mean Shapes Applied to Biological Figure and Shape Distributions in the Plane ［J］. Biometrical Journal, 1994, 36（4）: 491 – 510.

［78］Hernán D. Rozenfeld, Diego Rybski, José S. Andrade, Jr., Michael Batty, H. Eugene Stanley, Hernán A. Makse. Laws of Population Growth ［J］. Proceedings of the National Academy of Sciences（PNAS）, 2008, 105（48）: 18702 – 18707.

［79］Hernán D. Rozenfeld, Diego Rybski, Xavier Gabaix, Hernán A. Makse. The Area and Population of Cities: New Insights from a Different Perspective on Cities ［J］. The American Economic Review, 2011, 101（5）: 2205 – 2225.

［80］H. A. Eiselt, Vladimir Marianov. Pioneering Developments in Location Analysis ［M］// H. A. Eiselt, Vladimir Marianov eds. Foundations of Location Analysis. Springer, 2011: 3 – 22.

［81］I. L. Dryden, K. V. Mardia. Statistical Shape Analysis ［M］. Hoboken: John Wiley & Sons, 1998.

［82］Jean – Nicolas Ouellet, Patrick Hébert. Precise Ellipse Estimation without Contour Point Extraction ［J］. Machine Vision and Applications, 2009, 21（1）: 59 – 67.

［83］Jesper Møller, Ege Rubak. Functional Summary Statistics for Point Processes on the Sphere with an Application to Determinantal Point Processes ［J］. Spatial Statistics, 2016, 18: 4 – 23.

［84］Jiaoe Wang, Fengjun Jin, Huihui Mo, Fahui Wang. Spatiotemporal Evolution of China's Railway Network in the 20th Century: An Accessibility Approach ［J］. Transportation Research A, 2009（43）: 765 – 778.

［85］Jiawei Han, Jae – Gil Lee, Micheline Kamber. An Overview of Clustering Methods in Geographic Data Analysis ［M］//Harvey J. Miller and Jiawei Han Geographic Data Mining and Knowledge Discovery. London: Taylor & Francis, 2009: 149 – 187.

［86］Jorge De la Roca, Diego Puga. Learning by Working in Big Cities ［J］. Review of Economic Studies, 2017, 84（1）: 106 – 142.

［87］José P. Reis, Elisabete A. Silva, Paulo Pinho. Spatial Metrics to Study Urban Patterns in Growing and Shrinking Cities ［J］. Urban Geography, 2016, 37（2）: 246 – 271.

［88］Juan Carlos Duque, Raúl Ramos, Jordi Surinach. Supervised Regionalization Methods: A Survey ［J］. International Regional Science Review, 2007, 30（3）: 195 – 220.

［89］Juan C. Duque, Richard L. Church, Richard S. Middleton. The p‑Regions Problem ［J］. Geographical Analysis, 2011, 43 (1): 104 – 126.

［90］Julie Cidel. The Role of Major Infrastructure in Subregional Economic Development: An Empirical Study of Airports and Cities ［J］. Journal of Economic Geography, 2015 (15): 1125 – 1144.

［91］J. Eaton, Z. Eckstein. City and Growth: Theory and Evidence from France and Japan ［J］. Regional Science and Urban Economics, 1997, 27 (4): 443 – 474.

［92］J. Gong. Clarifying the Standard Deviational Ellipse ［J］. Geographical Analysis, 2002, 34 (2): 155 – 167.

［93］J. I. Naus, Clustering of Random Points in Two Dimensions ［J］. Biometrika, 1965 (52): 263 – 267.

［94］J. Q. Stewart. Empirical Mathematical Rules Concerning the Distribution and Equilibrium of Population ［J］. Geographical Review, 1947, 37 (3): 461 – 485.

［95］J. Vernon Henderson, Tim Squires, Adam Storeygard, David Weil. The Global Distribution of Economic Activity: Nature, History, and the Role of Trade ［J］. The Quarterly Journal of Economics, 2018, 133 (1): 357 – 406.

［96］Karen C. Seto, B. Güneralp, Lucy R. Hutyra. Global Forecasts of Urban Expansion to 2030 and Direct Impacts on Biodiversity and Carbon Pools ［J］. Proceedings of the National Academy of Sciences of the United States of America, 2012, 109 (40): 16083 – 16088.

［97］Karypis G., Han E. H., Kumar V.. Chameleon: Hierarchical Clustering Using Dynamic Modeling ［J］. Computer, 1999, 32 (8): 68 – 75.

［98］Katarzyna Kopczewska. Cluster‑based Measures of Regional Concentration: Critical Overview ［J］. Spatial Statistics, 2018 (27): 31 – 57.

［99］Klaus Desmet, David Krisztian Nagy, Esteban Rossi‑Hansberg. The Geography of Development ［J］. Journal of Political Economy, 2018, 126 (3): 903 – 983.

［100］Klaus Desmet, Esteban Rossi‑Hansberg. Spatial Development ［J］. The American Economic Review, 2014, 104 (4): 1211 – 1243.

［101］Kokichi Sugihara, Atsuyuki Okabe, Toshiaki Satoh. Computational Method for the Point Cluster Analysis on Networks ［J］. Geoinformatica, 2011, 15 (1): 167 – 189.

［102］Konstantin Gluschenko. Measuring Regional Inequality: To Weight or Not to Weight? ［J］. Spatial Economic Analysis, 2018, 13 (1): 36 – 59.

［103］Kristy Buzard, Gerald A. Carlino, Robert M. Hunt, Jake K. Carr, Tony E. Smith. Localized Knowledge Spillovers: Evidence from the Spatial Clustering of R&D Labs and Patent Citations ［J］. Regional Science and Urban Economics, 2020 (81): 1 – 20.

［104］Kristy Buzard, Gerald A. Carlino, Robert M. Hunt, Jake K. Carr, Tony E. Smith. The Agglomeration of American R&D Labs ［J］. Journal of Urban Economics, 2017, 101: 14 – 26.

［105］K. Head, T. Mayer. Market Potential and the Location of Japanese Investment in the European Union ［J］. Review of Economics and Statistics, 2004, 86 (4): 959 – 972.

［106］K. J. Arrow. The Production and Distribution of Knowledge ［M］ //The G. Silverberg, L. Soete Economics of Growth and Technical Change: Technologies, Nations, Agents. Aldershot: Edward Elgar, 1994: 9 – 19.

［107］K. V. Mardia. Directional Statistics and Shape Analysis ［J］. Journal of Applied Statistics, 1999, 26 (8): 949 – 957.

［108］K. V. Mardia, I. L. Dryden. The Statistical Analysis of Shape Data ［J］. Biometrika, 1988, 76 (2): 271 – 280.

［109］K. V. Mardia, P. E. Jupp. Directional Statistics ［M］. Hoboken: John Wiley and Sons. 2000.

［110］K. V. Mardia. Directional Data Analysis: An Overview ［J］. Journal of Applied Statistics, 1988 (15): 115 – 122.

［111］K. V. Mardia. Statistics of Directional Data (with discussion) ［J］. Journal of the Royal Statistical Society B, 1975 (37): 349 – 393.

［112］K. V. Mardia. Statistics of Directional Data ［M］. London: Academic Press. 1972.

［113］Lan Mu, Fahui Wang. A Scale - Space Clustering Method: Mitigating the Effect of Scale in the Analysis of Zone - based Data ［J］. Annals of the Association of American Geographers, 2008, 98 (1): 85 - 101.

［114］L. Cooper. Heuristic Methods in Location - Allocation Problems ［J］. SIAM Review, 1964, 6 (1): 37 - 53.

［115］L. Cooper. Location - Allocation Problems ［J］. Operation Research, 1963 (11): 331 - 343.

［116］L. Duczmal, R. A. Assuncao. A Simulated Annealing Strategy for the Detection of Arbitrarily Shaped Spatial Clusters ［J］. Computational Statistics and Data Analysis, 2004, 45 (2): 269 - 286.

［117］L. Hering, S. Poncet. Market Access and Individual Wages: Evidence from China ［J］. Review of Economics and Statistics, 2010, 92 (1): 145 - 159.

［118］L. - N. Tellier. Projecting the Evolution of the North American Urban System and Laying the Foundations of a Topodynamic Theory of Spatial Polarization ［J］. Environment and Planning A, 1995, 27 (7): 1109 - 1131.

［119］Manfred M. Fischer, Peter Nijkamp. Handbook of Regional Science ［M］. Berlin: Springer - Verlag, 2014.

［120］Marc Barthelemy. Spatial Networks ［J］. Physics Reports, 2011, 499 (1 - 3): 1 - 101.

［121］Marcelo Azevedo Costa, Martin Kulldorff. Applications of Spatial Scan Statistics: A Review ［M］// J. Glaz et al. Scan Statistics: Methods and Applications, Statistics for Industry and Technology, Boston: Birkhauser Boston, 2009.

［122］Marco Antonio Lopez - Castro, Marius Theriault, Marie - Helene Vandersmissen. A Method to Test the Significance of Differences between Centrographic Measures of Dispersion ［J］. The Canadian Geographer, 2019, 63 (2): 326 - 339.

［123］Mariaflavia Harari. Cities in Bad Shape: Urban Geometry in India ［J］. The American Economic Review, 2020, 110 (8): 2377 - 2421.

［124］Martin Kulldorff, Lan Huang, Linda Pickle, Luiz Duczmal. An Elliptic Spatial Scan Statistic ［J］. Statistics in Medicine, 2006, 25 (22): 3929 - 3943.

［125］Michael F. Goodchild, Robert P. Haining. GIS and Spatial Data Analysis: Converging Perspectives ［J］. Papers in Regional Science, 2004, 83 (1): 363 - 385.

［126］Michael F. Goodchild. Challenge in Spatial Analysis ［M］// A. Stewart Fotheringham, Peter A. Rogerson The SAGE Handbook of Spatial Analysis, London: Sage Publications Ltd. , 2009: 465 - 480.

［127］Michael F. Goodchild. Challenges in Geographical Information Science ［J］. Proceedings: Mathematical, Physical and Engineering Sciences, 2011, 467 (2133): 2431 - 2443.

［128］Michael F. Goodchild. Geographical Information Science ［J］. International Journal of Geographical Information Science, 1992, 6 (1): 31 - 45.

［129］Miller H. J. , Wentz E. A.. Representation and Spatial Analysis in Geographic Information Systems ［J］. Annals of the Association of American Geographers, 2003, 93 (3): 574 - 594.

［130］Milos Stojmenovic, Amiya Nayak. Direct Ellipse Fitting and Measuring Based on Shape Boundaries ［J］. Lecture Notes in Computer Science, 2007 (4872): 221 - 235.

［131］Mohd Yousuf Ansari, Amir Ahmad, Shehroz S. Khan, Gopal Bhushan, Mainuddin. Spatiotemporal Clustering: A Review ［J］. Artificial Intelligence Review, 2020 (53): 2381 - 2423.

［132］M. A. Andresen. Testing for Similarity in Area - based Spatial Patterns: A Nonparametric Monte Carlo Approach ［J］. Applied Geography, 2009, 29 (3): 333 - 345.

［133］M. Fujita, P. Krugman, A. Venables. The Spatial Economy: Cities, Regions and International Trade ［M］. Cambridge: MIT Press, 1999.

［134］M. Kulldorff, W. Athas, E. Feuer, B. Miller, C. Key. Evaluating Cluster Alarms: A Space - time Scan Statistic and Brain Cancer in Los Alamos, New Mexico ［J］. American Journal of Public Health, 1998, 88 (9): 1377 - 1380.

[135] M. Kulldorff. A Spatial Scan Statistic [J] . Communications in Statistics: Theory and Methods, 1997, 26 (6): 1481 – 1496.

[136] M. Kulldorff. Tests of Spatial Randomness Adjusted for an Inhomogeneity: A General Framework [J] . Journal of the American Statistical Association, 2006, 101 (475): 1289 – 1305.

[137] M. P. Kwan, Alan T. Murray, Morton E. O'Kelly, Michael Tiefelsdorf. Recent Advances in Accessibility Research: Representation, Methodology, and Applications [J] . Journal Geographical Systems, 2003, 5 (1): 129 – 138.

[138] Nathaniel Baum – Snow. Did Highways Cause Suburbanization? [J] . The Quarterly Journal of Economics, 2007, 122 (2): 775 – 805.

[139] N. Cressie, C. K. Wikle. Statistics for Spatio – Temporal Data [M] . Hoboken: Wiley, 2011.

[140] N. I. Fisher, T. Lewis, B. J. J. Embleton. Statistical Analysis of Spherical Data [M] . Cambridge: Cambridge University Press, 1987.

[141] N. I. Fisher. Spherical Median [J] . Journal of the Royal Statistical Society B, 1985, 47 (2): 342 – 348.

[142] N. I. Fisher. Statistical Analysis of Circular Data [M] . Cambridge: Cambridge University Press, 1995.

[143] Ourania Kounadi, Alina Ristea, Adelson Araujo Jr. , Michael Leitner. A Systematic Review on Spatial Crime Forecasting [J] . Crime Science, 2020, 9 (1): 1 – 22.

[144] Paul A. Samuelson. Thunen at Two Hundred [J] . Journal of Economic Literature, 1983, 21 (4): 1468 – 1488.

[145] Paul Expert, Tim S. Evans, Vincent D. Blondel, Renaud Lambiotte. Uncovering Space – Independent Communities in Spatial Networks [J] . Proceedings of the National Academy of Sciences (PNAS), 2011, 108 (19): 7663 – 7668.

[146] Paul M. Romer. The Origins of Endogenous Growth [J] . Journal of Economic Perspectives, 1994, 8 (1): 3 – 22.

[147] Peter J. Diggle. Statistical Analysis of Spatial and Spatio – temporal Point Patterns: 3rd Ed. [M] . Bosa Roca: Chapman and Hall/CRC, 2013.

[148] P. E. Pfeifer, S. J. Deutsch. A Three – stage Iterative Procedure for Space – time Modeling [J] . Technometrics, 1980, 22 (1): 35 – 47.

[149] P. Greig – Smith. The Use of Random and Contiguous Quadrats in the Study of the Structure of Plant Communities [J] . Annual of Botany, 1952, 16 (2): 293 – 316.

[150] P. J. Clark, F. C. Evans. Distance to Nearest Neighbor as a Measure of Spatial Relationships in Populations [J] . Ecology, 1954, 35 (4): 445 – 453.

[151] P. J. Diggle, A. G. Chetwynd, R. Haggkvist, S. E. Morris. Second – order Analysis of Space Time Clustering [J] . Statistical Methods in Medical Research, 1995, 4 (2): 124 – 136.

[152] P. J. Diggle, A. G. Chetwynd. Second – Order Analysis of Spatial Clustering for Inhomogeneous Populations [J] . Biometrics, 1991, 47 (3): 1155 – 1163.

[153] P. Krugman. Increasing Returns and Economic Geography [J] . Journal of Political Economy, 1991, 99 (3): 483 – 499.

[154] Qiliang Liu, Zhilin Li, Min Deng, Jianbo Tang, Xiaoming Mei. Modeling the Effect of Scale on Clustering of Spatial Points [J] . Computers, Environment and Urban Systems, 2015, 52: 81 – 92.

[155] Reginald G. Golledge. The Future for Spatial Analysis [M] // A. Stewart Fotheringham, Peter A. Rogerson. The SAGE Handbook of Spatial Analysis. London: Sage, 2009: 481 – 486.

[156] Richard L. Church, James R. Marston. Measuring Accessibility for People with a Disability [J] . Geographical Analysis, 2003, 35 (1): 83 – 96.

[157] Robert Haining. Spatial Data, Statistical Methods: A Chronological Overview [M] //M. M. Fischer, P. Nijkamp. Handbook of Regional Science, Berlin: Springer – Verlag, 2014.

[158] Roland Hodler, Paul A. Raschky. Regional Favoritism [J]. The Quarterly Journal of Economics, 2014, 129 (2): 995 – 1033.

[159] R. Bachi. New Methods of Geostatistical Analysis and Graphical Presentation [M]. New York: Kluwer, 1999.

[160] R. Bachi. Standard Distance Measures and Related Methods for Spatial Analysis [J]. Papers – Regional Science Association, 1963, 10 (1): 83 – 132.

[161] R. A. Fisher. Dispersion on a Sphere [J]. Proceedings of the Royal Society of London. Series A, Mathematical and Physical Sciences, 1953, 2017 (1130): 295 – 305.

[162] Sang Lee, Hoon Pan – Jun Kim, Hawoong Jeong. Statistical Properties of Sampled Networks [J]. Physical Review E, 2006, 73 (1): 1 – 7.

[163] Sara Mclafferty. Disease Cluster Detection Methods: Recent Developments and Public Health Implications [J]. Annals of GIS, 2015, 21 (2): 127 – 133.

[164] Shashi Shekhar, Michael R. Evans, James M. Kang, Pradeep Mohan. Identifying Patterns in Spatial Information: A Survey of Methods [J]. WIREs Data Mining and Knowledge Discovery, 2011, 1 (3): 193 – 214.

[165] Sheikholeslami G., Chatterjee S., Zhang A.. Wavecluster: A Multi – resolution Clustering Approach for Very Large Spatial Databases [C]. Proceedings of the 24th VLDB Conference NewYork, LISA, 1998.

[166] Shino Shiode, Narushige Shiode. Detection of Multi – Scale Clusters in Network Space [J]. International Journal of Geographical Information Science, 2009, 23 (1): 75 – 92.

[167] Si – ming Li, Yi – man Shum. Impacts of the National Trunk Highway System on Accessibility in China [J]. Journal of Transport Geography, 2001 (9): 39 – 48.

[168] Stef Proost, Jacques – François Thisse. What Can Be Learned from Spatial Economics? [J] Journal of Economic Literature, 2019, 57 (3): 575 – 643.

[169] Steven A. Wernke. Negotiating Community and Landscape in the Peruvian Andes: A Transconquest View [J]. American Anthropologist, 2007, 109 (1): 130 – 152.

[170] S. A. Roach. The Theory of Random Clumping [M]. London: Methuen, 1968.

[171] S. Bates. Spatial and Temporal Analysis of Crime [J]. Research Bulletin, 1987.

[172] S. Chainey, L. Tompson, S. Uhlig. The Utility of Hotspot Mapping for Predicting Spatial Patterns of Crime [J]. Security Journal, 2008, 21 (1 – 2): 4 – 28.

[173] S. Loncaric. A Survey of Shape Analysis Techniques [J]. Pattern Recognition, 1998, 31 (8): 983 – 1001.

[174] S. M. Robeson, A. Li, C. Huang. Point – Pattern Analysis on the Sphere [J]. Spatial Statistics, 2014 (10): 76 – 86.

[175] S. Openshaw. Developing Appropriate Spatial Analysis Methods for GIS [M] //D. J. Maguire, M. F. Goodchild, D. W. Rhind. Geographical Information Systems: Principles and Applications, London: Longman, 1991: 389 – 402.

[176] S. Shiode. Street – level Spatial Scan Statistic and STAC for Analysing Street Crime Concentrations [J]. Transactions in GIS, 2011, 15 (3): 365 – 383.

[177] Tobias Scholl, Thomas Brenner. Detecting Spatial Clustering Using a Firm – Level Cluster Index [J]. Regional Studies, 2014, 50 (6): 1054 – 1068.

[178] Tobias Scholl, Thomas Brenner. Optimizing Distance – based Methods for Large Data Sets [J]. Journal of Geographical Systems, 2015, 17 (4): 333 – 351.

[179] Tomoya Mori, Koji Nishikimi, Tony E. Smith. A Divergence Statistic for Industrial Localization [J]. Review of Economics and Statistics, 2005, 87 (4): 635 – 651.

[180] Tomoya Mori, Tony E. Smith. A Probabilistic Modeling Approach to the Detection of Industrial Agglomeration [J]. Journal of Economic Geography, 2014, 14 (3): 547 – 588.

［181］Tomoya Mori, Tony E. Smith. On the Spatial Scale of Industrial Agglomerations ［J］. Journal of Urban Economics, 2015, 89: 1 – 20.

［182］Tony H. Grubesic, Ran Wei, Alan T. Murray. Spatial Clustering Overview and Comparison: Accuracy, Sensitivity, and Computational Expense ［J］. Annals of the Association of American Geographers, 2014, 104 (6): 1134 – 1156.

［183］T. L. Lei, R. L. Church. Mapping Transit – Based Access: Integrating GIS, Routes and Schedules ［J］. International Journal of Geographical Information Science, 2010, 24 (2): 283 – 304.

［184］T. Pavlidis. A Review of Algorithms for Shape Analysis ［J］. Computer Graphics and Image Processing, 1978, 7 (2): 243 – 258.

［185］W. D. Nordhaus. Geography and Macroeconomics: New Data and New Findings ［J］. Proceedings of the National Academy of Science of the United States of America, 2006, 103 (10): 3510 – 3517.

［186］W. R. Tobler. Frame Independent Spatial Analysis ［M］// M. F. Goodchild, S. Gopal. Accuracy of Spatial Databases, London: Taylor and Francis, 1989: 115 – 122.

［187］W. R. Kerr, S. D. Kominers. Agglomerative Forces and Cluster Shapes ［J］. Review of Economics and Statistics, 2015, 97 (4): 877 – 899.

［188］Yasusada Murata, Ryo Nakajima, Ryosuke Okamoto, Ryuichi Tamura. Localized Knowledge Spillovers and Patent Citations: A Distance – Based Approach ［J］. The Review of Economics and Statistics, 2014, 96 (5): 967 – 985.

［189］Yiannis Kamarianakis, Poulicos Prastacos. Space – time Modeling of Traffic Flow ［J］. Computers and Geosciences, 2005, 31 (2): 119 – 133.

［190］Yiu M. L., Mamoulis N.. Clustering Objects on a Spatial Network ［C］. Proceedings of the 2004 ACM SIGMOD International Conference on Management of Data, 2004.

［191］Yizhuo Li, Teng Fei, Fan Zhang. A Regionalization Method for Clustering and Partitioning Based on Trajectories from NLP Perspective ［J］. International Journal of Geographical Information Science, 2019, 33 (12): 2385 – 2405.

［192］Y. M. Ioannides, H. G. Overman. Spatial Evolution of the US Urban System ［J］. Journal of Economic Geography, 2004, 4 (2): 131 – 156.

［193］Zuoquan Zhao, Roger R. Stough, Dunjiang Song. Measuring Congruence of Spatial Objects ［J］. International Journal of Geographical Information Science, 2011, 25 (1): 113 – 130.

［194］Zuoquan Zhao, Roger R. Stough. Measuring Similarity Among Various Shapes Based on Geometric Matching ［J］. Geographical Analysis, 2005, 37 (4): 410 – 422.

［195］Z. Drezner, G. O. Wesolowsky. Facility Location on a Sphere ［J］. Journal of the Operational Research Society, 1978, 29 (10): 997 – 1004.

第八章 区域定量方法

第一节 引言

伴随着城市与区域研究的持续深入，过去三十年来城市与区域分析在方法与建模上取得了较大的进展，有必要进行系统的梳理和总结。城市与区域的分析方法及模型作为一种科学方法论，主要是对城市和区域发展的自然条件和社会经济背景特征及其对区域社会经济发展的特征、格局、趋势等进行分析，探讨城市和区域内部各自然及人文要素间和区域间相互联系的规律，具有较强的综合性和应用性。综合性使得城市与区域分析中需要采用的定量方法和模型繁多且复杂；应用性使得城市与区域分析比其他一些应用性较弱的学科更为迫切地需要采用定量的方法解决许多实际问题。为了理解城市和区域的演化规律、特征和问题，并且引导未来的发展，我们需要对城市和区域系统进行各项分析和研究，使得分析结果更加合理且具有参考价值，因此系统化、科学化和定量化的分析方法与模型不可或缺。

由于城市和区域分析涉及经济学、地理学、社会学、政治学以及人口学等众多学科，因此该领域的技术、方法和模型汗牛充栋，我们也难以完全囊括所有的学术成果。本章从专题分析的方法和模型以及综合分析的方法和模型两方面对过去三十年区域科学领域的定量分析方法进行总结。其中，一些专题分析的方法与模型被广泛地应用到城市与区域问题的研究中，主要包括综合评估与多目标决策方法与模型、城市与区域空间优化方法与模型、区域系统预测方法与模型、空间相互作用模型及市场潜力模型等。此外，综合分析的方法与模型的发展呈现出四个特征：I/O 模型、CGE 模型逐渐向多区域发展，计算社会科学的理论和方法方兴未艾，复杂网络分析法异军突起，地理统计与空间计量模型日益受到重视。总体看来，过去三十年定量分析方法在我国区域科学领域得到了长足发展，可以说是百花齐放、百舸争流，并且逐渐从引进、模仿的追赶型向综合集成的创新型迈进，甚至在一些领域有了新的突破。在发展进程上，本章把我国区域科学领域的定量分析大致分为两个阶段。从 1990 年到 2005 年为第一阶段，此后到现在为第二阶段。尽管这样的划分未必科学，但本章将以此来介绍和回顾几个专题分析方法的发展和演进。当然，这种划分也不绝对，本章在综合分析板块则根据具体的模型和方法分领域和层级展开梳理，或者将每十年划分为一个阶段。由于时间仓促，我们的确难以完全囊括和覆盖定量分析方法和模型的全部，更难以悉数搜集和整理所有学者的文献和成果，有些领域也并非我们的专长，梳理工作覆盖不全，难免挂一漏万，敬请读者多担待包涵。

第二节　专题分析方法与模型

一、综合评估方法与时俱进

城市与区域系统的综合评价以及多目标决策是城市与区域分析中复杂而又重要的工作环节。过去三十年来，已经形成包括主成分分析法、功效系数法、层次分析法、TOPSIS 法、模糊综合评估、灰色系统评估、数据包络分析、空间统计学以及人工神经网络（ANN）等不同理论下的综合评价方法，而且这些方法本身也在不断演进、组合和集成发展。总的来看，1990～2005 年主要基于传统综合评估方法，其发展特征呈现出多学科交叉发展的趋势。从近十几年的发展来看，面对城市与区域复杂系统的变化，基于人工智能、大数据的综合评估方法日趋流行，适用于现代城市区域多维度、多结构、多层次和多要素的复杂系统。在中国区域科学的综合评估应用领域，1990～2005 年主要集中在可持续发展、生态环境、产业和经济发展、土地利用等方面。随着区域社会经济的新发展，2006 年以来综合评估的应用领域与时俱进，主要应用于生态文明、产业效率、城市更新和体验、城市网络等。未来，新兴信息技术的发展和大数据的完善应用将推动综合评估法在城市与区域领域更为深入和广泛的应用。

（一）第一阶段：综合评估方法得以广泛应用

回顾中国区域科学发展的早期，综合评估研究主要基于传统数学理论，研究方法较为分散。基于多元统计理论的研究方法是对多个变量进行统计分析的一种定量分析方法，包括将多个指标转化为少数互相无关的综合指标的主成分分析法以及因子系数等。常规定量方法下的综合指数法和功效系数法在早期也应用较多。系统科学理论是从系统的角度去考察和研究整个世界，其中，层次分析法是将评价问题的有关因素分解成目标、准则、方案等层次，然后在此基础上进行定性和定量分析的一种评价方法。决策科学理论包括多准则决策、群决策、序贯决策及决策支持系统等研究方向。由多目标决策（MCMD）理论发展而来的 TOPSIS 评价方法具有广泛的代表性，又称逼近理想解排序法，即为与理想方案相似性的顺序选优技术。模糊数学产生于 20 世纪 60 年代，用数学方法对现实世界中的模糊现象和模糊概念进行分析和建模，主要包括模糊聚类和模糊综合评价等方法。灰色系统理论是 1982 年由中国学者邓聚龙教授根据"灰箱"概念创立，以"小样本"和"贫数据"不确定性系统为研究对象，通过对已知信息的生成开发以提取有价值的信息，实现对系统运行行为和演化规律的正确描述及有效监控（刘思峰，2004）。随着多学科的深入发展和各学科之间的机理互补，新的评价方法不断产生，例如，模糊层次分析法、灰色聚类分析和灰色层次分析等。此外，也有学者针对具体研究问题构建新的评估模型。20 世纪 90 年代中期，学术界提出了组合评价法，在评价问题的不同阶段或者不同步骤选用不同的评价方法。例如，学者们选取主客观相结合的常规综合评价、模糊综合评价和主成分分析法等组合评价方法（尹相勇和彭宏勤，1999）。后期，人工智能综合评价逐渐被应用，出现了基于计算机的专家决策支持系统（王宗军和冯珊，1995）。进入 21 世纪之后，运筹学评价方法下的数据包络分析开始在城市与区域研究领域流行起来，用以评价多输入和多输出的"部门"（称为决策单元 DMU）的相对有效性，其是以相对效率概念为基础发展起来的一种效率评价方法。此方法包括改进的 DEA 模型、基于模糊的 DEA 模型和超效率 DEA 模型等（何亚伯等，2016；任俊霖、李浩和伍新木等，2016）。刘毅等（2010）应用 DEA 模型对我国自然灾害的区域脆弱性水平进行研究，在区域灾害系统理论的组织框架下，从区域自然灾害危险性、区域承灾体暴露性和区域自然灾害损失度三个方面构建了区域自然灾害系统的 DEA 投入产出模型，并利用模型得出的区域自然灾害成灾效率对区域自然灾害的脆弱性进行模拟反应，对我国自然灾害脆弱性的区域分异特征进行分析。李京文等（2014）运用 DEA 方法测算并分析战略性新兴产业上市公司的融资效率。李兰冰（2008）基于 DEA 模型的两阶段分析对我国铁路系统生产效率进行实证研究。

在中国区域科学的研究领域，20 世纪 90 年代以后，综合评价方法发展迅速，在多学科交叉下形成多种评价范畴。在评价方法的演变上，从单一综合评价到组合评价阶段，1990～2000 年综合评价方法超出了最初的统计领域，成为运筹学、决策学和模糊数学等学科共同发展充实的交叉学科。但随着实际生活中城市与区域系统愈加复杂，应用传统研究方法处理问题已愈加困难。此时综合评估的研究领域主要集中在可持续发展和城市区域环境综合评估方面（应竹青，1995）。众多学者对城市与区域可持续发展进行了相关评估分析（高建国，1999）。此外，综合评估应用于矿产资源综合开发（关凤峻，1999）、投资环境（黄朝永，1999）、城市用地（许学工，1992）、区域经济发展水平（李新运等，1995）、人居环境综合评价（李王鸣等，1999）以及城市交通等方面。

（二）第二阶段：综合评估方法呈现时代新特征

21 世纪以来，由于大数据的发展以及算法和运算能力的提高，人工智能的发展呈现井喷趋势，在综合评估中被广泛应用。人工智能对评估者主观方面的依赖较少，在条件模糊或缺少证据的情况下也能够做出更加接近于真实的评估。粒子群优化算法（姜秋香等，2011）、BP 神经网络（李丽和张海涛，2008）、遗传算法（王芳等，2013）、随机森林算法（刘卫东等，2019）、基于贝叶斯公式的评价方法（施晔等，2011）和模糊逻辑模型（朱庆等，2021）等人工智能算法日益广泛地应用于综合评估中。此外，空间统计学也较多地运用到了综合评估中，并与 GIS 和 RS 等地理信息系统结合。罗畏（2012）将空间统计分析方法应用于环境质量评价，探索区域环境质量在空间上的分布特征，挖掘环境质量数据中的空间关联关系。卢小兰（2014）基于空间统计方法分析资源环境压力、承载力和承载率的空间相关性，对资源环境承载力进行综合评估。此外，双重差分（DID）（方大春和孙明月，2016）、工具变量法和 RD 回归（赵肖肖和唐湘博，2020）等被广泛应用于对区域项目或者公共政策实施效果的计量经济学评估。政策评估模型丰富了综合评估的研究方法和领域，也是当前和未来研究的重要方向。

随着社会经济的发展和转型，综合评估在城市与区域科学的应用领域更加广泛，也更呈现出时代特征。最近十来年，我国学者的研究热点主要集中在生态文明、经济发展和产业升级、城市群、现代物流与交通运输、区域创新、城乡融合、区域效率、城市网络评估、城市感知和城市更新等多个方面。党的十八大将生态文明建设纳入中国特色社会主义事业"五位一体"总体布局，生态文明建设被提高到重要位置，众多学者对生态文明建设进行了综合评估（张欢等，2015；傅强和顾朝林，2017；吴传清，2020）。经济发展和产业升级这一主题也受到了有关学者的重视。在循环经济（项赟等，2015）和绿色经济评估方面（曾贤刚和毕瑞亨，2014）不断涌现新的研究。此外，刘燕华和冯之浚（2010）指出在国际社会围绕温室气体减排的责任与义务"讨价还价"的背景下，我们必须认真研究、分析、吸收国际低碳经济的概念，及早探求出一条具有中国特色的低碳经济发展道路。基于低碳经济的重要性，对低碳经济的综合评估（顾颖敏等，2013）和其他方面的研究愈发受到学术界的重视。综合评估也广泛应用于新兴产业，例如，旅游产业竞争力（徐知渊和吕昌河，2017）和旅游产业创新能力（王毅等，2017）方面的综合评估。在城市群领域的研究中，综合评估广泛应用于城市群发展水平（曾鹏，2008）、城市群承载力（陈金英等，2013）和城市群发展韧性（白立敏等，2019）等方面的评估。在交通领域，综合评估也广泛应用于现代物流（魏国辰和冀雪华，2019）和交通发展（李涛等，2017）的评估当中。例如，学者 Kang 和冯正民（2020）提出了一个决定公交系统效率和有效性的两阶段网络性能评价模型，以台北市公交系统为研究对象，以二氧化碳（CO_2）排放及乘客转移为考量因素，以衡量公交系统的表现；Hsieh 和冯正民（2014）构建了一个用以评估道路网络故障相互依存的脆弱性框架，基于文献中提取的 11 个脆弱因素和台北都市圈的实证案例研究，分别以功能和空间交互的模糊认知地图与 GIS 进行道路网络脆弱性评估。2006 年，党中央、国务院召开了全国科技大会，首次提出了建设创新型国家的战略任务，此后关于创新型城市（方创琳等，2014）、区域科技创新（蒋兴华，2012；智颖和高志刚，2021）、科技创新与绿色发展的偶和协调（滕堂伟等，2019）和产业创新能力（邵云飞等，2020）等方面的评估日益增多。乡村是经济社会发展的重要基础，城市与乡村是一个有机体，二者协调发展才能相互支撑。有关城乡融合（杨秀等，2019）方面的综合评估与乡村振兴战略相辅相成。在乡村扶贫向乡村振兴有效衔接的转换期，有关城乡融合发展方面的综合评估也受到持续关注。随着我国的发展方式逐步从规模速度型转向质量效率型，区域效率综合评估逐渐成为研究热点。近年来，我国非常注重区域协调发展，张可云和裴相烨（2019）构建测算区域协调发展水平指标体系，利用层次分析法和效用函数合成法分别测算一级指标权重，并用熵权法测算二级指标权重，对中国四大板块及31 个省（自治区、直辖市）（不含港澳台地区）2008～2017 年区域协调发展水平的变化进行研究。综合评估在区域能源效率（关峻和张晓文，2016）、经济发展效率（杨龙和胡晓珍，2010）、环境治理效率（黄英等，2015）、创新效率（李美娟，2014）、产业链风险（周羽等，2012）、产业运营效率（吴佳伦等，2016）及制造业集聚水平（吴传清等，2020）等方面发挥了重要作用。郭磊贤等（2021）采取比较广州、深圳航空客流来源地城市的功能特征，以及其中在北京上海就业乘客的所在城区功能特征两种途径，反向判断广州和深圳在中国城市网络中体现的总体功能特征倾向。随着城市规模的不断扩大，对城市整体和局部空间质量的了解超出了大部分人的感知能力，同时规划师也很难对城市物理环境和面貌做出判断。刘伦等（2017）开发了基于 SIFT 算法和神经网络的机器学习模型，利用百度街景图像对北京城市视觉环境质量进行评估。何宛余等（2019）利用图像判别技术和卷积神经网络，模拟图像判别模型在城市风貌感知、城市问题预测和城市机理评估方面的作用，阐明深度学习在城市感知和城市规划中的应用可能性及潜力。随着城镇化提速和经济发展"新常态"，城市更新成为许多城市未来经济增长、社会发展和空间优化的核心要素。刘淼等（2019）通过腾讯位置大数据及其标签数据，对上海铜川路水产市场进行人群画像及流动检测，探索大数据支持下城市更新政策实施的精细化评估方法；徐敏等（2019）利用基础数据和大数据对广东历史文化街区更新进行了全过程综合评估，全方位把握历史文化街区的更新状况。

经过近三十年的发展，综合评估方法从传统数学模型发展到广义智能综合评价方法。现阶段人工智能、物联网和云计算等新兴信息技术不断发展，空间统计学和计量经济学也被结合，综合评估理论和方法在不断完善和丰富。从数据来源来看，综合评估数据源已从基础数据扩展到海量大数据。在收集、存储、计算和分析过程中更有效地利用大数据，以此实现对城市与系统的管理和服务，做出正确的决策以及提升城市的市场竞争力是综合评估的未来目标。从研究领域来看，综合评估方法的应用从可持续发展、环境质量、经济发展等传统领域，扩展到区域创新、产业效率和城市感知等领域。随着城乡融合以及城市中心与外围关系的变化，综合评估在城市网络分析中也越来越重要，综合评估方法的应用范围变得更加广泛和深入。

（三）未来展望

随着人们生活水平逐步提高，城市和区域发展的主要目标也将从经济发展逐步转换到创造高品质城市生活空间，这离不开对人的情感体验的设计评价。研究者们发现人的各种思维情感活动和特定的脑电波信号相连接，通过对环境视觉、语音和人脸表情识别，能够实时捕捉被测者对于城市区域中的建筑、开放空间和环境景观等不同要素的脑电活动，反映人们复杂的认知过程和心理感受。通过实时记录人的生理情绪，以此评价城市区域相关要素，改善空间环境体验也是未来发展的重要方向。

"复杂网络"是当代城市研究的重要谱系与核心视角之一，跨城市和跨区域的评估比较也是未来发展的方向。城市发展得如何除了自身条件，更重要的是在城市网络中的地位和与其他城市的竞合关系，这就涉及地理和网络的视角，而以往的分析往往缺乏网络视角。未来在综合评估的基础上可以更多地考虑城市网络分析，将城市网络作为城市研究的一类场景与数据载体，帮助城市与区域合理定位并良性竞合。全球化与世界级城市研究小组（GaWC）将城市网络理论转化成以金融和商务等行业的跨国公司为研究中介的实证方法，产生了一定的影响力。得益于信息技术的广泛应用及不断地降低成本，大数据生态系统不断得到发展和完善，使其具有海量性、多样性及可变性等特征。

多年来，自然灾害严重冲击了城市建设，凸显了传统城市规划的市场失灵与政府体制的不足。城市规划欠缺对跨专业整合重要性的认知，特别是面对极端气候冲击时对土地的（再）利用，也突出了把"减灾"与"社会—经济脆弱度"融入空间规划的重要性（洪启东等，2017）。因此，在未来进行城市或区域综合评估时，有必要将抗灾能力及社会 – 经济脆弱度加入评估体系，塑造"韧性城市"，这将是未来区域经济学综合评估领域重要的拓展方向。

大数据应用是信息化社会发展的重要阶段，是智慧城市治理的重要标准，也是综合评估未来重要的发展趋势。但是当前也存在大数据应用缺乏顶层设计和统筹规划、坐标系统和基础框架数据制作标准不统一、创新应用领域不广的问题，未来在综合评估中，对大数据的应用要持续优化和修正。

中国城市和区域社会经济现象处在不断变化和发展之中，评价标准是相对动态的，评价现象也需要进行持续的观测。随着城市经济的发展、工业规模的扩张和收缩、人口和城区面积的变化，原有的评估和检测不能满足现阶段的管理和服务需求，未来综合评估需要将城市和区域系统的动态性加入到评价指标和流程设计等方面，以实现更有效的评估。

二、优化算法与模型独树一帜

最优化是一门应用范围十分广泛的方法论，它研究决策问题的最佳选择之特性，构造寻求最优解的计算方法，研究这些计算方法的理论性质及实际计算中的表现。通常在建模过程中先是要根据问题提出目标函数、找出问题的约束条件以及设定问题的控制变量和参数，再建立问题对应的优化模型。优化问题通常根据目标函数中的变量是否连续可分为连续型优化问题和离散型优化问题。连续型优化问题常采用微积分的方法求解最优值，而典型的离散型优化问题则常使用组合优化、整数规划和约束规划的优化方法。空间优化将运筹学中的各类优化方法应用于空间研究，经过三十年的发展，空间优化已不再局限于定性描述和价值判断，而是更多结合了定量的数量模型。优化方法也由线性规划和整数规划等传统优化方法走向了遗传算法和蚁群算法等非经典优化方法。常见的空间优化应用有城市应急服务系统、交通运输、物流配送、土地利用、水资源配置、景观格局优化、公共服务设施管理以及碳减排等。

（一）第一阶段：线性规划等传统运筹学方法逐渐普及

传统优化方法涵盖了线性规划、整形规划、整数优化、灰色线性规划和多目标规划等经典运筹学方法论。在使用传统方法开展的研究中，关于土地利用空间优化、公共服务均等化、水资源配置和灾害与应急管理问题的研究成为了重点。其中，关于土地利用格局优化的研究最常使用灰度线性规划方法，研究范围涵盖陕西关中地区（康慕谊等，1999）、张北县（郑新奇等，2000，姚华荣等，2004）、广东省田阳县（耿红等，2002）和北方农牧交错地带（苏伟等，2007）等。另有学者使用多目标线性规划的研究方法对陕西秦岭山（刘彦随，2001）、辽河三角洲（张耀光，2001）、三峡库区（刘彦随和方创琳，2001）和海南省琼海市（刘艳芳等，2002）等的土地利用空间优化进行研究。近二十年来，单独使用线性规划方法进行的土地格局优化研究已不多见，线性规划与其他数学方法相结合已成为新趋势。关于选址优化问题的研究范围较广，从宏观产业格局优化到微观便民设施格局优化均有涉及，研究范围涵盖工厂（梁进社，1994）、商场（张显东等，1998）、集装箱（程赐胜等，2005）、换乘站（刘有军等，2003）和垃圾中转站（贾传兴等，2006）等诸多场所，相关研究多使用线性规划和整数规划的研究方法。关于水资源优化配置的研究中，多目标模糊优化的多维动态模型影响较大（陈守煜等，1994；崔振才等，2000）。此外，多目标优化方法（郭贝贝等，2014）和动态规划法（崔远来等，2007）也得到了一定的应用。值得一提的是，应急设施布局优化是选址研究的热点问题，除了常用的确定型选址模型，近年来还发展出应急服务设施选址的概率模型和层级选择模型等。方法论已实现由传统的线性规划等方法（常玉林等，2000；方磊等，2002；陈志宗等，2006）逐步发展为多目标规划结合优劣解距离法（赵树平等，2014）、模拟植物生长算法（丁雪枫等，2012）等多维复合方法。

（二）第二阶段：遗传算法等非传统优化算法推陈出新

除了线性规划、整形规划、动态规划以及经典非线性规划等优化方法的研究和应用外，非经典的数学优化算法，诸如贪心算法和局部搜索算法这类简单的启发式算法，还有禁忌搜索算法、模拟退火算法、遗传算法、蚁群算法、粒子群优化算法和模拟植物生长算法等元启发式算法，以及神经网络、深度神经网络和强化学习等人工智能算法，逐渐被区域经济学家和管理者所认识和应用。

遗传算法（Genetic Algorithm，GA）就是根据自然界"物竞天择，适者生存"的现象而提出来的一种随机搜索算法。遗传算法的整体思路就是模拟生物种群的进化，认为个体的变异中总是存在适应环境的变化，适应度高的个体将自己的遗传信息通过繁殖的方式保留给后代，经过多次繁殖之后，群体将由适应度最高的个体的后代占据，从而使得群体得以适应环境的变化。对应到优化问题，适应环境就是优化的最终目标，个体就是优化问题的任意一个解（可行解），群体则是该优化问题的一系列解（一组可行解），个体的变异则是在原解的基础上产生新的解，个体的适应度则是解在一系列的约束条件下的值，繁殖是以较优解为基础产生新的种群——新的一系列解，通过多次迭代就能得到优化问题的最优解。遗传算法在区域科学领域常用来解决资源调度与优化配置（马光文和王黎，1997；畅建霞等，2001；贺北方等，2002）、选址优化（吴坚等，2004）、物流配送与路径优化（孙艳丰等，2000；陈火根等，2003；周根贵和曹振宇，2005；戴树贵等，2005，2007；谭前进，2007）和土地空间格局优化（付强，2002；董品杰，2003；刘艳芳等，2005；于苏俊和张继，2006；刘菁华等，2018）等问题。就方法论的探索而言，遗传算法优化及遗传算法（周建新等，2009）与其他研究工具相结合（黎夏和叶嘉安，2004）是两个主要方向。

蚁群算法（Ant Colony Algorithm，ACA）是一种用来在图中寻找优化路径的概率型算法。它由意大利学者 Marco Dorigo 于 1992 年首先提出，其是受到人们对自然界中真实蚁群集体行为的研究成果的启发。研究者们充分利用蚁群搜索食物的过程与旅行商问题（TSP）之间的相似性，在人工模拟蚂蚁搜索食物的过程中，通过个体之间的信息交流与相互协作最终找到从蚁群到食物源的最短路径的原理，以此解决了 TSP 问题，并取得了很好的结果。蚁群算法被用来求解背包问题和指派问题等多项式复杂程度的非确定性问题，这体现了蚁群算法在求解复杂优化问题（特别是离散优化问题）方面的优越性，证明了它是一种具有广阔发展前景的好方法。过去三十年来，学者们在蚁群算法方法论改进方面做了诸多探索（汪镭等，2003；段海滨等，2007；李盼池等，2008），蚁群算法与其他模型的融会贯通是其发展趋势（刘小平等，2007）。在实际应用层面，蚁群算法被广泛应用于解决 TSP 问题（郝晋等，2002；孙力娟等，2004；高海昌等，2006）、资源调度问题（徐刚等，2005；赵杰等，2008；刘玎玎等，2015）和路径优化问题（刘志硕等，2005；靳凯文等，2006；肖力，2008；张维泽等，2008；施宏伟、王发年等，2010；李琳等，2010；马建华等，2011；周明秀等，2013）。近年来蚁群算法逐渐被应用于土地利用模拟研究（许泉立等，2014；李立等，2018）。

Kennedy 和 Eberhart 等于 1995 年提出了一种群体演化算法——粒子群算法（Particle Swarm Optimization，PSO），该算法受到鸟群觅食过程的启发。群鸟在觅食的过程中，每只鸟的初始状态都处于随机位置，且飞翔的方向也是随机的。每只鸟都不知道食物在哪里，但是随着时间的推移，这些初始处于随机位置的鸟类通过相互学习、信息共享和经验积累，自发组织积聚成一个群落，并逐渐朝唯一的目标——食物前进。将其应用于算法中，假设在目标搜索空间中，有若干个粒子组成一个群体，每个粒子的位置就是目标函数的一个潜在解，代入目标函数就可以计算出其适应值，根据适应值的大小衡量其优劣。每个粒子还有一个速度决定它们飞翔的方向和距离，粒子们追随当前的最优粒子在解空间中搜索，通过个体极值和全局极值更新自己的速度，通过更新后的速度得到新的位置。经过多次迭代，就能找到目标函数的最优值。粒子群算法在路径优化中得到了最广泛的应用（李宁等，2004；丰伟和李雪芹，2007；江玮璠等，2008；马炫等，2009；魏明和靳文舟，2010；温惠英和孙博，2011；李松等，2012；陈玉光和陈志祥，2015；范厚明等，2018；胡小宇等，2018；王琪瑛等，2019）。

模拟退火算法（Simulated Annealing，SA）是一种通用概率算法，它源于固体退火原理。将固体加温至充分高，再使其以足够慢的速度冷却，用原子或晶格空位的移动来释放内部残留应力，通过这些原子排列重组的过程来消除材料中的差排。加温时，固体内部粒子随温度升高变为无序状，内能增大。而缓慢冷却时粒子趋于有序，在每个温度都能达到平衡态，且按照物理规律最终在常温时达到基态，内能减为最小。Kirkpatrick、Gelatt 和 Vecchi 在 1983 年发明了模拟退火算法，该算法常用来在一定时间内搜寻一个很大空间中的近似最优解，常用于解决路径优化问题（郎茂祥，2005；杨宇栋等，2006）。

禁忌搜索（Tabu Search，TS）是一种全局性邻域搜索算法，模拟人类具有记忆功能的寻优特征，通过局部邻域搜索机制和相应的禁忌表来标记已经找到的局部最优解邻域，以便之后的搜索过程中避开它们，进而保证多样化的有效探索，以最终实现全局优化。它是由美国科罗拉多大学教授 Fred Glover 在 1986 年左右提出并于 1989 年完善的一个用数学优化的局部搜索方法，常用于解决车辆调度与路径优化问题（张飞舟等，2002；姜思杰等，2003）。

此外，除了单一算法的应用，混合算法可以克服单一算法在某一方面的不足，从而得到更高质量的解。例如，赖志柱和王铮（2020）等利用离散的情景集合描述受灾点应急物资需求、应急物资运输成本和运输时间的不确定性，同时考虑应急救援成本和应急救援时间两个目标，建立了多目标应急物流中心选址的确定型模型和鲁棒优化模型。他们为将多目标问题转化为单目标问题，利用成本单目标和时间单目标的最优结果将多目标转化为相对值再加权处理，该方法既可消除多个目标之间的单位及数量级差异，还可以根据问题的数据变化进行动态调整，以提供应急物资救援服务的设施作为编码，设计了一种通用的混合蛙跳算法，为检验模型和该算法的有效性，设计了一个多情景的算例。张瑞锋和汪同三（2012）建立有时间窗车辆路径问题的数学模型，针对遗传算法在局部搜索能力方面的不足，提出将模拟退火算法与遗传算法相结合，从而构造有时间窗车辆路径问题的混合遗传算法，并进行实验计算。在其他算法方面，李强等（2012）针对非对称信息情况下，分布式供应链项目调度总体优化性能不足的问题，提出了一种启发式的优化方法。在由客户订单管理者、中间商和服务提供商组成的供应链网络中，利用订单管理者和中间商之间的有限协商信息共享，在分布协商过程中实现总体调度优化，同时在描述供应链结构及 Agent 框架的基础上，给出基于 Agent 的分布协商优化流程及算法。周芳汀和周国华等（2019）构建以总成本最小化为目标函数的依托地铁网络的城市配送系统转运点选址模型，同时改进模拟植物生长算法以进行求解。

（三）未来展望

应该看到，非经典的计算智能模型以及空间选择与优化模型的探索仍处于理论研究阶段，实际应用层面依然有较大改进空间，模型标准化程度不高。显然，要真正将空间优化模型的研究成果应用到具体的城市和区域，不仅涉及模型化方法本身，而且还涉及政治、经济、社会、人口、地理和自然等多方面基础信息，除此之外还需要 GIS 技术的支撑。因此，空间优化模型在城市和区域领域的应用是一个综合的过程，需要在中国区域科学的理论和实践中不断探索和积累。

三、预测方法与模型推陈出新

预测是根据事物之间相互联系和发展的历史及现实资料，利用已经掌握的科学知识和手段，对客观事物的未来发展状况和趋势进行事前分析和推断，从而减少事物发展的不确定性对经济和社会生活影响的方法。随着信息技术的不断发展，预测方法论日趋完善，已形成一套特色鲜明、逻辑清晰的理论体系。预测可分为定性预测和定量预测两大类：定性预测侧重于逻辑判断，依赖于人的经验和分析判断能力，适用于预测缺乏历史统计资料的事件，常用方法有 Delphi 法（专家调查法）、主观概率法、市场调查法、类推法和领先指标法等；定量预测的基本假设则是历史数据显示出的规律性可延伸至未来，需要较为充分的历史数据和拟合模型支撑，目前应用较为广泛的定量预测方法主要有时间序列分析（移动平均法、指数平滑法、Box - Jenkins 法）、模拟模型分析（线性回归分析、经济计量分析、投入/产出模型、趋势外推模型、马尔可夫模型、状态空间分析、灰色系统分析、系统动力学和链路预测等）和非线性预测（人工神经网络等）。近三十年来，我国学者运用多种定性定量方法对区域经济增长、产业结构调整、土地需求、交通、人口规模、劳动力迁移、物流及生态足迹等进行了卓有成效的研究。经过三十年的发展，传统预测方法已广泛应用于区域科学的各个领域。近年来，随着大数据和人工智能技术的普及，学界已发展出了一些非传统预测方法，例如，以 ANN 为代表的基于人工智能的预测方法和以支持向量机为代表的基于统计学习理论的预测方法。同时，组合预测也成为学者们克服单一模型局限性的一大工具。

（一）第一阶段：定性、定量预测方法齐头并进

定性方法主要包括 Delphi 法、主观概率法和领先指标法等。Delphi 法首创于 20 世纪 60 年代，由美国兰德公司首次采用，是一种专家意见的整合方法。1981 年许立达在《情报科学》上发表的《特尔斐法的稳定性与一致性》则是 Delphi 法在国内最早的应用。主观概率法是依据人

们长期积累的经验做出主观概率估计，此类方法任意性较大，更多地应用于如科技评估等的实践中。定性方法在预测研究中并不占据主流地位，学术研究中的预测以定量方法为主。

传统定量方法可分为时间序列分析和模拟模型分析两大类。时间序列分析假定历史数据所显示出来的规律可以被延伸至未来。经典时间序列模型包括移动平均模型（MA）、自回归模型（AR）、自回归移动平均模型（ARMA）以及其衍生出的 ARIMA 模型等。此类模型被广泛应用于对人口规模（田金方和张小斐，2007）、土地需求（王雪青等，2009）以及交通流量（韩超，2004；张扬，2009）等方面的预测。但传统时间序列预测非常依赖参数模型的选择，近年来急剧增长的数据规模也给传统预测方法带来了挑战。值得注意的是，学者在选择预测模型时，部分学者会选取一些算法指标进行模拟，并比较模型的精度，然后选取精度最高的模型进行预测。例如，付加锋和刘毅等（2006）利用球面投影降维的方法建立预测模型，对 2004～2008 年东部沿海地区产业结构进行预测分析。他们在对转角进行建模预测时，为达到较高的预测效果，采用了线性、二次、复合、生长曲线、对数曲线、三次曲线、S 曲线、指数曲线、逆曲线、幂指曲线模型和灰色预测方法，对各种可供选择的曲线拟合方法进行了优势比较，选取了相关性精度最高的模型作为回归模型。

模拟模型分析则是另一类常见的预测方法，最常应用于预测人口规模。研究方法包括荷兰学者 Verhaus 首创的 Logistic 模型（阎慧臻，2008；朱兴造和庞飞宇，2009）、线性回归模型（李金海，1996）、趋势外推模型（王高敏，1987）、马尔萨斯模型（杨丽霞等，2006）以及中国学者邓聚龙教授于 1986 年首次提出的适用于中短期预测的灰色系统 GM（1，1）模型（何柳，2007）等。1969 年 Bates 和 Granger 提出的组合预测模型也在这十五年中逐渐进入人们的视野（初良勇等，2004；王勇胜和薛继亮，2009；李焜，2009）。

（二）第二阶段：定性、定量预测方法融会贯通

进入区域科学发展的第二个十五年，定性理论逐渐出现与定量方法相结合的趋势。如刘秀丽、汪寿阳团队对于我国节能减排潜力的测算（刘秀丽等，2009）和综合定性理论与定量方法的层次分析法（AHP）（丰丽阳，2020；陈佳等，2018）的应用等，都在一定程度上代表了定性方法在区域科学中的回归。值得注意的是，由于以趋势外推为基础的传统预测技术对于不确定环境中的组织的预测存在一定的局限性，不能适应处于瞬息万变环境中的系统分析的需要，而情景分析法（Scenario Analysis）考虑了外界环境发生变化的可能性及变化给研究主体带来的影响，因此充分将定性与定量分析结合起来，成为近年来区域系统发展研究的主要方向之一（秦耀辰，2013）。例如，马丽和王云等（2018）运用情景预测法对京津冀协同发展目标的产业发展格局进行预测。在预建模过程上，首先，分析地区发展的宏观背景，解读地区相关发展规划，确定地区未来发展的导向和情景；其次，梳理和识别地区重点发展的产业和可能部署的重点项目，分析各产业目前在国际和国内市场的基本发展情况，确定重点发展部门和限制发展部门；最后，在确定地区工业整体发展增速、各部分发展状态和前景的基础上，根据其过去的发展增速和该行业的全国平均增速，将趋势分析与专家判断相结合，逐一确定各地区各部门的发展增速，从而对未来产业发展规模、结构和布局进行预测分析。

在这一时期，定量分析的发展特点更为鲜明。首先是单一模型方法的改进与完善，为提高预测精度，在方法上的创新屡见不鲜，例如，Logistic、GM（1，1）等模型的改进（李苑等，2015；曹建，2020；潘宇，2016；王慧珍，2015）。虽然改进后的方法预测精度有所上升，但此类方法仍存在应用范围狭窄、纯数理方法居多带来的实用性不足的问题。其次是各领域出现各具特色的预测方法和理论。在土地利用预测中，马尔可夫链模型、元胞自动机模型、GIS 和空间 Logistic 模型成为了主流预测方法，模型也逐渐从单一模型转向复合模型。其中 CA－Markov 模

型影响力较广（褚琳等，2018；胡碧松和张涵玥，2018；许小娟等，2017），该模型既发挥了Markov 模型长期预测的优势，又使用了 CA 模型自下而上的逻辑模拟复杂系统空间变化，但其模拟精度受到栅格大小的严格限制。在交通客流量预测领域，孙东琪和陆大道等（2017）利用时间序列曲线估算法、客货流量指数模型、GRNN 模型及交通可达性研究等多种方法有机结合进行预测。在能源领域，孙涵和成金华（2011）引入工业化、城市化等重要因素，利用支持向量回归机在时间序列预测中的优势，确定了输入向量集合和输出向量集合，建立了基于支持向量回归机能源需求预测模型；王晓岭等（2012）建立城市化率和能源强度间的向量自回归模型，运用协整分析、脉冲响应函数和动态方差分解法，从不同视角对两组变量的交互动态响应关系进行分析和预测。除此之外，投入产出模型在环境污染（张靖，2013）、人口问题（李晖和陈锡康，2013）、交通（李晓峰，2011）等领域应用广泛。近年来，也出现定理分析与运筹学结合以及充分利用计算机进行自动分析等趋势，当然其在假设、编制和优化上的局限性也是不可避免的。

另一个值得注意的是非经典预测方法的崛起。近些年逐渐兴起的人工神经网络法（ANN）、深度学习和案例推理预测（郑伟伟和柯新利，2010）均属于非经典预测方法。因其可完成对任意复杂数据的映射，建模简单且预测精度高，故在区域科学领域得到了广泛应用。其中最为成熟的 BP 神经网络在人口预测（王勇等，2021）、物流（王新利和赵焜，2010）、交通（史云扬等，2020）和生态足迹（黄智洵等，2020）等领域得到了一定的应用。但神经网络本身也存在着固有缺陷，比如学习步长固定不变以及易出现结果误差收敛于局部极小点等。不过，随着相关理论的进一步发展，在人工智能技术实现突破的背景下，神经网络将会得到更加广泛的应用。此外，基于统计学的支持向量机方法也得到了一定的发展，已被应用于生态和物流等领域的预测（吕雅丽，2018；何砚等，2020）。

在非经典预测方法不断发展的同时，组合预测方法也在不断探索组合的选择与优化。一部分是传统方法的融会贯通（吴涵等，2020），例如，赵作权等（2015）将空间统计方法与时间序列 ARIMA 模型相结合，预测到 2030 年中国消费市场空间的总体变化趋势；另一部分则是传统与非传统的结合，如机器学习与传统方法的结合（朱周帆等，2020）和支持向量机方法与传统模型结合（纪玲玲等，2009；李贤增，2019）等，其在物流（蔡婉贞和黄翰，2019）、客流（张春露和白艳萍，2018）、能源（王翀，2018）和区域经济增长（孟毅，2018）等领域得到了充分运用。

在此基础上，预测方法论也有了新的拓展。运用定量方法的大数据预测逐渐兴起，具体表现在经济增长（张洋，2015；陈龙等，2016；张涛和刘宽斌，2018）、交通（杨正理等，2019；张红，2018；焦志伦等，2018；沈晴，2017）、物流（刘垭，2018）、景区客流（周晓丽和唐承财，2020）和生态（牛书丽等，2020）等领域。链路预测的推进（赵延乐，2014）以及定性与定量方法的结合也成为现行预测方法的一大亮点（操张进，2011）。长期能源替代规划系统模型（LEAP）也被应用于预测中国未来能源消费趋势及其峰值（马丽和刘立涛，2016）。李小建等（2009）通过综合分类用水预测法、人均机械增长和人均标准畜法、指数预测法和定额预测法等各种方法建立村域尺度上的农村用水量预测模型。事实上，预测方法的应用往往并不单一，区域科学关注的很多方向如交通（蒋慧峰，2014；刘建翠，2011）、物流（朱念等，2017；王景敏等，2010）和生态足迹（翁智雄等，2019；王晓君等，2017；向秀荣等，2016）等都有以上方法的融会贯通。

（三）未来展望

总体来说，近年来区域预测方法和模型的发展呈现出以下几个特征：一是适应人工神经网络模型、模糊预测、混沌预测、遗传算法预测、案例推理预测以及组合预测等非经典的预测方法技术开始受到重视；二是通过借鉴国外的理论和方法，在土地利用、交通管理以及人口规模、分布和迁移等领域发展了具有自身特色的专用预测技术和方法；三是由于区域科学的复杂性，长期依赖数学模型的局面有所改变，出现了以专家预测（如 Dephi 方法）为主，数学模型和情景分析为辅，即定性、定量方法相结合的研究成果；四是注重预测方法的改进，特别是在预测监控和预测跟踪方面。大量实证表明，单一预测方法各有优劣。神经网络的加入使得对数据的处理更便捷，且预测精度更高，因此采用智能化组合预测模型将是未来组合预测发展的一个重要方向。同时链路预测作为计算机领域的数据挖掘方法，也将更多地应用于区域科学的研究中。而如何基于链路预测建立一套结合区域科学研究特征和复杂网络理论的新方法，为区域科学预测提供更完善的理论决策模型，则是需要解决的问题。

四、空间相互作用模型基业长青

地理现象之间是相互联系、相互制约的，人口、物资和资金在空间上的移动，就是这种作用的表现。在区域规划中，考虑两个以上经济点的关系或一个经济中心的影响范围时，往往借助于建立空间相互作用模型进行分析（杨吾杨，2004）。空间相互作用（Spatial Interaction）是指两个区域之间在时间和空间上进行物质、能量、人员和信息的交换，如两个区域之间人口迁移、上下班通勤、旅游活动、信息流动、商品流动、资金流动、区域贸易以及知识传播等活动。城市空间相互作用已成为城市规划和区域规划研究与应用中的重要内容。空间相互作用的主要模型包括引力模型、潜能模型、购物模型、旅行工作模型、最大熵模型以及阿隆索模型等。国内对于空间相互作用的理论研究主要集中在商业区位的选择与布局、城市问题以及交通与旅游发展等方面。对于商业区位与布局的研究，空间相互作用模型可以用来预测商业吸引力、确定商业规模和测算商业潜力等。

近年来，经典的空间相互作用模型应用范围日益广泛，主要集中在城市定位、吸引范围确定、商业布局（薛领等，2005）、区位选址、交通发展与预测（戴特奇等，2005）、旅游空间发展（吴必虎等，2003）和城镇发展潜力（宋小冬等，2003）等方面。这些定量分析大多具有GIS 支撑，能够结合 GIS 的空间分析功能展开探讨。在理论方面，国内对该领域的研究主要集中在横向的模型拓展和纵向的模型修正与延伸等方面，包括引力场模型（陈彦光等，2002）、预期支出模型、都市圈核心作用模型、口粒子扩散模型、交通与重力耦合模型和中心城市区位选择模型等，并且在多区域 CGE 模型的构建中得到运用。

（一）空间相互作用模型领域的回顾

国内对于空间相互作用的理论研究主要集中在商业区位的选择与布局、城市问题以及交通与旅游发展等方面。

对于商业区位的选择与布局研究，空间相互作用模型可以用来预测商业吸引力、确定商业规模和测算商业潜力等。21 世纪之初，有学者进行商业影响力和地理范围等的调查测算（吴小丁，2001），也有学者实证分析了投资区位的选择（阮翔等，2004）。薛领等（2005）定量地测算了海淀区各街道（乡）的人口潜能与商业吸引力，对该区的人口与商业分布状况及其空间互动关系进行了分析；赵曌（2006）分析了西部地区市场潜力的分布及其影响因素；石敏俊等（2007）定量分析了我国地级行政区域的市场潜力及其空间格局，揭示了市场通达性与区域发展之间的关联。2010 年以来，蒋殿春等（2011）估计了中国在美国对外直接投资中的相对地位；陈岗（2012）研究了桂林主城区饭店的空间布局；蒋冠宏等（2012）考察了中国 OFDI 的区位选择；王雪辉（2018）剖析了市场潜能对区域经济增长空间效应的影响；赵曌（2011）实证分析了需求驱动的空间相互作用所产生的集聚力对中国制造业空间格局的作用；汪瑞琪等（2020）建立了基于潜能模型的机场可达性综合评价方法；刘平等（2019）运用潜能模型构建供给指数，得到居民对各类公共服务的偏好参数，构建了公共服务综合质量指数；周海涛等（2021）利用最大熵模型提出植被覆盖度越高，其居民点空间分布适宜性也越高。

　　而在城市问题的研究上，空间相互作用模型主要运用于城市的定位与发展、城市吸引力的确定、城市间相互作用（人口流动与贸易等）、城市潜能和土地利用等。20世纪90年代至21世纪，裴家常（1992）计算四川各城市间相互作用的强度和城市场，划分以城市为中心的经济区；张涛等（1997）构建了移民规模引力模型；张杰等（1996）提出了一个动态的、复合的引力模型，并分析了欧共体与世界12个其他国家（地区）在过去20年中的贸易情况。21世纪初，陈彦光等（2002）对基于城市引力关系的空间作用进行了相关分析和波谱分析。刘继生等（2000）揭示了城市体系某些隐含的地理规律；程惠芳等（2004）分析了国家之间的国际直接投资流量与经济变量之间存在的相关关系，并揭示了国际直接投资区位分布的规律；田贞余（2005）发现参与泛珠三角区域经济合作的各地区与香港的贸易联系密切；安烨等（2005）实证分析了决定东北亚各国2003年双边贸易状况的主要因素；石贤光（2007）通过计算城市间相互作用力，确定了优势城市的有效吸引区并界定了中原城市群的空间范围；龙青云（2005）建立了城市间的人口往来数量模型，并提出了模型在城市规划中的应用；盛斌等（2004）用引力模型检验了新兴市场经济体的出口贸易流量，并估算了中国对40个主要贸易伙伴的出口潜力；刘璐等（2008）运用引力模型研究了中国与东盟农产品贸易的主要因素；许锐（2009）评估了贸易双方的经济规模、国民收入水平和空间距离等因素对我国高等教育出口的贡献度；王秀娟（2008）在已有购物模型的基础上，得出了比较合理的购物地点选取方案；于绯（2009）借助购物模型等研究方法探析了粤港服务贸易合作存在的问题。2010年以来，孙彩贤等（2010）利用引力模型对上海世博会客流量进行了定性分析及预测；朱道才等（2011）研究了安徽省城市的空间格局；廖泽芳（2010）测算了中国主要出口市场水产品贸易潜力；曾月娥等（2012）从三次产业场强占比以及三次产业紧密—竞争腹地的角度分析了厦漳同城化；王磊等（2010）进行了完全自由贸易条件下中美双边贸易量的预测；牛玉静等（2014）描述了区域间框架的国际贸易结构；张科等（2020）通过研究城市间经济引力强度指导城市间交通基础设施建设；杨春白雪（2020）探究村民活动空间的时空分异特征和生态移民对新活动空间的心理感受分异；魏有焕（2020）分析了农村医疗服务的可达性。

　　空间相互作用还应用于交通与旅游发展的研究上，20世纪90年代至21世纪，谢国立（1994）介绍了引力模型在城市交通流量分布中的基本应用理论；张凌云（1989）率先分析了旅游资源、距离和客流与旅游吸引力的关系；保继刚（1992）选用若干指标建立了北京市1985年6月国内游客预测数学模型；张友兰等（2000）预测了1998～2003年河北省的国外游客人数及美国游客人数。21世纪初，胡丹丹等（2009）引入引力模型估计了用户流量的大小；车裕斌（2004）研究得出影响吸引力的因素包括旅游者、旅游资源与旅游产品、旅游企业、旅游交通和旅游政策环境；万年庆等（2010）推导出特定旅游目的地的旅游市场规模模型；梁进社和贺灿飞等（2007）建立了交通问题和双约束重力模型的关系，揭示了旅行分布的重力模式与交通模型的关系；王海鸿（2003）将旅游吸引力分为旅游需求引力与旅游供给引力，给出了旅游者感知度的模糊数学公式；郭鹏等（2006）建立了在城市轨道交通条件下，以交通时间为基础的城市引力场模型；游富相等（2006）提出了基于互联网的新型旅游吸引力分析方法。2010年以来，周逸欢等（2021）考虑到区域交通网络的不断发展，结合时间距离成本法改进了引力模型并构建了经济联系度矩阵；赵亮等（2011）动态定量研究了旅游经济联系空间结构的演变；刘晓萌等（2020）构建了旅游经济联系强度模型；宋周莺等（2020）运用随机前沿引力模型分析了中巴贸易关系的主要影响因素，并探析了其发展潜力，以期为推进中巴经济走廊建设提供科学支撑；黄爱莲（2011）得出了对中国接待越南入境旅游有较大影响的变量；李山等（2012）构建了一个基础的旅游引力模型；马书红等（2019）构建了区域综合可达性模型；于策（2019）利用潜能模型表示了铁路从不同地区经过时对周边城市的影响；Jin Weng 等（2020）测度了高铁对目的地城市可达性的影响。此外，空间相互作用模型还被运用在物种地理分布和计算机语言等领域的研究中（张晨星等，2020；马长林等，2015；肖雪，2015）。

（二）空间相互作用模型的修正与拓展

随着空间相互作用在国内的不断应用，学者们对于空间相互作用模型做了许多修正，主要分为对系数的修正和引力模型的延伸，同时也拓展了口粒子扩散等多种模型。

对于系数的修正，有学者对以标准人口迁移率为因变量的制约重力模型做了推导，分别给出了发生制约、吸引制约和发生—吸收制约这三种情况下的修正模型（王德，2002）。赵艳（2007）修正了距离指标及可达性系数指标，并用经济相关性作为经济的可接受程度指标对经济联系强度值进行修正，以城市间历年三次产业部门相关系数的几何平均数为引力模型的修正系数，以此得到经济空间相互作用引力模型。而引力模型也延伸出多种新模型：①分形基础的引力模型，陈彦光（1999）引入时间函数和时滞参数，将城市引力模型由瞬间关系推广到相关过程，转化为具有分形特征的引力模型；②预期支出模型，何炳华（2004）在引力模型的基础上构建了基于购物中心最优规模的预期支出模型；③引力场模型，郭鹏等（2006）引入城市引力场概念，建立了在城市轨道交通条件下，以交通时间为基础的城市引力场模型；④都市圈核心城市作用力模型，曹纪伟等（2008）根据引力模型，建立了都市圈核心城市作用力模型，说明了用地类型的贸易额越大，其所受核心城市的影响力越大，其布局就应越靠近核心城市；⑤引力熵模型，李国平等（2021）构建引力熵模型对粤琼两地综合发展水平及城市间引力强度进行了整体评估，分别从粤琼两地产业分工与合作、创新联系以及要素市场一体化这三方面探究了粤琼区域的协同发展水平。

空间相互作用在国内也拓展出许多模型：①口粒子扩散模型，我国学者以人口为基本形象，发现了空间相互作用与地理扩散的关系，提出了口粒子扩散模型（王铮等，1992）。②双边优先级匹配算法，沈体雁等（2016）创立了"双边优先级匹配"算法，并通过模拟实验验证了该算法的稳定性、有效性，为政府制定京津冀协同发展机制提供了新的思路与路径，通过将北京转出企业与津冀承接开发区双边匹配的市场设计，突破行政边界刚性约束的羁绊，打破地方政府利益固化的藩篱，推动制造业产能由北京向天津、河北梯度有序转移，缓解首都地区资源环境承载压力，疏解非首都功能。③中心城市区位选择模型，有学者结合威尔逊空间相互作用模型，构建区域中心城市区位选择的模型，定量分析了封闭和开放两种条件下的区域中心城市的适宜区位（马国强等，2006）。④交通与重力耦合模型，梁进社等（2007）从交通问题的对偶规划出发，建立交通问题和双约束重力模型的关系，证明了由双约束重力模型确定的旅行分布使得总的交通成本达到最小。⑤多区域动态 CGE 模型，沈体雁（2006）通过有效集成 CGE 模型和 GIS 空间分析等，采用多区域 CGE 模型将分散的城市模拟模型连接成为相互作用的"城市模型体系"，提出了中国城市未来模拟模型框架。⑥其他模型，陈彦光等（2002）在 2002 年将城市引力模型转化为具有分形特征的引力模型，同时，为发展城市引力过程的空间互相关分析和功率谱分析方法奠定了理论基础；王姣娥等（2014）基于 GIS 网络分析工具构建时间成本矩阵，揭示了城市空间相互作用呈现出的明显地带性和"廊道效应"，反映了高速交通在重塑区域空间结构中的作用；赵作权等（2011）利用全局空间统计方法与城市经济数据分析了中国经济的空间演化趋势，并使用城市交通运输量（客运和货运）验证在某些城市之间是否存在正的相互作用。此外，由于空间作用经常表现在区域与区域之间的物质流、能量流、信息流、资金流和人员流上，多区域投入产出模型在深入分析两地区的相互作用关系上也具有一定的优势（吴殿廷，2004）。

（三）未来展望

步入 21 世纪以来，空间相互作用模型在商业区位与布局、城市定位与发展、吸引力确定、城市间相互作用、潜能、土地利用、交通发展、城市群问题和旅游等多个领域都有应用实例。然而，近年来空间相互作用模型的发展和应用也存在一些问题。其一，由于模型参数越来越复杂化，使得模型解析求解越发困难；其二，引力模型的发展使得模型结构不断地延拓，导致某些拓展模型缺乏理论基础，基本形式也发生了改变；其三，在应用上，现有的很多研究生搬硬套传统模型，未能领悟理论应用于实践的要旨。

对于经典引力模型本身而言，现有的研究多关注于在模型的参数上进行修正和改进：一方面是依据现实建立新模型；另一方面是使原始模型更贴近于研究对象。未来，空间相互作用模型自 Lowry 模型以后将逐渐走向动态化和微观化，未来发展当以微分方程和模拟为主力军，模型研究与动态微分方程、主体和人工智能等方面的结合具有广泛的前景。

第三节　综合分析方法与模型

一、I/O 模型、CGE 模型风华正茂

20 世纪 80 年代中期以来，世界经济领域兴起了以计算机技术模拟社会经济复杂系统的热潮，人们希望以此来建立各种经济模型以实现合理解释历史事件和预测未来经济发展的目标。与此同时，系统动力学模型（SD）、投入产出模型（I/O）和可计算一般均衡模型（CGE）作为政策模拟、情景分析的有力工具，在我国区域科学领域的应用也悄然兴起。回顾模型三十年的发展历程可以发现，过去三十年来，SD、I/O 和 CGE 模型一经提出便将研究领域延伸至经济、能源、环境、生态、工业和教育等诸多领域。I/O 和 CGE 模型的发展经历了由单一区域向多区域拓展的过程，在揭示区域之间的主要经济联系方面取得了很大进展。此外，模型由比较静态分析向动态化发展，可以较好地模拟经济的某一部分产生扰动后，经济的另一部分的动态发展态势。本节将每十年划分为一个阶段，系统回顾和梳理 20 世纪 90 年代以来这类综合系统模型在我国区域科学领域的发展和应用。

1. 第一阶段：SD、I/O、CGE 模型发展的起步期

系统动力学模型初现于 1956 年，创始人是麻省理工学院的 Forrester 教授，模型建立之初主要应用于工业管理。但其在中国的研究和应用起步较晚，20 世纪 80 年代初期才在国内进行传播和推广。系统动力学模型作为一种定性与定量相结合的分析方法，是解决区域科学领域中复杂动态反馈性系统问题的有力工具。模型发展初期主要涉及环境影响评价（程鸿德和汤顺林，2000；朱敏等，2000）、生态承载力（王建华等，1999；摆万奇，2000）、交通设施经济效益（胡天军和卫振林，2000）、经济基础设施与经济协调发展（王其藩等，1999）、城市空间结构（张新生，1997）和区域可持续发展（王桥和毛锋，1998）等研究主题。

投入产出模型是在 1936 年由美国经济学家 Leontief 首次提出的，一经提出便迅速普及。投

入产出技术以投入产出表的形式直接量化经济系统各部门之间的相互依存关系，并衡量具体变化对经济活动的影响。投入产出模式在区域经济分析中的主要用途有以下两点：其一，结构分析，即用投入产出模式探究区域经济各部门之间相互关系的特征；其二，静态比较分析，静态比较分析有两类，第一类是假定其他条件不变的情况下，分析最终需求项目，比如投资、消费和输出的变动所引起的各产业总产出的变动，第二类是假定其他条件不变的情况下，分析原始投入中，比如劳动和资本的价值变动所引起的各部门产品价格的变动（杨吾杨，2004）。中国的投入产出研究起步较晚，在1987年才开始将投入产出表的编制工作制度化。20世纪90年代，投入产出模型的研究已经有了进一步深入扩展，相关研究成果主要分为两大类：其一，投入产出模型的优化，包括投入产出表系数的修订（郭秀英和尹兴国，2000；刘保，1990）、算法优化（刘纪显等，1999）以及投入产出表的再编制（蔡晨等，2000；李树苗和严军，1998）；其二，投入产出模型的应用，投入产出表在我国20世纪的应用主要聚焦于单个区域，尚未向多区域进行拓展，研究领域主要涉及环境、消费、社会效益和产业等。

可计算的一般均衡模型源于瓦尔拉斯的一般均衡理论，其是进行政策分析的有力工具。CGE模型往往建立在投入产出模型之上，对于投入产出模型来讲，它所强调的是产业的投入与产出之间的联系或关联效应。而CGE模型则在整个经济约束范围内把各经济部门和产业联系起来，从而超越了投入产出模型。同时，CGE模型还吸收了投入产出、线性规划等方法的优点，体现了部门间经济联系的同时又克服了投入产出模型忽略市场作用等弊端，其通过价格信号把要素市场和产品市场有机地联系在一起，既反映了市场机制的相互作用，又突出了部门间的经济联系（王铮，2016）。

中国在CGE模型方面起步和发展较晚，自20世纪90年代中后期，才有一些研究机构在CGE模型的建构和应用方面展开持续性的研究。在20世纪的最后十年，我国在CGE模型的研究上仍然取得了一些具有开拓性的成果。已有的研究成果主要集中在两个方面：其一，模型的相关研究成果带有"科普"性质，包括我国已开发模型的介绍或应用问题的探究（翟凡等，1997；樊明太等，1998；樊明太等，1999）、模型求解方法学的讨论（王莉，1998）等；其二，在模型发展之初，模型应用研究主要涉及税收（王韬等，1999，2000）、产业结构（翟凡等，1999）和贸易（李善同等，2000）等多个方面。

2. 第二阶段：CGE模型向多区域、多领域拓展

进入21世纪后，CGE模型的仿真平台逐步完善，CGE的建模技术日益成熟。因此，在21世纪初，CGE模型迅速发展。CGE模型的发展主要呈现出以下两个特点：其一，CGE模型由单区域向多区域拓展；其二，CGE模型的研究向多领域延伸。

（1）CGE模型由单区域向多区域拓展。区域可计算一般均衡模型为揭示区域经济体的运行特征，分析区域经济体的经济增长、生产要素的价格或结构变动等提供了一个分析框架。我国在单区域CGE模型的研究与开发应用上成果颇丰。单区域的CGE模型主要聚焦于国家单区域、省级单区域、城市单区域和流域区域等。①国家层面，贺菊煌等（2002）建立了一个用于研究中国环境问题的CGE模型；周建军等（2004）针对中国整体经济研究建立了CGE模型，分析了中国现行税制中间接税税率的调整，得到了间接税的调整对储蓄和投资的宏观经济效应；程凌（2007）建立了一个含税的CGE模型，分析了统一所得税率对我国税收总量、社会福利水平以及经济的影响；曹静（2009）构建了一个中国经济的动态一般均衡模型来对中国可能的碳税政策进行模拟，探讨碳税可能对中国GDP、消费和投资等带来的影响，以及在局地环境方面对其他传统污染物减排带来的伴随收益。②省级行政区层面，王德发（2006）建立了一个地区性（上海市）可计算一般均衡模型，用以分析能源税征收的劳动替代效应；严冬等（2007）以北京

市为例，建立了 CGE 模型用以研究水价改革对价格水平、生产、用水量和水费收入的影响。③城市层面，王勇等（2010）引入 CGE 模型作为张掖市水资源调控研究的基础工具，模拟计算了张掖市种植业部门的生产规模和产品输出调控在不同水平时的社会经济运行情况。④流域区域，夏军等（2006）采用 CGE 模型分析了海河流域水污染以及缺水对经济发展的影响。

由于单区域 CGE 模型无法清晰地描述多区域之间的经济联系，在使用方面产生了一定的局限性。因此，一些城市和区域科学研究者在多区域投入产出模型的基础上，进一步建立了多区域连接模型和多区域 CGE 模型：①两区域模型，段志刚等（2004）建立双区域（北京市和国内其他地区）动态递推的 CGE 模型，分析了中长期产业结构变化的宏观经济影响，以及由此产生的产业间和地区间的相互传导效应；黎洁等（2009）构建了一个省级双区域静态 CGE 模型；吴锋等（2010）构建了双区域（江西省及我国其他省份）环境 CGE 模型。②三区域模型，金艳鸣等（2007）基于 2002 年贵州、广东和中国大陆其他地区的资源－经济－环境社会核算矩阵（SAM），建立了三区域 CGE 模型。③四区域模型，大陆学者 Li 和香港城市大学学者 Zhang 等（2019）构建了一个四区域 CGE 模型（北京、天津、河北和中国其他区域），利用多区域能源—环境—经济可计算一般均衡模型，结合北京空气污染减排政策，评估了中国空气污染减排政策对京津冀地区经济和环境的影响。④八区域模型，李娜等（2009）构建了八区域的 CGE 模型，用以分析中国区域差异和区域联系对区域政策效果的重要作用；朱艳鑫等（2010）将全国划分为八大区域，应用多区域 CGE 模型对我国转移支付政策在区域协调发展中的作用展开了模拟分析；孙翊和王铮（2010）建立了一个八区域的国家支付政策 CGE 模型。⑤30 区域模型，王飞等（2006）构建了中国 30 个区域连接的 CGE 模型，探讨了劳动力移动和西部投资政策对区域经济发展的影响；许召元和李善同（2008）利用一个 30 个区域 CGE 模型定量分析了区域间劳动力迁移的经济影响。多区域 CGE 模型不仅反映了各个区域之间的经济规模和产业结构差异，还依据实证研究结果刻画出了区域之间的主要经济联系，包括商品流动、劳动力流动以及资金流动等。这些模型在区域差异、经济增长、投资政策、产业政策、城乡经济联系、劳动力转移以及税收政策等方面取得了很大进展。

（2）CGE 模型向多领域延伸。CGE 模型作为政策分析的有力工具，在税收政策评价（中国社会科学院数量经济与技术经济研究所 PRCGEM 课题组，2002；胡宗义等，2008）、贸易问题（樊明太等，2005；胡宗义等，2010）、发展政策研究（高颖等，2006；国务院发展研究中心课题组，2010）、能源政策研究（查冬兰等，2010；姚昕等，2010）、环境经济研究（朱永彬等，2010；李娜等，2010）、金融领域（李猛，2009）、体育经济（侯宇鹏等，2008）和产业结构化预测（李丽等，2009）等领域均得到发展和拓展。其中，在 21 世纪之初，CGE 模型在能源环境领域的拓展研究逐渐成为主流，研究成果颇丰。事实上，CGE 模型在应用上往往不仅局限于某一领域，而是针对多个领域进行嵌套研究，例如在环境领域的应用涉及税收政策、金融、能源、环境、污染控制和经济发展等多方面。沈可挺等（2002）提出了在"经济—技术—能源—环境"条件下的 CGE 模型评估。CGE 模型的多领域延伸，代表了模型的普适度进一步提高，将逐步用于解决各个领域的政策模拟问题。

3. 第三阶段：I/O 模型向多区域拓展，CGE 模型逐渐向集成式和动态化发展

尽管区域间投入产出表在 21 世纪的第一个十年便开始被使用，但在近十年，区域间投入产出表的编制才愈发成熟，I/O 模型也才被广泛应用于多区域交互的研究中，可以说 21 世纪的第二个十年是区域间投入产出表迎来应用高潮的时期。宋周莺等（2021）从海南贸易的联系出发，采用 RCA 指数、区域间投入产出模型等方法，对海南的对外贸易格局演化及其与国内各省份的经济关联进行深入分析；张卓颖和石敏俊（2019）基于中国省区间投入产出模型，对 2002 ～

2012 年中国交通运输设备制造业的国内价值链在不同地区和不同生产环节的分布格局及演化特征进行分析；黄蕊等（2017）采用多区域投入产出模型，计算了江苏基于生产者角度和消费者角度的碳排放和 SO_2 排放，对各部门贸易中隐含的碳排放和 SO_2 排放进行了估算，并对隐含碳排放和 SO_2 排放流入最高的 4 个部门和最终需求中碳排放和 SO_2 排放的流入来源进行了分析；Hong 等（2016）利用多区域投入产出模型，从区域和部门两个角度对省级建筑业能源消费现状进行了深入分析，为能源政策的制定和实施提供了依据；孙久文和彭薇（2010）在进行区域间贸易流量推算时，建立了局部投入产出延长表对 2007 年各地区间贸易流量做出基本判断；王德利和方创琳（2010）基于对投入产出分析方法的扩展运用，建立指标体系，构建区域产业分工模型与跨区域产业联动模型，从具体产业角度探索中国跨区域产业分工与联动的特征；李红光等（2010）在区域间投入产出表的基础上，利用中国各省市（自治区）分行业的碳排放系数，建立了中国区域产业结构调整的 CO_2 减排模型，对各区域各行业的减排效果进行了分析发现，东北地区和中部地区是减排效果最为明显的区域，而电力、热力、化工、采掘、金属冶炼以及非金属制品等重工业行业是节能减排工作的重点行业。

同时期内，CGE 模型的研究浪潮仍未退去，在这一时期 CGE 模型的发展主要有以下三个方向：

（1）CGE 模型多区域的研究得到发展和升华。CGE 多区域模型被广泛应用于京津冀（谢杨等，2016；杨茜淋等，2019；）和长江经济带（姜玲等，2016；张伟等，2016；李娜等，2020）等重大区域发展的研究中。为我国推进区域经济一体化发展提供了更为科学的政策参考。此外，全球多区域 CGE 模型在此时期逐渐发展起来（牛玉静等，2012；唐钦能，2014）。值得注意的是，"一带一路"倡议的提出，体现了治理世界的新模式，"一带一路"是开放性的，其空间结构有广域性和层次性（胡兆量，2019）。在空间上，有关"一带一路"整体、中巴经济合作走廊、孟中印缅经济合作走廊、新亚欧大陆桥、中蒙俄经济合作走廊、中国－中亚－西亚经济合作走廊以及中国—中南半岛经济合作走廊等区域经济联盟方面的多区域 CGE 模型虽有学者涉及，但仍有较大的研究空间。

（2）CGE 模型与其他模型或技术结合的集成模型逐渐发展起来。事实上，CGE 集成模型的发展在 21 世纪的第一个十年便有学者进行初探，例如，沈体雁（2006）通过有效集成 CGE 模型、GIS 空间分析和格网动力学模型，采用多区域 CGE 模型将分散的城市模拟模型连接成为相互作用的"城市模型体系"，提出了一个经济机理和地理参考明确的、多维度、多尺度和可运行的中国城市未来模拟模型框架；崔丽丽等（2002）在模拟分析二氧化碳减排率制定问题时，应用主要由经济子模型、气候子模型和趋势子模型 3 个模块组成的 State－contingent 模型，该模型属于递推动态 CGE 模型，是基于最优动态行为的综合气候—经济模型，检测了存在气候变化不确定性时的不同政策结果；随后，在最近十年里 CGE 集成模型的研究成果逐步涌出。吴静等（2015）提出一种基于 ABS 与 CGE 二者耦合的集成模型的研究思路，试图保留 CGE 对宏观经济综合模拟的强大能力，同时融合 ABS 对微观异质个体建模的特点，从而实现宏观与微观的强强结合。随着全球气候形势愈发严峻，为了研究气候变化的经济影响，集成评估模型（Integrated Assessment Model）作为一种主要的气候经济学模型发展起来，而 IAM 模型中一个重要的组成部分就是利用 CGE 进行碳政策分析（王铮，2016）。随着时间的推移，IAM 模型对气候的表征也越发复杂和多元化，IAM 模型也发生了迭代升级的过程（秦耀辰，2013）。在气候变化研究领域，诸多学者也从多方面拓展及完善 CGE 模型用以分析气候变化的相关问题。例如，吴乐英（2017）完善发展了著名的 DICE 模型的扩展版 MERICES 模型，建立了各国独立的 CGE 模型，并添加了能源消费结构，最终构建了一个包含经济系统、碳循环系统、气候反馈模块及其他统计辅助模块的新型集成评估模型——EMRICES–2017（扩展的多区域气候经济学集成评估系统）；王勇等（2017）在 CGE 模型的基础上，加入耦合气候保护函数，构建了包含气候保护函数的 CGE 模型。

（3）动态随机一般均衡（DSGE）模型得到迅速发展。DSGE 模型是目前宏观经济分析中最为前沿的工具，是经济建模的一个新视窗。相比于目前国内采用较多的传统计量、联立方程模型和可计算一般均衡模型等方法，DSGE 模型具有显著优势：首先，它能更好地描述在外来冲击下，经济中各个子系统的一系列动态效应，并对经济波动源进行识别，在模拟政策冲击和进行情景分析方面有着天然优势；其次，DSGE 模型对数据的要求更为宽松，能将经济结构和体制变化等复杂变量纳入模型范围，便于求解和分析；最后，动态随机一般均衡能够细致地刻画各个部门在经济活动中发挥的作用、经济系统内部各子系统的互动和动态演化，并用精简的系数将经济系统的结构化特征予以揭示，在解释经济变动和进行预测上具有优势。目前，DSGE 模型在金融领域的应用最为广泛（鄢莉莉等，2012；戴金平等，2013；刘澜飚等，2014）。例如，张良贵和孙久文（2014）通过构建开放经济下的 DSGE 模型，刻画了在信息不对称和代理成本存在的条件下，融资结构在经济运行中的作用机理，并重点分析了融资结构变化对金融加速器效应的影响。但是，DSGE 模型在城市和区域经济研究领域上的应用尚处于空白阶段。

4. 小结与展望

纵观区域科学定量分析法发展的 30 年，不难看出，模型的求解方法和仿真平台均已发展得较为成熟，且已在诸多领域获得了研究成果。但不可否认的是，模型仍然存在一些局限性尚待突破。

投入产出模型的局限性主要包括以下几点：①投入产出表的编制工作量巨大，需耗费大量的人力物力，因此我国的投入产出表在时间上不具有连续性；②投入产出表假设在一段时间内技术不进步，这显然不符合经济发展规律；③关于投入产出表的同质性假定，即假定每个部门只生产一种产品，每种产品只用一种生产技术方式进行生产，且具有同样的消耗结构，显然这种假定脱离了现实。

CGE 模型的局限性：①CGE 模型在理论方面的进展并不乐观，包括基准均衡问题、动态机制问题、宏观经济的微观基础以及政策工具的量化问题等；②CGE 模型需要的数据甚至比投入产出分析的数据更为复杂且难以找到，因为它不仅分析产业或工业，也分析个人和政府决策，这些都是投入产出分析所不能涉及的，这也是开发此类多区域模型的主要障碍，这直接导致 CGE 模型无法检验模型的数据在多大程度上符合历史事实；③有关 CGE 模型在技术创新方面的内生性问题尚未得到很好的解决；④模型体现不出规模报酬递增问题。虽然模型存在一定的局限性，但 CGE 模型的应用在促进政策制定部门设计出更加有效的符合人民利益与长期发展趋势的各种政策以及提高决策的科学性等方面仍然发挥着无可比拟的巨大优势，因此必须对 CGE 模型的实际应用进行深入的研究。

未来 CGE 模型要想在理论构造和求解技术方面有所创新和突破，就必须逐步修正模型结构和完善数据信息。在模型构造方面，CGE 模型采用 SAM 作为模型的基础均衡数据集，而 SAM 主要是基于 Leontief 的生产函数和投入产出矩阵，另外 Leontief 函数是 CES 函数的特例，而 CES 函数又是 RES 函数的特例，因此，如何在这些函数之间架起理论的桥梁和纽带，将是 CGE 模型理论研究下一步需要突破的重点。CGE 模型的理论基础和框架是瓦尔拉斯（Walras）一般均衡理论，而 Walras 均衡是有转移价格的林达尔（Lindahl）均衡的特例，构造合理的价格转移体系则是理论研究的难点。获取真实有效的数据是提高模型可信度的重点，未来 CGE 模型在数据获取方面可以与大数据技术进行结合，力求获得更多一手的真实数据。

在 CGE 模型的应用方面，未来应该从以下几点继续发展：①将全球 CGE 模型和我国 CGE 模型联系起来以扩大模型研究广度；②目前 CGE 模型与空间关联不大，未来应注重与将 CGE 模型和空间经济学进行整合；③CGE 模型在能源环境方面的应用一直是近几年来的研究热点，如何将绿色金融、减排融资等问题加入环境拓展的 CGE 模型框架中是未来需要重点考虑的问题；④将 DSGE 应用到城市和区域经济研究领域。可以预见，DSGE 模型将成为推进城市和区域经济研究发展的最为重要的工具之一，并可能在两大方向上取得进展：一是开发建立一系列可以反复使用的，适用于中国城市和区域经济现状的 DSGE 模型库；二是结合复杂性科学相关研究成果，进一步发展 DSGE 非线性解法，以更好地模拟现实中经济行为体的非线性行为。

二、CA 与 ABM 方兴未艾

20 世纪 90 年代以来，区域科学研究出现了空前的繁荣，大致呈现两条线索：一个是 1991 年出现的新经济地理学（New Economic Geography，NEG）（Krugman，1991）；另一个则是演化经济地理学（Evolutionary Economic Geography，EEG）（Boschma and Lambooy，1999）。二者具有不完全竞争、规模收益递增以及路径依赖等不完全竞争框架的特征，补充并完善了传统经济地理学中的新古典和制度分析范式。与此同时，20 世纪 90 年代初 Holland 等在多年研究的基础上，提出了复杂适应系统（Complex Adaptive System，CAS）比较完整的理论（Holland，1992a，1992b），并且用 CAS 的观点来概括诸如细胞、人脑、免疫系统、生态系统、蚂蚁群以及人类社会中的经济、政党和组织等复杂系统的一般性特征。NEG 与 EEG 的出现为 CAS 与区域科学的交叉发展奠定了空间和时间维度的理论框架基础，而 CAS 的出现则标志着传统的区域科学进入了动态非均衡时代。

从 CAS 的角度来看，区域系统的空间过程是由大量分散的、不同的主体并行地相互作用所决定的。这些主体可能是居民、企业、政府和各类组织，甚至可以是城市或者区域本身，其中任何一个主体的行动都与其他一些主体的社会经济以及空间行为相关。因此，城市和区域系统是一种复杂适应系统，空间演化则是由大量微观主体（居民、企业、各类组织）及其相互之间的非线性互动在时间和空间的不同尺度上持续累加所引发的空间自组织过程。在这个概念上，区域科学逐渐关注产生宏观结构的微观基础，出现了一系列"自下而上"的模型化方法，诸如地理元胞自动机（Cellular Automata，CA）模型、基于 Agent 的建模（Agent – based Modeling，ABM）方法和人工神经网络（Artificial Neural Network，ANN）等。其中，CA 模型是一个研究复杂系统的重要网格动力学模型，其特征适用于具有离散时空特征的非均质地理系统，时间、空间和状态都离散的微观元胞通过简单局部的转换规则，可以模拟出复杂的城市或区域空间结构。而 ABM 方法超越简单的网格化元胞设定，设置大量不同的微观决策者 Agent（居民、工厂、政府等），为决策者建立微观行为模型，并且通过观察这些数量众多的微观主体的相互作用来研究宏观上整个区域的空间演化过程。CA 向 ABM 的发展是由纯粹的动力学框架向自然演化的概念转变，试图借鉴进化理论和生态学领域的知识来探察复杂系统的演化规律（薛领和杨开忠，2002）。它们的出现逐渐受到了城市和区域研究者的重视，并且日益成为我国当代区域科学在跨学科研究中的热点和前沿。

（一）CA 模型：从元胞邻域影响到区域空间演化

20 世纪 60 年代至 70 年代，国外学者 Hagerstrand（1965）和 Tobler（1970）就已经把 CA 引入地理学和城市模型，模拟分析美国底特律的城市扩张，但在当时并未引起学术界的注意。20 世纪 80 年代中后期 CA 模型逐渐为地理研究者所重视，并在 20 世纪 90 年代成为利用复杂科学理论分析城市—区域空间结构的热门模型（Couclelis，1985，1989；Batty 1995；Batty and Xie

1994）。20世纪90年代中后期，Wu等（1998a，1998b）将CA模型和多因子评价模型（Multi-criteria Evaluation，MCE）结合，首次对我国广州和上海等地的城市扩展进行模拟，这为我国利用地理CA模型研究城市扩张、土地利用和覆被变化等问题奠定了基础。

然而直到1999年，在我国的区域科学领域研究中，才出现关于CA模型的第一本专著和第一篇文章。周成虎出版的《地理元胞自动机》一书引入GIS空间数据库和RS土地分类等数据，提出GeoCA-Urban模型，构建了早期的用于研究城市区域复杂系统动态变化的虚拟仿真平台。黎夏和叶嘉安（1999）提出基于约束性的CA模型，用于分析局部、区域以及全局约束性对CA模型结果的影响，并在珠江三角洲进行城市空间发展布局模拟，取得了较好的效果。于是，21世纪初地理CA模型如雨后春笋般开始应用于中国多尺度空间区域，探究城市发展（城市形态）、土地利用变化、交通仿真和自然灾害等领域的问题（张显峰，2000；张显峰和崔伟宏，2000；何春阳等，2001；黎夏和叶嘉安，2001；宋卫国等，2001）。在21世纪的前十年，该领域研究结合各种算法，不断扩展元胞相互作用和相互转化的动力机制，包括蒙特卡洛方法、人工神经网络训练、遗传算法、蚁群智能算法、Fisher判别及离散选择模型和人工免疫系统等获取CA模型的重要参数和转换规则（史培军等，2000；黎夏和叶嘉安，2002；杨青生和黎夏，2007；刘小平和黎夏，2007；刘小平等，2008），以获取更高的拟合优度和模拟精度。

21世纪的第二个十年，基于地理CA模型的区域科学研究主要关注三个方向：①将地理CA模型应用于制定国民经济发展策略的主战场，来探讨城市边界划定和国土空间功能分区等国土空间规划问题。龙瀛等（2009）提出一种基于约束性元胞自动机来制定城市增长边界的方法，为北京市域制定了中心城、新城和乡镇三个层次的城市边界，并建立了一个直接面向北京城市规划实践工作的BUDEM模型，以模拟北京市的宏观政策、规划方案和发展策略等，这体现了中国城市发展特色制度性约束；也有学者利用基于ANN-CA的FLUS-UGB模型划定城镇用地增长边界，较为客观、全面地反映了城市增长的时空动态变化过程，并能体现众多城市发展政策的影响效果（吴欣昕等，2018；朱寿红等，2017；张韶月等，2019）；除此之外，马世发等（2019）利用主体功能区划的优化、重点、限制和禁止等空间管制分区思想，构建未来城市空间形态演变的驱动机制，将CA模型与三个决策尺度融合模拟中长期我国粤港澳大湾区城市空间的形态演变。②地理CA模型不再局限于传统规则的栅格元胞形态。具体表现在使用不规则多边形的地块形式代替栅格形式，使得元胞的几何形状与实际地理实体更好地进行匹配，可以更逼真地表达客观复杂的城市用地空间结构（叶康宝和胡元石，2006；沈泉飞等，2015；张丁文和王轩，2020；张毅中等，2020）。③地理CA模型要重视总体的和宏观的管制、规划及各项决策对区域空间结构的形成的作用（薛领和杨开忠，1999），于是地理CA模型耦合宏观土地供需平衡以及空间发展政策等"自上而下"的动力机制，如系统动力学和马尔可夫链等通过对宏观社会经济的预测控制CA模型的模拟进程，用于解释中长期土地利用变化过程（何春阳等，2005；曹帅等，2019；王保盛等，2019）。马世发等（2017）提出了"顶层土地供需平衡—中层空间政策引导—底层元胞状态演化"多尺度联合驱动的土地利用变化模拟框架，进一步增强了元胞自动机模型对现实世界的仿真能力。

（二）ABM模型：从微观主体决策到区域空间演化

ABM在经济学研究中的应用被称之为基于Agent的计算经济学（Agent-based Computational Economics，ACE），ACE通过结合主体的学习能力来进行模拟与分析，利用经济系统中各主体行为的差异性对不同经济问题进行研究（Tesfatsion，2002），突破了传统经济学分析中微观互动基础薄弱和动态性不足的缺陷。ACE在弥补缺陷的同时能够发现新的规律和知识，并且两者的融合体现出超越与创新。20世纪90年代，国外已经具有较为成熟的基于Agent的建模平台和政策模拟仿真平台，具备强大的计算实验能力和政策仿真能力，如 ASPEN、糖域模型（Sugarscape）、人工股票市场（Artificial Stock Market，ASM）和 EURACE 等，它们多被用于金融和博弈论等领域研究。其中，ASPEN 是一种基于 Agent 的美国微观经济模拟模型，允许在高度细节和自由度的条件下建立大量的个体经济主体，实现微观 Agent 的相互交互并在遗传算法下识别 Agent 的学习行为，能够用于银行和债券市场的仿真模拟运行（Basu et al.，1998）；糖域模型可以很好地用来研究贸易往来和市场机制等经济现象（Epstein and Axtell，1996）；ASM 是由 Arthur 和 Holland（1987）提出的一个模拟股市运作的计算机系统，用具有学习能力的人工智能程序代替全知全能的股票交易者，虚拟的交易者做出各种投资决策并进化，用来模拟现实中的股票市场。薛领和杨开忠（2003）在 ASPEN 等模拟系统的基础上引入地理空间因素，建立了比较完整的多主体城市模型来模拟城市中居民和企业等各种主体互动的社会、经济和空间行为所引发的城市和区域宏观结构的演变过程，这是国内区域科学研究使用 ACE 进行城市建模的一个开端。

在此基础上，ABM 目前在区域科学领域主要沿着两条线索发展：①沿着 ACE 的脉络以非均衡、多重异质性和有限理性的视角拓展 NEG 理论。目前开发的基于 Agent 的单中心城市化模拟模型围绕人口流动、扩大内需和集聚效应等几个城市化进程的影响因素以及城市化与工业化关系展开模拟等方面得出了很多创新性的结论（薛领等，2009）。特别是进入 21 世纪的第二个十年，ACE 研究范式在我国区域科学研究领域方兴未艾。薛领等（2013）探讨市场需求、区域间和区域内旅游产品的替代弹性、固定成本投入以及区位交通条件等因素对区域旅游系统演化的影响，清晰地展示了不同状态下的非均衡动态过程，并构建了大都市多中心空间结构模型，通过 ABM 动态模拟呈现了人口空间分布和消费水平、商业的固定成本和新老城区之间的差异化程度以及交通成本对塑造大都市多中心空间结构的重要影响。近几年，国内研究关注的重点逐渐向空间经济学理论和建模等问题延伸，以克服空间经济学在模型设定和数值模拟研究方法上的缺陷。薛领和张晓林（2019）在 Fowler（2007）工作的基础上，借助 ABM 方法构建两区域模型重现核心—边缘模型的基本结论，得出了动态非均衡的模拟结果，突破了传统空间经济学完全信息、瞬时均衡和同步决策等窠臼，创造性地提出了"空间经济学演绎模型与推导→基于 Agent 的计算模拟→实证分析与计量检验→演绎模型与推导"的分析新框架。②将 ABM 引入城市模型和地理模拟系统。传统的 CA 模型虽然强调了空间的微观相互作用，但城市的发展仅取决于邻域状态和转换规则，而与自主决策的居民和起规划作用的政府等微观个体没有直接联系。但在真实的城市中，这些能动的微观个体往往对城市发展起着决定性的作用（薛领和杨开忠，2002；刘小平等，2006）。于是在 CA 模型的基础上引入多种微观 Agent 的建模模型，底层的空间数据可以由 GIS 支持，空间的增长过程则由 CA 表达，但 CA 的演化由多主体模型控制，同时多主体模型也受到宏观模型的约束和影响。21 世纪的前十年，我国学者在城镇化进程与机制研究、城镇体系演化研究、城市空间研究以及交通与土地利用等方面的动态模拟取得了一系列进展（薛领等，2004；刘小平等，2006；沈体雁和李迅，2007；吴文斌，2007；单玉红和朱欣艳，2011）。也有学者将 ABM 模型和地理 CA 模型相结合，运用 Agent 的决策结果，对 CA 模型中以随机变量体现的不确定性通过 Agent 决策行为给予地理意义的新解释（杨青生和黎夏，2007；黎夏和叶嘉安，2006；郭欢欢和李波等，2011）。

此外，基于自主体模拟的自下而上的建模思想是对传统政策模拟研究中自上向下建模的一个重要补充。在建模理论上，一方面，ABS 与经济学结合形成的基于自主体的计算经济学，是 ABS 建模在政策模拟研究中的一个重要理论支撑；另一方面，ABS 与计算经济学的传统方法相结合，即与可计算一般均衡模型、投入产出模型等的结合，从而拓展了微观建模与宏观建模紧密结合的新方法（吴静等，2015）。

（三）小结与展望

随着我国一系列区域发展战略的深入实施，城市群网络和城市内部复杂程度的迅速提高，需要继续增强现有城市或区域模型对我国区域经济活动的解释能力。CAS 理论视角下我国区域科学领域的研究呈现以下发展趋势：

（1）地理 CA 模型的深入实践和空间演化的机制探索。我国基于地理 CA 模型的区域科学研究已经形成了一套集模拟平台、分析框架和精度验证等方面较为成熟的体系，未来应当注重向实战应用层面转变，力图在更高的拟合优度和精度下解决我国国土空间规划中的实际问题。除此之外，当前基于地理 CA 模型的土地演化研究多体现在空间过程的动态模拟上，而对演化机理和规律的探索较少，尤其是在空间驱动要素的选取和转换规则的设定上，更加侧重于自然资源和地理特征，而忽略了社会经济要素对推动城镇空间集聚的重要作用。

（2）中国 ABM 平台的搭建。国内 ABM 的建模方法和平台的开发与探索起步较晚，目前缺少能够应用于中国经济政策、区域政策模拟大型计算平台以及体现中国经济和社会运行特征的仿真系统，需要搭建符合中国国情的 ABM 综合模拟平台，或构建一系列不同复杂度和综合度的模型以应对不同的需求等，比如分别构建针对基础设施建设、住房供给和旧城更新等城市发展特定方面的小型模型（刘伦等，2014）。在 2015 年，Axtell 的工作论文就对美国 1.2 亿劳动者和3000 多万家企业的海量数据进行了大数据统计分析，获取了劳动者和企业的各项属性，将其作为参数放入 ABM 模型中进行模拟分析美国宏观经济运行过程。随着我国大数据时代的到来，信息技术不断进步、计算能力持续提高以及计算社会科学的兴起，这将是我国未来可计算区域科学定量分析的重要方向。

（3）借助 ACE 思想深入开展空间经济学异质性研究。ABM 具有的天然异质性特点，只要研究者设定合理的规则，就能够对每一个 Agent 赋予不同参数以观察其交互作用后的宏观现象，而不用考虑模型方程组过于复杂以至于无法求解等问题。现有的异质性模型大多考虑企业生产效率的异质性，通常异质性的生产效率一旦设定就不再改变（Melitz，2003；Baldwin and Okubo，2006），因此 ABM 方法可以通过微观 Agent 的适应性和学习性特征来实现动态异质性效果，也可以继续探讨劳动力和消费者等其他 Agent 的多重异质性问题。

三、复杂网络分析方法异军突起

区域系统内部的地理演化基本上遵循这样一条规律，即由"点"到"线"再到"网"最后到"面"，最终是"点—线—网—面"的融合（吴殿廷，2004）。区域系统内部的主体间基于某种错综复杂的联系而导致整体"网"的形成，使得从复杂网络的视角研究区域系统问题成为区域科学领域较为流行的研究方向之一。

20 世纪 50 年代末，随着 Renyi 和 Erdos（1959）提出了一种完全随机的网络模型，人们开始探索网络理论的模型和特征。而自 WS 小世界（Small - world）网络模型（Watts and Strogatz，1998）和 BA 无标度（Scale - free）网络模型（Barabasi and Albert，1999）等复杂网络模型的出现，又极大地促进了复杂网络的发展与应用。其中，小世界网络模型构造出一种介于规则网络与随机网络之间的网络，而无标度网络模型的典型特点则是节点度分布服从幂律分布。目前，复杂网络的研究认为，随机网络从拓扑结构上可分为规则网络、随机网络、星形网络和复杂网络等类型，其中复杂网络又包括小世界网络、无标度网络及演化网络（Albert and Barabási，2002；Newman，2003）。

虽然截至目前，对于复杂网络还没有明确的定义，但对于复杂网络的结构特性，一般可以通过统计指标和稳定性进行描述（周涛等，2005）。一方面，统计指标的刻画主要包括节点的度及其分布、平均路径长度、群聚系数、介数、有效性、相配性系数和模块性等，例如，对于度和度分布的刻画，就可以表示节点在网络中的地位作用和重要程度（刘涛等，2005；方锦清等，2007）；另一方面，网络是否稳定是决定网络发展的关键。在判断网络结构整体稳定性的同时，观察网络结构未来趋势的发展也将发挥重要作用。

复杂网络模型的应用主要在于：①网络构建及其结构演化，其中对多层网络、异质复杂网络和网络社团划分的研究越来越受到重视（解偻和汪小帆，2005；张彦超等，2011；魏乐等，2012）；②对复杂网络应用的研究，通过构建模型和分析网络结构来研究网络中系统的运行机制，进而控制和预测网络行为（Jeong et al.，2000；何大韧等，2012；陈关荣，2013）。而在区域科学领域的研究中，由于面临着个体之间各种形式的丰富流动以及这些流动所构成的交通、贸易、产业甚至城市网络等问题的研究，因此复杂网络多在城市网络、交通流动网络、人口流动网络、贸易产业和知识网络等方面发挥着重要作用。

1. 应用场景之一：交通、人口流动网络的分析

城市交通网络从建设开始，就已经自然形成了网络结构和拓扑关系。对于交通网络的复杂性研究，国外已经有很多学者进行了尝试（Amaral et al.，2000；Latora and Marchiori，2002；Sen et al.，2003；Guimera et al.，2005；Sienkiewicz and Holyst，2005；Kurant and Thiran，2006；Porta et al.，2006），国内学者也进行了相关综述（高自友等，2006；莫辉辉等，2008）。

本质上，城市交通网络可以分为内外部两个方面：一方面，在城市内部，主要是城市公交、轻轨和地铁等构建起的复杂网络，主要采用主方法（Primal Approach），即城市内交通网络交叉点作为网络中的点，而交通线则作为边。基于城市内部交通视角的研究，范围涉及北京（赵金山等，2005；王云琴，2008）、上海（李英等，2007；王燚和杨超，2009）、广州（刘志谦和宋瑞，2010；黄晓燕等，2014）、成都（王喆和彭其渊，2007）、杭州（顾前等，2008）、合肥（刘锐等，2009）和太原（李岸巍，2007）等城市，实证测算城市内交通网络的分布格局和复杂性特征。另一方面，在城际间则是以城市为点，交通线路为边的复杂网络，主要涉及公路（刘东和金凤君，2014；刘东和金凤君，2013；邓亚娟等，2010）、铁路（含高速铁路）（安虎森等，2018；王姣娥等，2005；叶婷婷，2009；王伟等，2010）和航空（武文杰等，2011；王姣娥等，2009；Chi et al.，2003；Li and Cai，2005；刘宏鲲，2007）等复杂网络的研究。

此外，依靠交通网络，人口在区位间的迁移也自然而然地形成了人口流动网络。在我国人口流动网络的研究中，学者们基于省、市、乡（镇）的不同视角进行分析构建。侯贺平等（2013）以荆门市乡镇为例，通过修正传统辐射模型构建乡镇人口流动网络，最终发现荆门市乡镇人口流动网络的节点度分布以高发展水平乡镇为核心，并呈现出"一横二纵"的空间分异格局；陈锐等（2014）基于实际流动人口网络建立了改进重力模型的流动人口测度模型，发现预期人口流动网络的整体中心性不是很强，未来人口流动依然活跃于中东部地区，呈现两纵的格局；赵梓渝等（2017）则认为我国人口流动空间格局在全国和区域尺度下均呈现出明显的核心-边缘结构，"哈尔滨—北京—西安—成都—大理"一线是关联结构与强度空间差异的明显界限；蒋小荣和汪胜兰（2017）发现，我国城市人口流动网络在空间上呈现出"两大四小"的多中心格局，北京与上海为"两大"中心，重庆、西安、广州和武汉为"四小"中心；罗桑扎西等（2021）基于城市内部各要素之间的互动关系，进一步提出了基于复杂网络视角的城市人流空间概念模型；古恒宇等（2019）构建了中国省际流动人口户籍迁移网络，运用探索性空间分析及空间滤波等方法分析了该网络的空间格局和驱动力。

2. 应用场景之二：城市网络的分析

在城市网络的分析中，许多学者认为城市内的企业是城市的核心，城市对外发生的要素流

动和影响作用，实际上是城市内企业对外的联系。1998 年，以 Peter J. Taylor 为首的学者建立了全球化与世界城市群研究小组，开始将企业网络作为城市对外联系的网络体系进行研究，并带领着 GaWC 研究小组深化对这一城市网络的研究。除 GaWC 研究小组外，Hall 在 2006 年也采用生产性服务业数据，构建了欧洲多中心城市网络，分析了欧洲八大城市区域的相互关联性。之后，GaWC 研究小组和其他学者继续发展相关研究。利用复杂网络理论和世界城市网络理论的发展，以城市间的关系研究为重点，突破了传统世界城市研究中实证数据的局限，打破了等级观念在城市间关系研究中的垄断地位。

在国内研究方面，王姣娥和景悦（2017）基于 2010 年中国城际铁路与航空客流 OD 数据，从城市节点、流量、子网络视角对中国城市网络的结构特征与组织模式进行了比较研究；张凡和宁越敏（2015）从航空联系的视角探索了世界城市网络中的连接性特征；陈卓等（2021）基于现状和相关规划完成后的陆路综合交通网络，解析了中国城市网络通达性的演化趋势及其对国土空间结构演进的影响，发现完成已有规划能够大幅提高中国城市网络的通达性水平，在最短旅行时间上基本可以支撑"全国 123 出行交通圈"的建设，通过促进轴 - 辐组织模式和空间级联秩序发育，已有规划能够引导国土开发结构朝多中心、网络化方向演进，为区域间的协调和均衡发展提供交通基础；朱艳硕等（2019）借助连锁网络模型和复杂网络理论，基于 2014 年中国装备制造业企业的地理分布情况，分析了城市空间组织关系；冷炳荣等（2011）研究表明，我国城市的实际网络表现为高聚类系数和短路径的双重特性，呈现出"小世界"网络特征，其还将我国划分为"三极多核"的空间格局；吴康等（2015）通过建构企业总部 - 分支组织的关系型数据，发现我国城市网络联系呈现以"北京—上海—广深—成都"为核心的菱形空间结构，局部已经形成无标度分布的网络结构，但整体无标度网络结构还有待发育；郑蔚（2015）则是从综述的角度，将复杂网络下城市经济网络研究的发展历程分为"基础理论构建阶段—发展创新突破阶段—多元繁荣发展阶段"这三个阶段；魏冶等（2016）依据春运下人口流动的数据，讨论了城市网络层级结构中的"位序—规模"规律，验证了我国城市网络核心联系是吻合铁路的"两横三纵"特征的。上述文献都实证探索了我国城市联系网络的空间特征。

3. 应用场景之三：贸易、知识网络的分析

贸易是城市或国家之间产品流动的重要方式，以城市作为点，贸易关系作为边，形成了贸易网络。最早的贸易网络仅研究国家和地区间是否存在贸易关系，以此构建起国际贸易的复杂网络（Serrano and Boguna，2003；Li et al.，2003）。随着数据的可得性增强，人们逐渐获取更加准确的贸易数据，并以此为基础构建加权网络以分析贸易网络的特征。由于贸易网络加权方法的复杂性，学者们通过贸易量、财富模型和金融流动等方式加权，构建了多样的贸易网络（Bhattacharya et al.，2007；Fagiolo et al.，2008；Chakraborty and Manna，2010；Schiavo et al.，2010；吴宗柠和樊瑛，2018）。宋周莺等（2017）基于社区发现法、拓扑网络可视化等方法，对比分析"一带一路"贸易网络与全球贸易网络的拓扑关系，明确其贸易在全球的地位，以期为"一带一路"自由包容性贸易体系的建设提供科学支撑。基于各种贸易网络特征的分析和总结，还有学者对贸易网络结构的决定因素，如 GDP 等因素进行了研究（Garlaschelli et al.，2007）。

根据比较优势理论，城市或者国家会选择生产自己具有相对比较优势的产品进行出口，同时进口其具有相对比较劣势的产品。这种贸易决策在城市中被学者理解为"产品邻近性"与"技术关联"。Hidalgo 等（2007）利用国家层面的贸易数据，测度了产业技术关联程度，提出了产品空间理论。这一理论的构建将贸易网络与产业网络相连接。进一步地，学者利用 Hidalgo 构建产品网络的方法，对不同国家和产业的产品空间网络进行了测度与分析。金璐璐等（2017）的研究发现，地区新产业的进入以及已有产业的退出，有助于地区突破对原有生产结构的依赖；

周沂和贺灿飞（2019）的研究则表明中国城市出口产品演化发展受到原有产品结构的影响，同时存在显著的区域差异；郑蕾等（2016）以汽车产业为例，采用中心性、E-I指数和核心—边缘模型等网络分析方法，分析了2003~2013年全球整车及零部件贸易在全球化和区域化力量共同作用下的演化特征；蔡宁等（2006）通过框架讨论产业集群网络结构的小世界、无标度和群落结构属性，发现这些属性离不开网络演化和产业背景；许和连等（2015）则在构建世界高端制造业贸易网络的基础上，考察了中国面临的挑战。

复杂网络也被广泛应用于能源贸易领域。何则等（2019）运用复杂网络方法，从整体格局出发研究了世界能源贸易网络的演化特征，并重点从供给与需求两方面分析了贸易集团演化与供需大国的能源竞合关系；程淑佳和王肇钧（2011）依据世界原油贸易数据，发现世界原油贸易空间范围及效应在逐渐增大，表明了世界原油贸易空间格局的有序性和非均质；孙晓蕾等（2012）通过度量全球原油贸易网络的动态演化来分析中国的能源安全态势；马远和徐俐俐（2017）基于"一带一路"沿线国家天然气网络，发现天然气贸易网络密度及互惠性较低，天然气贸易分布格局符合"马太效应"。

此外，基于贸易关系构建的生产网络研究也逐渐兴起。郑智等（2020）在全球生产网络时代的背景下，对"一带一路"生产网络演化过程以及中国生产网络对"一带一路"沿线国家的经济带动作用开展了定量研究；梁经伟等（2019）基于生产分割的视角，利用世界投入产出表测算了东亚各经济体的生产阶段数与平均传递步长，研究了东亚地区嵌入全球生产网络的变化过程，并明晰了区域的差异性。

除有形的产品外，产业内的无形知识也形成了新的网络结构。随着Cowan等（2004）提出知识扩散和知识增长模型之后，对复杂网络在区域和城市研究领域中知识网络方面的建模研究继续深入（Plum and Hassink，2011；Morrision et al.，2012）。在国内方面，马双和曾刚（2020）借助2016年国家知识产权局的专利合作数据，利用复杂网络和空间分析方法揭示出全国城市创新网络的整体联系较弱，网络极化现象明显，空间结构呈现出以北京为核心的放射型网络形态，且区际城市创新网络的跨区域网络联系强于区内网络联系，东中西部形成以区域中心城市为核心的异质性空间结构。徐宜青等（2018）利用2001~2015年合作专利数据，通过块模型分析、凝聚子群分析、知识复杂度测算等方法，论述了长三角城市群协同创新的发展过程，分析了不同区域在协同创新过程中的技术知识差异。周灿等（2018）采用国家知识产权局2009~2013年中国电子信息产业联合申请发明专利数据，运用SAO模型，借助Ucinet和Stocnet等分析工具，刻画了中国电子信息产业创新网络演化特征，探讨了创新网络演化影响因素。孙耀吾和卫英平（2011）通过实证发现高技术企业联盟知识扩散具有小世界性质、无标度特性和社区结构：一方面，新成员或相对弱小的企业应加强与其他企业的联系；另一方面，由于主导企业对联盟网络具有较大的影响力，需加强对其的激励机制。李丹丹等（2015）以2000~2009年中国生物技术领域合著论文和共同申请专利的信息为原始数据，分别构建了中国城市间科学知识网络与技术知识网络，发现科学知识网络在规模上和空间上都呈现出快速的扩张，技术知识网络的结构却未出现根本性变化，城市间科学知识合作能带给技术知识合作的效应较微弱。

4. 应用场景之四：大数据网络的分析

技术的发展带来了大数据时代，也为复杂网络发展带来了机遇（程昌秀等，2018）。目前国内学者进一步挖掘城市交通、迁徙人口和手机信令等大数据，将复杂网络应用于区域科学领域（Yuan et al.，2012；Liu et al.，2012；蒋小荣和汪胜兰，2017；冯慧芳等，2018；赖建波和潘竟虎，2019；徐敏等，2019）。马丽和张博（2019）核算了建立解释度在95%以上的2006~2015年省际电力O-D流表，并运用影响力、外向度、汇聚力和依赖度等指标，对中国省际电力流动的源点、汇点及流场特征进行分析，比较了 2006~2015 年电力流动格局的变化，最后运用网络分析方法，分析了省际电力联系网络的空间结构特征及其变化，解析了网络变化对流场格局变化的影响方式；付鑫等（2017）基于出租汽车运行 GPS 轨迹数据，构建了一类城市出行复杂网络，使用有向加权复杂网络测度分析方法，研究了出租汽车出行轨迹网络结构的复杂性与空间分异特征。大数据的应用：一方面有利于探寻构建复杂网络，从微观个体居民的活动入手，分析居民的时空特征变化；另一方面也可进一步把握城市区域的宏观空间格局演变规律，为区域政策分析提供一定的指导参考。

5. 小结与展望

近年来，随着大数据的广泛应用，作为认识真实世界的工具，复杂网络的重要性愈加凸显。在这些研究中，学者通过人口、企业、交通、贸易和知识等构建起城市和区域间的网络，利用网络静态分析指标，探究网络的小世界和无标度等特征及关键节点。

城市和区域间的网络发展增加了更多经济生活的便利性，但突如其来的新冠肺炎疫情，也使得病毒更容易随着网络传播开来。杜方叶等（2020）发现，虽然新冠肺炎疫情期间航空网络效率下降，但整体空间格局并没有发生根本性变化；牛方曲等（2021）通过对新冠肺炎疫情扩散的时空特征进行回顾，进一步利用铁路数据发现湖北"封省"措施对中心性较高的城市影响较大，但对全国铁路网络的整体性没有根本上的影响。

另外，复杂网络的预测也是信息挖掘中的一个重要方向，如链路预测可以通过已知信息来探寻网络中未知的关系，这些分析手段的发展促进着研究的深入。如邢李志（2017）利用链路预测的方法，分析了京津冀地区现代制造业的转移路径；李毅（2017）从省际间人口迁移入手，通过改进链路预测算法来预测人口迁移的演变趋势。总体上，除了网络静态特征及其测度方法，复杂网络理论在网络传播模型和动力学上已较为成熟（姜照华等，2004；周涛等，2005；夏承遗等，2009；吴传荣等，2010）。而从未来发展来看，由于复杂网络的动力学还没有系统性的发展，对城市和区域经济中的复杂网络演化的研究还比较少。但随着复杂网络理论的发展和探索，关于城市和区域经济中网络演化的研究也将成为未来的一个重要发展方向。

四、地理统计与计量模型如日中天

目前在计量模型方法中，区域科学应用较多的主要有四类：第一类是面板数据计量，面板数据模型因引入了个体固定效应，可以较好地控制区域的差异和地区效应，解决了区域经济分析中的区域异质性问题；第二类是多层模型，多层模型主要解决了区域分析中很多数据具有嵌套的区域关系，比如省级—地级—区县等行政区的嵌套，可以研究不同层级的空间单元影响因素的交互；第三类是空间计量模型，在空间计量模型中，空间回归模型主要是解决空间数据的依赖性，即空间自相关，以此实证测度空间溢出效应；最后一类是地理加权回归模型，其主要是解决模型结构参数（即变量之间的相互影响）的地理差异。

空间计量经济学是以空间经济理论和地理空间数据为基础，运用数学、统计学方法与计算机技术，以建立、检验和运用经济计量模型为核心，对经济活动的空间相互作用（空间自相关）和空间结构（空间不均匀性）问题进行定量分析，研究空间经济活动或经济关系数量规律的一门经济学学科。

随着改革开放，区域经济发展格局的持续演化以及国际计量经济理论与方法的不断传入，为解释开放条件下区域经济发展的动力机制以及发展水平与区域发展差距的潜在联系与演化规律提供了有益借鉴。特别是以空间经济理论和地理空间数据为基础，运用数学、统计学方法与计算机技术所建立的空间计量经济模型，有助于国内学者为发展具有中国特色的区域经济理论做出贡献。胡振华（1993）较早总结了区域经济发展的经济计量模型的五个功能，主要包括确定经济发展的目标和重点、确定投资规模和结构、预测社会总产值和国民收入的发展水平及增长速度、人口和劳动力预测以及确定可能安排的居民消费水平。目前，在区域经济方面的实证研究基于模型主要可以分为三类：经典计量模型、多层嵌套计量模型和空间计量模型。

1. 经典计量模型持续发展

随着 21 世纪前期改革开放红利逐步释放，学界关于对外开放与经济增长、资源环境的相关研究逐渐增多，郭腾云等（2001）对外开放政策吸引了大量建设资金，促进了区域外向型经济的发展，其对经济增长的作用效率达 21.39%；张海洋（2005）通过构建外资技术扩散计量模型进行检验发现，外资技术扩散效应并不显著，"以市场换技术"的外资政策效果甚微；许冰（2010）运用面板协整和因果检验等计量分析方法证实，外商直接投资通过资本要素和技术水平的不同效应有利于缩小区域经济增长差异；胡平等（2017）从产业结构、环保技术、要素市场扭曲及经济发展等渠道，阐释外商直接投资（FDI）对碳排放绩效的影响机理，通过构造联立方程组，检验了 FDI 和要素市场扭曲影响碳排放绩效的机制，采用弹性分析法测算 FDI 对碳排放绩效的总效应及细分效应，并基于反事实检验法评估了要素市场扭曲引发的 FDI 环境效应的损失；何雄浪（2014）在发展外资部门对内资部门技术溢出理论模型的基础上，引入体现技术吸收能力的人力资本变量来构建计量模型，发现西南地区和华东地区均存在技术溢出，但人力资本极大地影响了 FDI 的技术溢出效果，即人力资本促进了华东地区 FDI 的技术溢出效应，却不利于西南地区技术溢出效应的发挥；也有学者运用时间序列 VAR 模型检验得出 FDI 的增加缩小了区域间经济差距，但对区域内经济差距影响存在显著性不同的结论。产业一直是区域经济发展的重要支撑，高更和与李小建（2005）证实了产业结构变动对经济增长的贡献程度逐渐下降，大致服从 Growth 分布；郝寿义（2012）研究发现，20 世纪 90 年代以来，地区集聚、制造业集聚与经济增长呈负相关，尤其是东部地区和制造业因集聚造成租金、工资等要素成本上升，从而对经济产生负外部性，这成为面临的重要现实问题。有学者将研究进一步细化，分析具体产业对经济的影响：余永泽和刘秉镰（2010）基于固定效应模型实证检验了我国区域物流产业整体技术进步效率和全要素生产率，结果表明，随着我国物流产业的均衡化发展，物流产业全要素生产率的增长出现了一定的收敛趋势；在东部地区物流产业全要素生产率增长中，技术进步、规模效率增长和技术效率增长对全要素生产率的贡献比例相当，中部地区物流产业全要素生产率增长则主要来源于技术改进，而西部地区则是技术进步和技术效率改进共同贡献了全要素生产率的增长，规模效率则阻碍了全要素生产率。实际上，产业结构优化也带来了能源效率的提升，李兰冰（2012）采用 Tobit 回归模型实证检验了产业结构对区域能源效率的影响，研究结果表明，前者对后者有显著的正向促进作用，受劳动力整体素质较高的影响，北京、上海和天津等地区全要素能源效率高于管理效率；戴荔珠等（2008）从宏观和微观两个角度系统总结了 FDI 对资金流入地区的资源环境效应，在此基础上对国内外学者在该领域的研究进展进行了详细述评。

也有学者在政府政策与区域经济方面展开研究，主要是采用动态面板模型检验了非税收入、非税竞争、地方性债务和政府干预等。作为区域经济发展的重要影响因素，包括公路、铁路和通信等在内的基础设施对区域经济的影响始终是研究的重点方向，通常以建立普通回归模型和变截距固定效应模型进行研究。随着交通基础设施的不断完善，也有学者将网络分析与计量模型相结合，李煜伟和倪鹏飞（2013）分析基础设施网络对经济的影响，发现网络的改善会加速中心城市的要素集聚；汤放华等（2013）发现非中心城市接受中心城市溢出的吸收能力有待加强；张波等（2019）应用理论分析和面板数据分析发现地方政府在总量既定条件下调整宗地投放规模可在一定程度上调控土地溢价率；雷平等（2018）从非正式规制视角，基于乡土官员对区域高能耗产业影响的实证研究，讨论了乡土官员对区域经济与环境发展路径的影响；朱显平等（2016）实证分析了市场化程度与经济增长的关系，表明市场化程度对区域经济增长的直接作用和间接传导效应具有明显的区域性差异。

除此之外，一些模型也被广泛应用于区域经济的研究中。例如，郭琪和贺灿飞（2012）选取经济密度、与省会城市距离、与沿海城市距离、国内市场分割度四个指标，控制人均资本量和人力资本等变量，建立了随机效应面板数据模型，在中国城市层面上验证 3D 分析框架（密度、距离、分割）对城市劳动生产率差异的解释力；张可云和赵文景（2017）以 3T 假说为基础并进行适当改进，利用 2004~2014 年中国省级面板数据和 SYS－GMM 估计技术进行实证分析；曹贤忠等（2016）通过单位根检验、协整性检验和面板数据模型，对研发经费投入和人员投入与区域经济增长的影响进行了分析；郭为等（2009）首先建立了旅游就业与饭店、旅行社发展的关系模型，然后分别采用 ADF 检验和 Johnsen 的多变量检验方法进行单位根检验和协整检验，最后对就业波动弹性进行了方差分解。

2. 多层嵌套计量模型应运而生

刘建波等（2004）将嵌套的 Logit 模型应用于我国人口二次迁移的研究中，发现个人的迁移选择不仅受区域环境因素的影响，也受个人因素的影响。无论从哪个角度来考察迁移行为，都不能只看到迁入地和迁出地之间的经济发展差异，而应该综合考察区域环境因素和个人因素的影响；张锦华和吴方卫（2007）基于嵌套的 Logit 模型研究梯度二元融资结构下中国农村家庭的教育选择问题发现，梯度二元结构下的政府投入和家庭的经济水平对家庭的教育决策产生了更为直接的影响，只有发挥影响家庭教育选择的积极因素的作用，降低消极因素的作用，才能激励农村家庭提高教育的意愿；余珮（2015）从微观层面运用嵌套的 Logit 模型研究外资银行在华空间分布及其影响因素，发现区域对外开放程度、经济发达程度和基础建设完善程度为提升外资银行跨国经营内部化优势创造了宏观环境，在吸引外资水平和对外贸易依存度上，华北和东南最显著；外资银行"跟随客户"的战略在华中和西南地区得以证实；华北和东南的人均 GDP 和第三产业就业人数占比体现了这两大区域经济发达程度在吸引外资银行方面的优势。而在经济发展相对落后的中、西部区域，以邮电通信为代表的基础设施水平是外资银行重要的区位因素。

除了研究较多的嵌套 Logit 模型，也有学者构建了其他方面的多层次嵌套模型，如战明华等（2003）采用嵌套模型研究了金融中介和金融市场与经济增长之间的关系，结果表明金融中介和金融市场的发展都是经济增长的原因，但前者的促进作用更大；梁琪等（2011）研究了房地产市场财富效应的影响因素，发现我国利率水平的上升在一定程度上削弱了已有的正向房地产市场财富效应，而金融市场的发展水平并不能起到强化房地产市场财富效应的作用；周密等（2012）构建多层次空间互动模型研究中国区域差距，发现从空间互动的方向与强度来看，我国八大区域的空间互动关系主要分为三类：东北地区属于域内域外影响微弱型，北部沿海地区、西南、西北、南部沿海和长江中游地区属于域内域外影响显著型，黄河中游和东部沿海属于域内影响显著域外影响微弱型；盛玉雪等（2013）结合区域产业数据和微观企业数据，利用两阶层线性模型，实证分析了价值链片段化的背景下知识溢出对提升企业创新的作用；章韬（2013）基于混合嵌套的随机前沿超越对数生产函数模型研究了经济地理外部性与城市全要素生产率之间的差异，发现经济地理因素不仅对城市生产前沿产生影响，也决定了城市技术效率的空间分布特征，且对城市生产率的分布存在长期影响；叶信岳（2014）基于多尺度和多机制分析框架构建多层次回归模型分析浙江省经济差异，结果表明省内经济差异对核心—边缘结构和时间层次较为敏感，全球化是其经济差异的主要驱动力，分权化是影响其核心—边缘结构的重要机制，市场化可缩小因外商投资导致的空间集聚；梁彤缨等（2016）采用多层嵌套模型实证检验了区域环境与企业层次环境对企业研发效率的影响，从区域环境来看，市场消费需求显著负向调节企业规模与企业研发效率的关系，人力资源情况正向调节企业研发强度和企业规模对企业研发效率的作用，对外开放程度表现出对企业研发强度的负向调节作用；闫瑞增等（2019）在 Taylor 展开式的基础上构建金融发展与城乡经济增长差距关系的嵌套模型，实证结果表明，金融发展规模与城乡经济增长差距显著相关，而金融结构、保险深度的发展有利于降低金融发展规模对城乡经济增长差距的影响，但这种关系并不是一成不变的，存在门槛效应；赵景等（2019）基于四要素双层嵌套的生产函数检验了区域要素匹配与投资效率空间差异发现，东部地区资本相对投资效率明显高于中西部地区，但下降幅度大于中西部地区，中西部地区与东部地区之间的差距在缩小，其中匹配效应是区域间投资效率非平衡的主要成因，房价与工资提升分别通过影响技能劳动的供给和需求来抑制要素匹配效率，教育和公路设施会对地区要素匹配产生积极影响，改善地区间投资效率的非均衡性。

也有学者构建多层次回归模型来研究区域科学相关问题，纪小美（2016）运用多层次回归模型检验了福建省县域经济的动力来源发现，全球化和政策倾斜主导了全省县域差异的变迁，分权化强化了"核心－边缘"型区域的二元结构差异，市场化削弱了外商投资的极化作用，城市化水平偏低及区域差异阻碍了全省经济快速发展与区域经济的均衡发展；张伟丽等（2017）构建空间多层次回归模型研究不同尺度的河南省经济差异及其影响机制发现，投资水平、分权化、产业结构和资源禀赋是促进河南省区域经济差异增大的主要因素，市场活跃度、城乡分异和地形因素是弱化经济差异的因素，教育与劳动力虽然对区域经济差异有一定影响，但影响不大；李晶晶等（2016）基于多层次回归模型实证检验了河南省区域经济演化机制发现，河南省县域差异深受地方分权和市场化的影响，区域政策偏向导致的投资不均衡分布也在较大程度上影响了区域经济差异的变化；梁兴辉等（2018）运用改进的 C－D 生产函数定量分析了中国县级市在城市体系多层级"中心—外围"嵌套模式下的宏观区位效应发现，县级市经济发展水平与到最近一线城市的直线距离呈负的线性关系，而与到最近主要港口城市的直线距离呈准"⌣"形关系，港口城市对县级市经济增长的促进作用表现为先增加后平稳再增加的过程；张凯煌等（2020）通过建立双层线性模型研究了土地城镇化的影响因素发现，区域经济发展水平差异是土地城镇化的主要影响因素，大城市经济发展水平高，在职业前景、劳动报酬以及公共配套等方面优势明显，劳动力因此不断向这些城市集中，进而倒逼城市进行空间扩张，而政府资源保护态度、生态和农业资源与市级因素以及城市建成区面积呈显著负相关；王崇锋等（2020）采用面板负二项回归模型实证分析了多层创新网络结构洞对组织创新绩效的影响发现，仅考虑直接作用时，组织合作网络与知识融合网络结构洞特征对组织创新绩效具有显著正向影响，在进一步考虑交互作用后，组织合作网络、成员合作网络以及知识融合网络结构洞特征的两两交互项均对组织创新绩效具有显著正向影响，其中，成员合作网络与知识融合网络的交互作用对组织创新绩效的影响最大。

3. 空间计量模型迅速崛起

中国幅员辽阔，地区间的空间差异非常明显，单纯利用全国性综合时间序列数据会掩盖地区间的真实空间差异，不能全面和动态地从一个时段上描述经济现象的变化趋势。基于此，将时空分析纳入分析框架，通过使用空间计量经济学的时空数据模型对区域经济增长集聚的空间差异与成因进行深入讨论。潘文卿（2012）以一个表征市场潜能对地区经济发展影响的新经济地理学模型为基础，研究中国区域经济发展的空间溢出效应，经验分析表明，空间溢出效应是影响中国区域经济发展不可忽视的重要因素，且这种溢出效应存在地理衰减；颜银根和安虎森（2014）采用（广义）最小二乘法和两阶段（广义）最小二乘法估计面板数据模型检验中国区域间经济增长的溢出效应发现，中国区域经济形成了沿海"外向型"与内陆"内向型"的双向型经济格局，东部地区经济增长并没有溢出到其他地区，相反中西部地区的经济增长对东部地区的经济增长存在显著的空间溢出；张建伟等（2015）采用突变级数法、ESDA 及空间计量经济模型对 1985～2012 年中国 GDP 的偏离度的时空差异进行了研究；张可云等（2020）测算了中国社会资本分阶段分区域的贡献水平和空间溢出效应发现，中国社会资本作用日益增强，地理边界更加明显，同时表现出一定的"引力"，发达地区社会资本对当地的经济增长贡献更大，但对其他区域的带动性不强甚至产生虹吸效应，而欠发达地区的社会资本对其他区域的溢出效应为正；陈秀山等（2014）通过建立估计贸易成本系数的线性计量模型，揭示出作为厂商定位主要动力的经营利润呈现出从中心到外围的负梯度，空间经济的中心—外围格局短期内难以改变，贸易成本的进一步下降可能使中间区和外围区也对厂商定位变得有吸引力；孙久文等（2014）基于空间异质性视角，采用标准差系数、变异系数、基尼系数、泰尔指数对中国 1978～2012 年区域经济发展差异的演变规律进行分析；刘建国和张文忠（2014）运用空间面板模型对全要素生产率的影响因素进行分析，估计结果显示了经济集聚、人力资本水平、信息化水平、经济开放度及制度因素对全要素生产率的影响为正，政府的干预、产业结构和土地投入对全要素生产率的影响为负，但是基础设施水平对全要素生产率的影响并不显著。

各区域由于资源禀赋和经济发展程度不一，因此对于人口、经济、企业（产业）、能源与环境和土地等时空格局的分析成为研究热点。

（1）人口方面，张学良等（2018）利用第五次和第六次人口普查数据，以成渝城市群 16 座地级及以上城市行政单元为研究对象，对其收缩的空间格局、基本特征和形成机制展开全方位的测算和分析；高超等（2013）运用空间自相关模型、不均衡指数、人口重心模型和偏移—分享模型，分析了南非人口的空间分布格局和演变特征；孙铁山等（2012）应用非参数计量方法，实证刻画了北京都市区人口—就业空间分布演化，揭示了在快速城市化和城市增长背景下，北京都市区空间结构特征及发展趋势；孙铁山等（2009）使用探索性空间数据分析方法研究区域人口密度分布发现，京津冀都市圈具有多中心空间结构特征，此外，还分别应用单中心和多中心区域密度函数分析了京津冀都市圈空间结构与增长模式；林珲等（2018）通过多源遥感技术提取空间分辨率为 30 米的粤港澳大湾区 2007～2015 年城市不透水面的变化，利用 Dasymetric 映射方法得到 30 米分辨率的网格化人口密度分布，从而分析了大湾区 2007～2015 年城市人口的时间和空间变化；Liu 等（2013）利用 2005 年 1% 人口抽样调查数据，分析了中国技术人员跨省迁移的空间格局及其影响因素。

（2）经济方面，李博等（2020）采用熵权 TOPSIS 法对我国晋陕蒙甘宁这一典型能源富集区的地级以上城市的市域经济发展水平进行综合评价，进而使用马尔可夫转移概率分析方法和 ES-DA 空间分析方法，探索了该地区市域经济发展水平的时空分异格局的演化特征；康江江和宁越敏等（2017）分析了 2000～2014 年 14 个集中连片特困地区 667 个县域农民收入的时空变化特征及其影响因素；白永亮等（2014）从密度、距离和整合 3 个维度对长江中游城市群经济空间的地理格局和演化特征进行了研究；齐元静等（2013）通过 Global Moran's I 指数和 Getis - Ord Gi 指数探讨了中国经济发展的空间演变规律。

（3）企业（产业）方面，马诗萍和张文忠（2020）通过对 6000 千瓦及以上的电厂的微观数据进行分析，从电厂建设、电力生产等方面刻画了 2003～2017 年黄河流域区电力产业的时空发展格局；范剑勇等（2011）从集聚的不同内涵出发，选择制造业二位数行业与四位数行业①在县级层面的空间分布为研究对象，详细分析了中国制造业的空间分布状况，对长期以来学界关于区域集聚水平较低，地区间产业存在同构化倾向的争论做出了明确回应；陈秀山等（2008）针对空间经济学所关注的区位锁定效应，提出了产业空间结构变动"过程"和"结果"的度量方法，应用制造业数据计算发现，在1996~2005年，中国制造业空间结构变动过程和结果都同时表现出聚集和扩散两类特征，其中聚集占绝对优势；蒋海兵等（2015）采用核密度分析法、圈层分析法、GIS空间分析技术与杭州市工商登记数据，探讨了杭州生产性服务业空间格局与演变特征；席强敏等（2018）利用企业微观数据，通过综合空间插值和指标测度的方法揭示了京津冀高技术制造业的空间结构特征与演化趋势；原嫄等（2015）对中国制造业不同尺度的份额变化及其影响因素进行了讨论，并对二者的关系进行了计量分析，以纵向和横向的观察和比较不同空间尺度下区域制造业工业总产值占全国制造业工业总产值的份额来显示中国制造业重心近年来在空间上变化的总体态势；沈体雁等（2018）对2004~2013年我国船舶工业的基本空间格局进行描述，使用LP法和SFA法测算我国船舶工业企业全要素生产率，分析了我国船舶工业全要素生产率的整体变动、增长贡献、空间分异等情况；李国平等（2015）揭示京津冀区域制造业在区县层面上总体呈现出由中心区域的京津走廊向东部沿海及冀中南腹地扩散的特征，由于各行业要素属性的差异，导致各类型行业的空间格局变动情况各有不同。

（4）能源与环境方面，陈志建等（2015）考察1995~2010年我国区域人均碳排放的空间格局演变过程，构建人均碳排放收敛模型，研究不同区域人均碳排放的收敛特征；高志刚等（2020）采用非期望产出的超效率SBM-DEA模型测算2000~2017年新疆14个地州市（不包含兵团城市）的绿色经济效率，并通过时空分析归纳出新疆绿色经济效率的演化特征；吴传清等（2020）对长江经济带工业废气污染治理效率的时空演变及其影响因素进行研究；杨宇和刘毅（2014）通过DEA-ESDA模型对1990年、2000年和2010年我国各省市能源效率进行分析，并探索其空间集聚状态以及冷热点区域格局的演化。

（5）土地方面，吴传钧等（2000）采用GIS空间分析技术，对1982~1997年北京城市土地利用扩展的时空过程进行空间聚类和历史形态分析，证实工业用地的高速外向扩展是北京城市土地利用规模"超常膨胀"的主要原因，揭示了城市土地利用扩展的空间分异规律，阐明城市土地利用扩展中心和扩展轴的时空迁移模式；陈建军等（2016）应用空间分布图形分析法与空间计量模型回归法，以地方政府土地经营策略为切入点，从空间视角论证中国当前城市层级体系状态形成的内在机制并对其合理性进行把握。

（6）其他领域，樊杰等（2010）通过计算1952~2005年中国经济重心和人口重心的地理坐标以及重心间的空间重叠性与变动一致性，刻画了53年间我国经济和人口空间分布的耦合态势，证明了其与区域差距的大小高度相关；陆军等（2017）基于北京市城六区住宅租金数据、住宅以及周边五类公共产品的地理信息数据、公共产品属性数据，得到各类公共产品供给指数空间分布情况以及住宅租金空间自相关特征，并利用Hedonic特征定价模型和空间计量模型，分析了公共服务设施空间供给对住宅租金的影响；成金华等（2020）分析了中国城市生活垃圾排放的时空变化特征；郝寿义等（2012）基于新经济地理和内生增长模型，揭示了我国地区间资源分布呈现中心-边缘格局，并具有极化趋势；周尚意等（2019）分析了京津冀协同战略下养老医疗资源空间格局的潜在变化。值得注意的是，除了对于区域要素分布时空格局的关注外，也有学者专注于分析微观视角下的时空行为。例如，柴彦威等（2017）选取西宁市作为案例，

---

① 根据《国民经济行业分类》，制造业二位数行业与四位数行业分别代表制造业大类和小类。

基于 2013 年居民时空行为调查数据及城市设施分布数据,分析了居民时间利用、时空路径等时空行为特征及其与城市设施分布的匹配关系;申悦和柴彦威(2017)从性别比较的视角出发,利用出行大数据对居民日常活动的时空弹性特征及其影响因素进行了分析。

除以上研究热点外,使用空间计量模型研究知识溢出和技术扩散问题也受到了学者们的广泛关注。在知识溢出和技术扩散方面,李雁梅和吴殿廷(1999)通过对长江三角洲地区高新技术扩散特征及扩散模式的分析,探寻了未来高新技术发展的推进策略及发展前景;龙志和蔡杰(2006)基于 C – D 生产函数构建了知识动态溢出对产业发展影响的经济计量模型,并利用 1999 ~ 2003 年中国 30 个省市及 25 个产业面板数据进行实证检验,结果未发现 MAR 溢出效应和 Jacobs 溢出效应,但是在全国和东部地区存在 Porter 溢出效应;李国平等(2012)以我国 31 个省域作为空间观测单元,以专利申请受理数作为创新产出的衡量指标,对我国 1997 ~ 2008 年省域创新产出的空间分布进行了探索性空间数据分析(ESDA);徐盈之等(2010)发现省域间知识溢出显著促进了地区经济增长,且受人力资本水平和吸收能力的门槛调节;牛欣等(2012)构建加入地理空间因素的知识生产函数模型和包含创新空间溢出的外生增长模型,实证检验了技术空间溢出和扩散有助于区域经济收敛,尤其是高校通过产学研合作将创新研究成果顺利转化为现实生产力,这为落后地区接受先进地区的技术溢出提供了有益借鉴;许治等(2013)采用地理加权回归模型分析了国家中心城市技术扩散与区域经济增长之间的关系,研究表明,北京和上海的技术扩散对区域经济增长具有显著影响,且北京的扩散效应更大,同时,也印证了中心城市的技术扩散存在地理衰减效应,远离京沪地区的促进作用会明显下降;胡曙红等(2016)研究发现,高校通过知识创新及基础研究实现的创新产出对区域经济增长的贡献显著,同时,高校通过产学研合作将创新研究成果顺利转化为现实生产力是提升区域经济增长水平的重要途径;吕海平等(2017)基于 SLPDM 模型检验了创新资源协同空间联系对经济增长的影响,并对总效应进行分解发现,目前中国创新资源协同空间联系的集聚作用大于其扩散作用;张明玉和李凯(2011)使用空间计量模型检验了知识溢出对区域经济增长的收敛性,结果表明在研究期内,我国区域经济增长不存在绝对收敛,但存在条件收敛,这为落后地区接受发达地区带动以推动中国经济整体发展具有重要意义;姚鹏和孙久文(2015)在考虑自变量和因变量的空间滞后项基础上建立了空间杜宾模型,以讨论贸易开放、人力资本和区域收入水平之间的关系,他们发现人力资本的直接效应和间接效应均通过了显著性水平检验,即人力资本的提升不仅有利于本地区人均收入水平的增加,还可能因区域之间信息的交流和受教育者之间的相互学习产生正向空间溢出效应;邓飞和柯文进(2020)以人力资本异质性为研究视角,利用 1987 ~ 2017 年省级面板数据构建了多种空间面板计量模型,从经济增长和运行质量两个维度探寻了不同层次的人力资本对区域经济发展效能的空间差异,研究发现,异质型人力资本对产业结构高级化影响存在显著区域异质性,且中级人力资本对西部地区的产业结构高级化具有非常重要的意义;Liu 等(2010)采用 Berliant 等的模型探讨了与台湾都市圈地区企业空间分布格局密切相关的产业内研发外部性发现,三类企业的研发在每个都市圈都存在研发的溢出效应,企业规模越偏中等及以上规模,其所受到的溢出效应就越大。

在产业结构与集聚方面,孙铁山等(2015)通过有序样本聚类的方法,将省区经济份额变动划分为八个阶段,并采用偏离—份额法分析了不同阶段驱动省区经济份额上升的产业及其变迁,以及其与区域产业结构和竞争优势变化的关系;蒋伏心和苏文锦(2012)建立 SLM 和 SEM 模型实证检验了长三角高技术产业存在显著的空间溢出效应和空间依赖性,且产业同构对区域经济增长有正向促进作用;侯新烁等(2013)运用多种空间计量模型实证检验经济结构与区域经济增长的关系,并运用偏微分对总效应进行分解发现,经济结构对经济增长的影响较为显著,且存在显著的空间溢出效应，周边地区在产业、资本和劳动力等方面的结构调整会产生负向空间溢出效应；刘佳等（2013）以旅游产业为例，从空间视角分析产业集聚与区域经济之间的关系发现，中国旅游经济增长存在显著的空间相关性，产业集聚对区域旅游经济增长具有空间溢出效应，旅游产业集聚不仅会通过吸引旅游人才、资本和旅游企业等产业要素来集中促进区域经济增长，还可通过空间传导机制促进邻近地区旅游经济的增长；李秋雨等（2016）发现旅游业对经济增长起着明显的促进作用，但其作用程度要小于物质资本的贡献，这说明我国现阶段各地区经济增长主要靠物质资本投资拉动；唐建荣和张鑫和（2017）实证发现，对外开放对物流业的发展具有正向空间溢出效应，但基础建设的溢出效应为负，而经济发展和科技进步的溢出效应并不显著；闫超栋和马静（2016）基于空间面板回归偏微分效应分解方法检验了信息化与区域经济增长的关系发现，三种空间权重下信息化对经济增长的区域内溢出效应均为正值，且地理上越为邻近这种影响越大，而人力资本在促进区域经济增长方面的作用尚未得到应有发挥；刘姿均和陈文俊（2017）采用空间计量模型，研究了互联网与区域经济发展水平以及区域经济发展结构之间的关系发现，互联网普及率的直接效应、间接效应和总效应均在1%的显著性水平上显著，这说明互联网普及率提升有助于区域经济增长，但人均人力资本的系数为负，但是不显著，这意味着人均人力资本对于产业结构优化升级的作用暂不明显；李林等（2011）建立 SLM、SEM 和 SDM 三种空间计量模型实证检验金融集聚对区域经济增长的溢出作用发现，虽然金融集聚呈现一定相关性，但空间辐射能力有限，行政体制在很大程度上制约了金融集聚的辐射作用；胡东婉和宋玉祥（2017）发现金融集聚对区域经济增长具有正向溢出效应，其中银行业的溢出效应最为明显，证券业和保险业的溢出效应较弱，经济发展区域不平衡与金融行业结构不平衡相互交织，最终导致金融集聚的溢出效应分布不平衡；樊杰等（2002）从我国产业空间分异过程以及西部产业空间结构内部差异性等方面，分析了西部产业空间结构的基本特征，探讨了西部产业空间结构的成因机制与区域经济增长效果，初步确定了在西部大开发中调整我国西部地区产业空间结构的基点。

在交通与区域经济方面，王姣娥等（2019）为综合研究交通运输体系刻画的空间级联系统及克服单一交通方式的局限性，基于长途汽车、高铁和航班时刻表数据，比较分析了多元交通网络的空间级联体系结构及其表达的城市网络组织体系，并进一步揭示了地理空间的约束作用；魏下海（2010）构建空间计量模型检验了交通基础设施对区域经济增长的促进作用，其原因在于交通基础设施建设的发展能有效缩短区域间的空间距离，降低运输成本和交易费用，进而提升区域经济增长绩效；叶昌友和王遐见（2013）采用空间面板模型检验了交通业发展与区域经济增长的关系，铁路建设对区域经济增长的促进作用明显，而公路建设对区域经济增长的影响与其等级有关，公路等级越高，对地区经济增长的带动作用越强；陈博文等（2015）构建了测度可达性与经济发展水平关系的二阶空间滞后模型，分析了江苏可达性变动与经济发展的关系，研究表明前者对后者的影响存在一定的门槛，当交通建设达到一定规模，可达性水平增长到一定程度时，其对经济发展的影响才会凸显；王雨飞和倪鹏飞（2016）分别用空间计量模型和超制图学的方法检验了交通对经济发展的增长效应和结构效应发现，中国区域间经济增长的溢出效应确有提高，同时也证明了交通对经济发展存在增长效应和结构效应，交通发展改变了区域和城市的空间结构、分布结构和层级结构，基础薄弱的东北和西部地区面临边缘化的危险；罗能生和彭郁（2016）构建多种空间计量模型检验交通基础设施与城乡收入之间的关系发现，交通基础设施对我国各省区城乡收入公平的改善有正面影响，但是边际效用有所下降，且高速公路、铁路和各等级公路对改善城乡收入公平的作用大小依次递减。

在经济收敛方面，林光平等（2006）构建空间滞后模型实证检验了中国地区经济的 σ 收敛情况，实证结果表明在考虑地区间经济相关性后，空间计量模型的稳健性比传统计量模型更强，随着经济的发展地区间表现出了 σ 收敛趋势；吴玉鸣（2006）在新古典增长模型的基础上，提出了区域经济增长 β 趋同的空间计量经济分析模型框架，并利用 1978～2002 年的截面数据进行实证检验，证实了省域之间的经济联系呈现出不断增强的趋势，地理因素和空间效应对区域经济增长产生了重要影响；汤学兵和陈秀山（2007）揭示了中国八大区域存在明显的"俱乐部收敛"和"条件收敛"性质；苏良军和王芸（2007）构建了空间自回归模型对比研究了长三角和珠三角地区经济增长的方式和收敛性，结果发现，两区域内部经济增长均存在空间相关性，也都表现出了 β 收敛特征，且珠三角的收敛性更强；张学良（2009）运用空间统计与空间计量的分析方法，根据长三角 132 个县市区的统计数据，实证研究了区域经济增长的收敛性；张学良（2010）采用非参数 DEA 方法将经济增长分解为物质资本积累、效率改善、技术进步和人力资本 4 部分，并以长三角为研究对象，通过建立空间计量模型实证检验了这 4 种因素与区域经济收敛之间的关系发现，物质资本积累是使长三角各地区经济增长差距缩小的唯一因素；袁立科（2010）基于曼昆修正的科布－道格拉斯生产函数提出了经济增长 β 收敛的空间计量经济分析模型框架，并利用 1978～2005 年截面数据进行实证检验发现，在考虑空间外部性和对外开放因素后，区域经济增长存在条件收敛；陈得文和陶良虎（2012）运用 SUR 模型衡量了经济增长的阶段性特点，并结合修正后的 G 统计量和空间滞后模型分析了空间效应对区域经济增长趋同的影响发现，我国区域经济在空间上存在显著的中心、次级和外围"空间俱乐部"趋同效应，各趋同"俱乐部"之间存在着不同水平的空间依赖关系，且中心和次级区域之间的空间依赖性较强；覃成林等（2012）构建空间交叉回归模型，实证检验了空间外溢对长三角区域经济增长"俱乐部"趋同的正向影响，趋同速度为 1.57%，并提出按照稳态差异，"空间俱乐部"趋同可以形成富裕或贫穷的空间趋同"俱乐部"；何雄浪等（2013）建立空间面板数据模型分析了区域经济增长的绝对收敛性和条件收敛性发现，在研究期内，区域经济增长不存在绝对收敛，在期初地区经济发展水平越高，经济增长也越快，同时，地区财政政策和人力资本对条件收敛有重要影响，这为中西部地区缩小与东部发达地区之间的差距提供了经验证据；朱国忠等（2014）分别构建了静态截面、空间效应的横截面模型（空间效应及其滞后项的横截面模型和动态空间面板数据模型）等多重计量模型，采用最大似然估计法和转换最大似然估计法对区域经济增长收敛性进行了实证分析发现，虽然区域经济整体不存在收敛，但中部和西部各省经济表现出收敛性，即呈现"俱乐部"收敛特征；李晓阳和黄毅祥（2014）采用空间滞后模型分析了劳动力流动与区域经济收敛的关系发现，部分大城市已经出现人口规模不经济、人口抑制地区经济增长等现象，适度的劳动力回流将会促进中西部地区的发展，从而减缓区域经济两极化发展；杨朝峰等（2015）发现我国区域经济呈现收敛趋势，收敛的半生命周期为 19.07 年，同时，创新活动及其成果扩散有利于增强省际间的经济发展互动程度，进而促进区域经济发展收敛。

4. 小结与展望

目前，学界关于区域经济学的研究较为丰富，运用的计量经济模型和估计方法日趋增加，但仍存在几点不足：一是关于区域经济话题的实证研究较多，但在具体的理论建模和机制讨论的基础上进行实证检验的文章不多；二是区域经济是一个复杂的系统问题，单纯构建计量模型进行实证检验，既可能产生因变量遗漏导致的估计结果出现偏误，也可能产生因从非系统视角审视区域经济问题而导致的模型结构错误；三是虽然计量经济学，特别是空间计量模型的快速发展极大丰富了研究区域经济学的工具，但区域经济发展是长期问题，很多实证关系需要更长的数据周期来进行验证，短期的稳定关系并不意味着长期不变。因此，随着研究角度的不断丰富、数据的不断完善和工具的不断增多，相信我国区域经济学的相关研究水平必将进一步提升。

参考文献

(一) 中文文献

[1] 安虎森, 陈晓佳, 徐玮. 铁路网络规划对我国空间格局影响分析 [J]. 西南民族大学学报 (人文社科版), 2018, 39 (9): 112-117.

[2] 安烨, 李秀敏, 张立学. 贸易引力模型对东北亚五国的实证检验及贸易潜力分析 [J]. 长春金融高等专科学校学报, 2005 (4): 1-5.

[3] 白立敏, 修春亮, 冯兴华, 梅大伟, 魏冶. 中国城市韧性综合评估及其时空分异特征 [J]. 世界地理研究, 2019, 28 (6): 77-87.

[4] 白永亮, 党彦龙. 基于 3D 框架的长江中游城市群经济空间演化研究 [J]. 湖北经济学院学报, 2014, 12 (4): 66-72.

[5] 摆万奇. 深圳市土地利用动态趋势分析 [J]. 自然资源学报, 2000 (2): 112-116.

[6] 保继刚. 引力模型在游客预测中的应用 [J]. 中山大学学报 (自然科学版), 1992, 31 (4): 133-136.

[7] 蔡晨, 纪建悦, 吴声昌. 一类投入产出预测模型及其应用 [J]. 中国管理科学, 2000 (S1): 1-5.

[8] 蔡宁, 吴结兵, 殷鸣. 产业集群复杂网络的结构与功能分析 [J]. 经济地理, 2006 (3): 378-382.

[9] 蔡婉贞, 黄翰. 基于 BP-RBF 神经网络的组合模型预测港口物流需求研究 [J]. 郑州大学学报 (工学版), 2019, 40 (5): 85-91.

[10] 操张进. 基于定性相空间的应急资源需求预测方法研究 [D]. 中国科学技术大学硕士学位论文, 2011.

[11] 曹纪伟, 叶桢翔. 试用重力模型研究小城市空间结构规划 [J]. 经济研究导刊, 2008 (7): 143-144.

[12] 曹建. 全面放开二孩政策下中国人口预测与分析——基于 Leslie 改进模型 [J]. 农村经济与科技, 2020, 31 (4): 322-323, 393.

[13] 曹静. 走低碳发展之路: 中国碳税政策的设计及 CGE 模型分析 [J]. 金融研究, 2009 (12): 19-29.

[14] 曹帅, 金晓斌, 杨绪红, 孙瑞, 刘晶, 韩博, 徐伟义, 周寅康. 耦合 MOP 与 GeoSOS-FLUS 模型的县级土地利用结构与布局复合优化 [J]. 自然资源学报, 2019, 34 (6): 1171-1185.

[15] 曹贤忠, 曾刚, 邹琳, 刘刚. 基于面板数据的研发投入对区域经济增长影响分析 [J]. 长江流域资源与环境, 2016, 25 (2): 208-218.

[16] 查冬兰, 周德群. 基于 CGE 模型的中国能源效率回弹效应研究 [J]. 数量经济技术经济研究, 2010, 27 (12): 39-53+66.

[17] 柴啸龙, 姜云飞, 陈蔼祥. 基于规划图的蚁群规划算法 [J]. 计算机研究与发展, 2009, 46 (9): 1471-1479.

[18] 柴彦威, 谭一洺. 中国西部城市居民时空间行为特征研究——以西宁市为例 [J]. 人文地理, 2017, 32 (4): 37-44.

[19] 常玉林, 王炜. 城市紧急服务系统优化选址模型 [J]. 系统工程理论与实践, 2000 (2): 105-108, 118.

[20] 畅建霞, 黄强, 王义民. 基于改进遗传法的水电站水库优化调度 [J]. 水力发电学报, 2001 (3): 85-90.

[21] 车裕斌. 区域旅游系统吸引力模型研究 [J]. 资源开发与市场, 2004 (3): 163-165.

[22] 陈博文, 陆玉麒, 柯文前, 吴常艳. 江苏交通可达性与区域经济发展水平关系测度——基于空间计量视角 [J]. 地理研究, 2015, 34 (12): 2283-2294.

[23] 陈得文, 陶良虎. 中国区域经济增长趋同及其空间效应分解——基于 SUR-空间计量经济学分析 [J]. 经济评论, 2012 (3): 49-56.

[24] 陈岗. 基于引力势能模型的旅游城市饭店空间布局研究——以桂林主城区为例 [J]. 旅游研究, 2012, 4 (2): 67-72.

［25］陈关荣. 复杂动态网络环境下控制理论遇到的问题与挑战［J］. 自动化学报, 2013, 39 (4): 312 – 321.

［26］陈虹, 朱鹏坤. 资本回报率对我国区域经济非均衡发展的影响［J］. 经济科学, 2015 (6): 11 – 22.

［27］陈火根, 丁红钢, 程耀东. 物流配送中心车辆调度模型与遗传算法设计［J］. 浙江大学学报（工学版）, 2003 (5): 512 – 516.

［28］陈佳, 鲍雅静, 徐媛, 姚毅恒, 崔立新, 赵琪茉. 基于 AHP 的克孜勒苏河流域生态安全评价及预测［J］. 大连民族大学学报, 2018, 20 (3): 210 – 212 + 217.

［29］陈建军, 周维正. 空间视角下的地方政府土地经营策略、竞争机制和中国的城市层级体系——来自中国 186 个地级市的经验证据［J］. 中国土地科学, 2016, 30 (3): 4 – 11.

［30］陈金英, 杨青山, 马中华. 不同发展阶段的城市群综合承载能力评价研究［J］. 经济地理, 2013, 33 (8): 68 – 72 + 85.

［31］陈峻, 沈洁, 秦玲. 蚁群算法求解连续空间优化问题的一种方法［J］. 软件学报, 2002 (12): 2317 – 2323.

［32］陈龙, 王建冬, 窦悦. 基于互联网大数据的宏观经济监测预测研究: 理论与方法［J］. 电子政务, 2016 (1): 18 – 25.

［33］陈锐, 王宁宁, 赵宇, 周永根. 基于改进重力模型的省际流动人口的复杂网络分析［J］. 中国人口·资源与环境, 2014, 24 (10): 104 – 113.

［34］陈秀山, 徐瑛. 中国制造业空间结构变动及其对区域分工的影响［J］. 经济研究, 2008, 43 (10): 104 – 116.

［35］陈秀山, 左言庆. 多区域多行业竞争中的空间经济集聚与分散动力机制研究［J］. 西南民族大学学报（人文社会科学版）, 2014, 35 (1): 112 – 119.

［36］陈彦光, 刘继生. 基于引力模型的城市空间互相关和功率谱分析——引力模型的理论证明、函数推广及应用实例［J］. 地理研究, 2002 (6): 742 – 752.

［37］陈彦光. 基于互相关函数的分形城市引力模型——对 Reilly – Converse 引力模型的修正与发展［J］. 信阳师范学院学报（自然科学版）, 1999 (2): 74 – 77.

［38］陈玉光, 陈志祥. 基于准时送货和最小耗油的配送车辆路径问题研究［J］. 中国管理科学, 2015, 23 (SI): 156 – 164.

［39］陈志建, 王铮, 孙翌. 中国区域人均碳排放的空间格局演变及俱乐部收敛分析［J］. 干旱区资源与环境, 2015, 29 (4): 24 – 29.

［40］陈志宗, 尤建新. 重大突发事件应急救援设施选址的多目标决策模型［J］. 管理科学, 2006 (4): 10 – 14.

［41］陈卓, 梁宜, 金凤君. 基于陆路综合交通系统的中国城市网络通达性模拟及其对区域发展格局的影响［J］. 地理科学进展, 2021, 40 (2): 183 – 193.

［42］成金华, 易佳慧, 史峰雨. 中国城市生活垃圾排放及其影响因素的时空变化研究［J］. 华中师范大学学报（自然科学版）, 2020, 54 (4): 511 – 521.

［43］程昌秀, 史培军, 宋长青, 高剑波. 地理大数据为地理复杂性研究提供新机遇［J］. 地理学报, 2018, 73 (8): 1397 – 1406.

［44］程赐胜, 陈宝星, 李明顺. 内陆集装箱空箱站场选址优化模型及算法研究［J］. 交通运输系统工程与信息, 2005 (3): 71 – 76.

［45］程鸿德, 汤顺林. 区域环境影响评价原则和方法研究［J］. 中国环境科学, 2000 (S1): 16 – 19.

［46］程惠芳, 阮翔. 用引力模型分析中国对外直接投资的区位选择［J］. 世界经济, 2004 (11): 23 – 30.

［47］程凌. 统一内外资企业所得税率对税收及社会福利的影响——基于 CGE 的分析［J］. 数量经济技术经济研究, 2007 (10): 67 – 80.

［48］程淑佳, 王肇钧. 复杂网络理论下世界原油贸易空间格局演进研究［J］. 地理科学, 2011, 31 (11): 1342 – 1348.

［49］程兆林, 赵克杰, 阎九喜. 动态投入产出模型的最优消费跟踪问题［J］. 统计研究, 1999 (2):

26 – 28.

[50] 初良勇，田质广，谢新连．组合预测模型在物流需求预测中的应用 [J]．大连海事大学学报，2004 (4)：43 – 46.

[51] 褚琳，张欣然，王天巍，李朝霞，蔡崇法．基于 CA – Markov 和 InVEST 模型的城市景观格局与生境质量时空演变及预测 [J]．应用生态学报，2018，29 (12)：4106 – 4118.

[52] 崔丽丽，王铮，刘扬．中国经济受 CO_2 减排率影响的不确定性 CGE 模拟分析 [J]．安全与环境学报，2002 (1)：39 – 43.

[53] 崔远来，王建鹏，张自宽，顾世祥，谢波，周云．基于动态规划和自优化模拟混合模型的水资源优化配置 [J]．水电能源科学，2007 (3)：1 – 5.

[54] 崔振才，郭林华，田文苓．水资源系统模糊优化多维动态规划模型与应用 [J]．水科学进展，2000 (2)：186 – 193.

[55] 戴金平，陈汉鹏．中国的利率调节、信贷指导与经济波动——基于动态随机一般均衡模型的分析 [J]．金融研究，2013 (11)：1 – 14.

[56] 戴荔珠，马丽，刘卫东．FDI 对地区资源环境影响的研究进展评述 [J]．地球科学进展，2008 (1)：55 – 62.

[57] 戴树贵，潘荫荣，胡幼华．基于最小费用的物流配送模型及其混合单亲遗传算法 [J]．计算机应用，2005 (11)：2681 – 2684.

[58] 单玉红，朱欣焰．城市居住空间扩张的多主体模拟模型研究 [J]．地理科学进展，2011，30 (8)：956 – 966.

[59] 邓飞，柯文进．异质型人力资本与经济发展——基于空间异质性的实证研究 [J]．统计研究，2020，37 (2)：93 – 104.

[60] 邓淇中，郭丹，刘涛．FDI、进出口贸易与中国区域经济增长关系的差异研究 [J]．统计与决策，2010 (16)：107 – 109.

[61] 邓亚娟，杨云峰，马荣国．基于复杂网络理论的公路网结构特征 [J]．中国公路学报，2010，23 (1)：98 – 104.

[62] 丁爱玲．基于统计学习理论的交通流量时间序列预测 [J]．交通与计算机，2002 (2)：27 – 30.

[63] 丁雪枫，尤建新，王洪丰．突发事件应急设施选址问题的模型及优化算法 [J]．同济大学学报（自然科学版），2012，40 (9)：1428 – 1433.

[64] 董品杰，赖红松．基于多目标遗传算法的土地利用空间结构优化配置 [J]．地理与地理信息科学，2003 (6)：52 – 55.

[65] 杜方叶，王姣娥，王涵．新冠疫情对中国国际航空网络连通性的影响及空间差异 [J]．热带地理，2020，40 (3)：386 – 395.

[66] 段海滨，马冠军，王道波，等．一种求解连续空间优化问题的改进蚁群算法 [J]．系统仿真学报，2007 (5)：974 – 977.

[67] 段敬民，常跃军，李赞祥，等．基于退火算法的物流配送网的求优研究 [J]．中国工程科学，2012，14 (7)：109 – 12.

[68] 段志刚，李善同．北京市结构变化的可计算性一般均衡模型 [J]．数量经济技术经济研究，2004 (12)：86 – 94.

[69] 樊杰，曹忠祥，吕昕．我国西部地区产业空间结构解析 [J]．地理科学进展，2002 (4)：289 – 301.

[70] 樊杰，陶岸君，吕晨．中国经济与人口重心的耦合态势及其对区域发展的影响 [J]．地理科学进展，2010，29 (1)：87 – 95.

[71] 樊明太，郑玉歆，马纲．中国 CGE 模型：基本结构及有关应用问题（上）[J]．数量经济技术经济研究，1998 (12)：39 – 47.

[72] 樊明太，郑玉歆，马纲．中国 CGE 模型：基本结构及有关应用问题（下）[J]．数量经济技术经济研究，1999 (4)：24 – 30.

［73］樊明太，郑玉歆，齐舒畅，等．中国贸易自由化及其对粮食安全的影响——一个基于中国农业 CGE 模型的应用分析［J］．农业经济问题，2005（S1）：3－13．

［74］范厚明，刘文琪，徐振林，耿静．混合粒子群算法求解带软时间窗的 VRPSPD 问题［J］．计算机工程与应用，2018，54（19）：221－229．

［75］范剑勇，姚静．对中国制造业区域集聚水平的判断——兼论地区间产业是否存在同构化倾向［J］．江海学刊，2011（5）：89－94＋238－239．

［76］方创琳，马海涛，王振波，李广东．中国创新型城市建设的综合评估与空间格局分异［J］．地理学报，2014，69（4）：459－473．

［77］方大春，孙明月．高速铁路对长三角城市群经济发展影响评估——基于 DID 模型的实证研究［J］．华东经济管理，2016，30（2）：42－47．

［78］方锦清，汪小帆，郑志刚，毕桥，狄增如，李翔．一门崭新的交叉科学：网络科学（上）［J］．物理学进展，2007（3）：239－343．

［79］方磊，何建敏．城市应急系统优化选址决策模型和算法［J］．管理科学学报，2005（1）：12－16．

［80］丰丽阳．基于 AHP 法的灰色组合预测模型及其应用研究［J］．数学学习与研究，2020（8）：144－145．

［81］丰伟，李雪芹．基于粒子群算法的多目标车辆调度模型求解［J］．系统工程，2007（4）：15－19．

［82］冯慧芳，柏凤山，徐有基．基于轨迹大数据的城市交通感知和路网关键节点识别［J］．交通运输系统工程与信息，2018，18（3）：42－47＋54．

［83］付加锋，刘毅，张雷，王丽艳．中国东部沿海地区产业结构预测及其结构效益评价［J］．经济地理，2006（6）：1005－1008＋1017．

［84］付鑫，杨宇，孙皓．出租汽车出行轨迹网络结构复杂性与空间分异特征［J］．交通运输工程学报，2017，17（2）：106－116．

［85］傅强，顾朝林．基于 CL－PIOP 方法的青岛市生态网络结构要素评价［J］．生态学报，2017，37（5）：1729－1739．

［86］高超，金凤君，傅娟，刘鹤．1996－2011 年南非人口空间分布格局与演变特征［J］．地理科学进展，2013，32（7）：1167－1176．

［87］高更和，李小建．产业结构变动对区域经济增长贡献的演变研究［J］．地理与地理信息科学，2005（5）：60－63．

［88］高海昌，冯博琴，朱利．智能优化算法求解 TSP 问题［J］．控制与决策，2006（3）：241－247＋252．

［89］高建国．区域可持续发展的一种综合评价方法［J］．数量经济技术经济研究，1999（10）：68－70．

［90］高小永．基于多目标蚁群算法的土地利用优化配置［D］．武汉大学博士学位论文，2010．

［91］高鹰，谢胜利．基于模拟退火的粒子群优化算法［J］．计算机工程与应用，2004（1）：47－50．

［92］高颖，李善同．基于 CGE 模型对中国基础设施建设的减贫效应分析［J］．数量经济技术经济研究，2006（6）：14－24．

［93］高志刚，田丰．新疆绿色经济效率测算及其时空格局演变研究——基于非期望产出的超效率 SBM－DEA 模型［J］．新疆财经，2020（3）：5－16．

［94］高自友，赵小梅，黄海军，毛保华．复杂网络理论与城市交通系统复杂性问题的相关研究［J］．交通运输系统工程与信息，2006（3）：41－47．

［95］葛少云，冯亮，刘洪，王龙．电动汽车充电站规划布局与选址方案的优化方法［J］．中国电力，2012，45（11）：96－101．

［96］耿红，王泽民．基于灰色线性规划的土地利用结构优化研究［J］．武汉测绘科技大学学报，2000（2）：167－171＋182．

［97］古恒宇，刘子亮，沈体雁．中国省际流动人口户籍迁移意愿的空间格局及影响机制分析［J］．地理科学，2019，39（11）：1702－1710．

［98］顾前，杨旭华，王万良，王波．基于复杂网络的城市公共交通网络研究［J］．计算机工程，2008（20）：266－268．

[99] 顾文权,邵东国,黄显峰,代涛.水资源优化配置多目标风险分析方法研究 [J].水利学报,2008 (3):339-345.

[100] 顾颖敏,周浩,黄朝禧.武汉市低碳经济发展和土地集约利用的耦合关系研究 [J].国土资源科技管理,2013,30 (2):35-39.

[101] 关凤峻.矿产资源综合开发利用的评价方法 [J].资源开发与市场,1999 (3):11-14.

[102] 关峻,张晓文.低碳背景下中国区域能源效率综合评价研究——基于 DEA 的非均一化灰色关联分析法 [J].生态经济,2016,32 (6):63-66+218.

[103] 郭贝贝,杨绪红,金晓斌,黄晓阳,管栩,周寅康.基于多目标整形规划的黄土台塬区水资源空间优化配置研究 [J].资源科学,2014,36 (9):1789-1798.

[104] 郭欢欢,李波,侯鹰,孙特生.元胞自动机和多主体模型在土地利用变化模拟中的应用 [J].地理科学进展,2011,30 (11):1336-1344.

[105] 郭鹏,徐瑞华.基于引力场模型的城市轨道交通与城市发展的相关性 [J].系统工程,2006 (1):36-40.

[106] 郭琪,贺灿飞.密度、距离、分割与城市劳动生产率——基于中国 2004-2009 年城市面板数据的经验研究 [J].中国软科学,2012 (11):77-86.

[107] 郭腾云,陆大道,甘国辉.中国开放政策对区域发展的作用 [J].地理学报,2001 (5):580-588.

[108] 郭为,耿庆汇,寇敏,何媛媛.旅游就业波动的弹性分析——对饭店、旅行社行业的实证考察 [J].旅游科学,2009,23 (1):21-27.

[109] 郭秀英,尹兴国.投入产出直接消耗系数修订主元的确定方法分析与探讨 [J].中国管理科学,2000 (S1):45-50.

[110] 国务院发展研究中心课题组,刘世锦,陈昌盛,等.农民工市民化对扩大内需和经济增长的影响 [J].经济研究,2010,45 (6):4-16+41.

[111] 韩超.基于时间序列分析的短时交通流量实时自适应预测 [D].北京工业大学硕士学位论文,2004.

[112] 郝晋,石立宝,周家启.求解复杂 TSP 问题的随机扰动蚁群算法 [J].系统工程理论与实践,2002 (9):88-91+136.

[113] 郝寿义,李嫚.集聚、增长与可持续性探讨——基于中国空间分布和行业配置的经验检验 [J].现代财经 (天津财经大学学报),2012,32 (12):57-65.

[114] 何炳华.空间相互作用与购物中心建设规模的确定 [J].商业研究,2004 (7):23-25.

[115] 何春阳,史培军,陈晋,潘耀忠,李晓兵,李京,李月臣,李景刚.基于系统动力学模型和元胞自动机模型的土地利用情景模型研究 [J].中国科学 (D辑:地球科学),2005 (5):464-473.

[116] 何大韧,刘宗华,汪秉宏.复杂系统与复杂网络 [M].北京:高等教育出版社,2012:198-207.

[117] 何柳.基于灰色预测 GM (1.1) 模型的辉山农产品物流产业园需求预测研究 [D].东北大学硕士学位论文,2007.

[118] 何雄浪,郑长德,杨霞.空间相关性与我国区域经济增长动态收敛的理论与实证分析——基于1953-2010 年面板数据的经验证据 [J].财经研究,2013,39 (7):82-95.

[119] 何雄浪.FDI 技术溢出、吸收能力与经济增长——基于西南地区与华东地区的比较研究 [J].西南民族大学学报 (人文社会科学版),2014,35 (7):109-115.

[120] 何亚伯,汪洋,李祎琛,周又又.基于改进 DEA 交叉效率模型的洪水灾害区域脆弱性评价 [J].中国安全生产科学技术,2016,12 (5):86-90.

[121] 何砚,郭泰,方方.京津冀城市可持续发展效率预警研究——基于灰色支持向量机回归模型的预测 [J].生态经济,2020,36 (9):95-100.

[122] 何则,杨宇,刘毅,金凤君.世界能源贸易网络的演化特征与能源竞合关系 [J].地理科学进展,2019,38 (10):1621-1632.

[123] 贺北方,周丽,马细霞,等.基于遗传算法的区域水资源优化配置模型 [J].水电能源科学,2002 (3):10-12+71.

[124] 贺菊煌,沈可挺,徐嵩龄.碳税与二氧化碳减排的 CGE 模型 [J].数量经济技术经济研究,2002 (10):39-47.

[125] 洪启东,陈宗贤,李佳翰.巨灾后城镇减灾规划的崛起——中国台湾"9·21 大地震"及"八八水灾"个案的回顾与省思 [J].城乡规划,2017 (3):86-97.

[126] 侯贺平,刘艳芳,李纪伟,孔雪松.基于改进辐射模型的乡镇人口流动网络研究 [J].中国人口·资源与环境,2013,23 (8):107-115.

[127] 侯新烁,张宗益,周靖祥.中国经济结构的增长效应及作用路径研究 [J].世界经济,2013,36 (5):88-111.

[128] 侯宇鹏,鞠晓峰,段志刚.基于 CGE 模型方法的大型体育活动对经济的影响研究 [J].中国软科学,2008 (6):145-149.

[129] 胡碧松,张涵玥.基于 CA-Markov 模型的鄱阳湖区土地利用变化模拟研究 [J].长江流域资源与环境,2018,27 (6):1207-1219.

[130] 胡丹丹,杨超,杨珺.基于空间引力模型的选址问题研究 [J].公路交通科技,2009,26 (5):103-106.

[131] 胡东婉,宋玉祥.金融集聚对区域经济增长的溢出效应研究 [J].中南财经政法大学学报,2017 (4):30-34+45.

[132] 胡石元,叶康保.基于地理空间实体的矢量元胞自动机研究 [J].科技资讯,2006 (13):37-39.

[133] 胡曙虹,黄丽,范蓓蕾,肖刚.中国高校创新产出的空间溢出效应与区域经济增长——基于省域数据的空间计量经济分析 [J].地理科学,2016,36 (12):1767-1776.

[134] 胡天军,卫振林.高速公路社会经济效益后评估的系统动力学模型 [J].数量经济技术经济研究,2000 (4):58-60.

[135] 胡小宇,刘庆,贺文宁,等.基于粒子群算法的单仓储多车物流配送优化 [J].计算机应用,2018,38 (S2):21-26.

[136] 胡晓东,袁亚湘,章祥荪.运筹学发展的回顾与展望 [J].中国科学院院刊,2012,27 (2):145-160.

[137] 胡兆量,韩茂莉,汪一鸣.中国区域发展导论 [M].北京:北京大学出版社,2019.

[138] 胡振华.区域经济发展的经济计量模型框架研究 [J].开发研究,1993 (6):10-12.

[139] 胡宗义,刘亦文.金融危机背景下贸易壁垒对中国影响的动态 CGE 分析 [J].国际贸易问题,2010 (8):93-101.

[140] 胡宗义,刘亦文.统一内外资企业所得税率的动态 CGE 研究 [J].数量经济技术经济研究,2008,25 (12):124-138+160.

[141] 黄爱莲.基于引力模型的中越入境旅游影响因素分析 [J].商业研究,2011,4 (13):208-211.

[142] 黄朝永.区域投资环境评价系统化研究 [J].地域研究与开发,1999 (2):11-14.

[143] 黄蕊,王铮,钟章奇,孙翊,刘昌新,陆玉麒.区域贸易隐含碳排放和 SO_2 排放的投入产出分析——以江苏为例 [J].自然资源学报,2017,32 (5):854-863.

[144] 黄晓燕,张爽,曹小曙.广州市地铁可达性时空演化及其对公交可达性的影响 [J].地理科学进展,2014,33 (8):1078-1089.

[145] 黄英,周智,黄娟.基于 DEA 的区域农村生态环境治理效率比较分析 [J].干旱区资源与环境,2015,29 (3):75-80.

[146] 黄智洵,王飞飞,曹文志.长江经济带生态文明水平影响因素探析及预测——基于 VAR、GWR-BP 神经网络组合模型 [J].经济地理,2020,40 (3):196-206.

[147] 纪玲玲,林振山,王昌雨,张志华.最小二乘回归支持向量机对非线性时间序列预测的试验分析 [J].解放军理工大学学报(自然科学版),2009,10 (1):92-97.

［148］纪小美，付业勤，陶卓民，王卫平，王婷．福建省县域经济差异的时空动态与变迁机制［J］．经济地理，2016，36（2）：36－44.

［149］贾传兴，彭绪亚，刘国涛，刘长玮，伍翔，邓镓佳．城市垃圾中转站选址优化模型的建立及其应用［J］．环境科学学报，2006（11）：1927－1931.

［150］江玮璠，何建民，吴容．基于粒子群优化的有反向物流的车辆路径问题［J］．系统管理学报，2008（4）：475－479.

［151］姜昌华，戴树贵，胡幼华．求解车辆路径问题的混合遗传算法［J］．计算机集成制造系统，2007，13（10）：2047－2052.

［152］姜玲，张伟，刘宇．基于多区域CGE模型的洪灾间接经济损失评估——以长三角流域为例［J］．管理评论，2016，28（6）：25－31.

［153］姜秋香，付强，王子龙．基于粒子群优化投影寻踪模型的区域土地资源承载力综合评价［J］．农业工程学报，2011，27（11）：319－324.

［154］姜思杰，张付亮，王孔茂．基于遗传和禁忌算法求解一类车间调度问题［J］．计算机集成制造系统－CIMS，2003（11）：984－988.

［155］姜照华，隆连堂，张米尔．产业集群条件下知识供应链与知识网络的动力学模型探讨［J］．科学学与科学技术管理，2004（7）：55－60.

［156］蒋殿春，张庆昌．美国在华直接投资的引力模型分析［J］．世界经济，2011，34（5）：26－41.

［157］蒋伏心，苏文锦．长三角高技术产业同构对区域经济增长影响的研究——基于空间计量经济的实证分析［J］．江苏社会科学，2012（3）：77－82.

［158］蒋冠宏，蒋殿春．中国对外投资的区位选择：基于投资引力模型的面板数据检验［J］．世界经济，2012，35（9）：21－40.

［159］蒋海兵，张文忠，余建辉．杭州生产性服务业的时空格局演变［J］．经济地理，2015，35（9）：103－111.

［160］蒋慧峰．交通运输与经济系统协调性评价与预测模型［J］．系统工程，2014，32（1）：133－138.

［161］蒋小荣，汪胜兰．中国地级以上城市人口流动网络研究——基于百度迁徙大数据的分析［J］．中国人口科学，2017（2）：35－46＋127.

［162］蒋兴华．区域科技创新能力评价体系构建及综合评价实证研究［J］．科技管理研究，2012，32（14）：64－68.

［163］焦志伦，金红，刘秉镰，张子豪．大数据驱动下的共享单车短期需求预测——基于机器学习模型的比较分析［J］．商业经济与管理，2018（8）：16－25＋35.

［164］解㑇，汪小帆．复杂网络中的社团结构分析算法研究综述［J］．复杂系统与复杂性科学，2005（3）：1－12.

［165］金璐璐，贺灿飞，周沂，胡绪千．中国区域产业结构演化的路径突破［J］．地理科学进展，2017，36（8）：974－985.

［166］金明春，白云．基于混合群智能算法的交通路径研究［J］．计算机仿真，2020，37（9）：109－112＋144.

［167］金艳鸣，黄涛，雷明．"西电东送"中的生态补偿机制研究——基于三区域可计算一般均衡模型分析［J］．中国工业经济，2007（10）：21－28.

［168］靳凯文，李春葆，秦前清，等．基于蚁群算法的最短路径搜索方法研究［J］．公路交通科技，2006，23（3）：128－130.

［169］康江江，宁越敏，魏也华，武荣伟．中国集中连片特困地区农民收入的时空演变及影响因素［J］．中国人口·资源与环境，2017，27（11）：86－94.

［170］康慕谊，姚华荣，刘硕．陕西关中地区土地资源的优化配置［J］．自然资源学报，1999（4）：363－367.

［171］柯新利，杨柏寒，刘适，马才学．基于土地利用效率区域差异的建设用地区际优化配置——以武汉

城市圈为例［J］. 长江流域资源与环境, 2014, 23 (11): 1502 - 1509.

［172］赖建波, 潘竟虎. 基于腾讯迁徙数据的中国"春运"城市间人口流动空间格局［J］. 人文地理, 2019, 34 (3): 108 - 117.

［173］赖志柱, 王铮, 戈冬梅, 等. 多目标应急物流中心选址的鲁棒优化模型［J］. 运筹与管理, 2020, 29 (5): 74 - 83.

［174］郎茂祥, 胡思继. 车辆路径问题的禁忌搜索算法研究［J］. 管理工程学报, 2004, 18 (1): 81 - 84.

［175］郎茂祥. 装卸混合车辆路径问题的模拟退火算法研究［J］. 系统工程学报, 2005 (5): 485 - 491.

［176］雷明. 企业绿色投入产出核算［J］. 经济科学, 1999 (6): 76 - 86.

［177］雷平, 曹黎明, 赵连荣. 乡土官员对区域经济与环境发展路径的影响［J］. 中国人口·资源与环境, 2018, 28 (4): 163 - 176.

［178］冷炳荣, 杨永春, 李英杰, 赵四东. 中国城市经济网络结构空间特征及其复杂性分析［J］. 地理学报, 2011, 66 (2): 199 - 211.

［179］黎洁, 韩飞. 基于可计算一般均衡模型 (CGE) 的江苏入境旅游需求变化对地区经济的影响分析［J］. 旅游学刊, 2009, 24 (12): 23 - 30.

［180］黎夏, 叶嘉安. 基于神经网络的单元自动机 CA 及真实和优化的城市模拟［J］. 地理学报, 2002 (2): 159 - 166.

［181］黎夏, 叶嘉安. 遗传算法和 GIS 结合进行空间优化决策［J］. 地理学报, 2004 (5): 745 - 753.

［182］黎夏, 叶嘉安. 约束性单元自动演化 CA 模型及可持续城市发展形态的模拟［J］. 地理学报, 1999 (4): 3 - 12.

［183］黎夏, 叶嘉安. 主成分分析与 Cellular Automata 在空间决策与城市模拟中的应用［J］. 中国科学 (D 辑: 地球科学), 2001 (8): 683 - 690.

［184］李岸巍. 太原市公交网络的复杂网络特性分析［J］. 中北大学学报 (自然科学版), 2007 (4): 314 - 318.

［185］李博, 张文忠, 余建辉, 刘倩倩. 能源富集区市域经济发展水平空间格局演变——基于晋陕蒙甘宁地区［J］. 自然资源学报, 2020, 35 (3): 668 - 682.

［186］李丹丹, 汪涛, 魏也华, 袁丰. 中国城市尺度科学知识网络与技术知识网络结构的时空复杂性［J］. 地理研究, 2015, 34 (3): 525 - 540.

［187］李国平, 王春杨. 我国省域创新产出的空间特征和时空演化——基于探索性空间数据分析的实证［J］. 地理研究, 2012, 31 (1): 95 - 106.

［188］李国平, 徐祯. 粤琼区域协同与海南自由贸易港建设［J］. 资源科学, 2021, 43 (2): 241 - 255.

［189］李国平, 张杰斐. 京津冀制造业空间格局变化特征及其影响因素［J］. 南开学报 (哲学社会科学版), 2015 (1): 90 - 96.

［190］李晖, 陈锡康. 基于人口投入产出模型的中国人口结构预测及分析［J］. 管理评论, 2013, 25 (2): 29 - 34.

［191］李金海. 多元回归分析在预测中的应用［J］. 河北工业大学学报, 1996 (3): 57 - 61.

［192］李京文, 王宇纯, 杨正东. 战略性新兴产业上市公司融资效率研究——以北京市为例［J］. 经济与管理研究, 2014 (6): 74 - 82.

［193］李晶晶, 苗长虹, 叶信岳. 区域经济核心 - 边缘结构多尺度演化机制分析——以河南省为例［J］. 经济地理, 2016, 36 (10): 9 - 17.

［194］李焜. 组合时间序列方法在长沙人口预测中的应用［J］. 江西科学, 2009, 27 (1): 41 - 44 + 49.

［195］李兰冰. 中国全要素能源效率评价与解构——基于"管理 - 环境"双重视角［J］. 中国工业经济, 2012 (6): 57 - 69.

［196］李兰冰. 我国铁路系统生产效率的实证研究——基于 DEA 模型的两阶段分析［J］. 软科学, 2008 (4): 58 - 63.

［197］李立, 邢婷婷, 王佳. 基于改进蚁群算法的 CA 的应用——以土地利用模拟为例［J］. 计算机工程

与应用，2018，54（20）：253 - 258.

［198］李丽，陈迅，汪德辉. 我国产业结构变动趋势预测：基于动态 CGE 模型的实证研究［J］. 经济科学，2009（1）：5 - 16.

［199］李丽，张海涛. 基于 BP 人工神经网络的小城镇生态环境质量评价模型［J］. 应用生态学报，2008，19（12）：2693 - 2698.

［200］李林，丁艺，刘志华. 金融集聚对区域经济增长溢出作用的空间计量分析［J］. 金融研究，2011（5）：113 - 123.

［201］李琳，刘士新，唐加福. 改进的蚁群算法求解带时间窗的车辆路径问题［J］. 控制与决策，2010，25（9）：1379 - 1383.

［202］李美娟. 基于理想解的区域自主创新效率动态评价研究［J］. 科学学与科学技术管理，2014，35（2）：114 - 123.

［203］李猛. 金融危机下中国经济系统的内外部冲击影响——基于虚实两部门一般均衡模型的研究及模拟测算［J］. 财经研究，2009，35（10）：134 - 143.

［204］李娜，石敏俊，王飞. 区域差异和区域联系对中国区域政策效果的作用：基于中国八区域 CGE 模型［J］. 系统工程理论与实践，2009，29（10）：35 - 44.

［205］李娜，石敏俊，袁永娜. 低碳经济政策对区域发展格局演进的影响——基于动态多区域 CGE 模型的模拟分析［J］. 地理学报，2010，65（12）：1569 - 1580.

［206］李娜，石敏俊，张卓颖，等. 基于多区域 CGE 模型的长江经济带一体化政策效果分析［J］. 中国管理科学，2020，28（12）：67 - 76.

［207］李宁，邹彤，孙德宝. 带时间窗车辆路径问题的粒子群算法［J］. 系统工程理论与实践，2004（4）：130 - 135.

［208］李盼池，李士勇. 求解连续空间优化问题的量子蚁群算法［J］. 控制理论与应用，2008（2）：237 - 241.

［209］李强，张瀚林. 非对称信息下供应链项目调度优化［J］. 商业时代，2012（14）：35 - 36.

［210］李秋雨，朱麟奇，刘继生. 中国旅游业对经济增长贡献的差异性研究［J］. 中国人口·资源与环境，2016，26（4）：73 - 79.

［211］李山，王铮，钟章奇. 旅游空间相互作用的引力模型及其应用［J］. 地理学报，2012，67（4）：526 - 544.

［212］李善同，翟凡，徐林. 中国加入世界贸易组织对中国经济的影响 - 动态一般均衡分析［J］. 世界经济，2000（2）：3 - 14.

［213］李树苗，严军. 人口控制经济效益评价的投入产出分析模型［J］. 人口与经济，1998（4）：43 - 47 + 31.

［214］李松，刘力军，翟曼. 改进粒子群算法优化 BP 神经网络的短时交通流预测［J］. 系统工程理论与实践，2012，32（9）：2045 - 2049.

［215］李涛，马卫，高兴川，曹小曙. 基于 Super - DEA 模型的厦深高铁可达性效应综合评估与空间分异［J］. 经济地理，2017，37（8）：67 - 76.

［216］李王鸣，叶信岳，孙于. 城市人居环境评价——以杭州城市为例［J］. 经济地理，1999（2）：39 - 44.

［217］李贤增. 基于多元回归分析和支持向量机的房价预测［D］. 清华大学硕士学位论文，2019.

［218］李小建，侯景伟，孔云峰. 村域尺度上的农村用水量预测研究——以河南省镇平县为例［J］. 地域研究与开发，2009，28（5）：124 - 129.

［219］李晓峰. 基于城市发展的城市模拟模型应用前景研究［D］. 天津大学博士学位论文，2011.

［220］李晓阳，黄毅祥. 中国劳动力流动与区域经济增长的空间联动研究［J］. 中国人口科学，2014（1）：55 - 65 + 127.

［221］李新运，张海峰，余锦. 山东省区域经济发展梯度分析及战略构想［J］. 地理研究，1995（1）：50 - 58.

［222］李雁梅，吴殿廷，曾刚．长江三角洲高新技术扩散特征与发展对策［J］．地域研究与开发，1999（3）：25－28＋37.

［223］李毅，刘雅楠，金勇进．基于复杂网络视角下省际人口迁移空间格局及趋势研究［J］．统计研究，2017，34（9）：56－64.

［224］李英，周伟，郭世进．上海公共交通网络复杂性分析［J］．系统工程，2007（1）：38－41.

［225］李煜伟，倪鹏飞．外部性、运输网络与城市群经济增长［J］．中国社会科学，2013（3）：22－42＋203－204.

［226］李苑，杨陈陈，王雪峰，沈世云．基于最小二乘法的改进的 Logistic 人口模型［J］．科技视界，2015（31）：7－9.

［227］梁进社，贺灿飞，张华．旅行分布的重力模式与交通模型的关系［J］．地理学报，2007（8）：840－848.

［228］梁经伟，毛艳华，文淑惠．东亚地区嵌入全球生产网络的演变路径研究——基于生产分割的视角［J］．国际贸易问题，2019（3）：56－70.

［229］梁琪，郭娜，郝项超．房地产市场财富效应及其影响因素研究——基于我国省际面板数据的分析［J］．经济社会体制比较，2011（5）：179－184.

［230］梁彤缨，苏德贵，陈波．多层嵌套结构视角下区域环境对企业研发效率的影响研究——来自中国工业上市公司的经验证据［J］．科技进步与对策，2016，33（13）：98－105.

［231］梁兴辉，熊荡，蔡沛丰．多层级"中心－外围"嵌套模式下县级市宏观区位效应研究［J］．统计与决策，2018，34（8）：90－95.

［232］廖泽芳．中国水产品出口贸易流量与潜力分析——基于引力模型的研究［J］．中国渔业经济，2010，28（3）：139－148.

［233］林光平，龙志和，吴梅．中国地区经济 σ－收敛的空间计量实证分析［J］．数量经济技术经济研究，2006（4）：14－21＋69.

［234］林晖，张鸿生，林殷怡，魏姗，吴志峰．基于城市不透水面－人口关联的粤港澳大湾区人口密度时空分异规律与特征［J］．地理科学进展，2018，37（12）：1644－1652.

［235］刘保．投入产出乘数分析［J］．统计研究，1999（5）：55－58.

［236］刘东，金凤君．地级行政区尺度的中国公路网络发展水平与协调性评价［J］．地理科学进展，2014，33（2）：241－248.

［237］刘东，金凤君．我国重点区域公路网络发展水平评价研究［J］．交通运输系统工程与信息，2013，13（3）：189－195.

［238］刘红光，刘卫东，唐志鹏，范晓梅．中国区域产业结构调整的 CO_2 减排效果分析——基于区域间投入产出表的分析［J］．地域研究与开发，2010，29（3）：129－135.

［239］刘珏红，汪妮，解建仓，朱记伟，姜仁贵，赵雪．水库群供水优化调度的改进蚁群算法应用研究［J］．水力发电学报，2015，34（2）：31－36.

［240］刘宏鲲．中国航空网络的结构及其影响因素分析［D］．西南交通大学博士学位论文，2007.

［241］刘纪显，周德玉，李福安．投入产出分析 RTALS 预测方法的一种非迭代解［J］．预测，1999（4）：75－78.

［242］刘继生，陈彦光．分形城市引力模型的一般形式和应用方法——关于城市体系空间作用的引力理论探讨［J］．地理科学，2000（6）：528－533.

［243］刘佳，赵金金，张广海．中国旅游产业集聚与旅游经济增长关系的空间计量分析［J］．经济地理，2013，33（4）：186－192.

［244］刘建波，王桂新，魏星．基于嵌套 Logit 模型的中国省际人口二次迁移影响因素分析［J］．人口研究，2004（4）：48－56.

［245］刘建翠．中国交通运输部门节能潜力和碳排放预测［J］．资源科学，2011，33（4）：640－646.

［246］刘建国，张文忠．中国区域全要素生产率的空间溢出关联效应研究［J］．地理科学，2014，34

（5）：522 - 530.

［247］刘景发，王大文，颜学明．面向动态设施布局的禁忌搜索算法［J］．华中科技大学学报（自然科学版），2021，49（2）：44 - 50.

［248］刘澜飚，沈鑫，王博．中国宏观经济对国债利率期限结构的影响研究——基于动态随机一般均衡模型的分析［J］．金融研究，2014（11）：49 - 63.

［249］刘璐，李慧慧．中国与东盟农产品贸易影响因素分析——基于引力模型的研究［J］．云南财贸学院学报（社会科学版），2008（1）：42 - 43.

［250］刘伦，龙瀛，麦克·巴蒂．城市模型的回顾与展望——访谈麦克·巴蒂之后的新思考［J］．城市规划，2014，38（8）：63 - 70.

［251］刘森，邹伟，王芃森，侯杰，陈晨．大数据支持下城市更新政策实施的精细化评估初探——以上海市铜川路水产市场搬迁为例［J］．上海城市规划，2019（2）：69 - 76.

［252］刘南．高速公路对区域经济发展的影响研究——以浙江省杭甬高速公路为例［J］．中国软科学，2002（11）：99 - 102.

［253］刘平，王晶，付一帆．河北省典型城市公共设施建设评价——基于石家庄、保定、唐山的实证研究［J］．管理研究，2019（1）：1 - 14.

［254］刘荣添，叶民强．信息化与经济增长的计量分析——来自29个省份面板数据的经验：1992 ~ 2004［J］．经济问题探索，2006（9）：9 - 14.

［255］刘锐，严宝杰，黄志鹏．城市公共交通网络的复杂性分析［J］．交通运输系统工程与信息，2009，9（3）：17 - 22.

［256］刘思嘉，童向荣．基于强化学习的城市交通路径规划［J］．计算机应用，2021，41（1）：185 - 90.

［257］刘涛，陈忠，陈晓荣．复杂网络理论及其应用研究概述［J］．系统工程，2005（6）：1 - 7.

［258］刘卫东，唐志鹏，夏炎，韩梦瑶，姜宛贝．中国碳强度关键影响因子的机器学习识别及其演进［J］．地理学报，2019，74（12）：2592 - 2603.

［259］刘伟波，张皓悦，张江华．考虑交通时间与设备转换时间的跨区域就医调度优化问题［J/OL］．中国管理科学，［2021 - 09 - 17］．https：//doi.org/10.16381/j.cnki.issn1003 - 207x.2020.2386.

［260］刘小平，黎夏，艾彬，陶海燕，伍少坤，刘涛．基于多智能体的土地利用模拟与规划模型［J］．地理学报，2006（10）：1101 - 1112.

［261］刘小平，黎夏，叶嘉安，何晋强，陶嘉．利用蚁群智能挖掘地理元胞自动机的转换规则［J］．中国科学（D辑：地球科学），2007（6）：824 - 834.

［262］刘小平，黎夏，叶嘉安．基于多智能体系统的空间决策行为及土地利用格局演变的模拟［J］．中国科学（D辑：地球科学），2006（11）：1027 - 1036.

［263］刘小平，黎夏，张啸虎，陈刚强，李少英，陈逸敏．人工免疫系统与嵌入规划目标的城市模拟及应用［J］．地理学报，2008（8）：882 - 894.

［264］刘晓萌，胡叶星寒，刘妮雅．京津冀城市群旅游经济联系分析——基于改进引力模型［J］．中国流通经济，2020，34（2）：121 - 128.

［265］刘秀丽，Geoffrey J.D.Hewings，汪寿阳，杨晓光．中美温室气体排放趋势及我国节能减排潜力的测算（上）［J］．节能与环保，2009（8）：16 - 19.

［266］刘秀丽，Geoffrey J.D.Hewings，汪寿阳，杨晓光．中美温室气体排放趋势及我国节能减排潜力的测算（下）［J］．节能与环保，2009（10）：16 - 19.

［267］刘秀丽，Geoffrey J.D.Hewings，汪寿阳，杨晓光．中美温室气体排放趋势及我国节能减排潜力的测算（中）［J］．节能与环保，2009（9）：14 - 16.

［268］刘垭．大数据背景下供应链需求预测与牛鞭效应的研究［D］．沈阳航空航天大学硕士学位论文，2018.

［269］刘彦随，方创琳．区域土地利用类型的胁迫转换与优化配置——以三峡库区为例［J］．自然资源学报，2001（4）：334 - 340.

[270] 刘彦随. 山地土地类型的结构分析与优化利用——以陕西秦岭山地为例 [J]. 地理学报, 2001 (4): 426 – 436.

[271] 刘艳芳, 明冬萍, 杨建宇. 基于生态绿当量的土地利用结构优化 [J]. 武汉大学学报（信息科学版）, 2002 (5): 493 – 498 + 515.

[272] 刘燕华, 冯之浚. 走中国特色的低碳经济发展道路 [J]. 中国科技奖励, 2010 (7): 32 – 33.

[273] 刘毅, 黄建毅, 马丽. 基于 DEA 模型的我国自然灾害区域脆弱性评价 [J]. 地理研究, 2010, 29 (7): 1153 – 1162.

[274] 刘有军, 晏克非. 基于 GIS 的停车换乘设施优化选址方法的研究 [J]. 交通科技, 2003 (4): 85 – 87.

[275] 刘志谦, 宋瑞. 基于复杂网络理论的广州轨道交通网络可靠性研究 [J]. 交通运输系统工程与信息, 2010, 10 (5): 194 – 200.

[276] 刘志硕, 申金升. 基于解均匀度的车辆路径问题的自适应蚁群算法 [J]. 系统仿真学报, 2005, 17 (5): 1079 – 1083.

[277] 刘姿均, 陈文俊. 中国互联网发展水平与经济增长关系实证研究 [J]. 经济地理, 2017, 37 (8): 108 – 113 + 154.

[278] 龙青云. 城市间相互作用的万有引力模型分析 [J]. 湖南经济管理干部学院学报, 2005, 19 (5): 48 – 49.

[279] 龙瀛, 韩昊英, 毛其智. 利用约束性 CA 制定城市增长边界 [J]. 地理学报, 2009, 64 (8): 999 – 1008.

[280] 龙瀛, 沈振江, 杜立群, 毛其智, 高占平. 北京城市发展模型: 城市空间形态模拟的平台 [C] // 中国城市规划学会. 生态文明视角下的城乡规划——2008 中国城市规划年会论文集, 2008.

[281] 龙志和, 蔡杰. 知识动态溢出对产业发展的影响——来自中国省级面板数据的证据 [J]. 南方经济, 2006 (4): 5 – 14.

[282] 鲁凤, 徐建华. 基于二阶段嵌套锡尔系数分解方法的中国区域经济差异研究 [J]. 地理科学, 2005 (4): 19 – 25.

[283] 陆军, 王志文, 张骥. 公共服务设施对北京市城区租赁住宅租金的影响 [J]. 价格月刊, 2017 (7): 7 – 12.

[284] 吕海萍, 池仁勇, 化祥雨. 创新资源协同空间联系与区域经济增长——基于中国省域数据的实证分析 [J]. 地理科学, 2017, 37 (11): 1649 – 1658.

[285] 吕雅丽. 基于支持向量机的区域物流需求预测研究 [J]. 中国市场, 2018 (2): 144 + 147.

[286] 罗能生, 彭郁. 交通基础设施建设有助于改善城乡收入公平吗?——基于省级空间面板数据的实证检验 [J]. 产业经济研究, 2016 (4): 100 – 110.

[287] 罗桑扎西, 甄峰, 张姗琪. 复杂网络视角下的城市人流空间概念模型与研究框架 [J]. 地理研究, 2021, 40 (4): 1195 – 1208.

[288] 马长林, 谢罗迪, 司琪, 王梦. 基于情感从属和最大熵模型的细粒度观点挖掘 [J]. 计算机工程与科学, 2015, 37 (10): 1952 – 1958.

[289] 马光文, 王黎. 遗传算法在水电站优化调度中的应用 [J]. 水科学进展, 1997 (3): 275 – 280.

[290] 马国强, 朱喜钢. 区域中心城市区位选择的模型研究——以嘉兴市为例 [J]. 山东师范大学学报（自然科学版）, 2006 (2): 63 – 67.

[291] 马建华, 房勇, 袁杰. 多车场多车型最快完成车辆路径问题的变异蚁群算法 [J]. 系统工程理论与实践, 2011, 31 (8): 1508 – 1516.

[292] 马丽, 刘立涛. 基于发达国家比较的中国能源消费峰值预测 [J]. 地理科学, 2016, 36 (7): 980 – 988.

[293] 马丽, 王云, 金凤君. 基于京津冀协同发展目标的产业发展格局预测 [J]. 环境影响评价, 2018, 40 (5): 1 – 6.

[294] 马丽, 张博. 中国省际电力流动空间格局及其演变特征 [J]. 自然资源学报, 2019, 34 (2):

348 - 358.

[295] 马诗萍, 张文忠. 黄河流域电力产业时空发展格局及绿色化发展路径 [J]. 中国科学院院刊, 2020, 35 (1): 86 - 98.

[296] 马世发, 艾彬, 念沛豪. 基于主体功能空间引导的城市增长形态模拟 [J]. 城市规划, 2019, 43 (9): 78 - 85.

[297] 马世发, 张婷, 李少英. 多尺度联合驱动的城市增长模拟建模 [J]. 地理与地理信息科学, 2017, 33 (2): 19 - 24.

[298] 马书红, 唐大川, 阴星星, 刘传起. 基于潜能模型的区域可达性测算 [J]. 交通科学与工程, 2019, 35 (1): 101 - 106.

[299] 马双, 曾刚. 多尺度视角下中国城市创新网络格局及邻近性机理分析 [J]. 人文地理, 2020, 35 (1): 95 - 103.

[300] 马炫, 彭破, 刘庆. 求解带时间窗车辆路径问题的改进粒子群算法 [J]. 计算机工程与应用, 2009, 45 (27): 200 - 202.

[301] 马学广, 李贵才. 全球流动空间中的当代世界城市网络理论研究 [J]. 经济地理, 2011, 31 (10): 1630 - 1637.

[302] 马远, 徐俐俐. "一带一路" 沿线国家天然气贸易网络结构及影响因素 [J]. 世界经济研究, 2017 (3): 109 - 122 + 136.

[303] 孟毅. 时间序列 ARIMA 与 BP 神经网络组合模型在 CPI 预测中的应用 [J]. 山东农业大学学报 (自然科学版), 2018, 49 (6): 1079 - 1083.

[304] 莫辉辉, 王姣娥, 金凤君. 交通运输网络的复杂性研究 [J]. 地理科学进展, 2008 (6): 112 - 120.

[305] 牛方曲, 辛钟龄, 王芳. 基于交通管控效应的中国 COVID - 19 疫情扩散的时空特征及其危险性 [J]. 热带地理, 2021, 41 (1): 1 - 11.

[306] 牛书丽, 王松, 汪金松, 夏建阳, 于贵瑞. 大数据时代的整合生态学研究——从观测到预测 [J]. 中国科学: 地球科学, 2020, 50 (10): 1323 - 1338.

[307] 牛欣, 陈向东, 张古鹏. 技术的空间维度溢出与经济追赶——基于省份专利数据和空间计量的验证 [J]. 管理学报, 2012, 9 (4): 535 - 541.

[308] 牛玉静, 陈文颖, 吴宗鑫. 全球多区域 CGE 模型的构建及其 3E 扩展 [J]. 清华大学学报 (自然科学版), 2014, 54 (8): 1073 - 1079.

[309] 牛玉静, 陈文颖, 吴宗鑫. 全球多区域 CGE 模型的构建及碳泄漏问题模拟分析 [J]. 数量经济技术经济研究, 2012, 29 (11): 34 - 50.

[310] 欧定华, 夏建国. 基于粒子群算法的大城市近郊区景观格局优化研究——以成都市龙泉驿区为例 [J]. 地理研究, 2017, 36 (3): 553 - 572.

[311] 潘文卿. 中国的区域关联与经济增长的空间溢出效应 [J]. 经济研究, 2012, 47 (1): 54 - 65.

[312] 潘宇. 基于改进的 GM (1, 1) 模型的中国人口动态预测研究 [D]. 湖南大学硕士学位论文, 2016.

[313] 裴家常. 关于城市群体的研究——以四川为例 [J]. 重庆师范学院学报 (自然科学版), 1992 (3): 1 - 9.

[314] 齐元静, 杨宇, 金凤君. 中国经济发展阶段及其时空格局演变特征 [J]. 地理学报, 2013, 68 (4): 517 - 531.

[315] 秦固. 基于蚁群优化的多物流配送中心选址算法 [J]. 系统工程理论与实践, 2006 (4): 120 - 124.

[316] 秦耀辰. 低碳城市研究的模型与方法 [M]. 北京: 科学出版社, 2013.

[317] 阮翔, 赵建华. 从引力空间模型看对外直接投资区位选择 [J]. 世界经济研究, 2004 (2): 65 - 69.

[318] 任俊霖, 李浩, 伍新木, 李雪松. 长江经济带省会城市用水效率分析 [J]. 中国人口·资源与环境, 2016, 26 (5): 101 - 107.

［319］申成霖，汪波．物流服务供应商的选择决策问题［J］．南京林业大学学报（人文社会科学版），2005（1）：72－75．

［320］申悦，柴彦威．基于性别比较的北京城市居民活动的时空弹性研究［J］．地理学报，2017，72（12）：2214－2225．

［321］沈可挺．CGE模型建设与GHG问题的国家战略研究——"CGE与中国支持全球GHG减排政策研究研讨会"综述［J］．数量经济技术经济研究，2002（2）：128－129．

［322］沈晴．面向交通拥堵预测大数据的神经网络群组快速学习［D］．北京科技大学博士学位论文，2017．

［323］沈泉飞，曹敏，董玉军．基于粒子群算法的矢量元胞自动机转换规则获取［J］．现代测绘，2015，38（3）：11－14．

［324］沈体雁，李迅．基于多主体的城市微模拟平台GridABGIS研究［J］．北京大学学报（自然科学版），2007（4）：502－508．

［325］沈体雁，李帅帅，施晓铭．中国船舶工业全要素生产率空间格局及其影响因素研究［J］．海洋经济，2018，8（3）：45－55．

［326］沈体雁，齐子翔，王彦博．京津冀产业区际有序转移的市场设计——基于双边匹配算法［J］．经济学家，2016（4）：42－52．

［327］沈体雁．CGE与GIS集成的中国城市增长情景模拟框架研究［J］．地球科学进展，2006（11）：1153－1163．

［328］盛斌，廖明中．中国的贸易流量与出口潜力：引力模型的研究［J］．世界经济，2004（2）：3－12．

［329］盛玉雪，刘秉镰，丁明磊．基于价值链片段化的知识溢出与企业创新［J］．中国科技论坛，2013（11）：104－110．

［330］施宏伟，王发年．基于聚类的物流节点模型及其自适应蚁群算法［J］．工业工程与管理，2010，15（4）：10－14．

［331］施晔，梁忠民，易知之．基于贝叶斯公式的区域干旱综合评价［J］．水力发电，2011，37（12）：19－21．

［332］石敏俊，赵曌，金凤君．中国地级行政区域市场潜力评价［J］．地理学报，2007（10）：1063－1072．

［333］石贤光．基于引力模型的中原城市群空间范围界定［J］．现代经济，2007，6（10）：16－17．

［334］史朝兴，顾海英．贸易引力模型研究新进展及其在中国的应用［J］．财贸研究，2005（3）：27－32．

［335］史春云，张捷，尤海梅．游客感知视角下的旅游地竞争力结构方程模型［J］．地理研究，2008（3）：703－714．

［336］史培军，陈晋，潘耀忠．深圳市土地利用变化机制分析［J］．地理学报，2000（2）：151－160．

［337］史培军，宫鹏，李晓兵，等．土地利用/覆盖变化研究的方法与实践［M］．北京：科学出版社，2000．

［338］史云扬，李牧，付野，王立威，孙敏轩，郝晋珉．基于灰色－BP神经网络模型的多情景交通用地需求预测——以长江中游城市群为例［J］．中国农业大学学报，2020，25（6）：142－153．

［339］宋磊．基于POS优化算法的区域水资源优化配置研究［J］．水利技术监督，2017，25（3）：79－81＋117．

［340］宋卫国，范维澄，汪秉宏．有限尺度效应对森林火灾模型自组织临界性的影响［J］．科学通报，2001（21）：1841－1845．

［341］宋占峰，杨名．基于蚁群算法的铁路纵断面优化算法研究［J］．铁道科学与工程学报，2008，5（6）：32－36．

［342］宋周莺，车姝韵，杨宇．"一带一路"贸易网络与全球贸易网络的拓扑关系［J］．地理科学进展，2017，36（11）：1340－1348．

［343］宋周莺，陶蕾，刘卫东．海南对外贸易格局演化及其与国内省区市的经济关联［J］．资源科学，

2021，43（2）：256 - 268.

［344］宋周莺，祝巧玲.“一带一路”背景下的中国与巴基斯坦的贸易关系演进及其影响因素［J］. 地理科学进展，2020，39（11）：1785 - 1797.

［345］苏良军，王芸. 中国经济增长空间相关性研究——基于“长三角”与“珠三角”的实证［J］. 数量经济技术经济研究，2007（12）：26 - 38.

［346］苏强，杨微，王秋根. 考虑空间随机需求的急救站点选址规划［J］. 中国管理科学，2019，27（10）：110 - 9.

［347］苏伟，陈云浩，武永峰，李京，张锦水. 生态安全条件下的土地利用格局优化模拟研究——以中国北方农牧交错带为例［J］. 自然科学进展，2006（2）：207 - 214.

［348］孙彩贤，王小平. 利用引力模型对上海世博会客流量的预测研究［J］. 石家庄学院学报，2010，12（3）：55 - 57.

［349］孙东琪，陆大道，王振波，徐建斌，申晓燕，王茜茜，王泽东，孙仲超，孙峰华. 渤海海峡跨海通道客货流量预测分析［J］. 地理学报，2017，72（8）：1486 - 1507.

［350］孙涵，成金华. 中国工业化、城市化进程中的能源需求预测与分析［J］. 中国人口·资源与环境，2011，21（7）：7 - 12.

［351］孙久文，彭薇. 基于区域贸易联系的国内区际贸易合作［J］. 社会科学研究，2010（6）：20 - 25.

［352］孙久文，姚鹏. 基于空间异质性视角下的中国区域经济差异研究［J］. 上海经济研究，2014（5）：83 - 92.

［353］孙力娟，王良俊，王汝传. 改进的蚁群算法及其在 TSP 中的应用研究［J］. 通信学报，2004（10）：111 - 116.

［354］孙铁山，李国平，卢明华. 基于区域密度函数的区域空间结构与增长模式研究——以京津冀都市圈为例［J］. 地理科学，2009，29（4）：500 - 507.

［355］孙铁山，刘霄泉，李国平. 中国经济空间格局演化与区域产业变迁——基于 1952～2010 年省区经济份额变动的实证分析［J］. 地理科学，2015，35（1）：56 - 65.

［356］孙铁山，王兰兰，李国平. 北京都市区人口 - 就业分布与空间结构演化［J］. 地理学报，2012，67（6）：829 - 840.

［357］孙晓蕾，杨玉英，吴登生. 全球原油贸易网络拓扑结构与演化特征识别［J］. 世界经济研究，2012（9）：11 - 17 + 87.

［358］孙艳丰，William H. K. Lam. 基于遗传算法的城市交通运输网优化问题研究［J］. 系统工程理论与实践，2000（7）：94 - 98.

［359］孙耀吾，卫英平. 基于复杂网络的高技术企业联盟知识扩散 AIDA 模型与实证研究［J］. 中国软科学，2011（6）：130 - 139.

［360］孙翊，王铮.“后危机”时代中国多区域支付政策的 CGE 模型、模拟及分析［J］. 统计研究，2010，27（10）：56 - 62.

［361］覃成林，刘迎霞，李超. 空间外溢与区域经济增长趋同——基于长江三角洲的案例分析［J］. 中国社会科学，2012（5）：76 - 94 + 206.

［362］谭前进，林和平，谷文祥. 基于遗传算法的物流配送系统的设计与实现［J］. 计算机工程与应用，2007（6）：199 - 202.

［363］汤放华，汤慧，孙倩，汤迪莎. 长江中游城市集群经济网络结构分析［J］. 地理学报，2013，68（10）：1357 - 1366.

［364］汤学兵，陈秀山. 我国八大区域的经济收敛性及其影响因素分析［J］. 中国人民大学学报，2007（1）：106 - 113.

［365］唐德善. 黄河流域多目标优化配水模型［J］. 河海大学学报，1994（1）：46 - 52.

［366］唐建荣，张鑫和. 物流业发展的时空演化、驱动因素及溢出效应研究——基于中国省域面板数据的空间计量分析［J］. 财贸研究，2017，28（5）：11 - 21.

［367］唐钦能. 全球共同应对气候变化经济政策评估系统（GreCEPAS）的研发与应用研究［D］. 中国科学院大学博士学位论文，2014.

［368］唐小波. 西方空间相互作用模型评析［J］. 北京教育学院学报，1994（2）：26－34.

［369］唐幼纯，李丰，赵定涛，汤书昆，杨皖苏. 区域形象评价方法研究［J］. 预测，1998（2）：64－66.

［370］滕堂伟，孙蓉，胡森林. 长江经济带科技创新与绿色发展的耦合协调及其空间关联［J］. 长江流域资源与环境，2019，28（11）：2574－2585.

［371］田金方，张小斐. 干预 ARIMA 模型及其在我国人口总量预测中的实证研究［J］. 数理统计与管理，2007（2）：263－267.

［372］田贞余. 我国大陆与香港地区贸易的引力模型分析［J］. 财经科学，2005（3）：107－112.

［373］童锦治，李星，王佳杰. 非税收入、非税竞争与区域经济增长——基于2000—2010年省级空间面板数据的实证研究［J］. 财贸研究，2013，24（6）：70－77.

［374］万年庆，张立生. 基于引力模型的旅游目的地客源市场规模预测模型研究［J］. 河南大学学报，2010，40（1）：45－49.

［375］汪德根，陈田. 中国旅游经济区域差异的空间分析［J］. 地理科学，2011，31（5）：528－536.

［376］汪镭，吴启迪. 蚁群算法在连续空间寻优问题求解中的应用［J］. 控制与决策，2003（1）：45－48＋57.

［377］汪瑞琪，陈建均. 基于潜能模型的粤港澳大湾区民用机场公路交通网络可达性研究［J］. 公路，2020，65（4）：225－231.

［378］王保盛，廖江福，祝薇，邱全毅，王琳，唐立娜. 基于历史情景的 FLUS 模型邻域权重设置——以闽三角城市群2030年土地利用模拟为例［J］. 生态学报，2019，39（12）：4284－4298.

［379］王翀. 基于模型组合法的我国能源消费需求趋势预测［J］. 统计与决策，2018，34（20）：86－89.

［380］王崇锋，崔运周，尚哲. 多层创新网络结构洞特征对组织创新绩效的影响——来自新能源汽车领域的实证分析［J］. 科技进步与对策，2020，37（24）：71－79.

［381］王德. 制约重力模型的修正与应用［J］. 同济大学学报（自然科学版），2002（9）：1056－1060.

［382］王德发. 能源税征收的劳动替代效应实证研究——基于上海市2002年大气污染的 CGE 模型的试算［J］. 财经研究，2006（2）：98－105.

［383］王德利，方创琳. 中国跨区域产业分工与联动特征［J］. 地理研究，2010，29（8）：1392－1406.

［384］王芳，冯艳芬，卓莉，周涛. 基于改进遗传算法投影寻踪的大城市郊区耕地安全综合评价［J］. 热带地理，2013，33（4）：373－380＋406.

［385］王飞，郭颂宏，江崎光男. 中国区域经济发展与劳动力流动——使用区域连接 CGE 模型的数量分析［J］. 经济学（季刊），2006（3）：1067－1090.

［386］王菲，柴旭荣. CA－Markov 模型在土地利用模拟研究中的应用［J］. 现代农业科技，2013（2）：227＋235.

［387］王高敏. 趋势外推法与人口出生数预测［J］. 河南大学学报（自然科学版），1987（4）：46－48.

［388］王海鸿. 旅游吸引力分析及理论模型［J］. 科学·经济·社会，2003（4）：44－47.

［389］王海建. 经济结构变动对环境污染物排放的影响分析［J］. 中国人口·资源与环境，1999（3）：32－35.

［390］王红瑞，冉圣宏. 计算农业生产率增长的投入产出模型［J］. 经济地理，1999（2）：89－93.

［391］王惠珍. 基于改进灰色系统 GM（1，1）模型的成本预测［J］. 统计与决策，2015（15）：83－86.

［392］王建华，江东，顾定法，等. 基于 SD 模型的干旱区城市水资源承载力预测研究［J］. 地理学与国土研究，1999（2）：19－23.

［393］王姣娥，杜德林，金凤君. 多元交通流视角下的空间级联系统比较与地理空间约束［J］. 地理学报，2019，74（12）：2482－2494.

［394］王姣娥，焦敬娟，金凤君. 高速铁路对中国城市空间相互作用强度的影响［J］. 地理学报，2014，69（12）：1833－1846.

［395］王姣娥，金凤君．中国铁路客运网络组织与空间服务系统优化［J］．地理学报，2005，60（3）：371－380．

［396］王姣娥，莫辉辉，金凤君．中国航空网络空间结构的复杂性［J］．地理学报，2009，64（8）：899－910．

［397］王景敏，朱芳阳，隋博文，江志娟．广西北部湾港口物流需求预测及发展模式研究［J］．物流科技，2010，33（12）：26－28．

［398］王磊，徐晓岭．引力模型的应用：中美服务贸易自由化的测量［J］．统计与决策，2010（4）：24－26．

［399］王莉．一个CGE模型［J］．数量经济技术经济研究，1998（10）：66－76．

［400］王宁，许益，张磊，等．考虑消防联动与效益的消防站多目标选址方法［J］．系统工程理论与实践，2020，40（3）：664－78．

［401］王诺，田玺环，吴迪，等．基于陆海协同的海上战略投送选址－路径优化［J］．系统工程理论与实践，2018，38（11）：2929－41．

［402］王其藩，徐波，吴冰，等．SD模型在基础设施研究中的应用［J］．管理工程学报，1999（2）：3－4＋37－41．

［403］王琪瑛，李英，李惠．带软时间窗的电动车换电站选址路径问题研究［J］．工业工程与管理，2019，24（3）：99－106．

［404］王桥，毛锋．运用系统动态学方法研究区域可持续发展问题的一些探讨［J］．地理科学，1998（6）：574－580．

［405］王韬，陈平路，周建军．一个人工税收CGE模型示例［J］．当代经济科学，1999（6）：13－19．

［406］王韬，周建军，陈平路．面向三次产业的中国税收CGE模型［J］．税务研究，2000（12）：64－70．

［407］王伟，刘军，蒋熙，王莹．中国铁路网的拓扑特性［J］．北京交通大学学报，2010，34（3）：148－152．

［408］王晓君，吴敬学，蒋和平．中国农村生态环境质量动态评价及未来发展趋势预测［J］．自然资源学报，2017，32（5）：864－876．

［409］王晓岭，武春友，赵奥．中国城市化与能源强度关系的交互动态响应分析［J］．中国人口·资源与环境，2012，22（5）：147－152．

［410］王协，章孝灿，苏程．基于多尺度学习与深度卷积神经网络的遥感图像土地利用分类［J］．浙江大学学报（理学版），2020，47（6）：715－723．

［411］王新利，赵琨．基于神经网络的农产品物流需求预测研究［J］．农业技术经济，2010（2）：62－68．

［412］王秀娟．购物模型的探讨［J］．科技信息（科学教研），2008（22）：536＋558．

［413］王雪辉．市场潜能对区域经济增长的空间效应研究［D］．东北师范大学博士学位论文，2018．

［414］王雪青，邝兴国，孙冰．城市土地需求预测及土地储备策略［J］．辽宁工程技术大学学报（自然科学版），2009，28（2）：288－291．

［415］王亚阳，王汉斌．煤矿区应急救援站多目标选址决策［J］．安全与环境工程，2015，22（1）：121－125．

［416］王毅，陈娱，陆玉麒，丁正山，车冰清．中国旅游产业科技创新能力的时空动态和驱动因素分析［J］．地球信息科学学报，2017，19（5）：613－624．

［417］王燚，杨超．上海市轨道交通网络的复杂网络特性研究［J］．城市轨道交通研究，2009，12（2）：33－36＋55．

［418］王勇，解延京，刘荣，张昊．北上广深城市人口预测及其资源配置［J］．地理学报，2021，76（2）：352－366．

［419］王勇，王恩东，毕莹．不同情景下碳排放达峰对中国经济的影响——基于CGE模型的分析［J］．资源科学，2017，39（10）：1896－1908．

［420］王勇，肖洪浪，邹松兵，等．基于可计算一般均衡模型的张掖市水资源调控模拟研究［J］．自然资源学报，2010，25（6）：959－966．

［421］王勇胜，薛继亮．基于多种模型组合的我国 2015 年人口总数预测［J］．西北农林科技大学学报（社会科学版），2009，9（1）：75 － 79.

［422］王友钊，彭宇翔，潘芬兰．基于贪心算法和遗传算法的仓储车辆调度算法［J］．传感器与微系统，2012，31（10）：125 － 128.

［423］王雨飞，倪鹏飞．高速铁路影响下的经济增长溢出与区域空间优化［J］．中国工业经济，2016（2）：21 － 36.

［424］王云琴．基于复杂网络理论的城市轨道交通网络连通可靠性研究［D］．北京交通大学硕士学位论文，2008.

［425］王喆，彭其渊．成都市公交复杂网络拓扑特性研究［J］．交通与计算机，2007（2）：39 － 42.

［426］王铮，邓峰，杨云彦．人口扩散与空间相互作用的联系［J］．地理研究，1991（1）：48 － 55.

［427］王铮，吴静，孙翊，朱永彬，刘昌新．政策模拟导论［M］．北京：科学出版社，2016.

［428］王宗军，冯珊．嵌入神经网络专家系统的智能化城市评价 DSS［J］．系统工程理论与实践，1995（4）：25 － 31.

［429］魏国辰，冀雪华．我国区域物流发展能力综合评价研究——基于 ANP － TOPSIS 模型对京津冀地区物流业分析［J］．价格理论与实践，2019（5）：134 － 137.

［430］魏乐，张秋生，赵立彬．我国产业重组与转移：基于跨区域并购复杂网络的分析［J］．经济地理，2012，32（2）：89 － 93.

［431］魏明，靳文舟．求解车辆路径问题的离散粒子群算法［J］．计算机科学，2010，37（4）：187 － 191.

［432］魏下海．基础设施、空间溢出与区域经济增长［J］．经济评论，2010（4）：82 － 89.

［433］魏冶，修春亮，刘志敏，陈伟．春运人口流动透视的转型期中国城市网络结构［J］．地理科学，2016，36（11）：1654 － 1660.

［434］魏有焕．基于改进潜能模型的湘潭市农村医疗服务可达性测度研究［J］．甘肃农业，2020（5）：92 － 95.

［435］温惠英，孙博．基于离散粒子群算法的协同车辆路径问题［J］．公路交通科技，2011，28（1）：149 － 153 + 158.

［436］温淑瑶，周之豪，马毅杰．苏南太湖地区水资源价值补偿对物价水平的影响研究［J］．长江流域资源与环境，2000（1）：41 － 46.

［437］翁智雄，马忠玉，葛察忠，蔡松锋，程翠云，杜艳春．不同经济发展路径下的能源需求与碳排放预测——基于河北省的分析［J］．中国环境科学，2019，39（8）：3508 － 3517.

［438］吴沉寒，罗玉臣，陈炜．改进蚁群自适应多级栅格路径优化策略［J］．计算机工程，2009，35（9）：185 － 186.

［439］吴传荣，曾德明，陈英武．高技术企业技术创新网络的系统动力学建模与仿真［J］．系统工程理论与实践，2010，30（4）：587 － 593.

［440］吴殿廷．区域分析与规划高级教程［M］．北京：高等教育出版社，2004.

［441］吴锋，邓祥征，林英志．基于环境 CGE 模型的鄱阳湖流域氮磷排放调控方案及影响模拟［J］．地球信息科学学报，2010，12（1）：26 － 33.

［442］吴涵，张立，刘岱，杨波．港口物流需求趋势预测方法研究——基于组合预测模型对重庆港口物流需求趋势分析［J］．价格理论与实践，2019（9）：75 － 78.

［443］吴华锋，陈信强，毛奇凰，等．基于自然选择策略的蚁群算法求解 TSP 问题［J］．通信学报，2013，34（4）：165 － 170.

［444］吴佳伦，安虎森，黄毓莹，陈岳隆，陈克绍．基于 DEA、MPI、Tobit 回归模型评估生物技术产业之运营效率——以台湾上市、柜公开发行公司为例［J］．新经济，2016（23）：3 － 8.

［445］吴坚，史忠科．基于遗传算法的配送中心选址问题［J］．华南理工大学学报（自然科学版），2004（6）：74 － 77.

［446］吴静，朱潜挺，王铮．政策模拟中基于自主体模拟的建模理论研究［J］．系统工程，2015，33

（11）：107－112.

［447］吴康，方创琳，赵渺希．中国城市网络的空间组织及其复杂性结构特征［J］．地理研究，2015，34（4）：711－728.

［448］吴乐英．各国经济自治下全球气候合作治理政策模拟及系统研发［D］．华东师范大学博士学位论文，2017.

［449］吴绍洪，姚华荣，杨勤业．首都圈防沙治沙水土资源空间优化配置研究——以大兴、怀来、张北为例［J］．自然资源学报，2003（6）：712－718＋783.

［450］吴文斌，杨鹏，柴崎亮介，唐华俊，陈仲新．基于 Agent 的土地利用/土地覆盖变化模型的研究进展［J］．地理科学，2007（4）：573－578.

［451］吴小丁．哈夫模型与城市商圈结构分析方法［J］．财贸经济，2001（3）：71－73.

［452］吴欣昕，刘小平，梁迅，陈广亮．FLUS－UGB 多情景模拟的珠江三角洲城市增长边界划定［J］．地球信息科学学报，2018，20（4）：532－542.

［453］吴延熊，周国模，郭仁鉴．区域森林资源可持续发展的预警分析［J］．浙江林学院学报，1999（1）：57－62.

［454］吴玉鸣，徐建华．中国区域经济增长集聚的空间统计分析［J］．地理科学，2004（6）：654－659.

［455］吴玉鸣．中国省域经济增长趋同的空间计量经济分析［J］．数量经济技术经济研究，2006（12）：101－108.

［456］吴宗柠，樊瑛．复杂网络视角下国际贸易研究综述［J］．电子科技大学学报，2018，47（3）：469－480.

［457］伍鑫，陈植欣，温庆博，等．基于强化学习的非常规水资源优化配置模型［J］．水力发电学报，2021.

［458］武文杰，董正斌，张文忠，金凤君，马修军，谢昆青．中国城市空间关联网络结构的时空演变［J］．地理学报，2011，66（4）：435－445.

［459］席钉姿，刘昊，王鑫，等．基于 BP 神经网络的物流网点规划设计［J］．物流技术，2019，38（10）：44－48＋96.

［460］席强敏，季鹏．京津冀高技术制造业空间结构演变的经济绩效［J］．经济地理，2018，38（11）：112－122.

［461］夏承遗，刘忠信，陈增强，袁著祉．复杂网络上的传播动力学及其新进展［J］．智能系统学报，2009，4（5）：392－397.

［462］夏军，黄浩．海河流域水污染及水资源短缺对经济发展的影响［J］．资源科学，2006（2）：2－7.

［463］向秀容，潘韬，吴绍洪，刘卫东，马丽，王晓峰，尹云鹤，李静．基于生态足迹的天山北坡经济带生态承载力评价与预测［J］．地理研究，2016，35（5）：875－884.

［464］项赟，温勇，杜建伟，雷伟香，郭慧鑫．广东省循环经济发展综合评价与区域差异分析［J］．生态经济，2015，31（3）：70－73＋102.

［465］肖华勇，田铮，师义民．多供应商条件下选址模型的一个研究结果［J］．运筹与管理，2000（1）：7－10.

［466］肖健华，林健，刘晋．区域经济中长期预测的支持向量回归方法［J］．系统工程理论与实践，2006（4）：97－103.

［467］肖力．基于改进蚁群算法的物流配送问题研究［J］．计算机仿真，2008（4）：182－185.

［468］肖雪．基于最大熵模型的中文文本层次分类方法［J］．计算机与网络，2015，41（9）：36－38.

［469］谢国立．引力模型在城市交通流量分布预测中的应用［C］//中国力学学会工程力学编辑部．第三届全国结构工程学术会议论文集（下），1994：665－668.

［470］谢杨，戴瀚程，花冈达也，等．$PM_{2.5}$ 污染对京津冀地区人群健康影响和经济影响［J］．中国人口·资源与环境，2016，26（11）：19－27.

［471］邢李志．链路预测视角下京津冀现代制造业产业转移路径研究［J］．科技进步与对策，2017，34

（4）：54－59.

　　［472］徐刚，马光文，梁武湖，等. 蚁群算法在水库优化调度中的应用［J］. 水科学进展，2005（3）：397－400.

　　［473］徐刚，马光文. 基于蚁群算法的梯级水电站群优化调度［J］. 水力发电学报，2005（5）：7－10.

　　［474］徐建华，鲁凤，苏方林，卢艳. 中国区域经济差异的时空尺度分析［J］. 地理研究，2005（1）：57－68.

　　［475］徐磊. 基于遗传算法的多目标优化问题的研究与应用［D］. 中南大学硕士学位论文，2007.

　　［476］徐敏，黄震方，曹芳东，张郴. 基于大数据分析的城市旅游地网络结构特征及其演化模式——以新浪微博签到数据为例［J］. 地理研究，2019，38（4）：937－949.

　　［477］徐宜青，曾刚，王秋玉. 长三角城市群协同创新网络格局发展演变及优化策略［J］. 经济地理，2018，38（11）：133－140.

　　［478］徐盈之，朱依曦，孙剑. 知识溢出与区域经济增长：基于空间计量模型的实证研究［J］. 科研管理，2010，31（6）：105－112.

　　［479］徐知渊，吕昌河. 长三角城市旅游产业竞争力综合比较研究——基于 AHP 法与 BP 人工神经网络模型［J］. 中国人口·资源与环境，2017，27（S1）：237－240.

　　［480］许冰. 外商直接投资对区域经济的产出效应——基于路径收敛设计的研究［J］. 经济研究，2010，45（2）：44－54.

　　［481］许和连，孙天阳，成丽红. “一带一路”高端制造业贸易格局及影响因素研究——基于复杂网络的指数随机图分析［J］. 财贸经济，2015（12）：74－88.

　　［482］许泉立，杨昆，王桂林，等. 基于蚁群算法的洱海流域土地利用变化模拟［J］. 农业工程学报，2014，30（19）：290－299＋340.

　　［483］许锐. 从贸易引力模型看我国高等教育出口规模增长［J］. 商场现代化，2009（33）：6－9.

　　［484］许小娟，刘会玉，林振山，刘金雪，李丽鹤. 基于 CA－MARKOV 模型的江苏沿海土地利用变化情景分析［J］. 水土保持研究，2017，24（1）：213－218＋225.

　　［485］许学工. 黄河三角洲土地质量模糊综合评价［J］. 自然资源学报，1992（1）：43－54.

　　［486］许召元，李善同. 区域间劳动力迁移对经济增长和地区差距的影响［J］. 数量经济技术经济研究，2008（2）：38－52.

　　［487］许治，焦秀焕，朱桂龙. 国家中心城市技术扩散与区域经济增长——以北京、上海为例［J］. 科研管理，2013，34（4）：16－23.

　　［488］薛领，罗柏宇，翁瑾. 基于 agent 的商业中心地空间结构动态模拟［J］. 地理研究，2010，29（9）：1659－1669.

　　［489］薛领，翁瑾. 中国大都市多中心空间演化过程的非均衡动态模拟［J］. 地理研究，2013，32（2）：285－294.

　　［490］薛领，翁瑾，吴春萍. 基于 agent 的两区域旅游系统非均衡动态模拟［J］. 地理科学，2013，33（1）：1－7.

　　［491］薛领，翁瑾. 我国区域旅游空间结构演化的微观机理与动态模拟研究［J］. 旅游学刊，2010，25（8）：26－33.

　　［492］薛领，武倩倩，李玉成. 当代城市化机理模型研究的比较与融合［J］. 城市发展研究，2009，16（9）：48－53＋60.

　　［493］薛领，杨开忠，沈体雁. 基于 agent 的建模——地理计算的新发展［J］. 地球科学进展，2004（2）：305－311.

　　［494］薛领，杨开忠. 城市演化的多主体（multi－agent）模型研究［J］. 系统工程理论与实践，2003（12）：1－9＋17.

　　［495］薛领，杨开忠. 复杂性科学理论与区域空间演化模拟研究［J］. 地理研究，2002（1）：79－88.

　　［496］薛领，杨开忠. 基于空间相互作用模型的商业布局——以北京市海淀区为例［J］. 地理研究，2005

（2）：265 - 273.

［497］薛领，张晓林．基于 Agent 建模的新经济地理学核心 - 边缘模型模拟——兼论与数值模拟的比较 ［J］．经济与管理，2019，33（4）：31 - 38 + 85.

［498］鄢莉莉，王一鸣．金融发展、金融市场冲击与经济波动——基于动态随机一般均衡模型的分析 ［J］．金融研究，2012（12）：82 - 95.

［499］闫超栋，马静．信息化、空间溢出与区域经济增长——基于空间面板回归偏微分效应分解方法的实证 ［J］．经济问题探索，2016（11）：67 - 75.

［500］闫瑞增，王雄，岳意定，曾杨．城乡金融非均衡发展对城乡经济增长差距影响的实证研究——基于湖南省 1978 ~ 2017 数据 ［J］．系统工程，2019，37（1）：14 - 23.

［501］严冬，周建中，王修贵．利用 CGE 模型评价水价改革的影响力——以北京市为例 ［J］．中国人口·资源与环境，2007（5）：70 - 74.

［502］阎慧臻．Logistic 模型在人口预测中的应用 ［J］．大连工业大学学报，2008，27（4）：333 - 335.

［503］颜银根，安虎森．中国分割的经济空间：基于区域间经济增长溢出的实证研究 ［J］．当代经济科学，2014，36（4）：47 - 57 + 125 - 126.

［504］杨朝峰，赵志耘，许治．区域创新能力与经济收敛实证研究 ［J］．中国软科学，2015（1）：88 - 95.

［505］杨春白雪．基于 GIS 的宁夏生态移民活动空间适宜性评价 ［D］．宁夏大学硕士学位论文，2020.

［506］杨丽霞，杨桂山，苑韶峰．数学模型在人口预测中的应用——以江苏省为例 ［J］．长江流域资源与环境，2006（3）：287 - 291.

［507］杨龙，胡晓珍．基于 DEA 的中国绿色经济效率地区差异与收敛分析 ［J］．经济学家，2010（2）：46 - 54.

［508］杨茜淋，张士运．京津冀产业转移政策模拟研究——基于多区域 CGE 模型 ［J］．中国科技论坛，2019（2）：83 - 89 + 149.

［509］杨青生，黎夏．基于遗传算法自动获取 CA 模型的参数——以东莞市城市发展模拟为例 ［J］．地理研究，2007（2）：229 - 237.

［510］杨吾杨，梁进社．高等经济地理学 ［M］．北京：北京大学出版社，2004.

［511］杨秀，余龄敏，赵秀峰，王兰．乡村振兴背景下的乡村发展潜力评估、分类与规划引导 ［J］．规划师，2019，35（19）：62 - 67.

［512］杨宇，刘毅．基于 DEA - ESDA 的中国省际能源效率及其时空分异研究 ［J］．自然资源学报，2014，29（11）：1815 - 1825.

［513］杨宇栋，朗茂祥，胡思继．有时间窗车辆路径问题的模型及其改进模拟退火算法研究 ［J］．管理工程学报，2006（3）：104 - 107.

［514］杨正理，陈海霞，王长鹏，徐智．大数据背景下城市短时交通流预测 ［J］．公路交通科技，2019，36（2）：136 - 143.

［515］姚华荣，吴绍洪，曹明明，杨勤业．区域水土资源的空间优化配置 ［J］．资源科学，2004（1）：99 - 106.

［516］姚鹏，孙久文．贸易开放、人力资本与中国区域收入空间效应——基于地级及以上行政区域经验数据分析 ［J］．经济理论与经济管理，2015（2）：101 - 112.

［517］姚昕，孔庆宝．中国能源综合运输体系及其宏观影响 ［J］．金融研究，2010（4）：29 - 39.

［518］叶昌友，王遐见．交通基础设施、交通运输业与区域经济增长——基于省域数据的空间面板模型研究 ［J］．产业经济研究，2013（2）：40 - 47.

［519］叶婷婷．基于复杂网络的全国铁路网络连通可靠性分析 ［D］．北京交通大学硕士学位论文，2009.

［520］叶信岳，李晶晶，程叶青．浙江省经济差异时空动态的多尺度与多机制分析 ［J］．地理科学进展，2014，33（9）：1177 - 1186.

［521］尹相勇，彭宏勤．区域科技进步统计监测综合评价研究 ［J］．中国软科学，1999（8）：108 - 113 + 117.

［522］应竹青．城市环境质量多元统计分析——永安市城市环境质量综合评价 ［J］．数理统计与管理，

1995 (6)：1-4.

[523] 游富相，吴三忙．基于互联网的旅游吸引力分析方法研究 [J]．经济问题探索，2006 (11)：118-122.

[524] 于策．基于 GIS 的铁路走向方案研究 [J]．铁道标准设计，2019，63 (8)：58-60+73.

[525] 于绯．CEPA 实施后粤港服务贸易合作的实证研究——基于巴拉萨模型、引力模型和购物模型 [J]．经济管理，2009，31 (10)：36-41.

[526] 余珮，张搏，洪正华，张建华．在华外资银行分层区位战略及影响因素研究——基于嵌套 Logit 模型的实证检验 [J]．金融研究，2015 (4)：130-147.

[527] 余泳泽，刘秉镰．中国区域物流产业技术进步及其影响因素研究 [J]．上海经济研究，2010 (10)：3-12.

[528] 袁丹萍．投入产出法在港口社会效益定量分析中的运用 [J]．数量经济技术经济研究，2000 (3)：80-81.

[529] 袁立科．区域外部性、对外开放与中国经济增长条件收敛 [J]．当代经济科学，2010，32 (4)：46-51+125.

[530] 原嫄，李国平，孙铁山，吴爱芝．中国制造业重心的空间分布变化特征与趋势研究——基于 2001 年和 2009 年数据的实证分析 [J]．人文地理，2015，30 (5)：99-105.

[531] 岳德鹏，王计平，刘永兵，李海龙，谢怀慈，王冬梅．GIS 与 RS 技术支持下的北京西北地区景观格局优化 [J]．地理学报，2007 (11)：1223-1231.

[532] 臧淑英，梁欣，冯仲科．变权组合预测模型的建立及其在区域生态风险预测中的应用 [J]．北京林业大学学报，2007 (S2)：203-208.

[533] 曾鹏．中国十大城市群综合发展水平：因素分析与综合集成评估 [J]．中国人口·资源与环境，2008 (1)：69-73.

[534] 曾贤刚，毕瑞亨．绿色经济发展总体评价与区域差异分析 [J]．环境科学研究，2014，27 (12)：1564-1570.

[535] 曾月娥，伍世代，李永实，陈志强．基于潜能模型的城市同城化透视——以厦门漳州两市为例 [J]．重庆师范大学学报（自然科学版），2012，29 (5)：78-82.

[536] 翟凡，李善同，冯珊．中期经济增长与结构变化——递推动态一般均衡分析 [J]．系统工程理论与实践，1999 (2)：89-96.

[537] 翟凡，冯珊，李善同．一个中国经济的可计算一般均衡模型 [J]．数量经济技术经济研究，1997 (3)：38-44.

[538] 战明华，王忠锐，许月丽．金融中介、金融市场的发展与经济增长——基于中国的实证 [J]．预测，2003 (1)：38-41.

[539] 张波，刘占洋，刘江涛．宗地规模、城市类型与土地出让溢价——基于 70 个大中城市住宅用地出让数据的实证分析 [J]．中国土地科学，2019，33 (9)：28-36.

[540] 张晨星，张炜，徐晶晶，杨新兵．基于 GIS 和最大熵模型的河北省油松适宜性分布分析 [J]．地理与地理信息科学，2020，36 (6)：18-25.

[541] 张春露，白艳萍．ARIMA 时间序列模型和 BP 神经网络组合预测在铁路客座率中的应用 [J]．数学的实践与认识，2018，48 (21)：105-113.

[542] 张丁文，王轩．不规则元胞自动机空间邻域的研究进展 [J]．测绘地理信息，2020，45 (5)：72-77.

[543] 张凡，宁越敏．基于全球航班流数据的世界城市网络连接性分析 [J]．南京社会科学，2015 (11)：54-62.

[544] 张飞舟，晏磊，范跃祖，等．智能交通系统中的运营车辆优化调度研究 [J]．北京航空航天大学学报，2002 (6)：707-710.

[545] 张广林，胡小梅，柴剑飞，赵磊，俞涛．路径规划算法及其应用综述 [J]．现代机械，2011 (5)：85-90.

[546] 张海洋．人力资本吸收、外资技术扩散与中国经济增长 [J]．科学学研究，2005 (1)：64-70.

［547］张红．基于大数据的城市公路交通流短时预测研究［D］．兰州理工大学博士学位论文，2018．

［548］张欢，成金华，冯银，陈丹，倪琳，孙涵．特大型城市生态文明建设评价指标体系及应用——以武汉市为例［J］．生态学报，2015，35（2）：547－556．

［549］张建伟，苗长虹，姜海宁．中国GDP偏离度的空间计量经济分析［J］．地理科学，2015，35（5）：515－520．

［550］张杰，古斯达·克里斯坦森．引力模型在国际贸易理论中的发展和应用——兼论欧共体与其他国家（地区）的贸易［J］．国际贸易问题，1996（1）：29－36＋41．

［551］张金良，李超．碳排放影响下的动态配送车辆路径优化研究［J］．中国管理科学，2020．

［552］张锦华，吴方卫．梯度二元融资结构下中国农村家庭的教育选择——基于嵌套LOGIT模型的实证分析［J］．农业技术经济，2007（2）：4－10．

［553］张靖．中国投入产出核算矩阵的编制与应用研究［D］．山西财经大学博士学位论文，2013．

［554］张凯煌，千庆兰，杨青生．中国城市土地城镇化多层级影响因素分析［J］．地理学报，2020，75（1）：179－193．

［555］张科，陈嘉超，陈先龙．城市间经济引力模型实证研究及敏感性分析［J］．交通与运输，2020，36（2）：20－24．

［556］张可云，裴相烨．中国区域协调发展水平测度——基于省级数据分析［J］．郑州大学学报（哲学社会科学版），2019，52（6）：29－34＋125．

［557］张可云，赵文景．区域经济增长、3T假说与创意阶层分布——基于省际动态面板数据的系统GMM估计［J］．中国地质大学学报（社会科学版），2017，17（4）：117－127．

［558］张可云，赵文景．社会资本对区域经济增长的影响——基于贡献水平与空间溢出效应的分析［J］．学术研究，2020（10）：67－76＋178．

［559］张良贵，孙久文．融资结构变化对金融加速器效应的影响研究——基于DSGE模型的数值模拟分析［J］．软科学，2014，28（5）：24－27．

［560］张凌云．旅游地引力模型研究的回顾与前瞻［J］．地理研究，1989（1）：76－87．

［561］张瑞锋，汪同三．新型遗传算法求解车辆路径问题研究［J］．湖北大学学报（自然科学版），2012，34（2）：239－242．

［562］张韶月，刘小平，闫士忠，战强，刘彤起．基于"双评价"与FLUS－UGB的城镇开发边界划定——以长春市为例［J］．热带地理，2019，39（3）：377－386．

［563］张涛，刘宽斌．"大数据"在宏观经济预测分析中的应用［J］．财经智库，2018，3（3）：65－83＋143．

［564］张涛，张志良，张潜．移民规模引力模型及其应用［J］．中国人口科学，1997（4）：36－39．

［565］张维泽，林剑波，吴洪森，等．基于改进蚁群算法的物流配送路径优化［J］．浙江大学学报（工学版），2008（4）：574－578＋597．

［566］张伟，刘宇，姜玲，等．基于多区域CGE模型的水污染间接经济损失评估——以长江三角洲流域为例［J］．中国环境科学，2016，36（9）：2849－2856．

［567］张伟丽，邓晴晴，冯文博．河南区域经济差异的时空演变及影响机制研究［J］．经济经纬，2017，34（2）：19－24．

［568］张显东，梅广清，张学兵，沈荣芳．市场竞争条件下的供应商选址模型研究［J］．运筹与管理，1998（2）：3－8．

［569］张显峰，崔伟宏．基于GIS和CA模型的时空建模方法研究［J］．中国图象图形学报，2000（12）：44－50．

［570］张显峰．基于CA的城市扩展动态模拟与预测［J］．中国科学院研究生院学报，2000（1）：70－79．

［571］张新生．城市空间动力学模型研究及应用［D］．中国科学院地理研究所博士学位论文，1997．

［572］张学良，张明斗，肖航．成渝城市群城市收缩的空间格局与形成机制研究［J］．重庆大学学报（社会科学版），2018，24（6）：1－14．

［573］张学良．长三角地区经济收敛及其作用机制：1993～2006［J］．世界经济，2010，33（3）：126－140．

［574］张学良．中国区域经济收敛的空间计量分析——基于长三角1993－2006年132个县市区的实证研究［J］．财经研究，2009，35（7）：100－109．

［575］张彦超，刘云，张海峰，程辉，熊菲．基于在线社交网络的信息传播模型［J］．物理学报，2011，60（5）：66－72．

［576］张扬．城市路网交通预测模型研究及应用［D］．上海交通大学博士学位论文，2009．

［577］张洋．大数据背景下CPI短期预测［J］．中国统计，2015（12）：49－50．

［578］张友兰，周爱民，王新学．旅游预测模型及应用［J］．河北省科学院学报，2000（2）：85－88．

［579］张玉明，李凯．基于知识溢出的中国省际区域经济增长收敛性实证研究［J］．管理学报，2011，8（5）：745－751．

［580］张卓颖，石敏俊．中国区域价值链的空间分布及演化特征——基于交通运输设备制造业研究［J］．社会科学战线，2019（11）：56－67＋281－282．

［581］张子明，刘平辉，朱寿红．基于FLUS模型的城镇用地增长边界划定研究——以临川区为例［J］．江西农业学报，2018，30（5）：117－123．

［582］章韬．经济地理外部性与城市全要素生产率差异——来自中国地级城市的证据［J］．上海经济研究，2013，25（12）：31－48＋62．

［583］赵金山，狄增如，王大辉．北京市公共汽车交通网络几何性质的实证研究［J］．复杂系统与复杂性科学，2005（2）：45－48．

［584］赵景，董直庆，胡晟明．要素匹配与中国投资效率空间差异性——基于双层嵌套型函数的分解研究［J］．统计研究，2019，36（8）：100－113．

［585］赵亮，李洪娜．辽宁省城市旅游经济联系度演变及其动力机制［J］．沈阳工业大学学报（社会科学版），2011，4（2）：159－163．

［586］赵渺希，刘铮．基于生产性服务业的中国城市网络研究［J］．城市规划，2012，36（9）：23－28＋38．

［587］赵树平，梁昌勇，戚筱雯，罗大伟．城市突发事件的应急设施选址群决策方法［J］．系统管理学报，2014，23（6）：810－818．

［588］赵肖肖，唐湘博．区域大气污染防治特护期实施方案效果评估［J］．环境科学与技术，2020，43（3）：221－227．

［589］赵延乐．基于复杂网络的链路预测研究［D］．河北大学硕士学位论文，2014．

［590］赵艳．汉长昌经济空间相互作用及整合发展研究［D］．湖南大学硕士学位论文，2007．

［591］赵璟，石敏俊，陈贤章．西部地区市场潜力分析［J］．干旱区地理，2006（5）：766－771．

［592］赵璟．市场潜力与中国制造业空间集聚研究［D］．中国科学院研究生院，2011．

［593］赵梓渝，魏冶，庞瑞秋，王士君，冯章献．基于人口省际流动的中国城市网络转变中心性与控制力研究——兼论递归理论用于城市网络研究的条件性［J］．地理学报，2017，72（6）：1032－1048．

［594］赵作权，宋敦江．中国经济空间演化趋势与驱动机制［J］．开发研究，2011（2）：1－5．

［595］赵作权，唐世芳，赵璐．2030年消费市场空间预测分析［J］．城市与环境研究，2015（2）：36－48．

［596］郑蕾，刘毅，刘卫东．全球整车及其零部件贸易格局演化特征［J］．地理科学，2016，36（5）：662－670．

［597］郑蔚．基于复杂性理论的城市经济网络研究进展与展望［J］．地理科学进展，2015，34（6）：676－686

［598］郑新奇，阎弘文，徐宗波．基于GIS的无棣县耕地优化配置［J］．国土资源遥感，2001（2）：53－56．

［599］郑智，刘卫东，宋周莺，黄梦娜．"一带一路"生产网络演化及中国经济贡献分析［J］．地理研究，2020，39（12）：2653－2668．

［600］智颖，高志刚．基于组合评价法的新疆科技创新能力测度与提升对策研究［J］．新疆财经大学学报，2021（1）：28－36．

［601］中国社会科学院数量经济与技术经济研究所 prcgem 课题组．中国税制改革效应的一般均衡分析 ［J］．数量经济技术经济研究，2002（9）：33－45．

［602］钟昌标，林炳耀．一种港口社会效益定量分析方法的探讨——以宁波港为例［J］．经济地理，2000（3）：70－73．

［603］钟一文，杨建刚，宁正元．求解 TSP 问题的离散粒子群优化算法［J］．系统工程理论与实践，2006（6）：88－94．

［604］周灿，曾刚，辛晓睿，宓泽锋．中国电子信息产业创新网络演化——基于 SAO 模型的实证［J］．经济地理，2018，38（4）：116－122．

［605］周成虎，孙战利，谢一春．地理元胞自动机研究［M］．北京：科学出版社，1999．

［606］周芳汀，周国华，张锦．依托地铁网络的城市配送系统转运点选址研究［J］．铁道学报，2019，41（7）：16－25．

［607］周根贵，曹振宇．遗传算法在逆向物流网络选址问题中的应用研究［J］．中国管理科学，2005（1）：42－47．

［608］周海涛，宁小莉，张雪峰，魏光慧．基于 maxEnt 模型的包头市达茂旗居民点空间分布适宜性评价［J］．水土保持研究，2021，28（2）：335－342．

［609］周建军，王韬，刘芳．间接税改革的宏观经济效应：一般均衡分析［J］．当代经济科学，2004（5）：37－42＋108．

［610］周建新，杨卫东，李擎．求解连续函数优化问题的改进蚁群算法及仿真［J］．系统仿真学报，2009，21（6）：1685－1688．

［611］周杰琦，汪同三．FDI、要素市场扭曲与碳排放绩效——理论与来自中国的证据［J］．国际贸易问题，2017（7）：96－107．

［612］周密，盛玉雪，刘秉镰．非均质后发大国中区域差距、空间互动与协调发展的关系研究［J］．财经研究，2012，38（4）：4－15＋122．

［613］周明秀，程科，汪正霞．动态路径规划中的改进蚁群算法［J］．计算机科学，2013，40（1）：314－316．

［614］周涛，柏文洁，汪秉宏，刘之景，严钢．复杂网络研究概述［J］．物理，2005（1）：31－36．

［615］周涛，傅忠谦，牛永伟，王达，曾燕，汪秉宏，周佩玲．复杂网络上传播动力学研究综述［J］．自然科学进展，2005（5）：513－518．

［616］周小琳，焦子恒，胡锦林，等．基于智能算法的灾区救援路径规划［J］．吉林大学学报（信息科学版），2020，38（4）：516－521．

［617］周晓丽，唐承财．基于网络搜索大数据的 5A 级景区客流量预测分析［J］．干旱区资源与环境，2020，34（3）：204－208．

［618］周沂，贺灿飞．中国城市出口产品演化［J］．地理学报，2019，74（6）：1097－1111．

［619］周逸欢，徐建刚，高思航．中部五省区县的经济联系与空间格局研究——基于改进引力模型和社会网络分析法［J］．南方建筑，2021（1）：35－41．

［620］周羽，成金华，孔维臻．基于模糊综合评价法大型电机企业产业链风险分析——以湘电集团为例［J］．企业活力，2012（6）：24－29．

［621］朱道才，陆林，晋秀龙，等．基于引力模型的安徽城市空间格局研究［J］．地理科学，2011，31（5）：551－556．

［622］朱国忠，乔坤元，虞吉海．中国各省经济增长是否收敛？［J］．经济学（季刊），2014，13（3）：1171－1194．

［623］朱敏，关忠良，陈景艳．系统动力学方法在环境经济学中的应用［J］．数量经济技术经济研究，2000（10）：59－61．

［624］朱念，陈东升，何昌勤，李立民．基于灰色 GM（1，N）模型的广西北部湾港口物流预测研究［J］．数学的实践与认识，2017，47（23）：303－310．

［625］朱庆，张曼迪，丁雨淋，等. 滑坡灾害环境因子空间特征约束的区域滑坡敏感性模糊逻辑分析方法［J/OL］. 武汉大学学报（信息科学版），2021：1－13［2021－08－09］. https：//doi. org/10. 13203/j. whugis20200653.

［626］朱文蔚. 中国地方政府性债务与区域经济增长的非线性关系研究［J］. 财经论丛，2014（12）：24－30.

［627］朱兴造，庞飞宇. 自回归及 logistic 离散模型在中国人口预测中的应用［J］. 统计与决策，2009（13）：157－159.

［628］朱艳硕，王铮，程文露. 中国装备制造业的空间枢纽－网络结构［J］. 地理学报，2019，74（8）：1525－1533.

［629］朱艳鑫，薛俊波，王铮. 多区域 CGE 模型与区域转移支付政策模拟［J］. 管理学报，2010，7（6）：909－915.

［630］朱永彬，刘晓，王铮. 碳税政策的减排效果及其对我国经济的影响分析［J］. 中国软科学，2010（4）：1－9＋87.

［631］朱周帆，郝鸿，张立文. 基于机器学习与时间序列组合模型的中国汽车市场预测［J］. 统计与决策，2020，36（8）：177－180.

［632］朱显平，王锐. 市场化程度、产业结构与区域经济增长——基于中国区域面板数据的分析［J］. 吉首大学学报（社会科学版），2016，37（3）：26－33.

（二）外文文献

［1］Albert R.，A. L. Barabási. Statistical Mechanics of Complex Networks［J］. Reviews of Modern Physics，2002，74（1）：47－97.

［2］Albert－László Barabási，Réka Albert. Emergence of Scaling in Random Networks［J］. Science，1999，286（5439）：509－512.

［3］Amaral L. A. N.，Scala A.，Barthelemy M.，Stanley H. E.. Classes of Small－world Networks. Proceedings of the National Academy of Sciences，2000，97（21）：11149－11152.

［4］Baldwin R. E.，Okubo T.. Heterogeneous Firms，Agglomeration and Economic Geography：Spatial Selection and Sorting［J］，Journal of Economic Geography，2006，6（3）：323－346.

［5］Basu N.，Pryor R.，Quint T.. ASPEN：A Microsimulation Model of the Economy［J］. Computational Economics，1998，12（3）：223－241.

［6］Batty M.，Longley P.. Fractal Cities，a Geometry of Form and Function［M］. London：Academic Press，1994.

［7］Batty M.，Xie Y.. From Cells to Cities［J］. Environment and Planning B，1997，21（7）：S31－S48.

［8］Batty M.. New Ways of Looking at Cities［J］. Nature，1995，377（6550）：574.

［9］Bhattacharya K.，Mukherjee G.，Manna S. S.. The International Trade Network［J］. New Economic Windows，2007，41（4）：139－147.

［10］Boschma R. A.，Lambooy J. G.. Evolutionary Economics and Economic Geography［J］. Journal of Evolutionary Economics，1999，9（4）：411－429.

［11］Chakraborty A.，Manna S. S.. Weighted Trade Network in a Model of Preferential Bipartite Transactions［J］. Physical Review E Statistical Nonlinear and Soft Matter Physics，2010，81（1 Pt 2）：016111.

［12］Chi，Li－Ping，Wang，et al. Structural Properties of US Flight Network［J］. Chinese Physics Letters，2003，20（8）：1393－1393.

［13］Couclelis H.. Cellular Worlds：A Framework for Modeling Micro－macro Dynamics［J］. Environment and Planning A，1985，17（5）：585－596.

［14］Couclelis H.. From Cellular Automata to Urban Models：New Principles for Model Development and Implementation［J］. Environment and Planning B，1997，24（2）：165－174.

［15］Cowan R.，Jonard N.，Özman M.. Knowledge Dynamics in a Network Industry［J］. Technological Forecasting and Social Change, 2004, 71 (5): 469 – 484.

［16］Cowan R. , Jonard N. . Network Structure and the Diffusion of Knowledge ［J］. Journal of Economic Dynamics and Control, 2004, 28 (8): 1557 – 1575.

［17］Deissenberg C. , Hoog S. , Dawid H. . EURACE: A Massively Parallel Agent – based Model of the European Economy ［J］. Working Papers, 2008, 204 (2): 541 – 552.

［18］Derudder B. , Taylor P. . Change in the World City Network, 2000 – 2012 ［J］. The Professional Geographer, 2016, 68 (4): 624 – 637.

［19］Epstein J. M. , Axtell R. L. . Growing Artificial Societies: Social Science from the Bottom Up ［M］. Boston: The MIT Press, 1996.

［20］Erdos P. , Renyi A. . On Random Graphs ［J］. Publications Mathematicae, 1959 (6): 290 – 297.

［21］Fagiolo G. , Reyes J. , Schiavo S. . On the Topological Properties of the World Trade Web: A Weighted Network Analysis ［J］. Physica A, 2008, 387 (15): 3868 – 3873.

［22］Forrester J. W. . Industrial Dynamics ［M］. Boston: The MIT Press, 1961.

［23］Fowler C. S. . Taking Geographical Economics out of Equilibrium: Implications for Theory and Policy ［J］. Journal of Economic Geography, 2007, 7 (3): 265 – 284.

［24］Garlaschelli D. , Matteo T. D. , Aste T. , et al. Interplay between Topology and Dynamics in the World Trade Web ［J］. The European Physical Journal B – Condensed Matter, 2007, 57 (2): 159 – 164.

［25］Guimera R. , Mossa S. , Turtschi A. , et al. The Worldwide Air Transportation Network: Anomalous Centrality, Community Structure, and Cities' Global Roles ［J］. Proceedings of the National Academy of Sciences, 2005, 102 (22): 7794 – 7799.

［26］Hagerstrand T. A. . Monte – carlo Approach to Diffusion ［J］. European Journal of Sociology, 1965 (4): 43 – 67.

［27］Hall P. , Green K. . Anatomy of the Polycentric Metropolis: Eight Mega – city Regions in Overview ［M］. London: Earthscan, 2006.

［28］Hidalgo C. A, Klinger B. , Barabasi A. L. , et al. The Product Space Conditions the Development of Nations ［J］. Science, 2007, 317 (5837): 482 – 487.

［29］Holland J. H. . Adaptation in Natural and Artificial Systems: An Introductory Analysis with Applications to Biology, Control, and Artificial Intelligence ［M］. Boston: The MIT Press, 1992.

［30］Holland J. H. . Complex Adaptive System ［M］. Boston: Winter, 1992.

［31］Hong J. , Shen G. Q. , Guo S. , et al. Energy Use Embodied in China's Construction Industry: A Multi – regional Input – output Analysis ［J］. Renewable and Sustainable Energy Reviews, 2016, 53: 1303 – 1312.

［32］Hsieh C. H. , Feng C. M. . Road Network Vulnerability Assessment Based on Fragile Factor Interdependencies in Spatial – functional Perspectives ［J］. Environment and Planning A, 2014, 46 (3): 700 – 714.

［33］Hua C – I. . Linking a Housing Vacancy Chain Model and a Behavioral Choice Model for Improved Housing Policy Evaluation ［J］. The Annals of Regional Science, 1989, 23 (3): 203 – 211.

［34］H. Couclelis. Macrostructure and Microbehavior in a Metropolitan Area ［J］. Environment and Planning B: Planning and Design, 1989, 16 (2): 141 – 154.

［35］Jeong H. , Tombor B. , Albert R. , et al. The Large – scale Organization of Metabolic Networks ［J］. Nature, 2000, 407 (6804): 651 – 654.

［36］Jin Weng, Xiao lin Zhu, Xin Li. Impact of High – speed Railon Destination Accessibility: A Case Study of China ［J］. Journal of China Tourism Research, 2020, 16 (4): 494 – 509.

［37］Kang C. C. , Feng C. M. , Liao B. R. , et al. Accounting for Air Pollution Emissions and Transport Policy in the Measurement of the Efficiency and Effectiveness of Bus Transits ［J］. Transportation Letters, 2020, 12 (5): 349 – 361.

［38］Krugman P. . Increasing Returns and Economic Geography ［J］. Journal of Political Economy, 1991, 99 (3):

483 – 499.

［39］Kurant M. , Thiran P. . Extraction and Analysis of Traffic and Topologies of Transportation Networks ［J］. Physical Review E, 2006, 74 (3Pt2): 036114.

［40］Latora V. , Marchiori M. . Is the Boston Subway a Small – world Network ? ［J］. Physica A Statistical Mechanics and Its Applications, 2002, 314 (1): 109 – 113.

［41］Leontief W. W. . Quantitative Input and Output Relations in the Economic Systems of the United States ［J］. The Review of Economics and Statistics, 1936, 18 (3): 105 – 125.

［42］Li N. , Zhang X. , Shi M. , et al. Does China' s air pollution abatement policy matter? An Assessment of the Beijing – Tianjin – Hebei Region Based on a Multi – regional CGE Model ［J］. Energy Policy, 2019, 127: 213 – 227.

［43］Li W. , Cai X. . Statistical Analysis of Airport Network of China ［J］. Physical Review E Statal Nonlinear and Soft Matter Physics, 2004, 69 (4Pt2): 046106

［44］Li X. , Jin Y. Y. , Chen G. . Complexity and Synchronization of the World Trade Web ［J］. Physica A, 2003, 328 (1): 287 – 296.

［45］Liu H. L. , Lin H. Y. , Peng S. K. . The Spillover Effects of R&D on Manufacturing Industry in Taiwan' s Metropolitan Areas ［J］. The Annals of Regional Science, 2010, 45 (3): 519 – 546.

［46］LIU Yu, WANG Fahui, XIAO Yu, et al. Urban Land Uses and Traffic "Source – sink Areas": Evidence from GPS – enabled Taxi Data in Shanghai ［J］. Landscape and Urban Planning, 2012, 106 (1): 73 – 87.

［47］Liu Y. , Shen J. . Spatial Patterns and Determinants of Skilled Internal Migration in China, 2000 – 2005 ［J］. Papers in Regional Science, 2014, 93 (4): 749 – 771.

［48］Melitz M. J. . The Impact of Trade on Intra – industry Re – allocation and Aggregate Industrial Productivity ［J］. Econometrica, 2003, 71 (6): 1695 – 1725.

［49］Morrision A. , Rabellotti R. , Zirulia L. . When Do Global Pipelines Enhance the Diffusion of Knowledge in Clusters ［J］. Economic Geography, 2012, 89 (1): 77 – 96.

［50］Newman M. E. J. . The Structure and Function of Complex Networks ［J］. Siam Review, 2003, 45 (2): 167 – 256.

［51］Palmer R. G. , Arthur W. B. , Holland J. H. , et al. Artificial Economic Life: A Simple Model of a Stockmarket ［J］. Physica D Nonlinear Phenomena, 1994, 75 (1 – 3): 264 – 274.

［52］Plum O. , Hassink R. . Comparing Knowledge Networking in Different Knowledge Bases in Germany ［J］. Papers in Regional Science, 2011, 90 (2): 355 – 371.

［53］Porta S. , Crucitti P. , Latora V. . The Network Analysis of Urban Streets: A Primal Approach ［J］. Environment and Planning B: Planning and Design, 2006, 33 (5): 705 – 725.

［54］Schiavo S. , Reyes J. , Fagiolo G. . International Trade and Financial Integration: A Weighted Network Analysis ［J］. Quantitative Finance, 2010, 10 (4): 389 – 399.

［55］Sen P. , Dasgupta S. , Chatterjee A. , et al. Small – world Properties of the Indian Railway Network ［J］. Physical Review E, 2003, 67 (3Pt2): 036106.

［56］Serrano M. A. , Boguna M. . Topology of the World Trade Web. ［J］. Physical Review E: Statistical, Nonlin and Soft Matter Physics, 2003, 68 (1Pt2): 015101.

［57］Sienkiewicz J. , Holyst J. A. . Statistical Analysis of 22 Public Transport Networks in Poland ［J］. Physical Review E Statistical Nonlinear and Soft Matter Physics, 2005, 72 (4 Pt 2): 046127.

［58］Taylor P. J. , Catalana G. , Walker D. . Multiple Globalisations: Regional, Hierarchical and Sectoral Articulations of Global Business Services Through World Cities ［J］. The Service Industries Journal, 2004, 24 (3): 63 – 81.

［59］Taylor P. J. , Derudder B. , Hoyler M. , et al. New Regional Geographies of the World as Practised by Leading Advanced Producer Service Firms in 2010 ［J］. Transactions of the Institute of British Geographers, 2013, 38 (3): 497 – 511.

［60］Taylor P. J. . Diversity and Power in the World City Network ［J］. Cities, 2002, 19 (4): 231 – 241.

［61］ Tobler W. R.. A Computer Movie Simulating Urban Growth in the Detroit Region ［J］. Economic Geography, 1970, 46: 234 – 240.

［62］ Watts D. J., Strogatz S. H.. Collective Dynamics of 'Small – world' Networks ［J］. Nature, 1998, 393: 440 – 442.

［63］ Wu F., Webster C. J.. Simulation of Land Development Through the Integration of Cellular Automata and Multicriteria Evaluation ［J］. Environment and Planning B Planning and Design, 1998, 25 (1): 103 – 126.

［64］ Wu F., Webster C. J.. Simulation of Natural Land Use Zoning Under Free – market and Incremental Development Control Regimes ［J］. Computers, Environment and Urban Systems, 1998, 22 (3): 241 – 256.

［65］ Yuan Jing, Zheng Yu, Xie Xing. Discovering Regions of Different Functions in a City Using Human Mobility and POIs ［C］ //Proceedings of the 18th ACM SIGKDD International Conference on Knowledge Discovery and Data Mining. New York: ACM Press, 2012.

第二篇　专题篇

第九章 生态文明研究

第一节 生态文明研究脉络

一、生态文明研究思想渊源

生态文明是在工业文明与科学技术的基础上发展起来的，并逐渐取代工业文明而成为未来社会的主要文明形态。在20世纪60年代，由环境污染、资源紧缺与人口爆炸所引发的生态与社会问题越来越严重，全球范围的生态危机已经露出了征兆。学者们开始反思与批判近代工业文明的弊端。1972年联合国在斯德哥尔摩召开人类环境会议并通过了《人类环境宣言》，这是人类社会进入生态文明时代的标志。这一历史事件对人类文明的发展具有决定性的影响。

生态文明的本质在于形成既有利于人的生存与发展，又有利于自然进化发展的人与自然共生的环境（赵成，2006）。生态文明思想源于人与自然的关系这一个古老的话题。东方与西方的文化都对这个问题做出了深刻的阐述。中国传统文化内含的生态思想体现在各个方面。儒家的"天人合一"、佛教的"尊重生命"、道家的"道法自然"都构建出一个人与自然和谐共生的东方思想体系。西方古典哲学认为人与外部世界具有同构性，或者认为人是自然的有机部分，人的生活服从自然的必然性；现代哲学认为人与自然不可分割，自然是第一性的；后现代哲学则认为自然是自我扩展了的边界宇宙，是人类存在的场和根据。马克思和恩格斯则在批判、继承前人思想成果的基础上形成的丰富的生态思想，奠定了现代生态学及整个世界体系科学的世界观与方法论的基础（刘娜，2014），为生态文明建设提供了科学的理论指导。这些关于人与自然的思考为生态文明的研究提供了深厚的生态思想源泉。

二、生态文明研究理论发展

1. 基于生态经济学思想的生态文明理论发展

基于经济学的生态文明理论集中体现在生态经济、循环经济等新理论和新思想中，这些理论不仅是对传统经济思想的挑战，更成为生态文明建设中的理论根基。其中，以肯尼斯·博尔丁的"宇宙飞船地球经济"思想、赫尔曼·戴利的"稳态经济"理论和皮尔斯等的"循环经济"模型为典型代表。这些理论中，前瞻性地意识到环境污染和资源枯竭的问题，提出了要在考虑生态环境承载力的情况下，适度发展经济规模的理念，并提出了循环经济的概念，经济系统与自然生态系统不再是两个相互独立的系统，而是合二为一共同组成一个具有内在循环关系的"生态－经济"大系统（David and Kerry，1990），强调把经济系统与生态系统的多种组成要素联系起来进行综合考察与实施，要求经济社会与生态发展全面协调，达到生态经济的最优目标。这一系列理论的提出，证明了社会向生态文明转型的可行性与必然性，并对传统主流经济学范式提出了挑战，对经济学学科发展具有重要的理论意义。

2. 基于哲学思想的生态文明理论发展

基于哲学思想的生态文明理论主要从哲学层面探究人与自然的共生关系，包括生态主义、生态社会主义、生态马克思主义、环境正义理论等理论。生态主义在价值观上反对人类中心论，主张人与自然、人与世界是一个整体关联，彻底否定现代工业文明的发展，政治上对资本主义持改良主义态度；而生态社会主义提倡构建一种以维护生态平衡为基础的人与自然和谐发展的社会主义发展模式，人们通过环保意识自主地控制自己的行为来减少对环境的破坏，人类在充分实现物质与社会自由的同时生态环境也能得到保护，而之前在资本主义时代产生的生态危机也能随着社会生产关系的改革和科学技术的发展得到解决（孙波等，2005）；生态学马克思主义从生态辩证法的角度将技术批判和资本主义制度批判有机结合，在反对人类中心主义的同时，也反对生态中心主义，希望通过建立生态伦理价值观，明确自然的主动性和人的活动限度，解决人与自然和谐相处的问题；环境正义理论则主要围绕着环境正义的含义、环境正义的向度、环境正义的原则、环境正义何以可能等问题进行各自的话语表达与理论建构，确证环境正义在当今世界发展中的价值合理性与现实可能性。

3. 基于环境社会学的生态文明理论发展

基于环境社会学的生态文明研究范式主要有生态学范式、系统论范式、政治经济学范式、构建主义范式以及整合型研究范式。环境社会学的生态文明研究范式通过对研究范式的探索，将环境变量直接引入社会学的分析框架中，揭示了生态环境保护是一个复杂的系统的社会工程，社会与生态系统的不同的变量相互作用会带来完全不同的后果，要根据生态与社会系统之间相对独立又相互联系的关系处理系统自身复杂性带来的问题，为寻求生态危机的解决提供有效的理论和实践路径。当前该领域研究呈现出一种多层次的、多空间的以及多方法论的发展趋势，将社会、政治、经济、空间、环境与生态多系统编织在一起，覆盖了不同的环境议题，囊括了更广泛的社会群体，进而提供更丰富的研究视角、思路及方法来思考及解决当前复杂的生态环境问题。

三、生态文明研究内容的发展

1. 对生态文明本质与内涵的研究

1985 年，张擅对苏联环境学家利皮茨基一篇关于环境文化的文章进行翻译，并在翻译过程中直接将生态文化译为生态文明，至此国内首次出现了"生态文明"术语（张擅，1985）。1986 年，在全国第二次生态经济学科研讨会上刘思华教授提出了物质文明、精神文明、生态文明三大社会主义文明协调发展的观点。1988 年，生态农业科学家叶谦吉教授在著作《生态农业——农业的未来》中对于生态文明提出了明确的表述，认为生态文明就是人类既获利于自然，又还利于自然，在改造自然的同时又保护自然，人与自然之间保持着和谐统一的关系。

从现有的文献来看，学者从不同维度对生态文明的科学内涵进行了揭示，为生态文明问题的研究提供了认识基础。一是从人类文明发展史出发，认为生态文明是与原始文明、农业文明和工业文明前后相继的新的社会文明形态。生态文明是物质文化的进步状态，更是对现代工业文明的反驳和超越，是人类为实现可持续发展的必经阶段（申曙光，1994；李祖扬和邢子政，1999；李校利，2008；徐春，2010），其一般性标志是"理性、绿色、平衡、和谐"。二是从横向的当代社会文明系统出发，认为生态文明是一种社会形态内部某个重要领域的文明，是人类在处理与自然关系时所达到的文明程度，在体系上与物质文明、精神文明和政治文明相对应（谢光前和王杏玲，1994；蔡守秋，2008；曹孟勤，2008）。三是从人与自然的关系出发，认为生态文明是人与自然、人与社会以及自然内部多系统关系的协调，这种分歧事实上内含了对人与自然、人类社会与生态系统的关系的价值判断（沈孝辉，1993；高长江，2000；姬振海，2007）。

可见，基于不同的维度与视角，人们对生态文明的科学内涵有着诸多不同见解。但核心思想离不开人类在改造利用自然的同时，要积极改善和优化人与自然的关系，建立良好的生态环境。因此，生态文明作为一种新的社会形态，主要包括人与自然和谐相处的理念、可持续发展的经济模式、维护生态系统稳定的消费方式以及公正合理的生态制度。

2. 生态文明评价的研究

生态文明是一个在发展过程中不断演化的复杂综合性系统。通过对生态文明发展水平的科学评价，从而量化分析区域生态文明建设的成果，客观评价人与自然和谐程度和文明层次，能够揭示生态文明建设过程中的问题，为生态文明建设水平的提高、体制完善、政策措施的制定提供科学依据。而要对生态文明进行客观科学的评估，必然要明确界定评估范围与对象，基于特定的评价目的，建立一套可定量分析的科学的指标体系，并运用合适的评价方法和检验的过程，获得科学的生态文明评价结果。

生态文明评价范围从空间尺度来看，基本涵盖了国家、地区、城市、县域等多层级尺度的评价，而从评价对象来看，涉及各级行政区、生态功能区、各行业与企业、城市与农村以及水域、草原等对象，涵盖从宏观、中观到微观的各层面主体。但总体来看，针对国家与地区空间尺度，以及宏观、中观层面主体的生态文明评价的研究较深入，而针对微观层面的生态文明的评价研究较薄弱。

在构建科学的生态文明评价指标体系方面，生态文明评价采取的方法通常有指标法和指数法（严也舟和成金华，2013）。由于指数法是由一个或多个指数形成生态文明综合指数，在转换的过程中误差较大，大多数学者在研究中采用指标法。生态文明评价指标一般包括生态环境、经济质量、社会发展以及制度文化等方面，并进一步细化到二级或者三级指标。但是在指标选取上，由于研究者关注点不同，不同学者构建的指标体系或多或少具有一定的偏向性，或主要关注环境问题，或更多关注生态保护，或强调生态效益。国外学者的指标选择涵盖范围广，涉及自然环境、经济、社会以及人的主观感受等方面，而中国则较为偏重于经济、发展指标，反映出我国经济发展在生态文明建设中的重要地位。同时国家部门实践评估指标与学术理论研究指标存在一些差异，在此基础上对生态文明建设效果的测评结果也具有一定的差异。在具体评价方法运用上，则多以层次分析法、熵值法、综合权重赋值法等为主。

总的来看，对生态文明的评价一般均侧重于测度生态文明发展水平与生态文明各要素间的协调程度，并基于此探讨生态文明建设水平和协调发展的演化规律。但已有的评价指标体系主观性较大，急需构建与生态文明演化规律和内在机理相契合的指标体系。

3. 生态文明建设的研究

学界关于生态文明建设的研究主要侧重在区域生态文明建设、农村生态文明建设、生态文明制度建设等方面。

在区域生态文明建设研究中，基于各区域的生态环境、经济水平与社会发展的差别，很多研究者都从区域特性和差异着手，探讨区域生态文明建设现状、模式和前景，设计生态文明建设方案，保持生态环境可持续发展，或是总结生态示范区的先进经验，对区域生态文明建设进行探索和分析（苏庆华，2012；李燕和高胜楠，2014；徐雪竹和王云，2018；杨红娟和张成浩，

2019）。上述研究能够由此及彼、小中见大，为我国区域或全国范围内的生态文明建设提供借鉴。

关于农村生态文明建设的研究是后于城市生态文明建设研究兴起的。长远来看，由于农业与自然资源联系较为紧密，农村生态文明是生态文明体系建设的基础，只有搞好了农村生态文明，才能实现真正的生态文明（李红梅，2011）。研究者从生态环境、绿色发展、生态治理、文化建设、法律保障、技术支持等多角度对农村生态文明建设方面进行探索（赵明霞，2015；于法稳和杨果，2017；韩芳，2017；莫喻筒和陈志杰，2018；张娟和郑春华，2019）。

关于生态文明制度建设的研究出现得较晚。2012 年，"加强生态文明制度建设"在党的十八大报告中首次提及，并带来了相关研究的深入，其研究内容主要包括：生态文明制度的内涵研究（张艳新和袁会敏，2013；夏光，2012；沈满洪，2012）；生态文明制度的理论基础研究（孙洪坤和韩露，2013）；生态文明制度体系构建的研究（黄可佳，2016；龚志宏，2017；赵成和于萍，2016；顾钰民，2013）；生态文明制度体系建设的路径研究（李仙娥和郝奇华，2015；吴慧玲，2016）。总的来看，当前学者对于生态文明制度建设的研究取得了丰硕成果，对生态文明制度的内涵有了相对清晰的表述，梳理了对中国生态文明制度的发展脉络，对生态文明制度体系的构建进行积极探索。但是，该领域的研究还是较为零散，缺乏系统性，对制度的落实还缺乏可操作性。

四、生态文明研究范畴的延伸

随着生态文明思想的扩散与研究的深入，生态文明研究涉及的范围越来越广泛，涵盖社会、自然、技术等诸多领域，本节对相关研究涉及的领域进行初步的梳理。

关于生态文明与政治领域，学者们分析了生态文明与政治文明协调发展的理论基础，指出了生态问题与国家政治安全的关系，探索了生态文明理念融入政治建设的路径，并对西方生态危机与政治的关系进行了分析（秦书生和晋晓晓，2016；秦书生和吕锦芳，2016，李学林，2015；冉冉，2014；李晓刚，2013；方世南，2012；黄爱宝，2016；张连国，2005）。

关于生态文明与科技创新领域，学者们主要从两个角度对二者的关系展开了研究，一是研究科技创新与发展对生态文明的作用。这些研究观点大致可归结为三类：科技进步是生态环境的威胁；科技的发展可以解决生态环境问题；科技应用带来生态环境问题并提倡合理利用科技。当前研究主要集中在科技的发展如何解决生态环境问题上，并提出了相关的策略（王建东，2021）。二是研究生态文明对科技创新与发展的影响，主要从生态文明对科技创新的目标、路径、战略以及价值观念的影响入手研究（夏雨清和邵献平，2020）。

关于生态文明与教育领域，学者们对生态环境教育研究做了很多工作，主要从生态环境教育的基本概念、教育目标、具体内容、模式与方法几个方面展开，特别是对大学生生态文明教育的研究更是蓬勃发展，提出了包括建立健全生态文明教育的管理体制，加强生态教育理论的学习（李张容，2013；姜树萍等，2011；吴青林和董杜斌，2013），注意理论与实践的结合，多鼓励民众参加环境保护活动，帮助人们树立新的生态伦理观，正确认识人与自然，人与人之间的关系，将生态文明理念内化为个人的道德认知，从而形成良好的生态文明品质（商庆义和严从根，2019）等诸多策略。

关于生态文明与法治领域，学者们主要关注以下几个方面：一是对生态文明权的阐释。将生态文明权可以分为优良生态环境享有权、生态环境拒绝权、生态环境知情权、生态环境参与权（陈泉生，2001；徐祥民，2003），从法治的角度阐释生态文明权是应受宪法保障的基本人权。二是论述生态文明法治的思想，分析建设生态文明与依法治国的内在一致性，建立生态文明法治理论（吕忠梅，2021）。三是从构建完善的生态文明法律体系的角度，提高环境立法质量，明晰人与自然之间的权利义务，进而推动和谐社会的构建，实现人与自然和谐共生。四是展开对完善生态文明执法、司法机制，提高生态文明执法司法保障体系的研究（李晓瑜，2021）。

第二节　生态文明研究热点与特点

一、生态文明的研究热点

生态文明是人类文明发展的一个新的阶段，即工业文明之后的世界伦理社会化的文明形态；生态文明是人类遵循人、自然、社会和谐发展这一客观规律而取得的物质与精神成果的总和；生态文明是以人与自然、人与人、人与社会和谐共生、良性循环、全面发展、持续繁荣为基本宗旨的文化伦理形态。自我国提出建设生态文明以来，相关研究十分活跃，成果大量涌现，继党的十八大将生态文明建设纳入中国特色社会主义事业"五位一体"总体布局后，党的十九大进一步加快了生态文明建设的战略部署，生态文明再次成为学术界及社会各方关注的热点。以下将从生态文明思想的起源、生态文明的主要影响因素、生态文明的制度和评价体系、生态文明的细分内容几个维度，总结归纳生态文明的研究热点。

1. 从生态文明思想的起源研究热点

（1）人与自然的和谐共生关系。人与自然的和谐共生是生态文明的内核所在。习近平总书记在党的十九大报告中强调："坚持人与自然和谐共生。建设生态文明是中华民族永续发展的千年大计"。在人类文明演进历程中，随着改造自然的手段不断提升，人类对自然的征服一路高歌猛进，也付出了沉重的代价。当前，人类社会普遍认为：人因自然而生，人与自然是不可分割的生命共同体。人类尊重自然、顺应自然、保护自然、坚持人与自然和谐共生这一客观规律谁也无法抗拒。应当看到，生态环境是人类生存最为基础的条件，是我国持续发展最为重要的基础，坚持人与自然和谐共生是生态文明建设的核心。一方面，在思想理念上，要像对待生命一样对待生态环境，牢固保护生态环境就是保护生产力，改善生态环境就是发展生产力的新发展思想，统筹山水林田湖草系统治理。破解生态与发展的协调困境，追求人与自然的和谐、经济与社会的和谐。另一方面，在实践上，要坚定不移地推动形成绿色发展方式和生活方式，坚持节约资源和保护环境的基本国策，实行最严格的生态环境保护制度，以新发展理念为指导，创新生产方式，改变生活方式，坚定走生产发展、生活富裕、生态良好的文明发展道路。

（2）习近平生态文明思想。习近平生态文明思想是习近平新时代中国特色社会主义思想的重要组成部分，是由习近平同志主要创立的关于生态文明建设的全部观点、科学论断、理论体系和话语体系。党的十八大以来，以习近平同志为核心的党中央围绕生态文明建设提出了一系列重大理念，比如"坚持人与自然和谐共生""绿水青山就是金山银山"等。近年来，学界从习近平生态文明思想的产生背景与理论渊源、理论特色、重要意义等方面展开了多维度的研究（刘於清，2016）。首先，习近平生态文明思想的产生尤其特殊的国际国内背景——绿色发展浪潮和环境问题的日益紧迫。而从理论渊源看，习近平生态文明思想是在中国传统文化基础上，对马克思、恩格斯生态文明思想基础上的继承与发展，并且与毛泽东和邓小平理论、"三个代表"重要思想、科学发展观一脉相承。其次，习近平生态文明思想具有显著的现实针对性、浓厚民族性和鲜明民生性。最后，习近平生态文明思想对于中国特色社会主义生态文明制度体系建设具有重要的理论和现实意义。"环境生产力""人类命运共同体"等在更深层次推动着马克思主义中国化和中国梦的实现。

2. 从生态文明的主要影响因素研究热点

（1）生态文明与绿色低碳发展。生态与发展的关系贯穿人类社会文明进步的整个历程，也是恒久课题。特别是进入工业文明以来，生态环境问题日益突出，社会矛盾不断加剧，如何寻求环境资源的永续利用，实现经济、社会与环境的良性健康发展已成为世界性的重大问题。在某种意义上，如何处理环境与发展的关系决定着人类文明的未来走向。生态文明建设与绿色低碳发展相互促进、共同发展。绿色低碳发展是生态文明建设的内在要求，绿色是"底色"，低碳是"路径"。一方面，生态文明建设是绿色低碳发展的价值导向。在一定程度上，生态文明建设与绿色低碳发展的实质相同，都是要建立人与自然和谐相处的关系，建设美丽中国。绿色低碳发展是生态文明建设的具体发展方式。事实上，绿色发展所要求的在发展中节约资源、保护环境、实现可持续等观念恰恰与生态文明建设的内在要求相契合。生态文明建设的理念是我党在实现两个一百年的奋斗目标与中华民族伟大复兴之梦的关键时期提出的，而绿色低碳发展深化并发扬了中国特色生态文明理论。另一方面，绿色低碳发展是建设生态文明的必然选择和重要手段。例如，建设生态文明的社会就必须实现自然环境与社会经济的协调发展，这同时也是绿色经济发展的核心要义。同时，绿色低碳发展的运行和实现机制、绿色科技创新等都极大促进了人类生产和生活方式的转型，使人们的行为更加契合生态文明社会的要求。

（2）生态文明与产业结构。经济的发展离不开产业结构的变迁，产业结构的变迁必然会引发资源消耗和环境变动，产业结构升级可以把要素资源从污染产业转移出来，实现向知识技术密集型工业和服务业的转型，淘汰高污染高能耗的落后产能（景守武和张捷，2018），改善地区产业结构，从源头上减少污染物的排放（Zhou et al.，2019），提升生态效率，推动绿色发展。因此，作为生态文明建设的重要路径，学术界对于产业结构与生态文明的耦合关系、产业生态文明的评价做了诸多探索，主要涉及制造、旅游、能源等诸多领域。总体认为，产业结构优化升级的节能效应和环境效应能够促进生态文明建设，产业结构的合理化、高端化、智能化、绿色化是生态文明产业结构调整的重要方向，但与此同时也不能忽视能源结构、技术进步等因素的交互影响效应。

（3）生态文明与新型城镇化。新型城镇化是生态文明建设的重要载体，生态文明建设是新型城镇化的发展的驱动力（杨继学和杨磊，2011；包双叶，2014；庞晓媚和于立，2016）。面对日益恶化的生态环境，必须以推进新型城镇化发展为目标，大力发展城镇化建设绿色化，促进新型城镇化与生态文明建设平衡发展、协调发展。王俊霞和王晓峰（2011）在解释新型城镇化与生态文明建设协调发展内在含义的基础上，构建两者协调发展评价指标体系，分析了生态文明建设和西安市各区（县）城镇化的协调发展水平；陈炳等（2019）以长江经济带地级市为研究对象，构建生态文明建设与城市化耦合的评价指标体系，分析了长江经济带生态文明建设和新型城镇化的耦合协调发展关系及其动力因素；邓宏兵等（2019）基于生态文明建设和新型城镇化的耦合协调发展机理，分别构建了生态文明建设和新型城镇化评价指标体系，研究分析了近年来样本城市生态文明建设与城镇化的耦合协调度及演变过程。

（4）生态文明与绿色消费。生态文明是人类遵循人、自然、社会和谐发展这一客观规律而取得的物质与精神成果的总和，其在消费领域的体现即以节俭和适度为原则的绿色消费伦理观（何为芳，2011；郭守亭和俞彤晖，2014）。促成消费模式转型，建立绿色消费制度，是建设生态文明的核心任务之一，是实现生态文明的必然选择，要求鼓励适度消费，实现以最少的资源消耗获得最大满足（卢风，2008；廖福霖，2009；秦书生等，2013；包庆德，2011）。我国消费风尚逐渐由满足基本生活需要转变为注重社会生产力的协调发展，再发展到如今适应生态文明建设的要求（盛美真，2018）。但绿色消费的普及面临着困境：李慧明等（2008）总结了影响绿色消费观念形成的主要因素，认为主流公共政策与绿色消费的背道而驰是影响国家消费战略向绿色消费模式转变的主要原因，而环境态度、个人价值观、认知差异、习惯因素等会对个人的绿色消费态度和行为产生影响。此外，消费者购买力、绿色市场完善度、企业开发力度、制度支持以及媒体引导是影响绿色消费推行的主要原因，从这些方面入手，引导社会形成绿色消费文化，有助于奠定绿色消费的基础，实现生态文明建设（陈凤芝，2011；秦书生等，2013；文魁和刘慧，2013；高媛媛，2015）。

3. 从生态文明制度体系和评价体系方面研究热点

（1）生态文明制度体系。生态文明制度是指在全社会制定或形成的一切有利于支持、推动和保障生态文明建设的各种引导性、规范性和约束性规定和准则的总和，其表现形式为正式制度和非正式制度（夏光，2012；黄勤等，2015）。生态文明制度体系在生态文明建设中有着根本性、全局性、稳定性和长期性的意义，是打赢污染防治攻坚战的制度保障，也是彰显中国特色社会主义制度优越性的重要方面。我们必须从政治高度看待生态文明制度体系建设的极端重要性，把它作为事关党和国家兴旺发达、人民安居乐业的重大民心工程、民生工程，切实抓紧抓好。推进新时代生态文明制度体系建设，要求我们必须准确把握我国生态文明建设所处的历史方位、社会主要矛盾发生的重大变化，科学分析我国生态文明制度体系建设的客观形势和主要任务。

（2）生态文明评价体系。科学的生态文明评价体系是保证生态文明建设顺利推进的基础。20世纪90年代开始，原国家环保总局相继开展了生态示范区、生态省、生态县等一系列生态创建工作。与此相适应，国内一些专家学者开始研究和建立相关的指标评价体系。党的十七大明确提出建设生态文明，其后国内逐渐出现生态文明建设实践及其指标体系的研究高潮（易杏花等，2013）。关于生态文明建设的评价指标体系的构建，学者们在研究过程中会根据他们各自不同的研究目的，选取不同的测量指标及其替代变量。例如，高珊和黄贤金（2010）从增长方式、产业结构、消费模式和生态治理四个层面构建生态文明评价指标体系，并以此评估江苏省生态文明建设绩效；成金华等（2013）选取资源能源节约利用、生态环境保护、经济社会协调发展和绿色制度四个维度构建生态文明指标体系测度全国和各地区的生态文明发展水平；罗辉等（2014）从经济发展、社会进步、资源节约、污染控制、生态环境和生态文化六个方面选择指标对昆明市生态文明建设水平进行测度；汪秀琼等（2015）则从经济、社会、环境、文化和制度五个维度构建指标体系，对广东省21市的生态文明发展状况进行评价和分析；亦有部分学者以2016年国家发展改革委等四部门发布的《绿色发展指标体系》和《生态文明建设考核目标体系》为依据，构建生态文明建设评价考核指标（周宏春等，2019；李庆，2019）。就评价方法看，关于生态文明指标体系的构建大多基于指标法，且多将研究重点放在指标体系的构建、权重确定以及综合评价值计算三个方面。对于指标体系的构建和权重确定，学者们多采用专家赋值法、层次分析法、因子分析法、灰色关联度、熵值法、聚类分析。也有学者使用数据包络分析法、包含非期望产出的SBM模型、TOPSIS等方法将生态文明建设指标合成综合评价值，以此来衡量各区域生态文明水平。

4. 从生态文明建设内容细分领域研究热点

（1）水生态文明。水生态文明是生态文明整个体系中最重要的部分。水生态文明的建设程度对整个生态文明建设的影响极其重大，其发展程度对生态文明建设的进程有着非常重要的影响。自 2013 年水利部发布《关于加快推进水生态文明建设工作的意见》以来，水生态文明评价日益得到学者们的重视。丁惠君等（2014）从水安全、水环境、水生态、水管理、水景观和水文化六大要素建设水生态文明评价指标体系，实证分析了江西省莲花县的水生态文明建设水平；王富强等（2015）则以郑州市为研究对象，构建了包括最严格水资源管理、水资源优化配置、防洪排涝体系、节水型社会建设、水生态保护与修复、水文化建设六个方面的水生态可持续发展评价指标体系，定量描述了郑州市水生态文明城市建设现状；在整合水生态文明建设的社会属性和自然属性的基础上，刘芳和苗旺（2016）以山东省淮河流域为例，从安全、生态、环境、利用、管理、文化六个层面构建水生态文明建设系统要素体系，分析其对经济发展的影响及提升路径；白永亮等（2019）从公众参与的视角研究了影响水生态文明建设效率的关键性因素，以湖北省 5 个国家级水生态文明城市的 1379 份调研问卷为研究样本，基于公众个体行为视角，通过构建结构方程模型，从环境、制度、认知三个层面划分了居民水生态文明建设参与意愿的影响因素，研究认为就目前公众参与意愿而言，水生态环境状况和政府对水生态文明建设的制度建设远不及公众对水生态文明建设的认知重要。

（2）生态创新。"生态创新"的概念十分宽泛，至今未有一个确切的定义。在创新领域与之类似的术语还包括绿色创新、环境创新和可持续创新等，其中前三者基本上是同义使用，而可持续创新的概念则扩大了范围，包含了社会层面的含义（Schiederig et al.，2012）。OECD 将生态创新定义为产品、服务、生产工艺、组织结构、管理方式或经营方式采用的生产、应用或开发行为，不仅对企业或用户来说是新的，而且与其他方式相比，可以有效地降低整个生命周期中环境风险、污染和资源利用的负面效应（Kemp and Pearson，2007）。从创新动机看，学界对于是否应该将"无心插柳"的创新行为计入生态创新的范畴具有争议，部分学者认为凡是带来环境改善的创新都是生态创新，不管该创新是否具有明确的环境动机（Kammerer，2009；Machiba，2010）。部分学者则认为只有具有明确环境动机的创新行为才能被称作生态创新行为，且应重点关注这部分有意识的生态创新（Yang et al.，2012）。

影响生态创新的因素可以分为外部和内部因素，其中外部市场需求的拉力和内部技术变革的推力可能是最重要的驱动因素（戴鸿轶和柳卸林，2009）。此外，推动企业生态创新的外部因素还包括政府监管（Horbach et al.，2012）、同行竞争（Zeng et al.，2011）、外部资源（Scarpellini et al.，2018）以及利益相关者（Murillo-Luna et al.，2008）等。政府监管对企业技术变革的影响又取决于所使用的手段类型（命令和控制与市场手段）以及实施这些手段的背景（Oltra and Jean，2009），经济手段（税收和交易许可证）往往比监管更具成本效益，并为企业采用新技术提供了持续的激励（Jaffe et al.，1995）。同行竞争对企业生态创新的影响效果具体而言是不确定的，一方面，大型垄断企业能从创新中收获更多的边际效益（Smolny，2003）；另一方面，具有更多竞争者时往往促使企业进行更多创新以提高竞争力。从资源视角来看，企业外部资源的丰富度是其进行生态创新的物质基础（Zhang and Walton，2017）；从利益相关者理论来看，来自股东、消费者、供应商等的压力促使企业进行生态创新（Bansal and Clelland，2004）。当企业具有相似的外部环境时，其生态创新水平更多取决于内部因素，主要包括企业内部的技术创新资源与能力（Demirel and Kesidou，2011；Horbach et al.，2012）、企业战略导向（Uhlaner et al.，2012；Marchi，2012）、高管的环保意识（彭雪蓉和魏江，2015）以及企业规模与绩效（Baylis et al.，1998）等。

从已有研究来看，对生态创新效率的测度所采用的方法中，数据包络分析法（DEA）（任耀等，2014；罗良文和梁圣蓉，2016）占比较重，其他还包括随机前沿法（SFA）（李勃昕等，2013）、主成分分析法（罗良文和梁圣蓉，2016）、层次分析法（Jo et al.，2015）、灰色关联度分析（隋俊等，2015）、生态足迹分析（王志平等，2014）、熵权法（Xu and Sun，2018）等。对生态创新效率的分析往往与企业绩效挂钩，以探求生态创新效率能给企业带来怎样的影响（Cruz–Cázares et al.，2013）。在研究初期，学者将生态创新视为企业进行的投资，认为企业加大生态创新投入会对生产投入产生挤出作用，降低企业效益（Chen，2008）。此后，新的研究证据表明，生态创新投入对企业绩效具有促进作用（Lee and Min，2015；Hojnik and Ruzzier，2016），生态创新行为可以通过提升企业的环境绩效对其经济绩效产生间接的正向影响（Cai and Li，2018）。当然，相反的观点也在研究中得到证实（Marin，2014）。随着研究的深入，该领域的争议一直存在。

实现生态创新可以从个人、企业和政府层面入手。在个人层面，需要提高企业高管的环保意识及社会责任感；在企业层面，需要引导企业树立生态创新的战略动机，提高内部技术变革能力和外部资源获取能力，形成生态创新的企业文化；在政府层面，需要创造有利于生态创新发展的政策环境，主要包括完善环境保护法律和环境规制的相关措施，灵活运用财税政策鼓励生态创新的良性发展，对企业生态创新形成完备的奖惩激励机制等。

（3）生态效率。生态效率这一概念由Schaltegger和Sturm（1990）首次提出，指的是一定时期内产生的经济价值与资源环境消耗的实物量的比值。1992年，世界可持续发展商业委员会将其定义为："通过提供能满足人类需求并提高生活质量的竞争性产品与服务，使整个生命周期的生态影响和资源强度逐渐降低到一个可接受的水平并实现地球的可持续发展。"

生态效率的测算是此领域研究的热点之一。现有文献主要采用数据包络分析法，并对传统方法进行了改进，如将环境污染作为投入项引入DEA方法中计算生态效率；采用改进的Bootstrap–DEA方法纠正估计效率的偏差；采用超效率DEA模型解决决策单元生态效率按效率排序的问题（李胜兰等，2014；Sun et al.，2020；Wang et al.，2018）等。还有部分学者采用建立综合指标体系的方法，例如，Wang等（2020）采用熵权TOPSIS法对生态效率进行监测评价，划分了生产过程、经济投入和环境质量三个指标层。

就生态效率的影响因素而言，中国的生态效率具有显著的空间相关性和集聚性，呈现由东部向中西部地区递减，并逐渐收敛的趋势（李胜兰等，2014；Wang et al.，2018）。生态效率的高低主要受区域发展要素、政府政策等因素的影响。其中区域发展要素主要包括经济发展水平、产业结构、城镇化水平等。具体而言，经济快速增长会对维持生态效率产生一定的压力；产业结构合理化和高度化对生态效率存在显著的正面效应；城镇化水平与生态效率呈现非对称"U"形关系（Wang et al.，2020；韩永辉等，2016；罗能生等，2013）。政府政策则包括环境规制、政府环境审计等。其中，环境规制对区域生态效率具有一定的制约作用，政府环境审计则可以显著提高静态和动态生态效率等（李胜兰等，2014；Jiang et al.，2020）。

（4）生态扶贫。生态扶贫作为生态和扶贫的有机结合，其相关研究受到越来越多学者的关注。1988年，国务院批准毕节市设立"开发扶贫、生态建设"试验区，探索运用生态手段帮助贫困地区减贫（孔凡斌等，2019）。《国家八七扶贫攻坚计划（1994—2000年）》提到贫困地区的减贫要注意改善生态环境。在党的十八届五中全会上，生态扶贫思想被提出，并将其作为精准扶贫的重要方式之一（王旌，2016）。生态扶贫经历了从贫困地区的地方探索到中央认可，再到全国推广的实践历程（万健琳和杜其君，2020）。在此期间，国内学者从内涵、机制、模式、地区案例分析等不同维度展开生态扶贫研究，产生了丰硕的成果。

就生态扶贫的内涵看，基于可持续发展视角，生态扶贫是从改变贫困地区生态环境入手，加强基础设施建设，从而改变贫困地区的生产生活环境，使贫困地区实现可持续发展的一种新的扶贫方式（李广义，2012）。基于系统要素转换的视角，生态扶贫实际是通过构建有效转换机制将自然资源资产变为资本，再将资本变为财富，最终实现扶贫目的（雷明等，2020）。

就生态扶贫的机制来看，生态扶贫工程的实施能够产生减贫和脱贫效果的主要机制在于贫困人口通过参与生态保护修复工程建设和发展生态产业，以及享受生态移民和生态补偿政策使得生产生活条件明显改善（沈茂英和杨萍，2016），为此，需要强化耦合的制度设计，持续探索生态产业、移民等扶贫长效和利益机制（雷明等，2017；冷志明等，2018）。就生态扶贫的模式来看，一方面，生态扶贫可以划分为原地和易地生态扶贫两种模式（张燕等，2017）。其中，原地生态扶贫指的是特色生态产业扶贫、乡村生态旅游扶贫和生态建设扶贫模式。易地生态扶贫内容较多，可分为山上搬山下、依托退耕还林、土地和房屋置换等模式。另一方面，生态扶贫模式可以划分为生态建设扶贫（史玉成，2018；王萍，2019）、生态补偿扶贫（欧阳祎兰，2019；雷明等，2020）、生态产业扶贫（孔凡斌等，2019）和生态移民扶贫（甘庭宇，2018）等模式。总体来说，多种模式相结合有利于提高脱贫成效，建立兼顾经济、生态和社会三方效益的综合反贫困治理机制，可有效缓解可持续性不足以及产业投入大、周期长等弊端。

在具体实践层面，对于生态脆弱区和连片贫困区，推进生态扶贫的重点在于优化区域生态文化、控制工业污染等生态发展环境，提高政策保障的精准性（李广义，2012）；优化生态补偿财政转移支付和财政后补助等财政支持政策，加大资金投入的精准性；优化严格的生态环境建设目标责任机制、生态环境监测机制等生态制度建设，增强机制应用的精准性；优化生态环境功能区划定位、生态示范区基础设施建设，增强条件保障的精准性（甘庭宇，2018）；优化"生态＋"和"互联网＋"的绿色品牌战略，提升产业发展的精准性（张毓卿和周才云，2016）。

二、生态文明研究的特点

总体而言，近年来关于生态文明的研究已经取得了较为丰硕的成果，并有力支撑了我国生态文明建设实践。生态文明领域的相关研究主要呈现出研究视角更加丰富、研究内容更加细化、研究方法更加多元等特点，具体而言：

第一，研究视角更加丰富。生态文明内涵丰富，涉及内容宽泛，不同学者从不同的视角出发进行了探索性研究。例如，从哲学角度剖析解读生态文明的内涵、外延、特征和时代意义；从影响因素的角度探索驱动或阻碍生态文明建设的关键因素——产业结构、新型城镇化、绿色消费等；从实现路径的角度探索从顶层设计、制度安排、政策保障等方面推进生态文明的实现等。

第二，研究内容更加细化。从最初主要关注于解读生态文明的内涵，评价生态文明的内涵，到逐渐深入挖掘生态文明相关的各个领域、环节、要素等。特别是在水生态文明、生态创新、生态扶贫、生态效率等方面取得了一系列研究成果。

第三，研究方法更加多元。一方面，学者们关于生态文明的研究既采用了文献集成、头脑风暴、问卷调查、实地调研、案例分析、历史比较分析等定性分析方法，也采用了包括随机前沿、数据包络分析、结构方程模型、计量经济学等定量分析方法。总体上，经济学、社会学、哲学等学科领域的学者运用本学科的常用研究方法在此领域进行了有效的深入挖掘。另一方面，为了得到更真实、更有效的研究证据，部分学者采用了环境科学与工程、大数据科学等跨学科的研究方法。

第三节　生态文明研究展望

一、服务共谋全球生态文明建设

生态文明建设在全球范围内逐渐达成共识，全球维度的生态文明建设是未来全球发展的根本需求和基本趋势，需要在全球维度推进生态文明建设，中国需要在未来全球生态文明建设中发挥重要作用，与世界各国共谋全球生态文明建设。

资本主义在全球范围内的扩张，在资本逻辑主导下资源消耗的生产性破坏与污染排放的消费性破坏使自然环境面临双重压力。经济发展与环境保护之间的矛盾越来越突出。随着中国生态文明建设由政治理念走向具体实践，生态文明建设的理念在实践探索过程中取得了瞩目的成就。特别是在 2020 年，由于气候变化而引发的全球多地自然灾害的发生，以及新冠肺炎疫情的蔓延，更是触发对人与自然关系的深刻反思。全球气候治理的未来更受关注。新冠肺炎疫情让人类更加认同人与自然是命运共同体。全球性危机亟须加强国际合作和集体行动。习近平主席发出重要倡议，呼吁秉持人类命运共同体理念，携手应对气候环境领域挑战，共同守护地球家园。

生态文明建设成为人类应对全球性危机的重要可选路径。中国宣布将进一步提高国家自主贡献力度，中国作为全球生态文明建设重要参与者、贡献者、引领者的地位和作用需要进一步彰显。中国方案、中国行动，为全球共谋生态文明建设、推进绿色复苏注入了新动力。

世界需要从不同维度推进全球生态环境治理，生态兴则文明兴。生态文明建设关乎人类未来，建设绿色家园是人类的共同梦想。人与自然和谐共处、保护与发展相得益彰，近年来中国生态文明实践得到越来越多的国际认可："三北"防护林工程被联合国环境规划署确立为全球沙漠"生态经济示范区"，塞罕坝林场建设者、浙江省"千村示范、万村整治"工程等先后荣获联合国环保最高荣誉"地球卫士奖"，"绿色发展""生态文明"等已被纳入联合国文件等。

中国引领全球减排行动的作用举足轻重。从不同维度推进生态文明建设，不断推进各项有效行动，在发展可再生和清洁能源、清退低效产能、政策引导新能源车普及、新增绿色建筑面积等方面都积极落实了各项减排责任，正在生态文明建设领域承担全球引领角色。中国坚持多边主义，共谋全球生态文明建设，深度参与全球环境治理，与世界各国共同开启绿色发展之路。中国与 100 多个国家开展生态环境国际合作与交流，与 60 多个国家、国际及地区组织签署约150 项生态环境保护合作文件，已签约或签署加入的与生态环境有关的国际公约、议定书等有 50 多项。其中，中国金融机构在卢森堡证券交易所发行绿色债券、中国让世界共享清洁能源的科技出海、国外科技人员来华学习荒漠化防治和生态修复技术等系列全球化的行动，证明了中国主动为全球环境治理搭建新平台、贡献新力量。

人与自然和谐、人类命运共同体等生态文明的理念需要得到世界的认同，这对共谋全球生态文明建设至关重要。因此，从生态文明研究的视角来看，需要在全球合作的框架下推进生态文明研究，未来既要注重中国传统文化对生态文明的解释，也要从生态现代化、全球生态环境治理变革、全球生态危机集体应对等方面进行深入的理论研究和实践探索，在讲好"中国故事"的同时也要引领全球生态文明建设。

二、继续完善生态文明理论体系

尽管生态文明研究已经取得了显著进展，但生态文明的理论溯源、科学内涵、国别差异、政策体系等有待于进一步深入研究，目前生态文明理论体系尚不完善，也尚未形成统一的生态文明评价方法，在指标选取具有较大主观性，生态文明评估结果的客观性和普遍性有待提高，且生态文明建设作为一个动态持续的过程，不仅需要对当前的发展水平做出准确评估，还要对发展态势、影响因素等进行动态评价。因此大力推进生态文明建设，亟须加强深化以下研究。

1. 丰富生态文明的科学内涵

生态文明的科学内涵是认识生态文明的基础，也是达成生态文明建设行动共识的前提。生态文明科学内涵的解释主要集中在中国传统的生态智慧对现代化建设的指导、生态主义与可持续发展理念的深化、马克思主义人与自然关系的生态思想的实践解释三个方面。生态文明建设在中国取得了举世瞩目的成就使生态文明的科学内涵在不断深化，生态文明与中国的传统发展智慧正在发生融合，成为中国发展智慧的延续，正在演变成为未来社会形态的国家构想和中国社会主导性政治理念。中国坚持"以人民为中心"的发展思想，推进生态文明建设过程中需要不断丰富生态文明的科学内涵。

具体而言，需要通过对各维度研究成果和分析方法的整合，形成统一系统的评价标准和理论体系，为大力推进生态文明建设提供科学系统的理论指导，将测度结果与实际应用相结合，加强对生态文明发展规律、生态文明建设驱动因素及机制等的深入挖掘和探析。对不同区域、不同行业生态文明建设的模式和机制分别进行分析，从而探索出不同区域、行业生态文明建设的共性与规律性、特殊性与异质性，进而提出针对性的对策措施。

2. 完善生态文明的理论体系

中共十九大报告对新时代中国特色社会主义进行了宏伟的理论建构。在生态文明建设领域，这一理论建构从"人与自然是生命共同体"的哲学理念出发，在考察生态发展历史性变革的基础上，明晰生态矛盾，把脉发展动力，并为此制定美丽中国的价值目标，阐明绿色发展的理念。然后勇于面对实践层面的一切自然界出现的困难和挑战，明晰人与自然和谐共生的治国方略，勾画出切实可行的战略蓝图，通过具体体制的改革促推生态文明建设。最后，把这一美丽图景拓展到国际层面。这一理论主要涉及生态文明建设的国情、动力、价值、理念、实践、方略、战略、制度、国际以及哲学十个层面。

随着生态文明建设实践的不断探索，生态文明理论体系需要进一步完善。理论体系的具体要件包括理论基础、逻辑体系、构建要素、主要内容等方面。在多年实践的基础上，结合新思想、新理论、新问题、新空间、新技术、新经验全面推进理论拓展和框架建构，系统地形成新时代中国特色社会主义生态文明建设的理论体系。其中，生态哲学论和生态国情论以其思想的高度和实践的深度为其奠定理论前提和现实基础，生态动力论、生态价值论、生态理念论为其深化理念层面的依据。生态斗争论、生态方略论、生态阶段论、生态制度论和美丽世界论为其拓展实践运作层面的论证。事实上，党的十九大之后这些层面的理论建设仍处于不断地丰富和完善之中，这必将加速新时代中国特色社会主义生态文明建设理论体系的形成，并指引新时代中国特色社会主义生态文明建设的伟大实践。

三、建立现代生态文明制度体系

党的十八届三中全会提出的全面深化改革总目标是完善和发展中国特色社会主义制度，推进国家治理体系和治理能力现代化。制度是关乎党和国家事业发展的根本性、全局性、稳定性和长期性问题，而国家治理体系和治理能力是一个国家制度和制度执行能力的集中体现。生态环境问题是人民群众关心的突出问题，建立生态文明制度体系是我党完善国家治理体系和治理能力的重要支撑点和可能突破点。构建现代环境治理体系是实现国家治理体系和治理能力现代化的重要内容。生态文明建设和生态环境保护领域长期滞后于经济社会发展，更需要制度改革完善和制度执行、制度效能的发挥。

2018 年 5 月 18 日，习近平总书记在全国生态环境保护大会上指出，"要加快构建以治理体系和治理能力现代化为保障的生态文明制度体系"。2019 年 10 月 31 日党的十九届四中全会通过的《中共中央关于坚持和完善中国特色社会主义制度推进国家治理体系和治理能力现代化若干重大问题的决定》（以下简称《决定》）明确提出，"生态文明建设是关系中华民族永续发展的千年大计。必须践行'绿水青山就是金山银山'的理念，坚持节约资源和保护环境的基本国策，坚持节约优先、保护优先、自然恢复为主的方针，坚定走生产发展、生活富裕、生态良好的文明发展道路，建设美丽中国"。这为"坚持和完善生态文明制度体系，促进人与自然和谐共生"做出了系统部署，为进一步推进生态环境治理体系和治理能力现代化提供了基本遵循。

生态环境治理体系是国家治理体系的重要组成部分。坚持和完善生态文明制度体系是一项复杂的社会系统工程，必须明确其总体要求，加强顶层设计。党的十八大以来，我国生态文明制度体系在规范化建设方面取得一定进展，但在实践层面上仍然存在制度合力尚未形成、内驱力不足、社会聚合力不足、执行力不够、公众参与效力未充分发挥等问题，需进一步全面深化细化生态文明制度体系改革、加强生态文明社会治理制度体系创新和完善生态文明国际合作制度体系。

四、服务"美丽中国"建设，凝练生态文明研究的实践

中共十八大报告首次把"美丽中国"作为新时代中国特色社会主义现代化强国建设的目标，也是成了未来生态文明建设的宏伟目标。生态文明建设摆在总体布局的高度表明我们党对中国特色社会主义总体布局认识的深化。中国的生态文明建设决心和成效也彰显出中华民族对子孙、对世界负责的精神。着力推进绿色发展、循环发展、低碳发展，从而实现美丽中国。

美丽中国最基础和最直观的是要有生态之美，解决新时代面临的生态环境问题是美丽中国建设的首要问题。美丽中国建设道路上的困难主要来自生态环境问题治理的复杂性，复杂的问题必然不能用单一的方式解决。因此，在这条道路上，我们需要在起始方向有力量来推动，在目的地方向有力量牵引，在前进的过程中有力量保障，由此形成一个由推动力、牵引力和保障力形成的合力。每一种力都有自己的内涵和形成方式，在三个力的相互作用中，合力系统才能发挥最大效能，引领美丽中国建设。因此，美丽中国的建设需求会促进生态文明理论的发展，也为生态文明建设提出了愿景目标。

五、生态文明融入现代教育

生态文明理念深入人心需要借助于国民教育体系，生态文明融入现代教育体系已经刻不容缓。生态文明融入现代教育体系也需要理论支撑和实践探索。需要从教育实践活动的主体、对象、内容和实施四个要素着手推进研究。生态文明融入现代教育体系的过程比较复杂，需要在研究过程中推进，在实践过程中摸索生态文明的教育规律，通过推进国民教育体系改革来推动生态文明教育的顺利进行。

为了引导全社会牢固树立生态文明价值理念，推动构建生态环境治理全民行动体系，2021年 2 月生态环境部、中央宣传部、中央文明办、教育部、共青团中央、全国妇联六部门发布

《"美丽中国，我是行动者"提升公民生态文明意识行动计划（2021—2025年）》。目前正在推进生态文明学校教育，将生态文明教育纳入国民教育体系，完善生态环境保护学科建设，加大生态环境保护高层次人才培养力度，积极推进生态文明教育法律规范建设。

加强生态文明社会教育也是生态文明教育的重要依托，加强生态环境法律宣传教育，推进生态文明教育进家庭、进社区、进工厂、进机关、进农村，提升各类人群的生态文明意识和环保科学素养。

生态文明教育载体是指能够承担起传输生态文明教育理念的特殊载体，能够将教育的主客体有机联系起来。新媒体语境下，社会思潮和价值理念变得更为多元化，对生态文明教育产生了一定冲击，因此，应该注重生态文明教育载体建设，以影视作品和视频等多种方式宣传生态文明教育思想，抢占新媒体领域的话语权。同时，生态文明教育载体需要与时俱进，主动延伸和创新，通过构建现代化的生态文明教育载体，更好地为生态文明教育提供助力。

参考文献

（一）中文文献

［1］白永亮，程奥星，成金华．水生态文明建设的公众参与意愿——5个国家级试点城市的1379份问卷调查［J］．资源科学，2019（8）：1427－1437．

［2］包庆德．消费模式转型：生态文明建设的重要路径［J］．中国社会科学院研究生院学报，2011（2）：28－33．

［3］包双叶．社会转型、时空压缩与生态文明建设［J］．华东师范大学学报（哲学社会科学版），2014，46（4）：63－68．

［4］蔡守秋．以生态文明观为指导，实现环境法律的生态化［J］．中州学刊，2008（2）：72－76．

［5］曹孟勤．生态文明的四个向度［J］．南京林业大学学报（人文社会科学版），2008（2）：8－10．

［6］陈炳，曾刚，曹贤忠，宓泽锋．长三角城市群生态文明建设与城市化耦合协调发展研究［J］．长江流域资源与环境，2019，28（3）：530－541．

［7］陈凤芝．关于生态文明视野下新型消费观若干问题研究［J］．学术论坛，2011，34（12）：136－141．

［8］陈泉生．生态文化价值取向的法律视角［J］．东南学术，2001（5）：28－37．

［9］成金华，陈军，李悦．中国生态文明发展水平测度与分析［J］．数量经济技术经济研究，2013，30（7）：36－50．

［10］戴鸿轶，柳卸林．对环境创新研究的一些评论［J］．科学学研究，2009，27（11）：1601－1610．

［11］邓宗兵，宗树伟，苏聪文，陈钲．长江经济带生态文明建设与新型城镇化耦合协调发展及动力因素研究［J］．经济地理，2019，39（10）：78－86．

［12］丁惠君，刘聚涛，袁桂香，张伟，冯倩．江西省莲花县水生态文明建设评价指标体系构建［J］．江西水利科技，2014，40（3）：165－170．

［13］方世南．践行马克思恩格斯生态文明理论是马克思主义中国化的重大课题［J］．中共杭州市委党校学报，2012（1）：70－74．

［14］甘庭宇．精准扶贫战略下的生态扶贫研究——以川西高原地区为例［J］．农村经济，2018（5）：40－45．

［15］高长江．生态文明：21世纪文明发展观的新维度［J］．长白学刊，2000（1）：7－9．

［16］高珊，黄贤金．基于绩效评价的区域生态文明指标体系构建——以江苏省为例［J］．经济地理，2010，30（5）：823－828．

［17］高媛媛．生态文明视域下的绿色消费观探析［J］．前沿，2015（7）：105－108．

［18］龚志宏．论生态文明制度建设的三维架构［J］．中国经贸导刊，2017（8）：39－40．

［19］顾钰民．论生态文明制度建设［J］．福建论坛（人文社会科学版），2013（6）：165－169．

［20］郭守亭，俞彤晖．生态文明视角下的消费文明刍议［J］．湖北社会科学，2014（7）：79－82．

［21］韩芳．农村生态文明建设亟需法律保障［J］．人民论坛，2017（36）．

［22］韩永辉，黄亮雄，王贤彬．产业结构优化升级改进生态效率了吗？［J］．数量经济技术经济研究，2016，33（4）：40－59．

［23］何为芳．生态生产与绿色消费：生态文明时代的经济伦理观［J］．伦理学研究，2011（4）：61－65．

［24］黄爱宝．政府生态责任终身追究制的释读与构建［J］．江苏行政学院学报，2016（1）：108－113．

［25］黄可佳．完善生态文明制度体系建设路径研究［J］．怀化学院学报，2016，35（2）：45－49．

［26］黄勤，曾元，江琴．中国推进生态文明建设的研究进展［J］．中国人口·资源与环境，2015，25（2）：111－120．

［27］姬振海．生态文明论［M］．北京：人民出版社，2007．

［28］姜树萍，赵宇燕，苗建峰，陈芊羽．高校生态文明教育路径探索［J］．教育与教学研究，2011，25（4）：71－74＋82．

［29］景守武，张捷．新安江流域横向生态补偿降低水污染强度了吗？［J］．中国人口·资源与环境，2018，28（10）：152－159．

［30］孔凡斌，许正松，陈胜东．建立中国生态扶贫共建共享机制：理论渊源与创新方向［J］．现代经济探讨，2019（4）：23－28．

［31］雷明，姚昕言，袁旋宇．地方生态扶贫内在循环机制的优化——基于贵州省扶贫实践的研究［J］．南京农业大学学报（社会科学版），2020，20（4）：152－162．

［32］雷明．绿色发展下生态扶贫［J］．中国农业大学学报（社会科学版），2017，34（5）：87－94．

［33］冷志明，丁建军，殷强．生态扶贫研究［J］．吉首大学学报（社会科学版），2018，39（4）：70－75．

［34］李勃昕，韩先锋，宋文飞．环境规制是否影响了中国工业 R&D 创新效率［J］．科学学研究，2013，31（7）：1032－1040．

［35］李广义．桂西石漠化地区生态扶贫的应对之策研究［J］．广西社会科学，2012（9）：19－22．

［36］李红梅．社会主义新农村生态文明建设研究［D］．武汉大学，2011．

［37］李慧明，刘倩，左晓利．困境与期待：基于生态文明的消费模式转型研究述评与思考［J］．中国人口·资源与环境，2008（4）：114－120．

［38］李庆．空间相关性对各省市生态文明建设的影响分析［J］．中国人口·资源与环境，2019，29（9）：91－98．

［39］李胜兰，初善冰，申晨．地方政府竞争、环境规制与区域生态效率［J］．世界经济，2014，37（4）：88－110．

［40］李仙娥，郝奇华．生态文明制度建设的路径依赖及其破解路径［J］．生态经济，2015，31（4）：166－169．

［41］李晓刚．生态文明　重在"融入"［J］．求是，2013（3）：60．

［42］李晓瑜．构建完善的生态文明法治保障体系［J］．中共郑州市委党校学报，2021（1）：64－68．

［43］李校利．生态文明理论定位与发展策略简述［J］．理论月刊，2008（6）：131－133．

［44］李学林．生态文明建设与国家政治安全［J］．西南民族大学学报（人文社科版），2015，36（12）：147－151．

［45］李燕，高胜楠．科学发展观视阈下的城市生态文明建设研究——以河南省南阳市为例［J］．马克思主义学刊，2014（4）：99－103．

［46］李张容．思想政治教育在人才价值实现中的作用［J］．中共太原市委党校学报，2013（1）：76－77．

［47］李祖扬，邢子政．从原始文明到生态文明——关于人与自然关系的回顾和反思［J］．南开学报，1999（3）：37－44．

［48］廖福霖．关于生态文明及其消费观的几个问题［J］．福建师范大学学报（哲学社会科学版），2009（1）：11－16＋27．

［49］刘芳，苗旺．水生态文明建设系统要素的体系模型构建研究［J］．中国人口·资源与环境，2016，26（5）：117－122．

［50］刘娜．生态文明研究综述［J］．企业技术开发，2014，33（33）：46－47＋56．

［51］刘於清．党的十八大以来习近平同志生态文明思想研究综述［J］．毛泽东思想研究，2016（5）：74－78．

[52] 卢风．生态文明与绿色消费 [J]．深圳大学学报（人文社会科学版），2008（5）：73－78．

[53] 吕忠梅．习近平法治思想的生态文明法治理论 [J]．中国法学，2021（1）：48－64．

[54] 罗辉，罗淳，黄晓园．生态文明建设评价方法研究——以昆明市为例 [J]．生态经济，2014，30（5）：68－72．

[55] 罗良文，梁圣蓉．中国区域工业企业绿色技术创新效率及因素分解 [J]．中国人口·资源与环境，2016，26（9）：149－157．

[56] 罗能生，李佳佳，罗富政．中国城镇化进程与区域生态效率关系的实证研究 [J]．中国人口·资源与环境，2013，23（11）：53－60．

[57] 莫喻筠，陈志杰．农村生态文明建设的重要性及建设路径 [J]．现代农业科技，2018（21）：294－295．

[58] 欧阳祎兰．探索生态扶贫的实现路径 [J]．人民论坛，2019（21）：70－71．

[59] 庞晓媚，于立．生态城市理念与实践核心争论点的研究综述 [J]．南方建筑，2016（5）：77－83．

[60] 彭雪蓉，魏江．利益相关者环保导向与企业生态创新——高管环保意识的调节作用 [J]．科学学研究，2015，33（7）：1109－1120．

[61] 秦书生，晋晓晓．生态文明理念融入政治建设的路径探析 [J]．环境保护，2016，44（1）：36－39．

[62] 秦书生，吕锦芳．生态文明理念融入政治建设之浅见 [J]．理论月刊，2016（2）：20－24．

[63] 秦书生，遆永娟，王宽．绿色消费与生态文明建设 [J]．学术交流，2013（5）：138－141．

[64] 秦书生，遆永娟，王宽．生态文明要求推动消费模式绿色化转向 [J]．环境保护，2013，41（7）：44－46．

[65] 冉冉．环境议题的政治建构与中国环境政治中的集权——分权悖论 [J]．马克思主义与现实，2014（4）：161－167．

[66] 任耀，牛冲槐，牛彤，姚西龙．绿色创新效率的理论模型与实证研究 [J]．管理世界，2014（7）：176－177．

[67] 商庆义，严从根．生态文明建设：教育的探索——中国教育学会中青年教育理论工作者分会第27届学术年会综述 [J]．基础教育，2019，16（2）：108－112．

[68] 申曙光．生态文明及其理论与现实基础 [J]．北京大学学报（哲学社会科学版），1994（3）：31－37＋127．

[69] 沈满洪．生态文明制度的构建和优化选择 [J]．环境经济，2012（12）：18－22．

[70] 沈茂英，杨萍．生态扶贫内涵及其运行模式研究 [J]．农村经济，2016（7）：3－8．

[71] 沈孝辉．走向生态文明 [J]．太阳能，1993（2）：2－4．

[72] 盛美真．形成合理消费风尚：我国生态文明建设的重要途径 [J]．思想战线，2018，44（4）：165－172．

[73] 史玉成．生态扶贫：精准扶贫与生态保护的结合路径 [J]．甘肃社会科学，2018（6）：169－176．

[74] 苏庆华．生态文明与社会主义 [J]．思想战线，2012，38（1）：145－146．

[75] 隋俊，毕克新，杨朝均，刘刚．制造业绿色创新系统创新绩效影响因素——基于跨国公司技术转移视角的研究 [J]．科学学研究，2015，33（3）：440－448．

[76] 孙波，裴根，王子坤．生态社会主义的可持续发展观及其启示 [J]．改革与战略，2005（10）：118－119．

[77] 孙洪坤，韩露．生态文明建设的制度体系 [J]．环境保护与循环经济，2013，33（1）：12－15．

[78] 万健琳，杜其君．生态扶贫的实践逻辑——经济、生态和民生的三维耦合 [J]．理论视野，2020（5）：62－67．

[79] 汪秀琼，彭韵妍，吴小节，李双玫．中国生态文明建设水平综合评价与空间分异 [J]．华东经济管理，2015，29（4）：52－56＋146．

[80] 王富强，王雷，魏怀斌，赵乃立．郑州市水生态文明城市建设现状评价 [J]．南水北调与水利科技，2015，13（4）：639－642．

[81] 王建东．习近平关于科技推进生态文明建设重要论述的理论内蕴与时代价值 [J]．福建师范大学学报（哲学社会科学版），2021（1）：55－62＋170．

[82] 王俊霞，王晓峰．基于生态城市的城市化与生态文明建设协调发展评价研究——以西安市为例 [J]．

资源开发与市场，2011，27（8）：709 – 712.

[83] 王馗. 习近平生态扶贫思想研究 [J]. 财经问题研究，2016（9）：11 – 12 + 14.

[84] 王萍. 新时代多民族地区生态扶贫：现实意蕴、基本路径与困境溯因——基于生态文明视角 [J]. 新疆社会科学，2019（3）：123 – 130 + 150.

[85] 王志平，陶长琪，沈鹏熠. 基于生态足迹的区域绿色技术效率及其影响因素研究 [J]. 中国人口·资源与环境，2014（1）：35 – 40.

[86] 文魁，刘慧. 合理消费：生态文明的源头 [J]. 北京社会科学，2013（2）：81 – 86.

[87] 吴慧玲. 中国生态文明制度创新研究 [D]. 东北师范大学，2016.

[88] 吴青林，董杜斌. 高校生态文明教育的现实诉求与路径选择 [J]. 学校党建与思想教育，2013（12）：63 – 65.

[89] 吴淑娴，姜圻. 内涵、构成与建设路径：生态文明研究的发展脉络与展望 [J]. 法制与社会，2015（8）：171 – 172.

[90] 夏光. 生态文明建设的制度创新 [J]. 环境保护，2012（19）：52 – 53.

[91] 夏光. 再论生态文明建设的制度创新 [J]. 环境保护，2012（23）：19 – 22.

[92] 夏雨清，邵献平. 习近平生态文明思想引领科技文化建设研究 [J]. 湖北经济学院学报（人文社会科学版），2020，17（8）：8 – 11.

[93] 谢光前，王杏玲. 生态文明刍议 [J]. 中南民族学院学报（哲学社会科学版），1994（4）：19 – 22.

[94] 徐春. 对生态文明概念的理论阐释 [J]. 北京大学学报（哲学社会科学版），2010，47（1）：61 – 63.

[95] 徐春. 生态文明在人类文明中的地位 [J]. 中国人民大学学报，2010，24（2）：37 – 45.

[96] 徐祥民. 习近平法治社会治理思想：理念、体系与保障 [J]. 郑州大学学报（哲学社会科学版），2021，54（1）：1 – 7 + 127.

[97] 徐祥民. 从全球视野看环境法的本位 [J]. 环境资源法论丛，2003（00）：1 – 22.

[98] 徐雪竹，王云. 生态经济模式的实践和探索——以江苏宿迁为例 [J]. 北方经贸，2018（12）：120 – 123.

[99] 严也舟，成金华. 生态文明建设评价方法的科学性探析 [J]. 经济纵横，2013（8）：77 – 80.

[100] 杨红娟，张成浩. 基于系统动力学的云南生态文明建设有效路径研究 [J]. 中国人口·资源与环境，2019，29（2）：16 – 24.

[101] 杨继学，杨磊. 论城镇化推进中的生态文明建设 [J]. 河北师范大学学报（哲学社会科学版），2011，34（6）：152 – 156.

[102] 易杏花，成金华，陈军. 生态文明评价指标体系研究综述 [J]. 统计与决策，2013（18）：32 – 36.

[103] 于法稳，杨果. 农村生态文明建设的重点领域与路径 [J]. 重庆社会科学，2017（12）：5 – 12.

[104] 张春华. 中国生态文明制度建设的路径分析——基于马克思主义生态思想的制度维度 [J]. 当代世界与社会主义，2013（2）：28 – 31.

[105] 张娟，郑春华. 生态文明建设背景下农村环境治理研究 [J]. 环境科学与管理，2019（1）：157 – 161.

[106] 张连国. 生态文明视野中的政治文明 [J]. 社会科学战线，2005（1）：190 – 195.

[107] 张擅. 在成熟社会主义条件下培养个人生态文明的途径 [J]. 科学社会主义，1985（2）：57.

[108] 张艳新，袁会敏. 生态文明建设的制度经济学分析 [J]. 山西师范大学学报（社会科学版），2013，40（6）：50 – 53.

[109] 张燕，居琦，王莎. 生态扶贫协同下耕地生态补偿法律制度完善——基于法政策学视角 [J]. 宏观经济研究，2017（9）：184 – 191.

[110] 张毓卿，周才云. 精准扶贫视域下赣南生态扶贫困境与优化路径 [J]. 江西社会科学，2016，36（12）：53 – 58.

[111] 赵成，于萍. 生态文明制度体系建设的路径选择 [J]. 哈尔滨工业大学学报（社会科学版），2016，18（5）：107 – 114 + 2.

[112] 赵成. 生态文明的兴起及其对生态环境观的变革 [D]. 中国人民大学，2006.

［113］赵明霞.农村生态文明评价指标体系建设的路径思考［J］.理论导刊，2015（8）：77－80.

［114］周宏春，宋智慧，刘云飞，张晓磊.生态文明建设评价指标体系评析、比较与改进［J］.生态经济，2019，35（8）：213－222.

（二）外文文献

［1］Bansal, P., Clelland, I. Talking Trash: Legitimacy, Impression Management, and Unsystematic Risk in the Context of the Natural Environment［J］. Academy of Management Journal, 2004, 47（1）：93－103.

［2］Baylis, R., Connell, L., Flynn, A. Company Size, Environmental Regulation and Ecological Modernization: Further Analysis at the Level of the Firm［J］. Business Strategy & the Environment, 1998, 7（5）：285－296.

［3］Cai, W., Li, G. The Drivers of Eco－innovation and its Impact on Performance: Evidence from China［J］. Journal of Cleaner Production, 2018, 176：110－118.

［4］Chen, Y. The Driver of Green Innovation and Green Image——Green Core Competence［J］. Journal of Business Ethics, 2008, 81（3）：531－543.

［5］Cruz－Cázares, C., Bayona－Sáez, C., García－Marco, T. You Can't Manage Right What You Can't Measure Well: Technological Innovation Efficiency［J］. Research Policy, 2013, 42（6－7）：1239－1250.

［6］David, W. Pearce, R. Kerry Turner. Economics of Natural Resources and the Environment［M］. New York: Harvester Wheatsheaf Press, 1990：40－42.

［7］Demirel, P., Kesidou, E. Stimulating Different Types of Eco－innovation in the UK: Government Policies and Firm Motivations［J］. Ecological Economics, 2011, 70（8）：1546－1557.

［8］Hojnik, J., Ruzzier, M. The Driving Forces of Process Eco－innovation and Its Impact on Performance: Insights from Slovenia［J］. Journal of Cleaner Production, 2016, 133：812－825.

［9］Horbach, J., Rammer, C., Rennings, K. Determinants of Eco－innovations by Type of Environmental Impact－the Role of Regulatory Push/Pull, Technology Push and Market Pull［J］. Ecological Economics, 2012（78）：112－122.

［10］Jaffe, A, B., Peterson, S, R., Portney, P, R., et al. Environmental Regulation and the Competitiveness of U. S. Manufacturing: What Does the Evidence Tell Us?［J］. Journal of Economic Literature, 1995, 33（1）：132－163.

［11］Jiang, Q., Tan, Q. Can Government Environmental Auditing Improve Static and Dynamic Ecological Efficiency in China?［J］. Environmental Science and Pollution Research, 2020.

［12］Jo, J, H., Roh, T., Kim, S., Youn, Y, C., Park, M., Han, K., Jang, E. Eco－innovation for Sustainability: Evidence from 49 Countries in Asia and Europe［J］. Sustainability, 2015, 7（12）：16820－16835.

［13］Kammerer, D. The Effects of Customer Benefit and Regulation on Environmental Product Innovation: Empirical Evidence from Appliance Manufacturers in Germany［J］. Ecological Economics, 2009（8/9）：2285－2295.

［14］Kemp, R., Pearson, P. Final Report MEI Project about Measuring Eco－innovation. UM Merit: Maastricht, 2007：10.

［15］Lee, K., Min, B. Green R&D for Eco－innovation and Its Impact on Carbon Emissions and Firm Performance［J］. Journal of Cleaner Production, 2015（108）：534－542.

［16］Machiba, T. Eco－innovation for Enabling Resource Efficiency and Green Growth: Development of an Analytical Framework and Preliminary Analysis of Industry and Policy Practices［J］. International Economics and Economic Policy, 2010（2/3）：357－370.

［17］Marchi, D. V. Environmental Innovation and R&D Cooperation: Empirical Evidence from Spanish Manufacturing Firms［J］. Research Policy, 2012, 41（3）：614－623.

［18］Marin, G. Do Eco－innovations Harm Productivity Growth Through Crowding Out? Results of an Extended CDM Model for Italy［J］. Research Policy, 2014, 43（2）：301－317.

［19］Murillo－Luna, J, L., et al. Why do Patterns of Environmental Response Differ? A Stakeholders' Pressure Approach［J］. Strategic Management Journal, 2008, 29（11）：1225－1240.

［20］Oltra, V., Jean, M. S. Sectoral Systems of Environmental Innovation: An Application to the French Automotive Industry ［J］. Technological Forecasting and Social Change, 2009, 76 (4): 567 – 583.

［21］Scarpellini, S., Marin – Vinuesa, L. M., Portillo – Tarragona, P., Moneva, J. M. Defining and Measuring Different Dimensions of Financial Resources for Business Eco – innovation and the Influence of the Firms' Capabilities ［J］. Journal of Cleaner Production, 2018 (204): 258 – 269.

［22］Schaltegger, S., Sturm, A. Ökologische Rationalität: Ansatzpunkte zur Ausgestaltung von Ökologieorientierten Managementinstrumenten ［J］. Die Unternehmung, 1990, 44 (4).

［23］Schiederig, T., Tietze, F., Herstatt, C. Green Innovation in Technology and Innovation Management—An Exploratory Literature Review ［J］. R&D management, 2012, 42 (2): 180 – 192.

［24］Smolny, W. Determinants of Innovation Behavior and Investment Estimates for West – German Manufacturing Firms ［J］. Economics of Innovation and New Technology, 2003 (12): 449 – 463.

［25］Sun, S., Loh, L., et al. Factor Price Distortion and Ecological Efficiency: The Role of Institutional Quality ［J］. Environmental Science and Pollution Research, 2020, 27 (5): 5293 – 5304.

［26］Uhlaner, L, M., Berent – Braun, M, M., Jeurissen, R, J, M., et al. Beyond Size: Predicting Engagement in Environmental Management Practices of Dutch SMEs ［J］. Journal of Business Ethics, 2012, 109 (4): 411 – 429.

［27］Wang, R., Wang, Y. Study on the Measurement and Influencing Factors of Regional Ecological Efficiency in China ［J］. Fresenius Environmental Bulletin, 2018, 27 (6): 4307 – 4317.

［28］Wang, S., Hua, G., Yang, L. Coordinated Development of Economic Growth and Ecological Efficiency in Jiangsu, China ［J］. Environmental Science and Pollution Research, 2020, 27 (29): 36664 – 36676.

［29］Xu, J, Z., Sun, Y. Study on the Environmental Innovation Capability Evaluation Model of Manufacturing Enterprises Based on Entropy Weight TOPSIS – HP Neural Network and Empirical Research ［C］// International Conference on Management Science and Engineering (ICMSE), 2018.

［30］Yang, Y., Holgaard, J, E. Remmen, A., What Can Triple Helix Frameworks Offer to the Analysis of Eco – innovation Dynamics?: Theoretical and Methodological Considerations ［J］. Science and Public Policy, 2012 (3): 373 – 385.

［31］Zeng, S, X., et al. How Environmental Management Driving Forces Affect Environmental and Economic Performance of SMEs: A Study in the Northern China District ［J］. Journal of Cleaner Production, 2011, 19 (13): 1426 – 1437.

［32］Zhang, J, A., Walton, S. Eco – innovation and Business Performance: The Moderating Effects of Environmental Orientation and Resource Commitment in Green – oriented SMEs ［J］. R&D Management, 2017, 47 (5): E26 – E39.

［33］Zhou Yang, Kong Ying, Sha Jie, Wang Hankun. The Role of Industrial Structure Upgrades in Eco – efficiency Evolution: Spatial Correlation and Spillover Effects ［J］. Science of The Total Environment, 2019 (687): 1327 – 1336.

第十章　区域可持续发展研究

相较于全球尺度，区域是一个更适宜进行政策调控和效应评估的尺度。作为当代人类的社会经济活动与资源环境在特定时空尺度上的一种协调发展，区域可持续发展是实施全人类可持续发展战略的基础（Nijkamp et al.，1990；北京大学中国持续发展研究中心，1995；毛汉英，1995）。

第一节　区域可持续发展研究的学术发展史

一、改革开放前的区域可持续发展研究（1978 年以前）

1. 可持续发展理念的起源

可持续发展概念与中国古代"天人合一"思想有着诸多相似之处。我国夏朝的历书《夏小正》就体现出了天地人相统一的生态观。西周时期，当权者认为应根据自然规律合理地开发利用山、林、河等自然资源，因此颁布了世界最早的环境保护法令《伐崇令》（欧阳锋和周济，1996）。1789 年，Malthus 在《人口原理》（*An Essay on the Principle of Population*）中提出了人口制约定理，认为地球上有限的资源无法承载持续增长的人口。

2. 国外可持续发展研究萌芽时期

近代可持续发展理念可以追溯至 20 世纪 60 年代。1962 年，Rachel Carson 的《寂静的春天》（*Silent Spring*）一书引发了人们对于环境问题的思考。1972 年，Meadows 等提出了增长极限理论，指出人们应当审慎处理人类与自然、经济增长与自然环境和资源的关系。1972 年，联合国人类环境会议通过了《联合国人类环境会议宣言》，标志着可持续发展概念成型期的到来（Shi et al.，2019）。从"增长理论"到"发展理论"再到"可持续发展理论"，人类对"发展"的认识逐渐深化。

二、改革开放以来的区域可持续发展研究（1978~2014 年）

"可持续发展"一词最早于 1980 年出现在国际自然保护同盟制定的《世界自然保护大纲》中。1987 年，联合国环境与发展委员会《我们共同的未来》报告中指出可持续发展要"着眼于全球，着手于区域"。同时期，国际上也重视起区域的研究，尤其是区域对于组织协调社会、经济生活的重要性（Storper，1997）。20 世纪 90 年代初，随着"可持续发展"上升成为全球性战略，我国也出台了《中国 21 世纪议程》来响应这一战略号召。我国区域可持续发展研究也开始与国际接轨，开创了系统学方向的研究。区域可持续发展是可持续发展与区域发展的交叉融合。

以人地关系系统（吴传钧，1991）和区域PRED系统（人口P、资源R、环境E、发展D）（毛汉英，1991；张志强，1994）为核心，早期研究进行了理论和指标模型的构建。基于这些系统的评价基础，研究进一步探讨了区域发展中的资源环境承载能力和负荷的空间错配问题，以及空间规划对其的纠正。

1. 区域可持续发展的系统论和内涵

区域是由自然、经济、社会三个子系统组成的动态、开放、复杂的系统。根据热力学第二定律，封闭系统的有序程度会变低，经历"熵增"过程，为了保持有序性，要保持开放的耗散结构，不断与外界交换物质和能量来降低其熵值。区域作为一个系统，在环境的不断作用之下，从外界输入人流、物流、能量流、信息流等负熵流来保持自组织的有序平衡状态。基于此，区域可持续发展可以理解为"在一定的时空尺度区域内，人类通过能动地控制自然—经济—社会复合系统，在不断提高人类的生活质量，不超越资源环境承载能力的条件下，既满足当代人和本区域的发展，又不对后代人和其他区域满足其需求的能力构成危害的发展"（毛汉英，2018）。因此，区域可持续发展既要研究资源环境问题，又要研究经济、人口增长以及社会结构、社会管理问题（芦咏梅，1994）。

2. 人地关系系统理论

人地关系的探讨可以追溯到我国古代的"天命论""机械唯物论""人定胜天论"和西方近代地理学的"进化论""地理环境决定论""或然论"以及"文化景观论"等。我国区域可持续发展的理论基础是吴传钧院士的"人地关系地域系统理论"。其探讨的核心是如何优化人地系统，并以此谋求区域的长期高效发展。这与区域可持续发展的核心是一致的（刘玉和刘毅，2003）。

吴传钧（1991）阐释了人地关系地域理论及其地理学研究的重点领域，并强调"任何区域开发、区域规划和区域管理都必须以改善区域人地相互作用结构、开发人地相互作用潜力和加快人地相互作用在人地关系地域系统中的良性循环为目标，为有效进行区域开发与区域管理提供理论依据"。区域可持续发展的实质是协调和优化人地关系（申玉鸣和毛汉英，1999），区域人地系统调控则是实现区域可持续发展的途径（吴传钧，1991）。

3. 区域PRED系统理论

区域PRED系统理论认为区域是由人口P、资源R、环境E和发展D问题的互相作用、影响和制约而形成的统一体。其核心思想是强调区域各子系统的协调耦合发展，包括时空耦合、系统内要素耦合以及区域间的耦合。区域PRED的协调发展既是区域可持续发展的前提条件，也是最终目标（陆大道和樊杰，2012；毛汉英，2018）。

区域PRED重视系统分析和模型优化的方法，旨在通过对区域PRED的模型建立、分析、预测来识别关键的"调控开关"，例如人口出生率、部门投资比例、科技教育规模、排放量标准、资源分配等来服务区域发展规划和决策，以达到区域PRED系统的优化，最终实现区域可持续发展。常用的模型方法包括投入－产出（Iuput－Output）、系统动力学（System Dynamics）、ECCO模型（Evolution of Capital Creation Options）等。

4. 人地系统论和区域PRED系统论的统一

方创琳（2003）将PRED系统拓展到PDRDEDEDEDSD系统，实现了区域PRED和人地系统的统一。他认为PRED将"目的物"D和影响目的物的"系统因素"PRE混为一谈，也无法与"人""地"对应。并且可持续发展中的"发展"不仅是社会经济系统的发展，也包括生态资源环境系统的发展，是人口DP、资源DR、生态DE、环境DE、经济DE、社会DS这六大系统的全面综合发展。因此，PRED系统应改进为PDRDEDEDEDSD系统。

方创琳等（2015）提出了"人圈"D 和"地圈"S 的概念。"地圈"包括资源圈 DR、生态圈 DE 和环境圈 DE；"人圈"包括人口圈 DP、经济圈 DE 和社会圈 DS。"人圈"与"地圈"的相互作用系数 W = D/S 可以衡量二者的"距离"。系数越小，距离越近，则表示人类活动扩大并逐步接近地圈的自然承载力。根据区域发展阶段的不同，二者的最佳距离在 0.35 ~ 0.85。可以通过技术手段缓解 D 和 S 的矛盾，也可以通过非技术的政策制度法规建立协调圈 C 来调控优化人地关系。

5. 区域可持续发展评价方法

国际上区域可持续发展评价方法主要包括单指标和多指标（或指标体系）两种。单指标评价法包括联合国开发计划署提出的人类发展指数（Human Development Index）（UNDP, 1990）、世界银行开发的真实储蓄（Genuine Savings）（World Bank, 1997）、生态足迹指数（Ecological Footprint）（Wackernagel and Rees, 1996）等（李利锋和郑度, 2002）。多指标评价法中最具影响力的是联合国可持续发展委员会（UNCSD）提出的基于"压力 - 状态 - 响应"框架（PSR）的指标体系，以及其衍化出的"驱动力 - 状态 - 影响"框架（DFSR）和"压力 - 状态 - 影响 - 响应"框架（PSIR）。

中国学者于 20 世纪 90 年代初开始对区域可持续发展评价指标体系进行研究。1998 年，中科院牛文元等构建了可持续发展度（DSD）指标体系，包括资源承载力、经济生产力、发展稳定性、环境缓冲力和管理调控力。张志强（1994）设计的区域可持续发展指标体系是较早提出的区域 PRED 指标体系，具有结构合理、指标选取全面和实操性强等特点（周哲等, 2004）。毛汉英（1996）认为建立区域可持续发展指标体系应遵循科学性、可行性、层次性、完备性和动态性五大原则，他建立了包括 4 个子系统层和 90 个指标的山东省可持续发展指标体系。为测度 21 世纪初我国各省市的可持续发展水平，刘玉和刘毅（2003）提出了一套包括基础系统、协调系统与潜力系统的区域可持续发展评价体系，弥补了之前指标体系在协调和潜力维度评价的不足。

6. 区域资源环境承载力和国土空间规划

在国土空间规划的大背景下，区域可持续发展开始转向区域资源环境承载力的评价，来揭示人地关系，并注重运用空间发展规划等手段来纠正区域资源环境负荷与资源环境承载力的空间错配。

区域资源环境承载力评价指一定区域内的资源环境与人类生产生活强度的适宜程度。樊杰等（2013）基于经济 - 生态 - 社会综合效益和生产 - 分配 - 消费立体系统的区域发展均衡模型，通过对区域资源环境承载能力的评价，揭示了人 - 地系统中自然对人文系统的相互作用关系。基于评价结果，可以调整区域的开发模式和强度，进而协调人地关系，实现区域可持续（樊杰等, 2015）。这一阶段的研究尤其关注土地资源及其生态系统的利用效率、开发强度和开发方向（刘彦随等, 2011），并综合运用 RS 和 GIS、系统动力学、计算机模拟等方法来优化土地资源配置（谢正峰和董玉祥, 2011）。

同时期，国家层面也根据区域资源环境承载能力和适宜性，出台了一系列空间发展规划。例如，发布于 2011 年的《全国主体功能区规划》将国土空间分为城市化地区、农产品主产区和重点生态功能区三大空间管制用途。2012 年党的十八大提出的"三生空间"的概念及其发展的总体目标和要求。方创琳（2013）对"三生空间"优化理论系统分析后，提出空间发展要突出"生态空间相对集合、生产空间相对集聚、生活空间相对集中、三生空间相对集成"的优化思路，并对"三生"发展空间进行优化提升和集约化利用。

三、经济新常态下的区域可持续发展研究（2015 年至今）

经济新常态下的区域可持续发展更加注重通过区域可持续转型来逐步适应发展带来的区域资源环境负荷。在高质量发展、绿色发展、生态文明等先进思想的指引下，区域可持续转型具有很强的综合性和实践性，一方面要提升区域可持续的评估、预测和规划管制能力，另一方面更加注重政策、驱动力、体制机制和协同治理等多维度的区域适应能力建设，向可持续目标逐步迈进。

1. 生态文明思想引领区域可持续发展

2015 年，联合国通过《改变我们的世界：2030 年可持续发展议程》（The 2030 Agenda for Sustainable Development），提出 2030 年全球可持续发展目标（SDGs），标志着人类应对全球环境变化、谋求可持续发展新时代的到来。同时党的十八大将生态文明建设纳入"五位一体"总体布局。党的十九大报告（习近平，2017）明确指出"坚持人与自然和谐共生，建设生态文明是中华民族永续发展的千年大计"。进入经济新常态时期后，不以牺牲环境与资源为代价的高质量发展成为了我国区域发展的主要目标。以生态文明思想为指导、以绿色发展为内核，我国区域可持续发展研究迈上了新台阶（赵琳琳和张贵祥，2020）。

2. 需求导向增强区域可持续发展研究的实践性

樊杰和蒋子龙（2015）认为新时期应重视对区域可持续发展的预测能力、评估水平、调控过程、管制模式和体制机制的完善提升。毛汉英（2018）站在人地系统优化调控的视角下，指出新时期的区域可持续发展应坚持创新驱动下的经济结构优化、能源资源消耗的降低和生产力提高；坚持以主体功能区划为导向优化人地系统空间格局；以供给侧结构性改革为主要途径，实现资源的有效配置和对需求变化的灵活适应；完善人口政策，注重人口的高质量增长；并要遵循市场原则，逐步健全资源环境有偿使用和生态补偿机制。其中，完善国土空间规划体系是近年来学界研究的热点，通过不同层级、不同尺度的空间规划落实主体功能区以促进区域可持续发展（陆大道和樊杰，2012）。

3. 区域协同治理助推可持续发展

由于中国独特的国情，不同区域的可持续发展路径必然有所区分。毛汉英（2017）指出机制与区域政策创新在实现京津冀协同可持续发展中的保障作用，并强调了要正确处理经济效率和社会公平的关系。基于新区域主义以及区域生态环境治理等理论，李惠茹等（2020）在《京津冀生态环境协同保护研究》中着重探讨了京津冀生态协同治理的必要性及路径。

为保障长江经济带城市群可持续发展，方创琳等（2015）提出七条建议：成立一体化发展委员会；避免盲目扩大城市群；构建以城市群为战略桥墩的上下联动、以轴串群的流域生态经济带束簇状城镇体系；建立统一的公共财政制度和储备机制；加强生态环境联防联治；加快创新驱动；重点建设一批支撑城市群发展的重大工程和国家级新区。长三角一体化也促使各城市在绿色发展上开展合作。李志青和刘瀚斌（2020）认为要推动长三角区域绿色发展的"强合作"，包括绿色经济和产业合作，以及生态环境保护合作。

范丹和王明旭（2019）提出粤港澳大湾区要实现协同可持续发展，需要规划引领，对自然环境资源进行一体化规划和布局、构建环境治理协作机制、发展创新驱动的绿色产业以及加快环境信息共建共享。基于大湾区的特殊区位，赵蒙蒙等（2019）提出了海岸带生态环境问题的协同治理路径。

尽管不同区域可持续发展的路径有所区别，但是其内涵都是强调府际合作下的区域协同治理的重要作用。区域协同治理会在未来相当长的一段时间内成为区域可持续发展的关键，而其体制机制创新则是府际合作的研究重点。

第二节 区域可持续发展研究的主要流派

一、环境可持续发展

目前，国际社会普遍接受的关于可持续发展概念界定源自联合国世界环境与发展委员（WECD）《我们共同的未来》报告：可持续发展是指既满足当代人的需要，又不损害后代人满足其需要的能力的发展（Brundtland，1991）。区域可持续发展研究尺度自上而下包括全球、国家及城市单元，不同尺度下的区域可持续发展目标不同（Liverman et al.，1988）。区域可持续发展主要涉及环境、经济和社会三个方面，不同可持续研究内容阐述的重点和强调的角度不同。其中，环境是全部影响区域可持续发展的诸多因素中的一个重要前提（田雪原，1996）。环境是围绕主体存在的客体总和，本书中特指自然生态环境。

但关于环境可持续发展概念解析和研究范围界定的理论阐释尚未完全统一。现代生态学派所关注和研究的环境是指以人类为中心的自然环境，由大气圈、水圈、生物圈、土圈、岩石圈等生物物理系统构成（Piotrowska et al.，2019）。人类生态学认为自然界为人类在经济和社会环境中的生产和生活活动提供必要基础环境，包括空间环境、气候环境、水环境、生物环境等，人类生存离不开环境中各类物质与能量的资源及生态系统服务的保障。同时，人本身也是自然进化的产物，即环境的重要一部分。国土空间规划学派所建立的主体功能区划制度，是具有中国特色的环境可持续发展理论的典型代表（马涛和谭乃榕，2020）。主体功能区的划分是基于不同国土空间的资源环境承载能力、现有开发密度和发展潜力三个主要方面，将特定区域确定为特定主体功能定位类型的一种空间单元。划分主体功能区主要应考虑自然生态状况、水土资源承载能力、区位特征、环境容量、现有开发密度、经济结构特征、人口集聚状况、参与国际分工的程度等多种因素，在具有多种功能的特定国土空间内确定一种主要的主体功能（樊杰，2015）。

长期以来，环境可持续发展的主要流派更加关注如何对环境可持续发展进行测度与评价，通过实现对资源可持续利用，从而达到环境可持续发展的目的。区域发展的可持续性依赖于自然生态环境质量，既包括自然资源利用过程中的直接的自然资源再生与替代，又包括自然资源间接产生的生态系统的维持支持与生态服务功能的改善，都对环境及区域可持续发展产生重大影响（Luo et al.，2019）。最具有代表性的是环境承载力流派，它是指在某一时期，某种环境状态下，某一区域环境对人类社会、经济活动的支持能力的限度。环境承载力流派认为人类社会行为不可超过区域环境系统维护其动态平衡与抗干扰的能力（毛汉英和余丹林，2001）。环境承载力可以作为衡量人类社会经济与环境协调程度的标尺，此外需要通过观测、量化、评价等方式对环境可持续发展进行进一步研究。现代化评价指标体系流派强调环境可持续发展评价指标体系建立对测度环境可持续发展的重要性，同时这一直也是环境可持续发展研究的热点与难点。基于指标与环境可持续性的关系解析，几个代表性的定量化评价指标包括人类活动强度指标（HAI）（Brown and Vivas，2005）、发展贡献指数（Helbich et al.，2015）、生态价值（Costanza et al.，1997）、净初级生产量及净初级生产量的人类占用（José et al.，2009）等指标。根据不同指标和权重的选取、自然资源资本替代性与替代速度和指标阈值等，基于复合生态系统理论、系统动力学理论、多目标决策技术–环境–经济系统协调等理论构建环境可持续发展评价指标体系（李利锋和郑度，2002）。OECD（1998）、荷兰（Moning，2008）和加拿大（Casas - Monroy et al.，2011）是专门建立了环境可持续发展指标体系的代表性组织和国家。中国可持续发展蓝皮书开创性地构建了一套测度中国可持续发展的评价指标体系，对中国环境可持续发展状况进行了全面、系统的验证分析。此外，自然资源资产负债表的建立，是具有中国特色的自然资源核算与管理学派的典型代表。资源核算与管理学派将环境视为由各自然资源要素组成，通过对自然资源的核算、利用与管理从而实现环境可持续发展。而中国自然资源资产负债研究，基于习近平总书记山水林田湖草沙的生命共同体思想（成金华和尤喆，2019），将环境的构成要素划分为包括水资源、土地资源在内的各类自然资源及山脉、流域湖泊、草地、沙地等各类生态系统，并从将其视为一种资本和自然资源提供的服务功能两个方面对其进行测算，通过实物量和价值量的核算分别进行表征（杨世忠等，2020）。

自然资源可持续性利用是实现环境可持续发展的重要手段之一。第一，行星边界框架秉持"地球系统观"，从全球层面明确了区域环境可持续发展中资源利用的阈值（Rockstrom et al.，2009）。第二，以水资源 - 能源 - 粮食为代表的耦合资源研究从环境可持续发展内部，系统性解析资源利用之间的相互依存、相互制约关系（Khan and Hanjra，2008）。第三，各类足迹核算作为资源可持续性利用中行之有效的测度工具，对包括水足迹、碳足迹和生态足迹在内的足迹测算，表征出人类对资源的消费水平及对环境的影响强度（Tol，2020）。第四，生态补偿是实现区域环境可持续发展的补充工具。区域可持续发展涉及长时间序列尺度，基于可持续发展内涵中的公平元素，需考虑资源在人际关系、代际关系及区际关系环境中的合理配置（牛文元，2014）。

流域是人类最早活动的环境空间，作为一类特殊的区域国土空间形态，流域环境可持续发展是区域环境可持续发展具有代表性的重要研究内容。流域是边界明确却又开放的自然地形空间系统，与其他类型尺度的国土空间迥然相异（马涛等，2021）。人类文明在大河流域平坦沃野、丰饶水土的滋养下，以及人类与河水的共同演进与抗争过程中孕育而生。流域建成环境是自然、经济和社会文化过程在空间、时间和经验上的建构产物（Wang and Gao，2020）。关于流域环境可持续发展研究，主要分为管理学流派的流域水资源优化配置研究以及生态经济学流派的流域跨区域生态补偿研究。

流域水资源管理是实现流域环境可持续发展的重要内容，而流域水资源分配是流域水资源管理中长期的重点研究问题之一。水资源配置理论最初源于 20 世纪 40 年代的水库优化调度问题。此后，随着数学规划与地理模拟技术的发展，以及其在水资源领域应用的不断深入，水资源量与水质的统筹管理使流域水资源分配问题有了较大进展。20 世纪 90 年代，从传统的以水量和经济效益最大化为目标的流域水资源分配，逐渐转为以统筹权衡流域环境、经济和社会发展的流域可持续发展为目标导向（Watkins and Mckinney，1995）。如 Maja 和 Claudia（2007）在湄公河流域建立了水资源多目标优化配置模型。此后的水资源优化配置研究以可靠性、风险和大系统理论为分析方法，将流域水资源径流量研究和优化配置研究相结合，从单目标向多维度目标方向发展，不断优化模糊优化模型和不确定模型结果。

基于流域环境污染问题的严重性，在最初采用大量行政手段进行流域治理的同时，部分地区尝试运用经济手段解决流域环境问题。为保障流域区域的环境可持续发展建立流域生态补偿制度，是对流域内的资源开发利用者和环境污染者征收生态补偿费的一种资金投入保障机制（Pazzaglia and Brandon，1996）。中国应用"谁开发谁保护，谁收益谁补偿"的原则，考虑分工利益和让渡利益，实现水权益让渡的利益均衡。关于流域生态补偿问题的理论研究流派，主要集中在：第一，流域生态补偿理论概念、内涵、外延、原则、前提和理论基础等方面。第二，流域跨省市、跨流域、跨部门的协调管理体制和转移支付制度的流域管理体制方面。第三，流域生态补偿资金筹措、量化和机制研究方面。2012年开始，我国进行了一系列流域生态补偿的实践，并取得了良好成效。安徽新安江流域生态补偿开创了我国跨省域水环境生态补偿机制建设的先河，是我国生态文明体制和制度改革的重大创新。首轮试点年补偿基金设为5亿元，由中央财政、安徽和浙江两省分别按3∶1∶1比例出资。此后7年内新安江成为全国水质最好的河流之一，"新安江模式"在全国范围内进行推广。2018年，财政部发布的《关于建立健全长江流域生态补偿与保护长效机制的指导意见》中指出，要建立与水质挂钩的长江流域生态补偿方案，以及加大对流域生态重点功能区的财政转移支付力度。2020年，长江流域逐步完善保护和治理多元化投入机制，分别对流域内部、流域省际、流域的湿地、耕地、森林、草原等生态系统建立补偿机制。2019年，黄河流域生态保护和高质量发展上升为全国区域协调发展战略的重要组成部分，黄河流域的生态补偿模式在实践中进行探索。2020年，财政部发布《支持引导黄河全流域建立横向生态补偿机制试点实施方案》，鼓励黄河流域各地方加快建立多元化横向生态补偿机制，各地方纷纷响应。青海省建立了三江源生态补偿机制；国家对沿黄九省区的重点生态功能区进行转移支付；陕甘两省沿渭六市一区签订了《渭河流域环境保护城市联盟框架协议》，成为黄河流域首个跨省流域横向生态补偿试点。

二、经济可持续发展

经济可持续发展强调经济增长的效率与其可持续性（Barbier，1987）。基于新古典增长理论框架根据经济增长方式的改变来判断经济发展的可持续性，认为要素扩张型为主的粗放型增长不可持续，只有生产率不断得到改善的集约型增长才是可持续的（Solow，1957；Krugman，1994；Meadows，1972；Young，2003；王小鲁等，2009）。在现有自然资源（包括环境）约束条件下，充分发挥区域优势，实现技术进步、产业结构不断高级化等基础上的专业化集约型经济增长（MacNeill，1989；王伟中，1999；魏建中和李涛，2004；林毅夫，2011；Bain，2019）。区域可持续发展中的经济学问题，如生产力布局与结构、跨区域要素流动与配置、区域协调发展等研究可以看作是从空间与区际公平的角度探讨经济可持续发展（张志强等，1999；吴殿廷等，2006）。

根据对自然资本持不同观点的可持续发展流派可以分为强可持续性与弱可持续性。在新古典学派经济增长函数中，自然资本被忽略不计，人造资本被认为是生产函数中的稀缺要素，人造资本的增长对于经济增长起着决定性作用。与新古典学派不同，生态经济学家们主张将自然资本的稀缺性作为重要部分纳入经济可持续发展领域（Pearce and Turenr，1990；Costanza and Daly，1992）。当可持续性理解为资本存量的不减少（Daly，1996），由此衍生了弱可持续性与强可持续性观点。弱可持续性，也被称为"索洛—哈特威克可持续性"（Neumayer，2003），认为自然资本与人造资本之间是一种替代关系。而Pearce等生态经济学家主张的强可持续性观点则认为，自然资本与人造资本之间并不是替代关系，而是一种互补关系。无论是弱可持续性论者还是强可持续性论者，都认为应当将自然资源纳入现有经济核算体系，并通过绿色GDP核算、自然资源资产负债表等方式（邬建国等，2014；何利等，2020）。

为实现了可持续发展，"绿色经济"、低碳经济、循环经济代表了环境、能源、生态不同领域与经济领域的探索与融合。"绿色经济"寻求将环境友好型创新和技术应用于经济发展，以实现资源有效利用和经济增长。加大"绿色投资"力度，进行对节能技术、可再生资源的研究，探索不可再生资源的替代品，创造新技术，以减少对污染和对自然资源的消耗。"低碳经济"通过改善能源结构，调整产业结构，提高能源效率，增强新能源技术创新能力，增加碳汇等措施可以实现碳排放总量和单位排放量的减少，实现碳减排与经济增长的双重目标（付允等，

2008）。循环经济可以追溯到"宇宙飞船理论"（Boulding，1966），为应对工业化进程中高开采、低利用、高排放为特征的线性经济模式导致的资源环境问题，提出人类社会的未来应该建立一种以物质闭环流动为特征的经济，即循环经济，从而实现可持续发展所要求的环境与经济双赢，即在资源环境不退化甚至得到改善的情况下促进经济增长的战略目标。

三、社会可持续发展

社会可持续性是一个广泛的多维概念，其根本问题是可持续发展的社会目标是什么？（Dempsey et al.，2011）。社会可持续发展的概念是在1987年联合国世界环境与发展委员会提出的，可持续发展需要对社会、生态和经济条件的共同关注后，获得了正式的国际关注（Dillard et al，2008）。社会可持续发展的核心目标是为世界各地的所有人提供随时在自己的社会中过上有尊严的生活的机会（Omann and Spangenberg，2002）。人们对高质量生活的要求被认为包括体面的生活水平，社会凝聚力，充分参与和健康的环境（WCED，1987）。Polèse等（2000）在《城市的社会可持续性：多样性和变化的管理》中指出，与公民社会和谐发展相适应的发展和增长，营造一个有利于文化和社会多样化群体兼容共居的环境和社会融合，并改善全体居民的生活质量。George和Wilding（1999）在其著作《英国社会与社会福利：迈向可持续社会》提出，社会可持续发展包含了工作、家庭、环境、社会分化和法律与秩序五个方面，随着经济、社会和文化等一系列因素将导致所有这些领域发生变化。

社会可持续发展早期流派与代表人物。1798年，Malthus在其《人口原理》一书中系统阐述了人口非限制性增长势必导致困扰人类生存与发展的诸多问题，也是人口作为社会可持续发展思想的发端。创建于1968年的罗马俱乐部出版的著名报告《增长的极限》，强调了文化的极限是人类增长和人类发展的极限问题之一。1981年罗马俱乐部世界观察研究所所长莱斯特·布朗发表《建设一个持续发展的社会》，提出了控制人口增长、保护资源和开发再生能源来实现持续发展，论证了向持续发展社会过渡的诸多问题。罗马俱乐部在后续的报告中均涉及了社会公正、国际新秩序等问题（潘玉君等，2005）。1987年，弗朗索瓦·佩鲁在《新发展观》一书中提出了综合发展观，强调经济现象与经济制度的存在依赖于文化价值。

社会可持续发展研究体系与代表人物。当前对社会可持续发展的研究包括了社会与可持续发展的关系、社会可持续发展的模式、社会可持续发展的框架、社会可持续发展的评价等。

（1）社会与可持续发展的关系。毛峰等（2008）和毛锋（2000）多次提出可持续发展与社会稳定、社会和谐、人与人之间公平的关系，并建立了人与自然和谐的"双剩余理论"，推导出社会收益分配的相对公平系数。

（2）社会可持续发展模式。Suzanne等（2011）指出社会可持续性的三重模式包括满足基本需求、创造社会资本、正义、公平等问题的"发展可持续性"；改变行为得以实现生物物理环境目标"纽带可持续性"以及面对变化时社会文化特征保持存续。

（3）社会可持续发展评价体系。Littig和Griessler（2005）认为，社会可持续性评价纳入了可持续评价体系的理论框架，通过引入可持续性模型，规范了社会可持续性评价体系的理论框架。同时，随着评估体系的不断完善，Colantonio（2009）认为社会可持续性评估还可以通过社会影响评估（SIA）进行，社会影响评估扩大到纳入生物物理和经济变量，同时通过扩大"环境"的定义，从而扩大特定主题评估的主题覆盖范围。Witulski和Dias（2020）提出可持续社会指数（Sustainable Society Index）也可作为衡量社会可持续性的一种综合指数，包含了可持续发展的社会、环境和经济三个维度，通过测算不同国家可持续社会指数并比较社会经济维度与人类发展指数（HDI）、环境维度与环境绩效指数（EPI），评估不同国家的社会可持续性。

以公平和人类福祉为目标的社会可持续发展理论新流派。近年来，行星边界概念的引入对社会可持续发展的理论内涵进行了扩展。以 Daniel（2018）、方恺（2020）等学者为代表提出并拓展了行星边界的概念。行星边界框架从全球视角出发，对地球关键生物物理过程和经济社会自给自足阈值的安全边界进行了设置，将与人类福祉紧密相关的自然—社会耦合过程纳入其中，其中社会维度包含了生态满意度、健康预期、寿命、营养、环境卫生、收入、教育、就业等。进一步地，基于对分配公平性的不同观点，将行星边界的降尺度法传导到不同国家，即根据一国在全球环境压力中的份额来分配行星边界；根据一国在全球人口中的份额（人均等价）分配行星边界和根据一个国家的人均 GDP（支付能力）分配行星边界（Lucas et al.，2020）。

第三节　区域可持续发展研究的热点

一、区域绿色转型与高质量发展

从我国生态环境保护和生态文明体制改革的历程来看，政策重点逐渐由之前的减法思想，即减轻资源与环境负荷转向加法思想，即注重增加生态产品的供给以及实现生态产品价值（高世楫等，2018）。相关的可持续发展研究方向也随着政策导向而转变。当前区域绿色转型与高质量发展的研究集中于对区域绿色转型和高质量发展程度评价，以及对区域绿色转型和高质量发展影响因素和实现路径与模式的分析。

从评价测度的讨论来看，主要集中在以下两个议题：

（1）基于效率视角的测度。现有研究主要是基于数据包络分析技术，在传统劳动力、资本、资源作为投入，经济增长为期望产出的基础上，将经济增长带来的环境污染和影响作为非期望产出，用于衡量区域绿色转型和高质量发展状况（陈诗一和程时雄，2018；张瑞等，2020；Fu et al.，2020；Song et al.，2020；Cui et al.，2021）。

（2）指标体系构建的分析。一些学者基于"五大发展理念"构建区域高质量发展评价指标体系，对高质量发展水平进行测度，并探讨其时空差异和演化特征（胡宗义等，2020；徐银良和王慧艳，2020；欧进锋等，2020；杨柳青青和李小平，2020；刘瑞和郭涛，2020；马海涛和徐楦钫，2020；马茹等，2019）。也有学者通过构建绿色转型与高质量发展综合评价指标体系，利用熵值、纵横向拉开档次、耦合协同等方法等确定指标权重，提出城市绿色转型综合评价模型（曾贤刚和段存儒，2018；丁兆罡等，2019；苗峻玮和冯华，2020；何璐和张文明，2021；陈景华等，2020；赵儒煜和常忠利，2020；聂长飞和简新华，2020；吴志军和梁晴，2020；Zhu et al.，2020；Chen et al.，2020；Liao et al.，2019）。

从实现路径与模式的讨论来看，主要集中在以下几个议题：

（1）从调整空间布局的视角出发，探讨"十四五"区域高质量发展的对策建议。例如，马涛等（2021）从目标的整体性政策体系、突出发展类型的重点区域政策、区域政策工具包和跨区协调发展机制四个方面提出了多层次高质量区域经济格局构建的基本思路与政策建议。翟坤周和侯守杰（2020）认为应从"规划—主体—产业—空间—制度"协同集成上设计城乡融合高质量发展的"绿色化"推进方案。陆军和毛文峰（2020）从城市网络外部性的视角出发，提出了"网络嵌入与互联""功能互补与协同"和"价值传递与增值"的区域一体化分析框架，以推动区域高质量发展。

（2）从财政分权的视角进行分析。张瑞等（2020）的研究表明，财政收入分权通过抑制技术进步显著抑制了黄河流域高质量发展的提升；财政支出分权则显著促进了该区域高质量发展，且这种促进作用主要来源于技术进步。张腾等（2021）基于中国省域面板数据的分析表明，无论从支出角度还是收入角度进行衡量，财政分权都可以显著促进区域经济增长质量。李光龙和范贤贤（2019）认为，财政支出对科技创新驱动长江经济带经济高质量发展存在门槛效应，财政支出与科技创新的交互项对长江经济带不同类型区域高质量发展具有异质性。

（3）从结构调整的视角进行探讨。对结构调整的研究主要以产业结构的讨论为主，包括产业结构高级化、合理化，以及产业集聚通过不同的路径对各区域经济高质量发展的异质性影响和作用机理（张瑞等，2020；Li et al.，2019）。此外，也有学者从投资结构的视角进行分析，提出把投资更多投入到人力资本方面，将会更有效地促进国民福利的提升（Tong et al.，2020）。

（4）从资源要素的视角进行讨论。有学者基于房价泡沫影响经济高质量增长理论，实证分析了高房价对各地区经济发展质量的差异化影响路径和影响效果（郭文伟和李嘉琪，2019）。但也有研究表明，高房价并不必然导致城市人才流失和高质量发展失能，但人才住房政策、房地产调控政策和住房保障政策必须协同使用，才能实现以人才为动能的高质量发展目标（陈立中等，2020）。此外，数据或者信息作为生产要素参与分配，已经获得了广泛的认同，未来应理清数字经济作用机理、充分发挥数字经济的优势，进而有效促进区域经济高质量发展（郝寿义，2020；周清香和何爱平，2020；赵涛等，2020）。

（5）从碳排放视角进行研究。有学者对区域碳排放变动趋势与特征进行了分析，如赵桂梅等（2020）的研究表明我国省际碳排放强度存在空间溢出性特征，并提出分区域、有重点的区域协同减排措施可提高治理效率，禹湘等（2020）的研究也支持了这一观点。除此之外，产业结构与环境规制、经济发展水平、经济集聚水平也对碳排放强度产生重要影响（庞庆华等，2020；卢娜等，2019；任晓松等，2020）。

（6）对区域绿色转型与高质量发展模式的建议。例如，从人的城镇化和小城镇发展的角度或者城镇化发展规律，考察中国城镇化转型发展下的空间模式选择问题（汪增洋和张学良，2019；梅冠群，2019；方创琳，2019）。也有学者从生态文明视角，提出推进中国绿色城镇化转型的概念性框架和战略思路（张永生，2020）。此外，加强区域经济一体化、推动区域性规划的针对性和包容度，强调突出城市群建设的思路，也被看作是加快实现区域高质量发展的有效路径（赵倩和沈坤荣，2018；林善浪，2020；刘志彪，2019）。

此外，交通可达性（王振华等，2020；李彦等，2020）、科技创新（上官绪明和葛斌华，2020）、技术进步（孙学涛和张广胜，2020；孙久文和易淑昶，2020）、环境规制（周清香和何爱平，2020；Chen et al.，2020）、创新型城市政策（陈晨和张广胜，2020）、国际贸易（吕小明和黄森，2018；邵军等，2020；Jahanger，2020）、金融改革（王贤彬等，2020；滕磊和马德功，2020）、协同发展（李小建等，2020；向晓梅和张超，2020）等因素对区域绿色转型和高质量发展的影响与作用机理，也受到了高度的关注和讨论。

二、区域生态环境协同治理

目前对区域生态环境协同治理的讨论，主要集中在以下几个方面：

（1）对协同治理效果与特征的评价。一是从驱动力、压力、状态、影响和响应五个维度，构建都市圈生态环境协同治理效应评价指标体系，并通过实证分析探讨协同治理的演化特征（杨立和黄珍涛，2019）。二是基于投入产出体系，基于数据包络分析技术，对区域治理效率进行测度和影响因素分析（孙静等，2019）。此外，协同度计算公式也被用于测算不同衡量指标下的污染治理协同状况（胡志高等，2019；芮晓霞和周小亮，2020）。三是基于文本分析或文献计量手段，基于相关政策或文献对环境治理协同的演进特征与效果进行动态分析（操小娟和李佳维，2019；赵新峰和蔡天健，2020；崔丹等，2019）。

（2）对协同治理障碍与问题的分析。由于历史治理机制原因，我国以环境污染治理模式在政策制定和实施的层面一直各自为政，存在明显的属地治理特征和标准体系不统一的问题，无形中增加了治理成本（易兰等，2020；许堞和马丽，2020）。此外，由于外部性的广泛存在，容易导致地方政府在环境治理方面"搭便车"的行为。因此，如何进一步优化财政分权制度、加强中央政府环境治理的统筹协调、强化各地方政府对环境污染的联防治理和政策协同则成为避免因"利益藩篱"和"政策壁垒"导致的协同治理障碍的重要对策（孙静等，2019；杨小东等，2020；刘华军和彭莹，2019）。

（3）对协同治理模式与路径的探讨。一是从政府间协同治理组织的结构要素与网络特征出发，提出不同特征区域所适宜的协同治理的网络治理模式（锁利铭和阚艳秋，2019；罗冬林等，2020）。二是从制度建设的角度出发，强调增强各地方的合作动机与法制保障，提升协同治理多方之间开展协同治理的能力（胡中华，2020；胡溢轩和童志锋，2020；李志萌和盛方富，2020；于文轩，2020）。三是从治理结构的角度出发，强调通过树立多元主体协同治理的生态价值理念，完善生态补偿机制，健全监督管理体系，鼓励社会组织和公众等利益相关者参与，并且应正确对待中央与地方政府在环境治理中的相对低位，依据地方环境治理力度水平和现实情况来实施地区差异化的环境治理目标及策略（周伟，2018；许佩和吴姗姗，2020；肖芬蓉和王维平，2020；陈菡等，2020；Brink and Wamsler 2018）；四是从治理机制的视角出发，强调构建多层次的结构性机制和多阶段的过程性机制，以及动态、权力和利益平衡机制，实现由"运动式"到"常态化"协同治理的转变（吴建南等，2020；赵新峰和袁宗威，2019；Zhang and Miao，2019；Ye et al.，2019）。

（4）对协同治理国际化经验的总结。从国际经验上看，欧洲莱茵河治理以及日本的垃圾分类处置都具有很强的参考价值。从莱茵河治理经验来看，流域内府际协同治理机制、健全黄河流域社会协同治理机制、制定整体战略规划以及增强生态保护与发展的协同性是典型的经验（黄燕芬等，2020）。从日本绿色治理经验来看，协同机制方面充分发挥市场作用、将环境目标融入产业升级是日本实践的重要经验（李维安和秦岚，2020）。

三、区域资源环境承载力研究

可持续发展、区域发展与产业布局、资源稀缺与增长极限、系统工程、生态经济学及人地关系协调等理论资源环境承载力研究的理论依据主要包括（史宝娟，2014；王红旗等，2017）：资源环境承载力研究的指导思想和理论根基是可持续发展理论（刘辉等，2005），资源的合理使用、环境的有效改善、生态的良性循环与人口的适度控制是其具体表现。承载力的研究可追溯到 Malthus（1789）的人口论——重视环境因素对人口规模的影响。关于资源环境承载力的国内研究可将 1991 年福建省发布的湄洲湾环境规划报告作为开端，其中提出了"环境承载力"的概念。刘殿生（1995）认为土地资源、水资源、大气环境、水质环境与生物资源 5 个单要素的环境承载力之和即为环境综合承载力。国内学者分别以社会经济活动规模（邱鹏，2009）、人类生存与经济发展（刘蕾，2013）、人口总量（牛方曲等，2018）、人口与经济总量（石忆邵等，2015）界定资源环境承载力的概念。封志明等（2017）指出资源环境承载力指特定时空范围内资源环境基础的"最大负荷"。岳文泽和王田雨（2019）以资源要素的承载、环境要素的容纳与生态要素的服务为 3 个功能层次，解构资源环境承载力的内涵。

　　在资源环境承载力的构成要素与影响因素研究上，有学者认为环境承载力的主要影响因素为土壤、空气与水的质量、植被、能源利用效率等；也有学者认为需要将资源环境承载力与环境生态类、城市设施类、公共意识类等进行关联（赵晓华，2009）。马海龙（2017）认为承载体（无机环境系统和资源系统）和承载对象（社会经济系统及人类社会活动产生的附属）构成了环境承载力。"先天性"因素，例如水、地条件会对资源环境承载力产生影响，"后天性"因素，例如人口数量、产业发展、城镇规模等会对资源环境承载力发生作用（王丹和陈爽，2011；廖慧璇等，2016）。资源环境承载力具有一系列基本特征，例如客观存在性、相对有限性、复合有机性、动态稳定性、区域空间性、有限可控性等（马爱锄，2003；张学良，2014）；封志明等（2018）认为综合性和限制性在资源环境承载力特征中较为突出。

　　生态足迹法、主成分分析法、系统动力学法、状态空间法等方法被广泛运用于区域资源环境承载力评价。近年来，学者更多地注重将多种评价方法结合使用，评价相关区域的资源环境承载力。张雪花等（2011）使用能值–生态足迹整合模型、吴书光和张红凤（2013）将主成分分析法与聚类分析方法结合、陈先鹏（2015）将系统动力学法与主成分分析法结合、郭轲和王立群（2015）将状态空间法与 Tobit 模型结合、黄秋森等（2018）结合了状态空间法和向量模型。综述近期的相关研究成果，区域资源环境承载力评价方法的选择反映了从单一到综合、定性到定量、统计描述到数学建模的发展趋势，呈现出多元化、定量化与系统化的特征，多种评价方法的综合运用成为区域资源环境承载力评价的主流。

　　在国家尺度的研究上，卢小兰（2014）研究中国 30 个省域 2006~2011 年的资源环境压力、承载力和承载率的空间相关性；付云鹏和马树才（2015）对中国 31 个地区资源环境承载力的时空变化特征进行分析；段佩利等（2019）对 2015 年京津冀、山东半岛、辽中南、长三角及珠三角五大城市群资源承载力与区域开发强度的协调程度进行评价。在城市群区域尺度的研究上，唐凯等（2012）对 2000~2008 年长株潭城市群资源环境承载力进行分析；李丽红（2017）使用 2004~2015 年面板数据建立熵值分析模型，分析评价京津冀地区 13 个城市的资源环境承载力；王德怀和李旭东（2019）从时、空两个维度对 2004~2016 年贵州乌江流域 43 个区域的资源环境承载力进行研究。在省域尺度的研究上，Lane 等（2014）对澳大利亚昆士兰州资源环境压力、承载力和承载率之间的空间相关性进行实证分析；焦晓东和尹庆民（2015）评价江苏省 13 个城市的资源环境承载力时，运用了投影寻踪模型与粒子群算法和 Matlab 仿真模拟编程的方法；王淀霖等（2019）综合评价了 2016 年广东省资源环境承载力。在市县域尺度的研究上，曾浩等（2015）对武汉城市圈 9 个城市 2002~2011 年的资源环境承载力的时空差异进行研究；Irankhahi 等（2017）对 2010~2014 年伊朗谢米兰市资源环境承载力进行分析研究；白嘎力等（2018）在对安徽省郎溪县资源环境承载力评价时使用了多情景、多类型的人口和经济承载力计算方法；卢青等（2019）定量测算湖北省团风县的资源环境承载力；王亮和刘慧（2019）实证研究了 2010~2015 年北京市资源环境承载力的变化状况。在产业园区尺度的研究上，赵宏波等（2015）对 2000~2011 年长吉图开发开放先导区环境承载力的时序变化特征与影响因子进行了分析；王树强和徐娜（2017）综合评价了雄安新区的综合生态环境承载力。

　　区域资源环境承载力的相关研究进展与问题并存：①区域资源环境承载力基础理论的相关研究数量不多。没有完全构建出区域资源环境承载力基础理论体系，特别在其内涵与外延、主要类型、影响因素、承载和演化等方面的研究有所欠缺。②区域资源环境承载力方法应用方面具有一定局限，在定性定量以及静态动态分析方面都存在着一些不足。例如，使用生态足迹法时，指标相对单一，造成无法进行动态模拟与预测的问题；使用系统动力学法时，其中的参变量的确定有难度，导致模型变差等。③空间多元以及区域开放性方面需要更多关注。区域要素多样性和灵活性容易造成区域资源环境承载力的明显差异，对定量化评价区域资源环境承载力带来一定的困难。同时区域与区域间的相互作用，长短板的相互补充会对单一区域环境承载力的分析产生干扰。

四、区域可持续发展的中国制度

改革开放以来，我国经济持续高速发展，取得了举世瞩目的成就。但有个别区域无视环境承受能力，造成一些难以恢复的生态问题，如水土流失、土地沙化、大气污染等问题。基于国内生态环境的现状问题，习近平总书记指出："我们在生态环境方面欠账太多了，如果不从现在起就把这项工作紧紧抓起来，将来会付出更大的代价。"由此"两山理论"便成为中国加快推进生态文明建设的重要指导思想。

"两山理论"是总书记在浙江湖州安吉考察时提出来的科学论断，"两山理论"就是"绿水青山就是金山银山"。总书记用这一句话很好地概括了绿水青山和金山银山之间的内在联系，更好地阐述了我党在治国理政方面的超前性。"绿水青山"喻指人类持续发展所依靠的优质生态环境；"金山银山"则喻指人类社会的一切物质生活条件。环境保护与经济发展之间看似矛盾却存在着辩证统一的关系，早在一千多年前，马克思已为我们指明了方向。"两山理论"辩证地剖析了经济建设和生态文明建设之间的关系，是对人类发展的重要思考，也是体现出了近年来人类在不断自我发展的同时对环境的不断重视的事实。

2020年3月，习近平总书记在浙江考察时强调"在保护好生态的前提下，积极发展多种经营，把生态效益更好地转化为经济效益、社会效益"。生态产品价值实现是通过多种政策工具的干预真实反映生态产品的价值，通过已有或新建的交易机制进行交易，实现外部性的内部化，建立"绿水青山"向"金山银山"转化的长效机制。

地方特色有机农产品、中草药等无须处理或简单处理即可转换为经济产品，通过生态品牌提升价值。西藏自治区山南市隆子县依托高原优良生态特色资源，发展黑青稞生产，大大增加产品附加值。浙江省丽水市依托当地菌、茶、果、蔬、药、畜牧、油茶等特色农产品，打造"丽水山耕"品牌。

区域自然景观、历史文化等通过融合产业可将与产业结合，发展成为可实现经济价值的产品。如广西壮族自治区金秀瑶族自治县依靠得天独厚的生态优势和瑶族文化资源，发展瑶乡生态文化旅游和绿色观光农业，培育出民俗村文化博物馆、示范园等众多生态产业。这是乡村旅游发展的良好体现，也是文化与旅游结合的良好示范，实现了生态资产的经济价值。

纯公共物品一般难以使用市场化手段到载体来实现经济价值，例如水、碳排放、森林等。以科斯定理为理论基础，采用政府生态补偿、绿色金融等方式，使其成为生态资产，将生态产品的非市场价值转化成市场价值，比如碳排放权、排污权、碳汇交易、水权交易等产品。同时也产生了包括绿色信贷、生态效益债券和生态银行等金融产品。如福建省顺昌县依托国有林场通过项目收益、抵押贷款、资本运作等方式建立"森林银行"，将森林树木资源转化为经济资本。

中国是一个地域发展条件差异很大、各地发展水平和模式不一、未来在全国实现现代化进程中地域功能有着很大分异的国家。从全国整体上看，人口、资源、环境压力大，经济发展水平不高，实现人与自然、经济与社会的协调发展难度极大，可持续发展任务艰巨。由于区域的差异性和相互依赖性，区域和城乡之间的发展矛盾日益突出，我国走可持续发展道路面临更大的挑战。

虽然面临困难，但中国一直是世界可持续发展议程的全程参与者和重要推动者。2013年国务院印发《全国资源型城市可持续发展规划（2013—2020年）》，2015年；习近平主席出席联合国发展峰会，同各国领导人一道通过了2030年可持续发展议程；2016年，我国先后发布《中国落实2030年可持续发展议程国别方案》《中国落实2030年可持续发展议程创新示范区建设方案》（国发〔2016〕69号），明确提出了中国落实2030年可持续发展议程任务的具体要求。

除国家各项规划方案外，各省市地区贯彻国家政策目标，结合自身地域发展实际，因地制宜并具有针对性、差异化地制定区域可持续发展的相关政策制度。2020年12月1日，中国国际经济交流中心、美国哥伦比亚大学、阿里研究院与社会科学文献出版社共同发布了《可持续发展蓝皮书：中国可持续发展评价报告（2020）》。报告显示，中国100座大中城市中位列前五名的城市分别是：珠海、北京、深圳、杭州、广州。由于珠海市与北京、深圳在经济发展、城市定位、产业布局等方面具有较大差异。故选取北京市、深圳市作为省市代表进行介绍。

党的十八大以来，深圳市明确提出建设"美丽深圳"，将"在生态文明建设上先行示范"作为城市发展路径。先后发布《深圳市可持续发展规划（2017~2030年）》《深圳市国家可持续发展议程创新示范区建设方案（2017—2020年）》《2018年深圳市国家可持续发展议程创新示范区建设实施方案》《深圳市循环经济"十三五"规划》和《深圳市生态文明建设规划（2017—2020年）》等一系列规划建设方案。2018年2月，国务院批复同意深圳市建设国家可持续发展议程创新示范区。

近几年来，深圳市可持续发展建设推进成果显著。2016年初，深圳河流黑臭水体问题严重，深圳将整治水体作为"一号民生工程"大力整治。用时四年，在2019年底，解决了近40年的河水黑臭问题，全市以往的黑臭水体问题全部消除。深圳还在全国最早开展PM2.5源解析，最早限行黄标车。2019年，深圳空气质量持续良好，灰霾天数为个位数。另外，深圳在全国率先提出基本生态控制线概念，并在国土开发空间极度紧张的情况下，布设生态资源保护安全网。目前，深圳全市基本生态控制线内土地面积占全市土地面积的48.76%。此外，深圳在全国率先启动碳排放权交易，呈现市场流动性高、减排成效显著等亮点。

与深圳市不同，北京市将重点放在土地规划上。中共北京市委、北京市人民政府于2017年9月29日发布并实施《北京城市总体规划（2016年—2035年）》。新总规谋划首都未来可持续发展的新蓝图，北京市编制的新一版城市总体规划。规划将资源环境列为硬性约束条件，确定"三条红线"。首先是人口总量上限。北京市常住人口规模2020年控制在2300万人以内，2020年以后长期稳定在这一水平。其次是生态控制线。到2020年，北京市生态控制区面积占市域面积的比例达到73%，到2035年提高到75%。最后是城市开发边界。到2020年，全市城乡建设用地规模将由2015年的2921平方千米减到2860平方千米，2035年减到2760平方千米，减少的用地多作生态环境改善之用。

2021年1月，北京市规划自然资源委在北京市第十五届人民代表大会常务委员会第二十六次会议上提请书面审议了《关于〈北京城市总体规划（2016年—2035年）〉实施情况的报告》。总体规划获党中央、国务院批复以来，将精心组织实施总体规划作为本市三件大事之一。北京市持续三年开展对城市总体规划的实施情况体检的工作，确保总体各项目标得以落实。北京城市体检的经验模式得到了自然资源部、住房和城乡建设部的充分肯定并作为示范向全国推广。制定和印发《关于建立国土空间规划体系并监督实施的实施意见》《首都功能核心区控制性详细规划（街区层面）（2018年—2035年）》《关于开展乡镇国土空间规划编制工作的指导意见》《北京市土地资源整理暂行办法》等一系列细化的实施计划、方案及指导意见等，在国土空间规划，土地资源整理，城乡建设、人口、生态、交通、教育和物业等多个方面深入落实推进总体规划。同时谋划好总体规划实施第二阶段，编制《北京市国土空间近期规划暨北京城市总体规划实施工作方案（2021年—2025年）》并推动实施，与"十四五"规划体系统筹衔接，成为健全规划体系与实施传导机制的重要组成部分。

第四节　区域可持续发展研究展望

一、区域可持续发展研究面临的关键挑战

可持续发展是一项全球性的问题。其中资源的合理分配是重要挑战：全球各地区由于发展历史和发展条件的不同，区域差别明显，较发达地区和欠发达地区的发展水平的差距仍有加大的趋势，人口仅占全世界人口26%的较发达地区消耗全球80%的能源、钢材和纸张，严重影响了欠发达地区的发展（郑建萍，2017）。因此，公平分配全球目前有限资源，实现代内与代际公平，是实现区域可持续发展的重要保证之一。资源的可持续问题是协调人地关系的问题，区域可持续发展在自然观上注重环境效益，要求在经济持续发展的同时，充分考虑到经济、社会发展对生态环境造成的压力，要努力改善环境质量，注意协调人与自然的关系（王劲峰，1995）。

根据相关研究，我国实施区域可持续发展战略所面临的挑战主要如下（冯年华，2003；梁爱华，2001）：

1. 人口数量急剧增长成为可持续发展的严重障碍

首先，人口过多成为可持续发展的重大障碍，导致了经济资源和环境等方面的问题。人口过多导致资源供给紧张。区域人口过多，人均资源相对不足，这是制约我国区域可持续发展的一个重要因素。其次，人口过快增长对经济发展产生极大压力，抵消经济发展成就。目前存在的主要问题是过剩人口与短缺经济的矛盾。为满足人们的衣食住行、普及教育、提高人口素质，以及提供就业等，需要付出一部分经济成果作代价。再次，人口过多对人民生活水平产生消极影响。人口过快增长，给就业、教育、住房、能源、交通、医疗保健、社会福利等各方面造成很大压力。从就业情况看，各地区正面临着劳动力激增形势。最后，人口规模超过环境承载能力，导致生态环境遭到破坏。

2. 人口素质不高成为可持续发展的障碍之二

我国各地区人口质量虽然不断提高，但全民人口的科学文化素质仍然较低，受过高等教育的人口所占的比例不仅低于发达国家，甚至还比不上某些发展中国家。尤其是农村人口、女性人口的文化素质急需提高。各地区都同样面临这一问题，从一定意义上说，人口素质的总体水平比较低，科学技术水平不高是导致经济增长粗放、资源浪费和环境污染严重的一个重要原因，并仍然继续妨碍着经济和社会的发展。劳动者素质低下已经成为可持续发展的障碍，不能适应可持续发展的要求。

3. 人均资源量少

我国资源丰富，但人均资源量贫乏，淡水、耕地、森林和草地中的人均占有量只有世界平均的28.1%、32.3%、14.3%、32.2%，据统计，全国446个城市中有200多个不同程度缺水。矿产资源人均占有量也不到世界平均水平的一半，居第80位。矿产资源人均占有量贫乏是许多区域可持续发展必须重视的严重问题。

4. 资源分布不平衡

中东部地区工业相对发达、生产力水平较高，但往往资源相对缺乏，不得不引进大量的资

源。区域间及区域内部资源的分布不平衡，与生产力的分布不相匹配，从而给资源的开发利用带来了一系列问题。

5. 资源的利用率低及非持续利用

由于科学技术的落后，资源的潜在价值和附加价值得不到充分的利用，造成资源的浪费；资源价格体系不合理；由于资源廉价，使用者在节约资源及提高资源利用率方面同样缺乏积极性；资源产权化模糊。

6. 环境污染严重

随着工业的发展，污染严重影响人民的生活、经济的发展、资源的再生。工业废物排放量也是日益增加，而处理率却徘徊不前。工业废气对大气的污染程度更将严重制约未来经济发展。另外，噪声污染也日趋严重。各地区都存在环境污染问题，而且日益突出，在实施区域可持续发展战略过程中必须予以充分的重视。

二、区域可持续发展研究可能取得的重大突破点

区域可持续发展理论具有深刻的内涵，它综合了可持续发展的经济观、社会观和自然观。区域可持续发展在经济观上追求经济的持续发展。当前区域可持续发展研究方面可能的突破点主要在方法和理论层面。

（1）指标体系的完善。可持续发展的指标体系是评价可持续发展的基础。但由于可持续发展问题涵盖社会、经济、生态环境和社会制度等几大方面，造成指标体系中的指标数量必然众多，而且由于不同研究者、不同的指标体系强调的可持续发展的侧重点不同，也会以此建立起各种各样的指标体系，差异较大的指标体系及其相应众多的数据，不利于可持续发展的科学决策和应用（成超男等，2020；于德永和郝蕊芳，2020）。将各种指标集成为简单明了的综合指标或集成指标（指数），将成为可持续发展评估指标及方法研究的重要内容。

（2）研究方法的突破。随着可持续发展研究的深入，研究内容不断拓展，研究的方法也在完善，如引入层次分析法，系统动力学、人工神经网络分析，物质流分析，能值 - 生态足迹、生态系统服务的方法等（胡大伟，2006；车国伟等，2018；彭建等，2006；滕蕴娴，2009；张金萍等，2011），这些方法的完善也是未来区域可持续发展研究的重要突破。

（3）区域可持续研究的角度和方面拓展。针对研究区域的不同自然、社会经济差异属性，以及所处的不同发展阶段，从不同的角度开展可持续发展的研究，如从地区（如西部地区）、城市群（如长株潭、黔中等）、省份（如甘肃、河北、四川等）、城市（如西安、福州等）以及地理单元（如青藏高原等）、流域（如黄河流域、长三角等）和特定区域（如煤炭产业城市）（丁晓辉，2011；陈燕芳，2006；李毅，2006；高英超，2013；宋芳，2006；刘韬，2012；刘同德，2009；吴慧英，2009；陈建业，2006；涂啸，2008；胡大伟，2006）。从不同的角度入手，可以对特定区域的可持续发展进行更有针对性的、具体的研究。

三、可持续发展研究如何为全人类未来做贡献

可持续发展理念自提出以来，随着社会经济发展的实践不断进步，对区域的协调发展做出了贡献（冯年华，2003）。20 世纪初至五六十年代，受发展经济学主流派思想的影响。人们将发展理解为国民生产总值的增长、农业地位的下降和工业地位上升的全过程。强调高增长率、工业化和资本积累的重要性，以工业的增长作为衡量社会发展的唯一尺度。在这一时期，出现了许多关于区域发展思想的论著，如 R. 纳克斯的《不发达国家的资本形成问题》、刘易斯的《经济增长理论》和罗斯托的《经济增长阶段》等，这些著作的基本出发点是发达的工业化国家的

经济增长模式具有普遍性，发展问题就是欠发达国家加速经济增长，追赶发达国家的问题，发展的目标就是最大限度地追求国民生产总值。在这种区域发展理论指导下各地区对资源进行掠夺式开发，以牺牲农业为代价粗放经营，对自然资源造成巨大浪费，同时也引发了一系列的环境污染，粮食和自然资源短缺等世界性问题。20 世纪 60 年代末到 70 年代中期，随着世界各国民族解放运动的兴起，在政治上取得独立的年轻国家强烈要求经济上独立和迅速发展，急剧膨胀的人口规模也导致发展问题更加尖锐和复杂化。在这种背景下，人们对区域发展理论进行反思，并清楚地认识到以国民生产总值为核心的发展日益受到资源的限制，并且加快了生态环境的破坏程度，人类为经济增长付出越来越高的代价。单纯的经济增长并不能促使发展中国家的生活水平得到普遍提高，经济的增长和财富的增加并不能真正消除贫困，反而加剧了两极分化。无论在发展的目的还是在发展的方式和手段上，该阶段的区域发展理论与上一阶段相比都发生了深刻的变化，具有很大的进步性，但这些理论没有说明区域发展的实际内涵，对人口、资源和生态环境等问题未能引起足够的重视，忽视了区域协调发展。20 世纪 80 年代以来，人类在区域发展中引入了可持续发展的思想。可持续发展的概念是由布伦特兰夫人于 1987 年 4 月在《我们共同的未来》一书中正式提出并于 1992 年得到全球范围认可的。布氏认为可持续发展是既满足当代人的需求，又不对后代人满足其需要的能力构成危害的发展。区域可持续发展是可持续发展思想在地域上的落实与体现，是指特定区域的需要不削弱其他区域满足其需求的能力，同时当代人的需要不对后代人满足其需求能力构成危害的发展。

未来，随着相关理论、指标评价体系和方法的完善，以及相关实证研究的开展，将对区域可持续发展的实践起到积极的促进作用。当前的研究基于具体的区域的差异性，构建可持续发展的政策支持系统，如胡科等对甘肃的可持续发展潜力进行评估（胡科，2009），张玉等对河北省的可持续发展进行综合评价研究等（张玉，2012），为区域的可持续发展提供了对策和建议。对于社会经济生态多方面的协调发展而言，避免单纯的经济发展而忽略生态保护的重要性，正确协调生存和发展的关系，是之后可持续发展研究需要考虑的内容。

四、碳达峰和碳中和是我国实现可持续发展的系统性变革

碳达峰是指我国承诺 2030 年前二氧化碳的排放不再增长，达到峰值之后逐步降低。碳中和是指企业、团体或个人测算在一定时间内直接或间接产生的温室气体排放总量，然后通过植物造树造林、节能减排等形式，抵消自身产生的二氧化碳排放量，实现二氧化碳"零排放"。气候变化是人类面临的全球性问题，随着各国二氧化碳排放，温室气体猛增，对生命系统形成威胁。在这一背景下，世界各国以全球协约的方式减排温室气体，我国由此提出碳达峰和碳中和目标。

2030 碳达峰和 2060 碳中和对区域可持续发展研究提出了重大课题，围绕 2030 碳达峰和 2060 碳中和的区域战略和对策将是未来区域可持续发展研究的重要课题。

参考文献

（一）中文文献

[1] 白嘎力，刘尚，朱涛. 安徽省郎溪县资源环境承载力评价 [J]. 长江大学学报（自然科学版），2018，15（22）：73 – 76.

[2] 北京大学中国持续发展研究中心. 可持续发展之路：北京大学首次可持续发展科学讨论会文集 [C]. 北京：北京大学出版社，1995.

[3] 操小娟，李佳维. 环境治理跨部门协同的演进——基于政策文献量化的分析 [J]. 社会主义研究，2019（3）：84 – 93.

［4］车国伟，王泽民，杨正丽．综合协调交叉效率区域可持续发展评价模型与动态评价［J］．测绘通报，2018（12）：59-64.

［5］陈晨，张广胜．国家创新型城市政策、高端生产性服务业集聚与地区经济高质量发展［J］．财贸研究，2020，31（4）：36-51.

［6］陈菡，陈文颖，何建坤．实现碳排放达峰和空气质量达标的协同治理路径［J］．中国人口·资源与环境，2020，30（10）：12-18.

［7］陈建业．黄河三角洲区域可持续发展模式仿真［D］．同济大学，2006.

［8］陈景华，陈姚，陈敏敏．中国经济高质量发展水平、区域差异及分布动态演进［J］．数量经济技术经济研究，2020，37（12）：108-126.

［9］陈立中，胡奇，洪建国．高房价对城市人才流失和高质量发展的影响［J］．城市发展研究，2020，27（12）：98-105.

［10］陈诗一，程时雄．雾霾污染与城市经济绿色转型评估：2004~2016［J］．复旦学报（社会科学版），2018，60（6）：122-134.

［11］陈先鹏．基于PCA和SD模型的区域国土资源环境承载力评价［D］．浙江大学，2015.

［12］陈燕芳．福州市可持续发展指标评价研究［D］．福建农林大学，2006.

［13］成超男，胡杨，赵鸣．城市绿色空间格局时空演变及其生态系统服务评价的研究进展与展望［J］．地理科学进展，2020，39（10）：1770-1782.

［14］成金华，尤喆．"山水林田湖草是生命共同体"原则的科学内涵与实践路径［J］．中国人口·资源与环境，2019，29（2）：1-6.

［15］崔丹，吴昊，吴殿廷．京津冀协同治理的回顾与前瞻［J］．地理科学进展，2019，38（1）：1-14.

［16］丁晓辉．城市化对城市可持续发展影响研究［D］．西北农林科技大学，2011.

［17］丁兆罡，段传庆，洪天求．城市绿色转型效果评价研究——以安徽省淮南市为例［J］．运筹与管理，2019，28（12）：162-169.

［18］段佩利，刘曙光，尹鹏，等．城市群开发强度与资源环境承载力耦合协调的实证［J］．统计与决策，2019，35（8）：49-52.

［19］樊杰，蒋子龙．面向"未来地球"计划的区域可持续发展系统解决方案研究——对人文-经济地理学发展导向的讨论［J］．地理科学进展，2015，34（1）：1-9.

［20］樊杰，王亚飞，汤青，等．全国资源环境承载能力监测预警（2014版）学术思路与总体技术流程［J］．地理科学，2015，35（1）：1-10.

［21］樊杰，周侃，陈东．生态文明建设中优化国土空间开发格局的经济地理学研究创新与应用实践［J］．经济地理，2013，33（1）：1-8.

［22］樊杰．中国主体功能区划方案［J］．地理学报，2015，70（2）：186-201.

［23］范丹，王明旭．国际三大湾区环境保护对粤港澳大湾区的经验启示［J］．环境科学与管理，2019，44（4）：13-16.

［24］方创琳，周成虎，王振波．长江经济带城市群可持续发展战略问题与分级梯度发展重点［J］．地理科学进展，2015，34（11）：1398-1408.

［25］方创琳．区域人地系统的优化调控与可持续发展［J］．地学前缘，2003（4）：629-635.

［26］方创琳．中国城市发展格局优化的科学基础与框架体系［J］．经济地理，2013，33（12）：1-9.

［27］方创琳．中国新型城镇化高质量发展的规律性与重点方向［J］．地理研究，2019，38（1）：13-22.

［28］方恺，李帅，叶瑞克，张琦峰，龙吟．全球气候治理新进展——区域碳排放权分配研究综述［J］．生态学报，2020，40（1）：10-23.

［29］封志明，李鹏．承载力概念的源起与发展：基于资源环境视角的讨论［J］．自然资源学报，2018，33（9）：1475-1489.

［30］冯年华．区域可持续发展理论与实证研究［D］．南京农业大学，2003.

［31］弗朗索瓦·佩鲁．新发展观［M］．北京：华夏出版社，1987.

[32] 付云鹏，马树才．中国区域资源环境承载力的时空特征研究 [J]．经济问题探索，2015 (9)：96 – 103.

[33] 付允，马永欢，刘怡君，等．低碳经济的发展模式研究 [J]．中国人口·资源与环境，2008 (3)：14 – 19.

[34] 高世楫，王海芹，李维明．改革开放 40 年生态文明体制改革历程与取向观察 [J]．改革，2018 (8)：49 – 63.

[35] 高英超．四川省市州可持续发展水平的综合评价与分析 [D]．西南财经大学，2013.

[36] 呙小明，黄森．FDI 偏好对中国区域经济绿色转型的影响 [J]．首都经济贸易大学学报，2018，20 (6)：62 – 72.

[37] 郭轲，王立群．京津冀地区资源环境承载力动态变化及其驱动因子 [J]．应用生态学报，2015，26 (12)：3818 – 3826.

[38] 郭文伟，李嘉琪．房价泡沫抑制了经济高质量增长吗？——基于 13 个经济圈的经验分析 [J]．中国软科学，2019 (8)：77 – 91.

[39] 郝寿义．论信息资本化与中国经济高质量发展 [J]．南开经济研究，2020 (6)：23 – 33.

[40] 何利，沈镭，张卫民，等．我国自然资源核算的实践进展与理论体系构建 [J]．自然资源学报，2020，35 (12)：2968 – 2979.

[41] 何璐，张文明．黄河流域城市经济高质量发展的动态演进及趋势预测 [J]．经济问题，2021 (1)：1 – 8.

[42] 胡大伟．基于系统动力学和神经网络模型的区域可持续发展的仿真研究 [D]．南京农业大学，2006.

[43] 胡科．甘肃省区域可持续发展潜力评价研究 [D]．西北师范大学，2009.

[44] 胡溢轩，童志锋．环境协同共治模式何以可能：制度、技术与参与——以农村垃圾治理的"安吉模式"为例 [J]．中央民族大学学报（哲学社会科学版），2020，47 (3)：88 – 97.

[45] 胡志高，李光勤，曹建华．环境规制视角下的区域大气污染联合治理——分区方案设计、协同状态评价及影响因素分析 [J]．中国工业经济，2019 (5)：24 – 42.

[46] 胡中华．关于完善环境区域协同治理制度的思考 [J]．法学论坛，2020，35 (5)：29 – 37.

[47] 胡宗义，杨振寰，吴晶．"一带一路"沿线城市高质量发展变量选择及时空协同 [J]．统计与信息论坛，2020，35 (5)：35 – 43.

[48] 黄秋森，赵岩，许新宜，等．基于弹簧模型的资源环境承载力评价及应用——以内蒙古自治区陈巴尔虎旗为例 [J]．自然资源学报，2018，33 (1)：173 – 184.

[49] 黄燕芬，张志开，杨宜勇．协同治理视域下黄河流域生态保护和高质量发展——欧洲莱茵河流域治理的经验和启示 [J]．中州学刊，2020 (2)：18 – 25.

[50] 焦晓东，尹庆民．基于 PSO – PP 模型的江苏城市资源环境承载力评价 [J]．水利经济，2015，33 (2)：19 – 23.

[51] 莱斯特·R. 布朗．建设一个持续发展的社会 [M]．北京：科学技术文献出版社，1984.

[52] 李光龙，范贤贤．财政支出、科技创新与经济高质量发展——基于长江经济带 108 个城市的实证检验 [J]．上海经济研究，2019 (10)：46 – 60.

[53] 李慧茹等．京津冀生态环境协同保护研究 [M]．北京：人民出版社，2020.

[54] 李丽红．承载力评价及生态环境协同保护研究 [M]．石家庄：河北大学出版社，2017.

[55] 李利锋，郑度．区域可持续发展评价：进展与展望 [J]．地理科学进展，2002 (3)：237 – 248.

[56] 李维安，秦岚．绿色治理：参与、规则与协同机制——日本垃圾分类处置的经验与启示 [J]．现代日本经济，2020 (1)：52 – 67.

[57] 李小建，文玉钊，李元征，等．黄河流域高质量发展：人地协调与空间协调 [J]．经济地理，2020，40 (4)：1 – 10.

[58] 李彦，付文宇，王鹏．高铁服务供给对城市群经济高质量发展的影响——基于多重中介效应的检验 [J]．经济与管理研究，2020，41 (9)：62 – 77.

[59] 李毅．基于区域可持续发展的我国西部地区产业结构调整问题研究 [D]．河北大学，2006.

[60] 李志萌，盛方富．长江经济带区域协同治理长效机制研究 [J]．浙江学刊，2020 (6)：143 – 151.

［61］李志青，刘瀚斌. 长三角绿色发展区域合作：理论与实践［J］. 企业经济，2020，39（8）：48 – 55.

［62］梁爱华. 区域可持续发展分析与评价研究［D］. 湖南大学，2001.

［63］廖慧璇，籍永丽，彭少麟. 资源环境承载力与区域可持续发展［J］. 生态环境学报，2016，25（7）：1253 – 1258.

［64］林善浪. 在新发展格局下推进长三角一体化高质量发展［J］. 人民论坛，2020（32）：56 – 61.

［65］林毅夫. 新结构经济学——重构发展经济学的框架［J］. 经济学（季刊），2011，10（1）：1 – 32.

［66］刘殿生. 资源与环境综合承载力分析［J］. 环境科学研究，1995（5）：7 – 12.

［67］刘华军，彭莹. 雾霾污染区域协同治理的"逐底竞争"检验［J］. 资源科学，2019，41（1）：185 – 195.

［68］刘辉，李波，王传胜. 烟台市生态足迹分析［J］. 生态经济，2005（10）：214 – 217.

［69］刘蕾. 区域资源环境承载力评价与国土规划开发战略选择研究——以皖江城市带为例［M］. 北京：人民出版社，2013.

［70］刘瑞，郭涛. 高质量发展指数的构建及应用——兼评东北经济高质量发展［J］. 东北大学学报（社会科学版），2020，22（1）：31 – 39.

［71］刘韬. 黔中经济圈可持续发展能力研究［D］. 贵州财经大学，2012.

［72］刘同德. 青藏高原区域可持续发展研究［D］. 天津大学，2009.

［73］刘彦随，刘玉，陈玉福. 中国地域多功能性评价及其决策机制［J］. 地理学报，2011，66（10）：1379 – 1389.

［74］刘玉，刘毅. 中国区域可持续发展评价指标体系及态势分析［J］. 中国软科学，2003（7）：113 – 118.

［75］刘志彪. 长三角区域高质量一体化发展的制度基石［J］. 人民论坛·学术前沿，2019（4）：6 – 13.

［76］卢娜，王为东，王淼，张财经，陆华良. 突破性低碳技术创新与碳排放：直接影响与空间溢出［J］. 中国人口·资源与环境，2019，29（5）：30 – 39.

［77］卢青，胡守庚，叶菁，等. 县域资源环境承载力评价研究——以湖北省团风县为例［J］. 中国农业资源与区划，2019，40（1）：103 – 109.

［78］卢小兰. 中国省域资源环境承载力评价及空间统计分析［J］. 统计与决策，2014（7）：116 – 120.

［79］芦咏梅. 区域持续发展的理论研究［J］. 经济地理，1994（1）：7 – 10.

［80］陆大道，樊杰. 区域可持续发展研究的兴起与作用［J］. 中国科学院院刊，2012，27（3）：290 – 300.

［81］陆军，毛文峰. 城市网络外部性的崛起：区域经济高质量一体化发展的新机制［J］. 经济学家，2020（12）：62 – 70.

［82］罗冬林，陈文喆，蔡伟. 跨域环境治理中地方政府协同网络信任的稳定性——基于黄河中游工业数据的实证［J］. 管理学刊，2020，33（6）：13 – 25.

［83］马爱锄. 西北开发资源环境承载力研究［D］. 西北农林科技大学，2003.

［84］马海龙. 宁夏资源环境承载力研究［M］. 北京：科学出版社，2017：25 – 26.

［85］马海涛，徐楦钫. 黄河流域城市群高质量发展评估与空间格局分异［J］. 经济地理，2020，40（4）：11 – 18.

［86］马茹，罗晖，王宏伟，等. 中国区域经济高质量发展评价指标体系及测度研究［J］. 中国软科学，2019（7）：60 – 67.

［87］马涛，黄印，谭乃榕. "十四五"时期高质量区域经济布局的多层次政策体系思考［J］. 哈尔滨工业大学学报（社会科学版），2021，23（1）：145 – 153.

［88］马涛，谭乃榕. 区域主体功能实现与自然资源利用的定量关系研究［J］. 中国人口·资源与环境，2020，30（1）：30 – 40.

［89］马涛，王昊，谭乃榕，等. 流域主体功能优化与黄河水资源再分配［J］. 自然资源学报，2021，36（1）：240 – 255.

［90］毛锋，郑洋，朱高洪. 社会和谐与可持续发展［J］. 中国人口·资源与环境，2008，18（6）：12 – 17.

［91］毛锋. 论社会稳定与可持续发展［J］. 北京大学学报（哲学社会科学版），2000（3）：19 – 27.

［92］毛汉英，陈为民. 人地系统与区域持续发展研究［M］. 北京：中国科学技术出版社，1995.

［93］毛汉英，余丹林．区域承载力定量研究方法探讨［J］．地球科学进展，2001（4）：549－555.

［94］毛汉英．京津冀协同发展的机制创新与区域政策研究［J］．地理科学进展，2017，36（1）：2－14.

［95］毛汉英．人地系统优化调控的理论方法研究［J］．地理学报，2018，73（4）：608－619.

［96］毛汉英．山东省可持续发展指标体系初步研究［J］．地理研究，1996（4）：16－23.

［97］毛汉英．县域经济和社会同人口、资源、环境协调发展研究［J］．地理学报，1991（4）：385－395.

［98］梅冠群．新形势下建设高质量城市的思考［J］．宏观经济管理，2019（1）：15－20.

［99］苗峻玮，冯华．区域高质量发展评价体系的构建与测度［J］．经济问题，2020（11）：111－118.

［100］聂长飞，简新华．中国高质量发展的测度及省际现状的分析比较［J］．数量经济技术经济研究，2020，37（2）：26－47.

［101］牛方曲，封志明，刘慧．资源环境承载力评价方法回顾与展望［J］．资源科学，2018，40（4）：655－663.

［102］牛文元，毛志锋．可持续发展理论的系统解析［M］．武汉：湖北科学技术出版社，1998.

［103］牛文元．可持续发展理论内涵的三元素［J］．中国科学院院刊，2014，29（4）：410－415.

［104］欧进锋，许抄军，刘雨骐．基于"五大发展理念"的经济高质量发展水平测度——广东省21个地级市的实证分析［J］．经济地理，2020，40（6）：77－86.

［105］欧阳锋，周济．可持续发展：中国走向未来的必由之路［J］．科学技术与辩证法，1996（4）：6－10.

［106］庞庆华，周未沫，杨田田．长江经济带碳排放、产业结构和环境规制的影响机制研究［J］．工业技术经济，2020，39（2）：141－150.

［107］彭建，王仰麟，吴健生．区域可持续发展生态评估的物质流分析研究进展与展望［J］．资源科学，2006（6）：189－195.

［108］邱鹏．西部地区资源环境承载力评价研究［J］．软科学，2009，23（6）：66－69.

［109］任晓松，刘宇佳，赵国浩．经济集聚对碳排放强度的影响及传导机制［J］．中国人口·资源与环境，2020，30（4）：95－106.

［110］芮晓霞，周小亮．水污染协同治理系统构成与协同度分析——以闽江流域为例［J］．中国行政管理，2020（11）：76－82.

［111］上官绪明，葛斌华．科技创新、环境规制与经济高质量发展——来自中国278个地级及以上城市的经验证据［J］．中国人口·资源与环境，2020，30（6）：95－104.

［112］邵军，施震凯，朱俊明．进口贸易与中国城市的绿色转型发展——基于绿色全要素生产率的研究［J］．国际贸易问题，2020（12）：51－64.

［113］石忆邵，王贺封，尹昌应，等．上海大都市地区资源环境承载力估算方法研究［M］．北京：中国建筑工业出版社，2015.

［114］史宝娟．资源、环境、人口增长与城市综合承载力［M］．北京：冶金工业出版社，2014：13－33，44.

［115］宋芳．论长株潭跨域合作治理体系的构建［D］．中南大学，2006.

［116］孙静，马海涛，王红梅．财政分权、政策协同与大气污染治理效率——基于京津冀及周边地区城市群面板数据分析［J］．中国软科学，2019（8）：154－165.

［117］孙久文，易淑昶．推动淮河生态经济带高质量发展的途径研究［J］．财贸研究，2020，31（3）：43－48.

［118］孙学涛，张广胜．技术进步偏向对城市经济高质量发展的影响——基于结构红利的视角［J］．管理学刊，2020，33（6）：36－47.

［119］锁利铭，阚艳秋．大气污染政府间协同治理组织的结构要素与网络特征［J］．北京行政学院学报，2019（4）：9－19.

［120］唐凯，唐承丽，赵婷婷，等．基于集对分析法的长株潭城市群资源环境承载力评价［J］．国土资源科技管理，2012，29（1）：46－53.

［121］滕磊，马德功．数字金融能够促进高质量发展吗？［J］．统计研究，2020，37（11）：80－92.

［122］滕蕴娴．基于层次分析法的区域可持续发展指标体系的研究［D］．天津大学，2009.

[123] 田雪原. 人口、经济、环境的可持续发展 [J]. 中国社会科学, 1996 (2): 4-15.

[124] 涂啸. 基于区域共同体构想的淮河流域可持续发展研究 [D]. 河南大学, 2008.

[125] 汪增洋, 张学良. 后工业化时期中国小城镇高质量发展的路径选择 [J]. 中国工业经济, 2019 (1): 62-80.

[126] 王丹, 陈爽. 城市承载力分区方法研究 [J]. 地理科学进展, 2011, 30 (5): 577-584.

[127] 王德怀, 李旭东. 山地流域资源环境承载力与区域协调发展分析: 以贵州乌江流域为例 [J]. 环境科学与技术, 2019, 42 (3): 222-229.

[128] 王淦霖, 吴大放, 刘艳艳, 等. 广东省资源环境承载力评价研究 [J]. 广东土地科学, 2019, 18 (1): 23-30.

[129] 王红旗, 王国强, 杨会彩, 等. 中国重要生态功能区资源环境承载力评价指标研究 [M]. 北京: 科学出版社, 2017.

[130] 王劲峰. 人地关系演进及其调控 [M]. 北京: 科学出版社, 1995.

[131] 王亮, 刘慧. 基于 PS-DR-DP 理论模型的区域资源环境承载力综合评价 [J]. 地理学报, 2019, 74 (2): 340-352.

[132] 王秦, 李伟. 区域资源环境承载力评价研究进展及展望 [J]. 生态环境学报, 2020, 29 (7): 1487-1498.

[133] 王树强, 徐娜. 雄安新区生态环境承载力综合评价 [J]. 经济与管理研究, 2017, 38 (11): 31-38.

[134] 王伟中. 地方可持续发展导论 [M]. 北京: 商务印书馆, 1999.

[135] 王贤彬, 王明灿, 郑莉萍. 金融改革推动地方经济高质量发展了吗?——来自国家金融综合改革试验区设立的证据 [J]. 经济社会体制比较, 2020 (4): 11-20.

[136] 王小鲁, 樊纲, 刘鹏. 中国经济增长方式转换和增长可持续性 [J]. 经济研究, 2009, 44 (1): 4-16.

[137] 王振华, 李萌萌, 江金启. 交通可达性对城市经济高质量发展的异质性影响 [J]. 经济与管理研究, 2020, 41 (2): 98-111.

[138] 魏建中, 李涛. 区域经济可持续发展多目标综合评价模型研究 [J]. 科研管理, 2004 (5): 140-144.

[139] 邬建国, 郭晓川, 杨㭎, 等. 什么是可持续性科学? [J]. 应用生态学报, 2014, 25 (1): 1-11.

[140] 吴传钧. 论地理学的研究核心——人地关系地域系统 [J]. 经济地理, 1991 (3): 1-6.

[141] 吴殿廷, 何龙娟, 任春艳. 从可持续发展到协调发展——区域发展观念的新解读 [J]. 北京师范大学学报 (社会科学版), 2006 (4): 140-143.

[142] 吴慧英. 长三角区域经济发展对环境质量影响的实证分析 [D]. 江南大学, 2009.

[143] 吴建南, 刘仟仟, 陈子韬, 等. 中国区域大气污染协同治理机制何以奏效? 来自长三角的经验 [J]. 中国行政管理, 2020 (5): 32-39.

[144] 吴书光, 张红凤. 基于 PSR 模型的土地可持续利用指标体系构建与实证研究——以山东省为例 [J]. 经济与管理评论, 2013, 29 (6): 66-70.

[145] 吴志军, 梁晴. 中国经济高质量发展的测度、比较与战略路径 [J]. 当代财经, 2020 (4): 17-26.

[146] 习近平. 决胜全面建成小康社会 夺取新时代中国特色社会主义伟大胜利——在中国共产党第十九次全国代表大会上的报告 [J]. 思想政治工作研究, 2017 (11): 33-52.

[147] 向晓梅, 张超. 粤港澳大湾区海洋经济高质量协同发展路径研究 [J]. 亚太经济, 2020 (2): 142-148.

[148] 肖芬蓉, 王维平. 长江经济带生态环境治理政策差异与区域政策协同机制的构建 [J]. 重庆大学学报 (社会科学版), 2020, 26 (4): 27-37.

[149] 谢正峰, 董玉祥. 我国城市土地优化配置研究演进与展望 [J]. 经济地理, 2011, 31 (8): 1364-1369.

[150] 徐银良, 王慧艳. 基于"五大发展理念"的区域高质量发展指标体系构建与实证 [J]. 统计与决策, 2020, 36 (14): 98-102.

[151] 许堞, 马丽. 粤港澳大湾区环境协同治理制约因素与推进路径 [J]. 地理研究, 2020, 39 (9):

2165 – 2175.

[152] 许佩，吴姗姗．环境分权体制下中央政府与地方政府协同环境治理研究［J］．经济与管理研究，2020，41（12）：124 – 141.

[153] 杨立，黄涛珍．DPSIR 框架下都市圈生态环境协同治理效应评价模型构建及综测——来自苏锡常都市圈的经验证据［J］．学术论坛，2019，42（6）：41 – 53.

[154] 杨柳青青，李小平．基于"五大发展理念"的中国少数民族地区高质量发展评价［J］．中央民族大学学报（哲学社会科学版），2020，47（1）：79 – 88.

[155] 杨世忠，谭振华，王世杰．论我国自然资源资产负债核算的方法逻辑及系统框架构建［J］．管理世界，2020，36（11）：132 – 144.

[156] 杨小东，冉启英，张晋宁．城市创新行为、财政分权与环境污染［J］．产业经济研究，2020（3）：1 – 16.

[157] 易兰，赵万里，杨历．大气污染与气候变化协同治理机制创新［J］．科研管理，2020，41（10）：134 – 144.

[158] 于德永，郝蕊芳．生态系统服务研究进展与展望［J］．地球科学进展，2020，35（8）：804 – 815.

[159] 于文轩．生态环境协同治理的理论溯源与制度回应——以自然保护地法制为例［J］．中国地质大学学报（社会科学版），2020，20（2）：10 – 19.

[160] 禹湘，陈楠，李曼琪．中国低碳试点城市的碳排放特征与碳减排路径研究［J］．中国人口·资源与环境，2020，30（7）：1 – 9.

[161] 岳文泽，王田雨．资源环境承载力评价与国土空间规划的逻辑问题［J］．中国土地科学，2019，33（3）：1 – 8.

[162] 曾浩，邱烨，李小帆．基于动态因子法和 ESDA 的资源环境承载力时空差异研究——以武汉城市圈为例［J］．宁夏大学学报（人文社会科学版），2015，37（1）：153 – 161.

[163] 曾贤刚，段存儒．煤炭资源枯竭型城市绿色转型绩效评价与区域差异研究［J］．中国人口·资源与环境，2018，28（7）：127 – 135.

[164] 翟坤周，侯守杰．"十四五"时期我国城乡融合高质量发展的绿色框架、意蕴及推进方案［J］．改革，2020（11）：53 – 68.

[165] 张金萍，艾少伟，秦耀辰，张二勋．人工神经网络在中国区域可持续发展研究中的应用［J］．河南大学学报（自然科学版），2011，41（6）：599 – 604.

[166] 张瑞，王格宜，孙夏令．财政分权、产业结构与黄河流域高质量发展［J］．经济问题，2020（9）：1 – 11.

[167] 张腾，蒋伏心，韦朕韬．财政分权、晋升激励与经济高质量发展［J］．山西财经大学学报，2021，43（2）：16 – 28.

[168] 张学良．2014 中国区域经济发展报告——中国城市群资源环境承载力［M］．北京：人民出版社，2014.

[169] 张雪花，李建，张宏伟．基于能值 – 生态足迹整合模型的城市生态性评价方法研究——以天津市为例［J］．北京大学学报（自然科学版），2011，47（2）：344 – 352.

[170] 张永生．基于生态文明推进中国绿色城镇化转型——中国环境与发展国际合作委员会专题政策研究报告［J］．中国人口·资源与环境，2020，30（10）：19 – 27.

[171] 张玉．河北省区域可持续发展综合评价研究［D］．河北师范大学，2012.

[172] 张志强，孙成权，程国栋，牛文元．可持续发展研究：进展与趋向［J］．地球科学进展，1999（6）：589 – 595.

[173] 张志强．区域可持续发展的理论与方法［J］．中国人口·资源与环境，1994（3）：23 – 29.

[174] 赵桂梅，耿涌，孙华平，赵桂芹．中国省际碳排放强度的空间效应及其传导机制研究［J］．中国人口·资源与环境，2020，30（3）：49 – 55.

[175] 赵宏波，马延吉，苗长虹．基于熵值—突变级数法的国家战略经济区环境承载力综合评价及障碍因

子——以长吉图开发开放先导区为例［J］. 地理科学，2015，35（12）：1525 – 1532.

　　［176］赵琳琳，张贵祥. 京津冀生态协同发展评测与福利效应［J］. 中国人口·资源与环境，2020，30（10）：36 – 44.

　　［177］赵蒙蒙，寇杰锋，杨静，等. 粤港澳大湾区海岸带生态安全问题与保护建议［J］. 环境保护，2019，47（23）：29 – 34.

　　［178］赵倩，沈坤荣. 以城市群建设推动区域经济高质量发展研究［J］. 经济纵横，2018（9）：92 – 98.

　　［179］赵儒煜，常忠利. 经济高质量发展的空间差异及影响因素识别［J］. 财经问题研究，2020（10）：22 – 29.

　　［180］赵涛，张智，梁上坤. 数字经济、创业活跃度与高质量发展——来自中国城市的经验证据［J］. 管理世界，2020，36（10）：65 – 76.

　　［181］赵晓华. 城市综合承载能力的评价研究［D］. 哈尔滨工业大学，2009.

　　［182］赵新峰，蔡天健. 政策工具有效改善了"九龙治水"困境吗？——基于1984 – 2018年中国水污染治理的政策文本研究［J］. 公共行政评论，2020，13（4）：108 – 129.

　　［183］赵新峰，袁宗威. 京津冀区域大气污染协同治理的困境及路径选择［J］. 城市发展研究，2019，26（5）：94 – 101.

　　［184］郑建萍. 煤炭城市产业生态系统脆弱性评估模型及应用［D］. 中国矿业大学，2017.

　　［185］曾贤刚，段存儒. 煤炭资源枯竭型城市绿色转型绩效评价与区域差异研究［J］. 中国人口·资源与环境，2018，28（7）：127 – 135.

　　［186］周清香，何爱平. 环境规制能否助推黄河流域高质量发展［J］. 财经科学，2020（6）：89 – 104.

　　［187］周清香，何爱平. 数字经济赋能黄河流域高质量发展［J］. 经济问题，2020（11）：8 – 17.

　　［188］周伟. 生态环境保护与修复的多元主体协同治理——以祁连山为例［J］. 甘肃社会科学，2018（2）：250 – 255.

　　［189］周哲，熊黑钢，韩茜. 中国区域PRED系统研究进展［J］. 干旱区地理，2004（2）：266 – 272.

（二）外文文献

　　［1］Bain G，Kroonenberg M，Johansson L，et al. Public views of the Sustainable Development Goals Across Countries［J］. Nature Sustainability，2019，2（9）：819 – 825.

　　［2］Barbier B. The Concept of Sustainable Economic Development［J］. Environmental Conservation，1987，14（2）：101 – 110.

　　［3］Boulding E. The Economics of the Coming Spaceship Earth［J］. New York，1966.

　　［4］Brink E，Wamsler C. Collaborative Governance for Climate Change Adaptation：Mapping Citizen – municipality interactions［J］. Environmental Policy and Governance，2018，28（2）：82 – 97.

　　［5］Brown T，Vivas M B. Landscape Development Intensity Index［J］. Environmental Monitoring and Assessment，2005，101（1 – 3）.

　　［6］Brundtland G H. Sustainable Development：The Challenges Ahead［J］. The European Journal of Development Research，1991，3（1）：32 – 41.

　　［7］Carson R. Silent Spring［M］. Houghton Mifflin Harcourt，2002.

　　［8］Casas – Monroy O，Roy S，Rochon A. Ballast Sediment – mediated Transport of Non – indigenous Species of Dinoflagellates on the East Coast of Canada［J］. Aquatic Invasions，2011，6（3）.

　　［9］Cf O. Transforming our world：The 2030 Agenda for Sustainable Development［J］. ESCAP，2015.

　　［10］Chen L，Ye W，Huo C，et al. Environmental Regulations，the Industrial Structure，and High – Quality Regional Economic Development：Evidence from China［J］. Land，ESCAP，2020，9（12）：517.

　　［11］Chen Y，Zhu M，Lu J，et al. Evaluation of Ecological City and Analysis of Obstacle Factors Under the Background of High – quality Development：Taking Cities in the Yellow River Basin as Examples［J］. Ecological Indicators，2020，118：106771.

　　［12］Colantonio A. Social Sustainability：Linking Research to Policy and Practice［A］//Proceedings of Sustainable Development: A Challenge for European Research [C]. Belgium: The European Commission DG Research, 2009.

[13] Costanza R, Daly H E. Natural capital and sustainable development [J]. Conservation Biology, 1992, 6 (1).

[14] Costanza R, d'Arge R, de Groot R, et al. The Value of the World's Ecosystem Services and Natural Capital [J]. Nature: International Weekly Journal of Science, 1997, 387 (6630).

[15] Cui H, Liu X, Zhao Q. Which Factors Can Stimulate China's Green Transformation Process? From Provincial Aspect [J]. Polish Journal of Environmental Studies, 2021, 30 (1).

[16] Daly E. Beyond growth: The Economics of Sustainable Development [M]. Beacon Press, 1996.

[17] Dempsey N, Bramley G, Power S, et al. The Social Dimension of Sustainable Development: Defining Urban Social Sustainability [J]. Sustainable Development, 2011, 19 (5).

[18] Dillard J, Dujon V, King M C. Understanding The Social Dimension of Sustainability [M]. Routledge, 2008.

[19] Fu J, Xiao G, Wu C. Urban Green Transformation in Northeast China: A Comparative Study with Jiangsu, Zhejiang and Guangdong Provinces [J]. Journal of Cleaner Production, 2020, 273.

[20] GA U. Transforming Our World: the 2030 Agenda for Sustainable Development. Division for Sustainable Development Goals [C]. New York, USA, United Nations, 2015.

[21] George V, Wilding P. British Society and Social Welfare: Towards A Sustainable Society [M]. Springer, 1999.

[22] Irankhahi M, Jozi A, Farshchi P, et al. Combination of GISFM and TOPSIS to Evaluation of Urban Environment Carrying Capacity (Case study: Shemiran City, Iran) [J]. International Journal of Environmental Science and Technology, 2017, 14 (6): 1317 – 1332.

[23] Jahanger A. Influence of FDI Characteristics on High – quality Development of China's Economy [J]. Environmental Science and Pollution Research, 2020 (prepublish).

[24] Johan R, Will S, Kevin N, et al. A Safe Operating Space for Humanity. [J]. Nature, 2009, 461 (7263).

[25] Khan S, Hanjra M A. Footprints of Water and Energy Inputs in Food Production – Global Perspectives [J]. Food Policy, 2008, 34 (2).

[26] Krugman P. The myth of Asia's miracle [J]. Foreign Affairs, 1994, 73 (6): 62 – 78.

[27] Lane M, Dawes L, Grace P. The Essential Parameters of a Resource – based Carrying Capacity Assessment Model: An Australian Case study [J]. Ecological Modelling, 2014, 272: 220 – 231.

[28] Li T, Li Y, An D, et al. Mining of the Association Rules Between Industrialization Level and Air Quality to Inform High – quality Development in China [J]. Journal of Environmental Management, 2019, 246.

[29] Li Z. Low Carbon Economy: A Sustainable Economic Development Model [J]. China's Foreign Trade, 2009 (16): 25.

[30] Liao M, Chen Y, Wang Y, et al. Study on the Coupling and Coordination Degree of High – quality Economic Development and Ecological Environment in Beijing – Tianjin – Hebei Region [J]. Applied Ecology and Environmental Research, 2019, 17 (5): 11069 – 11083.

[31] Littig B, Griessler E. Social Sustainability: A Catchword between Political Pragmatism and Social Theory [J]. International Journal of Sustainable Development, 2005, 8 (1 – 2): 65 – 79.

[32] Liu J. Study on the Collaborative Governance Mechanism of Ecological Environment in Changsha – Zhuzhou – Xiangtan Region under the Green Development Perspective [J]. Meteorological and Environmental Research, 2018, 9 (5): 51 – 55.

[33] Liverman D M, Hanson M E, Brown B J, et al. Global Sustainability: Toward Measurement [J]. Environmental Management, 1988, 12 (2).

[34] Lucas P L, Wilting H C, Hof A F, et al. Allocating Planetary Boundaries to Large Economies: Distributional Consequences of Alternative Perspectives on Distributive Fairness [J]. Global Environmental Change, 2020, 60.

[35] Luo Y, Li X, Cai G, et al. A Study on Atmospheric Environmental Resource Accounting: A Case of SO$_2$ Capacity Resources in Chinese Provinces [J]. Journal of Environmental Management, 2019, 249.

［36］MacNeill J. Strategies for Sustainable Economic Development ［J］. Scientific American, 1989, 261 （3）: 154 – 165.

［37］Maja S, Claudia P W. Mechanisms of Resilience in Common – pool Resource Management Systems ［J］. Ecology and Society, 2007, 12 （2）.

［38］Malthus T R. An Essay on the Principle of Population ［M］. Reeves and Turner, 1789.

［39］Meadows D H, Meadows D L, Randers J, et al. The Limits to Growth ［J］. New York, 1972, 102 （1972）: 27.

［40］Neumayer E. Weak Versus Strong Sustainability: Exploring The Limits of Two Opposing Paradigms ［M］. Edward Elgar Publishing, 2003.

［41］Nijkamp P, van den Bergh C J M, Soeteman F J. Regional Sustainable Development and Natural Resource Use ［J］. The World Bank Economic Review, 1990, 4 （suppl 1）.

［42］OECD., Staff D O, Economic Cooperation and Development, et al. Towards Sustainable Development: Environmental Indicators ［M］. OCDE, 1998.

［43］Omann I, Spangenberg J H. Assessing Social Sustainability ［J］. Biennial Conference of the International Society for Ecological Economics, 2002 （7）: 304.

［44］Pazzaglia F J, Brandon M T. Macrogeomorphic Evolution of The Post – Triassic Appalachian Mountains Determined by Deconvolution of The Offshore Basin Sedimentary Record ［J］. Basin Research, 1996, 8 （3）.

［45］Pearce W, Turner R K. Economics of Natural Resources and The Environment ［M］. Baltimore: JHU Press, 1990.

［46］Piotrowska K, Kruszelnicka W, Bałdowska – Witos P, et al. Assessment of the Environmental Impact of a Car Tire throughout Its Lifecycle Using the LCA Method ［J］. Materials, 2019, 12 （24）.

［47］Polèse M, Stren R E, Stren R. The Social Sustainability of Cities: Diversity and the Management of Change ［M］. Toronto: University of Toronto Press, 2000.

［48］Rockström J, Steffen W, Noone K, et al. Planetary Boundaries: Exploring the Safe Operating Space for Humanity ［J］. Ecology and society, 2009, 14 （2）: 1 – 33.

［49］Shi L, Han L, Yang F, et al. The Evolution of Sustainable Development Theory: Types, goals, and research prospects ［J］. Sustainability, 2019, 11 （24）: 7158.

［50］Song M, Zhao X, Shang Y, et al. Realization of Green Transition Based on the Anti – driving Mechanism: An analysis of Environmental Regulation From The Perspective of Resource Dependence in China ［J］. Science of the Total Environment, 2020, 698.

［51］Storper M. The Regional World: Territorial Development in A Global Economy ［M］. New York: Guilford Press, 1997.

［52］Suzanne R, Groen E, McNeil K, et al. Sessional Employment and Quality in Universities: A Risky Business ［C］//HERDSA Annual International Conference （34th, 2011）. Higher Education Research and Development Society of Australasia （HERDSA）, 2011: 275 – 284.

［53］Swiąder M. The Implementation of The Concept of Environmental Carrying Capacity Into Spatial Management of Cities ［J］. Management of Environmental Quality, 2018, 29 （2）.

［54］The World Bank. Expanding the Measure of Wealth: Indicators of Environmentally Sustainable Development ［J］. Washington D, 1997, 20 （3）: 325 – 326.

［55］Tol R S J. Kernel Density Decomposition with an Application to the Social Cost of Carbon ［C］. Brighton: University of Sussex. 2020.

［56］Tong H, Wang Y, Xu J. Green Transformation in China: Structures of Endowment, Investment, and Employment ［J］. Structural Change and Economic Dynamics, 2020, 54: 173 – 185.

［57］UNDP. Human Development Report ［R］. Women's International Network News, 1990.

［58］ Wackernagel M, Rees W E. Our Ecological Footprint: Reducing Human Impact on the Earth ［M］. Gabriola lsland: New Society Publishers, 1996.

［59］ Wang F, Gao C. Settlement – river Relationship and Locality of River – related Built Environment ［J］. Indoor and Built Environment, 2020, 29 (10): 1331 – 1335.

［60］ Watkins W, McKinney D C. Recent Developments Associated with Decision Support Systems in Water Resources ［J］. John Wiley & Sons, Ltd, 1995, 33 (S2): 941 – 948.

［61］ WCED. Our Common Future ［J］. Oxford England Oxford University Press, 1987, 11 (1): 53 – 78.

［62］ Witulski N, Dias J G. The Sustainable Society Index: Its Reliability and Validity ［J］. Ecological Indicators, 2020, 114 (1): 106190.

［63］ Ye C, Chen R, Chen M, et al. A New Framework of Regional Collaborative Governance for PM 2.5 ［J］. Stochastic Environmental Research and Risk Assessment, 2019, 33 (4): 1 – 8.

［64］ Young A. Gold into Base Metals: Productivity Growth in the People's Republic of China during the Reform Period ［J］. Journal of Political Economy, 2003, 111 (6): 1120 – 1168.

［65］ Zhang X, Miao L. Study on the Operational Mechanism of Collaborative Governance of the Haze Weather of Environment ［J］. Ekoloji Dergisi, 2019, 28 (107): 4677 – 4683.

［66］ Zhu H, Zhu J, Zou Q. Comprehensive Analysis of Coordination Relationship between Water Resources Environment and High – Quality Economic Development in Urban Agglomeration in the Middle Reaches of Yangtze River ［J］. Water, 2020, 12 (5): 1301.

第十一章　流域经济研究

　　流域是人类文明的摇篮。人类以流域为空间载体，开展纷繁复杂的经济活动，为推动人类文明进程提供了源源不断的动力。学术界对流域经济问题的研究和思考，发轫于 20 世纪 30 年代美国田纳西河流域的综合开发与治理（胡碧玉，2004）。随着各国流域开发与管理实践的推进，对流域经济问题的关注也逐步从经验总结上升至理论探索，成为区域经济学、地理学等学科研究的重要内容。我国学者从改革开放后就极为关注长江流域、黄河流域等大江大河开发的现实问题，从国际经验借鉴，到现实问题思考，再到理论总结，形成了极为丰富的研究成果。这些成果既为解决我国流域经济发展的实践问题提供了指导，也为流域经济理论研究奠定了坚实的基础。

第一节　流域经济理论研究脉络

　　我国学者对流域经济问题的研究，始于长江、黄河流域的开发问题。改革开放初期，在非均衡发展战略下，东部沿海地区与中西部内陆地区的发展差距迅速扩大（吴振明，2019），中国学者从区域战略平衡、缩小区域差距角度，提出以长江、黄河为载体，发展流域经济的战略构想，作为东部沿海发展战略的补充。张曙光和张思平（1985）在针对长江流域经济发展问题研究中明确提出"流域经济是地区经济的一种类型"，但是"流域经济是按照水系来划分和形成的，流域经济的发展总是同水系的开发和水资源的利用紧密联系在一起的"，这就决定了流域经济的发展有着与一般地区经济不同的特点和规律。宋家泰等（1987）提出了"以长江为枢轴，充分利用各种资源优势，积极开发流域经济，谋求经济、社会、生态效益的三统一和最大化，逐步建成内外相连、各具特色、综合发展、开放式、大流域的经济带，使之成为我国生产力布局从东向西推进的重要通道"。李笔戎等（1991）认为我国东部沿海地区在面向外部市场需求的条件下，"国内市场的需求与供给，应主要由内地来承担，黄河流域的经济实力与地位对国内市场需求发挥其补充供给的职能与作用，既符合合理的区域经济分工原则，又符合提高物流运动效率需要最佳经济运行的要求"。这一时期关于流域经济的研究，以我国流域开发的现实问题为导向，而对流域经济的内涵、特征等基本问题探讨较为欠缺。

　　20 世纪 80 年代末至 90 年代初，随着区域经济学、经济地理学等学科研究在国内的兴起，学者们开始关注流域经济的基本理论问题。李富强 1987 年所著的《流域经济学》一书，是我国较早关于流域经济的专著，对流域经济开展了系统的理论总结。作者提出流域经济学是"从流域内整个水资源综合利用与流域经济发展关系的角度，对如何更充分合理地利用水资源，促进流域经济的发展进行研究"，强调了水资源在流域经济中的核心作用，突出了流域经济相对于水利经济、防洪经济等"部门经济"在研究对象和研究方法方面的综合性，但是较为忽视流域经济的空间特征。

随后，区域经济理论和方法成为开展流域经济研究的主流，研究成果就更加关注流域经济的地域性，而较少探讨流域经济的部门综合特征。朱乃新（1988）明确提出"流域开发过程就是以河流资源的治理、规划、开发和综合利用为基本内容的区域开发过程"，当然，流域经济相对于一般的区域经济具有"丰富的水资源和漫长的岸线资源的天然优势"。张文合（1991，1993a，1993b）在一系列论文中，进一步明确了流域的区域属性，指出"流域既是由分水岭所包围的区域，又是组织和管理国民经济，进行以水资源开发为中心的综合开发的重要形式，构成经济管理体制的重要内容"；同时，以区域经济系统的特性为基础，总结了流域经济的整体性和关联性、区段性和差异性、层次性和网络性、开发性和耗散性等特征。需要指出的是，这一时期的研究通常将"流域经济"等同于"流域开发"，这与当时我国生产力水平相对落后、东部沿海地区与中西部内陆地区差距扩大的时代背景紧密相关，将流域经济的重点聚焦于流域资源的开发利用，具体包括大力发展航运、大力开发水力资源、优先发展水电、同水系开发和水资源综合利用相结合沿江河布局工业等。

20世纪90年代是我国流域经济研究成果数量快速增长的时期，但是这一时期的研究聚焦于具体流域的开发和管理问题，而较少关注流域经济理论的基本问题。进入21世纪，我国的区域差距问题进一步凸显，同时流域开发过程中环境污染、资源枯竭、生态退化等资源环境问题频发，客观要求流域经济不能仅局限于资源开发，区域协调发展、流域可持续发展就成为深化理解流域经济基本问题的新切入点。

在区域协调发展方面，陈修颖（2003）提出流域经济区的设想，论证了流域经济协作区解决我国区域不平衡问题的可行性，认为可以依据流域上游、中游、下游的特点和优势，进行合理的地域分工，获得区际分工效益。张侃侃和郭文炯（2013）更加强调了流域经济的协调功能，提出流域经济是一种以江河为通道、以物流为纽带或轴心的特殊区域经济，是自然区域范围内的经济和跨区域范围内经济的结合体，可以通过整合和优化流域内的各种资源而形成具有一定分工协作的经济带。

在流域可持续发展方面，马兰等（2003）将可持续发展理念引入流域经济研究之中，认为"实现流域经济可持续发展的实质就是实现流域水资源可持续开发和利用"。随着流域环境治理、生态保护、水资源可持续利用等问题研究的深入（张彤，2006），可持续发展成为流域经济理论的一个重要方面。近年来，学者进一步提出，按照山水林田湖草生命共同体的理念，推进流域经济绿色发展（贾若祥等，2019）。

随着我国社会主要矛盾的转变，经济由高速增长阶段转向高质量发展阶段，流域经济高质量发展成为新时期流域经济研究的核心主题。2016年1月5日、2018年4月26日、2020年11月14日，习近平总书记分别在重庆、武汉、南京主持召开长江经济带发展座谈会，一再强调推动长江流域高质量发展。2019年9月18日，习近平总书记在郑州主持召开黄河流域生态保护和高质量发展座谈会上明确要求，"推动黄河流域高质量发展"，"积极探索富有地域特色的高质量发展新路子"。易森（2021）在梳理分析马克思主义流域经济思想的基础上，从自然维度、人的维度、人与自然关系维度、政治与经济关系维度等方面讨论了流域经济高质量发展的理论内涵，在新时期流域经济高质量发展的理论探索方面迈出了重要的一步。同时，众多学者也对流域经济高质量发展问题展开了实证研究，提出流域经济高质量发展要全局统筹（陈晓东和金碚，2019）、推动产业优化升级（金凤君，2019）、超越传统流域经济模式、充分发挥新经济作用（高煜和许钊，2020）。

综合来看，我国流域经济理论问题的研究，随着我国相关学科的发展而不断丰富和完善。在不同的历史阶段，逐步解决了流域经济所面临的基本问题，为我国流域经济发展实践提供了有力的理论支撑。

第二节 流域经济研究热点梳理

流域经济已经成为广泛存在的一种经济形态和空间组织方式，国内外学者从多个学科视角展开了广泛的研究。梳理国内外流域经济相关文献，特别是近十年的研究，流域经济研究热点问题集中于流域空间布局与协调发展、流域经济可持续发展、流域水资源开发利用与综合管理等方面。

一、空间布局与协调发展

由于流域天然特性而引起的上下游人口、产业分布差异，是学者们最早关注和研究的流域经济问题之一。时至今日，流域经济的空间布局与协调发展仍是流域经济研究的热点问题。

在改革开放初期，国内对于流域性空间产业布局与协调发展议题展开了诸多讨论。张其才（1983）提出了弓箭型工业布局设想，在该设想中流域产业布局十分重要，而长江流域即为其布局当中的"箭"，起到了带动全国的经济引擎之作用。陆大道（1986）提出了"T"字形产业布局战略构想，该构想中以沿海地区和长江流域为主体基础，统筹产业布局，进而推进产业实现有序开发。相较于张其才的构想，其更加重视长江流域的经济布局，呼吁重视内河航运，对重要铁路动脉的重要性与其他学者有不同看法。郭振淮（1985）更直接提出，在沿长江流域形成价值链分布，建立协调统筹的产业密集发展带。张文合（1990）提出在黄河流域建立能源产业密集带的发展构想。

除了提出宏观性流域经济发展总体战略与空间布局设想以外，很多学者还结合特定研究主体的禀赋特征，将研究重点落实到了产业层面。徐国弟（1998）以长江流域产业现有布局为研究基础，认为长江经济带产业结构调整和产业布局应当紧密结合大型水利枢纽设施的建设进展，充分发挥内河航运优势，有针对性地进行产业发展前期评估。陈雯等（2003）将分析视角锁定为长江中游地区，这一流域应当在长江产业带当中发展面向区外市场的农业和制造业加工基地，从而明确当地产业地位和分工角色。杨定国（1997）以长江的支流汉江流域作为研究对象，并将其研究与长江流域整体产业运行情况进行结合，指出应积极利用该地区在资源层面上的优势，把握系统综合开发的布局高度，建立能够衔接上下游产业形态的商品生产基地。孙孝文（2009）对长江沿线13个省市产业分布进行了整理分析，发现区域间产业结构偏离加剧，其原因在于各地产业发展思路未能有效整合，各自为政，导致流域内毗连地带产业互补性较弱，使流域经济整体竞争力受到了削弱，提出流域产业结构调整的重点是立足东中西部既有经济水平差距，正视发展的客观现实，拟定更具针对性、全局性的产业布局，并构建决策渠道，共同打造长江流域产业发展规划。

流域产业发展和生态环境有着密不可分的关系，很多学者对两者之间的关联影响进行了大量实证分析。龚琦等（2010，2011）、孙颖等（2016）在以往学者仅考虑经济因素的基础上，引入了在流域水污染控制视角下的研究思路，运用多目标规划模型对云南洱海流域农业产业结构的优化议题进行了分析研究，并根据定量结果，以数据作支撑，提出了结合当地产业现状进行结构优化的发展思路。王金等（2009）运用灰色关联法对巢湖流域的产业结构和水体污染问题进行分析，发现合肥的工业、巢湖的第一产业两大门类对流域内水污染的负面影响最大，适时展开产业调整和生产工艺提升项目，能够起到立竿见影的效果，同时也为流域内产业布局的多元化发展提供可能。赵玉婷等（2020）认为，长江经济带工业企业密集，环境风险点多，产业结构和布局不合理造成累积性、叠加性和潜在性的生态环境问题突出，制约了其持续健康发展。侯守杰（2020）认为，应通过完善流域空间治理的空间绿色规划体系、主体绿色行动体系、产业绿色动力体系、制度绿色保障体系等，重构"规划－主体－产业－制度"多层次协同并进和关联耦合的流域空间治理的"内生型－绿色化"集成路径，以促进流域空间治理的共生共融。

水资源总量约束使流域水资源分配与城市、产业的空间布局密切相关。鲍超和方创琳（2006）构建了一个内陆河流域用水结构与产业结构双向优化仿真模型，并采用黑河流域的产业经济数据进行分析。针对流域内产业间的生态补偿机制问题，吴菲菲等（2010）提出应通过行政机制加市场机制两个维度，共同建立稳定高效生态补偿机制，双方需要在机制运行的不同阶段进行搭配运用，以保障整体架构能够实现健康有序的发展。薛继亮（2014）针对黄河上中游高耗水产业与其他产业在水权分配领域的突出矛盾，积极引入金融领域优化思路，提出筹建能够覆盖整个黄河流域的水资源使用银行，构建跨流域水权分配协调机制。谭佳音和蒋大奎（2017）基于产业合作的群链模式机理和模糊联盟博弈思想，提出了一种具有三阶段结构的"京津冀"区域水资源配置模式，最终采用模糊 Shapley 值法对第二阶段配置后各模糊联盟的收益分配给产业用水主体。

二、流域经济可持续发展

可持续发展是人类共同面临的重大议题，流域经济因其自然系统、经济系统的耦合性，可持续发展问题更加复杂；我国经历了粗放式发展阶段后，流域经济可持续发展问题尤为突出，学者们从多个角度对流域经济可持续发展进行了探索。

1. 流域经济发展与生态系统的协调

国外研究起步较早，并依托生态经济学这门新兴学科的建立而日趋成熟。早在 1935 年，英国生态学家阿瑟·乔治·坦斯利（Arthur George Tansley）便提出了"生态系统"的概念，为人类活动划清了从属于自然界系统的可行性边界。他提出了诸多概念，为后来的可持续发展理论奠定了基础。随后，美国经济学家肯尼斯·鲍尔丁（Kenneth Boulding，1966）提出，经济系统与生态系统是一对相互作用的有机整体，共同构成了生态经济系统，其运行机制是趋于稳定的，并且是在动态追求稳定当中。然而，人类的经济活动则追求增长，使双方之间产生了结构性矛盾；基于此，鲍尔丁提出了生态与经济协调理论，并运用系统思维对该问题进行了详尽阐述。

进入 21 世纪，我国学者开始关注流域经济可持续发展问题。徐小群（2000）从系统科学的观点出发，将流域可持续发展这一问题作为单列模式，开展了相关领域的研究工作。王慧敏等（2001）探讨了流域是否具备构建可持续发展结构的可能性，并且提出测量区域性可持续发展现状的具体方法。他们提出了流域可持续发展分析的新思路，即系统动力学预警方法，并将其运用于实践测算当中。此外，他们还建立了流域可持续发展预警模型，并提前预设情况，以便拟定不同政策方案，最终通过对比各政策方案在仿真模型下所得出的具体结果，为流域制定更为适宜的发展规划。徐中民等（2003）在总结以往学术界有关生态经济研究的已有成果基础上，将黑河流域作为研究对象，积极引入实践数据，指出该流域应当采用流域生态经济系统与系统外的耦合发展模式，兼顾保护与经济效益，率先编著了国内关于生态经济学的权威著作《生态经济学理论方法与应用》，为我国生态与经济协调模式及可持续发展研究之间搭建起交叉共建的认知渠道。徐鹏等（2013）针对我国湖泊生态安全评估及"一湖一策"工作的需要，初步提出一种流域社会经济的水环境效应评估新方法，并系统阐述了指标优选与评估标准确定。他们认为，通过当前水平和未来变化速率更能全面认识评估结果，也有利于确定流域社会经济系统调控战略的必要性及潜力、方向和阈值。孟伟等（2015）指出，健康的流域水生态系统是保障流域经济社会可持续发展的基础，解决我国严峻的流域水生态系统健康问题迫切需要开展以流域为基本单元的生态文明建设。他们针对我国流域水生态系统健康现状，确立了流域生态文明的概念和内涵，提出了流域生态文明建设的基本框架和主要任务。熊小菊等（2019）针对广西西江流域经济、社会、生态系统综合发展能力及协调发展水平进行了探讨。结合广西西江流域经济、社会、生态系统三者之间的内在关系，构建出了能够反映复合系统及子系统的时空变化特征及相互作用的评价指标体系。结果表明，广西西江流域综合发展指数呈波动上升的趋势，经济发展指数呈"三级阶梯"发展的格局，社会发展两极分化严重，生态发展指数时空差异大。

流域水能资源开发，是流域经济发展的重要内容，水能资源开发引起的生态环境问题受到了国内外研究的高度关注。Tetteh等（2004）针对加纳的库玛西地区水电梯级建设进行了系统性研究，其研究结果显示，大坝修建对下游流域水生态环境的影响趋于负面，越靠近大坝下游的地区，生态系统受破坏的程度越严重；在水电运营阶段，这种状况会加速恶化。Araya等（2005）研究了大坝建设对阿根廷Valenciennes地区的影响，结果表明，由于含氧量波动及其他水体环境与大坝建设的变化，水库蓄水后水库鱼类数量自然死亡率显著高于毗邻流域地区。王兰天（1986）在国内率先研究了水电项目对流域生态环境的影响，研究认为虽然设施兴建将减轻洪涝灾害，改善枯水期河道的水质，但同时也将造成库区周边土壤浅育化，影响坝下下游流域的排泥排沙能力。吴乃成等（2007）重点研究香溪河流域，由于水利设施的修建，河流流速出现变化，导致小水电站开发严重影响了相关河流中浮游藻类生物的生存环境，进而对水生态环境产生不利影响。付鹏等（2009）提出了水利水电开发环境评价中应考虑自然生态因素和社会环境因素，并建立了考虑社会要素的水利水电开发环境影响评价指标体系。该体系采用传统的层次分析法和基于指标序列赋权法，以实现对环境影响的多学科综合评价的定性分析和定量分析。

2. 流域生态补偿问题

生态补偿是横跨环境学、经济学和生态学三个学科的复合概念，旨在为受到损害的生态系统进行修复。生态补偿机制立足于产权原则，是对各类自然资源价值的肯定体现，并配套出环境服务支付的模式、运行机制和评估方法等多个体系。

由于河流流经多国，流域经济的国际合作广受关注，生态补偿在流域经济框架下，往往旨在解决流域生态补偿实施过程中所出现的诸多国际争端。Rob等（2003）率先以莱茵河这一国际河流为例，建立了一个基于管理策略的生态经济效果分析模型，实现对该流域各国生态经济分析和评估，进而指出在不同管理目标下的收益和成本对比结果。Pattanayak（2004）以东南亚各流域为研究对象，运用市场价值法核算流域上下游的生态服务价值，进而制定出具有可操作性的流域生态补偿实施方案。Kosoy和胡鹏（2007）则选取了地处中美洲的三个较有代表性的流域生态补偿案例，通过其测算发现，生态补偿实施过程中，流域上游所支付的机会成本往往高于实际补偿金额，使其在上下游博弈时所处地位较弱，故建议流域生态补偿实施前精确评估机会成本，使现有体系能够处于良性运行的轨道当中。

在国内，学术界较为强调流域生态补偿的制度安排，强调政府与市场的双重作用，以便更好地调节多方利益关系。刘玉龙和胡鹏（2008）选取新安江流域为研究对象，提出了基于生态建设保护收益与投入双方面的补偿标准计算模型。此外，冉光和等（2009）立足于长江流域整体发展的高度，探讨了建立长江流域生态补偿机制的路径可行性。该路径充分考虑上下游区域经济发展差异，以货币补偿为主，辅之以非货币补偿，最终实现全流域的协调发展，努力缩小长江流域上下游的经济差距，促进这一重要流域的可持续发展。宋建军（2009）针对京津冀地区用水现状，提出多层次生态补偿专项资金和绩效考核办法，以确保首都及周边地区用水安全。肖池伟等（2016）则借鉴生态补偿研究中生态价值当量的思路，构建森林、草地、农业用地、湿地、河流湖泊和荒地六类不同生态系统指标，对赣江流域的生态经济价值进行测算与分析。并结合以生态服务功能价值为基本依据的生态补偿，引入经济学中的博弈论，以赣江流域上游的赣州市和下游的南昌市为例，建立流域生态补偿模型。郑雪梅（2017）认为，目前政府间财政转移支付仍是我国实现生态补偿的主要手段。与纵向转移支付相比，横向转移支付在解决区域（流域）间横向经济生态利益冲突方面更具优势。胡曾曾（2019）构建了张家口市流域环境经济功能类型分区的评价指标体系，从空间开发引导－约束－强度三个维度构建判别矩阵，将海河流域张家口市范围划分为水源涵养重点区、防风固沙重点区、水土保持重点区和重点开发建设区；在分区的基础上根据不同类型区的优先等级计算不同生态补偿侧重点的分配系数，为生态补偿二次分配和生态补偿情景分析提供理论基础和参考依据。杨海乐等（2020）指出，基于跨区流动的水资源供应的选择容量价值，可以按照"共享共担"和"同工同酬"原则进行跨区生态补偿核算；基于各水文单元所提供的水资源供应的选择容量价值，可以对各单元内自然资源资产价值进行核定，这对于协调区域发展，推进西江—珠江经济带流域生态文明建设具有重要意义。

三、流域水资源开发利用及综合管理

水资源如何实现有效开发利用，是困扰人类社会发展的长期性问题。流域经济因水而生、以水相连，长期以来，水资源开发利用及综合管理是流域经济研究的热点问题。流域水资源开发利用及综合管理的研究兴起于 20 世纪 50 年代，近 10 年来，相关研究主要关注水资源配置、水利工程的综合效应以及相应的管理措施等内容。

1. 流域水资源配置问题

流域水资源配置是指在流域或特定的区域范围内，遵循高效、公平和可持续性原则，通过各种工程与非工程措施，考虑市场经济规律和资源配置准则，通过合理抑制需求、有效增加供水、积极保护生态环境等手段和措施，对多种可利用的水源在区域间和各用水部门间进行的调配（Loucks，2000）。

国外相关研究中，Janauer（2000）对全球范围内的地表水体数据及水文波动趋势进行了梳理，进而提出了更为有效的模型结构以评估水资源相关工程对流域水生态系统脆弱性的综合影响结果。Kashaigili 等（2003）立足于撒哈拉以南非洲地区水利工程现有建设水平，评估了当地各流域水资源相关工程的建设效果，认为当地积极实施高效有序的水资源贮存及分配措施，足以满足现阶段经济发展的需要。Jaber 和 Mohsen（2001）则分析了中东约旦地区水资源供应问题，提出修建水资源开发利用工程应当进行充分的环境评价，以形成综合行动措施来保障水资源开发利用的可行性、可持续性，确保环境中性。Masih 等（2009）研究了地处伊朗高原的 Karkhen 流域地表水利工程建设情况，认为土地利用和水库的运行对流域河川径流量的改变有很大的影响。

在我国，流域水资源配置受到广泛关注。周姣和史安娜（2007）提出建立水资源合理配置的制度框架是实现水资源合理配置的关键，需要从水资源产权制度、价格制度、法律制度和文化制度几个方面入手形成水资源合理配置的制度框架。关业祥（2002）提出，水资源的配置应

该坚持共享、系统、协调、经济、高效和优先原则，可采用工程手段、行政手段、经济手段、科技手段四种配置模式，并使用宏观调控机制、市场机制、民主协商机制、统一管理机制和优化调度与决策机制进行协调。孙栋元等（2015）针对内陆河流域水资源供需矛盾突出、水资源配置结构不合理、生态环境仍恶化、用水管理不够完善和管理制度不健全等方面存在的问题，分析和探讨了基于"三条红线"，生态环境综合治理，地表水与地下水联合调度和流域水资源集成管理的内陆河流域水资源管理模式。指出在未来应加强流域水资源污染研究、气候变化和人类活动影响下流域水资源研究与流域水资源管理的法律法规和政策体系研究。许晓春等（2020）则针对现有基于生态水工学理论发展而来的理论研究框架缺乏系统性和可能性的现实情形，分析了水利工程后评价工作应当遵循的相关原则，引入了模糊识别评价模型和二元对比排序法的正态型隶属度函数确定方法，使水资源开发利用工程的环境负效应能够通过更为科学的量化模型加以明确测度。许继军（2020）提出，正确把握长江水资源开发保护与水环境治理及经济社会发展之间的关系，是协调长江经济带发展与长江大保护的关键所在。根据研究结果，提出了应当以水环境改善为突破点的长江水资源、水环境、水生态以及水灾害"四水共治"的思路；同时还提出了管理与技术、经济与法律及文化等多种手段相结合的针对长江水资源开发保护的对策和建议。

2. 水利工程的综合效应

流域经济发展离不开水利工程建设，水利工程的综合效应备受争议，尤其是20世纪70年代以来，生态环境问题日益受到重视，水利工程对生态环境造成的负面影响也逐渐受到关注，如何评价水利工程的综合效应成为流域经济研究的重要内容。

Ayenew（2007）在水文测绘航拍片及遥感卫星图片的基础上，运用图像解译的方法，分析了埃塞俄比亚裂谷周边湖泊和河流的水资源开发状况，并得出了上游修建饮水工程会对下游部分湖泊水域面积形成消极影响的结论。Sullivan（2002）则更加关注如何公平解决引水灌溉工程对流域内不同群体所产生的利益损益，通过建立一个涵盖多种社会性指标的水贫困指数，使水资源的占用更为量化，以便更加公平地解决由引水灌溉工程设置而产生的资源再分配问题。Maganga等（2002）将视角对准了非洲的坦桑尼亚，该国引水灌溉工程建设已历经多年，并衍生出一系列的流域矛盾，研究认为，坦桑尼亚在建的供水系统工程将显著改变所涉及河流的水量分布，对Pangani河流域和Rufiji河流域带来重大影响，这也对中央政府协调区域合作带来了新的挑战。Zheng等（2008）以渠首地区引黄灌溉工程为例，认为该工程在保证了当地灌溉用水的同时，也为渠首和排水河道带来了大量的黄河泥沙淤积，导致当地风沙危害更加恶化，流域范围内排水河道排涝能力显著下降，因而在保障农业生产的同时，产生了一系列生态环境问题。

韩桂兰（2004）着重分析了当地引水枢纽的灌溉能力及开发阈值，认为粗放式的水资源开发将导致上游引水过量，加速下游水质碱化，使河道流程明显缩短。吕博等（2006）则针对玛纳斯河流域水资源开发利用相关建设工程，着重分析易被人忽视的环境负效应，并深入研究相关制约因子及其权重。他们认为地下水量的变化能够刺激环境负效应的产生，因而该指标是流域水资源开发的红线预警，为相关单位合理进行水资源综合开发与利用，更有效地防治环境负效应提供了重要的参考指标及措施依据。赵琰鑫等（2011）则在研究长江至东湖引水调度方案时，运用了嵌套耦合的方式，建立了一维、二维湖泊河网水动力水质耦合模型，并认为在该引水方案下，东湖主要水体COD_{Mn}与TN相关指标有明显改善的迹象，这对流域经济发展产生了积极影响。而李大勇等（2011）则以生态系统动力学模型CAEDYM为基础，采用与太湖水生态特征相符的建模框架，以风场、太阳辐射、河道流量及相关物质含量为外部函数，重点考察藻类和其他相关营养盐的变化趋势，用以评价引江济太工程对太湖贡湖湾水环境所产生的效应。余艳华（2013）则在对我国水资源现状及引水工程给环境带来的影响进行分析的基础上，从引水工程建设实际情况出发，探讨了大型引水工程建设环境影响评估中的三个核心问题，同时提出了对应的解决策略。陈燕飞和张翔（2015）则利用汉江中下游干流襄阳、仙桃和汉口三个主要的水质监测控制断面1998～2011年实测水质资料中五个水质项目，采用季节性肯达尔检验法对其项目进行了变化趋势检验与分析，并用叠加型指数法验证趋势分析的合理性。结合Hurst指数分析了趋势变化的持续性，研究了相关引水设施的投入运行对流域内水生态环境所产生的具体影响，结果表明季节性肯达尔检验法方法合理，持续性分析结果可预测未来水质变化，并为水环境保护和管理提供技术参考。姜凤伟（2016）则依据2017年辽宁省新建水源建成前及建成后清河水库工程供水逐月调度方案及相关水文、水质资料分析，形成了一套有利于全面评价供水工程营运后对水源引水区影响的综合方法。

第三节　流域经济研究展望

国内外学者经过多年的探索，流域经济相关研究成果众多，初步形成了流域经济理论，对流域经济空间结构、可持续发展、水资源开发利用等重点领域开展了广泛的研究，为认识流域经济发展规律、指导流域开发实践做出了重要贡献。当前，以新一代信息技术、人工智能等为代表的新一轮技术革命，正在深刻改变经济运行方式，流域经济也将呈现新的形态和特征；同时，我国经济进入高质量发展阶段，如何推动流域经济高质量发展是新时代流域经济研究的新主题，流域经济仍有充分的拓展空间：

（1）流域经济理论系统化问题。流域经济研究还没有形成系统的理论基础，现有研究多依托地理学、区域经济学、生态经济学、水利学等学科理论展开研究，在流域经济内涵、流域经济运行机制等方面有了一些探讨，但是还没有形成系统化的理论，仍然需要进一步总结和深化流域经济的内在机理，形成相对独立和完善的理论体系。

（2）流域经济研究方法相对滞后。相比于一般的经济问题研究，流域经济是经济系统与自然系统复合而成的复杂系统，与自然系统的关系更加直接、约束条件更加复杂、影响因素更加多样，现有的定性研究、经济计量、空间分析等主流方法还不足以解决流域经济中的复杂问题，在研究方法上有待进一步探索和创新。

（3）进一步加强对我国流域的实证研究。我国流域众多、差异巨大，现有研究多数集中于长江、黄河、西江、淮河等流域，这些大型流域不同区段的经济发展差异显著，如何协调流域上中下游的发展，处理好经济发展与环境保护、水资源开发利用与生态修复的关系，实现流域高质量发展，是流域经济研究亟待解决的重大问题。同时，我国还有众多中小型流域，其经济发展具有很强的独特性，中小型流域的发展问题还有待进一步研究。

（4）流域综合管理问题的研究有待加强。2020年12月26日，中华人民共和国第十三届全国人民代表大会常务委员会第二十四次会议通过《中华人民共和国长江保护法》，这作为我国第一部流域法律，标志着我国流域管理进入新阶段。流域综合管理一直是我国流域经济发展的难点，也是流域经济研究的薄弱点。在已有的研究中，多数研究以国外经验借鉴、流域管理中的某一具体问题为研究对象，这对于区域差异明显、人口众多、利益关系复杂的流域综合管理作用有限。未来一段时期，需要在充分把握流域经济发展规律的基础上，针对我国流域实际情况，开展流域综合管理顶层设计与实现路径相结合的研究，为实现流域高质量发展提供支撑。

参考文献

（一）中文文献

[1] 鲍超，方创琳．内陆河流域用水结构与产业结构双向优化仿真模型及应用［J］．中国沙漠，2006，26（6）：1033 - 1040．

[2] 陈雯，周诚军，汪劲松，向俊波．长江流域经济一体化下的中游地区产业发展研究［J］．长江流域资源与环境，2003，12（2）：101 - 106．

[3] 陈晓东，金碚．黄河流域高质量发展的着力点［J］．改革，2019（11）：25 - 32．

[4] 陈修颖．流域经济协作区：区域空间重组新模式［J］．经济经纬，2003（6）：67 - 70．

[5] 陈燕飞，张翔．汉江中下游干流水质变化趋势及持续性分析［J］．长江流域资源与环境，2015，24（7）：1163 - 1167．

[6] 付鹏，陈凯麒，谢悦波，等．考虑社会影响的水利水电开发环境影响评价方法［J］．水利学报，2009（8）：118 - 124．

[7] 高煜，许钊．超越流域经济：黄河流域实体经济高质量发展的模式与路径［J］．经济问题，2020，494（10）：1 - 9，52．

[8] 龚琦，王雅鹏，董利民．基于云南洱海流域水污染控制的多目标农业产业结构优化研究［J］．农业现代化研究，2010，31（4）：475 - 478．

[9] 龚琦．基于湖泊流域水污染控制的农业产业结构优化研究［D］．武汉：华中农业大学博士学位论文，2011．

[10] 关业祥．水资源合理配置的基本思路［J］．中国水利，2002（5）：25 - 26．

[11] 郭振淮．建立长江流域产业密集带的设想［J］．江汉论坛，1985（2）：21 - 25．

[12] 韩桂兰．新疆水资源开发利用与生态环境问题研究［J］．新疆财经学院学报，2004（2）：47 - 49．

[13] 侯守杰．新时代流域空间的绿色治理：机理诠释与破解路径［J］．改革与战略，2020，36（11）：67 - 78．

[14] 胡碧玉．流域经济论［D］．成都：四川大学博士学位论文，2004．

[15] 胡曾曾．流域区域生态补偿资金分配方式探索——基于流域环境经济功能分区视角［J］．林业经济，2019（12）：43 - 50．

[16] 贾若祥，张燕，王继源，等．促进我国流域经济绿色发展［J］．宏观经济管理，2019，424（4）：48 - 52，59．

[17] 姜凤伟．运营期供水水源引水区环境影响预测分析［J］．内蒙古水利，2016（3）：35 - 36．

[18] 金凤君．黄河流域生态保护与高质量发展的协调推进策略［J］．改革，2019（11）：33 - 39．

[19] 李笔戎，林启俭，艾克秀．黄河流域在我国经济建设中的地位、作用与总体功能［J］．人文杂志，1991（2）：49 - 52．

[20] 李大勇，王济干，董增川．基于生态系统动力学模型的太湖藻类动态模拟［J］．水力发电学报，2011（3）：126 - 133．

[21] 李富强．流域经济学［M］．武汉：湖北人民出版社，1987．

[22] 刘玉龙，胡鹏．基于帕累托最优的新安江流域生态补偿研究［C］．中国水利水电科学研究院青年学术交流会，2008．

[23] 陆大道．二〇〇〇年我国工业生产力布局总图的科学基础［J］．地理科学，1986（2）：12 - 20．

[24] 吕博，倪娟，王文科，等．水资源开发利用引起的环境负效应——以玛纳斯河流域为例［J］．地球科学与环境学报，2006，28（3）：53 - 56．

[25] 马兰，张曦，李雪松．论流域经济可持续发展［J］．云南环境科学，2003（S1）：42 - 45．

[26] 孟伟，范俊韬，张远．流域水生态系统健康与生态文明建设［J］．环境科学研究，2015（10）：1495 - 1500．

[27] 冉光和，徐继龙，于法稳．政府主导型的长江流域生态补偿机制研究［J］．生态经济（学术版），2009（2）：372 - 374 + 381．

[28] 宋家泰，顾朝林，顾新华，等．长江大流域经济开发战略 [J]．生产力研究，1987 (6)：13 – 17.

[29] 宋建军．海河流域京冀间生态补偿现状、问题及建议 [J]．宏观经济研究，2009 (2)：29 – 34.

[30] 孙栋元，金彦兆，李元红，等．干旱内陆河流域水资源管理模式研究 [J]．中国农村水利水电，2015 (1)：80 – 84.

[31] 孙孝文．长江流域产业结构分析与思考 [J]．西北农林科技大学学报（社会科学版），2009，9 (4)：41 – 45.

[32] 孙颖，朱丽霞，丁秋贤，等．多目标决策模型下洱海流域产业结构优化 [J]．农业现代化研究，2016，37 (2)：247 – 254.

[33] 谭佳音，蒋大奎．群链产业合作模式下"京津冀"区域水资源优化配置研究 [J]．中国人口·资源与环境，2017 (27)：160 – 166.

[34] 王慧敏，刘新仁，徐立中．流域可持续发展的系统动力学预警方法研究 [J]．系统工程，2001 (3)：61 – 68.

[35] 王金，李进华，陈来，等．巢湖流域产业结构与水污染程度的关系研究——基于灰色关联分析法 [J]．资源开发与市场，2009 (7)：606 – 609.

[36] 王兰天．章水中上游水电梯级开发工程环境影响初步评价 [J]．江西水利科技，1986 (2)：28 – 34.

[37] 吴菲菲．流域内产业间生态补偿机制研究 [D]．济南：山东农业大学硕士学位论文，2010.

[38] 吴乃成，周淑婵，傅小城，等．香溪河小水电的梯级开发对浮游藻类的影响 [J]．应用生态学报，2007，18 (5)：1091 – 1096.

[39] 吴振明．新中国区域经济发展 70 年回顾 [J]．经济研究参考，2019 (15)：5 – 16.

[40] 肖池伟，刘影，李鹏．赣江流域生态经济价值与生态补偿研究 [J]．地域研究与开发，2016 (3)：133 – 138.

[41] 熊小菊，廖春贵，胡宝清．广西西江流域经济 – 社会 – 生态系统协调发展研究 [J]．人民长江，2019，50 (4)：90 – 97，120.

[42] 徐国弟．关于长江流域产业结构调整及优化产业布局的几点看法 [J]．学习与实践，1998 (12)：39 – 41.

[43] 徐鹏，高伟，周丰，等．流域社会经济的水环境效应评估新方法及在南四湖的应用 [J]．环境科学学报，2013，33 (8)：2285 – 2295.

[44] 徐小群．流域可持续发展 [M]．徐州：中国矿业大学出版社，2000.

[45] 徐中民，张志强，程国栋．生态经济学理论方法与应用 [M]．郑州：黄河水利出版社，2003.

[46] 许继军．新时代长江水资源开发保护思路与对策探讨 [J]．人民长江，2020，51 (1)：124 – 128.

[47] 许晓春，刘湘伟，付京城．水利工程对生态环境的影响后评价体系研究 [J]．水利水电技术，2020，51 (S2)：322 – 325.

[48] 薛继亮．生态脆弱地区高耗水产业和水权分配协同体系建设研究——以黄河上中游流域为例 [J]．资源与产业，2014，16 (4)：52 – 56.

[49] 杨定国．汉江流域资源开发型产业发展刍论 [J]．长江流域资源与环境，1997，6 (3)：193 – 199.

[50] 杨海乐，危起伟，陈家宽．基于选择容量价值的生态补偿标准与自然资源资产价值核算——以珠江水资源供应为例 [J]．生态学报，2020，40 (10)：68 – 78.

[51] 易淼．新时代中国流域经济高质量发展研究——基于马克思主义流域经济思想的分析 [J]．当代经济研究，2021 (2)：45 – 54.

[52] 余艳华．大型引水工程环境影响评价的核心问题 [J]．资源节约与环保，2013 (9)：49.

[53] 张侃侃，郭文炯．基于空间特征、过程与机制的流域经济研究 [J]．经济问题，2013，410 (10)：103 – 108.

[54] 张其才．关于我国弓箭形工业布局的设想 [J]．经济管理，1983 (12)：12 – 15.

[55] 张曙光，张思平．加快长江流域经济发展的几个问题 [J]．江汉论坛，1985 (2)：16 – 20.

[56] 张彤．水资源节约利用与流域经济发展 [J]．经济学家，2006 (2)：118 – 120.

[57] 张文合．建设黄河流域能源产业密集带的构思 [J]．山西财经学院学报，1990 (2)：48 – 52.

［58］张文合. 流域开发治理在我国的战略地位［J］. 长江论坛，1993b（2）：6 - 9.

［59］张文合. 论流域开发［J］. 长江论坛，1993a（1）：26 - 28.

［60］张文合. 我国流域综合开发与治理的总体评价［J］. 国土与自然资源研究，1991（3）：30 - 34.

［61］赵琰鑫，张万顺，汤怡，等. 湖泊 - 河网耦合水动力水质模型研究［J］. 中国水利水电科学研究院学报，2011，9（1）：53 - 58.

［62］赵玉婷，李亚飞，董林艳，等. 长江经济带典型流域重化产业环境风险及对策［J］. 环境科学研究，2020，33（5）：187 - 193.

［63］郑雪梅. 生态补偿横向转移支付制度探讨［J］. 地方财政研究，2017（8）：40 - 47.

［64］周姣，史安娜. 水资源合理配置的经济学分析及制度创新路径［J］. 安徽农业科学，2007（19）：5830 - 5831.

［65］朱乃新. 流域经济开发的一般特征和趋势［J］. 世界经济与政治论坛，1988（6）：1 - 7.

（二）外文文献

［1］Araya P R, Agostinho A A, José A. Bechara. The Influence of Dam Construction on a Population of Leporinus Obtusidens in the Yacyretá Reservoir（Argentina）［J］. Fisheries Research, 2005, 74（1 - 3）：198 - 209.

［2］Ayenew T. Water Management Problems in the Ethiopian Rift：Challenges for Development［J］. Journal of African Earth Sciences, 2007, 48（2 - 3）：222 - 236.

［3］Boulding K E. The Economics of the Coming Spaceship Earth［M］//H. Jarrett. Environmental Quality in a Growing Economy. Baltimore：Johns Hopkins University Press, 1966：3 - 14.

［4］Georg A. Janauer. Ecohydrology：Fusing Concepts and Scales［J］. Ecological Engineering, 2000, 16（1）：9 - 16.

［5］Jaber J O, Mohsen M S. Evaluation of Non - conventional Water Resources Supply in Jordan - Science Direct［J］. Desalination, 2001, 136（1）：83 - 92.

［6］Kashaigili J J, Kadigi R M J, Sokile C S, et al. Constraints and Potential for Efficient Inter - sectoral Water Allocations in Tanzania［J］. Physics and Chemistry of the Earth Parts A/B/C, 2003, 28（20 - 27）：839 - 851.

［7］Kosoy N, Martinez - Tuna M, Muradian R, et al. Payments for Environmental Services in Watersheds：Insights from a Comparative Study of Three Cases in Central America［J］. Ecological Economics, 2007, 61（2 - 3）：446 - 455.

［8］Loucks D P. Sustainable Water Resources Management［J］. Water International, 2000, 25（1）：3 - 10.

［9］Maganga F P, Butterworth J A, Moriarty P. Domestic Water Supply, Competition for Water Resources and IWRM in Tanzania：A Review and Discussion Paper［J］. Physics & Chemistry of the Earth Parts A/b/c, 2002, 27（11 - 22）：919 - 926.

［10］Masih I, Ahmad M U D, Uhlenbrook S, et al. Analysing Streamflow Variability and Water Allocation for Sustainable Management of Water Resources in the Semi - arid Karkheh River Basin, Iran［J］. Physics & Chemistry of the Earth, 2009, 34（4 - 5）：329 - 340.

［11］Mei H, Liuyuan, Duhuan et al. Advances in Study on Water Resources Carrying Capacity in China［J］. Procedia Environmental Sciences, 2010（2）：1894 - 1903.

［12］Pattanayak S K. Valuing Watershed Services：Concepts and Empirics from Southeast Asia［J］. Agriculture, Ecosystems & Environment, 2004, 104（1）：171 - 184.

［13］Rob J H M., van der Veeren, Richard S J Tol. Game Theoretic Analyses of Nitrate Emission Reduction Strategies in the Rhine River Basin［J］. International Journal of Global Environmental Issues, 2003, 3（1）：74 - 103.

［14］Sullivan C A. Calculating a Water Poverty Index［J］. World Development, 2002, 30（7）：1195 - 1210.

［15］Tetteh I K, Frempong E, Awuah E. An Analysis of the Environmental Health Impact of the Barekese Dam in Kumasi, Ghana［J］. Journal of Environmental Management, 2004, 72（3）：189 - 194.

［16］Zheng B, Guo Q, Wei Y, et al. Water Source Protection and Industrial Development in the Shandong Peninsula, China from 1995 to 2004：A Case Study［J］. Resources Conservation & Recycling, 2008, 52（8 - 9）：1065 - 1076.

第十二章　区域海洋经济研究

海洋是人类社会生存与发展的必要空间，海洋经济已经成为世界大国衡量国家竞争力的重要内容。随着海洋"国土化"趋势不断增强，以资源获取为核心的海洋竞争愈加激烈。随着中国在世界贸易中的地位不断提高，中国对于海洋经济的重视程度空前提高，海洋经济空间格局正随国家海洋意识觉醒而快速变化。进入 21 世纪以来，沿海地区纷纷掀起发展海洋经济的浪潮。同时，我国海洋经济研究从起步，历经成熟、丰富与完善，越来越多的研究人员从不同角度对我国区域海洋经济进行研究。从先民的"兴渔盐之利，行舟楫之便"到郑和七下西洋；从明清时期的海禁，再到中华人民共和国成立后的海洋科学规划，我国海洋经济艰难起步。目前，我国区域海洋经济研究从宏观到微观，从整体到局部，逐级深入，在区域海洋经济系统运行、海洋经济与要素构成、海洋经济与生态文明、区域海洋经济治理、国家海洋战略研究等方面形成了具有中国特色的海洋经济研究体系。

第一节　区域海洋经济研究的对象与内容

20 世纪 70 年代末，为适应我国海洋事业发展的客观要求，著名经济学家于光远、许涤新等提出要建立海洋经济学科和专门研究机构，开展海洋经济研究。1981 年和 1982 年，中国海洋国际问题研究会在国家海洋局和中国社会科学院的支持下，组织召开了两次包括"海洋经济"在内的讨论会，形成了论文集《中国海洋经济研究》，标志着我国海洋经济研究的开始。

海洋经济是指人类在涉海经济社会活动中利用海洋资源所创造的生产、交换、分配和消费的物质量和价值量的总和，它包括直接利用海洋资源的开发、保护、服务和在海洋及空间进行的经济活动。区域海洋经济研究，也可以称作海洋经济地理研究，属于区域经济地理研究范畴，是经济地理学的重要组成部分，是人地关系系统研究的重要内容之一。根据著名地理学家吴传钧院士对经济地理学的定义，即"经济地理学以研究人类活动地域体系形成过程、结构特点和发展规律为其主要对象"，可以明确，海洋经济地理学的研究对象是相关海洋产业的合理布局、海洋经济地域系统的形成、结构特点和演变规律等，其研究的地域范围涵盖海岸带、海岛及全部海域。由于海岸带、海岛是人海陆的交汇地带，是人类向海洋进军的起点，也是未来海洋经济活动最频繁和海洋产业最集中的地带，而且由于科学技术手段等方面的限制，目前海洋经济地理学研究的主要地域范围仍局限在海岸带与海岛。随着科学技术手段的改进，海洋空间资源的优势将逐步得到发挥，经济活动"向海上迁移"的趋势将进一步加强，海洋经济地理学研究的地域范围将逐步拓展到整个海域。

目前，区域海洋经济主要研究海洋产业发展与布局、海洋资源开发与可持续利用、海洋经济可持续发展、沿海地区（城市）可持续发展、滨海旅游空间结构、海洋地缘政治与经济、海洋经济研究的技术方法集成等科学问题。具体包括如下研究领域：海岸带、海岛、海洋水域有关的资源及其利用与评价；资源的分布及其在发展海洋有关产业中的作用；沿海和海岛人口分布的规律和趋势，人口分布的类型以及海岛人口的容量；海洋水产业的发展，海洋捕捞和海水养殖业，特别是作为"海洋农牧化"——海水养殖业合理布局研究；沿海与海岸工业，包括海产品加工工业，海洋矿产开采与加工（石油、海底锰结核等）以及盐业、与海盐有关的沿海工业研究；港口建设与布局研究；海运事业、主要货流和客流分布、市场的结构、运输网络，世界商业租船市场以及沿海和岛屿上的城镇布局研究；海上旅游，沿海地带与岛屿的旅游资源，旅游业的分布，休养中心的建立等；海洋经济区的划分，海陆经济的联系等。

第二节　区域海洋经济研究的重要意义

党的十七大报告与国民经济和社会发展"十二五"规划纲要中明确要求坚持陆海统筹，推进海洋经济发展，提高海洋开发、控制、综合管理能力；党的十八大首次提出"海洋强国"战略，进一步强化了海洋经济在国民经济中的重要地位。随后，党的十八届五中全会再次强调拓展蓝色经济发展新空间等要求，在"十四五"规划和"2035 远景目标纲要"海洋专章中提出，从建设现代海洋产业体系、保护海洋生态环境与深度参与全球海洋治理等方面，再次强调积极拓展海洋经济发展空间。随着人类对海洋资源的不断开发利用，海洋经济发展，尤其是实现海洋经济高质量发展，已经成为我国区域海洋经济研究中的重要课题。对于落实国家"海洋强国"战略的现实需求，推动我国新时代区域协调发展，进而促进我国区域经济可持续发展具有重要意义。

海洋是全球生命支持系统的一个基本组成部分，也是全球可持续发展的重要物质基础，是地球环境的核心组成部分和调节器。20 世纪 70 年代以来，随着世界人口的剧增，陆地资源、能源日趋减少，世界各国逐渐把注意力转向海洋，向海洋要食品、资源、能源，要人类居住和活动的空间，海洋经济地位显著提高，并由此引起国际海洋法律制度的根本改变。以近海石油为中心的一系列海洋产业蓬勃发展，但海洋环境恶化和渔业资源衰退引起各种社会经济问题，特别是以"20 海里专属经济区"和"国际海底制度"为主要标志的当代海洋新秩序的形成和确立，促使沿海国家海洋政策急剧转变，加强了本国近海资源的管理和保护。把开发近海石油和生物资源、开发利用海岸带资源作为国家重点。以全面开发利用和管理海洋资源与空间为主要特征的现代海洋开发事业，将越来越受到重视。同时，以近岸为基础的海洋经济发展特别迅速，人口、经济日益向海岸集中，经济活动逐步向海上拓展，将缩小海洋与陆地开发差别。陆上的工、农、交通等产业以及旅游业等向海上延伸，海洋资源的开发和海洋空间的利用也在逐步加深。

海洋覆盖着 2/3 以上的地球表面，与陆域一样都是人类赖以生存的空间，在提供人类所需要的生物和非生物资源方面起着核心作用。陆域已有较高的生产水平，海洋的发展落后很多，人类对海洋的认识远不如对陆地部分的认识深刻。因而需向海洋进军，海洋为经济地理的研究提供了广阔的场所。但作为一门新兴学科，在许多方面都需要大力完善。随着海洋经济地理学研究深度的逐步推进和研究广度的逐渐扩大，其在国民经济建设中的地位将越来越突出，并在实现以海洋资源的可持续利用支持国民经济可持续发展进程中的作用也将日益凸显。

中国是一个海陆兼备的国家，领海面积广阔，海洋资源（如自然资源、交通资源、旅游资源、生物资源）丰富，具备了发展海洋经济的重要物质保障。但沿海地区同时也是生态环境极其脆弱的地区，极易遭到破坏。因此，科学地保护海洋资源与环境，实现以海洋资源的可持续开发利用支持国民经济可持续发展的战略目标，从客观上为以优化沿海地区产业布局，构建沿海海陆自然、经济、社会协调发展的人海关系地域系统为主要目标的海洋经济地理学提供了广阔的发展空间。

第三节　区域海洋经济研究发展历程

我国海洋资源的开发利用历史悠久，早在"兴渔盐之利，行舟楫之便"上做出了光辉的业绩。自西汉开始我国就有了早期的海外贸易活动。到了 11 世纪，海船应用罗盘以后，航海事业有较大的发展。明永乐年间，郑和率船 20 多艘，官兵 2 万余名，远航于东太平洋、印度洋和阿拉伯海。东到爪哇，西到东非，历访东南亚、西亚、中非等 30 多个国家和地区。对海流、波浪、水深和气象进行了观测，并编制了世界上最早的航海图。这是一次世界上最早的大规模海洋勘察，也是中国历史上最大的一次海洋地理研究。明清两代连续实行了 40 多年的海禁，失去了进一步开发海洋、研究海洋的时机，导致我国海洋开发落后。中华人民共和国成立后，海洋资源的开发利用受到重视。到目前为止，我国区域海洋经济发展大体上可以分为三个阶段。

一、计划经济时期我国区域海洋经济研究

1956 年我国制定了第一个海洋科学规划《中国近海综合调查及其发展方案（12 年）》，确定了以下中心课题：①中国近海综合调查；②海洋水文气象预报系统的建立；③有关海洋生物资源的调查研究。1962 年又制订了第二个海洋科学长期规划（1963～1972 年），确定了四个重点项目：①海洋水文气象预报研究；②海岸带调查研究；③浅海石油资源调查研究；④海洋生物资源研究。从 1978 年开始，我国再次制定了新的海洋科学规划，其中包括：①中国海洋生物生产力与生物资源调查研究；②中国近海油气资源勘探开发的环境地质研究；③海岸带综合调查研究等。

我国政府把综合调查海岸带和海洋资源作为国家重点科技攻关项目。确定的内容有三大项：一是自然环境要素，包括水文（陆地和海洋）、气象、植被、地质、地貌、海洋、生物等；二是资源状况，包括土地资源及其利用，生物资源、盐和盐化工资源、矿产、海洋能源及旅游资源等；三是沿海地区的社会经济条件和开发利用设想。我国一部分经济地理学者参加了这次历时七年的大规模调查。开始跨入了海洋经济地理的行列，使现代海洋经济地理的研究在我国有了开端。

二、计划经济时期我国区域海洋经济研究

中国海洋经济地理学研究始于 20 世纪 80 年代的全国海岸带和海涂资源综合调查。调查内容包括自然环境要素、资源状况和社会经济条件，涉及水文、气象、地质、地貌、海洋生物、海水化学、社会经济等。党的十一届三中全会以后，在全国展开了海岸带资源调查工作，我们具体承担了辽宁省海岸带资源调查和开发设想等任务，这些任务与经济地理研究内容衔接得非常紧密。由于海岸带是海陆交替的复合地带，其范围是向陆上 10 千米（或者更宽），向海水深 15 米等深线的空间范围，而海岸带地区又是人口、沿海城市、港口、渔业、盐业集中分布地带。

通过海岸带与海涂资源的调查研究，对海洋资源开发利用、海洋产业形成条件和布局特点的认识不断深入。

1981 年和 1982 年，中国海洋国际问题研究会在国家海洋局和中国社会科学院的支持下，组织召开了两次包括"海洋经济"在内的讨论会，形成了论文集《中国海洋经济研究》，标志着我国海洋经济研究的开始。1980～1986 年，国务院统一组织了全国海岸带和滩涂资源综合调查；1987～1992 年，又组织了全国海岛资源综合调查。此次调查内容包括自然环境要素、资源状况和社会经济条件，涉及水文、气象、地质、地貌、海洋生物、海水化学、社会经济等。在 20 世纪 70 年代末 80 年代初由辽宁师范大学海洋经济地理研究室最早提出了开展海洋经济地理研究，提出了"立足大连，面向辽宁，走向全国"的倡议，希望沿海有关地理研究单位也开展海洋经济地理研究，正如吴传钧院士提出的"中国是个重要的海洋国家，中国地理学界应考虑建设一支'陆军海战队'，鼓励研究海洋"。在之后的研究任务中，随着研究的深入，考虑对全国各海区以及全国海洋产业部门的研究，使海洋经济地理的研究有更深入的进展。此外，辽宁师范大学海洋经济地理研究室除了参加"全国海岸带与海涂资源调查""全国海岛资源调查""全国海洋功能区划"中有关的任务，承担地方政府（辽宁省、大连市等）的有关海洋规划任务外，同时获得国家自然科学基金、国家社会科学基金对有关海洋经济地理学等方面研究课题的资助，并把海洋经济地理作为一个较长期的研究方向与任务。

自此，我国海洋经济地理的研究蓬勃展开，海岸带经济研究、海岛经济研究成为当时全国海洋经济研究中最活跃的两个领域。1988 年，为了适应全国海洋开发及海洋地理研究的需要，在吴传钧、任美锷等著名地理学者的倡导下，中国地理学会增设了海洋地理专业委员会，提出了有关研究方向，其中包括"与海洋有关的经济地理问题"，并提出要进行"海岸带的研究，近岸规划以及深海区的研究等"，大大推动了全国海洋经济地理学的进一步发展。同时制订了1988～1992 年的研究计划，在计划中有以下方面需要研究：①海洋政治地理和海洋战略地位的发展变化；②海洋资源与经济地理学有关内容的研究；③劳动国际分工与经济地理研究；④区域规划与海洋区域概念发展的有关分析；⑤半封闭海洋的管理。随着中国海洋和海岸带开发进一步向纵深发展，海洋经济地理的研究领域也在不断扩大。不仅研究区域扩大到海岛，而且研究内容也涉及海洋农业、海洋工业、海洋旅游、海洋产业结构与布局及其演变、海洋地缘关系、沿海城市经济等。伴随着海洋经济地理研究范围的扩大、研究内容的丰富、实用性的增强，同时叠加上人口膨胀、陆域资源短缺的外在背景，海洋经济地理学引起了社会广泛的重视，得到了较快的发展。

海洋经济地理研究开始注意典型区域开发试点的研究。通过对典型区域开发模式的总结并推广，达到带动整个地区经济腾飞的目的。辽宁师范大学海洋经济地理研究室主持的"辽宁省庄河县青堆子乡海岸带综合开发试验"，采用系统工程的方法对万亩海涂进行优化建模，建立起一个以海涂为基础包括近岸捕捞、滩涂养殖贝类、港养对虾，在河口沿岸种苇、开垦水田的沿海生态系统；在陆域以水、旱田为基础，建立起包括发展果树、栽桑养蚕、养禽、淡水养鱼及栽培食用菌的生产系统。这两个系统构成一个统一的海岸带垂向利用结构，比较合理地利用了资源。其中许多成功经验和技术已经在全国推广。

三、新时代我国区域海洋经济研究

随后，海洋经济地理学经历了海岸带资源调查、海洋资源评价、海域功能区划、海域有偿使用等方向的研究积累，不断总结提升形成了系统的人海关系地域系统理论基础，构建了完整的海洋经济地理理论体系和学科体系。

第四节　区域海洋经济研究重点领域与代表性成果

一、区域海洋经济系统及其关联效应

区域海洋经济系统分析是运用特定理论、方法，从区域整体出发，全面系统分析区域海洋经济系统的整体特征与规律，并探讨经济系统与其他系统的相互作用，对整个区域人地系统发展所产生的关联效应。根据研究思路、理论框架及研究内容，大致可以分为如下几个方面：

（1）区域海洋经济发展的总体水平分析。运用人均海洋产值和海岸线经济密度分析沿海省市海洋经济发展的动态演变趋势与规律（孙才志和李欣，2015）。分析中国海洋经济极化趋势与规律，解释导致极化的原因（孙才志和郭可蒙，2019）。分析中国海洋经济发展时空差异及其动态变化，并对沿海地区海洋经济与社会变迁的关联度进行评价（狄乾斌等，2013a）。对地区间海洋经济静态差异和动态差异进行比较分析（林存壮和韩立民，2014）。研究环渤海地区沿海城市海洋经济增长质量主体的空间交互作用并甄别影响因素（李博等，2020）。分析中国海洋经济重心变化轨迹，测度中国海洋经济转型成效及区域海洋经济对国家海洋战略的响应水平（王泽宇，2015，2017）。研究海洋经济增长驱动要素时空差异，发现资本要素始终是中国海洋经济增长的主要推动力，资源要素对海洋经济增长的驱动力减弱，制度要素对海洋经济增长的贡献量保持正负交替演变的态势（刘桂春等，2019）。

（2）人海关系地域系统分析。区域海洋经济系统根植于人海关系地域系统之中，经济系统与自然、社会、生态系统互相影响，共同作用进而形成多元复合型人海关系地域系统。提出人海关系地域系统视角下海洋本体的内涵，构筑了人海关系地域系统的基本框架（刘天宝，2017，2019）。借鉴信息熵、协同学相关理论，构建人海关系地域系统协同演化模型，并采用加速遗传算法进行模型参数估计，辨识其协同演化类型（孙才志，2015）。运用脆弱性理论对环渤海地区人海关系地域系统演化特征进行定量刻画，并探讨影响因素（李博，2018）。

（3）区域海洋经济系统的安全性与稳定性。对区域海洋经济系统的安全性、稳定性分析主要通过经济系统的弹性与韧性、适应性与脆弱性等特征来表达。王泽宇等（2017，2019）测算了中国沿海省市海洋经济系统稳定性指数，从四个维度对中国海洋经济弹性的时空分异与影响因素进行分析。孙才志（2020）提出海洋经济系统韧性概念，构建熵效率模型，分析海洋经济系统熵变过程及韧性演化规律与机制。李博等（2019）基于敏感性－稳定性－响应三维要素研究中国及环渤海地区人海经济系统环境适应性的演化及预警。彭飞（2015）、李博（2016）和孙才志等（2019）分别对中国海洋经济系统、海洋生态经济系统及环渤海地区海洋经济系统脆弱性进行了定量评价。

（4）区域海洋产业结构与空间布局。分析我国海洋产业演变趋势（栾维新，2015），比较我国三大经济圈海洋产业发展轨迹（郭建科，2019），基于可变模糊识别模型对现代海洋产业发展水平进行评价（王泽宇，2015）。提出现代海洋产业体系成熟度的概念，对沿海省市现代海洋产业体系成熟度进行评价并刻画其时空格局（王泽宇，2016）。基于多部门经济模型研究我国海洋产业结构变动对海洋经济增长贡献的时空差异（狄乾斌等，2014），对海洋产业结构变动影响经济增长进行面板门槛效应回归分析（王波和韩立民，2017）。研究中国海洋产业空间集聚与协调性（高源，2015）、海工装备制造发展潜力（杜利楠，2015）和沿海经济园区空间扩张特征（孙战秀等，2018）。

（5）陆海统筹与海陆一体化。盖美（2013）对中国沿海地区海陆产业系统时空耦合分析，杨羽頔和孙才志（2014）等提出了陆海统筹度的概念并对环渤海地区陆海统筹发展水平进行了评价，韩增林（2017）基于沿海省市的陆海复合系统进行陆海统筹发展的区域评估，在考虑"非期望"产出的情况下，测算了沿海地带陆海统筹发展水平的区域差异。杜利楠和栾维新（2016）探讨了海洋产业和陆域产业关联研究的主要领域，并从陆海关联的角度，对比了海洋渔业、船舶工业和海运业等典型海陆产业的劳动生产率的时空演变特征（杜利楠等，2016）。栾维新教授于2019年完成了国家社科重大项目《海洋强国战略背景下的陆海统筹战略研究》，从理论内涵、系统集成与实施路径等全方位对陆海统筹战略进行了深入研究。

二、海洋经济要素与影响因素解析

（1）港航系统与港城关系。①基于复杂网络模型，刻画中日韩港口航运网络脆弱性（郭建科等，2017），揭示中国大陆沿海集装箱港口网络联系（郭建科等，2018）并刻画中欧港口航运网络演化轨迹（郭建科等，2020）。从港口区域化视角，系统分析改革开放以来环渤海地区港口体系位序规模变化规律及驱动机制（郭建科等，2017）。②分析中国海岛港口发展现状并进行类型划分（张耀光等，2013），研究我国集装箱港口供需平衡状态（栾维新和马新华，2011），评估航运企业投资对码头运营效率的影响（李丹，2015），基于铁路距离的环渤海铁矿石中转港腹地划分（片峰等，2015），对影响港口发展的经济要素进行分析（黄杰，2011），测算沿海集装箱码头企业效率（李丹，2013），刻画外贸集装箱生成量空间分布特征（马瑜等，2018）。③提出海港空间效应的概念、内涵及测度模型（韩增林，2014），提出"港－城空间系统"演化发展理论并刻画其空间模式，揭示海港对城市的地域空间效应（郭建科等，2013），提出DCI模型，对港城关系进行动态测度并分析其驱动模式（郭建科等，2015），从多功能视角揭示沿海港口城市体系位序规模结构及耦合类型（郭建科等，2020）。

（2）海洋渔业经济。韩立民等（2016）探讨了海藻产业的发展模式，其团队还研究了我国海洋捕捞生产波动特征与成因（陈琦，2016）、对中国近海捕捞业资源租损失进行估算（梁铄、韩立民，2018）；李博等（2019）分析了中国渔业产业生态系统脆弱性时空演变特征及成因；孙康等对渔业经济可持续发展能力（2016）及海水养殖碳汇经济价值（2020）分别进行了评价，探讨其影响因素。

（3）滨海旅游开发与管理。狄乾斌等（2020）对沿海城市滨海旅游生态效率进行评价，李泽（2011）对海岛旅游开发潜力进行评价，姚元浩（2018，2019）分别研究了游艇俱乐部区位特征和游艇旅游消费者行为意向。

（4）海洋科技创新。孙才志等（2017，2020）分别对海洋经济与科技间的协同响应关系进行测算，探讨中国区域海洋创新空间非均衡格局及成因。张兰婷等（2019）基于省级面板数据分析了渔业技术进步对渔民增收的影响；王晓辰等（2020）分析了中国海洋科技创新效率发展格局演变特征并进行类型划分；王泽宇（2020）分析了中国海洋三次产业经济效率时空演变及影响因素。

（5）其他。孙才志（2013）基于LMDI模型对中国海洋产业就业变化驱动效应进行测度并开展机理分析；于会娟（2013）系统分析了海洋战略性新兴产业结构性产能过剩的表现、成因及对策；韩增林（2014，2017）分别评价我国海洋战略性新兴产业支撑系统和环渤海地区临港石化产业集聚水平。

三、区域海洋经济与海洋生态文明

（1）承载力研究。李博（2012）分析了环渤海地区人海资源环境系统脆弱性时空特征；孙才志（2014）对环渤海地区海域承载力进行测算并分析其时空特征；盖美等（2018a）刻画了中国海洋资源环境经济系统承载力协调性的时空演变特征；左常圣（2019）对近60年渤黄海海冰灾害演变特征及经济损失进行分析；李霞（2018）、狄乾斌等（2019）对沿海省市海洋产业结构与海域承载力进行脉冲响应分析，对我国海域承载力与海洋经济效益进行预测，并探讨其响应关系。

（2）海洋资源约束与资源消耗。姜秉国和韩立民（2011）对深海战略性矿产资源开发进行了理论分析，孙才志（2013，2018）刻画了环渤海地区海洋资源环境阻尼效应及其空间差异，率先对中国海洋等效虚拟水进行初步测算并对其结构性特征进行了系统分析。王泽宇等（2017a）对海洋资源约束与中国海洋经济增长的资源尾效进行了计量检验，分析了资源消耗的脱钩及回弹效应，引入VAR模型探究海洋资源开发与海洋经济增长之间的关系及其关系的空间特征（王泽宇等，2017b）并对中国海洋资源消耗强度进行因素分解与时空差异分析。王波（2020）对产业结构调整、海域空间资源变动与海洋渔业经济增长的关系进行了定量分析。

（3）资源与生态环境效率。盖美和聂晨（2019）分析了中国沿海省区海洋生态效率空间格局演化及影响因素；孙康等（2017）基于非期望产出对中国海洋渔业经济效率进行评价并分析其时空分异特征；董梦如等（2020）测算了中国海洋交通运输业碳排放效率，分析其影响因素；范斐等（2011）、宋强敏（2019）分别对环渤海地区和辽宁沿海城市海洋经济生态效率进行了测算和比较分析。

（4）产业生态系统分析；狄乾斌（2014）对熵视角下的中国海洋生态系统可持续发展能力进行了分析；王嵩（2018）探讨了基于共生理论的中国沿海省市海洋经济生态协调模式；李博（2017）分析了环渤海地区海洋产业生态系统适应性时空演变及影响因素；孙才志等（2019）刻画了长山群岛海洋渔业资源的平均营养级变化特征。

四、区域海洋经济治理

（1）海洋管理制度与政策。韩立民和刘迪迪（2011）、韩立民等（2016a）对基于冷链物流的海产品质量管理进行了研究，提出开发黄海冷水团，建立国家离岸养殖试验区；姚云浩等（2017）对游艇旅游制度进行评价，分析制度困境；曲艳敏（2016）对区域建设用海规划环境影响评价管理政策进行分析；雷磊等（2017）分析了中国海域使用演变特征及发展趋势；谭论（2015）分析了填海造地对沿海地区经济发展和就业拉动的贡献；张健（2017）以三亚为例，分析了人类用海活动造成珊瑚礁损害的生态补偿方法；杨薇（2018）从产业链视角对中国海洋可再生能源产业政策进行研究；郭越（2014）对涉海部门统计制度与国家统计调查制度进行比较分析。

（2）沿海城市或区域可持续发展。①环渤海地区是学者们开展海洋经济研究的重点区域，孙才志（2012）、李博等（2017）分别对环渤海地区海洋功能和海洋经济脆弱性、海洋经济增长质量等进行了定量评价；覃雄合（2014）基于代谢循环视角下对环渤海地区海洋经济可持续发展进行测度。②学者们对辽宁及山东海洋经济发展成效及路径研究较为关注。辽宁师范大学海洋经济研究中心的团队对辽宁海洋经济系统进行了大量研究，从海域生态承载力、辽东湾滨海湿地生态价值、人海关系地域系统脆弱性到海洋经济增长质量、海岛旅游空间作用等研究成果丰富，此外，学者们还围绕辽宁沿海经济带系统弹性、经济与环境协调发展等议题进行了讨论，并形成了大量资政成果。③在沿海城市尺度上，李博（2015）对大连市人海经济系统脆弱性进行了定量刻画；狄乾斌（2016）对地域认同视角下沿海城市海洋性特征进行了分析与评价；姚云浩和栾维新（2018）对沿海城市海洋生态环境与游艇旅游业耦合协调发展进行分析；郭建科等（2020）对沿海港口城市多功能耦合类型进行了划分。

（3）海岛振兴。张耀光（2011，2014）以玉环和洞头为例，对海岛县主体功能区进行划分，对中国海南省三沙市行政建制特点与海洋资源开发状况进行了系统分析；李靖宇等（2011）以长海为例分析海岛经济开发建设提供示范基地；李悦铮等（2013）构建了海岛旅游资源评价体系；曹威威（2020）基于能值生态足迹分析了长山群岛人地关系特征。

五、区域海洋经济发展战略

（1）海洋战略。韩立民教授及其团队（2013，2015）系统提出了"蓝色粮仓"战略并对其关键环节和实施路径进行了研究，提出蓝色基本农田的粮食安全保障与制度构想，蓝色粮仓对国家粮食安全的战略保障，蓝色粮仓空间拓展策略选择及其保障措施；王兴琪和韩立民（2014）分析了蓝色粮仓在我国食物生产体系中的作用及建设对策。此外，韩立民和刘迪迪（2012）、韩立民和神瑞明（2013）对蓝色硅谷建设的关键问题进行了系统分析，还分析了蓝色硅谷建设中政府作用机制；李大海和韩立民（2019）从陆海统筹出发对构建粮食安全保障新体系进行了研究。在海权方面，李靖宇等（2012）就中国在南亚和中蒙合作的出海通道分别提出了战略构想，提出整合海域为新板块纳入国家区域开发总体战略问题；刘佳和李双建（2011）通过评析美国海洋战略演变分析从海权战略向海洋战略的转变。

（2）国际合作与国际比较。王恒（2011）介绍了国外国家海洋公园研究进展与启示；张耀光等对中国与加拿大（2012）、美国（2016）及世界多国（2017）海洋经济实力分别进行比较分析；韩立民和相明（2012）探讨总结了国外蓝色粮仓建设的经验借鉴，分析金融危机对美国海洋经济的影响（韩立民和李大海，2013），对发展中国家海洋渔业资源增殖放流现状进行考察并提出建议（韩立民和都基隆，2015）；陈明宝（2015）探讨了21世纪"海上丝绸之路"的蓝色经济合作驱动因素、领域识别与机制构建；魏婷（2015）分析了世界主要海洋国家围填海造地管理政策及对我国的启示；朱小檬等（2016）对中美日三国海港集装箱吞吐量增长规律进行了研究；张建辉（2020）分析了联合国海洋法公约框架下的领海基线选划的新西兰实践经验。

六、海洋地缘经济

张耀光等（2012）从地图视角系统分析了中国南海海域疆界线的形成与演进特征；韩增林等（2015，2019）梳理了海洋地缘政治研究进展，并探讨了中国海洋地缘环境研究架构，基于恐袭数据对"一带一路"沿线国家安全态势及时空演变进行分析；彭飞等（2019，2021）刻画了中国边境地区地缘经济系统发展优势度及其空间分异，对中西方海洋地缘政治思想演化进行解构；桂静（2015）分析了不同维度下公海保护区现状及其趋势。

第五节　区域海洋经济研究展望与重点科学问题

一、海洋产业理论与应用综合研究

我国海洋产业研究起步较晚，海洋产业基础理论主要是借鉴西方国家海洋经济领域的研究成果，对符合中国实际的海洋产业组织、海洋产业布局等基础理论研究一直不够重视，但不同国家语境下现代海洋产业体系的本身特点、演化趋势不同，在"中国式"海洋经济发展语境下不能简单地将西方主流经济学理论移植并用于解释中国现代海洋产业体系建设的实践。因此，亟须构建具有本土解释能力的本土海洋产业理论体系。

（1）海洋产业界定与海洋经济核算。海洋产业分类与界定是海洋经济统计的基础，也是判断把握海洋经济发展水平的重要前提。目前我国虽然已经编制了一套基本的统计规范，但是海洋产业统计仅就十几个主要海洋产业总量进行统计，统计指标中存在范围界定模糊、内容重叠或遗漏、产业划分不明确等问题，总体上还没有形成一个系统的海洋经济信息系统。因此，今后需要进一步加强海洋产业界定与海洋经济核算工作，形成具有国际可比性的海洋产业界定分类与海洋经济核算方法体系，构建完善的海洋经济信息系统。

（2）海洋产业结构与布局理论体系。目前中国已形成门类齐全的海洋产业体系，海洋第二、第三产业占海洋经济比重不断提高，战略性海洋新兴产业迅速发展，海洋产业已成为我国沿海地区经济发展的重要增长极。因此，未来应探究国家和省域层面的陆域经济向海域的拓展趋势，厘清海洋产业发展的空间载体和不同区域所能承载的海洋产业结构及其生态环境约束阈值；探索海陆一体化与省域统筹发展的新举措；加强海岸带地区海洋型城市群的创新发展与转型崛起研究；探索海洋产业结构与布局的主体行为机理和要素支撑机制。

（3）现代海洋产业理论体系。党的十九大报告指出，"要着力加快建设实体经济、科技创新、现代金融、人力资源协同发展的产业体系"。海洋是高质量发展战略要地，完善的现代海洋产业体系是海洋经济高质量发展的核心要义和海洋强国建设的重要组成部分。在当前双循环新发展格局下，构建现代海洋产业体系既是新时代实现我国海洋经济高质量发展的客观要求，也是应对外部挑战的有力手段。因此，未来应在消化吸收国内外现有研究成果的基础上，在国际同行认可的语境中重新诠释现代海洋产业体系的内涵，丰富现代海洋产业体系理论体系，探寻推动现代海洋产业体系构建的现实路径，形成可以解释本土实践的本土特色现代海洋产业理论体系。

二、海洋经济高质量发展研究

党的十九大提出"加快建设海洋强国"和"高质量发展"的战略部署，习近平总书记提出"海洋是高质量发展战略要地"的重要论述，加快海洋经济高质量发展已成为我国实施海洋强国战略的改革共识。当前我国对海洋经济高质量发展的研究主要以基础理论为主，围绕经济效率、海洋资源等热点展开，尚未形成统一的研究框架和评价体系，同时由于我国沿海地区资源禀赋和社会发展程度不同，实现海洋经济高质量发展的具体路径仍需进一步探索。因此，亟须加强对海洋经济高质量发展的研究。

（1）探索构建综合评价指标体系。以高质量为评价导向和标准，兼顾长期、中期、宏观和微观等多个层次，形成涵盖指标体系和绩效评价等在内的海洋经济高质量发展综合评价体系，科学评价海洋经济高质量发展水平，指导海洋经济工作的开展。

（2）探索深层次创新驱动机理。创新驱动一直是海洋经济高质量发展研究的重点，但现有对创新驱动的研究主要集中在技术创新和技术进步对海洋经济高质量发展的促进，整体上处于初步探索阶段，较少涉及创新驱动作用于海洋经济高质量发展的内在机理，无法为进一步深入识别和分析海洋经济高质量发展的动力因素及其驱动机制提供坚实的理论支撑。

（3）探索区域特色海洋经济高质量发展实现路径。在准确把握我国沿海地区资源禀赋等差异的基础上，归纳我国海洋经济高质量发展的共性规律，并根据地区发展的实际情况和现实需求，提出契合的特色海洋经济高质量发展路径，支撑国家深化落实"海洋强国"等战略。

（4）评估海洋经济领域相关政策的有效性。为解决我国海洋经济高质量发展面临的困境，我国沿海地区出台了大量海洋经济领域的政策，然而这些政策措施的有效性缺乏长期追踪，缺少量化、系统和深入的研究。

三、海洋空间规划研究

2011年6月，我国公布的《全国主体功能区规划》中指出："海洋既是目前我国资源开发、经济发展的重要载体，也是未来我国实现可持续发展的重要战略空间。"海洋空间规划体系是国土空间规划体系的重要组成部分，是国家海洋空间可持续发展的指南，在我国的海洋空间合理利用和保护上发挥了积极作用，但存在规划内容重叠、审批流程复杂等问题。因此，今后应结合国家主体功能区建设与海洋功能区划的若干理论与方法，进一步开展海洋主体功能区区划与规划的理论与方法技术研究，明确海洋空间规划体系在国土空间规划中的地位，探索规划对象、功能和用途一体化格局，将海洋空间规划体系融入全国统一、权责明晰、科学高效的国土空间规划体系中。

（1）科学定位海洋空间规划。破除重陆轻海的传统思维壁垒，准确把握陆域海域空间治理的整体性和联动性，明确各层海洋空间规划在整个海洋空间规划体系中的定位，探索适合新时代国情的海洋空间规划改革路径。

（2）评估海洋空间规划的实用性和可操作性。海洋空间规划作为我国海洋空间管理的"参谋"，需要兼顾国土空间规划的刚性和弹性，还要处理好人类活动对海洋生态系统结构和过程影响，预估未来发展的不确定性和潜在的困难。因此，如何科学评估海洋空间规划效用，健全海洋生态环境监测机制，建立海洋空间规划的定期评级机制需要深入探究。

（3）海陆统筹内涵、实现路径与对策研究。党的十七届五中全会通过的《中共中央关于制定国民经济和社会发展第十二个五年规划的建议》中明确指出，要"发展海洋经济，坚持陆海统筹，制定和实施海洋发展战略"。作为海陆兼备的国家，在大力发展海洋经济的基础上，加强海陆统筹，实施海陆经济互动便成为必然的战略选择。因此，亟须结合国家"发展海洋经济，坚持海陆统筹"的战略部署，探讨海陆统筹的内涵、目标与基本内容，研究海陆统筹下海陆资源有效替代、陆海产业统筹发展、陆海环境统筹调控等具体途径与对策，促进海陆一体化建设等内容。

四、海洋地缘环境研究

海洋地缘环境是指影响地缘体之间海洋地缘关系和海洋地缘结构的所有内、外部地理条件的总和。受明末以来的封建统治者对海洋的漠视及近代西方殖民扩张的影响，我国海洋事业发展长期处于落后局面，海洋地缘现实问题的束缚较多。当前，在世界正处于"百年未有之大变局"的国际环境中，重新审视和充分利用长期游离于国家战略核心区域的"海洋"，构筑和平包容的海洋发展环境，成为中国和平崛起之途的关键机遇。因此，亟须加强海洋地缘政治研究。

（1）加强海洋地缘环境理论研究。地缘环境这一概念从提出至今已有20多年，但海洋地缘环境研究理论依旧匮乏，海洋地缘环境的概念、内涵、要素等尚未达成统一的认识。因此，未来应从海洋地缘环境的概念、要素、实践等方面着手，结合中国海洋地缘环境研究实际，构建完整海洋地缘环境理论体系。

（2）深化海洋地缘关系研究。随着国际政治经济文化格局的深刻变化，国家间的海洋地缘关系网络愈趋纷繁复杂，但当前对海洋地缘关系研究大多停留在测度地缘关系和刻画地缘关系时空演变特征，无法解释海洋地缘关系内部各要素的作用机理。因此，未来应深化海洋地缘经济关系、海洋地缘政治关系、海洋地缘文化关系等海洋地缘关系的相互作用、相互影响研究。

（3）推进海洋地缘结构研究。海洋地缘结构的形成有其内在的因果机制，海洋地缘体自身的主观意志对海洋地缘结构的建构也有深刻影响。因此，未来应推进地缘结构的因果机制和建构机制探讨，深刻分析海洋地缘结构功能对海洋地缘关系的作用机制。

（4）拓展海洋地缘环境研究方法和技术。面对日益复杂的海洋地缘环境，为更好地破解海洋地缘环境内附和衍生的各种问题，应探索综合应用地缘环境系统模拟、计量统计分析、大数据集成分析、跨学科研究方法等。

（5）深化面向"一带一路"的海洋地缘环境研究。"一带一路"倡议给海洋地缘环境研究提供了新的实践空间和发展契机，同时也给海洋地缘环境研究提出了新的挑战，如何把握"一带一路"倡议的契机以改善中国所面临的海洋地缘环境需要更加深入的再思考。

参考文献

（一）中文文献

[1] 曹威威，孙才志，杨璇业，崔莹．基于能值生态足迹的长山群岛人地关系分析 [J]．生态学报，2020，40（1）：89-99．

[2] 陈明宝，韩立民．"21世纪海上丝绸之路"蓝色经济国际合作：驱动因素、领域识别与机制构建 [J]．中国工程科学，2016，18（2）：98-104．

[3] 陈琦，韩立民．我国海洋捕捞业生产的波动特征及成因分析 [J]．经济地理，2016，36（1）：105-112．

[4] 狄乾斌，计利群．地域认同视角下沿海城市海洋性特征分析与评价 [J]．地理科学，2016，36（11）：1688-1696．

[5] 狄乾斌，李霞．中国沿海11省市海洋产业结构与海域承载力脉冲响应分析 [J]．海洋环境科学，2018，37（4）：561-569．

[6] 狄乾斌，刘欣欣，曹可．中国海洋经济发展的时空差异及其动态变化研究 [J]．地理科学，2013a，33（12）：1413-1420．

[7] 狄乾斌，刘欣欣，王萌．我国海洋产业结构变动对海洋经济增长贡献的时空差异研究 [J]．经济地理，2014，34（10）：98-103．

[8] 狄乾斌，吕东晖．我国海域承载力与海洋经济效益测度及其响应关系探讨 [J]．生态经济，2019，35（12）：126-133+169．

[9] 狄乾斌，吴佳璐，张洁．基于生物免疫学理论的海域生态承载力综合测度研究——以辽宁省为例 [J]．资源科学，2013b，35（1）：21-29．

[10] 狄乾斌，於哲，徐礼祥．高质量增长背景下海洋经济发展的时空协调模式研究——基于环渤海地区地级市的实证 [J]．地理科学，2019，39（10）：1621-1630．

[11] 狄乾斌，赵晓曼，王敏．基于非期望产出的中国滨海旅游生态效率评价——以我国沿海城市为例 [J]．海洋通报，2020，39（2）：160-168．

[12] 董梦如，韩增林，郭建科．中国海洋交通运输业碳排放效率测度及影响因素分析 [J]．海洋通报，2020，39（2）：169-177．

[13] 杜利楠，栾维新，孙战秀．我国海陆产业劳动生产率的时空演变特征研究 [J]．海洋通报，2016，35（5）：481-487．

[14] 杜利楠，栾维新．海洋与陆域产业关联及主要研究领域探讨 [J]．中国海洋经济，2016（1）：205-221．

[15] 杜利楠．我国海洋工程装备制造业的发展潜力研究 [D]．大连：大连海事大学硕士学位论文，2012．

[16] 范斐，孙才志，张耀光．环渤海经济圈沿海城市海洋经济效率的实证研究 [J]．统计与决策，2011（6）：119-123．

[17] 盖美, 刘伟光, 田成诗. 中国沿海地区海陆产业系统时空耦合分析 [J]. 资源科学, 2013, 35 (5): 966 – 976.

[18] 盖美, 聂晨. 环渤海地区生态效率评价及空间演化规律 [J]. 自然资源学报, 2019, 34 (1): 104 – 115.

[19] 盖美, 钟利达, 柯丽娜. 中国海洋资源环境经济系统承载力及协调性的时空演变 [J]. 生态学报, 2018a, 38 (22): 7921 – 7932.

[20] 盖美, 朱静敏, 孙才志, 孙康. 中国沿海地区海洋经济效率时空演化及影响因素分析 [J]. 资源科学, 2018b, 40 (10): 1966 – 1979.

[21] 高源, 韩增林, 杨俊, 管超. 中国海洋产业空间集聚及其协调发展研究 [J]. 地理科学, 2015, 35 (8): 946 – 951.

[22] 桂静. 不同维度下公海保护区现状及其趋势研究——以南极海洋保护区为视角 [J]. 太平洋学报, 2015, 23 (5): 1 – 8.

[23] 郭建科, 陈园月, 于旭会, 王海壮. 1985 年来环渤海地区港口体系位序 – 规模分布及作用机制 [J]. 地理学报, 2017, 72 (10): 1812 – 1826.

[24] 郭建科, 邓昭, 许妍, 李振福. 我国三大经济圈海洋产业发展轨迹比较 [J]. 统计与决策, 2019, 35 (2): 121 – 125.

[25] 郭建科, 杜小飞, 孙才志, 王泽宇. 环渤海地区港口与城市关系的动态测度及驱动模式研究 [J]. 地理研究, 2015, 34 (4): 740 – 750.

[26] 郭建科, 韩景, 韩增林, 杜小飞. 现代海港演化对城市发展的地域空间效应——以大连为例 [J]. 地理科学进展, 2013, 32 (11): 1639 – 1649.

[27] 郭建科, 何瑶, 侯雅洁. 中国沿海集装箱港口航运网络空间联系及区域差异 [J]. 地理科学进展, 2018, 37 (11): 1499 – 1509.

[28] 郭建科, 何瑶, 王绍博, 吴陆陆. 1985 年以来中国大陆沿海集装箱港口体系位序 – 规模分布及其网络联系 [J]. 地理研究, 2019, 38 (4): 869 – 883.

[29] 郭建科, 侯雅洁, 何瑶. "一带一路" 背景下中欧港口航运网络的演化特征 [J]. 地理科学进展, 2020, 39 (5): 716 – 726.

[30] 郭越, 宋维玲, 杨娜. 涉海部门统计制度与国家统计调查制度的比较 [J]. 统计与决策, 2014 (10): 21 – 23.

[31] 韩立民, 都基隆. 发展中国家海洋渔业资源增殖放流现状考察与建议 [J]. 中国渔业经济, 2015, 33 (1): 16 – 22.

[32] 韩立民, 郭永超, 董双林. 开发黄海冷水团　建立国家离岸养殖试验区的研究 [J]. 太平洋学报, 2016a, 24 (5): 79 – 85.

[33] 韩立民, 白园园, 于会娟. 我国海藻产业发展思路与模式选择研究 [J]. 中国海洋大学学报 (社会科学版), 2016b (6): 1 – 6.

[34] 韩立民, 李大海, 王波. "蓝色基本农田": 粮食安全保障与制度构想 [J]. 中国农村经济, 2015 (10): 34 – 41.

[35] 韩立民, 李大海. "蓝色粮仓": 国家粮食安全的战略保障 [J]. 农业经济问题, 2015, 36 (1): 24 – 29 + 110.

[36] 韩立民, 李大海. 美国海洋经济概况及发展趋势——兼析金融危机对美国海洋经济的影响 [J]. 经济研究参考, 2013 (51): 59 – 64.

[37] 韩立民, 刘迪迪. 关于中国 "蓝色硅谷" 建设的几点思考 [J]. 经济与管理评论, 2012, 28 (4): 133 – 136.

[38] 韩立民, 刘迪迪. 基于冷链物流的海产品质量管理研究 [J]. 中国海洋大学学报 (社会科学版), 2011 (5): 29 – 31.

[39] 韩立民, 神瑞明. 蓝色硅谷建设中政府作用机制研究 [J]. 改革与战略, 2013, 29 (7): 113 – 116.

[40] 韩立民, 相明. 国外 "蓝色粮仓" 建设的经验借鉴 [J]. 中国海洋大学学报 (社会科学版), 2012

（2）：45－49.

　　［41］韩增林，郭建科．中国海港空间效应的识别与测度［J］．地理学报，2014，69（2）：243－254.

　　［42］韩增林，彭飞，张耀光，刘天宝，钟敬秋．海洋地缘政治研究进展与中国海洋地缘环境研究探索［J］．地理科学，2015，35（2）：129－136.

　　［43］韩增林，王雪，彭飞，刘天宝．基于恐袭数据的"一带一路"沿线国家安全态势及时空演变分析［J］．地理科学，2019，39（7）：1037－1044.

　　［44］韩增林，杨文毅，郭建科，孙康．环渤海地区临港石化产业集聚水平测度［J］．地理科学，2017，37（8）：1135－1144.

　　［45］韩增林，朱珏，钟敬秋，闫晓露．中国海岛县基本公共服务均等化时空特征及其演化机理［J］．经济地理，2021，41（2）：11－22.

　　［46］姜秉国，韩立民．深海战略性矿产资源开发的理论分析［J］．中国海洋大学学报（社会科学版），2011（2）：114－119.

　　［47］柯丽娜，庞琳，王权明，韩增林，王辉．围填海景观格局演变及存量资源分析——以大连长兴岛附近海域为例［J］．生态学报，2018，38（15）：5498－5508.

　　［48］柯丽娜，王权明，周惠成．基于可变模糊集的海洋水质环境综合评价模型——以青岛疏浚物海洋倾倒区为例［J］．资源科学，2012，34（4）：734－739.

　　［49］雷磊，高秋香，杨晨．中国海域使用演变特征及发展趋势分析［J］．资源科学，2017，39（11）：2030－2039.

　　［50］李博，史钊源，韩增林，田闯．环渤海地区人海经济系统环境适应性时空差异及影响因素［J］．地理学报，2018，73（6）：1121－1132.

　　［51］李博，史钊源，田闯，苏飞，彭飞．中国人海经济系统环境适应性演化及预警［J］．地理科学，2019，39（4）：533－540.

　　［52］李博，田闯，金翠，史钊源．环渤海地区海洋经济增长质量空间溢出效应研究［J］．地理科学，2020，40（8）：1266－1275.

　　［53］李博，田闯，史钊源．环渤海地区海洋经济增长质量时空分异与类型划分［J］．资源科学，2017，39（11）：2052－2061.

　　［54］李博，杨智，苏飞，孙才志，许妍，郭建科，王泽宇．基于集对分析的中国海洋经济系统脆弱性研究［J］．地理科学，2016，36（1）：47－54.

　　［55］李博，杨智，苏飞．基于集对分析的大连市人海经济系统脆弱性测度［J］．地理研究，2015，34（5）：967－976.

　　［56］李大海，韩立民．陆海统筹构建粮食安全保障新体系研究［J］．社会科学辑刊，2019（6）：109－117＋2.

　　［57］李丹，栾维新，片峰．航运企业投资对码头运营效率的影响研究［J］．交通运输系统工程与信息，2015，15（1）：43－48.

　　［58］李丹，栾维新，片峰．中国沿海集装箱码头企业效率测度及分析［J］．交通运输系统工程与信息，2013，13（5）：10－15.

　　［59］李靖宇，吴超，孙蕾．关于长海县域创建"海洋牧场"的战略推进取向——为全国建制海岛经济开发建设提供示范基地［J］．中国软科学，2011（6）：10－23.

　　［60］李靖宇，修士伟，魏代娉．关于中蒙两国合作开拓跨国出海大通道的战略推进构想［J］．中国软科学，2011（4）：1－13.

　　［61］李靖宇，詹龙，许浩，张卓．关于中国在南亚区域选取印度洋出海口的战略推进构想［J］．中国海洋大学学报（社会科学版），2012（5）：29－39.

　　［62］李帅帅，范郢，沈体雁．我国海洋经济增长的动力机制研究——基于省际面板数据的空间杜宾模型［J］．地域研究与开发，2018，37（6）：1－5＋11.

　　［63］李帅帅，施晓铭，沈体雁．海洋经济系统构建与蓝色经济空间拓展路径研究［J］．海洋经济，2019，

9（1）：3 – 7.

　　［64］李悦铮，李鹏升，黄丹．海岛旅游资源评价体系构建研究［J］．资源科学，2013，35（2）：304 – 311.

　　［65］李泽，孙才志，邹玮．中国海岛县旅游资源开发潜力评价［J］．资源科学，2011，33（7）：1408 – 1417.

　　［66］梁铄，韩立民．中国近海捕捞业资源租损失估算［J］．山东大学学报（哲学社会科学版），2018（5）：27 – 35.

　　［67］林存壮，韩立民．我国沿海省（区、市）海洋经济发展差异研究［J］．中国渔业经济，2014，32（4）：67 – 73.

　　［68］刘桂春，史庆斌，王泽宇，郭可蒙，胡伟．中国海洋经济增长驱动要素的时空差异［J］．经济地理，2019，39（2）：132 – 138.

　　［69］刘佳，李双建．从海权战略向海洋战略的转变——20 世纪 50 – 90 年代美国海洋战略评析［J］．太平洋学报，2011，19（10）：79 – 85.

　　［70］刘天宝，韩增林，彭飞．人海关系地域系统的构成及其研究重点探讨［J］．地理科学，2017，37（10）：1527 – 1534.

　　［71］刘天宝，杨芳芳，韩增林，彭飞．人海关系地域系统视角下海洋本体的解构与研究重点［J］．地理科学，2019，39（8）：1321 – 1329.

　　［72］栾维新，马新华．我国集装箱港口吞吐能力供需平衡研究［J］．经济地理，2011，31（11）：1774 – 1780，1792.

　　［73］马瑜，栾维新，片峰，杜利楠，孙战秀．中国外贸集装箱生成量的空间分布特征［J］．经济地理，2018，38（1）：120 – 126.

　　［74］彭飞，富宁宁，韩增林，刘天宝，杨鑫．中西方海洋地缘政治思想演化解构——基于人海关系分析框架［J］．地理研究，2021，40（2）：556 – 570.

　　［75］彭飞，韩增林，杨俊，钟敬秋．基于 BP 神经网络的中国沿海地区海洋经济系统脆弱性时空分异研究［J］．资源科学，2015，37（12）：2441 – 2450.

　　［76］彭飞，孙才志，刘天宝，李颖，胡伟．中国沿海地区海洋生态经济系统脆弱性与协调性时空演变［J］．经济地理，2018，38（3）：165 – 174.

　　［77］彭飞，杨鑫，刘天宝，程艺，韩增林．中国边境地区地缘经济系统发展优势度空间分异［J］．经济地理，2019，39（5）：19 – 26.

　　［78］片峰，栾维新，孙战秀，杜利楠，王辉．基于铁路距离的环渤海铁矿石中转港腹地划分［J］．经济地理，2015，35（4）：99 – 107.

　　［79］秦琳贵，沈体雁．科技创新促进中国海洋经济高质量发展了吗——基于科技创新对海洋经济绿色全要素生产率影响的实证检验［J］．科技进步与对策，2020，37（9）：105 – 112.

　　［80］秦琳贵，沈体雁．信贷资金支持海洋经济发展问题探微［J］．财会月刊，2019（17）：136 – 142.

　　［81］曲艳敏，杨翼，陶以军．区域建设用海规划环境影响评价管理政策分析［J］．海洋经济，2016，6（5）：35 – 41.

　　［82］沈体雁，施晓铭．中国海洋产业园区空间布局研究［J］．经济问题，2017（3）：107 – 110.

　　［83］宋强敏，孙才志，盖美．基于非期望超效率模型的辽宁沿海地区海洋生态效率测算及影响因素分析［J］．海洋通报，2019，38（5）：508 – 518.

　　［84］孙才志，曹强，邹玮．基于熵效率模型的环渤海地区海洋经济系统韧性研究［J］．宁波大学学报（理工版），2020，33（1）：10 – 18.

　　［85］孙才志，曹威威，肖春柳．长山群岛海洋渔业资源的平均营养级变化特征［J］．海洋通报，2019，38（1）：87 – 95.

　　［86］孙才志，郭可蒙，邹玮．中国区域海洋经济与海洋科技之间的协同与响应关系研究［J］．资源科学，2017，39（11）：2017 – 2029.

　　［87］孙才志，郭可蒙．基于 DER – Wolfson 指数的中国海洋经济极化研究［J］．地理科学，2019，39

（6）：920-928.

[88] 孙才志，韩建，高扬．基于 AHP-NRCA 模型的环渤海地区海洋功能评价 [J]．经济地理，2012，32（10）：95-101.

[89] 孙才志，李欣．基于核密度估计的中国海洋经济发展动态演变 [J]．经济地理，2015，35（1）：96-103.

[90] 孙才志，徐婷，王恩辰．基于 LMDI 模型的中国海洋产业就业变化驱动效应测度与机理分析 [J]．经济地理，2013，33（7）：115-120，147.

[91] 孙才志，于广华，王泽宇，刘锴，刘桂春．环渤海地区海域承载力测度与时空分异分析 [J]．地理科学，2014，34（5）：513-521.

[92] 孙才志，张坤领，邹玮，王泽宇．中国沿海地区人海关系地域系统评价及协同演化研究 [J]．地理研究，2015，34（10）：1824-1838.

[93] 孙才志，张梦飞．中国海洋等效虚拟水初步测算及结构性特征分析 [J]．资源科学，2018，40（9）：1843-1854.

[94] 孙康，崔茜茜，苏子晓，王雁楠．中国海水养殖碳汇经济价值时空演化及影响因素分析 [J]．地理研究，2020，39（11）：2508-2520.

[95] 孙康，季建文，李丽丹，张超，刘峻峰，付敏．基于非期望产出的中国海洋渔业经济效率评价与时空分异 [J]．资源科学，2017，39（11）：2040-2051.

[96] 孙战秀，栾维新，马瑜，片峰．中国沿海不同区位经济园区空间扩张特征研究 [J]．自然资源学报，2018，33（2）：262-274.

[97] 覃雄合，孙才志，王泽宇．代谢循环视角下的环渤海地区海洋经济可持续发展测度 [J]．资源科学，2014，36（12）：2647-2656.

[98] 谭论，王倩，张宇龙．填海造地对沿海地区经济发展和就业拉动的贡献探析 [J]．海洋经济，2015，5（3）：48-54.

[99] 王波，韩立民．中国海洋产业结构变动对海洋经济增长的影响——基于沿海 11 省市的面板门槛效应回归分析 [J]．资源科学，2017，39（6）：1182-1193.

[100] 王恒，李悦铮，邢娟娟．国外国家海洋公园研究进展与启示 [J]．经济地理，2011，31（4）：673-679.

[101] 王辉，马婧，刘小宇，柯丽娜．辽宁省 14 市与长山群岛旅游空间相互作用研究 [J]．地理科学，2017，37（3）：367-374.

[102] 王嵩，孙才志，范斐．基于共生理论的中国沿海省市海洋经济生态协调模式研究 [J]．地理科学，2018，38（3）：342-350.

[103] 王晓辰，韩增林，彭飞，蔡先哲．中国海洋科技创新效率发展格局演变与类型划分 [J]．地理科学，2020，40（6）：890-899.

[104] 王兴琪，韩立民．"蓝色粮仓"在我国食物生产体系中的作用及建设对策分析 [J]．中国海洋大学学报（社会科学版），2014（3）：20-24.

[105] 王泽宇，崔正丹，孙才志，韩增林，郭建科．中国海洋经济转型成效时空格局演变研究 [J]．地理研究，2015，34（12）：2295-2308.

[106] 王泽宇，郭萌雨，孙才志，李博．基于可变模糊识别模型的现代海洋产业发展水平评价 [J]．资源科学，2015，37（3）：534-545.

[107] 王泽宇，梁华罡，张震．海洋经济系统对海洋强国战略适应性评价——以辽宁省为例 [J]．资源开发与市场，2017，33（12）：1493-1498+1528.

[108] 王泽宇，卢雪凤，韩增林，董晓菲．中国海洋经济增长与资源消耗的脱钩分析及回弹效应研究 [J]．资源科学，2017a，39（9）：1658-1669.

[109] 王泽宇，卢函，孙才志，韩增林，孙康，董晓菲．中国海洋经济系统稳定性评价与空间分异 [J]．资源科学，2017b，39（3）：566-576.

[110] 王泽宇，王焱熙．中国海洋经济弹性的时空分异与影响因素分析 [J]．经济地理，2019，39（2）：139-145，151.

［111］王泽宇，徐静，王焱熙．中国海洋资源消耗强度因素分解与时空差异分析［J］．资源科学，2019，41（2）：301－312.

［112］王泽宇，张梦雅，王焱熙，范元兴．中国海洋三次产业经济效率时空演变及影响因素分析［J］．经济地理，2020，40（11）：121－130.

［113］王泽宇，张震，韩增林，孙才志，林迎瑞．区域海洋经济对国家海洋战略的响应测度［J］．资源科学，2016，38（10）：1832－1845.

［114］魏婷．世界主要海洋国家围填海造地管理及对我国的启示［J］．国土资源情报，2016（2）：47－52.

［115］杨薇，栾维新．政策工具－产业链视角的中国海洋可再生能源产业政策研究［J］．科技管理研究，2018，38（10）：36－43.

［116］杨羽頔，孙才志．环渤海地区陆海统筹度评价与时空差异分析［J］．资源科学，2014，36（4）：691－701.

［117］姚云浩，栾维新，王依欣．基于 AHP－熵值法的游艇旅游制度评价研究［J］．旅游论坛，2017，10（2）：107－117.

［118］姚云浩，栾维新．基于 TAM－IDT 模型的游艇旅游消费行为意向影响因素［J］．旅游学刊，2019，34（2）：60－71.

［119］姚云浩，栾维新．中国游艇俱乐部区位特征研究［J］．地理科学，2018，38（2）：249－257.

［120］于会娟，韩立民．海洋战略性新兴产业结构性产能过剩：表现、成因及对策［J］．理论学刊，2013（3）：67－71.

［121］张建辉，翟伟康．《联合国海洋法公约》框架下的领海基线选划实践研究——以新西兰为例［J］．国土资源情报，2020（12）：18－23.

［122］张健，杨翼，曲艳敏，曾容，李华．人类用海活动造成珊瑚礁损害的生态补偿方法研究——以三亚为例［J］．环境与可持续发展，2017，42（1）：33－36.

［123］张兰婷，韩立民，杨义武．渔业技术进步对渔民增收的影响——基于中国省级面板数据的实证研究［J］．资源科学，2019，41（4）：655－668.

［124］张耀光，刘锴，郭建科，马慧强．中国海岛港口现状特征与类型划分［J］．地理研究，2013，32（6）：1095－1102.

［125］张耀光，刘锴，刘桂春，王泽宇，王国力，彭飞．中国海南省三沙市行政建制特点与海洋资源开发［J］．地理科学，2014，34（8）：971－978.

［126］张耀光，刘锴，刘桂春，王泽宇，张春红，许淑婷，李潭．基于海洋经济地理视角的中国与加拿大海洋经济对比［J］．经济地理，2012，32（12）：1－7.

［127］张耀光，刘锴，刘桂春．从地图看中国南海海域疆界线的形成与演进——中国南海九条断续国界线［J］．地理科学，2012，32（9）：1033－1040.

［128］张耀光，刘锴，王圣云，刘桓，刘桂春，彭飞，王泽宇，高源，高鹏．中国和美国海洋经济与海洋产业结构特征对比——基于海洋 GDP 中国超过美国的实证分析［J］．地理科学，2016，36（11）：1614－1621.

［129］张耀光，刘锴，王圣云，王涌，刘桂春，彭飞，许淑婷．中国与世界多国海洋经济与产业综合实力对比分析［J］．经济地理，2017，37（12）：103－111.

［130］张耀光，张岩，刘桓．海岛（县）主体功能区划分的研究——以浙江省玉环县、洞头县为例［J］．地理科学，2011，31（7）：810－816.

［131］朱小檬，栾维新，朱义胜．中美日三国海港集装箱吞吐量增长规律研究［J］．大连海事大学学报（社会科学版），2016，15（3）：1－6.

［132］左常圣，范文静，邓丽静，李文善，刘秋林，王慧．近60年渤黄海海冰灾害演变特征与经济损失浅析［J］．海洋经济，2019，9（2）：50－55.

（二）外文文献

［1］Bo L I, Shi Z, Tian C. Spatio－temporal Difference and Influencing Factors of Environmental Adaptability Measurement of Human－sea Economic System in Liaoning Coastal Area［J］. Chinese Geographical Science, 2018, 28

（2）：313－324.

［2］Guo J, Qin Y, X Du, et al. Dynamic Measurements and Mechanisms of Coastal Port－city Relationships Based on the DCI Model：Empirical Evidence from China ［J］．Cities, 2020（96）：102440.

［3］Guo J, Wang S, Wang D, et al. Spatial Structural Pattern and Vulnerability of China－Japan－Korea Shipping Network ［J］．Chinese Geographical Science, 2017, 27（5）：697－708.

［4］Qi Q B Zheng J H, Yu Z. Measuring Chinese Marine Environmental Efficiency：A Spatiotemporal Pattern Analysis ［J］．Chinese Geographical Science, 2018（28）：823－835.

［5］Wenzhen, Zhao, Zenglin, et al. Land Use Management Based on Multi－scenario Allocation and Trade－offs of Ecosystem Services in Wafangdian County, Liaoning Province, China ［J］．PeerJ, 2019（7）：e7673.

［6］Xia K, Guo J K, Han Z L, et al. Analysis of the Scientific and Technological Innovation Efficiency and Regional Differences of the Land－sea Coordination in China's Coastal Areas ［J］．Ocean & Coastal Management, 2019, 172（4）：157－165.

第十三章　城乡统筹发展研究

城乡统筹发展是指改变"城市工业、农村农业"的二元思维方式，将城市和农村的发展紧密结合起来，统一协调，全面考虑，树立工农一体化的经济社会发展思路，以人为本为主要指导思想，目的是缩小城乡差距和提高乡村农民的生活水平。城乡统筹是运用发展的眼光、统筹的思路，以全面实现小康社会为总目标，解决城市和农村存在的问题。本章梳理城乡统筹发展的学术脉络、主要研究领域和当前研究热点。

第一节　国外城乡统筹发展的学术进展和研究脉络

关于城乡关系的统筹脉络，根据国外学者的研究，大致可划分为三个发展阶段：第一个阶段是19世纪50年代之前的朴实城乡发展观，该阶段以古典经济学中的农商分工论思想为基础思考城市与乡村之间的关系；第二个阶段是20世纪50～70年代城乡二元结构发展观，该阶段以区域经济学的理论思想为基础探索城乡经济的空间格局和发展差异；第三个阶段是20世纪80年代后的城乡融合发展观，该阶段着重探索城市与乡村之间的相互作用关系。

一、19世纪50年代之前的朴实城乡发展观

城乡统筹发展理论渊源可以追溯到斯密的农商分工论（Smith，1863）。斯密1776年在《国富论》中第一次对城乡关系进行了深刻描述，把城乡之间的通商交易视为文明社会的重要标志。《国富论》中对农商分工论和城乡分工论这两种观点进行了阐述，农商分工论认为农业和工商业通过互换生产产品和生活资料，满足各自的需求，逐渐这两个部门利用各自的比较优势进行明确分工，城乡交换市场逐渐扩大。城乡分工是指城市和乡村的分工，各自相互促进发展，城市工商业发展带动农村发展，农村发展促进城市工商业发展，是"以城带乡，以乡促城""工业反哺农业"等理论的源头。但农商分工理论和城乡分工论只看到了分工所带来的经济效益，却没看到分工的弊端，如城乡发展不均衡、城乡收入差距过大等问题（Yao and Zhu，1998）。

以圣西门、欧文和傅立叶等为代表的空想社会主义学者于19世纪初提出城乡发展关系，这三个人从不同的角度提出了关于城乡关系的设想，其中，"城乡平等"设想由圣西门提出，"和谐社会"设想由傅立叶提出，"理性的社会制度与共产主义新村"由傅立叶提出（徐觉哉，2005）。杜能于1826年提出"孤立国"理论，按照距离中心城市远近、农业发展中存在的间距和一般趋势，在城市外围形成由内向外呈同心圆分布的六个农业地带，并提出了农业区位的理论模式，这是关于城乡资源连续分布、城市与乡村分布模式探讨的较早理论，为后继者探讨城市和乡村空间的相互作用理论奠定了良好的基础（郑圣峰，2017）。

马克思、恩格斯在批判吸收"和谐社会中是没有城乡对立和差别的，城市不是农村的主宰，乡村也不是城市的附庸，二者是平等的"等空想社会主义学者观点基础上，辩证地提出城乡关系是建立在人与人、人与自然、人类物质生活资料的生产和再生产基础之上的，是随着历史发展不断变化的，因此统筹城乡关系发展关键在于合理控制和调节人与人和人与自然之间的社会物质变换过程。

二、20世纪50～70年代：城乡"二元结构"发展观

城乡二元结构发展观起源于20世纪50年代，通过逐渐发展形成了城乡"二元结构发展理论、中心－外围理论和城市偏向理论，这些理论的发展和进步也被视为区域经济学理论的演进过程，通过明确地区分城市和乡村结构，探索城乡经济的空间格局和发展差异（安虎森，2004）。

城乡"二元结构"解释了发达国家城乡差别消失的原因。城乡"二元结构"概念由经济学家刘易斯于1954年提出，他认为城市发展工业、乡村发展农业这个城乡分工是由经济发展规律所决定的，因为城市的劳动效率高于乡村的劳动效率，导致城市收入高于乡村收入，从而吸引农村剩余劳动力流向城市，只有当城乡收入差距逐步缩小，农村剩余劳动力完全被城市吸收，城乡差别才会逐步消失，一个国家的经济才能逐步实现现代化（刘易斯，1983）。由于该理论是基于发达国家的经验建立的，而发展中国家的国情与发达国家存在较大的差距，因此在该理论特别是刘易斯模型被提出来后，无论是在理论研究领域，还是在发展实践领域，都有不少人提出质疑。如刘易斯模型假定城市不存在失业，城市部门实际工资一直保持不变直到农村剩余劳动力被吸纳完毕，以及假定城市工业的就业创造率与其资本积累率成正比（Gollin，2014），这些假定都和发展中国家的实际情况不符合，也不能对发展中国家的城市工人失业和农村转移到城市的剩余劳动力同步增加的现象进行解释（朱介鸣等，2016）。

城乡协调发展思想弥补了刘易斯模型的不足。费景汉和拉尼斯认为刘易斯模型存在两个主要的缺陷：一是没有对农业在工业增长中的重要性给予足够重视；二是没有注意到农业劳动力向工业部门转移和工业部门扩张的先决条件是农业部门可以提供足够的农业剩余，而农业剩余是工业部门扩张的先决条件（Ranis and Fei，1961）。费景汉和拉尼斯在刘易斯模型基础上进行修正，形成"刘易斯－拉尼斯－费景汉"模型，提出了城乡协调发展的思想，注重各种制约因素在产业结构转换过程中的影响（费景汉，2014）。

乔根森提出农业部门发展是工业部门发展的基础，农业剩余和人口规模决定工业的发展，因此要重视农村的发展（Jorgenson，1967）。哈里斯和托达罗从发展中国家城乡普遍存在失业问题出发，提出了城乡人口流动模型。与刘易斯重点分析农村失业问题相反，哈里斯和托达罗重点分析城市失业，他们认为要解决城市失业问题，关键是农村和农业的发展、城乡收入的适当平衡以及扩大农村中的就业机会（托达罗，1998）。舒尔茨在20世纪60年代也对刘易斯模型进行了批评，他认为城乡差距扩大与农村人力和农村资本的流失密切相关，要适当改变财政支出结构，加大对农村地区教育经费的投入，加大对社会教育的投入以及人力资本的开发，从这条路径出发解决城乡二元结构（舒尔茨，2002）。

"中心－外围"理论由阿根廷经济学家劳尔·普雷维什提出（1976），是指世界按照传统的国际分工，可以分为由发达国家构成的中心国家和由发展中国家构成的外围国家两大体系，由于技术进步差异和技术传播速度的差异，中心国家和外围国家的国家分工是不平等的。该理论后来由美国的经济学家赫希曼（1958）、法国的经济学家普劳克斯和地理学家布德维尔（1980）、瑞典的经济学家缪尔达尔等诸多学者进行发展和完善。关于城乡关系，该理论的核心观点是：先让城市或中心地区发展和完善到一定程度后，再扩散带动农村地区发展。

城市偏向理论由 Lipton 在 1977 年提出，这一理论是在对"城市－工业化"发展模式进行反省的基础上提出来的，"二战"后新独立的亚非拉国家大都选择"城市－工业化"发展模式，想通过优先发展城市工业部门来带动整体经济增长，实施进口替代工业化战略来发展经济，但在实施这一战略的过程中，发展中国家高估了本国货币，使用贸易保护政策，垄断工农业产品交易，而且还通过工农业产品价格剪刀差汲取农业剩余来支持城市工业部门发展（王颂吉和白永秀，2013），但收效甚微，而且还损害了农村部门的经济，在此背景下出现的城市偏向理论为第三世界国家解决城市偏向问题提供了一个有效的解决框架（王国梁，2011）。城市偏向理论提出后，也有不少学者对该理论进行了批评，科布内基（2005）批评利普顿过分强调政策偏向，将城乡政策看得过于简单化和绝对化，忽视了除政策以外的其他因素，认为尽管城市阶层和乡村阶层的确有各自独立的政治利益，但城市阶层的政治压力并不是城市偏向产生的根源（程开明，2008）。Wegren（2002）对苏联的城市偏向问题进行了研究，认为苏联解体后城市偏向成为进一步推进民主化的障碍。

三、20 世纪 80 年代以后：融合发展观

这个时期在城乡发展领域出现了各种理论流派，在城市偏向理论基础上先是弗里德曼和道格拉斯于 1975 年提出具有乡村偏向的自下而上发展的"选择空间封闭"理论，然后施特尔和泰勒认为"选择性空间发展理论"具有乡村偏向特征，过于强调乡村的自我发展，忽视了城市在乡村发展中所应发挥的作用，提出具有城市偏向的自上而下的"次级城市战略"。岸根卓朗（1990）从系统论出发，以日本第四次全国国土规划为例，提出主张城乡融合发展的系统。20 世纪 80 年代后期，麦吉、昂温等从城市与乡村关联的角度出发对影响城乡均衡的因素进行了研究，特别是麦吉于 1980 年在村庄和城市概念的基础上提出 Desakota 模式，他指出这种模式一般出现在人口密集的亚热带和热带地区，处于大城市之间的交通走廊地带，借助于城乡间强烈的相互作用，带动了劳动密集型工业、服务业和其他非农产业的迅速发展，实现了居民职业活动和生活方式不同程度的改变，麦吉的 Deskota 模式的提出向传统西方国家以大城市为主导的单一城市化模式提出了挑战，其对城乡间的相互作用和双向交流的论述为亚洲许多国家的城市化研究提供了新思路（麦吉，1991）。

进入 20 世纪 90 年代以来，发展中国家的城乡持续发展成为全球人民最关心的问题之一，特别是第三世界城市人口的增长和迁移给城乡关系所带来的变化引起了诸多学者的关注。Cecilia Tacoli（2004）和 David Satterthwaite（2003）关注经济、文化和社会变化对城乡相互作用影响的不同路径，并对积极和消极的城市与乡村互动发展、区域发展的关联模式进行了构建，强调了小城镇在区域发展和减贫中发挥的作用。

Kenneth Lynch（2005）从资金流、资源流、观念流、实物流和人流五个方面对发展中国家城乡之间的相互作用进行了研究，并根据各种"流"在城乡间的影响效应，制定了缓解贫困的政策。然后他提出了"城乡动力学"概念，并从"生计战略"和"资源分配"角度对发展中国家城乡之间联系的复杂性进行了分析。

第二节　城乡统筹的发展阶段

关于城乡关系的统筹脉络，国内学者认为可以分为三个发展阶段：第一个阶段是 1949 ~

1978 年的二元分治与城市优先发展阶段；第二个阶段是 1978~2003 年的全面改革与城乡互助发展阶段；第三个阶段是 2003 年至今的关注"三农"、城乡统筹发展阶段。

一、1949~1978 年：二元分治与城市优先发展阶段

城乡建设方面是以城市为中心还是以农村为中心，是新中国政策制定急需解决的关键问题。中华人民共和国成立初期我国农业和手工业还很落后，需要建立一个强大的工业国来带动农业和城市经济（武力和温锐，2006），毛泽东在中共七届二中全会上就明确提出，以"城乡兼顾、工农并举"作为处理城乡关系的基本原则（熊君，2008）。

1956 年毛泽东在《人民日报》发表《十大关系》讲话，提出在重工业、轻工业和农业关系问题上，要通过多发展农业和轻工业来促进重工业发展，工业化是未来经济发展的必然选择，应该采取"农、轻、重"模式的工业化发展路径来实现工业化。但我国从 1955 年就开始效仿苏联实行计划经济，实行优先发展重工业策略，1958 年我国开始推行户籍管理制度和人民公社制度，城乡居民区别对待，自此为城乡分离的二元经济结构奠定了基础，与此同时学术界也顺应政府号召，偏向"重工轻农"的城乡关系研究，给国家"重工业优先发展"战略提供有力理论支撑。

毛泽东同时也提出要兼顾城乡关系，"城乡之间的发展必须兼顾……决不可以丢掉乡村，仅顾城市建设，如果这样想，那是完全错误的。但是党和军队的工作重心必须要放在城市上，必须用极大的努力去学会管理城市和建设城市，而后帮助农村发展"。从 1949 年中华人民共和国成立到 1956 年社会主义三大改造完成，这七年是中国共产党领导中国人民巩固社会主义制度的关键时期，如何让中国人民摆脱贫穷落后的现状，在这个时期中国共产党的政策是优先发展城市，让城市先发展起来，城市发展起来后再来带动农村，通过城市工业来带动农业发展。毛泽东在中共七届二中全会上明确提出"中国开始了由城市到农村并由城市领导农村的时期"。

二、1978~2003 年：全面改革与城乡互助发展阶段

在 1978 年党的十一届三中全会后，改革开放逐渐在全国展开，人民公社制度被家庭联产承包责任制所取代，计划经济体制逐渐向灵活的市场经济体制转变，打破了城乡之间的隔离障碍，城乡要素得以自由流动，城乡之间合理的经济运行局面开始逐渐形成，城乡之间进入了互助发展的新阶段。但由于长时间实行的二元分治、优先发展城市策略给农村带来了一系列问题。一是受城乡剪刀差的影响，以粮食为代表的农产品价格过低；二是农民以土地为主要经济来源，收入来源单一，农民普遍贫困（辛宝海，2008）。

邓小平在这个时期表示要以农业为基础，加大对农业的扶持力度，大力恢复农业发展。与此同时理论界开始重新认识工农关系，这一时期涌现出来大量的研究成果。邓小平提出"中国的出路在于工业化，工业化又离不开农业的现代化，"农副产品的增加，农村市场的扩大，农村剩余劳动力的转移，又强有力地推动了工业的发展"，"农业和工业，农村和城市，就是这样相互影响、相互促进，这是一个非常生动、非常有说服力的发展过程"。正是基于这一思想的指导，改革开放首先从农村实行家庭联产承包责任制开始，废除人民公社体制，解放农村生产力。但由于城乡户籍制度尚未改变，农村教育、医疗、卫生、养老等问题仍然存在（李长江，2004），因此，政府提出推行工业化和城市化道路来解决城乡二元结构性问题。

三、2003 年至今：城乡统筹发展阶段

随着改革开放的推进，国家逐渐认识到城市二元结构和"三农"问题的重要性，党中央审

时度势，出台了一系列"三农"政策，党的十六大提出"统筹城乡经济社会发展"，切实减轻农民负担，提高农民收入，目标是加强城乡统筹的内在动力，促进农村经济社会发展（刘红娜，2021）。从 2004 年开始，"中央一号"文件连续关注"三农"问题（张红宇等，2015），农村改革围绕科学发展观、新农村建设、农业现代化、农业供给侧改革、乡村振兴等目标不断创新和突破，经过十多年的发展，我国在缩小城乡差距、增加农村收入方面已经取得了一些可喜成就。

第三节 城乡统筹发展的主要研究领域

一、关于城乡统筹发展内涵的研究

城乡统筹发展是指改变"城市工业、农村农业"的二元思维方式，将城市和农村的发展紧密结合起来，统一协调，全面考虑，树立工农一体化的经济社会发展思路，以实现全面小康为总目标，以发展的眼光、统筹的思路解决城市和农村存在的问题。

城乡统筹发展包含四个方面的主要内容：统筹城乡规划建设、统筹城乡产业发展、统筹城乡管理制度、统筹城乡收入分配。在统筹城乡规划建设方面，需改变目前城乡规划分割、建设分治的状态，把城乡经济社会发展统一纳入政府宏观规划中，协调城乡发展，促进城乡联动，实现共同繁荣。根据经济社会发展趋势，统一编制城乡规划，促进城镇有序发展，农民梯度转移。主要包括：统筹城乡产业发展规划，科学确定产业发展布局；统筹城乡用地规划，合理布局建设、住宅、农业与生态用地；统筹城乡基础设施建设规划，构建完善的基础设施网络体系。尤其在农村地区缺乏基础设施建设资金的情况下，政府要调动和引导各方面的力量加强对农村道路、交通运输、电力、电信、商业网点设施等基础设施的投入，使乡村联系城市的硬件设施得到尽快改善。在统筹城乡产业发展方面，需以工业化支撑城市化，以城市化提升工业化，加快工业化和城市化进程，促进农村劳动力向二、三产业转移，农村人口向城镇集聚。建立以城带乡、以工促农的发展机制，加快现代农业和现代农村建设，促进农村工业向城镇工业园区集中，促进农村人口向城镇集中，促进土地向规模农户集中，促进城市基础设施向农村延伸，促进城市社会服务事业向农村覆盖，促进城市文明向农村辐射，提升农村经济社会发展的水平。在统筹城乡管理制度方面，要突破城乡二元经济社会结构，纠正体制上和政策上的城市偏向，消除计划经济体制的残留影响，保护农民利益，建立城乡一体的劳动力就业制度、户籍管理制度、教育制度、土地征用制度、社会保障制度等，给农村居民平等的发展机会、完整的财产权利和自由的发展空间，遵循市场经济规律和社会发展规律，促进城乡要素自由流动和资源优化配置。在统筹城乡收入分配方面，要根据经济社会发展阶段的变化，调整国民收入分配结构，改变国民收入分配中的城市偏向，加大对"三农"的财政支持力度，加快农村公益事业建设，建立城乡一体的财政支出体制，将农村交通、环保、生态等公益性基础设施建设都列入政府财政支出范围。

二、关于城乡统筹发展评价的研究

随着各地对城乡统筹发展实践的不断深入，不少学者对城乡统筹发展的指标体系进行了构建并进行评价。秦雅男（2015）对我国目前在城乡统筹研究领域主要使用的研究方法进行了归纳，认为我国目前主要使用的研究方法有主观评价法、客观评价法和综合评价法。赵璟等

（2015）在城乡统筹发展评价体系的研究方法采纳方面，推荐尽量使用客观评价方法。张涛（2014）则认为虽然目前关于城乡统筹评价的方法较多，但基本上还是以客观评价法和主观评价法为主，目前还不存在真正最优的评价方法，在具体选择何种评价方法时，要根据评价对象和目的合理选择合适的方法。

在城乡统筹发展评价指标体系的构建研究方面，黄秀娟（2013）基于多指数综合评价法，从经济因素、社会因素和空间因素3个维度对江苏省城乡统筹发展评价指标体系进行了构建。杨娜曼等（2014）基于湖南省年度数据，运用主成分分析法和格兰杰因果分析法对城乡协调发展评价模型进行了构建，研究表明城乡统筹和城乡收入差距二者之间存在双向作用，在解决城乡统筹发展问题时首先得解决城乡收入差距问题。胡银根等（2016）从经济、社会和环境因素等方面对统筹城乡发展效率的评价指标体系进行了构建，并以实现城乡一体化为目标，利用数据包络分析法对我国31个省份的城乡统筹发展效率进行了评价，研究结果表明城乡统筹发展效率水平与经济发展水平不存在对称关系。丁志伟等（2016）以城乡收入比为单指标，以基础、经济、社会、公共服务、动态5个方面选取的25个指标构建评价体系从时间、空间2个维度对河南省城乡统筹发展的状态水平进行了评价，研究表明从单指标来看河南省中北部城乡收入差距较小，南部差距较大，从综合指标来看城乡统筹发展水平呈波动上升趋势，有待进一步提升，中部、西北部和北部组成了城乡统筹水平的高值区，而南部和东南部则组成了低值区。尹君等（2018）运用数据包络分析法对江苏省13个地级市的城乡统筹效率进行了评价，研究结果表明江苏省城乡统筹效率普遍不高，仅有无锡、宿迁和镇江达到有效状态，而且城乡统筹效率水平呈现出空间差异：苏南＞苏北＞苏中。许嘉淇利用主成分分析法对河北省2006～2017年的城乡统筹发展水平进行精准、全面、系统的态势分析，认为2006～2017年河北省的城乡统筹发展水平大体呈上升趋势，但由于河北城市地区与个别农村发展差距较大、农民进城就业问题、对陌生环境空间恐惧等问题，导致此时段出现城乡统筹趋势波动现象（许嘉淇，2020）。

三、关于城乡统筹发展机制的研究

王小琪等（2006）认为可以通过城市产业反哺、社会事业反哺、基础设施反哺、社会保障制度反哺和生态环境反哺来统筹城乡发展，并提出可以通过农村市场建设、工商社会资本支农机制建设、财政支农机制建设来完善城乡统筹发展体系。王冰松和杨开忠（2009）结合二元经济理论、城市规划理论、共生理论和区域经济相关理论对统筹城乡发展的机理进行了阐述，并以重庆为例探讨了科学统筹城乡发展的对策，认为重庆若要统筹城乡发展，可以从重塑空间格局、制度体系创新和组织形式创新三点着手。刘成玉等（2010）认为中国目前的城乡统筹是以"给予式"及"减负式"或"松绑式"为标志的外驱式城乡统筹，外驱式城乡统筹在制度上没有可持续性，他们构建了一套由"三农"内部动力驱使，通过城乡利益制衡和均衡博弈而实现均衡和协调的内驱式城乡统筹模式，并从消除城乡资源要素流动障碍、加强农民决策参与和对农村和农民进行生态补偿等方面提出了建议。罗艳兵（2013）以江西为例，从国内统筹城乡发展的理论和实践出发，认为统筹江西城乡发展，应着眼于体制机制创新、完善公共服务、土地和户籍制度，促进城乡统筹发展，实现城乡融合。林森（2018）结合城乡统筹和精准扶贫，构建城乡统筹扶贫的治理机制，并从主客体协调角度、城乡统筹角度、项目评估角度和责任监督角度四个角度对城乡统筹扶贫治理机制进行了详细分析。

四、城乡统筹发展的路径

张迎春（2006）认为若要统筹城乡关系、促进农业发展，可以从农业现代化、工业协调化和城镇适度化三个路径选择着手。张俊卫（2008）从城镇化和新农村建设方面对城乡统筹的路径进行了研究，并提出了统筹城乡发展的"2＋8"模式。叶裕民（2013）在对现代化相关概念和逻辑关系梳理的基础上，提出统筹城乡发展是具有全局意义的系统改革，并进一步从中央宏观改革层面和地方政府改革层面提出推进统筹城乡发展综合改革的内容和实施路径。在路径实施方面，该学者认为可以从编制统筹城乡发展战略规划、市场资源配置、依法治国、公共服务均等化、人力资本投入激励机制建立方面着手。唐虹（2013）认为统筹城乡问题的核心是解决三农问题，新时期要统筹城乡发展，解决城乡二元经济结构下形成的城乡长期分离、城乡地位不平等，可以从推行农地适度规模化经营、促进农业产业化和现代化、加快推进小城镇建设、加强城市带建设和主体功能区规划等路径着手协调城乡统筹发展。张守凤和李淑萍（2017）从经济、社会、空间、生态和公共服务五个客体入手，对统筹城乡经济社会发展阶段性目标的重要路径进行了研究，认为整体推进城乡一体化进程是统筹城乡经济发展的重要路径，在整体推进城乡一体化进程中要坚持政府主体地位，推动城乡经济社会一体化、城乡发展一体化，最终全面建成小康社会和实现现代化。其中，在坚持政府主体地位方面，可以从六个方面着手推进：一是落实好城乡规划，实施政策性指引；二是合理引导工农业发展，创新发展方式；三是提升"三大合作"（农村社区股份合作社、农村土地股份合作社、农民专业经济合作组织）的作用，构建新型组织载体；四是健全城乡社保体系，实现城乡合理衔接；五是合理配置基本公共服务资源，创造良好的发展平台；六是以政府为主推进社会管理体制改革，提升综合治理水平。钱慧等（2019）从乡村功能多元化发展和乡村兼业两个路径为城乡统筹提供了新的发展路径，在乡村功能多元化发展方面，除了发展农业外，还可以发展乡村生态旅游、运动休闲、健康养老等产业，从而使村民在从事农业的同时还可以进行兼业工作，乡村功能多元化推动乡村产业多元化，从而可以为村民带来更多的非农兼业机会。

第四节　城乡统筹发展的拓展性研究

一、城乡统筹发展与区域协作研究

一部分学者对城乡统筹发展与区域协作的原则和模式进行了研究。王东强等（2013）认为在城乡统筹发展过程中，由于不同区域资源禀赋差异，要实现城乡协调发展和资源共享，需要找到不同利益主体的利益共同点，从体制机制创新视角来推进区域协作，并以长江三角洲地区、京津冀地区、川渝地区和黄河金三角地区等地的区域协作模式为例，提炼出区域协作体制创新的基本原则：根植性原则、系统性原则、参与性原则、利益导向原则和规范化原则。汪馨（2012）在对武汉城市圈高首位度、单中心结构、"灯下黑"等独特性分析的基础上，结合城乡统筹发展理论提出了武汉城市圈统筹城乡发展的建议，建议从空间统筹、交通统筹、资源环境统筹、产业统筹等方面，建立区域协调发展的新模式。

还有一部分学者对城乡统筹与区域协作的路径进行了研究。梁芷铭（2013）认为区域化是全球化的副产品，区域一体化是各国政府合作共赢的结果，是世界各国经济发展的新模式，有助于地理位置相邻的区域和国家之间劳动力、资本、技术、商品和信息的自由和有效的配置，全球层面的区域一体化离不开各个国家特定的社会、经济、政治、文化和制度背景，国外区域一体化为我国区域一体化提供了借鉴的范本，在此基础上对区域一体化在社会救助城乡统筹进程中的可行性分析进行了探讨，并进一步从区域行政协议、区域经济一体化、区域救助一体化和区域立法协调等维度分析了区域一体化视角下考察社会救助城乡统筹的路径方案。林泓（2019）从城乡统筹视角，对我国城乡二元分立体制下商贸流通与区域经济共生作用机制和共生发展的困境进行了分析，研究表明商贸经济和区域经济发展可以相互促进，商务流通产业可以促进区域产业结构优化，区域经济发展可以为商贸流通提供各类基础性资源，最后在对商贸流通与区域经济发展困境分析的基础上，从优化区域产业结构、打造高效率的区域流通信息平台和营造良好的共生发展环境三个方面，提出促进商贸流通与区域经济共生发展的改革路径。

也有学者对区域层面的城乡统筹发展水平的评价指标体系进行了构建。赵璟等（2015）以陕西省关中城市群为例，从社会协调发展、经济协调发展和生活协调发展三个维度对该区域的城乡统筹发展评价指标体系进行了构建，在此基础上从动态度、变化幅度和区域差异等方面建立了城乡统筹时空分析模型，研究表明，从总体来说，关中城市群城乡统筹发展水平随着城市化水平的提高在不断提升，但各区域间的城乡统筹发展水平呈现出先扩大后缩小的趋势。唐欣等（2016）在对河北省东部12个县域城乡统筹水平指标体系进行构建的基础上，采用AHP方法对指标体系中的各指标进行赋权，并进一步对各县域的城乡统筹水平进行评价，研究表明各县域之间的城乡统筹水平差距较大，呈现出失衡状态。

二、城乡统筹发展与公共服务研究

（1）关于城乡统筹发展与公共服务设施的研究。郭文秀（2016）立足城乡统筹背景，围绕公共服务设施均等化配置问题，以湖州市长兴县医疗卫生设施为研究对象，对县域医疗卫生设施均等化配置的方法进行了探讨，首先根据医疗卫生设施的规模和职能对县域医疗卫生设施进行分类，其次借助GIS数据可视化及空间分析方法研究医疗卫生设施的空间布局，最后结合实地问卷调研和GIS空间分析方法评价不同级别医疗设施的综合可达性，为研究公共服务设施均等化配置提供参考方法。江平（2019）在城乡统筹和新型城镇化大背景下，以云南省盐津县为研究样本，以"分级供给、协同共享"为切入点，基于乡村居民日常生活行为规律，从县级层面对县域公共服务设施优化配置模式进行了探讨，在对基本公共服务设施的问题、类型和分布特征进行分析的基础上，通过因子分析法对公共服务设施的配置水平进行了分析比较，并对各级公共服务的设施服务覆盖范围及设施承载能力进行了可达性分析和可用性校核。

（2）关于城乡统筹与农村公共文化服务的研究。在城乡统筹与农村公共文化服务的研究方面，张华春（2017）认为目前农村公共服务主要是由政府提供，城乡公共文化服务仍然存在较大差距，完善农村公共文化服务体系对提高农民文化素养、丰富农民精神文化生活、统筹城乡发展、实现城乡一体化具有重要意义。在对我国农村公共服务认识误区、农村公共文化供给效益不高、农村公共文化服务优秀从业人员缺失和农村公共文化服务管理机制不完善等问题梳理的基础上，从基础设施完善、信息化、治理体系完善和服务体系完善等方面提出了完善农村公共文化服务的建议。张瑜（2014）在对公共文化服务体系的概念、特征与功能进行梳理的基础上，进一步提出政府作为公共文化治理模式中的主导力量，政府应该秉承公正、公益、均等和普惠的公共价值取向，完善管理职能、服务职能和创新职能。政府作为公共服务的服务者与监督者，必须遵循"以民为本"的执政理念，"以人民需求"为导向的服务精神，政务信息公开透明；政府作为供给者与统筹者，作为公共文化服务的主要供给者，要积极调动社会公众组织力量，满足不同区域群众对文化服务的需求；政府作为公共服务的管制者与协调者，要完善城乡公共文化服务的基本保障制度，避免收入差距过大而导致文化利益冲突；政府作为组织者和安排者，要合理利用分配资源，加大对农村文化设施的投入，推进城乡公共文化服务体系一体化。

（3）关于城乡统筹与农村体育公共服务的研究。孙中芹（2014）对山东省经济发达地区、欠发达地区和其他部分地区的县域体育公共服务进行了系统研究，研究发现政府对乡镇体育不够重视、基础设施少、经费匮乏、体育活动少，从政策法规体系、组织管理、宣传力度对健身场所和检测服务体系等方面提出了相关政策建议。刘全（2017）等认为城乡接合部作为一个特殊的地理位置，该区域的体育教育对促进城乡接合部的全面发展具有重要意义，由于体育教学不计入考试分数，因此体育教学长久以来不受重视，而且城乡接合部的教师配置严重缺失，缺乏专业体育教师，体育教育质量不高，严重影响了城乡接合部的全面发展，提出城乡统筹背景下要落实素质教育发展观，建立体育教育保障制度，完善体育课程建设和重视教师队伍建设。许冬明等（2020）认为农村公共服务体系对提高农民的健康水平、养成健康生活方式、增强农民体质具有重要作用，目前农村公共体育服务存在农村体育公共服务供给不足、公共服务硬件投入不合理、软件服务欠缺、体育建设政策法规不完善、体育服务基层组织不健全、体质监测未普及、体育指导短缺和体育信息咨询需求不对等等问题，在此基础上提出完善农村体育公共服务体系组织建设、构建农村体育公共服务的指导思想、实现体育公共产品的供给渠道和服务体系的多元化、建立健全公共体育服务的法律法规和农村基层组织建设、丰富体育内容和活动形式、优化资源配置和政府决策机制等政策建议。

三、城乡统筹发展与 ICT 研究

（1）关于信息通信技术（Information and Communications Technology，ICT）促进城乡一体化的研究。许大明等（2004）从城乡地域社会经济、人口流动和居住空间的变化、城乡地域生态系统的可持续发展、城乡文化思想意识的交流和生态环境保护方面分析了信息化对我国城乡一体化进程所带来的影响，并提出了相应对策，研究表明信息化可以促进城乡经济联动发展，推动城乡人员合理流动，增强城乡思想观念和文化融合创新。曹晖（2010）也认为信息化可以促进中国城乡一体化进程，有效缩短城乡的知识差距和经济差距，调整城乡经济结构，转变经济增长方式，提高竞争力，在对信息化促进城乡一体化的传播路径进行分析的基础上，给出了相应的对策建议，指出在信息化促进城乡一体化进程中，政府的智能和角色力量尤为重要，在农村通信基础设施薄弱、"最后一公里"问题突出的情况下，要强化政府在生产要素流动、城乡居民机会平等、农村公共产品供给等方面的作用，建立政府主导、多方参与、以工促农、以城带乡的体系和机制，加大政府财政投入，营造多元化的投资主体，建立多元化的投融资体系。胡杨名（2016）也认为信息化可以为城乡融合和一体化发展带来新的契机，对实施"以城带乡，城乡互动"发展战略和实现城乡一体化具有重要意义。当前农村信息化面临一系列问题：信息化服务队伍建设滞后、信息化建设体制机制不顺、信息化资源开发利用难度大、信息化基础设施建设水平有待提升等，因此应通过统筹管理农村信息化建设、夯实农村信息化公共基础设施、加强农村信息化服务队伍建设等来推进农村信息化建设，统筹城乡发展。

（2）关于 ICT 推动农村经济发展，缩小城乡差距的研究。在 ICT 推动农业生产方面，韩海彬和张莉（2015）认为农业信息化可以优化农业资源配置，提高农业资源利用效率，可以对农业生产各个环节的生产要素进行有序组织和总体协调，从而提高农业技术效率，有效促进农业全要素生产率增长，但要受到农村人力资本水平的制约，因此要重点加快农业信息化专业人才培养，提高各地农村人力资本，为农业信息化提供良好的技术消化吸收和推广的环境。张景娜和张雪凯（2020）利用中国家庭追踪调查数据，分析了互联网使用行为对农户家庭农地转出决策的影响，研究表明互联网使用可以通过非农就业及其稳定性、拓宽信息渠道和增强社会互动三条路径显著提升农地转出概率。提出要进一步完善农村互联网基础设施，提高互联网普及率，

缩小城乡"数字鸿沟",依托互联网引导农地流转,为农地流转增添新动力,推进农业适度规模经营,再就是加强农村劳动力的互联网培训工作,推动互联网规模经济的进一步发挥。在ICT提高农民收入方面,杨柠泽和周静(2019)基于中国社会综合调查(CGSS)运用最小二乘法和倾向得分匹配法分析了互联网使用对农民非农收入的影响,研究发现互联网可以为农民带来41.2%~51.1%的非农收入回报,而且对低学历和中老年农民的影响更为显著,建议政府加大对农村信息技术设施的投资,提高农村地区信息服务能力,加大对农民使用互联网的技术支持和财政补贴,帮助农民通过互联网非农创业,提升农民收入,培养农民特别是低学历和中老年农民的互联网意识,提高农民的信息搜寻效率,建立线上线下益农服务站,为农民提供便利信息服务。马俊龙和宁光杰(2017)通过研究发现互联网可以有效提高农村劳动力非农就业概率,提高工资水平,但对高学历者的影响要高于低学历者,也建议政府要加强对农村劳动力的互联网培训工作,使更多劳动者可以熟练使用互联网,还要规范互联网创业的市场,对农村创业活动提供必要技术支持和财政补贴。文小洪等(2021)在利用中国家庭追踪调查(CFPS)的数据并使用PSM模型进行研究,发现城镇户籍劳动者使用互联网的工资回报高于农村户籍劳动者,并认为人力资本水平及互联网使用内容差异是导致此结果的原因。

四、关于城乡统筹和农村金融的研究

关于城乡统筹和农村金融的研究方面,黄延信和李伟毅(2012)认为农村金融改革是解决"三农"问题、统筹城乡发展和实现共同富裕的重要途径,在农村金融改革创新方面,可以从产品创新、金融组织创新、服务创新和担保方式创新等方面大胆探索,增加农村信贷供给,促进农村经济发展和农民创收。李爽(2018)采取理论和实证相结合的方式对农村普惠金融与城乡经济统筹之间的协同发展效应进行了分析,研究表明农村普惠金融与经济统筹之间存在着协同发展、相互促进的双向关系,普惠制金融可以促进城镇基础设施改善、城乡资源配置和城乡产业结构优化。谢升峰和刘晓俊(2019)基于因子分析法在对城乡统筹和农村普惠金融水平进行测度的基础上,也对农村普惠金融和城乡统筹之间的关系进行了分析,研究表明二者存在长期均衡关系,农村普惠金融发展有利于促进城乡统筹,分区域来看,在东、中和东北部,二者之间显著正相关,但在西部地区两者关系不显著。李停(2020)以消除人地依附关系为突破口,从理论和经验两个层次分析了农地金融创新对城乡统筹发展的影响,研究表明农地金融对弱化人地依附关系、助力劳动力永久性迁移、促进城乡统筹发展具有重要作用。

参考文献

(一)中文文献

[1] M. P. 托达罗. 第三世界的经济发展 [M]. 北京:中国人民大学出版社,1988.

[2] 阿瑟·刘易斯. 经济增长理论 [M]. 周师铭,沈丙杰,沈伯根,译. 北京:商务印书馆,1983.

[3] 安虎森. 区域经济学通论 [M]. 北京:经济科学出版社,2004.

[4] 岸根卓郎. 迈向21世纪的国土规划:城市融合系统设计 [M]. 北京:科学出版社,1990.

[5] 曹晖. 信息化促进中国城乡一体化研究 [D]. 东北林业大学,2010.

[6] 程开明. 从城市偏向到城乡统筹发展——城市偏向政策影响城乡差距的 Panel Data 证据 [J]. 经济学家,2008(3):28-36.

[7] 邓小平. 邓小平文选(第3卷)[M]. 北京:人民出版社,1991.

[8] 丁志伟,张改素,王发曾,何伟纯,璩榆桐. 河南省城乡统筹发展的状态评价与整合推进 [J]. 地域研究与开发,2016,35(2):41-46.

[9] 费景汉,拉尼斯. 增长与发展 [M]. 洪银兴,等译. 北京:商务印书馆,2004.

［10］郭文秀. 城乡统筹背景下县域公共服务设施均等化研究［D］. 天津大学，2016.

［11］韩海彬，张莉. 农业信息化对农业全要素生产率增长的门槛效应分析［J］. 中国农村经济，2015 （8）：11 - 21.

［12］胡扬名. 城乡统筹发展背景下农村信息化建设问题研究［J］. 江西社会科学，2016，36 （2）：208 - 213.

［13］胡银根，廖成泉，章晓曼，王聪. 基于数据包络分析的统筹城乡发展效率评价［J］. 城市规划，2016，40 （2）：46 - 50.

［14］黄秀娟. 江苏城乡统筹测度及其影响因素研究［D］. 扬州大学，2013.

［15］黄延信，李伟毅. 城乡统筹背景下的农村金融改革创新——重庆市的实践与启示［J］. 农业经济问题，2012，33 （5）：10 - 15，110.

［16］江平. 城乡统筹视角下的盐津县县域基本公共服务设施优化配置研究［D］. 昆明理工大学，2019.

［17］李长江. 城乡差距的现状、根源及解决对策［J］. 理论探索，2004 （3）：46 - 47.

［18］刘红娜. 我国城乡统筹发展水平的测度及演变分析［J］. 经济研究导刊，2021 （17）：36 - 39.

［19］李爽. 安徽省农村普惠金融与城乡经济统筹协同发展研究［D］. 安徽农业大学，2018.

［20］李停. 农地金融创新、人地依附关系改变与城乡统筹发展［J］. 农村经济，2020 （4）：91 - 97.

［21］梁芷铭. 区域一体化：社会救助城乡统筹的路径选择［J］. 西南农业大学学报（社会科学版），2013，11 （1）：14 - 18.

［22］林泓. 试论城乡统筹视角下商贸流通与区域经济的共生发展［J］. 商业经济研究，2019 （18）：20 - 22.

［23］林森. 青岛市西海岸新区城乡统筹扶贫治理机制研究［D］. 山东农业大学，2018.

［24］刘红娜. 我国城乡统筹发展水平的测度及演变分析［J］. 经济研究导刊，2021 （17）：36 - 39.

［25］刘成玉，任大廷，万龙. 内驱式城乡统筹：概念与机制构建［J］. 经济理论与经济管理，2010 （10）：27 - 33.

［26］刘全，张家黎，刘勇. 城乡统筹背景下城乡结合部的体育教育状况［J］. 智库时代，2017 （13）：87 - 88.

［27］罗艳兵. 江西省城乡统筹与政策研究［D］. 南昌大学，2013.

［28］马俊龙，宁光杰. 互联网与中国农村劳动力非农就业［J］. 财经科学，2017 （7）：50 - 63.

［29］马克思，恩格斯. 马克思恩格斯全集［M］. 北京：人民出版社，1995.

［30］毛泽东. 毛泽东选集（第2卷）［M］. 北京：人民出版社，1991.

［31］中共中央文献编辑委员会. 毛泽东著作选读［M］. 北京：人民出版社，1986.

［32］钱慧，张博，朱介鸣. 基于乡村兼业与多功能化的城乡统筹路径研究——以舟山市定海区为例［J］. 城市规划学刊，2019 （S1）：82 - 88.

［33］秦雅男. 湘西州城乡统筹发展研究［D］. 吉首大学，2015.

［34］孙中芹. 城乡统筹视角下山东省县域体育公共服务一体化研究［D］. 曲阜师范大学，2014.

［35］唐虹. 四川省统筹城乡的制约因素与发展路径［J］. 经济研究导刊，2014 （33）：64 - 66.

［36］唐欣，王震，刘严萍. 基于AHP方法的县域城乡统筹水平综合评价——以河北省东部十二个县级区域为例［J］. 产业与科技论坛，2016，15 （3）：116 - 118.

［37］汪毅. 城乡统筹与区域统筹的相容性——来自武汉城市圈的实践［J］. 城市发展研究，2012，19 （12）：60 - 65.

［38］王冰松，杨开忠. 城乡统筹发展的机理与途径——以重庆市为例［J］. 城市问题，2009 （4）：61 - 64.

［39］王东强，钟志奇，文华. 城乡统筹视角下的区域协作体制机制创新研究［J］. 城市发展研究，2013，20 （12）：45 - 49.

［40］王国梁. 城市偏向问题及其解决路径：一个理论综述［J］. 浙江社会科学，2011 （7）：121 - 127，159.

［41］王颂吉，白永秀. 城市偏向理论研究述评［J］. 经济学家，2013 （7）：95 - 102.

［42］文小洪，马俊龙，王相珺．互联网使用对收入影响的城乡差异［J］．世界农业，2021（7）：97－107．

［43］王小琪，陈延平．四川统筹城乡发展机制探析［M］．成都：电子科技大学出版社，2006．

［44］武力，温锐．1949 年以来中国工业化的"轻、重"之辨［J］．经济研究，2006（9）：39－49．

［45］西奥多·W．舒尔茨．对人进行投资——人口质量经济学［M］．吴珠华，译．北京：首都经济贸易大学出版社，2002．

［46］谢升峰，刘晓俊．农村普惠金融统筹城乡发展的福利测度［J］．统计与决策，2019，35（13）：154－157．

［47］辛宝海．改革开放以来中国二元经济理论研究［D］．复旦大学，2008．

［48］熊君．统筹城乡发展的理论渊源［J］．学术探讨，2008（6）：32－33．

［49］徐觉哉．欧洲空想社会主义的"和谐社会"观［J］．毛泽东邓小平理论研究，2005（8）：85－90．

［50］许嘉琪．河北省城乡统筹发展水平综合评价研究［J］．现代营销（信息版），2020（4）：162－163．

［51］许大明，修春亮，王新越．信息化对城乡一体化进程的影响及对策［J］．经济地理，2004（2）：221－225．

［52］许冬明，李显国，杨继星．城乡统筹发展下我国农村公共体育服务体系的构建与优化［J］．西安文理学院学报（自然科学版），2020，23（3）：107－111．

［53］杨娜曼，肖地楚，黄静波．城乡统筹发展视角下湖南省城乡协调发展评价［J］．经济地理，2014，34（3）：58－64．

［54］杨柠泽，周静．互联网使用能否促进农民非农收入增加？——基于中国社会综合调查（CGSS）2015 年数据的实证分析［J］．经济经纬，2019，36（5）：41－48．

［55］叶裕民．中国统筹城乡发展的系统架构与实施路径［J］．城市规划学刊，2013（1）：1－9．

［56］尹君，谭清美，武小龙．江苏省城乡统筹效率评价及其空间溢出效应研究［J］．中国农业资源与区划，2018，39（1）：176－182．

［57］张红宇，张海阳，李伟毅，李冠佑．中国特色农业现代化：目标定位与改革创新［J］．中国农村经济，2015（1）：4－13．

［58］张华春．城乡统筹视域下农村公共文化服务体系的完善［J］．西南石油大学学报（社会科学版），2017，19（3）：32－37．

［59］张景娜，张雪凯．互联网使用对农地转出决策的影响及机制研究——来自CFPS的微观证据［J］．中国农村经济，2020（3）：57－77．

［60］张俊卫．城乡统筹发展的"2+8"研究模式［J］．规划师，2008（10）：5－9．

［61］张守凤，李淑萍．统筹城乡发展的内涵及路径研究［J］．山东社会科学，2017（3）：109－114．

［62］张涛．西藏自治区城乡统筹发展水平评价及对策研究［D］．西藏大学，2014．

［63］张迎春．统筹城乡发展与金融支持体系构建研究［M］．成都：西南财经大学出版社，2006．

［64］张瑜．论公共文化服务体系构建中的政府职能与角色定位——基于城乡统筹发展的愿景［J］．广西社会科学，2014（12）：153－156．

［65］赵璟，郭海星，党兴华．区域城乡统筹发展评价与时空分析［J］．统计与决策，2015，31（9）：102－105．

［66］郑圣峰．城乡统筹视角下的山地城乡空间协同发展论——以涪陵为例［D］．重庆大学，2017．

［67］朱介鸣，裴新生，刘洋．中国城乡统筹规划的宏观分析——城乡均衡发展的挑战和村镇开发转移的机会［J］．城市规划学刊，2016（6）：13－21．

（二）外文文献

［1］Cecilia T. Rural－urban Linkages and Pro－poor Agriculture Growth：An Overview［R］．Prepared for OECD DAC POVNET Agriculture and Pro－poor Growth Task Team，Helsinki Workshop，2004．

［2］Corbridge S. and Jones G. A. The Continuing Debate about Urban Bias：The Thesis，Its Critics，Its Influence，and Implications for Poverty Reduction［R］．Mimeo，Prepared for DFID，2005．

［3］Douglas Gollin．The Lewis Model：A 60－Year Retrospective［J］．Journal of Economic Perspectives，2014，

28 (3)：71 - 88.

[4] Hirschman A. O. The Strategy of Economic Development ［M］. Connecticut：Yale University Press，1958.

[5] Jorgenson D. W. Surplus Agricultural Labour and the Development of a Dual Economy ［J］. Oxford Economic Papers，1967，19 (3)：288 - 312.

[6] Kenneth Lynch. Rural - urban Interaction in the Developing World ［M］. London：Routledge Perspective on Development，2005.

[7] Lipton M. Why Poor People Stay Poor：A Study of Urban Bias in World Development ［M］. London：Temple Smith，1977.

[8] Prebisch R. A Critique of Peripheral Capitalism ［J］. Revista Cepal，1976 (1)：9 - 76.

[9] Ranis G. ，Fei J. C. A Theory of Economic Development ［J］. American Economic Review，1961，51 (4)：533 - 565.

[10] Satterthwaite，Cecilia T. The Urban Part of Rural Development：The Role of Small and Intermediate Urban Centers in Rural and Regional Development and Poverty Reduction ［EB/OL］. 2003. http：www. iied. org/urban/downloads. html.

[11] Smith A. The Wealth of Nations (1776) ［M］. New York：Modern Library，1863.

[12] Wegren S. K. Democratization and Urban Bias in Post - communist Russia ［J］. Comparative Politics，2002，34 (4)：457 - 476.

[13] Yao S. ，Zhu L. Understanding Income Inequality in China：A Multi - Angle Perspective ［J］. Economics of Planning，1998，31 (2 - 3)：133 - 150.

第十四章 区域人口与发展研究

地球表面是由若干区域构成的。全球人口都分布在地球大陆表面不同的区域，在所在区域的自然环境条件下，从事经济社会活动，推动人类社会的发展。

区域乃地球表面上的一定空间。对人类来说，它是从事生活及生产活动的空间，是人类和自然、经济、社会相互作用、物质代谢和精神交流的场所。区域的主人是人类，自然、经济、社会为构成区域的"三大要素"。所以又可以说，区域也就是以人类为主体的自然、经济、社会的复合体。

区域是区域科学研究的基础。区域的中心是人口，区域发展首先表现为区域人口发展。

区域人口学就是主要研究特定区域的人口变动及其与自然资源环境、经济社会发展相互作用关系及其规律的科学。地球表面上不同的区域，自然资源禀赋及环境状况各具特点，人口分布及经济社会发展差异明显，人口变动及其与自然资源环境、经济社会发展的相互作用关系也互不相同。这些就构成了区域人口学丰富的研究内容，区域人口学也由于研究和解决这些问题、促进人口与可持续发展而成为一门重要学科。

人口科学可大致划分为研究人口现象本身的狭义人口学和以人口问题为主要研究对象的应用人口学。研究人口现象本身的狭义人口学又称人口统计学，主要对人口出生、死亡、寿命等自然增长、性别、年龄等自然结构以及人口迁移、城市化等人口现象本身进行数量上的统计分析和研究。而以人口与资源、环境、经济、社会等问题为主要研究对象的应用人口学，则主要研究和剖析人口变动和资源、环境、经济、社会之间的相互作用关系和规律。区域人口学研究对人口统计学和应用人口学研究的这些问题都有所涉及。

对区域而言，现实中人们通常根据需要把地球表面划分为层级、大小不同的区域，如国家层面划分为美国、欧盟、日本、中国等国家，一个国家为便于管理又通常划分为若干行政区，如中国划分为北京、山东、新疆等省级行政区和县、县级市以及街道、镇与居委、村等行政区。人口的现实活动和生活都是在上述某一层级的特定区域进行的，或者说作为人口研究对象的人口的生产、生活活动通常都与特定的区域相联系。因此，人口研究一般都内含有区域人口研究的属性和特征。实际上，对人口而言，区域是生存基础和活动场所；对人口研究而言，也要基于区域基础上考察和分析地球表面人口分布差异问题。

区域层级、大小不同，其自然资源、生态环境和分布的人口属性、规模结构、经济社会活动，以及人口与资源环境、经济社会发展的关系都各具特点。区域的多种类型以及人口问题的多样化，就构成了区域人口学丰富的研究内容，相关研究文献亦汗牛充栋。受篇幅所限，本章关于我国区域人口与发展研究进展的梳理和评述，主要涉及以下两个方面及相关的部分文献，一是区域人口变动研究，二是区域人口与发展研究。

第一节　区域人口变动研究进展

20 世纪 80 年代以来，随着区域人口研究议题从人口分布特征向人口迁移模式、城市化特征、老龄化区域差异及其对区域发展的影响等多个方面发展，研究尺度逐步从全国大区域尺度发展到全国省级尺度，再到全国区县级尺度、省区内部区县和乡镇街道级尺度，并主要从以统计数据分析为主向微观数据、手机信令数据、互联网数据、灯光数据相结合的多源数据分析转变，分析手段也主要转变为基于数字化地图的空间分析。

一、区域人口分布研究

20 世纪以来，我国区域人口分布的研究可以大体分为五个阶段：20 世纪二三十年代，胡焕庸先生做了奠基性研究，第一次明确指出中国的人口分布线即"瑷珲—腾冲"线；20 世纪 50 ～ 70 年代，研究焦点集中在政治因素、经济因素和阶级对人口分布的影响等内容；80 年代，逐渐关注人口分布与自然、社会经济的相关性；90 年代，开始研究分形理论和人口分布的空间变化；2000 年以后，对大城市人口分布及其影响因素的研究日益增多。

1. 区域人口分布基本特征研究

在区域人口分布研究的发展过程中，"胡焕庸线"无疑是迄今影响最为深远、具有里程碑意义的重要成果之一。胡焕庸在 1935 年发表于《地理学报》的《中国人口之分布——附统计表与密度图》一文中，以瑷珲—腾冲线为界，将中国分为人口密集的东南部和人口稀疏的西北部，瑷珲—腾冲线（后被称为"胡焕庸线"）此后成为中国最重要的人口地理分界线并在国内外广为流传。刘纪元等（2003）、葛美玲和封志明（2008）根据第五次人口普查数据的研究，得出中国人口分布依然呈西疏东密的特征。王桂新（1997）在胡焕庸"两半壁"稳定人口分布的基础上，进一步从省域尺度考察论证了中国人口分布的惰性。总体而言，虽经数十年历史环境变迁，但中国东南稠密、西北稀疏的人口分布大势仍然变化不大，表现十分稳定。长期以来人口一直向东部沿海发达地区集聚，传统的人口东中西分布格局仍未发生太大变化（王桂新、黄颖钰，2005；张车伟、蔡翼飞，2012）。

2. 区域人口分布变动影响因素研究

区域人口分布影响因素的研究开始较早。早期的主要研究集中于对人口自然变动（生育率、死亡率）等直接影响因素的研究上，之后关于影响区域人口分布的影响因素，已逐步扩展到对自然环境及经济社会等宏观影响因素的研究。胡焕庸（1990）分析了中国八大区域人口密度的差异，从而得出自然环境、经济水平、历史条件、社会因素是造成差异的影响因素。李若建（1992）论述了中国 19 世纪 40 年代到 20 世纪 90 年代，政治、军事、自然灾害以及区域之间经济发展差异是人口分布变动的影响因素。孟向京和贾绍凤（1993）通过对省级数据的回归，发现国民收入和单位国土面积粮食产量是影响人口分布变动的原因。随着生产力发展，自然环境的影响力将减弱，经济社会因素的影响力将增强（黎倩雯，1996；戚伟等，2013）。王桂新（1997）分析了我国人口分布与资源、经济的关系，进一步研究指出，环境资源与经济发展对我国人口分布影响的贡献分别为 80% 和 20%。而且发现，中国人口分布变动与区域经济发展的相互作用和空间推进，在数量和结构变动上都表现出明显不同的波动性、稳定性和超前性、滞后性。

3. 区域人口分布的合理性评价

对于人口合理分布的解释和衡量，不同学者从不同角度进行研究，但均承认人口合理分布一直是各国政府在人口空间布局上的重要目标。对于人口的合理分布的界定，有的学者认为，人口合理分布是指人口与资源禀赋以及经济、社会发展之间的关系应合理发展，而不能仅用人口密度来衡量（乔瑞迁，1987；王桂新，1997；张祥晶，2011）。也有学者从"均衡"角度来解释人口合理分布，包括内部均衡和外部均衡两个系统，内部均衡侧重于人口自身发展变化的均衡，而外部均衡则侧重于资源禀赋、环境、经济社会制度等的外力影响的均衡（王可，2011）。苏扬（2011）指出人口合理分布的"理"有"协调""同步""定向"三方面含义，其中，经济发展及就业状况而非自然条件是区域人口分布合理与否的直接影响因素。还有学者认为人口分布合理性是由经济、技术、外贸等生产力要素和自然资源共同的承载能力决定的（曾明星和张善余，2013）。

对于人口分布的合理性评价，已有研究可以分为以下几类：一是从土地承载力以及人口与资源关系角度对中国人口分布进行合理性评价。吴玉平（1991）以土地承载力分析了中国东西部人口分布的合理性；原华荣（1993）综合了自然禀赋、经济水平、土地资源及其生产力，分析了中国人口分布是不平衡的，并且证明了这种不平衡分布的合理性。二是利用已测算的指标作为衡量标准进行合理性评价。王金营（2004）将人口密度作为反映人口分布的指标，运用人口密度梯度与 GDP 指标的 Logistic 回归，对人口分布的合理性做进一步分析。王桂新（1997）分析了中国人口分布与资源、经济的关系，对中国的现实人口分布做出合理度达 80% 以上的定量评价。三是通过建立指标体系，测算相关指数对人口合理分布进行评价。孟向京（2008）构建了人口合理分布综合指标体系，测算了人口潜力指数，对中国整体人口分布、城镇人口分布及分省动态人口分布合理性进行评价。

4. 研究方法的发展

20 世纪 80 年代以来，人口分布研究在胡焕庸人口分布研究的基础上取得了显著发展，主要可分为三个阶段（朱宇等，2016）：20 世纪 80 年代早期，人口分布研究是中国人口地理学者的主要研究领域（胡焕庸，1983）；20 世纪 80 年代中后期，随着新的人口分布统计指标、定量分析方法以及制图方式的引入与更新，区域人口学者在人口分布研究的方法上也开始取得初步进展（王桂新，1987）；20 世纪 90 年代至 2005 年，定量研究、多学科分析以及时空统计建模方法在人口分布的研究上得到了广泛应用并取得了重要进展，人口学者对人口分布和人口密度的区域分异及其决定因素的刻画更为精准细致（李若建，1992；沈建法和王桂新，2000；王桂新，1997；刘纪远等，2003；张善余等，1996；朱宇等，1996；高向东和吴文钰，2005）；自 2006 年以来，GIS 与遥感技术的快速发展、地理计算的兴起以及多种新兴数据源的拓展，进一步推动了人口分布研究的多元化、定量化和尺度细化（葛美玲和封志明，2008；潘倩等，2013；戚伟等，2015；钮心毅等，2014；王德等，2015；封志明等，2014）。

二、区域人口迁移流动研究

人口迁移流动是 20 世纪 80 年代以来影响人口分布变化最主要的因素，近年来在区域人口研究中占据着主导地位，2000 年以前大量学者主要从宏观层面对国内人口迁移流动的空间格局、演变特征及其形成机制进行了分析（张善余，1990；丁金宏，1994；杨云彦等，1993；王桂新，1994，1996；朱宝树，1997，1999），2000 年以后，运用普查数据和抽样调查获取数据在人口迁移流动研究中日趋普及（王桂新等，2000，2005，2012，2016；丁金宏等，2005，杨云彦，2003；蔡建明等，2007；段成荣和杨舸，2009；刘涛等，2015），微观层面个体数据的可得性也逐渐得到改善，这极大地促进了对人口迁移流动的空间模式及其在不同迁移流动者群体间分化得更为细致、深入的研究，手机信令数据、互联网数据等新型数据形态的出现弥补了普查数据时效性差等弱点，对宏观人口迁移格局进行了近乎即时的补充分析（Zhu，2007；Zhu and Chen，2010；Zhu and Lin，2014；林李月和朱宇，2014；朱宇和林李月，2011；刘于琪等，2014）。

1. 区域人口迁移流动基本特征研究

长期以来，受户籍制度等二元社会体制的制约，我国人口迁移总体不够活跃。改革开放以来，逐步向市场经济体制演进，人口迁移流动也逐步活跃起来，并主要表现出以下特征：

第一，伴随区域经济发展和城市化水平提高，区域人口迁移流动规模日趋增强，但近年来随着经济增速放缓而有所减少。根据人口普查和抽样调查资料推算，1982 年全国迁移人口规模仅 363 万人，迁移率为 0.36%，1990 年、2000 年、2010 年，迁移人口规模分别增长至 871 万人、3228 万人、7270 万人，相应迁移率达到 0.76%、2.55%、5.42%，并在 2014 年达到 8205万人、6% 的峰值。其中，省际迁移人口占比由 1982 年的 26.2% 增长至 1990 年、2000 年和 2010年的 30.5%、33.7% 和 35.4%，随后则呈现减小态势（王桂新，2019）。

第二，"乡－城"迁移是区域人口迁移流动的主流，且人口迁移主要表现为向大城市、超大城市的集聚。在农村地区率先启动的经济体制改革使大量农村剩余劳动力从土地中解放，在城市化进程的驱动下迁入城市，由于面临获得城市居民身份的障碍，"乡－城"、非户籍迁移人口构成迁移人口主体（王桂新，2004，2019）；近年来，城市人口"城－城"迁移流动规模也呈现一定增长态势（马小红等，2014）；而大城市、超大城市在区域人口迁入中占据核心地位（王国霞等，2012）。

第三，区域人口迁移流动主要由经济因素驱动，受市场机制调节。东部沿海地区经济发展与产业结构转型为迁移流动人口带来了充足的就业机会与可观的收入保障，经济因素已演变为中国区域人口迁移流动的首位原因。历年人口普查资料显示，因"务工经商"而迁移的人口规模及比例逐年增长，市场这只"看不见的手"主导着劳动人口的迁移和就业决策。大量实证研究也表明，经济因素在区域人口迁移流动中扮演着核心角色。

第四，区域人口迁移流向长期集中在东部沿海地区，同时其地域特征随时间推移发生着局部性变化。且过去 30 年间，迁移人口由向珠三角城市群集聚，逐渐转变为向长三角、京津冀城市群多极化扩散，长三角城市群在三大城市群中的相对吸引力不断提高。

2. 区域人口迁移流向分布研究

张善余（1990）、杨云彦（1992）、王桂新（1994）、丁金宏和何书金（1995）等早期研究表明，自 20 世纪 80 年代以来，与计划经济时期以西部、北部地区为主要人口迁入目的地相比，中国区域人口迁移流向发生明显逆转：中西部地区向东部沿海地区迁移成为主流，人口迁移的重点流向此后长期分布在经济发达地区，但受经济体制改革、政策调整等因素的综合影响，区域人口迁移的流向及其分布特征随时间推移发生着局部性变化。

20 世纪 90 年代末开始，西部大开发战略的实施等因素使西部地区相对中部地区迁移人口形成相对吸引力，引起中部地区迁出人口东西"双向"流动（王桂新，2000，2004）；中部地区成为中国主要的人口迁出带，人口长期的净迁出一度反映中部地区社会经济发展的"塌陷"（丁金宏等，2005）。刘盛和等（2010）利用 2000 年县级人口普查资料，通过综合考虑净迁移率、总迁移率的复合指标对中国流动人口地域类型进行测度划分，进一步指出 20 世纪 90 年代后期，人口净迁入区主要分布在东部沿海三大城市群，并部分分布于西北边陲地带，但中部、东北部分布极少。2000 年至 2010 年，中国省际人口迁入分布渐显集中化态势，人口迁出分布则相对趋向多极化（王桂新等，2012；刘大伟等，2016），董上等（2014）基于网络分析方法，验证东部地区在省际人口迁移中的绝对优势，并指出"五普"到"六普"期间，东、西部地区人口迁移能力增强，省际迁移网络日趋稠密发达。此外，省内人口迁移增长势头已超过省际人口迁移，已成为许多省域人口迁移的主导力量（王桂新和潘泽瀚，2013；刘涛等，2015；余运江和高向东，2016；段成荣等，2020）。2010年以来，大城市、特大城市人口集聚呈现减弱态势，人口迁移流向出现分散化现象，中、西部省内流动趋于增长（段成荣等，2020）；同时，迁移人口显现出一定回流趋势，中、西部地区产业转移与经济发展带动了中西部地区迁移务工人口的增长（孙祥栋和王涵，2016）；但有学者认为，区域人口迁移分布规律具有顽健性，不易发生显著改变（王桂新和潘泽瀚，2016）。

人口迁移流向分布是迁移人口对区域经济发展活力和潜力"用脚投票"的结果，迁移人口的流向变化还突出表现为东部沿海地区三大城市群的迁入差异变动。在20世纪80年代前期，长三角地区迁入人口规模是珠三角的三倍之多（王桂新和刘建波，2003），而进入20世纪90年代，珠三角城市群人口集中化趋势后来居上，成为20世纪90年代人口迁入的核心地区（Fan，2005；丁金宏等，2005）。但自2000年起，珠三角城市群的相对吸引力呈现减弱态势，人口向长三角、京津冀城市群迁入规模日趋增长，长三角城市群成为迁移人口的首位集聚区域（王桂新等，2012；毛新雅，2014；余运江和高向东，2016）。段成荣等（2020）对2000~2015年迁移人口集中趋势进行统计分析，认为区域人口迁移出现由南部沿海向北部沿海及部分内陆城市转移的流向趋势。

3. 区域人口迁移流动动力机制研究

"推拉理论"简明、深刻地揭示了人口迁移流动的动力机制。该理论经由赫伯尔（Heberle，1938）、李（Lee，1966）等西方学者不断完善，已被广泛应用于考察中国区域人口迁移流动的要素与机制。根据该理论，迁出地与迁入地的地形气候、经济发展水平、交通基础设施等要素均被作为影响人口迁移决策选择的"推力"与"拉力"，但大量研究表明，迁入地经济因素的"拉力"对过去30年间中国区域人口迁移流动的影响最为突出。以托达罗（Todaro，1969）等为代表的新古典经济学迁移理论同样指出，迁移是移民对区域间预期收入差距的理性反应，预期收入等经济要素在人口迁移流动决策过程中具有重要作用。

国内学者对影响区域人口迁移流动的动力机制进行的实证研究取得了丰富的研究成果。朱传耿等（2001）通过主成分分析提取关键因子进行相关分析，指出迁移人口规模与经济增长要素、投资要素紧密相关；鲍曙明等（2005）建立迁移修正模型，提出地区人口压力促使人口迁出，而地区就业机会会显著吸引人口迁入；严善平（2007）的研究进一步指出区域间经济差距与预期收入是人口迁移流动的基本条件，扣除迁移成本后的净收益则是决定区域间人口迁移的根本要素，尽管迁移成本与地理空间距离正相关，但由血缘和地缘关系建立的"流动链"有助于克服距离对迁移的阻碍；王桂新等（2012）同时考虑迁出、迁入地人口规模、空间距离、邻近性与经济要素对省际人口迁入规模的潜在影响，发现迁入地收入水平具有决定性作用；刘涛等（2015）研究指出市场力量对迁移人口分布格局形成具有主导贡献，但政府力量的影响同样重要；古恒宇等（2019）构建负二项重力模型，进一步强调居住环境、城市公路交通网络、社会网络等因素对区域人口迁移流动的影响。此外，区域人口迁移存在显著的空间依赖关系：迁入和迁出地的空间自相关引起人口迁出、迁入的空间效仿行为，迁出地与迁入地间的空间自相关则表现出空间竞争行为，即两地间人口迁移会阻碍相应邻近地区间的人口迁移（蒲英霞等，2016；曾永明，2017）。

三、区域人口城市化发展研究

城市（镇）化是一个重要的人口迁移、再分布过程，对区域经济社会发展具有重大影响。中国的城市化水平及其时空分异是人口地理学者研究的重要视角之一，城镇和乡村人口界定、城市人口增长及区域差异、城市化动力来源及区域差异、人口城市化的就地及远近模式等议题也受到大量学者关注（Zhou，1991；许学强和周春山，1994；周一星和史育龙，1995；Zhu，2000；胡序威等，2000；刘盛和等，2007；顾朝林等，2008；宁越敏，2011；曹广忠和刘涛，2011；王桂新，2013；王桂新和黄祖宇，2014；朱宇等，2012；Zhu et al.，2013；潘泽瀚和王桂新，2020），近年来随着中国城市化步入中后期阶段，学者多运用灯光数据、大数据等多元数据，采用网络分析、空间计量等方法，对城市体系、城市网络、都市圈、城市群等热点议题展开研究（吴启焰，1999；王兴平，2002；薛东前和王传胜，2002；方创琳等，2005，2008，2009，2011，2014；王小鲁，2010；顾朝林，2011；宁越敏，2011；魏后凯，2014；陆大道，2015；陈卓等，2020；魏冶和修春亮，2020）。

1. 人口城市化的进展及其特征

人口城市化即是狭义城市化概念，即农村人口迁移到城市转变为城市人口或农村地区转变为城市地区使农村人口转变为城市人口，由此使城市人口规模增大、比重提高的过程（王桂新，2012）。中华人民共和国成立以来，人口城市化的发展主要表现出如下特征：①从低水平起步缓慢发展，改革开放以来开始快速发展，人口城市化水平迅速提高。1978年至2020年，中国的城镇常住人口从1.7亿增长至9.0亿，城市化率从17.9%提升至63.9%。②人口城市化与土地城市化脱节，尤其是经济发达地区，土地城市化超前于人口城市化进程。人口城市化与公共服务不同步，既存在公共服务发展的缺口，也存在公共服务财政支出方面的较大缺口，显示中国公共服务供给水平跟不上城市化发展速度。

2. 人口城市化的区域发展差异

由于不同国家或一个国家的不同地区，自然环境基础、经济发展条件以及人文历史特征互不相同，所以不同国家或一个国家不同地区城市化的发展阶段、发展水平及发展特征也都互不相同，表现出明显的区域发展差异：①人口城市化水平区域差异，主要表现为从东部沿海到中、西部依次降低的特点，城市化质量较高的城市呈"群"状分布，与城市群有较好的拟合。②人口城市化速度存在显著差异，东部沿海地区人口城市化明显快于中西部地区。③人口城市化的动力机制也差异明显。由于经济发展水平的不同，影响区域城乡人口迁移的主要因素也不同，迁移的空间表现也不同。

3. 区域人口城市化的动力机制

农业生产力发展产生的粮食剩余与劳动力剩余两大"剩余"是城市形成和城市化发展的两大前提。在此基础上，城市非农产业部门的发展不断增加就业机会，吸引农业部门劳动力源源不断地从农村迁入城市，推动城市化的发展。

王桂新（2013）指出在经济发展的不同阶段，推动人口城市化的主要动力因素不同：在经济发展初期，城市工业部门创造的"就业机会"和农村农业部门对过剩劳动力形成的"推力（排斥力）"是影响农村人口向城市迁移、城市化发展的主要动力因素；随着生产力的发展和经济增长，城市工业部门较高的收入水平和较大的城乡收入差距对农村农业部门劳动力形成的"拉力（吸引力）"则成为了主要动力因素。韩淑娟（2014）指出人口城市化的动力机制就是推动人口城市化发展的因素，其中基本动力为经济增长，动力源泉包括工业化、市场化、对外开放、政府投资、人力资本和科技进步六大因素；也包括市场潜力、政府干预（韩峰和王业强，

2017）等因素。

4. 区域人口就近与远程城市化

胡小武（2011）指出人口就近城市化是中国城市化战略的核心问题，即鼓励农村人口从过去向大城市、中心城市迁移转变到向所属县域城市、中心城镇的迁移为主要模式，实现人口的"就近化"进城进镇，从而实现农村人口的城市化生活方式根本转变。杨云善（2016）认为其具有成本小效益高、促进城乡经济协调发展等重要意义；进一步指出其推进需要建立产业发展促进机制、成本分担机制和资金保障机制、城乡一体的社会管理制度、新型县镇管理体制。杨振生（2017）指出就近城市化需要做好新农村建设社区化、产业就业、文化传承、党的建设等多方面工作。潘泽瀚和王桂新（2020）从行政区划和时间距离两个维度出发，提出了以县级行政区为基础地域单元、设定公路交通就近时间距离阈值为2小时和4小时两种情况的人口就近、远程城镇化的量化定义和测度方法，首次较为科学地考察和分析了中国就近、远程城镇化的区域发展特征及其影响因素。

四、区域人口老龄化研究进展

人口老龄化也是中国区域人口研究的一个重要方面，20世纪80年代以来生育率的快速下降及平均寿命的延长导致人口老龄化进程加速（袁俊等，2007；张航空，2015；高晓路等，2015；李若建，2006），同时人口迁移流动对区域间老龄化差异的影响逐步增强，2000年以来农村地区与城镇地区、中西部与东部地区的老龄化程度在时空演变上出现分异，人口迁移对区域老龄化程度的影响、老年流动人口分布特征演变及社会保障资源区域配置等议题已成为当前的研究热点（杜鹏和王武林，2010；王志宝等，2013；翟振武等，2017；吴连霞等，2018；陈明华等，2018；许昕等，2020）。

1. 人口老龄化的进展及其特征

中国自2000年进入老龄化以来，经历近20年的发展，已从轻度老龄化迈向中度老龄化。全国人均预期寿命从2000年的71.4岁上升到2010年的74.9岁后，2019年进一步提高到77.3岁，而生育率持续大幅度降低，导致近20年老龄化发展速度越来越快。65岁以上人口占总人口比重从2000年的7%上升到2019年的12.6%，并且预计从2019年开始，65岁以上老年人口将保持每年1000万人左右的巨大增幅（郑功成，2020）。

穆光宗和张团（2011）、程志强和马金秋（2018）等将中国人口老龄化的特征概括为四个方面：第一，老龄化规模大、速度快。中国的人口老龄化速度大大快于欧美等国，中国老龄人口（65岁以上）的比重从4.91%上升到7.0%仅仅花了18年的时间，而瑞典老龄人口的比重从5.2%上升到8.4%花了340年的时间，法国老龄人口的比重从7%上升到14%花了115年，美国花了66年。第二，未富先老。与发达国家不同，中国的人口老龄化属于未富先老。发达国家进入老龄化社会时，人均国内生产总值一般都在5000~10000美元以上。而中国开始人口老龄化时人均国内生产总值刚超过1000美元，应对人口老龄化的经济实力还比较薄弱。第三，城乡差异大。由于近年来中国工业化和城市化进程不断加快，大量农村年轻劳动力向城市转移，导致人口老龄化出现城乡倒置现象，即在经济发展水平农村远低于城镇的情况下，农村人口老龄化水平却高于城镇。第四，地区发展不平衡。受地区经济发展水平以及人口流动影响，中国老龄化呈现中、西部地区老龄化程度低而东部地区老龄化程度高的梯度分布，并且地区差距呈现持续扩大趋势。

2. 人口老龄化的影响因素

中国人口老龄化的影响因素可以归纳为三点：第一，人口转变。老龄化是人口转变的必然结果（彭希哲和胡湛，2011），人口由高生育率、高死亡率向低生育率、低死亡率转变是人口结构转变的必然规律。改革开放以来，中国的经济建设取得了长足的进步，医疗卫生条件得到了极大的改善，人口死亡率持续下降并保持在低水平，20世纪80年代初及末期的高生育期出生的人口在此后生育率较低时期逐渐步入老年，老年人口规模扩大，人口金字塔顶端膨胀，进一步提高了中国的老龄人口比例。第二，计划生育政策。计划生育政策加快了中国人口老龄化的速度，人口生育率转变虽是社会经济发展的结果，但中国的特殊性在于实施了计划生育政策，计划生育政策实施后，中国经历了一个人口出生率急剧下降的时期，计划生育政策使中国人口年龄结构改变日益加快，缩短了人口结构转变的时间，加快了中国人口老龄化的步伐。第三，人口性别不平衡。人口性别不平衡同样对人口老龄化产生了推动作用，根据人口普查数据，1982年中国的出生人口性别比为108.47，1990年上升为111.14，2000年上升为116.86，2004年达到历史最高水平121.18，2010年下降为117.94。中国的出生人口以男性居多，人口性别结构失衡导致部分适龄人口难以婚育，这对人口老龄化产生推动作用（程志强和马金秋，2018）。

3. 人口老龄化的区域差异

首先，从全国考察发现，中国人口老龄化水平在东、中、西部及省际差异，结果表明中国的人口老龄化水平区域差异不均衡，东部最高、中部次之、西部最低，虽然区际差异及东部区域的省际差异有减小的趋势，但是总体省际差异却在不断扩大，尤其是中部和西部区域的省际差异（李秀丽和王良健，2008）。刘华军等（2014）基于1989～2011年30个省份的数据，对中国人口老龄化的空间非均衡及分布动态演进进行实证研究，也同样发现中国人口老龄化空间分布呈现中、西部地区老龄化程度低而东部地区老龄化程度高的梯度分布态势，地区差距呈现持续扩大趋势，并出现一定的两极分化现象。陈明华等（2018）进一步分析了中国老龄化区域差异以及极化程度，研究结果表明，东部、西部的区域内差异较大，中部、东北部则相对较小；区域内差异是影响总体差异的主要因素；中国人口老龄化的空间极化程度呈下降趋势，多极化趋势有所缓解。

其次，从城乡层面考察，中国存在明显的老龄化"城乡倒置"现象（林宝，2018）。李辉和王瑛洁（2012）指出，人口老龄化"城乡倒置"现象是一个国家或地区经济社会发展与人口发展相互影响和作用的综合结果，以城市到农村为主体的城乡间人口迁移流动是中国人口老龄化城乡倒置的根本原因。杜鹏和王武林（2010）认为人口老龄化城乡倒置只是人口老龄化过程中的一个阶段，它不会长期持续。当社会经济发展达到一定水平，大规模的城乡人口迁移基本完成，城市化水平大幅提高，人口因素发生改变时，人口老龄化程度农村高于城市的城乡倒置状况将发生转变，即城市老年人口比例最终将超过农村。许昕等（2020）分析了中国县域城乡老龄化的差异，结果表明乡村较城市率先进入老龄化社会且速度快于城市，老龄化"城乡倒置"呈现"缩小—再扩大"的阶段性特征。另外，城乡老龄化空间集聚特征显著，乡村集聚性大于城市，区域不均衡较城市更明显。

4. 人口老龄化的挑战与应对

区域人口老龄化问题给中国带来了诸多挑战。经济发展方面，老龄化的推进意味着中国劳动力丰富的人口红利将逐渐消失，而人口红利消失将阻碍经济的持续增长（程志强和马金秋，2018）。过度老龄化可导致劳动力供给格局、经济运行成本、消费需求结构三个领域出现剧烈变化，增加经济增长潜力下降风险，进而威胁金融系统稳定性，并导致实体经济与资本经济失衡（陆杰华和郭冉，2016）。社会保障方面，人口老龄化水平提高意味着总人口中老龄人口的比重日益增大，退休人口与在职人口的比例即老年赡养系数逐渐提高，养老金支付压力持续上升（郑功成，2020），同时人口老龄化、老龄人口高龄化将对医疗保障体系产生巨大压力，并进一步增加对老年医疗服务的需求。区域差异方面，在中国经济发展非均衡形势依然严峻的背景下，人口老龄化的空间非均衡有可能加重经济发展的非均衡（刘华军等，2014）。经济相对落后的中西部地区兼主要的人口流失区，人口老龄化速度更快，在"未富先老"的背景下，中西部地区面临的劳动力供给和养老困难更加严峻（王录仓和武荣伟，2016）。在人口老龄化城乡倒置的社会背景下，农村人口老龄化会进一步加重农村家庭的养老负担，同时农村留守老人照料问题也会日益突出（李辉和王瑛洁，2012）。

针对这些问题不少学者给出了应对举措，顶层设计方面，陆杰华和郭冉（2016）认为应当对人口老龄化需要进行全局性、综合性、持久性和前瞻性的战略考虑，从基本国策的层面对于积极应对人口老龄化问题进行顶层设计和思考。战略应对方面，穆光宗和张团（2011）指出需要秉持积极应对，化弊为利；提前应对，有备而老；科学应对，对症下药；全面应对，统筹治理的态度，构筑具有中国特色的人口老龄化应对战略。社会保障方面，郑功成（2020）指出应当加快促使多层次社会保障体系走向成熟、优化养老服务布局并提升其质量、构建各方积极参与应对的动力机制、推进健康产业与适老产业全面发展并大力开发老年人力资源。针对区域差异，王录仓和武荣伟（2016）指出应加强人口政策的区域弹性，提升养老的区域针对性，尤其是对经济欠发达、老龄化速度快、青壮年人口大量流出区应给予更多的关注。

第二节　区域人口与发展研究进展

区域人口与发展的关系涉及人口与经济关系，人口与社会发展，人口与资源环境以及人口与区域可持续发展关系研究。在不同时期，学者们关注的焦点问题和热点也有很大变化。改革开放之初，大多学者研究的焦点多集中在人口增长与社会、经济增长关系上；20世纪90年代中后期，人口与资源环境关系受到很大关注，研究逐渐增多。进入21世纪，中国进入了人口老龄化社会，人口年龄结构变化与区域可持续发展关系受到重视。近十多年来，人口素质、人力资本开发等与可持续发展的关系成为新的热点，引起很大关注。这种人口方面的研究热点，也反映在下面的人口与经济、人口与社会、人口与资源环境及人口与区域可持续发展的各个方面。

一、区域人口与经济发展

改革开放伊始，国内学者已经认识到人口增长与经济发展之间的关系。张纯元（1983）指出社会生产既包括物质资料生产也包括人类自身生产，两者构成了社会生产内部的矛盾。当时学者们认为过去长期过剩的人口和生产、生活资料不足相矛盾，人口增速过快会给经济发展带来沉重压力（田雪原，1995；纪明山，1980；杨坚白和胡伟略，1982；翟泰丰，1991），人口增长超过经济增长会抑制人均国民生产总值的增长，国民储蓄额的增加等（李仲生，2001；贾绍凤，2002；李竞能，1999）。近20多年来，随着中国人口老龄化加剧，学者们开始关注人口负增长对经济增长影响。认为长期的人口负增长对经济增长也存在不利影响。如李建民（2015）指出人口负增长会带来经济下滑、降低消费需求和资产贬值等风险。陆杰华（2019）指出人口负增长的渐进性与累积性会造成养老负担加重，社会劳动力成本提升，容易引发"用工荒""人才荒"等问题；但也有学者认为人口负增长对经济也存在积极有利影响，例如刘厚莲和原新（2020）认为短期的人口负增长可促进经济发展；还有学者认为人口增长不是经济增长的必要条件，经济增长并不要求人口增长，人口负增长也能实现经济增长（钟水映和吴珊珊，2019）。

进入 21 世纪，中国人口开始进入老龄化，人口年龄结构变化与经济增长的关系开始引起更多关注。很多学者认为老龄化会对经济增长产生不利影响，而年轻的人口年龄结构更有利于中国经济的高速增长（王桂新和陈冠春，2010；王金营和顾瑶，2011；王德文等，2004；张华和何岑蕙，2009）。学者们从老龄化对消费（王金营和付秀彬，2006）、对劳动参与率、储蓄、积累和投资、抚养比、支柱产业与技术进步（姜向群和杜鹏，2000；苟晓霞，2000；陆旸和蔡昉，2014；郭熙保等，2013；王维国等，2004），以及从政府支出角度分析老龄化对经济的不利影响（万克德，1999）。

关于区域人口分布及流动与经济发展的关系研究主要集中在以下两个方面：①人口增长对经济增长的作用。很多学者认为人口迁移促进了中国整体经济的高速增长。如蔡晢和王德文（1999）验证了 1982~1997 年中国的 GDP 增长中，劳动力转移的贡献率达到 20% 左右。王桂新等（2005）同样指出在 20 世纪 90 年代后期，省际人口迁移对全国各省区经济发展具有明显的正向促进作用。学者们进一步发现，人口流动对经济增长的影响在区域则存在差异性。有学者认为东部地区的省际人口迁移对同期区域经济发展表现为显著的正向促进作用（王桂新等，2005）。其他学者研究了中西部地区人口流动对经济发展呈负向作用（杜小敏和陈建宝，2010；段平忠，2008）。②关于人口流动迁移与区域经济增长收敛关系。大部分学者认为人口迁移有利于促进区域经济增长收敛，缩小了地区差距。有学者论证了人口迁移流动对经济增长收敛有促进作用（姚枝仲和周素芳，2003；王小鲁和樊纲，2004；毛新雅和翟振武，2013）。另外，基于人口流动与地区差距扩大的国内现状，也有学者对上述研究结论提出了质疑。段平忠和刘传江（2005）指出 1990 年以后，条件收敛不复存在；侯燕飞和陈仲常（2016）得出了区域经济增长相对发散的理论假设；彭国华（2015）从匹配理论出发也对中国流动与差距并存的现象进行了解释。

二、区域人口与社会发展

学者研究认为，区域人口规模增加会对社会发展带来负面影响，引起交通、住房、环境等社会问题，还将导致医疗卫生公共服务供不应求（孟兆敏和吴瑞君，2013），但并不意味着需要严格的限制人口规模，人口的增长需要与不断扩大的社会发展规模相适应（龚树民和伍理，1995）。游珍等（2016）通过构建人口分布的社会协调度指数发现大中型城市市辖区及周边县域人口分布的社会发展协调度良好。区域人口规模变动对社会发展是一把"双刃剑"，合理调整人口规模有利于社会的发展（李建民等，2007）。

人口年龄结构变动对养老的影响是区域人口与社会发展方面重要领域。学者提出人口老龄化带来社会养老负担加重、代际矛盾等问题。确保老年人的养老，不仅是家庭的责任，同时也是社会的责任（杨雪，2000），家庭规模缩小、迁移增加将弱化家庭养老的作用（杨建华，2006），王瑞文（2006）、晏月平和廖炼忠（2010）同样认为，在"未富先老"和家庭保障功能持续弱化的背景下，老年人的生活保障将转变为重大社会问题。社会养老，特别是社区居家养老，将会获得较大发展（周广庆，2013），也亟须加强供需适度的养老服务研究（陈家华，2015）。同时，老龄化会影响代际关系（王礼刚，2005；吴帆，2010）。近些年，春燕等（2019）采用定量方法预测人口老龄化对未来社会发展产生的影响；王广州和王军（2021）指出老龄化日趋严重的背景下中国的教育和养老面临空前挑战。但也有学者认为人口老龄化与社会发展并非截然对立（陈红，2001；杨菊华等，2020）。学者针对人口年龄结构对社会发展的影响研究多侧重于老龄化研究领域，采用定性和定量的方法分析人口老龄化对社会发展的负面影响，并提出相应的缓解政策。

学者们研究发现，农村人口流入城市将对农村和城市的社会发展均产生影响，但方向有所不同。对农村会产生一定的有利影响，可以促进新文化建设（周君玉，2000），缓解农村就业压力，加快中国农业现代化的步伐，冲破城乡分割，推进城乡一体化（罗玉达，2000）。但对农村社会发展也存在负面影响，可能导致农村人力资本流失、人口结构恶化，土地利用效益降低（韩亚平和董江龙，2017）。对城市发展更多表现为促进作用，为城市建设提供丰富的劳动力资源（罗玉达，2000）。但较低的社会融合度制约着社会发展，王桂新和张得志（2006）通过建立外来人口城市化模型和外来人口社会融合模型，论证发现，上海市外来人口与城市本地居民的社会融合度低，市民化滞后，大量进城农民并未真正市民化（杨建华，2006），影响着城市和谐社会的建设。

三、区域人口与环境发展

区域人口对环境发展的影响研究起源较早，学者们从对全国层面（曲格平和李金昌，1992）的总体分析逐渐细化到对特定区域（童玉芬，2006，2012）的影响研究，从人口与资源环境关系的理论分析逐渐发展为深入、系统而全面的定量研究（邬沧萍和侯东民，2010；原华荣，2014；周海旺，2016）。

早期学者们较多关注人口规模对环境发展的影响，穆光宗（1990）、田雪原（1996）等较早关注中国的人口增长带来的环境污染和生态破坏问题，后续学者们的研究日益增多。首先从观点上看，学者们仍存在一定分歧。第一种观点是人口规模过大会加剧环境污染（王婷和吕昭河，2012；孙峰华等，2013；罗能生和张梦迪，2017；汪慧玲和薛芳芳，2020）。童玉芬和王莹莹（2014）指出城市人口的增长会导致雾霾污染加剧；罗丽英和魏真兰（2015）认为人口集聚加剧了生态环境的破坏等。第二种观点是人口规模增加在一定程度上有利于缓解环境污染，郑怡林和陆铭（2018）发现，人口集聚会使城市排污产生规模效应，减少人均排污量，进而实现环境保护的目标。朱雨可和赵佳（2021）发现省级层面的人口集聚有助于直接缓解雾霾污染。第三种观点是人口规模对环境具有非线性影响（肖周燕，2012；刘耀彬和冷青松，2020）。穆怀中和张梦遥（2016）指出人口集聚对环境污染的影响呈现先上升后下降的关系；陶长琪和彭永樟（2017）认为人口集聚对环境的影响为"N"形曲线关系；徐伟平（2018）认为人口集聚对环境的影响呈现"U"形曲线关系。

2000年以来人口结构尤其是年龄结构和城乡结构变动对环境的影响引发学者大量关注，其中年龄结构方面主要关注人口年龄结构的老龄化问题。对老龄化与环境的关系学者们存在不同观点：范洪敏和穆怀中（2017）指出人口老龄化对环境具有正面影响；童玉芬和周文（2020）指出家庭人口结构老龄化有利于减少碳排放。也有学者认为人口老龄化对环境具有负面影响，李建森和张真（2017）研究发现，老年人消费的产品会产生更多污染物；田成诗等（2015）指出老龄化能够加剧碳排放；还有学者认为人口老龄化对环境具有非线性影响，杜雯翠和张平淡（2019）研究发现，人口老龄化与环境污染呈"U"形关系，而王芳和周兴（2013）、于洋和孔秋月（2017）的研究则表明老龄化与碳排放呈倒"U"形关系。

相较于对人口数量与环境关系的研究，人口素质对环境的影响研究较少。已有研究比较一致地认为人口素质的提高对环境质量具有正向促进作用，如陈瑜（2001）指出人口素质相对低下是西部地区生态环境恶化的一个重要原因，低人口素质影响生产力的发展，降低了环境容量；聂月爱（2003）认为人口素质的提高有利于合理高效地开发、节约、配置自然资源。

四、区域人口与可持续发展

在人口与区域可持续发展研究中，如何看待人口在可持续发展中的地位和作用极为重要。有学者将人口问题看作是中国可持续发展的核心，比如认为在可持续发展的诸多问题中，人口居其首位（田雪原，1996；杨魁孚和田雪原，2001）。张克俊和陈英（1996）认为在可持续发展的诸因素中，人口因素处于核心地位。张维庆（1997）也强调中国实现可持续发展的核心是人口。也有学者认为人口是可持续发展的条件而非核心，比如童玉芬（1999）指出良好的人口条件是可持续发展得以实现的必备条件，人口在可持续发展中处于基础地位。罗淳和俞光斗（1997）指出人口之所以成为一个"问题"，并非出自人口过程本身，而是由人口与社会经济发展相互之间的不协调导致的。

学者们普遍认为人口规模过大、增长过快将制约可持续发展，应当协调人口－资源－环境－经济－社会系统关系。穆光宗（1997）指出人口增长给中国可持续发展带来的挑战是巨大的；童玉芬（2001）认为人口的过快增长将阻碍可持续发展的实现。中国要顺利实现可持续发展，就必须充分发挥庞大的人口规模优势，努力控制人口规模的扩张速度，协调好人口与资源、环境的关系（施锡铨、马建立，1999），人口系统通过资源利用、生态和环境保护作用于可持续发展（倪跃峰，1997），只有当人口系统内部协调发展并且人口与资源、环境关系和谐统一时，才能实现人类的可持续发展（童玉芬等，2016）。基于可持续发展相关理论，不少学者基于全国层面或针对特定区域展开人口－经济－社会－资源－环境系统协调发展的具体研究。如朱国宏（1998）论述了中国人口、资源与环境三者的关系演变、特征及主要问题和对策方向等。童玉芬和李长安（2013）采用主成分分析法和变异系数协调度模型测量了北京市的人口、经济和环境系统协调度；李恒吉等（2020）以甘肃全省及其各市州为研究对象，基于 GIS 技术和多种数学分析方法，开展人口－经济－社会－资源－环境系统协调及可持续发展时空综合测度。中国人口－经济－社会－资源－环境系统协调发展的具体研究区域多集中在西部地区（童玉芬，2009；王赞信、武剑，2011）以及部分面临人口调控压力的特大城市（王桂新和殷永元，2000；曾嵘等，2000），逐渐从理论分析走向实证测算，从单一的时间或空间维度转向时空多重维度的综合分析，空间技术的运用日益普遍（朱江丽和李子联，2015；陈刚等，2020），人口规模与可持续发展关系的研究不断深化。

不少学者对资源环境承载力、经济社会条件下的区域人口容量或者适度人口规模进行了测算，从而找到在可持续发展条件下所界定的人口容量。如刘渝琳（2000）基于可持续发展适度人口目标构建中国的人口规模预警体系；王颖等（2011）等采用多目标规划法，提取经济、资源环境、人口动态发展及与其他国家人口对比等多项指标，计算中国未来人口发展的适度规模及其约束条件。童玉芬等（2016）采用可能－满意度模型（Possibility－Satisfiability Method，P－S 法），从综合因子角度计算了多种方案下中国的适度人口规模。而从省际区域或城市角度进行的可持续发展人口容量研究更多（赵建世等，2003；刘连兴和刘兴诏，2005；王冰和黄岱，2005；张华伟，2014；林晓娟，2017）。总体来看，定量确定城市承载力和适度人口规模的方法较多，涉及可能－满意度法、P－E－R 模型法、系统动力分析法、生态足迹法和直接人口承载力测算等，研究逐渐从静态走向动态，从直接测算和基于资源、环境的单一目标分析演变为考虑多种因素的综合分析。

人口的性别结构是影响中国社会可持续发展的重要因素，性别结构失衡已经成为中国社会稳定与可持续发展的重大隐患（李树苗，2013）。同时，随着中国人口结构的老龄化，关于老龄化对区域可持续发展的影响研究逐渐增多。尤其是中国人口老龄化具有速成和超前的特点，很可能意味着中国将在不具备相应经济实力和社会保障能力的条件下面临错综复杂的严重人口老龄化问题，这将成为影响当代人和下一代人的可持续发展问题（邬沧萍和穆光宗，1997）。有学者探索了人口年龄结构变化对可持续发展的作用途径（童玉芬，2017）。蔡昉（2012）指出随着中国人口转变及人口红利消失，转变经济发展方式既是形成新型人口、资源、环境协调关系的必要条件，也是获得可持续经济增长源泉的关键。

人口分布问题指的是人口在地域、城乡分布上是否合理，人口流动与迁移是否与社会经济发展的需要相适应等（乔晓春，1997）。有学者分析发现，实现人口数量、质量和结构的合理分布是促进并保证区域可持续发展的有效杠杆和重要保证（王桂新，1997）。封志明等（2014）定量评价了2010年中国人口与资源环境和社会经济发展的协调性和协调程度，揭示了中国不同地区人口与资源环境和社会经济协调发展的时空格局和地域特征。只有一定时间内的人口数量、质量和结构的空间分布与当地的自然资源、生态环境和经济社会等条件相匹配时，才能维持可持续发展系统的有序运作和良性循环。

总体来看，中国关于人口与区域可持续发展的研究内容较多，时间跨度较长，随着对可持续发展理解的深化，人口与区域可持续发展关系的认识也逐渐深入。当前的区域人口问题不再仅仅着眼于人口规模增长这一单一维度，人口素质、人口空间分布格局等随着中国城市化进程的加快成为学者们关注的焦点。人口与可持续发展的关系已经从人口规模带来的资源环境压力问题转移到人口结构、人口质量以及人口空间分布不均衡对中国经济社会可持续发展带来的可能影响方面，因此未来对于人口与可持续发展关系的探讨不仅要着眼于经济社会、资源环境可持续发展对人口规模的制约，要更加强调人口结构、人口素质以及人口空间构成等其他人口要素的优化。

第三节　区域人口与发展研究热点及其展望

进入21世纪后，我国人口发展的内在动力和外部条件发生了显著改变，人口发展进入深度转型阶段，人口自身的安全以及人口与经济、社会等外部系统关系的平衡都将面临不可忽视的问题和挑战。面对人口发展重大趋势性变化，必须把人口均衡发展作为重大国家战略，加强统筹谋划，把握人口发展的有利因素，积极有效应对风险挑战，努力实现人口自身均衡发展，并与经济社会、资源环境协调发展。《国家人口发展规划（2015—2030年）》提出，推动城乡人口协调发展，完善以城市群为主体形态的人口空间布局，促进人口分布与国家区域发展战略相适应。"十四五"规划更是进一步明确了优化区域经济布局、优化国土空间开发保护格局、深入实施区域重大战略和区域协调发展战略的具体部署。未来中国区域人口与发展领域有大量的问题值得深入研究，通过这些研究进一步推进和拓展，以满足社会经济发展的需要。在此，根据对以往研究的回顾，我们梳理了以下几个与区域人口与发展相关的研究方向，供各位同仁参考。

一、区域人口老龄化

1. 人口迁移对区域老龄化的影响

2000年以来，中国的老龄化进程加快，人口老龄化已经成为中国社会经济发展必须面对的新常态与核心问题之一。王录仓等（2016）从县域尺度出发，基于2000年和2010年的人口普查数据，应用标准差椭圆、地理探测器等方法，分析了10年间中国2283个县域单元人口老龄化的空间分布、区域差异及其影响因素。结果表明，人口老龄化空间分布模式多样，"胡焕庸线"西北半壁以均质化、轴带特征为主；而"胡焕庸线"东南半壁则呈现出"核心－外围"的分布特征。2000～2010 年，人口老龄化均值从 6.7% 增至 8.7%，表明中国县域全面进入老年型社会，步入老年型的县域多集中于内陆、东北地区、"丝绸之路经济带"沿线区；10 年间人口老龄化总体空间格局较为稳定，但人口老龄化的变动趋势差异显著。人口老龄化在"胡焕庸线"两侧、不同地域类型间、城乡间、民族自治地区与非民族自治地区间、贫困与非贫困地区间存在差异，且差异变动的方向并不一致。影响人口老龄化的核心因素为各区域往期人口年龄结构、步入老年序列人口比重、人口流出的比例等。

同时，还有一些问题亟待研究。例如，如何应对区域老龄化不平衡和国内大规模人口流动的挑战（Chen et al.，2018），鉴于人口流入和人口流出对于区域人口老龄化都会产生一定的影响，如何对此进行科学预警，并前瞻性地采取应对策略，也是未来研究的重要方向（王录仓等，2016）。

2. 老龄化的区域差异

从全国总体来看，中国属于典型的"未富先老"。但是，中国区域人口老龄化与经济发展水平存在显著的区域差异。王志宝等（2013）借助各省份人口老龄化的演变过程及其与本地区经济的发展相关程度变化，来判别中国是否出现"未富先老""城乡倒置"或者"人口红利"消失阻滞经济发展以及区域差异化演变等问题。通过一系列的数据分析发现：首先，中国各省份的人口老龄化演变阶段差异很大，但基本没有出现"未富先老"，人口老龄化并没有妨碍经济发展，这既与经济转型、开放经济等有关，也符合全球人口老龄化演化的一般规律；其次，勾画中国各省份人口老龄化演变特征，可将其划分成四类不同的人口老龄化类型，其演变历程的地域推移与地域集聚现象十分明显。

未来研究需要考察区域发展战略与积极应对人口老龄化的相关性，以及如何在引导人口集聚来实现区域发展战略中缓解人口老龄化的目标。此外，还需要深入探讨各省份人口老龄化演变趋势差异、判别各省份人口老龄化演变轨迹的合理性与偏差（王志宝等，2013）。

二、区域可持续发展

1. 人口迁移与区域可持续发展

人口区域均衡是我国将可持续发展融入国家发展计划以来从人口维度提出的发展要求，如何将这样一个宏观的愿景落实到具体的人口问题研究，是摆在学者们面前的问题。人口区域均衡是中国对于人口合理分布在新时代的新表达，其研究从学科属性上讲属于人口地理学研究范畴。城市的人口合理规模、城市人口实时分布规律、区域间人口流动或迁移预测分析、气候变化背景下人口分布与适应各种预测场景分析、包括人口规模在内的其他人口属性在空间上的分布规律等是未来人口区域均衡领域有待深入开展的研究。

未来的研究重点是人口迁移、人口迁移区域模式及其变化与可持续发展关系的研究，中国经济体制改革以来省际人口迁移区域模式及其变化与区域经济可持续发展的作用机理是什么，省际人口迁移区域模式及其变化对区域经济可持续发展有哪些有利点和弊端，以及如何实现人口迁移、人口迁移区域模式及其变化与区域经济相互协调和可持续发展（王桂新，2000）。

2. 环境承载力与区域可持续发展

在生产力水平较低的情况下，提高粮食产量主要通过扩大耕地，因而人类通过毁林开荒、改草为田、围海（湖）造田、坡地垦殖等行为导致了一系列生态环境恶化问题。有学者基于粮食生产主要依赖耕地面积及其产量，估算过地球能够养活全世界多少人口，不管其计算的客观与否，其结果都是乐观的。中国科学院和国家计委自然资源综合考察委员会借鉴联合国世界粮农组织对发展中国家土地资源潜在人口承载力的测算方法，在20世纪80年代末对我国环境人口容量进行了测算，其结果为15亿到16亿人。但在人口学界存在相对保守的预测与估计，在考虑多种资源约束的条件下，对我国长期最优人口规模预测结果为7亿人。但无论何种预测结果，在不考虑技术进步的前提下，一定的自然资源禀赋存在着一定的人口承载力极限，如果突破了这一极限，则意味着区域的人口不均衡状况将会出现，并将产生生态退化、环境恶化、人口迁移等一系列自然的和社会的后果。针对不同空间尺度的人口合理分布或者承载力的研究，如基于一个城市的基础设施承载力水平测度其合理的人口规模（向华丽，2020）。在全球气候变化的大背景下，随着人口在脆弱性区域的高度集聚，尤其应加强沿海城市、特大型城市等区域人口的均衡型分析，如对沿海城市进行淹没情境下的预测分析，有效地指导人口迁移场景分析等（Robinson et al.，2020）。

3. 各系统协调与区域可持续发展

党的十八大报告提出，按照人口资源环境相均衡、经济社会生态效益相统一的原则大力推进生态文明建设。人口、经济、能源环境是一个具有高度复杂性、动态性、多层次性的开放系统。近年来，随着经济社会的不断发展，能源资源的不断利用以及环境污染的不断加剧，人口、经济、能源环境三者严重失调，已成为区域持续发展的严重制约因子。由此，研究区域内人口、经济、能源环境子系统之间的协调程度，探寻协调发展战略，对区域可持续发展具有重要的战略意义（段海燕等，2017）。

人口与可持续发展的关系：一方面，城市化和工业化将大多数经济活动与土地隔离，使经济增长理论家对自然资源失去了兴趣，他们仅仅聚焦于资本、劳动力和技术。人口、富裕程度和技术是对区域可持续发展造成影响的三个重要因素。另一方面，环保主义者提出在考虑这种影响时还应该包括各因素的相对重要性，他们认为应该加入其他一些指标以反映人类活动对环境影响的弹性关系。在人口转变后期，人口老龄化、家庭规模小型化对可持续性将带来正向或负向影响。人口减少的原因不是人口转变后期的人口老化，而是来自战争、内部暴乱和自然灾害，以及给人口带来更大威胁的流行病。因此，促进可持续发展的人口区域均衡，涉及诸多因素的复杂影响。

三、人口政策、区域政策的变动对中国人口分布格局的影响

研究表明，"胡焕庸线"不仅是一条人口地理界线，而且也是一条自然和生态环境的综合界线，其形成是自然环境和人类活动长期作用的结果，具有"不破"特性。而随着全面放开"二孩"的人口政策的实施，以及西部大开发、引导中西部地区就近城市化、"一带一路"和长江经济带打造向西开放格局等区域发展规划和政策的推行，将对省际人口空间分布格局产生一定的影响，总体上可能并不会改变中国人口分布的基本空间格局，但具体的影响强度仍待研究。此外，全面放开"二孩"的政策调整其影响具有滞后性，可能会对不同地区的资源供给、公共服务设施配置和环境保护等产生不同的影响，因此需要进行前瞻性的预测和研究，提前做好资源配置和规划。

人口政策对人口空间分布的影响在新近的生育政策调整中得到体现。从"单独二孩"到"全面二孩"，近几年中国生育政策的连续调整，不仅引起了社会的强烈反响，而且也将对中国未来的人口结构和空间格局产生重要影响。王开泳等（2016）利用人口学的队列元素法对全面放开"二孩"政策实施后，中国未来总人口及人口结构的变化趋势进行预测，并从地理学的角度分析了全面放开"二孩"对中国区域人口空间格局的影响。结果表明：①全面放开"二孩"

可以有效延缓中国总人口的递减趋势、老龄化的趋势以及未来劳动人口不断走低的趋势；②全面放开"二孩"政策前后，中国的区域人口空间分布均呈现东部人口密度最高、中部次之、东北再次、西部最低的总体格局，全面放开"二孩"将会增加"胡焕庸线"东南侧的人口密度，中国人口分布东南集聚、西北相对稀疏的格局将会长期存在并进一步加剧；③根据各省全面放开"二孩"政策后未来15年人口变化强度，可划分为人口快速变化区、人口中速变化区、人口缓慢变化区和人口平稳区。

"十四五"规划中，提出要适当引导人口在分布，促进区域发展战略的顺利实施。由于迁移者大多是年轻人，不仅是劳动力，也是生殖力，所以这类政策可能对人口区域分布造成多方面、多层次的影响。这些问题都有待深入研究。

四、人口集聚与区域发展

1. 人口集聚对城市环境空气质量的影响

研究表明，快速推进的工业化和城镇化，投资拉动冶金、能源重化工产业和房地产业高速发展，土地财政助推人口密度不断提高，使大气污染物在城市局地范围内、短时间、大量集中排放，远超城市大气环境容量，是造成城市环境空气质量明显下降的根本原因。总体而言，工业化和城镇化对城市环境空气质量的影响京津冀大于长三角，长三角大于珠三角；中部地区最大，其次为东北地区，西部地区第三，东部地区环境影响最小。通过研究经济增长和人口集聚的环境影响及区域分异，研究者试图找到降低城市环境空气质量的根本原因，从源头探究改善城市环境空气质量的可行路径。但该研究基于数据包络分析方法，测算的是相对于特定生产前沿面的相对效率，前沿面不同，效率也会有所差异。另外不同时期城市环境空气质量是工业化、城镇化等社会经济因素和城市地域环境、大气环流、不同季节气候气温等自然因素共同作用的结果，其中，工业化的环境影响应从重点行业的布局、结构、规模和效率方面考虑，城镇化的环境影响应明确人口城镇化和土地城镇化的影响的差异，区分生产效应和生活效应，如此才能进行分类调控、精准施策，而这些有待于以后的深入研究。

2. 人口集聚与区域劳动生产率

传统的空间同质性假设难以对具有空间异质性特征的中国人口聚集和区域劳动生产率关系进行有效解释。陈心颖（2015）基于空间异质性假设，运用广义系统矩估计法和门槛回归方法，研究考察了我国东、中、西部人口聚集程度和劳动生产率的关系，发现城市化过程中的人口聚集提高了劳动生产率，但人口聚集对提升劳动生产率的效应具有空间异质性，且人口聚集对劳动生产率的影响并非单调递增，而是随着人口聚集度的提高呈现先上升后下降的规律。研究虽然从人口聚集的角度出发考虑了人口聚集对劳动生产率的影响，但劳动生产率的提高最终是为了实现社会整体福利的增进，而劳动生产率的提高是否一定会进一步带来社会福利的增进仍待研究。此外，该研究仅仅将区域划分为四部分进行分析，未来将区域进行细化分类探究人口聚集对劳动生产率的影响，也是下一步的研究方向。

3. 人口集聚、公共资源配置和服务业发展

人口集聚、公共资源配置和服务业发展是新型城镇化发展的核心要素，三者变化趋势及其耦合匹配程度直接影响新型城镇化发展质量。任喜萍等（2019）研究利用《中国统计年鉴》（2008～2017年）中国31个省份2007～2016年的数据，通过构建包含人口集聚、公共资源配置和服务业发展三项内容的PRS系统耦合协调度评价指标体系，探讨了人口集聚、公共资源配置与服务业发展综合水平及耦合协调度时空分异特征，分析了影响三者耦合协调度变化的主要驱动因素。

但是，限于数据可获得性，目前指标体系还很难全面刻画三者全部内涵，构建更为全面、合理的指标体系值得进一步探索。同时，对系统发展趋势的预测也需作进一步的深入探讨。此外，以上研究是基于中国省级地域单元，若采用地市、县域数据对三者耦合协调水平进行测度分析，将能更深入地揭示三者耦合协调度区域差异、时空演变趋势和驱动因素，对各级地方政府实施新型城镇化高质量发展战略具有更大应用价值。

五、区域人口学及其研究方法的发展

1. 作为一门学科的区域人口学

区域人口学作为人口学的分支学科和人口学研究的新方向，它的理论功能和实践价值在于指导、促进、协调区域人口可持续发展。世界人口发展在区域上的差异性特征，正在给全球经济社会发展带来深刻影响。中国作为占世界人口总数近19%的第一人口大国，极不平衡的区域人口发展与区域经济社会、资源环境之间的联系更加紧密，矛盾和问题更加生动复杂，为区域人口学的产生、发展和繁荣提供了良好的人口条件和实践平台。

我国的区域人口分布和迁移与人口流动密切相关，自改革开放以来我国工业化、城镇化进程的不断加快，促使农村劳动力加速跨区域转移、向城市转移或者向原户籍地回流成为常态，人口流动的规模和区域流向的差异都非常大，这种人口的区域流动将会对人口结构、空间分布以及经济社会发展产生深刻影响，因此研究区域人口流动（包括区域人口城镇化）都应是我国区域人口学的有线方向和重点领域。王学义（2017）基于区域人口发展的矛盾性和复杂性、差异性和不平衡性，通过梳理、分析国内外关于区域人口学研究的相关文献，论析区域人口学的研究对象、研究范围、研究类型、研究内容和研究方法，并剖析区域人口学与区域科学、人口地理学、空间人口学等相关学科的关系，以深化对区域人口学的学科性质、特征和方法的认识。

但作为一门新兴学科，区域人口学的类型划分尚不明确，区域人口学与其他学科的边界与关系也未得到厘清和阐明，另外，作为学科的区域人口学，其基础理论研究也需要进一步深入。

2. 区域人口学研究方法的发展

区域人口学研究方法的发展，主要表现为网络技术、计算机技术和地理信息技术在区域人口研究特别是区域人口实时变化监测等方面的应用。

城市区域人口流量的准确预测可以为交通监管和市民出行提供有效的决策支持。城市各区域人口流量同时具有时间维度上的变化规律和空间维度上的相关性，这给流量的精准预测带来了极大的挑战。郭晟楠等（2019）基于注意力机制的时空循环卷积网络模型（ASTRCNs）能够用于解决城市区域人口流量预测问题，通过预测城市未来各个区域的人口流量，能够有效加强城市公共安全和提高城市交通效率，从而减少城市交通拥堵和人口拥挤造成的经济损失和安全事故。实际上，许多类型的城市数据都可以用于区域人口流量的预测，但大部分预测模型都只考虑了单一的数据集，未来融合多源数据建立预测模型将成为下一步研究方向。

人口空间分布具有尺度特征，从乡镇街道尺度研究自然因素对城市人口空间格局的影响有利于得出更精细的结果，并为城市人口合理布局和规划提供科学依据。吕晨等（2017）运用地理探测器方法，研究发现自然因素和经济因素均是对人口空间格局产生影响的直接因素，但是自然因素同时也影响了经济因素的布局，在对人口空间格局产生直接影响的同时，也通过影响经济因素进一步间接地影响了人口空间格局。城市尺度的人口空间格局是否存在类似的"胡焕庸线"，城市的增长和拓展可以在多大程度上突破自然因素的限制，在城市不同发展阶段能够以多大的代价改变自然因素对人口空间格局的影响，如何在保护自然环境和经济可行性原则的基础上进行合理的人口布局和空间规划是需要进一步深入研究的问题。

随着区域一体化进程的加快，中国城市群快速地发展起来，城市群城际间的人口流动研究得到了国内外许多学者的关注。城市群空间结构的研究以地理实体空间分析为主，城际人口流动的研究多使用传统统计数据，而将大数据运用于城市群空间结构及城际人口流动尚处于起步阶段。潘碧麟等（2019）应用新浪微博签到的地理位置数据，研究发现微博空间结构与区域规划中的空间发展格局相契合，从人口流动的影响因素方面看，区域微博人口流动的强度和方向也与社会经济发展水平呈现出相对一致性。区域网络空间不是地理实体空间的简单投影，微博网络所呈现出的特征是社会经济因子综合作用的结果，社会经济因素、原有城市等级在城市群网络空间的塑造中仍然发挥作用。研究在关注城际之间的人口流动时，暂未涉及城市内部的人口流动问题，在未来的研究中均有待深入挖掘和分析。

充分利用现代信息技术，基于3S技术特别是遥感影像技术、可穿戴设备或者手机信令大数据，分析城市人口实时分布规律，从而为城市规划、城市应急管理提供决策支持（向华丽，2020）。

参考文献

（一）中文文献

［1］鲍曙明，时安卿，侯维忠. 中国人口迁移的空间形态变化分析 ［J］. 中国人口科学，2005（5）：28 - 36，95.

［2］蔡昉. 中国人口与可持续发展 ［J］. 中国科学院院刊，2012，27（3）：314 - 319.

［3］蔡建明，王国霞，杨振山. 中国人口迁移趋势及空间格局演变 ［J］. 人口研究，2007，31（5）：9 - 19.

［4］蔡昉，王德文. 中国经济增长可持续性与劳动贡献 ［J］. 经济研究，1999（10）：62 - 68.

［5］曹广忠，刘涛. 中国城市化地区贡献的内陆化演变与解释：基于1982～2008年省区数据的分析 ［J］. 地理学报，2011，66（12）：1631 - 1643.

［6］陈刚，刘景林，尹涛. 城市群产业、人口、空间耦合协调发展研究——以珠三角城市群为例 ［J］. 西北人口，2020，41（2）：114 - 126.

［7］陈红. 人口老龄化与社会可持续发展 ［J］. 人口与经济，2001（4）：71 - 74.

［8］陈家华. 开放进程中的人口与社会发展：上海市浦东新区第六次人口普查资料分析 ［M］. 北京：社会科学文献出版社，2015.

［9］陈明华，仲崇阳，张晓萌. 中国人口老龄化的区域差异与极化趋势：1995～2014 ［J］. 数量经济技术经济研究，2018（10）：111 - 125.

［10］陈心颖. 人口集聚对区域劳动生产率的异质性影响 ［J］. 人口研究，2015，39（1）：85 - 95.

［11］陈瑜. 西部地区人口素质对生态环境的影响 ［J］. 人口与经济，2001（S1）：30 - 31.

［12］陈卓，许彩彩，毕如田，陈利根，王瑾，丁一. 基于不同城市化发展阶段的山西省城镇建设用地适度集约利用研究 ［J］. 中国土地科学，2020，34（6）：103 - 111.

［13］程志强，马金秋. 中国人口老龄化的演变与应对之策 ［J］. 学术交流，2018（12）：101 - 109.

［14］春燕，郭海生，王灿. 上海人口老龄化如何影响经济社会发展 ［J］. 上海经济研究，2019（8）：51 - 63.

［15］丁金宏，刘振宇，程丹明，等. 中国人口迁移的区域差异与流场特征 ［J］. 地理学报，2005，60（1）：106 - 114.

［16］丁金宏，何书金. 中国人口地理格局与城市化未来——纪念胡焕庸线发现80周年学术研讨会在上海举行 ［J］. 地理学报，2015，70（12）：1856.

［17］丁金宏. 中国人口省际迁移的原因别流场特征探析 ［J］. 人口研究，1994，18（1）：14 - 21.

［18］董上，蒲英霞，马劲松，王结臣，陈刚，王亚平. 中国省际人口迁移的复杂网络研究 ［J］. 南方人口，2014，29（2）：54 - 61.

［19］杜鹏，王武林. 论人口老龄化程度城乡差异的转变 ［J］. 人口研究，2010（2）：3 - 10.

［20］杜雯翠，张平淡. 人口老龄化与环境污染：生产效应还是生活效应？［J］. 北京师范大学学报（社会科学版），2019，273（3）：112－123.

［21］杜小敏，陈建宝. 人口迁移与流动对中国各地区经济影响的实证分析［J］. 人口研究，2010，34（3）：77－88.

［22］段成荣，杨舸. 中国流动人口的流入地分布变动趋势研究［J］. 人口研究，2009，33（6）：1－12.

［23］段成荣，吕利丹，王涵，谢东虹. 从乡土中国到迁徙中国：再论中国人口迁移转变［J］. 人口研究，2020，44（1）：19－25.

［24］段海燕，肖依静，丁哲，王宪恩. 区域人口、经济、能源环境协调发展情景预测研究［J］. 人口学刊，2017（2）：47－56.

［25］段平忠，刘传江. 人口流动对经济增长地区差距的影响［J］. 中国软科学，2005（12）：99－110.

［26］段平忠. 中国人口流动对区域经济增长收敛效应的影响［J］. 人口与经济，2008（4）：1－5.

［27］范洪敏，穆怀中. 人口老龄化对环境质量的影响机制研究［J］. 广东财经大学学报，2017，32（2）：41－52.

［28］方创琳，陈田，刘盛和. 走进新时代的中国城市地理学——建所70周年城市地理与城市发展研究成果及展望［J］. 地理科学进展，2011（4）：397－408.

［29］方创琳，刘晓丽. 1950－2006年中国城市化发展的时空差异与不平衡性（英文）［J］. Journal of Geographical Sciences，2009，19（6）：719－732.

［30］方创琳，宋吉涛，张蔷，李铭. 中国城市群结构体系的组成与空间分异格局［J］. 地理学报，2005（5）：827－840.

［31］方创琳. 中国新型城市化转型发展的战略方向［J］. 资源环境与发展，2014（2）：18－19＋7.

［32］方创琳，祁巍锋，宋吉涛. 中国城市群紧凑度的综合测度分析［J］. 地理学报，2008（10）：1011－1021.

［33］封志明，杨艳昭，游珍，等. 基于分县尺度的中国人口分布适宜度研究［J］. 地理学报，2014，69（6）：723－737.

［34］高向东，吴文钰. 20世纪90年代上海市人口分布变动及模拟［J］. 地理学报，2005，60（4）：637－644.

［35］高向东. 中国人口发展趋势对未来经济有何影响［J］. 人民论坛，2018，590（10）：93－95.

［36］高晓路，吴丹贤，许泽宁，等. 中国老龄化地理学综述和研究框架构建［J］. 地理科学进展，2015，34（12）：1480－1494.

［37］葛美玲，封志明. 基于GIS的中国2000年人口之分布格局研究：兼与胡焕庸1935年之研究对比［J］. 人口研究，2008，32（1）：51－57.

［38］龚树民，伍理. 上海人口和社会发展战略［J］. 社会科学，1995（4）：55－58.

［39］苟晓霞. 中国人口老龄化与经济的可持续发展［J］. 财会研究，2000（10）：53－55.

［40］古恒宇，沈体雁，刘子亮，孟鑫. 基于空间滤波方法的中国省际人口迁移驱动因素［J］. 地理学报，2019，74（2）：222－237.

［41］顾朝林，于涛方，李王鸣，等. 中国城市化：格局、过程、机理［M］. 北京：科学出版社，2008.

［42］顾朝林. 城市群研究进展与展望［J］. 地理研究，2011（5）：771－784.

［43］郭晟楠，林友芳，金文蔚，万怀宇. 基于时空循环卷积网络的城市区域人口流量预测［J］. 计算机科学，2019，46（S1）：385－391.

［44］郭熙保，李通屏，袁蓓. 人口老龄化对中国经济的持久性影响及其对策建议［J］. 经济理论与经济管理，2013（2）：43－50.

［45］韩峰，王业强. 市场潜力、政府干预与人口城市化［J］. 中国人口科学，2017（1）：59－70＋127.

［46］韩淑娟. 资源禀赋对中国人口城市化发展的影响［J］. 中国人口·资源与环境，2014，24（7）：52－58.

［47］韩亚平，董江龙. 基于人口流动对农村经济社会发展的影响研究［J］. 价值工程，2017，36（33）：20－21.

［48］侯燕飞，陈仲常. 中国"人口流动－经济增长收敛谜题"——基于新古典内生经济增长模型的分析

与检验 [J]．中国人口·资源与环境，2016，26（9）：11－19．

［49］胡焕庸．中国八大区人口密度与人口政策 [M]．上海：上海外语教育出版社，1983．

［50］胡焕庸．中国人口之分布：附统计表与密度图 [J]．地理学报，1935（2）：33－74．

［51］胡焕庸．中国八大区的人口增长、经济发展和经济圈规划 [J]．地理研究，1985（4）：1－9．

［52］胡焕庸．中国人口的分布、区划和展望 [J]．地理学报，1990（2）：139－145．

［53］胡小武．人口"就近城镇化"：人口迁移新方向 [J]．西北人口，2011，32（1）：1－5．

［54］胡序威，周一星，顾朝林，等．中国沿海城镇密集地区空间集聚与扩散研究 [M]．北京：科学出版社，2000．

［55］纪明山．用经济手段控制人口增长 [J]．人口研究，1980（2）：47－52．

［56］贾绍凤，孟向京．中国仍应严格控制人口增长——论人口增长与经济增长的关系 [J]．中国人口·资源与环境，2002（6）：137－139．

［57］姜向群，杜鹏．中国人口老龄化对经济可持续发展影响的分析 [J]．市场与人口分析，2000（2）：1－8．

［58］黎倩雯．试论人口分布的决定因素 [J]．广州师院学报（社会科学版），1996（2）：93－99．

［59］李恒吉，曲建升，庞家幸，徐丽，韩金雨．甘肃省人口－经济－社会－资源－环境系统耦合协调及可持续发展时空综合测度研究 [J]．干旱区地理，2020，43（6）：1622－1634．

［60］李辉，王瑛洁．中国人口老龄化城乡倒置现象研究 [J]．吉林大学社会科学学报，2012，52（1）：154－158．

［61］李建民，原新，陈卫民，朱镜德，黄乾，姚从容，吴帆．中国人口与社会发展关系：现状、趋势与问题 [J]．人口研究，2007（1）：33－48．

［62］李建民．中国的人口新常态与经济新常态 [J]．人口研究，2015，39（1）：3－13．

［63］李建森，张真．上海市人口老龄化对碳排放的影响研究 [J]．复旦学报（自然科学版），2017，56（3）：273－279＋289．

［64］李竞能．现阶段中国人口经济问题研究 [M]．北京：中国人口出版社，1999．

［65］李若建．1840～1990 年中国大陆人口再分布概况 [J]．中山大学学报（社会科学版），1992（1）：63－69．

［66］李若建．迁移与滞留：广东省人口老化的区域特征研究 [J]．南方人口，2006，21（4）：11－18．

［67］李树茁．性别失衡、男性婚姻挤压与婚姻策略 [J]．探索与争鸣，2013（5）：22－23．

［68］李秀丽，王良健．我国人口老龄化水平的区域差异及其分解研究 [J]．西北人口，2008（6）：104－107＋111．

［69］李仲生．人口增长对经济发展的影响——中国人口增长的经济效果分析 [J]．首都经济贸易大学学报，2001（3）：10－13．

［70］林宝．人口老龄化城乡倒置：普遍性与阶段性 [J]．人口研究，2018，42（3）：38－50．

［71］林李月，朱宇．流动人口初次流动的空间类型选择及其影响因素：基于福建省的调查研究 [J]．地理科学，2014，34（5）：539－546．

［72］林晓娟，房世峰，杜加强，吴骅，窦馨逸，岳杜筱．基于综合承载力的北京市适度人口研究 [J]．地球信息科学学报，2017，19（11）：1495－1503．

［73］刘大伟，蒲英霞，王结臣，马劲松，陈刚．基于基尼系数的中国省际人口迁移流空间集中性特征分析 [J]．西北师范大学学报（自然科学版），2016，52（1）：105－112＋134．

［74］刘厚莲，原新．人口负增长时代还能实现经济持续增长吗？[J]．人口研究，2020，44（4）：62－73．

［75］刘华军，何礼伟，杨骞．中国人口老龄化的空间非均衡及分布动态演进：1989～2011 [J]．人口研究，2014，38（2）：71－82．

［76］刘纪远，岳天祥，王英安，等．中国人口密度数字模拟 [J]．地理学报，2003，58（1）：17－24．

［77］刘连兴，刘兴诏．德州市适度人口与可持续发展研究 [J]．德州学院学报（自然科学版），2005（4）：42－45．

［78］刘盛和，蒋芳，张擎．中国城市化发展的区域差异及协调发展对策 [J]．人口研究，2007，31（3）：7－19．

［79］刘盛和，邓羽，胡章．中国流动人口地域类型的划分方法及空间分布特征［J］．地理学报，2010，65（10）：1187－1197．

［80］刘涛，齐元静，曹广忠．中国流动人口空间格局演变机制及城市化效应：基于2000年和2010年人口普查分县数据的分析［J］．地理学报，2015，70（4）：567－581．

［81］刘晓丽，方创琳．城市群资源环境承载力研究进展及展望［J］．地理科学进展，2008（5）：35－42．

［82］刘耀彬，冷青松．人口集聚对雾霾污染的空间溢出效应及门槛特征［J］．华中师范大学学报（自然科学版），2020，54（2）：258－267．

［83］刘渝琳．中国可持续发展中的人口适度规模及预警分析［J］．中国人口·资源与环境，2000（S2）：97－99．

［84］刘于琪，刘晔，李志刚．中国城市新移民的定居意愿及其影响机制［J］．地理科学，2014，34（7）：780－787．

［85］陆大道．京津冀城市群功能定位及协同发展［J］．地理科学进展，2015（3）：265－270．

［86］陆杰华，郭冉．从新国情到新国策：积极应对人口老龄化的战略思考［J］．国家行政学院学报，2016（5）：27－34＋141－142．

［87］陆杰华．人口负增长时代：特征、风险及其应对策略［J］．社会发展研究，2019，6（1）：21－32，242．

［88］陆旸，蔡昉．人口结构变化对潜在增长率的影响——中国和日本的比较［J］．世界经济，2014，37（1）：3－29．

［89］吕晨，蓝修婷，孙威．地理探测器方法下北京市人口空间格局变化与自然因素的关系研究［J］．自然资源学报，2017，32（8）：1385－1397．

［90］罗淳，俞光斗．云南人口怎样跨世纪：兼论可持续发展的人口方略［J］．云南学术探索，1997（1）：63－66．

［91］罗淳．论中国少数民族人口的生育政策［J］．民族研究，1997（2）：50－59．

［92］罗丽英，魏真兰．城市化对生态环境的影响路径及其效应分析［J］．工业技术经济，2015，34（6）：59－66．

［93］罗能生，张梦迪．人口规模、消费结构和环境效率［J］．人口研究，2017，41（3）：38－52．

［94］罗玉达．中国农村人口流动的走向及其对社会发展的影响——兼论西部大开发对人口合理流动导向的社会意义［J］．贵州大学学报（社会科学版），2000（5）：43－47．

［95］马小红，段成荣，郭静．四类流动人口的比较研究［J］．中国人口科学，2014（5）：36－46＋126－127．

［96］毛新雅，翟振武．中国人口流迁与区域经济增长收敛性研究［J］．中国人口科学，2013，154（1）：46－56＋127．

［97］毛新雅．人口迁移与中国城市化区域格局——基于长三角、珠三角和京津冀三大城市群的实证分析［J］．经济研究参考，2014（57）：45－54．

［98］孟向京．中国人口分布合理性评价［J］．人口研究，2008（3）：40－47．

［99］孟向京，贾绍凤．中国省级人口分布影响因素的定量分析［J］．地理研究，1993（3）：56－63．

［100］孟兆敏，吴瑞君．人口变动与公共服务供给的适应性分析——以上海市为例［J］．南京人口管理干部学院学报，2013，29（1）：17－21＋33．

［101］穆光宗，张团．我国人口老龄化的发展趋势及其战略应对［J］．华中师范大学学报（人文社会科学版），2011，50（5）：29－36．

［102］穆光宗．人口、资源、环境关系考略［J］．社会科学，1990（3）：26－29．

［103］穆光宗．人口与可持续发展研究在中国：回顾与讨论［J］．人口研究，1997（3）：55－61．

［104］穆怀中，张梦遥．人口老龄化、经济增长与环境污染关系研究［J］．经济问题探索，2016，410（9）：11－17．

［105］倪跃峰．论人口子系统在可持续发展战略中的作用与地位［J］．人口研究，1997（4）：1－9．

［106］聂月爱．人口素质与资源、环境的可持续发展［J］．山西高等学校社会科学学报，2003（4）：49－51．

［107］宁越敏．中国都市区和大城市群的界定：兼论大城市群在区域经济发展中的作用［J］．地理科学，2011，31（3）：257－263．

［108］潘碧麟，王江浩，葛咏，马明国．基于微博签到数据的成渝城市群空间结构及其城际人口流动研究［J］．地球信息科学学报，2019，21（1）：68－76．

［109］潘倩，金晓斌，周寅康．近300年来中国人口变化及时空分布格局［J］．地理研究，2013，32（7）：1291－1302．

［110］潘泽瀚，王桂新．中国人口就近与远程城市化的区域发展及其影响因素［J］．中国人口科学，2020（5）：41－52＋127．

［111］彭国华．技术能力匹配、劳动力流动与中国地区差距［J］．经济研究，2015，50（1）：99－110．

［112］彭希哲，胡湛．公共政策视角下的中国人口老龄化［J］．中国社会科学，2011（3）：121－138＋222－223．

［113］蒲英霞，韩洪凌，葛莹，孔繁花．中国省际人口迁移的多边效应机制分析［J］．地理学报，2016，71（2）：205－216．

［114］戚伟，刘盛和，赵美风．"胡焕庸线"的稳定性及其两侧人口集疏模式差异［J］．地理学报，2015，70（4）：551－566．

［115］乔瑞迁．试论我国人口分布的平衡与不平衡［J］．西北人口，1987（4）：33－40．

［116］乔晓春．对中国人口与可持续发展的几点认识［J］．人口研究，1997（6）：1－6．

［117］曲格平，李金昌．中国人口与环境［M］．北京．中国环境科学出版社，1992．

［118］任喜萍，殷仲义．中国省域人口集聚、公共资源配置与服务业发展时空耦合及驱动因素［J］．中国人口·资源与环境，2019，29（12）：77－86．

［119］沈建法，王桂新．90年代上海中心城人口分布及其变动趋势的模型研究［J］．中国人口科学，2000（5）：45－52．

［120］施锡铨，马建立．中国的人口规模与可持续发展［J］．江苏统计，1999（8）：17－19．

［121］苏扬．中国人口分布合理性研究［N］．中国人口报，2011－05－23（03）．

［122］孙峰华，孙东琪，胡毅，等．中国人口对生态环境压力的变化格局：1990～2010［J］．人口研究，2013，37（5）：103－113．

［123］孙祥栋，王涵．2000年以来中国流动人口分布特征演变［J］．人口与发展，2016，22（1）：94－104．

［124］陶长琪，彭永樟．人口集聚、绿化水平与环境污染——基于城市数据的空间异质性分析［J］．江西财经大学学报，2017，114（6）：21－31．

［125］田成诗，郝艳，李文静，等．中国人口年龄结构对碳排放的影响［J］．资源科学，2015，37（12）：2309－2318．

［126］田雪原．人口与资源的可持续发展［J］．中国人口科学，1996（1）：1－6．

［127］田雪原．论人口与国民经济的可持续发展［J］．中国人口科学，1995（1）：1－8．

［128］田雪原．人口、经济、环境的可持续发展［J］．中国社会科学，1996（2）：4－15．

［129］童玉芬，刘长安．北京市人口、经济和环境关系的协调度评价［J］．人口与发展，2013，19（1）：44－51．

［130］童玉芬，王静文，梁钊．资源环境约束下的中国适度人口研究［J］．社会科学文摘，2016，5（5）：59－60．

［131］童玉芬，王莹莹．中国城市人口与雾霾：相互作用机制路径分析［J］．北京社会科学，2014，133（5）：4－10．

［132］童玉芬，周文．家庭人口老化对碳排放的影响——基于家庭微观视角的实证研究［J］．人口学刊，2020，42（3）：78－88．

［133］童玉芬．关于人口年龄结构与可持续发展［J］．人口与计划生育，2017（5）：28－30．

［134］童玉芬．人口与可持续发展——理论、方法与抉择［M］．北京：中国人口出版社，2001．

［135］童玉芬．人口在区域可持续发展中的作用与地位探讨［J］．人口学刊，1999（4）：3－9．

[136] 童玉芬. 首都人口与环境——理论与实证研究 [M]. 北京：中国劳动社会保障出版社，2012.

[137] 童玉芬. 西北地区人口 - 资源 - 环境协调发展 [M]. 北京：中国人口出版社，2009.

[138] 童玉芬. 中国新疆的人口与环境 [M]. 北京：世界知识出版社，2006.

[139] 万克德. 山东人口老龄化及其社会经济影响分析 [J]. 山东教育学院学报，1999（6）：28 - 32.

[140] 汪慧玲，薛芳芳. 经济密度、人口规模与环境污染——基于城市面板数据的实证分析 [J]. 河北地质大学学报，2020，43（1）：81 - 86 + 96.

[141] 王冰，黄岱. 三峡库区可持续发展的环境人口容量分析 [J]. 中国人口科学，2005（2）：70 - 76 + 98.

[142] 王德，王灿，谢栋灿，等. 基于手机信令数据的上海市不同等级商业中心商圈的比较：以南京东路、五角场、鞍山路为例 [J]. 城市规划学刊，2015（3）：50 - 60.

[143] 王德文，蔡昉，张学辉. 人口转变的储蓄效应和增长效应——论中国增长可持续性的人口因素 [J]. 人口研究，2004（5）：2 - 11.

[144] 王芳，周兴. 影响中国环境污染的人口因素研究——基于省际面板数据的实证分析 [J]. 南方人口，2013，28（6）：8 - 18.

[145] 王广州，王军. 中国人口老龄化趋势的经济社会影响及公共政策应对 [J]. China Economist，2021，16（1）：78 - 107.

[146] 王桂新，戴贤晖. 外来人口与上海市的发展：影响、趋势与对策 [J]. 中国人口科学，2005（S1）：7 - 15.

[147] 王桂新，黄颖钰. 中国省际人口迁移与东部地带的经济发展：1995 ~ 2000 [J]. 人口研究，2005，29（1）：19 - 28.

[148] 王桂新，黄祖宇. 中国城市人口增长来源构成及其对城市化的贡献：1991 ~ 2010 [J]. 中国人口科学，2014（2）：2 - 16.

[149] 王桂新，潘泽瀚，陆燕秋. 中国省际人口迁移区域模式变化及其影响因素：基于 2000 年和 2010 年人口普查资料的分析 [J]. 中国人口科学，2012（5）：2 - 13.

[150] 王桂新，潘泽瀚. 中国人口迁移分布的顽健性与胡焕庸线 [J]. 中国人口科学，2016（1）：2 - 13.

[151] 王桂新，殷永元. 上海人口与可持续发展 [M]. 上海：上海财经大学出版社，2000.

[152] 王桂新，陈冠春. 中国人口变动与经济增长 [J]. 人口学刊，2010，181（3）：3 - 9.

[153] 王桂新，刘建波. 1990 年代后期我国省际人口迁移区域模式研究 [J]. 市场与人口分析，2003（4）：1 - 10.

[154] 王桂新，潘泽瀚. 我国流动人口的空间分布及其影响因素——基于第六次人口普查资料的分析 [J]. 现代城市研究，2013，28（3）：4 - 11 + 32.

[155] 王桂新，魏星，沈建法. 中国省际人口迁移对区域经济发展作用关系之研究 [J]. 复旦学报（社会科学版），2005（3）：148 - 161.

[156] 王桂新，张得志. 上海外来人口生存状态与社会融合研究 [J]. 市场与人口分析，2006（5）：1 - 12.

[157] 王桂新. 城市化基本理论与中国城市化的问题及对策 [J]. 人口研究，2013，37（6）：43 - 51.

[158] 王桂新. 关于人口分布几个问题的定量分析 [J]. 西北人口，1987（2）：44 - 52.

[159] 王桂新. 中国城市化发展的几点思考 [J]. 人口研究，2012，36（2）：37 - 44.

[160] 王桂新. 中国经济体制改革以来省际人口迁移区域模式及其变化 [J]. 人口与经济，2000（3）：8 - 16.

[161] 王桂新. 中国人口分布与区域经济发展 [M]. 上海：华东师范大学出版社，1997.

[162] 王桂新. 中国省际人口迁移地域结构探析 [J]. 中国人口科学，1996（1）：22 - 29.

[163] 王桂新. 中国省际人口迁移迁出选择过程的年龄模式及其特征 [J]. 人口研究，1994，18（2）：9 - 17.

[164] 王桂新. 改革开放以来中国人口迁移发展的几个特征 [J]. 人口与经济，2004（4）：1 - 8 + 14.

[165] 王桂新. 新中国人口迁移 70 年：机制、过程与发展 [J]. 中国人口科学，2019（5）：2 - 14 + 126.

[166] 王桂新，陈冠春. 中国人口变动与经济增长 [J]. 人口学刊，2010（3）：3 - 9.

[167] 王桂新，黄颖钰. 中国省际人口迁移与东部地带的经济发展：1995 ~ 2000 [J]. 人口研究，2005b

（1）：19 - 28.

[168] 王国霞，秦志琴，程丽琳. 20 世纪末中国迁移人口空间分布格局——基于城市的视角 [J]. 地理科学，2012，32（3）：273 - 281.

[169] 王金营，付秀彬. 考虑人口年龄结构变动的中国消费函数计量分析——兼论中国人口老龄化对消费的影响 [J]. 人口研究，2006（1）：29 - 36.

[170] 王金营，顾瑶. 中国经济发展方式转变应适应人口年龄结构的变动和发展 [J]. 河北大学学报（哲学社会科学版），2011，36（3）：29 - 32.

[171] 王金营. 北京市经济持续增长下的城 - 近郊人口分布合理性研究 [J]. 北京行政学院学报，2004（2）：28 - 32.

[172] 王开泳，丁俊，王甫园. 全面二孩政策对中国人口结构及区域人口空间格局的影响 [J]. 地理科学进展，2016，35（11）：1305 - 1316.

[173] 王可. 中国区域人口的均衡分布 [J]. 西安交通大学学报（社会科学版），2011，31（3）：23 - 26.

[174] 王礼刚. 中国人口老龄化与社会可持续发展 [J]. 西北民族大学学报（哲学社会科学版），2005（6）：145 - 149.

[175] 王录仓，武荣伟，刘海猛，周鹏，康江江. 县域尺度下中国人口老龄化的空间格局与区域差异 [J]. 地理科学进展，2016，35（8）：921 - 931.

[176] 王录仓，武荣伟. 中国人口老龄化时空变化及成因探析——基于县域尺度的考察 [J]. 中国人口科学，2016（4）：74 - 84 + 127.

[177] 王瑞文. 中国人口老龄化对社会发展的影响 [J]. 天津商学院学报，2006（4）：41 - 45.

[178] 王婷，吕昭河. 人口增长、收入水平与城市环境 [J]. 中国人口·资源与环境，2012，22（4）：143 - 149.

[179] 王维国，徐勇，李秋影. 中国人口年龄结构变动对经济发展影响的定量分析 [J]. 市场与人口分析，2004（6）：1 - 8.

[180] 王小鲁，樊纲. 中国地区差距的变动趋势和影响因素 [J]. 经济研究，2004（1）：33 - 44.

[181] 王小鲁. 中国城市化路径与城市规模的经济学分析 [J]. 经济研究，2010（10）：20 - 32.

[182] 王兴平. 都市区化：中国城市化的新阶段 [J]. 城市规划汇刊，2002（4）：56 - 59.

[183] 王学义. 区域人口学论释 [J]. 人口研究，2017，41（1）：59 - 69.

[184] 王颖，黄进，赵娟莹. 多目标决策视角下中国适度人口规模预测 [J]. 人口学刊，2011（4）：21 - 29.

[185] 王赞信，武剑. 西部边疆少数民族地区人口经济、资源与环境的协调发展研究 [J]. 西北人口，2011（4）：115 - 120.

[186] 王志宝，孙铁山，李国平. 近 20 年来中国人口老龄化的区域差异及其演化 [J]. 人口研究，2013，37（1）：66 - 77.

[187] 魏后凯. 中国城市化进程中两极化倾向与规模格局重构 [J]. 中国工业经济，2014（3）：18 - 30.

[188] 魏冶，修春亮. 城市网络韧性的概念与分析框架探析 [J]. 地理科学进展，2020（3）：488 - 502.

[189] 邬沧萍，侯东民. 人口、资源、环境关系史 [M]. 北京：中国人民大学出版社，2010.

[190] 邬沧萍，穆光宗. 人口发展与中国的可持续发展 [J]. 西北人口，1997（1）：3 - 7.

[191] 吴帆，李建民. 中国人口老龄化和社会转型背景下的社会代际关系 [J]. 学海，2010（1）：35 - 41.

[192] 吴连霞，赵媛，吴开亚，郝丽莎，王玉娟. 中国人口老龄化区域差异及驱动机制研究 [J]. 地理科学，2018（6）：877 - 884.

[193] 吴启焰. 城市密集区空间结构特征及演变机制——从城市群到大都市带 [J]. 人文地理，1999（1）：15 - 20.

[194] 吴玉平. 土地承载力与我国人口的合理分布 [J]. 南方人口，1991（2）：47 - 49.

[195] 向华丽. 人口区域均衡概念，学科属性与发展趋势 [J]. 宁夏社会科学，2020（5）：101 - 107.

[196] 肖周燕. 中国人口 - 经济 - 二氧化碳排放的关联研究 [J]. 人口与经济，2012，190（1）：16 - 21 + 77.

［197］徐伟平，江宏，李义稳．中国人口集聚和经济集聚的环境效应差异研究——基于省域面板数据分析［J］．生态经济，2018，34（1）：123－127.

［198］许昕，赵媛，夏四友，武荣伟，张新林．中国分县城乡人口老龄化时空差异与机理［J］．经济地理，2020（4）：164－174.

［199］许学强，周春山．论珠江三角洲大都会区的形成［J］．城市问题，1994（3）：3－6.

［200］薛东前，王传胜．城市群演化的空间过程及土地利用优化配置［J］．地理科学进展，2002（2）：95－102.

［201］严善平．中国省际人口流动的机制研究［J］．中国人口科学，2007（1）：71－77＋96.

［202］晏月平，廖炼忠．中国人口老龄化对经济社会发展的影响及应对策略［J］．山西师大学报（社会科学版），2010，37（3）：52－54.

［203］杨坚白，胡伟略．试论中国人口发展与经济发展的关系［J］．江汉论坛，1982（10）：16－23.

［204］杨建华．浙江人口与经济社会发展若干关系探讨［J］．浙江社会科学，2006（3）：98－104.

［205］杨菊华，刘轶锋，王苏苏．人口老龄化的经济社会后果——基于多层面与多维度视角的分析［J］．中国农业大学学报（社会科学版），2020，37（1）：48－65.

［206］杨魁孚，田雪原．人口、资源、环境可持续发展［M］．杭州：浙江人民出版社，2001.

［207］杨雪．人口老龄化对社会可持续发展的影响［J］．人口学刊，2000（4）：36－38.

［208］杨云善．农业转移人口就近市民化存在的问题与对策——以中西部地区为例［J］．中州学刊，2016（6）：80－85.

［209］杨云彦，陈金永．中国人口省际迁移的资料与测算［J］．中国人口科学，1993（2）：37－41.

［210］杨云彦．中国人口迁移的规模测算与强度分析［J］．中国社会科学，2003（6）：97－107.

［211］杨云彦．八十年代中国人口迁移的转变［J］．人口与经济，1992（5）：12－16.

［212］杨振生．就近城镇化研究：可行性分析、实践探索与运行启示［J］．山东社会科学，2017（5）：107－112.

［213］姚枝仲，周素芳．劳动力流动与地区差距［J］．世界经济，2003（4）：35－44.

［214］游珍，封志明，雷涟邻，杨艳昭．丝绸之路经济带（境内段）人口分布的社会经济协调度研究［J］．西北人口，2016，37（4）：110－117＋126.

［215］于洋，孔秋月．京津冀城市化、人口老龄化与碳排放关系的实证研究［J］．生态经济，2017，33（8）：56－59＋80.

［216］余运江，高向东．中国流动人口空间分布格局与集聚状况研究——基于地级区域的视角［J］．南方人口，2016，31（5）：57－69.

［217］袁俊，吴殿廷，吴铮争．中国农村人口老龄化的空间差异及其影响因素分析［J］．中国人口科学，2007（3）：41－47.

［218］原华荣．理论与实证：人口、环境和发展［M］．杭州：浙江大学出版社，2014.

［219］原华荣．中国人口分布的合理性研究［J］．地理研究，1993（1）：64－69.

［220］曾嵘，魏一鸣，范英，李之杰．北京市人口、资源、环境与经济协调发展分析与评价指标体系［J］．中国管理科学，2000（S1）：310－317.

［221］曾永明．中国省际人口迁移的地缘效应与驱动机制：男女有别吗？［J］．人口研究，2017，41（5）：40－51.

［222］曾明星，张善余．中国人口再分布的社会经济合理性及其"多中心集聚"分析［J］．南方人口，2013，28（5）：71－80.

［223］翟泰丰．论中国国民经济发展战略目标与人口问题［J］．学习与探索，1991（3）：89－95.

［224］翟振武，陈佳鞠，李龙．2015～2100年中国人口与老龄化变动趋势［J］．人口研究，2017（4）：60－71.

［225］张车伟，蔡翼飞．中国城镇化格局变动与人口合理分布［J］．中国人口科学，2012（6）：44－57＋111－112.

［226］张纯元．人口经济学［M］．北京：北京大学出版社，1983.

［227］张航空．人口流动对中国不同省份人口老龄化的影响［J］．人口学刊，2015，37（1）：95－102.

［228］张华，何岑蕙. 中国人口结构与区域经济发展的灰色关联分析［C］//中国地理学会（The Geographical Society of China）. 中国地理学会百年庆典学术论文摘要集. 中国地理学会（The Geographical Society of China）：中国地理学会，2009.

［229］张华伟. 珠海可持续发展下的人口承载力预测分析［J］. 广东行政学院学报，2014，26（1）：90－93.

［230］张克俊，陈英. 中国人口与可持续发展［J］. 西北人口，1996（2）：13－15.

［231］张善余，等. 人口垂直分布规律和中国山区人口合理再分布研究［M］. 上海：华东师范大学出版社，1996.

［232］张善余. 中国省际人口迁移模式的重大变化［J］. 人口研究，1990，14（1）：2－8.

［233］张维庆. 中国可持续发展的核心是人口问题［J］. 中国人口科学，1997（6）：1－7.

［234］张祥晶. 中国在业人口非均衡分布及合理性评价［J］. 经济地理，2011，31（9）：1414－1420.

［235］赵建世，王忠静，杨华，李涌平，翁文斌. 可持续发展的人口承载能力模型［J］. 清华大学学报（自然科学版），2003（2）：258－261.

［236］郑功成. 实施积极应对人口老龄化的国家战略［J］. 人民论坛·学术前沿，2020（22）：19－27.

［237］郑怡林，陆铭. 大城市更不环保吗？——基于规模效应与同群效应的分析［J］. 复旦学报（社会科学版），2018，60（1）：133－144.

［238］钟水映，吴珊珊. 新格局下中国人口经济关系的几个认识误区［J］. 人口研究，2019，43（2）：70－75.

［239］周广庆. 人口老龄化对社会发展和社会建设的影响［M］. 杭州：浙江大学出版社，2013.

［240］周海旺. 人口资源环境经济学理论前沿［M］. 上海：上海社会科学院出版社，2016.

［241］周君玉. 流动人口对农村社会发展的影响［J］. 南方人口，2000（3）：39－41.

［242］周一星，史育龙. 建立中国城市的实体地域概念［J］. 地理学报，1995，50（4）：289－301.

［243］朱宝树. 城市外来流动人口的滞留与更替：以上海市为例［J］. 人口研究，1997，21（5）：1－5.

［244］朱宝树. 上海市流入人口滞留态势分析［J］. 中国人口科学，1999（3）：38－45.

［245］朱传耿，顾朝林，马荣华，甄峰，张伟. 中国流动人口的影响要素与空间分布［J］. 地理学报，2001（5）：548－559.

［246］朱国宏. 通向可持续发展的道路——中国人口、资源与环境的协调发展研究［M］. 上海：复旦大学出版社，1998.

［247］朱江丽，李子联. 长三角城市群产业－人口－空间耦合协调发展研究［J］. 中国人口·资源与环境，2015，25（2）：75－82.

［248］朱宇，林李月. 流动人口的流迁模式与社会保护：从"城市融入"到"社会融入"［J］. 地理科学，2011，31（3）：264－271.

［249］朱宇，祁新华，王国栋，等. 中国的就地城市化：理论与实证［M］. 北京：科学出版社，2012.

［250］朱宇，丁金宏，王桂新，沈建法，林李月，柯文前. 20世纪80年代以来的中国人口地理学——铸就人口研究与人文地理学间的纽带（英文）［J］. Journal of Geographical Sciences，2016（8）：1133－1158.

［251］朱宇. 香港的新市镇建设与人口再分布［J］. 城市规划，1996（1）：18－21.

［252］朱雨可，赵佳. 人口集聚与雾霾污染：基于生存型消费视角［J］. 生态经济，2021，37（2）：167－175.

（二）外文文献

［1］Chen R，Xu P，Li F，et al. Internal Migration and Regional Differences of Population Aging：An Empirical Study of 287 Cities in China［J］. Bioscience Trends，2018：2017.01246.

［2］Everett S. Lee. A Theory of Migration［J］. Demography，1966，3（1）：47－57.

［3］Michael P. Todaro. A Model of Labor Migration and Urban Unemployment in Less Developed Countries［J］. The American Economic Review，1969，59（1）：138－148.

［4］Robinson C，Dilkina B，Morene－Cruz J. Modeling Migration Patterns in the USA under Sea Level Rise［J］. PLOS ONE，2020，15（1）：e0227436.

［5］Rudolph Heberle. The Causes of Rural－Urban Migration a Survey of German Theories［J］. American Journal of Sociology，1938，43（6）：932－950.

［6］Zhou Y X. The Metropolitan Interlocking Region in China: A Preliminary Hypothesis ［C］ //Ginsburg B, Koppe I, McGee T G (eds) . The Extended Metropolis: Settlement Transition in Asia, 1991: 89 – 111.

［7］Zhu Y, Chen W Z. The Settlement Intention of China's Floating Population in the Cities: Recent Changes and Multifaceted Individual – level Determinants ［J］ . Population, Space and Place, 2010, 16 (4): 253 – 267.

［8］Zhu Y, Lin L Y. Continuity and Change in the Transition from the First to the Second Generation of Migrants in China: Insights from a Survey in Fujian ［J］ . Habitat International, 2014 (42): 147 – 154.

［9］Zhu Y. China's Floating Population and Their Settlement Intention in the Cities: Beyond the Hukou Reform ［J］ . Habitat International, 2007, 31 (1): 65 – 76.

［10］Zhu, Y. In Situ Urbanization in Rural China: Case Studies from Fujian Province ［J］ . Development and Change, 2014 (31): 413 – 434.

第十五章 区域创新系统研究

约瑟夫·熊彼特在其1912年出版的著作《经济发展理论》一书中最早提出了创新理论。他认为经济之所以不断发展，是因为在经济体系中不断地引入创新。熊彼特（1990）认为创新是一种新的生产函数和新的生产要素的组合，这种新组合包括采用一种新产品、采用一种新的生产方法、开辟一个新的市场、掌握一种新的原材料或半成品来源以及实现任何一种工业的新的组织形式。熊彼特创新理论从演化的角度探讨了创新对经济周期的影响，明确了创新是改变经济均衡的唯一要素，明确了企业家这一行为主体在创新过程中的重要作用，为研究创新提供了重要支撑（韩振海和李国平，2004）。

1987年，英国著名技术创新研究专家弗里曼（Freeman）首先提出国家创新系统的概念。1992年，英国卡迪夫大学的库克（Cooke）教授在深入研究国家创新系统的基础上，发表了《区域创新系统：新欧洲的竞争规则》一文，首次提出区域创新系统（Regional Innovation System，RIS）的概念，并在1996年主编了《区域创新系统：全球化背景下区域政府管理的作用》一书，指出区域创新系统是由在地理上相互分工与关联的生产企业、研究机构和高等教育机构等构成的区域性组织系统，该系统支持并产生创新。因而可将区域创新系统定义为，地理上确定的、行政上支持的创新网络和机构的安排，这种安排以有规则的、强有力的相互作用提高了区域内企业的创新产出（Cooke and Sehienstock，2000）。此后，世界范围内掀起了关于区域创新系统的研究热潮，我国学者对区域创新系统在中国的实践、创新主体及其关系、多尺度空间相关关系与网络演化等议题进行了系统研究，取得了丰硕的研究成果。区域创新系统是借鉴国家创新系统的理论和方法研究一国内某一特定区域的创新问题，区域创新系统既是对创新系统理论的发展，又是对经济地理学、区域经济学的发展，主要强调内生要素对企业创新的决定性作用，一般受到创新主体、创新联系和创新环境的影响。

第一节 区域创新系统研究

一、创新替代劳动与资本成为驱动经济发展的主要因子

在知识经济和学习经济时代，区域发展的关键在于区域创新能力（王孝斌和李福刚，2007）。创新被越来越多的学者认为是经济增长来源的基础和核心动力因子（Antonelli et al.，2011）。从中国的研发投入与区域经济增长来看，创新已经替代传统的劳动和资本，成为驱动经济发展的主要因子。国家统计局发布数据显示，2019年我国研发投入达到22143.6亿元，研发投入强度达到2.23%，与2000年相比较，研发投入总规模增长了约25倍，研发投入强度提高

了 1.5 个百分点（见图 15-1）。科技产出成果显著，2019 年境内外专利申请量达到 438 万件，授予专利权 259.2 万件，特别是通过世界知识产权组织的《专利合作条约》（PCT）体系，提交了约 5.9 万件申请，首次成为专利申请量最多的国家（WIPO，2020）。

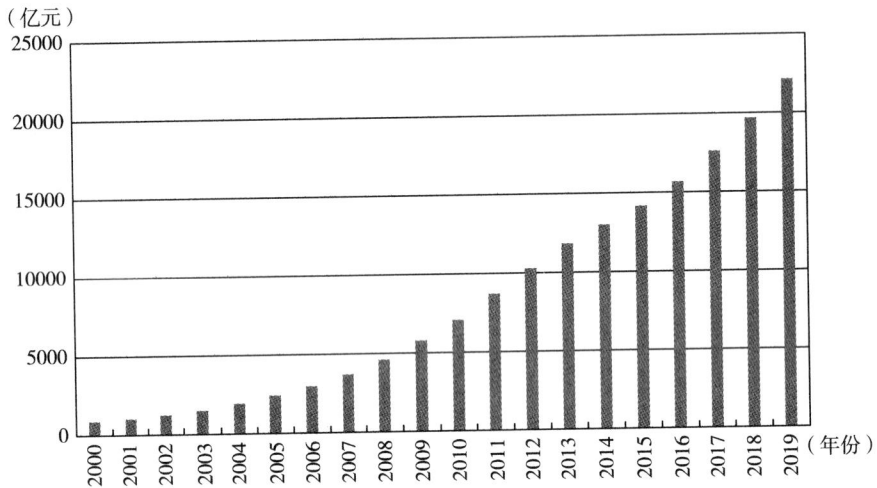

图 15-1　2000～2019 年中国 R&D 经费支出演变

资料来源：《中国统计年鉴》（2001～2020 年）。

《中国科技统计年鉴（2019）》显示，2003～2007 年中国科技进步贡献率已经达到 46%，基于此，周晓光（2020）借鉴 OECD《生产率测算手册》介绍的非参数方法，研究发现在 2007～2017 年，中国科技进步提高了 8.2 个百分点，达到了 54.2%，科技创新成为经济发展的第一动力（见表 15-1）。正是因为科技创新的日益重要，国内学者基于创新案例开展了大量有关区域创新、创新系统方面的研究。

表 15-1　2008～2017 年中国科技进步贡献率变化

年份	科技进步贡献率（%）
2008	48.1
2009	48.9
2010	49.0
2011	47.4
2012	48.6
2013	48.9
2014	49.4
2015	50.0
2016	51.8
2017	54.2

资料来源：周晓光.中国科技进步贡献率测度——基于 OECD《生产率测算手册》非参数法 [J].科技管理研究，2020，40（23）：64-72。

二、创新成为我国大型企业发展的新手段

创新成为我国大型企业尤其是高新技术企业发展的新手段。随着信息技术的发展，人类社会进入了知识经济占主导的时代，由于高新技术产业较为依赖技术扩散，高新技术产业的创新发展成为区域创新和区域经济发展的重要因素（曾刚，2002）。与传统产业类似，高新技术产业的发展也离不开土地、劳动、资本、技术、管理等生产要素的综合作用，在各种要素中，拥有着知识的人力资本是高新技术产业发展的关键，也是高新技术产业的基本特点（吴敬琏，1999）。高新技术产业的发展需要良好的区域环境，从我国高新技术产业发展实践可看出，高新技术产业发展需要较为充裕的资金和高素质、高技能、研究开发能力较强的人才，同时还离不开传统制造业的支撑和具有一线操作技术的熟练技术工人以及高级管理人才的有效配合，并不是任何区域都可以大规模发展高新技术产业，往往一些科研机构和大学等较为集中的大中城市具备高新技术产业的发展条件（陆大道，2004）。发达国家的高技术产业多数在大公司的研究与开发部门、大学和公共研究机构密集的地区发展，不仅是由于这些地区拥有大量高素质人才资源，富含大量的创新知识源，而且是由于产学研之间有频繁的信息和知识交流与互动，具有很强的知识溢出效应（王缉慈和王敬甯，2007）。而我国高新技术产业仅处于世界的下游阶段，主要加工生产外部设备和进行整机组装等，核心技术和关键部件的研究开发几乎都掌握在发达国家手里，信息技术领域里的"数字鸿沟"日益扩大，提高我国高技术产业竞争力从而提高国家整个竞争力迫在眉睫（蔡运龙等，2004）。

从我国大型企业的发展来看，均将创新放在首位，且创新也为企业发展带来了显著成效。以华为为例，2017 年华为研发投入 800 亿元，位居全球第 6，超过苹果，成为唯一进入前 50 名的中国企业。从 2018 年全球市值最高的公司来看，苹果、Alphabet、微软、亚马逊、Facebook 这些科技创新公司位于前列，科技公司市值突飞猛进的一个主要原因，就在于其研发投入。国家统计局发布数据显示，新产品销售占比再创新高，2019 年，中国大中型工业企业实现新产品销售收入 16.6 万亿元，与主营业务收入之比为 24.9%，比 2018 年提高 1.4 个百分点，占比创 2005 年以来的新高。

三、创新成为重要国家战略之一

2012 年 11 月，党的十八大报告把实施创新驱动发展战略摆在国家发展全局的核心位置，并指出要坚持走中国特色自主创新道路，以全球视野谋划和推动创新，提高原始创新、集成创新和引进消化吸收再创新能力，更加注重协同创新。创新驱动发展战略上升为国家战略（杨维汉等，2015）。2015 年 3 月，国务院发布的《中共中央　国务院关于深化体制机制改革加快实施创新驱动发展战略的若干意见》指出，在全球新一轮科技革命与产业变革的重大机遇和挑战之下，深化体制机制改革、加快实施创新驱动发展战略是我国实现"两个一百年"奋斗目标的必要路径，更加明确了实施创新驱动发展战略的必要性。2015 年 5 月，国务院提出了以新一代信息技术、高端装备、新材料、生物医药等高技术产业为核心的 10 个重点产业发展领域。2015 年 11 月，国务院和国家发展改革委发布的《中共中央关于制定国民经济和社会发展第十三个五年规划的建议》指出，创新是引领发展的第一动力，促进新一代信息技术、生物医药、新材料产业等高技术产业的不断壮大，强化企业的创新主体地位和主导作用。2016 年 5 月国务院发布的《国家创新驱动发展战略纲要》指出要明确企业、科研院所、高校、社会组织等各类创新主体功能定位，构建开发高效的创新网络。2020 年 11 月，国务院和国家发展改革委发布的《中共中央关于制定国民经济和社会发展第十四个五年规划和二〇三五年远景目标的建议》指出，"十四

五"时期重点发展12个领域，依次包括科技创新、现代产业体系、新发展格局、市场经济体制与宏观经济治理、乡村振兴、区域协调与城镇化、文化事业、绿色发展、高水平对外开放、民生、安全、国防，其中科技创新摆在首位。国家出台的相关文件表明，创新驱动是新时期国家经济发展必须采取的发展战略。

中共十八届五中全会提出"创新、协调、绿色、开放、共享"五大发展理念，其中创新是五大发展理念之首，党的十九大报告以及国家"十四五"规划再一次明确创新的重要地位，表明创新发展是我国在"十四五"乃至更长时期实现发展目标的核心驱动因素。樊杰和刘汉初（2016）研究指出科技创新正逐步超过投资和外向型经济对区域经济增长的带动作用，成为新时期新的经济增长驱动力。中小企业在创新过程中的作用受到学者们的高度关注，并认为由于中小企业的创新能力弱，因而更加需要依赖于区域创新系统的建设（樊杰等，2004）。实际上，企业是技术创新主体，企业的强弱直接决定了国家的强弱，实施创新驱动发展战略有必要加快构建产、学、研结合的技术创新体系，也就是要构建健全的创新系统，开展创新活动，从而突破核心技术的关键环节。

四、创新成为区域经济学者关注的重要科学问题

20世纪80年代以来，经济地理学、区域经济学经历了诸多思潮的演变。作为经济地理学的基本研究对象，区位、空间与地方的内涵也随着经济地理学的变革而不断演进，尤其是随着弹性专业化、后福特主义生产模式及经济全球化的兴起，西方经济地理学者在阐释"空间"的概念时发生了分歧，相继提出了制度转向、文化转向、关系转向、尺度转向和演化转向等众多转向（苗长虹，2004；苗长虹和魏也华，2007）。而Castells（1996）认为空间逐渐分化成为两种不同的形式，即流动空间（Space of Flows）与地方空间（Space of Places），随着信息技术的迅速发展，"距离的死亡"或"地理的终结"等论断不绝于耳，这对于基于距离的古典经济地理学理论提出了巨大挑战，经济地理学必须要重新认识"空间"的概念。信息技术的进步引发了新空间形式的转变，经济活动从根本上变得非地方化，全新的"流的空间"已经取代传统静态的"地方空间"（艾少伟和苗长虹，2010）。对于全新的"流的空间"而言，可看作是一个由创新网络和企业网络交织在一起的集合网络，借助于该网络，知识与技术得以在地方、全球等不同空间尺度进行传播，流的空间所构成网络的节点之间的距离则已超越了古典经济地理学所说的物理距离，而是一种基于"关系"强弱决定的空间距离。"流的空间"和"关系"的探讨，促使区域创新系统逐渐成为经济地理学界的核心研究领域。从古典区位理论开始，到全球生产网络、区域创新系统、关系经济地理和演化经济地理等思潮演变，区域经济学者们重点关注不同空间尺度的创新系统研究（司月芳等，2016）。

运用Citespace软件对1990～2020年中国知网收录的核心和CSSCI期刊所刊载的文献进行分析，时间切片选择5年，并遴选每个片中前50的关键词形成知识图谱，为了简化关键词知识网络结构并突出重点关键词间的联系，采用最小生成树（Minimum Spanning Tree）算法对所有切片组成的网络进行剪裁。以区域创新、创新系统、创新网络为关键词搜索经济学、地理学、管理学、社会学领域的CSSCI核心文献。关键词出现频率排序：创新网络（397）、区域创新（379）、创新系统（185）、产业集群（59）、创新绩效（30）、技术创新（28）、知识溢出（16）、创新能力（15）、产业集聚（15）、协同创新（13）、知识流动（13）、创新效率（13）。

关于创新网络、区域创新、创新系统以及创新四个领域的研究从1998年就已经开始并一直延续至今成为创新研究的重点；有关产业集群、创新效率、创新能力、网络结构等领域的研究随着空间计量以及引力模型的使用而逐渐成为研究的重点。

第二节　区域创新系统研究沿革

根据中国知网"区域创新系统"主题词检索发现，大体上我国区域创新系统的研究经历了以下三个阶段，每个阶段呈现出独有的特征。

一、第一阶段（1990～1999年）：区域创新系统基本概念和分析框架

这一阶段主要研究重点为区域创新系统基本概念和分析框架。高被引代表性文献为以下五篇：

（1）胡志坚和苏靖1999年发表于《中国科技论坛》的文章《区域创新系统理论的提出与发展》，被引用359次。文中指出，区域创新系统是一个新兴的概念，与此相关的，还曾出现了"区域创新政策""区域技术政策""区域创新潜力""创新网络"和"新技术产业"等术语。该文较为系统地分析了区域创新系统的概念和分析框架，认为区域创新系统是主要由参与技术发展和扩散的企业、大学和研究机构组成，并有市场中介服务组织广泛介入和政府适当参与的一个为创造、储备和转让知识、技能和新产品的相互作用的创新网络系统。它是国家创新体系的子系统，体现国家创新体系的层次性特征。构成区域创新系统基本构架的三大实体要素为：面向市场经济的科技资源、不断衍生和壮大的经营机制灵活的新型企业、新的经济政策与政府管理办法。

（2）陈劲1999年发表于《管理科学学报》的文章《技术创新的系统观与系统框架》，被引用147次。该文系统地总结了企业创新系统框架（见图15-2），指出企业技术创新的关键在于尽快地建立与完善企业创新系统，这是企业技术创新客观实践的内在要求与技术创新理论发展的必然趋势，其中首先需要企业家精神与优秀的科技人才，其次要保持不同层次的技术创新机构的平衡与连接，通过加强管理来保持创新链的联结，最后要密切与政府的合作，使企业的创新符合政府的中长期战略而获得进入市场或保证市场的契机，最终实现技术创新的全过程。该文研究认为企业创新系统的运作，一方面有助于改善技术创新的环境（提供市场与研究设想），另一方面有助于建立更好的技术创新的条件（如人才与研究经费），因此在整个技术创新过程中，企业创新系统对技术创新活动、市场需求与技术推动的三位一体起到了调节作用，加速或延缓三者的匹配程度，从而影响到企业组合技术创新的成功（见图15-3）。

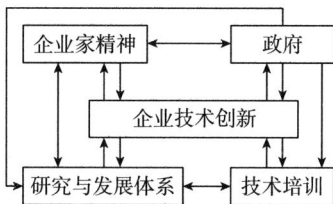

图15-2　企业创新系统框架

资料来源：陈劲. 技术创新的系统观与系统框架［J］. 管理科学学报，1999（3）：66-73.

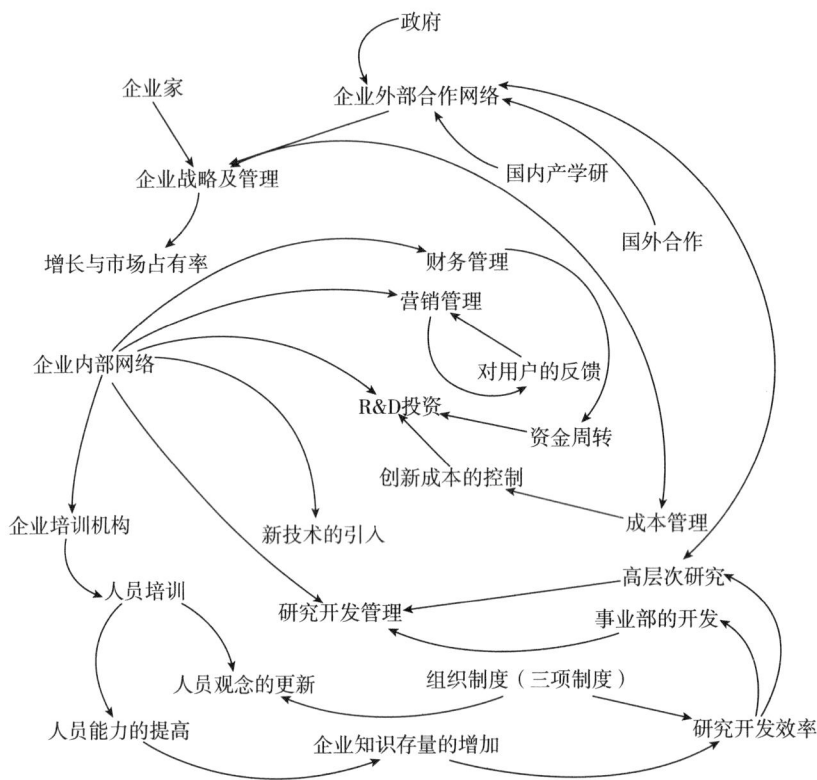

图15-3 企业创新系统的关联网络

资料来源：陈劲. 技术创新的系统观与系统框架［J］. 管理科学学报，1999（3）：66-73.

（3）傅家骥和程源1998年发表于《中国软科学》的《面对知识经济的挑战，该抓什么？——再论技术创新》，被引用129次。该文从知识经济视角出发，系统阐述了知识经济背景下技术创新的分析框架。文中指出，国家创新体系应是以技术创新为基础、多方面行为主体构成的综合性创新网络系统，企业技术创新是其中的关键环节，它的组成和功能体现出知识的生产、扩散和应用的全过程。同时，由于世界经济一体化进程的加快，这个系统还是一个开放的系统，与国内外大环境不断进行知识和信息的交换。在此系统中，国家的政策起到尤为重要的作用，应发挥政府对知识网络的支持和推动作用，为创新在各类行为主体之间的交流和提高提供良好的条件。

（4）冯之浚1999年发表于《中国软科学》的文章《完善和发展中国国家创新系统》，被引用91次。该文对国家创新系统的概念、构成要素和分析框架进行了系统分析和总结，研究指出国家创新系统是指一个国家内各有关部门和机构间相互作用而形成的推动创新的网络，是由经济和科技的组织机构组成的创新推动网络。制度安排和网络结构是国家创新系统的重要决定因素，是由产业界、科技界、政府在发展科学和技术中相互联系与交往而形成的。文中还指出，我国的国家创新系统应该建成一个以社会主义市场经济为基础，以企业为主体、市场为导向、应用为目的、创新为核心、政府职能转变为关键的体制，推动科技、教育与经济的整合，促进科技进步与经济增长，增强国家的创新能力和国际竞争力。在知识经济的背景下，国家创新系统更明确的目标是推动知识的创造、传播和使用，推动高技术产业化，并用以改造、提升传统产业的技术水平。

（5）陈光和王永杰1999年发表于《中国软科学》的文章《区域技术创新系统研究论纲——

兼论中国西部地区的技术创新》，被引用 80 次。该文较早提出了"技术创新系统"（Technology Innovation System）的概念，指出技术创新系统是由与技术创新全过程相关的机构、组织和实现条件构成的网络体系，它包括技术、经济、社会三个领域，由主体、环境和连接三个部分构成，具有输出技术知识、物质产品和效益三种功能。技术创新系统包括宏观（国家）、中观（区域、产业）和微观（企业）三个层次。

二、第二阶段（2000～2009 年）：区域创新系统主体及其相关关系

这一阶段主要研究重点为区域创新系统主体及其相关关系。高被引代表性文献为以下五篇：

（1）黄鲁成 2000 年发表于《科研管理》的文章《关于区域创新系统研究内容的探讨》，被引用 826 次。该文将区域经济理论与技术创新理论相结合，指出区域创新系统主体及相关关系是当前研究的重要内容，且未来研究需要加强探讨区域创新系统的规律，并能应用于实践，从"系统"内的组织创新、制度创新、市场创新进行综合研究，探讨技术创新在特定区域内的特殊性，包括特定区域内技术创新能力、技术创新扩散、技术创新政策和战略的系统研究。

（2）刘顺忠和官建成 2002 年发表于《中国管理科学》的文章《区域创新系统创新绩效的评价》，被引用 620 次。该文运用 DEA 方法分析我国各地区创新系统的特点，并对各系统的创新绩效进行了评价，根据各创新系统的特点和创新绩效，将我国各地区的区域创新系统进行分类。该文也指出创新人力和财力投入不足是我国创新系统创新能力低下的主要原因。创新人力和财力投入不足与经济发展和教育水平有着密切关系，必须充分发挥创新人力资源和财力资源利用效率，通过提高创新系统的创新绩效，增强创新系统的创新能力（中国科技研究发展报告研究组，2000）。

（3）安虎森和朱妍 2003 年发表于《南开经济研究》的文章《产业集群理论及其进展》，被引用 431 次。指出国内的产业集群以及创新体系的研究，主要从聚集经济、专业化分工、后福特制生产方式、知识溢出等角度，分析产业集群以及创新体系形成机制、形成过程以及集群的经济性。王缉慈（2001）较为系统地研究产业集群与创新体系，她系统地概括了产业集聚理论与新产业区理论，并指出培养具有地方特色的企业集群，营造区域竞争环境，强化区域竞争优势是增强国力的关键。分别讨论了高科技产业与传统产业的集群，同时讨论了产业集群与区域创新的关系，也分析了国内外典型案例。

（4）李习保 2007 年发表于《管理世界》的文章《中国区域创新能力变迁的实证分析：基于创新系统的观点》，被引用 358 次。该文基于区域创新系统的分析框架，根据我国各省、直辖市、自治区 1998～2005 年的创新活动数据，以职务发明专利申请量和授权量作为创新产出的指标，实证分析影响我国区域创新能力差异的效率因素，并解释导致这种差异和区域集聚的制度原因。研究发现：导致我国区域创新能力差异日益扩大的原因主要在于不同地区之间创新效率差异的扩大，而影响创新效率的因素包括区域创新主体的构成、政府的支持以及与工业结构有关的创新环境。由于企业的创新能力存在区域集聚趋势，随着各地区研发投入模式向以工业企业为主体转变，区域的总体创新能力在空间分布上亦日趋集中。因此，创新主体的构成变化和企业创新能力的地区差异是导致我国区域创新系统整体绩效的集聚趋势加剧的根本原因。

（5）曾刚、李英戈和樊杰 2006 年发表于《城市规划》的文章《京沪区域创新系统比较研究》，被引用 43 次。该文在对上海和北京两地高新技术企业调查访谈基础上，对两地区域创新系统的高新技术企业的技术来源、企业合作网络、运行机理、经营成效进行了科学分析。研究表明，与外国公司的合作，对京沪两地高新技术企业开拓新产品市场、厘清发展思路具有重要影响，与国内高校、科研机构的合作，对高新技术企业的新技术开发能力建设具有积极意义，上海区域创新系统当前经济效益较好，而北京潜在创新能力较强。

三、第三阶段（2010 年至今）：多尺度空间相关关系与网络演化

这一阶段主要研究重点为多尺度空间相关关系与网络演化。高被引代表性文献为以下五篇：

（1）陈劲和阳银娟 2012 年发表于《科学学研究》的文章《协同创新的理论基础与内涵》，被引用 1649 次。该文从整合维度与互动强度两个维度探索构建协同创新的框架，并论述了协同创新的理论框架与内涵，指出协同创新是企业、政府、知识生产机构（大学、研究机构）、中介机构和用户等为了实现重大科技创新而开展的大跨度整合的创新组织模式。

（2）曾国屏、苟尤钊和刘磊 2013 年发表于《科学学研究》的文章《从"创新系统"到"创新生态系统"》，被引用 379 次。该文回顾了创新研究从创新系统走向创新生态系统的历程、现状和问题，提出了关于创新生态系统的概念、框架和模型，探讨了创新生态系统的动态性、栖息性与生长性（见图 15 – 4 和图 15 – 5）。

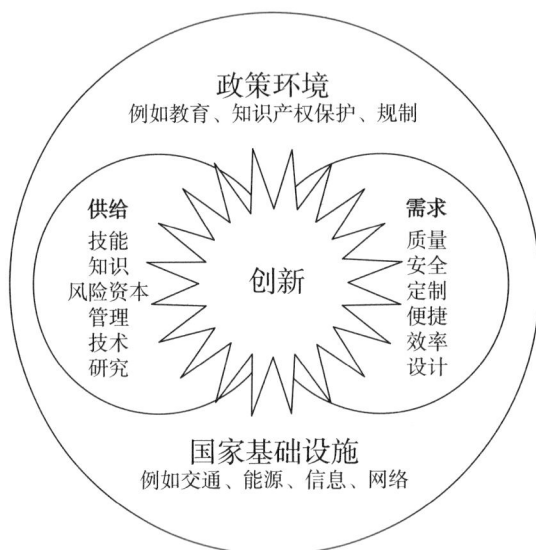

图 15 – 4　创新生态系统模型

资料来源：曾国屏，苟尤钊，刘磊. 从"创新系统"到"创新生态系统"［J］. 科学学研究，2013，31（1）：4 – 12.

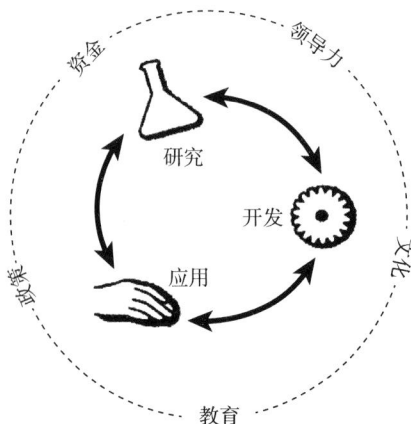

图 15 – 5　三大群落创新生态模型

资料来源：曾国屏，苟尤钊，刘磊. 从"创新系统"到"创新生态系统"［J］. 科学学研究，2013，31（1）：4 – 12.

（3）刘丹和闫长乐 2013 年发表于《管理世界》的文章《协同创新网络结构与机理研究》，被引用 238 次。该文基于网络特性与生态系统的视角，分析复杂网络环境下协同创新的系统构造与运行机理，在协同创新网络中，创新主体作为不同层次的子系统，在明确自身在创新系统中的功能和作用，并在制度性调整的前提下，构建创新网络结构的"差序化格局"，可以形成有利于创新网络协同创新的自组织有序结构，促使子系统内的创新增值与创新网络创新系统整体增值效应同步发展，最终实现创新网络整体的协同效应（见图 15-6）。

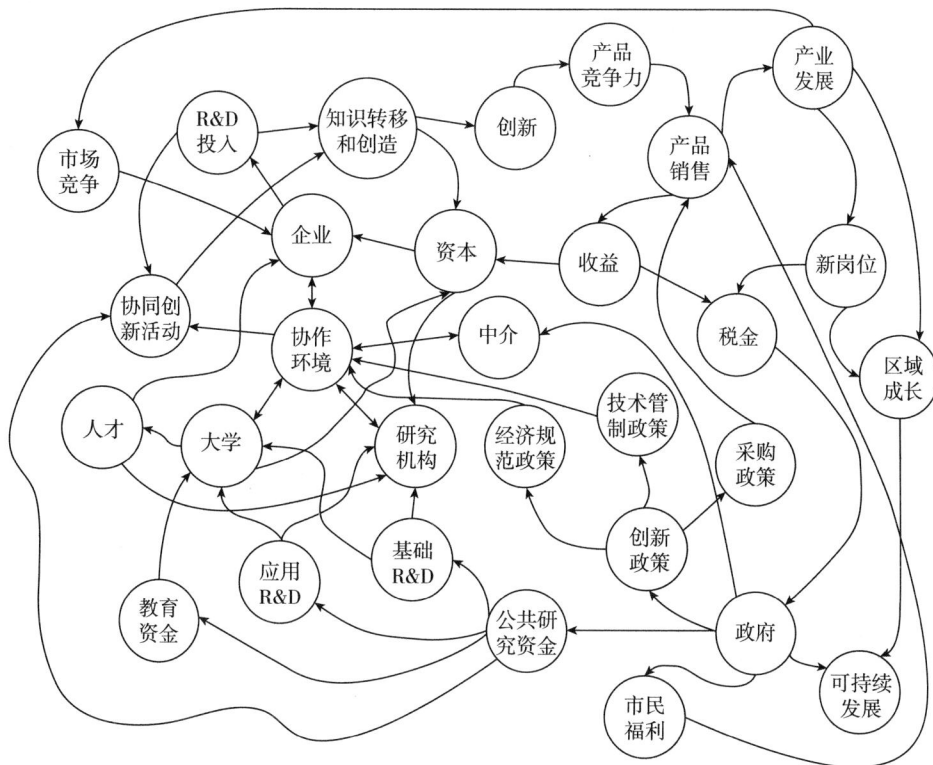

图 15-6　协同创新网络系统构架

资料来源：刘丹，闫长乐．协同创新网络结构与机理研究［J］．管理世界，2013（12）：1-4.

（4）司月芳、曾刚、曹贤忠和朱贻文 2016 年发表于《地理科学进展》的文章《基于全球—地方视角的创新网络研究进展》，被引用 69 次。该文系统地总结了全球—地方联结下创新网络的概念，并对其研究理论渊源、研究进展及未来的研究思路进行了深入剖析，文中指出全球—地方创新网络是指特定产业、技术领域内，分布在世界各地并具有相关关联的创新主体为追求创新而建立的地方和全球网络合作联系的总和（见图 15-7）。

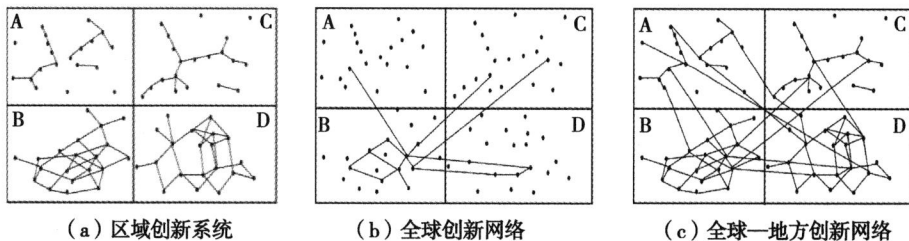

（a）区域创新系统　　　（b）全球创新网络　　　（c）全球—地方创新网络

图 15-7　不同类型区域创新网络比较

资料来源：司月芳，曾刚，曹贤忠，朱贻文．基于全球－地方视角的创新网络研究进展［J］．地理科学进展，2016，35（5）：600-609.

（5）汪涛、Stefan Hennemann、Ingo Liefner、李丹丹 2011 年发表于《地理研究》的《知识网络空间结构演化及对 NIS 建设的启示——以我国生物技术知识为例》，被引用 60 次。该文以重庆维普期刊全文数据库中 2000～2009 年发表于生物技术领域的合著论文作者信息统计数据为数据源，从省级层面运用 Ucinet 和 ArcGIS 软件分析知识网络的空间结构特征及其演化规律。该研究从缩短知识主体的社会距离和优化创新资源的空间配置两个角度，对我国国家创新系统推进生物技术发展提出建议，以提高科技投入产出效率和空间配置效率。

第三节　区域创新系统分析方法

我国区域创新系统分析方法主要包括创新系统知识流动与网络结构的计算方法、创新差异测度空间计量方法、创新系统影响因素分析方法以及创新系统绩效评估方法等。

一、创新系统知识流动与网络结构的计算方法

提斯（Teece）于 1977 年最早提出了知识流动的概念，他认为企业通过技术的国际转移，能获得大量跨界知识，OECD 在 1997 年发表的《国家创新体系》报告中指出知识流动包括企业之间、企业与大学和科研机构之间的知识和信息流动、知识和技术向企业的扩散、人才在公共和私人部门间的流动。由于考察对象的不同，知识流动相关研究过程中，出现了一系列与知识流动相关或相近的概念，如知识溢出（Romer，1986，1990；谢富纪和徐恒敏，2001；王立平，2005）、技术扩散或转移（曾刚和袁莉莉，1999；陈劲等，2012）、知识扩散（Pinch et al.，2003）、知识可达性（拜琦瑞和杨开忠，2008）、联系（Bathelt et al.，2004）。

不同的知识源及相关知识的流动与碰撞、知识的整合与学习是创新的关键，不同属性的知识及其流动与扩散的方式会引致知识交流效果的重大差别，进而影响企业的创新活动和创新效率（魏旭和张艳，2006）。知识一般包括隐性、可编码化、科学、技术、文化、美学、表述和符号等类型，这些不同类型的知识维持了地方集群内企业的竞争优势，并有助于提升经济竞争力（Pinch et al.，2003）。其中隐性知识（或缄默知识）和可编码化知识在学界应用最为广泛，二者间在表达形式、交流方式、转移难易程度、地理空间范围等方面存在着显著的差异（曹贤忠等，2016）（见表 15-2）。

表 15-2　编码化知识与隐性/缄默知识特征

特征	编码化知识	隐性/缄默知识
表达形式	表达方式多样	表达方式单一
交流方式	正式交流	非正式交流
转移难易	容易	较难
地理空间	全球	本地/区域
	全球和本地可互换知识	

资料来源：曹贤忠，曾刚，司月芳. 网络资本、知识流动与区域经济增长：一个文献述评 [J]. 经济问题探索，2016（6）：175-184.

社会网络分析（Social Network Analysis，SNA），是对社会网络的关系结构及其属性加以分析的一套规范和方法，旨在探究隐藏在复杂的社会系统表面下的网络模式和深层结构。社会网

络分析在社会学、经济学、管理学、教育学等领域得到了广泛应用。近年来，社会网络分析方法被引入创新网络、创新系统研究中。现有研究主要运用网络结构指标及社会网络的可视化工具刻画创新网络的特征及其演变（见表 15-3）。如曾刚教授领衔的研究团队运用 SIPO 的合作专利数据、知网的合作论文数据及产业技术创新联盟数据，借助社会网络分析中的中心度、结构洞等个体网络指标，识别了装备制造、汽车、物流等产业的创新网络主体及其演变，同时运用平均路径长度、凝聚子群等指标刻画了不同产业整体创新网络演化过程（曹贤忠，2019；王秋玉等，2016）。

表 15-3　网络结构特征的常用指标

指标	数学表达式	表征意义
度数中心性	分为绝对度数中心度和相对中心度，前者表示与 i 直接相连的其他点的个数，记作 $C_{AD}(i)$；后者指的是点的绝对中心度和图中点的最大的度数之比，记作 $$C_{RD}(i) = \frac{C_{AD}(i)}{n-1}$$	度数中心性越高的节点，其对于网络的影响力也越大，具有更高的技术权力
中介中心性	$$C_B(n_i) = \sum_{j}^{1} \sum_{k}^{1} \frac{g_{ik}(n_i)}{g_{jk}}$$ 假设 g_{ik} 表示行为主体 j 和 k 之间存在最短路径的数目，$g_{jk}(n_j)$ 是节点 j 到 k 之间存在的经过节点 i 的最短路径数目	中间中心性越高的节点，即可为技术守门员。与此同时，与其建立联系是其他节点提高网络地位的重要捷径
接近度	$$C_{APi}^{-1} = \sum_{j=1}^{n} d_{ij}$$ 该点与图中所有其他点的捷径距离之和，其中，d_{ij} 表示 i 和 j 之间的捷径距离（即捷径中包含的线数）	接近中心性高的节点，其在网络中信息资源、权力、威望和影响也越高
中心势	$$C = \frac{\sum_{i=1}^{n}(C_{\max} - C_i)}{\max\left[\sum_{i=1}^{n}(C_{\max} - C_i)\right]}$$ 其中，$C_{\max}$ 是网络中最大点的中心度数值，C_i 是任何其他点的中心度数值	用以描述整个网络的中心情况，C 值越大表明网络的中心势越高；当 $C=0$ 时，每个节点之间处于对等的态势
密度	$$M = \frac{\sum_{i=1}^{n} D_i}{n \times (n-1)}$$ 其中，n 表示网络的节点数，D_i 表示第 i 个节点的度数，M 表示网络密度	取值在 0~1，M 值越接近于 1，表明网络越稠密，反之则越稀疏
小世界效应	具有大的群聚系数以及小的平均最短距离	小世界网络具有信息通畅、快捷交流等特征
无标度特性	节点度服从幂律分布的网络	
派系	建立在网络可达性和直径基础上 n—派系、n—宗派；建立在点度数基础上 k—丛；建立在"子群内外关系"上核心—边缘结构分析	用以分析网络中存在的子结构（Sub-structure）

二、创新差异测度的空间计量方法

空间网络分析法是分析创新系统结构的空间特征及二者交互作用的方法，是社会网络分析方法和空间分析方法的结合（见图 15 – 8）。空间网络分析方法主要基于地图和邻接矩阵两类分析工具，前者主要完成网络结构的可视化，从而将网络结构的空间背景进行直观刻画；后者主要分析网络联系与空间邻接性的交互作用，通过用邻接矩阵和空间自相关权重矩阵的叠加，对主体间的距离、方位等空间关系和网络联系强度进行联合分析。空间网络分析法已经被广泛用于分析创新网络在空间上的分布，不过主要通过提取和统计创新主体的地理位置等空间信息，对创新网络的空间特征进行可视化表达。如马双等（2016）运用 ArcGIS 核密度方法分析了上海市装备制造业专利合作网络在国家、区域、城市尺度的差异及地理邻近在不同空间尺度中的影响；刘国巍等（2017）运用空间计量经济学中的 ESDA 方法和空间计量检验模型探究了创新网络结构资本的空间相依性和空间自相关程度。

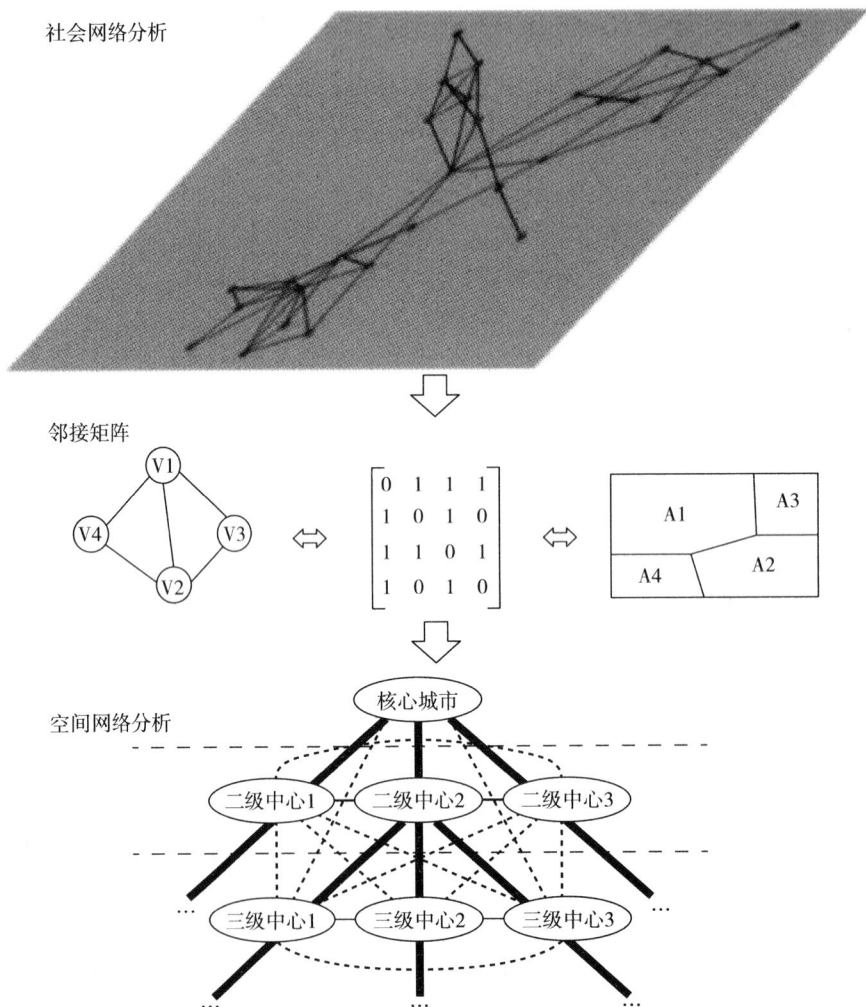

图 15 – 8　空间网络分析法

资料来源：笔者自绘。

此外，李婧等（2010）基于静态与动态空间面板模型，从地理特征和社会经济特征两个方面分别构建空间权重矩阵，对中国省级区域创新的空间相关与集聚特征进行了深入分析。吴玉鸣（2006）运用空间计量经济学的空间常系数空间滞后模型、空间误差模型、变异系数回归模型－地理加权回归模型，对中国省域研发与创新的计量进行分析，结果发现，中国 31 个省域创新能力的贡献主要由企业研究与开发投入实现，大学研发对区域创新能力没有明显的贡献，大学研发与企业研发的结合没有对区域创新表现出显著的作用。具体而言，区域创新系统研究过程中涉及的空间差异分析方法，主要包括以下几个方面：

1. 变异系数

变异系数是序列数据标准差和平均数之比，可以反映观测数据的相对离散程度（蒋天颖，2013；滕堂伟和方文婷，2017）。公式为：

$$CV = \frac{1}{\overline{y}}\sqrt{\sum_{i=1}^{n}(y_i - \overline{y})^2/n}$$

式中，CV 是变异系数，$\overline{y}$ 是创新的平均值，y_i 是各地区创新，$i = 1, 2, 3, \cdots, n$，n 是样本数。CV 的值越小，表明区域创新整体的分异程度也越小。

2. 莫兰指数

莫兰指数是计算空间自相关中最为经典的方法。全局 Moran's I 可以反映区域创新整体的空间关联或空间差异，局部 Moran's I 可以反映区域创新局部的空间积聚，LISA 聚类地图是局部的可视化表达，能清晰表达创新的局部积聚特征。

$$I = \frac{n}{s^2}\sum_{i=1}^{n}w_{ij}(x_i - \overline{x})(x_j - \overline{x})/\sum_{i=1}^{n}\sum_{j=1}^{n}w_{ij}$$

式中，I 指的是全局 Moran's I，n 是样本总数，s^2 的值是 $\sum_{i=1}^{n}(x_i - \overline{x})/n$，$x_i$ 和 x_j 分别是 i 地区和 j 地区的技术创新值，$\overline{x}$ 是地级市技术创新的平均值，w_{ij} 是空间权重矩阵，空间相邻取值为 1，不相邻取值为 0，$i, j = 1, 2, 3, \cdots, n$。Moran's I 取值为 $[-1, 1]$，若为正值，则表示空间正相关，若为负值，则表示空间负相关，绝对值越大相关性就越强，若为零值，则表示空间不相关，呈随机分布。

$$I_i = \frac{(x_i - \overline{x})}{s^2}\sum_{j}w_{ij}(x_j - \overline{x})$$

式中，I_i 指的是 Local Moran's I，其余变量含义同全局莫兰指数公式。Local Moran's I 的取值范围也是 $[-1, 1]$，正值表示的是该地区与周围地区表现高高或者低低集聚，负值表示的是该地区与周围的地区表现高低或者低高集聚。在 LISA 聚类地图中，一般一个地区的集聚特征只有通过了显著性检验（一般是 10%）才会显示。

三、创新系统影响因素分析方法

创新系统影响因素的分析方法主要包括以下三类：

1. logit 回归模型

logit 回归模型是一种概率模型，适合于对照研究、随访研究和横断面研究，且结果发生的变量取值必须是二分的或多项分类。设每个试验中有一个因变量 y、p 个自变量 $x_1, x_2, \cdots, x_p$，对每个实验对象共有 n 次观测结果。

将结果发生的概率记为 p，得出它与自变量之间的 logit 回归模型为：

$$p = \frac{\exp(\beta_0 + \beta_1 X_1 + \cdots + \beta_p X_p)}{1 + \exp(\beta_0 + \beta_1 X_1 + \cdots + \beta_p X_p)}$$

网络是一种空间联系，作为一个空间实体，必然会受到多种因素的影响。在创新网络研究中，运用 logit 回归分析解决空间网络问题，国内研究较少，国外学者讨论较多。综合来看，这些研究围绕邻近性、网络权利、技术权利以及其他次要因素（如自然条件、经济社会发展条件等）如何影响创新网络的空间结网而展开探索。

2. 负二项回归模型

负二项回归模型是一种离散性分布模型，类似泊松分布，设 p 为伯努利试验中每次试验成功的概率，则伯努利试验列中恰好出现 n 次成功之前失败的次数 X 服从参数为 (n, p) 的负二项分布，负二项分布基本的特性是其方差大于均值，经数学变换得负二项回归模型：

$$\log\mu = \mathrm{intercept} + b_1X_1 + b_2X_2 + \cdots + b_mX_m$$

3. 结构方程模型

结构方程模型（Structural Equation Modeling，SEM）是统计学领域较新的分析因果关系的方法，主要包括测量模型和结构模型两部分，适用于对无法直接度量的变量（潜变量）和需要考虑中介效应等机制的分析。SEM 是一种多元统计技术，整合了因子分析、路径分析等统计方法，并被定义为"一种验证一个或多个自变量与一个或多个因变量之间相互关系的多元分析方程式，且允许连续或离散的自变量和因变量进入模型分析"（Ullman，1996）。自 Jöreskog（1973）和 Wiley（1973）首次提出结构方程模型的概念以来，在心理学、社会学和管理学领域得到了极为广泛的运用（程开明，2006）。在地理学领域，以陆林（2005）、顾朝林（2005）、张捷（2007）、柴彦威（2008）等为核心的研究团队较早地将 SEM 引入了旅游地理、城市地理学的相关研究，甄峰（2016）、孙斌栋等（2016）、周尚意（2016）等研究团队运用 SEM 开展了信息通信技术对老年人的社区满意度、社区建成环境对健康的影响、居民地方感知等相关研究，在影响因素方面突破了以往的仅仅依赖定性描述和一些变量无法直接测度的难题。

SEM 基本公式如下：

$$Y = \Lambda_y\eta + \varepsilon$$

$$X = \Lambda_x\xi + \delta$$

$$\eta = B\eta + \Gamma\xi + \zeta$$

式中，Y 为内生观测变量组成的向量；X 为外生观测变量组成的向量；η 为内生潜变量；ξ 为外生潜变量，且经过标准化处理；Λ_y 为内生观测变量在内生潜变量上的因子负荷矩阵，表示内生潜变量与内生观测变量之间的关系；Λ_x 为外生观测变量在外生潜变量上的因子负荷矩阵，表示外生潜变量与外生观测变量之间的关系；ε、δ 为测量模型的残差矩阵；B 为内生潜变量之间的相互影响效应系数；Γ 为外生潜变量对内生潜变量的影响效应系数，也称为外生潜变量对内生潜变量影响的路径系数；ζ 为 η 的残差向量。

四、创新系统绩效评估方法

1. 数据包络分析方法

数据包络分析方法广泛被用于评估区域创新系统绩效。数据包络分析（Data Envelopment Analysis，DEA）法由 Charnes 和 Cooper 等于 1978 年创建，并广泛地应用于运筹学、管理科学和数理经济学等学科领域。与其他评估方法相比，DEA 具有结构简单、不需要事先确定各指标间的可比性和权重，并可以提供信息来找出低效率环节等优点，是一种非参数统计分析方法（许皓等，2010）。在国内地理学、区域科学领域，杨开忠和谢燮（2002）、李郇等（2005）、保继刚（2009）、刘毅等（2010）等较早地将 DEA 模型方法运用到地理学领域，对中国城市投入产出有效性、中国城市效率变化、风景名胜区使用效率评价、自然灾害区域脆弱性评价等进行了深入研究；赵媛等（2010）、方创琳和关兴良（2011）、佟连军等（2012）、焦华富（2015）等城市地理学者围绕江苏能源效率及空间格局、中国城市群投入产出效率、辽宁沿海经济带工业环境效率、长三角城镇化效率等开展了卓有成效的研究；在创新经济领域，曾刚（2015）、刘卫东（2011）、李二玲（2014）、杜德斌（2013）、吕拉昌（2015）、刘凤朝（2020）等研究团队运用 DEA 方法分别开展了长三角城市群研发资源投入产出效率、中国大都市区科技资源配置效率、农业产业集群创新效率、城市科技资源配置效率、城市工业创新效率等方面的研究。上述研究成果表明，DEA 方法能够有效地用于效率评价，能较好地运用于国家、区域或产业创新相对效率的评估，且逐渐成为创新效率评价的主要研究方法。

一般而言，要评价 M 个区域或企业的创新系统效率，并假设评价指标体系分为 K 种投入指标，L 种产出指标，设 x_{mk}（$x_{mk} > 0$）代表第 m 个区域或企业的第 k 种创新资源的投入量，y_{mi}（$y_{ml} > 0$）代表第 m 个区域或企业的第 i 种产出量。对于第 m（$m = 1, 2, \cdots, M$）个城市，θ（$0 < \theta \leqslant 1$）代表要素资源效率综合指数，简称综合效率指数；ε 为非阿基米德无穷小量；λ_m（$\lambda_m \geqslant 0$）为权重变量，用来判断区域或企业创新网络资源的规模收益情况；s^-（$s^- \geqslant 0$）为松弛变量，表示创新网络资源达到 DEA 有效需要减少的投入量；s^+（$s^+ \geqslant 0$）为剩余变量，表示创新网络资源达到 DEA 有效需要增加的产出量。公式如下：

$$\begin{cases} \min\left(\theta - \varepsilon\left(\sum_{k=1}^{K} s^- + \sum_{l=1}^{L} s^+\right)\right) \\ \text{s. t. } \sum_{m=1}^{M} x_{mk}\lambda_m + s^- = \theta x_k^m \quad k = 1, 2, \cdots, K \\ \sum_{m=1}^{M} y_{ml}\lambda_m - s^+ = y_l^m \quad l = 1, 2, \cdots, L \\ \lambda_m \geqslant 0 \quad m = 1, 2, \cdots, M \end{cases}$$

上述公式是基于规模报酬不变（Constant Returns to Scale，CRS）的 DEA 模型，简称 CRS 模型。当存在最优解 $\theta_m = 1$ 时，表明第 m 个区域或企业创新系统资源运行在最优生产前沿面上，该区域或企业的创新系统产出相对于投入而言达到了综合效率最优；当 $\theta_m < 1$ 时，表明第 m 个区域或企业的创新系统效率无效，若 θ_m 的值越接近于 1，则表示第 m 个区域或企业创新系统资源投入产出的综合效率越接近有效，反之越低。

在公式中引进约束条件 $\sum_{m=1}^{M} \lambda_m = 1$，将其转变为规模报酬可变（Variable Returns to Scale，VRS）的 DEA 模型，简称 VRS 模型，利用 VRS 模型可将综合效率分解为纯技术效率与规模效率的乘积，即 $\theta_m = \theta_{TE} \times \theta_{SE}$。用 VRS 模型得到的效率指数 θ_m 为第 m 个区域或企业创新系统资源的综合效率指数；θ_{TE} 为对应区域或企业的纯技术效率指数（Technical Efficiency），有 $0 < \theta_{TE} \leqslant 1$，$\theta_{TE} \geqslant \theta_m$；规模效率指数（Scale Efficiency）记为 θ_{SE}，$0 < \theta_{SE} \leqslant 1$，$\theta_{SE} \geqslant \theta_m$。同样对于 θ_{TE}、θ_{SE}，值越接近于 1，表示区域或企业创新系统资源投入产出的纯技术效率、规模效率就越高。当 $\theta_{TE} = 1$ 或 $\theta_{SE} = 1$ 时，则该区域或企业创新系统资源分别为纯技术效率最优或规模效率最优（曹贤忠等，2015）。

2. SBM 超效率模型

传统的 DEA 模型没有考虑无效率测量时松弛变量的问题，而且测出的 DMU 的效率值介于 0 ~ 1，当效率值为 1 时，表示该 DMU 有效，当出现多个 DMU 同时大于 1 时，传统的 DEA 模型就无法对 DMU 进行更为精细的比较与排序（庞永师等，2015）。而 SBM 超效率既可以解决松弛变量的问题，还可以对有效的决策单元做进一步的比较研究，从而使全体的决策单元可以实现完全排序，而且还可以跨期比较，分析效率随时间变动的情况（王晓辰等，2020）。模型如下：

$$\min\rho = \frac{1 + \frac{1}{m}\sum_{i=1}^{m} s_i^- / x_{ik}}{1 - \frac{1}{q}\sum_{r=1}^{q} s_r^+ / y_{rk}}$$

$$\text{s. t.} \quad \sum_{j=1, j\neq k}^{n} x_{ij}\lambda_j - s_i^- \leqslant x_{ik}$$

$$\sum_{j=1, j\neq k}^{n} y_{rj\lambda_j} + s_r^+ \geqslant y_{rk}$$

$$\lambda_j, \ s^-, \ s^+ \geqslant 0$$

$$i = 1, 2, \cdots, m; \ r = 1, 2, \cdots, q; \ j = 1, 2, \cdots, n \ (j\neq k)$$

式中，ρ 表示被评价决策单元的效率值，x_{ij} 表示第 j 项指标的第 i 个投入数据，y_{rj} 表示第 j 项指标的第 r 个产出数据，m 表示投入指标个数，q 表示产出指标个数，s^-、s^+ 分别表示投入、产出松弛变量；λ 表示规模收益，n 为指标体系的总数；k 表示第 j 项指标中被剔除的被评价决策单元即 DMU_k。

3. Malmquist 生产力指数（MPI）

Malmquist 指数用于衡量区域研发生产率随时间的变化（曹贤忠等，2015），是测算动态的 DEA 效率的重要方法，用距离函数的比值表示。

Malmquist 指数的表达式如下：

$$M_0(x^t, y^t, x^{t+1}, y^{t+1}) = \left[\frac{D_0(x^{t+1}, y^{t+1})}{D_0(x^t, y^t)} \times \frac{D_0^{t+1}(x^{t+1}, y^{t+1})}{D_0^{t+1}(x^t, y^t)}\right]^{\frac{1}{2}}$$

式中，$D_p(x^t, y^t)$ 表示在 t 时期的技术条件下当期的技术创新效率水平；$\dfrac{D_0(x^{t+1}, y^{t+1})}{D_0(x^t, y^t)}$ 表示在 t 期的技术条件下，从 t 期到 $t+1$ 期的技术创新效率变化；$\dfrac{D_0^{t+1}(x^{t+1}, y^{t+1})}{D_0^{t+1}(x^t, y^t)}$ 表示在 $t+1$ 期的技术条件下，从 t 期到 $t+1$ 期的技术创新效率变化。

将 Malmquist 指数分解为技术效率和技术变化两部分：

$$M_0(x^t, y^t, x^{t+1}, y^{t+1}) = \frac{D_0^{t+1}(x^{t+1}, y^{t+1})}{D_0^t(x_0^t, y_0^t)} \times \left[\frac{D_0^t(x_0^{t+1}, y_0^{t+1})}{D_0^{t+1}(x_0^{t+1}, y_0^{t+1})} \times \frac{D_0^t(x_0^t, y_0^t)}{D_0^{t+1}(x_0^t, y_0^t)}\right]$$

式中，技术效率 $Ech = \dfrac{D_0^{t+1}(x^{t+1}, y^{t+1})}{D_0^t(x_0^t, y_0^t)}$，技术进步 $Tch = \left[\dfrac{D_0^t(x_0^{t+1}, y_0^{t+1})}{D_0^{t+1}(x_0^{t+1}, y_0^{t+1})} \times \dfrac{D_0^t(x_0^t, y_0^t)}{D_0^{t+1}(x_0^t, y_0^t)}\right]$。

第四节　区域创新系统研究成果与应用

一、我国区域创新系统研究主要基地及其研究特色

根据中国知网发文数据，我国区域创新系统研究的主要基地包括：①华东师范大学中国现代城市研究中心，主要研究特色为城市创新网络结构、技术扩散、知识网络、不同空间尺度创新网络交互作用。②北京大学政府管理学院，主要研究特色为创新治理、创新战略等。③南京大学商学院，主要研究特色为创新创业、创新网络治理、复杂性网络理论等。

二、我国区域创新系统研究重要学者及其主要贡献

区域创新系统研究的重要学者主要包括王缉慈、曾刚、苗长虹、余维新、刘国燕、孙永磊、党兴华等（排名不分先后），对区域创新系统概念、框架、案例及演化等进行了系统深入的探讨。尤其是以北京大学王缉慈教授和曾刚教授的区域创新系统相关研究为学界所推崇。

从 20 世纪 90 年代末开始，北京大学王缉慈教授、华东师范大学曾刚教授等国内经济地理学者开展了产业集群、区域创新系统研究，并结合上海张江、北京中关村案例分析，取得了一系列丰硕研究成果。王缉慈（2001，2010）将发展中国家产业集群分为无核式产业集群、轮轴式产业集群、卫星平台式产业集群三种类型（见图 15 - 9）。滕堂伟和曾刚（2009）指出，我国区域创新系统经历了零散创新合作、单中心创新合作和多中心创新合作三个发展阶段，而创新中心既可以是区域创新系统中的核心企业，也可以是公共研究机构或创新平台。随着区域创新系统功能不断完善，创新中心专业化趋势明显，各个创新中心之间的互动越来越频繁，合作内容也日趋广泛和深入（见图 15 - 10）。

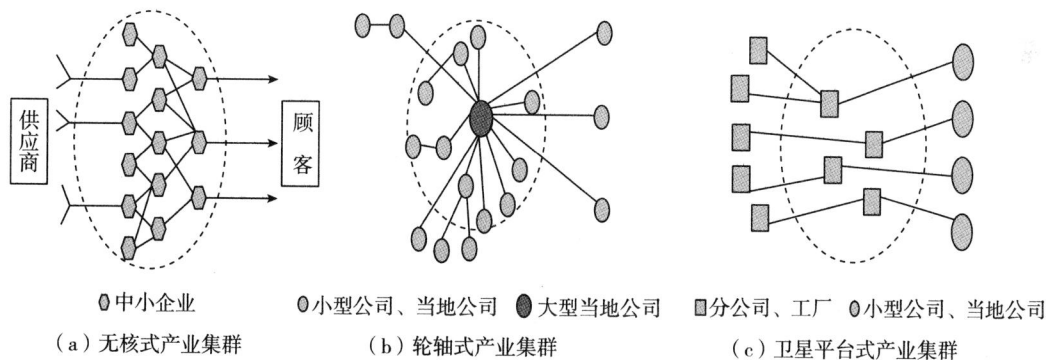

○中小企业　○小型公司、当地公司　●大型当地公司　□分公司、工厂　○小型公司、当地公司

（a）无核式产业集群　　　（b）轮轴式产业集群　　　（c）卫星平台式产业集群

图 15 - 9　发展中国家的三类主要产业集群

资料来源：王缉慈．创新的空间——企业集群与区域发展［M］．北京：北京大学出版社，2001．

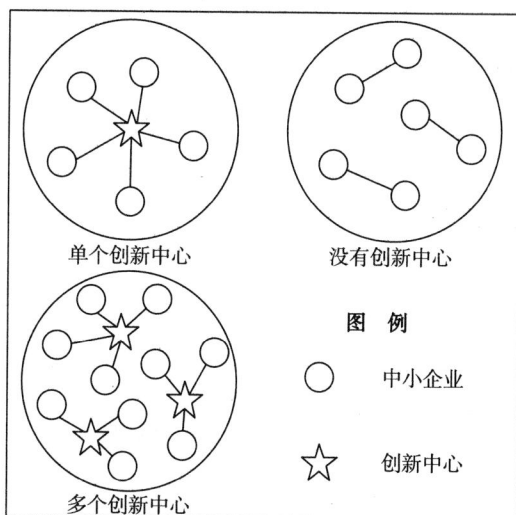

图 15 - 10　区域创新系统的阶段划分

资料来源：滕堂伟，曾刚，等．集群创新与高新区转型［M］．北京：科学出版社，2009．

三、我国区域创新系统研究发现及其应用

区域创新系统建设受到我国中央政府和经济地理、区域经济学者的高度重视。受自然地理条件和发展历史的综合影响，我国东中西发展差异显著，从东到西，内生性逐渐增强，国际化程度逐渐降低。我国学者系列研究成果有力推动了我国不同区域创新系统的建设，科技创新对区域经济拉动作用显著（陆大道，2003；樊杰等，2004）。东部综合国内外科技资源且以内生创新为主的北京中关村和上海张江高科技园区、中部以大研究院所为主导的内生创新示范区武汉光谷、西部以政策性力量为主导的四川绵阳军工制造业基地正是我国东中西三大区域的代表性区域创新系统建设的案例，也是学者区域创新系统研究成果的综合应用。

1. 北京中关村

中关村作为我国第一个高技术产业聚集区，北京建设全国科技创新中心、加快构建"高精尖"经济结构的主阵地和排头兵，其创新发展一直受到党和国家的高度关注。从创新系统建设视角，中关村发展可以分为四个阶段，如图 15 – 11 所示。北京中关村在产学研创新系统构建方面取得了显著成效，已经渗透到技术生命周期的各个阶段（见表 15 – 4）。

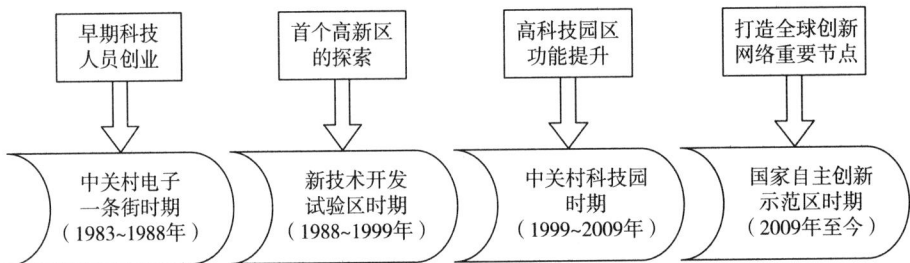

图 15 – 11　中关村创新发展阶段

资料来源：笔者自绘。

表 15 – 4　北京中关村产学研合作模式

主体	基础研究/共性技术研究	应用研究	R&D	规模生产	国际化发展
大学 科研机构 企业	共同承担重大技术产业化专项（863、973 等）	共建联合实验室、研发中心	大学、科研院机构组建企业建立技术孵化平台和中试平台	组织创新（产业技术联盟）	产学研国际化（科研、教育国际合作；人力培养；国际标准制订等）
中介	以技术转移、技术集成、人才培训、风险投资介入等为主的组织创新				
政府	资金、优惠政策、硬件设施、软环境建设等				

资料来源：《中关村国家自主创新示范区概况》，中关村官方网站，http://www.zgc.gov.cn/sfqgk/gyjj/。

2. 上海张江

上海张江高科技园区自 1992 年 7 月成立以来，构筑了生物医药创新链、集成电路产业链和软件产业链的框架。上海张江高科技园区的创新特点在于引进了大量的高端外商投资，瞄准海外产业高端、研发环节，专门设置了一套"产业/产业环节等级评估体系"，外资驱动型、留学归国人才创业驱动型经济是张江高科技园区的突出特征。张江高科技园区的主要优势体现在：第一，高科技资源快速集聚，已经成为我国生物医药、信息安全、软件开发研发机构集聚程度最高的园区之一。第二，外资所占比重大，进出口贸易活跃，海外联系密切。第三，多元文化人才集聚。海归人才、外籍人士所占比例高，海派文化（国际化）色彩浓厚，文化兼容性强；

第四，制造业发达，发展前景美好（滕堂伟和曾刚等，2009）。

3. 武汉光谷

武汉光谷已成为我国最大的激光产业基地、最大的光纤电缆、光电器件生产基地、最大的光通信技术的研究和开发基地。武汉光谷的优势体现在高校参与区域创新系统建设的程度较高。在区域创新体系中，大学、科研院所和企业是有且仅有的三大创新主体，三大创新主体共同构成了区域创新能力的动力源。相对于科研院所和企业，大学在区域创新体系中位于主导地位。武汉光谷依托大学等科教资源，以自主创新技术为产业核心推动力，在激光、光电器件和光通信产业方面走在全国前列，已形成光电子为主导的产业集群，在全国占有举足轻重的地位，也成为了我国区域创新系统的重要组成部分（见图15-12）。

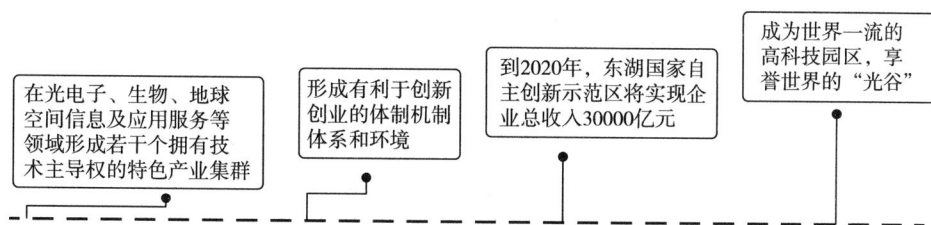

图15-12 武汉光谷未来发展目标

资料来源：武汉东湖新技术开发区官方网站，http://www.wehdz.gov.cn/kfq.htm。

4. 绵阳科技城

绵阳科技城位于我国西部的四川省，是国务院批准建设的唯一国家科技城，也是我国重要的国防军工和科研生产基地。军民结合是绵阳科技城的主要特色，秉承"军品为本，民品立业"的发展思路，走出了一条中国式的军民创新合作之道。绵阳科技城军民结合不仅提高了国防科研单位的研发能力，留住了一大批国防高技术人才，保证了军工科研设备及时更新换代，而且还带动了民用产业技术创新和企业发展壮大，形成了具有自身特色的区域创新体系（马辉，2005）（见图15-13）。

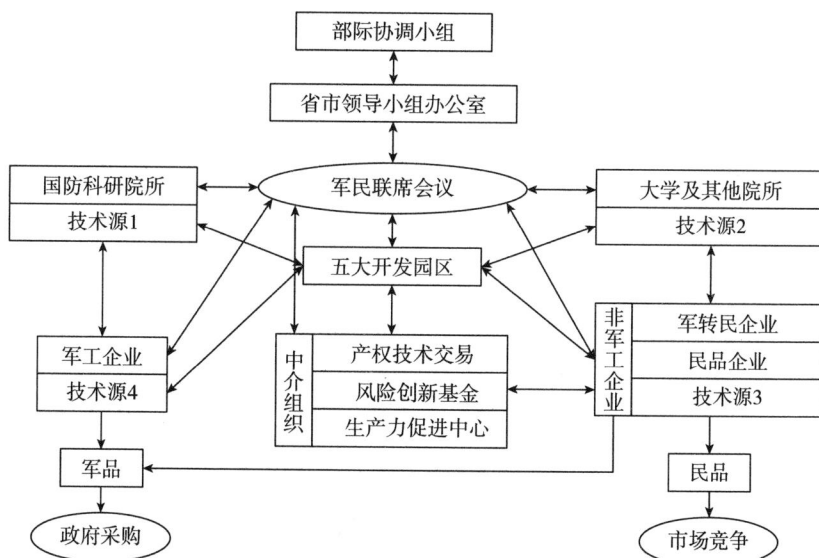

图15-13 绵阳科技城区域创新系统

资料来源：马辉. 绵阳科技城军民结合创新体系建设研究 [D]. 成都：电子科技大学，2005.

第五节　区域创新系统研究展望

1987 年，英国著名技术创新研究专家克里斯托夫·弗里曼（Christopher Freeman）提出国家创新系统的概念。他认为，技术变化和创新的比率是由一系列私人和公共部门组织的互动而决定的，包括企业、大学、研究机构、政府、教育机构、投资者，它们集合起来去创造、开发和传播新技术和创新，国家和区域政府在其中发挥着重要作用。国家、区域的创新和经济效率是地域特征鲜明的市场、非市场机制共同作用的产物。即使在贸易增加、资本流动加速的全球化时代，各类知识、知识资本比其他的资源流动性小，知识转移和创新扩散过程复杂，很难跨国、跨区域简单复制和转移，具有浓厚地域色彩的区域创新系统不仅没有减退、消亡，而且还显示了越来越强的生命力。

图 15 – 14 显示了不同创新系统内涵、根植性及其相互渗透的问题（Frenz and Oughton，2005；曾刚，2016）。从空间尺度上看，创新系统可以分为区域创新系统、国家创新系统和全球创新系统。区域创新系统是国家创新系统的子系统，其工作重点是为技术开发、转移、应用、扩散提供必要的区域支撑。区域创新系统不是国家创新系统的缩影，而是创新的区域化（李虹，2004）。尽管国家创新系统与区域创新系统在利益和目标定位等方面具有差异性，但并不存在完全独立于国家创新体系之外的区域创新系统，也没有忽略区域创新系统的国家创新系统。区域创新系统需要一些国家创新系统提供的重大、共性、关键科学技术及基础设施平台的支撑，国家创新系统是区域创新系统健康运转的一个关键支撑力量。总之，区域创新系统受国家创新系统约束，承担国家创新系统赋予的任务。富有特色、具有多样性和灵活性并与国家创新系统互

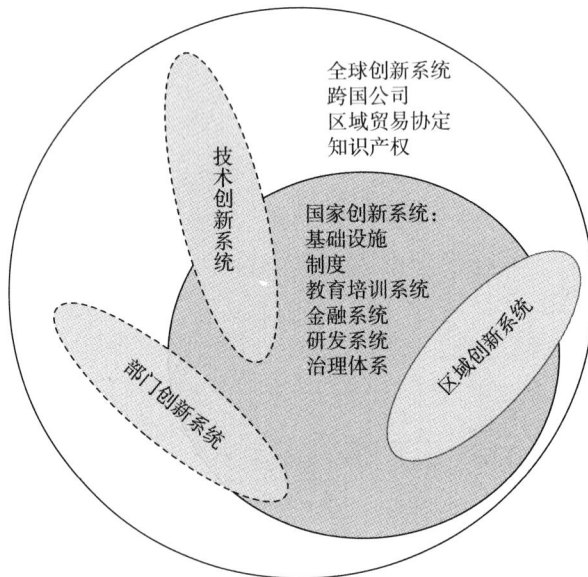

图 15 – 14　不同尺度与类型创新系统之间的关系

资料来源：［1］Frenz M，Oughton C. Innovation in the UK Regions and Devolved Administrations：A Review of the Literature ［J］．Report to the Department of Trade and Industry，2005.

［2］曾刚．长江经济带协同创新研究：创新·合作·空间·治理［M］．北京：经济科学出版社，2016.

动互融，是区域创新系统永葆生命力之关键所在，也是国家创新系统在复杂多变的国际竞争环境中立于不败之地的源泉（杨忠泰，2006）。

综上所述，科技进步对区域经济国际竞争力、经济活动空间结构的贡献越来越大，创新地理、创新系统、创新网络的研究成果越来越多，对经济地理学、区域经济学发展的影响也越来越大。但现有创新系统研究成果过于偏重单一空间的要素禀赋和组织问题。同时，关注创新系统组织结构与治理的成果较多，而关注创新系统的地域空间结构成果较少；关注产业集聚、城市群的环境效应的成果较多，而关注创新系统的环境效应的研究成果较少（曾刚等，2018）。

展望未来，我国区域创新系统研究还需重点聚焦以下四个方面：

第一，需要从全球与地方、发达国家与发展中国家双向互动的角度，构建创新系统理论框架。基于我国"双循环"新发展格局背景下，从全球和地方等多个空间尺度融合的角度研究当今的创新经济活动，加强对城市、都市圈、城市群三个尺度的案例研究。重点探讨创新经济活动的空间特征、空间格局及集聚态势，需要重点关注创新经济活动的空间演化路径和演化轨迹，比较发达国家与发展中国家的差异，总结归纳创新经济活动的一般规律。

第二，需要从数据库、机理解释等方面入手，构建创新系统分析方法。现有实证数据获取渠道包括实地调研和公开数据库两种方式。前者的优点在于数据鲜活，能直观认识网络特征，但数据的可信度较易受到被访者配合程度、知识完备程度、准备情况以及访谈技巧等因素的影响；后者的优点在于可获得性和可控性较高，但存在针对性不强、与现实状况偏差较大的风险，需要将两种方法加以整合，以准确、高效地反映创新经济活动的现实状况。另外，区域内部各行为主体之间、区域之间创新合作的发生发展机制难以准确刻画，迫切需要借助大数据和计算机模拟等新方法来解决上述问题。

第三，需要重点关注创新系统的影响因子、创新绩效、创新机理问题。对不同空间尺度创新系统的影响因子进行识别与测度，构建创新系统的影响因子库；探讨区域创新系统对创新的影响，深入刻画创新系统创新绩效，分析创新系统的创新机理问题，开展不同地域类型的创新系统比较分析，提出创新系统的治理方案。同时，还应重视区域创新系统的资源环境效应相关研究。

第四，需要开展不同发展阶段区域、不同技术水平产业的典型案例研究。创新研究需要典型案例支撑，由于企业成为区域经济活动的主体，区域合作主要通过企业合作来完成，因此分析区域发展问题可抽象为分析区域内企业及产业集群创新等问题。国内外区域经济学者已开展大量的包括发达国家、高新技术企业等典型案例研究，但已有研究多集中在产业链和区域内部创新方面，缺乏从网络视角对高新技术产业等典型产业创新网络的影响因子、创新绩效的深度研究，更加缺乏对不同空间尺度、不同行业创新经济活动的比较分析。

参考文献

（一）中文文献

［1］艾少伟，苗长虹．从"地方空间"、"流动空间"到"行动者网络空间"：ANT视角［J］．人文地理，2010（2）：43－49.

［2］安虎森，朱妍．产业集群理论及其进展［J］．南开经济研究，2003（3）：31－36.

［3］拜琦瑞，杨忠志．论知识可达性与区域经济增长［J］．经济经纬，2008（2）：64－67.

［4］蔡运龙，陆大道，周一星，等．中国地理科学的国家需求与发展战略［J］．地理学报，2004，59（6）：811－819.

［5］曹贤忠，曾刚，司月芳．网络资本、知识流动与区域经济增长：一个文献述评［J］．经济问题探索，2016（6）：175－184.

［6］曹贤忠，曾刚，邹琳．长三角城市群R&D资源投入产出效率分析及空间分异［J］．经济地理，2015，

35（1）：104－111.

［7］曹贤忠. 基于全球－地方视角的上海高新技术产业创新网络研究［M］. 北京：中国财政经济科学出版社，2019.

［8］陈光，王永杰. 区域技术创新系统研究论纲——兼论中国西部地区的技术创新［J］. 中国软科学，1999（2）：57－59.

［9］陈卉，甄峰. 信息通讯技术对老年人的社区满意度影响路径——以南京市锁金社区为例［J］. 地理科学进展，2016（9）：1167－1176.

［10］陈劲，梁靓，吴航. 基于解吸能力的外向型技术转移研究框架——以网络嵌入性为视角［J］. 技术经济，2012，31（5）：8－11.

［11］陈劲，阳银娟. 协同创新的理论基础与内涵［J］. 科学学研究，2012，30（2）：161－164.

［12］陈劲. 技术创新的系统观与系统框架［J］. 管理科学学报，1999（3）：66－73.

［13］程开明. 结构方程模型的特点及应用［J］. 统计与决策，2006（10）：22－25.

［14］杜志威，吕拉昌，黄茹. 中国地级以上城市工业创新效率空间格局研究［J］. 地理科学，2016（3）：321－327.

［15］樊杰等. 中小企业技术创新与区域经济发展［M］. 北京：中国科学技术出版社，2004.

［16］樊杰，刘汉初. “十三五”时期科技创新驱动对我国区域发展格局变化的影响与适应［J］. 经济地理，2016，36（1）：1－9.

［17］范斐，杜德斌，李恒，等. 中国地级以上城市科技资源配置效率的时空格局［J］. 地理学报，2013，68（10）：1331－1343.

［18］方创琳，关兴良. 中国城市群投入产出效率的综合测度与空间分异［J］. 地理学报，2011，66（8）：1011－1022.

［19］冯之浚. 完善和发展中国国家创新系统［J］. 中国软科学，1999（1）：55－58.

［20］傅家骥，程源. 面对知识经济的挑战，该抓什么？——再论技术创新［J］. 中国软科学，1998（7）：36－39.

［21］韩振海，李国平. 国家创新系统理论的演变评述［J］. 科学管理研究，2004，22（2）：24－26.

［22］胡志坚，苏靖. 区域创新系统理论的提出与发展［J］. 中国科技论坛，1999（6）：21－24.

［23］华红莲，周尚意，角媛梅，王梅，胡志昕. 哈尼梯田遗产地居民地方感与梯田保护态度的关系［J］. 热带地理，2016（4）：532－538.

［24］黄鲁成. 关于区域创新系统研究内容的探讨［J］. 科研管理，2000（2）：43－48.

［25］蒋天颖. 我国区域创新差异时空格局演化及其影响因素分析［J］. 经济地理，2013，33（6）：22－29.

［26］李虹. 区域创新体系的构成及其动力机制分析［J］. 科学学与科学技术管理，2004（2）：34－36.

［27］李婧，谭清美，白俊红. 中国区域创新生产的空间计量分析——基于静态与动态空间面板模型的实证研究［J］. 管理世界，2010（7）：43－55＋65.

［28］李习保. 中国区域创新能力变迁的实证分析：基于创新系统的观点［J］. 管理世界，2007（12）：18－30＋171.

［29］李郇，徐现祥，陈浩辉. 20世纪90年代中国城市效率的时空变化［J］. 地理学报，2005，60（4）：615－625.

［30］刘丹，闫长乐. 协同创新网络结构与机理研究［J］. 管理世界，2013（12）：1－4.

［31］刘国巍，张停停，于娟. 创新网络的区域协同系统与产业经济增长关系研究［J］. 中国科技论坛，2017（11）：123－132.

［32］刘顺忠，官建成. 区域创新系统创新绩效的评价［J］. 中国管理科学，2002（1）：76－79.

［33］刘毅，黄建毅，马丽. 基于DEA模型的我国自然灾害区域脆弱性评价［J］. 地理研究，2010，29（7）：1153－1162.

［34］刘凤朝，张娜，赵良仕. 东北三省高技术制造产业创新效率评价研究——基于两阶段网络DEA模型的分析［J］. 管理评论，2020，32（4）：90－103.

［35］陆大道. 中国区域发展的新因素与新格局（节选）［J］. 地理教育，2004（1）：261 - 271.

［36］陆大道. 中国区域发展的新因素与新格局［J］. 地理研究，2003，22（3）：261 - 271.

［37］马辉. 绵阳科技城军民结合创新体系建设研究［D］. 成都：电子科技大学，2005.

［38］马双，曾刚，吕国庆. 基于不同空间尺度的上海市装备制造业创新网络演化分析［J］. 地理科学，2016，36（8）：1155 - 1164.

［39］马晓龙，保继刚. 基于 DEA 的中国国家级风景名胜区使用效率评价［J］. 地理研究，2009，28（3）：838 - 848.

［40］苗长虹，魏也华. 西方经济地理学理论建构的发展与论争［J］. 地理研究，2007，26（6）：1233 - 1246.

［41］苗长虹. 变革中的西方经济地理学：制度、文化、关系与尺度转向［J］. 人文地理，2004，19（4）：68 - 76.

［42］庞永师，刘景矿，王亦斌，于茜薇，张磊. 基于超效率 DEA 和 Malmquist 法的中国建筑业生产效率分析［J］. 广州大学学报（自然科学版），2015，14（1）：82 - 89.

［43］史春云，张捷，尤海梅. 游客感知视角下的旅游地竞争力结构方程模型［J］. 地理研究，2008（3）：703 - 714.

［44］史焱文，李二玲，李小建. 农业产业集群创新效率及影响因素——基于山东省寿光蔬菜产业集群的实证分析［J］. 地理科学进展，2014，33（7）：1000 - 1008.

［45］司月芳，曾刚，曹贤忠，朱贻文. 基于全球 - 地方视角的创新网络研究进展［J］. 地理科学进展，2016，35（5）：600 - 609.

［46］孙斌栋，阎宏，张婷麟. 社区建成环境对健康的影响——基于居民个体超重的实证研究［J］. 地理学报，2016（10）：1721 - 1730.

［47］滕堂伟，曾刚，等. 集群创新与高新区转型［M］. 北京：科学出版社，2009.

［48］滕堂伟，方文婷. 新长三角城市群创新空间格局演化与机理［J］. 经济地理，2017，37（4）：66 - 75.

［49］佟连军，宋亚楠，韩瑞玲，等. 辽宁沿海经济带工业环境效率分析［J］. 地理科学，2012，32（3）：294 - 300.

［50］汪涛，Stefan Hennemann，Ingo Liefner，李丹丹. 知识网络空间结构演化及对 NIS 建设的启示——以我国生物技术知识为例［J］. 地理研究，2011，30（10）：1861 - 1872.

［51］汪侠，顾朝林，梅虎. 旅游景区顾客的满意度指数模型［J］. 地理学报，2005（5）：807 - 816.

［52］王蓓，刘卫东，陆大道. 中国大都市区科技资源配置效率研究——以京津冀、长三角和珠三角地区为例［J］. 地理科学进展，2011，30（10）：1233 - 1239.

［53］王缉慈，王敬甯. 中国产业集群研究中的概念性问题［J］. 世界地理研究，2007，16（4）：89 - 97.

［54］王缉慈. 超越集群：中国产业集群的理论探索［M］. 北京：科学出版社，2010.

［55］王缉慈. 创新的空间——企业集群与区域发展［M］. 北京：北京大学出版社，2001.

［56］王立平. 我国高校 R&D 知识溢出的实证研究——以高技术产业为例［J］. 中国软科学，2005（12）：54 - 59.

［57］王秋玉，曾刚，吕国庆. 中国装备制造业产学研合作创新网络初探［J］. 地理学报，2016，71（2）：251 - 264.

［58］王晓辰，韩增林，彭飞，蔡先哲. 中国海洋科技创新效率发展格局演变与类型划分［J］. 地理科学，2020，40（6）：890 - 899.

［59］王孝斌，李福刚. 地理邻近在区域创新中的作用机理及其启示［J］. 经济地理，2007，27（4）：543 - 546.

［60］魏权龄. 数据包络分析（DEA）［J］. 科学通报，2000，45（17）：1793 - 1808.

［61］魏旭，张艳. 知识分工、社会资本与集群式创新网络的演化［J］. 当代经济研究，2006（10）：24 - 27.

［62］吴敬琏. 制度重于技术——论发展我国高新技术产业［J］. 中国科技产业，1999（10）：1 - 6.

［63］吴玉鸣. 空间计量经济模型在省域研发与创新中的应用研究［J］. 数量经济技术经济研究，2006（5）：74 - 85 + 130.

［64］谢富纪，徐恒敏. 知识、知识流与知识溢出的经济学分析［J］. 同济大学学报（社会科学版），2001，12（2）：54 - 57.

［65］许皓，孙燕红，华中生．基于整体效率的区间 DEA 方法研究［J］．中国管理科学，2010，18（2）：102－107．

［66］杨开忠，谢燮．中国城市投入产出有效性的数据包络分析［J］．地理与地理信息科学，2002，18（3）：45－47．

［67］杨维汉，等．把创新摆在国家发展全局核心位置［EB/OL］．新华每日电讯 3 版，2015－10－31．http://news.xinhuanet.com/mrdx/2015－10/31/c_ 134768553.htm．

［68］杨兴柱，陆林，王群．农户参与旅游决策行为结构模型及应用［J］．地理学报，2005（6）：50－62．

［69］杨忠泰．区域创新体系与国家创新体系的关系及其建设原则［J］．中国科技论坛，2006（5）：42－46．

［70］约瑟夫·熊彼特．经济发展理论——对于利润、资本、信贷、利息和经济周期的考察［M］．北京：商务印书馆，1990．

［71］曾刚，李英戈，樊杰．京沪区域创新系统比较研究［J］．城市规划，2006（3）：32－38．

［72］曾刚，王秋玉，曹贤忠．创新经济地理研究述评与展望［J］．经济地理，2018（4）：19－25．

［73］曾刚，袁莉莉．长江三角洲技术扩散规律及其对策初探［J］．人文地理，1999，14（1）：1－5．

［74］曾刚．技术扩散与区域经济发展［J］．地域研究与开发，2002，21（3）：38－41．

［75］曾刚．长江经济带协同创新研究：创新·合作·空间·治理［M］．北京：经济科学出版社，2016．

［76］曾国屏，苟尤钊，刘磊．从"创新系统"到"创新生态系统"［J］．科学学研究，2013，31（1）：4－12．

［77］张荣天，焦华富．长江三角洲地区城镇化效率测度及空间关联格局分析［J］．地理科学，2015，35（4）：433－439．

［78］张文佳，柴彦威．基于家庭的城市居民出行需求理论与验证模型［J］．地理学报，2008（12）：1246－1256．

［79］赵媛，郝丽莎，杨足膺．江苏省能源效率空间分异特征与成因分析［J］．地理学报，2010，65（8）：919－928．

［80］中国科技研究发展报告研究组．中国科技研究发展报告（2000）［M］．北京：社会科学文献出版社，2000．

［81］周晓光．中国科技进步贡献率测度——基于 OECD《生产率测算手册》非参数法［J］．科技管理研究，2020，40（23）：64－72．

（二）外文文献

［1］Antonelli C，Patrucco P，Quatraro A. Productivity Growth and Pecuniary Knowledge Externalities：An Empirical Analysis of Agglomeration Economies in European Regions［J］．Economic Geography，2011（87）：23－50．

［2］Bathelt H，Malmberg A，Maskell P. Clusters and Knowledge：Local Buzz，Global Pipelines and the Process of Knowledge Creation［J］．Progress in Human Geography，2004，28（1）：31－56．

［3］Castells M. The Rise of the Network Society［M］．Cambridge，MA：Blackwell，1996．

［4］Cooke P，Sehienstock G. Structural Competitiveness and Learning Regions［J］．Enterprise and Innovation Management Studies，2000，1（3）：265－280．

［5］Frenz M，Oughton C. Innovation in the UK Regions and Devolved Administrations：A Review of the Literature［J］．Report to the Department of Trade and Industry，2005．

［6］OECD. National Innovation Systems［R］．Paris，1997．

［7］Pinch S，Henry N，Jenkins M，Tallman S. From "Industrial Districts" to "Knowledge Clusters"：A model of Knowledge Dissemination and Competitive［J］．Journal of Economic Geography，2003（3）：373－388．

［8］Romer P. Endogenous Technological Change［J］．Journal of Political Economy，1990，XCVIII：71－102．

［9］Romer P. Increasing Returns and Long－run growth［J］．Journal of Political Economy，1986，XCIV：1001－1037．

［10］Ullman S. High－level Vision：Object Recognition and Visual Cognition［M］．Cambridge，MA：MIT Press，1996．

［11］WIPO. Who Filed the Most PCT Patent Applications in 2019？［R］．Switzerland：World Intellectual Property Organization，2020．

第十六章 民族经济研究

"中国少数民族经济"，简称"民族经济"，是法学门类民族学一级学科中的二级学科，是经济学与民族学交叉的一个学科，兼有经济学和民族学科的双重性质，同时还涉及社会学、文化人类学、民俗学和生态学等多个学科，实际上其具有多学科交叉的综合特性。"中国少数民族经济"以马克思主义民族理论和马克思主义经济学理论为基础，借鉴现代经济学的理论和方法，以我国少数民族和民族地区经济社会发展的应用性研究为主，为我国少数民族及民族地区的经济和社会发展服务。

第一节 少数民族经济学科的诞生与民族经济研究的兴起

一、中国少数民族经济学科的诞生

"中国少数民族经济"是伴随我国改革开放而兴起的新学科。1979 年 3 月，全国经济科学八年规划会议将"中国少数民族经济"确定为"全国经济科学发展规划（1978—1985）"30 个学科的第 27 个分支学科，这是中国少数民族经济学科建设的历史起点，1979 年被称为"中国少数民族经济"的学科元年。1981 年，来自全国 17 个省、自治区、直辖市的一百多名学者会集北京香山，召开了"中国少数民族经济研究会成立大会暨首届年会"。这次会议标志着中国少数民族经济这一新学科在中国的兴起。中国少数民族经济学科的创建，是基于中国统一多民族国家和各民族及民族地区发展不平衡的国情需要，是为了研究解决少数民族与民族地区经济发展而创立的。

对于中国少数民族经济学科的诞生，我国老一代著名的民族学家和经济学家给予了极大的关注和支持。杨堃（1982）在提交给首届年会的论文中，希望"建设我们自己的少数民族经济学，一定要面向世界"。于光远教授不仅参加了少数民族经济研究会的筹备、成立大会，而且还多次参加学会组织的年会和专题研讨会，发表了《少数民族地区经济和少数民族经济》《关于研究少数民族地区经济发展战略的几点意见》《少数民族经济的现代化》等重要文章，较早地提出了"民族问题，在今天实质上是经济问题"（1981），"各民族之间的团结，各民族之间的平等，都要在经济的发展当中来加强，来解决"（1981）。于光远（1983，1987）对少数民族经济和少数民族地区经济的关系以及对少数民族经济现代化的探讨，对构建民族经济学科理论体系具有重要意义。随着关注少数民族经济的研究者迅速增加，作为一门新学科的少数民族经济研究在短短的几年间就得到学术界的普遍认可。

中国少数民族经济学科诞生以来，发展迅速，学科研究队伍不断壮大，研究领域不断拓展，一批批高质量学术成果相继问世，学科建设取得显著进展，并且已经在中国社会科学院研究生院、中央民族大学、兰州大学、中南民族大学、西南民族大学、云南大学等约 30 所高校中形成了大学本科、硕士研究生、博士研究生、博士后的人才培养体系。

按照改革开放的进程把民族经济学研究分为四个阶段：20 世纪 80 年代的民族经济研究的兴起与探索；90 年代的民族经济学研究深化阶段；2000 年到 2012 年的民族经济学研究快速发展阶段；2012 年以后的民族经济学研究的新机遇。[①]

二、民族经济研究的兴起与探索

20 世纪 70 年代末 80 年代初，以施正一、黄万纶教授等为代表的第一代民族经济学人顺应改革开放的时代需要，在面临诸多困难的情况下提出并创建了民族经济学，在建立研究机构、学科基础理论建设、人才培养等方面做了大量开创性工作。这一时期的民族经济学研究得到国家民族事务委员会、中央民族学院（现中央民族大学）等相关部门和高校的大力支持，成立了专门研究机构——中央民族学院少数民族经济研究所，全国性学术团体——中国少数民族经济研究会，两者成为当时全国民族经济学研究的"中心"和"平台"，并在其带动下，凝聚和动员全国民族经济研究力量，开展民族地区经济调查和学术研究。从中国少数民族经济研究会成立以来召开的年会主要议题中可以看出，民族经济研究始终围绕改革开放这一时代主题进行学术研究，如 1982 年会议（昆明）的主题是"少数民族地区经济发展战略问题"，1983 年会议（银川）的主题是"少数民族地区经济改革理论问题"，1986 年会议（北京）的主题是"民族地区商品经济发展问题"，1987 年会议（南宁）的主题是"少数民族地区对外开放"。这一时期，民族经济学研究的重点是民族地区的经济体制改革、经济发展战略等。

民族经济学关于经济体制改革的研究，强调要从民族地区的特殊性出发，因地制宜，关照地区和民族特点，在价格体制、投资体制、财政体制与金融体制等方面实行更加灵活的政策。家庭联产承包责任制的实施，极大地调动了农民的生产积极性，取得了积极的成效。但有研究发现一些不适合民族地区的实际，因此提出民族地区深化农村改革的关键是跨越全国统一模式的家庭联产承包责任制，再造一种既与其传统经营组织相适应又能促进其生产力发展的微观经济体制（郭家骥，1989）。发展商品经济和市场经济与经济体制改革是相伴相生的，改革就是从逐步开放市场调节的范围、发展商品经济开始的。民族经济学研究者对民族地区商品经济发展的历史基础和加快商品经济发展等问题进行了深入的研究。这些研究除了分析少数民族和民族地区商品经济、市场经济发展的基础、特点和影响因素外，还积极探索加快商品经济、市场经济发展的途径，较有代表性的如李甫春的《中国少数民族地区商品经济研究》（民族出版社 1986 年版）及其发表的系列论文（李莆春，1980，1985a，1985b）。大部分研究认为落后的生产力发展水平、不利的自然地理环境、自然经济结构、非经济因素等是制约民族地区商品经济发展的主要原因，并提出在加快经济体制改革和生产力发展的同时，从转变经营方式、观念变革、建设社会服务网络等方面为民族地区商品经济发展创造条件（施正一，1985；龙远蔚，1987）。

1982 年 9 月召开的党的第十二次代表大会提出，"从 1981 年到 20 世纪末，我国经济建设的总的奋斗目标是：在不断提高经济效益的前提下，力争使全国工农业的年总产值翻两番，使人民的物质文化生活达到小康水平"。围绕这一总体战略目标，民族经济学研究把"国情""区情"结合起来，认为民族地区的区情就是"民族性""地域性""落后性""复杂性""国际性"（施正一，1983），民族地区经济发展战略研究在考虑本地区的区情的同时，要依据国家的总体战略，不是孤立的（于光远，1983）。民族经济发展的突破口在于"具备西部少数民族地区自然

---

① 此部分以《改革开放 40 年民族经济学的发展》为题发表于《民族研究》2018 年第 6 期，作者是黄健英、于亚男。

资源与其他经济发展要素结合所必需的经济技术能力，而提高经济技术能力，第一步在于出卖自然资源和以高利润率吸引技术和资金；第二步在于加强智力开发，提高人的素质，解决人才问题"（王文长，1987）。由中国少数民族经济研究会和中央民族学院少数民族经济研究所编辑出版的《民族经济学研究（第二集）》（宁夏人民出版社1984年版），是一部专门研究民族地区经济发展战略的论文集，收录了于光远、刘三源、施正一等研究者的13篇论文，包括对民族地区经济发展战略的整体研究和民族八省区的专题研究。改革开放以来实施的"两步走"战略，加大了东西部地区的发展差距，民族经济发展战略研究与缩小差距相结合，在对当时的"两步论""梯度论""跳跃论""协同论"等区域经济战略比较分析的基础上，创新性地提出"加速战略"（施正一，1986）。围绕"加速战略"，曹征海和马飚（1990）对"加速战略"进行了充分的阐述和论证。在研究发展战略的同时，民族经济学研究关注了经济、社会、自然协调发展的问题，有学者提出了"少数民族地区经济的发展过程，不仅需要进行经济结构和模式的分析与选择，确立经济发展的整体观念；同时也需要保持与自然界的对话，在人、社会、自然之间建立互相信赖的关系"（王文长，1990）。民族经济学研究把西部开发作为民族地区发展战略研究的重要内容，由一些年轻学者组建成立了"中国西部开发研究中心"，并组织力量开展西部地区经济发展的调查和研究，发表了一批有影响力的论著（罗康隆和田广，2014），同时提出创建"西部理论"（郭凡生和朱建芝，1985）。施正一主编的《中国西部民族地区经济开发研究》（民族出版社1988年版）一书，结合"七五"计划中区域经济发展规划，对西部民族地区经济发展战略进行了系统研究。一些学者讨论了基于民族地区地处内陆沿边的区位特点，提出针对国内国外开放的"双向大循环"理论；通过对东西部经济关系的讨论，分析了"外嵌入型"经济的运行机制及其弊端和民族地区经济发展中的"输血"与"造血"的关系等。

民族经济学者还积极参与国内学术交流，并就一些问题展开学术争鸣，在当时影响较大的如"梯度理论"和"反梯度理论"之争。针对何钟秀（1983）、夏禹龙等（1983）提出的国内技术由东部到中部，再到西部的"梯度推移规律"，内蒙古的几位年轻学者提出"反梯度理论"与之进行讨论，认为不发达地区可以依靠其丰富的资源，从国际上引进资金、技术和人才，实现跨越式发展，而不一定遵循"梯度推移规律"（郭凡生等，1986）。

在紧密结合国家改革开放的进程展开应用研究的同时，学科创建之初，学界围绕学科称谓和归属、研究对象、研究方法等展开讨论。关于学科称谓主要有"民族经济学""中国少数民族经济""民族地区经济""民族发展经济学"四种提法。施正一在主张"民族经济学"提法的同时，把民族经济学的研究对象分为"广义"和"狭义"，认为"狭义民族经济学"的研究对象"就是我国少数民族的经济问题"，并指出，"民族经济学的主要任务就是要为少数民族地区经济建设事业服务"（施正一，1987）。坚持"中国少数民族经济"提法的观点认为其"主要任务是研究和揭示我国少数民族地区社会主义经济发展的特点、结构和规律，为党和国家制定方针政策提供依据，以便加速少数民族地区社会主义现代化建设的发展"（黄万纶，1983）。"民族发展经济学"是"民族学和经济学相交叉的新学科，是适应我国经济发展的客观要求产生的，这门学科对各民族经济生活做历史的和现时的考察分析，揭示各族经济发展的共同特点，产业结构及其发展规律，经济发展的战略选择和发展模式等"（高言弘和费怀信，1989），并指出"研究我国的民族经济，应以民族地区为主体来进行"（高言弘，1990）。

上述三种提法虽然存在差别，但又有很大的一致性，都认为民族经济学是交叉学科，研究任务或重点都是我国少数民族和民族地区的经济建设和发展。于光远（1986）认为，"少数民族经济"和"少数民族地区经济"是很接近、关系很密切的，但又是不相同的两个概念，并指出"少数民族经济属于民族经济的范畴，少数民族地区经济属于地区经济的范畴"。学者在之后的研究中并没有严格进行这种区分，大部分"民族经济学"或"少数民族经济"的研究都把重点放在"民族地区经济"研究层面上，或者说是民族与区域的结合研究上。对此，王文长（1999）认为，民族经济、少数民族经济、民族地区经济"这三个概念之间的区别是显而易见的，对民族结构和区域状态的限定在相互间划开了界限。三个概念之间的联系也是显而易见的，经济的存在形式既离不开具体人的行为，也离不开具体空间状态，民族经济必然通过具体民族的具体活动区域去落实、表现；少数民族经济必然反映到少数民族地区经济中；同理，少数民族地区经济也必然容纳着少数民族经济。正因为如此，在现实生活中经常出现这三个不同概念被简略化、相似或等同的混用现象，把少数民族经济甚至少数民族地区经济简略为民族经济或民族地区经济"。值得一提的是，著名民族学家杨堃（1985）在民族经济学创建之初就提出了西方经济人类学与民族经济学的关系问题。他在介绍西方"经济民族学"（经济人类学）的同时，认为其"是一门介乎政治经济学与民族学之间的边缘学科"，并认为"我国少数民族经济学，它学科性质是属于经济民族学的"。

在中国少数民族经济研究会的组织动员下，这一时期民族经济研究形成了良好的学术氛围，学界的交流和合作十分密切，每年的年会都有上百人参加。施正一教授主持的国家"七五"（1986～1990年）哲学社会科学规划项目"中国少数民族地区经济发展问题研究"，于1986年底立项，1987年开始调查研究和写作，课题包括3个主课题、29个分课题、10个专题研究报告，出版专著22本（有些著作在20世纪90年代初出版）。该课题的实施，不仅形成了一批重要的基础性和应用性研究成果，还培养了一批优秀的中青年学者（龙远蔚，2009）。其中施正一主编的《中国西部民族地区经济开发研究》（民族出版社1988年版），曹正海、马飙的《起飞前的战略构想》（民族出版社1990年版），李竹青的《西藏经济的发展与对策》（民族出版社1990年版）等著作，获得很高评价，为民族地区经济发展提供了重要的理论支持。

三、20世纪80年代民族经济人才的培养与学科建设

民族经济学科创建之初，就非常重视基础理论研究和人才培养。由《中国少数民族经济概论》编写组编写的《中国少数民族经济概论》（中央民族学院出版社1985年版）是第一部民族经济学的专业教材。该书于1979年开始筹划编写，1981年完成后以内部教材的形式使用，1985年修订出版，初步形成了民族经济学的研究体系，并对其研究对象、方法、内容等作了较系统的研究和规定。中国少数民族经济研究会和中央民族学院少数民族经济研究所编辑出版的《民族经济学研究（第一集）》（宁夏人民出版社1983年版），收录了于光远、施正一、黄万纶、石争、董子健、杨敦品、李家秀等学者撰写的关于民族经济学研究的客观依据、研究对象、研究方法、少数民族地区经济与少数民族经济等方面的论文，对当时学科发展和理论体系的构建具有重要意义。施正一的《民族经济学和民族地区四个现代化》（民族出版社1987年版）一书，包括其在1979～1986年撰写的11篇民族经济学学科建设和民族经济发展战略的论文，是民族经济学学科建设的重要研究成果。在人才培养方面，中央民族学院少数民族经济研究所和延边大学分别于1982年和1984年开始招收中国少数民族经济专业的硕士研究生。

民族经济学的创建得到于光远、牙含章、杨堃等老一代经济学家、民族学家的大力支持，学科早期主要代表人物和研究骨干有施正一、黄万纶、董子健、石争、巴音蒙和、费怀信、徐敬君、潘文、张克武、李文潮、李竹青、白振声、那日、况浩林、杨荆楚、赵素琴、张继涛、李甫春等（施正一，2001），他们为民族经济学的创建和发展做出了重要贡献。当时还涌现出一批年轻学者，如王文长、龙远蔚、马飚、谭明华、郭凡生、潘照东、曹征海、张协堂、赖存理、田广等，发表了一批有影响力的论著，是当时民族经济学研究的年轻力量。

第二节 20 世纪 90 年代：民族经济研究的深化与发展

进入 20 世纪 90 年代，民族经济学研究在 80 年代的基础上，学科研究体系和框架初步形成，研究领域不断拓宽，研究内容进一步深化。人才培养规模扩大，研究队伍更加稳定。这一时期的研究队伍仍以 80 年代从事民族经济学研究的第一代学者为骨干。同时随着学科发展和人才培养规模的扩大，形成了以高校为代表的较为稳定的学术队伍。在人才培养方面，中南民族大学于 1991 年开始招收中国少数民族经济专业的硕士研究生，中央民族大学于 1994 年开始培养中国少数民族经济专业的博士研究生。

一、20 世纪 90 年代的民族经济研究

虽然在学科称谓上仍有"民族经济学""中国少数民族经济""民族地区经济"等不同提法，研究体系和内容上有所差异，但研究的核心还是少数民族和民族地区经济发展问题，具有显著的问题取向，研究热点主要有三方面：

其一是对民族地区发展经济差距的研究。这是 20 世纪 80 年代中后期研究热点的延续。主要的研究模式是用数据比较分析民族地区与东部沿海地区和全国平均发展水平的差距，分析经济发展差距形成的原因、探讨缩小发展差距的可能性，以及提出相应的对策建议，同时认为长期的非均衡发展不利于国民经济的协调发展，也不利于边疆稳定（龙远蔚，2009）。

其二是探讨民族地区社会主义市场经济体制建设。1993～1997 年，仅公开发表的有关少数民族及民族地区市场经济建设的论著和研究报告达数百篇。比较有代表性的著作有黄健英主编的《论三次飞跃——中国少数民族地区通向市场经济之路》（中央民族大学出版社 1994 年版）、那日编著的《中国西部地区市场经济的培育和运作》（民族出版社 1994 年版）、张克武主编的《社会主义市场经济与民族地区建设》（经济管理出版社 1995 年版）、马飚著的《中国民族地区市场经济的理论和实践》（广西人民出版社 1995 年版）、谢丽霜和李文潮编著的《市场化进程中的民族经济——问题与抉择》（广西人民出版社 1995 年版）、石通扬主编的《走向市场之路》（中央民族大学出版社 1996 年版）和郭承康等著的《市场经济体制改革中的牧区经济发展问题》（《共同富裕之路》第二卷，经济科学出版社 1996 年版）。这些著述探讨了民族地区市场经济的特殊性、资源配置的基础作用、市场经济的培育及机制的完善、市场经济的法治建设、市场经济建设中的挑战与机遇等方面，初步勾画了民族地区市场经济建设的基本框架，具有重要的理论意义和应用价值。这方面的研究同时也有助于加深相关学科对市场经济条件下民族关系的认识，促进民族理论研究向纵深发展（龙远蔚，2009）。

其三是民族地区生态问题研究。1992 年 6 月，联合国"环境与发展大会"通过了以可持续发展为核心的《里约环境与发展宣言》《21 世纪议程》等文件，随后中国政府编制了《二十一世纪议程——中国 21 世纪人口、环境与发展白皮书》（1994 年 3 月 25 日），首次把可持续发展战略纳入我国经济和社会发展的长远规划。此后，民族经济学研究主要讨论民族地区生态环境特点、面临的环境问题，以及环境约束下的经济发展路径等，并开创性地提出生态环境的"利益补偿机制"问题（洛桑·灵智多杰，1996）。

此外，随着边境贸易的快速发展和国家沿边开放战略的实施，民族地区对外开放和边境贸易的研究日渐丰富，在总结边境贸易发展经验的基础上，提出进一步发展的对策思考（张克武、

周严，1996；李玉虹，1997）。

作为一种应用性研究，民族经济研究的一些成果也被政府采纳。如 20 世纪 80 年代中后期开展的民族地区沿边开放研究，以及西部民族地区双向开放战略的提出，对政府的决策产生了重要影响：1992 年国务院做出了扩大沿边开放的决定，使沿边开放成为 90 年代推动少数民族地区经济增长的重要因素；1984 年提出的民族地区经济发展的差距扩大问题，在 90 年代后成为研究热点，中央政府在 90 年代中期做出了加快中西部地区经济发展的战略决策。可以说，民族经济研究对社会的贡献也主要是通过其应用性研究体现出来（龙远蔚，2009）。

二、20 世纪 90 年代的民族经济学科建设

20 世纪 90 年代是出版以"民族经济学"或"中国少数民族经济"为书名的论著较多的时期，甚至超过 21 世纪前十年。这些论著虽然出版于 90 年代，但很多是 80 年代研究的延续，著作者大部分也是第一代民族经济学研究者。这些著作在民族经济学研究对象、方法和内容等方面既有共同的方面，也有各自的特点和研究体系。其中有些是对原有研究的补充和完善，有些力图建立新的研究体系。较有代表性的有高言弘主编的《民族发展经济学》（复旦大学出版社 1990 年版），童浩主编的《民族经济学》（广西人民出版社 1990 年版），鄂西民族经济编辑部编的《民族经济学》（广西民族出版社 1990 年版），施正一著的《民族经济学导论》（民族出版社 1993 年版）及其主编的《民族经济学教程》（中央民族大学出版社 1996 年版），陈虹、哈经雄主编的《当代中国经济大辞库·少数民族经济卷》（中国经济出版社 1993 年版），陈庆德著的《民族经济学》（云南人民出版社 1994 年版），黄万纶、李文潮主编的《中国少数民族经济教程》（山西教育出版社 1998 年版），李竹青、那日主编的《中国少数民族经济概论（新编本）》（中央民族学院出版社 1998 年版）。《当代中国经济大辞库·少数民族经济卷》是 80 年代研究的集大成，全书 200 万字，近 50 人参与撰写，内容全面、资料丰富，是对民族经济的全面系统研究。1990～1999 年，讨论民族经济学科性质、研究对象、研究方法、研究内容、与其他学科的关系等方面的论文有近 20 篇。如贾晔的《民族经济学学科建设管见》（《广西民族研究》1992年第 1 期）、陈庆德的《民族经济学的理论发展》（《云南民族学院学报》1993 年第 1 期）、龙远蔚的《少数民族经济研究的回顾与展望》（《民族研究》1998 年第 5 期）、王燕祥的《经济人类学与民族经济学》（《中央民族大学学报》1998 年第 3 期）、王文长的《关于民族经济学研究的几个问题》（《民族研究》1999 年第 4 期）等。

上述论著的共同点是对学科研究意义和必要性的肯定，同时对学科的进一步发展提出建设性的建议，也有学者提出不同的研究思路和体系。其中，陈庆德有关民族经济学研究对象、学科关系、研究内容的观点不同于其他研究，在当时引起较大的关注和讨论。陈庆德（1993）认为，"民族经济学的研究对象与重点，将聚焦于工业化后民族的经济发展问题"，同时认为"民族经济学是经济人类学与发展经济学联姻的产物"。在谈到民族经济学的研究方法时，他认为，"民族经济学以各民族经济体在全球结构中的平等地位与全面发展为出发点，把物量指标、民族文化的特征以及社会目标的选择集于一体"。民族经济学"对延续于不同文化条件下的经济过程和制度变革进行描述、解释和发展论证，以实现在同一发展进程中的各民族的共同繁荣与平等进步为己任"，"必须在人类学与经济学的直接联合中进行民族经济问题的研究，并实现对这两个古老科学的超越，探索民族经济发展的正确道路"（陈庆德，1994）。在其后来的研究中，更多地借鉴和运用经济人类学的理论和方法，开创了中国经济人类学的研究。就民族经济学创建的背景和研究体系而言，虽然借鉴了经济学和民族学等学科的理论和方法，在研究内容和方法等方面有共同的地方，但显然与西方相关学科没有直接的渊源关系，也不是直接的"联姻"或

"联合"。民族经济学研究具有独立的研究对象和任务,是由中国学者提出并创建的具有中国特色的学科,"与其把某些学科推崇为某一学科的理论根源,不如将其关系淡化为相关学科。学科之间理论的相关性是普遍存在的,理论之间往往互相诱导、渗透,促进新的综合"(王文长,1999)。关于经济人类学与民族经济学的关系,有研究认为"经济人类学与民族经济学尽管在研究对象和范围方面有某些重叠和交叉,但彼此间的差异远远大于其共同之处。其所要解决的问题和所要发挥的作用相去甚远,研究方法也迥然不同。因此,它们彼此在完成各自承担的任务方面具有不可相互替代性。然而,民族经济学作为形成完善过程中的新兴社会科学学科,是完全可以从经济人类学中汲取有益的营养的"(龙远蔚,2009)。

施正一主编的《民族经济学教程》按照"广义民族经济学"的研究对象,系统构建了民族经济学的研究体系,同时作为研究生教材,在人才培养方面发挥了重要作用。"作者从广义民族经济学视角构建的学科理论体系,不仅探讨了民族与经济的关系、中国民族经济的各个方面,还探讨了发展中国家的民族经济及发达国家的少数民族经济问题,第一次使'民族经济学'的学科称谓与其研究内容真正相符。可以说,该著作的出版是民族经济学科理论建设逐渐走向成熟的重要标志"(王燕祥,1998)。王文长(1999)认为,"民族经济学对经济学与民族学的综合,表现为经济学研究指向的具体化和民族学研究内容的纵深化,是两者的有机结合,是一个呈现出鲜明民族个性的经济理论体系。民族经济学研究一般经济规律与自身特殊规律共同作用下生产力与生产关系的运动形式,研究民族利益的实现方式、民族团结的经济基础;民族经济学的研究方法分为三个层次:认识论方法、基本论证方法和具体分析方法"。他的观点是对民族经济学研究认识的进一步深化,明确了民族经济学与经济学和民族学的关系以及研究的主要内容。

第三节　西部大开发与民族经济研究的新进展

1999 年召开的第二次中央民族工作会议,以"加快少数民族和民族地区经济发展和社会进步"为主题,提出了"加快中西部地区的发展特别是实施西部大开发战略,条件已基本成熟"的判断,并指出"实施西部大开发是我国下个世纪发展的一项重大战略任务,也是民族地区加快发展的重要历史机遇"(江泽民,1999)[①]。同年 11 月召开的中央经济工作会议将西部大开发列为经济工作的重点,并提出了实施西部大开发战略的基本思路和战略重点。2000 年党中央、国务院印发实施《关于实施西部大开发若干政策措施的通知》(国发〔2000〕33 号),西部大开发战略正式实施。我国的少数民族和民族地区主要集中在西部地区,在民族自治地方中,5 个自治区的全部、30 个自治州的 27 个、120 个自治县的 83 个都分布在西部地区,因此,"实施西部大开发战略,也就是要加快少数民族和民族地区的发展"(朱镕基,1999)[②]。

一、西部大开发与民族经济研究

西部大开发战略的实施,使西部地区成为经济理论界关注的热点,为民族经济学研究提供

[①] 江泽民. 在中央民族工作会议暨国务院第三次全国民族团结进步表彰大会上的讲话［EB/OL］. 央视网 http://news. cntv. cn/china/20111222/114958. shtml, 2011 - 12 - 22.

[②] 朱镕基. 加快少数民族和民族地区发展,把民族团结进步事业推向新世纪［M］//国家民族事务委员会,中共中央文献研究室编. 民族工作文献选编(1990 - 2002). 北京:中央文献出版社,2003:222.

了新的历史机遇，民族经济研究也随之受到更多的重视和关注。除了之前从事民族经济研究的机构和人员外，越来越多的中央和地方研究机构、高校研究西部和民族地区经济问题，从事民族经济学和民族地区经济研究的队伍壮大，研究成果激增，研究领域不断拓宽。人才培养规模和层次提高，研究队伍更加年轻化和高学历化。2000年以后的民族经济学研究不仅成果数量多，而且研究的领域和内容十分广泛，除了学科基础理论研究外，研究成果最多的依次是民族文化与经济发展、财政与金融、人口经济与就业、产业发展、扶贫开发、城镇化与工业化、经济发展方式转变，同时围绕西部大开发战略、新农村建设、全面建成小康社会、人口较少民族发展、"兴边富民"行动、"对口支援"等国家战略和政策展开研究。

发展战略研究方面，民族经济学研究在继续"差距"和"加速"发展问题研究的基础上，结合新的发展理论和思想全面研究发展问题，如"和合加速""包容性发展""以人为本""内生发展"等发展理念的引入和阐释，进一步丰富和完善了民族经济发展理论。也有一些学者运用"后发优势"和"跨越式"发展理论对民族地区经济发展展开研究（温军，2004；曹征海；2005；郑长德，2011）。2000年以后，民族经济研究者深入民族地区城市乡村，进行了大规模的社会经济调查，出版了一批数据翔实、资料丰富、内容全面的研究报告和经济调查丛书。具有代表性的有陈达云、郑长德著的《中国少数民族地区的经济发展：实证分析与对策研究》（民族出版社2006年版），郑长德著的《中国西部民族地区的经济发展》（科学出版社2009年版），刘永佶、李克强主编的《中国民族地区经济发展报告》（中国社会科学出版社2011年版），云南大学组织编写的《少数民族村寨调查系列丛书》，中央民族大学组织编写的《中国民族经济村庄调查丛书》等。

民族出版社于2001年出版了《西部开发战略研究丛书》，该丛书包括《战略重心的西移》《世界不发达地区开发史鉴》《中国西部开发史话》《中国西部的对外开放》《西部生态经济》《西部特色经济开发》《兴边富民》《西部大开发中的法律保障》等。丛书着眼于民族视点，把西部大开发定位于中国少数民族地区开发，认为"西部大开发的实质，在某种意义上说就是西部民族地区大开发"。丛书提出，东西部的差距本质上是"内地"与民族地区的差距；"大开发"必须定位于让西部少数民族地区真正得到"实惠"。丛书把历史与现实相结合，揭示出今天的西部是历史上西部发展的延续，今天开发西部，决不能割断历史，必须认真研究总结过去的西部开发，吸取历史的经验。丛书从历史的视觉、从经济全球化和世界各国对不发达地区开发及我国经济发展的宏观区域视野，全面深入研究了西部地区经济发展的诸多方面，如生态经济、特色经济、对外开放等。由于该丛书独特的视角和撰稿作者深厚的学术功底，丛书在学术界产生了较大的影响。

在产业经济研究方面，既包括三次产业发展、结构优化和转型升级的整体性研究（谢丽霜，2005；高新才和滕堂伟，2006），还包括对特色农牧业、旅游业、文化产业、民族医药业等的研究，在对这些产业发展基础、优势、存在的问题进行分析的基础上，提出了具有针对性的对策建议（林江，2005；沈道权；2007；张海燕和王忠云，2011）。草原畜牧业作为民族地区经济的重要组成部分，具有鲜明的民族和区域特点，相关研究也十分丰富，主要涉及草原畜牧业的特点、生态保护与可持续发展、畜牧业产业化、草场制度变迁等（包玉山和周瑞，2001；邓艾等，2003；陈秋红，2010）。对民族地区财政金融的研究主要集中在财政转移支付与税收优惠、金融市场的培育、资本市场的形成与发展、农村金融、特定区域发展过程中的金融支持、金融发展权的保障、金融监管以及金融反贫困等方面（张跃平等，2007；谢丽霜，2008；张家寿，2010；郑长德，2007；李俊杰和陈莉，2009）。这些研究大多从民族地区财政金融发展的特殊性和需求的特殊性出发，提出相关对策建议。民族文化与民族经济的研究是这一时期成果最多的，研究内容包括民族经济心理、民族文化与经济互动、民族经济发展与文化变迁、民族经济行为的文化解释、民族地区经济发展中的文化保护、农牧区经济制度变迁与文化适应等（吕俊彪，2003；张锦鹏和苏常青，2003；黄绍文等，2009）。民族经济政策与民族经济法制的研究渐成体系，通过对民族经济政策的系统梳理，分析民族经济政策的变迁、成就、实践中的问题，并提出进一步完善的思路（张冬梅，2010；温军，2001）。民族经济法制是之前研究的薄弱环节，2000 年以后得到明显增强，针对西部大开发、民族地区生态保护、扶贫开发、城镇化等提出具体法制保障措施，丰富了学科研究内容（宋才发，2006）。

二、学科基础理论进展

随着民族经济学硕士和博士学位授予权单位的增加，学科基础理论研究受到重视，相关研究成果增加，在民族经济学学科性质、研究对象、研究方法及研究内容等问题的讨论中，一批新的成果出现。这些研究主要围绕学科性质、学科定位、研究对象、与其他学科的关系、核心概念、理论体系、研究方法、研究内容等展开讨论，同时指出学科发展面临的"困境"，提出完善学科建设的思路。较有代表性如李忠斌（2003），王文长（2005），叶坦（2005），邓艾、李辉（2005），刘永佶（2007），包玉山（2010）。这些文章从民族经济学理论体系构建、逻辑起点、核心概念、研究内容、研究范式等方面提出了一些新的建议和思路，对学科理论体系的深化和完善具有重要意义。这一时期还出版了几部以"民族经济学"命名或相关的教材和专著，包括李忠斌著的《民族经济发展新论》（民族出版社 2002 年版）、龙远蔚等著的《中国少数民族经济研究导论》（民族出版社 2003 年版）、王文长著的《民族视角的经济研究》（中国经济出版社 2008 年版）、刘永佶主编的《民族经济学》（中国经济出版社 2008 年版）和《中国少数民族经济学》（中国经济出版社 2008 年版）等。

在这一时期，学者们继续关注民族经济学的基础理论研究。邓艾和李辉（2005）认为，"民族经济学理论的进一步发展，有赖于整体研究思路从民族学范式向经济学范式转变，民族学与经济学的结合应当是经济学框架内的结合"，"综合研究是新的民族经济学研究思路最显著的特点：一是以经济学研究为主，民族学、社会人类学等多学科综合交叉研究；二是把经济因素和非经济因素均纳入统一的经济学理论框架进行多因素综合分析；三是兼顾少数民族地区经济发展、社会进步、政治稳定三大目标的综合发展观"。王建红（2010）通过对民族经济学研究的回顾认为，"民族经济学发展的困境既有外部原因也有内部原因，但根本原因在于其没有自己的研究范式，没有鲜明而得到认同的逻辑起点和核心概念。因此，发展民族经济学的根本途径在于，加强对其逻辑起点和核心概念的探索，进而形成自己的研究范式"。虽然到目前为止，学界还没有形成学科共同体普遍认同的研究范式，但大都认为民族经济学研究主要是民族学的研究范式，是不符合学科研究的事实的。从最初乃至如今民族经济学研究者的学科背景和研究成果来看，不难发现研究范式的主流仍是经济学，大部分研究者具有政治经济学或经济学相关学科的背景。在这个问题上，陈庆德和潘春梅（2009）的观点更接近实际："1978 年至 20 世纪 90 年代中期。这一时期的研究内容集中于以经济学视角关注西部及民族地区发展，主要是由一些经济学者完成的。从 20 世纪 90 年代中期至今，中国民族经济研究进入了一个多学科加盟，多元化的研究视野的新时期。"陈庆德（2010）同时指出"作为民族学一级学科下的一个二级学科，中国少数民族经济的研究应该更多地关注民族学的基本理论"。同时他主张"民族经济的研究，需要从历史维度、文化维度和生态维度来展开"。"在实践性上，民族经济是一个要求理论层面和实践层面相互交叉融合才能得以共同解决的论题；在理论性上，它是经济人类学乃至民族学/人类学研究内容的深化和研究领域的拓展（陈庆德和潘春梅，2009）。"包玉山（2010）认为，"少数民族经济"是中国少数民族经济学科的核心概念，在此基础上分别围绕"少数民族经济"和"民族地区经济"提出了相应的概念体系，使研究的指向性更加明确。作者的可贵之处是对民族经济学的概念范畴进行了凝练和规定，是学科理论体系构建的积极探索。这篇文章发表的同一期，《民族研究》编辑部还组织刊发了相关的讨论文章，学者们在肯定其积极意义的同时，也提出了不同的看法（陈庆德，2010；龙远蔚，2010；庄万禄，2010；乌日，2010）。

民族经济学创建和发展的时代背景决定了 20 世纪八九十年代的研究从区域和民族的特殊性出发，更多地关注发展问题，在研究特殊性时也关照了"非经济因素"等对民族经济发展的影响，但对经济过程的文化因素及其影响研究不够，2000 年以后这方面的研究得到加强。叶坦（2005）认为，民族经济研究的独特之处和价值就在于关注经济过程的文化因素，民族经济学并非经济学和民族学的简单"交叉"或"糅合"，而是在更高层面的整合、创新与生成；同时这还关涉另一个方面，就是文化学（或者说文化人类学可能更恰当）。因而在民族问题上，经济与文化的关联性尤为突出，研究民族经济更需要重视文化因素的作用，应当结合民族文化、传统习俗、习惯心理等"非经济因素"，重视由民族文化特征所赋予其的价值观念、道德意识、行为偏好等，这些都积淀成为民族经济生活的基本要素。王文长（2005）认为："民族生存的自然环境和民族认同的文化特质构成民族概念的内在规定，并呈现为民族经济生活自然差异和文化差异二重性。把握民族经济生活差异二重性是构建学科理论框架的关键。"他以自然环境和文化差异的"二重性"为起点构建了民族经济学的研究体系，具有较严密的逻辑自洽性。

2000 年以后，经济人类学研究成果大幅度增加，以陈庆德和施琳为代表的学者在介绍引进西方经济人类学的同时，积极探索经济人类学与民族经济学的关系问题。在施琳（2006）看来，"西方经济人类学与中国民族经济学都是人类学（民族学）与经济学之间的边缘学科。不难理解，两者会有一些相似与区别之处，两者产生于不同时代、不同国度，具有完全不同的历史、理论源流与产生的社会历史背景，在根本性的指导思想、研究目的、研究侧重点与服务对象方面均有很大差异"。

从研究队伍看，这一时期，20 世纪 60 年代以后出生的研究者成为民族经济学研究的骨干和主体，可以称为民族经济学研究的"第二代"，甚至还有更年轻的"新生代"，主要集中在民族院校或民族地区高校。现在全国有 28 所高校和研究机构具有中国少数民族经济专业硕士学位授予权，有 8 所学校具有中国少数民族经济专业博士学位授予权（还有一些学校在二级学科民族学下招收中国少数民族经济方向的博士研究生），这些学位点绝大部分是在 2000 年以后开始招生的，人才培养规模也从 20 世纪 90 年代的每年几十人发展到现在的数百人，而且从培养目标和方向看具有明显的区域和民族特点，体现了培养单位的学科优势和特点。同时，一些非民族地区院校的相关专业也更多地关注民族地区经济发展相关问题的研究，如区域经济学、人口资源环境经济学、历史学、社会学等学科。

第四节　党的十八大以来的民族经济研究与学科发展

一、党的十八大以来的民族经济研究

党的十八大以来，习近平总书记提出了一系列治国理政的思想和方略，是新时代中国特色社会主义理论体系建设的指导思想。对于民族工作，习近平总书记站在实现中华民族伟大复兴的战略高度，提出了新时代加强民族团结和共同发展繁荣的新理念和新思路。2014年9月召开的中央民族工作会议提出，"民族地区同全国一道实现全面建设小康社会目标，必须加快发展，实现跨越式发展"。实现跨越式发展，需要将"政策动力和内生潜力有机结合起来"，加强基础设施、扶贫开发、城镇化和生态建设，大力发展特色优势产业，不断释放民族地区发展潜力、增强民族地区自我发展能力（郑长德，2014；陈祖海和丁莹，2020）。"一带一路"倡议、精准扶贫、生态文明建设等也与民族地区经济社会发展密切相关。民族地区如何通过"精准扶贫"实现"整体脱贫"，全面建成小康社会，同时把握"一带一路"倡议、生态文明建设、乡村振兴等的历史机遇，实现"创新、协调、绿色、开放、共享"发展，实现中华民族伟大复兴，成为这一时期民族经济学研究的重点。

习近平总书记在不同时间、不同场合对民族工作发表了重要讲话，发展了中国特色马克思主义民族理论。在2014年3月的全国"两会"上，习近平指出："增强团结的核心问题，就是要积极创造条件，千方百计加快少数民族和民族地区的经济社会发展，促进各民族共同繁荣发展。"如何帮助少数民族和民族地区发展，习近平提出民族地区必须实现跨越式发展；物质文明与精神文明两手都要硬，要把建设各民族共有精神家园作为战略任务来抓；要促进各民族跨区域流动。在学者们梳理的习近平总书记关于民族工作的重要论述中，有关民族经济工作的内容主要体现在三个方面：一是提出各民族要同步实现全面小康的建设目标，"一个民族都不能少，哪个少数民族也不能少，一个民族都不能掉队"；二是对民族工作面临的形势提出"五个并存"的判断中的"改革开放和社会主义市场经济带来的机遇和挑战并存，民族地区经济加快发展势头和发展水平低并存，国家对民族地区支持力度持续加大和民族地区基本公共服务能力建设仍然薄弱并存"；三是在"一带一路"倡议中，将历史上处于边缘地带的民族地区托举到新一轮开放发展的前沿和中心地带，使边疆民族地区成为支撑和拓展国家发展的新空间，成为最有活力、最有后发优势的地区（乌小花和郝囡，2017）。对统一多民族国家的国情，习近平总书记提出"多民族的大一统，各民族多元一体，是老祖宗留给我们的一笔重要财富，也是我们国家的一个重要优势"。这种"重要财富"和"重要优势"不仅体现在资源富集、水系源头、生态屏障、文化特色的优势方面，也反映了边疆地区、贫困地区等民族工作现实的"短板"，立足于这样一个"家底"，边疆建设、兴边富民、"一个民族也不能少"的脱贫攻坚，就成为国家建设、中华民族建设现实而紧迫的任务（郝时远，2017；张琦等，2019）。

"一带一路"倡议使民族地区由对外开放的边缘成为前沿，有学者研究认为，"一带一路"建设的实施与民族地区经济发展之间存在高度契合性，表现为战略方针政策契合民族地区外向经济发展，共同地缘特征降低民族地区边境通道经济成本，双向要素流动推动民族地区经济增长，低端经济范式倒逼民族地区产业结构调整，文化心理认同拉动民族地区贸易经济大繁荣（章文光和田茂运，2017；郭海霞和曾刚，2021；王希恩，2019）。民族地区是"一带一路"的核心区域和重要依托，"一带一路"建设将使西部地区形成新的对外开放前沿与经济增长极，为主要位于西部的民族地区实现跨越式发展提供了前所未有的机遇（郑长德，2016）。民族地区是"一带一路"建设经贸产业合作跨国大区域、次区域经济合作中心，"一带一路"建设也推进了少数民族地区的产能合作、产业发展及反贫困战略的实施（张磊，2016；陈锦山等，2021）；民族地区内陆沿边口岸经济受到"一带一路"建设的影响最大（涂裕春和刘彤，2016）。还有学者围绕"一带一路"建设的六大经济走廊与相关区域民族经济发展进行了分析，结合"一带一路"建设实现人口集聚与产业布局相协调的产城（镇）融合模式（张永岳等，2017）。

民族地区是精准扶贫的主战场，精准扶贫就是习近平总书记在民族地区考察时提出的，并在不同场合多次强调"全面建成小康社会，一个民族都不能少"。习近平总书记精准扶贫思想是全国脱贫攻坚的指导思想，"六个精准"和"五个一批"是精准扶贫思路的科学概括（沈万根和马冀群，2018）。关于民族地区精准扶贫精准脱贫的研究十分丰富，据中国知网初步检索，关于"民族地区贫困"的学术期刊论文和学位论文就有 7 万多条；据当当网检索，相关学术专著近 700 部。这些论著在分析民族地区贫困现状、原因的基础上，围绕精准扶贫的最新进展、政策实施效果，对不同地区深度贫困的根源进行了分析（张丽君等，2018）。有研究通过实证分析得出，多维贫困存在地区和民族差异，西南三省区较西北四省区更严峻，少数民族多维贫困较汉族严峻，因此精准扶贫战略的实施需要从多维视角更加全面、更加科学地对贫困人口进行精准识别、精准施策（刘小珉，2017）。集中连片特困地区无法依托既往同质化的经济增长手段应对差异化的减贫事实，扶贫政策的设定应体现因地施策（郑长德和单德朋，2016）。"三区三州"是国家重点扶持的深度贫困地区，对扶贫政策有高度依赖性，有学者用新经济地理学和新结构经济学的基本框架，分析"三区三州"贫困的特殊性，发现通过提升要素禀赋结构可实现减贫与可持续发展（郑长德，2017）；也有观点认为"三区三州"减贫脱贫必须坚持区域协调发展战略、实施专项扶贫规划、提升扶贫政策的效应，充分发挥宗教文化在扶贫中的"正能量"，加大内生动力培育（李俊杰和耿新，2018）。关于民族地区精准脱贫的模式与机制，学者提出通过制度安排来推进少数民族特色村寨与精准扶贫、精准脱贫形成合力，产生"1＋1＞2"的协同效应（李忠斌，2017）。有研究基于实地调查阐述了精准脱贫退出机制的实施、效果评价和存在问题，提出了进一步量化和细化贫困退出标准、以贫困脆弱性进行非贫困人群的区分有效降低返贫概率、动态调整相关扶贫政策、鼓励贫困家庭树立自觉脱贫志向、加大收入动态调整力度等对策建议（丁赛等，2017）。除了上述研究外，还有大量有关具体区域和民族的精准扶贫、民族地区产业和金融精准扶贫的研究。

民族地区作为生态脆弱区，在新常态背景下推动经济增长方式的转变，为"美丽中国"营造良好的生态环境，已成为少数民族和民族地区发展的重大问题（姚石和杨红娟，2018；王萍，2019；杨红娟和李瑶康，2020）。学者们从习近平生态文明思想、经济增长与环境压力关系、生态文明建设视角下的区域和产业发展等方面进行了研究，认为习近平总书记的生态文明思想具有和谐共生、持续发展、整体协调的内涵，以及协调性、系统性、战略性的特点；民族地区生态文明建设的有效路径包括强化生态文明顶层设计，建立完善生态保护的法制和机制，激发民间生态思想和环保力量，创新产能方式提高生态效率（杨旭等，2017）。还有学者认为，少数民族生态文化与低碳经济发展理念具有契合性，民族地区低碳发展要发挥民族生态文化的功能（张春敏和梁茵，2016），将公共价值理论应用于生态建设项目评价，构造生态建设项目的绩效评价指标体系（樊胜岳等，2015）。

2014 年《国家新型城镇化规划（2014—2020 年）》的出台，标志着我国的新型城镇化战略已上升至国家层面。民族地区新型城镇化的研究成果主要集中在民族地区新型城镇化的现状、问题及路径模式三个方面。研究者普遍认为，新型城镇化建设是民族地区实现现代化的必经之路，但当前民族地区的城镇化发展水平较低，城镇化质量总体呈下降趋势（张永岳等，2017；吴开松、张雄，2016）。一些学者在分析民族地区城镇化困境和问题的基础上探讨模式和路径，如"扩边进城、小镇吸附、乡城互动、城乡一体、城城过渡及村镇互促"等（李忠斌和郑甘甜，2017）；基于区域特色总结了特定民族地区的城镇化模式，如环青海湖"候鸟型生态城镇化"模式（丁生喜和王晓鹏，2013）、临夏回族自治州基于"五位一体"的城镇化模式（王平，2014）。

特色村寨建设是一个经济发展、生态保护、文化传承有机统一的系统工程（杨春娥和赵君，2020），2009 年国家民委启动少数民族特色村寨保护与发展试点工作，并提出在"十二五"期间建成 1000 个特色村寨的总体目标。相关研究一方面在总结少数民族特色村寨建设内涵的基础上，对特色村寨建设实施过程阶段和建设完成阶段进行指标设计，从而准确识别实际建设状况与预期目标的偏差，制定合理的纠偏策略，以达成建设目标（李杰等，2016）。另一方面针对特色村寨建设中的利益失衡状态，提出了基于参与－分享机制的特色村寨建设社区利益平衡的若干主张和对策建议（文晓国等，2016）。同时，还关注到了少数民族特色村寨建设中的文化保护与发展问题（李忠斌和郑甘甜，2014）、以少数民族特色村寨为载体的精准脱贫研究（李忠斌，2017）、少数民族特色村寨建设与民族旅游融合发展研究等领域（李忠斌和刘阿丽，2016；钟洁和皮方於，2020）。2017 年中央经济工作会议提出乡村振兴战略以来，有学者对民族地区乡村振兴战略下传统村落的产业发展，旅游可持续扶贫等进行了研究（汪姣，2018；许少辉和董丽萍，2018）。

此外，郑长德的《中国少数民族人口经济研究》（中国经济出版社 2015 年版）是少数民族人口经济研究方面的一部力作。

二、民族经济学科建设进展

在学科基础理论建设方面，学者继续围绕学科定位、理论体系、学科归属等问题展开讨论，认为"民族经济学在学科理论发展特别是学科归属方面存在分歧，尚缺系统、完整、稳定成熟的学科组织结构"（张丽君和杨秀明，2016）；"调研基地建设力度不够，已建立民族经济学科的高校缺乏沟通"（李忠斌，2015），这也导致了在人才培养上，"研究生的专业培养缺乏规范和标准评判，与成熟的经济学科相比较还存在明显差距"（王孔敬，2016）。

在提出上述问题和学科发展趋势的同时，也有学者就经济人类学与民族经济学的关系、"一带一路"与民族经济学理论创新进行了积极的思考。罗康隆和田广（2014）认为，"经济人类学的中国本土化过程，严格地说是从 20 世纪 70 年代末才正式开始的，西部开发研究以及民族经济学学科的创立，就是经济人类学中国本土化的标志"，并指出民族经济学和经济人类学"两门学科在我国学术界各自的发展过程中，在研究对象和内容方面重叠部分越来越多，而研究方法也有趋同现象"，认为"两者的联合似乎是一个必然的趋势，并由此而形成具有中国特色的经济人类学。经济人类学在中国的发展，必须以民族经济学为基础，而且只有以民族经济学为基础，才能形成中国特色的经济人类学"。在这里，两位学者提出了经济人类学本土化的问题，但就现有的研究而言，不能说民族经济学是经济人类学在中国的本土化实践，正如前文王燕祥和施琳关于民族经济学和经济人类学的关系中所述，两者有联系，但区别也很明显，在以后的研究中会相互借鉴，但不会相互替代。李曦辉（2017）认为，"民族经济学就是对民族过程的政治文化效果进行经济学分析，按照经济学而非民族学的范式进行规范研究的一门科学。它的研究对象为民族过程，包括民族分离、民族融合、民族相容和民族认同等，并探寻这一过程的经济学价值。它的研究范围包括世界范围内的所有民族，而非仅仅研究中国的少数民族。它的理论基础就是古典经济学的分工理论，其中特别关注民族过程所特有的非经济因素对自由市场规模与范围的影响，以及国际贸易如何在民族过程中在优化生产要素流动的基础上改善自身绩效。研究目的就是建立一个区别于以往所有学科的全新经济学科，从经济学视角观察民族过程，为该过程提供合理的经济学解释，反过来也为经济全球化进程引入民族因素，为'一带一路'倡议提供新的理论支撑维度"。他还提出了在"一带一路"背景下创新民族经济学研究的思路，但就学科体系建设而言，还需要进一步研究和探讨。

这一时期有关学科基础理论研究的著作，除了修订出版的刘永佶主编的《民族经济学教程》（第三次修订版，中国经济出版社 2013 年版）、《中国少数民族经济学》（第三次修订版，中国经济出版社 2013 年版），施正一主编的《民族经济学教程》（第二次修订本，中央民族大学出版社 2015 年版）外，还有庄万禄主编的《中国少数民族经济研究论纲》（民族出版社 2013 版）和朱宏伟编著的《民族经济研究概论》（中山大学出版社 2016 年版）。随着研究生培养体系的完善和教学需要，有关少数民族和民族地区经济史的研究增加，丰富了民族经济学研究的内容，较有代表性的如杨思远主编的《蒙古族经济史》（中国社会科学出版社 2016 年版）、黄健英编著的《当代中国少数民族地区经济史》（中央民族大学出版社 2016 年版）和《民族经济学 40 年》（中国经济出版社 2018 年版）。

第五节　少数民族经济研究热点与未来展望

一、研究热点

中国少数民族经济学科是伴随我国改革开放而兴起的新学科，以我国少数民族和民族地区经济社会发展的重大问题为主要研究内容。根据我国少数民族和民族地区经济社会的发展，中国少数民族经济研究在不同的发展阶段，研究的重点与热点问题既前后继承，又与时俱进。中国特色社会主义已进入新时代，我国的经济社会发展进入新阶段。新时代民族工作的主线是铸牢中华民族共同体意识，也是民族经济研究的基本遵循和新基调、新思路。中国少数民族经济研究要以习近平新时代中国特色社会主义理论为指导，以铸牢中华民族共同体意识为主线，紧紧围绕少数民族和民族地区经济社会发展的重大问题开展研究，为我国少数民族和民族地区同全国一道实现现代化做出应有贡献。

国家社会科学基金的项目指南可以认为是我国人文社会科学一段时期的研究热点。根据全国社会科学规划办发布的"国家社会科学基金项目 2021 年度课题指南"，涉及中国少数民族经济研究的问题有[1]：

习近平生态文明思想与民族地区生态安全研究；铸牢中华民族共同体意识与中国民族理论创新发展研究；"两山"理论与民族地区高质量发展研究；民族地区城镇建设宜居文化、生态养老社区研究；全面小康与民族地区发展不平衡不充分突出问题研究；民族地区巩固脱贫成果工作常态化机制研究；民族地区防止返贫监测和帮扶机制研究；民族地区巩固脱贫成果与乡村振兴有效衔接研究；民族地区巩固脱贫成果与内生发展能力研究；"三区三州"巩固脱贫成果与后续帮扶政策措施研究；少数民族易地扶贫搬迁后续帮扶措施研究；西部地区农牧民相对贫困问题研究；西部地区农村牧区养老、医疗社会保障问题研究；民族地区健全多层次社会保障体系研究；多民族互嵌社区（乡村）共建共治共享研究；基本公共服务均等化与各民族平等共享发展成就研究；西部地区乡村建设行动的民族特色研究；城镇化建设中的地方化、民族性文化风格研究；少数民族传统村落和乡村风貌保护的典型调查研究；民族地区文化产业、生态旅游资源开发研究；全面小康与兴边富民、稳边固边新举措研究；提高民族地区教育质量和水平研究。

从这些选题可以看出，未来一段时期，民族经济研究的热点问题主要有：

（1）铸牢中华民族共同体意识，加快民族地区发展研究。随着"铸牢中华民族共同体意识"

---

① 2021 年度国家社会科学基金项目申报公告［EB/OL］. http://www.nopss.gov.cn/n1/2021/0106/c219469 - 31991309. html.

被确定为新时代民族工作主线，如何"推动中华民族走向包容性更强、凝聚力更大的命运共同体"就成为一个亟待回答的重大理论与实践问题。

（2）促进各民族同步实现现代化问题研究。中国的现代化是全体人民共同富裕的现代化。在实现现代化的进程中，"一个民族都不能少"。促进各民族同步现代化，既事关全国现代化进程，又事关铸牢中华民族共同体意识，具有十分重大的战略意义。确保少数民族和民族地区同全国同步实现现代化，一方面要坚持加快少数民族和民族地区发展，不断消除发展中的不平衡和不充分，不断满足各族群众对美好生活的向往；另一方面要使发展带来共同体意识的提升。这是一个具有重大理论与实践意义的问题。

（3）民族地区多维发展差距问题。发展差距研究一直是民族经济研究的重要问题。经过几十年的发展，民族地区与发达地区的发展差距有了新的特点，表现出新的形式，深入研究民族地区多维发展差距的特征、趋势、机制与有效缩小差距的政策，有重要的理论价值与实践意义。

（4）新发展格局与民族地区高质量发展研究。党的十九届五中全会通过的《中共中央关于制定国民经济和社会发展第十四个五年规划和二〇三五年远景目标的建议》提出，要加快构建以国内大循环为主体、国内国际双循环相互促进的新发展格局。在新发展阶段，民族地区如何贯彻新发展理念、有效地融入新发展格局，是一个具有重大战略意义的课题。

（5）"两山"理论与民族地区高质量发展研究。民族地区集我国的资源富集区、水系源头区、生态屏障区、文化特色区、边疆地区等于一身，是黄河流域生态保护和高质量发展、长江经济带和青藏高原生态安全屏障保护与建设和"一带一路"建设等国家战略的交汇区，对于我国实现"实现碳达峰、碳中和"重大战略决策具有战略意义。

（6）民族地区实现巩固拓展脱贫攻坚成果同乡村振兴有效衔接研究。聚焦民族地区实现巩固拓展脱贫成果同乡村振兴有效衔接的重要意义、理论与实践逻辑和路径及政策支持体系，有重要的理论与实践价值。

（7）民族地区城市群与城镇化问题。相较于全国和发达地区，民族地区城镇化水平较低，工业化滞后，不过从发展阶段看，民族地区进入了城镇化快速推进的阶段。要加强民族地区的城镇化，在民族地区城镇化过程中，有许多问题需要研究，如城镇化的动力机制、城镇化的路径选择、城乡发展一体化等。

（8）城市民族经济问题。改革开放以来，我国进入了各民族跨区域大流动的活跃期，各民族城镇化水平有了很大提高，少数民族的城镇化有本地城镇化，也有跨区域的城镇化。少数民族的跨区域大流动和城镇化，提出了城市民族经济新课题。

（9）少数民族人口经济研究。利用第七次人口普查数据，对我国少数民族人口经济问题展开深入的研究，是近年民族经济研究的一个重要选题。

此外，民族地区防止返贫监测和帮扶机制研究；民族地区巩固脱贫成果与内生发展能力研究；"三区三州"巩固脱贫成果与后续帮扶政策措施研究；民族地区安全与发展问题研究；少数民族易地扶贫搬迁后续帮扶措施研究；西部地区农牧民相对贫困问题研究；西部地区农村牧区养老、医疗社会保障问题研究；民族地区健全多层次社会保障体系研究；多民族互嵌社区（乡村）共建共治共享研究；基本公共服务均等化与各民族平等共享发展成就研究等都是民族经济研究的重要课题。

二、展望

回顾民族经济学研究的历程，我们不难发现，民族经济学研究伴随着改革开放的进程快速成长和发展，形成了具有自身特色的学术体系、研究队伍，是由中国人提出并创建的具有中国特色的新兴学科，是真正意义上的本土化学科，为少数民族和民族地区经济发展提供了重要的理论支持。

民族经济学研究从少数民族和民族地区经济发展的特殊性出发，注重经济发展中的社会公平和协调发展的研究。民族经济学自创建以来，从民族地区改革开放进程中经济社会发展的需要出发，结合民族地区自然、历史、文化等影响和决定的发展环境的特殊性，因地制宜地提出符合其经济发展特点的理论和主张。在研究民族经济发展问题的同时，研究各民族、各地区共同发展、团结互助、共享经济发展利益的机制和路径，把经济发展与社会、环境、文化发展相结合，注重区域、民族间的协调发展。学科产生的背景和性质决定了民族经济学具有显著的问题取向，从研究成果看，大部分为应用型研究。相对于丰富的应用研究，学科基础理论研究较为薄弱，在学科研究的逻辑起点、核心概念、研究对象、研究范式、理论体系等方面存在分歧，今后需要在丰富的应用研究基础上，进一步凝练学科概念、深化研究内容、完善理论体系。从研究范式看，除延续20世纪80年代以经济学规范研究（也有学者认为是政治经济学的研究范式）为主的研究传统外，2000年以后实证研究明显增加，对民族地区经济发展的多个专题做了大量实证研究，使民族经济学研究具有了更明显的经济学范式特点。除了经济学范式的研究外，在中国少数民族经济专业研究生培养体系内，以云南大学为代表的一些单位，以经济人类学的研究范式为主，形成了自己的研究特色。

党的十九大提出中国社会进入新时代，社会基本矛盾的变化为民族经济学研究提出新的要求，也使民族经济学理论创新迎来新的历史机遇。在继续关注和研究民族地区"一带一路""乡村振兴"等问题的基础上，民族经济学研究亟须加强对少数民族和民族地区社会基本矛盾变化的特点、表现形式、变化趋势的研究，并提出具有针对性的理论和对策。党的十九大报告提出"到新中国成立一百年时，基本实现现代化，把我国建成社会主义现代化国家"。少数民族作为中华民族大家庭的重要成员，自然也要"一个都不能少"地共同实现这一宏伟目标。因此，现代化研究作为新时代中国特色社会主义理论的重要组成部分，在民族经济学研究中同样居于重要地位。民族经济学要在现代化理论指导下，根据国家现代化强国建设的总体布局，结合少数民族和民族地区的经济社会发展特点，研究不同地区和民族的现代化模式和路径，丰富中国特色现代化理论，铸牢中华民族共同体意识，为构建中国特色哲学社会科学体系做出贡献。

参考文献

[1] 包玉山，周瑞. 内蒙古草原牧区人地矛盾的加剧及缓解对策 [J]. 内蒙古大学学报，2001 (2)：93 - 98.

[2] 包玉山. 中国少数民族经济：核心概念、概念体系及理论意义 [J]. 民族研究，2010 (5)：30 - 35.

[3] 曹征海，马飚. 起飞前的战略构想 [M]. 北京：民族出版社，1990.

[4] 曹征海. 和合加速论：当代民族经济发展战略研究 [M]. 北京：民族出版社，2005.

[5] 陈达云，郑长德. 中国少数民族地区的经济发展. 实证分析与对策研究 [M]. 北京：民族出版社，2006.

[6] 陈虹，哈经雄. 当代中国经济大辞库·少数民族经济卷 [M]. 北京：中国经济出版社，1993.

[7] 陈庆德，潘春梅. 民族经济研究的理论溯源 [J]. 民族研究，2009 (5)：44 - 47.

[8] 陈庆德. 民族经济学 [M]. 昆明：云南人民出版社，1993.

[9] 陈庆德. 民族经济学的理论发展 [J]. 云南民族学院学报，1993 (1X)：18 - 24.

[10] 陈庆德. 民族经济学构建的历史使命 [J]. 云南社会科学，1994 (3)：38 - 47.

[11] 陈庆德. 民族经济研究的学科体系问题 [J]. 民族研究，2010 (5)：40 - 42.

[12] 陈秋红. 草原生态敏感地区牧户畜牧业生产经营行为及影响因素分析 [J]. 农业技术经济，2010 (11)：65 - 74.

[13] 陈锦山，黄桂嫒，沈奕. 新型全球化与民族地区自贸区建设研讨会综述 [J]. 区域经济评论，2021 (4)：158 – 160.

[14] 陈祖海，丁莹. 民族地区绿色发展水平时空演变及其影响因素分析 [J]. 生态经济，2020，36 (9)：86 – 94.

[15] 邓艾，李辉. 民族经济学研究思路的转变 [J]. 中央民族大学学报，2005 (2)：18 – 27.

[16] 邓艾，等. 甘肃少数民族牧区草原生态产业发展思路与对策 [J]. 开发研究，2003 (4)：34 – 38.

[17] 丁赛，李文庆，李霞. 民族地区精准脱贫退出机制的实施效果及问题——以宁夏永宁县闽宁镇为例 [J]. 宁夏社会科学，2017 (5)：141 – 146.

[18] 丁生喜，王晓鹏. 环青海湖少数民族地区城镇化开发战略研究 [J]. 兰州大学学报，2013 (2)：127 – 131.

[19] 鄂西民族经济编辑部. 民族经济学 [M]. 南宁：广西民族出版社，1990.

[20] 樊胜岳，聂莹，郑秋亚. 我国民族地区生态建设项目的公共价值绩效评价——以内蒙古奈曼旗为例 [J]. 中央民族大学学报，2015 (5)：86 – 93.

[21] 高新才，滕堂伟. 西北民族地区经济发展差距及其产业经济分析 [J]. 民族研究，2006 (1)：21 – 30.

[22] 高言弘，费怀信. 论建立民族发展经济学 [J]. 广西民族研究，1989 (3)：136 – 140.

[23] 高言弘. 民族发展经济学 [M]. 上海：复旦大学出版社，1990.

[24] 郭承康. 市场经济体制改革中的牧区经济发展问题 (《共同富裕之路》第二卷) [M]. 北京：经济科学出版社，1996.

[25] 郭凡生，潘照东，曹征海. 摆脱贫困的思考 [M]. 北京：技术经济导报社，1986.

[26] 郭凡生，朱建芝. 西部开发与"西部理论" [J]. 科学管理研究，1985 (5)：8 – 10.

[27] 郭家骥. 论民族地区的经济体制 [J]. 科学·经济·社会，1989 (6)：365 – 368.

[28] 郭海霞，曾刚. 民族文化认同研究热点与前沿的知识图谱分析——基于 CSSCI (1998 – 2020) 数据 [J]. 西南民族大学学报 (人文社会科学版)，2021，42 (4)：223 – 233.

[29] 郝时远. 习近平新时代中国特色社会主义思想与民族工作 [J]. 民族研究，2017 (6)：1 – 11，123.

[30] 何钟秀. 论国内技术的梯度转递 [J]. 科学管理，1983 (1)：16 – 19.

[31] 黄健英，于亚南. 改革开放 40 年民族经济学的发展 [J]. 民族研究，2018 (6)：28 – 42.

[32] 黄健英. 当代中国少数民族地区经济史 [M]. 北京：中央民族大学出版社，2016.

[33] 黄健英. 论三次飞跃——中国少数民族地区通向市场经济之路 [M]. 北京：中央民族大学出版社，1994.

[34] 黄健英. 民族经济学 40 年 [M]. 北京：中国经济出版社，2018.

[35] 黄绍文，等. 农村体制变迁对哈尼梯田及生态的影响 [J]. 云南民族大学学报，2009 (1)：65 – 68.

[36] 黄万纶，李文潮. 中国少数民族经济教程 [M]. 太原：山西教育出版社，1998.

[37] 黄万纶. 论少数民族经济的研究对象 [J]. 青海社会科学，1983 (1)：22 – 26.

[38] 贾晔. 民族经济学学科建设管见 [J]. 广西民族研究，1992 (1)：1 – 8.

[39] 李甫春. 发展商品生产是繁荣民族地区经济的重要途径 [J]. 民族研究，1980 (2)：18 – 22，47.

[40] 李甫春. 旧中国少数民族地区商品经济不发达根源追溯 [J]. 广西社会科学，1986 (1)：166 – 180.

[41] 李甫春. 努力建设民族经济中心 [J]. 广西民族研究，1985a (1)：1 – 15.

[42] 李甫春. 努力克服少数民族中制约商品经济发展的消极因素 [J]. 改革与战略，1985b (1)：1 – 14.

[43] 李甫春. 中国少数民族地区商品经济研究 [M]. 北京：民族出版社，1986.

[44] 李杰，苏丹丹，李忠斌. 少数民族特色村寨建设过程评价指标体系研究 [J]. 广西民族研究，2016 (5)：23 – 31.

[45] 李俊杰，陈莉. 民族地区税收优惠政策调整方向和建议 [J]. 中南民族大学学报，2009 (1)：138 – 143.

[46] 李俊杰，耿新. 民族地区深度贫困现状及治理路径研究——以"三区三州"为例 [J]. 民族研究，2018 (1)：47 – 57.

[47] 李曦辉. 全球化中国版之"一带一路"支撑理论研究——兼论民族经济学的时代价值 [J]. 区域经济评论，2017 (6)：62 – 73.

［48］李玉虹．边境贸易是沿边民族地区发展社会主义市场经济的重要途径［J］．黑龙江民族丛刊，1997 (4)：53 - 55.

［49］李忠斌，刘阿丽．武陵山区特色村寨建设与民宿旅游融合发展路径选择——基于利川市的调研［J］．云南民族大学学报，2016 (6)：108 - 114.

［50］李忠斌，郑甘甜．论少数民族特色村寨建设中的文化保护与发展［J］．广西社会科学，2014 (11)：185 - 189.

［51］李忠斌，郑甘甜．民族地区新型城镇化发展的现实困境与模式选择［J］．民族研究，2017 (5)：27 - 41.

［52］李忠斌．关于民族经济学研究中几个问题的讨论［J］．中南民族大学学报，2003 (1)：38 - 40.

［53］李忠斌．论特色与优势学科在人才培养中的作用——以民族经济学为例［J］．科技创业月刊，2015 (23)：113 - 115.

［54］李忠斌．民族地区精准脱贫的"村寨模式"研究——基于10个特色村寨的调研［J］．西南民族大学学报，2017 (1)：9 - 16.

［55］李忠斌．民族经济发展新论［M］．北京：民族出版社，2002.

［56］李竹青，那日．中国少数民族经济概论（新编本）［M］．北京：中央民族大学出版社，1998.

［57］李竹青．西藏经济的发展与对策［M］．北京：民族出版社，1990.

［58］林江．民族经济学视野下的传统医药产业［J］．中央民族大学学报，2005 (1)：26 - 30.

［59］刘小珉．多维贫困视角下的民族地区精准扶贫——基于CHES2011数据的分析［J］．民族研究，2017 (1)：36 - 46.

［60］刘永佶，李克强．中国民族地区经济发展报告［M］．北京：中国社会科学出版社，2011.

［61］刘永佶．民族经济学［M］．北京：中国经济出版社，2008.

［62］刘永佶．民族经济学的主体、对象、主义、方法、主题、内容、范畴、体系［J］．中央民族大学学报，2007 (5)：27 - 37.

［63］刘永佶．中国少数民族经济学［M］．北京：中国经济出版社，2008.

［64］龙远蔚．关于少数民族经济概念的讨论［J］．民族研究，2010 (5)：43 - 44.

［65］龙远蔚．民族地区农村商品经济发展中的非经济障碍问题［J］．民族研究，1987 (2)：17 - 24.

［66］龙远蔚．民族经济研究30年概述［J］．内蒙古师范大学学报，2009 (4)：59 - 64.

［67］龙远蔚．少数民族经济研究的回顾与展望［J］．民族研究，1998 (5)：28 - 36.

［68］龙远蔚．中国少数民族经济研究导论［M］．北京：民族出版社，2003.

［69］吕俊彪．民族经济发展中的文化调适问题［J］．广西民族大学学报，2003 (3)：152 - 156.

［70］罗康隆，田广．论经济人类学中国本土化实践及理论贡献［J］．中央民族大学学报，2014 (3)：57 - 66.

［71］洛桑·灵智多杰．青藏高原环境与发展［M］．北京：中国藏学出版社，1996.

［72］马飚．中国民族地区市场经济的理论和实践［M］．南宁：广西人民出版社，1995.

［73］那日．中国西部地区市场经济的培育和运作［M］．北京：民族出版社，1994.

［74］潘照东．从三重错位走向协调发展——论民族地区经济体制改革模式的选择［J］．民族研究，1988 (2)：4 - 10.

［75］沈道权．民族地区特色农业发展论［M］．北京：民族出版社，2007.

［76］沈万根，马冀群．习近平精准扶贫思想在民族地区的实践［J］．科学社会主义，2018 (2)：102 - 108.

［77］施琳．论中国民族经济学之路——发展轨迹与理论创新［J］．黑龙江民族丛刊，2006 (1)：57 - 61.

［78］施正一．民族经济学导论［M］．北京：民族出版社，1993.

［79］施正一．民族经济学和民族地区的四个现代化［M］．北京：民族出版社，1987.

［80］施正一．民族经济学教程（修订本）［M］．北京：中央民族大学出版社，2001.

［81］施正一．民族经济学教程［M］．北京：中央民族大学出版社，1996.

［82］施正一．少数民族地区更要加快自然经济向商品经济的转化进程——《关于经济体制改革的决定》学习体会［J］．中国民族，1985 (1)：10 - 12.

［83］施正一．西部少数民族地区经济发展的"加速战略"［J］．中国民族，1986 (11)：6 - 8.

[84] 施正一. 制订少数民族地区经济发展战略规划必须正确认识共同性与特殊性的辩证关系 [J]. 中央民族学院学报, 1983（2）: 19 – 23.

[85] 施正一. 中国西部民族地区经济开发研究 [M]. 北京: 民族出版社, 1988.

[86] 石通扬. 走向市场之路 [M]. 北京: 中央民族大学出版社, 1996.

[87] 宋才发. 中国少数民族经济法通论 [M]. 北京: 中央民族大学出版社, 2006.

[88] 童浩. 民族经济学 [M]. 南宁: 广西人民出版社, 1990.

[89] 涂裕春, 刘彤. 民族地区口岸经济发展预判——基于"一带一路"建设的分区域类型研究 [J]. 西南民族大学学报, 2016（1）: 162 – 166.

[90] 汪姣. 乡村振兴战略下的民族地区旅游可持续扶贫研究 [J]. 农业经济, 2018（8）: 30 – 32.

[91] 王建红. 对民族经济学研究"冷"与"热"的思考 [J]. 广西民族研究, 2010（1）: 146 – 150.

[92] 王孔敬. 中国少数民族经济硕士点建设现状、问题与对策研究 [J]. 贵州民族研究, 2016（11）: 241 – 244.

[93] 王平. 民族地区新型城镇化的路径与模式探究——以甘肃省临夏回族自治州临夏市为个案 [J]. 民族研究, 2014（1）: 50 – 59.

[94] 王文长. 关于民族经济学研究的几个问题 [J]. 民族研究, 1999（4）: 49 – 57.

[95] 王文长. 论民族视角的经济研究 [J]. 民族研究, 2005（4）: 17 – 22.

[96] 王文长. 民族视角的经济研究 [M]. 北京: 中国经济出版社, 2008.

[97] 王文长. 少数民族地区经济发展结构·模式·未来 [M]. 北京: 民族出版社, 1990.

[98] 王文长. 我国西部少数民族地区经济发展战略目标及突破口 [J]. 贵州民族研究, 1987（2）: 1 – 7.

[99] 王燕祥. 经济人类学与民族经济学 [J]. 中央民族大学学报, 1998（3）: 81 – 86.

[100] 王萍. 新时代多民族地区生态扶贫: 现实意蕴、基本路径与困境溯因——基于生态文明视角 [J]. 新疆社会科学, 2019（3）: 123 – 130 + 150.

[101] 王希恩. 中华民族建设中的认同问题 [J]. 西南民族大学学报（人文社科版）, 2019, 40（5）: 1 – 9.

[102] 温军. 民族与发展——新的现代化追赶战略 [M]. 北京: 清华大学出版社, 2004.

[103] 温军. 中国少数民族经济政策的演变与启示 [J]. 贵州民族研究, 2001（2）: 14 – 20.

[104] 文晓国, 李忠斌, 李军. 论特色村寨建设中社区居民利益保障机制及实现方式 [J]. 贵州民族研究, 2016（5）: 27 – 32.

[105] 乌日. 论中国少数民族经济学科的概念关系 [J]. 民族研究, 2010（5）: 45 – 47.

[106] 乌小花, 郝囡. 中国特色马克思主义民族理论的新发展——习近平民族工作思想解读 [J]. 民族研究, 2017（4）: 1 – 10.

[107] 吴开松, 张雄. 民族八省区城镇化发展质量研究 [J]. 中国人口·资源与环境, 2016（6）: 148 – 154.

[108] 夏禹龙, 刘吉, 冯之浚, 张念椿. 梯度理论与区域经济 [J]. 科学学与科学技术管理, 1983（2）: 5 – 6.

[109] 谢丽霜, 李文潮. 市场化进程中的民族经济——问题与抉择 [M]. 南宁: 广西人民出版社, 1995.

[110] 谢丽霜. 产业梯度转移滞缓原因及西部对策研究 [J]. 中央民族大学学报, 2005（5）: 11 – 16.

[111] 谢丽霜. 民族地区农村金融与经济协调发展研究 [J]. 北京: 中国经济出版社, 2008.

[112] 许少辉, 董丽萍. 论乡村振兴战略下传统村落的产业发展 [J]. 民族论坛, 2018（2）: 64 – 67.

[113] 杨堃. 论拉法格对民族学与经济民族学的贡献 [J]. 思想战线, 1985（1）: 34 – 40.

[114] 杨思远. 蒙古族经济史 [M]. 北京: 中国社会科学出版社, 2016.

[115] 杨旭, 金炳镐, 盖守丽. 习近平总书记生态文明思想及其在民族地区的实践路径 [J]. 黑龙江民族丛刊, 2017（4）: 1 – 8.

[116] 杨春娥, 赵君. 少数民族特色村寨振兴的实践困境及路径探索——基于鄂西南民族地区的考察 [J]. 民族学刊, 2020, 11（6）: 17 – 28 + 152 – 154.

[117] 杨红娟, 李瑶康. 少数民族贫困地区生态文明建设路径选择及优化 [J]. 长江流域资源与环境, 2020, 29（5）: 1095 – 1109.

[118] 姚石, 杨红娟. 少数民族贫困地区生态文明建设的有效路径研究 [J]. 经济问题探索, 2018（11）:

52－57.

[119] 叶坦. 全球化、民族性与新发展观——立足于民族经济学的学理思考 [J]. 民族研究, 2005 (4): 10－16.

[120] 于光远. 关于研究少数民族地区经济发展战略的几点意见、少数民族经济的现代化 [M] //中国少数民族经济研究会. 民族经济学研究: 第三、四集合刊. 银川: 宁夏人民出版社, 1987.

[121] 于光远. 少数民族地区经济和少数民族经济 [M] //中国少数民族经济研究会. 民族经济学研究: 第1集. 银川: 宁夏人民出版社, 1983.

[122] 于光远. 少数民族经济的现代化 [J]. 中央民族学院学报, 1986 (2): 4－9.

[123] 于光远. 要开展对少数民族地区经济发展战略的研究 [J]. 经济问题探索, 1983 (9): 21－24.

[124] 张春敏, 梁茵. 民族生态文化与民族地区低碳发展的互动关系研究 [J]. 云南社会科学, 2016 (1): 55－59.

[125] 张冬梅. 中国民族地区经济政策的演变与调整 [M]. 北京: 中国经济出版社, 2010.

[126] 张海燕, 王忠云. 产业融合视角下的民族文化旅游品牌建设研究 [J]. 中央民族大学学报, 2011 (4): 17－23.

[127] 张家寿. 加快民族地区经济社会发展的金融支持体系研究 [M]. 北京: 人民出版社, 2010.

[128] 张锦鹏, 苏常青. 少数民族经济发展进程中非正式制度约束分析 [J]. 中央民族大学学报, 2003 (3): 15－19.

[129] 张克武, 周严. 论我国少数民族地区的对外开放 [J]. 民族研究, 1996 (1): 1－10.

[130] 张克武. 社会主义市场经济与民族地区建设 [M]. 北京: 经济管理出版社, 1995.

[131] 张磊. "一带一路"战略与中国少数民族地区社会经济发展 [J]. 中央民族大学学报, 2016 (4): 70－77.

[132] 张丽君, 吴本建, 王润球. 中国少数民族地区扶贫进展报告 2016 [M]. 北京: 中国经济出版社, 2018.

[133] 张丽君, 杨秀明. 基于学科发展史视角的"民族经济学"学科评述与展望 [J]. 中央民族大学学报, 2016 (4): 43－52.

[134] 张永岳, 张传勇, 胡金星. "一带一路"战略下民族地区新型城镇化路径探讨 [J]. 西南民族大学学报, 2017 (1): 145－150.

[135] 张跃平, 等. 金融支持与西部地区经济发展 [M]. 北京: 民族出版社, 2007.

[136] 章文光, 田茂运. "一带一路"建设与民族地区经济发展契合性分析 [J]. 新视野, 2017 (1): 47－52＋75.

[137] 张琦, 张涛, 贺胜年. 供给侧改革视角下民族地区产业精准扶贫的路径探索 [J]. 西南民族大学学报 (人文社科版), 2019, 40 (1): 97－104.

[138] 钟洁, 皮方於. 西部民族村寨旅游业发展促进乡村全面振兴的逻辑与路径 [J]. 民族学刊, 2020, 11 (5): 1－6＋127－128.

[139] 郑长德, 单德朋. 集中连片特困地区多维贫困测度与时空演进 [J]. 南开学报, 2016 (3): 135－146.

[140] 郑长德. "三区""三州"深度贫困地区脱贫奔康与可持续发展研究 [J]. 民族学刊, 2017 (6): 1－8, 95－97.

[141] 郑长德. 中国民族地区自我发展能力构建研究 [J]. 民族研究, 2011 (4): 15－24.

[142] 郑长德. 中国少数民族地区包容性发展研究 [J]. 西南民族大学学报, 2011 (6): 120－127.

[143] 郑长德. 中国少数民族地区包容性绿色发展研究 [M]. 北京: 中国经济出版社, 2016.

[144] 郑长德. 中国少数民族地区的后发赶超与转型发展 [M]. 北京: 经济科学出版社, 2014.

[145] 郑长德. 中国少数民族地区金融中介发展与经济增长关系研究 [J]. 西南民族大学学报, 2007 (1): 54－58.

[146] 郑长德. 中国少数民族地区经济发展报告 (2015) ——"一带一路"与民族地区的发展 [M]. 北京: 中国经济出版社, 2016.

［147］郑长德. 中国少数民族人口经济研究［M］. 北京：中国经济出版社，2015.

［148］郑长德. 中国西部民族地区的经济发展［M］. 北京：科学出版社，2009.

［149］中国少数民族经济研究会，中央民族学院少数民族经济研究所. 民族经济学研究（第二集）［M］. 银川：宁夏人民出版社，1984.

［150］《中国少数民族经济概论》编写组. 中国少数民族经济概论［M］. 北京：中央民族大学出版社，1985.

［151］中国少数民族经济研究会，中央民族学院少数民族经济研究所. 民族经济学研究（第一集）［M］. 银川：宁夏人民出版社，1983.

［152］朱宏伟. 民族经济研究概论［M］. 广州：中山大学出版社，2016.

［153］庄万禄. 中国少数民族经济学科建设再思考［J］. 民族研究，2010（5）：36 – 39.

［154］庄万禄. 中国少数民族经济研究论纲［M］. 北京：民族出版社，2013.

第十七章 区域文化研究

30 年来我国的区域文化建设经历了从摸索到逐步完善的过程，区域文化的学术研究也逐渐成为学术界的一大热点，研究成果的数量逐年上升，研究角度与内容也呈现多元化的特点，并逐步建立了区域文化理论研究的思想格局。本章通过对近 30 年来我国区域文化文献的梳理，分析总结当前区域文化研究的发展趋势及各种专题理论研究的现状，同时对研究的方法论以及应用价值进行简要分析，为深入推动和深化区域文化理论研究提供一个基础框架。

第一节　区域文化研究的定位与理论格局

区域文化研究是一项系统的思想工程和理论建设。它先要解决的是对区域文化基本概念和范畴理论研究的思想定位，即解决研究对象与研究边界的问题。人们对区域文化理论的认识会随着社会历史的发展而变化，呈现出开放、多元和动态性的理论表现形态和思想认识格局，这是区域文化研究的必然性。同时，对区域文化概念理论和研究范畴进行学术定位显得非常重要，这是区域文化研究的基础理论问题，也是区域文化思想发展的基本点。

一、基本概念与理论范畴

有关区域文化概念的定义研究和理论范畴的界定，始终受到学者们的密切关注。双传学（2006）认为，区域文化是指区域成员通过开展实践活动而创造出来的一切物质和精神的财富的总和。它是一个多层次、多结构的有机复合体，可以分为区域物质文化、区域制度文化和区域精神文化。林艺和刘涛（2015）认为，区域文化是一种以文化区为载体，由具有区域性和差异性特征的各种文化要素依据不同的分类标准、依据组合而成的，具有多类别性、多层次性的特殊文化类型。总之，区域文化是人类在漫长的历史进程中和不同的社会变革中，在特定的自然区域或地理区域内，逐渐形成的生产生活方式、人文社会结构和生态环境条件，由此而构成区域文化的表现形态，也是对区域文化理论研究的思想范畴。

具体来说，区域文化形态的构成，首先是以人类发展对自然、对社会以及对自我生命的使然，而不断变化与形成的人文性文化格局；其次是以生态进化对环境、对地理以及对生存条件的使然，而恒久保护与延续的自然性文化构成；最后是以生产进步对历史、对现实以及对生活方式的使然，而一直更迭和置换的社会性文化形态。由此可以推论出区域文化的关键概念与主要范畴，建立区域文化理论的思想格局。如"人类与人文""自然与生态""社会与生产""自我与生命""现实与生活""地域与环境""文化与历史""地方与资源"等互为性概念组群，并相互交叉、结构与整合为具有系列化、立体性的思想形态，也由此而生发出更为具体和更为细化的子概念与分支范畴。概言之，区域文化作为区域科学的分支学科，是以人类的人文性形态为主体思想结构、以生态的自然性形态和生存的社会性形态为双驱动力机制，三向度互为支撑，形成区域文化理论研究的闭环状态、完形结构与思想格局。

区域文化科学的特点是多向度的。从整体上看，区域文化科学是对一个特定的自然地域和社会区域内，人类改造自然、建构社会和完善自我的一种文化觉悟与思想行为。它包含着人类对生态自然改造的文化理念，对社会生产方式的文化变革，对现实生活状态的文化超越等一切创造性的人文性质的活动，并具有进化性的历史发展和社会进步特征。具体而言，区域文化科学又是一个无所不包、无处不在、无时不有的文化存在形态。它是人类对地域性自然文化生态、区域性社会文化存在和自我性生命文化存在认知的科学系统。从理论上说，区域文化科学具有感性、动态、系统和多元的屈伸系统，其最为敏感的文化触觉已经深化到人们对区域社会结构、地域自然地理与地方种群生活的各种问题之中。从实践上说，区域文化科学的人文性、自然性、社会性以及自为性的思想思维及其行为方式，是人类自觉保护生态自然、和谐社会存在、完美自我生命的一种创造性生产活动。区域文化科学历史的发展，不仅产生了人类对区域文化的思想和理论系统，还物化了具有区域文化特征的人类生活与生产方式。

二、整体思想与研究格局

以党的十一届三中全会为标志，我国学术理论界进入了一个思想解放、理论进步、学术发展的新时期。人们对文化的关注走进一个开放、多元和立体的新空间。区域文化研究也与时俱进，开拓进取，以宽阔的视野、博大的胸襟和包容的气魄，开始建构一个面向全球、立足中国、突出特色、多元思维的思想体系。

20世纪80年代初期，学术界兴起文化研究的热潮。这股文化热的总体趋势，是对人类创造的文化历史的肯定，对文化介入当代生活的积极思维，是对文化从理论研究向社会实践的转换。包含其中的区域文化研究也由对区域文化民族历史传统的梳理，开始关注区域自然与社会文化发展的现实；不仅注意文化基础理论的思考，还开始探讨区域文化本体理论；不仅关注区域文化的本土形态，还注重异域文化思想的引进和借鉴。20世纪80年代初期的文化热直接影响并形成了区域文化研究对文化形态多样性和开放性上的理论思考。新时期区域文化形成的开放性、多元化、多样态理论格局，引导人们在实践中更加关注文化发展的区域性融合、地方性交流、本土性建设与多向度发展，保持求同存异、共同发展、多元意识的思想格局。

进入21世纪，新时代区域文化研究在自觉整合多学科文化研究的同时，呈现出强烈的文化自觉与文化自信状态，并渐趋形成以中华优秀传统文化为核心意识的区域文化思想理论。经济全球化、社会信息化、科技数字化等历史变革，带动了世界范围内各种文化之间更加频繁的交流与互动，文化领域的"多元一体"格局初步形成。

区域文化的自觉意识建立在对区域文化优秀传统的保护与继承上，建立在对区域文化历史价值的肯定与坚持上，建立在对区域文化特色发展的开发与应用上，建立在对区域文化民族精神的弘扬与传播上。文化自觉来自于文化自信。党的十九大报告指出，要坚定文化自信，扩大中华优秀传统文化的民族自信心和国际影响力，促进中华民族文化的伟大复兴。习近平总书记的文化观最鲜明的特点，就是集中体现在多向度观照中华文明和中华文化、深刻把握中国特色社会主义文化根基、大力促进人类文明交流互鉴上。文化自信与文化自觉是新时代区域文化思想最鲜明、最核心的价值观念。

区域文化自觉观是当代先进与优秀文化观的重要范畴，是当前研究区域文化的主要理论和思想。文化自觉是人的主体自觉性在文化发展上的体现，是加快文化改革发展的内在驱动，是加强社会主义精神文明建设，建设社会主义文化强国必备的思维品质和实践精神。文化自觉是对文化的自我觉醒、自我反思和理性审视。真正的区域文化自觉，是对区域文化的组成要素和总体构成，对区域文化的历史、现实与未来作全面、客观的分析和认识，是对区域传统文化积极因素和消极因素的辩证分析和科学认识，并以此了解和认识其他文化，处理好本土文化与外来文化的关系。

第二节　区域文化研究的发展阶段与专题领域

自 20 世纪 80 年代以来，以区域历史研究为开端，区域研究组织和以区域研究为主旨的各种著述与观点不断涌现，"区域文化"成为影响区域社会发展的重要因素，研究它的深层问题变得至关重要。自此学术界有关区域文化的相关研究成果渐次丰富，内容涉猎广泛，许多研究成果为区域文化的发展与实践提供了理论指导。

一、区域文化研究的阶段分析

为了客观再现我国学术界对区域文化产业研究的发展概况，本章以"区域文化"为关键词对中国学术期刊网全文数据库进行检索。从 1990 年起，将各年的论文数量进行整理，结果如图 17-1 所示。

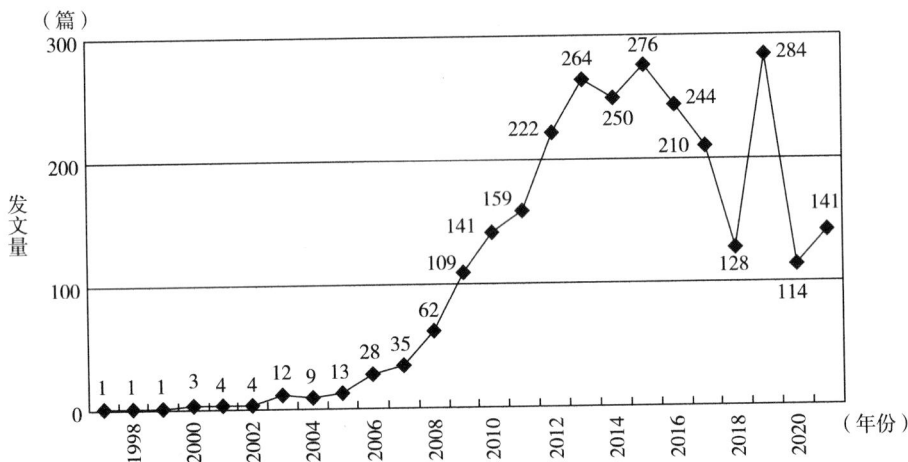

图 17-1　基于中国学术期刊网的"区域文化"论文数量变动趋势

从图 17-1 可以看出，中国区域文化的研究成果数量在 30 年间整体呈上升趋势，最近几年还呈现出跳跃式发展。按研究时序与程度划分，可将中国区域文化研究分为三个阶段：1990～2000 年、2001～2010 年、2011 年及以后。

1990～2000 年为区域文化研究的起步阶段。从 20 世纪 80 年代末到 90 年代处于区域文化研究的起步阶段，研究数量较少，研究专题多为某一具体区域内文化的人文精神与具体特征的分析，基本延续着 80 年代初期中国"文化热"中有关区域文化的问题。某些深入具体区域文化特色的研究还是保持着鲜明的理论特色的。如衣保中以长白文化为研究对象，叶岱夫等（1989）

以岭南文化为研究对象的区域文化研究。

2001～2010年为区域文化研究的发展阶段。自21世纪以来，特别是从第十一个"五年规划"开始，国家加强对区域发展的指导，陆续出台了批复"珠江三角洲地区改革发展规划纲要""中原经济区发展规划"等多个区域性政策文件，为区域文化的发展提供了动力，研究成果逐渐增多。主要体现在对区域文化解读范围的增多，开始关注区域文化差异与旅游产业、区域文化与经济关系、区域文化竞争力等方面的研究。如张文建（2001）、吴永江（2008）以区域文化为背景，探求区域文化差异与旅游的关系，提出开发不同区域特色旅游的建议。钟韵和阎小培（2003）以粤港澳文化整合作为探讨三地合作的新视觉，强调区域文化整合在区域经济发展中的地位。渠爱雪和孟召宜（2004）提出区域文化应不断发展与创新，并通过整合效应和超越性功能促进区域持续发展。

2011年及以后为区域文化研究的快速发展阶段。《国家"十二五"时期文化改革发展规划纲要》指出坚持社会主义先进文化前进方向，弘扬中华文化，建设和谐文化，发展文化事业和文化产业、《国家"十三五"时期文化发展改革规划纲要》提出的"促进文化繁荣全面发展，建设社会主义文化强国"战略目标等一系列政策内容，成为了区域文化研究的强大推力，促进了学术界对区域文化的研究，研究理论的探索、研究区域的扩大、研究内容的挖掘等方面都有了很大的进展，区域文化研究得到快速发展。主要研究内容有区域文化特色挖掘与利用、基于特色文化资源发展区域特色文化产业、构建区域文化发展的经济模式、分析区域差异性及区域间相互关系等。此阶段的研究更加注重实证研究、注重研究的客观性、注重理论与实践结合等，如高莉莉和顾江（2013）以新钻石模型为理论基础，对如何构建区域文化产业竞争力指标体系进行实证分析，探讨江苏文化产业竞争力的特征，提出提升江苏文化产业的长效发展以及竞争力措施。马健（2019）基于特色文化产业发展的逻辑模型，提出了人力资源要素导向的区域特色文化产业发展战略，以成都为例阐释了区域特色文化产业发展过程中具有一定普遍性的特点和规律。

二、区域文化研究的专题分析

基于区域文化近30年内的理论研究成果，根据其内容的不同进行系统分类，将其归纳为区域文化划分、区域文化产业、区域文化差异、区域文化竞争力四个研究专题。

1. 区域文化划分

区域文化是由生活共同体共同创造的，不同的区域因自然、人文条件的差异及区域生活共同体的不同，导致区域文化特征各异。对于区域文化的界定上，存在着不同角度的学术观点。张强（2016）认为区域文化是在历史中形成的，以自然地理和经济地理为基础，在政区划分和建设的过程中实现的，区域文化有接受和认同其他区域文化的传统，其边界往往超出政区。从汉文化的角度来看，有的学者将其分为沿海文化区、内地文化区和西部文化区，这三大文化区自东向西依次更替，南北延伸。从考古学的角度来看，苏秉琦（1981）提出"区系类型"，将中国地区的考古文化划分为六大区系：以长城南北地带为中心的北方、以山东为中心的东方、以关中、晋南、豫西为中心的中原、以环太湖为中心的东南部、以环洞庭湖与四川盆地为中心的西南部、以鄱阳湖—珠江三角洲一线为中轴的南方。还有一些学者对具体某一区域文化进行研究，周欣（2007）提出江苏省内区域文化的形成渊源、地区的辐射力大小强弱、区域文化的核心区域所在地等问题是提升江苏区域文化研究需要解决的关键问题。衣保中和吴祖鲲（1997）根据长白区域内的资源禀赋，分析得出长白文化独特的内涵与特色。

2. 区域文化产业

随着我国文化产业蓬勃发展，区域文化产业研究也十分活跃，研究成果丰硕，与区域文化产业发展实践相得益彰。

区域文化产业研究涉及层面广泛，在宏观层面主要是整体区域布局和发展战略的研究。徐萍（2007）通过构建文化产业发展水平指标体系，揭示我国各地区文化产业发展水平、发展特点及存在的问题。戴俊骋等（2018）基于前人的观点，利用"规模－效率"二维框架分析得到中国文化产业整体呈现东部规模与效率具有全面优势，中西部地区需要整体提升的空间格局，提出不同区域可结合规模—效率模型推进差异化发展和特色文化资源开发。花建（2014）提出"4＋3"的区域文化产业战略研究框架，即资源培养力、创新驱动力、市场拉动力、国际合作力四个要素。微观层面针对区域特色文化产业具体业态和发展模式进行研究，周智生（2007）以丽江为例，提出在"人有我特"的基础上整合重构区域非主体民族的文化旅游资源，并以此为基础设计开发新的文化旅游产品进而发掘塑造出新的文化旅游形象。谢梦和孟召宜（2019）以江苏大风乐器为案例，运用文本分析法，从微观角度去探寻区域特色文化产业的形成机理，认为地域文化是区域文化产业形成的背景支撑，可以有效地提升文化产品的内涵、从而形成特色文化产业。袁玥赟和张世明（2020）构建长三角文化产业发展水平评价指标体系，收集整理官方发布的权威数据，用熵值法进行实证研究后发现，长三角区域文化产业正在向协调发展演变。

3. 区域文化差异

区域文化差异一方面体现在区域文化在空间上被"区域"框定，另一方面体现在它的形成、彰显和变迁依托历史的沉淀、传统的影响及时代的机缘。区域间文化差异的实践与运用也是推动区域文化发展的有效途径，范立娜（2020）以江苏运河城市不同区域旅游纪念品的视觉形象为例，从视觉传达视角、运用图像学进一步分析、阐释视觉图像的三个层次级别，提出纪念品在视觉图像上要符合区域审美习惯，把握地域性。区域文化差异也推动了区域间的对话，张文建（2001）通过对华东地区的吴越文化和西南地区的滇黔文化的对比，探求区域文化差异性及其对旅游的影响，提出开发不同区域特色旅游的建议，以促进实现区域旅游互动，推动西部旅游大开发。张佑林和王成菊（2010）从区域文化差异对经济的影响上，对鲁浙两省近年来的产业构成比例、技术创新情况等方面的实证分析，归纳出山东文化中不利于经济发展的部分，并据此提出了通过文化变革、建立市场经济理念、吸取浙江文化中开放创新、敢于冒险的精神、鼓励创新创业、大胆开拓海外市场等方面促进山东经济发展。李烨和张广海（2017）从区域文化差异、企业战略与文化产业成长性之间的关系上入手，通过构建层次回归模型，指出区域文化观念具有负向调节效应，区域文化发展水平越高，越不利于营销战略激进型企业的成长，区域间的文化差异会导致市场营销投入的回报率产生差异。

4. 区域文化竞争力

随着我国在文化建设方面不断探索，"建设社会主义核心价值观""提高文化软实力""建设文化强国"等文化战略的提出，区域文化的发展也迎来了很大的机遇，提升区域文化竞争力，推动区域文化事业与文化产业的进一步发展，也是学术界高度关注的议题。

在对区域文化竞争力的理解，赵秀玲和张保林（2008）认为区域文化的突出特点在于区域文化的差异性，与其他地区对比，彰显出文化的独特性，突出该区域特有文化魅力，才是区域文化竞争力优势展现的基础。花建（2005）认为，文化产业竞争力是指通过对生产要素和资源的高效配置和转换，稳定、持续地生产出比竞争对手更多、更好的财富的能力，它不仅表现为市场竞争中现实的产业实力，而且还表现为可预见的未来的发展潜力。在对区域文化竞争力的分析上，李雪茹（2009）基于VRIO模型，构建了一套新的区域文化产业竞争力评价体系，突出文化产业的发展潜力、创新性和稀缺性等评价时的特性，明确了众多影响要素的层次关系和作用结构，以更加客观、全面地反映我国文化产业的发展情况。还有一部分学者针对某一区域进行实例分析与评价，孟展等（2019）通过构建区域文化综合竞争力评价体系，对河南省区域文化综合竞争力进行实证评价，得出河南省优势资源与文化事业落后等短板。对于提升区域文化竞争力途径上，王健（2016）以藏族文化产业为研究对象，结合相关理论的基础上，使用"钻石模型"从企业战略、相关产业、生产要素、需求条件以及政府机遇等维度对藏族文化创意产业竞争力进行评价，提出了转化文化资源，打造优质文化品牌、改革文化管理体制，完善企业文化制度、人力资源合理化应用等建议以提升区域文化竞争力。李慧和吴翠花（2012）提出，为进一步提升区域文化产业竞争力，针对性地实施扩大产业规模、拓宽融资渠道、提高科技含量、加快人才培养、优化发展环境等对策。

综上所述，30年来区域文化的研究取得了很多丰硕的成果。通过对已有文献的分析、梳理来看，呈现以下三个特点：①专题的研究更加广泛，区域文化研究的角度更加多元。②学术研究受政策影响较大，近几年的政策内容对于文化的关注度逐年提升，其内容也成了学术界关注与研究的焦点，相关区域文化的研究也会结合具体区域内的文化、政策规定进行研究。③研究方法、分析工具更加多样、客观，比如，建立使用"钻石模型"和构建相关评价体系等。

第三节　区域文化研究的跨学科交叉与综合

当代区域文化研究领域不断拓宽与深化，跨学科的交叉研究、综合性的宏观研究、多元化的立体研究成为思想特色，尤其是将人文区域、自然区域与社会区域进行整合性的文化思考，使区域文化理论体系在不断拓展中得到极大的丰富与完善。

一、区域文化经济理论助力地方文化产业发展

区域文化经济理论的应用研究，基本包括对地方文化经济发展的路径、地方文化遗产资源的开发、地方文化产业结构的调整和地方文化产品市场的规划等问题。自然生态文化与人类人文文化资源是地方文化经济产业发展的前提条件。地方文化经济作为区域文化形态的存在方式，是影响社会经济文化的重要因素。地方文化产业在区域文化经济理论的指导下，参与社会发展与市场经济，具有其他经济形式和生产方式不可替代的作用，而地方文化产业也必然会成为区域文化经济运行的重要表现形式。

尤其在经济全球化背景下，区域文化经济特色已经成为影响当代国际经济格局、文化发展秩序，甚至包括国际关系变动的力量。区域文化经济理论研究对于制定国家文化发展战略，树立中华文化的国际形象，发挥文化经济的市场功能，融进全球文化经济循环等，具有重要的应用价值和思想意义。

二、创意文化经济理论引导传统文创产业发展

创意文化经济理论在区域文化理论研究中是一个热点问题，其中以区域文化特色为区域性创意产业发展的思想，有力地引导了传统文创产业的固有形态。丰富的区域文化资源具备多样化发展文创产业的基础与条件，可以转化为具有地域性的文创产业优势。近年来，文化创意产业快速增长，在经济结构中地位显著提高，证实了创意文化经济理论研究的价值。联合国贸易

与发展会议（UNCTAD）于 2010 年 12 月发布的《2010 年创意经济报告》（Creative Economy Report 2010）中指出，"创意经济作为一种新的发展模式正在兴起，它把经济和文化联系在一起，在宏观和微观水平上包容了经济、文化、技术和社会发展的各个方面。创意文化经济就是随着创意产业的发展而衍生出的一种新的经济形态。互联网与文创产业的融合，也极大地引导和促进了传统文创产业发展模式的转型与升级。

三、地区发展理论推动区域文化经济协调发展

地区发展理论认为，在特定的地理地区内实现经济各方之间的联合与合作，最终推动经济的融合与统一。20 世纪晚期信息技术的高速发展，为跨国公司的全球拓展提供了更大的灵活度与移动性，使企业经营者们可以更自由地在全球任何一个地方选择适合企业发展的运营地点。在这个信息化的全球社会中，跨国公司在传播企业文化的同时，还成为推动信息国际传播模式向全球化传播模式转变的关键角色。

许多学者开始研究文化因素在地区发展中的理论构建与实践，将文化政策作为推动地区经济持续发展的主要政策手段，为区域文化协同发展提供更多理论支撑。

四、非均衡性理论指导文化"走出去"发展战略

非均衡理论认为，在非均衡市场上各种经济力量将会根据自己的具体情况而调整到彼此相适应的位置上，并在这个位置上达到事后的均衡。

文化"走出去"是当代社会的发展必然。传统文化的传承和发扬、文化领域的投入、文化产业的发展、文化公共服务提高等措施是实现文化"走出去"的重要方式。例如山东作为齐鲁文化的发源地，具有深厚的文化根基，是山东实现文化"走出去"的重要依据。不同的文化背景、经济文化特点、文化产业发展模式使山东区域文化发展呈现出非均衡性的特征，要实现山东文化"走出去"的目标，必须要对山东目前文化的非均衡性发展特性进行分析，推动区域文化产业的协同发展。

五、场景理论指导城市文化建设与发展

场景是由多样性身份与背景的居民，在相应设施或场所进行文化、消费等实践活动，并表现出一定文化价值倾向的社会空间。在互联网技术广泛普及应用的时代下，场景作为一种无形的虚拟情景被当成一种传播手段，与大数据、移动设备、社交媒体等多个技术融合发展，使当前社会文化已进入场景传播时代。

场景理论与区域文化建设协同关系密切。场景理论从文化生产、消费角度分析区域文化建设，为区域文化圈、文化功能区创新建设提供新的理论支撑。区域文化协同充实了场景理论的内容，推进文化场景构建和发展，为文化场景的内容提供原材料和生产力，促进文化场景传播发展、实施和落地。场景理论建立了微观文化动力学，深化了对文化在经济发展中动力作用的认识，为集聚城市发展动力、实施的创新驱动战略提供了可资借鉴的分析工具，指出场景理论强调文化设施与社区、文化实践活动、人群的协同和互动，生活文化设施只在互动中才能最大限度地实现其价值。

六、超循环理论指导区域文化合作

超循环理论是研究生物领域非系统平衡超循环问题的理论。一种组织文化从根本上来说具有超循环性，虽然变化常常需要来自外部力量，变化的动机和变化过程必定来自内部，文化的

演化是一个超循环系统。区域文化合作已成为不同的文化主体之间，在互利互愿的基础上，通过采取协调合作的行为，相互认可彼此的目标与承诺和获得共赢结果的过程。

在超循环模式下，各个文化主体在合作环境的作用下既能积累、保存原有的文化资源，为区域文化合作系统的存在和自我稳定提供客观依据，同时超循环所具有的催化作用能够形成不同文化主体之间文化资源的联系和合作，产生新的文化合作成果，为系统的发展提供现实条件。另外，超循环的耦合作用还能够将系统原来的文化合作方式与新产生的文化合作方式结合起来，经过适当的建构重组又形成更多的文化合作增殖，如此递进上升，为区域文化合作不断提供支持。

第四节　区域文化研究的方法论建设与理论拓展

方法论是区域文化研究不可忽视的学术建设。在分析近30年的区域文化理论研究中，方法论建设也引起学者们的重视。对研究思路与范式、文化关系与态度、区域格局与融通、实践理论与功能等问题的归纳分析，直接涉及区域文化理论研究的社会应用价值和实践指导意义。

一、区域文化研究的方法理论建设

改革开放以来特别是进入21世纪后，由于各地区的重视，区域文化研究成为学术界的一个热点。随着研究的持续深入出现了新的发展趋势。

1. 新范式：内容拓展与方法创新相互促进

区域文化研究在中国有两种不同的研究理路：有着中国研究传统的历史地理学和在西方影响下产生的历史人类学。研究方法包括历史学的文献研究和考据法，社会民俗学的调查研究法，文化人类学的参与观察法、地理学的环境分析法和系统论的联系分析法等。近年来，由于各地区自主性社会经济建设和旅游产业开发的加强，传统区域文化与地方现实发展相结合，研究内容与方法也越发拓展，研究的议题涉及历史学、文学、考古学、语言学、艺术学、文化人类学、地理学、政治学、经济学、社会学、人口学、天文学、宗教学等领域，研究的内容既包括区域文化的历史，也包括区域文化的现实，比如区域文化与经济发展、区域文化与旅游发展、区域文化与资源产业化、区域文化与地方教育等。区域文化与地方社会经济发展尤其受地方高校和科研机构的重视。总体上说，目前区域文化研究的议题多样，研究方法综合运用多学科理论，但仍存在很大的提升空间。因此，推进区域文化研究的深入，多学科之间的整合研究非常重要，有助于增添研究的活力。

2. 新关系：中华文化与区域文化"一体多元"

区域文化与主流中华文化存在互相孕育关系，但传统区域文化研究却存在着与主流中华文化割裂的弊端，研究过程时常过于强调区域文化的特质性，忽视传统文化的影响。学术界有不少学者对此种现象也表示了忧虑，认为区域文化研究需要以整个中华历史文化的综观作为背景，才能透彻地认识各个区域文化的特质，并看到区域文化间如何交流融合，共同构成中华民族的辉煌文化。因此，在研究具体的区域文化时，要将其置放于整体中华传统历史文化的大背景下加以考察，才能更加清楚地认识区域文化。具体而言，探讨区域文化与中华文化的关系，需要研究各个区域文化为中华文化的发展做了哪些贡献，它们在中华文化中占有什么样的地位，这是对于自身族群和地域文化认知和考量的一个重要尺度。因此，用辩证的方法处理好整体与区域之间的关系，审视区域文化在中华文化中的地位与作用，是当前区域文化研究的当务之急。

3. 新格局：区域文化的共生与互动

区域文化具有封闭性的特点，造成了区域文化研究也相对地带有封闭性，缺乏与周边区域的互动和比较。但区域文化也有开放性的一面，人口的流动、经济的交往使各个区域文化之间相互融合，造成了区域文化的特性与共性。当下的区域文化研究，往往为了突出当地区域文化的独特性，过于强调区域文化的特性，而忽视或者轻视地区间文化的共性。但共性通常是区域文化的根基。因此，需要通过对不同区域文化进行比较研究，探讨不同区域的文化共性和特性，这是确立"区域"划分合理性的基础。同时，区域文化研究还要重视与周边省区市县的地缘联系研究，这种地缘联系包括相互间的历史地理、人口迁移、民族融合、资源环境、政区沿革、历史变迁等。

4. 新动能：区域文化赋能经济社会发展

区域文化于地方经济社会发展的意义，地方政府早已有所认识，长期以来流传着所谓"文化搭台，经济唱戏"的说法。近年来，许多地方为了追求经济效益，大力推进地方的文化研究，积极发展文化事业。地方政府关注、重视区域文化研究，对学界来说本是好事，但由于目的过于功利化，且步履太快，出现了不少问题，某些研究不具有可靠的理论和翔实的资料支撑，带来了文化研究的夸大和虚假性。这种急功近利式的研究是学术研究的大忌，于区域文化深入研究不仅无益，而且有害。因此，对文化的保护与开发以及对经济发展的促进，都需要建立在充分、扎实的学术研究基础之上。在处置文化与经济关系问题上，关键不在于让文化跟上经济的脚步、促进经济的发展，而是要让经济尊重、涵化文化的约定俗成，要充分认识文化的积累性、穿透性、延续性，还应注意到文化对经济的作用，并非是刚性的、直接的，而是柔性的、间接的，主要借助于心智养成、情感培育涵化人们的行为模式，在借助于行为模式作用于经济高质量发展上。

由于各地政府的重视，区域文化研究方兴未艾，这对学界来说是巨大的机会，可以将研究推向深入。但无论趋势如何，区域文化研究最基础的工作仍然是对地方历史文化的发掘与解读，这就要求一些基础性的工作，比如文献的整理与研究、地方名人的考证与宣传、非物质文化遗产的保护与弘扬、传统村落与区域文化研究、区域红色历史文化研究、区域文化的现代化研究、区域文化与乡村建设研究、区域文化与城市精神研究、地方文化名人与区域文化的建构研究、区域文化与中华文明的关系研究、政区沿革与区域文化变迁研究、区域文化的划分与比较研究、区域文化政策与制度研究、区域文化理论建设研究、借鉴国外区域文化研究等。这些具有指南性的问题，都与社会区域文化发展和区域社会实践有着密切的关系，需要扎扎实实地进行研究。

二、区域文化研究的理论跨界与拓展

以区域文化发展为基础，探讨在历史进程中发挥重要作用的人文精神、自然生态和社会变革，以及区域性经济进步和科学发展，总结区域文化形态的各种表现特征及其发展规律，具有重要的社会意义与学术价值。学术界对区域文化研究的理论成果，不仅具有重要的思想意义，对区域文化实践发展也具有重要的现实意义。

客观地说，学术界对区域文化的研究成果，一定程度上对我国区域文化发展发挥了指导作用，但也存在一些不足。①还没有形成系统的理论体系，缺少认真深入的理论剖析。理论的研究不能仅仅局限于概念及文化特征的探讨，区域文化研究的方法论、区域文化研究的现代价值等问题都应是深入探讨的理论问题。②缺乏深入的案例研究。部分研究只是概括、分析区域内具体文化特征与区域人文精神，仅仅是彰显特定区域文化在国家文化版图中的重要和优势地位，缺乏对区域面临问题的深入探讨与创新性的解决方案。③研究内容不全面。虽然区域文化研究的方向较多，但具体涉猎的研究内容不全面。目前对于区域文化研究的热点多集中在区域文化产业、区域文化竞争力等方面，对于区域文化变迁、区域文化政策、区域文化建设、借鉴国外区域文化研究等方面较少。

可以说，区域文化的发生与发展受到地理环境、经济状况、政治结构等多种因素的影响和制约，决定了区域文化研究也会在多种基础学科和边缘学科的融会贯通、多维交叉中展开。所以，区域文化学理论系统及其学科建构不是孤立的，它必须是立体的、全面的，甚至是跨界的、交叉的。以区域文化学理论为核心主体，它与区域经济学、区域地理学、区域管理学、区域规划学、区域历史学、区域民族学、区域社会学等区域科学的分支学科，有着非常密切的思想根源与理论关系，由此也必然会滋生出具有交叉性、跨界性、整合性的研究理论领域与思想范畴。比如，区域文化产业结构与区域经济发展规划研究、区域文化资源开发与区域生态环境保护研究、区域文化特色实践与区域地方政策制度研究、区域文化格局建构与区域发展规划战略研究、区域文化遗产传承与区域社会历史沿革研究、区域文化风俗保护与区域民族生活研究、区域文化历史变革与区域社会时代变迁研究等。在这些跨学科的交叉节点上，深入思考都会发现具有线性结构和理性逻辑的研究课题。

综观区域文化研究30年来的发展历程与学术成果，对区域文化的发展实践具有很好的指导意义。区域文化的良好发展离不开区域文化研究的理论支持。展望未来，区域文化研究将会引起更多学者的广泛关注，将会有更多具有学术理论价值和实践指导意义的区域文化研究成果不断涌现。

参考文献

[1] 戴俊骋，孙东琪，张欣亮. 中国区域文化产业发展空间格局 [J]. 经济地理，2018，38（9）：122-129.

[2] 范立娜. 区域文化差异对旅游纪念品设计理念的影响分析——以江苏运河城市为例 [J]. 大众文艺，2020（22）：75-76.

[3] 高莉莉，顾江. 江苏区域文化产业竞争力动态分析及思考 [J]. 南京社会科学，2013（4）：150-156.

[4] 花建. 文化产业竞争力的内涵、结构和战略重点 [J]. 北京大学学报（哲学社会科学版），2005，2（20）：9-16.

[5] 花建. 中国文化产业的区域发展战略 [J]. 同济大学学报（社会科学版），2014，25（3）：39-48+68.

[6] 李慧，吴翠花. 提升区域文化产业竞争力的途径 [J]. 理论探索，2012（2）：100-102.

[7] 李雪茹. 区域文化产业竞争力评价分析：基于VRIO模型的修正 [J]. 人文地理，2009，24（5）：76-80.

[8] 李烨，张广海. 区域文化差异、企业战略与文化产业成长性关系研究——来自传媒类上市企业的证据 [J]. 财会通讯，2017（21）：70-74+129.

[9] 林艺，刘涛. 区域文化导论 [M]. 北京：清华大学出版社，2015.

[10] 联合国贸易与发展会议. 2010创意经济报告 [R]. 日内瓦：联合国贸易与发展会议联合国开发署，2010.

[11] 马健. 人力资源要素导向的区域特色文化产业发展战略研究——兼论成都特色文化产业发展战略 [J]. 四川戏剧，2019（4）：23-28.

[12] 孟展，王心雨，龙帆帆，李源. 河南省区域文化综合竞争力评价研究 [J]. 江苏商论，2019（9）：135-137.

[13] 渠爱雪，孟召宜. 区域文化递进创新与区域经济持续发展 [J]. 经济地理，2004（2）：149-153.

[14] 双传学. 区域文化刍论 [J]. 江苏社会科学，2006（6）：189-194.

[15] 苏秉琦，殷玮璋. 关于考古学文化的区系类型问题 [J]. 文物，1981（5）：10-17.

[16] 王健. 基于钻石模型下藏族文化创意产业竞争力评价 [J]. 贵州民族研究，2016，37（1）：109-112.

［17］吴永江.张家界城市旅游文化建设与发展战略［J］.广西社会科学，2008（6）：207－210.

［18］谢梦，孟召宜.区域特色文化产业形成机理的微观透视——以江苏大风乐器为例［J］.市场周刊，2019（4）：39－42.

［19］徐萍.我国区域文化产业的发展水平及特征［J］.统计与决策，2007（1）：75－76.

［20］衣保中，吴祖鲲.论长白文化的内涵与特色［J］.长白学刊，1997（6）：87－90.

［21］叶岱夫，叶警莎，李金涛.惠州城市发展与西湖风景区建设的关系及相互作用［J］.热带地理，1989（1）：15－24.

［22］袁玥赟，张世明.长三角文化产业升级研究［J］.宏观经济研究，2020（12）：121－132.

［23］张强.区域文化研究的若干理论问题［J］.江海学刊，2016（5）：14－20.

［24］张文建.区域文化差异性及其对旅游的影响——以华东和西南地区为例［J］.学术月刊，2001（10）：91－95.

［25］张佑林，王成菊.鲁浙文化差异对区域经济发展影响之比较研究［J］.山东经济，2010，26（4）：133－140.

［26］赵秀玲，张保林.文化核心竞争力及其评价指标体系构建思路［J］.南都学坛，2008（2）：114－121.

［27］钟韵，阎小培.粤港澳文化整合与区域经济发展关系研究［J］.热带地理，2003（2）：139－143.

［28］周欣.江苏区域文化划分研究综述［J］.扬州大学学报（人文社会科学版），2007（5）：123－128.

［29］周智生.多元文化资源整合与区域文化旅游创新发展——以云南丽江为例［J］.资源开发与市场，2007（1）：84－86.

第十八章　区域旅游研究

中国作为疆域辽阔、自然与社会条件千差万别的大国，"区域"长期是经济社会发展不可或缺的分析与管理尺度之一。自进入 20 世纪 90 年代以来，区域发展渐次成为深化国内改革和推动国际合作的重要领域，这使得区域科学获得长足进步并成为一门经世致用的显学。

1978 年以来，伴随着改革开放国策的实施，我国的现代旅游业从无到有、持续成长、日渐广布，快速成为各地社会经济新的增长点。空间性是旅游活动的指示性特征。早在 20 世纪 80 年代中期，"区域旅游"作为学术概念应运而生。此后区域旅游学术共同体很快形成并不断扩大规模、领地和影响，使区域旅游研究不仅成为旅游学科的主要方阵之一，也成为区域科学大家庭的重要一员。

党的十九大报告指出，中国特色社会主义进入新时代，我国社会主要矛盾已经转化为人民日益增长的美好生活需要和不平衡不充分的发展之间的矛盾。鉴于"不平衡、不充分"问题的存在，党中央把"实施区域协调发展战略"作为建设现代化经济体系的六个主要策略之一，意在转变发展方式、优化经济结构、转换增长动力，推动我国经济由高速增长阶段转向高质量发展阶段。可以预见，在当下和未来一段时期内，无论区域科学还是区域旅游研究，都将面临新形势、新机遇、新任务和新发展。

第一节　区域旅游研究的发展阶段

我国区域旅游研究的发育与发展，同我国现代旅游业从无到有、从小到大、从弱到强的历史过程相表里，迄今大体经历了学术发轫、理论奠基和拓展深化三个阶段。

一、学术发轫阶段（1978~1989 年）

1978 年我国实施改革开放政策，国门打开，海外游客纷至沓来，旅游经济效应即刻显现，现代旅游业发展大幕由此拉开。与此同时，聚焦旅游发展问题的新学术视角开始出现。

入境旅游的兴起，立即引发地理学家对旅游资源的关注。从资源到风景资源，再到旅游资源的概念推进，不仅意味着人们对自然和文化遗产的认知、评价和利用有了全新的拓展，进而又催生了风景区、旅游区等一系列新概念，孕育出旅游地理学、区域旅游等新的学科类型。

北京大学的陈传康教授是旅游地理学研究的先行者。据青岛大学孙文昌教授回忆，20 世纪 70 年代末，陈传康先生就在大学本科自然地理教学中讲授旅游地理专题。1980 年，在全国高校综合自然地理教师研讨班上，陈先生讲授了"建筑景观学"和"旅游地理"两个专题，培养了我国最早一批旅游地理人才。之后数年，围绕旅游景观、旅游资源及其评价、旅游区规划等主题，陈先生先后发表了一系列重要成果，主题涉及天然风景的组成及其构景、建筑与景观、园林建筑景观（1980 年）、旅游区的规划和观赏原理（1981 年）、旅游地质研究的内容和意义（1985 年）、地貌的旅游评价研究（1985 年）、区域旅游发展战略的理论和案例研究（1986 年）、旅游地理学和旅游业（1988 年）、北京旅游地理（1989 年）等，为区域旅游学的发轫起了至关重要的作用。

在陈传康、郭来喜、孙文昌等老一辈地理学家的带动下，保继刚、唐新民、孙曰瑶等一批年轻学者相继进入旅游地理研究领域，发表了一系列优秀成果。1987 年底，中国地理学会人文地理专业委员会成立了旅游地理组，并达成两个重要的学术共识：一是认定旅游属于综合性学科，旅游地理学应开展跨学科研究；二是进一步提出了区域旅游开发的新概念，并就相应的学术组织建设做了精心策划。1989 年 12 月，由中国地理学会、青岛大学、北京第二外国语学院联合主办的"区域旅游开发与旅游地图学术研讨会"在青岛召开，90 多名与会学者围绕地理学与旅游业的关系、旅游资源评价、区域旅游开发规划、旅游地图编制、现代新技术和新思想在旅游地理学中的应用五大主题展开讨论，并一致认为区域旅游是在旅游资源分布相对一致的空间内，以中心城市为依托，依据自然地域、历史联系和一定的社会经济条件，根据旅游者的需要，经过人工开发和建设，形成有特点的旅游空间，以吸引旅游者在一定区域内旅游；而区域旅游开发是发展区域旅游的基础，是从区域整体条件出发，对旅游空间进行包括资源、市场、产品、商品、人才、设施等要素在内的综合性开发。在这一思想指导下，会上成立了"区域旅游开发研究会"，并推举陈传康教授为研究会主任，标志着区域旅游学术共同体的正式形成。

二、理论奠基阶段（20 世纪 90 年代）

20 世纪 90 年代，我国旅游业进入双轮驱动阶段，一方面入境旅游持续稳步增长，另一方面国内旅游活动如雨后春笋般涌现。在政策和产业外部力量的推动下，区域旅游学术共同体规模迅速扩张，结构不断优化，细分领域增多，理论体系建设加速，服务社会取得显著成效。

十年间，区域旅游研究组织持续壮大。1992 年，区域旅游开发研究会被中国旅游协会接纳，更名为中国旅游协会区域旅游开发专业委员会。同年，中国地理学会设立旅游地理专业委员会。1996 年，中国区域科学协会区域旅游开发专业委员会成立。上述学术组织均由陈传康先生担任主任委员。2000 年，中国旅游协会区域旅游开发专业委员会并入中国区域科学协会，实现学术会师。20 世纪 90 年代，全国性和国际性的区域旅游开发学术会议在黄山、张家界、汕头、济南—济宁、青岛等地不间断召开，参与区域旅游开发研究的专家学者人数突飞猛增，总量超过 600 名，其中不仅有地理学工作者，还有旅游学、经济学、管理学、地图学、园林学、建筑学、社会学、文学、历史学等学者的加入，体现了大旅游、大联合的特点。

老一辈学者雄风不减，大作迭出。如陈传康先生相继发表的重要成果有：应用旅游地理学与区域旅游投资结构分析（1990），旅游文化的二元结构（1990），区域旅游开发模式和投资结构分析（1991），中国旅游资源的开发评价、途径和对策（1993），风水现代化及其旅游开发意义（1995），产业园林案例研究（1996），风景旅游区和景点旅游形象之策划（1997），中心城市和景区旅游开发等。孙文昌（1991a，1991b）先后发表的论文有：应用旅游地理学在中国的进展、中国旅游潜势与海峡两岸旅游业的发展等，并主持出版现代旅游丛书。刘德谦先生在主持《旅游学刊》编务工作之余，对区域旅游规划做了系列研究。此外，黄进教授主编《第二届丹霞地貌旅游开发学术讨论会论文集》，傅文伟、徐德宽、王兴中、丁季华、林惠滨、庞规荃、周进步、韩杰等一批学者先后出版了相关学术专著和教材，说明区域旅游研究逐步进入理论系统化和专业化的新阶段。

1991 年 4 月，中国科学院地学部召开"中国资源、潜力及对策研讨会"，第一次邀请旅游地理学者参会。会上，陈传康、孙文昌等分别做了重要发言，获得与会院士和资深科学家们对区域旅游开发实践活动的极大关注和充分肯定，最后在上报国务院的文件中第一次出现关于旅游资源开发对策的内容，这标志旅游地理学和区域旅游开发的科学性得到肯定，进入现代应用学科的行列。

需要指出的是，在老一辈学者的关心栽培下，这一时期一批年轻学者脱颖而出，他们一方面深入国内的旅游发展实践，另一方面主动吸收西方旅游理论营养，因而呈现出强盛的学术创新能力，不仅为当期的区域旅游开发研究注入了新鲜血液，而且为后期我国旅游学的繁荣昌盛奠定了坚实基础，如吴必虎（1993）、保继刚（1996）、保继刚等（1999）、李蕾蕾（1999）等。即便在今天，这些著作还是青年学生进入旅游学殿堂的应读书目。

20 世纪 90 年代，区域旅游研究者在产业和政府服务方面贡献很大。中国科学院地理研究所尹泽生主持完成旅游资源普查试点工作，制定了普查规范，为全国旅游资源普查、分类、建库和制定中长期规划提供了科学依据。范家驹等同海南省旅游局合作完成《海南省旅游发展规划大纲》，得到政学两界的高度评价，并为各省编制旅游规划提供了参照。凭借深厚的学术积淀，陈传康、王恩涌、徐君亮等对潮汕地区旅游发展的规划，孙文昌等对青岛以及胶东地区的旅游开发研究与规划，郭康等对河北多地的旅游开发规划，徐德宽等对湖北多地的旅游规划，保继刚对云南省旅游区划及其分区开发的研究，都相当出色，堪当经世济用的典范。

从图 18 - 1、图 18 - 2 可以看出，在 20 世纪 90 年代，区域旅游研究发文量尚为有限，但上升态势明确可见；研究领域分化方兴未艾，但已呈现多元发展的苗头。旅游资源、旅游地理学、旅游地图、区域旅游协作、区域旅游合作、旅游可持续发展等研究主题的出现，充分体现了区域旅游研究者们的多元关注焦点与先知先觉。

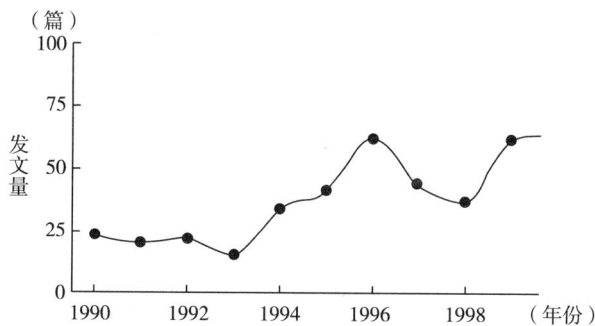

图 18 - 1　1990 ~ 1999 年区域旅游相关研究发文量的年度变化

三、拓展深化阶段（2000 年至今）

进入 21 世纪后，我国旅游业的发展呈现出新势态，主要表现在以下几个方面：其一，旅游市场实现了从入境市场一元到入境市场、国内市场、出境市场三元的全面转化，现代旅游产业体系全面形成，并在国民经济和社会发展中占据了稳定且重要的地位；其二，在成为世界旅游大国之后，国家提出建设世界旅游强国的目标，旅游业的转型升级、提质增效成为主旋律，相应的改革政策与措施密集出台；其三，旅游业的功能逐步从经济功能向经济、生态、社会和文化复合功能延展，基于可持续发展理论的旅游可持续发展观深入人心；其四，随着国内旅游的蓬

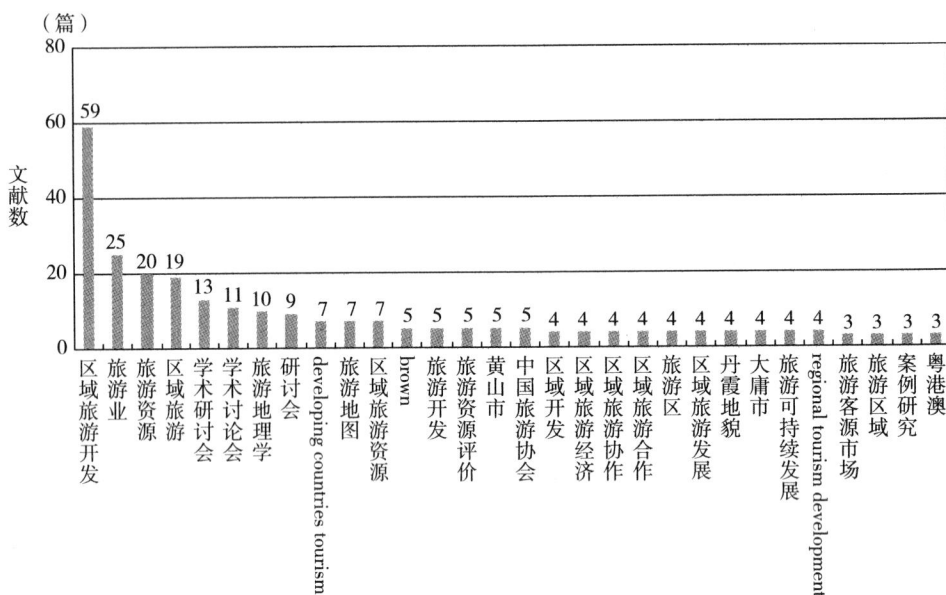

图 18 - 2　1990~1999 年区域旅游研究主要主题分布

勃发展，旅游业的广布化、休闲化和人性化特征日益明显，市场主体数量猛增，类型多样化，结构复杂化，竞争日趋激烈，城乡关系、区域关系、产业关系变得越来越重要；其五，旅游学和高等旅游教育获得持续发展，旅游基础理论发育进入快车道，旅游学术共同体壮大，呈现出从单学科研究走向跨学科、多学科研究的走势。

在新形势和新背景之下，区域旅游研究必然产生新的变化。一方面，由于地区旅游竞争日趋白热化，区域旅游研究不仅受到学术界的持续关注，而且获得各级政府和旅游产业界的重视和支持，一直保持了良好的发展势态，且科学性与应用性紧密结合互动的特色不断得到加强。另一方面，区域旅游作为一个相对独立的研究领域，在范围、边界、内涵、结构、功能、方法等诸多方面也发生深刻的变化。

从论文成果的统计分析看，近 20 年的区域旅游研究大体可分为前后 10 年两个阶段。前 10 年拓展的特征十分明显，相关研究成果数量快速增长，区域旅游合作（协作）、区域旅游竞争力、区域旅游经济（产业）、区域旅游发展（开发）是研究的关键词，长三角、珠三角两个旅游发达区域是研究的聚集空间（见图 18 - 3、图 18 - 4）。后 10 年深化的特征凸显，区域旅游研究在成果数量上有所减少，在研究内容上的进一步拓展深化，区域旅游合作（竞合、一体化）、区域旅游发展（开发）、区域旅游资源、区域旅游竞争力、区域旅游经济（产业）等方面的研究持续受到关注，共生理论、整合理论、动力机制、信息技术、实证研究等得到重视，京津冀、山东省等成为新的热点区域（见图 18 - 5）。

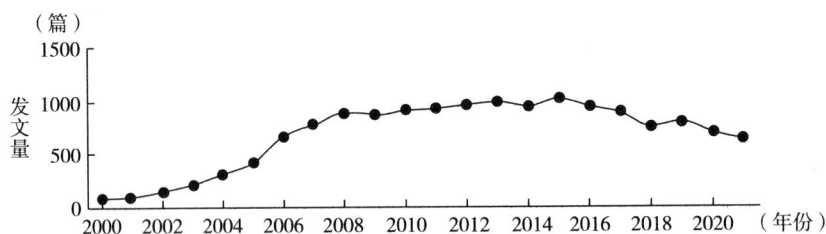

图 18 - 3　2000~2020 年区域旅游相关研究发文量的年度变化

（篇）

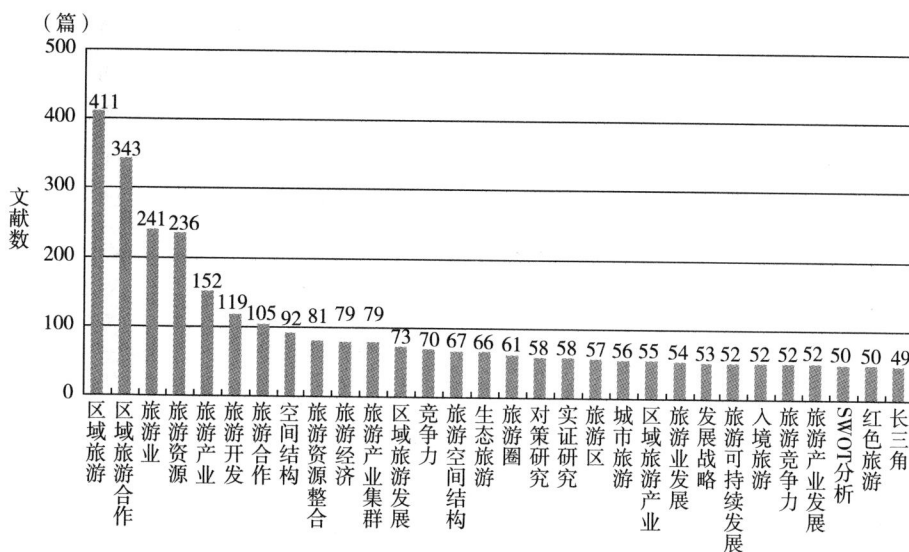

图 18 - 4　2000～2010 年区域旅游研究主要主题分布

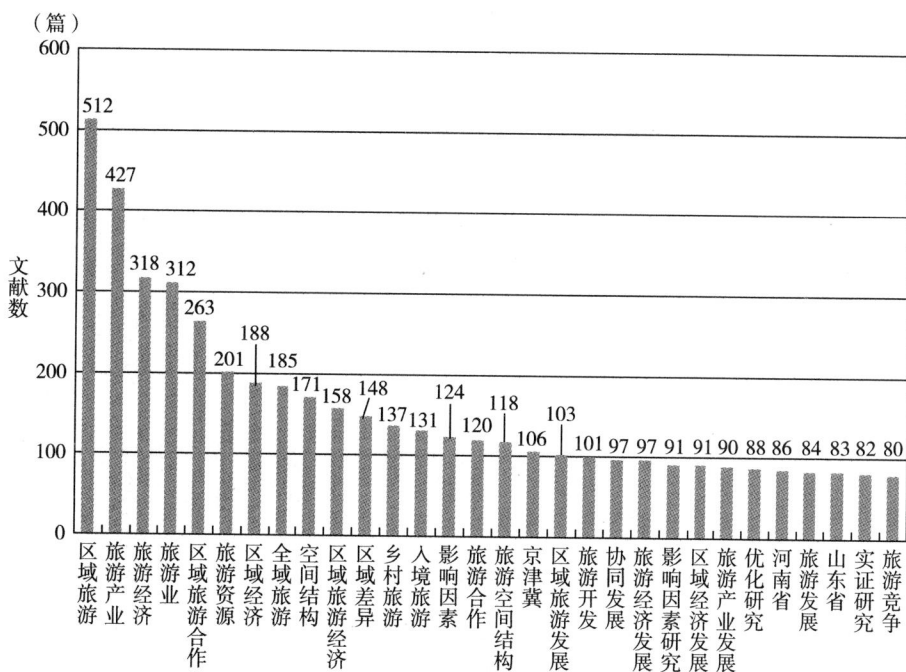

图 18 - 5　2011～2020 年区域旅游研究主要主题分布

　　进一步分析可以发现，第一，近 20 年尤其是近 10 年来，区域旅游研究正在成为旅游空间研究的同义词。一方面，地理学的理论方法依旧大有用武之地，构成区域旅游研究的主要思想源泉；另一方面，经济学、社会学、人类学、文化学、政治学、管理学等诸多社会科学门类的术语、理论与方法被包裹进旅游的空间容器之中，使区域旅游更多成为旅游学的分支学科，而非地理学的直系家庭成员。同时，区域旅游研究与旅游学其他分支领域不断交织交融，硬边界消弭，理论营养源更加广泛，理论体系更加繁杂。第二，区域旅游研究的目的目标完全摆脱了唯经济论的束缚，生态保护、文化交流、社会整合等非经济功能逐渐成为区域旅游研究的题中要义，并在逐步改造区域旅游的理论与方法体系。第三，随着"以人民为中心"发展观念的树立和社会主义市场经济的深入，区域旅游研究不断回归人本，一步步逼近人的享受和发展需求，因此平等、公正和效率一起成为最基本的研究假设，自下而上的个人主义方法论兴起，社区主导、城乡公平、产权设计、制度优化、包容发展、协同管理等话题相继涌现，实证研究成为主流，扎根研究、田野调查、民族志等具体研究方法得到普遍运用。第四，区域旅游研究的国际化水平快速提升，同时出现中国旅游研究本土化的呼声，国际化和本土化对立统一关系的处理，正在成为影响旅游理论与实践发展走向的决定性因素。

近20年来，区域旅游研究取得了巨大进步，在理论创新与服务社会方面的成就不胜枚举。比如，吴必虎建构了大城市环城游憩带（ReBAM）理论和区域旅游开发的RMP分析框架；保继刚在旅游地演进、旅游吸引物权、主题公园布局等领域有诸多创建。在民族地区旅游发展、区域旅游规划和乡村旅游振兴等方面的创新性研究，则可以用"喜看稻菽千重浪，遍地英雄下夕烟"的诗句来形容。

第二节　热点领域研究进展与成果

一、区域旅游合作/协作领域

我国对区域旅游合作的研究始于20世纪80年代。王大悟（1985）针对华东旅游区联合机制面临的主要问题，从资源供应、客源需求以及经营特色等角度深入探讨了区域旅游体制的改革方向。郭康（1988）在分析北京、天津、河北资源和市场内在联系的基础上，强调京津冀区域旅游协作的重要性。

随着区域旅游实践的不断发展，对区域合作的研究日渐深入和多元，广泛涉及区域旅游合作的概念界定、理论基础、合作模式、动力机制、影响因子、空间组织、合作潜力评价、合作演化等。

长三角、珠三角、京津冀地区是中国区域旅游合作的典型代表，探索其演化过程对其他地区的旅游合作实践具有积极的经验借鉴和启示意义，因而也是区域旅游合作研究的热点案例区域。

1. 区域旅游合作理论研究

阎友兵和李辉恒（1999）分析了旅游圈的特征与优势，强调旅游圈是以旅游资源为核心组成的具有一定地理范围的协作区域，是一定区域内各种旅游经济要素间相互联系、相互作用而形成的区域空间组织形式。钟俊（2001）借助生物学"共生"理论，提出"旅游共生"的概念，并探讨其表现形式、区内及区间合作的措施。薛莹（2001）从多个角度对区域及区域旅游合作的概念做了界定和分析，进而研究了区域旅游合作产生的背景、现实问题及重要意义。钱益春（2004）基于生态位理论，分析了旅游区的"生态位"及其表现，进而从区域旅游协作的内容和措施等方面指出区域旅游协作的可能性。梁艺桦等（2004）应用系统学自组织理论探讨旅游区域合作、区域协作的演化和动因，通过西安和咸阳的案例论证，指出合作是区域旅游子系统自组织过程中的必然选择，而目的性和创新性是合作的动因。

2. 区域旅游合作机制研究

20世纪90年代以来，区域旅游合作研究日趋活跃，而关于合作机制的研究在2000年之后才逐渐增多，内容主要包括合作机制和模式研究、动力机制研究、利益机制研究等。

杨荣斌等（2005）提出区域旅游合作的结构有点—轴发展模式、单核辐射模式、双核联动模式、核心边缘模式和网络型模式。许辉春（2012）则提出了区域旅游合作的三种模式：点－轴模式、双核联动模式、核心－边缘模式，剖析了合作的动力机制、利益机制、政府调节机制，并通过实证揭示了泛珠三角区域旅游合作的内在机理。

靳诚等（2006）以长江三角洲区域旅游合作为例，指出区域旅游合作演化的动力主要有三类，即空间生长力、市场驱动力和政府调控力。宋子千（2008）则在对区域旅游合作动力机制进一步分析的基础上，指出政府调控力不属于合作的动力，而是合作的内容，区域基础条件和旅游市场通过对旅游企业或政府产生作用并促使他们采取合作行为。温秀等（2010）认为区域旅游合作的动力系统是由引力系统、干扰系统和辅助系统组成的，其中引力系统是合作的根本原因，干扰系统是合作主体行为"度"的限制，辅助系统是合作的条件和保障。

区域利益机制是区域旅游合作成败的核心和关键，是合作的最终目的。邓琼芬和王良健（2007）依据利益相关者理论和帕累托模型，探讨了我国区域旅游合作的运行模式及利益分配机制，为区域内各利益主体因利益冲突而阻碍协作的问题提出了解决方案。王瑜（2009）认为应利用市场机制、法律手段、财政手段，建立区域旅游利益补偿机制、利益分享机制和利益约束机制。

3. 区域旅游合作个案研究

随着区域旅游合作实践的蓬勃发展，相关个案研究也日趋广泛，尤以长三角、珠三角、环渤海、京津冀等地区为主。殷柏慧和吴必虎（2004）通过长三角和环渤海两个区域的对比分析，认为环渤海区域旅游合作应从次区域旅游合作向区域一体化合作过渡。孙赫（2007）深入探讨了山东半岛城市群区域旅游合作的模式及其保障机制。苏斌（2008）将泛珠三角区域划分为自由合作区、困难合作区和非协作区三类，并从分工动力机制和运行保障机制等方面构建了一套共赢性协作机制。张补宏和徐施（2009）则在分析长三角区域旅游合作现状及存在问题的基础上，提出构建长三角区域旅游一体化的竞合模式，并强调中介在合作中的协调作用。

二、区域旅游竞争力领域

1. 影响因素研究

旅游竞争力受多种复杂因素的作用影响。在对旅游竞争力影响因素的探究方面，国内外学者均较为热衷。国外相关研究起步更早，主要涉及旅游价格、旅游环境管理、旅游需求以及资源配置等方面。国内相关研究则更加注重多领域、多维度的定量研究。其中，曹宁等（2003）、郭舒和曹宁（2004）依据区域竞争理论，立足对发展因素、支持因素、资本因素、基础资源等因素的研究，构建了目的地竞争力模型。卞显红和张光生（2006）则更加重视环境质量因素的重要作用，从环境管理、旅游环境认证等角度进一步探究目的地竞争力。赵书虹和白梦（2020）以云南省为典型案例地，运用熵权－TOPSIS模型和耦合协调模型等分析 2009～2018 年云南省品牌旅游资源竞争力和旅游流耦合协调发展的时空演化特征及其影响因素。

2. 评价指标体系的研究

在旅游竞争力评价指标体系的构建方面，国外更重视研究方法的创新，国内则对相关研究理论有较大的贡献，但都需要进一步的探索。

史春云等（2006）提出评价指标体系的构建要从时间、空间和类型三个维度予以综合考虑，并应注重变量选取的合理性以及评价模型的科学性。张梦（2007）主张结合区域旅游竞争力发展趋势和实践需要，从多层级、综合性的角度构建评价指标体系。朱明芳（2007）基于文献梳理，认为学界对于旅游目的地竞争力的测度方法经历了从定性、定性与定量相结合，再到多元定量的进步优化。冯学钢等（2009）以 31 个省市自治区为实证对象，在构建评价指标体系的基础上测算并分析评价其旅游竞争力。汪德根和陈田（2011）以东部沿海三大旅游圈为研究对象，基于层次分析和聚类分析，测度并分析其区域旅游竞争力水平与差异。

李淑娟和刘海斌（2014）运用生态位模型，测算了山东17个地市的旅游生态位以及资源、市场、社会经济和环境等要素的时空变化特征，并提出了积极开展竞争与合作的建议。周礼和蒋金亮（2015）运用熵权法，按照突出主导因素和可操作性原则，构建了旅游竞争力综合评价体系，并以长三角城市群为例进行了测度分析。孙黄平等（2017）基于城市群和单体城市旅游竞争力的不同特点，对比分析了2009～2014年长三角城市群的整体旅游竞争力和区内30座单体城市旅游竞争力的变化趋势。李博等（2019）运用多种测度方法，对中国省域旅游资源竞争力水平、分异特征及未来发展趋势进行了分析评价。熊鹰等（2020）从全域旅游视角出发构建旅游竞争力评价体系，采用因子分析法对环洞庭湖城市的旅游竞争力进行综合评价，并运用SWOT分析方法对环洞庭湖区域旅游合作的基础和条件进行了探讨。

三、区域旅游规划领域

1. 旅游规划的阶段演变研究

国外的旅游规划最早起源于20世纪的英国、法国、爱尔兰等国，当时的旅游规划只是为旅游项目和旅游设施等进行场地的选择和设计，主要是从土地利用角度出发，且包含在城市规划之中（郭来喜，2000）。

中国的旅游规划是20世纪80年代后，伴随大众旅游的浪潮而产生发展的。以北京大学陈传康教授，中国科学院郭来喜教授，同济大学阮仪三教授、丁文魁教授为代表的一些学者敏感地认识到旅游发展与旅游规划的社会需求以及对地方经济的重要性，在培养人才的同时致力于地方旅游开发与规划的咨询服务和实践研究，对丹霞山、深圳市、华北海滨风景区昌黎段、江南水乡古镇、海南岛等地的旅游开发与规划的研究等，以及中国社会科学院孙尚清教授对中国旅游经济发展战略规划的研究等，可以说是中国旅游规划的先锋之作（吴承照，2009）。20世纪80年代后，旅游规划在国内开始逐渐普及，出现了旅游规划修编（吴人韦，1999）。

国内旅游规划开发大致经过了五个阶段，即资源导向模式、市场导向模式、形象导向模式、产品导向模式和目的地整合与体验导向模式（马耀峰和黄毅，2014）。具体内容如表18-1所示。

表18-1　我国旅游规划的阶段演变

内容＼模式	资源导向	市场导向	形象导向	产品导向	目的地整合与体验导向
开始时间	20世纪70年代中期	20世纪80年代中期	20世纪90年代中期	21世纪初	21世纪初
关注焦点	旅游资源调查与评价	市场分析与定位	旅游形象定位与推广	旅游产品与项目策划	区域联动发展与旅游体验
主要特征	基础性、主观性、局限性	敏感性、客观性、组合性、经济性	系统性、稳定性、主题性	创新性、关联性、独特性	综合性、区域性、整体性
主要学科基础	地理学	消费者行为学	市场学、CIS	系统科学	交叉学科
方法与技术	定性	定性与定量结合	综合的方法	系统工程方法	系统分析
适用范围	资源品级高，吸引力强，传统旅游开发地	资源特色不突出，拥有区位优势、广泛的客源	市场竞争激烈，旅游增长乏力，经济效益不佳	市场竞争激烈，产品同质化，产品供给增加	大旅游发展，全域旅游，区域联动发展
发展阶段	起步阶段	初步发展阶段	快速发展阶段	成熟发展阶段	拓展转型阶段

2. 旅游规划方法研究

我国旅游规划的方法涉及多个层面，从我国旅游规划发展阶段的过程来看，在资源导向阶段，资源的调查、分类和评价主要是应用数学统计学方法、GIS 地理信息技术、RS 技术、文件编制绘图技术和遥感成像技术等。在国家综合打分评价法的基础上，运用较多的是资源评价技术，如卢云亭的"三三六"评价法、魏成凯引用的环境学方法、黄辉实的旅游资源评价六字要诀、陈传康的从区域整体出发对旅游空间进行整体规划开发等。此外，也包括借鉴国外的规划方法，如美国基于土地利用角度进行的旅游规划，凯普勒的四维量风景评价模型、尤里奇的人对自然风景的"情感/唤起"反应模型。

在市场导向、产品导向和形象阶段，引入了旅游地生命周期理论，运用了 SWOT 分析、社会学方法、客源市场分析技术、市场细分技术和目标市场选择技术、吴必虎的昂谱分析法、李蕾蕾的旅游地形象定位方法等。

旅游规划的方法不胜枚举，但更多的是对旅游规划中的特定要素进行研究，用某一特定方法对旅游规划整体内容的研究较少。

3. 旅游规划研究前沿

旅游规划必须保持时代需求与发展变化的敏感性，适应社会发展的需要，适应经济发展的需要，适应文化发展的需要，适应资源保护的需要。

（1）旅游规划基础理论研究。旅游规划一方面要建立在多学科研究基础上，建立在旅游发展规律基础上；另一方面要有自己的词汇与语言，提高旅游规划的科学化水平。旅游规划创意与创新要建立在发展概念与地域化、空间化、形态化途径结合上，才能体现旅游规划的专业性。

（2）各类旅游行为及旅游区发展规律的研究。旅游者的空间行为直接影响目的地市场结构及服务设施布局，观光、度假、休闲等行为模式明显不同，乡村、城市、度假区、风景区、主题园等目的地旅游发展规律也不相同，必须探索不同性质旅游地的规划模式。特别要加强旅游规划的研究：旅游资源市场评价、市场需求预测与旅游反作用深度研究。

（3）旅游规划新方法、新技术的应用研究。资源调查与评价、市场调查预测与统计分析、产品与形象设计等是旅游规划中的核心问题，必须改革现有的分析方法与技术。没有新方法、新技术武装的旅游规划将会失去竞争力。

（4）旅游业可持续发展与资源的可持续利用研究。这是旅游规划首要的研究任务。旅游规划不仅是关注旅游者、关注旅游业，更重要的是关注地方居民，旅游业是促进地方经济发展的一种手段、一种策略，这是旅游规划观念的重要转变。未来的旅游规划要承担社区发展的责任，旅游业要融入城市和社区的发展之中，保护与永续利用自然与文化资源。

未来旅游规划的重要变革就是两个拓展。内涵拓展：从观光转向游憩，从经济回归生命的本质，关爱生活，关爱健康，关爱社区居民。外延拓展：从旅游作用的规划转向旅游反作用的规划（吴承照，2009）。

四、区域旅游开发与规划实践领域

区域旅游开发专业委员会以研究区域旅游开发为宗旨，自成立之日起，就积极开展学术研究、交流与社会服务活动，为中国区域旅游的健康发展做出了积极贡献。

以陈传康、孙文昌、刘德谦、徐德宽等为代表的老一辈专委会成员勇于开拓，成为我国区域旅游开发与规划实践领域的引领者；以吴必虎、杨振之、马波、吴承照等教授为代表的中青年专委会成员立足国家战略和地方旅游发展需求，积极参与区域旅游开发与规划实践，取得了丰硕的成果。

早在 20 世纪 80 年代初，陈传康以其敏锐的学术洞察力预见到旅游业在我国改革开放和经济发展中的前景以及旅游开发实践对学术理论研究的需求，将主要精力转向旅游地理学、区域旅游开发的研究中，开启了旅游地理学研究先锋。在随后的几年中，陈先生进行了大量的旅游考察，并将其与对区域规划、区域发展战略的研究相结合，拓展出风景区规划、区域旅游开发规划和区域旅游开发战略等新领域，从发展区域经济、促进城市建设、开发旅游资源等视角论证了旅游开发在区域发展中的战略地位，具体研究并提出了北京、徐州、敦煌、乌鲁木齐等地的旅游开发对策。

孙文昌先生先后主持完成《长白山区旅游总体规划》《辉南龙湾区旅游规划》《内蒙兴盟实盟旅游规划》《胶东地区旅游开发和建设》和《青岛石老人国家度假区可行性报告》等，其中《长白山区旅游总体规划》获吉林省社科院 1988 年优秀成果一等奖，并被国家教委推荐国家科委审定，确认为 1988 年国家级成果。

刘德谦先生除早年论文《旅游规划刍议》（1993）、《旅游规划续议》（1995）和新作《旅游规划三议》（2003）等对我国旅游规划工作有所影响外，还参加或主持了一些省市地县的旅游规划工作，并先后应邀参与了北京、上海、海南、河南、河北、山东、山西、宁夏等省市自治区及杭州、桂林、成都等热点旅游城市的旅游发展战略研讨或研究。2002 年，主持完成我国历史名城《安阳市旅游发展规划》课题。

徐德宽先生先后主持参与了《长江中游地区旅游的资源评价及开发研究》《宜昌地区及西陵峡旅游资源开发研究》《黄梅县旅游总体规划》《秭归县旅游总体规划》、《湖北省四溪生态旅游区控制性详细规划》《武汉蔡甸神怡山庄旅游开发规划》《武汉旅游跨世纪发展构想》《神农架旅游区总体规划研究》《论长江中游地区旅游资源的开发战略》《重庆市黔江仰头山土家文化旅游区总体规划》等区域旅游开发与规划项目。其中，《荆门市旅游发展总体规划》《武汉市黄陂木兰湖旅游风景区开发构想》和《武汉市旅游事业发展战略总体规划构思》，分别得到省市有关部门的表彰及奖励。

吴必虎教授定义和研究了环城游憩带（ReBAC）理论，倡议和深入实践研究的历史地段活化、古村镇活化及规划理论，在国内外产生了较大影响。其代表作《旅游规划原理》是国内旅游规划领域的经典之作（吴必虎和俞曦，2010）。在旅游规划咨询领域，吴必虎教授是联合国世界旅游组织旅游规划咨询专家、世界银行旅游咨询专家、国家旅游局《中国最佳旅游城市标准及实施细则》中方专家组组长。曾经中标担任全国最重要国际旅游城市旅游总体规划的专家组长，包括北京、杭州、西安、成都、咸阳、敦煌、延安、井冈山等。

杨振之教授提出了"形象遮蔽"与"形象叠加"、"前台、帷幕、后台"、国家旅游休闲区、旅游功能区、原乡规划等理论，在旅游规划、策划的实战方面建树颇丰，对城市规划中的消费空间、游客的消费行为与消费空间、景区的游览空间组织和文化内涵的展示等方面有独到的研究。主持了《四川汶川地震旅游业灾后重建规划》《吉林高句丽世界文化遗产旅游城修建性详细规划》《中国什邡 512 地震遗址主题公园总体规划》《河南·洛阳龙潭大峡谷景区创建国家 5A 级旅游景区整改提升方案》《广州白云山景区总体规划及创建 5A 级旅游景区整改提升规划》《大理崇圣寺三塔文化旅游区总体规划及创建 5A 级景区整改提升规划》《邓小平故里修建性详细规划》《浙江富阳东洲片区分区规划》《都江堰市旅游发展总体规划》《四川阆中古城旅游总体策划及清初四大古建筑项目可行性研究》《四川周公山温泉度假区总体策划》《陕西张良庙—紫柏山风景区总体策划及修建性详规》《成都市"十一五"旅游发展规划》《甘肃省拉卜楞旅游区修建性详细规划》《青海塔尔寺旅游区修建性详细规划》《中国绵竹年画村乡村旅游景区修建性详细规划》《青海湖国家重点风景区鸟岛原子城金银滩详细规划》《河南省杜甫修建性详细规划》

等旅游规划、策划、项目可行性研究多项。

马波教授自2000年以来，先后参加了由联合国世界旅游组织（UNWTO）执行的《山东省旅游发展总体规划》和《山东海滨度假旅游规划》，主持完成《山东省旅游发展行动计划》《山东海岛旅游开发规划》《山东度假旅游开发规划》《山东半岛葡萄酒旅游规划》《山东半岛蓝色经济区旅游业规划》以及日照、烟台、东营、滨州四市的旅游业发展总体规划，其中《山东半岛葡萄酒旅游规划》获得山东省首届旅游产业创新二等奖；《山东半岛蓝色经济区旅游业规划》荣获2009年度山东旅游产业创新奖一等奖。

综上所述，区域旅游研究热点主要涉及区域旅游合作/协作、区域旅游竞争力、区域旅游规划等领域；与学术研究相得益彰，区域旅游开发与规划实践亦蓬勃发展。需要特别指出的是，区域旅游研究在其他诸多细分领域亦取得丰硕成果，如滨海旅游等。20世纪80年代滨海旅游开始进入国内学者研究视野，经历了以资源导向为主、以可持续导向为主和以产业导向为主的阶段变迁。研究集中在海岛、自然保护区、沿海城市等区域；开发、影响和管理是国内滨海旅游研究的核心，"开发"主要包括资源、市场和产品开发的研究，"影响"主要包括环境、经济和社会影响的研究，"管理"主要包括可持续发展、国家海洋公园、发展模式和法律法规等（刘佳和贾楠，2018）。但考虑到这一领域主题涵盖过于广泛等原因，故未在文中予以单独呈现。

第三节　区域旅游研究的未来展望

近年来，区域旅游获得了前所未有的发展机遇。同时，旅游发展正在成为区域发展最为活跃的领域之一。党的十九大报告特别强调实施"区域协调发展战略"，要求"建立更加有效的区域协调发展新机制"，加快缩小区域之间、城乡之间的差距，为区域旅游发展提供了广阔天地和前进方向（马波，2018）。

一、区域旅游发展实践亟须理论支持

从区域科学的尺度出发，当前旅游业大发展的实践仍有许多重大问题迫切需要理论先行。

1. 区域旅游分工合作问题

尽管早在20世纪末区域旅游合作就已提出，并且诸多"无障碍旅游区"以政府间的战略倡议或政策文件形式相继出现，但是迄今为止，地区之间的旅游关系依旧表现为各自为战、竞争为主，真正的合作体极为少见，甚至同一个地级市下相邻的县域之间、同一个风景资源区内不同政区之间，旅游发展还是自成一体，合作的藩篱依然未能打破，重复建设屡见不鲜，恶性竞争随处可见，追求区域红利沦为一纸空文。必须指出，县域旅游发展也要服从空间经济规律的约束，省、市尺度上的全域旅游实践更需遵循区域红利最大化的法则，而诸如泛珠江旅游区、长江旅游带等省际旅游合作体的建设，澜沧江、图们江等国际旅游合作体的建构，甚至包括"一带一路"沿线国家旅游合作关系的逐步打造，无疑都要从区域科学的一般理论中寻求智慧。因此，区域旅游理论工作者必须对地区旅游分工的依据和机理、区域旅游合作的机制和路径等重大问题展开深入研究，以便为现实发展提供足够的思想宝库。

2. 城乡旅游关系问题

由于长期实行城市偏向发展战略，我国存在明显的城乡二元经济结构，城乡之间，在居民收入、基础设施、教育、卫生、文化等方面均有显著差异。党中央早已认识到乡村发展的严峻性和迫切性，党的十八大报告指出，解决好农业农村农民问题是全党工作重中之重，城乡发展一体化是解决"三农"问题的根本途径。要加大统筹城乡发展力度。党的十八届三中全会进一步指出，根本解决城乡二元结构、城乡发展差距等问题，必须推进城乡发展一体化。党的十九大报告进一步提出要实施乡村振兴战略，并指明了新时代乡村发展方向，明确了乡村发展新思路。乡村振兴要求把乡村作为一个相对独立的整体来对待，充分发挥乡村的主动性，改变过去乡村从属于城市的现实，建立一种全新的城乡关系。发展乡村旅游是壮大乡村经济、实现城乡统筹的重要方式，因此城乡旅游关系研究应当成为区域旅游研究的一个主要方向。事实上，学术界已经注意到，广大乡村地区正在成为城市资本的热点选择，近年来特色小镇和田园综合体建设的兴盛，就是明显的例子。当然，特色小镇也好，田园综合体也罢，开发建设都需要有明确的产业支撑，否则就会沦为美丽的泡影；它们无论是否以旅游业为支撑产业，最终都要形成旅游功能，否则就算不上优秀。在处理城乡旅游关系时，经济效益固然重要，但应当更加重视社会公正，尤其要突出乡村内生能力的提升，而不是城市资本对乡村资源的占有和对乡村利益的剥夺。

3. 交通发展与区域旅游格局演变的关系问题

区位是区域研究的基本尺度，区位特征在很大程度上取决于交通，因此，交通条件改变意味着区域格局的改变。旅游是一种空间位移活动，空间性是旅游的指示性特征，交通不仅是勾连旅游供需双方的纽带，它本身就是旅游业的重要组成部分。进入21世纪以来，我国的交通体系发展极其迅猛，"村村通公路"有效解决了旅游微循环问题，高速公路、高速铁路和航空业的发达，使旅游空间距离不断压缩，而邮轮码头建设和世界邮轮公司的批量进入，为旅游活动走向宽阔的海洋提供了便利条件。显然，交通的快速发展正在改变我国区域旅游的传统结构。在大尺度上，国际旅游持续增长，边疆旅游迎来大发展的好时机，东部热、中部温、西部冷的老格局有望得到彻底改变。在中等尺度上，地区之间的竞合关系正在发生深刻转变，一些长期受交通瓶颈困扰的旅游落后地区，如贵州、广西、甘肃、青海的大部分地区，陕西省的陕南、陕北地区等，旅游业已经呈现出勃发态势，并在精准扶贫方面发挥着不可或缺的作用。地区旅游合作也获得了内生的驱动力，空间上不平衡、不充分的旅游供给体系将得到预期的优化。在小尺度上，休闲与旅游的边界进一步融合，乡村度假业态获得更加坚实的市场支持，城市游憩带必将稳步拓展，旅游推动城乡一体化的独特效应会进一步彰显。当然，以上只是大趋势分析，诸多理论问题还需深入展开和仔细推敲，落到实践层面又有因地制宜、因时制宜的需要和鲜活的现实反馈，可为区域旅游研究者提供广阔的天地。

4. 旅游大众化与区域生态保护的关系问题

习近平总书记说"青山绿水就是金山银山"，简明扼要地点出了绿色发展的硬道理。旅游业是资源环境依托型产业，天然具有资源节约、环境友好的特性，是推动生态文明建设的主要抓手。但是旅游活动，尤其是进入大众化发展阶段的旅游活动，亦会对生态环境产生冲击。这种冲击首先表现为旅游开发活动对生态环境的改变，其次才是旅游者活动引发的生态扰动。从理论上讲，好的旅游开发一定属于"有限的可接受的改变"，不仅不损害生态平衡，而且能够美化环境。但在现实中，的确存在一些不合理的开发行为，说明我们还需要从理念、制度、技术等角度多管齐下，落实和强化生态旅游项目管理。游客的行为是可以引导的，生态旅游者是需要培育的。从国际经验看，随着社会经济的进步和游客管理技术的改善，旅游供需双方都会趋向自觉承担环境责任，主动遵循环境伦理，生态旅游文明之花必将广泛盛开。当然，实现旅游发展生态化目标，必然是一个较长的过程，需要专家学者发挥应有的作用。

二、区域旅游理论研究的创新发展

面对新时代、新使命、新征程，中国的区域旅游理论研究亟须创新。

1. 从"容器空间"到"关系空间"

对空间的哲学解读是富有启迪意义的。按照一般的感知与心理，人们通常把空间想象为一个"容器"，认为空间是一种实体，事物存在于其中，静止地占据着一个位置或通过运动改变自己的位置。但是，哲学家越来越意识到，空间并不是独立于物体和事物的空虚实在和实有，不是事物的外套及其存在和运动的场所，而是"要同关系和广义的场的概念融合起来……抽象地描述事物和个体整体关系的一部分的用语……空间之间的相互关系实质上就是个体和个体之间的关系。需要指出的是，长期以来，在区域旅游研究者的潜意识中，空间就是容器空间，而非关系空间，这种机械的空间观不仅无法把研究引向深入，甚至会误导实践。比如，过分强调或过分虚化某种旅游资源、旅游产品的空间位置及其作用，必然生出所谓"资源派"和"市场派"的粗暴割裂与人为对立。又如，只追捧地区旅游竞争，不认同地区旅游合作，等于为旅游业划定了"老死不相往来"的自生自灭的封闭堡垒；而只重容器、无视关系的类似"区域旅游合作联盟""无障碍旅游合作区"等旧的倡议或文件，终将流于形式，了无意义。再如，以景区、景点之基础地位来批评强调整体性、系统性的"全域旅游"发展模式，显然是有违逻辑的。"关系空间"是可测度的，只不过既需测度个体的位置，更需测度个体间的位置关系，即莱布尼茨所说的"并存秩序"。如果我们能够从"关系空间"观重新出发，区域旅游研究必将展现全新的生机与面貌，并充分发挥经世致用的现实功能。

2. 时空压缩与空间再造

旅游活动是在社会现代化过程中孕育的具有后现代化特征的人类活动。现代化以工业化为核心，追求规模、标准和速度，要求变化及变化之快，时间被高度压缩了，同时通过技术，尤其是交通技术和信息技术的飞速进步，空间也被高度压缩。进入 21 世纪以来，时空压缩现象在我国有越来越明显的表现，旅游活动的增长与行为变化与之息息相关。一方面，人民的出游强度和出游半径不断扩大，但旅游的节奏依旧带有"风风火火"的特点；另一方面，一些沉睡多年的资源禀赋被旅游市场唤醒，但生物多样性保护开始承受更大的压力。学术界必须对旅游时空压缩趋势保持敏锐的反应，如在距离分析上，要用时间距离、知觉距离、文化距离代替原来的物理距离；在空间区划上，既要考虑集中、集聚的规则，又要重视广布性、弥散性趋势，本着"其命维新"的精神推动区域旅游结构创新；在产品空间体系设计上，要深刻把握旅游毕竟是后现代生活方式的本质，体现人本、绿色、精致、多元、体验等理念，适度超前，再造旅游新空间，从而积极引导大众游客走出"多快好省"的时间偏好模式，凸显旅游创造美好生活的深刻价值。

3. 从单学科深入到多学科综合

传统观点认为，区域旅游是旅游地理学的研究领域之一。当前，从事区域旅游研究的学者多有地理学背景，但是也吸引了一批经济学、管理学、生态学、文化学、社会学等学科的学者，这令人欣喜。空间是综合的，旅游是综合的，实践是综合的，因此区域旅游一定也是综合的。从"关系空间"和"空间再造"的角度看，区域旅游研究既需要充分发挥地理学的基础性作用，又要主动吸收相关自然科学与人文社会科学的理论与方法，进而推动多学科综合研究格局的形成。以海南省（省级全域旅游示范区）为例，旅游业的空间发展不仅涉及旅游业与其他国民经济产业的竞合问题，而且要正确处理本岛与离岛、海岸与山区、居民与游客、开发与保护、国际市场与国内市场等一系列具体关系问题，可谓牵一发而动全身。显然，只有开展多学科综合研究，理清思想之流和现实之源，才能为海南省的旅游实践提供高屋建瓴、切中要害并经得起时间检验的行动建议，才能保证国际旅游岛的实至名归和长期繁荣。

4. 区域旅游大数据的开发与利用

信息科学与技术的突飞猛进，促成了智慧旅游时代的降临。智慧旅游可以有多种解释，但本质上是大数据驱动下的时空压缩与空间再造，它通过降低交易成本、提升消费品质而赢得旅游者，通过即时海量数据的获取、整理、应用来实现旅游生产管理的敏锐性和动态性。运用大数据技术研究区域旅游势在必行，甚至可以说，区域旅游大数据的开发与利用，就是区域旅游研究的本身。毋庸讳言，同交通、物流、金融等行业相比，旅游行业的大数据应用水平是相对落后的；在旅游行业，政府管理层面的大数据开发与应用又落后于企业，而跨行政区的大数据管理技术的发育尤为缓慢。需要指出的是，区域旅游大数据不仅需要旅游者方面的数据，还需要包括旅游目的地、旅游企业及其供应商的数据。数据的集成固然重要，数据的解读更为关键。把"互联网＋""旅游＋"和"区域协调发展"三个战略叠加在一起就不难看出，区域旅游大数据的开发与应用，应当高点起步、即刻出发、精准发力。

参考文献

[1] 保继刚，楚义芳，彭华. 旅游地理学 [M]. 北京：高等教育出版社，1999.

[2] 保继刚，唐新民. 区域旅游发展战略理论初探 [J]. 云南社会科学，1988 (5)：14 - 19.

[3] 保继刚. 旅游开发研究——原理、方法、实践 [M]. 北京：科学出版社，1996.

[4] 卞显红，张光生. 旅游目的地环境竞争力及其提升研究 [J]. 生态经济，2006 (11)：92 - 94 + 115.

[5] 曹宁，郭舒，隋鑫. 旅游目的地竞争力问题研究提纲 [J]. 社会科学家，2003 (6)：89 - 93.

[6] 陈传康，李蕾蕾. 风景旅游区和景点的旅游形象策划 (CI) [C]. 全国旅游地学年会暨东北地区旅游资源开发研讨会，1996.

[7] 陈传康，王民，牟光蓉. 中心城市和景区旅游开发研究 [J]. 地理学与国土研究，1996 (2)：47 - 51.

[8] 陈传康，许学工，李蕾蕾，等. 产业园林研究案例——汕头经济特区礐石天坛花园总体规划 [C]. 区域旅游开发研究，1991.

[9] 陈传康. 风水现代化及其旅游开发意义 [J]. 城市发展研究，1995 (3)：46.

[10] 陈传康. 旅游文化的二元结构 [J]. 城市问题，1990 (6)：40 - 44.

[11] 陈传康. 区域旅游开发模式和投资结构分析 [C]. 区域旅游开发研究，1991.

[12] 陈传康. 区域持续发展与行业开发 [J]. 地理学报，1997 (6)：40 - 49.

[13] 陈传康. 应用旅游地理学与区域旅游投资结构分析（以韶关和清远两市为例）[C]. 区域旅游开发研究，1990.

[14] 陈传康. 中国旅游资源的开发评价、途径和对策 [J]. 人文地理，1991 (2)：24 - 36.

[15] 陈传康. 陈传康旅游文集 [M]. 青岛：青岛出版社，2003.

[16] 陈传康. 区域旅游发展战略的理论和案例研究 [J]. 旅游论坛，1986 (1)：14 - 20.

[17] 陈传康. 天然风景的组成及其构景 [M]. 青岛：青岛出版社，1980.

[18] 邓琼芬，王良健. 区域旅游协作的运行模式及利益分配机制研究 [J]. 桂林旅游高等专科学校学报，2007，18 (1)：33 - 37.

[19] 冯学钢，沈虹，胡小纯. 中国旅游目的地竞争力评价及实证研究 [J]. 华东师范大学学报（哲学社会科学版），2009，41 (5)：101 - 107.

[20] 郭康. 区域旅游开发若干战略问题 [C] //中国地理学会，青岛大学，北京第二外国语学院. 旅游开发与旅游地理. 中国区域科学协会区域旅游开发专业委员会，1989.

[21] 郭康. 京津冀旅游协作研讨会在京召开 [J]. 地理与地理信息科学，1988 (2)：64 - 64.

[22] 郭来喜. 中西融通互鉴加快旅游规划体系建设 [J]. 国外城市规划，2000 (3)：1.

[23] 郭舒，曹宁．旅游目的地竞争力问题的一种解释 [J]．南开管理评论，2004（2）：95 – 99.

[24] 靳诚，徐菁，陆玉麒．长三角区域旅游合作演化动力机制探讨 [J]．旅游学刊，2006，21（12）：43 – 47.

[25] 李博，秦欢，余建辉，刘倩倩．中国省域旅游资源竞争力评价及其格局演变 [J]．经济地理，2019（9）：232 – 240.

[26] 李蕾蕾．旅游地形象策划：理论与实务 [M]．广州：广东旅游出版社，1999.

[27] 李淑娟，刘海斌．山东半岛蓝色经济区旅游空间结构研究——基于生态位理论 [J]．四川旅游学院学报，2014（3）：53 – 59.

[28] 梁艺桦，杨新军，马晓龙．区域旅游合作演化与动因的系统学分析——兼论"西安咸阳旅游合作" [J]．地理与地理信息科学，2004，20（3）：105 – 108.

[29] 刘佳，贾楠．中国滨海旅游研究热点领域与演化路径分析——基于科学知识图谱视角 [J]．资源开发与市场，2018，34（6）：844 – 849.

[30] 马波．聚焦现实创新理论推动区域旅游发展 [N]．中国旅游报，2018 – 01 – 05.

[31] 马耀峰，黄毅．旅游规划创新模式研究 [J]．陕西师范大学学报（自然科学版），2014，42（3）：78 – 84.

[32] 钱益春．区域旅游协作的理论研究 [J]．佛山科学技术学院学报（自然科学版），2004，22（1）：59 – 61.

[33] ［美］斯蒂芬·史密斯．游憩地理学：理论与方法 [M]．吴必虎，等译．北京：高等教育出版社，1992.

[34] 史春云，张捷，沈正平，等．旅游目的地竞争力定量评价综述 [J]．人文地理，2006（3）：72 – 77.

[35] 宋子千．对区域旅游合作研究几个基本问题的讨论 [J]．旅游学刊，2008，23（6）：74 – 79.

[36] 宋子千．也论区域旅游合作的动力机制——兼与靳诚等同志商榷 [J]．旅游学刊，2008，23（2）：46 – 50.

[37] 苏斌．基于博弈论的泛珠三角区域旅游协作研究 [D]．湘潭大学，2008.

[38] 孙赫．山东半岛城市群区域旅游合作模式研究 [D]．山东大学，2007.

[39] 孙黄平，张允翔，申鹏鹏，等．基于熵权集对分析的新阶段城市群旅游竞争力研究——以长三角城市群为例 [J]．资源开发与市场，2017，33（2）：214 – 218.

[40] 孙文昌．应用旅游地理学在中国的进展 [J]．地理学报，1991（4）：495.

[41] 孙文昌．中国旅游的潜势与海峡两岸旅游业的发展 [C] //我国资源潜力，趋势与对策研讨会海峡两岸旅游观光学术研讨会第三届全国区域旅游开发学术研讨会，1991.

[42] 孙文昌．钟爱山水献身教育：孙文昌文集 [M]．北京：中国地图出版社，2014.

[43] 孙曰瑶．区域旅游发展战略理论 [J]．宁夏大学学报（社会科学版），1989（2）：81 – 86.

[44] 汪德根，陈田．基于竞争力评价的区域旅游产业发展差异——以中国东部沿海三大旅游圈为例 [J]．地理科学进展，2011，30（2）：249 – 256.

[45] 王大悟．发展华东区域旅游业刍议 [J]．社会科学，1985（4）：20 – 22.

[46] 王瑜．区域旅游合作中区域利益机制研究 [J]．西南交通大学学报（社会科学版），2009，10（6）：114 – 118.

[47] 温秀，李树民，陈实．区域旅游合作的动力系统研究 [J]．经济经纬，2010（2）：122 – 125.

[48] 吴必虎，俞曦．旅游规划原理 [M]．北京：中国旅游出版社，2010.

[49] 吴承照．中国旅游规划30年回顾与展望 [J]．旅游学刊，2009，24（1）：13 – 18.

[50] 吴人韦．旅游系统的结构与功能 [J]．城市规划汇刊，1999（6）：19 – 21 + 39 – 79.

[51] 许辉春．泛珠三角旅游合作空间演化机制及策略 [J]．特区经济，2012（11）：34 – 36.

[52] 薛莹．对区域旅游合作研究中几个基本问题的认识 [J]．桂林旅游高等专科学校学报，2001，12（2）：26 – 29.

[53] 熊鹰，张茜，侯珂伦，尹建军，黄利华．全域旅游视角下环洞庭湖城市旅游竞争力及区域合作 [J]．经济地理，2020，40（07）：211 – 219.

[54] 阎友兵，李辉恒．关于旅游圈的理论探讨 [J]．湘潭大学学报（哲学社会科学版），1999（6）：135 – 137.

[55] 杨荣斌，郑建瑜，程金龙．区域旅游合作结构模式研究 [J]．地理与地理信息科学，2005，21（5）：

95 – 98.

　　[56] 殷柏慧，吴必虎．长三角与环渤海区域旅游合作条件对比研究——兼论环渤海次区域旅游合作道路选择 [J]．旅游学刊，2004，19（6）：33 – 37.

　　[57] 张补宏，徐施．长三角区域旅游合作问题及对策探讨 [J]．地理与地理信息科学，2009，25（6）：101 – 104.

　　[58] 张梦．区域旅游业竞争力评价：指标构建与方法选择 [J]．旅游学刊，2007（2）：13 – 17.

　　[59] 钟俊．共生：旅游发展的新思路 [J]．重庆师专学报，2001，20（3）：17 – 19.

　　[60] 周礼，蒋金亮．长三角城市旅游竞争力综合评价及其空间分异 [J]．经济地理，2015，35（1）：173 – 179.

　　[61] 朱明芳．关于旅游目的地竞争力测评方法的研究 [J]．社会科学家，2007（2）：110 – 114.

　　[62] 赵书虹，白梦．云南省品牌旅游资源竞争力与旅游流耦合协调特征及其影响因素分析 [J]．地理科学，2020，40（11）：1878 – 1888.

第十九章 国土空间规划研究

我国的国土空间规划主要是通过国土功能分区管理来实现，国土功能分区管理作为空间规划的重要内容，是对异质化的空间实行分门别类的管理，目的在于妥善处理市场经济条件下经济发展与生态环境保护之间的矛盾，推进可持续发展战略的实施，它通过国家的宏观调控、空间规划以及区域政策，协调整体与局部、近期与远期、城市与乡村、经济发展与生态环境保护之间的利益冲突，是市场经济体制下重要的政府行为和公共干预手段。党的十九届五中全会进一步明确，坚持实施区域重大战略、区域协调发展战略、主体功能区战略，健全区域协调发展体制机制，完善新型城镇化战略，构建高质量发展的国土空间布局和支撑体系。国土空间规划日益得到国家的重视，并成为我国高质量发展的重要空间支撑。

第一节 国土空间规划的编制历程

一、国土空间规划概念的演变

国土空间规划，从概念上来讲，就是对我国 960 万平方千米陆地国土和 300 多万平方千米海洋国土进行开发和保护的布局安排。不同的阶段有不同的称谓，如生产力布局规划、国土规划、主体功能区规划、区域规划、城乡规划、国土空间规划等，但性质是一样的。中华人民共和国成立 70 多年来，随着我国不同发展时期对国民经济和社会发展提出的重大任务，国土空间开发与区域发展的主要方向和重点领域也不断变化和演进。我国的国土空间规划主要是在 20 世纪 80 年代借鉴日本的国土综合开发规划，与欧美国家开展的空间规划基本类似。从 20 世纪 80 年代国家开展国土规划开始，我国不断探索符合中国国情的空间规划，截至目前，我国将主体功能区规划、土地利用规划、城乡发展规划这三大规划融合到一块，推进国土空间规划工作，有的地方融合的规划更多，形成"三规合一"或者"多规合一"的发展态势。

我国的国土规划和区域规划主要是在学习国外经验的基础上开展的，中华人民共和国成立初期主要是学习苏联的经验，改革开放以后主要是学习日本以及欧美等发达国家的经验。在学习国外经验的阶段，苏联的地域生产综合体和日本的国土综合开发规划是我国学习借鉴的重点。其中"国土"就是直接从日语的"国土"借鉴过来，但其包含的内容不仅仅局限于土地，而是更为广阔的领土、领海、领空等具有主权的地域空间。欧美国家主要以空间规划为主，也为我国开展国土空间规划提供了有益借鉴。当前，我国将主体功能区规划、土地利用规划和城乡规划融为一体，编制国土空间规划，从根本上解决了不同规划在空间上的重复、不一致甚至冲突的问题，从源头理顺了空间规划的关系，奠定了国土空间规划在空间规划中的上位规划地位。

二、中华人民共和国成立到 1978 年，推进生产力合理布局

中华人民共和国成立后的一段时期内，我国主要是学习苏联的经验，当时虽然还没有国土空间规划的概念，但是当时编制国民经济和社会发展五年计划的内容涵盖了国土规划不少内容，同时，也将苏联规划中地域生产综合体的概念引入我国。从当时规划的实践来看，地域生产综合体涵盖了空间规划的基本内容，并且比国土空间规划的内容更丰富。

中华人民共和国成立后，我国的经济建设是在"一穷二白"的基础上进行的，国家的主要任务是发展生产力和解放生产力，当时与国土空间有关的工作主要是大规模的综合考察，摸清我国国土空间的基本现状，并在此基础上开展生产力布局，其中"156 项"[①] 重点工程和"三线建设"[②] 是当时生产力布局的重点。20 世纪 50 年代至 60 年代初，国土空间开发的任务是矿产资源开发及工业建设，以苏联援建的"156 项"重点工程为中心，在中国内地进行生产力布局。为适应建设新兴工业基地和新兴工业城市的需要，在从苏联引进项目的同时，区域规划的理论和方法也同步引入。这一时期的区域规划，以"联合选厂"为出发点，强调统筹工业、城镇和区域的生产力布局，并在包头—呼和浩特地区、西安—宝鸡地区、张掖—玉门地区等 10 个地区开展了规划和建设实践。以后，虽然历经三年困难时期、"三线建设"等重大事件影响，但区域规划作为指导生产力合理布局的重要工作，还是得到了坚持和贯彻。可以说，我国的区域规划，就是在工业布局研究基础上发展起来的，也是区域经济和社会发展对其提出的客观要求（陆大道，2006）。60 年代中期至 70 年代初期，国土空间开发的任务主要是以"三线建设"为中心的工业布局。"156 项"重点工程和"三线建设"奠定了我国工业的基础和基本框架，为我国推进工业化提供了重要基础。同时，农业区划研究及其规划工作也在积极进行。

关于这一时期的规划，中国科学院地理科学研究所胡序威研究员回忆：为了更好地安排大批苏联援建的工业项目，1956 年，国务院在《关于加强新工业区和新工业城市建设工作几个问题的决定》中提出要搞区域规划。接着由国家建委公布了《区域规划编制和审批暂行办法（草案）》，曾在茂名、个旧、兰州、包头等地进行了区域规划，主要由建筑和工程技术的专业力量承担。1958 年开始"大跃进"后，各地大办钢铁，大办地方中小企业，以工业和城镇布局为主要内容的区域规划开始在不少省份和地区展开，部分经济地理专业力量也开始积极投入区域规划研究领域。但时间不长，1960 年即因"大跃进"失败而告终。在区域规划长期中断后，从事区域规划研究的经济地理界就转向了对区域生产力布局的综合调查研究（胡序威，2006）。

三、1979 ~ 1998 年，研究编制国土规划，开展国土整治

1978 年，改革开放后，中央领导人出访考察时，发现日本、西欧等国家特别重视国土整治工作。1981 年，中共中央书记处做出了"关于搞好我国的国土整治的决定"，原国家建设委员会（以下简称国家建委）据此举办了由各省市建委领导和有关部门领导参加的国土整治研究班，拉开了我国国土空间规划的序幕。1981 年 10 月，国务院以国发 145 号文件批转了国家建委《关于开展国土整治工作的报告》，报告提出在我们这样一个大国中，搞好国土整治，是一项很重大的任务。我国的国土资源和生态平衡遭到破坏的情况相当严重，在开发利用国土资源方面要做的

---

① 156 项重点工程，是中国第一个五年计划时期从苏联与东欧国家引进的 156 项重点工矿业基本建设项目，该工程起始于 20 世纪 50 年代初，持续约十年，奠定了中国初步工业化的部门经济基础。

② 三线建设指的是自 1964 年起中华人民共和国政府在中国中西部内陆地区的 13 个省、自治区进行的一场以战备为指导思想的大规模国防、科技、工业和交通基础设施建设。

事情也很多，迫切需要加强国土整治工作。这项工作牵涉面很广，希望各地区、各部门密切配合协作，把这件大事办好。根据中央决定精神，国家建委把国土整治作为全委的重要任务，并于同年 11 月成立了国土局。国土局成为中华人民共和国成立以后第一个主管我国国土开发整治的职能部门，国土局局长是后来任中央纪律检查委员会副书记的徐青同志。国土局做了大量的基础性工作。胡序威指出，1991 年由中共中央书记处做出了关于"搞好我国的国土整治"的决定，引起当时国家建委领导的高度重视，并举办了由各省市建委领导和有关部门领导参加的国土整治研究班，请各方面的专家做报告，共同探讨国土整治工作的性质和任务。当时专家们对国土和国土整治的概念存在不同的理解。有的把国土只看成是资源或等同于土地，把国土整治狭义地理解为治山、治水。胡序威（2006）提出国土是指国家主权管辖范围的地域空间，国土既是资源也是环境。搞好国土整治，就是要对国土空间进行开发和利用、治理和保护，并加强综合协调和规划管理，要把经济发展与人口、资源、环境在地域空间的综合协调作为国土规划的中心任务，并提出国土规划可分为全国和地区的不同层次，地区性国土规划也就是区域规划。

1982 年 4 月，根据国务院的决定，国土开发整治工作及其机构划归国家计划委员会（简称国家计委）主管，此后，虽经多次国务院机构改革，国土开发整治工作一直由国家计委主管，并成为国民经济和社会发展五年规划的重要组成部分，成为社会主义市场经济新形势下国家实施宏观调控的重要内容和手段之一。徐国弟（2020）研究员提出他除了参与编制《全国国土总体规划纲要》之外，曾先后组织编制了部分地区的国土规划，如以上海为中心的长三角经济区规划，以山西为中心包括内蒙古西部、陕北、宁夏、豫西的煤炭和重化工基地的经济区规划，京津唐地区国土开发整治规划纲要，修订长江中下游、黄河中下游、淮河、珠江、辽河、松花江以及海河和滦河流域的综合整治规划。

1984 年，为加强国土规划研究，国家计委成立了国土规划研究中心，国家计划委员会副主任吕克白亲自兼任中心干事长。国土规划研究中心组织编译了《日本国土整治资料译文集》，并组织编辑了《中国国土资源概况》（内部资料）。《中国国土资源概况》是我国第一部全面反映我国国土资源的资料，为掌握我国国土资源、摸清家底、更好地开展国土整治工作提供了基本依据。

1985 年，参照日本的经验，我国着手编制《全国国土总体规划纲要》。此次的国土总体规划，是一个以摸清资源家底和加快发展为主要内容的规划，体现了按照全国一盘棋进行国土功能管理的理念。1989 年，《全国国土总体规划纲要（草案）》上报国务院，但由于多种原因未获批，只是以国家计委内部文件下发各地参照执行。

1988 年 8 月，经国家人事部、国家科委同意，国家计划委员会在国土规划研究中心基础上组建国土规划研究所，为国家计委直属司局级科研事业单位，国土局原局长覃定超任所长。国土规划研究所的主要任务是：对国土开发整治的战略、布局、政策等重大问题和国土空间规划的理论方法进行研究；根据国家计委的安排或接受有关方面的委托，承担各地区和专业部门的规划编制工作；对国土空间规划方案和国土开发整治等重大问题提供咨询。国土规划研究所成立后，与国家计委国土规划和地区经济司合作，对我国国土规划进行研究，完成《1981—1992年我国国土规划的实践和认识》研究报告（宋福田，2020），研究报告的主要内容有：我国国土规划工作的由来和发展，国土规划的性质和内容，国土规划的类型和编制原则、程序及方法和国土规划的作用等。该研究报告还收录了国家计委主任宋平同志在全国国土总体规划纲要讨论会上的讲话、国家计委副主任吕克白同志在全国国土规划工作座谈会上的讲话；国家计委副主任徐青同志在试点地区国土规划工作汇报会上的讲话；国家计委国土综合开发规划司司长方磊同志的《国土规划的几个有关问题》；国土规划研究所所长覃定超的《我国国土规划中的几个重要问题》；中国科学院地理研究所胡序威研究员的《论进一步提高国土规划的科学性和实用性》；中国人民大学刘再兴教授《加强定量研究，提高国土规划的科学性与可操作性》等讲话与文章。1992 年，由国土规划研究所所长覃定超主持完成了《中国沿海开放地区九十年代经济发展战略研究》，并于 1993 年由中国计划出版社正式出版。国家计委国土规划研究所于 1995 年适应形势和工作的需要，名称改为国家计划委员会国土开发与地区经济研究所，研究领域拓展为区域经济和地区发展，主要任务是研究区域发展重大战略。

1989 年，国家计委为了贯彻落实国务院关于认真编制省（自治区、直辖市）国土规划的要求，进一步加强国土规划工作，下发了《关于加强省级国土规划工作的通知》。通知要求，一定要把国土规划编好，加快编制进度，争取在 1990 年完成第一次国土规划的编制任务。

据不完全统计，到 20 世纪 90 年代中期，全国已有 30 个省（自治区、直辖市）、223 个地州市、640 个县开展了国土规划编制工作。金沙江下游地区、乌江干流沿岸地区、京津唐地区、长江三角洲地区、以山西为中心的能源和重化工基地等分别编制了跨行政区国土规划。长江、黄河等七大流域编制了流域整治规划。这一时期编制的规划，曾出现"国土规划""国土综合规划""国土综合整治规划"等不同名称。但主要内容是根据国家经济社会发展方向和目标以及规划区的自然、经济、社会、科技等条件，制定全国或一定区域范围内国土开发整治方案。规划内容涉及资源综合开发、生产力布局和生态环境综合整治等方面。由于多种原因，除《金沙江下游地区国土综合开发规划》《山东省综合国土规划》外，《全国国土总体规划纲要》以及其他要求报国务院审批的国土规划未能正式批复。但规划提出的许多建议和设想被采纳，并收到了很好的效果（郝庆等，2012）。

1990 年 8 月，国家计委顾问吕克白同志的《国土规划文稿》出版发行。书中编入了吕克白同志 1981～1989 年的 22 篇讲话稿和文章。自 1981 年中共中央书记处和国务院做出加强我国国土整治的决定和工作部署以来，吕克白同志先后作为国家建委和国家计委的副主任、国家计委顾问分管国土工作，是我国国土工作的主要负责人之一。他在贯彻落实中央和国务院指示方面做了大量的工作，为开创和发展我国的国土事业做出了很大贡献（国家计委国土规划和地区经济司，2018）。

1998 年，国土规划职能由国家计委划转新成立的国土资源部。国土资源部于 2001 年 8 月印发《关于国土规划试点工作有关问题的通知》，决定在深圳市和天津市开展国土规划试点工作。2003 年 6 月，国土资源部又决定在辽宁开展国土规划试点。2004 年 9 月，广东省也被纳入国土规划试点。从 2008 年起，国土资源部相继在福建、重庆、河南、广西、湖南等地部署开展国土规划试点工作。2009 年 9 月，经国务院同意，国土资源部和国家发改委联合牵头，财政部、环保部、住建部等 28 个部门、单位参加，共同开展《全国国土规划纲要（2011—2030 年）》的编制工作（郝庆等，2012）。2017 年 1 月，国务院正式批准颁布实施《全国国土规划纲要（2016—2030 年）》。

为配合国土规划编制工作的开展，建设部在组织和推动城镇体系规划方面做了大量的工作。一是组织编制了跨世纪的《2000 年全国城镇布局发展战略要点》；二是重点指导了经济发展较快、城镇发展较迅速地区的城镇体系规划工作，如《上海经济区城镇布局规划纲要》《长江沿江地区城镇发展和布局规划要点》《陇海—兰新地带城镇体系规划》；三是开展了省域城镇体系规划试点工作。此阶段国土规划和城镇体系规划虽然具有典型的自上而下、计划经济思维的传统特征，但全国国土总体规划纲要和全国城镇布局发展规划在实践中发挥了积极作用。区域规划以国土规划、城镇体系规划的形式获得了生机（周春山等，2017）。

20 世纪 90 年代末期到 21 世纪初，国家发改委、国土资源部、建设部三个部门均从各个部门的职能着手组织编制区域、国土、城乡规划。中国城市规划设计院的陈明研究员称此为区域规划的"三国"时期。自 1992 年我国确定市场经济体制改革目标后，伴随改革的深入，区域规划逐步成为强化部门事权、贯彻发展意图、引导资源配置、协调各方利益的重要公共政策。历史上主管或编制过区域规划的发展改革部门、国土部门和建设部门，在立足部门事权的基础上，以不同的名义强化了区域规划的职能（陈明和商静，2015）。中国人民大学叶裕民教授认为，长期以来的各类空间规划在各自部门系统内构建拥有多元行政层级，多元尺度（从宏观到中微观）的规划系列，对全域国土空间的开发与保护起到战略引领和刚性管控的关键作用，形成了基于部门设置的割裂的空间规划体系。横向上分立的区域规划、国土规划、城乡规划、生态环境保护规划在纵向上以全国、省、市（县）三个层级为空间范围展开编制与实施。各个规划系统自成体系，有较为明确的上下规划协调方向，按照垂直管理的模式运行。但大部分市县层面的环境保护规划未与空间有效对接，未能将上层的生态功能区划和生态保护红线落地，形成了上层规划力量强、下层规划力量弱的"倒梯形体系"。在规划主管部门未发生结构性调整的背景下，空间规划改革成为部门利益争夺的新战场（叶裕民和王晨跃，2019）。

四、2006 年以来，主体功能区理论的提出和规划编制

主体功能区的构想最早是在 2002 年国家计委《关于规划体制改革若干问题的意见》中提出的，在总结中华人民共和国成立以来特别是改革开放以来规划体制改革的经验和分析存在的问题之后，提出"规划编制，要确定空间平衡与协调的原则，增强规划的空间指导和约束功能"。2003 年初，国家计委规划司在向中国工程院介绍"十一五"规划重大课题时，以如何建设更加均衡的小康社会为出发点，重新审视区域经济发展思路的角度，提出了划分"功能区"的构想。之后请了很多专家来专门研究这个问题，但思路不尽一致。在经过反复研究之后，国家发展改革委（2003 年机构改革后，国家计委改为此名，以下简称国家发展改革委）上报国务院的"十一五"规划思路中，提出了主体功能区的基本思想，确立了四类主体功能区[①]。时任规划司司长的杨伟民是主体功能区规划的首倡者和推动者。

《中华人民共和国国民经济和社会发展第十一个五年规划纲要》提出，要根据资源环境承载能力、现有开发密度和发展潜力，统筹考虑未来我国人口分布、经济布局、国土利用和城镇化格局，将国土空间划分为优化开发区域、重点开发区域、限制开发区域和禁止开发区域四类主体功能区，以规范国土空间开发秩序，形成合理的空间开发结构。这是我国首次提出要进行国土功能分区管理，并作为今后相关规划和政策制定的基本依据。

2007 年 7 月，国务院发布了《关于编制全国主体功能区规划的意见》，明确了规划定位、规划原则、主要任务以及制定两级规划（国家和省级），划分四类主体功能区等。国家发展改革委开始组织编制《全国主体功能区规划》，该规划于 2010 年经国务院批准印发。《全国主体功能区规划》（以下简称《规划》）是中华人民共和国成立以来第一部全国性国土空间开发规划，也是区域发展模式和调控方式的一个重大转变。《规划》开宗明义提出，国土空间是指国家主权与主权权利管辖下的地域空间，是国民生存的场所和环境，包括陆地、陆上水域、内水、领海、领空等。国土空间是宝贵资源，是我们赖以生存和发展的家园。推进形成主体功能区，就是要根据不同区域的资源环境承载能力、现有开发强度和发展潜力，统筹谋划人口

---

① 杨海霞．"杨伟民谈《全国主体功能区规划》制定始末"［EB/OL］．https：//business. sohu. com/20110413/n280256690. shtml，2011－04－13.

分布、经济布局、国土利用和城镇格局，确定不同区域的主体功能，并据此明确开发方向，完善开发政策，控制开发强度，规范开发秩序，逐步形成人口、经济、资源环境相协调的国土空间开发格局。

主体功能区规划拉开了空间规划新序幕，对规范空间开发秩序发挥了重要作用。2010年颁布《全国主体功能区规划》以来，特别是在国家"十二五"规划将主体功能区上升为国家战略后，各级政府部门加快构建主体功能区政策体系，深入推动主体功能区规划的实施，取得了良好成效。

党的十八大报告中将优化国土空间开发格局作为生态文明建设的重要抓手，指出"要按照人口资源环境相均衡、经济社会生态效益相统一的原则，控制开发强度，调整空间结构，促进生产空间集约高效、生活空间宜居适度、生态空间山清水秀"，三类空间的主体功能开始显现。在各类功能用地中，承担农业和生态调节功能的用地比重最大，城镇用地和农村生活用地的比重最小，二者分别占国土面积的62.89%和2.16%。城镇空间结构加快重组。沿海轴带、长江轴带和京广—京哈轴带成为国土开发的主轴，三大轴线集聚的人口占全国的比重超过40%，经济总量占全国的比重超过70%。三大优化开发区依然是人口最集中的区域，且依然保持增长态势；18个重点开发区集聚人口的能力也在加快提升。与此同时，沿海轴带、包昆轴带、长江经济带、陇海—兰新轴带与"一带一路"建设的对接，将国内轴带与国际经济走廊紧密联系在一起，统筹了国内发展和对外开放。

主体功能区战略的传导机制加快构建。主体功能区规划以县为基本单元，只编制国家和省两级，具体落实有些困难。省级以下尽管没有编制规划，但多数都编制了实施规划或实施方案，以贯彻落实国家和省级主体功能区规划。党的十八届三中全会之后，许多市县都以主体功能区规划为基础，开展"多规合一"试点，落实主体功能区规划的战略意图。

主体功能区制度建设积极推进。《全国主体功能区规划》提出了财政、投资、产业、土地、农业、人口、民族、环境、应对气候变化九个方面的政策及差异化绩效考核。除民族和应对气候变化尚未出台针对性的政策外，其余都已出台。其中，落实最好的是重点生态功能区转移支付制度。2008首次建立生态补偿资金，2018年生态补偿资金规模达到721亿元，2008~2018年生态补偿资金累计达到4431亿元。与此同时，广东、内蒙古等十几个省份也出台了省级以下重点生态功能区补偿机制。此外，国家也在积极推进流域生态补偿、草原生态补偿、天然林保护和森林生态补偿和湿地生态补偿等专项补偿。东部沿海省市出台配套政策比较多，中西部地区国家级重点生态功能区县比较集中，探索差异化绩效考核比较多。

随着主体功能区在国家空间发展中的重要作用凸显，2010年党的十七届五中全会首次提出实施主体功能区战略。2011年国家"十二五"规划纲要明确阐释了实施主体功能区战略的主要内容。2016年国家"十三五"规划纲要再次提出"强化主体功能区作为国土空间开发保护基础制度的作用，加快完善主体功能区政策体系"。2017年，中共中央、国务院《关于完善主体功能区战略和制度的若干意见》吸收了空间规划体制改革的内容，强调差异化绩效考核、"三区三线"①划定、空间用途管制、生态产品价值实现机制等内容。由此，基本搭建起由资源环境承载力评价预警机制、生态补偿机制、生态产品价值实现机制、规划衔接协调机制、差异化绩效考核机制、重点生态功能区产业准入负面清单制度、"三区三线"划定制度、空间用途管制制度、国家公园管理体制等"五机制三制度一体制九政策"的框架体系。

尽管主体功能区规划实施成效良好，但也面临以下几个问题：①主体功能区规划不能满足

① "三区"即城镇建设区、农业发展区、生态保护区；"三线"即生态保护红线、基本农田保护红线、城市发展边界。

新形势的要求。党的十九大报告提出解决好发展不平衡不充分问题，实施包括区域协调发展在内的七大国家战略，需要在国土空间上有所体现。区域发展中分化和极化两种现象并存，并且趋势越来越明显，需要顺应区域发展新形势的变化，规划中心城市、城市群、都市圈的新格局，加快构建高质量发展的动力系统，开掘高质量发展的动力源，培育高质量发展新的增长极。②主体功能区刚性管控不强。主体功能区的划分均是以县级行政区为基本单元，空间尺度较大，政策精准落地难。有些地区在县域行政区内选取个别乡镇用于承接非主体功能，但存在局部难以协调整体矛盾的问题。同时，主体功能区规划中设置的指标，没有明确是指导性还是约束性的，管控的目标不明确、不具体。再加上没有建立从上到下的空间和指标管控与传导体系，对其他规划的约束指导作用不明显，各类规划越位缺位并存，功能交叉重叠，协调成本高昂。③主体功能区划分的科学性不足。资源环境承载力评价及监测预警机制是推进主体功能区规划实施的重要手段。采用全国一致的资源环境承载力评价的指标体系，有利于通过对比掌握全国整体情况，但"一刀切"的方式缺乏针对性，不能有效地指导空间布局与结构调整。根据《全国主体功能区规划》，按照开发内容，分为城市化地区、农产品主产区和重点生态功能区。在实际工作中，由于生产空间与城镇、农村等生活空间交织在一起，较难也没有必要从连片整体的角度将生产空间和生活空间区分开来。④主体功能区配套政策协同性不够。主体功能区规划中列出了九个方面的政策措施，但不论是生态补偿政策，还是重点生态功能区产业准入负面清单，都主要针对重点生态功能区，对农产品主产区、城市地区缺乏统筹考虑，影响了主体功能区规划效果。从部门之间的协同性看，缺乏有效统筹，政策碎片化问题突出。由于缺少激励约束机制的系统性设计，地方基本选择对已有利的政策执行，不利的政策则束之高阁。从政府和市场的关系看，政府财政资金投入多，利用市场化机制少（黄征学和潘彪，2019）。

五、区域规划和城市群规划的编制与实施

2003年，国家发展改革委委托国土开发与地区经济研究所（以下简称国土地区所）对协调空间开发秩序与空间结构调整进行研究，课题由国土地区所副所长肖金成主持，提出了在"十一五"期间编制全国性空间规划（国土规划）和区域性空间规划（区域规划）的建议（马凯，2005）[①]。全国性空间规划后来演变为"全国主体功能区规划"，区域规划在"十一五"规划期间选取了京津冀、长三角、成渝、东北四个区域进行试点。

2005年，国务院在《关于加强国民经济和社会发展规划编制工作的若干意见》中提出："国家对经济社会发展联系紧密的地区、有较强辐射能力和带动作用的特大城市为依托的城市群地区、国家总体规划确定的重点开发或保护区域等，编制跨省（区、市）的区域规划。其主要内容是对人口、经济增长、资源环境承载能力进行预测和分析，对区域内各类经济社会发展功能区进行划分，提出规划实施的保障措施等。"

从2006年开始，国家发展改革委组织编制了四个地区的区域规划试点：一是京津冀都市圈规划；二是长三角城市群规划；三是成渝经济区规划；四是东北地区规划。此后，国家发改委组织编制并经国务院批准的区域规划有：广西北部湾、广东珠三角、江苏沿海经济带、辽宁沿海经济带、吉林长吉图、山东黄河三角洲、江西环鄱阳湖、关中—天水、安徽皖江城市带、河北沿海经济带和海峡西岸经济区。由国家发展改革委组织编制并由国务院批准的区域规划，既有空间规划的性质，又有发展规划的性质，主要目的是促进重点区域或问题区域的发展，空间约束的内容不多，约束力也不强。

---

① 课题报告由经济科学出版社于2019年公开出版。

具体组织编制区域规划的是国家发展改革委地区经济司，范恒山司长主导了多个区域规划的编制工作。范恒山认为区域规划主要体现了三个战略指向：一是有利于重点地区率先发展和加快发展，包括长三角、珠三角这些条件比较好的地区怎么样继续加快发展，率先开发开放，也包括欠发达地区，特别是贫困地区怎么样后来居上，实现跨越式发展。二是着眼于国家提出的重大改革和发展战略，如黄河三角洲、鄱阳湖以及皖江城市带等。三是基于国家深化开放合作的需要来制订的，包括图们江、海峡西岸等，都是基于发展两岸关系提出来的。规划制定以后，产生的效果非常明显（范恒山，2010）。

编制跨省、跨市的区域规划，在规划体制和规划方法上都是一个创新。事实上，由国家部门为一个"小区域"编制规划，本身就是规划体制的改革和创新。有专家认为编制"小范围"的区域规划可能在一定程度上会将国家战略"碎片化"，但其实不然，以往的区域发展战略，无论是东中西三大地带，还是四大板块，范围过大，譬如西部地区700多万平方千米，占国土面积近70%，一个战略、一条政策很难适用于所有的地区。西北地区和西南地区，四川盆地与关中平原，黄土高原与西南喀斯特地貌地区的地理、人文差异巨大。编制小范围的区域规划，不仅比较容易，而且具有针对性，避免大而化之，容易"细化"。过去搞全国性规划，如国土规划，十几年未获得批准。有些规划很虚，很难付诸实施。而小范围的区域规划，对每一个城市都明确了定位，对一产、二产、三产都确定了重点，对交通尤其是跨行政区的交通设施都做了部署，注重消除困扰区域发展的"断头路"。生态环境保护由于其固有的"外部性"，往往被以往的规划所忽视，而在区域规划中被作为重中之重。所以，区域规划以"实化"而著称。还有就是"差别化"，区域规划针对规划区域的地理特征、产业基础、人文人口采取不同的战略与策略，不同区域采取不同的发展模式，因此各个区域规划具有很大的差异。小范围的区域规划虽然数量多，但由于"细化、实化、差别化"，从而取得了很好的效果（肖金成，2018）。

区域规划的另一种类型就是城市群规划。城市群规划是特殊的区域规划。京津冀、长江三角洲、珠江三角洲三大城市群，以2.8%的土地面积集聚了18%的人口，创造了36%的地区生产总值。在城镇化快速推进的过程中，也存在着必须高度重视并着力解决的突出矛盾和问题。在城市群内部，由于区位和交通条件的变化，城市之间竞争比较激烈，城市空间分布和规模结构存在诸多不合理。核心城市由于"虹吸效应"，规模越来越大，周边城市很难发展起来。此外，核心城市功能过度聚集，"大城市病"现象也比较严重。因此需要国家出面进行规划，明确各自的分工，消除行政壁垒和恶性竞争，促进城市间的合作。

2014年，中共中央和国务院批准发布了《国家新型城镇化规划（2014—2020年）》，规划明确以人的城镇化为核心，有序推进农业转移人口市民化；以城市群为主体形态，推动大中小城市和小城镇协调发展；以综合承载能力为支撑，提升城市可持续发展水平；以体制机制创新为保障，通过改革释放城镇化发展潜力，走以人为本、四化同步、优化布局、生态文明、文化传承的中国特色新型城镇化道路，促进经济转型升级和社会和谐进步。《国家新型城镇化规划》特别强调，城市群是中国未来经济发展格局中最具活力和潜力的核心地区，在全国生产力布局中起着战略支撑点的作用。规划提出对城市群进行规划，科学规划城市群内各城市功能定位和产业布局，缓解特大城市压力，强化中小城市产业功能，增强小城镇公共服务和居住功能，推进大中小城市一体化建设和网络化发展。随后，国家发展改革委对长三角、长江中游、成渝、哈长、关中平原、中原等11个跨省市区的城市群编制了规划，重点明确了空间布局、战略定位以及各城市的功能定位、交通设施、生态环境保护等。规划的实施有利于消除恶性竞争，加强城市合作，推动大中小城市和小城镇协调发展。

肖金成（2009）在中国国土经济学会举办的国土论坛上提出构建中国的空间规划体系的设

想，他认为空间规划体系主要由四部分组成：主体功能区规划、国土规划、区域规划、城市规划和村镇规划。同时提出，应制订颁布《空间规划法》。2011年，肖金成主持了"优化国土空间开发格局研究"课题研究，提出了建立国土空间规划体系的对策建议（肖金成和欧阳慧，2012）。

六、"多规合一"，建立国土空间规划体系

2019年，中共中央、国务院颁布《关于建立国土空间规划体系并监督实施的若干意见》（以下简称《意见》），将主体功能区规划、土地利用规划、城乡规划等空间规划融合为统一的国土空间规划，实现"多规合一"，建立国土空间规划体系。

国家规划体制改革后，主体功能区规划将融合到国土空间规划中，但主体功能区战略和制度还是应坚持的。黄征学和潘彪（2019）提出以"三区三线"为基础，结合土地用途管制，建立三级管控体系。科学划分约束性和预期性指标类型，建立统一、简洁、高效的开发与保护管控指标体系。按照生态空间、农业空间用途分区，制定不同区域准入条件，明确限制、禁止的产业和项目类型清单。加快推进相关技术标准对接。研究开发强度测算、"三区三线"划定、"双评价"、空间管控原则、土地分类标准和管理信息平台等技术规程，统一管控的基础数据和技术标准。更新及提高国土各类数据处理效率。在国土空间规划时利用大数据平台对处理的空间现状数据、空间规划数据、空间管理数据、社会经济数据等各类新兴数据，从而保证国土空间数据分析的全面性与客观性（王英等，2021）。

国土空间规划是国家空间发展的指南、可持续发展的空间蓝图，是各类开发保护建设活动的基本依据。各级各类空间规划在支撑城市快速发展、促进国土空间合理利用和有效保护方面发挥了积极作用，但也存在规划类型过多、内容重叠冲突，审批流程复杂、周期过长，地方规划朝令夕改等问题。建立全国统一、责权清晰、科学高效的国土空间规划体系，整体谋划新时代国土空间开发保护格局，综合考虑人口分布、经济布局、国土利用、生态环境保护等因素，科学布局生产空间、生活空间、生态空间，是加快形成绿色生产方式和生活方式、推进生态文明建设、建设美丽中国的关键举措，是坚持以人民为中心、实现高质量发展和高品质生活、建设美好家园的重要手段，是保障国家战略有效实施、促进国家治理体系和治理能力现代化、实现"两个一百年"奋斗目标和中华民族伟大复兴中国梦的必然要求。

《意见》明确全国国土空间规划是对全国国土空间做出的全局安排，是全国国土空间保护、开发、利用、修复的政策和总纲，侧重战略性，由自然资源部会同相关部门组织编制，由中共中央、国务院审定后印发。省级国土空间规划是对全国国土空间规划的落实，指导市县国土空间规划编制，侧重协调性，由省级政府组织编制，经同级人大常委会审议后报国务院审批。市县和乡镇国土空间规划是本级政府对上级国土空间规划要求的细化落实，是对本行政区域开发保护做出的具体安排，侧重实施性。需报国务院审批的城市国土空间总体规划，由市政府组织编制，经同级人大常委会审议后，由省级政府报国务院审批；其他市县及乡镇国土空间规划由省级政府根据当地实际，明确规划编制审批内容和程序要求。各地可因地制宜，将市县与乡镇国土空间规划合并编制，也可以几个乡镇为单元编制乡镇级国土空间规划。海岸带、自然保护地等专项规划及跨行政区域或流域的国土空间规划，由所在区域或上一级自然资源主管部门牵头组织编制，报同级政府审批；涉及空间利用的某一领域专项规划，如交通、能源、水利、农业、信息、市政等基础设施，公共服务设施，军事设施，以及生态环境保护、文物保护、林业草原等专项规划，由相关主管部门组织编制。相关专项规划可在国家、省和市县层级编制，不同层级、不同地区的专项规划可结合实际选择编制的类型和精度。

详细规划是对具体地块用途和开发建设强度等做出的实施性安排，是开展国土空间开发保护活动、实施国土空间用途管制、核发城乡建设项目规划许可、进行各项建设等的法定依据。在城镇开发边界内的详细规划，由市县自然资源主管部门组织编制，报同级政府审批；在城镇开发边界外的乡村地区，以一个或几个行政村为单元，由乡镇政府组织编制"多规合一"的实用性村庄规划，作为详细规划，报上一级政府审批。

2020年，党的十九届五中全会提出构建国土空间开发保护新格局，建立国土空间规划体系并监督实施，将主体功能区规划、土地利用规划、城乡规划等空间规划融合为统一的国土空间规划，实现"多规合一"，强化国土空间规划对各专项规划的指导约束作用，是党中央、国务院在新时期做出的重大决策部署。

第二节　国土空间规划与区域政策展望

国土空间规划主要是服务现代化建设远景目标，更好支撑高质量发展，同时国土空间分类管理也为实施更为精准有效的区域政策提供了基本的政策空间单元。在编制各级国土空间规划时，重点在于统一技术标准、统一空间基础、统一行使权责，做到起点是"统一的底图、统一的底数、统一的底线"，终点将是"统一的空间方案、统一的用途管制、统一的管理事权"，实现一个空间一张蓝图的逐层规划。按照新的国土空间方案，我国的区域政策将更加精准高效。按照因地制宜的原则，宜山则山、宜水则水，宜农则农、宜粮则粮，宜工则工、宜商则商，形成更加精准、更为有效的区域政策体系。逐步探索形成与中国国情与发展阶段紧密相结合的区域协调发展思想体系（赵霄伟，2021）。发挥各地区比较优势，促进各类要素合理流动和高效集聚，增强创新发展动力，加快构建高质量发展的动力系统，增强中心城市和城市群等经济发展优势区域的经济和人口承载能力，增强其他地区在保障粮食安全、生态安全、边疆安全等方面的功能，形成优势互补、高质量发展的区域经济布局。国土空间规划要明确不同区域的主体功能定位，为制定更加精准有效的区域政策提供基本的政策空间单元。在我国不断完善社会主义市场经济体制的大背景下，区域政策的制定既要依据不同区域的主体功能定位，又要以不严重影响产业公平竞争和构建全国统一大市场为前提（贾若祥，2020）。

一、完善差别化区域政策体系

要针对不同国土空间的主体功能定位，制定相应的财政政策、投资政策、产业政策、土地政策和人口管理政策，只有加快推进这些政策的制定和完善，才能保障我国国土功能分区管理的正常进行。分区分类推进财税、产业、土地、环保、人才等政策在区域层面的落地实施，充分彰显区域比较优势，因地制宜培育和激发区域发展动能，提高各项宏观调控政策的区域精准性和有效性。中央预算内投资、中央财政均衡性转移支付、专项转移支付继续向中西部和东北等发展相对落后的地区倾斜，完善对重点生态功能区的财政转移支付，研究延长西部大开发和中部地区的税收优惠政策。结合现代化经济体系建设，推动制定差别化的区域产业结构调整指导目录。实行差别化的区域用地政策，保障跨区域重大基础设施和民生工程用地需求，对边境和特殊困难地区实行建设用地计划指标倾斜，促进东部沿海等开发强度较高地区和城市化地区集约用地。推动建立差别化的区域环境保护政策，加强承接产业转移过程中的环境监管，防止跨区域污染转移。研究制定鼓励人才到中西部地区和东北地区工作的优惠政策，支持地方政府根据发展需要制定吸引国内外人才的区域性政策。

二、完善以基本公共服务均等化为导向的区域政策体系

提高基本公共服务统筹层次。不断完善养老金中央调剂制度，在实现基础养老金全国统筹的基础上，加快推进养老金全国统筹步伐。不断提高基本医疗保险的统筹层级，尽快实现省级统筹，积极推动全国统筹。探索建立"全国统筹、省负总责、市县管理、社会监督"的义务教育经费保障机制，进一步提高中央财政用于义务教育的支出规模，研究设立针对深度贫困地区和集中连片贫困地区的农村义务教育专项扶持津贴。强化省级政府统筹职能，加大对省内基本公共服务薄弱地区扶持力度，通过完善事权划分、规范转移支付等措施，逐步缩小县域间、地市间基本公共服务差距。深入推进基本公共服务领域财政事权和支出责任划分改革，规范基本公共服务领域中央与地方共同财权事项的支出责任分担方式，调整完善转移制度结构，增强市县财政特别是县级财政提高基本公共服务的保障能力。

推动城乡区域间基本公共服务衔接。加快养老保险、医疗卫生、义务教育、劳动就业等基本公共服务跨城乡和跨区域流转衔接的制度设计，研究制定养老保险、医疗卫生、义务教育等跨省转移接续的具体办法和配套措施，强化跨区域基本公共服务统筹合作。推动京津冀、长三角、粤港澳大湾区、成渝地区双城经济圈等率先在基本公共服务跨区域流转衔接方面积极探索，加快形成可复制、可推广的经验。

三、完善统一竞争有序的以市场为导向的区域政策体系

促进城乡区域间要素自由流动。全面实施全国统一的市场准入负面清单制度，消除歧视性、隐蔽性的区域市场准入限制，建立市场准入负面清单动态调整机制和信息公开机制。深入实施公平竞争审查制度，消除区域市场壁垒，打破行政性垄断，防止市场垄断。深入贯彻落实中共中央、国务院《关于构建更加完善的要素市场化配置体制机制的意见》，推进土地、劳动力、资本、技术、数据等要素市场化配置和顺畅化流动。

构建区域一体化大市场。推动长三角区域一体化建设，完善长三角区域合作办公室工作机制，深化三省一市在规划对接、改革联动、创新协同、设施互通、公共服务、市场开放等方面合作，进一步消除市场壁垒和体制机制障碍，共建一批开放性的合作平台，在更大范围内推动资源整合。率先推动京津冀、长江经济带、粤港澳大湾区、成渝地区双城经济圈等区域市场建设，探索共同监管、信息互通、规则体系共建和信用体系互认等方面的制度建设，加快构建区域一体化市场。

完善区域交易制度。由中央政府负责确定配额方法和市场监管，推动建立健全用水权、排污权、碳排放权、用能权额度初始分配制度，完善自然资源资产有偿使用制度，培育发展各类产权交易平台，积极推动交易机制试点。围绕长江经济带和黄河流域，推进流域上下游间水权市场化交易，推进跨区域排污权、碳排放权有偿使用和市场化交易，总结推广重庆排污权交易、湖北碳排放权交易等试点经验。推进建立健全用能预算管理制度，探索开展用能权有偿使用和市场化交易。

四、建立健全区域政策与财政、货币和产业政策的联动机制

加强区域政策与财政、货币和产业等政策的协调配合，优化政策工具组合，推动宏观调控政策的精准落地。短期要把稳增长和防风险更好结合起来，加大对经济增速明显放缓地区的短期政策支持力度，通过阶段性提高财政赤字率、实施区域定向准备金率、引导区域间产业转移

等手段保持区域经济运行在合理区间，强化对杠杆率较高地区的动态监测预警，遏止地方政府举债冲动，强化地方金融监管合作和风险联防联控，更加有效防范和化解系统性区域性金融风险。长期要更加注重调结构和促改革，财政、货币、产业政策要服务于国家重大区域战略，围绕区域规划及区域政策导向，通过调节财政收支、加大政策性和开发性金融支持、协同制定普惠性、竞争性、引导性和约束性的产业政策等手段，加大力度对跨区域交通、生态环境保护、民生等重大工程项目的支持，推动区域高质量发展。

五、推进国土空间规划规范化法治化进程

按照国家治理能力和治理体系现代化的要求，逐步推进国土空间规划的法治化和规范化进程。规范国土空间规划编制管理，进一步完善国土空间规划编制、审批、公布、实施、评估、延续、废止等全过程管理机制，提高国土空间规划编制的规范性、权威性和有效性，更好支撑国土空间高质量开发。进一步加强国土空间规划编制前期研究，完善国土空间规划编制审批管理制度。进一步健全国土空间规划实施机制，加强国土空间规划实施中期评估和后期评估，根据评估结果，动态完善国土空间规划内容。根据优化国土空间布局和实施区域重大战略、区域协调发展战略、主体功能区战略需要，适时完善国土空间规划内容。针对区域金融、生态、社会、疫情等易发生风险的领域，联合相关部门协同推进重点国土空间发展监测评估和风险预警体系，预先防范和妥善应对区域发展风险。推进国土空间规划立法工作，促进国土空间规划的法治化进程。

参考文献

［1］陈明，商静．区域规划的历程演变及未来发展趋势［J］．城市发展研究，2015（12）：76－82＋89．

［2］范恒山．国家制定和批准一系列区域规划和文件体现三个战略指向［EB/OL］．（2010－01－22）．http：//www.gov.cn/wszb/zhibo368/content_1517113.htm.

［3］国家计委国土规划和地区经济司．国土工作大事记［EB/OL］．（2018－08－26）．http：//www.cre.org.cn/zl/gtxllz/zgxl/gtdshj/13683.html.

［4］郝庆，孟旭光，周璞．我国国土规划的发展历程与编制思路创新［J］．科学，2012（3）：4＋69－71．

［5］胡序威．中国区域规划的演变与展望［J］．地理学报，2006（6）：585－592．

［6］黄征学，潘彪．主体功能区规划实施这十年［EB/OL］．（2020－01－20）．http：//www.cre.org.cn/list2/gtjj/15530.html.

［7］贾若祥．"十四五"时期完善我国区域政策体系和区域治理机制［J］．中国发展观察，2020（15）：69－71．

［8］陆大道．中国区域发展的理论与实践［M］．北京：科学出版社，2006：8．

［9］马凯．"十一五"规划战略研究［M］．北京：北京科学技术出版社，2005：67－82．

［10］宋福田．1981—1992年我国国土规划的实践和认识［EB/OL］．（2020－02－21）．http：//www.cre.org.cn/zl/gtxllz/zgxl/wggtghdsjhrs/15614.html.

［11］王英，唐伟，熊军，郭晨，陈峰．大数据技术在国土空间规划中的应用［J］．科技创新与应用，2021，11（18）：157－159．

［12］肖金成，安树伟．"我国区域发展与改革四十年"，中国发展和改革蓝皮书［M］．北京：社会科学文献出版社，2018：52－56．

［13］肖金成，欧阳慧．优化国土空间开发格局研究［J］．经济学动态，2012（5）：18－23．

［14］肖金成．中国空间规划编制——基本情况与设想［J］．今日国土，2009（12）：27－28．

［15］徐国弟．我国国土规划工作的回顾和展望，刊载于风雨华章路——四十年区域规划的探索［M］．北京：中国建筑工业出版社，2020：45－51．

［16］叶裕民，王晨跃．改革开放 40 年国土空间规划治理的回顾与展望［J］．公共管理与政策评论，2019（6）：25 - 39．

［17］周春山，谢文海，吴吉林．改革开放以来中国区域规划实践与理论回顾与展望［J］．地域研究与开发，2017，36（1）：1 - 6．

［18］赵霄伟．新时期区域协调发展的科学内涵、框架体系与政策举措：基于国家发展规划演变的研究视角［J］．经济问题，2021（5）：24 - 30．

第二十章　区域与城市规划研究

区域与城市规划（Regional and Urban Planning）是对特定城市与区域范围的资源开发利用、环境保护与治理、经济社会发展、城乡空间布局以及重大基础设施建设进行总体安排和综合部署。其中，城市规划（Urban Planning）是对一定时期内特定城市的经济社会发展、土地利用、空间布局以及各项建设的综合部署、具体安排和实施管理。区域规划（Regional Planning）则是对以城市为核心的城乡区域人口经济社会发展、城乡国土空间布局、重大基础设施建设等进行统筹安排。根据《中共中央　国务院关于建立国土空间规划体系并监督实施的若干意见》，国土空间规划是国家空间发展的指南、可持续发展的空间蓝图，是各类开发保护建设活动的基本依据；区域与城市规划是我国"五级三类"，即全国国土空间规划、省级国土空间规划、市级国土空间规划、县级国土空间规划、乡镇国土空间规划五级以及总体规划、详细规划和相关专项规划三类，国土空间规划编制体系的核心空间层次和重要组成部分。国土空间规划视角下的新型区域与城市规划将主体功能区规划、土地利用规划、城乡规划、海洋功能区划等空间规划融合为统一的区域与城市尺度的国土空间规划，是对一定区域与城市范围的国土空间开发保护在空间和时间上做出的安排，实现"多规合一"，强化区域与城市国土空间规划对各专项规划的指导约束作用，体现了规划的目的性、前瞻性、综合性、战略性、地域性等特征，是党中央、国务院对新时代区域与城市协调发展做出的重大部署。

20 世纪 90 年代以来，随着中国经济快速发展和城镇化的快速推进，我国区域与城市规划先后经历了社会主义市场经济条件下的区域与城市规划奠定发展期、快速城镇化导向的区域与城市规划发展期、高质量导向的区域与城市规划发展期三个阶段，到目前为止，已经初步形成了以城市信息模型（CIM）等新基建、新城建为支撑，以生态空间、农业空间和城镇空间有机协调为主线，以生态文明建设和国土空间治理现代化为目标，以人民为中心的新型区域与城市规划体系，包括规划法律法规体系、规划编制技术体系和规划管理行政体系。

本章以中国区域科学协会成立以来我国区域与城市规划的演进发展为主线，以协会区域与城市规划专业委员会机构建设和学术成果为重点，以《城市规划》和《城市规划学刊》等权威刊物为主要数据源，以区域与城市可持续发展和国土空间规划治理体系现代化为导向，采取文献计量、文献综述、人物访谈等方法，应用 CiteSpace 软件，对 1990 年至今区域与城市规划的代表性文献、关键词、作者、机构等进行量化分析，初步研判了近 30 年来我国区域与城市规划研究的热点与趋势，划分了该领域知识演进发展的阶段与特征，从全球尺度、区域尺度、城市尺度和社区尺度梳理了我国区域与城市规划研究的主要领域及其进展，并提出了未来我国区域与城市规划研究展望。

第一节 文献计量分析

鉴于《城市规划》和《城市规划学刊》是我国众多区域与城市规划学术刊物之中创刊早、发行量大、权威性强的代表性刊物，本节基于 CNKI 学术期刊数据库，采取"期刊名称 = 区域规划 + 城市规划"的检索式，在上述两种权威期刊发表的学术论文中，选取 1990 年 1 月 1 日至 2021 年 3 月 30 日标注了国家自然科学基金和社会科学基金资助字样的 2326 条检索记录，使用 CiteSpace 软件，对关键词、作者进行可视化文献计量分析，绘制关键词时间序列图，研判近 30 年来我国区域与城市规划研究的机构网络、作者网络、热点与趋势。

一、研究机构网络

通过对发表论文的研究机构绘制共现图谱，结果表明，《城市规划》和《城市规划学刊》两本杂志过去 30 年发表的基金文献大部分来自于同济大学、东南大学、中山大学、重庆大学、南京大学、清华大学、北京大学、中国城市规划设计研究院等高校院校和科研院所，这些机构在区域与城市规划学科建设和论文发表方面具有相当的积累，是我国区域与城市规划研究的国家队和主力军。但是共现图谱也表明，上述研究机构之间在论文发表上仍然缺乏有效的双边或多边合作，尚未形成研究机构共现网络，在共现图谱的 1173 个节点当中，只有 3 条连接线，连接密度几乎为 0。当然，由于两本杂志在办刊单位和办刊方向等方面的局限性，上述结论不一定反映了中国区域与城市规划研究的全貌，特别是以地理学、经济学和管理学等学科为背景的论文作者和研究机构没有体现出来。总体而言，我国区域与城市规划研究仍然处在一个学科发展和知识网络演化的初期阶段，基于学科核心理论与方法的学术共同体和知识共同体的建设将是未来发展的重点。

二、作者共现网络

通过对文献数据进行发文作者共现分析可以发现，上述两本杂志的作者群中，吴志强、王德、杨俊宴、张京祥、顾朝林、周一星、吕斌、田莉等学者发文数量交稿均在 35 篇以上，部分学者之间已形成了较为稳定的学术合作关系和研究团队，如吴志强、杨俊宴等。但总体而言，该领域研究仍然呈现全国分散、地区集中的特点，在共现图谱的 386 个节点之中，只有 457 条连接线，网络密度为 0.0062。可见，我国区域与城市规划领域的学者们之间的相互合作与共引频次仍有待于提升，学术范式的构建与传承、论文之间内在逻辑体系的关联与延续以及学术治理体系的建设相比于物理、化学、经济学和管理学等学科仍有很大发展空间。

三、关键词共现分析

通过对所得文献数据进行关键词分析发现，区域与城市规划领域出现频率较高的关键词依次是"城市更新""城市规划""规划策略""上海""gis""城市设计"等（见表 20 - 1）。这一方面反映了上述两个杂志的作者在地域、机构和研究兴趣点等方面的偏向性，另一方面也说明，最近一些年研究者们对城市更新、城市规划、规划实施以及新技术在规划中的应用等方面的关注。

表 20 - 1 重点关键词频次表

序号	关键词	出现频次	序号	关键词	出现频次
1	城市更新	138	11	城市化	33
2	城市规划	113	12	b - plan	30
3	中国	78	13	广州	28
4	规划策略	72	14	上海市	28
5	上海	66	15	北京	27
6	gis	50	16	城乡规划	26
7	城市设计	49	17	历史街区	26
8	城镇化	47	18	空间结构	25
9	南京	45	19	城市形态	24
10	小城镇	42	20	业态大数据	23

进一步对关键词进行共现分析，可以发现，近年来围绕城市更新、城市设计、城市形态、城市空间结构等关键议题以及北京、上海、南京等超大特大城市或城市化地区，正在形成相互关联的研究热点和研究趋势。共现图谱的 616 个节点之中呈现 721 条连接线，网路密度为0.0038。这说明，尽管我国区域与城市规划研究机构和作者网络并不是十分紧密，但是学者们紧扣国家城镇化重大战略需求和重点研究议题，在论文选题立题方面表现出较强的共识性和趋同性。

在此基础上，笔者对关键词进行聚类，从纵向时间维和横向议题维两个维度探究区域与城市规划研究热点议题及其演变。从议题维来看，通过对关键词进行聚类发现，30 年来我国区域与城市规划研究的热点涵盖了区域发展、都市圈、城市更新、社区规划、城市规划评估等领域，具体呈现出"城市规划史""多规合一""土地利用总体规划""指标体系""土地利用""传统村落""规划策略""政策启示""发展模式""健康风险""建筑工程部""公共利益""人文场所""历史街区"和"建成环境"15 个关键议题。

从时间维来看，区域与城市规划研究大致可以划分为三个阶段。1990 ~ 2000 年是社会主义市场经济条件下的区域与城市规划模式的奠定发展期，其研究重点侧重于调整计划经济时期所形成的城镇布局，推动区域与城市规划向市场经济条件下的规划范式转向。由于该时期国家基金项目数量少、标注意识不强，相应的基金研究成果也不多。不过，自从 20 世纪 90 年代开始，"城市更新""人工智能"和"大数据"等议题就成为区域与城市规划研究持续不断的热点。世纪之交的第一个十年，随着我国城市化进程高速推进，我国区域与城市规划研究也进入了加速期。"城市设计""城市可持续发展""城乡一体化""大城市规划"等关键词成为这一阶段研究的热点，"都市圈""长三角""历史文化保护"等热点议题从 2000 年一直持续至今。2010 年以来，特别是党的十八大以来，"保护规划""评价机制""气候变化""公共利益""人文场所"等更加强调以人为本、更加注重城市品质提升和城市高质量发展的热点议题呈现井喷趋势。这在很大程度上说明，党的十八大以来，随着我国社会主义建设进入新时代，我国的区域与城市规划研究也进入到了一个以人为本、品质驱动和高质量发展的新时代。

综上可见，尽管采用的期刊论文来源具有一定的偏向性，但是通过对论文机构、作者和关键词进行文献计量，可以得出如下结论：①过去 30 年我国区域与城市规划研究伴随着国家治理体系的转变和国家城镇化进程的加深而不断发展，呈现为转型起步期、增量驱动期和质量驱动期三个特征鲜明的发展阶段。②我国区域与城市规划研究总体上仍然处于学科建设和学术发展的初级阶段，机构网络和作者网络联系薄弱，学术规范和学术共同体有待于进一步建设和完善。③学术研究的热点议题紧扣国家重大战略需求，总体上伴随城镇化建设的热点问题而变化，呈现某种同频共振的变化特征；而学者们对城市更新和人工智能等议题的关注似乎成了过去30年不断变化的研究历程中相对不变的研究主题。

第二节　学术发展阶段划分

自20世纪90年代初中国区域科学协会成立以来，我国区域与城市规划学术发展大体上经历了社会主义市场经济条件下的规划转型起步期、城市增量发展驱动期和城市高质量发展驱动期三个发展阶段。各阶段主要进展如下：

一、20世纪90年代：以社会主义市场经济为目标的规划转型起步期

随着改革开放不断深入和社会主义市场经济体制的逐渐确立，自20世纪90年代开始，我国区域与城市规划研究相应地进入了一个从计划经济条件下的生产力布局研究向社会主义市场经济条件下的规划研究转型的关键起步期。以中国区域科学协会成立为标志，这一时期的区域与城市规划研究在系统构建中国区域分工发展转型理论、科学分析中国区域发展动态、深入揭示中国转型时期城镇化规律、明确提出中国区域与城镇发展战略等方面取得了一系列重要成绩。其中，中国区域科学协会的许多重要的参与者和推动者对推动我国规划转型、探索建立社会主义市场经济条件下的区域与城市规划理论方法体系做出了极为重要的贡献。

中国区域科学协会会长、北京大学杨开忠教授出版了《改革开放以来中国区域发展的理论与实践》《中国西部大开发战略》《迈向空间一体化》和《中国区域发展研究》等重要著作和论文，系统地构建了中国区域发展分工转型理论、中国区域一体化发展理论以及可持续发展理论等理论模式，为20世纪90年代以来我国区域发展规划与政策转向新的阶段提供了科学依据，对国家和地方中长期规划决策做出了积极贡献。

协会的重要发起单位之一，中国科学院地理研究所系统地研究了中国区域发展问题，编制了系列《中国区域发展报告》，长期跟踪全国及各地区国土资源开发与经济发展动态，分析了各地区实施的区域发展战略和政策对经济增长、结构改善及生态环境所产生的效果，揭示了地区经济增长水平和地区间差异的形成机制与变化趋势，并对地区资源开发与保护以及经济社会发展提出了政策建议。陆大道、刘毅、樊杰等分析评价了"八五"和"九五"初期国家及各地区实施的区域政策及效果、发展态势和存在问题，论述了我国区域宏观战略演变、东西和南北地带性和省区差距、地区产业结构调整、外向型经济发展、扶贫、分税制、地区经济合作和生态环境等重大区域发展问题（陆大道等，1999），并提出了区域发展政策建议。

陆大道、胡序威、杨吾扬、周一星、崔功豪、顾朝林等研究了计划经济向市场经济转型时期我国特有的城市化现象和城市化过程，并借此提出了我国区域与城市规划的基本理论与方法。周一星（1996）提出应"跳出区域看区域，跳出城市看城市"，强调采取系统科学的视角研究城市问题（周一星，1996）。崔功豪（2002）结合区域发展中的社会经济问题和人口流动问题，采取综合视角研究中国特色城市化现象，提出了长三角地区多中心城市格局，并以长三角地区为重点，开展了一系列城镇体系规划实践。胡序威（1998）以宏观背景分析、都市区与都市连绵区、大中城市的集聚与扩散、乡村地区城市化、区域发展各具特色五个方面对沿海城镇密集地

区空间集聚与扩散进行了探讨。张京祥和崔功豪（1999）将空间研究的领域由个体拓展到群体层次，通过对西方相关研究与实践的系统评介，指出我国传统城镇体系思维的不足，提出应开展全面、深刻的城镇群体空间组合研究。中科院地理所开展了诸多国家、区域和重点地区等不同层次的城镇体系规划实践。特别是陆大道院士所提出的国家空间发展战略，被"十二五""十三五"国民经济与社会发展规划所采纳，对中国区域与城市规划产生重要影响。

许多学者剖析了当时我国空间规划体系所存在的问题，提出了构建区域与城市规划体系、完善规划实施机制的重要建议。樊杰（1998）从国土（区域）规划所发挥的作用及存在的问题入手，解剖了作为其理论基础的经济地理学的主要缺陷，针对我国市场体制建设、可持续发展观的提出、买方市场的初步形成、世界经济动荡的影响等大背景的变化，提出了一系列国土（区域）规划性质与内容调整的关键问题，认为应当针对这些内容重点完善国土（区域）规划的理论基础，推动经济地理学的发展。段进（1999）剖析了我国现行规划体系存在的主要问题，提出了规划方法的核心是规划思想与观念的观点，主张从思想与观念更新两个方面构建未来的规划体系结构，完善城市规划运行体系。陈雯（2000）针对我国区域规划实施问题，提出应进一步完善区域规划体系，协调区域规划与经济计划、土地利用规划和城市规划之间的关系，调整区域规划内容，资源开发利用与保护有机结合，强化法律、经济、行政等实施手段，动员社会力量参与规划编制与实施，建立实施评价和定期报告制度等重要建议。严重敏和周克瑜（1995）讨论了我国区域规划地域单元和规划类型等问题，并从城市化、区域经济一体化及国民经济宏观调控三个维度，分析论证了跨行政区区域规划的必要性，提出应重视和解决利益协调机制、政策调控手段、组织管理与政区体制改革四个关键问题。张尚武（1999）通过对中国区域发展和规划现实问题以及未来发展趋势的分析，认为世纪之交的中国处于深刻变革时代，区域以及城乡发展正显示出更加复杂的特性，面对正在发生的方向和结构上的变化，形成整体的发展理念具有至关重要的意义。在比较国际区域发展和规划全新理念的基础上，对中国区域整体发展的空间系统特征以及协调发展的机制等方面做了有益的探索。方创琳（1999）从近100年来国外区域发展规划总体演变历程入手，提出了国家"高度指令+强制干预"体制下、"统一领导+总体协调"体制下和"不统不控+政策当先"体制下区域发展规划的三大生成模式，认为中国在区域发展规划中必须重视计划与市场的适度结合，公众参与与政治参与的有机协调，建立健全规划中的立法管理体系，并注重对生态环境和可持续发展问题的研究。

二、21世纪：城市增量发展驱动期

进入21世纪后，中国经历了人类历史上规模最大、速度最快、经济社会和生态影响最强的城镇化进程，相应地，我国区域与城市规划也经历了以大规模城镇建设和城市增量发展驱动为标志的黄金十年。这些工作有效推动了从单点的城市研究扩展到区域研究，丰富了快速城镇化和经济飞速发展期的区域与城市规划的广度与维度，保障了城市有序、高效运营、满足居民生产、生活的物质与精神需求（孙施文，2021）。为中国大都市圈与城市群的健康发展做出了突出贡献。其中，中国区域科学协会的许多重要的参与者和推动者有关中国区域发展研究成果、有关中关村科技园区发展战略规划，为国务院和北京市作出加快中关村科技园区建设的决定提供了重要的基础。

一方面，在学术领域更多的研究开始展开，基于经济地理学、区域经济学、社会学和地理信息系统科学的学者形成了多维度、多视角的区域与城市规划理论与方法研究。另一方面，经济发展驱动下，在全国和地方层面也产生了比20世纪90年代更多的社会服务需求，在省、地市等层次都展开了各个尺度、针对各个专题的区域与城市规划课题。

吴良镛（2003）回顾了 20 世纪 80 年代以来对城市地区的研究，结合全球化大背景和中国沿海城市密集地区的发展，提出城市地区理论，并在此基础上对沿海城市密集地区未来的发展和城市规划理论研究进行展望与推论，提出要从全球的高度，审视沿海城市密集地区在国家发展及国际竞争中的战略地位；以区域的观念，高起点选择区域可持续发展模式；打破"诸侯规划"，因地制宜地推进区域协调；因势利导，发展城市规划学。针对当时我国城镇化进程出现的过高的城镇化增长速率和蔓延式空间扩张，给城镇化健康发展、资源的合理利用与保护以及社会稳定等带来的危害，陆大道（2007）分析了问题形成的原因，提出了我国实施循序渐进和资源节约型城镇化的目标和政策建议。樊杰（2007）从区域协调发展的制约因素入手，解析了传统区域发展模式的弊端和对空间结构效益认识的偏差，讨论了能否以缩小区域经济发展水平差距作为区域发展战略目标的困惑，分析了四大板块（西部、东北、中部和东部）战略的政策缺陷及原因，探究了以空间布局规划体系不完整为主要问题的体制机制问题，并在此基础上，阐述了我国开展主体功能区规划的作用。

甄峰（2001）从空间结构调控及优化的角度，对信息技术作用影响下的区域发展战略及其规划进行了一些探讨。胡序威（2002）着重分析了近年来不同类型区域规划的发展变化趋势和城市区域规划兴起的客观必然性。为了适应城市化、市场化和全球化的新形势，对传统区域规划的体制、理念、内容、方法和实施途径等各方面迫切需要革新的问题进行了理性的探索（胡序威，2002）。崔功豪（2002）对当时开展的各类城市区域规划和城市总体规划之间存在的矛盾进行了分析，提出当时城市区域规划需要研究和思考的问题；提出城市规划应注意吸取经济社会发展规划的成果，以满足城市社会经济发展的需要。牛慧恩（2004）基于深圳国土规划试点工作过程中的认识和体会，提出了国土规划、区域规划、城市规划是空间规划体系中不同层次规划的核心观点，认为三者之间应该建立一种从空间高层次到低层次的规划衔接关系，同时强调三者在规划内容上各有不同的侧重，并且下层次规划应该符合并落实上层次规划的要求，建立统一的空间规划体系、实现三者的统一或协调管理是我国空间规划合理发展的必由之路。毛汉英（2005）根据新时期中国区域规划的特点，从促进区域协调发展、政府职能转变与加强空间调控、完善国家规划体系等方面，阐明了加强区域规划的迫切性；探讨了区域规划的理论基础和方法论基础。汪劲柏和赵民（2008）提出了建构统一的国土及城乡空间管理框架的设想，并进而讨论了未来新框架下的区划运作，涉及空间的层次性、管理的有效性、运作的协作性等层面的问题。在我国快速城市化时期，高速铁路网的建设将迅速缩短沿线城市的时间距离，从而重构我国城镇群的空间结构关系。王昊和龙慧（2009）借鉴国外相关研究，基于高速铁路网规划对我国城镇群的结构变化提出新的推测。金凤君和王姣娥（2004）设计了运输距离 Di 和通达性系数等度量交通网络通达性的指标，并以"最短路模型"为基础，分析了 100 年来中国铁路交通网络的发展以及由此引起的通达性空间格局的变化。结果显示，中国铁路网络结构的演化经历了起步、筑网、延伸、优化四个阶段，但空间扩展的速度相对缓慢。路网扩展和原有路网优化是通达性提高的主要方式，100 年铁路建设导致"空间收敛"效果显著。铁路的建设推动了社会经济空间结构的演化，运输走廊的现代化将推动空间经济轴线进一步强化。

与此同时，在代表性课题方面，2000 年起，李国平教授承担了国家软科学项目"首都空间发展新战略——关于营建首都圈的理论与规划实践研究（Z00029）"等多项首都圈规划研究课题，并形成了代表性研究成果《首都圈结构、分工与营建战略》。2001 年，周一星教授牵头的山东半岛城市群规划，关注到了沿胶济交通走廊，提出了"济南—青岛"双头驱动模式下的城镇空间发展格局。随着区域一体化的发展，在城镇化程度高的城镇密集地区，跨区域、跨城市的规划合作日益得到强化。作为珠江三角洲地区区域一体化发展的先导和示范，广佛同城化城市规划的战略研究，建立了区域生态资源共同保护机制、统筹设施布局与建设的规划思路，开展了城镇空间发展战略、区域交通一体化规划、重点交界地区同城整合建设项目库指引和规划实施保障机制研究等工作（李开平等，2010）。在教学方面，以北京大学为例先后在三个学院系所中心开设了《区域发展规划》相关课程，分别是北京大学政府管理学院的陆军老师，开设《区域规划》本科生课程；城市与环境学院吕斌教授，开设《国土空间规划》研究生课程；中国经济中心柏兰芝副教授，开设《区域经济规划》课程；李德华主编的《城市规划原理》（第三版）系统地阐述了城市规划的基本原理、规划设计的原则和方法以及规划设计的经济问题，初步奠定了城市规划理论的经典框架。许学强、周一星所著的《城市地理学》吸收了近十年来的最新研究成果，系统地阐述了城市地理学的基本理论、基本方法和基础知识，如城市土地利用、城市内部地域结构、城市市场空间、社会空间和感应空间等内容。

为了全面贯彻科学发展观，落实党的十六大提出的"要逐步提高城镇化水平，坚持大中小城市和小城镇协调发展，走中国特色的城镇化道路"的方针，切实做好全国的人口、资源和环境保护工作，建设节约型社会，构建和谐社会，促进社会经济的全面协调发展，迫切需要根据我国城镇化所处的历史阶段，以及当前和今后一段历史时期里工业化、城镇化和城镇建设所面临的主要矛盾，科学合理地确定城镇化和城镇建设方针，促进全面建设小康社会战略目标的实现。2005年原建设部（现住房城乡建设部）委托中国城市规划设计研究院编制完成《全国城镇体系规划（2006—2020年）》，2007年2月由原建设部（现住房城乡建设部）党组会议讨论同意上报国务院，用于指导省域城镇体系规划、城市总体规划。2010年5月，国务院正式批准实施《长江三角洲地区区域规划》。该规划明确了长三角地区发展的战略定位，即亚太地区重要的国际门户、全球重要的现代服务业和先进制造业中心、具有较强国际竞争力的世界级城市群；鼓励人口向沿江、沿湾、沿海以及主要交通沿线、资源环境承载压力不大的重点城镇集聚和转移；鼓励适度提高人口增长速度，同时控制大城市人口规模。2005年8月《珠江三角洲城镇群协调发展规划（2004—2020)》经广东省人大常委会审议通过后发布，提出珠江三角洲城镇群协调发展总的战略目标是：抓住机遇期，加快发展、率先发展、协调发展，全面提升区域整体竞争力，进一步优化人居环境，建设世界制造业基地，走向世界级城镇群。

三、21世纪前10年：城市高质量发展驱动期

从2010年至今，中国城镇化问题凸显，为区域与城市发展带来更多的新课题。城乡建设经历了几十年快速粗放扩张发展后，已到了向空间重构提质转变的关键期，既有规划编制实施方式面临深刻变革。这一时期区域与城市规划研究体现出了对于城市品质和居民生活幸福程度的关注，更加精细化、精准化、科学化与智慧化。

中国区域与城市在21世纪前10年面临着更多挑战，在城镇化超过50%之后，环境、交通、社会公平等问题凸显，这给区域与城市发展带来更多的新课题。21世纪前10年的区域与城市发展体现出了对于城市品质和居民生活幸福程度的关注，最近十年的研究已经关注到快速发展的优势与潜在挑战并存。在区域差距方面，在国家扶贫政策下对于西部区域的研究和关注增加，展开了针对欠发达地区的技术帮助和规划服务需求。在环境生态方面，长江流域、黄河流域、海河流域等水系周边的区域和城市发展生态安全问题受到关注。在交通基础设施方面，随着高铁、机场等重要基础设施建设而展开的沿线土地开发带来的价值升值，也成为研究热点。与此同时，产生了更加精细化、精准化进行城市管理的需求，跳出了传统以物质空间规划为主的思路限制。

在世界各国无不对其空间规划体系进行改革完善以适应时代发展的背景下，2010年底，国

务院印发了《全国主体功能区规划》。这是中国第一个国土空间开发规划，是战略性、基础性、约束性的规划。实施主体功能区规划，推进主体功能区建设，是中国国土空间开发思路和开发模式的重大转变，是国家区域调控理念和调控方式的重大创新，对推动科学发展、加快转变经济发展方式具有重要意义。王向东和刘卫东（2012）对具有特殊复杂性的中国空间规划体系的发展与改革进行了系统深入探讨：首先将我国空间规划体系分为城乡建设规划、发展规划、国土资源规划、生态环境规划等不同系列规划进行了梳理，其次分析了其存在的种类繁多、发展不均衡、法制化建设落后、协调性差等问题，最后从明确目标、确立基本策略、确定基本框架、调整部门职责和权限、理顺规划层级关系、推进法制化建设等方面提出了我国空间规划体系重构的具体路径和政策建议。樊杰（2013）从发达国家开展国土空间规划的特征分析入手，结合我国长期缺失全国国土远景规划所产生的空间开发无序、区域发展失衡以及各地盲目推进工业化和城市化等问题的解剖，阐释了主体功能区战略在尊重资源环境承载能力、区分不同地区主体功能、控制开发强度和调整空间结构以及生态产品理论和应用等方面的创新，论证了主体功能区规划在我国国土空间布局规划体系中的战略性、基础性和约束性地位，进而从四个战略任务入手论述了优化国土空间开发格局的主要方面。当前全国首轮国土空间规划编制工作正处于加快推进生态文明建设和经济高质量发展的战略历史期。城乡建设经历了几十年快速粗放扩张发展后，已到了向空间重构提质转变的关键期，既有规划编制实施方式面临深刻变革。例如，北京新版总规以减量发展为目标，坚持把握首都发展要义，坚持底线转型思维，大幅改革了原有规划管控范式，建构起有利于国土空间质量提升、结构优化的重构型规划调控框架与技术标准体系（常青等，2021）。再如，高志刚与杨柳认为"一带一路"沿线主要节点城市生产、生活的生态空间功能值整体呈现逐年上升趋势（高志刚和杨柳，2021）。

　　"一带一路"建设将对中国国土开发空间格局产生重要影响。刘慧等（2015）在中国国土开发空间格局现状特点的基础上，从全方位对外开放、互联互通基础设施条件改善、能源供应系统的变化、贸易畅通和人文交流与合作等几个方面探讨了"一带一路"建设对国土开发空间格局的影响途径和方式，重点论述了陆上国际经济合作走廊建设、海上国际大通道建设等"一带一路"具体行动对区域国土开发的影响。城市群作为国家参与全球竞争与国际分工的全新地域单元，是中国新型工业化和新型城镇化发展到较高阶段的产物，是"一带一路"建设的主战场，因而在推进国家新型城镇化和经济社会发展中具有举足轻重的战略地位。城市群的发展不仅主宰着国家经济发展的命脉，也主导着中国新型城镇化的未来。但中国城市群在选择与培育过程中出现了一系列亟待解决的现实问题，需要从科学角度提出推进城市群健康发展的技术路径和科学方案（方创琳等，2015）。2016年3月30日，国务院总理李克强主持召开国务院常务会议，通过《成渝城市群发展规划》，引领西部新型城镇化和农业现代化。成渝城市群是西部大开发的重要平台，是长江经济带的战略支撑，也是国家推进新型城镇化的重要示范区。成渝城市群发展规划，依据《全国主体功能区规划》《国家新型城镇化规划（2014—2020年）》和《国务院关于依托黄金水道推动长江经济带发展的指导意见》编制，是培育发展成渝城市群的指导性、约束性文件。培育发展成渝城市群，发挥其沟通西南西北、连接国内国外的独特优势，推动"一带一路"建设和长江经济带战略契合互动，有利于加快中西部地区发展、拓展全国经济增长新空间，有利于保障国土安全、优化国土布局。陆大道（2015）基于对京津冀大城市群内部各组成部分的经济联系与利益矛盾的分析，阐述了改革开放以来，京津两市和河北省的经济发展特点及已形成的优势。根据各自的特点、优势和符合国家战略利益的原则，提出了京津冀大城市群中北京、天津、河北省的功能定位。2017年4月1日，中共中央、国务院印发通知，决定设立河北雄安新区。这是继深圳经济特区和上海浦东新区之后又一具有全国意义的新区，是千年大计、国家大事。2017 年 8 月，北京举行全力支持雄安新区建设发布会，发布了京冀两地签署的《关于共同推进河北雄安新区规划战略合作协议》具体内容。北京将紧紧围绕雄安新区建设发展总体要求，在工作机制、科技创新、交通、生态、产业、公共服务、规划、干部人才交流八个合作领域支持雄安新区建设。2019 年 1 月 2 日，中国政府网公布《国务院关于河北雄安新区总体规划（2018—2035 年）的批复》。批复对紧扣雄安新区战略定位、有序承接北京非首都功能疏解、优化国土空间开发保护格局、打造优美自然生态环境、推进城乡融合发展等提出指导性意见。同时，建设粤港澳大湾区也是我国新时期国家战略的重要组成部分。针对跨境规划协作的平台和渠道单一、依赖省级政府统筹协调及协作手段单一等问题，姚江春等（2018）提出了粤港澳大湾区规划协作的总体思路是搭建多主体参与的开放型协作框架，具体策略包括建立多层级多主体的规划协作架构、推动三大都市圈城市规划一体化、共建大湾区国际优质生活圈、推动战略性地区的规划共建共享、探索多元的规划协作手段。

当前以人为本业已成为城市发展的重要指导思想。大量动态的、带有精细空间信息及各种行为关联性的个体时空间行为数据带领城市研究与规划进入了大数据时代。智慧城市是人本城市与信息城市有机结合的产物，柴彦威等（2014）提出了基于时空间行为的智慧城市研究框架，从城市规划与管理的智慧化改造以及智慧城市的规划与管理两方面，系统阐述了基于时空间行为的人本导向的新型城市规划与管理的图景。吴掠柜等认为利用智慧城市时空大数据三维可视化技术提高数据集成、数据优化、数据索引和并联调度等与相关大数据平台建设的效率（吴掠柜等，2021）。2015 年底，中央城市工作会议提出了"创新、协调、绿色、开放、共享"五大城市发展理念，要求转变城市发展方式，提高城市发展的可持续性和宜居性。在这种理念倡导下，上海在 2040 年规划中提出了 15 分钟社区生活圈的概念，作为建设社区生活的基本单元。社区生活圈规划的提出是我国城市发展进入转型时期的客观要求。从认识层面加深对社区生活圈的理解，是推进相关规划实践的重要前提。于一凡（2019）提出，社区生活圈是日常活动的空间范畴，社区生活圈的规划应面向生活空间而非抽象的功能地块。社区生活圈是配套服务的共享单元，社区生活圈的规划需要兼顾公共服务设施的可及性和可达性。社区生活圈也是邻里感知的社区领域，其规划在改善硬件服务水平的同时，也应关注营造和谐包容的社区感。社区生活圈的提出是城市规划工作适应时代发展的重要举措，也标志着新时代城市规划理念和方法的重要转型。

第三节　主要研究领域与进展

过去 30 年，紧扣国家战略需求，围绕国民经济社会发展与城镇建设主战场，中国区域与城市规划研究取得了丰硕的成果，做出了重要贡献。由于篇幅有限，本节主要从全球尺度、区域尺度、城市尺度和社区尺度四个层次简要论述其主要进展与成果。

一、全球尺度：围绕"一带一路"倡议，积极开展区域与城市规划国际合作

自 2013 年提出"一带一路"国家级顶层合作倡议以来，中国不断加强与有关国家的多边合作，建立跨区域合作平台，积极发展与沿线国家的经济合作伙伴关系，顺应世界多极化、经济全球化的潮流，并取得了突破性的进展，展现了深远的国际影响。随着对外策略变化，我国内部的空间格局也将相应调整，海外探索将促进中国本土空间规划实践和理论的提升，形成内外

呼应，实现由单向开放向全面开放的策略转型。

2013 年 9 月，习近平主席提出了建设"一带一路"倡议。12 月，国家召开了"一带一路"座谈会，要求加快研究推进这一战略构想总体设计和框架方案的制定（国家发展和改革委员会，2013）。2015 年 3 月，国家发展改革委、外交部、商务部联合发布了《推动共建丝绸之路经济带和 21 世纪海上丝绸之路的愿景与行动》，对推进实施"一带一路"倡议做出了重大部署，提出要让古丝绸之路焕发新的生机活力，以新的形式使亚欧非各国联系更加紧密，互利合作迈向新的历史高度。

"一带一路"中的各地定位是：对于西北、东北地区，发挥新疆独特的区位优势和向西开放重要窗口作用；发挥陕西、甘肃综合经济文化和宁夏、青海民族人文优势；发挥内蒙古联通俄蒙的区位优势。对于西南地区，发挥广西与东盟国家陆海相邻的独特优势；发挥云南区位优势。对于沿海及港澳台地区，利用长三角、珠三角、海峡西岸、环渤海等经济区开放程度高、经济实力强、辐射带动作用大的优势，加快推进中国（上海）自由贸易试验区建设，支持福建建设21 世纪海上丝绸之路核心区；充分发挥深圳前海、广州南沙、珠海横琴、福建平潭等开放合作区作用，深化与港澳台合作，打造粤港澳大湾区；推进浙江海洋经济发展示范区、福建海峡蓝色经济试验区和舟山群岛新区建设，加大海南国际旅游岛开发开放力度；发挥海外侨胞以及中国香港、中国澳门特别行政区独特优势作用。对于内陆地区，推动区域互动合作和产业集聚发展；打造内陆开放型经济高地；加快推动长江中上游地区和俄罗斯伏尔加河沿岸联邦区的合作（国家发展和改革委员会，2015）。

"一带一路"的成果有签署的文件和项目成果。2016 年 9 月，推进"一带一路"建设工作领导小组办公室主任、国家发展改革委主任徐绍史在纽约联合国总部与联合国开发计划署署长海伦·克拉克签署了《关于共同推进丝绸之路经济带和 21 世纪海上丝绸之路建设的谅解备忘录》（国家发展和改革委员会，2016）。截至 2020 年 11 月，我国已与 138 个国家、31 个国际组织签署 201 份共建"一带一路"合作文件（新华网，2020）。项目成果有卡拉奇至拉合尔高速公路（中国经济网，2015）、中巴经济走廊（中国经济网，2016）、乌克兰"一带一路"贸易投资促进中心（人民网，2018）等。

有关"一带一路"的国内研究中，关于中国空间开发格局，中国城市规划设计研究院从历史出发，多维度解读了"一带一路"建设的意义，分析了世界经贸格局变化轨迹，梳理了大国崛起过程中"对外策略变化"和"内部格局调整"的内外呼应与联动逻辑，重新审视了既有国家空间开发格局，提出伴随"一带一路"倡议的推动，我国空间开发格局也应实现从单向开放向全面开放、从海陆分割到海陆统筹、从中心聚集到门户引领的总体策略转型（杨保军等，2015）。并且在这一背景下，中国城市的全球化策略可能发生的重大转变，他们在研究了近十年全球城市多项排名变化的基础上，提出了全球城市体系的三大变化趋势，并在此基础上，为中国城市全球化策略的转变提供建议，对中国全球城市的未来格局进行判断（杨保军等，2017）。还有学者探讨了"一带一路"倡议对中国城市发展的影响，并阐述了城市规划的应对策略，具体包括城市战略规划指向、统筹区域基础设施建设和加强城市与区域规划中的生态研究等（彭震伟，2016）。

此外，关于沿线国际合作，有学者分析了"一带一路"倡议与经济全球化及世界格局变化的关系；剖析了其空间内涵，认为"一带一路"具有多重空间内涵和跨尺度特征，是统筹中国全面对外开放的国家战略。最后，提出了推进"一带一路"建设为地理学提出的几个重要议题，包括地缘政治、国别地理、对外直接投资理论、交通运输优化组织等（刘卫东，2015）。中国城市规划学会城市规划历史与理论学术委员会成员系统梳理了"一带一路"沿线中国国际合作园区的发展现状，分析了国际合作园区的作用，并对其未来发展趋势进行了预判。研究表明，国际合作园区的建设，不仅有力支持了中国的产能合作和产业国际转移，也有利于与沿线国家实现资源共享，此外对于促进当地社会发展、推动国家间友好合作也具有积极作用。未来，国际合作园区覆盖范围将越来越广，产业门类将趋于多元，园区环境设施将日趋完善，民企日益成为中国海外园区投资的主体，另外合作园区将进一步带动本土园区的发展（赵胜波等，2018）。

2020 年"两会"，习近平总书记强调，要"逐步形成以国内大循环为主体、国内国际双循环相互促进的新发展格局"。2021 年 3 月《中华人民共和国国民经济和社会发展第十四个五年规划和 2035 年远景目标纲要（草案）》提出加快构建以国内大循环为主体、国内国际双循环相互促进的新发展格局（新华网，2021）。改革开放后，我国利用劳动力低成本优势，积极参与国际分工与国际经济大循环，市场和资源"两头在外、大进大出"，通过产业不断升级提高在全球价值链中的位置，逐步成长为"世界工厂"。在外部环境发生深刻复杂变化，世界经济持续低迷、全球市场萎缩、保护主义上升的背景下，从被动参与国际经济大循环转向主动推动国内国际双循环，加快形成以国内大循环为主体、国内国际双循环相互促进的新发展格局，是在一个更加不稳定不确定的世界中谋求我国发展的大战略，是适应内外环境变化的重大战略调整（中国政府网，2020）。

2016 年 7 月 20 日，区域与城市规划专业委员会承办了"秘鲁、巴西等国两洋铁路建设研修班"，包括巴西第一副议长 Jorge Viana 先生在内的 28 名来自于秘鲁和巴西的政府及铁路官员参加了本次培训，并就中国和拉丁美洲轨道交通带动区域和城市发展等话题进行交流。在授课中，夏海山教授及张纯副教授基于在"一带一路"背景下交通与城市群协同发展的研究，结合京津冀案例，分别从宏观区域层面、中观城市层面与微观设计层面讲述了交通对区域与城市发展的带动作用。他们认为对于"一带一路"沿线国家，需要通过交通与城市协同发展，实现对城市社会、经济的积极促进作用。2017 年 6 月 14 日，委员会承办了"一带一路"沿线国家区域与城市规划研修班，组织设计了一系列高水平的讲座课程和参访实践活动，希望通过研修交流，各位学员能够进一步加深对中国和中国交通规划发展成就的认识和了解，成为推进国家间城市规划领域合作交流的友好使者，并将所学运用到自己国家的建设规划中去。

二、区域尺度：紧扣国家战略需求，大力开展都市圈、城市群和国家战略区域的规划研究

在区域尺度的规划研究中，我国关于区域规划的研究不断深入，从"一带一路"、都市圈规划、城市群规划等方面展开了一系列的规划实践。学者们结合实践，探讨了都市圈、城市群规划的概念和特征，提出了规划的主要内容。以武汉、南京等都市圈、长三角、京津冀等城市群为例，深入研究其地域结构特征。在新型城镇化城乡统筹、规划协调的背景下，城市群将是新型城镇化的重点内容。应积极开展区域协调和促进区域可持续发展，应对我国经济结构区域发展不平衡的现状。

在区域规划的层次方面，学者基于深圳国土规划试点工作过程中的一些认识和体会，提出了国土规划、区域规划、城市规划是空间规划体系中不同层次规划的核心观点，认为三者之间应该建立一种从空间高层次到低层次的规划衔接关系，同时强调三者在规划内容上各有不同的侧重，并且下层次规划应该符合并落实上层次规划的要求（牛慧恩，2004）。学者还对关于中国城镇体系规划和区域经济组织形式的两个主要理论，即城市群理论和都市圈理论，进行了对比分析，认为其发展动力、发展定位和组织形态上存在很大的差异（冯垚，2006）。

在都市圈规划方面，以江苏省开展的三个都市圈规划为例，张伟探讨了都市圈的概念和特征，分析了都市圈规划的背景、地位、类型，提出了都市圈规划的主要内容，指出都市圈是当

前我国城市化发达地区的重要城镇空间组织形式之一，是当前新城市区域规划的主要代表。规划的主要内容包括地域空间结构、基础设施网络、生态建设与环境保护、重点区域协调管治、协调措施和政策研究五个方面（张伟，2003）。

都市圈的规划案例中，南京的学者们针对都市圈内部与核心城市的高强度联系塑造了圈层状的地域结构特征，以南京都市圈为实证，通过对多种经济、社会联系流的直接调查与相关联系强度的空间叠置分析，进行了都市圈圈层地域的界定（程大林等，2003）。大西安都市圈地处陇海兰新线（国家级经济发展轴线）与包北线（西部地区南北大通道）交汇区，已成为联系我国东、中、西三大地带并与世界发展接轨的核心经济区域。相关学者在分析大西安都市圈发展现状、存在问题及其比较优势的基础上，借鉴"长三角"与"珠三角"城市群发展经验提出了大西安都市圈产业结构、空间布局及其城镇体系可持续发展框架，并针对发展矛盾拟定了区域性统筹管制措施（张沛等，2005），以及基于武汉都市圈近年来的统计资料，构建经济联系强度模型，定量分析武汉都市圈空间竞争与范围的动态性特征。从点、线、面组合关系角度，构建节点中心性、通道网络性、范围系统性指标，定量揭示出武汉都市圈经济联系的空间结构等级层次性特征（刘承良等，2007）。

国内学者对国外的都市圈也做了研究调查。在考察日本三大都市圈的基础上，着重探讨和归纳了日本首都圈规划的目的、内容及实施追求等方面的重要特点，同时与江苏省都市圈规划相印证，提出在当前我国城市化高速发展时期，日本都市圈规划具有的借鉴意义（邹军等，2003）。

在城市群规划领域，以城市群规划的时间脉络为研究对象，回顾中国区域规划发展和演变的三个历史阶段，分析了当前存在的部门间竞相争夺规划空间的现象，并对未来进行展望。胡序威（2006）着重就理顺规划体系、调整规划管理机构、制订区域规划法规、增加规划内容、改善空间管治等问题，提出一系列具体建议。还有从城市规划的应对视角，首先分析了我国经济结构区域发展不平衡的现状，针对未来生产性服务业的高端化和基本服务的均等化提出了规划应对。其次从城乡统筹和规划协调视角指出城市群战略是新型城镇化的重点。最后从都市圈、城市群核心城市、城市群外围点状地区等不同尺度提出了区域差异化政策和规划策略（邹军和朱杰，2011）。

在城市群案例的研究中，针对珠三角案例，结合珠江三角洲经济区城市群规划及其实施，针对社会主义市场经济条件下城乡规划建设存在的问题，指出了如何开展区域协调和促进区域可持续发展，并对区域性规划的实施进行了初步探讨（房庆方等，1997）。针对长三角案例，在"流动空间"及"全球城市区域"等理论概念的指引下，运用城市网络研究方法，对长三角各县市单元以企业分支机构空间数据为支撑的网络联系进行定量分析，从而获得对长三角城市群内部空间组织特征与演变趋势的认知（程遥等，2016）。南京大学的研究人员以长三角和京津冀城市群为例，探讨研究"大都市阴影区"的形成机制，通过引入感应度系数和影响力系数，构建产业联系强度测度模型，基于产业空间联系视野对"大都市阴影区"的形成进行了实证研究（孙东琪等，2013）。

围绕国家新型城镇化政策，专委会展开了针对京津冀城市群、"一带一路"沿线城市发展等区域尺度的规划研究。研究讨论的议题包括：如何突破行政区界限而实现真正的区域一体化？京津冀地区区域协同的重点和难点在于哪些？国际上可以借鉴的成功经验和案例等。例如，中国城市规划设计研究院信息中心徐辉主任，曾经在2017年、2018年就京津冀一体化规划、环渤海城市群建设进行学术发言，认为除了规划技术问题之外，部门之间的协同需要整合跨部门、跨区域的力量，使资源和要素流动起来。又如，2016年在区域科学年会上组织"长江中游城市群发展高峰论坛"，有专家提出最核心的问题在于武汉、长沙和南昌在空间上如此分散，是否能将其作为一个城市群进行考虑。2017~2019年，专委会秘书处承办了针对"一带一路"沿线国际的区域与城市规划官员培训，通过了解这些国家区域发展需求，认为在不同的发展阶段面临的主要城市问题不尽相同，基础、基本的大型基础设施对沿线国家可持续发展起到重要的作用。2013年，有专家从发达国家开展国土空间规划的特征分析入手论证了主体功能区规划在我国国土空间布局规划体系中的战略性、基础性和约束性地位。2015年，专家根据各自的特点、优势和符合国家战略利益的原则，提出了京津冀大城市群中北京、天津、河北省的功能定位。2016年，南京大学的学者们以京津冀和长三角为例，意图探究区域规划的难点"大都市圈阴影区"的形成机制。2018年，针对粤港澳大湾区，专家学者们提出，规划的总体思路是搭建多主体参与的开放型协作框架，实现区域一体化，生活圈共建共享，探索多元的规划协作手段。

三、城市尺度：服务现代化城市管理需要，夯实城市规划编审批检全生命周期理论方法基石

基于国土空间规划体系的重构，专家学者们展开了一系列关于城市全域的空间规划基础理论和技术方法的探讨。为适应当前新常态下的规划发展，我国提出了城市双修、城市体检、规划实施评估等新工作要求，并在多地展开试点工作。当前我国规划实施评估、公众参与等环节还处于初级探索阶段，如何梳理"城市双修"背景下规划的新思路、如何推动规划实施过程中公众参与的法制建设、如何建立常态化的城市体检评估机制，这些问题亟待我们解决和完善。

"生态修复、城市修补"，即"城市双修"，是中央城市工作会议明确提出的新要求，是适应我国当前新常态的重要举措。为贯彻落实《中共中央 国务院关于加快推进生态文明建设的意见》《中共中央国务院关于进一步加强城市规划建设管理工作的若干意见》，住建部于2017年3月全面推进"城市双修"工作（中华人民共和国住房和城乡建设部，2017）。具体案例包括：结合天津市李七庄街的实践，将"城市双修"理念引入到城市边缘区规划中，从功能网、交通网、生态网、设施网及文化网五个方面进行了"城市双修"策略研究，以期为相关规划提供借鉴（杜立柱等，2017）。以宁波小浃江片区为例，从城市功能修复、自然生境修复和生活方式修复三个层面探讨"城市双修"理念下的城市设计新思路，以期为相关规划提供借鉴（倪敏东等，2017）。结合三亚市的具体实践对"生态修复、城市修补"的相关规划、建设及综合治理情况进行了系统的梳理与总结，从价值理念、技术方法、推进时序和保障机制等方面，提出此次"生态修复、城市修补"试点工作的创新意见与思考；最后，进一步总结了"生态修复、城市修补"工作对当前我国城市发展转型的重要实践意义（谷鲁奇等，2017）。

研究学者们对多个城市总规实施评估实际案例做了研究分析。有人认为我国缺乏城市规划实施评价系统的技术手段和方法原则，应用GIS技术，以《广州市城市总体规划（2001—2010年)》为例，介绍总规实施的建设评价方法并分析影响规划实施的因素，试图填补这一理论和实证空白（田莉等，2008）。对国土空间开发的模拟与评估逐渐成为科学编制国土空间规划的重要依据。也有以江西省为案例，在评价江西省2010年后备适宜建设用地潜力的基础上，采用FLUS模型，对江西省2035年建设用地的扩张进行模拟，将模拟预测结果与后备土地资源潜力进行对比，在区县尺度上对2010~2035年江西省的国土空间开发走势进行评估，并提出差异化的政策建议（薛峰等，2020）。还有学者以深圳实践为例，参考学术界有关规划评估的研究成果，针对近期建设规划特征，探讨近期建设规划评估的理念、方法与分析框架，尝试建立包括规划制订程序与内容、规划实施结果和规划实施机制在内的完整评估体系（施源和周丽亚，2008）。

关于城市规划评估的主要技术和方法，通过对研究进展的总结可知，我国城市规划实施评估研究仍处于初级探索阶段，应加强对城市规划实施评估制度、评价标准和评估机制等的研究，

积极探索和构建具有中国特色的城市规划评估体系（林立伟等，2010）。新时期城市规划作为公共政策的特征日益得到强化，然而在城市规划评估领域存在着概念认知上的模糊性、实践活动上的技术偏狭性和理论研究上的模式整合困境。因此，有必要在公共政策的视角下，重新审视城市规划评估的政策维度，理顺规划方案技术评估、规划主体价值评估、规划过程实施评估和规划结果绩效评估之间的关系，建构一种将规划目标与手段、事实与价值整合的全过程评估模式和方法体系（欧阳鹏，2008）。基于评估理念、评估对象和评估技术3个维度，构建立体的实施评估方法体系，有学者对中国城市总体规划实施评估的众多方法进行系统的观察分析和分类总结。评估理念维度的方法分为静态评估方法和动态评估方法，评估对象维度的方法分为实施结果评估方法和实施过程评估方法，评估技术维度的方法分为定量评估方法和定性评估方法。通过分类综述，有学者认为静态分析与动态监测、实施结果和实施过程、定量和定性不同维度、方法的结合与交互使用，更为多元复合的方法体系的发展是全面、客观评估城市总体规划实施的基础（廖茂羽和罗震东，2015）。

在城市规划评估中的公众参与方面，学者们在初步分析了我国城市规划实施过程中公众参与现状存在的主要问题及其成因，并据此初步构想了全面覆盖规划许可、规划执法和规划评估三大环节的城市规划实施过程公众参与体系后，对各环节内公众参与的内容、程序、方法等也做了分阶段的探讨和设计，期望通过这样的基础性工作，推动城市规划实施过程中公众参与的法制建设，使公众参与的程序具有严格、明确、刚性的制度规定（杨新海和殷辉礼，2009）。

2015年中央城市工作会议要求建立常态化的城市体检评估机制。通过城市体检识别问题，有针对性地制定解决方案，成为促进城市精细化管理及高质量建设发展的重要途径。林文棋等（2019）以上海城市体征监测为例，提出从城市体检到动态监测的分析模式，利用多源数据，以"人地兼顾、动静结合"为原则，构建包含属性指数、动力指数、压力指数以及活力指数在内的4个一级指数、10个二级指数和27个三级指数的多维指标体系，并以职住空间为例开展专题评估，最后基于机器学习开展政策措施单一场景及综合场景下的城市体征变化模拟和量化对比。

中科院的学者曾基于2013年宜居北京大规模问卷调查数据和北京市基础地理信息数据，探讨了北京市居民宜居满意度的空间特征，并运用多层线性模型进一步分析城市建成环境对居民宜居满意度的影响。研究发现，北京市宜居满意度总体良好，空间分布存在中心高边缘低的特征。城市建成环境对居民宜居满意度存在显著影响（康雷等，2020）。随着城市体检的概念逐渐从国家战略落实到城市高质量发展的具体实践中，中国科学院学者在梳理和解析城市体检背景及其作用的基础上，详细阐述城市体检指标设计的逻辑框架，梳理城市体检各指标间的关系，辨析不同尺度间城市体检的异同，提出中国城市体检的方法，旨在对中国城市体检提供理论依据（张文忠等，2021）。

在北京市测绘设计研究院"城市体检"工作背景下，开展了基于步行指数的北京市居民生活便利程度研究，初步探讨了当前城市服务设施配置中的优势与不足，让城市体检的成果为建设"一刻钟社区服务圈"及宜居城市、提升居民生活品质和便利程度提供了参考依据（温宗勇等，2018）。

围绕2019年国土与规划部门的合并，专委会展开了一系列关于城市全域的空间规划基础理论、基本方法和技术的讨论。通过组织学术研讨，专委会提出了国土空间规划并不是将传统规划范式在范围上扩大，而是更加考虑到生态本底、资源禀赋、社会公平等诸多方面的综合作用。其中围绕北京首都规划，专委会展开了多次集中的研讨，明确城与都的关系、减量疏解的需求等。例如，徐勤政曾经多次介绍北京城市总体规划的编制思路、基本逻辑和要点，以及首都规划面临的独特问题。和朝东介绍了北京市六版总规演变的规划变迁，以及北京市城市空间演变。

2018 年区域科学协会理事会在保定大学召开，专委会围绕雄安新区建设，展开了新城规划的专门研讨。这些讨论基于北京而不局限于北京，新时期的城乡规划思路变迁对于其他城市规划也产生了深刻的影响。

专家学者曾对中国的空间规划体系的发展与改革进行了深入的探讨，提出了我国空间规划体系重构的具体路径和建议。如北京新版总规以减量发展为目标，坚持底线思维、把握首都发展要义，体现了规划编制实施方式的重大变革。2014 年，有学者研究智慧城市的规划与管理以及城市的智慧化改造。2015～2017 年，"城市体检"和"城市双修"工作逐步推进，在全国各地开展了试点工作及实践。2021 年，中科院专家学者梳理了城市体检各指标间的关系，辨析不同尺度间城市体检的异同。

四、社区尺度：把握时代脉搏，探索中国特色城市更新与城市复兴新模式

为了应对社会经济的转型，大批城市步入存量规划时代，城市更新、旧区改造等规划逐渐受到越来越多的关注，社区规划也将成为城市规划工作的重点。针对不同的社区，专家学者们积极地探求了各模式下更新改造的理论和技术方法，注重社会的公平效率，追求更优综合容量下的可持续发展。未来社区规划的重点将转向以人为本的规划理念，建立责任规划师制度，基于社区的复杂性和多元性，真正满足规划服务人群的诉求。

党的十九届五中全会通过的《中共中央关于制定国民经济和社会发展第十四个五年规划和二〇三五年远景目标的建议》明确提出实施城市更新行动，将于"十四五"时期推进全国尺度的城市更新工作。其主要的任务包括完善城市空间结构、实施城市生态修复和功能完善工程、强化历史文化保护，塑造城市风貌、加强居住社区建设、推进新型城市基础设施建设、加强城镇老旧小区改造、增强城市防洪排涝能力、推进以县城为重要载体的城镇化建设等一系列任务（实施城市更新行动，中华人民共和国住房和城乡建设部）。

城市更新作为城市发展的调节机制亦正以空前的规模和速度在全国各地展开，进入了一个新的历史阶段。就如何把握城市更新主要矛盾、基本特征和发展趋势，制定适宜的城市更新政策等问题，学者们展开了分析和思考，并提出了一些建设性意见（阳建强，2000）。随着改革开放加速了城市化，也暴露了中国城市急需更新以应付社会经济的转型。分析比较中西方"城市更新"的概念，总结西方城市更新的经验，认为城市更新机制以及城市管治体系变革是保证城市更新的综合目标得以实现的根本途径，将城市规划理念与中国现实相结合（翟斌庆和伍美琴，2009）。华南理工的学者对广州"三旧"改造的优点和缺陷进行了总结，认为其优点在于实施了有效的土地整理并积累了协作经验，而缺陷是实施中权责不清晰、规划中目标不系统及执行中利益不均衡。然后，归纳出城市更新的目标是强调原有建成环境改善的同时不减损原权利主体的权益，注重公平兼顾效率，并追求更优综合容量的城市可持续发展。进一步明确城市更新的基本职责是维育建成环境，拓展职责是协调城市再开发。城市更新是一项社会过程属性显著的公共管理行为，需要通过地方立法赋予其必要的执行优先权和部分行政许可权，并需要建立有效的社会协同平台，使城市更新成为城市新常态的积极应对（王世福和沈爽婷，2015）。

在旧城改造的案例中，有学者以新天地、8 号桥、田子坊三个发生于 20 世纪 90 年代后的上海中心城区更新案例作为研究对象，研究上海在逐步市场化道路下的城市更新运行机制演进规律（管娟和郭玖玖，2011）。有学者选取新天地商业街的消费者为研究对象，从空间角度探讨消费者的行为特征，包括人流量、停留人次、消费金额等要素的空间分布基本特征，以及商业街入口、内部活动分布的基本特征，进一步认识了消费者行为的复杂性和影响因素的多样性，并运用空间句法和相关回归法分析了新天地的空间结构对消费者行为的导向作用，探讨了特定布局变化可能对消费者行为产生的变化，为新天地的空间布局优化提供了参考（许尊和王德，2012）。

在社区规划研究方面，在讨论住宅区、居住区、社区等概念，介绍社区发展与社区规划的缘起及内容之后，有学者探讨了城市规划领域的社区规划问题，涉及我国城市社区规划的演进、社区规划的原则等问题（赵蔚和赵民，2002）。关于社区及社区营造的概念，学者探讨了社区规划与城市规划的关系，提出城市规划的社区指向趋势，并从规划的"工具理性"至"交往理性"演进解读社区规划师的制度和实践（赵民，2013）。2019 年 5 月，北京市规划和自然资源委员会发布了《北京市责任规划师制度实施办法（试行）》，从制度上明确责任规划师的定位和工作目标、主要职责、权利和义务、保障机制等内容。责任规划师作为区政府选聘的独立第三方人员的主要职责有为责任范围内的规划、建设、管理提供专业指导和技术服务。此后在双井街道等地开展了一系列街区责任规划师规划试点实践（中华人民共和国中央人民政府，2019）。

在村落改造方面，针对当下如火如荼的乡村振兴，有学者梳理出几种乡建模式，并以李巷村改造为例，着重阐述村落作为空间载体，如何挖掘并发扬自身特色和优势，实现与产业及资源的对接。在尊重乡村原有肌理的前提下，营造出"主客共享"的乡村新公共空间（李竹等，2018）。学者以二都村的公共空间改造为出发点，探讨长三角地区典型村落改造的开放空间营造策略和艺术处理手法，实现乡村聚落的保护传承和可持续发展，二都村是长三角地区的滨水村落，河网密集、街巷纵横，村落围绕着街道、广场、公共建筑等公共空间有机生长，多采用小尺度体系，呈现出一种宽松舒适的尺度，是一处长江三角洲典型村落。通过实地调研以及调查分析，在营造乡村特色景观的基础上，对村落进行了整体的整治规划（高巍等，2017）。上海等地的专家探讨了我国传统古村落保护与发展过程中面临的问题，从古村落长期发展历程中剖析其内在的生存与发展动力，并着重分析了在当今处于开放系统的社会发展中，古村落的保护与发展所面临的市场、政府、社会和技术等重要外力因素及其影响机制（罗长海和彭震伟，2010）。

针对历史街区再生方面，学者们以福州三坊七巷为例，探讨历史文化遗产的保护理念，认为对历史街区的保护应注重对活体的保护，既要重视最基本的单元文物的保护，又要重视整体的街区保护，注重物质与非物质文化遗产保护的统一和谐，以物质为非物质的载体，非物质为物质的精神和内涵体现（陈亮，2008）。或是从历史街区保护更新和地域建筑创作的相关理论研究出发，结合"类设计"模式和"愈合理论"，对三坊七巷保护更新的具体过程进行探讨，总结经验，发现问题，旨在为三坊七巷历史街区的坊巷空间及其单体建筑的保护更新与可持续发展建立一套规划设计模式（王炜和关瑞明，2012）。如何保护与发展地方传统文化是许多历史城市所面临的一个重要问题。中国科学院以北京什刹海历史街区为例，探讨在旧城更新与全球化的双重作用下，地方文化如何回应环境的变化。资料分析和调查结果表明：什刹海的传统文化特色正在削弱，且外来文化与地方文化之间存在隔离；外来文化进入什刹海之后一般会产生适应新环境的进化现象；就什刹海地方文化建议而言，要最大程度地保护传统物质空间，积极发展具有地方文化特色的业态，尽量维持原有社会网络和生活方式（湛丽和张文忠，2010）。

社区是中国行政体系的终端，近年来随着城市更新、旧城改造，城市中存量规划越来越受到关注。专委会成立之前，吕斌教授在 2007 年主持的北京市东城区社区规划中成为国内较早开创合作式社区规划的创始者。在 2015 年随着中央城市工作会议的召开，社区规划再次成为城市工作的重点，专委会围绕社区治理与规划展开了一系列的学术活动。例如，佘高红（2008）以百万庄为例，讨论了当代传统单位社区如何通过"以价值传承为基础，以共识激发能力，以行动凝聚共识"的再生策略，解决社区设施与人口结构老化、机动车冲击、邻里关系疏远、集体行动能力缺失等一系列问题。班宁宁等（2015）基于街道景观改善和综合生态质量提升，结合北京市总体规划"留白"、口袋公园的需求，展开了以海淀区为主的社区责任规划师课题研究。范霄鹏、刘玮等结合北京市的美丽乡村工作，展开了大量以京郊周边历史文化保护名村为基础的乡村社区规划工作。这些针对老城区、京郊乡村的社区规划和治理，推动了城乡规划的社区参与和居民融合，也更加深入地与当地需求结合，体现了新时期"规划为人民"的基本理念。

2015 年，中央城市工作会议提出了"创新、协调、绿色、开放、共享"五大城市发展理念，要求转变城市发展方式，提高城市发展的可持续性和宜居性，并提出了 15 分钟社区生活圈的概念作为建设社区生活的基本单元。社区责任规划是城市社区规划的重要方向，社区规划的重点由物质空间规划，转向以人为本，关注营造和谐包容的社区感，强调自下而上的规划。

第四节　研究展望

展望未来，中国开启了全面建设社会主义现代化国家新征程。根据《中华人民共和国国民经济和社会发展第十四个五年规划和 2035 年远景目标纲要》，2035 年中国将基本实现社会主义现代化。我国区域与城市规划将以构建"五级三类"国土空间规划编制体系为目标，以推动形成低碳、绿色、安全、韧性、智慧、以人为本和可持续发展的新城市文明为导向，迈向一个文化自信、道路自信、理论自信、制度自信的新发展时期。预期我国区域与城市规划研究将在以下五个方面发力并取得新的成果。

一、完善国土空间规划学科体系，推动国土空间治理现代化

在自然资源部推动下，国土空间规划在"十三五"时期初步起步，增加市域的全域全覆盖规划，综合考虑环境、生态、地质条件，并强调自然条件与人类社会经济活动的交互作用。在国土空间标准方面，三区三线、五级三类的标准框架初步建立，但仍需进一步根据中国各个区域城市的特征与亟须解决的问题进一步明确适用于具体区域的标准，避免简单化一刀切的标准确定。按照"十四五"规划，国土空间规划预计在 2021 年底全部完成，需要更多学者和研究结构共同完成，从诸多方面对于国土空间规划要素提出编制流程、编制标准规定。

二、决战城镇化下半场，探索高质量发展导向的城市更新理论与方法

中国城市化已经进入"下半场"，存量更新将比新区开发扮演更加重要的角色。专委会将在物质空间更新的基础上，采取更加综合全面视角关注城市更新问题，拓展城市更新和城市再生的内涵和外延。例如，除了老旧社区的更新，还包括商业设施、公共设施和交通基础设施为目标，为人民群众幸福生活建设更加美好的城市，全面提升人民群众生活水平。在"十四五"时期，城市更新将更加关注社会经济维度的更新、城市生活幸福感的提升、基础设施更新等重要内容。

城市更新应将与责任规划师制度更紧密结合，采取更加深度公众参与形式，促进社区活力再生。关注城市存量问题，将城市老旧社区作为未来社区责任规划师的工作重点，进行精细式、合作式、参与式规划。例如，在北京根据首都"四个服务""四个中心"定位进行功能置换和社区规划，关心人民群众关心的问题，全面提升社区环境品质，塑造便利、安全、宜居的城市生活环境。

三、建立中国特色城市体检与规划评估制度，实现规建管全生命周期城市运行

城市规划的定期体检与评估成为"十四五"时期一项重点工作。目前住建系统已经在北京等城市展开了规划系统的第三方评估工作，将规划本身、编制和审批过程、执行过程和居民评价等纳入了第三方评估范畴。未来城市规划评估不仅是城市治理水平的综合体现，也是反映城市规划实施效果的重要试金石。随着城市化进程放缓，区域与城市规划更加注重存量内容，已有城市规划的体检和评估工作将成为重要的研究方向。

目前已经展开的城市体检工作大多由编制单位本身制定评价指标并收集相关数据，未来城市体检与评估工作中，采取客观态度的第三方机构评估将占有更高的比重。在评价方法上将采取多采集第三方数据而非地方上报数据；除了客观评价之外，也会采集更多的主观评价变量，反映人民群众的满意度水平。

四、借力新城建、新基建，建立基于 CIM 的智慧城市规划技术体系

智慧化与智能化也将成为"十四五"时期关注的重点，在"十三五"时期更多的研究集中于大数据采集与产生，未来将更加重视这些新数据如何支持和纳入已有的城市规划框架，为区域与城市规划服务。随着新技术的发展，更多的人工智能技术、深度学习技术开始在规划领域普及，更多的智慧手段和方法也逐步应用于城市规划的各个环节。未来在迈向智慧化和智能化的同时，区域与城市规划需要与时俱进的新技术、新方法、新手段支撑，这将成为未来发展重点。

新基建是以新发展理念为引领，以技术创新为驱动，以信息网络为基础，面向高质量发展需要，提供数字转型、智能升级、融合创新等服务的基础设施体系。新城建是以城市提质增效为引领，以应用创新为驱动，充分运用"新基建"发展成果，面向城市高质量转型发展需要，构建提升城市品质和人居环境质量、提升城市管理水平和社会治理能力的信息数字化城市基础设施体系。新基建与新城建为推进城市的信息化、数字化、智能化发展提供了强有力的技术支撑，为城市提质增效、转型升级注入新活力、新动能。作为新基建和新城建的核心部件，城市信息模型（CIM）将为区域与城市规划全生命周期管理提供强大的城市信息模型集成、管理、应用和共享服务平台，具有城市隐蔽工程透明化、城市多维信息精准化、城市规划管理全方位化、城市应急预警仿真化、城市信息孤岛整合化等特征，推动城市规、建、管、治全面智慧化。

五、开展区域与城市规划国际合作，推动建设全球可持续规划共同体

在国内国际双循环下和后疫情时代，国际局势变得更加复杂，也给区域与城市规划领域的科研合作与教育提出了更多的新课题。一方面，考虑到能源和矿产的自给自足程度，以及与更多发展中国家进行产能合作，"一带一路"倡议仍然是重要方面。另一方面，与欧洲等发达国家合作，扩大中国"朋友圈"也十分重要。未来通过城市规划领域合作和面向第三世界国家的援外教育，在国际组织发挥更重要的作用，通过降低碳排放、减少对于全球气候变暖的影响等实现更多的大国责任与大国承诺。同时，也在区域与城市规划领域，培育更多具有专业知识和国际视野，能胜任国际合作工作的高水平、国际化人才。

参考文献

［1］班宁宁，李翅，向岚麟. 复合型风景道规划方法与实践——以海淀北部新区为例［A］//中国城市规划学会，贵阳市人民政府. 新常态：传承与变革——2015中国城市规划年会论文集（10 风景环境规划）［C］.

北京：中国建筑工业出版社，2015.

［2］柴彦威，申悦，陈梓烽．基于时空间行为的人本导向的智慧城市规划与管理［J］．国际城市规划，2014，29（6）：31－37＋50.

［3］常青，石晓冬，杨浚．新时代推动国土空间规划重构的实践探索——以北京为例［J］．城市规划，2021，45（5）：61－67.

［4］陈亮．历史文化遗产保护理念研究——以福州三坊七巷保护规划为例［J］．规划师，2008（8）：32－36.

［5］陈雯．我国区域规划的编制与实施的若干问题［J］．长江流域资源与环境，2000（2）：141－147.

［6］谌丽，张文忠．历史街区地方文化的变迁与重塑——以北京什刹海为例［J］．地理科学进展，2010，29（6）：649－656.

［7］程大林，李侃桢，张京祥．都市圈内部联系与圈层地域界定——南京都市圈的实证研究［J］．城市规划，2003（11）：30－33.

［8］程遥，张艺帅，赵民．长三角城市群的空间组织特征与规划取向探讨——基于企业联系的实证研究［J］．城市规划学刊，2016（4）：8.

［9］崔功豪．当前城市与区域规划问题的几点思考［J］．城市规划，2002（2）：40－42.

［10］戴林琳，盖世杰．北京南锣鼓巷历史街区的可持续再生［J］．华中建筑，2009，27（5）：173－177.

［11］戴林琳，吕斌，盖世杰．京郊历史文化村落存续现状的多维探析——以北京东郊为例［J］．规划师，2010，26（2）：61－65.

［12］戴林琳，吕斌，盖世杰．京郊历史文化村落的评价遴选及保护策略探析——以北京东郊地区为例［J］．城市规划，2009，33（9）：64－69.

［13］杜立柱，杨韫萍，刘喆，刘珺．城市边缘区"城市双修"规划策略——以天津市李七庄街为例［J］．规划师，2017，33（3）：25－30.

［14］段进．关于我国城市规划体系结构的思考［J］．规划师，1999（4）：13－18.

［15］樊杰．对新时期国土（区域）规划及其理论基础建设的思考［J］．地理科学进展，1998（4）：3－9.

［16］樊杰．解析我国区域协调发展的制约因素　探究全国主体功能区规划的重要作用［J］．中国科学院院刊，2007（3）：194－201.

［17］樊杰．主体功能区战略与优化国土空间开发格局［J］．中国科学院院刊，2013，28（2）：193－206.

［18］方创琳，毛其智，倪鹏飞．中国城市群科学选择与分级发展的争鸣及探索［J］．地理学报，2015，70（4）：515－527.

［19］方创琳．国外区域发展规划的全新审视及对中国的借鉴［J］．地理研究，1999（1）：8－17.

［20］房庆方，杨细平，蔡瀛．区域协调和可持续发展——珠江三角洲经济区城市群规划及其实施［J］．城市规划，1997（1）：7－10＋60.

［21］冯垚．城市群理论与都市圈理论比较［J］．理论探索，2006（3）：96－98.

［22］高巍，李海兵，柳泽．基于特色景观营造的长江三角洲典型村落的公共空间改造——以德清县三合乡二都村为例［J］．华中建筑，2017，35（3）：85－89.

［23］谷鲁奇，范嗣斌，黄海雄．生态修复、城市修补的理论与实践探索［J］．城乡规划，2017（3）：18－25.

［24］顾朝林，徐海贤．改革开放二十年来中国城市地理学研究进展［J］．地理科学，1999（4）：320－331.

［25］管娟，郭玖玖．上海中心城区城市更新机制演进研究——以新天地、8号桥和田子坊为例［J］．上海城市规划，2011（4）：53－59.

［26］高志刚，杨柳．"一带一路"沿线主要节点城市的空间格局优化研究［J］．区域经济评论，2021（2）：136－145.

［27］广东省人民政府办公厅．印发《珠江三角洲城镇群协调发展规划（2004－2020）》的通知［Z］.2005－08－31.

［28］广州市城市规划编制研究中心广佛同城化项目组，李开平，黎云，吴超，黄鼎曦，张嘉懿．城镇密集

地区城市规划合作的探索与实践——以"广佛同城"为例 [J]. 规划师, 2010, 26 (9): 47 – 52.

[29] 胡序威. 我国区域规划的发展态势与面临问题 [J]. 城市规划, 2002 (2): 23 – 26.

[30] 胡序威. 沿海城镇密集地区空间集聚与扩散研究 [J]. 城市规划, 1998 (6): 22 – 28 + 60.

[31] 胡序威. 中国区域规划的演变与展望 [J]. 城市规划, 2006 (S1): 8 – 12 + 50.

[32] 金凤君, 王姣娥. 20 世纪中国铁路网扩展及其空间通达性 [J]. 地理学报, 2004 (2): 293 – 302.

[33] 康雷, 张文忠, 谌丽, 湛东升, 刘彩彩. 北京市低收入社区社会融合的多维度测度与影响因素分析 [J]. 人文地理, 2019, 34 (3): 22 – 29.

[34] 李竹, 刘晶晶, 王嘉峻. 乡村振兴下的村落公共空间重塑——以李巷老建筑改造为例 [J]. 建筑学报, 2018 (12): 10 – 19.

[35] 廖茂羽, 罗震东. 城市总体规划实施评估的方法体系与研究进展 [J]. 上海城市规划, 2015 (1): 82 – 88.

[36] 林立伟, 沈山, 江国逊. 中国城市规划实施评估研究进展 [J]. 规划师, 2010, 26 (3): 14 – 18.

[37] 林文棋, 蔡玉蘅, 李栋, 孙小明, 吴梦荷, 马靓, 段冰若. 从城市体检到动态监测——以上海城市体征监测为例 [J]. 上海城市规划, 2019 (3): 23 – 29.

[38] 刘承良, 余瑞林, 熊剑平, 朱俊林, 张红. 武汉都市圈经济联系的空间结构 [J]. 地理研究, 2007 (1): 197 – 209.

[39] 刘慧, 叶尔肯·吾扎提, 王成龙. "一带一路"战略对中国国土开发空间格局的影响 [J]. 地理科学进展, 2015, 34 (5): 545 – 553.

[40] 刘卫东. "一带一路"战略的科学内涵与科学问题 [J]. 地理科学进展, 2015, 34 (5): 538 – 544.

[41] 陆大道, 刘毅, 樊杰. 我国区域政策实施效果与区域发展的基本态势 [J]. 地理学报, 1999 (6): 496 – 508.

[42] 陆大道. 京津冀城市群功能定位及协同发展 [J]. 地理科学进展, 2015, 34 (3): 265 – 270.

[43] 陆大道. 我国的城镇化进程与空间扩张 [J]. 城市规划学刊, 2007 (4): 47 – 52.

[44] 吕斌, 陈睿. 我国城市群空间规划方法的转变与空间管制策略 [J]. 现代城市研究, 2006 (8): 18 – 24.

[45] 吕斌, 王春. 历史街区可持续再生城市设计绩效的社会评估——北京南锣鼓巷地区开放式城市设计实践 [J]. 城市规划, 2013, 37 (3): 31 – 38.

[46] 罗长海, 彭震伟. 中国传统古村落保护与发展的机制探析 [J]. 上海城市规划, 2010 (1): 37 – 41.

[47] 毛汉英. 新时期区域规划的理论、方法与实践 [J]. 地域研究与开发, 2005 (6): 1 – 6.

[48] 倪敏东, 陈哲, 左卫敏. "城市双修"理念下的生态地区城市设计策略——以宁波小浃江片区为例 [J]. 规划师, 2017, 33 (3): 31 – 36.

[49] 牛慧恩. 国土规划、区域规划、城市规划——论三者关系及其协调发展 [J]. 城市规划, 2004 (11): 42 – 46.

[50] 欧阳鹏. 公共政策视角下城市规划评估模式与方法初探 [J]. 城市规划, 2008 (12): 22 – 28.

[51] 彭震伟. "一带一路"战略对中国城市发展的影响及城市规划应对 [J]. 规划师, 2016, 32 (2): 11 – 16.

[52] 人民网. 乌克兰成立一带一路贸易投资促进中心 [Z]. 2018 – 07 – 07.

[53] 佘高红, 吕斌. 转型期小城市旧城可持续再生的思考 [J]. 城市规划, 2008 (2): 16 – 21.

[54] 孙施文. 我国城乡规划学科未来发展方向研究 [J]. 城市规划, 2021, 45 (2): 23 – 35.

[55] 施源, 周丽亚. 对规划评估的理念、方法与框架的初步探讨——以深圳近期建设规划实践为例 [J]. 城市规划, 2008 (6): 39 – 43.

[56] 孙东琪, 张京祥, 胡毅, 周亮, 于正松. 基于产业空间联系的"大都市阴影区"形成机制解析——长三角城市群与京津冀城市群的比较研究 [J]. 地理科学, 2013, 33 (9): 1043 – 1050.

[57] 田莉, 吕传廷, 沈体雁. 城市总体规划实施评价的理论与实证研究——以广州市总体规划（2001 – 2010 年）为例 [J]. 城市规划学刊, 2008 (5): 90 – 96.

[58] 汪劲柏,赵民.论建构统一的国土及城乡空间管理框架——基于对主体功能区划、生态功能区划、空间管制区划的辨析 [J].城市规划,2008 (12):40-48.

[59] 王昊,龙慧.试论高速铁路网建设对城镇群空间结构的影响 [J].城市规划,2009,33 (4):41-44.

[60] 王世福,沈爽婷.从"三旧改造"到城市更新——广州市成立城市更新局之思考 [J].城市规划学刊,2015 (3):22-27.

[61] 王炜,关瑞明.城市化进程中福州"三坊七巷"历史街区的保护与更新 [J].华中建筑,2012,30 (1):165-167.

[62] 王向东,刘卫东.中国空间规划体系:现状、问题与重构 [J].经济地理,2012,32 (5):7-15+29.

[63] 温宗勇,谢文璮,邢晓娟,蔡彩,马磊.城市体检:基于步行指数的北京居民生活便利度分析 [J].北京规划建设,2018 (5):140-151.

[64] 吴良镛.城市地区理论与中国沿海城市密集地区发展 [J].城市规划,2003 (2):12-16+60.

[65] 吴掠桅,崔蓓,俞蔚.智慧城市时空数据三维可视化设计与关键技术 [J].地理空间信息,2021,19 (7):6+9-11.

[66] 新华网.(两会受权发布)"十四五"规划和2035远景目标的发展环境、指导方针和主要目标[Z].2021-03-05.

[67] 新华网.我国已与138个国家、31个国际组织签署201份共建"一带一路"合作文件 [Z].2020-11-17.

[68] 徐勤政,何永,甘霖,杨兵,刘剑锋,熊文.从城市体检到街区诊断——大栅栏城市更新调研 [J].北京规划建设,2018 (2):142-148.

[69] 许尊,王德.商业空间消费者行为与规划——以上海新天地为例 [J].规划师,2012,28 (1):23-28.

[70] 薛峰,李苗裔,马妍,徐辉.基于FLUS模型的江西省国土空间开发模拟与评估 [J].规划师,2020,36 (8):12-19+32.

[71] 严重敏,周克瑜.关于跨行政区区域规划若干问题的思考 [J].经济地理,1995 (4):1-6.

[72] 阳建强.中国城市更新的现况、特征及趋向 [J].城市规划,2000 (4):53-55+63-64.

[73] 杨保军,陈怡星,吕晓蓓,朱郁郁."一带一路"战略的空间响应 [J].城市规划学刊,2015 (2):6-23.

[74] 杨保军,陈怡星,吕晓蓓,朱郁郁."一带一路"战略下的中国全球城市趋势展望 [J].城市建筑,2017 (12):12-17.

[75] 杨新海,殷辉礼.城市规划实施过程中公众参与的体系构建初探 [J].城市规划,2009,33 (9):52-57.

[76] 姚江春,池葆春,刘中毅,何冬华,曾峥.粤港澳大湾区规划治理与协作策略 [J].规划师,2018,34 (4):13-19.

[77] 于一凡.从传统居住区规划到社区生活圈规划 [J].城市规划,2019,43 (5):17-22.

[78] 翟斌庆,伍美琴.城市更新理念与中国城市现实 [J].城市规划学刊,2009 (2):75-82.

[79] 张京祥,崔功豪.区域与城市研究领域的拓展:城镇群体空间组合 [J].城市规划,1999 (6):36-38+45+63.

[80] 张良,吕斌.日本首都圈规划的主要进程及其历史经验 [J].城市发展研究,2009,16 (12):5-11.

[81] 张沛,倪用玺,张俊杰.大西安都市圈发展规划问题研究 [J].西安建筑科技大学学报(自然科学版),2005 (2):223-228.

[82] 张尚武.区域整体发展理念及规划协调机制探索 [J].城市规划,1999 (11):15-17+50-64.

[83] 张伟.都市圈的概念、特征及其规划探讨 [J].城市规划,2003 (6):47-50.

［84］张文忠，何炬，谌丽．面向高质量发展的中国城市体检方法体系探讨［J］．地理科学，2021，41（1）：1－12．

［85］张雪．未来社区数字化服务的属性探究与规划策略［J］．中国建设信息化，2021（3）：76－78．

［86］赵民．"社区营造"与城市规划的"社区指向"研究［J］．规划师，2013，29（9）：5－10．

［87］赵胜波，王兴平，胡雪峰．"一带一路"沿线中国国际合作园区发展研究——现状、影响与趋势［J］．城市规划，2018，42（9）：9－20＋38．

［88］赵蔚，赵民．从居住区规划到社区规划［J］．城市规划汇刊，2002（6）：68－71＋80．

［89］甄峰．信息时代区域发展战略及其规划探讨［J］．城市规划汇刊，2001（6）：61－64＋80．

［90］中国经济网．"一带一路"中巴主题纪录片《巴铁》在京启动［Z］．2016－01－05．

［91］中国经济网．中国建筑海外"一带一路"重大项目签约公告［Z］．2015－12－23．

［92］中国政府网．从长期大势把握当前形势 统筹短期应对和中长期发展［Z］．2020－08－12．

［93］中国政府网．李克强主持召开国务院常务会议通过《成渝城市群发展规划》．［Z］．2016－03－30．

［94］中国政府网．国务院正式批准实施《长江三角洲地区区域规划》．［Z］．2010－05－24．

［95］中华人民共和国国家发展和改革委员会．关于共同推进丝绸之路经济带和21世纪海上丝绸之路建设的谅解备忘录［Z］．2016－09－20．

［96］中华人民共和国国家发展和改革委员会．国家发展改革委与外交部联合召开推进丝绸之路经济带和海上丝绸之路建设座谈会［Z］．2013－12－16．

［97］中华人民共和国国家发展和改革委员会．推动共建丝绸之路经济带和21世纪海上丝绸之路的愿景与行动［Z］．2015－03－28．

［98］中华人民共和国商务部．京冀签署《关于共同推进河北雄安新区规划建设战略合作协议》［Z］．2017－08－21．

［99］中华人民共和国中央人民政府．北京推行责任规划师制度［Z］．2019－05－17．

［100］中华人民共和国住房和城乡建设部．住房城乡建设部关于加强生态修复城市修补工作的指导意见［Z］．2017－03－06．

［101］周一星．区域城镇体系规划应避免"就区域论区域"［J］．城市规划，1996（2）：14－17＋63．

［102］邹军，王兴海，张伟，陈小卉．日本首都圈规划构想及其启示［J］．国外城市规划，2003（2）：34－36．

［103］邹军，朱杰．经济转型和新型城市化背景下的城市规划应对［J］．城市规划，2011，35（2）：9－10．

第二十一章　城市管理研究

第一节　导言

2012 年，教育部将城市管理专业正式纳入《普通高等学校本科专业目录》，标志着该专业的规范化建设在我国正式起步。由于启动时间较晚，相对于我国的快速城市化建设和城市管理实践的需要以及城市管理的理论研究、实践应用、教学体系和学科发育均相对滞后。具体地，城市管理在理论研究和实践发展两方面存在以下主要的短板和不足：

第一，在学科发展上，对城市管理基本规律缺乏整体性的认知，仍无法上升到学科统筹发展的层次。不同院校主要基于各自的学科基础进行拓展，致使不同院校城市管理的课程配置、发展重点和专业训练模式特色各异，难以统一和标准化。传统管理学对开放条件下城市复杂系统的长期趋势性、系统复杂性和非线性问题存在盲区，由此抑制了中国现代城市管理学研究方法和分析技术工具的演进。以管窥豹式的现场管理方法造成中国城市管理的分支化和碎片化，进一步导致作为学科整合发展基础的研究规范化、方法统一性、工具标准化和结论可验证等条件无法满足，进而更加降低了城市管理学科各分支的融合度，延缓了完善城市综合管理体系的交叉互补特征的进程。

第二，在学生培养上，一方面，我国传统城市管理的关注重点仅限于城市基础设施、市政公用设施等城市"物质属性"和"硬件建设"领域，主要强调狭义的建设管理，而非涵盖社会公共产品和公共事务的城市发展与服务管理，基于城市综合服务与管理的广义专业体系建设滞后，导致面向现代城市管理所需要的复合型高端人才的培养能力不足，水平不高；另一方面，作为新设专业，城市管理在很多学校都存在着本科、硕博士研究生两个培养阶段以及学科的基础科研与教学两个体系，均缺少衔接性，致使出现生源流失、教学资源失配和学科整体结构不合理的现象。此外，我国城市发展的社会化基础薄弱，对城市管理的体制性支撑不足，城市管理经常性地受到官员换届、政策波动、重大突发事件等的冲击，缺少稳定性，学生就业市场的前景和渠道具有较强的不确定性，也影响到学生的选择和学习热情。

第三，在管理实践上，我国城市管理的问题属性非常复杂，耦合性强，解决与治理的难度比较高。过去的 40 年中，随着改革开放的不断深入推进，我国城镇化建设取得了举世瞩目的成就，目前城市的规模、数量和质量迅速提升，尤其是超大、特大城市在我国社会经济发展中发挥着十分关键的作用。然而，囿于我国区域经济不平衡、城乡渐进融合发展、城市人口密度过高、城市管理体制机制分割等一系列基础条件的欠缺与约束，加之人口单向度的输入性膨胀导致人口结构多元化混合，使得我国城市管理普遍面临着诸如城市基础设施建设滞后、生态环境压力增大、公共服务供给严重不足、交通拥堵加剧、土地利用强度过高、空间结构不协调和公共安全潜在威胁快速增加等一系列重要问题，不仅"城市病"现象日益严重，而且负面的城市问题也不断叠加，令城市管理执法环境难尽人意，执法的法制化成本不断提高，严重阻碍了我国城市综合管理能力的提升，进一步加剧社会风险和社会治理的难度。

面对我国城市的快速发展以及城市管理的迫切需要，党中央高度重视城市的管理与治理工作。在党的十八届三中全会提出的《中共中央关于全面深化改革若干重大问题的决定》中，首次提出了推进国家治理体系和治理能力现代化的战略目标，认为推进国家治理体系和治理能力的现代化必然要建立在城市治理体系和治理能力现代化的基础上。2013年12月，习总书记再次强调要结合中国的发展国情，倡导多方合作协力，达到国家、市场、社会、公民之间的相互包容性共治、自治、法治、德治。针对我国快速城镇化引发的新局面与新问题，2015年12月第二次中央城市工作会议召开，明确提出了未来我国城市工作的指导思想、总体思路、重点任务，强调必须在充分认识、尊重、顺应城市发展规律的基础上，转变发展方式、完善治理体系、提高治理能力，不断提升城市环境质量、人民生活质量、城市竞争力，建设和谐宜居、富有活力、各具特色的现代化城市。同年12月，中共中央、国务院印发的《关于深入推进城市执法体制改革改进城市管理工作的指导意见》指出要提高市政公用设施运行能力，规范城市公共空间秩序管理，优化城市交通管理，改善城市人居环境，提高城市应急管理水平，整合信息平台，构建智慧城市。同时提出要创新治理方式，引入市场机制，推进网格管理，提高社区治理和服务能力，加大公众参与力度，提高全民城市文明意识，推动城市管理走向城市治理。2016年2月，国务院印发《关于进一步加强城市规划建设管理工作的若干意见》，提出要创新城市治理方式，完善城市治理机制，推进城市智慧管理；要求进一步提高企业、社会组织和市民参与城市治理的意识和能力，强化街道、社区党组织的领导核心作用，以社区服务型党组织建设带动社区居民自治组织、社区社会组织建设；增强社区服务功能，实现政府治理和社会调节、居民自治良性互动，同时，加强城市管理和服务体系智能化建设。2017年10月，党的十九大报告历史性地提出，我国社会的主要矛盾已经转化为"人民日益增长的美好生活需要和不平衡不充分的发展之间的矛盾"。在物质文化生活之外，我国必须逐步满足人民对民主、法制、公平、正义、安全、环境等方面的迫切需要。根本矛盾的转变必然要求我国超大、特大城市管理加快实现向城市治理转变，尽快形成协调、多元、综合、网络化等特征的新型城市治理模式。党的十九大报告提出众人的事情由众人商量是人民民主的真谛，必须把人民利益摆在至高无上的地位，还指明未来阶段中国城市管理要加快构建"共有、共建、共治、共享"的终极目标。至此，城市的管理与治理工作已经成为我国新时期特色社会主义现代化建设的重要保障与核心支撑。

第二节 城市管理概述

一、城市管理的概念与内涵

作为区域管理的一个特殊领域，城市管理是针对城市公共事务的管理活动。城市管理有狭义、广义、超广义之分。狭义的城市管理是指针对城市基础设施、市容市貌、环境秩序、城市运行、城管执法的管理活动；广义的城市管理不仅涵盖狭义的内容，还包括城市规划、城市建设领域的行政管理活动；超广义的城市管理不仅包括城市规划、建设和管理活动，还包括城市公共财政、公共经济、民生保障、社会治理、环境保护等所有政府职能领域的管理活动，不仅包括城市化地区的公共事务，还涵盖城市规划区以及市政府承担责任的郊区和农村地区的公共事务。

城市管理不同于私人部门管理：首先，城市管理以满足公共需求、追求公共利益为导向，这与私人部门管理的营利取向不同。其次，城市管理强调公平和责任，而私人部门管理更强调效率和竞争。最后，城市管理包括广泛而复杂的公共选择和利益聚合过程，而私人部门管理受公众舆论和政治过程的影响要小得多。

传统城市管理建立在韦伯的官僚制理论、政治/行政两分法基础之上，把城市政府视为唯一的权威性管理主体，政府既"掌舵"又"划桨"，它依赖于层级节制和自上而下的指挥体系，实行单中心管制，凡事都由政府最后拍板。在计划经济体制下，城市政府不仅包揽公共产品生产，还几乎包揽了私人产品生产。现代城市管理不再将管理主体局限为政府部门和公共机构，转而引入市场机制和社会力量，让私人部门、非营利组织、公众也参与进来，通过发展公共部门与私人部门、第三部门的合作与伙伴关系，致力于提高公共服务效率，促进城市可持续发展。

二、城市管理的性质与特征

城市是一个复杂的人工环境，在经济社会发展中具有举足轻重的地位。从公共管理的视角看，城市可界定为优质公共服务资源高度集聚的地理空间。在考察城市时，人们很容易将注意力集中于视觉容易捕捉的物质元素，而忽略不易观察的制度因素。理解城市的本质属性，有必要透过现实中纷繁复杂的外部表象，把握城市最基本的属性。与农村相比较，城市公共服务无疑更为优质、更为配套，也更为便利。

芒福德（2005）提出"在城市成为人类的永久性居住地之前，它最初只是古人类聚会的地点""这些地点是先具备磁体功能，而后才具备容器功能的"。城市的"磁性"既有赖于优良的自然条件，也有赖于以自然构造为基础而构造的人工环境。这种人工环境就是通常所谓的基础设施和公共服务，它产生"磁体"功能，吸引人们进城居住，促进了劳动分工和工商业发展，城市进而具备了"容器"功能。

理解城市管理需要识别构建城市秩序的基本密码，增进对城市本原性质的认知。城市的本质就在于优质公共服务资源的集聚性（杨宏山，2017）。城市管理通过规划手段，划出一定的地理空间，由政府提供一系列基础设施和公共服务，形成集聚配套的公共服务体系，并通过征税或强制收费的方式获取财政收入。这实际上就是构建一种制度安排，政府提供优质公共服务，市民为此支付费用。

城市管理具有两个方面的基本使命：一是提供优质公共服务，提升相互配套性，增进对工商业吸引力。这里所讲的公共服务，包括道路、桥梁、学校、医院、公园等物质性基础设施，以及教育、文化、医疗、社会保障、公共交通、环境保护、经济监管、社会监管等非物质性的服务项目。城市善治要求各类服务相互配套，共同服务于市民、企业及社会组织。二是形成可持续的财政收入筹集机制，不断改进公共服务。城市提供优质服务需要具有稳定的收入来源，从而保障公共服务的可持续性。

第三节 城市管理的学科现状

一、我国城市管理专业的形成与发展

1. 我国城市管理专业的形成与发展

我国城市管理专业的形成和发展大致经历了四个阶段：试办期、停滞期、探索期、发展期。

（1）试办期（1984～1993年）。城市管理专业最早由首都经济贸易大学于1984年试办。1987年教育部将之调整为城市经济管理专业①。后受高校院系调整的影响，1993年普通高等学校本科专业目录撤销了该专业②，城市管理专业随之进入停滞期。

（2）停滞期（1994～2000年）。这个时间段我国没有高校开设城市管理专业。1993年该专业被撤销后，1998年的本科专业目录也没有恢复该专业。这个时期我国的城市管理专业处于停办、停滞状态。

（3）探索期（2001～2011年）。2001～2004年，教育部陆续批准云南大学（2001年设立，2016年撤销）③、北京大学（2002年）④、浙江林学院（现浙江农林大学）（2003年）⑤、华东理工大学与首都经济贸易大学（1994年停招，1997年停办后重设）（2004年）⑥、苏州大学（2004年）⑦ 设立城市管理专业（代码为110308W⑧）。2004年《普通高等学校本科专业目录和专业介绍（2004）》把城市管理专业重新列入专业目录，青岛科技大学、中国人民大学以及中南财经政法大学等高校陆续开设了城市管理专业。这个时期的城市管理专业属于目录外专业，处于专业建设探索期。

（4）发展期（2012～2020年）。2012年，教育部正式将城市管理（专业代码120405）纳入本科专业目录。同年，中央财经大学、南开大学等8所院校开设该专业，2013年后又有45所高校及独立学院，如天津城建大学、电子科技大学、浙江财经大学以及中国社会科学院获准设立城市管理专业。

从2001年到2020年，20年的时间，设立城市管理专业的高校及独立学院从无到有，增长到近70所。特别是2012年后，相继设立该专业的高校有53所，相较2012年之前，发展速度较快。已设立该专业的高校涵盖类型较多，如综合类、财经类、理工类、农林类、科技类、建筑工程类、师范类以及其他类型，这些高校展现了各自的城市管理专业特色。

---

① 详见《普通高等学校社会科学本科专业目录》（文号［87］教高一字022号）。

② 详见国家教委关于印发《普通高等学校本科专业目录》等文件的通知（教高〔1993〕13号）。

③ 详见教育部高等教育司. 2001年度经教育部备案或批准设置的高等学校本科专业名单［N/OL］. http：//www. moe. gov. cn/s78/A08/gjs_ left/moe_ 1034/201005/t20100527_ 88507. html.

④ 详见教育部高等教育司. 2002年度经教育部备案或批准设置的高等学校本科专业名单［N/OL］. http：//www. moe. gov. cn/s78/A08/gjs_ left/moe_ 1034/201005/t20100527_ 88505. html.

⑤ 详见教育部高等教育司. 2003年度经教育部备案或批准设置的高等学校本科专业名单［N/OL］. http：//www. moe. gov. cn/s78/A08/gjs_ left/moe_ 1034/201005/t20100527_ 88502. html.

⑥ 详见教育部高等教育司. 2004年度经教育部备案或批准设置的高等学校本科专业名单（1）［N/OL］. http：//www. moe. gov. cn/s78/A08/gjs_ left/moe_ 1034/201005/t20100527_ 88501. html.

⑦ 详见教育部高等教育司. 2004年度经教育部备案或批准设置的高等学校本科专业名单（2）［N/OL］. http：//www. moe. gov. cn/s78/A08/gjs_ left/moe_ 1034/201005/t20100527_ 88500. html.

⑧ 专业代码中加有"W"者为目录外专业。

2. 我国城市管理专业的规范与提升

自 1984 年后，城市管理专业就在发展中不断地规范与提升。1985 年，首都经济贸易大学专门成立城市管理系（1987 年调整为城市经济管理系），并力求从组织、师资、方案和教材上保障专业的规范发展。

2004 年后，更多高校成立了城市管理的专业系所，部分高校还专门设置了与城市管理相关的硕士、博士点或研究方向（徐建平和文正祥，2008），国外相关教材得到引进，国内专业教材也逐步完善。《普通高等学校本科专业目录和专业介绍》（2012 年）的发布，进一步明确了城市管理专业的培养目标、培养要求以及核心课程，这些都在促进城市管理专业的规范发展和提升中发挥了积极的推动作用。

2012 年以来，我国政府、地方城市及高校的城市管理专业指导委员会、协会、学会平台也陆续地建立或完善起来。例如，教育部公共管理类专业教学指导委员会、各城市的城市管理学会、中国区域科学协会的城市管理专业委员会和城市管理专业教学指导委员会、中国地理学会的城市管理专业委员会。这些单位在城市管理专业的专业定位、培养质量、规范发展和提升等方面起到了指导、监督和促进作用。

在专业发展过程中，一些高校积极开展专业建设研讨活动。2006 年 4 月、2008 年 11 月、2009 年 11 月浙江农林大学、云南大学、华东理工大学分别组织召开了城市管理专业建设研讨会，2010 年 5 月北京大学组织召开"面向 21 世纪的中国城市发展"全国城市管理专业学科年会。这些活动对于城市管理专业的规范和提升起到了推动作用，也意味着城市管理专业的发展已从专业视野走向学科等更宽广的领域。

2015 年 4 月北京大学组织召开中国城市管理学科发展暨北京大学城市管理专业建设十周年研讨会，标志着城市管理专业年会的制度化。2016 年 4 月华东理工大学组织召开沪浙地区"城市发展与城市管理人才培养模式创新研讨会"，确定中国区域科学协会城市管理专业委员会和城市管理专业教学指导委员会的会刊《城市管理研究》创刊，并正式启动"全国大学生城市管理竞赛"，标志着城市管理专业的发展又上一个新的台阶。

2016～2019 年[①]，中国城市管理学科年会暨全国大学生城市管理竞赛分别在浙江大学、华东理工大学、首都经济贸易大学、南开大学举办。四次年会分别以不同的主题，展开对城市管理专业学科发展的探讨，展示了城市管理专业发展与时俱进的新视野、新战略和新路径。与四次年会同时举办的四次专业竞赛，极大地锻炼和提升了城市管理专业大学生联系城市管理实践和学术研究的能力。这一期间，华北、华东、华中、西南以及东北地区城市管理学科建设研讨会和海峡两岸城市管理论坛也相继举办。这些学科专业活动的举办，吸引了相关媒体的宣传和政府部门、相关企业的参与，较好地扩大了城市管理专业学科的社会影响力。

2021 年，城市管理专业迎来了新的里程碑。根据《教育部办公厅关于公布 2020 年国家级和省级一流本科专业建设点名单的通知》（教高厅函〔2021〕7 号），中国人民大学、首都经济贸易大学、电子科技大学 3 所高校的城市管理专业获批国家级一流本科专业建设点，表明城市管理专业的规范建设和迅速提升得到了教育部的认可。

1984～2020 年，城市管理专业从无到有，从零散运作到团结协作，从独立建设到协会组织，从专业竞争到专业学科融合，从面向实践到前沿引领，从教材课程到会议会刊，从课堂教学到

---

① 2020 年第五次年会及竞赛原拟在电子科技大学举办，后因新冠肺炎疫情取消。

专业竞赛，从传统电话到微信群落①，城市管理专业发展过程中的组织化、制度化、融合化、前沿化、网络化以及师生的广泛参与，凸显了城市管理专业一步一步地规范和提升，也预示着城市管理专业良好的发展前景。

二、我国城市管理专业的学科基础

（一）基于公共管理学科的城市管理

城市管理作为公共管理的一个专门领域，是特指对城市公共事务及公共行政的管理行为。城市管理的主要目的是通过提供有效的公共服务和公共产品来满足城市居民的基本公共需求；通过城市管理各项措施来全面提升城市综合竞争力，实现城市可持续高质量发展。教育部2012年版《普通高等学校本科专业目录》中，在公共管理类下设城市管理专业。目前我国开设城市管理专业的高校下设的学院中，政府管理学院（包括公共管理学院）开设城市管理专业最多。代表性的有北京大学政府管理学院、中国人民大学公共管理学院、南开大学周恩来政府管理学院等，其中中国人民大学的城市管理专业获批国家一流本科专业建设点。

（二）基于经济学科的城市管理

城市经济学认为城市是生活中各种经济活动因素在地理上大规模集中的结果，从而展开对厂商、人口、地域及其他各生产要素的空间集聚与布局的机制、过程、后果等城市现象与问题的研究，它主要强调城市经济活动的特征。城市的这种经济属性决定了在城市管理学科研究中，不可避免地要大量使用经济学的理论和方法。城市经济增长管理和城市经济发展管理是建立在城市经济增长和城市经济发展研究的基础上的，而后者又是以经济增长理论和经济发展理论为基础的。集聚性是城市最重要的经济特征，而基于城市的集聚性开展理论和实践研究也是城市管理学科区别于其他管理学科的根本所在。规模经济、供求理论、均衡分析、边际收益等经济学传统理论方法为城市经济学提供了基本的理论方法指导。而城市经济学既是城市管理学科研究的重要内容，也为城市管理具体研究提供了经济学的视角和方法工具。财经类高校开设本专业所体现的经济学科优势和特色尤为明显，代表性的有首都经济贸易大学、中央财经大学和中南财经政法大学等。其中首都经济贸易大学城市管理专业入选了国家一流本科专业建设点。

（三）基于建筑学科和城乡规划学科的城市管理

城市管理与建筑学科有着较为密切的关系。它需要使用建筑学科的数据、方法和成果，特别是在制定城市建设计划和城市更新计划，论证城市建筑布局方案以及研究城市基础设施建设、住宅建设、产业用房建设、老旧小区改造、新城新区建设等方面的管理问题时需要借鉴建筑学科的理论和方法。城市管理思想与城市规划思想在一定意义上是同步演进和发展的。时至今日，在世界上多数国家的城市，城市规划依旧被作为城市管理的导则或总览。目前有关都市竞争力的空间经济、信息系统支撑的城市管理、城市规划与设计的虚拟、城市公共信息管理、精干的城市公共管理、城市振兴、经济外部性管理和城市社会管理等方面的研究，成为城市规划学科与城市管理学科的共同研究热点（吴志强，2000）。建筑类高校凭借建筑土木和城乡规划学科优势，为其城市管理专业在智慧城市管理、城市基础设施营造与管理、城乡规划管理、城市更新管理等领域的优势特色的打造提供了强大的学科支撑。沈阳建筑大学于2010年在我国建筑类高校中率先开设城市管理专业，北京建筑大学、安徽建筑大学等也陆续开设，且发展迅速。

目前全国高校城市管理专业可以概括为政府公共管理模式、区域经济管理模式、城市建设

---

① 专业微信群"中国城市管理"2016年建立，群成员包括城市管理专业相关高校、政府部门及部分企事业单位的专业人士。

管理模式和城市规划管理模式四种（刘广珠，2019），而公共管理学科、经济学科、建筑学科和城乡规划学科为基于上述模式的专业人才培养奠定了有力的学科基础。此外，本专业与管理科学与工程学科（郭汉丁等，2013）、信息学科、环境学科、社会学科和政治学科等也有着较为密切的联系，这在课程体系设置、师资学缘结构、课题研究、学生就业等方面均有体现。高校在这些学科的办学优势亦促进了本专业办学水平的提升。例如拥有信息学科优势的电子科技大学的城市管理专业获批国家一流本科专业建设点。随着后疫情时代城市管理理论和实践对智慧城市、城市可持续发展、公共安全、社会治理等领域的更加关注，本专业与这些学科的相互借鉴和融合将会更加深入。

综上所述，城市管理学科与诸多学科之间有着密切的联系，具有多学科交叉特征。同时我们必须认识到，城市管理学作为一门发展中的应用学科，其知识体系还不十分成熟（冯云廷，2014），学科基本问题与核心内容研究缺乏（姜杰等，2014）。未来城市管理学研究要避免学科泛化，要重视加强学科基本问题与核心内容的研究，要强化基础理论研究，突出学科特色创新（项英辉等，2016；笪可宁等，2016），构建独立完整的学科知识体系，处理好"个性研究"与"共性研究"的关系。

三、我国城市管理专业的代表院校

截至2021年，全国有73所高校开设城市管理本科专业，其中华北、华东和西南地区最多，均在15所以上；其次是华中、华南和西北地区，均在5所以上；东北地区最少，有3所（陆军，2016；刘广珠，2018；谭善勇，2016）。

1. 华北地区

华北地区一共有15所高校设有城市管理专业，其中北京市7所，分别是北京大学（2002，申报专业时间，下同）、首都经贸大学（2004）、中国人民大学（2008）、北京城市学院（2010）、中央财经大学（2012）、北京建筑大学（2016）、中国社会科学院大学（2017）；天津市3所，分别是南开大学（2012）、天津城建大学（2013）、南开大学滨海学院（2013）；河北省2所，分别是河北建筑工程大学（2016）、衡水学院（2017）；山西省3所，分别是太原师范学院（2015）、太原学院（2016）、山西工商学院（2017）。

2. 华东地区

华东地区一共有19所高校设有城市管理专业，其中上海市1所，为华东理工大学（2004）；浙江省4所，分别是浙江农林大学（2003）、浙江工商大学（2006）、宁波工程学院（2013）、浙江财经大学（2014）；江苏省3所，分别是苏州大学（2004）、苏州大学文正学院（2006）、南通大学杏林学院（2012）；山东省5所，分别是青岛科技学院（2005）、山东财经大学（原山东经济学院）（2005）、山东农业大学（2011）、山东工商学院（2012）、山东师范大学（2013）；福建省4所，分别是福建师范大学（2011）、福建师范大学闽南科技学院（2011）、华侨大学（2012）、厦门理工学院（2018）；江西省1所，为宜春学院（2013）；安徽省1所，为安徽建筑大学（2017）。

3. 西南地区

西南地区一共有15所高校设有城市管理专业，其中重庆市3所，分别是重庆大学（2012）、重庆工商大学（2014）、重庆财经学院（原重庆工商大学融智学院）（2014）；四川省3所，分别是西昌学院（2013）、电子科技大学（2014）、内江师范学院（2016）；贵州省4所，分别是贵州大学（2010）、贵州财经大学（2014）、安顺学院（2015）、六盘水师范学院（2015）；云南省5所，分别是云南大学（2001）、昆明学院（2013）、云南师范大学商学院（2013）、昆明理工大学（2016）、云南财经大学（2016）。

4. 华中地区

华中地区一共有 9 所高校设有城市管理专业，其中湖北省 3 所，分别是中南财经政法大学（2008）、湖北师范大学（2014）、武汉生物工程学院（2016）；湖南省 2 所，分别是湖南城市学院（2005）、湖南工商大学（原湖南商学院）（2014）；河南 4 所，分别是黄淮学院（2012）、河南师范大学新联学院（2014）、河南师范大学（2015）、河南城建学院（2017）。

5. 华南地区

华南地区一共有 7 所高校设有城市管理专业，其中广东省 2 所，分别是汕头大学（2018）、广东财经大学（2019）；广西壮族自治区 5 所，分别是北部湾大学（原钦州学院）（2013）、百色学院（2014）、广西民族大学（2015）、广西民族师范学院（2017）、广西警察学院（2020）。

6. 西北地区

西北地区一共有 5 所高校设有城市管理专业，其中陕西省 3 所，分别是西安财经学院（2013）、西京学院（2017）、西安建筑科技大学（2019）；甘肃省 1 所，为兰州城市学院（2012）；新疆维吾尔自治区 1 所，为新疆农业大学（2017）。

7. 东北地区

东北地区一共有 3 所高校设有城市管理专业，其中辽宁省 1 所，为沈阳建筑大学（2009）；吉林省 2 所，分别是长春人文学院（原东北师范大学人文学院）（2004）、吉林建筑大学（2010）。

第四节　城市管理的学术研究

一、我国城市管理的理论研究

城市管理学是关于城市管理的应用学科，学科成熟的一个重要标志就是有自己独立的理论体系和范式，它"规定了一个研究领域的合理问题和方法"（托马斯·库恩，2005），既是对学科已有发展成果的认可，也是学科进一步发展的基础。理论由概念、变量和陈述组成，通过概念的提出、变量的确定和结论的阐述，提供了分析问题的视角和框架（乔纳森，2005），不仅告诉了我们应该怎么做，更重要的是告诉了我们为什么要这样做。即便作为一门应用学科，如果没有理论支撑，分析问题的穿透力就不够，解决问题也就难以抓住问题的症结。中国城市管理理论的研究开始时间相对较晚，但发展迅速。在经历了理论引进、经验介绍、初步探讨的初级研究过程之后，近年来无论是在量还是在质上均有较大提升。许多研究已不再简单停留在理念层面，而是将其应用到城市管理实践的理论分析框架中，产生了一些较有深度的研究成果，城市管理理论的研究也因此更趋深入。以下从城市管理理论起源、我国城市管理理论发展阶段、城市管理的目标、城市管理的主客体以及城市管理手段方面进行文献综述。

（一）城市管理理论起源与发展研究

关于什么是城市管理理论、城市管理的理论来源是什么等问题，学界并未能达成共识。范广垠（2009）认为城市管理既有自然属性，也有社会属性；既要配置城市资源，也要调整城市社会关系。相应地，城市管理理论应该包含狭义的城市管理理论和城市理论两部分。狭义的城市管理理论，指的是主要以科学方法实现各种城市要素的合理配置和功用最大化，以加快城市发展的理论。这些理论突出管理技术和方法的重要性，主要反映了管理的自然属性和科学主义取向，却往往忽视了管理的社会属性。城市管理如果只是在管理技术上做文章，不调整管理的社会本质和城市社会关系，就不能从根本上解决问题。因此在狭义的城市管理理论之外，还要寻求体现城市管理社会属性、分析城市问题产生的社会根源的理论。这些理论使城市管理能够抓住问题的社会本质，做到标本兼治，这就是城市理论。城市理论从地理学、生态学、社会学、经济学和政治学等视角来描述城市及其发展变迁的理论，揭示了城市政治、经济、文化等社会关系，包括人与人的关系和人与环境（自然环境、人造环境、社会环境）的关系。

相关研究在阐述城市管理理论源流时，倾向于将城市规划理论当作城市管理理论的重要来源，但城市规划和城市管理具有相当大的差别：第一，城市管理的重点在于公共物品及服务的有效供给，其针对的对象既包括物，也包括人。城市规划是关于城市未来发展的一种构想，其重点在探讨城市空间该如何布局，其针对的对象是物。第二，城市管理的一个基本职能就是计划，因此它在一定程度上包含了城市规划的职能。第三，两者的主体也存在一定的差别。城市管理中起关键作用的一定是城市政府，城市政府在整个城市居民的同意下才有权力代表市民管理城市，这种权力从本质上说是不可转移的；城市规划则不同，只要政府同意，它完全可以将规划委托给第三方，政府只要负责对第三方做好的规划进行验收即可。因此，目前围绕规划型和管理型这两种类型进行研究的城市管理理论较多，并通过对这两种理论的应用，形成了生态城市管理、城市营销、城市竞争力、新城市主义、新公共管理、城市治理、数字化城市管理等理论（董恩宏，2017）。

（二）我国城市管理理论发展阶段

中华人民共和国成立以后，党和政府加强了对城市的领导和管理，经过70多年的探索，逐步形成了具有中国特色的城市管理理论，这一历程大致可以划分为五个阶段：第一阶段为1949～1965年，为我国城市管理理论的建立与调整期，这个时期的城市管理带有较强的军事化管理色彩，体现的是高度集中和集权的思想。第二阶段为1966～1976年，这个时期处于新中国历史上的一个特殊时期，城市管理理论因受"文化大革命"冲击，由中华人民共和国成立初期高度集中的"军事化管理"向"革命色彩"转变。第三阶段为1977～1992年，这个阶段为城市管理理论的改革与探索期，20世纪70年代末陆续恢复了机构设置，同时还增设了一些新的管理机构，结果出现了机构臃肿的现象。为此，1982年进行了改革，实行简政放权，赋予了区级政府一定的管理权力，界定了市、区两级政府城市管理的职责权限和任务分工。第四阶段为1993～2011年，是城市管理理论的转型与发展期，这一时期重新分配了城市规划、建设和管理的职能，试图扭转"轻规划、重建设、轻管理"的局面。但这一时期城市管理的相关职能并未引起足够重视，"重建轻管"问题非常突出。第五阶段为2012年至今，是城市管理理论的成形与实践期，中国特色社会主义进入新时代，城市管理思想完成了从"管理"到"治理"的转变。正如习总书记指出的，"治理"和"管理"一字之差体现的是系统治理、依法治理、源头治理、综合施策。新时代中国特色城市治理思想已经成形，并开始进入实践阶段。

梳理我国城市管理理论的发展历程，可以发现，我国传统城市管理理论因受到特定的政治、经济、文化因素等的影响，存在以下几个方面问题：第一，我国城市政府在城市管理过程中扮演着重要的角色，长期活跃在社会经济生活的各个领域，城市政府几乎包揽了城市管理的一切职责。"全能型政府"的观念导致城市政府职能错位，管了许多"不该管、管不好、管不了"的事情，给城市经济和社会发展造成了许多不良后果。第二，长期以来，在我国城市管理工作中，一些地方"重建设、轻管理"的问题一直没有解决好，似乎发展是硬道理，管理是软指标，建设是创造价值，管理是消耗财富。虽然也一直强调要从"重建轻管"向"建管并举"转变，但"三分建、七分管"的指导思想落实不到位，在不同程度上存在"管理因利益松手、规划向开发让路、环境为建设放行"等问题。第三，传统的城市管理偏重于经济领域，"重物轻人、重经济效益轻社会效益、重城市建设轻环境保护、重眼前利益轻长远利益"等思想没有真正扭转过来，较少顾及经济与社会、人与自然的协调发展，无法应对环境污染、生态失衡、交通拥挤、失业贫困等问题的挑战。

党的十八大以来，保障和改善民生，加强和创新社会治理，解决社会问题、化解社会矛盾、促进社会公正、应对社会风险、保持社会稳定成为党和政府关注的焦点。随着经济发展进入"新常态"，我国由单纯的经济转型进入社会全面转型阶段。为扭转"重建设、轻管理"的局面，顺应社会全面转型，需要转变政府职能，培育多元化的市政主体，改进城市管理工作方法，政府从竞争性领域逐步退出，探索将企业管理方法和市场机制引入城市管理等，这些都需要创新城市管理理论和理念。

（三）城市管理理论体系构成

1. 城市管理目标理论

城市管理总是为达到一定的目的而服务的，它不可能是为管理而管理。改革开放开启了中国城市化加速发展的新时期，1978年以来，大量人口涌入城市，城市数量和规模不断扩大，城市在中国经济建设和社会发展中的地位和作用日益突出。2011年，中国城市化率首次突破50%，正式进入"城市社会"。与此同时，人口和生产要素大量集聚带来的城市问题也不可避免地显现出来。不同阶层收入差距逐渐扩大，城乡差距不断拉大，城市住房、交通、环境等问题日益突出，城市社会矛盾和公共问题日趋严峻。面对这些问题，中国城市必须进入以提升质量为主的新型城镇化发展阶段，通过加快中小城市发展以缓解大城市过度集聚的城市人口带来的资源环境压力；通过发挥市场在资源配置中的决定性作用，积极推动社会组织和公众参与城市管理，推进政府职能转型，完善城市基础设施建设和公共服务供给机制。

在1998年以前，我国学界研究城市治理目标主要集中在环境和交通治理等领域，很少有社科领域的专家学者涉及于此。从1998年起，一些社科领域的学者开始接触并研究城市治理。目前国内城市治理议题多集中于城市规划、城市社会学、区域经济和经济地理等学科领域，而在政治学、公共管理领域的研究近几年则方兴未艾。一些学者引入新区域主义和城市治理相关理论，使得我国的城市政治理论愈加自觉和系统化。另外，国内学界主要聚焦于城市治理的兴起背景、基本含义、治理模式研究、分析框架、治理实践、效果评估、反思思考等内容的研究。

从"城市管理"转向"城市治理"，不仅是一种理念上的跨越，还是传统管理型城市向现代治理型城市的转变。城市治理体系的现代化，需要改变城市发展思路，国内有关城市治理的基础理论研究前景仍十分广阔，有关多中心治理中的政府、非营利法人、营利法人与公民良性协作治理，中国特色城市治理道路等问题尚缺少深入的系统研究，有待进一步深化和拓展。章钊铭（2019）利用马克思主义人民主体性的立场对西方治理理论进行批判性思考，结合中国城市治理面临的现实挑战，应用实践的效果，归纳出党群关系、政府角色塑造和治理成效的监督与评估三个着力点，提供中国特色社会主义理论对城市管理目标的指导。

中国特色社会主义制度下的城市管理目标的实现面临着很多挑战，在吸收西方城市治理实践经验的基础上，应发挥社会主义制度的活力和韧性，把以人民群众为中心作为城市治理的出发点和落脚点，遵循群众路线、以人为本和服务性政府三个逻辑框架，在全面深化改革的背景下，城市管理应从最初的以经济发展为重，逐步转变为经济、生态、社会、人文、政治并重。目前已经出现诸如内河污染问题、农民工市民化问题、城市周边生态问题等与其他学科交叉的管理瓶颈。因此，基于已经发展成熟的城市，未来对于城市管理的研究将逐渐从人类福祉出发，与生态学、社会学等学科进行交叉研究，为全方位城市管理提供理论指导。

2. 城市管理主体理论

城市管理的主体牵涉到谁来管理城市的问题。城市统治权是城市政治学研究的核心问题之一，即关注城市权力掌握在谁手中、权力的运作机制和结果是什么。学者们围绕着城市统治权的归属问题展开热烈讨论，提出了不同的理论解释，其中，代表性的理论有城市精英主义与城市多元主义。城市精英主义认为，在城市快速发展及城市物质资源快速增长和集聚过程中，涌现出来的掌握优势资源、拥有较高社会影响力的少数人所组成的群体，即精英群体，在城市管理和公共决策中具有主导影响力。城市多元主义认为，城市权力实际上是分割和分散的，所有的团体都有一定的资源来表达自身诉求，没有一方力量能够长期主导城市治理，因此根据城市机制理论，在城市治理中，多元主体需要建立合作关系，共同促成城市发展（杨宏山，2019）。

城市管理作为政府工作的一部分，其最基本的主体无疑是政府部门。诸多学者在研究城市管理理论过程中选择政府主体作为研究对象，政府作为城市管理最直接的主体，起到基础和核心作用，日常政府活动都可以被认为是城市管理工作的一部分。治理理论主张多元治理主体之间进行对话、协商和合作，倡导"更少的统治，更多的治理"，主张政府力、市场力、社会力的协调互补，以最大限度地利用各种社会资源完成公共目标。因此，在管理主体上，强调政府不再是城市管理的唯一主体，非政府组织也是管理主体；由重视管理机构、过程和程序向重视管理的结果和绩效转变；主张公平与效率统一，公共利益与私人利益的统一。这是一种最不成熟但蕴含无穷潜力的模式，反映公私管理理念的融合，强调采用私人部门的质量管理的思想实现公共部门的公共服务使命。

随着我国社会主义民主的不断发展、公民社会的不断完善，学界不断从参与城市管理的多元主体入手，研究诸如社区、NGO、志愿者等多元主体对于城市管理的重要影响。其中参与城市管理主体的研究主要集中在社区和志愿者参与两方面，对其在城市管理过程中所起到的辅助作用进行了具体的分析，并提出了一些改进措施。此外还有研究针对社区文化建设、民间组织等进行了探讨。城市管理多元参与主体的研究对于城市管理主体理论起到了重要的补充作用，对于城市管理理论的进一步完善具有重要意义。

3. 城市管理客体理论

城市管理的客体涉及城市管理到底管什么的问题。传统的只对事不对人的城市管理是以供给为导向的思想的反映。由于政府独家垄断公共产品的供给，故它可以不问消费者的需要，只按既定的工作程序供给公共产品，至于这种公共产品是否符合消费者的口味则不在其考虑范围之列。"新公共管理"运动使城市管理从只对事不对人转向既对事又对人，这有两层含义：一是政府要以需求为导向提供公共产品，消费者（市民）满意不满意、需要不需要是其提供公共产品的首要出发点；二是政府在提供公共产品时，要按照既定的法律、规章和流程提供，从而保证公共产品提供给最需要的市民。

在研究城市管理客体方面，许多学者主要从城市管理具体管什么着手，对现代城市政府的管理职能进行具体研究。一方面包括专门管理职能，如城市交通管理、城市环境管理；另一方面主要讨论政府的一般管理职能，即城市政府和其他地方政府组织都具有的职能，主要包括城市经济的调控和城市社会管理。学界对于城市管理的研究对象逐步转移到城市基础设施、住房、医疗教育及社会保障管理等方面。有以具体城市为例进行城市管理理论研究对象的，如上海市；有以区域为研究对象的，如特区城市；还有的从具体城市的具体区域进行研究。城市管理客体理论的研究无论是在广度上还是在深度上都具有巨大的进步，尤其是城市社会保障理论和城市基础建设理论方面（吴建南和郑长旭，2017）。

4. 城市管理手段体系理论

城市管理手段体系涉及的是现代城市怎么管的问题。"互联网＋"、大数据、云计算等新一代信息技术给城市管理带来了新的机遇和挑战，城市管理的理念及方式都经历升级更新。学界不仅全面探索了城市管理的理念重塑，也探讨了新技术在城市管理上的具体应用。同时，针对城市化进程出现的具体问题如公共安全治理、非正规空间等，学界也有新的研究视角。李娣（2017）认为，我国社会管理工作相当薄弱，跨区域社会管理严重滞后，亟待推进城市群治理，具体方式有有序疏解非核心城市功能、加强中心城区再开发、发展城市群经济、形成有效的跨区域治理等。赖世刚（2018）认为，我国过去30年的城镇化过程是时间压缩下的城市发展过程，他在时间压缩下利用空间垃圾桶模式分析了城市复杂性，认为现阶段的城市管理应从规划、行政、法规以及治理四方面入手。

管理好城市首先要注重城市管理理念创新。智慧城市管理的理念早已有之，王连峰等（2017）基于创新2.0视角，提出了以理解感知、分析、服务、指挥、监察"五位一体"为核心要素的智慧城市管理新模式，即通过全面透彻的感知、宽带泛在的互联、智能融合的应用实现以人为本的可持续创新，突出"互联网＋"背景下的城市管理智能化、人本化服务转型。新一代信息技术也使得城市治理的公众参与度大大提高。另外，孙粤文（2015）认为我国的城市公共安全治理存在重应急处置、轻风险治理、安全意识淡漠、治理主体单一以及治理技术落后和能力低的问题。庞娟（2017）研究了以城中村、城乡接合部、棚户区、城边村等主要形式存在于我国的城市"非正规空间"问题，并基于以人为本、公平正义的包容性理念，探索了城市正规空间和非正规空间的有机融合方法。

其次要在城市管理的技术上进行创新。在信息技术快速发展的时代背景下，城市管理学的创新研究不仅仅局限于理念上，学者对具体技术在城市管理上的应用也多有涉及。邬伦等（2017）以从数字城管到智慧城管为主题，探讨了新一代信息技术发展下城市管理形态的平台实现与关键技术、系统建模与实现路径，以北京市为例研究eGBCP电子公务体系在我国的实践案例，认为城市管理工作下一步可融合云计算、大数据、物联感知、智能技术等新一代信息技术，攻克"云化"成套关键技术，构建"云到端"技术体系及支撑平台，形成城市运行与社会感知"大数据集"。孙粤文（2015）认为，应利用大数据技术为城市公共安全治理提供数据信息支撑、工具能力支撑和技术平台支撑。

城市管理新技术、新理念的创新应用是未来的研究重点。科技创新已经成为城市未来发展的引擎，以物联网、云计算、大数据等技术为核心的未来城市发展理念指出，未来城市将是紧凑的城市、生态的城市、安全的城市、智慧的城市，因此，城市管理技术及理念也必须相应地革新。针对如何策略性地运用新技术和创新方法来提高城市管理的运作效率和竞争力的研究将会越来越多。城市管理模式、经验研究依然是重中之重。不管是从我国的城市发展阶段出发，还是放眼全球的城市发展进程，城镇化依然方兴未艾。尤其是针对我国而言，不管是体制机制、资本引入、土地利用还是市场构建，都有着较强的中国特色。

二、我国城市管理的实践研究

1. 专项研究

（1）政策研究。公共政策是政府对城市进行管理的重要方法与工具，也是城市管理实践的具体形式。在我国城市管理实践的研究中，政策研究始终占有重要地位，其研究经历了从国外先进经验介绍，到借鉴国外理论研究城市政策，再到就中国城市问题提出本土化创新思路的转变。当前，城市管理政策实践研究主要可分为以下两个类别：一是对政策过程本身的研究。政策过程包括城市公共政策的制定、执行、扩散、反馈、评估等阶段，它的有效运转决定了城市公共资源的合理分配，继而决定政策的最终效果（杨宏山，2009）。在城市管理的实践领域，当前研究对政策过程的关注重点在于公众参与决策、跨组织协同治理、政策扩散机制、政策效果评估等方面。二是对具体政策领域的研究。政策是城市管理的工具，因此政策的研究议题涉及城市的各个方面（吴金群和王丹，2015）。现有文献涉及的领域包括经济调节、社会治理、公共服务、空间规划、交通管理、土地规划、住房管理、环境治理、智慧城市、韧性城市等。政策研究在这些议题上主要关注两点：①问题描述，即通过规范与实证的方法分析城市具体政策的作用机制与影响因素；②策略分析，通过案例分析、比较以及量化等方法提出优化政策的策略。

总的来说，当前的城市管理的政策实践研究呈现出本土化、民主化、多元化的发展趋势，未来研究前景广阔。

（2）案例研究。我国城市管理的实践发展创造了许多的鲜活案例，这些案例具有巨大的现实意义与研究价值。学者针对这些实践案例展开了大量实证研究，为我国城市管理实践研究的发展做出了重要贡献。直到目前，案例研究仍然在城市管理研究中占据重要地位。

从研究方法来看，城市管理的案例研究与时俱进，经历了从描述性研究到解释性研究与探索性研究的转变。早期的案例研究多以国内外某城市的管理探索为研究对象，介绍其先进经验（张蔚文和徐建春，2002）。随着研究水平的发展，一些研究采用案例研究方法来分析城市管理的内在机制，并尝试探索中国本土的城市管理实践逻辑，试图基于实践提出中国特色的城市管理策略（许泽宁等，2020）。此外，早期的案例研究多为单案例研究，随后出现了多案例的比较研究以及基于多案例的定性、定量混合研究方法。

从关注议题来看，案例的选择偏好也随着城市管理的理念发展一起转变，经历了从城市政府一元管理视角到多元主体治理视角的变化，当前的案例研究强调管理向治理的转变，关注城市政府与社会之间的互动（吴建南和郑长旭，2017）。此外，案例选择的地理分布与我国城市管理学科研究力量的分布也息息相关，大量的案例分布在我国的京津冀、长三角、珠三角地区，显示出地理上的不均匀性。

中国的城市管理实践为案例研究提供了发展的土壤，而案例研究也随着时代不断发展，一直具有旺盛的生命力。

（3）交叉研究。作为一个综合性的学科，城市管理与许多其他城市的专业领域之间存在紧密联系，其中存在许多尚未充分研究的问题。跨学科交叉研究的兴起为这些问题的研究注入了新的思路与生命。

目前，城市管理交叉研究聚焦于城市管理与计算机科学、环境学、政治学、社会学、经济学、法学等学科门类之间的关联领域，形成了如智慧城市、环境治理、流动人口、住房市场等的热点议题。例如数字技术与城市管理交叉产生了智慧城市、网格化管理、未来社区等新概念。当前研究指出，好的管理体系与方式是数字技术在城市产生价值的先决条件（张蔚文等，2020）。城市管理与生态环境交叉形成环境治理议题。环境治理研究致力于探讨如何利用政策制度等管理手段，最大化利用技术来改善城市环境问题（夏海力和叶爱山，2020）。目前，环境治理关注垃圾处理、污染治理、邻避现象等问题。此外，城市管理与社会保障的交叉实践中出现了住房保障、社区养老等议题；政治催生政府体制改革、公众参与等热点；法律则带来对城市法规、执法机制的新思考；与文化的交叉亦对城市文化产业、文化氛围营造提出新的要求。

总体而言，我国城市管理实践的交叉研究已经取得了不少成果。但各个交叉领域间仍存在研究程度不平衡、研究深度不足等普遍性问题。未来的研究还需在这些方面继续改进和深入。

（4）比较研究。比较研究是指对两个及以上的事物或对象加以对比，以找出它们之间的相似性与差异性的一种分析方法。城市管理实践中的比较研究一直是热点方向，且研究的内容与方法随着时间的推移不断发展完善。

早期的城市管理实践比较研究多为国内外城市之间城市管理优秀实践的比较。我国的城市管理相较于世界上其他发达国家起步较晚，因此通过与国外发达地区城市管理的比较研究（张钢和徐贤春，2005），可以从他国的已有实践中总结出适合我国国情的管理经验。除此之外，城市管理的比较研究还涉及城市的方方面面，包括城市的行政体制、治理机制、产业发展等。

随着我国社会经济的不断发展，国内的城市也不断涌现出本土化的创新实践，与此同时，不平衡、不均衡的发展也使得我国不同区域城市的管理产生差异。由此对国内不同城市间管理实践比较研究开始兴起（曾纪茂和周向红，2019）。此外，比较研究的目的也开始呈现多样化的趋势，不仅是提出政策建议，还在于归纳创新实践，形成中国理论（何艳玲和李丹，2020）。

综上所述，我国城市管理的比较研究涉及面广，在时间和空间尺度上均有涉猎，且已经从学习国外先进经验的阶段向本土化理论实践创新的阶段发展，具备广阔的发展空间。

（5）其他研究。除了上述的研究，还有一些专项研究也在城市管理实践研究中占有不可忽视的地位。一些研究致力于构建衡量城市公共服务供给、社会治理能力等的指标体系（过勇和程文浩，2010）。还有一些研究探讨城市管理行政体制本身的变革，试图建立更有效率、更能体现公共价值的新制度（罗海元和王伟，2019）。在研究方法上，近年来一些研究尝试探索使用大数据新方法来分析城市管理实践，探索其影响因素与因果机制（张蔚文等，2020）。

综合来看，城市管理实践研究呈现百花齐放、繁荣发展的新态势，正在向着新的十年昂首迈进。

2. 研究成果综述

（1）城市精细化管理实践综述。城市精细化管理是当前城市管理的发展方向和目标，是增强城市综合服务功能、推动城市高质量发展的重要驱动力。学界对城市精细化管理的研究主要集中于两个方面：一是从城市制度管理维度来理解城市精细化管理的基本内容。这部分学者主要围绕提升政府管理与服务效能，重点是对城市治理的组织结构层级、功能等碎片化问题进行有机协调与整合，更注重强调通过大城市执法制度、垃圾分类制度等具体制度的完善来实现整体治理、标准治理、绩效治理、目标治理及网络治理，构建一个高效的城市管理体系（郭理桥，2010；仇保兴，2011；陆小成，2012；陈晨，2016；汤文仙，2018；任远，2018；毕娟，2018；王郁和李凌冰，2019）。比如孙柏瑛（2019）等学者对北京市大力推行"街乡吹哨、部门报到"的服务群众的响应机制的研究。二是从城市技术管理的维度来强化城市精细化管理。部分学者强调城市管理的理念要适时地进行转变，尤其注意要将智慧城市建设与城市精细化管理相结合，综合运用物联网智能感知、城市安全传感器应用、水雨雪情实时监测及防汛应急、交通运行多源监测数据分析等大数据管理手段来解决城市运行管理中的实际问题，提升城市运行管理的科学化、智能化水平（关静，2013；宋刚和张楠，2014；任冠华，2014；范科峰和王惠蓓，2016；于文轩和许成委，2016；杜明义和刘扬，2017；王岩，2018；张梓妍和徐晓林，2019；朱莉和邹小星，2020；孙宗峰和郑跃平，2020）。比如黄璜（2018）等学者对地方政府，如上海市的"全岗通"、贵阳市推进公共服务智能化、"社区大脑"和政务服务"一网通办"平台的案例研究。

（2）城市基层社区治理创新综述。城市基层社会治理是国家治理的重要组成部分，其直接关乎着国家治理能力和治理体系的现代化，关系着有效解决人民日益增长的美好生活需要和不平衡不充分的发展之间的矛盾。目前学界对于城市基层社区治理创新主要有着三方面的研究取向：一是强调创新基层党组织设置和功能来完善基层社会社区治理体系。不少学者主张坚持以党建引领来强化社区治理创新，通过加强党组织的政治功能、服务功能和引导功能等来构建党委、政府、社会、居民协同共治的基层党建和社区治理新格局（刘厚金，2020；容志和孙蒙，2020；吴晓林，2019；汪仲启，2019；曹海军，2018；孙涛，2018；陈毅，2018；黄意武和李露，2017；何海兵，2017）。比如黄六招（2019）等对上海Z镇以"柔性化"方式重新吸纳新生社会空间的组织和个体进入基层治理场域，实现党在基层治理体系的"有效动员"与"有效服务"，进而推动对超大社区的有效治理的案例进行研究。二是强调从创新治理层级制度运行机制上来提升社区治理效能。一部分学者关注社区与街道的关系，主张社区功能与街道职责的建构、调整与城市基层治理结构的关系来持续推动街道减负并向社区赋权，从而实现部门再造、社区再造和城市再造，创新新时代条块关系、党群关系与政社关系，全方位、全天候、准确及时快速地应对和处理城市社区治理中的难题（陆军和杨浩天，2019；林梅和索南曲珍，2019；程秀英和孙柏瑛，2017；朱喜群，2016；周庆智，2015；刘建平，2015；倪伟俊，2015；杨磊，2014）。比如王佃利（2020）、同春芬（2020）等学者对青岛市全面推进建立社区治理资源统筹和配置的长效机制，通过将资源、服务、管理下放到社区，以居民需求为导向进行精准化和精细化公共服务供给，为进一步创新以解决群众问题为导向的基层治理机制的研究。三是主张以多样化的治理技术来创新社区治理。部分学者强调将权力、观念、资源等治理要素与协商民主等治理技术进行结合，注意将理性化和专业化等特征嵌入其中，改变国家与社区的互动方式，探索出社区治理新的治理实践模式（黄徐强和张勇杰，2020；张福磊和曹现强，2019；黎熙元，2018；尹浩，2017；谈小燕，2016；杨敏，2016；袁方成和张翔，2015；陈伟东和吴恒同，2015）。比如李佳佳（2019）对杭州市上羊市街社区"邻里坊"＋"六步工作法"来构建出基层协商民主的系统性机制，以此实现对居民的高参与率和议事的高效率的案例进行研究。

（3）城市应急管理模式创新实践综述。城市的高流动性和高集聚性决定了其是一个突发事件高发、频发的危险地域，而且随着城市的进一步发展，城市灾难呈现出关联性、衍生性、复合性和非常规性等新特点，这对以部门为主、分类管理的传统城市应急管理模式提出了严峻考验和挑战（钟开斌，2018），"大应急"理念成为治理新型灾难、补齐传统应急管理模式短板的重要选择。"大应急"管理理念旨在通过整合部门力量，实现集中指挥，形成多部门高效、协同、联动的"全灾种""全领域""全过程""全社会"应急管理格局（王占明，2020；张广利，2019；闪淳昌等，2020）。

目前学界主要从五个方面对大应急管理实践开展研究：①从应急体制改革角度构建大应急管理体制。这一层面的研究主要围绕传统应急管理体制不具备统筹协调的能力等问题展开，认为提升应急部门权威、实现应急力量的整合联动是体制改革方向（万鹏飞和于秀明，2006；高小平，2007；胡象明和黄敏，2011；钟开斌，2020；秦绪坤等，2020）。从实践来看，北京市通过"局办合一"的应急部门整合与《北京市突发事件应急指挥与处置管理办法》的制定，实现统一领导、综合协调、专业处置、社会参与、平战转换等相结合的大应急管理局面（刘斌，2020）。深圳市建立了"委员会＋成员单位"的大应急管理体制机制。②大应急指挥与处置机制实践。上海市通过将城运中心与应急管理深度融合，实现应急指挥的高效、统一。北京市通过政府管理职能整合和信息化技术集成应用等手段，整合相关部门工作职能，实现了城市管理监督指挥、网格化社会服务管理与应急管理的一体化。青岛市以"跨部门、大会商"的机制提升大应急领导统筹能力。③应急物资保障机制研究。从加强顶层制度设计、提升储备效能、建立集中生产流通调度存储配送机制、优化产能布局等方面进行研究，健全应急物资储备模式（周定平，2008；张永领，2011；王晓端和贾永江，2020；张晶和陈林，2020；曹海军，2020）。杭州市建立健全全市统一的应急救援物资、生活必需品和应急处置装备的储备制度并建立区域应急物资储备中心。④城市预判预警机制研究。这一层研究主要从预警系统、指标与机制方面进行了研究，认为完善的预警机制能够进行应急信息的数据收集、传递、分析、处理，进而做出精准决策，是城市大应急的基础和保障（张维平，2009；曾润喜和徐晓林，2009；李伟权和聂喻薇，2016；郭红欣，2020）。深圳市通过智能化应急控制中心平台和大数据等技术将城市运作数据服务于应急管理之中，拓展了城市应急防控空间和预判预警能力。青岛推进建设市级突发事件预警发布中心，建立监测预警和灾情报告发布制度，绘制突发事件一览图。⑤城市灾害应急能力研究，包括应急能力主体、灾害不同阶段的应急能力建设、应急能力评价指标体系等（苗崇刚和聂高众，2011；王久平等，2020；宿杨，2020）。

（4）数字城管实践及典型案例综述。数字化城市管理模式发展到今天经历了两个阶段：一是网格化管理模式。2004年，北京东城区在全国率先实施了"网格化城市管理新模式"，该模式基于单元网格、城管监督员、信息网络和监督指挥中心，建立了"信息采集、案卷建立、任务派遣、任务处理、处理反馈、核查结案和综合评价"七个环节的闭环业务流程，实现了监督权和管理权的分离。网格化管理模式历经16年发展历程，已在我国全面铺开，成为数字化城市管理的平台基础（陈平，2006；杨宏山，2009；高萍和郭滨，2020）。二是城市大脑治理模式。近年来，国内许多城市运用大数据、云计算、区块链、人工智能等技术，积极探索运用"城市大脑"提升城市管理智慧化水平，谋求在城市治理模式和服务模式创新方面的更大突破，现已有近500个城市正在推动城市大脑的研究、规划和建设（鲁金萍，2020；刘峰，2020）。城市大脑正处于从萌芽期到快速发展的阶段，各地的推进模式并不一致。杭州是条线推进模式的范例。杭州在2016年通过"城市大脑"接管信号灯路口，取得治堵阶段性胜利后，提出"以大脑中枢平台为核心，纵向到区县（市），横向到各部门的城市大脑"，建立了市级、部门系统、区县平台和街道平台四类数字驾驶舱（侯瑞，2019；谢渐升，2020；本清松和彭小兵，2020）。上海是属地推进模式的范例。上海以市、区、街镇城运中心实体推进"一网统管"平台建设（楚天骄，2019；王操，2020），整合集中常态城市管理和非常态应急管理信息资源，推动城市网格化管理与城市综合治理的深度融合，构建条块联动、条条协同的一体化社会治理体系新格局（容志，2020）。

3. 简要研究述评

从学者的研究成果来看，关于城市精细化管理的研究在整体上呈现出多点开花的良好局面，不少成果无论是在学理论述还是应用层次上都有着较高的水平。但对于未来城市精细化管理的研究应在研究主题选择上进行进一步的拓展，在研究方法上应更注意多学科的交叉，在研究成果上要更注重一种时代应用性的推广。

学界关于城市基层社区治理创新实践的研究较为深入，取得了不少代表性成果。但研究主题仍较为局限，未能将社区、街道、县域、市域的治理进行上下的连通，这在很大程度上制约了研究的创新性和社会应用性。同时，对于城市基层社区治理创新实践的案例研究虽遍地开花，但系统性、类型学上的有价值的案例研究仍较少。

2020年新冠肺炎疫情给中国以及整个世界带来巨大灾难。它的突发性、高度传染性、高度关联性给疫情防控带来巨大挑战并造成多种灾难并发，包括经济下行、人心恐慌、物资不足、食品安全等。但是，中国的大应急管理理念体现出了巨大优势，在疫情肆虐的高发阶段和后期反复阶段，大应急管理都发挥了重要作用，主要表现为统一指挥、各部门联动、社会力量积极参与配合，快速、高效地实现了对疫情的控制，经济、社会、政治、生活等方面迅速进入正轨。学界有关大应急管理体系的研究和实践还不够完善和健全，主要表现在相关部门职能定位与大应急理念不匹配；应急条线上下关系有待理顺；各职能部门信息平台有待打通、共享等。

虽然杭州城市大脑、上海"一网统管"的实践并不相同，但学者普遍认为智慧城管是一个制度变化的复杂过程，将智慧城市的技术优势与政府治理的制度优势有效结合，实现智慧赋能与融合发展，才能有效推进城市治理现代化。

第五节　城市管理的研究展望

我国城市化率突破60%，城市化发展进程已经进入新阶段。人口持续向广州、深圳、重庆、成都、西安和武汉等城市集聚，城乡人口流动不再是城镇化的第一动力，城城人口流动对我国经济效率的提升和产生的结构转化效应逐渐超过城乡人口流动（张颖和卓贤，2020）。大城市周边乡村产业的工业化和基础设施的城乡融合，意味着城镇化已经进入以核心大城市边界扩张为主要形态的"都市圈化"阶段，即"城镇化2.0"时代。2019年8月，习总书记在中央财经委员会第五次会议上指出，"经济发展的空间结构正在发生深刻变化，中心城市和城市群正在成为承载发展要素的主要空间形式"。

2019年新冠肺炎疫情深刻改变了国际关系与全球化进程，党中央提出，面对百年未有之大变局，要把满足国内需求作为发展的出发点和落脚点，加快构建完整的内需体系，逐步形成以国内大循环为主体、国内国际双循环相互促进的新发展格局。今后5～10年，我国最大的结构性潜能就是都市圈和城市群加快发展（刘世锦，2020）。集聚效应加强、生产率提升，是城市化进程的一幅画面；另一幅画面则是已有的超大、特大城市内部结构性矛盾加剧，城市病严重，剩余发展空间正在被压缩。面临持续推进城市化进程、提高全社会资源配置效率与既有城市结构矛盾之间的冲突，加快都市圈建设是一个必然选项，一系列重大变革将随之而来。例如，都市圈内中心城市与周边小城小镇的国有空间治理协同机制的改革与创新、都市圈城乡公共服务供给与社会保障体系的改革与创新以及市域社会治理体制机制的改革与创新等。

随着都市圈建设与发展进入快车道，特大、超大城市将承载更多的经济与社会要素，中心城市的城市空间争夺将更加激烈。如此种种都预示着中国城市发展与管理迎来了一个全新的发展阶段，城市治理场景将出现一系列重大变化，尤其是特大、超大城市的治理将面临重大挑战与全新机遇。在新的发展阶段，中国城市管理变革的焦点在于适应工业化前期向工业化中后期转型的城市治理场景变迁。如何回应单体城市发展向都市圈协同发展的转变？如何回应工业化中后期人力资本取代土地和资金成为城市发展最重要生产要素的转变？如何适应信息化时代物联化与智能化城市治理新场景的演变？一系列新的城市管理理论与实践问题亟待探索与回答。构建与工业化中后期城市建设与发展相匹配的城市管理创新体系，是未来中国城市管理研究要着力回应的时代问题。围绕上述观点，如下几个城市治理研究领域值得持续关注。

一、关于都市圈整体性治理的研究

以中心城市为核心，包含核心城区、周边城镇和农村的"整体性"城乡空间是实现城市化提档升级和双循环新发展格局的重要空间和主要场域。重要都市圈与城市群将作为国家空间区域战略的核心支点。近年城市化进程的突出特点是人口特别是年轻人口向中心城市集聚。聚集效应加强、生产率提升，是城市化进程的一面；另一面则是特大、超大型城市内部结构性矛盾加剧，甚至到了不可持续的地步。聚集效应最高的大型城市为进城的农村人口和其他城市人口已经腾不出多少空间。都市圈发展可以通过疏解核心城市的结构性矛盾、扩展城市化空间、推动核心城区周边中小城镇和农村区域的快速发展，小分散、大集中，实现大城市和超大城市的转型升级，从而激发整个国家经济发展新动能。其中，推进都市圈的"圈"中核心城区与周边城镇、城市和乡村的结构调整和再平衡，提高全社会资源配置效率，推进城乡公共服务均等化，是实现下一阶段我国城市化高质量、可持续、有韧性发展的重中之重。

我国都市圈和城市群治理长期缺乏系统思维。由于集聚效应和规模经济的影响，人口和产业向大城市与特大城市集聚是世界城镇化的一般规律。我国工业化和城镇化的快速发展和管理滞后，使特大城市高度聚集引发的城市问题变得复杂和尖锐。特大城市规划发展的单一功能区导致大规模长距离通勤；公交系统及慢性系统规划建设严重滞后，致使短距离小汽车出行比例居高不下，加剧了交通压力和环境问题。特大城市高端医疗教育等服务高度聚集于中心城区，致使特大城市内部空间结构失衡，都市群和城市群内部城乡二元差距拉大。如何在都市圈和城市群尺度上统筹空间治理，以疏导为主调控中心城市空间拥挤问题，提升都市圈外围区域的经济和人口要素承载力？如何在城市尺度上以精细化管理为主，提高空间使用效率？如何在目前正在开展的"三规合一"工作基础上探索都市圈空间治理尊重和回应来自市场、社会需求的体制机制？这些问题都值得深入探索。

二、关于以人为中心的市域社会治理的研究

党的十九届四中全会指出，"社会治理是国家治理的重要方面。必须加强和创新社会治理，完善党委领导、政府负责、民主协商、社会协同、公众参与、法治保障、科技支撑的社会治理体系，建设人人有责、人人尽责、人人享有的社会治理共同体，确保人民安居乐业、社会安定有序，建设更高水平的平安中国"。社会治理一直承担着促进增长、保障民生、维护稳定、为发展社会主义民主政治和推动国家经济高质量发展保驾护航的重任。

改革开放40余年，市域城乡发展的空间分异业已形成。城市集聚吸引资本，资本逐利，生产越集聚，空间分层分化越显著。市域社会治理则是一套强调"以人为本"，将市域城乡居民作为平等公民，将保障和提高其生存和发展条件作为根本目标，以解决一系列社会问题为导向的公共服务分配、供给和配置机制。市域社会治理是从整体性和系统性视角出发，统筹考虑和安排市域城乡民生保障和安全稳定的治理体系，它不仅是国家治理在社会场景的实施，还是国家治理现代化的重要实现机制。市域社会治理体系应是以城市为引领、城乡融合，以人民为中心，以提高基本公共服务水平和质量为目标，以维护基层社会安全稳定为关键，党和政府积极履行责任，鼓励和支持企业、群团组织、社会组织积极参与，发挥群众主体作用，解决群众需求和市域城乡社会突出问题的治理体系。这一体系的构建需要以"尊重规律，以人为本"为调控大城市规模的首要原则，认同城市规模在控制中增长的客观趋势，把民心所向、以人为本作为调控大城市规模的首要原则；以"空间正义"为核心原则，包容性地对待持续增长的人口，将城乡居民视为具有平等权利的同等公民，实施系统公平的公共服务供给。协调经济发展、人的发展、可持续发展，最终实现经济发展、环境优良、民生改善，实现"空间正义"。

在"以人为本"的市域社会治理体系中，空间正义的背景和关键目标为何？其核心体系为何？保障机制为何？分析市域社会治理中资源、权利、服务在不同尺度空间分布不均衡现状，明确在不同空间尺度上切实可行的空间正义目标。探讨"以人为中心"的市域社会治理空间正义目标得以实现的制度基础、技术路径和方法策略等问题是接下来市域社会治理研究的重点问题。

三、关于城市基层社区治理的研究

中心城市人口进一步集聚与单位制解体后，城市基层社会人口数量成几何倍增加。街道办

事处不堪重负、社区管理超负荷运行。截至 2019 年，城镇常住人口 8.48 亿人，平均每个城市社区人口超过 8000 人，平均每个街道办事处覆盖人口 10 万人，最大的街道人口（含流动人口）超过 100 万人（吴晓林，2018）。个体由"单位人"转变为"社会人"，城市居民物权意识不断强化，对城市空间权益的争夺也日益加剧。如邻避冲突、物业管理矛盾激化、老旧小区加装电梯难等治理难题涌现（何艳玲，2006）。城市基层政府面对如此庞大的治理群体，造成了回应性不足、灭火式治理、服务资源错配等治理问题。

目前学界对中国城市基层社区治理转型研究主要沿着两条逻辑进路交替展开。第一，针对基层社会治理中政府能力局限性的问题，在城市治理纵向体制上围绕街道管理体制改革展开了大量讨论，形成了两种不同的观点。一种观点主张撤销街道办事处，主张由区政府直接指导社区建设，实行"二级政府、二级管理"体制；另一种观点则主张坐实街道办事处，将街道办事处"由虚到实"建成一级政府，在城市实行"三级政府、三级管理"体制（何艳玲，2007；杨宏山，2012）。主要理由是街道辖区的人口数量众多，公共事务日益复杂，街道办事处非但不能撤销，反之应强化职能并建成为一级实体政府。无论是撤销街道办还是坐实街道办，都是致力于通过在纵向上权力下沉，通过强化城市行政末端机构权责统一性，进而提高其回应性，增强基层政权对社会秩序的建构力。第二，围绕探索城市基层政权的横向分权机制展开。聚焦通过引入市场与社会组织，构建政府、市场和社会的社区多元共治结构，补充有限的政府能力。如上两条研究进路实质都是围绕如何通过重构基层行政"治理结构"进而强化基层政府行政组织力这一核心问题展开。但城市社会治理的一个关键性问题——社区居民的公共需求，反而陷入被忽略的模糊境地。结构导向的改革逻辑替换了需求导向的改革逻辑，研究陷入一种"结构化陷阱"。基层政府组织的行政能力是否可以通过治理结构调整而无限提升？是否面临治理效能的"天花板"效应？灭火式治理的困境似乎并未因为基层政府行政权力的强化而得到根本性改变。基层政权的多元主体参与结构没能围绕居民需求的高回应性这一根本议题形成有效的利益整合机制。中国城市基层社区治理亦需要进行新的探索和寻求新的突破。

四、关于信息化时代智慧城市管理的研究

智慧城市管理是城市治理发展的高级阶段，是指充分运用各种先进通信技术，全面整合域内各种资源和设施，主动为市民提供实时个性化的城市治理服务，不断改进和创新城市管理的理念和方法，持续提升城市治理的智慧化水平。智慧城市管理的特征主要包括：①透彻感知。利用传感器和智能识别系统实时地对城市的运行情况的数据进行收集，如噪声数据、空气质量数据、视频数据、车辆位置、城管人员位置等。这比以前的数字城管简单地运用地理空间信息来说更广泛、自动、实时。②数据深度运用。大数据作为支撑，将城市里人、地、事、物、情和组织的数据；数字、文本、图像、视频、音频、温度和气味等不同类别的数据；过去和现在不同时间维度上的数据连接起来。把大数据进行存储和分析，用于决策支撑、应急管理和预测趋势。③全方位的服务和管理。通过城市的有线、无线技术让城市的人与人、人与物、物与物实现泛在互联。利用云计算和移动技术为市民提供更快捷高效的城管融合服务。将服务对象从"部件"和"事件"拓展到"人、地、物、事、组织"的全方位服务和管理。④市民参与和多主体、公开的社会协同创新。利用开源技术、新媒体等科技以及骇客马拉松、Living Lab 等形式汇聚公众智慧，推动用户创新、开放创新、协同创新。

目前，中国智慧城市管理的理论与实践离真正意义上的智慧化尚有很大差距。①智慧城市管理平台尚未覆盖全部城市管理业务领域。尽管多数城市已经建设了覆盖城市管理主要业务领域的智慧城市管理平台，然而现阶段还不能对某些业务领域实现全市统一、全流程的管理。

②先进通信技术应用不足。虽然各个城市智慧城管平台积极采取各种先进感知手段和通信技术，然而平台的采购和建设周期较长，往往无法采用比较先进的信息通信技术，不仅导致智慧城市建设的效率低下，也影响智慧城管平台的管理和服务效能。③城市管理信息系统平战结合能力不足。现有系统城市管理相关的应急指挥和应对能力不足，尽管能有效地处理和应对日常的城市管理场景，但应对突发公共事件的能力不足，难以迅速实现平战结合，不能实现对相关工作人员和物质的实时调度。④市民服务应用不足。现有多数城市的城市管理指挥平台直接服务市民和企业的系统和业务场景不够，不仅导致难以直接为市民和企业提供服务，也难以发挥群众的力量。如何提升城管大脑的智慧管理能力，拓展城管大脑的业务范围和场景，构建对相关行业进行全流程监管的智慧城市管理平台？如何提升智慧城管的智能感知能力，提升数据资源的管理、共享和整合能力，构建以数据驱动的以智慧化决策为目标的智慧城市管理与服务模式？如何创建公众参与平台，构建服务公众的城市管理应用场景？诸多问题也都急需高质量的研究成果予以逐一解答。

参考文献

[1] 乔纳森·H. 特纳. 社会学理论的结构 [M]. 邱泽奇，等译. 北京：华夏出版社，2005.

[2] 托马斯·库恩. 科学革命的结构 [M]. 金吾伦，等译. 北京：北京大学出版社，2005.

[3] 本清松，彭小兵. 人工智能应用嵌入政府治理：实践、机制与风险架构——以杭州城市大脑为例 [J]. 甘肃行政学院学报，2020（3）：29-42+125.

[4] 笪可宁，项英辉. 城市管理创新的理论和实践 [M]. 沈阳：东北大学出版社，2016.

[5] 董幼鸿，叶岚. 技术治理与城市疫情防控：实践逻辑及理论反思——以上海市 X 区"一网统管"运行体系为例 [J]. 东南学术，2020（3）：24-33.

[6] 范广垠. 城市管理学的基础理论体系 [J]. 陕西行政学院学报，2009（2）：75-78.

[7] 冯云廷. 城市管理学 [M]. 北京：清华大学出版社，2014.

[8] 郭汉丁，何继新，王振坡，王磊. 城市管理学科研究新视角——系统集成优化 [J]. 中国建设教育，2013（2）：27-30.

[9] 过勇，程文浩. 城市治理水平评价：基于五个城市的实证研究 [J]. 城市发展研究，2010，17（12）：113-118.

[10] 何艳玲，李丹. 扭曲或退出：城市水务 PPP 中的政企合作关系转换 [J]. 公共管理学报，2020，17（3）：62-73+169.

[11] 何艳玲. "邻避冲突"及其解决：基于一次城市集体抗争的分析 [J]. 公共管理研究，2006（1）：93-103.

[12] 何艳玲. "社区"在哪里：城市社区建设走向的规范分析 [J]. 华中师范大学学报（人文社会科学版），2007（5）：23-30.

[13] 黄璜. 转换政府数据治理思维 [J]. 领导科学，2018（9）：21.

[14] 黄徐强，张勇杰. 技术治理驱动的社区协商：效果及其限度——以第一批"全国社区治理和服务创新实验区"为例 [J]. 中国行政管理，2020（8）：45-51.

[15] 姜杰，张新亮，司南. 城市管理学科发展的基础性问题分析 [J]. 中国行政管理，2014（3）：69-73.

[16] 赖世刚. 时间压缩下的城市发展与管理 [J]. 城市发展研究，2018，25（3）：1-5+20.

[17] 李娣. 我国城市群治理创新研究 [J]. 城市发展研究，2017，24（7）：103-108+124.

[18] 李伟权，聂喻薇. 叠加型风险下整合型应急预警联动机制缺失问题研究——12·20 深圳特别重大滑坡事故的教训 [J]. 中国行政管理，2016（9）：128-134.

[19] 李文静，俞慰刚，纪晓岚. 我国高校城市管理专业建设探索 [J]. 华东理工大学学报（社会科学

版），2010（1）：110 – 114.

　　［20］刘广珠．城市管理人才培养与学科发展［J］．城市管理与科技，2019（6）：50 – 51

　　［21］刘广珠．改革开放 40 年城市管理学科建设与发展［J］．城市管理与科技，2018（4）：25 – 27.

　　［22］刘厚金．基层党建引领社区治理的作用机制——以集体行动的逻辑为分析框架［J］．社会科学，2020（6）：32 – 45.

　　［23］刘世锦．"战疫增长模式"下的目标、政策与改革［J］．中国经济报告，2020（3）：4 – 14.

　　［24］刘易斯·芒福德．城市发展史：起源、演变与前景［M］．北京：中国建筑工业出版社，2005.

　　［25］陆军，杨浩天．城市基层治理中的街道改革模式——基于北京、成都、南京的比较［J］．治理研究，2019（4）：2 + 20 – 29.

　　［26］陆军．中国城市管理专业发展初论［A］//陆军．城市管理研究［C］．上海：华东理工大学出版社，2016：3 – 10.

　　［27］罗海元，王伟．完善新时代城市管理机构职能与管理体制研究——基于我国八省市三级城市管理实践考察［J］．中国行政管理，2019（8）：82 – 88.

　　［28］庞娟．融合视角下城市非正规空间的包容性治理研究［J］．探索，2017（6）：146 – 152.

　　［29］任远．城市病和高密度城市的精细化管理［J］．社会科学，2018（5）：76 – 82.

　　［30］容志，孙蒙．党建引领社区公共价值生产的机制与路径：基于上海"红色物业"的实证研究［J］．理论与改革，2020（2）：160 – 171.

　　［31］容志．技术赋能的城市治理体系创新——以浦东新区城市运行综合管理中心为例［J］．社会治理，2020（4）：51 – 59.

　　［32］闪淳昌，周玲．我国应急管理体系的现状、问题及解决路径［J］．公共管理评论，2020（2）：5 – 20.

　　［33］孙柏瑛，张继颖．解决问题驱动的基层政府治理改革逻辑——北京市"吹哨报到"机制观察［J］．中国行政管理，2019（4）：72 – 78.

　　［34］孙粤文．大数据：现代城市公共安全治理的新策略［J］．城市发展研究，2017，24（2）：79 – 83.

　　［35］谭善勇．我国城市管理专业 30 年：回顾、展望与建议［A］//陆军．城市管理研究［C］．上海：华东理工大学出版社，2016.

　　［36］王佃利，孙妍．基层社会治理共同体与城市街道的"嵌入式"改革——以青岛市街道办改革为例［J］．公共管理与政策评论，2020（5）：47 – 57.

　　［37］吴建南，郑长旭．中国城市治理研究的过去、现在与未来——基于学术论文的计量分析［J］．中国行政管理，2017（7）：92 – 97.

　　［38］吴金群，王丹．近年来国内城市治理研究综述［J］．城市与环境研究，2015（3）：97 – 112.

　　［39］吴晓林．城中之城：超大社区的空间生产与治理风险［J］．中国行政管理，2018（9）：137 – 143.

　　［40］吴志强．论新世纪中国大都市发展战略目标——从国际城市发展趋势及城市管理学科研究热点着手［J］．规划师，2000（1）：4 – 7.

　　［41］夏海力，叶爱山．环境规制的作用效应及其异质性分析——基于我国 285 个城市的面板数据［J］．城市问题，2020（5）：88 – 96.

　　［42］项英辉，李世杰，徐静．关于城市管理创新的若干问题分析［J］．沈阳建筑大学学报（社会科学版），2016，18（6）：598 – 603.

　　［43］许泽宁，吴建南，高晓路．疫情分级分类管控机制的优化策略研究——以新冠肺炎疫情为例［J］．城市发展研究，2020，27（7）：5 – 10 + 89.

　　［44］杨宏山．城市管理学［M］．北京：中国人民大学出版社，2009.

　　［45］杨宏山．城市管理学［M］．3 版．北京：中国人民大学出版社，2019.

　　［46］杨宏山．街道办事处改革：问题、路向及制度条件［J］．南京社会科学，2012（4）：59 – 63.

　　［47］杨宏山．数字化城市管理的制度分析［J］．城市发展研究，2009（1）：109 – 113.

　　［48］杨宏山．转型中的城市治理［M］．北京：中国人民大学出版社，2017.

［49］曾纪茂，周向红．城市管理综合执法体制的分类与比较［J］．中国行政管理，2019（2）：23－28.

［50］张本效．对城市管理专业人才培养模式的探索与反思［J］．北京林业大学学报（社会科学版），2007（4）：159－161.

［51］张波，刘江涛．城市管理学［M］．北京：北京大学出版社，2007.

［52］张钢，徐贤春．城市公共管理绩效的外部评价——杭州市和美国桑尼维尔市的比较研究［J］．公共管理学报，2005（2）：1－6＋92.

［53］张广利．创新风险治理模式应着重关注现代风险［J］．人民论坛，2019（3）：28－35.

［54］张蔚文，金晗，冷嘉欣．智慧城市建设如何助力社会治理现代化？——新冠疫情考验下的杭州"城市大脑"［J］．浙江大学学报（人文社会科学版），2020，50（4）：117－129.

［55］张蔚文，徐建春．对国外城市经营理念的考察与借鉴［J］．城市规划，2002（11）：33－37.

［56］张蔚文，卓何佳，董照樱子．新冠疫情背景下的用工荒：基于人口流动与复工复产政策的考察［J］．中国人口·资源与环境，2020，30（6）：29－39.

［57］张颖，卓贤．都市圈化：城镇化2.0的挑战与机遇［A］//刘世锦．中国经济增长十年展望（2020－2029）：战疫增长模式［C］．北京：中信出版集团，2020.

［58］张梓妍，徐晓林，等．智慧城市建设准备度评估指标体系研究［J］．电子政务，2019（2）：82－95.

［59］章钊铭．国内学界关于城市治理理论的研究述评［J］．中共乐山市委党校学报，2019（4）：68－75.

［60］中华人民共和国教育部高等教育司．普通高等学校本科专业目录和专业介绍（1998）［M］．北京：高等教育出版社，1998.

［61］中华人民共和国教育部高等教育司．普通高等学校本科专业目录和专业介绍（2004）［M］．北京：高等教育出版社，2004.

［62］中华人民共和国教育部高等教育司．普通高等学校本科专业目录和专业介绍（2012）［M］．北京：高等教育出版社，2012.

［63］钟开斌．中国应急管理体制的演化轨迹：一个分析框架［J］．新疆师范大学学报（哲学社会科学版），2020（6）：2＋73－89.

［64］朱莉，邹小星．基于大数据云平台的智慧城市轨道交通运维管理一体化体系［J］．城市轨道交通研究，2020，23（S2）：1－3＋22.

第二十二章 乡村规划研究

第一节 乡村规划研究的历史回顾

一、基于 CiteSpace 的乡村规划研究知识图谱分析

乡村规划是对乡村地区发展的综合部署与统筹安排，是乡村建设与管理的主要依据。随着新农村建设、美丽乡村建设、乡村振兴等相关政策的深入实施，乡村规划在城乡规划体系中的地位日渐重要，已经成为推进乡村建设、乡村治理和乡村振兴的重要工具与手段（张京祥等，2020），乡村规划相关理论与实践研究也逐渐成为关注热点。笔者基于 CNKI 数据库，以"农村规划""乡村规划""村庄规划""村庄布点规划""聚落规划""集镇规划""小城镇规划""农村居民点规划""乡村振兴规划"等为篇名对 1992 年以来相关文献进行检索，将文献来源设置为核心期刊，共获得文献总量 1264 条（搜索截止时间为 2021 年 3 月 4 日）。剔除会议、访谈、征稿通知等无效数据，共筛选出 855 篇有效文献。利用 CiteSpace 软件，对研究作者、研究机构进行可视化分析，对主要关键词进行词频变化率的时间序列分析，以综合体现乡村规划研究前沿与热点。

1. 研究作者分析

通过 CiteSpace 软件对发文作者进行分析得到共引作者图谱（见图 22 - 1），节点的数量和大小可反映发文作者的共现频次，线条数量和粗细可反映发文作者间的合作关系和合作频次。图中共有 661 个节点，316 条连接，网络密度为 0.0014。当前我国对乡村规划进行研究的学者较多，发文数量较多的有丁金华、李京生、冯健、张立、刘彦随、张尚武等，部分学者之间已形成了较为固定的作者群体，相对较为集中的作者群有李京生、张尚武、张京祥、冯健、张小林等牵头的学术团队。但总体上来看，乡村规划研究的合作网络仍然呈现大分散、小集中的特点，各研究团队之间的合作关系较弱。

2. 研究机构分析

利用 CiteSpace 进行乡村规划研究机构共现分析，得到图 22 - 2，图谱中共有 433 个节点，255 条连接，网络密度为 0.0027。从数据的可视化分析结果来看，相关研究主要集中于高校和城乡规划设计研究机构，按二级研究机构进行统计，同济大学建筑与城市规划学院发文量最多（25 篇），其次为上海同济城市规划设计研究院和华中科技大学建筑与城市规划学院（11 篇），主要集中在建筑学、城乡规划、地理学等学科，这些研究机构具有丰富的相关学科资源积累，为乡村规划相关研究的开展奠定了良好基础。从区域分布看，主要集中在上海、北京、广东

（广州、中山）、江苏（南京、苏州）等经济发达地区，这些地区是国内高等院校、科研院所分布最为密集的区域，为乡村规划研究提供了良好的科研条件；同时也是国内城乡经济社会发展水平相对较高的区域，为乡村规划提供了良好的规划实践空间。

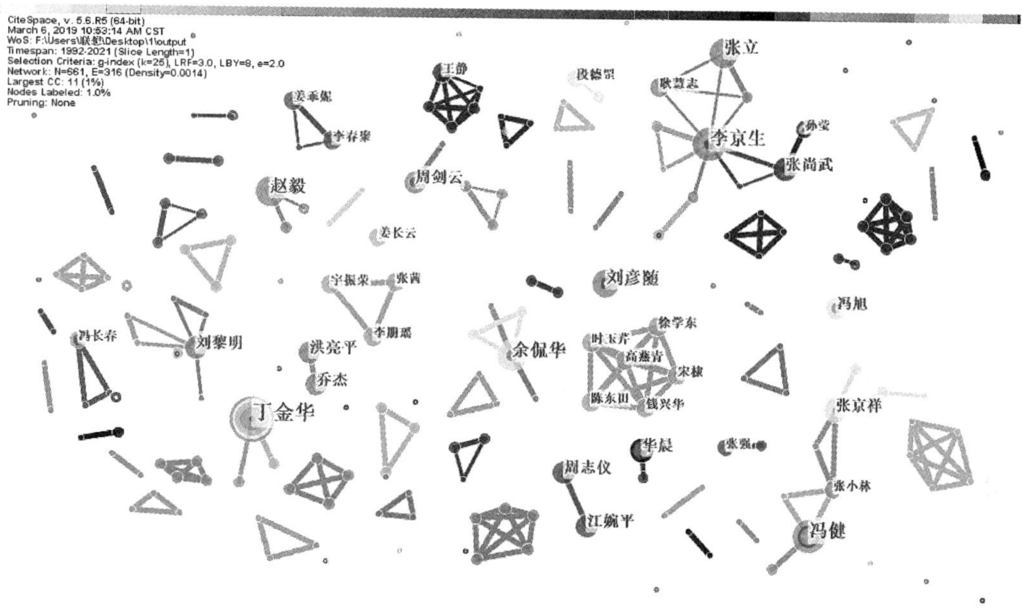

图 22-1　乡村规划研究作者分析

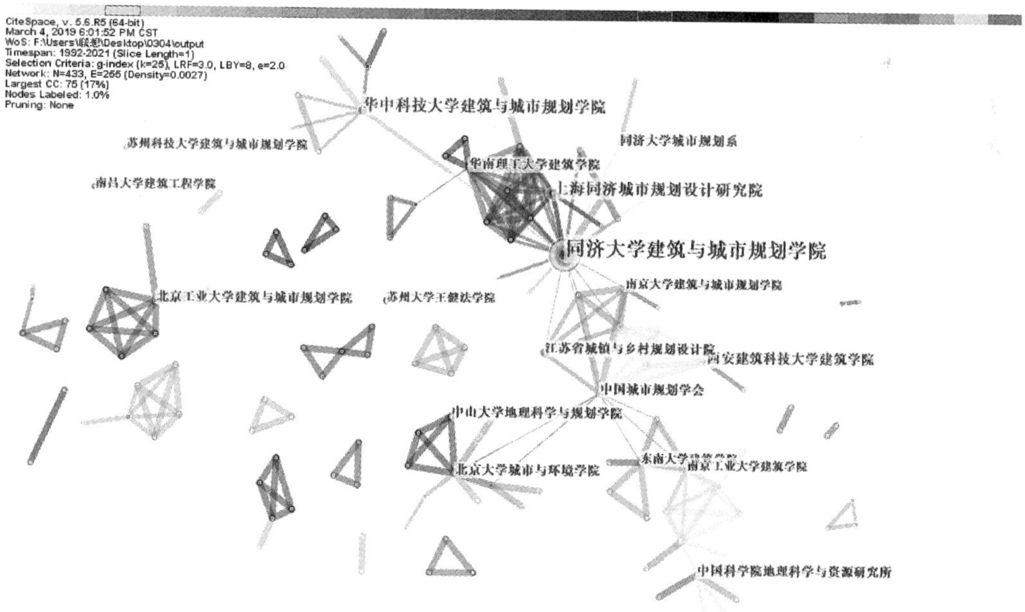

图 22-2　乡村规划研究机构分析

3. 关键词共现分析

对乡村规划研究关键词进行共现分析，按照关键词出现的词频排序，可得出表 22-1 中高频关键词出现频次，关键词共现频率最高的是"乡村规划"，其次是"新农村建设""村庄规划""规划""新农村""小城镇""乡村振兴"等。

表 22 - 1　乡村规划研究文献高频关键词

序号	出现频次	关键词	序号	出现频次	关键词
1	71	乡村规划	11	15	小城镇规划
2	63	新农村建设	12	14	规划策略
3	59	村庄规划	13	10	公众参与
4	59	规划	14	9	农村居民点
5	48	新农村	15	9	美丽乡村
6	42	小城镇	16	9	乡村
7	32	乡村振兴	17	8	乡村振兴战略
8	22	新农村规划	18	8	乡村旅游
9	18	农村	19	7	小城镇建设
10	16	城乡统筹	20	7	新农村建设规划

此外，通过关键词的时间序列图谱分析，体现乡村规划研究热点的变化情况，如图22-3所示，图谱中共有709个节点，1153条连接，网络密度为0.0046。"小城镇规划→村庄规划→新农村建设→乡村规划→城乡统筹→乡村景观、乡村旅游→乡村治理、规划策略→美丽乡村→乡村振兴"是乡村规划研究的主要趋势。乡村规划研究伴随着"新农村建设""城乡统筹""美丽乡村建设""精准扶贫""乡村振兴战略"等一系列乡村发展政策、城乡发展关系的转变而变化。长期以城市建设为重点的政策倾向使得乡村建设严重滞后，乡村规划相对处于弱势地位，多被包含在小城镇规划研究中。随着城乡差距日益加大，"三农"问题突出，乡村地区的发展与规划逐渐受到重视，"新农村建设""城乡统筹"成为乡村规划研究中最主要的关键词。2013年以后，随着新型城镇化的提出，注重城乡关系、村镇关系的乡村规划研究趋势明显，"美丽乡村""精准扶贫""乡村振兴"等成为乡村规划研究的热点关键词。

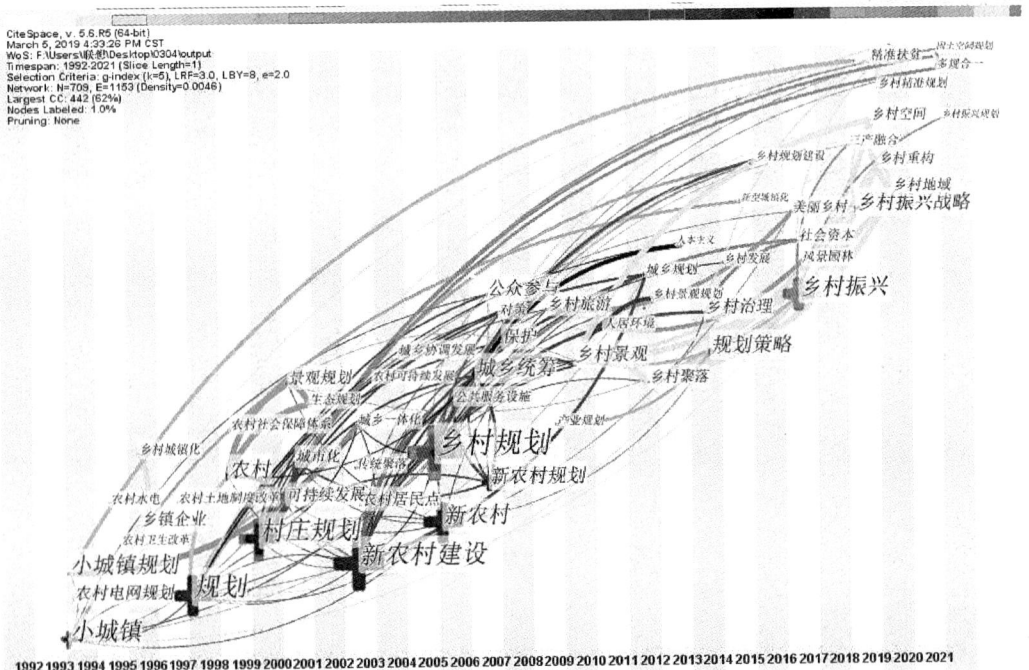

图 22 - 3　乡村规划研究关键词时间序列图谱

4. 研究文献数量分析

研究文献数量为笔者采用 CNKI 数据平台搜索到的未经筛选的所有文献数量（9295 条）和核心期刊文献数量（1264 条），从历年文献数量分布上可以判断基本研究趋势。自 1992 年以来，乡村规划研究相关文献数量上整体递增趋势明显，2005 年前文献量起伏变化不大，2006 年开始呈现快速增长趋势，2018 年更是呈现进一步的突发式增长态势。可见乡村规划研究在我国起步较晚，但是发展较快，尤以 2006 年开始快速增长到 2018 年呈现突发式增长较为明显，如图 22 - 4 所示。

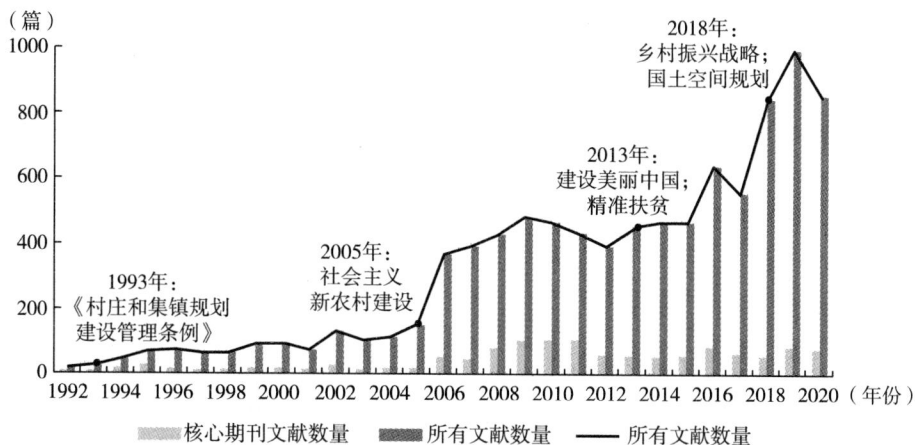

图 22 - 4　CNKI 数据库 "乡村规划" 及相关主题文献数统计（1992 ~ 2020 年）

二、乡村规划研究的阶段划分与特征分析

笔者回顾 20 世纪初乡建运动以来的国内乡村规划研究，基于 1992 年以来的相关研究文献的可视化分析结果，总结改革开放以来乡村规划研究的趋势特点，以重大经济社会发展战略、研究文献增长情况等为参考内容，将乡村规划研究划分为起步发展期、缓慢发展期、快速发展期、转型发展期、全面发展期五个阶段。我国经济社会发展背景在变化，乡村规划研究各阶段、研究内容、研究重点与特点等方面各有特征，乡村规划研究的对象与范畴也有一定差异（见表 22 - 2）。

表 22 - 2　乡村规划研究阶段划分一览表

研究阶段	社会背景	关注重点	主要特点
起步发展期：1992 年以前	新中国成立，土地制度改革，改革开放，家庭联产承包责任制，城乡分割	人民公社建设、村镇居民点的规模与配置、农业区划、国土整治	西方城市规划开始引入，农民建房热潮推动乡村规划发展
缓慢发展期：1993 ~ 2004 年	市场经济时代，快速城镇化，城乡统筹，小城镇建设	乡村农业经济发展、乡村旅游开发、中心村建设、小城镇建设	乡村规划逐步扩展，规划技术标准初见雏形，但处于弱势地位
快速增长期：2005 ~ 2012 年	新农村建设，生态文明，城乡一体化，新型城镇化等	社会主义新农村建设、村庄环境整治、乡村景观、村镇布点	城乡一体发展规划背景下的新农村、美丽乡村整治、治理与规划建设等乡村规划大面积铺开

研究阶段	社会背景	关注重点	主要特点
转型发展期：2013～2017 年	美丽中国建设，精准扶贫等	美丽乡村建设、城乡统筹规划、乡村空间管控	从"建设型"向乡村整治、治理中的社会文化与物质建设内涵发展转型
全面发展期：2018 年至今	乡村振兴战略，国土空间规划	乡村振兴、乡村田园综合体建设、乡村转型发展、村镇国土空间管控	顺应国土空间规划体系要求，突出"多规合一""一张蓝图"的统一性、一致性，又考虑地方和空间尺度、领域的差异性（庄少勤等，2020）

1. 起步发展期：1992 年以前

我国乡村规划研究在中华人民共和国成立前便已经开始，早期的研究文献以著作、专题调研报告等出版物为主，乡村规划研究散见于乡村发展研究、乡村建设理论等之中，以梳理并总结传统村落发展，提出发展教育、卫生、文化、农业等领域意见措施。之后，地理学界也相继出现不少针对乡村聚落、集镇等的聚落功能、商业服务业、交通、地形、农业等的研究与分析成果（金其铭，1988），对梳理并总结传统村落规划与发展思想具有积极意义。河北定县的"乡村教育"、山东邹平的"乡村文化复兴"两大典型乡村建设实践便是早期乡村规划思想的体现（孙莹等，2017）。发展集镇、兴办农田水利、平整道路、整理乡镇使其划一（对村庄大小、规模、间距等均有思考）、改造农村住宅等规划主张受到重视（《当代中国》丛书编辑部，1987）。新中国成立以后到改革开放以前，随着城乡建设的恢复，乡村规划内容与规划研究逐渐多样，人民公社建设、乡村居民点的规模与配置、农业区划等成为乡村规划的研究重点，这一时期出现的农田基本建设运动和农业学大寨运动为开展乡村规划理论研究与实践探索奠定了良好基础。

改革开放以后，受国民经济向工业倾斜、城乡发展向城市倾斜的城乡二元政策体制影响，乡村发展与乡村规划未得到足够重视。农业农村发展的重点在于处理好重工业同轻工业、农业相互发展的关系，改进乡村地区人民公社制度，探索农业现代化等（魏后凯，2020），乡村规划与发展组织、乡村产业规划等受到较大影响。这一时期为适应农村生产力发展要求，在坚持土地集体所有的公有制形式的基础上，建立了以家庭承包经营为基础、统分结合的双层经营体制（韩长赋，2019）。农村建设逐渐恢复，出现了"建房热"现象，土地需求大幅度增长，为保护耕地、规范村庄建房，推动乡村规划发展，全国 280 万个村庄编制了初步规划，进而也推动了乡村规划研究的正式起步，学界对乡村规划的编制依据、调整完善等展开了研究，同时期内农村电网、供水等基础设施专项规划研究增多。另外，因村镇建设与规划工作广泛开展，村镇规划的基本内容与基本原则、编制方法等也逐步引起关注。

2. 缓慢发展期：1993～2004 年

自 1992 年党的十四大明确提出建立社会主义市场经济体制的目标以来，中国农村改革从早期的以转变农业经营制度和引入市场机制为主要内容的经济体制改革逐步向覆盖农村政治、经济、社会、文化、生态和党的建设等方面内容的全方位改革推进（魏后凯，2019）。针对乡村地区发展与改革的研究方向主要包括农村家庭经济地位的重新确立以及农产品流通体制、乡镇企业、农村劳动力流动制度、农村金融体制及农村税费的改革研究等。乡村规划研究也随之在各学科团队中逐步扩展，乡村规划研究领域逐步扩展，规划技术标准有了雏形，但在城乡规划体系中仍然处于弱势地位。乡村规划实践则在以建筑学、农学为主的学科领域下开展，乡村农业经济规划、旅游开发规划、村庄建设规划、中心村规划等专项规划成为研究重点，但研究地域以发展条件较为成熟的发达地区近郊村为主。

3. 快速增长期：2005～2012年

2005年，国家开始推进以"生产发展、生活宽裕、乡风文明、村容整洁、管理民主"为内容的社会主义新农村建设，科学规划被认为是新农村建设过程中贯彻科学发展观的体现，各种新农村规划在乡村地区大面积铺开，乡村规划研究也因此进入快速增长期。在内容体系上，新农村规划的内容体系上包含新农村总体规划、建设规划以及村庄整治三大层次，乡村规划研究主要侧重于新农村规划"新"的研究、各层级规划内容体系的区别与侧重点、规划技术方法等方面（金兆森，2010）。这一时期快速城镇化给农村地区的发展带来较大的负外部效应，如农村人口流失严重、城乡接合部人居环境矛盾加剧、城乡发展差距加大等问题凸显。搞好村镇规划被认为是治理空心村的基础，通过村镇规划加强宅基地管理力度并制定实施细则被认为是治理空心村的有效途径，科学合理的乡村聚居模式、农村居民点、聚落保护等也成为乡村规划研究的重要方向。城乡发展不平衡的现实矛盾促进了城乡统筹、城乡经济差距等方面的研究，农村合作组织、农产品生产、双层经营体制等受到相关领域学者的关注。此外，因自上而下的规划方法难以满足乡村发展的实际需要，公众参与规划等逐渐成为乡村规划研究的热点。因注重保护乡村自然环境景观，乡村景观营造也成为规划研究热点之一。

4. 转型发展期：2013～2017年

2013年中央一号文件正式提出建设美丽乡村，2017年中央农村工作会议提出加快形成工农互促、城乡互补、全面融合、共同繁荣的新型工农城乡关系。乡村地区进入转型发展新阶段，为适应乡村建设与发展的新需求，乡村规划研究主题也逐渐趋向多样化，特别是以美丽乡村规划、乡村规划与发展模式（李国平等，2018）、乡村旅游规划、乡村规划转型、乡村治理等（杨忍，2018）为主题的研究成果大量增多。乡村规划研究范围上，从以浙江、苏南等发达地区为主快速扩展到关中、川渝以及中部地区，研究尺度由单个乡村拓展到乡村地域或大乡村地区（冯奔伟等，2015；汪毅等，2018）。各地乡村规划实践与研究成果丰富，如浙江省、江苏省的美丽乡村规划、安徽省的美好乡村规划（李明，2014）、长株潭地区生态乡村规划（赵先超等，2017）等。另外，城乡关系转型及规划策略、乡村空间管控与规划等开始受到关注（高相铎等，2018）。

5. 全面发展期：2018年至今

新时期乡村规划研究最重要的两项关键词为"乡村振兴"与"乡村振兴战略"，乡村振兴战略是党中央根据当前我国发展阶段和社会主要矛盾变化做出的重大决策部署，中共中央、国务院印发《乡村振兴战略规划（2018-2022）》为乡村规划与乡村发展指明了新的方向，对各地区的乡村振兴战略规划编制具有战略导向作用（王勇，2019）。有学者提出应从"质量兴农、绿色兴农"、实现小农户和现代农业发展有机衔接、促进脱贫攻坚与乡村振兴有机结合等要求出发把握乡村振兴战略的丰富内涵（魏后凯，2019），为乡村规划的深入研究指明了新的方向。随着乡村振兴战略的实施，乡村振兴规划被认为应该以新型城镇化规划、主体功能区规划等为重要依据，突出对国土空间规划、产业发展规划、乡村建设规划等的引导（胡守庚等，2019）。新时期乡村规划的内涵正在发生巨大的转变，乡村规划正面向农村现代化（顾朝林等，2018）、优化乡村空间格局（周国华等，2018）、提高乡村生活质量、提升乡村吸引力（戴柳燕等，2019）等顺应乡村可持续发展、多功能演化（周国华等，2020）的需求转型。另外，传统的蓝图式规划、自上而下的精英式规划带来了较多弊端，由此实用性村庄规划、参与式规划、契约式规划等研究渐盛，尤其为有针对性地制定村庄规划而引申的乡村规划类型、深度、表达形式等的研究较为丰富，乡村振兴、田园综合体、乡村转型发展、乡镇国土空间总体规划等成为乡村规划研究重点。新时期乡村规划特征主要体现在顺应国土空间规划体系要求上，突出"多规合一""一张蓝图"的统一性、一致性，又考虑地方和空间尺度、领域的差异性（庄少勤等，2020）。

第二节 乡村规划研究的主要内容及进展

一、乡村规划理论研究

西方近现代乡村规划理论存在三个范式阶段：①18 世纪末，英国的田园郊区运动致力于塑造精致的乡村聚落环境并形成良好的社区氛围，意味着建筑学开始介入乡村规划领域，可以被认为是近现代乡村规划理论的开端。②田园郊区的思想传到美国，逐渐演化形成乡村设计的理论体系，其目标在于避免城市性在乡村地区的泛滥，从而保持地方社区的多样性特征。③20 世纪 30 年代起，地理学、生态学、经济学的研究拓展了乡村规划理论的范畴，丰富了乡村规划的编制体系、类型和方法。同时，乡村社会学及乡村管治的发展与成熟促使乡村规划理论在 20 世纪 70 年代后向文化价值及人本内生两个视角转变（乔鑫等，2020）。随着 20 世纪 70 年代人本主义思潮的兴起，生活圈理论在日本、韩国等东亚地区的规划实践中得以贯彻实施，日本《农村生活环境整备计划》提出生活圈是指某一特定地理、社会村落范围内的人们日常生产、生活的诸多活动在地理平面上的分布，以一定人口的村落、一定距离圈域作为基准进行层次划分（柴彦威等，2015）。

相对于国外丰富的乡村规划理论支撑及规划实践，尽管国内在新中国成立之前便已经开始出现乡村规划研究的雏形，但在基本理论支撑上仍然以借鉴城市规划理论及相关学科理论为主，系统、专门的乡村规划理论构建较为滞后。国内传统乡村规划理论主要借鉴以风水理论为基础的物质性规划建设理论和人文化治理思想与方法，奠定了早期乡村规划实践的基础。中华人民共和国成立以后，尤其是改革开放以来，乡村规划运用城市规划的相关理论指导乡村实践。近些年乡村规划逐渐开始脱胎于城市规划的反思与转型，融入多学科理论，探索发展本源（邻艳丽等，2019）。吴良镛先生在《广义建筑学》中提出"共同缔造"理念以人居环境科学为基础，倡导以人为核心共同创造有序空间和宜居环境，该理念被延伸运用到乡村规划，并形成乡村建设的"共同缔造"模式，通过多主体共谋、共建、共管、共评、共享，形成发展合力，激发内生动力，培育长效机制（陈超等，2020）。此外，地理学、经济学、社会学等相关学科领域发展起来的人地关系地域系统理论、可持续发展理论、统筹城乡理论等对乡村规划具有较大的理论指导意义。人地关系地域系统理论是认识乡村地域发展过程、机理和结构特征、发展趋向等的理论基础，是乡村发展与规划、乡村空间重构、合理配置城乡资源等的理论指引。可持续发展理论则强调发展经济和保护环境之间的协调关系，乡村可持续性逐渐成为乡村规划需要考虑的重点。统筹城乡理论主要包括城乡关系理论、统筹城乡发展理论和城乡一体化理论（刘彦随，2011），强调城乡联系与城乡要素流动的城乡系统构建，对乡村规划融入城乡规划体系具有良好借鉴。受乡村社会学理论的影响，乡村规划也从处理"土地资源权益、建筑存留拆建、规模集聚拓展"等的问题导向逐步转向"民生为本""以人民为中心"的理念导向（文剑钢等，2015），通过融合国家治理的基本内涵，强化乡村规划在治理实施中的重要作用，多主体参与、村民自治、陪伴式乡村规划、设计下乡、资本下乡等（张伟等，2019；洪国城等，2018；彭锐等，2018）理念在乡村规划理论研究与实践中得到充分应用。

二、乡村规划方法研究

乡村规划方法包括规划编制技术方法、规划组织方法两大类型。前者主要涉及规划调查方法、规划中新技术的应用、村庄分类研究、乡村规划体系构建等方法研究，后者包括社区营造式规划、参与式规划、驻村规划师等创新式规划组织方法。当前，实用性村庄规划编制技术正成为研究热点，如基于非正规流转现象等村庄现实问题视角下的村庄规划编制应对等（菅泓博等，2019）。

1. 乡村规划编制技术方法研究

早期的乡村规划调查研究方法多从田野调查入手，通过小微尺度设计及地方语言运用，进行乡村生产生活的空间布局，深度访谈等质性研究是乡村规划调研的重要手段。随着乡村基础设施的逐渐完善，信息化与数字技术逐步在乡村地区推广，运用 GPS 技术进行乡村调查、时空间行为分析（蒋金亮，2019）等成为辅助乡村规划的新方法，深度学习、高分遥感、实景三维、无人机航测等技术逐步得到应用。地理空间分析、数理统计分析、情景模拟分析等量化分析方法在乡村规划中的应用逐步增多。此外，特殊地域乡村存在特定的规划方法与思路，如基于景观生态学的尺度理论和景观格局指数方法。针对郑州市西南部生态带区域内的村庄规划可通过分析景观指数的内涵与特征，选择景观形状指数、斑块密度指数和边界密度指数实施乡村生态格局优化的预案研究，并提出可作为该地区乡村规划编制、方案评价和建设管理依据的景观格局指数的优化值（倪凯旋，2013）。

2. 乡村规划组织方法研究

传统自上而下的乡村规划方法里村民参与规划的缺失导致乡村规划与实施的应用性与实用性欠缺。在西方公众参与理念的影响下，村民参与村庄规划越来越受到重视，参与式社区规划、营造式规划等规划方法在乡村规划实践中逐步得到完善，且有效的参与可以改善村庄治理，体现在激活底层、强化上下沟通、提高内外链接等方面（孙莹，2018）。借鉴台湾的社区规划师制度，2001 年深圳龙岗率先启动顾问规划师制度（冯现学，2004），以形成村镇"规划实施和执行"、村民主动配合的多向沟通与协调渠道，主要目的是巩固和深化村镇规划管理，引导和推进村镇规划建设。广州市美丽乡村规划以全方位村民参与为突破，提出参与对象多元化、参与流程全程化、参与内容深入化和村规民约式的参与表达等参与理念，并通过创新规划工作坊、驻村规划师、村庄规划理事会等制度保障村民最大程度参与村庄规划（李开猛等，2014）。

三、乡村规划类型研究

1. 不同组织部门下的乡村规划类型

不同部门针对实际需求所组织展开的乡村规划类型主要有四种：①规划建设及环保部门主导的乡村建设规划。以建设部门颁布的《村镇规划编制办法（试行）》、国家标准《美丽乡村建设指南》以及各地方出台的省级乡村规划编制指南为依据，多沿用城市规划思路与标准，侧重村庄布局、设施配套、景观营造与建筑设计。环保部门注重乡村环境治理与保护规划，如水环境治理与规划、全域无垃圾实施规划等。②农业农村部主导乡村产业发展规划。由农业农村部或相关管理部门组织编制和实施，侧重乡村产业选择、培育及空间布局，一般纳入区域经济社会发展规划或产业发展规划体系（王介勇等，2019）。③国土、建设和发改等部门主导的农村居民点规划。主要涉及村庄土地整治、迁村并点、易地扶贫搬迁等，也以村庄布点规划的形式在县域或镇域进行整体规划。农村居民点规划的重点内容主要包括居民点空间布局、居民点的整治分区等。④多元组织下的乡村旅游规划。随着城乡经济社会发展水平的提高和城乡居民消费结构升级，乡村旅游成为全面提升乡村功能价值的重要途径，生态旅游、文化体验游、乡村民宿等新型旅游形式催生了各种乡村旅游发展规划，主要侧重于乡村旅游资源开发、旅游项目策划、旅游景点布局以及旅游线路规划、田园景观营造等，从规划主体进行分类有政府主导型、乡村自发型与政府主导村民参与型三种类型。

2. 不同规模尺度下的乡村规划类型

从不同规模尺度与规划范围上进行分类，包括三种规划类型：①以单个村庄为对象的乡村规划。包括村庄建设规划、美丽乡村规划、村庄整治规划、村土地利用规划等具体类型。最早可以追溯到 1979 年由国家建设委员会和农村工作委员会引导的农房建设工作（袁源等，2020）。②多个村庄连片集中的乡村规划。以特色田园乡村规划为典型代表，以乡村产业为引领，注重地域特色资源的挖掘利用，这往往涉及多个村庄连片规划。广东省村庄规划经历了由 2000 年的点状治理到 2014 年的连片美丽乡村线性整治，"线性"美丽乡村规划成为乡村连片整治、促进乡村旅游发展的手段（张京祥等，2020）。③以一定区域范围为尺度的乡村规划。具体包括镇域、县域、市域乃至更大区域范围为尺度的乡村规划，可概括为乡村体系规划和农村区域规划两大规划类型。其中，乡村体系规划经历了三个阶段的演进，从"重镇轻村、以村辅镇"到"村镇分治、乡村自构"，再到"以城哺乡、城乡统筹"，最后到"多规合一、全面振兴"，乡村体系规划类型由此也对应经历了县（市）域城镇（或镇村）体系规划、县（市）域村庄布点规划、县（市）域新型农村社区布局规划、县（市）域城乡统筹（或一体化）规划、县（市）域乡村建设规划、县（市）域乡村振兴战略规划等（魏书威等，2019）。

3. 特定主题下的乡村规划类型

深入某特定主题的乡村规划类型研究主要有生态乡村规划、历史文化保护型乡村规划、旅游型乡村规划研究等，侧重于乡村经济、产业、生态或文化等单一主题或内容的规划研究。生态乡村规划依据生态经济学、可持续发展等理论与方法，在生态文明的乡村社会目标下，着力建设生态产业、生态人居、生态环境、生态文化等生态乡村（赵先超等，2018）。历史文化保护型乡村规划研究一方面是应《历史文化名城名镇名村保护条例》等规划编制要求，同时也是应对乡村衰败、空心化、文化遗产遭到破坏等现实问题的积极探索（万婷婷，2019）。乡村旅游兴起的时代背景下，旅游型乡村规划、乡村旅游规划日渐备受重视，乡村旅游开发与规划的对象也由古村落、农家乐等特定对象或单一形式逐步向休闲农业、田园综合体、乡村民宿等多元化形式演变。

四、乡村规划内容体系研究

乡村规划立足解决乡村贫困、城乡差距扩大、乡村衰退等实际问题，基于乡村转型、多功能演化等发展趋势，规划内容体系根据不同规划类型在不同规划阶段有一定的变化。乡村规划内容体系可从传统乡村规划与国土空间规划体系下的"多规合一"实用性乡村规划两个层面进行归纳。

1. 传统乡村规划内容体系

传统的乡村规划内容主要包括乡村产业规划、聚落与社区规划、村庄规划、村庄更新整治规划、乡村旅游规划等，既能体现政府对乡村地区发展的引导，也能满足村民自治的实际需求。一般而言，规划内容涉及乡村产业、居民点、道路交通、配套设施等乡村物质空间规划，接下来将重点总结乡村聚落、乡村社区规划，乡村产业规划，乡村景观规划以及乡村旅游规划的内容体系。

（1）乡村聚落、乡村社区规划。乡村聚落规划的研究以传统聚落、传统村落、历史文化名村等为研究对象，规划内容涉及保护规划、聚落人居环境规划、聚落景观规划等。乡村聚落规划研究时间较短，可以2005年为界分为早期和近期两个时段，早期研究以重新发现传统聚落规划思想、建筑设计、聚落体系的规划组织等内容为主，并试图将传统聚落规划思想传承到现代村庄聚落规划中（韩选棠，1995）。近期的乡村聚落规划研究重点内容包括聚落保护规划、聚落变迁与重构规划、规划发展模式、用地格局与空间优化策略、乡村聚落规划推进贫困治理等。以历史文化名村为主要对象的聚落保护规划内容包括划分保护层次、明确保护内容、提出整体保护模式等（吴丰等，2008）。此外，已有诸多研究探讨了乡村聚落优化的主要方向，提出乡村公路导向的规划发展模式（RROD），即依托乡村公路布局形成功能完善、规模适中的新型农村聚居单元，并构成等级有序、布局合理、彼此关联的乡村公路导向发展体系（贺艳华等，2014）。周国华等（2020）认为乡村聚落与乡村相对贫困治理之间存在一定的关联性，基于相对贫困治理的乡村聚落优化策略包括振兴村落产业、优化村落空间组织、强化村落文化认同、建立绿色生态村落、促进村落多功能协同转型、坚持分类施策六个方面。

乡村社区规划聚焦规划问题、规划方法、规划新模式等方面内容。当前，国内乡村社区营建存在外生式发展模式下的不可持续性开发建设、社区组织及文化系统再造的缺席、产业开发缺乏系统性、民众参与意识和能力有待提高等一系列问题（张慧等，2017）。因此，社区活力回归、内生式发展、社区参与等在乡村规划与社区营建中备受重视。乡村社区活力营造关注乡村社区的可持续发展，比如莫干山村、台湾桃米村社区的实践，其经验表明乡村社区营造致力于实现乡村经济组织和文化系统及其之上社会组织的重新构造，通过铸就乡土归属感助推乡村社区的可持续性发展（李敢，2017）。江苏省句容市陈庄倡导参与式规划，构建了乡村规划赋权作用于社区参与行为的分析框架，并从模拟参与选择、活动参与度和组织化程度三方面测度社区参与行为及其变化（徐辰等，2019）。还有研究以有机马克思主义发展观为视角提出构建政治民主型、绿色发展型、农民尊重型、社区繁荣型和农业现代型"五型合一"的新型乡村共同体（王芳等，2017），这是推进社区可持续发展的新模式。

（2）乡村产业规划。产业振兴是实施乡村振兴战略的第一要务，乡村产业规划是乡村振兴规划的重要组成内容。乡村产业规划涉及主导产业选择与开发、产业组织、产业发展与村庄建设和土地利用的协调、生态环境与产业发展的协同等方面内容。随着乡村产业转型发展，出现了休闲产业、创意农业等特色产业主导的乡村产业新业态，如浙江溪龙乡的白茶产业、莫干山劳岭村的民宿产业、浙江仙居永安溪绿道休闲产业等（颜思敏等，2019）。在产业发展类型的研究上，有学者提出从村庄资源特征和村民劳动力特征出发，发展乡村"福利型"产业，引导村民就近就业，重塑乡村社会内生动力（段德罡等，2020）。乡村产业发展与规划需要顺应农业农村现代化发展以及"绿水青山就是金山银山"理念的双重要求。田园综合体成为乡村产业发展的重要方向之一，旨在实现休闲旅游、田园社区、生态农业的融合，变革农业生产方式和乡村治理方式，使新型城镇化、农业现代化更快实现。新农产业全价值链构建、乡村产业振兴与空间规划协同路径（余侃华等，2019）、乡村产业用地政策与空间保障协同（陈美球等，2018）等是新时期乡村产业发展的主要研究方向。此外，在新一轮土地管理改革背景下，乡村产业用地保障还面临自然资源管控的现实要求，浙江桐庐都市近郊区乡村提出优化"三区三线"布局、盘存量精明增长、以坡地村镇增空间等措施盘活乡村各类空间资源。

（3）乡村景观规划。乡村景观规划是在美丽乡村建设背景下兴起的研究热潮，研究指向乡村生态环境破坏、景观特色丧失、自上而下的规划建设干预与农户实际需求的矛盾等。乡村景观规划的主要内容包括区域乡村景观规划、乡村景观的生态规划、特定乡村的景观规划、乡村景观更新规划等。特定乡村指水网乡村、特色田园乡村、近郊区乡村等，特定乡村景观规划研究以复合生态系统理论、新乡土主义等基础理论为指导，主要研究内容涉及乡村景观规划方法探索、乡村环境整治。城乡一体化背景下，乡村农业空间与景观空间生态的关联性加强，乡土景观回归趋势明显。促进乡村景观与乡村生态系统和农业生产系统的有机融合成为乡村景观规划研究的重要导向，乡村景观功能不再局限于观赏、旅游，更加强调生产、调节、文化服务等多功能的拓展，乡村景观的生态系统服务价值受到重视。乡村景观与乡村产业融合性得以增强，如集景观、休闲、度假、交通和服务五大系统于一体的乡村绿道休闲产业（宁志中等，2017）已在浙江省、广东省的乡村地区率先通过规划实施。

（4）乡村旅游规划。乡村旅游在发展过程中普遍存在旅游区域规划不合理、旅游品位不高、缺少文化特色、旅游活动形式单一、旅游商业化严重等现实问题，这些问题驱动着乡村旅游规划研究的兴起。并且，随着生态旅游、休闲旅游、文化旅游、特色村镇旅游、森林旅游、创意农业旅游等多样化乡村旅游形态的涌现，乡村旅游规划研究内容的复杂性提高。乡村旅游发展模式与产品模式规划、乡村特色休闲服务设施及景观建筑设计、乡村游乐项目策划、乡村民俗旅游发掘与开发、历史文化名镇村文化休闲旅游研发、农业生态园及休闲农业园区策划、休闲农业博览园、新农村风貌设计等构成了乡村旅游规划研究的主要内容（张捷等，2014）。

2. "多规合一"实用性乡村规划内容体系

"多规合一"既是要求也是手段，既是目标也是路径，要求整合原村庄规划、村庄建设规划、村庄土地利用规划、土地整治规划等形成"多规合一"的实用性村庄规划。实用性村庄规划，顾名思义，是根据这些实际需求制定的规划。根据实际需求差异，有地方将村庄规划的内容划分为三种需求类型，分别对应农房建设规划和指引、环境整治、特色风貌塑造三大内容要求，以上三种需求类型可根据实际需要分为三种组合。总体而言，"多规合一"要求下的乡村规划体系建设包括法规体系建设、政策体系建设、规划编制体系以及规划行动体系四个方面：新体系构建要紧紧围绕人口、用地、产业和设施四个要素，在县（市）域、镇域和居民点三个层次做好空间布局与土地资源要素管控（张京祥等，2020）。新时代乡村规划应在落实国土空间规划有关要求的基础上，统筹确定国土空间综合整治与生态修复、永久基本农田和耕地保护、历史文化保护传承、公共服务设施和市政公用设施布局、产业发展、近期建设等规划内容（张京祥等，2020）。

五、乡村规划的国际经验研究

1. 西方发达国家经验

（1）英国乡村规划经验。英国城乡规划体系健全成熟、管理严格，在推进城乡协调发展、传承农耕文化、保护生态环境、实现农业农村可持续发展等方面发挥了至关重要的作用（冯伟等，2018）。1932年英国出台首部《城乡规划法》，正式将乡村纳入规划范畴。20世纪70年代经历了由土地利用规划向城乡空间规划转型后，英国建立了一套完整的规划体系与管理体制。英国农村城镇化的规划总原则是以促进农村地区经济发展为主，保护农村当地特色与环境，避免因过度开发对农村地区自然条件产生破坏，并尽可能提升农村土地的利用价值（陈口丹，2020）。2004年，英国城乡规划体系发生重要变革，空间规划的核心理念在于协调和成熟管理，规划的目标则是将不同变化动力汇聚起来构建更美好的乡村（盖伦特等，2015）。另外，英国的乡村规划密切配合农村发展政策和农业用地保护，通过绿化带、国家公园和杰出自然景观地区制度的设置，在有效保护乡村环境的基础上，促进了乡村经济发展（纪晓玉等，2017）。

（2）法国乡村规划经验。法国将与乡村开发和乡村建设相关的政策和计划落实到乡村、市镇的地方性城市规划文件当中，包括《地方城市规划》《市镇地图》和《城市规划国家规定》

等，这些地方层面的城市规划是实施城市规划管理的重要依据，对于当地的乡村建设行为具有强制性规范作用。法国还将乡村开发纳入统一的国土开发政策框架中（刘健，2010）。另外，法国乡村地区规划的主要特色是注重保持地域特色产业及文化传承，鼓励乡村发展具有地方特色的农林业、手工业、服务业、乡村旅游业及民宿等，形成了诸多乡村产业，特别是部分特色村镇旅游产业发展优势明显。

（3）德国乡村规划经验。德国自20世纪80年代开始以乡村更新规划为主，将农村作为居住场所进行保护，注重村民生活及工作条件改善的同时也注重村庄历史面貌的保护，还关注农业的现代化改造、交通等设施的改善等（昆斯等，1990）。德国的乡村更新规划在组织方式上采用了自上而下引入专业技术人员与自下而上社区同当地居民和有关团体广泛参与相结合的规划方法。还强调部门合作，德国城市规划部门与土地管理部门的合作协调的经验体现在《建设法典》与《田地重划法》的合作中，二者在空间边界调整、规划编制过程以及行政管理与执行方面均有相应的程序规定（易鑫，2010）。近年来，德国乡村地区正在经历郊区化和景观破碎化、内生性与可持续性发展以及地区差异化等变化，乡村地区治理面临区域空间协调的挑战。因此，基于区域治理的视角，德国的乡村治理工作对于乡村规划工作提出一系列原则性要求，即构建以需求为导向的乡村规划框架、强调战略性空间规划对乡村治理的重要工具作用等（易鑫，2015）。

（4）欧洲其他国家的乡村规划经验。为满足农村人民的需求，维持当地的经济、社会和环境系统的平衡，欧洲地区农村规划、农村发展和可持续发展等研究领域注重采用以社区为基础的综合方法（Kathryn et al.，2014）。社会学方法在乡村规划研究中占据较为重要的地位，如法国巴黎地区周边农村地区规划中，注重基于对各类规划对象的采访而进行的定性实地研究（Le Bivic et al.，2020）；丹麦的农村规划中提炼了参与式规划中的三类权力机制（Pia Heike et al.，2015）。意大利乡村规划注重历史价值和传统作物与商业需求和社会需求相冲突的矛盾，提出将食物和景观质量联系起来、保护古老的定居点、维护传统的土地利用并促进农场的教育活动的可持续发展与规划策略（Paola et al.，2018）。此外，荷兰在乡村景观营造规划中注重延续传统、持续保护区域结构性绿地、强化乡村休闲娱乐功能，如兰斯塔德田园景观在经历农业现代化进程之后，逐渐向传统与质朴的营建理念回归，由自行车道、漫步道等构成的慢行系统也充分考虑到与历史景观的结合（王宁，2018）。

2. 东亚地区国际经验

日本、韩国等东亚地区因在地缘特点、文化传统、发展条件、农业特征等方面与中国有很多相似性，其乡村规划与建设经验具有较大的借鉴意义（张立，2016）。日本的农村规划是社会规划、经济规划、空间规划（包括自然环境、农林用地和人造设施）三位一体的综合规划，关注农村环境的多方面功能，具体有自然生态系统功能、能源生产、农村生活、历史文化的传承与维护、环境教育等（系长浩司等，2018），倡导"第六产业化"提升产业结构、完善基础设施、紧凑空间布局、构建支持社区间的社交网络等（沈书娟，2018；李文静等，2019；冯旭等，2019）。新时期日本乡村地区乡村发展模式与规划理念也在不断更新，由以外来开发和政府补助为主的输血式乡村振兴模式变为乡村自立和可持续发展的新经济模式。日本2018年出台的第五次《环境基本计划》提出地域循环共生圈概念，强调城市与乡村是共生共荣的有机整体，需建立城乡要素双向流动机制，通过城乡资源优势互补培育乡村发展内生动力（顾鸿雁，2020）。而韩国的成果经验在于自上而下与自下而上相结合的新村运动，以一系列改善计划、工业园区建设计划等推动"回农回村"现象增加。此外，我国台湾乡村地区改革成效突出，已成为国际经验，这主要体现为在三次土地制度改革的基础上推行的以物质环境改善为主的富丽乡村建设、以社区共同体培养为导向的社区营造和以人为本的农村再生计划三个方面（张立，2016）。

第三节　乡村规划研究存在的主要问题

一、乡村规划研究的城市偏向

以规划城市的方法来规划乡村已经引发了较多的反思。传统的乡村规划在编制过程、分析方法、成果形式和审批环节都沿用城市规划编制和管理的方法，存在简单套用城市模式、"重镇轻村、以村辅镇"的倾向问题。村镇规划照搬城市规划模式与城市空间模式、脱离村镇实际、指导性和实施性较差等问题普遍存在（孟莹等，2015）。乡村在乡镇总体规划"重乡镇建设而缺全域统筹"的尴尬处境下，缺乏精细化管理。乡村规划编制趋于公式化、流于表面和形式，乡村规划编制与乡村发展逻辑存在冲突（范凌云，2015），内容模式与编制方法单一、缺乏针对性（戴帅等，2010）。由此产生的较为明显的后果是乡村景观与空间格局的城市化等。另外，传统乡村规划在不了解村民行为逻辑和村庄社会结构的情况下，结合城市规划的经验，以物质规划为基础，是一种基于精英决策的理性规划模式（王旭等，2017）。因此，有学者指出针对乡村规划本身的基础研究和对策研究有待进一步深化，乡村规划应从强化学理基础、加强机制建设、拓展乡村规划教育等方面加以改进（魏广君，2020）。

二、乡村规划理论研究的滞后

传统乡村规划研究多偏向于经验总结和实践应用，对乡村规划理论总结探索不足，导致乡村规划缺乏必要的理论指导和支撑。规划编制方面，由于自成体系的专门性乡村规划技术规范尚未健全，各地开展的县域村庄布点规划、县域新型农村社区布局规划、县域城乡统筹规划及县域乡村建设规划等乡村体系规划研究在"运动式、被动式地"的编制过程中往往较为薄弱（魏书威等，2019）。乡村规划因地域差异、村民意愿差异等无法简单套用城市规划经验，乡村规划的实施、管理与当地村民的直接利益存在较大关联，这决定了村民参与规划的必要性与重要性。因此村民意愿在乡村规划中的地位被日益重视，要求村民意愿体现在规划主体、规划参与形式、规划决策形式等方面（乔路等，2015）。当前，深入问卷调研和现场访谈、注重规划参与等规划方法的改进（王雷等，2012），乡村规划师、驻村规划师等规划、实施与应用模式的出现，正是为了增强乡村规划的科学性与合理性。另外，部分地区乡镇重复建设浪费巨大，导致乡镇功能求大求全、基础设施超规模建设、建设运营标准过高等，进一步造成后期维护管理困难大，乃至规划实施成果短期效应明显。

三、乡村规划研究的单维度

我国城市规划经历了生产计划驱动型、增长竞争驱动型、美好生活驱动型三类规划转型，其中较长时间内的增长竞争驱动型城市规划立场存在一定的偏向性，重经济增长轻社会发展、重生产轻生活、重开发轻环保、重城市轻乡村，滋生出严重的经济和城市偏向，土地、基础设施和公共服务配置偏向经济部门和城市部门（杨开忠，2019）。同等规划背景影响下的乡村规划研究也更偏向于经济维度，如忽略村庄发展规律的村庄迁并或集中式村庄建设、忽略村民实际需要的公共设施配套等。诚然，经济增长导向的乡村规划研究对于推动农村经济繁荣、增加农民收入、促进村民自治等具有一定的积极意义，但带来了乡村社会、生态、文化等其他维度发展的滞后。从规划内容与规划管控的角度来看，过去的乡村规划更多的是从"点"来思考"域"的问题，关注于村庄建设空间，如乡村聚落、居民点等，对农业和生态空间的管控流于粗放，导致乡村规划管控遗漏缺失，未能有效实现乡村国土空间的全域用途管控（耿慧志等，2020）。

四、乡村规划研究监测网络的缺失

在国土空间规划与相应机构改革的背景下，自然资源管理对经济社会的发展起着越来越重要的作用，建立健全规划项目的全周期、动态性管理和监测流程等新要求被提上日程，如构建目标导向的空间规划指标监测框架（周姝天等，2018）、提高"双评价"与国土空间规划监测评估预警在国土空间底线管控中的作用和地位、建设国土空间规划"一张图"实施监督信息系统（钟镇涛等，2020）等。乡村规划管理是国土空间规划管理的重要组成部分，构建可操作的乡村规划监测框架，形成常态化、具体化的动态监测机制任重道远。目前关于乡村规划研究监测网络的研究甚少，有学者提出建立乡村振兴规划第三方评估机制，聘请第三方中立机构，评估规划实施情况；调查乡村居民的满意度和获得感，监测规划实施的效果，进行规划实施的中期调整与优化。要根据乡村发展的实际需求和规划实施的进展情况，制定规划中期调整与优化的程序，调整乡村振兴和村庄建设的方案和措施，确保规划目标的实现和乡村居民满意度提高（王介勇等，2020）。

五、乡村规划多源数据构建滞后

乡村规划研究所需数据类型多样，数据类别包含农业、农村、农民的"三农"数据，生产、生活、生态"三生"数据等。数据信息构成要素涉及人口、产业、经济、设施、文化、旅游资源、自然资源等。数据来源包括小数据与大数据，小数据一般可通过现状调研、访谈、部门提供等方式获得，大数据则指需要利用现代信息技术采集、存储与处理的海量数据，如移动定位大数据包括移动通信网络中产生的手机信令数据、使用移动互联网的 LBS（Location Based Service）数据等（钮心毅，2020），还有其他能够反映居民行为轨迹的微博签到、高德地图交通等大数据。随着物联网、空间信息、人工智能等技术的发展，数据与信息的获取将更加多元化、便捷化、高效化，多源数据融合应用已成为趋势（党杨等，2019；龚文辉等，2012）。当前乡村规划多源数据构建严重滞后，一方面表现在数据获取上，乡村规划涉及的职能部门众多，导致数据获取难度大、数据交叉与信息不统一等问题；另一方面在于数据分析与研究方法的缺失，乡村规划数据分析主要包括对乡村的形态与质量评价，常用的形态评价指数如乡村平均面积、平均距离、边界形状指数等，质量评价指数有人口密度、年龄结构、乡村产业从业率、通勤模式、垃圾分类回收设施、农家书屋数量、医疗卫生设施等。对应的分析方法如地理探测器、空间句法模型、系统动力学模型、元胞自动机模型等静态与动态分析方法在乡村规划的应用上日渐增多，但均存在一定约束性（杨希，2020），具体如表 22 - 3 所示。

表 22 - 3　乡村规划多源数据

数据类别	数据构成要素	数据来源	数据分析		分析方法
"三农"数据 "三生"数据 城乡土地利用 区域生态环境 社会经济发展	人口 产业 经济 设施 文化 旅游资源 自然资源	小数据：现状调研、访谈、网络收集、部门数据等； 大数据：手机信令数据、地理位置数据、居民行为轨迹数据等	形态评价指数	平均面积、平均距离、边界形状指数等	静态分析 动态分析
			质量评价指数	人口密度、年龄结构、乡村产业从业率、通勤模式、垃圾分类回收设施、农家书屋数量、医疗卫生设施等	

第四节　乡村规划研究展望

一、基于城乡融合构建中国特色社会主义乡村规划理论体系研究

1. 厘清城乡融合理论内涵

当前我国城乡关系已经进入探寻城乡融合发展的新阶段，乡村和城市不再是此消彼长的关系，乡村规划研究应树立区域视野，应以城乡融合发展为切入点，明确城乡融合发展的内在要求和关键举措，推动城乡协同治理，构建中国特色的乡村规划理论体系。因此，准确、科学理解城乡融合的本质内涵以及城乡融合与乡村规划之间的内在关联机制，是研判城乡关系、探寻符合实际发展需求的乡村规划模式的重要基础。随着国家层面对城乡融合发展的关注度上升，城乡融合也成为近年来规划学、地理学、社会学等相关领域研究的热点。城乡融合被界定为一个多层次、多领域、全方位的全面融合概念，它包括城乡要素融合、产业融合、居民融合、社会融合和生态融合等多方面内容，城乡融合发展的本质就是通过城乡开放和融合，推动形成共建共享共荣的城乡生命共同体（魏后凯，2020）。但总体上对城乡融合理论内涵的深入阐述、城乡融合的系统解构仍然不足，这是今后研究的重点方向。

2. 完善乡村振兴规划理论体系

随着脱贫攻坚任务的如期完成，乡村振兴已经成为新时期推进我国乡村地区高质量发展的重大战略指引，而乡村振兴规划则是实现乡村振兴战略目标任务的总体谋划、是新时期乡村规划的重中之重，以乡村振兴规划理论体系支撑乡村振兴意义重大。乡村振兴规划理论体系的构建，应融合规划学、地理学、区域经济学、社会学、管理学等多学科理论，以支撑乡村振兴规划的目标体系、内容体系、技术方法、组织体系等为关键内容，科学解构乡村振兴规划的理论内涵，明晰乡村振兴五维目标下乡村振兴规划的目标框架，构建科学可行的乡村振兴的综合评价体系，以现代信息技术支撑乡村振兴规划技术创新，探寻乡村振兴的多元路径。此外，乡村振兴规划理论体系的构建还要深刻认识乡村地区的地域性、系统性特点，应基于乡村地域系统的基本认知，科学研判乡村振兴的差异化地域类型与地域模式，为乡村振兴规划的落地实施提供理论依据。

二、基于高质量发展要求构建乡村规划内容体系研究

1. 明确乡村高质量发展要求

高质量发展是党的十九大对我国经济社会发展阶段的最新论断，是一种新发展理念的体现，能够很好满足人民日益增长的美好生活需要，并实现发展方式的转变、经济结构的优化、增长动力的转换（杨伟民，2018）。高质量发展将成为未来较长一段时期内中国经济发展的基本导向和根本要求（魏后凯，2020）。开启全面建设社会主义现代化国家的时代背景下，乡村同样面临高质量发展的新要求，应结合地域特征、地方实践、文化背景等建立较为完善的乡村规划内容体系。在乡村规划的总体要求上，明晰乡村高质量发展的重点领域；在乡村规划的技术标准上，制定乡村高质量发展的综合评价体系；在乡村规划的组织实施上，明确乡村高质量发展的实施主体、治理主体、监督主体等。

2. 优化乡村规划内容体系

首先，根据高质量发展的理论，乡村的高质量发展不仅仅体现在改善村庄环境设施等物质空间上，更应注重提升乡村产业发展质量与品质，优化乡村优质资源环境、拓展农村经济高质量发展新空间、促进巩固精准扶贫成效。其次，基于高质量发展的内涵特征，应从平衡城乡供需、注重绿色发展、推动文旅融合与产业高效、完善现代化生活需求等要求出发构建乡村规划内容体系。发挥乡村规划助推乡村创新发展的积极作用，以数字乡村建设为契机，将数字乡村规划作为乡村规划体系的重要内容，按照分区分类、因地制宜的原则，明晰数字乡村建设的总体要求和重点领域。最后，从乡村规划的内容层级上来说，应建立健全中国乡村振兴"区—类—级"三级规划体系，并完善乡村振兴规划的实效评估，提高乡村规划内容体系的完整性与科学性。

三、基于巩固脱贫攻坚成效与乡村振兴有效衔接的规划研究

在精准扶贫任务完成之后，我国需要一个巩固和拓展脱贫攻坚成果的过渡期，主要目标在于牢固全面小康社会的基础、切实提高全面小康水平和质量，进而推动建成社会主义现代化强国。2020 年脱贫攻坚目标如期实现后，中国的反贫困战略存在三大方向上的转变：由绝对贫困治理向相对贫困治理转变，由收入贫困治理向多维贫困治理转变，由超常规扶贫攻坚向常规性贫困治理转变。加强脱贫攻坚与乡村振兴统筹衔接，首先应明确二者之间的衔接关系，主要体现为战略目标的推进关系、体制机制的统一关系和政策体系的融合关系（魏后凯等，2019）。脱贫攻坚与乡村振兴有机衔接的过程中，应着重考虑三个方面的转变：扶持对象从绝对贫困转为相对贫困，政策范围从特惠逐步转向普惠，顶层设计从点逐渐覆盖到面（汪三贵，2020）。具体而言，脱贫攻坚与乡村振兴应着重实现观念、规划、产业、体制与政策五个方面的有效衔接。其中，产业振兴是乡村振兴的基础和关键，一方面应考虑粮食安全和现代高效农业相统一，加快推进农业农村现代化，实现乡村全面振兴，长短结合、多措并举，构建主要依靠本地产业为支撑的农业农村导向型的农民增收和减贫长效机制（魏后凯，2019）。另一方面应加强巩固和拓展脱贫攻坚成果多元化路径的研究，在传统产业扶贫、旅游扶贫、电商扶贫等已有扶贫方式的基础上，进一步实施产业扶贫规划，创新乡村产业扶贫方式。

四、响应国土空间规划创新的乡村规划编制关键技术研究

国土空间规划创新是我国规划体系的重大变革，乡村规划是其中的重要组成部分，我国应以规划体系、技术要领、编制组织为重点推进乡村规划编制关键技术改革。从规划体系上看，国土空间规划背景下，在"保生态、重生产、控建设"的规划导向、"三区三线"统筹协调的要求下，乡村规划应建立"县域层面决策、乡镇域层面落实、村域层面行动反馈"上下传导的系统思维，要在县域层面做好村庄的分级分类，这就涉及系统的指标构建、科学的综合评估等关键技术。哪些村做减量化发展，哪些村做增量发展，都需要基于城乡关系通过宏观调控手段进行统筹部署。从技术要领上看，乡村规划编制主要包括乡村调查与分类技术体系、村庄规划与设计标准技术体系、乡村规划信息技术体系三大核心技术。乡村地域的类型多样性、系统差异性及发展动态性是科学编制乡村规划的重要基础，应加强乡村系统要素空间分类、多级目标甄别、未来发展动态情景模拟等层面的关键技术研究。从乡村规划的编制组织上看，还需要从完善乡村规划师制度、推动村民全过程参与乡村规划编制、以"规划参与"促进"乡村善治"等角度加强乡村规划组织研究。此外，还要重视规划接口的预留，一是要综合考虑不同乡村规划类型与新型城镇化规划、主体功能区规划、国土空间规划等其他发展性、战略性规划之间的衔

接（胡守庚，2019）；二是要强化上下层级规划之间的衔接，乡镇级国土空间规划和村庄规划的联合编制将成为一种趋势，需要积极探索"镇—村联编"的工作思路和技术方法（袁源等，2020）。

五、乡村规划促进乡村地区发展作用机制研究

乡村规划是对乡村发展的统筹安排，适应乡村发展新形势的乡村规划对引领乡村振兴战略的实施、缓解快速城市化产生的负外部性等具有积极作用。长期以来，乡村规划实施过程中往往面对的是较为复杂的乡村现实，如传统小农思想根深蒂固的影响、缺乏想法与行动力的村民成员结构、村庄空心化的现实特征等，乡村规划与发展主体的缺失也使得乡村规划促进乡村地区发展的作用大打折扣，这些方面都制约着乡村规划的落地。因此有必要明确乡村规划对于乡村地区发展的作用机制，探究乡村规划对乡村空间结构优化、功能演变与提升、城乡要素优化配置等方面的内在作用机理。

六、新技术与新方法在乡村规划中的应用研究

（1）要加强大数据技术在乡村规划中的应用。大数据技术在乡村振兴战略规划与决策中的应用不仅是乡村振兴过程中客观上的现实需求，也是促进乡村振兴战略顺利实施的有效途径。基于信息化视角构建乡村振兴战略规划与决策的大数据逻辑，有助于提高乡村振兴战略规划与决策的科学性，助推数字乡村战略的具体实施。

（2）要建立乡村规划大数据平台，提高多源数据管理技术。"数字农村"建设背景下，乡村基础地理信息建设是基础，乡村信息化管理是实现乡村振兴规划决策的前提。建立乡村规划大数据平台要以农户为基本单位，以行政村为管理单元，由市县级政府组织实施。政府应在完善大数据平台基础信息的基础上，提升要素信息管理、发展监测评估、规划优化决策等功能。另外，需从数据体系、分类统计、模块管理等多方面完善乡村综合信息数据库管理技术（黄骞等，2019）。

参考文献

（一）中文文献

［1］柴彦威，张雪，孙道胜. 基于时空间行为的城市生活圈规划研究——以北京市为例［J］. 城市规划学刊，2015（3）：61 – 69.

［2］陈超，赵毅，刘蕾. 基于"共同缔造"理念的乡村规划建设模式研究——以溧阳市塘马村为例［J］. 城市规划，2020，44（11）：117 – 126.

［3］陈美球，蒋仁开，朱美英，等. 乡村振兴背景下农村产业用地政策选择——基于"乡村振兴与农村产业用地政策创新研讨会"的思考［J］. 中国土地科学，2018，32（7）：90 – 96.

［4］陈口丹. 欧洲城乡规划及对中国乡村城镇化的启示［J］. 世界农业，2020（8）：93 – 97.

［5］《当代中国》丛书编辑部. 当代中国的乡村建设［M］. 北京：中国社会科学出版社，1987.

［6］冯奔伟，王镜均，王勇. 新型城乡关系导向下苏南乡村空间转型与规划对策［J］. 城市发展研究，2015，22（10）：14 – 21.

［7］戴柳燕，周国华，何兰. 乡村吸引力的概念及其形成机制［J］. 经济地理，2019，39（8）：177 – 184.

［8］戴帅，陆化普，程颖. 上下结合的乡村规划模式研究［J］. 规划师，2010，26（1）：16 – 20.

［9］党杨，杨印生. 信息化视角下乡村振兴战略规划与决策的大数据逻辑［J］. 东北农业科学，2019，44（6）：65 – 68.

［10］段德罡，陈炼，郭金枚．乡村"福利型"产业逻辑内涵与发展路径探讨［J］．城市规划，2020，44 （9）：28－34＋77.

［11］范凌云．城乡关系视角下城镇密集地区乡村规划演进及反思——以苏州地区为例［J］．城市规划学刊，2015（6）：106－113.

［12］冯现学．对公众参与制度化的探索——深圳市龙岗区"顾问规划师制度"的构建［J］．城市规划，2004（1）：78－80.

［13］冯伟，崔军，石智峰，等．英国城乡规划体系及农村规划管理的经验与启示［J］．中国农业资源与区划，2018，39（2）：109－113.

［14］冯旭，王凯，马克尼．日本乡村规划建设治理研究［J］．中国工程科学，2019，21（2）：34－39.

［15］高相铎，陈天，孟兆阳．"乡村人"视角的城乡关系转型及规划策略——基于天津典型村庄的生活体验式调查［J］．城市规划，2018，42（8）：29－35.

［16］耿慧志，李开明．国土空间规划体系下乡村地区全域空间管控策略——基于上海市的经验分析［J］．城市规划学刊，2020（4）：58－66.

［17］顾朝林，张晓明，张悦，等．新时代乡村规划［M］．北京：科学出版社，2019.

［18］顾鸿雁．日本乡村振兴转型的新模式："地域循环共生圈"的实践与启示［J］．现代日本经济，2020，39（6）：48－59.

［19］龚文辉，刘洪波，周廷刚．基于组件技术的乡村综合信息数据库管理系统［J］．西南师范大学学报（自然科学版），2012，37（10）：173－177.

［20］韩长赋．中国农村土地制度改革［J］．农业经济问题，2019（1）：4－16.

［21］韩选棠．台湾原住民聚落与建筑规划设计——苗栗县泰安乡中兴村迁住计划［J］．建筑学报，1995（3）：16－18.

［22］黄骞，史洪芳，于洪斌．基于实景三维的美丽乡村智能规划协同平台［J］．公路，2019，64（4）：233－238.

［23］胡守庚，吴思，刘彦随．乡村振兴规划体系与关键技术初探［J］．地理研究，2019，38（3）：550－562.

［24］邵艳丽，王璇．我国乡村规划的理论与应用研究［J］．中国工程科学，2019，21（2）：21－26.

［25］洪国城，何子张．"共同缔造"理念下的村庄空间治理探索［J］．城市规划学刊，2018（7）：23－27.

［26］金其铭．农村聚落地理［M］．北京：科学出版社，1988.

［27］纪晓玉，周剑云．大都市区乡村空间保护的一种范式［J］．小城镇建设，2017（2）：80－83＋102.

［28］金兆森．农村规划与村庄整治［M］．北京：中国建筑工业出版社，2010.

［29］蒋金亮，刘志超．时空间行为分析支撑的乡村规划设计方法［J］．现代城市研究，2019（11）：61－67.

［30］李敢．社区总体营造视野下乡村活力的维系与提升——基于新旧"莫干乡村改进实践"的案例比较［J］．城市规划，2017，41（12）：90－96.

［31］李国平，罗心然．新型城镇化背景下的乡村综合发展模式创新研究——以河北省唐县通天河沿线两乡14村为例［J］．人口与发展，2018，24（1）：64－71.

［32］李明．美好乡村规划建设［M］．北京：中国建筑工业出版社，2014.

［33］李开猛，王锋，李晓军．村庄规划中全方位村民参与方法研究——来自广州市美丽乡村规划实践［J］．城市规划，2014，38（12）：34－42.

［34］李文静，翟国方，周姝天，等．乡村振兴背景下日本边缘村落规划及启示［J］．世界农业，2019（6）：25－30.

［35］刘彦随．新农村建设地理学论［M］．北京：科学出版社，2011.

［36］刘健．基于城乡统筹的法国乡村开发建设及其规划管理［J］．国际城市规划，2010，25（2）：4－10.

［37］马克斯·昆斯，唐卫红．联邦德国乡村空间的新规划［J］．武汉测绘科技大学学报，1990（4）：1-5.

［38］孟莹，戴慎志，文晓斐．当前我国乡村规划实践面临的问题与对策［J］．规划师，2015，31（2）：143-147.

［39］倪凯旋．基于景观格局指数的乡村生态规划方法［J］．规划师，2013，29（9）：118-123.

［40］宁志中，王婷，邱于哲，等．乡村绿道休闲产业系统规划实践——以浙江仙居永安溪绿道为例［J］．规划师，2017，33（3）：89-95.

［41］尼克·盖伦特，梅丽·云蒂，苏·基德，大卫·肖．乡村规划导论［M］．北京：中国建筑工业出版社，2015.

［42］钮心毅，岳雨峰．移动定位大数据支持乡村规划研究：进展、困难和展望［J］．城乡规划，2020（2）：67-75.

［43］彭锐，杨新海，芮勇．"陪伴式"乡村规划与实践——以苏州市树山村特色田园乡村为例［J］．小城镇建设，2018，36（10）：27-33.

［44］乔鑫，李京生．近现代乡村规划理论的源与流［J］．城市规划，2020，44（8）：77-89.

［45］乔路，李京生．论乡村规划中的村民意愿［J］．城市规划学刊，2015（2）：72-76.

［46］孙莹，张尚武．我国乡村规划研究评述与展望［J］．城市规划学刊，2017（4）：74-80.

［47］孙莹．以"参与"促"善治"——治理视角下参与式乡村规划的影响效应研究［J］．城市规划，2018，42（2）：70-77.

［48］沈书娟．日本的乡村规划管理［J］．城市规划学刊，2018（5）：123.

［49］王勇．乡村规划与振兴发展研究［M］．北京：现代出版社，2019.

［50］汪毅，何淼．大城市乡村地区的空间管控策略［J］．规划师，2018，34（9）：117-121.

［51］王芳，邓玲．从共同福祉到新型乡村共同体的重构——有机马克思主义发展观对中国新农村建设的启示［J］．理论导刊，2017（6）：59-64.

［52］王介勇，周墨竹，王祥峰．乡村振兴规划的性质及其体系构建探讨［J］．地理科学进展，2019，38（9）：1361-1369.

［53］王宁．传统田园的现代演绎：荷兰兰斯塔德乡村地区建设策略［J］．国际城市规划，2018，33（3）：118-124.

［54］王旭，黄亚平，陈振光，等．乡村社会关系网络与中国村庄规划范式的探讨［J］．城市规划，2017，41（7）：9-15+41.

［55］王雷，张尧．苏南地区村民参与乡村规划的认知与意愿分析——以江苏省常熟市为例［J］．城市规划，2012，36（2）：66-72.

［56］汪三贵，冯紫曦．脱贫攻坚与乡村振兴有效衔接的逻辑关系［J］．贵州社会科学，2020（1）：4-6.

［57］万婷婷．法国乡村文化遗产保护体系研究及其启示［J］．东南文化，2019（4）：12-17.

［58］魏后凯，苑鹏，芦千文．中国农业农村发展研究的历史演变与理论创新［J］．改革，2020（10）：5-18.

［59］魏后凯，刘长全．中国农村改革的基本脉络、经验与展望［J］．中国农村经济，2019（2）：2-18.

［60］魏后凯．深刻把握城乡融合发展的本质内涵［J］．中国农村经济，2020（6）：5-8.

［61］魏后凯．从全面小康迈向共同富裕的战略选择［J］．经济社会体制比较，2020（6）：18-25.

［62］魏后凯．当前"三农"研究的十大前沿课题［J］．中国农村经济，2019（4）：2-6.

［63］魏书威，王阳，陈恺悦，等．改革开放以来我国乡村体系规划的演进特征与启示［J］．规划师，2019，35（16）：56-61.

［64］魏广君．中国乡村规划浪潮——特征、困境和思考［J/OL］．国际城市规划：1-11，［2020-11-14］．http：//kns.cnki.net/kcms/detail/11.5583.tu.20201009.1449.003.html.

［65］魏书威，王阳，陈恺悦，等．改革开放以来我国乡村体系规划的演进特征与启示［J］．规划师，2019，35（16）：56-61.

［66］文剑钢，文瀚梓．我国乡村治理与规划落地问题研究［J］．现代城市研究，2015（4）：16 - 26.

［67］吴丰，王金平．历史聚落的保护与发展研究——记山西省高平市良户历史文化名村保护规划［J］．太原理工大学学报，2008（S1）：123 - 127 + 131.

［68］徐辰，杨槿，陈雯．赋权视角下的乡村规划社区参与及其影响分析——以陈庄为例［J］．地理研究，2019，38（3）：605 - 618.

［69］系长浩司，宋贝君．日本农村规划的历史、方法、制度、课题及展望——居民参与、景观、生态村［J］．小城镇建设，2018（4）：10 - 13.

［70］颜思敏，陈晨．白茶产业驱动的乡村重构及规划启示——基于浙江省溪龙乡的实证研究［J］．现代城市研究，2019（7）：26 - 33.

［71］杨忍，陈燕纯．中国乡村地理学研究的主要热点演化及展望［J］．地理科学进展，2018，37（5）：601 - 616.

［72］杨开忠．新中国70年城市规划理论与方法演进［J］．管理世界，2019（12）：17 - 27.

［73］杨开忠．乡村振兴以都市圈为主要依托［J］．理论导报，2018（6）：54 - 55.

［74］杨伟民．贯彻中央经济工作会议精神　推动高质量发展［J］．宏观经济管理，2018（2）：13 - 17.

［75］杨希．近20年国内外乡村聚落布局形态量化研究方法进展［J］．国际城市规划，2020，35（4）：72 - 80.

［76］叶超，高洋．新中国70年乡村发展与城镇化的政策演变及其态势［J］．经济地理，2019，39（10）：139 - 145.

［77］易鑫．德国的乡村规划及其法规建设［J］．国际城市规划，2010，25（2）：11 - 16.

［78］易鑫．德国的乡村治理及其对于规划工作的启示［J］．现代城市研究，2015（4）：41 - 47.

［79］菅泓博，段德罡，张兵．如何做好实用性村庄规划——基于非正规流转现象的观察与启示［J］．城市规划，2019，43（11）：103 - 111.

［80］袁源，赵小风，赵雲泰，等．国土空间规划体系下村庄规划编制的分级谋划与纵向传导研究［J］．城市规划学刊，2020（6）：43 - 48.

［81］余侃华，祁姗，龚健．基于生态适应性的乡村产业振兴及空间规划协同路径探新［J］．生态经济，2019，35（3）：224 - 229.

［82］张慧，舒平，徐良．基于内生式发展的乡村社区营建模式研究［J］．现代城市研究，2017（9）：72 - 77.

［83］赵先超，宋丽美．长株潭地区生态乡村规划发展模式与建设关键技术研究［M］．西安：西安交通大学出版社，2017.

［84］赵先超，鲁婵．生态乡村规划［M］．北京：中国建材工业出版社，2018.

［85］张京祥，张尚武，段德罡，等．多规合一的实用性村庄规划［J］．城市规划，2020，44（3）：74 - 83.

［86］张伟，许珊珊，袁晓霄．乡村振兴背景下的设计师使命［J］．小城镇建设，2019，37（2）：54 - 60.

［87］张捷，钟士恩，卢韶婧．旅游规划中的共性与多样性博弈——乡村旅游规划规范及示范的若干思考［J］．旅游学刊，2014，29（6）：10 - 11.

［88］张立．乡村活化：东亚乡村规划与建设的经验引荐［J］．国际城市规划，2016，31（6）：1 - 7.

［89］周国华，刘畅，唐承丽，等．湖南乡村生活质量的空间格局及其影响因素［J］．地理研究，2018，37（12）：2475 - 2489.

［90］周国华，戴柳燕，贺艳华，等．论乡村多功能演化与乡村聚落转型［J］．农业工程学报，2020，36（19）：242 - 251.

［91］周国华，张汝娇，贺艳华，等．论乡村聚落优化与乡村相对贫困治理［J］．地理科学进展，2020，39（6）：902 - 912.

［92］周姝天，翟国方，施益军．英国空间规划的指标监测框架与启示［J］．国际城市规划，2018，33（5）：126 - 131.

［93］钟镇涛，张鸿辉，洪良，等. 生态文明视角下的国土空间底线管控："双评价"与国土空间规划监测评估预警［J］. 自然资源学报，2020，35（10）：2415 – 2427.

［94］庄少勤，赵星烁，李晨源. 国土空间规划的维度和温度［J］. 城市规划，2020，44（1）：9 – 13 + 23.

（二）外文文献

［1］Kathryn I. Frank, Sean A. Reiss. The Rural Planning Perspective at an Opportune Time［J］. Journal of Planning Literature, 2014, 29（4）：386 – 402.

［2］Le Bivic Camille, Melot Romain. Scheduling Urbanization in Rural Municipalities：Local Practices in Land – use Planning on the Fringes of the Paris Region［J］. Land Use Policy, 2020（99）：1873 – 5754.

［3］Pia Heike Johansen, Thomas Lund Chandler. Mechanisms of Power in Participatory Rural Planning［J］. Journal of Rural Studies, 2015（40）：12 – 20.

［4］Paola Gullino, Marco Devecchi, Federica Larcher. How Can Different Stakeholders Contribute to Rural Landscape Planning Policy？The Case Study of Pralormo Municipality（Italy）［J］. Journal of Rural Studies, 2018（57）：99 – 109.

第三篇　经济区篇

第二十三章 东部地区发展研究[*]

第一节 东部地区区域发展条件

一、自然环境与自然资源

本章所讨论的东部地区包括河北省、北京市、天津市、山东省、江苏省、上海市、浙江省、福建省、广东省和海南省共十个省市。辽宁省和广西壮族自治区虽地处沿海地区，但分别被划入东北和西部地区。我国的香港、澳门和台湾地区虽地处东部沿海地区，但因经济数据的制约，本章所讨论的东部地区也没有包括我国香港、澳门和台湾地区。

一个区域的自然条件由自然环境和自然资源构成，两者在一定程度上制约并影响着区域经济发展，是决定产业发展、生产方式、地域分工以及产业结构的重要外生力量。中国东部地区具备相对优越的自然环境和自然资源，为其经济发展提供了有利条件。

自然环境包括地理位置、地形地貌和气候条件。首先，从地理位置来看，东部地区位于东亚大陆东缘、太平洋西岸，优越的地理位置和优良的港口条件均有利于发展现代工业与进出口外贸业务。高质量的海岸线和集中分布的港口使该地区拥有最密集的人口和众多较大的城市群——京津冀城市群、长江三角洲城市群、珠江三角洲城市群。其次，从地形地貌来看，东部地区处于第三级阶梯，以地势平缓的平原和丘陵为主，尤其是沿海平原，具有农业发展的绝对优势，更适宜人口和产业聚集，进而演化为城市群，推动区域经济发展。最后，从气候条件来看，东部地区处于东南季风带，冬季寒冷干燥，夏季炎热潮湿，水热同步，为农业发展提供了有利条件。而暖性洋流也使得东部沿海的高纬度港口成为终年不冻港，促进国际无间断的贸易往来，进而影响人口和其他产业发展。

自然资源包括土地、水（海洋）、矿产、能源和其他资源。首先，从土地资源来看，东部地区土地资源，尤其是耕地资源有限，人均耕地面积远低于全国平均水平，并且有大量土地资源被开发用作建筑用地。虽然耕地质量等级相较于其他地区较高，但仍然面临着后备土地资源不足、耕地面积减少等严峻挑战。其次，从水（海洋）资源来看，东部地区由于人口压力而面临水资源短缺的问题，长江流域以北地区频发水荒与旱灾，水利设施不足，供水能力不高，且水污染严重，而长江流域以南地区常受洪涝之苦，这些问题都制约着东部各项经济事业的发展。

---

[*] 本章前三节在《东部经济地理》（石敏俊，等. 东部经济地理［M］. 北京：经济管理出版社，2020）的基础上进行了整理和修改。

同时东部地区所拥有的海洋资源种类繁多、储量巨大，有利于东部沿海的经济持续稳定发展。再次，从矿产资源来看，东部各地区的矿产资源数量与种类均差异较大，分布不均的矿产资源使各地形成了不同的工业布局。最后，从能源资源来看，东部地区的能源储量十分有限，煤炭、石油和天然气储量分别仅占全国的6%、23%和2%，因此东部地区的能源供应主要依靠外部输入，经济发展对北煤南运、北油南运和西气东输的依赖性较大。东部地区内部的能源储量分布北多南少，南北的能源差距决定了东部地区的工业布局，京津唐工业基地多为以钢铁和石油化工为主的重工业，沪宁杭和珠三角工业基地则以加工制造业等为主。

二、区位条件

对于现代区域发展来说，贸易成为一个地区参与全球分工、实现资源交换和享受全球化进程的一种重要途径。贸易和资本流动发生的前提是一个地区能够提供好的基础设施等便利的公共服务资源，其中交通运输条件往往是经济发展的先决条件。而随着贸易成本和运输成本的下降，地区专业化分工水平逐步提高，这种优势的形成通过经济集聚的空间外部性产生正向的集聚经济效益。城市经济学强调，一个地区的经济区位会通过本身的集聚水平在正向的循环因果机制下形成进一步的发展优势。以下选取交通区位和经济区位两个维度进一步解读区域经济发展的区位条件。

东部地区的交通区位条件可以通过东部地区典型的内河运输和公路网络来解释。首先，从内河条件来看，东南部地区地势较低，地形较为平坦，河流众多，且支流丰富、宽阔，适宜船舶航行停靠，同时丰富的雨水资源保证了航道的活力，与入海口相连也赋予了这些内河航道更高的使用价值和经济意义。其次，从公路运输来看，东部地区作为中国发展的核心区域，其中高速公路网络遍布主要城市和市区，同时将东部地区与中西部其他地区有效连接。东部地区的城市规模较大，在区域一体化的过程中，高速公路的开通带来运输成本的下降，从而导致中西部的边缘城市的工业经济不断向东部中心城市集聚，即"第二自然"作用下的交通区位带来的循环累计的"本地市场效应"。最后，从高速铁路来看，东部地区核心的竞争优势在于高速铁路的覆盖面广，高速铁路基本覆盖了主要的城市群，并将国内的其他主要城市群连接为一个网络。东部地区内部的核心城市之间的城际线将城市群内部的城市紧密地联系在一起，缩短了城市之间的通勤距离，加速了区域一体化和同城化进程。

经济区位带来的经济发展动力促进城市的形成往往建立在自然区位和交通区位带来的优势和基础上。中国东部地区在自然区位和交通区位上的优越性，使得这些城市在发展前期积累了足够的人口、资本及交通运输方面的优势。除此之外，东部地区众多的工业集聚区、科技研发集聚都是经济区位促使城市发展带来的结果，产业集聚带来的规模报酬递增效应极快地推动了地区经济的建设和发展。当前整个中国空间经济的格局仍为以东部沿海为核心、中西部为外围的空间形态，东部沿海凭借天然的地理位置的独特优势，在经济贸易自由化的进程中，依赖于大量的出口企业尤其是出口加工企业的集群式布局，形成了自身的经济区位优势。

三、社会经济条件

人口是经济发展和产业布局必不可少的社会条件，其数量、质量、结构、分布等地理要素的变化，受到了自然条件和其他社会经济条件的联合制约。在探究人口对经济增长的作用时，要从多维度去分析人口这一影响经济增长的关键要素。首先，从人口数量及增长率来看，东部地区人口的密集分布和快速增长给经济发展带来了丰富的劳动力资源和消费市场，促进了经济体系的完善和发展。然而，过重的人口负担也会加剧资源消耗，使本来人均资源指标较低的东部地区资源更加紧张，加大就业压力并制约经济发展。其次，从人口分布及移动来看，东部地区仍然是主要的人口迁入地区，但是一线城市对人口的吸引力已经开始逐渐弱化，各大新兴的城市群开始分担北京、上海、广州等一线城市的人口压力，使迁移人群有更多的就业选择，也使整个东部地区的经济发展水平进一步提升。最后，从人口结构来看，东部地区人口性别比持续偏高，人口年龄构成主要是成年型人口，人口城乡结构则表明东部地区的城市化水平处于较高水平。

人力资本对缩小区域经济发展差异以及促进区域经济均衡发展发挥着重要作用，下面将从基本的人口质量和高校质量两个维度对东部地区人力资本的内部差异进行简单叙述。从人口质量来看，第六次全国人口普查资料显示，东部地区人口的文化素质更高，高等教育的普及性更广，与其就业、产业和经济的发展形势相适应。从高校资源来看，东部地区有着最多的高校资源，但内部的分布却极其不均衡，很多省份与中西部地区一样缺少一流的高校，导致了人口外流求学并留在求学地就业的普遍现象。北京市、上海市等大城市则成为了主要的外来人才聚集地，这些城市大力发展知识密集型产业，然而东部较为落后的地区仍然延续着工农业生产和服务业等基础性产业，出现了"强者更强，弱者更弱"的效应。因此，高校资源的分布并没有较好地为整个东部地区做贡献，河北、山东、江苏等省份还有很大的发展潜力。

区域文化作为一个重要的社会经济条件，了解并充分发挥其优势文化，可以对经济的发展和布局产生极为正面的影响。中国东部地区有着农耕和手工业发展的历史基础，加之运河的沟通和丝绸之路的开发，加快了自古以来就有重商主义传统的东部地区内陆和对外的商业化进程。近现代的东部地区大城市是主要的外国在华租界所在地，这段历史使东部地区的现代化工业和铁路交通开始发展，并带动了通商口岸的经济发展和农业制造业的商业化进程。

改革开放以来中国实施了一系列改革开放政策，促进了沿海城市的经济发展，尤其在贸易自由化的过程中，以东部沿海城市为试点的加工贸易区、保税区和自由贸易区进一步促进了东部地区的进出口贸易和经济发展。改革开放以来的东部倾斜政策使得东部沿海的各大城市逐渐成为国际化大都市，开放程度较高。近年来，已经成熟的经济特区和沿海港口城市的发展历程为其他地区的城镇化、现代化进程提供了丰富的经验，中国已逐步将发展重心转移到内陆地区和东部沿海二线城市，进一步缩小了东部地区的内部差距和东部沿海与内陆的差距，缓解了东部大城市的就业压力，促进经济的全面发展。

第二节　东部地区区域发展过程

一、改革开放之前的东部区域发展

中国的近代工业化主要集中于东部地区，东部地区的工业化进程在不同时期呈现出鲜明的时代特点：①产生阶段：洋务运动（1861～1895年）。第一，近代工业的产生源自政府引导，从官办到官督商办。第二，从产生行业看，除军工企业外，洋务派创办的民用企业主要集中在采矿业、冶炼业、交通运输业、纺织行业等。②发展阶段：甲午战争后至辛亥革命前（1895～1911年）。第一，民族资本主义工业日益成为中国近代工业化的主体。第二，从设厂数量和投资总额看，甲午战争后是甲午战争前的数倍，且以民族资本主义工业为主。第三，从分布行业看，工业上，发展较快的主要是轻工业，重工业初步发展。③高潮阶段：辛亥革命至五四运动

（1911～1919 年）。这一时期，工业化开始由东部向内地城市扩展。行业上，由采矿、冶炼等行业逐步向棉纺织、面粉加工等行业发展。④曲折前进与新发展阶段（1919～1949 年）。在阶级斗争和民族斗争极为尖锐复杂的历史环境下，工业化（近代化）艰难地进行。抗日战争、解放战争及中华人民共和国成立初期，东北地区工业尤其是重工业曾经占据重要地位，使东部地区工业地位有所下降，形成了东北的重工业和沿海的轻工业协同发展的格局。

中华人民共和国成立后，经过七年的过渡，我国于 1956 年基本建立了社会主义经济制度，实现了从新民主主义向社会主义的转变。与此同时，也逐渐形成和完善了一种以高度集中为特征、以行政管理为主要机制的计划经济体制，这种经济体制一直持续到开始改革开放。计划经济体制下的工业化历程主要有四个阶段：①国民经济恢复时期。中华人民共和国成立之初到 1952 年，是我国国民经济恢复时期，国家面临的主要经济任务是医治战争创伤，克服经济困难，为全面进行经济建设创造条件。由于我国原有的现代工业大多分布在东部沿海地区，因而经济恢复的重点依次是东北、华东和华北地区。同时，为了改变工业生产过分集中于沿海地区的不合理现象，国家采取一定措施逐步将沿海地区一部分电力、钢铁、机械制造和轻工企业内迁，使其更接近原料产地。②"一五"计划时期。1953 年起，我国开始执行第一个五年计划，大规模搞经济建设。为了改变东强西弱的局面，同时出于战备的需要，国家加大了对中西部地区的投资。这一时期，重工业成果主要分布在东部地区，这得益于东部地区便利的交通条件和作为中国民族工业发祥地较好的工业基础。③"大跃进"时期。1957～1965 年，国家开始全面建设社会主义。针对苏联长期过分强调工业，尤其是重工业而忽视轻工业和农业的弊病，以及中国几年来的实践，国家提出要根据国情探索自己的工业化道路。为了摆脱"大跃进"所造成的经济困境，1961 年 1 月，中共八届九中全会提出"调整、巩固、充实、提高"的八字方针，对国民经济进行全面调整。④"三线建设"时期。20 世纪 60 年代初，国际形势十分严峻。"三五"计划规定要进一步加强内地建设，投资重点要向既不靠沿海也不靠北方的大三线地区转移。"四五"计划则提出要建立不同水平、各有特点、各自为战、大力协同的经济协作区，要将内地建设成为一个部门比较齐全、工农业协调发展的强大战略后方。从 20 世纪 60 年代后期起，国家即采取了对中西部地区极度倾斜的经济政策，将建设的重点放在大三线地区，而对于东部沿海地区则采取坚决控制投资的方针，新的投资要求基本否定，现有投资项目能搬迁的搬迁，一两年不能见效的续建项目一律缩小投资规模。

二、改革开放以来的东部区域发展

改革开放以来，在邓小平同志"两个大局"的战略思想指导下，中央做出了一系列支持东部地区经济率先发展的战略部署和决策：

（1）改革开放至 20 世纪 90 年代以前的经济发展战略。《中华人民共和国国民经济和社会发展第七个五年计划》指出，我国经济分布客观上存在着东部、中部、西部三大经济地带，这为更科学地安排全国生产力总体布局、分别探讨各地带区域性经济发展战略指明了方向。东部地区是我国工业基础最雄厚，科学技术、文化教育水平较高，商品经济比较发达，历史上就与国外有广泛联系的地区。在改革开放的新形势下，东部地区不失时机地加快经济建设，各方面取得了迅速发展，逐步形成了东部沿海产业带，充分发挥经济技术和对外经济技术合作的优势，并以此为阵地，带动中西部地区的发展。东部沿海地区的经济发展，按照"外引内联"的方针，走引进、改造、振兴的新路子，通过引进、采用先进技术，改造传统工业，开拓新兴产业，使老工业基地重新焕发青春。为了适应封闭的内向型经济朝内向和外向相结合的经济转变，东部沿海地区的产业结构、产品结构和原材料来源结构均经历了调整。

（2）20世纪90年代至21世纪以前的经济发展战略。20世纪90年代，以邓小平同志南方谈话和中共十四大确立社会主义市场经济体制改革目标为标志，我国的改革开放进入全面加速推进时期。中央关于东部地区的经济发展战略更加丰富，层次更加立体化、多元化。1994年，中共中央、国务院同意上海市加快浦东新区的开发，在浦东地区实行经济技术开发和某些经济特区的政策。1991年，邓小平在视察上海时指出，开发浦东不只是浦东的问题，而是关系上海发展的问题，是利用上海这个基地发展长江三角洲和长江流域的问题。1992年，邓小平视察南方并发表重要讲话。

（3）21世纪以来的经济发展战略。2001年，随着我国加入世界贸易组织（WTO），我国对外开放转变为全方位的对外开放，中央关于东部地区经济发展的各种战略更是密集出台。从综合配套改革试验区的设立来看，2005年以来，国家综合配套改革试验区已发展到12个，位于东部的有7个。2008年9月至2009年7月，中央就陆续出台了5个与东部省（市）相关的区域振兴规划，明确了长江三角洲地区、珠江三角洲地区、海峡西岸经济区、横琴新区、江苏沿海地区未来一段时期内的战略定位、发展目标及具体发展方略，可见中央政府对东部地区经济发展及其作为综合改革和各种专项改革试验区地位的重视。2011年，国家"十二五"规划纲要提出，"推进京津冀、长江三角洲、珠江三角洲地区区域经济一体化发展，打造首都经济圈，重点推进河北沿海地区、江苏沿海地区、浙江舟山群岛新区、海峡西岸经济区、山东半岛蓝色经济区等区域发展，建设海南国际旅游岛"。东部地区承担了全国改革"试验田"的历史使命，担负着先行先试、为全国经济社会发展探索新路的重大使命，东部地区的发展程度也直接决定着我国的现代化进程。

三、经济新常态背景下的东部区域发展

国际金融危机以来东部经济发展呈现出新态势：首先，外向型经济发展模式仍在沿袭。东部地区长期采用外向型发展模式，经济对外依存度较高，容易受到外部经济的影响。金融危机以来，东部地区对外贸易量仍占到全国总量的大部分，对外依存度也较高。其次，私营企业地位不断提升。东部地区民营经济活跃，私营企业数量和工业销售产值都占全国总量的一半以上。金融危机最严重的时期，东部地区私营企业依然保持了强劲的增长势头，同比工业销售产值实现增长，表现远好于外商及中国港澳台投资企业的增长速度。最后，产业转移趋势加强。产业转移的变动方向，通常是沿着地区经济发展水平由高到低的顺序进行。我国东部地区与西部地区存在着明显的经济发展梯度，因而东部产业会向中西部地区转移。大量数据表明，金融危机以来，东部地区工业增加值增速明显低于中西部地区，产业出现相对转移现象。

在经济新常态下东部地区实现了区域经济一体化发展。经济新常态特指我国进入新的发展阶段将要面对的增速放缓、结构转型等一系列新趋势、新状态。经济新常态下，经济发展呈现出如下特征：第一，经济增长速度"换挡"，但不同区域有别。总体来看，各地区增长率都比过去有所下降，但增长率在不同地区间差别较大。从2007年以来，我国经济增长率一直呈现"东慢西快"格局，这种局面仍将保持一个较长时期，其原因主要是我国区域发展的不平衡，各地区所处的工业化阶段不同，东部沿海地区已进入工业化中后期，而中西部地区正处于工业化、城镇化加速发展时期。第二，经济增长模式"转型"，但比较优势有别。长期以来，我国经济采取的是粗放发展模式，随着各种资源消耗的增加、生态环境的恶化，这种传统的发展模式已到了终结的时候。由粗放的资源驱动模式转变为集约的创新驱动模式，就成为新阶段的经济新常态。第三，经济增长动力"改变"，但能量等级有别。由于国际金融危机之后欧美经济复苏乏力、欧洲接着陷入债务危机、我国劳动力比较优势减弱，以往我国依靠外需拉动经济的模式已

不再奏效，而内需的培育需要较长过程。我国经济进入换挡期后，全面深化改革将是最重要的动力源，通过改革激发民众的创业、创新活力，通过改革营造宽松自由的发展环境。

"一带一路"推动了产业布局调整，一方面，它强调提高面向西北的中亚、西亚乃至欧洲的对外开放水平，为中、西部地区开拓新的市场空间；另一方面，也有利于带动产业、资金等资源流向中、西部地区，应对当前东部地区成本上升和转型压力增大、制造业加快对外转移等问题，促进制造业向中、西部转移，加强东部、中部、西部之间的经济联动性。从我国产业布局的现状与特征来看，大部分工业产业仍集中在东部沿海地区，而西南、西北地区资源密集型行业较为集中，中部内陆地区工业体系较为齐全，已经出现承接沿海地区产业的趋势，而东北地区以石油和黑色金属开采及加工冶炼等重化工业、设备制造业等为优势产业。

第三节　东部地区区域发展格局

一、东部地区的区域经济空间格局

2016年，东部10省市GDP总量为40.4万亿元，占全国GDP总量的54.3%。广东是东部地区内部GDP最高的省份，GDP为8万亿元，其次为江苏和山东，GDP分别为7.6万亿元和6.7万亿元。从GDP的构成来看，2016年，东部地区第一产业增加值、第二产业增加值和第三产业增加值所占比例分别为5%、42%和53%。东部地区多数省份已经渐次迈入"服务主导型经济"阶段，第三产业增加值在三次产业中占有的份额最高。其中，第三产业增加值所占份额最高的省市是北京和上海，第三产业占比分别为80%和70%。

2010年以来，东部地区经济增长进入了沉闷的低迷时期。从GDP增长率的变化看，2015年上海、北京等地GDP增长率已降至7%以下（见表23-1）。由于京沪的人均GDP已达较高水平，GDP增长率维持在6%~7%的水平，应该属于正常区间。江苏、浙江、广东、山东等地经济总量规模大，2016年GDP增长率维持在7%~8%的水平，其转型发展的成效也值得肯定。然而，河北的GDP增长率自2014年起就一直停留在7%以下，考虑到河北的经济发展水平不高，经济增速如此持续走低是值得关注的问题。

表23-1　2010~2016年东部各省份GDP增长率的变化　　　　　　　　　单位：%

东部省份　　年份	2010	2011	2012	2013	2014	2015	2016
北京市	10.2	8.1	7.7	7.7	7.3	6.9	6.7
天津市	17.4	16.4	13.8	12.5	10.0	9.3	9.0
河北省	12.2	11.3	9.6	8.2	6.5	6.8	6.8
上海市	9.9	8.2	7.5	7.7	7.0	6.9	6.8
江苏省	13.5	11.0	10.1	9.6	8.7	8.5	7.8
浙江省	11.8	9.0	8.0	8.2	7.6	8.0	7.5
福建省	13.8	12.2	11.4	11.0	9.9	9.0	8.4

年份 东部省份	2010	2011	2012	2013	2014	2015	2016
山东省	12.5	10.9	9.8	9.6	8.7	8.0	7.6
广东省	12.2	10.0	7.9	8.5	7.8	8.0	7.5
海南省	15.8	12.0	8.7	9.9	8.5	7.8	7.5

资料来源：笔者根据国家统计局数据整理得到。

同时，东部地区内部的经济发展也呈现扁平化的趋势。东部地区内部的欠发达区域有可能成为新的增长点，其 GDP 增速更快。例如，粤西、苏北、鲁西分别是广东省、江苏省、山东省内的欠发达区域，三地在 2013～2015 年 GDP 平均增速分别高出全省平均水平 2.50 个、1.86 个、0.40 个百分点（见表 23－2），有望成为省内新的增长极。

表 23－2　2013～2015 年沿海发达省份与省内欠发达地区 GDP 平均增长率比较　　单位：%

省份	欠发达地区	欠发达地区 GDP 增长率	全省平均增长率	欠发达地区与全省平均之差
广东省	粤西	10.6	8.1	2.5
江苏省	苏北	10.79	8.93	1.86
山东省	鲁西	9.17	8.77	0.4

资料来源：笔者根据 Wind、国家统计局、各地统计公报整理得到。[①]

二、东部地区内部的空间经济联系

需求诱发分析是投入产出分析的方法之一。各地区的最终需求依存度可以用来反映某一区域的生产对于不同区域的最终需求的依赖程度，也可以表征区域经济增长的驱动力。如果一个区域的生产主要依赖当地的最终需求，该区域的经济增长就体现了内需拉动型的增长模式。如果一个区域的生产比较多地依赖于区外的最终需求，该区域的经济增长就呈现出区际贸易导向的增长模式。如果一个区域的生产对于出口贸易的依赖较深，那么该区域的经济增长就是一种出口导向的增长模式。本小节运用投入产出需求诱发分析法对东部地区的经济增长驱动力进行分析。

2002 年，东部三大板块（京津冀鲁、江浙沪、华南）均有着较高的区内市场依存度。除华南的区内市场依存度略低于 50% 以外，京津冀鲁和江浙沪的区内市场依存度高达 65% 和 56%（见表 23－3）。2012 年，东部三大板块的区内市场依存度虽略有下降，但明显高于区外市场依存度和出口依存度，表明东部三大板块的区域经济一体化格局已比较明显，板块经济已经成形。相比 2002 年，2012 年东部三大板块的区外市场依存度均有不同程度的上升，江浙沪地区的区外市场依存度增长尤为明显，从 16% 上升到 34%，表明江浙沪地区与区外的交流日益加强，越来越多的地区开始融入到江浙沪板块经济之中。

---

① 粤西地区包括湛江、茂名、阳江 3 市；苏北地区包括徐州、连云港、淮安、盐城和宿迁 5 市；鲁西地区包括菏泽、济宁、枣庄、聊城、德州、滨州 6 市。

表 23 – 3　东部地区需求诱发依存度的变化　　　　　　　　　　　　　单位：%

区域		2002 年最终需求诱发依存度				2012 年最终需求诱发依存度			
		区内	区外	出口	合计	区内	区外	出口	合计
东部	京津冀鲁	65	19	17	100	64	27	8	100
	江浙沪	56	16	28	100	40	34	26	100
	华南	48	20	33	100	46	22	32	100

资料来源：笔者基于 2002 年和 2012 年中国省际投入产出表计算得到。

　　东部各省份的需求诱发依存度计算结果如表 23 – 4 所示。除上海以外，其他所有省份的省内市场依存度均超过 30%，可见省内市场对各省经济增长的贡献之大，这也从另一个侧面反映出省级行政单元在组织经济活动中的作用变得越来越重要。总体来看，相比中西部省份，东部各省省内市场依存度并不算高。对于东部地区经济发达省份，如上海、北京、广东、江苏、浙江而言，相对偏低的省内市场依存度是由出口贸易比例大导致的，如果除去出口贸易，省内市场占国内需求的比例也在 60% 以上。

表 23 – 4　东部地区各省份省内市场和省外市场的诱发依存度　　　　　单位：%

东部省份	2012 年最终需求诱发依存度			
	省内	省外	出口	合计
北京	38	42	21	100
天津	49	36	15	100
河北	42	47	11	100
上海	29	39	32	100
江苏	38	39	22	100
浙江	45	30	25	100
福建	56	23	20	100
山东	54	32	15	100
广东	41	23	35	100
海南	61	28	10	100

资料来源：笔者基于 2012 年中国省际投入产出表计算得到。

　　东部地区三大板块间需求诱发依存度的计算结果表明，东部三大板块之间的相互联系非常密切，如京津冀鲁对江浙沪市场的依存度为 6%，江浙沪对京津冀鲁市场的依存度为 5%。东部各省间的需求诱发依存度的计算结果如表 23 – 5 所示，综合来看，东部各省份间的需求诱发依存度主要受到三个方面因素的影响：①空间相邻因素。如河北对京津和山东市场的诱发依存度、山西对河北市场的诱发依存度、浙江对江西市场的诱发依存度、安徽对江苏市场的诱发依存度、广西对广东市场的诱发依存度等较高。东部也有少数省份对空间不相邻的省份的需求诱发依存度较高，这些省份大多是资源型省份或辐射能力较强的省份，产业发展服务于全国一盘棋，如北京、天津、上海。②交通运输因素。一方面，远离经济中心的偏远省份的省外市场依存度较低，如海南的省内市场依存度为 61%。这主要是由于交通运输的制约，对外联系受到限制，省外市场依存度较低。另一方面，交通运输便利的省份之间，即使空间不相邻，需求诱发依存度也可能较高，如河南对江苏市场的诱发依存度，湖南对广东市场的诱发依存度相对较高。③资源条件和产业结构互补性。还有一些省份之间，尽管不存在空间相邻关系，但经济联系较密切。如吉林对山东市场和河北市场的依赖较深。

表 23-5　东部地区三大板块之间的需求诱发依存度　　　　　单位：%

区域		东部地区			其他地区	出口	总计
		京津冀鲁	江浙沪	华南			
东部地区	京津冀鲁	56	6	2	21	15	100
	江浙沪	5	40	3	25	26	100
	华南	1	2	46	19	32	100
其他地区		7	6	5	72	10	100

资料来源：笔者基于 2012 年中国省际投入产出表计算得到。

（一）东部地区城市群发展态势

在"十三五"规划中，国务院提出了将在"十三五"期间建设 19 个城市群，其中位于东部的五个城市群（京津冀、长三角、珠三角、山东半岛、海峡西岸①）的经济社会发展水平居于全国前列，在全国的地位与作用非常重要，尤其长三角城市群、珠三角城市群和京津冀城市群在 2014 年以占全国 3.6% 的土地吸纳了全国 17.9% 的人口，创造了 34.7% 的地区生产总值。这些城市群产生了巨大的聚集经济效益，不仅提升了东部区域经济竞争力，也是推动全国经济增长的重要力量。

十年来，东部地区内部的欠发达区域通过承接来自长三角、珠三角、京津冀核心区的产业转移，已经形成了良好的产业基础。这些区域具有良好的区位条件，离沿海大都市的交通通达性好，有利于接受沿海大都市的经济辐射，实现经济增长。从过去十年的 GDP 增长率可以看出，京津冀、长三角和珠三角三大城市群的 GDP 增长率的下降明显快于山东半岛城市群和海峡西岸城市群。2011 年之后，海峡西岸城市群的 GDP 增长率已经超过京津冀、长三角和珠三角三大城市群，一跃成为五大城市群之首，而山东半岛城市群的 GDP 增长率也在绝大多数时期高于三大城市群（见图 23-1）。可以预见，在未来一定时期内，尽管京津冀、长三角和珠三角三大城市群依然会是东部地区最重要的三大增长极，依旧会发挥其对区域经济的引领和带动作用，但与此同时，次级城市群的地位会进一步提升，成为东部区域发展的新亮点，东部经济会呈现更加多极化的发展态势。

（二）城市群发展与区域经济一体化

城市群是减少空间隔阂、提升效率、增强竞争力的重要布局。城市群内部经济一体化可以减轻由行政区划导致的区域分割，减小制度性贸易壁垒的影响，加深区域融合程度。区域经济一体化还可以带来市场规模的扩大，推进要素自由流动，降低生产成本和贸易成本，有利于企业生产规模的扩大，从而促进区域经济增长。然而，目前东部城市群的区域经济一体化还存在诸多问题。

---

①　京津冀城市群包括北京、天津、保定、廊坊、唐山、秦皇岛、石家庄、张家口、承德、沧州；长三角城市群包括上海、南京、无锡、常州、苏州、南通、扬州、镇江、泰州、杭州、宁波、嘉兴、湖州、绍兴、舟山、台州、盐城、金华、合肥、芜湖、马鞍山、铜陵、安庆、滁州、池州、宣城；珠三角城市群包括广州、深圳、珠海、佛山、东莞、中山、江门、肇庆、惠州、汕尾、清远、云浮、河源、韶关、香港、澳门；山东半岛城市群包括济南、青岛、淄博、潍坊、东营、烟台、威海、日照；海峡西岸城市群包括福州、厦门、泉州、莆田、漳州、三明、南平、宁德、龙岩、温州、丽水、衢州、上饶、鹰潭、抚州、赣州、汕头、潮州、揭阳、梅州。

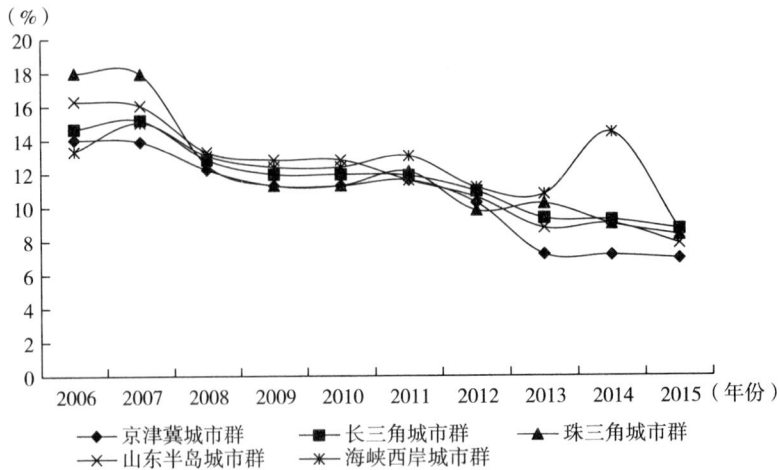

图 23 - 1　2006～2015 年东部五大城市群的 GDP 增长率变化情况

资料来源：笔者根据《中国城市统计年鉴》整理得到。

京津冀城市群仍存在产业关联松散、产业链整合程度低、相互依赖程度低、空间扩散效应弱等问题。从京津冀城市群溢出效应的计算结果可以看出，京津冀城市群内部本省对省内的乘数效应远大于对其他省份的溢出效应（见表 23 - 6），说明经济增长主要是依靠省内需求的带动作用，三省市之间的相互依赖程度较低，空间扩散效应弱。

表 23 - 6　2002 年和 2007 年京津冀三省市间的溢出效应强度　　　　　单位：%

2007 年	北京	天津	河北	溢出效应合计	2002 年	北京	天津	河北	溢出效应合计
北京	71.6	6.5	21.9	100.0	北京	88.6	1.7	9.7	100.0
天津	7.9	56.6	35.5	100.0	天津	11.9	76.8	11.3	100.0
河北	4.1	7.0	88.9	100.0	河北	8.7	4.2	87.1	100.0

资料来源：《京津冀协同发展报告》（2016）。

珠三角城市群一体化仍需破除壁垒，粤港澳大湾区建设将促进珠三角区域的融合发展。自 2008 年 12 月《珠三角改革发展规划纲要》上升为国家战略后，珠三角城市群的一体化加速推动并取得了一定成效，但珠三角城市群一体化仍存在一些问题，主要包括：①产业布局一体化效果不明显。据测算珠三角内部城市的产业同构系数由 2007 年的 0.636 上升到 2013 年的 0.67 左右，升幅不大。②政府间的规划缺乏有效对接。不同城市政府间的政策规划不协调，经济社会发展规划、土地利用规划等方面的整合和对接难度大。③缺乏利益协调分配机制。由于行政壁垒、财税制度、政绩考核等条件的制约，珠三角尚未建立起完善的利益分配机制，这样在不同的利益诉求下，利益受损者可能会失去合作的动力。

粤港澳大湾区建设是珠三角城市群的转型升级行动，其实质内涵是粤港澳的区域融合发展。粤港澳大湾区拥有发达的全球金融中心、全球航运中心，密集的制造业产业集群，也拥有我国创新能力最强、市场环境最好的城市群，各个城市之间的交通通达条件优良，也具有相似的文化传统，有利于粤港澳的区域融合发展。在处理好"一国两制"等制度因素的前提下，推进粤港澳的区域经济融合发展，必将大大促进粤港澳大湾区综合经济实力的增强和全球竞争力的提升。

第四节 东部地区区域科学学术研究综述

一、东部地区区域科学研究发展概况

本部分采用文献综述与文献计量分析相结合的方法，利用 CiteSpace 文献分析工具，系统性地回顾了 1990~2020 年东部地区区域科学研究的相关文献，从中总结了东部地区区域科学研究的发展历程和研究特点。

本部分的样本数据来自中国学术期刊出版总库。采用高级检索方式，将检索主题设定为"区域经济"，检索篇名包含"东部""京津冀""长三角""珠三角""粤港澳大湾区""河北""北京""天津""山东""江苏""上海""浙江""福建""广东""海南"的论文文献。检索时间跨度为 1990~2020 年。数据获取时间为 2021 年 1 月 18 日。经过去除重复内容、新闻报道、非学术研究等，最终得到关于东部地区区域科学研究的期刊文献 8604 篇，其中 CSSCI 期刊论文 1548 篇。

表 23-7 报告了不同地理单元相关研究的期刊论文的分布情况。作为中国东部地区的三大增长极，"京津冀""长三角""珠三角"三个地理单元是学者研究的关注重点，相关研究数量最多，共计 3584 篇。各省级地理单元研究中，研究数量与省区经济社会发展水平情况密切相关，"江苏"相关研究数量最多，为 697 篇，"海南"相关研究数量最少，为 145 篇。

表 23-7 各地理单元区域科学相关文献分布情况

地区关键词	文献数量（篇）	文献比例（%）
东部	265	3
京津冀	1386	16
长三角	1343	16
珠三角	855	10
粤港澳大湾区	234	3
河北	272	3
北京	364	4
天津	459	5
山东	482	6
江苏	697	8
上海	597	7
浙江	600	7
福建	313	4
广东	592	7
海南	145	2

资料来源：笔者根据从中国知网中检索到的数据资料计算整理而得。

二、东部地区区域科学发展阶段和主要议题

东部地区区域科学研究文献的年度变化趋势如图23-2所示。总体上看，自20世纪90年代以来，东部地区区域科学研究经历了显著的发展变迁，发表论文数量呈现出明显的阶段性变化。结合中国区域科学的发展历程（杨开忠，2008），东部地区区域科学研究发展大致可以分为三个阶段。

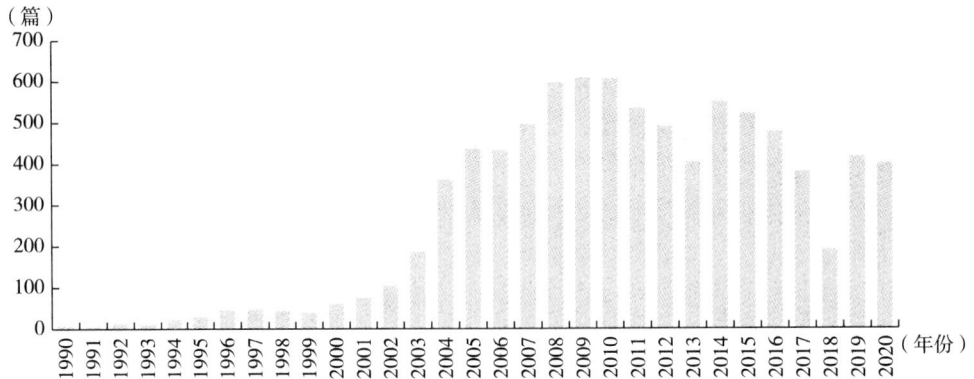

图23-2　1990~2020年东部地区区域科学相关文献发表数量情况

资料来源：笔者根据从中国知网中检索到的数据资料计算整理而得。

第一阶段，起步阶段（1990~2000年）。中国区域科学作为一门正式的学科，自20世纪90年代才开始建立。作为中国经济最发达的地区，东部地区一直是中国区域科学研究的关注重点。在起步阶段前期（1990~1995年），关于东部地区的相关研究整体偏少，年均发表论文14篇。此后，随着中国区域科学研究的不断发展，东部地区相关研究发表数量稳步提升，起步阶段后期（1996~2000年），年均发表论文47篇。

表23-8为东部地区区域科学研究的高频关键词统计情况。在起步阶段，"协调机制""联动发展"和"经济协作"作为高频词出现，相关研究的主要议题围绕区域和城市经济发展问题展开，探讨加强区域协作对区域经济发展的促进作用。

表23-8　东部地区区域科学研究高频词统计

	起步阶段（1990~2000年）	高速增长阶段（2001~2010年）	波动发展阶段（2011~2020年）
1	区域经济发展	泛珠三角	经济增长
2	城市化	区域经济合作	协同发展
3	区域特色经济	经济增长	区域经济一体化
4	改革与发展	区域经济一体化	京津冀协同发展
5	现代化	协调发展	粤港澳大湾区
6	联动发展	产业集群	产业转移
7	协调机制	经济发展	产业集聚
8	中心城市发展战略	城市群	长三角城市群
9	经济协作	区域金融	产业升级
10	生产力	产业结构	京津冀一体化

注：利用CiteSpace文献分析工具，对来自CSSCI数据库的1548篇文献进行统计，对与检索篇名相同的关键词（如"京津冀""长三角""上海"等）进行了剔除，根据关键词出现的频次，统计出各个阶段排名前十的关键词。

资料来源：笔者根据从中国知网中检索到的数据资料计算整理而得。

第二阶段，高速增长阶段（2001～2010 年）。进入 21 世纪，中国区域经济研究在完成了与国际区域科学接轨的同时，进入了探索适合中国区域实际情况、解决中国区域发展问题的新阶段。在这一时期，东部地区区域科学研究获得了快速的发展。2000～2010 年，年均发表论文数量增加到 390 篇。2009～2010 年，东部区域科学研究论文发表达到最高值，年均发表论文数高达 606 篇。

在此阶段，东部区域一体化进程不断加快。2003 年，"泛珠三角区域"计划开始实施。"泛珠三角""区域经济合作"成为这一阶段频次最高的两个关键词。早期研究聚焦于区域经济合作的基础、特点和发展状况。随着泛珠三角区域一体化进程的加快，学者们开始从政府治理、机制设计、战略发展等方面展开深入研究。与此同时，产业集群化发展战略在东部地区取得了显著成效，"经济增长""产业集群""产业结构"成为了这一阶段的高频关键词。环渤海地区、长三角、珠三角都形成了各具特色的产业集群，极大地推动了东部地区的经济增长和转型升级。

第三阶段，波动发展阶段（2011～2020 年）。从 2011 年开始，东部地区区域科学研究呈现出明显的波动特征。2011～2013 年，发表论文数量呈现逐年下降趋势。2014 年，京津冀协同发展上升为重大国家战略，相关研究出现迅速增长，"京津冀协同发展""京津冀一体化"成为这一阶段的高频关键词。不同领域的学者从顶层设计、区域治理、产业协调、空间布局、生态治理等议题入手，积极探索京津冀协同发展的理论基础、政策措施和实现路径。

2015～2018 年，论文发表数量继续下降，2018 年降低至这一阶段的最低水平。2019 年，中共中央、国务院印发《粤港澳大湾区发展规划纲要》，"粤港澳大湾区"成为高频关键词。主要议题围绕城市群经济增长、区域基础设施协调、体制创新等方面展开，学者们对粤港澳大湾区建设和协调发展进行了深入系统的研究。

三、东部地区区域科学研究特点

第一，研究内容紧跟东部区域发展战略，立足东部地区发展需求。过去 30 多年中，我国在东部地区先后实施了一系列的区域发展战略规划。如何解读国家政策导向，把握发展机遇，在区域一体化进程中实现高质量增长，成为了每个东部地区地方政府亟须解决的问题。东部区域科学研究的研究热点一直与政策导向和地区需求密切契合。例如，伴随着《京津冀协同发展规划纲要》《关于深化泛珠三角区域合作的指导意见》《粤港澳大湾区发展规划纲要》等政策文件的出台，"京津冀一体化""泛珠三角""粤港澳大湾区"便成为了同期相关研究的高频关键词。相关研究为发展战略的实施和改进提供了理论支持，为地方政府决策提供了科学依据。

第二，借鉴西方区域科学经典理论，构建适合于东部地区的区域科学理论体系。一方面，在新经济地理学的相关理论框架下，对东部地区的空间集聚、与中西部地区的差异、京津冀协同发展等问题进行理论分析；另一方面，从新制度学派理论视角出发，强调制度要素在区域借鉴发展中的重要作用，研究政府及其体制对区域经济协同发展的影响机制和传导路径。新经济地理学为东部地区空间分析提供了理论工具，而新制度学派以区域政策和体制为研究中心（孙久文，2003），更有利于从机制上分析地方政府的决策行为。二者相互补充，为东部地区一体化和协同发展的政策设计和制度创新提供了理论基础。

第三，多学科、多领域交叉融合，研究方法多样化。区域科学"采用各种各样的分析性研究和经验式研究相结合的办法对区域内的或空间范围内的社会问题进行细致耐心的研究"（瓦尔特·艾萨德，1991）。区域科学是一个宽泛的概念，其研究视角远远超出经济学范围（张可云，2013）。东部地区区域科学研究的发展体现出了区域经济学与其他学科在理论和研究方法上的交融，代表性学者及其研究团队来自区域经济学、经济地理学、社会学、统计学、管理学等不同领域。在研究方法上，区域经济学主要采用的是主流经济学中的理论建模和实证检验方法。受制于建模技术，经济学范式下的理论研究过于抽象，容易忽视现实中区域的特性，并且很少考虑空间网络的影响（郭利平和沈玉芳，2003）。受制于数据的获取，经济学实证检验大多采用统计数据或普查数据，数据的地理单元尺度相对较大，难以准确刻画区域空间发展格局或区域差异。其他学科研究方法的引入则弥补了经济学研究的不足。例如，经济地理学研究注重真实的地理单元及其空间关联，利用空间计量模型可以对地区间的各种空间溢出效应进行检验；而利用冷热点分析、时空模式挖掘则可以识别区域经济发展的格局演化，从而能够提出更具针对性的空间格局优化和整合措施，促进东部地区区域合作与协调发展。

第五节　东部地区区域发展新动向

一、东部地区区域发展面临的挑战

改革开放之后，我国东部地区伴随着工业化城镇化的进程，经济社会发展与人民生活水平快速提升。但受国内外发展环境变化以及区域自身存在的问题等方面的制约，未来区域的高质量发展仍存在一定的挑战。

（1）发展的不稳定不确定性因素增加。在自然环境方面，全球气候变化加剧，给自然生态环境和人类经济社会带来了全方位、多方面的影响和风险。2019年，联合国政府间气候变化专门委员会（IPCC）发布的《气候变化中的海洋和冰冻圈特别报告》预测，如果对碳排放不加控制，2100年全球海平面将上升2米多。我国东部地区的人口和产业主要聚焦在沿海地区，全球气候变化以及极端天气引起的暴雨、风暴潮、城市内涝等问题将危及东部地区主要城市的安全，损坏城市持续发展的安全基础。在经济社会方面，当前国际社会面临百年未有之大变局。大国竞争与博弈异常激烈，世界政治经济格局正加速分化与重构。世界经济整体处于长周期下行阶段，新冠肺炎疫情冲击、中美经贸摩擦等进一步加剧了全球经济低迷，贸易保护主义和单边主义抬头，全球产业链和价值链出现区域化和短链化趋向，这些都将给东部地区的发展，特别是外向型经济的发展带来新的挑战。

（2）人地矛盾凸显。经过改革开放之后40多年的高强度开发，东部地区的城乡建设占用大量的农业空间和生态空间。目前，一些主要城市的国土空间开发强度较高，可供开发建设的后备土地资源严重不足，例如，上海市各类建设用地的面积占陆域国土面积的比重为46.6%，深圳市超过50%。可供开发建设的土地资源将成为影响东部地区发展的重要限制性因素。随着整个社会由"生存型"向"发展型"的转变，人民群众对公园、绿地等高品质生活空间的需求将进一步增加，人地矛盾将会更加凸显。

（3）资源环境约束趋紧。传统工业发展模式下，高强度的资源消耗和污染排放对自然生态环境造成一定程度的损害，资源环境对区域发展的约束作用趋紧。例如，华北平原的用水量远远超过区域的水资源承载能力，成为我国地下水超采最为严重的地区，已成为世界上最大的地下水降落漏斗区。位于亚热带湿润地区的粤港澳大湾区虽然降水较多、水系发达，但是受地表蒸发强烈、绝对海拔较低、国土空间狭小等因素影响，区域产水模数较低，也存在缺水问题。2019年，粤港澳大湾区人均常年水资源量仅为807立方米，远低于全国（2074立方米/人）和世界平均水平（5829立方米/人），整体上处于重度缺水地区。其中，深圳、香港、澳门年人均水资源量均不足 500 立方米，属于极度缺水区，广州属于重度缺水区。

（4）产业转型与区域统筹压力较大。近年来，我国产业结构不断调整优化，已经建立了现代化的产业体系。但作为经济增长主要驱动力的高技术制造业仍然主要集中在广东、江苏等少数发达地区。辽宁、河北、山东等北方省份产业转型升级的难度依然较大，区域的创新动力不足，产业发展的综合竞争能力不强。未来东部地区南北方的发展差距将可能进一步拉大。除此之外，部分省份的城乡之间发展差距依然较大，产业转型升级、城乡区域统筹发展等仍是未来的重要任务。

（5）社会治理体系和治理能力不足。在"重生产轻生活""重建设轻治理"的传统思维下，社会治理建设远远滞后于经济发展。一些地方的社会治理水平不足，特别是城乡的基层治理薄弱。同时，我国东部地区是主要的人口输入地区，存在大量无户籍的"非完全迁移"人口。他们是城市就业人口的重要组成部分，且大多数从事城市正常运行所不可或缺的基本工作。但是以农民工为主体的大多数非户籍就业人口在教育、医疗、住房等方面不能享受与户籍人口同等的权益。这些问题的存在弱化了城市发展能力，有可能激化社会矛盾，影响社会和谐与稳定。

二、东部地区区域发展面临的机遇

我国发展环境面临深刻复杂变化，但东部地区凭借其良好的区位条件和发展基础，仍然处在大有可为的重要战略机遇期。

一是国际国内双循环发展带来的重大机遇。2019 年，中央提出构建"以国内大循环为主体、国内国际双循环相互促进的新发展格局"。我国东部地区对外面向太平洋，对内面向中国腹地，既是保障国内市场循环的重要基地，又是抢抓国际市场机遇、联结国际市场循环的战略前沿，在支撑"双循环"发展格局中处于重要的战略支点地位。

二是新一轮科技革命带来的重大机遇。当前科技革命不断向广度、深度发展，新技术、新方法、新工具的不断涌现给生产生活方式带来重大变革。这些变革一方面可以使新的经济活动成为可能，产生新的业态；另一方面对经济活动中的生产要素进行重新组合，产生新的生产模式和管理模式。伴随着现代经济活动对技术依赖程度的加大，技术与知识已经成为影响区域发展的重要因素。我国东部地区是科技、教育、人才等创新要素最为集中的区域，可以利用新科技革命带来的技术红利和政策红利，加快转向创新驱动发展，推动产业转型升级，带动城市及区域实现新一轮发展。

三是互联互通的基础设施网络建设。过去几年，我国东部地区的铁路、公路、水运、机场、港口、城市轨道交通、能源运输等重大基础设施建设全面提速，5G、工业互联网等新型基础设施加快布局，高水平的互联互通基础设施网络基本建成，这为未来东部地区加快新旧动能转换、实现经济高质量发展提供了强力支撑。

三、东部地区区域的未来发展展望

当前及未来一段时期，国内外发展环境的不稳定性、不确定性影响虽然有所增加，但东部地区作为我国人口和产业的主要集聚区域，区位优越、交通便利，自然条件和产业发展基础较好，且具备较强的创新能力和不断完善的政策措施，未来发展趋势总体向好。

第一，率先实现高质量发展。东部地区将抓住发展机遇，不断突破传统发展路径的约束，依靠良好的发展基础和创新优势，加快推进新旧动能转换，实现产业转型升级和产业发展布局优化，建成现代化经济体系，产业基础高级化、产业链现代化水平明显提升，努力占据全球产业链、价值链和创新链的高端地位。

第二，城市群、都市圈的人口和产业集聚能力不断增强。东部地区的京津冀、长三角和粤港澳大湾区三大世界级城市以及山东半岛城市群、海峡西岸城市群等将继续壮大，人口产业集聚能力和辐射带动能力将不断增强，支撑开放合作能力、创新发展能力和综合竞争能力将日益提升，成为带动东部地区乃至全国发展的重要引擎。

第三，城乡区域之间的交流日趋紧密。随着我国市场体系的不断建立和完善。东部地区市场要素自由流动、基础设施网络互联互通、区域协作机制等将更加健全，区域之间、城乡之间、城市群都市圈内部的交流将日趋紧密，资源的跨区域配置能力将日益提升，实现资金、人才、技术、信息等要素的高频流动、高效配置、高能增值，为区域城乡协调发展注入新的动力。

第四，人民生活将更加幸福。在"以人民为中心"的发展理念下，未来各地的城乡综合治理能力将不断提升，各级城乡生活圈的打造将不断提升公共服务能力，补齐医疗、卫生、教育、文化等多领域的民生短板。在经济社会高质量发展的同时，人民群众的幸福指数将不断增强，生活品质将不断提升。

第五，自然生态环境逐步好转。随着生态文明建设的深入推进，通过产业转型、节能减排、能源革命等措施，形成绿色低碳的生产生活方式，减少经济社会发展对自然生态环境的胁迫。同时，随着污染防治、生态保护、整治修复等措施的深入实施，东部地区的自然生态环境将会明显好转，为人民群众提供更多高品质的生态空间和生态产品。

参考文献

［1］陈伟伟，王喆．中国区域发展七十年暨"十四五"区域发展展望［J］．中国经贸导刊，2019（20）：29-32.

［2］高国力，李天健，孙文迁．改革开放四十年我国区域发展的成效、反思与展望［J］．经济纵横，2018（10）：2+26-35.

［3］郭利平，沈玉芳．新经济地理学的进展与评价［J］．学术研究，2003（7）：73-76.

［4］石敏俊，等．东部经济地理［M］．北京：经济管理出版社，2020.

［5］孙久文．现代区域经济学主要流派和区域经济学在中国的发展［J］．经济问题，2003（3）：2-4.

［6］沃尔特·艾萨德．区域科学导论［M］．陈宗兴，等译．北京：高等教育出版社，1991.

［7］杨开忠．我国区域科学研究前沿介绍——兼评《区域经济学原理》［J］．开放导报，2008（4）：63-68.

［8］张可云．区域科学的兴衰、新经济地理学争论与区域经济学的未来方向［J］．经济学动态，2013（3）：9-22.

第二十四章　中部地区发展研究

第一节　中部地区发展历程

中部地区的发展经历了改革开放前的缓慢发展阶段，到改革开放尤其是西部大开发战略实施以后的经济增长速度低于东部沿海区和西部开发区而成为"中部塌陷区"，再到"中部崛起"战略阶段的经济加速增长，最后转变为区域发展新格局的健康发展态势。

一、改革开放前的缓慢发展阶段

中华人民共和国成立以后，我国经济基础薄弱，生产力分布不均衡，工业发展水平相对落后。鉴于恢复和发展生产需要提高落后地区的经济发展水平和加强工业尤其是有利于巩固国防的重工业建设，国家把在全国有计划地布局工业，使工业接近原料、燃料产区和产品消费区，纳入历次国民经济计划之中。

"一五"时期，国家就开始有计划地、均衡地布置全国的工业企业。在以辽宁为中心的东北地区建设了一批煤炭、电力、钢铁、铝冶炼、机械等重工业项目；同时，还集中建设了武汉、包头、兰州、西安、太原、郑州、洛阳、成都等轻工业生产基地。

"二五"时期，中国的生产力布局的目标是实现全国工业的均衡分布，力求使各大经济协作区和各省区具有独立完整的经济体系。在1963~1965年，国家在发展华东地区重工业的同时也逐渐加强了内地的工业建设。

"三五"和"四五"计划的制定以备战为中心，生产建设的推进以三线地区为重点。"三五"时期，主要是加强西南地区的发展建设。在此期间，内陆地区的生产建设投资高达631.21亿元，在全国建设中的占比达到64.7%。"四五"时期，在积极推进西南地区建设的同时，豫西、鄂西和湘西地区也逐渐成为三线建设的重点。此外，为了满足国家整体的经济发展需求和战备的要求，将全国划分为10个经济协作区，并且在各个协作区内逐步建立不同水平、各有特点、各自为战、大力协作的工业体系和国民经济体系；各省市区内部在尽快实现机械设备和轻工产品自给的条件下，建立支撑农业服务的工业体系和各自的小三线。从"四五"到"五五"期间，国家的投资重点也从以均衡发展为目标逐渐转向更多政策向东部地区倾斜（魏后凯和邬晓霞，2012）。

计划经济体制下制订的五年计划奠定了我国工业化、现代化的基础，并在全国、各协作区乃至各省区内部形成了独立完整的工业体系和国民经济体系，为开展社会主义建设积累了丰富的经验。然而，在计划经济的背景下，区域发展的方向更多地以国家大的发展战略目标为导向。

虽然各项社会经济指标在计划经济体制实施初期得到迅速改善，但是随着经济发展速度加快，体制僵化的弊端愈加明显。在这种自上而下、垂直管理的行政体制和平均主义分配制度的作用下，我国许多地区资源配置错乱，大量的社会生产资源被浪费。在这种僵化的体制背景下，经济以粗放式增长为主，盲目追求高速经济增长而忽视产出的质量，严重降低了我国社会资源使用效率，减缓了国家发展经济的速率。

在这种"全国一盘棋"的计划经济体制下，中部地区作为当时的中原经济协作区，由于受到体制僵化的影响，在社会发展过程中，必然出现资源浪费、配置错乱、生产效率不高的现象，经济发展也严重受阻。此外，在全国处于战备状态下，中国的经济发展重点主要放在西北、西南这些内陆"三线"城市的建设中，而沿海"一线"城市的建设重点转变也在"五五"计划初期逐渐显现。中部地区作为"次一线"地区，无论是在这种低效率的经济体制下，还是在国家社会发展的重点方向上，都缺乏有效推动社会发展的生产资料和生产要素。因此，从中华人民共和国成立以后到改革开放前这一段时间，中部地区一直处于经济虽有增长但速度缓慢且低效的发展阶段。

二、改革开放后的"中部塌陷"

改革开放以后，中国的生产力布局逐渐从以备战和缩小地区差别为目标转向以提高经济效益为中心，区域经济发展的指导方针逐渐向沿海地区倾斜，国家的投资布局重点也逐渐东移。从 1979 年开始，国家先后设立了深圳、珠海、汕头、厦门和海南 5 个经济特区，大连、秦皇岛等 14 个沿海开放城市，以及长江三角洲、珠江三角洲、闽南三角洲等经济开放区，从而在我国东部沿海地区形成了由南到北延伸的对外开放地带（钧，1991）。随着区域发展政策向东部沿海地区倾斜，我国的地区发展差距尤其是东西差距不断扩大。20 世纪末期，为了使区域均衡发展，弥补西部地区经济增长动力不足的问题，国家把促进地区协调发展提到重要战略高度。

自 1999 年以后，为推进区域协调发展，并使地区经济朝着合理分工、各展其长、优势互补、协调发展的方向前进，国家逐渐调整投资和产业布局，并在中共十五届四中全会和中共十六大先后提出西部大开发战略和东北地区老工业基地振兴战略。区域协调发展战略的实施，增加了西部地区的投资比重，有效地推动了沿海地区制造业逐渐向西北资源丰富地区转移。一系列政策的实施支持了内地的发展，有效缓解了东西部差距扩大的趋势。

而在这种支持引领东部地区率先发展、积极弥补西部落后地区发展的政策指导下，中部地区的发展长期处于被忽视的地位，成为"中部塌陷区"。一方面，中部地区市场发展和经济发达程度不如东部地区；另一方面，贫困和地缘政治上的敏感度不如西部地区。因此，中部地区往往被中央倾斜政策遗忘，成为国家宏观调控的盲点。资料显示，改革开放以来，我国东部、中部、西部地区的增长速度长期呈现东快西慢中部地区居中的趋势。而到了 2000 年，在西部大开发战略和国家有关政策的引导下，西部地区经济"亮点"不断生成，经济增长速度明显加快。2000～2002 年，东部地区的 GDP 增长速度从 10.3% 上升到 10.92%；西部地区的增长速度从 8.5% 上升到 9.04%；中部地区的经济增长速度却从 9.16% 下降到 8.53%。2002 年前后我国的经济增长速度呈现出了东快西次中慢的新态势。从各地生产总值水平来看，中部地区的经济增长速度在 1980～2003 年呈现持续下降的趋势。1980 年中部地区人均 GDP 相当于全国平均数的 88%，1990 年下降到 83%，而 2003 年中部地区只相当于全国水平的 75%（李玲玲等，2004；周绍森等，2003；王家庭等，2020）。

中部地区的发展建设在 20 世纪 90 年代初就开始受到中央、地方政府和相关学者的关注。1987 年，时任湖北省社科院院长的夏振坤教授，在湖北省省委常委扩大会议的战略座谈会上，首次指出中部地区虽然是"承东联西、南北对流"的结合部，却面临着"东西夹击、南北离异"的严重挑战。中部要借东部的实力、学西部的劲头、步南方的开放、争北方的能源，形成中部崛起的态势，否则，将沦为"山间盆地"。1991年，国务院发展研究中心开展我国中部地区经济发展战略和政策研究，并在题为《中部地区政策研究》的报告中提出了"谨防中部塌陷"的观点。1994年，中部地区的社会科学领域的相关学者在武汉发起了中部发展战略的研究，提出要关注中部发展的窘迫地位。1999年9月，安徽省政府发展研究中心发起"十五"中部地区发展战略研讨会，中部地区的官员与专家学者们在分析中部地区的战略地位时，又流露出对"中部塌陷"的焦虑。此外，学者们也开展了大量的研究分析了"中部塌陷"的原因及内在机制。周绍森等（2003）通过对2000~2004年东部、中部、西部三个地区的主要经济社会发展指标进行分析来探究"中部塌陷"问题，并针对中部地区的发展现状和经济社会发展态势提出谨防"中部塌陷"，加快"中部崛起"的战略构想。安虎森和殷广卫（2009）通过比较三个区域1993~2005年的GDP和人均GDP发现：中部地区的经济增长既慢于东部也慢于西部，"中部塌陷"现象从1997年开始出现并一直持续。改革开放后，东部沿海地区的快速发展即"东部崛起"是"中部塌陷"的宏观背景，循环因果机制是"中部塌陷"的根本原因。

三、"中部崛起"战略提出后的加快发展阶段

中部地区作为我国重要的内陆腹地，农贸产品和工业原材料丰富，对于全国未来的发展格局具有重要的影响。虽然在改革开放的浪潮中，中部地区的社会经济也取得了长足发展，但由于长期受到中央倾斜政策的忽视，在改革开放尤其是西部大开发战略实施以后的一段时间，中部地区相对于东部地区的率先起飞和西部地区的快速跟进，其在全国的地位不断下降，"中部塌陷"问题逐渐成为国人关注的焦点。2002年11月，党的十六大提出了"加强东、中、西部经济交流和合作，实现优势互补和共同发展"。党的十六届三中全会提出"鼓励东部地区率先发展，继续推进西部大开发战略，促进中部地区崛起，振兴东北老工业基地，形成东中西互动、取长补短、相辅相成、联动发展的新格局"。此后，中部发展问题逐渐被提上日程。

2005年以后，党中央、国务院针对我国经济社会发展全局，适时提出了"中部崛起"的发展战略和一系列促经济稳发展的政策措施。2005年3月，国家政府工作报告指出要抓紧研究制定促进中部地区崛起的规划和措施，加快中部地区"三基地一枢纽"的建设，这是中央对"中部崛起"战略实施的定位和基本推进思路。2006年4月，中共中央、国务院发布了《关于促进中部地区崛起的若干意见》。同年5月，国务院办公厅又发布了《关于落实中共中央国务院关于促进中部地区崛起若干意见有关政策措施的通知》，提出了56条具体落实意见，为中部地区出台了一系列配套措施和扶持政策。2007年1月，国务院办公厅又下发了《关于中部六省比照实施振兴东北地区等老工业基地和西部大开发有关政策范围的通知》，明确中部地区26个城市对照实施振兴东北地区等老工业基地的相关政策、243个县（区）参照实施西部大开发的有关政策。同年12月，武汉都市圈和长株潭城市群获批成为全国资源节约型和环境友好型社会建设综合配套改革试验区。2009年9月，国务院通过了《促进中部地区崛起规划》。同年12月，国务院又正式批复《鄱阳湖生态经济区规划》。2010年1月，国务院正式批复了《皖江城市带承接产业转移示范区规划》。"中部崛起"战略的提出是我国区域发展布局上所做出的又一项重大战略部署，对于促进区域协调发展具有重要意义。

在一系列国家优惠政策的支持下，中部地区的社会经济相较2005年之前得到了稳步快速发展。从经济实力来看，中部地区在全国经济增长中所占比重低于东部地区，但是高于西部地区和东北地区，中部地区对我国经济增长的贡献在不断提高。中部地区生产总值在全国的比重从

2006 年的 18.7% 增长至 2018 年的 21.4%；十年内 GDP 总量的年均增速为 12.9%，高于同期全国 GDP 年均增速 0.8 个百分点。2006 年，中部地区与东部地区、西部地区在全国所占比重的差额分别为 37.0% 和 1.6%；2015 年差额分别缩小至 27.6% 和 0.2%。从人民生活水平来看，"中部崛起"战略的实施对于中部地区的居民收入的稳定持续增长有很大的贡献。中部地区人均 GDP 在 2006～2015 年增加了 27847 元，增长了 3.2 倍。

自中部崛起战略实施以来，国内尤其是中部六省的学者围绕中部崛起战略从背景、目标定位及产业转移等方面对其进行了比较广泛的研究。如张湖林（2011）认为，中部崛起战略的实施是推动我国经济再次大发展的重要动力。喻新安等（2014）通过对中部崛起战略实施前后主要经济指标进行比较发现，通过实施中部崛起战略，中部地区的经济实力得到显著增强，结构调整成效明显，支撑能力大幅提升，城镇化进程快速推进。和军等（2016）通过运用区域比较方法对中部崛起战略实施总体效果进行了测算，表明中部崛起战略取得了明显成效。

四、区域发展新格局下的发展态势

2016 年，我国在《促进中部地区崛起规划》和《2013 年促进中部地区崛起工作要点》两个规划的基础上提出《促进中部地区崛起"十三五"规划》，指出中部地区是我国新一轮工业化、城镇化、信息化和农业现代化的重点区域，是扩大内需、提升改革开放水平最具潜力的区域，也是支撑我国经济保持中、高速增长的重要区域，在全国区域发展格局中占据举足轻重的地位。2016 年起，中部地区在工业和服务业双轮驱动下，地区经济实现了从跟跑到领跑的弯道超车。

党的十九届五中全会通过的《中共中央关于制定国民经济和社会发展第十四个五年规划和二〇三五年远景目标的建议》提出，要加快构建以国内大循环为主体、国内国际双循环相互促进的新发展格局。区域发展新格局的提出，是对"十四五"和未来更长时期我国经济发展战略、路径做出的重大调整完善，是着眼于我国长远发展和长治久安做出的重大战略部署，对于我国实现更高质量、更有效率、更加公平、更可持续、更为安全的发展，对于促进世界经济繁荣，都会产生重要而深远的影响。当前，我国正处于城镇化快速发展阶段，要实现区域协调发展的新格局。需要发挥中心城市和城市群带动作用，实施区域重大战略，建设现代化都市圈，形成一批新增长极。同时，要推动农业供给侧结构性改革，确保粮食等重要农产品安全，将经济发展的底盘牢牢托住；更要健全区域战略统筹、市场一体化发展等机制，优化区域分工，深化区域合作，更好促进发达地区和欠发达地区、东中西部和东北地区共同发展。中部地区作为我国粮食生产基地、原材料基地，不仅具有中原城市群、武汉城市圈、长株潭城市群、环鄱阳湖城市群、皖江城市带和太原城市圈六大城市群（圈），还具有九省通衢得天独厚的优势地位。中部地区先天优势和资源禀赋使得其在区域发展新格局中具有稳定的发展态势。

"十三五"规划提出以来，中部地区成为四大经济板块的引领者。从经济增速来看，2016～2019 年，中部平均经济增速为 12.05%，为四大区域板块最高。东部经济增速为 8.21%，西部为 10.28%，东北为 −1.37%。从产业来看，2019 年，山西、湖北、湖南、安徽、江西、河南的第二产业增速分别为 5.35%、8.68%、7.50%、8.83%、8.52%、7.1%，除了山西稍微偏低以外，其余地方增速都远远高于全国。而服务业增速分别为 7.44%、8.34%、9.39%、9.16%、9.31%、10.31%，大部分地区高于全国 9.09% 左右的服务业增速。

此外，中部地区利用区位和交通优势，包括开通欧洲货运专列，带动了地区制造业和包括物流业在内的服务业的发展。以河南省为例，2019 年河南省生产总值为 54259.2 亿元，增长 8.66%，高于全国平均水平 0.9 个百分点。2019 年，河南装备制造、食品制造、新型材料制造、电子制造、汽车制造五大主导产业增加值增长 8.1%，占规模以上工业比重为 45.5%；高技术产业增加值增长 9.2%，占规模以上工业企业 9.9%；旅客运输总量 11.15 亿人次，比上年下降 1.0%；旅客运输周转量 2012.66 亿人千米，比上年增长 1.7%；机场旅客吞吐量 3184.70 万人次，比上年增长 7.7%；机场货邮吞吐量 52.42 万吨，比上年增长 1.3%；年末全省铁路营业里程 6080.26 千米，其中高铁 1915.15 千米；高速公路通车里程 6966.76 千米。2021 年 3 月，中共中央政治局审议了《关于新时代推动中部地区高质量发展的指导意见》，提出中部地区要贯彻新发展理念，推动中部地区高质量发展，构建以先进制造业为支撑的现代产业体系，推进绿色发展。因此，中部地区要实现绿色崛起，以最小的资源环境代价获得最大的经济效益（金凤君和马丽，2021）。

第二节 中部崛起的直接动因

一、政策积极引领

中国的社会主义制度和现实国情决定了区域的发展必须依赖于中央宏观政策的调控和倾斜，无论是改革开放后尤其是西部大开发战略实施以后"中部塌陷"问题的出现，还是"中部崛起"战略实施以后的经济快速增长，都是由于政策的主导，使得人才等资源要素向政策倾斜地流动，从而出现区域发展的差异。中部地区的经济从跟跑到领跑的弯道超越是中央政策积极引领的结果。在中央政策的扶持下，中部地区改造升级产业结构、优化城市空间布局。同时，在中央政策的引领下，各省地区依靠自身的资源要素和资源禀赋，制定适合自身发展的优势产业和合理的城市空间布局。此外，各省以工农业为基础，依托发达的交通网络，发挥各地区的产业和人力资源优势，在中部地区内部形成区域间产业互补、核心城市带动中小城市的一体化发展格局。

首先，在《促进中部地区崛起规划》和《2013 年促进中部地区崛起工作要点》两个中央政策文件的支持下，中部地区积极推进了武汉城市圈、皖江城市带、中原经济区、太原城市圈等重点区域发展，并加快改造提升钢铁、水泥等传统产业，大力发展战略性新兴产业和高新技术产业。2016 年，基于前两个规划，又提出《促进中部地区崛起"十三五"规划》，指出中部地区要积极对接"一带一路"建设、长江经济带战略和京津冀协同发展战略，依托综合运输通道，优化产业布局，推动形成多轴、多极、多点的网络化空间格局。优化京广、陇海、京九沿线传统经济带发展结构，培育沪昆、大湛、石太—太中银等铁路沿线新兴经济带，形成促进中部地区发展的支撑带，发展壮大长江中游城市群和中原城市群，打造支撑中部地区发展的重要增长极，有序发展临空经济，鼓励各地区因地制宜发展临港经济、临站经济，打造网络化的立体发展格局。

其次，在中央的政策引领下，中部各省也强化了相关配套措施：在产业发展上，依托现有的工农业基础，发挥生产要素密集、交通网络发达、人力资源丰富的优势，推动先进制造业、战略性新兴产业和服务业的发展。湖北省加快装备制造、汽车、化工、纺织等优势传统产业智能改造，突出集成电路、光通信、新能源汽车、北斗等优势行业细分领域，培育经济发展新动能。安徽希望发挥中科大国家级重点实验室科技创新的引领作用，加快推进新型显示、语音技术、量子通信等高科技产业发展。山西希望改变"一煤独大"的发展现状，建设低碳绿色的综合能源体系，扩大风电、水电项目建设，因地制宜开发生物质能、地热能等清洁能源，做优做强能源产业。在空间格局上，改变以往"遍地开花"、产业集中度和经济效益低的局面，以中心城市为核心带动城市圈的一体化发展。湖北省由原来的襄樊、黄石、宜昌、荆州等各市竞争发展逐步转向以武汉为中心，以襄阳和宜昌为副中心，即"一主两副"的发展格局，开创多极支撑、竞相发展的局面。安徽省在先后实施发展沿江产业带对接长三角、助力皖北脱贫等政策之后，近年来着力打造合肥都市圈，支持合肥"创新之都"建设。山西省提出"一核一圈三群"总体布局，完善综合运输通道、市际交通、对外交通骨干网络，加强对内对外沟通联系。在中央和地方科学合理的区域经济政策指引下，中部各省紧抓机遇、发挥优势、释放潜能，实现经济快速发展，在全国经济版图中的地位稳步提升。

二、市场规模扩大

通过交通基础设施的互联互通，中部地区借助于长江经济带和"一带一路"等陆海通道建设，其市场范围不仅由中部六省迅速扩大到全国，甚至延伸到全球范围。在航空运输方面，2019年，无论是机场旅客吞吐量还是货邮吞吐量，郑州、长沙、武汉、太原、南昌以及合肥都较2006年有大幅提升（见表24－1），机场旅客吞吐量年均增长率高于全国平均水平。除太原外，其余五座省会机场货邮吞吐量的年均增长率均显著高于全国平均水平。

表24－1　中部六省会机场主要指标对比

	机场旅客吞吐量（万人次）			机场货邮吞吐量（万吨）		
	2006年	2019年	年均增长（%）	2006年	2019年	年均增长（%）
郑州	387.99	2912.93	50.06	5.08	52.20	71.35
长沙	659.26	2691.14	23.71	6.26	17.57	13.90
武汉	610.06	2715.02	26.54	7.38	24.32	17.66
太原	284.35	1400.26	30.19	2.79	5.76	8.19
南昌	276.44	1363.72	30.26	2.37	12.25	32.07
合肥	185.15	1228.24	43.34	2.15	8.71	23.47
全国	33197.33	135162.90	23.63	753.19	1710.0	9.77

此外，郑州、武汉、合肥、长沙、南昌相继开通欧洲货运专列，打通了中部地区直通欧洲的陆上货运通道，截至2018年10月，郑州和武汉累计开行数量分别为1283列和972列。运输货物包括汽车零配件、精细化工材料、电子产品、服装、日用品等，货物市场涵盖德国、法国、英国、波兰、捷克、斯洛伐克等欧洲国家，促进了中部地区同欧洲国家的经贸合作。综合交通运输体系的建设充分发挥出中部地区的区位优势，改变"不东不西"的封闭格局，市场辐射力进一步增强，人流、物流、资金流、信息流得以快速流通和汇集，市场逐渐延伸至国内外多个地区，为中部地区的经济发展提供广阔的市场。

三、工业和服务业共同驱动

市场范围的扩大，直接推动了中部地区工业和相关服务业企业的发展壮大。2006年以来，中部地区产业结构不断优化。第一产业比重持续降低，第二、第三产业比重之和从2006年的84.2%上升至2019年的95.15%。第二产业经历了先升后降的过程，第三产业则稳步提升，到2019年第三产业占比超过第二产业。从四大板块的横向比较看，中部地区的第二、第三产业发展潜力开始得到充分释放，在培育新产业、新动能、带动传统产业升级方面取得了一定成效。2007～2013年，西部工业增加值增速领先，中部紧随其后，到2019年，中部增速达6.5%，超越东西两大板块成为第一。其中，战略性新兴产业表现抢眼，山西、江西、安徽、河南的战略性新兴产业分别增长10%、11.6%、21.4%、12.1%，湖北高技术制造业增长5.8%，高于全部规模以上工业增速7.5个百分点，湖南的电子信息和通用设备制造业分别增长18.3%和16.9%，对工业增长贡献突出。与之相比，中部地区第三产业的优势更加明显，自2014年来中部地区以年均15.18%的增速一直处于四大板块的领先地位。从高新技术企业数量看，中部地区高新技术企业数量增长较快。截至2017年末，中部地区获批22459家高新技术企业，约占全国的14.6%，同比增长58.3%，增速居四大板块首位，比全国增速（53.8%）高出4.5个百分点。高新技术企业作为创新载体，其快速增长也反映了中部地区已经进入工业和服务业共同驱动的发展阶段。

第三节　中部地区高质量发展面临的主要问题

一、对内对外开放水平不高

中部崛起是针对中部地区发展而设定的区域发展战略。战略实施过程中，各省区应以提高中部地区整体的发展水平为中心任务，将各自的发展看作是整个区域的重要组成部分，并立足本地资源状况、经济发展水平、区位特点等探索适合自己的发展路径，从而使中部地区内部各省之间积极合作、优劣互补，形成合力，实现共同发展、整体崛起。然而，自中部崛起战略提出以来，由于行政区划、地方利益、政绩考核等多方面因素的影响，中部地区各省之间对外接纳程度始终不够，现实是省际间的竞争行为往往多于合作行为，区域之间难以实现协调发展。具体表现在以下几个方面：

（1）由于行政区划壁垒突出，区域规模经济难以实现。"行政区经济"发展模式是导致中部地区内部省际间利益冲突的根本原因，在这种典型的"中国发展模式"下，中部各省只注重自身的局部利益，追求短期和眼前利益，从而导致各省之间形成了强大的行政性壁垒，对区域联动协同发展依赖性较高的规模经济难以实现。

（2）中部各省之间缺乏有效的联动机制。部门化、地区化的行政管理体制使得各地区缺乏全局观念，只重视自身的基本利益，往往倾向于能促使本地利益最大化的发展规划，不能形成一个有效的联动机制和区域协调机构。例如，山西的太原都市圈和资源型经济转型综合配套改革试验区，河南的中原经济区，湖北、湖南的"两型社会"及相应的武汉城市圈、长株潭城市群，江西的鄱阳湖生态经济区，安徽的承接产业转移示范区和皖江城市带。这些战略规划的编制和实施均是立足于当地的发展，而缺少能够促使中部地区协调发展的联动机制。

（3）各省之间缺乏紧密的产业联系。中部地区是我国重要的商品粮基地、原材料基地和工业基地，区域内很多地区产业相似，各省之间的产业结构趋同现象严重，产业之间的互补性不够，各地利益难以协调，从而导致各地区间的比较优势难以发挥，制约着中部地区的整体发展。

（4）中部地区缺乏统一的区域市场。目前，地方保护主义现象依旧十分突出，导致中部地区难以建立一体化的区域市场，人才、信息、资金、技术等要素资源流动不畅，使得商品与生产要素难以在区际之间自由流动与优化组合，这是中部地区实现崛起的不利因素。

中部地区作为我国的腹地，其对外开放水平明显不如自改革开放就与国外交流密切的沿海对外开放带。近年来，随着"一带一路"倡议的提出，西部地区成为了我国向西打开对外开放大门的战略门户，在未来一段时间内，其对外尤其是对于中亚国家的开放程度将会明显强于中部地区。此外，在国内外新的形势下，中部地区要想实现快速崛起，不能再简单重复东部和西部地区的对外开放道路。在东部沿海地区对外开放、西部大开发以及东北振兴等战略实施的过程中，土地、劳动力、资金、技术等生产要素成本低廉，能源、原材料等资源较为充足，环境保护要求相对较低，优惠政策带来的积极效应比较明显，这些有利因素决定了这些区域可以不同程度地采用粗放式发展方式来实现经济高速增长。而中部崛起战略的出台恰逢土地、劳动力、资本等生产要素成本攀升，资源环境约束不断增强，低碳经济盛行，国际竞争加剧，外部需求不断萎缩等。因此，中部地区很难采用模仿和复制其他地区尤其是东部沿海地区对外开放时的发展模式来完成中部崛起的战略目标。在未来相当长一段时间内，如何转变中部地区的经济发展方式，探索出一条集约、高效、可持续的对外开放道路，提高对外开放水平，将是中部地区必须面对和解决的重大难题。

二、市场主体活跃度低

从国内外实践经验来看，市场经济的活力和生命力要强于计划经济，市场主体活跃程度较高的地区经济增长速度自然较快，区域的市场化程度是制约地区社会经济发展的重要因素。我国自 20 世纪 90 年代起初步建立社会主义市场经济体制，经过几十年的发展，我国的市场经济体制正在得到不断完善，基本框架已基本建立，市场化程度越来越高。我国经济在 21 世纪以来的高速增长，便能从侧面反映出我国市场化程度得到了快速的提高。然而，由于自然资源等资源要素及地区政策的差异，我国各地区间的经济发展始终处于不均衡状态，市场化程度和市场主体活跃度也参差不齐。在国内东部、中部、西部和东北四大经济区域板块中，中部、西部地区的市场化程度是比较低的，明显低于东部和东北地区，在西部大开发实施十多年后，西部地区的市场化程度也不断提高，在改革开放尤其是西部大开发战略实施以后的相当长一段时间内，中部地区的市场化程度和市场主体活跃度一直处于国内比较落后的水平，这也是出现"中部塌陷"以及实施中部崛起战略的重要原因之一。

在中部崛起战略和一系列国家倾斜政策的扶持下，中部地区的市场化水平不断提高，但是相对于国内其他地区尤其是东部沿海开放区来说，中部地区的市场化程度和市场主体活跃度依然处于较低水平。此外，以区域的市场化程度和市场主体活跃度为重要内容，包括交通运输、金融、信息、通信等基础设施状况以及文化、制度等方面的区域投资环境则是影响中部地区经济社会发展的又一重要因素，也是中部地区与其他板块相比长期存在的相对劣势。区域投资环境的优劣直接影响到该区域对资金、劳动、技术、人才等生产要素的吸引力，对于地方经济的发展具有极其重要的作用。而中部地区在区域投资环境方面与其他地区尤其是东部沿海开放区相比，仍然存在着不小的差距，导致其在发展过程中资金、人才等要素资源外流现象比较突出，这也是中部崛起过程中不能回避又必须解决的重要问题。因此，不断改善投资环境、创建和谐的营商环境是中部地区今后相当长一段时间内所需要努力的方向。

为了提高中部地区的市场化程度和市场主体活跃度，促进其不断改善投资环境和营商环境，中部地区在未来的发展过程中应进一步开放市场，建立和完善统一开放、公平竞争、规范有序的市场体系，进一步放开价格，使市场在国家宏观调控下更好地对资源配置发挥基础性作用，促进产业结构的优化升级，提高经济增长的质量和效益，进一步打破部门、行业垄断和地区封锁，从而建立一个开放的市场体系。

三、城市群竞争力不强

城市群的整体竞争力是其吸引生产要素的重要表现，而依据城市群形成的一般规律而言，城市群应该是高度城镇化的区域，可以说城市群的城镇化水平在一定程度上反映了该地区的整体竞争力。虽然自中部崛起战略实施以来，中部六省相继形成了各自的城市群，如山西的太原经济圈、河南的中原城市群、湖北的武汉都市圈、湖南的长株潭城市群、江西的环鄱阳湖城市群以及安徽的皖江城市带，城市群凸显着规模效应及其辐射带动能力，中部地区的这些城市群正不断地向集聚化方向发展，已经成为各省经济发展水平最高、活力最强、投资效益最好的地区。但是与长三角、珠三角、环渤海经济带等沿海地带的城市群相比，中部地区的城市群无论是经济规模还是经济发展质量、辐射能力、吸纳能力等方面都存在着明显的差距，中部地区的城市群中暂时还没有培育出具有很强综合实力和影响力的区域中心城市，许多中等城市的规模相差不大。同时，由于行政干预因素的作用，中部地区的城市群被非基本地域单元分割开而不能成为一个连续的地域单元。例如，武汉城市圈应由武汉、黄石、鄂州和孝感市区四部分组成，而不应包括黄冈、咸宁、仙桃、潜江、天门等城市。中原城市群应当由郑州、洛阳、焦作、济源和开封市区五部分组成，而不包括目前已进入该城市群的新乡、许昌、漯河和平顶山等城市。同样地，鄱阳湖也成为江西省环鄱阳湖城市群的发展障碍。行政因素干预作用下形成的城市群，其管理范围和经济联系影响范围不一致，使得部分城市不能完全融入城市群的整体发展中而降低城市群的城市化水平，削弱城市群整体竞争力。

对于非网络型的中部城市群而言，城市群的发展水平很大程度上依赖于中心城市的发展水平。城市群的竞争力归根结底是中心城市的竞争。无论以绝对数据还是以相对数据来分析，中部地区各城市群中心城市的经济实力较为薄弱。2019年珠江三角洲城市群的中心城市广州的GDP为23628.6亿元，长江三角洲城市群的中心城市上海的GDP为38155.32亿元。而2019年武汉城市圈的中心城市武汉的GDP为16223.21亿元，中原城市群的中心城市郑州的GDP仅为11589亿元。同期中部其他城市群的中心城市的GDP还要低于武汉与郑州。这说明中部地区各城市群中心城市的经济实力与发展水平还比较低。从人均GDP数据来看，2019年广州的人均GDP是武汉的1.09倍，是郑州的1.41倍。据中国社会科学院发布的2006年城市竞争力报告，中部六个城市群的中心城市武汉、长沙、郑州、南昌、芜湖和太原的综合竞争力在全国100个大城市中分别排在第8、第20、第21、第41、第58、第71名。这说明中部地区各个城市群中心城市的综合竞争力较弱，导致中心城市首位作用不明显，对区域发展的牵引带动作用相对较弱。

中部地区是我国重要的商品粮基地，也是重要的能源与原材料基地。多种因素作用下，中部地区的产业层次比较低，对外竞争力较弱，难以带动区域经济的快速发展。而且中部地区大多数城市群的第二产业以传统的基础制造业为主，企业进行技术改造与创新的能力不强，产品的附加值低，所获得的利润要远低于高新技术工业。趋同的产业结构又导致区域的产品集中度低，生产的集约化程度难以提高，经济效益和竞争力弱化。由于区位及自然禀赋等条件的相似，中部城市群内部各城市的功能定位较为相近，中部地区省与省之间、城市群与城市群之间、城市与城市之间的竞争大于合作。趋同的产业结构不仅造成了基础设施的重复建设，不利于资源的合理利用与产业集群的组织与产业配套，同时也造成了中部地区内部对于专业人才、生产原料与产品销售市场等的激烈竞争。

四、中部地区南北差异

由于自然基础、文化背景和经济社会发展等方面的差异，中部地区的不同区域在发展过程中不能进行有效的整合。从中部地区各省的自然条件、资源状况、文化背景等分析，中部地区的区域空间差异主要是南北地区差异，在空间上大体可分为长江流域和黄淮流域南北两片。

湖南、湖北、江西和安徽属于长江流域南片，南片各省的自然条件、历史文化背景都比较相似，除了南部和西部山区同属亚热带丘陵山区之外，人口稠密的平原区域，湖北江汉平原、湖南洞庭湖平原、江西鄱阳湖平原、安徽长江沿岸平原和皖中平原都属于长江中下游平原。气候上大部分属北亚热带，小部分属中亚热带北缘，农业发达，是我国重要的粮、棉、油生产基地，盛产稻米、小麦、棉花、油菜、桑蚕、苎麻、黄麻等。区内河汊纵横交错，湖荡星罗棋布，是中国湖泊最多的地方，有鄱阳湖、洞庭湖、洪泽湖、巢湖等大淡水湖，长江贯穿中部，成为一条东西向的水运大动脉，加上其多个支流，构成一个庞大的水道网。南片地区自然、文化等方面均具有明显的南方特征，各地之间经济联系较为密切，也具有一定的历史渊源。资源方面各类金属矿产丰富，原材料基地特征明显。

河南省、山西省和安徽省属于黄淮流域北片，主要位于淮河以北区域且自然条件具有较为明显的北方特征。北片区内自然条件较为复杂，山西省位于黄土高原地区，豫西则属于秦岭山脉东段的伏牛山区，豫东、皖北同处黄淮平原，南部淮河流域处于暖温带向亚热带过渡地区。气候条件多样，主要粮食作物有小麦、水稻、玉米、高粱、谷子和甘薯等，经济作物主要有棉花、花生、芝麻、大豆和烟草等。该区处在我国陆路交通的核心部位，尤其是东部通往西北地区的咽喉部位，地位十分重要，区内矿产资源丰富，有煤、石油、铁矿等，能源基地特征较为明显。山西省过去由于太行山的阻隔，与中部其他省份联系相对较少，而和河北、北京等地来往较密，但随着晋煤外运通道的建设，晋南地区与河南省的联系已大为加强。

中部地区内部发展差异明显，尤其是南北自然经济文化等方面的差异，而这些差异可能对区域政策的效果产生影响。因此，有必要在南北两个片区确定不同的发展核心区，带动相应区域的发展。中原城市群和武汉城市圈拥有良好的区位条件与便利的交通，具有吸引、整合各种资源的强大能力。同时这两个城市群的城市数量较多，城市群的规模体系结构比较完整。这两个城市群的经济基础好，产业竞争力相对较高。另据城市群综合实力分析结果可以看出，中原城市群和武汉城市圈的实力最强，并且这两个城市群已与其他城市群拉开了一定距离。两城市群所在的河南省与湖北省的2019年GDP占中部地区GDP总量的45.76%，为两大城市群的发展提供了切实的保障。基于此，选定中原城市群作为中部崛起的北部核心城市群、武汉城市圈作为南部核心城市群，构建促进中部地区崛起的南北双核心增长板块。

中原城市群与武汉城市圈交通区位优势明显，综合交通枢纽与市场中心相叠加，所产生的带动作用极为强大。立足于中原城市群与武汉城市圈强大的经济实力和综合服务功能，充分发挥城市群的区位、资源、产业等优势，加快产业结构升级，培育优势产业集群、构筑促进中部崛起的战略支撑平台。加快交通通信等基础设施的建设以及旧设备的更新升级，建设现代流通体系及市场体系，提升城市群的聚散功能；发展金融、信息、物流等现代服务业，力求成为区域综合服务的重要输出地。结合城市群原有的科技优势，延揽各类人才，增强城市群创新功能，推进区域技术创新体系建设，为中部高新技术产业的发展及中部崛起提供强大的技术支持与智力保障。

第四节 推进中部地区基本实现现代化的政策建议

一、发挥区位条件优势，促进双循环格局形成

中部地区位于南北、东西贯通的枢纽地段，区位优势明显，是长江经济带、黄河经济带横穿带动区域，经济发展速度较快。近几年，地区生产总值增长速度连续位居"四大板块"之首，2006～2019年，中部地区生产总值年均增长10.8%，比全国平均增速高1.9个百分点。中部崛起是推动区域协调发展和经济高质量发展的重要战略部署。在双循环新发展格局下，中部地区应积极主动融入到国家战略部署中来，抓住新发展格局下的重要机遇，找准经济发展的着力点，推动中部地区崛起再上新台阶。同时，中部地区应充分发挥自身的区位条件优势，积极推动双循环格局的形成。

中部地区水陆空交通网络密集，铁路干线几十条，支线几百条，全国高速公路几十条，国道多条，省道上千条，河流通航里程高达近万千米，国内航班上百条，国际航班几十条。天然的地理位置以及便捷的交通网络使得中部地区在推进国外大循环和加强国内大循环中能够发挥举足轻重的作用。

一方面，中部地区要聚焦扩大对外开放，打造内陆开放高地。在以往的开放进程中，中部地区很长时间被视为地缘"洼地"，中部崛起战略实施以来，中部地区加快对外开放步伐，开放型经济迅速发展，进出口总额占全国比重大幅提升，中部地区经济社会的发展成就很大程度上是对外开放的结果。在双循环发展格局下，中部地区应持续巩固对外开放发展成果，继续扩大对外开放步伐，将内陆腹地变成开放新高地。深度融入"一带一路"建设，全面打通陆上、空中、网上、海上丝绸之路，推动中欧班列提质增效，加强与国际社会在科技、教育、文化、医疗、旅游等领域的合作。积极推进河南、湖南和湖北自由贸易试验区建设，完善市场运行制度，优化营商环境，提升贸易发展质量。

另一方面，区域协调发展是国民经济良性循环的重要内容和基础，是构筑国内、国际双循环的重要内涵与战略任务。中部崛起战略作为区域协调发展的重要战略部署，应当主动融入到国内大循环中，加强中部地区内部和其他三大经济板块的交流。具体地：

（1）以中部地区为轴心，形成"一轴心、四大极"循环格局和中部轴心动能，激发区域多元势能和发展潜能。中部地区地理上东接沿海、西接内陆、位于中原腹地，九省通衢，区位上起着"承东启西、连南接北"的地理中心作用。区域内有两大跨区域城市群及相关产业群——"长江中游城市群及产业群"和"中原城市群及产业群"，再往西是以西安为中心的关中平原城市群及产业群，分别有机衔接长江经济带与黄河经济带，是长江经济带和黄河经济带的重要中枢部分。以中部地区内循环为轴心，与京津冀城市群、长三角城市群、深港澳城市群、成渝城市群四大增长极相映相连，在空间上形成"一轴心、四大极"的内循环格局，对于国内大循环的畅通和市场环境的营造具有巨大的动能。反过来，也将进一步推动中部崛起。

（2）以中部地区内循环为核心，形成省域间协同发展格局，加速中部全面崛起，助力区域战略协同。中部地区是我国新一轮工业化、城镇化、信息化和农业现代化的重点区域，是扩大内需、提升开放水平最具潜力的区域，是推动我国经济保持中高速增长、形成国民经济的良性内循环、迈向中高端水平、加快实现全面建成小康社会目标的重要保障。然而，我国以省域为

单位的经济发展方式使得省际之间贸易壁垒长期存在，再加之我国中部地区产业同质化现象比较严重，使得中部地区省与省之间、城市群与城市群之间、城市与城市之间的竞争大于合作。中部地区在未来的城市发展过程中，各省应立足本地优势，形成一定规模效应的产业集群。同时，中部地区各省应积极引导发展与第一产业、第二产业规模相适应的第三产业。立足于第一、二产业基础，发挥市场机制的调节作用，发展第三产业提升区域的产业结构层次，发挥出产业配合的综合优势，增强各省的产业竞争力。

二、着力改善营商环境，大力培育市场主体

当前，我国新一轮消费升级趋势愈加凸显，培育建设国际消费中心城市已成为引领消费升级、拉动区域经济增长的新载体和新引擎。然而，由于我国法律的不完善和制度的不健全，我国的营商环境存在许多不足，诸如食品安全、虚假宣传问题层出不穷，使得我国的居民消费信心不足。因此，在未来相当长一段时间内，培育和打造中部强大市场，是中部六省落实中央重大决策部署、推动中部地区崛起的具体行动，应对外部环境深刻变化、实现稳增长目标的重要举措，赢得发展先机、推动高质量发展的重点任务。具体地从以下几个方面入手：

（1）营造良好的投资环境。与东部沿海地区相比，中部地区经济的发展不论是总量还是效率都处于比较落后的地位，在生产技术和管理水平上的差距更加明显。造成这些差距的重要原因之一便是中部地区的市场投资环境要劣于东部地区，这也使得中部地区不论是从区域对生产要素的吸引力来看，还是从所投入生产要素的产出效率来看，都明显低于东部地区，换言之，与东部地区相比，中部地区的经济市场是缺乏效率的。从现实情况来看，在国内四大区域经济板块中，中部地区在体制机制上不如东部地区灵活，在经济改革权限操作空间上不如东部地区宽松，在政策支持及优惠力度和范围上又不如西部及东北地区，这就造成了中部地区的整体投资环境相对较差。因此，中部必须从体制机制、国家政策、改革权限等方面不断优化本区域的投资软环境，同时，要更加重视本区域的社会及城市基础设施建设，改善本地的投资硬环境，从而不断增强中部地区对区域外的人才、资本、技术等要素的吸引力，提高本区域的经济市场效率，促进中部崛起。

（2）打造良好的服务环境。中部地区还应积极推进行政管理体制改革，转变政府职能，不断完善服务体系，为民营企业发展营造良好的服务环境，这可以从两方面着手：一是通过行政管理体制改革，厘清政府与各类行业商会、协会等社会组织的角色与定位，强化政府基础公共服务职能，提高政府的服务意识，规范服务行为和方式，提高办事效率，同时强化各类行业协会、商会的中介服务功能；二是按照专业化、社会化、市场化的原则，结合中部地区实际状况，大力发展诸如投资咨询、技术引进、信用担保等服务的各类社会中介机构，并规范中介服务市场和服务行为，从而为中部地区经济发展创造一个良好的服务环境。

（3）以城市群（圈）为抓手，打造多层次消费中心城市。支持中部地区建设国际性消费中心城市，策划和承办更多高层次国际会议、贸易展会和高水平国际赛事。充分发挥各省中心城市在区位、科教、医疗、文旅、生态等方面的优势，将中心城市打造成国际知名的时尚展览和文化交流中心，国内知名消费地标城市、休闲娱乐目的地、医疗保健服务中心，中部跨境电商枢纽等。

（4）积极引导并有效释放消费潜力。通过深化金融改革、国有企业改革以及农村土地制度改革等，增加民众投资渠道，多渠道增加居民财产性收益，壮大中产阶层。落实好关于消费者的各项减税措施，促进居民收入增加。完善社会保障机制，推动圈内医疗、教育、交通等资源共用共享，激活农村消费市场潜力。进一步完善房地产调控政策，减少居民消费的后顾之忧，

提升居民消费信心。

三、发挥市场规模优势，推动城市群高质量发展

我国中部地区包含山西、河南、安徽、湖北、江西、湖南6个省，国土面积约为102.8万平方千米，占全国国土总面积的10.7%左右。截至2019年底，中部地区常住人口约3.72亿人，占全国总人口数的26.5%；生产总值约21.87万亿元，约占全国的22.2%。中部地区用1/10的国土面积承载了我国1/4的人口，表明中部地区是我国区域经济发展的重要板块，在我国区域经济格局中扮演着重要角色；同时，也说明中部地区具有人口资源优势，具有较高的消费潜力和市场规模优势。

在未来中部地区的发展过程中，要以城市群为抓手，充分发挥地区市场规模优势，推动地区城市高质量发展。城市群与单个城市相比，有巨大的发展优势：①城市群内的产业可以获得巨大的规模效益。城市群可以突破单个城市的市场限制，形成一个规模巨大的区域市场，有利于城市群内部的产业扩大规模，获得规模收益。②各类产业在城市群地区发展可以获得巨大的聚集效益。在城市群地区，各类产业可以共用先进的基础设施，共享发达的公共服务，低成本地享受科技和文化创新成果，从而节约企业生产成本和交易成本，获取聚集经济效益。③城市群可以提升资源配置效率。在城市群地区，基于发达的专业化分工体系，每个城市都可以发挥各自的比较优势，发展各具特色的优势产业，从而引导资源要素向最具优势的产业配置，这对提升城市群内部每一个城市的竞争能力，甚至整个城市群的竞争能力都有极大的帮助。

中部地区崛起战略能否取得成功，关键在于中部地区的城市群能否实现高质量发展。与东部沿海地区的城市群，特别是珠三角城市群和长三角城市群相比，中部地区的城市群还处于初级发展阶段，经济和人口的集聚度还不够，产业的先进性和引领性还不足，科技自主创新能力还不强，一体化发展的体制机制还不健全。未来，中部地区应该以经济发达地区的城市群为目标，分析自身发展的短板和不足，结合自身的地域优势，实现经济质量的高质量发展，进而为中部地区崛起提供有力支撑。具体举措如下：①完善规划引导。在新形势下，应认真贯彻落实中央有关精神，提升城市群发展规划的科学化水平，不断提升其竞争力。②强化产业支撑。立足实体经济，立足科技自主创新，立足内需导向，优化产业结构，推进产业转型升级，为中部地区崛起提供强大的产业基础。③推进共建共享。完善城市群内部跨市域的基础设施和基本公共服务的一体化配置，降低城市群内部的交易成本，促进城市群内部各城市专业化分工和特色化发展。④提高服务意识。主动换位思考，强化服务意识，努力创造审批最少、流程最优、效率最高、服务最好、企业获得感最强的营商环境，真正将中部地区的城市群打造成"重商、亲商、安商、富商"之地。⑤坚持绿色发展。将绿色发展理念、绿色发展科技创新、绿色发展规划和政策体系等融入城市群产业发展、环境保护、社会建设、基础设施与基本公共服务配置之中，全面提升城市群的可持续发展能力。⑥创新体制机制。城市群内部各城市应有大局意识，高起点站位，克服地方本位主义思想，积极构建城市群内部各城市协同发展的体制机制，努力促进城市群内部各城市的一体化发展。

四、发挥生态资源优势，吸引人口和人才流入

中部各省都是资源大省，中部崛起的关键在于把中部各省的资源转化为资本，转化为现实的经济优势。中部六省的自然资源是中国三个地带中最为丰富的地带，是中国的矿产资源富集区，地形以平原和高原的平地为主，山地、丘陵较多，绝大部分地区属湿润、半湿润的大陆性季风气候，雨热同期，有利于农业发展，已成为中国粮食生产基地。自然资源中最突出的是煤

炭、石油、水力以及铁矿、铜矿、铝矿和磷矿等，以此为基础形成了煤炭、石油、电力、黑色和有色冶金、机械、汽车和化工为主体的颇具特色的重工业体系。如何加快中部地区自然资源优势向经济优势的转化已经成为中部经济发展的重要内容，也是中部崛起的关键。

未来的城市发展建设中，中部地区要充分发挥自身的资源禀赋，走可持续发展道路。坚持对资源的高效利用和循环利用，依靠科学技术的进步，以节能、节水、节约用地、节约矿产资源、节约原材料为基础，实施资源节约战略。加强对城市生活垃圾和废旧物资的回收和加工利用，提高资源循环利用水平。各地区的发展要树立生态环境优先的发展理念，在加快发展的过程中更要注重环境保护和生态建设，加大对污染源的防治力度。在经济发展过程中要力争全面实行清洁生产，发展循环经济，推广新型环保材料，积极发展生态农业，推广节水灌溉，注重生态效益和经济效益的有机结合。

同时，要合理利用现有的生态资源，改善城市尤其是县城的人居环境、公共卫生、公共服务、市政设施等，促使人口和人才流入中部地区的中心城市。具体而言，在公共服务设施上，要健全医疗卫生设施、教育设施、养老托育设施、文旅体育设施、社会福利设施和社区综合服务设施；在环境卫生设施上，要完善垃圾无害化资源化处理设施、健全污水集中处理设施、改善县城公共厕所；在市政公用设施上，要优化市政交通设施、完善市政管网设施、发展配送投递设施、推进县城智慧化改造、更新改造老旧小区；在产业培育设施上，要完善产业平台配套设施、健全冷链物流设施、提升农贸市场水平。

参考文献

[1] 安虎森，殷广卫．中部塌陷：现象及其内在机制推测［J］．中南财经政法大学学报，2009（1）：3－8.

[2] 和军，樊寒伟．中部崛起战略实施效果评析［J］．湖北社会科学，2016（11）：47－52.

[3] 钧．我国沿海对外开放经济地带的三种类型［J］．党政论坛，1991（8）：46.

[4] 金凤君，马丽．新时代中部地区绿色崛起的方向与路径［J］．改革，2021（7）：14－23.

[5] 李玲玲，魏晓，陈威．"中部塌陷"与湖南经济的崛起［J］．经济地理，2004，24（6）：776－779.

[6] 王家庭，袁春来，李和煦．我国区域塌陷的主要表现、形成机制与治理模式研究［J］．学习与实践，2020（12）：63－74.

[7] 魏后凯，邬晓霞．新中国区域政策的演变历程［J］．中国老区建设，2012（15）：14－15.

[8] 喻新安，杨兰桥，刘晓萍，郭志远．中部崛起战略实施十年的成效、经验与未来取向［J］．中州学刊，2014（9）：45－54.

[9] 张湖林．论促进中部崛起的城市带动战略——以武汉城市圈为例［J］．中南民族大学学报（人文社会科学版），2011（1）：105－109.

[10] 中华人民共和国中央人民政府．国务院关于实施西部大开发若干政策措施的通知［EB/OL］．http：//www.gov.cn/gongbao/content/2001/content_ 60854.htm，2000－10－26.

[11] 中华人民共和国中央人民政府．中共中央 国务院关于全面振兴东北地区等老工业基地的若干意见［EB/OL］．http：//www.gov.cn/zhengce/2016－04/26/content_ 5068242.htm，2016－04－26.

[12] 中华人民共和国中央人民政府．国务院关于大力实施促进中部地区崛起战略的若干意见［EB/OL］．http：//www.gov.cn/zhengce/content/2012－08/31/content_ 1147.htm，2012－08－31.

[13] 中华人民共和国中央人民政府．国务院办公厅关于落实中共中央国务院关于促进中部地区崛起若干意见有关政策措施的通知［EB/OL］．http：//www.gov.cn/zhengce/content/2008－03/28/content_ 1984.htm，2008－03－28.

[14] 中华人民共和国国家发展和改革委员会．国家发展改革委关于批准武汉城市圈和长株潭城市群为全国资源节约型和环境友好型社会建设综合配套改革试验区的通知［EB/OL］．https：//www.ndrc.gov.cn/xxgk/zcfb/

tz/201005/t20100511_ 965538_ ext. html，2007 – 12 – 14.

［15］中华人民共和国中央人民政府．发展改革委关于印发促进中部地区崛起规划实施意见的通知 ［EB/ OL］．http：//www. gov. cn/gongbao/content/2010/content_ 1765284. htm，2010 – 08 – 12.

［16］中华人民共和国中央人民政府．国务院关于促进中部地区崛起"十三五"规划的批复 ［EB/OL］． http：//www. gov. cn/zhengce/content/2016 – 12/23/content_ 5151840. htm，2016 – 12 – 23.

［17］中华人民共和国中央人民政府．中共中央关于制定国民经济和社会发展第十四个五年规划和二〇三五 年远景目标的建议 ［EB/OL］．http：//www. gov. cn/zhengce/2020 – 11/03/content_ 5556991. htm，2020 – 11 – 03.

［18］周绍森，王志国，胡德龙．"中部塌陷"与中部崛起 ［J］．南昌大学学报（人文社会科学版）， 2003，34（6）：54 – 60.

第二十五章 西部地区发展研究

西部地区是华夏文明的重要发源地，是长江、黄河、珠江等众多河流的上游地区，是我国重要的生态安全屏障，是构成我国经济发展最大回旋空间的重要战略支点，同时还是构建中国经济内循环的重要战略腹地。总之，西部地区在国家区域发展总体格局中具有优先位置，加速西部地区发展是中华民族全面走向小康社会、实现共同富裕、促进社会公正的必然要求。西部地区包括12个省市及自治区，即西南五省区市（重庆、四川、云南、贵州、西藏）、西北五省区（陕西、甘肃、青海、新疆、宁夏）和内蒙古、广西。同时，西部地区与蒙古、俄罗斯、塔吉克斯坦、哈萨克斯坦、吉尔吉斯斯坦、巴基斯坦、阿富汗、不丹、尼泊尔、印度、缅甸、老挝、越南13个国家接壤，陆地边境线长达1.8万余千米，约占全国陆地边境线的91%；与东南亚许多国家隔海相望，有大陆海岸线1595千米，约占全国海岸线的1/10。截至2018年底，西部地区土地面积678.16万平方千米，占全国总面积的70.6%；人口为3.8亿，占全国总人口的27.2%。长期以来，西部地区集贫困山区、革命老区、民族地区、边疆地区以及生态脆弱区于一体，经济社会发展相对滞后，生态环境比较脆弱，贫困问题、民族问题、生态问题、交通问题等相互交织，自1999年西部大开发战略实施以来，西部地区经济增长持续发力，在全国经济总量中的比例不断增加。统计数据显示，1999～2019年，西部地区生产总值占全国的比重由17.9%提高到20.8%，2019年西部地区社会消费品零售总额为84504.7亿元，占全国比重为20.7%。但是，西部地区区域发展不平衡、不充分问题依然突出。习近平总书记指出："区域协调发展是统筹发展的重要内容，与城乡协调发展紧密相关。区域发展不平衡有经济规律作用的因素，但区域差距过大也是个需要重视的政治问题。区域协调发展不是平均发展、同构发展，而是优势互补的差别化协调发展。"在西部大开发、"一带一路"倡议以及长江经济带战略等的驱动下，西部地区已从过去的开放末端变成了开放前沿，并逐步形成新的开放增长极。在此背景下，西部地区区域协调发展是实现各省区之间优势互补、合作共赢，由数量增长向质量增长的现实需要，是中国区域科学研究和区域发展实践的重要内容。本章梳理和总结西部地区区域协调发展的历史进程、政策实践以及学术发展脉络。

第一节 西部地区发展进程和政策实践

城乡二元结构的存在严重阻碍了我国经济社会的健康发展，是制约我国现代化建设进程中的梗塞因素，给经济社会全面协调可持续发展带来巨大挑战。我国区域经济发展战略历经20世纪80年代沿海发展战略，20世纪90年代末的西部大开发战略，至此形成了"4+4+4"区域发展战略。第一个"4"指西部、东北、中部、东部四大地域板块，战略重点是西部大开发、东北振兴、中部崛起和东部率先发展；第二个"4"指"老少边穷地区"，即"革命老区""民族地区""边疆地区"和"贫困地区"四类国家重点援助的区域；第三个"4"指"优化开发的城市化地区""重点开发的城市化地区""限制开发的农产品主产区和重点生态功能区"和"禁止开发的重点生态功能区"四类国家主体功能区。由于西部地区经济发展水平滞后，自然条件恶劣，生态环境脆弱，西部12省区内部经济社会发展和生态环境保护之间的矛盾十分尖锐，西部地区与东部地区之间的发展差距不断拉大，区域之间的不平衡也十分突出，因此，西部地区的协调发展是我国区域经济协调发展的重要内容。1999年，党中央、国务院做出实施西部大开发的重要战略决策，西部大开发已经成为国家战略系列中的重要议题。党的十六大报告明确提出"积极推进西部大开发"，党的十七大报告进一步强调"深入推进西部大开发"，党的十八大报告则更加鲜明地强调"优先推进西部大开发"，凸显出西部大开发在全国区域发展中的重要地位，党的十九大报告则提出"强化举措推进西部大开发形成新格局"。从"积极推进"到"深入推进"到"优先进行"，再到"形成新格局"，彰显了党中央实施西部大开发战略的持续性和坚定性。参考国家统一部署，西部大开发分为三个阶段：第一阶段是奠定基础阶段（2001～2010年），该阶段的重点是调整结构，搞好基础建设，建立和完善市场体制，培育特色产业增长点；第二阶段是加速发展阶段（2011～2030年），该阶段的重点是巩固基础，培育特色，实施经济产业化、市场化、生态化和专业区域布局升级；第三阶段是加速发展阶段（2031～2050年），该阶段的重点是加快边远山区、农牧区开发，提高西部人民生产生活水平，全面缩小区域发展差距。上述西部大开发三个阶段的划分时间较长，是政策设计之初的预期，并非西部地区协调发展的阶段划分。显然，西部地区的协调发展离不开政策驱动，西部地区协调发展的历史进程主要依靠中央的政策驱动。因此，本章结合上述三阶段的宏观划分以及西部大开发的具体实际，将西部地区协调发展的历史进程和政策实践划分为四个阶段：

第一阶段：1980～1999年。该阶段的西部地区区域发展处于非均衡发展阶段。党的十一届三中全会标志着我国进入了改革开放和社会主义现代化建设新时期。改革开放之后，东南沿海地区凭借优越的区位条件以及政策红利，吸引外来资本、人才、劳动力和技术，大力发展外向型经济，由于社会、地理、历史等因素，西部地区经济比较落后，发展较为缓慢，1978～1999年，无论是经济总量，还是人均GDP，东西部之间的差距都越来越大。改革开放之初，邓小平同志于1988年提出了"两个大局"的思想，着力解决沿海同内地的贫富差距问题，这是西部大开发的理论依据，标志着我国区域发展战略由改革开放之前的"区域均衡发展"向"区域非均衡发展"转变，先东部后西部、先沿海后内地的非均衡梯度推进战略已经形成。20世纪90年代后期，随着东西部差距进一步扩大，中央开始思考全国区域经济协调发展政策，1999年6月17日，江泽民同志在西北五省区国有企业改革发展座谈会上强调，要"抓住世纪之交历史机遇，加快西部地区开发步伐"。

第二阶段：2000～2010年。该阶段的西部地区已经步入西部大开发的启动阶段，该阶段的主要目标是以固定资产投资为主，逐步完善西部地区的基础设施，为西部地区区域发展打好基础。1999年9月，实施西部大开发战略被写入党的十五届四中全会文件中。党的十五届五中全会通过的《中共中央关于制定国民经济和社会发展第十个五年计划的建议》把实施西部大开发、促进地区协调发展作为一项战略任务。2000年1月13日，国务院印发《关于转发国家发展和计划委员会〈关于实施西部大开发战略初步设想的汇报〉的通知》，西部大开发战略确立。2000年1月19日至22日，西部大开发会议在北京召开，西部大开发战略进入实施阶段，西部地区开启了区域发展的新纪元。从2000年起全面启动的西部大开发战略，标志着我国区域经济政策从非均衡发展战略逐步向缩小地区间发展差距、坚持区域经济协调发展转变。2001年3月，党的九届全国人大四次会议通过的《中华人民共和国国民经济和社会发展第十个五年计划纲要》对实施西部大开发战略再次进行了具体部署。2006年12月8日，国务院常务会议审议并原则通过《西部大开发"十一五"规划》，这一时期西部大开发的主要目的是缩小东西部经济差距。西部大开发的第一个十年，主要结合西部地区的具体实际，一是以大规模的固定资产投资拉动西部地区经济快速发展，不断加大基础设施的投资，补齐西部地区基础设施的短板。这其中主要有青藏铁路、南水北调、西气东输、西电东送等标志性重大工程的相继实施，以及西部地区大规模的机场、公路、铁路、城市的建设等。二是大力实施退耕还林、天然林保护、京津风沙源治理、退牧还草等生态工程，大力增加和恢复林草植被，水土流失减少，风沙危害减轻，不断改善西部地区的生态环境。该阶段西部地区的经济发展本质上还是以资源输出为主，无论是基础设施还是生态修复都投入巨大，产出较低，对各省区经济带动作用不是十分突出，西部地区经济发展的内生动力还没有发挥出来。

第三阶段：2011～2020年。该阶段的西部地区已经步入西部大开发的深入阶段，主要目标是培育城市群、都市圈以及大中小城市，优化西部地区的城市空间结构，带动西部地区均衡发展。以《中共中央　国务院关于深入实施西部大开发战略的若干意见》（中发〔2010〕11号）的发布为重要标志，明确了西部大开发第二个十年的战略地位，即西部大开发在我国区域协调发展总体战略中具有优先地位，在构建社会主义和谐社会中具有基础地位，在可持续发展中具有特殊地位。夯实基础（基础设施＋生态环境保护）依旧是本阶段的重点任务，在此基础上，构建现代产业体系成为了本阶段的新重点、新目标。通过充分发掘各地生产资料优势，引进现代化产业集群，构建产业化发展的区域增长极，初步形成了成渝城市群、关中平原城市群两大主要城市群，突出西部重点地区的发展，如成渝、关中天水、北部湾等经济区的批复，发挥中心城市作用，以线串点，以点带面，形成了西部独具特色的经济带，带动了整个区域协调发展。经过该阶段的十年发展，西部地区综合经济实力上升了一个大台阶，基础设施更加完善，现代产业体系基本形成，建成国家重要的能源基地、资源深加工基地、装备制造业基地和战略性新兴产业基地；人民生活水平和质量上升了一个大台阶，基本公共服务能力与东部地区差距明显缩小；生态环境保护上升了一个大台阶，生态环境恶化趋势得到遏制，西部地区经济增长内生动力明显增强。

第四阶段：2021～2030年。该阶段的西部地区已经步入西部大开发的全方位开发阶段，主要目标是以西部陆海新通道为出海通道，以"一带一路"为开放平台，形成双轮驱动的新格局，带动西部地区全面均衡发展。习近平总书记在2017年党的十九大报告中强调要强化举措推进西部大开发形成新格局。2019年3月，中央全面深化改革委员会第七次会议审议通过了《关于新时代推进西部大开发形成新格局的指导意见》，会议指出，推进西部大开发形成新格局，要围绕抓重点、补短板、强弱项，更加注重抓好大保护，从中华民族长远利益考虑，把生态环境保护放到重要位置，坚持走生态优先、绿色发展的新路子。2020年5月，中共中央、国务院印发《关于新时代推进西部大开发形成新格局的指导意见》，从推动高质量发展、加大西部开放力度、加大美丽西部建设力度、深化重点领域改革、坚持以人民为中心、加强政策支持和组织保障6大方面有针对性地提出了形成新时代西部大开发新格局的36条举措。2019年8月国家发展改革委印发《西部陆海新通道总体规划》，标志着作为"一带一路"的合龙工程，陆海新通道不仅直接惠及西部更多省份，同时也使得身处"末梢"的广西和云南成为面向东盟的桥头堡，区位优势大幅增强，这也意味着西部地区进入了全方位开放时代，西部地区的区域发展已经由过去的投资拉动向高质量发展转型。

第二节　西部地区发展的学术进展和研究脉络

自西部大开发战略实施以来，西部地区发展已成为学术界研究的热点。早期的研究主要从宏观层面分析西部地区发展的实施路径，如韦苇（2000）认为西部大开发的区域布局为"二龙一网"模型，即"西北西南两条龙，龙首交汇在西安，三投两纵成网络，网络中心是三秦"。陕西及其省会西安在西部大开发中处于承东启西的战略地位。西部大开发的产业结构呈"飞机"模型，机头为向国际水平靠近的高新技术产业，两翼之一为能源重化工业基地建设和对传统第二产业的更新改造，两翼之二为方兴未艾的西部旅游业，机身是发展经济以保护、恢复生态环境为前提。蔡思复（2000）通过对经济层面的宏观数据进行分析得出，我国中部地区投资效益最好，西部地区投资效益次之，而东部地区投资效益下降，表明我国经济已进入"调整东部、建设中部、开发西部"时期。因此，实施西部大开发战略，要高度重视中部地区建设投资，加快中西部地区缩小地区差距，最终实现共同富裕。洪银兴（2001）认为东西部经济差距的扩大是市场经济负面效应的表现。协调区域经济、缩小地区差距的基本途径是推动生产要素在地区间合理流动，促进先进生产要素流入西部。西部应该以结构调整来吸引先进生产要素。西部产业结构调整主要内容是改变长期以来主要为东部地区提供资源的基础产业结构，提高技术含量和附加价值。根据增长极理论，政府的区域协调的作用点在发展极的建设上，市场协调作用体现在发展极对其外围的带动作用上。

部分学者应用定量分析方法，对西部地区经济发展进行分析。惠调艳和郭筱（2019）采用定量分析方法，以西部地区为对象，以2007~2017年为研究区间，运用耦合度和耦合协调度模型对经济—资源—环境协调发展水平，以及时空差异及其演变特征进行了分析，研究结果表明：①西部地区经济—资源—环境耦合互动效应逐渐加强，耦合协调度波动上升，但是大部分省份仍处于轻度不协调或中度不协调阶段。②从经济、资源、环境三系统综合指数来看，经济呈现波动上升态势，资源子系统相对平稳，稳中略增，而环境子系统在2014年之前呈波动向下态势，2015年和2016年有所好转，但2017年又开始恶化。③西部地区经济—资源—环境协调发展有着显著的空间格局特征，可分为四大梯队，省份差异明显，并且空间差异呈先缩小、后扩大、再缩小的演变规律。从不协调原因溯源来看，经济滞后型是主导，部分省份表现为资源滞后型或环境滞后型。何春和刘来会（2016）在利用1995~2014年中国省级面板数据的基础上，运用双重差分（DID）研究了西部大开发政策对区域经济协调发展的影响，研究结果表明，西部大开发政策虽然在整体上推动了西部地区经济的发展，促进了中国区域的协调发展，但同时也导致了西部地区内部经济发展差距不断扩大。并且西部地区经济的发展主要是依靠固定资产投资等实物资本的增加来实现的，一般具有短期效应，那些具有长期效应并能够反映经济增长质量的因素，如产业结构、外商投资、人力资本水平等并未因政策的实施而得到显著改善。

还有学者从西部地区经济协调发展的重点展开分析。魏后凯（2019）认为西部地区城市发展的重点强调城市群的带动，但城镇群的概念已经泛化，城市群涵盖人群太多，操作性不够，他从而提出西部地区"十四五"规划中的城市发展应该把重点更加放在都市圈，培育诸如西安都市圈、兰州都市圈等西部都市圈来支撑城市群的发展。范恒山（2020）认为2008年以来，西部地区一直在四大板块中保持领先增长的态势，但这两年被中部地区超越，西部地区整体发展的动能有所减弱。他认为《关于新时代推进西部大开发形成新格局的指导意见》的出台非常及时，有利于西部地区解决存在的问题，增强发展动力，开启新的发展局面，实现高质量发展。与其他区域板块特别是东部板块相比，西部最为薄弱的环节在于发展的软硬环境，尤其思想观念、管理体制和运行机制等软环境问题更加突出，因此，应把优化发展环境特别是软环境作为重中之重。新时期的西部大开发要做好大开发、大开放、大保护、大安全四篇大文章（吴文仙，2020）。大开发就是要探索高质量发展的西部路径，加大中国经济发展纵深空间，打造西部地区增长极、完善与拓展西部开发轴线，推动西部地区产业现代化、制度与治理现代化，继续缩小与东中部的发展差距。大开放就是要通过在西部地区构建"一带一路"内外联通的战略大走廊，加大沿边地区开放，打造内陆开放高地，推动我国形成东西双向、海陆并进的多层次、多渠道开放新格局。大保护就是要加大美丽西部建设，保护建设好西部地区生态环境，为全球和全国提供生态产品。大安全就是要通过形成西部开发新格局，为我国保障国境安全、生态安全、经济安全、民族共同体安全提供有力支撑。

第三节　西部地区发展的研究热点和主要领域

以"西部＋协调"以及"西部＋协同"为关键词，在中国知网的核心期刊和 CSSCI 源刊范围内进行检索，共检索到相关文献 165 篇。总体而言，学术界关于西部地区发展的研究主要集中在每一轮的西部大开发实施之初，如第一轮的 2000 年，第二轮的 2010 年，第三轮由于刚起步，目前已经发表的文献还不多见。由于西部地区农村脱贫攻坚已取得决定性胜利，消除了农村地区的绝对贫困，为西部地区发展夯实了经济基础，西部地区发展研究已成为我国区域科学研究的热点和重点领域。目前关于西部地区发展的研究主要集中在以下五个方面：第一，成渝城市群协同发展；第二，西部地区产业发展研究；第三，城镇化与生态环境；第四，西部地区空间结构优化研究；第五，西部区域经济发展的创新驱动。

一、成渝城市群协同发展

城市群是区域发展中最成熟的发展极，有着较强的示范效应和带动效应。京津冀、长三角和粤港澳大湾区的区域协调发展主要依靠城市群进行协同分工。成渝城市群是西部地区唯一的城市群，因此，学术界以成渝城市群为研究对象，从不同的视角出发分析研究成渝之间协调发展的文献较多。从城际消费流的视角来看，成渝城市群城市与城市之间的城际有形边界对城际消费流出和消费流入都产生了明显的"屏障效应"。从不同向消费流比较来看，成渝城市群的城际边界效应对消费流出的"屏障效应"要强于其对消费流入的"屏障效应"；从成渝城市群创新网络来看，成渝城市群创新网络在演化的过程中，整体网络的创新联系不断增加，并且满足小世界特性。网络的整体结构满足核心—边缘特征，但是目前大部分的创新联系主要是在核心区的节点城市之间，需要加强核心区节点城市与边缘区节点城市的创新联系；从协同治理机制来看，行政隔离和区域隔离是影响成渝地区双城经济圈协同治理的主要障碍，亟待上级政府牵头开展协调，以功能为主导推进协同治理进程。因此，未来成渝城市群治理机制需要从协同机制创设、空间布局优化和政策协同衔接等方向着力。从宏观层面来看，成渝城市群建设应当以经济协同和社会协同为目标，充分发挥功能性、诱发性和养成性外溢的持续动能，注重调动政府、关键人士、大型公司和协同发展机构等多元主体的积极性，构建结构化、系统化的区域协同发展组织架构。从成渝双城的耦合性来看，研究发现两系统间的耦合协调度在城市群内差距较大，且有较为明显的梯度，其创新能力的空间自相关系数表现为明显的高低集聚，且高低集聚情况在观测期内呈现先加剧后缩小的变化。

概括而言，既有研究就成渝城市群对带动西部地区发展的引领作用具有较为一致的认识，但成渝城市群功能格局尚不完备，且尚未上升至国家战略层面，成都、重庆双城极化效应与涓滴效应如何互动、产业协同分工、协调发展、避免同质化竞争、如何形成双核心多层级的中心—外围协同尚且缺乏相关理论分析。随着新一轮西部大开发的启动，围绕成渝城市群的高质量发展，成渝城市群的政策支持、产业布局、空间优化、体制创新等方面有待学术界进一步深入研究。

二、西部地区产业发展研究

（一）产业转移

随着东部地区劳动力成本、土地价格等不断上升以及西部地区交通基础设施的完善，理论上西部地区是东部地区产业转移的理想承接地，如何有效承接东部地区的产业转移是学术界的研究热点。这些研究主要集中在以下两个方面：一是承接东部转移的是什么产业。部分研究指出西部地区对承接重点产业的选择倾向于依托既有基础做强优势产业，从而西部各主要省市确定的重点承接产业与东部迫切需要转移的劳动密集型制造业、传统制造业并不能有效对接。西部地区应该避免陷入"只见企业，不见产业"的"企业转移陷阱"。二是承接的转移产业效果如何。从创新角度来看，研究表明产业转移促进了西部地区创新投入且作用效果存在明显的行业异质性。其中，高技术行业产业转移对创新投入的促进效果更为显著；但在以半成品贸易为主的低层次分工行业中作用效果并不显著。从居民收入差距来看，研究表明西部承接东部的劳动密集型和资源开采型产业转移有利于缩小东西部农村居民之间的收入差距，但会扩大东西部城市居民间的收入差距。此外，还有学者认为，东部地区的制造业尚未达到转移的内生临界点，实现东部产业向西部转移还需要较多地依赖国家的政策。

（二）产业耦合

产业是西部地区经济发展的着力点和有效载体。由于西部地区国有企业比重较大，市场经济转型较慢，区域之间、省际之间的产业协同度较低，有关西部地区的产业协同发展的高质量研究并不多见，反而是产业发展与生态、金融、能源、旅游等资源之间的耦合研究较多。西部地区诸多省份是能源大省，产业发展、产业结构与能源效率密切相关，实现产业与能源的耦合发展是优化西部地区产业结构的重要前提。同时，西部地区生态屏障的重要位置与生态脆弱的客观现实，决定了限制开发区域与禁止开发区域较多，从而对转移产业形成了较大约束，有必要研究产业与生态之间的耦合关系。此外，西部地区产业发展离不开金融支持，实现产业与金融的耦合有助于产业的高质量发展，研究表明，在金融体系中，金融结构与西部地区产业结构之间的关联度最高；在金融规模居中，关联度最小的为金融效率。

（三）产业集群

产业集群可以降低企业交易成本、提高区域创新能力，有利于知识外溢和技术扩散，东部地区产业兴旺的重要因素之一在于培育了高质量的产业集群。当前，西部地区即使是规模较大的产业集群，也只限于地理位置上的集聚，远没有发挥产业集群的网络效应，产业集群在技术创新上的正外部性没有发挥出来。结合西部地区自身的资源禀赋，具有比较优势的产业主要集中在民族文化产业、装备制造业、旅游业等产业范围。西部各省区应该结合自身特殊的文化空间、资源禀赋，打造具有异质性特征的少数民族文化产业集群。由于三线建设对西部地区装备制造业具有推动作用，夯实了西部地区的工业基础，部分学者提出通过打造西部地区装备制造业的产业集群，发挥比较优势，形成产业竞争力，带动西部地区区域经济的合理分工与协调发展。

（四）产业结构调整与升级

为了增强西部产业发展的市场竞争力，更好地承接东部地区产业转移，发挥西部地区特色产业的比较优势，西部地区的原有产业面临着产业结构调整与升级的现实问题。较多的研究集中于如何通过产业结构调整与升级，将西部的资源优势、生态优势、区位优势更加有效地转化为经济优势。尤其是西部资源型城市更早地面临着产业结构调整与升级的现实难题。同时，西部地区是我国脱贫攻坚的主战场，民族地区产业结构优化升级对城镇减贫效应有着直接的正相关作用。

综上所述，西部地区产业发展研究主要集中在产业转移、产业耦合、产业集群以及产业结构调整与升级上。其中，产业转移是西部地区产业发展的重要渠道，而产业耦合、产业集群以及产业结构调整与升级是西部地区产业发展的重要内容，产业耦合是由西部地区主体功能区分布及其生态脆弱性所决定的，产业集群是提升西部地区产业竞争力所需要的，产业结构调整与升级是西部地区实现经济高质量增长的前提条件。2010年国务院发布《全国主体功能区规划》，把国土开发分成了四个类型：重点开发、优化开发、限制开发和禁止开发，西部地区多数范围处在禁止开发和限制开发区域，相较于第一轮西部大开发而言，该政策导致第二轮西部大开发期间西部各省区经济增长速度放缓。在此背景下，有必要进一步研究该项政策约束下东部向西部的产业转移以及西部地区内部的产业耦合、产业集群以及产业结构调整与升级等问题。分析研究政策约束下的西部地区协调发展对持续健康推动西部地区产业转型升级具有重要的现实意义。

三、城镇化与生态环境

本领域研究主要偏重于城镇化与生态环境两个方面。其中，针对城镇化的研究主要为民族地区城镇化路径、资源型城市新型城镇化以及新型城镇化动力机制研究，针对生态环境的研究主要关注生态环境脆弱性评价以及生态环境与经济发展耦合等。

（一）西部地区城镇化问题研究

不同于东部地区多平原和丘陵的地形，西部地区多高山和高原，东西部自然地理条件差异较大，西部地区城镇化推进成本较高，城镇化水平较低。2019年西部12个省区市中，除重庆和内蒙古外，其余10个省份的城镇化率均低于60.6%的全国平均水平，其中，西藏、甘肃、云南和贵州4个省区的城镇化率甚至低于50%。因此，一方面西部地区城镇化还有较大的发展空间，另一方面提高西部地区城镇化率可以有效助推成渝城市群的形成，同时西部地区城镇化需要更加因地制宜，提高集约化程度，发挥中心城市的带动引领作用。在此背景下，部分文献着眼于城镇化的动力机制分析，从产业发展动力、市场环境动力、外向经济动力、政府行政动力等方面来分析城镇化的动力机制。

总体而言，西部地区城镇化研究主要集中于城镇化过程中的动力机制。实际上，西部地区城镇化是一个复杂过程，涉及区位条件、自然环境、资源禀赋、传统习俗、民族结构、经济基础等。西部地区城镇化需要因地制宜，全面整合土地、空间、人才、项目、产业等要素，在强省会战略的带动下，加强省会城市之间协同发展，实现城镇化、集约化发展，凸显出中心城市的带动引领作用。

（二）西部地区生态环境问题研究

西部地区生态环境脆弱，西北干旱高寒，降雨稀少，西南耕地稀缺，喀斯特地貌显著，水土流失严重，因此，生态环境是学者们的研究热点之一。研究内容主要集中在以下两方面：①生态环境脆弱性评价主要是从脆弱性理论出发，构建西部地区生态脆弱性评价体系，引入因子分析法、聚类分析法等定量分析方法对西部地区生态脆弱性进行综合评价。②部分文献偏重于对生态环境与农业经济的耦合协调性进行分析。研究表明，农业经济的持续健康发展依赖于生态环境承载力的提升，只有实现二者之间的耦合性发展才能推动农业经济的发展。

综上所述，有关西部地区城镇化与生态环境的研究涉及的内容多、范围广，城镇化作为驱动西部地区协调发展的有效途径受到学术界的普遍关注。大多文献以西部地区城镇化的动力机制为切入点进行分析，同时由于西部地区生态环境脆弱、生态承载力较低，实现西部地区城镇化与生态环境的耦合发展就是实现既要"绿水青山"又要"金山银山"的理念。

四、西部地区空间结构优化研究

空间结构优化是提升区域经济发展效率的重要途径。从区域经济发展的一般规律来看，经济效率的提升既包括产业结构的优化，还包括空间结构的优化。空间结构优化是缩小区域差距、提升包容性的重要途径。部分研究以西部地区城市群为研究对象，提炼出城市群空间结构的演化路径，即从首位度分布转向位序—规模分布，并分析了影响空间结构演化的相关因素，即政府支出规模的扩大、贸易成本的下降和国内贸易比重的上升阻碍了其演变，城市间知识溢出强度的增大促进其演变，外商直接投资对其演变的影响不显著，从而说明依靠单纯增加投资和促进区域一体化并不一定能促进城市群空间结构向位序—规模演变。同时，不同于东部地区都市圈内部的紧凑型，由于西部地区都市圈之间相对分散，受西部地区主体功能区的限制，西部地区空间结构的优化必须以点状开发（城市开发）和面状保护（生态保护）作为基本原则，同时必须为西部地区空间结构优化提供更为完善的交通设施。在中国知网进行检索后发现，有关西部地区都市圈的研究十分鲜见，由此表明，西部地区都市圈在城市空间结构优化中的作用尚不突出，也没有形成学术界的研究热点。

综上所述，西部地区空间结构优化明显受到主体功能区以及自然地理条件的限制，空间结构的优化成本高，可行途径较少，依靠城市群—都市圈—大中小城市—特色小城镇协调发展的城镇化空间结构远没有形成，成渝城市群的极化效应和带动作用尚不突出。

五、西部区域经济发展的创新驱动

创新已经成为区域经济发展的新动力，是促进各类要素自由流动以及组合的力量，包括制度创新与技术创新在内的创新已成为破解西部地区发展过程中不平衡、不充分问题的有效途径。在中国知网进行检索后发现，学术界关于西部地区区域协调发展中的制度创新研究偏少，而有关技术创新的文献相对偏多。部分研究认为，我国西部地区高技术产业技术创新效率总体处于较低水平。其中，创新投入规模不足是制约技术创新效率提升的主要瓶颈。部分文献研究了西部大开发对地区技术创新的影响，研究结论表明，由于地方政府投资过度集中于基础设施方面，忽视了软环境建设，对城镇化水平、金融发展、人力资本、FDI等技术创新因素形成了挤出效应，西部大开发并未提升西部地区技术创新水平。还有文献研究了研发投入、国内技术市场的交易额和FDI对西部地区经济增长的作用，研究表明，这些变量对西部地区经济增长都有显著的正效应，其中，地区的研发投入对经济增长的影响程度最大。

综上所述，相关研究普遍认为技术创新对促进西部地区区域经济协调发展有着更为直接的推动作用。在优化地方政府治理体系和实现治理能力现代化的背景下，有关西部地区的制度创新明显不足。实际上，从长期的目标来看，西部地区协调发展短期看项目、中期看制度、长期看环境。因此，在新一轮西部大开发背景下，除技术创新外，需要进一步加强对西部地区区域经济协调发展的制度创新的研究。

第四节　西部地区发展的研究展望和未来方向

自 2000 年以来，学术界对西部地区发展的研究数量显著增加，研究内容逐渐体系化，在诸多领域取得了丰硕的成果，特别是对西部地区协调发展的必要性和现状形成了较为清晰和统一的认识。但针对区域协同目标的实现，仍然需要开展进一步的深入研究。随着西部地区的发展和国内外经济社会发展形势的变化，以及面向新时期国家对西部地区发展的战略需求，未来仍需重点关注以下几方面的研究：

一、成渝城市群上升国家战略高度的配套政策研究

城市群具有区域发展中的极化效应，带动和示范效应明显。城市群作为区域城市化高级阶段性现象，是集聚与扩散共同作用的产物，是实现区域协调发展的核心力量。成渝城市群是西部大开发的重要平台，是长江经济带的战略支撑，也是国家推进新型城镇化的重要示范区，更是推进高质量发展的主要平台。自 2016 年《成渝城市群发展规划》获批以来，成渝城市群发展步伐明显加快，在推进西部大开发、促进区域协调发展中发挥了带动和辐射作用，但与长三角、大湾区、京津冀等城市群相比，成渝"双城独大"现象十分突出，次级城市发育不足，人口百万以上大城市数量偏少，完备的城市体系远未形成。无论是学术界还是西部地区都呼吁将成渝城市群上升到国家战略层面，给予京津冀、长三角和大湾区之外的第四大城市群和"第四增长极"的清晰定位。由于成渝城市群不同于具有内在动力优势的京津冀、长三角和大湾区三大城市群，其发展一旦上升到国家战略高度，成渝城市群如何对标和借鉴世界中心城市群发展经验，如何在全球范围内配置人才、科技和资金等资源，以及哪些方面需要国家层面统筹解决发展过程中的相关问题和困难，如何更好地融入"双循环"新发展格局从而更好地拓宽我国经济发展回旋余地与开放空间等，所有这些都是未来具有重大现实价值的研究方向。

二、如何有效发挥西部地区自由贸易区的示范作用

自由贸易试验区是西部地区对外开放、构建新发展格局的重要平台。随着《陆海新通道》的落地实施，西部地区逐渐从"开放的末梢"变为"开放的前沿"，而建设对外开放的前沿阵地，除技术创新外，必然离不开制度创新，客观而言，西部地区的内陆开放需要设立更多的自贸区。截至 2020 年底，除重庆、四川、陕西、广西、云南五省区外，西部地区目前还有七个省区没有设立自由贸易区。随着自由贸易区在西部地区的逐渐铺开、落地实施，研究如何充分发挥西部地区自由贸易区的开放作用，如何借助自由贸易区平台推动制度创新和技术创新，以及如何从政府层面加强统筹、错位发展、整体联动、相互促进、避免同质化竞争等，都是需要进一步深入研究的内容。

三、如何实现西部陆海新通道与"一带一路"的有机融合

陆海新通道是西部地区的出海通道，"一带一路"是西部地区的对外开放平台，西部陆海新通道为"一带一路"的并网提供了硬件支撑，让"一带一路"整体效用最大化发挥，资源配置

的选择更加多元。实现西部陆海新通道建设和"一带一路"的有机融合，是深化陆海双向开放的重要举措，是实现西部由开放末梢向开放前沿转变的双轮驱动，对纵深推进西部大开发形成新格局、推动区域经济高质量发展具有重大现实意义。在此背景下，如何构建内陆多层次开放平台、加快沿边地区开放发展、拓展区际互动合作，宏观层面实现西部陆海新通道与"一带一路"建设的有机融合，微观层面实现西部地区对外开放的产业链、价值链以及创新链的有机融合是值得深入研究的重要课题。

四、如何有效促进西南地区与西北地区之间的协调发展

西部大开发 20 多年来，客观上与外部进行比较，西部地区与东部地区的经济发展水平并没有缩小，差距有扩大趋势。同时在西部地区内部进行比较，西南与西北之间的经济发展水平也逐步拉大。同西南地区相比，西北地区的经济增速明显偏低，经济增长相对乏力，西部地区区域经济增长呈现出"南快北慢"、分化发展的非均衡格局，并且西部地区内部南北差距呈扩大趋势，短时间内难以扭转。显然，西部地区内部的非均衡发展已经成为西部地区持续健康发展的重要阻碍因素，因此，西南与西北之间的协调发展问题已成为西部地区协调发展的重要课题之一，因此，如何结合当前高质量发展背景、结合西部大开发的具体实际，制定具有差异性的区域政策，有效促进西北地区持续稳定快速增长和防止西北地区经济出现相对衰退是值得研究的重要现实课题。

五、西部地区高质量增长路径研究

2019 年中央全面深化改革委员会第七次会议审议通过了《关于新时代推进西部大开发形成新格局的指导意见》，标志着西部地区区域协调发展进入新阶段，高质量发展已经成为新一轮西部地区大开发的内在要求。形成高质量的区域发展成为破解西部地区发展不平衡、不充分问题的重要举措。在此背景下，分析研究西部地区区域经济高质量发展的现实背景，研究西部地区高质量发展的概念及内涵，构建西部地区高质量发展评价体系，探究西部地区区域经济高质量发展的内在驱动机制，通过与东部地区典型高质量发展区域的对比分析，借鉴东部地区高质量发展的成功经验，增强西部地区经济发展韧性，提炼西部地区高质量发展的可行路径，这些都是新时期西部地区高质量发展研究的重要内容。同时，西部地区高质量发展的重要载体主要集中于西部地区中心城市，如何发挥西部地区中心城市的作用，引导中心城市经济增长往高质量发展路径转变也是重要的研究课题。

参考文献

[1] 蔡思复.西部大开发与区域经济高效协调发展 [J].中南财经大学学报，2000 (4)：33 – 36 + 127.

[2] 程李梅，庄晋财，李楚，陈聪.产业链空间演化与西部承接产业转移的"陷阱"突破 [J].中国工业经济，2013 (8)：135 – 147.

[3] 陈娜，林军.剥离环境因素的高技术产业技术创新效率评价——以我国西部地区为例 [J].科技管理研究，2020 (6)：93 – 99.

[4] 范恒山，肖金成，陈耀，张可云，安树伟，丁任重，刘以雷.西部大开发：新时期　新格局 [J].区域经济评论，2020 (5)：1 – 15.

[5] 樊杰.西部都市圈可持续性发展的制约性因素发布 [EB/OL].https：//m. sohu. com/a/254995064_550967，2018 – 09 – 20.

[6] 关爱萍，魏立强.区际产业转移技术创新溢出效应的空间计量分析——基于西部地区的实证研究 [J].经济问题探索，2013 (9)：77 – 83.

［7］高志刚，张毅．区域经济差距对西部地区经济高质量发展的影响研究［J］．宁夏社会科学，2021（1）：99－110．

［8］洪银兴．区域经济差距和西部开发［J］．江苏行政学院学报，2001（1）：52－59．

［9］惠调艳，郭筱．西部地区经济—资源—环境协调发展水平测度［J］．统计与决策，2019，35（11）：124－128．

［10］何春，刘来会．区域协调发展视角下西部大开发政策效应的审视［J］．经济问题探索，2016（7）：72－78．

［11］霍强，韩博．区域经济发展的动力机制、模式识别及演化规律——基于西部大开发以来12个西部省份数据的分析［J］．云南社会科学，2019（1）：102－106．

［12］胡胜德，姜桂莉．论西部大开发背景下区域经济非均衡发展战略选择的合理性［J］．工业技术经济，2002（3）：36－37．

［13］蹇令香，任晓东，王善善，李宛宣．中国西部地区能源效率与产业结构耦合协调关系研究［J］．生态经济，2019（10）：52－57．

［14］姜峰，刘俊杰．西部城镇化进程中的人地关系非均衡协调发展——桂、黔、滇地区的实证［J］．管理现代化，2015（2）：69－71．

［15］孔晓妮，邓峰．自主创新、技术溢出及吸收能力与经济增长的实证分析——基于东、中、西部地区与全国的比较［J］．研究与发展管理，2016（1）：31－39．

［16］吕丹，王等．"成渝城市群"创新网络结构特征演化及其协同创新发展［J］．中国软科学，2020（11）：154－161．

［17］李春梅，李国璋，赵桂婷．区际产业转移背景下西部应承接什么产业？——基于甘肃承接地的个案分析［J］．经济问题探索，2013（12）：39－45．

［18］李志翠，阿布来提·依明．西部地区承接产业转移对缩小东西部居民收入差距的效果研究［J］．新疆大学学报（哲学·人文社会科学版），2017（4）：10－18．

［19］李娅，伏润民．为什么东部产业不向西部转移：基于空间经济理论的解释［J］．世界经济，2010（8）：59－71．

［20］李东坤，尹忠明．中国西部民族地区产业结构优化升级的城镇减贫效应研究［J］．云南财经大学学报，2019（1）：100－112．

［21］刘媛，张艳荣．西部生态脆弱区农业生态环境与农业经济耦合协调性分析——以甘肃省为例［J］．资源开发与市场，2015（6）：722－726．

［22］纳慧．特色产业、文化与旅游的耦合——以西部地区葡萄酒产业为例［J］．商业经济研究，2016（19）：203－205．

［23］秦鹏，刘焕．成渝地区双城经济圈协同发展的理论逻辑与路径探索——基于功能主义理论的视角［J］．重庆大学学报（社会科学版），2021，27（2）：44－54．

［24］单学鹏，罗哲．成渝地区双城经济圈协同治理的结构特征与演进逻辑——基于制度性集体行动的社会网络分析［J］．重庆大学学报（社会科学版），2021，27（2）：55－66．

［25］孙焱林，李格，石大千．西部大开发与技术创新：溢出还是陷阱？——基于PSM－DID的再检验［J］．云南财经大学学报，2019（6）：51－62．

［26］孙慧，原伟鹏．西部地区经济韧性与经济高质量发展的关系研究［J］．区域经济评论，2020（5）：23－35．

［27］陶卓，王春艳．人才与产业耦合：创新驱动下西部人才培养路径［J］．科技进步与对策，2015（22）：141－145．

［28］唐琳，王玉峰，李松．金融发展、科技创新与经济高质量发展——基于我国西部地区77个地级市的面板数据［J］．金融发展研究，2020（9）：30－36．

［29］韦苇．关于西部大开发的区域布局与产业发展的战略思考［J］．西北大学学报（哲学社会科学版），2000（2）：21－25．

［30］魏后凯．在区域发展新格局中实现西部高质量发展［J］．新西部，2019（34）：35－37．

［31］吴文仙．西部大开发2.0版的战略与机遇——访清华大学国情研究院副院长鄢一龙［J］．当代贵州，2020（24）：6－9．

［32］王婷，廖斌，卫少鹏．基于SD的西部地区产业工业化与生态化耦合发展——以贵州省为例［J］．生态经济，2019（9）：50－54．

［33］王娟娟，何佳琛．西部地区生态环境脆弱性评价［J］．统计与决策，2013（22）：49－52．

［34］王琳，黄祺，汪政．西部企业绿色竞争力构建途径研究——基于西部生态环境的脆弱性［J］．生产力研究，2007（24）：88－89．

［35］王琳，黄祺，汪政．西部生态环境脆弱性与企业绿色竞争力研究［J］．兰州大学学报（社会科学版），2007（5）：132－135．

［36］王飞航，姜安印，刘苗．西部地区中心城市技术创新扩散效应的实证［J］．统计与决策，2018（2）：109－112．

［37］王小宁，周晓唯．西部地区环境规制与技术创新——基于环境规制工具视角的分析［J］．技术经济与管理研究，2014（5）：114－118．

［38］向丽．西部地区农业生态环境与经济耦合协调性分析［J］．北方园艺，2016（20）：203－207．

［39］徐郑慧．论西部开发以城市为增长极的非均衡发展战略［J］．科技进步与对策，2002（5）：33－34．

［40］肖金成，马燕坤．西部地区区域性中心城市高质量发展研究［J］．兰州大学学报（社会科学版），2020（5）：20－27．

［41］叶文辉，陈凯．成渝城市群创新协同及空间效应特征［J］．经济体制改革，2020（5）：65－72．

［42］杨建林，张思锋，王嘉嘉．西部资源型城市产业结构转型能力评价［J］．统计与决策，2018（5）：53－56．

［43］杨佩卿．西部地区新型城镇化发展目标与动力机制的相关性分析［J］．西北大学学报（哲学社会科学版），2020（2）：139－149．

［44］杨佩卿．西部地区新型城镇化动力机制及其测度［J］．人文杂志，2019（11）：63－73．

［45］左宇．西部成渝城市群协同发展的边界效应——基于城际消费流的实证［J］．商业经济研究，2020（24）：162－165．

［46］张营营，高煜．区域产业转移对西部创新投入的影响研究——基于行业异质性的视角［J］．经济问题探索，2018（12）：152－160．

［47］周永锋，喻微锋．西部地区金融体系与产业结构耦合度研究——最优金融结构理论的视角［J］．金融发展研究，2019（4）：55－59．

［48］张荣光，杨楠，骆毓燕．西部地区自然资源与产业结构耦合度的时空演变分析［J］．统计与决策，2017（21）：138－141．

［49］赵国锋，段禄峰．基于产业经济学视角的西部地区城镇化发展动力分析［J］．湖北农业科学，2014（3）：708－712．

［50］曾建民．西部开发：以城市为增长极的非均衡发展战略构想［J］．南方经济，2001（10）：66－68．

第二十六章　东北地区发展研究

东北地区作为我国区域经济板块的重要一极，在推动国家经济发展和社会主义现代化建设进程中做出了令人瞩目的贡献。但随着国家经济体制向市场经济转轨，东北地区计划经济时期积累的体制机制、产业经济、人口就业、民生保障、城市建设等问题开始显现，经济发展逐步陷入相对衰落境况，推动东北振兴上升为国家发展战略。20 世纪 90 年代以来，围绕东北振兴，国家出台了系列振兴政策；面向东北区域理论与实践问题，形成了系列研究成果。实施东北振兴战略有效抑制了东北发展相对衰退的趋势，但是人口流失、体制机制固化、地方财政资金短缺以及产业结构失衡等问题突出。我国经济社会发展进入高质量发展阶段，推进国家治理体系和治理能力现代化，加快构建国际、国内双循环相互促进新发展格局是新时期国家重大区域战略任务。东北地区工业基础雄厚、产业体系完善，站在新的历史发展起点，东北地区将着力构建高质量发展体系，积极融入新发展格局中，在改革和创新发展进程中推动实现东北地区的全面振兴。

第一节　东北地区发展回顾

一、转轨阵痛

20 世纪末，我国经历了从计划经济体制向市场经济体制转轨的过程。在这个过程中出现了国资流失、下岗失业以及社会保障等一系列问题。东北地区作为计划经济时期的重工业基地，受计划经济的影响时间较长，在其发展过程中国营企业占据了较大的政策投放比重，僵化的制度以及低附加值产业的整体定位使得东北国企技术落后、产能低下等问题逐渐显现，造成了对社会资源的无效占用甚至浪费，出现了工业产值严重下滑的经济衰退（赵儒煜和王媛玉，2017）。

1. 国有企业改革

（1）国有企业改革探索。1978 年党的十一届三中全会之后，我国开始对国有企业放权让利，扩大企业的自主经营权。对于这一阶段的国有企业改革探索，学者们认为并没有达到理想效果，不利于国有企业效率的提升和宏观经济的稳定，原因在于扩权改革导致国有企业利润增量和上缴基数偏低、短期行为频发、财政收入基础被破坏（刘国光，1990）；再有就是政策落实困难（周叔莲，2000），在旧体制下推进的放权让利改革，下方的各项权利没有落实到位，企业仍处于附属地位，主体地位得不到体现，生产积极性难以有效激活（李政，2008）。

1984 年，我国进入以承包制为主的"两权分离"改革阶段。改革在一定程度上调动了企业生产积极性，但承包制由于存在承包期较短、企业领导很少考虑企业的长远发展问题，导致国有企业频繁出现为了短期利益损害长期利益的现象（宋涛，1994）。谷书堂、谢思全（2002）分析了这种现象形成的原因，认为在承包制中，政府与企业的谈判成本高，对合同细节难以全面规定，承包者就可以利用剩余控制权实现自身利益最大化，出现机会主义和短期化行为。

（2）国有资产流失问题。在我国进行国有企业改革探索的过程中，国有资产低价承包或者出让的现象屡见不鲜。以承包制为主的国有企业改革，由于缺乏经营权的相关规定，企业内部普遍存在"内部人控制"的现象，导致不少国有企业在被承包的同时，承担着国有资产流失的风险（张卓元，2008）。和改革的初衷相比，这一时期的国企改革既弱化了国有企业在弥补市场缺陷方面的特殊功能，又因国有产权得不到有效保护而使国有资产流失不可避免（杨瑞龙，1995）。外资并购过程中也存在类似问题，由于全民所有制企业中所有者缺位以及国有资产委托代理关系下特殊的外商跨国并购机制，并购过程中低估国有资产的现象时有发生，导致国有资产流失严重（桑百川，2002）。

（3）国有企业职工下岗和社会保障问题。在国有企业改革的过程中，大量国有企业职工下岗，形成了一定规模的失业潮，到1989年底，黑龙江省、吉林省、辽宁省的城镇待业人数分别为28.3万、9.4万、20.6万，分别占总城镇劳动人口的2.6%、1.7%、2.3%，较上一年平均增长了0.3%。之所以出现如此大规模的待业人口，原因在于，在传统的计划经济体制下，政府为了解决就业问题，将社会上本来应该失业的劳动力强行"压入"企业，使得东北地区存在大量的"隐形失业"现象，在计划经济向市场经济转轨的过程中，国有企业劳动力经历下岗失业从而使问题显化（黄朝翰和杨沐，1999；杨俊青，1999）。针对下岗职工再就业问题，国家尽管出台了一系列鼓励下岗职工再就业的政策，但由于失业劳动力对市场化非公有领域的排斥，导致政策效果并不明显（史忠良和林毓铭，1999）；再有就是下岗职工的生活保障问题、再就业培训问题和就业容量问题没有解决好，劳动力市场无序运转、就业信息不充分、下岗职工技能低下和单一，在一定程度上增加了下岗职工重新择业上岗的忧虑（刘新梅和孙卫，1998）。

《中国劳动统计年鉴》统计数据显示，1999～2000年，东北三省的社会保障支出增速为8.54%，慢于全国的社会保障增速8.77%，社会保障水平从5.57%下降到5.41%，社会保障水平偏低。国企大量裁员导致下岗职工失去了主要的经济来源，社会保障制度体系的不完善使得他们的境况"雪上加霜"。从社会保障的制度设计和实际操作层面来看，由于劳动力市场不完善，采用失业保险模式来化解近年来全国城镇突发性的、大规模的"失业潮"难以奏效，此外，失业救济金发放和监管机制缺失导致资金没有用到最需要的人身上（"中国社会保障体系研究"课题组，2000）。除了国企下岗职工，在非国企工作的职工也同样承受着巨大的经济负担。养老保障制度改革要求对在职职工建立个人账户，并为其未来退休缴费，这导致退休职工较少的非国有企业不愿意缴纳养老金等社会保障金，其职工未被社会保障制度覆盖（"中国社会保障体系研究"课题组，2000）。宋晓梧（2001）进一步研究发现，城镇居民从国家和单位得到的各种保障和福利收入存在逆向转移倾向，提出深化社会保障机制改革迫在眉睫。

2. 资源型城市转型和老工业区改造

资源型城市是指以自然资源开采为主，资源型产业在城市经济中占主导地位的城市。东北地区是我国资源型城市最为集中的地区，主要有煤炭、石油和森林三种类型。经过长期的开采，东北地区资源趋于枯竭，资源型城市发展面临诸多困境。老工业区是东北老工业基地城市最重要的功能组团，由于东北城市规划建设的历史原因，绝大多数城市都规划布局了工业职能单一、空间相对独立的城市工业组团，新时期难以适应经济发展要求，因此老工业区改造问题也亟待解决。

（1）产业"单一结构"。东北地区产业"单一结构"表现为能源原材料产业独大，现代制造业和现代服务业发育不完善，在发展模式上照搬苏联的计划经济（孙久文，2016）。在计划经济时期，东北地区矿产类资源型城市形成了以重工业为主的产业结构，出现了单一追求资源型产品产量目标、单一抓资源型产品调出任务、单一抓资源型产品的采掘"三大单一现象"（孙淼和丁四保，2005），在向市场经济转型过程中，产业结构单一导致的问题不断显现，农、轻、重产业结构比例失调，落后的农业制约着工业的进步，金融、交通、通信等服务业发展的严重滞后使经济发展后劲不足，形成了所谓的"东北现象"（衣保中，2002）。长期处于计划经济体制下，也使东北地区城市发展的自组织功能被削弱（宋玉祥和满强，2008），产业结构可持续性和分散风险的能力变差（房艳刚和刘继生，2004）。东北地区高新技术产业与传统产业整合程度低，高新技术产业难以对接传统产业"消费市场"，这阻碍了转型时期东北地区产业结构升级（李诚固等，2003）。

（2）城市布局功能单一。在计划经济时期，"矿城一体化"、功能单一的城市规划布局与建设为后续城市发展"埋下"诸多问题。受"先生产、后生活"的城市建设指导方针影响，资源型城市不同程度地呈现出"城像矿、矿像城"景象，城市基础设施落后，功能不健全，并进一步制约资源型城市转型发展（张平宇等，2004）。由于城市政府的财政收入主要来自矿山企业，在"大企业、小政府"状况下，矿山企业和城市政府在城市建设方面缺乏协调，并且矿山企业"割裂"城市空间布局，导致城市基础设施建设不完整和不配套（贺艳，2000）。矿城一体在强化城市建设和矿区开发矛盾同时，也进一步导致城市生态环境恶化（宋玉祥和满强，2008），影响城市健康与可持续发展。

（3）生态环境质量下降。东北老工业基地过去走的是一条典型的传统工业化道路，在促进区域经济社会迅速发展的同时，不断损耗区域自然资源，区域环境污染问题也异常突出。根据马文成等（2004）的研究测算，2002年黑龙江省水污染问题严重，无机氮和活性磷酸盐、无机氮分别超过国家Ⅳ类海域水质标准2.0倍、1.0倍和0.8倍；吉林省和黑龙江省空气污染问题严重，可吸入颗粒物年均值严重超标。对典型资源型城市伊春市的研究进一步证实，资源和环境的变化是其发展衰退的重要原因。在中华人民共和国成立后的30年里，国家不断扩大森林资源采伐的规模和强度，对资源型城市的生态环境造成了严重的破坏，导致资源型城市衰退以及振兴困难（刘云刚，2002）。

二、振兴谋篇

1980年以来，东北地区经济发展乏力，GDP增速缓慢，在全国排名落后。为此国家先后在东北地区实行了一系列加快体制机制改革、促进产业结构升级、扩大对内对外开放以及完善就业和社会保障等促进转型发展的政策举措，以加快东北地区振兴发展（魏后凯，2008）。在2003~2013年，国家机关部门发布的关于东北地区振兴的政策共有33份。借鉴杜宝贵和隗博文（2020）的研究成果，本章将东北地区等老工业基地振兴政策推进实施划分为初步建立阶段（2003~2008年）和突破发展阶段（2009~2013年）。

1. 初步建立阶段

2003年10月，中共中央、国务院正式印发《关于实施东北地区等老工业基地振兴战略的若干意见》，制定出台了振兴战略的各项方针政策。振兴政策关注的重点主要包括：

（1）化解国有企业改革与企业发展负担。给予企业税收优惠，相关政策让所有工业企业均可以享受加速折旧、缩短无形资产摊销年限等政策带来的益处，为企业运用税收优惠政策开辟了更为广阔的纳税筹划空间（卢相君，2005）。再有就是分离企业办社会职能，改革厂办大集体企业，减轻国有企业负担；开展振兴东北老工业基地科技行动，科技发力，带动企业发展；推进老工业基地棚户区改造和社会保障改革试点建设，化解企业改制社会矛盾与问题（杜宝贵和陶博文，2020）。

（2）产业政策聚焦优势产业或主导产业发展。通过比较东北振兴产业政策演化脉络，东北地区产业政策逐步由强调资源调配和基础建设向更加注重优势产业或主导产业发展方向转变，相关政策集中体现在东北各省份出台的振兴老工业基地规划纲要和振兴东北地区老工业基地工作要点等指导性文件里面，如《辽宁老工业基地振兴规划》（2007）、《黑龙江省人民政府关于印发哈大齐工业走廊产业布局总体规划的通知》（2005）等，可以看出，在宏观层面政策整体引导下，东北地区初步建立起明确的微观产业政策体系（孙久文等，2019）。

（3）实施重大工程与重大基础设施建设，着力解决社会发展问题，加快振兴步伐。振兴东北战略实施以来，通过推进高速铁路、机场、港口、能源水利等一系列重大基础设施工程项目建设，以及哈大齐工业走廊、辽宁沿海"五点一线"、沈阳铁西新区等一批产业集聚地规划建设（国务院办公厅，2007），东北地区基础设施建设得到有效改善和加强，为进一步实施振兴战略奠定良好基础。

2. 突破发展阶段

2009年国务院发布《国务院关于进一步实施东北地区等老工业基地振兴战略的若干意见》，东北振兴政策进入突破发展阶段。这一阶段关注的重点是：

（1）实施振兴示范区战略，提高示范区综合服务水平，发挥示范带动作用。国家批复的辽宁沿海经济带区域开发战略促进了辽宁沿海经济带"五点一线"区域各港口的合作发展和产业结构的更新升级，加强了前沿和腹地的联系，促进了东北亚国际经贸发展（何骏和韩增林，2007）。国家批复的长吉图开发开放先导区战略为东北地区构筑和延伸"一带一路"提供重要战略支撑，是东北地区与俄远东地区展开良性互动的战略依托，是带动东北经济发展的重要引擎（王胜今，2010；王胜今和赵儒煜，2010；陈才，2013；郎毅怀，2017）。

（2）发展现代农业，保护生态环境。在农业方面，王超和王守臣（2018）认为东北地区黑土辽阔，是我国重要的商品粮基地，但黑土地保护政策碎片化问题突出，严重影响了政策效应的发挥，建立现代农业产业体系是迫切之举。在生态环境方面，东北地区蕴含着丰富的生态环境资源，在水源涵养、水土保持、生物多样性保护（王承义和张立志，2016），以及天然生态屏障和粮食安全保障等方面功能重要（李明娟和李炜，2012），生态、经济和社会价值巨大。为有效保障和提升东北地区生态功能，国家先后出台了《大小兴安岭林区生态保护与经济转型规划》和《长白山林区生态保护与经济转型规划》，着力加强东北地区生态功能区建设。

（3）加快资源型城市转型升级。东北地区资源型城市转型发展的方向和重点在于充分用好、用活资源型城市转型发展的产业支持政策，着力加快优化产业结构，使产业链不断向高端延伸，更加重视支持东北资源型城市的民生项目，注重资源型城市持续发展基础的培育，并强化分类指导（周民良，2015），逐步构建资源开发与城市发展的联动机制，有效形成基于长效和可持续发展的政策支撑保障体系（赵树梅，2011）。

（4）完善交通运输网络建设。振兴战略实施十年来，东北地区运网规模稳步增长，通道建设快速推进，交通基础设施建设取得了显著成就。哈（尔滨）大（连）高铁作为东北地区第一条高铁，其开通运营（2012年）直接带动了区域铁路客货运量的提高，间接提高了第一、第二、第三产业的增加值，增加了就业机会，促进了城市化率的提高（于慧妍，2015）。哈大高铁的开通标志着东北地区进入了高铁建设新时期,自此以后,哈尔滨—大庆高铁、沈阳—丹东高铁、白城—长春—延吉高铁等高铁线路陆续开通。东北地区交通基础设施的完善,尤其是高铁的建设,带来了良好的经济社会效应,保障了客货运输需求,缓解了交通瓶颈制约,促进了区域融合发展,推动了振兴东北老工业基地发展战略的实施(李茜,2013)。

振兴战略实施以来,东北振兴政策有效促进了东北地区经济的发展(孙久文等,2020)。从2003年到2012年,东北地区经济总量实现了翻两番,社会发展成效显著,区域生态环境明显改善,东北老工业基地走上了快速振兴道路(张平宇,2012)。然而,《东北地区振兴规划》所强调的深层次体制和机制问题仍未得到彻底解决,区域经济发展质量不高、区域发展不平衡、区域合作和对外开放实质性突破不够、可持续发展后劲不足等仍是约束东北振兴发展的关键变量(孙久文等,2020)。苏明政等(2017)的研究进一步验证了上述判断,研究认为东北振兴政策的实施并没有显著增强东北地区的全要素生产率,体制惯性并没有得到解决,再有就是东北振兴政策的实施显著恶化了东北地区的产业结构,并强化了结构刚性,振兴政策的长期失衡效应明显。可以看出,东北地区实现振兴发展要走的道路依然漫长。

三、新时代新征程

1. 实施新一轮东北振兴战略

自2012年以来,我国经济发展进入新常态,受国际国内环境影响,东北地区主要经济指标大幅下滑甚至出现负增长,经济下行压力较大,出现所谓的"新东北现象"。东北地区尽管总体受外生冲击影响较大,但在一定程度上也说明了,振兴战略实施十年来,战略实施较偏向增加东北经济总量上的积累,并未从根本上解决东北发展深层次的产业、就业、所有制等结构性问题和市场化体制机制问题,也使新形势下东北地区面临着更为突出的困局(和军和张紫薇,2017)。

2016年国务院发布《中共中央 国务院关于全面振兴东北地区等老工业基地的若干意见》(国发〔2016〕62号文),这是推进新一轮东北振兴战略的顶层设计和最重要的纲领性文件,标志着"新一轮东北振兴战略"正式启动。新一轮振兴战略重点突出了体制机制、结构调整、创新创业、改善民生等方面的工作,培育东北发展内生动力,打破"振兴—衰落—再振兴"的怪圈,将有效推动东北地区实现经济社会可持续发展(和军和张紫薇,2017)。新一轮振兴目标明确,到2020年,东北地区在重要领域和关键环节改革上取得重大成果,转变经济发展方式和结构性改革取得重大进展,经济保持中高速增长;到2030年东北地区实现全面振兴,走进全国现代化建设前列,成为全国重要的经济支撑带。具体到各省区,黑龙江省发展重点是强调绿色农业和粮食安全,吉林省以一汽、吉林石化等大型国企为抓手加快与新经济融合发展,辽宁省立足本省的装备制造业和工矿企业加强产业升级、发展高端制造业(孙久文等,2019)。面对新形势、新机遇、新问题,在内外环境发生深刻变化的大背景下,新时期东北振兴蓝图已然绘制,全面振兴发展的攻坚战再次打响(李凯等,2018)。

2. 开发开放平台

习近平总书记在深入推进东北振兴座谈会上指出,深度融入共建"一带一路",建设开放合作高地,是新时期东北振兴的重要抓手。东北地区在"一带一路"中具有重要的战略地位,是我国面向东北亚地区对外开放的重要窗口(赵儒煜和王媛玉,2017)。实现新一轮东北振兴需实施更加积极主动的开放战略,借助东北亚区域经济合作战略、图们江区域国际经济合作战略、"一带一路"建设、"哈长城市群"建设的良机,全面提升开放层次和水平,拓展发展领域和空间(赵儒煜和杨彬彬,2016;章铁成,2017)。在推进新一轮东北振兴中,东北三省应在参与

"一带一路"建设中加大开放力度，抓住自贸试验区建设契机，通过机制创新激发东北地区民间投资先行先试的活力，探索东北在对外开放中振兴发展的新路径（常华，2016）。

搭建良好营商环境，成为新时期深入贯彻落实新一轮东北振兴战略的重要突破口，提高对内对外开放水平、加强自贸区建设等成为战略推进重要抓手。良好的营商环境有助于降低制度性交易成本，是当前振兴东北经济的必备条件之一，东北地区应将营商环境作为当前体制机制改革的突破口，积极改善营商环境（冯茹，2019；郭文尧等，2019）。推动东北地区自贸区建设，加快完善税收政策，积极提高对内对外开放水平，将有效促进东北地区贸易的快速发展（姜昕和宋月婷，2019；褚宏远等，2019）。

2017年4月1日，辽宁自贸试验区挂牌成立，这是我国设立的第三批自由贸易试验区之一，也是东北地区首个自贸区，包含沈阳、大连、营口三个片区，涵盖范围119.89平方千米。成立三年来，辽宁自贸试验区坚持以体制机制改革和制度创新为核心，以突出辽宁特色为重点，大胆试、大胆闯、自主改，辽宁自贸区对区域经济发展的积极影响已经初步显现，改革红利得到充分释放，经济实现跨越式发展。

2016年2月3日，国务院批复设立长春新区，为吉林省参与"一带一路"建设、加快新一轮东北地区老工业基地振兴提供了重要机遇。东北地区老工业基地正处于新一轮振兴战略实施的起步阶段，发挥长春新区在东北区域的十字轴线中心区位和资源优势，大规模、大范围集聚人才、企业、土地、资金等生产要素，有利于长春市建设成东北亚区域中心城市；参与长吉图开发开放先导区建设，最终带动东北地区转型发展和新一轮振兴。吉林省也正在申报自贸区，积极融入"一带一路"建设。

2019年8月30日，黑龙江自贸试验区挂牌成立，包含哈尔滨、绥芬河、黑河三个片区，涵盖范围119.85平方千米，成为中国最北自贸试验区。一年来，黑龙江自贸试验区紧密结合黑龙江实际，设立全国首个中俄边民互市交易结算中心，开通全国首个铁路互贸交易市场等重要平台，为沿边开发开放、深化对俄合作、辐射东北亚区域合作提供了新载体、新模式、新机遇。

3. 新经济新业态

习近平总书记在《中共中央 国务院关于全面振兴东北地区等老工业基地的若干意见》中提出，要积极对接新技术新平台，培育新产业新业态，大力促进产业多元化发展，有效构建新时代东北振兴新动能。

东北地区工业基础较好，具有相对完善的工业体系，通过推进产业创新，加快发展战略性新兴产业，将能有效推动产业振兴，实现产业结构优化升级（赵儒煜和肖茜文，2019；王业强，2013）。实施创新驱动战略，让更多的新产品、新模式、新业态快速成长，加快形成创新发展的区域优势，有效推动东北老工业基地新旧动力转换（张志元等，2018）。新业态的培育，将有助于东北地区经济发展方式的转变和产业结构的转型升级，成为激发振兴发展的着力点（郭文尧等，2019）。

新冠肺炎疫情以来，东北三省积极应对疫情冲击，通过培育新型消费、加大政策支持力度、着力提升品质消费等系列举措，支持线上经济、平台经济发展，推进线上线下深度融合，加快"电商直播+"新经济发展，支持"电商直播+"与其他领域跨界融合，加速形成"线上引流+实体消费"新模式、新业态。在疫情防控中催生的新型消费、升级消费得到了培育和壮大，刺激了消费的增长，拉动了内需，形成了推动东北振兴的"新景观"。

第二节 东北地区发展现状评估

一、发展成效

党的十八大以来，习近平总书记多次赴东北地区视察考察和主持召开会议，提出了一系列新的战略判断和重要指示要求。2018年9月，习近平总书记在东北振兴座谈会上强调，东北地区是我国重要的工业和农业基地，战略地位十分重要，关乎国家发展大局；李克强总理也多次主持召开会议专题部署东北振兴工作，做出系列重要批示，对东北地区的发展起到引领作用。东北地区紧跟国家战略，深化改革创新，发展地区经济，虽仍存在问题，但新一轮东北振兴取得明显成效。

（一）经济总量发展趋势向好

2015年以来，东北三省的GDP总量总体呈上升趋势，辽宁省的发展优势较为明显，处于领先地位，黑龙江省发展水平略高于吉林省。2019年，东北三省的GDP增速分别为辽宁省5.5%、黑龙江省4.2%、吉林省3.0%，在全国的GDP排名中分列第15位、第24位和第26位，三省GDP总量为50249.02亿元，占全国的5.0%，与2018年相比有所下降。其中，近五年经济发展形势最好的是辽宁省，自2016年GDP同比负增长2.5%后，辽宁省在宏观经济承压运行背景下逆风而起，2017～2019年GDP总量稳步提升（见图26-1）。

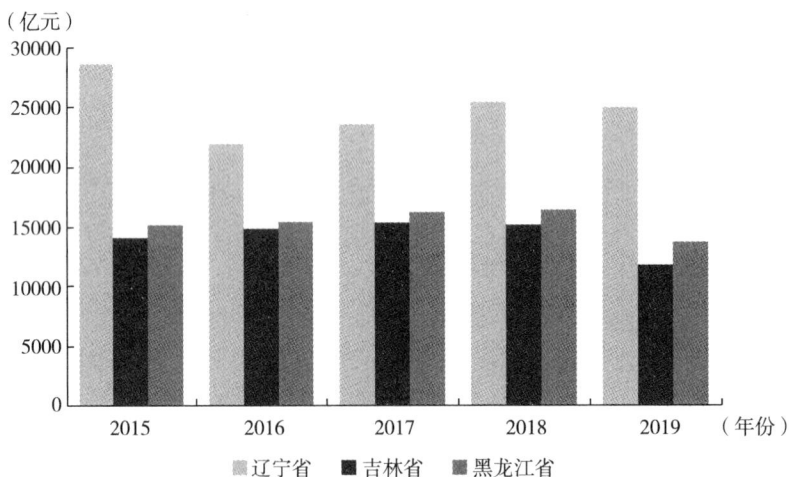

图26-1 2015～2019年东北三省国内生产总值变化情况

资料来源：各省份年度统计公报。

近年来，东北地区要素集聚与经济发展空间分异较为明显，逐渐形成以哈尔滨、长春、沈阳和大连市辖区为核心，邻近中小城镇为经济腹地的哈长城市群和辽中南城市群，要素高值集聚区与经济发展水平高值区在空间上高度匹配，但整体经济体量与其他发达地区相比仍存在较大差距，对周边区域涓滴效应不强。未来东北地区经济可持续健康发展应着重关注提升服务业比重、加大改革开放力度、完善基础设施建设等方面。

（二）产业结构发展趋向均衡

近年来，东北地区产业结构优化是产业发展的主要方向。2019 年东北地区三次产业增加值表现为第三产业占比最高，第二产业占比次之，第一产业占比最低。辽宁省第二、第三产业增加值均处于三个省份中的领先地位，黑龙江省凭借更为优越的土地资源在第一产业中表现突出，相比之下，黑龙江省的产业结构更为均衡。

2018 年，东北地区播种面积占全国的24.14%，东北三省玉米、水稻和大豆产量分别占全国的 32.84%、17.68% 和 45.78%，粮食商品率达到了 60% 以上。在《全国新增 1000 亿斤粮食生产能力规划（2009~2020 年）》中，东北地区承担的粮食增产任务占全国的 30.1%；在《全国生态功能区划（2015）》中，东北地区作为国家农产品提供功能区的区域共计 10 个，占比 17.2%，为国家第一产业的发展做出巨大贡献。2019 年东北地区第一产业增加值 31761.46 亿元，第二产业增加值 102865.01 亿元，第三产业增加值 136856.28 亿元，分别占全国的 9.4%、4.5% 和 5.0%（见图 26-2）。可以看出，东北地区对全国第一产业增加值贡献突出，第二、第三产业仍存在提升空间，尤其是服务业的发展应受到更多关注。有学者提出，未来东北地区应重视发展相对均衡的产业体系，建立以重化工业为核心，兼顾轻工业和消费品工业的产业结构，找到传统产业转型升级和新兴产业发展的突破口，为东北老工业基地未来的发展找到支撑。

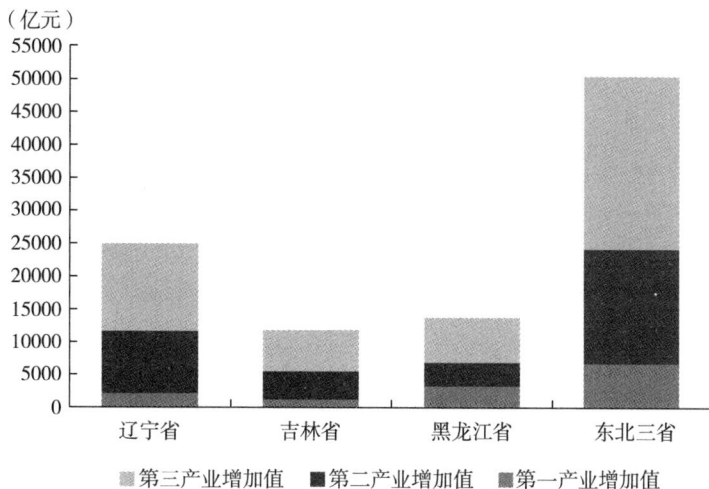

图 26-2　2019 年东北地区三次产业增加值

资料来源：各省份 2019 年年度统计公报。

（三）对外开放程度逐步提升

2019 年 6 月 6 日，李克强总理主持召开国务院振兴东北地区等老工业基地领导小组会议时强调，要更大力度推进改革开放，打造重点面向东北亚的开放合作高地，奋力实现东北全面振兴。随着东北亚深度合作的外部环境遇暖，"一带一路"建设不断取得新突破，为东北全面振兴持续注入发展新动能。区域对外开放与经济发展相辅相成，对外开放是区域实现经济发展的基础与动力，同时，经济高质量发展亦会进一步推动区域开放，激活区域发展新动能。

2015 年以来，东北地区开放水平呈上升趋势，且大连、沈阳、长春等中心城市利用外资达到开放新水平。整体而言，东北地区开放水平仍存在较大提升空间，辽宁省的开放水平较高，吉林省次之，黑龙江省相对较低；就具体指标而言，辽宁省的贸易开放和生产开放水平更高，投资开放水平较低，吉林省的投资开放水平相对较高，市场开放水平较低，黑龙江省的区位支撑水平较高，市场开放水平较低（见图26-3）。

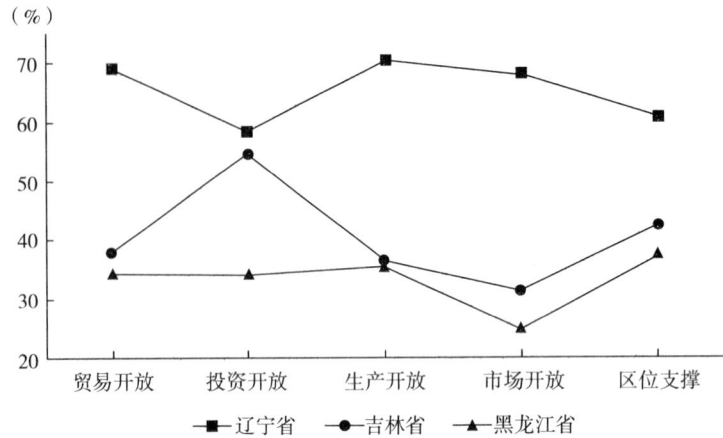

图26-3　2013~2017年东北地区开放指数基本走势

资料来源：《东北老工业基地全面振兴进程评价报告（2018）》。

（四）就业情况总体较为稳定

如图26-4所示，2014~2018年，东北地区年末就业总人数呈缓慢下降态势，与近年来东北地区的人口外流现象吻合。其中，辽宁省就业人数下降幅度最为明显；吉林省和黑龙江省则表现相对稳定，年末就业总人数变化较小。着眼全国，东北地区2018年就业总人数共计5721.23万，仅占全国就业总人数的7.3%，远少于国内其他经济发达地区，"人口流失"现象依然存在，未来东北地区的振兴发展离不开人才，如何留住人才也是东北地区亟待解决的问题。

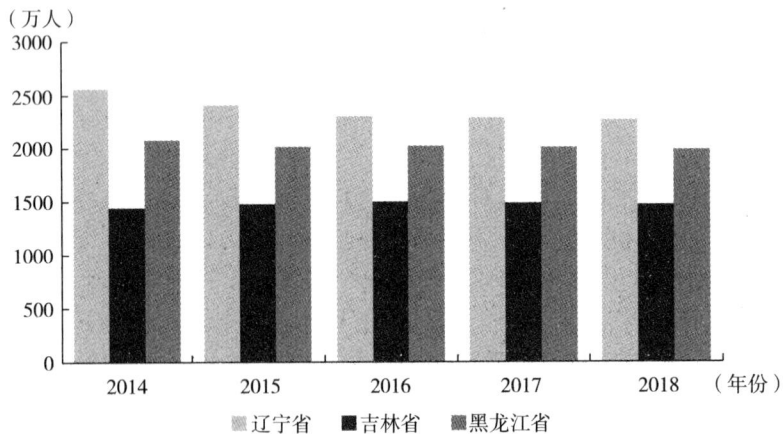

图26-4　2014~2018年东北地区年末就业总人数

资料来源：各省份统计年鉴。

（五）社会保障水平稳步提高

社会保障作为社会经济发展的重要调节器，不仅在调节收入分配方面发挥重要作用，也为老年人口生活提供重要保障。近年来，东北地区65岁以上老年人口比重逐年攀升，社会保障对东北地区来说意义重大。2013～2017 年，东北地区基本养老保险参保人数总体呈上升趋势，且三个省份均在 2017 年出现较为明显抬升，社会保障水平总体提高，2017 年东北三省参保总人数达 6514.3 万，比上年同期增长 318.7 万，占全国参保总人数的 12.7%。着眼区域内部，东北三省社会保障水平差异较大，辽宁省基本养老保险参保人数远高于黑龙江省和吉林省，且吉林省参保人数最低（见图 26-5）。

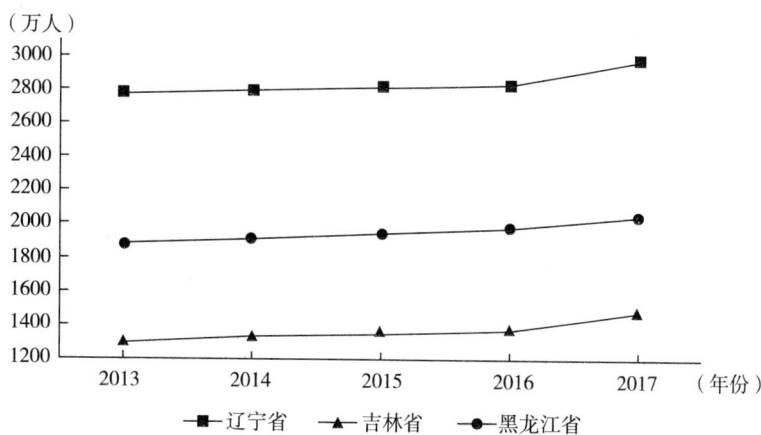

图 26-5　2013～2017 年东北地区基本养老保险参保人数
资料来源：各省份年度统计公报。

东北地区是全国城乡收入差距较小的地区之一。2018 年，东北三省人口总数约为 1.17 亿，虽然经济增速在全国排名中较为靠后，但就业、物价、收入相对稳定，且居民收入增长超过了GDP 增长速度，这是多年来较少出现的现象，说明东北地区的社会保障水平正在不断提升。东北地区未来应促进地方财政收入增长，为社会保障各项事业支出提供资金保证；进一步优化地方政府财政支出结构，适度调整社会保障支出比重，充分发挥社会保障功能。

二、经验总结

1. 东北地区的改革主线

（1）坚持区外开放与区内协同发展，谋求新格局，融入国际化。东北地区一致坚持对接国际贸易规则、区内协同发展的"内外贯通"路线。对外，扎实推进"一带一路"建设，切实打造"中蒙俄经济走廊"，积极衔接俄罗斯的欧亚经济联盟建设，韩国的"新北方政策"，蒙古国的"发展之路""草原之路"等国际发展战略。多个省市已经与其他国家建立了省州长定期会晤机制，实现沟通常态化。积极建设互联互通的跨境物流设施，联手打造"海铁联运"新物流方式，构筑贯通东北的中欧班列国际物流通道，打造开放新平台。辽宁省率先创建全国首个省域范围内的"一带一路"综合试验区建设方案；大连市积极打造东北亚国际航运中心和世界级港口集群；吉林省开通珲春—扎鲁比诺港—宁波舟山港内贸货物跨境运输航线，逐步形成以哈尔滨、长春、沈阳、大连等多个运输机场为节点的国际航运网络。东北地区先后成立辽宁自贸区、黑龙江自贸区，深入推进与俄罗斯、韩国、日本、蒙古等国的合作。东北地区已成为我国与东北亚国家保持合作的中心枢纽和对外开放的重要窗口。此外，图们江区域的对外开放一直受到学界瞩目，方创琳（2017）认为在未来图们江区域将是东北区域对外开放走向高层次发展的重要契机。

对内，东北地区发展对接国内重大战略，抓住发展机遇，加强与京津冀、长江经济带等的合作。深入贯彻对口合作机制，借鉴对口省份发展经验，深化市场合作。建立东北三省及各市县主要领导的定期会晤机制、市长联席会议制度，定期进行高级领导的互访和发展思路对接并坚持与对口省份开展互派干部挂职、企业家交流和定向培训。吉林省全面推广浙江省"最多跑一次"改革经验，沈阳市借鉴北京市实行企业投资项目"告知承诺制"，哈尔滨市借鉴深圳市强区放权做法。通过市场化合作方式积极吸引项目和投资落地东北，支持东北装备制造优势与东部地区需求有效对接，增强产业核心竞争力。逐步完善陆海空多维基础设施互联互通，开通哈牡高铁，与哈齐高铁、哈佳铁路、牡绥铁路等相连，形成以哈尔滨为中心的 1~2 小时经济圈，打造东北区域跨行政区划的集群港口，实现协同发展，助力东北振兴。

（2）强化体制机制改革，提升民营经济活力，优化营商环境。坚持行政管理体制改革，净化政治生态，推进"放管服"改革，转换政府职能，简放政权，助力东北振兴软环境建设。积极成立软环境办公室，协调各部门的关系，监督检查相关部门的管理行为。培育、规范、监管市场体系，释放市场活力。下放行政审批权力，简化审批程序，加大政企分开的改革力度。围绕"央地混改"、混合所有制改革、产权改革三条主线，以点带面，纵深推进东北地区国企改革。

东北三省高度重视营商环境建设，相继制定优化营商环境条例，专门组建省级的省属营商环境建设部，其中辽宁是首个颁布全国规范营商环境建设的省级地方法规的省份，并设立项目管家制度。经中央编办批准，辽宁成立全国首家省级营商环境建设监督局；吉林省"只跑一次"省级事项超过97%，企业平均开办时间由 11 天压缩到 3 天，有效激发了各类市场主体的活力；黑龙江省哈尔滨新区开展投资项目审批制度改革，实施承诺即开工改革，创新开展企业投资项目审批改革，落户企业 9 天即可拿到施工许可，已处于全国优先水平。坚定扶持民营经济发展，搭建"双创"载体，努力使民营企业成为创新主体。东北三省积极开展"融资顾问团队进企业"活动，建立常态化"银企对接"机制，为中小企业提供精准服务。此外，东北三省均出台有关民营经济发展意见措施，旨在破解企业融资难、办事难问题，推动企业降本减负，构建"亲""清"新型政商关系。

（3）深化产业结构改革，发挥本底优势，培育新动能，打造新领域。李平（2019）、廖红伟等（2019）等肯定了东北地区产业结构供给侧结构性改革的成效，东北地区产业发展创新投入日益增加，经济发展动力持续转换，促进产业活力提升。东北地区发挥工业基础、资源和人才等优势，通过技术改造和自主创新促进工业结构优化升级，振兴基础原材料产业和装备制造业，高度重视培育高科技产业与传统产业的创新、技术升级，逐步实现产业结构多点支撑。东北三省深化供给侧结构性改革，积极承接东部地区产业转移，分省精准施策，重视科技创新的孵化。专门设立东北振兴新动能专项资金，组织实施培育东北地区新兴产业三年行动计划，支持新兴产业，包括机器人、新材料、新医药等产业的发展。至 2019 年，东北地区已建成 5 个机器人产业园区，形成从卫星、无人机研发与生产到提供遥感信息服务的完整产业链。辽宁省大力推进"腾笼换鸟"和新旧动能转换，加快新兴产业重大项目落地。吉林省以数字吉林建设为引领，突出传统产业数字化提升，实施智能制造等"十大工程"，与东北振兴金融合作机制共同举办"金融助振兴——吉林行动"，在乡村振兴、现代农业、装备制造、冰雪经济等领域签署项目。黑龙江省引入"互联网＋"，创新传统养老服务业，创建旅居养老模式，并联合日资与国内民营企业，打造中日合作大型养老服务综合体——"乐活医养家园"，建设全省养老产业云服务平台。数控机床、机器人、卫星应用、生物医药、精细化工等战略性新兴产业已形成一定优势，有效改善了东北地区"一柱擎天"的经济结构，逐步成为东北振兴的新支撑。

（4）坚持社会保障改革，关注补齐民生领域短板，共享改革成果。崔军（2018）、和军等

（2019）提出东北地区民生对三省综合发展水平的贡献处于缓增状态，若依托产业、科技等，民生质量将大大提升。东北地区重点民生工程成效显著，振兴成果广惠于民。东北地区不断完善社会保障制度规范化和管理服务社会化的社会保障体系。东北老工业基地先行先试了增值税转型、农业税减免、养老保险并轨、棚户区改造等一系列重大政策举措，取得突破、积累经验后将这些举措推向全国，为全国发挥了重要试点示范作用。在就业方面，针对就业困难群众精准施策，辽宁省开展"就业援助月""春风行动"系列就业帮扶活动；吉林省率先提出"全民创业促就业"，形成"吉林模式"，设立就业援助热线服务台，通过大数据综合利用平台数据，指导就业工作；黑龙江省将稳就业摆在"六稳"之首，普及就业创业减免政策，制定高校毕业生创业就业促进计划，充分保障弱势群体的就业机会，统筹完善困难群体就业援助安置工作。东北三省持续加大对社会弱势群体的利益维护，相继出台《关于全面放开养老服务市场发展养老服务产业提升养老服务质量的实施意见》并根据省情制定专项行动实施方案。不断完善养老服务信息化建设，推进智慧养老服务平台建设、养老服务信息采集。此外，着力推进残疾人小康社会建设，分别制定建设残疾人小康社会规划纲要。针对残疾人群体，开展精准脱贫、社会保障、基本福利、托养照料等工作，建立残疾人扶贫基地，组织实施扶持项目。因地制宜编制产业扶贫规划，设立专项扶贫资金，开展特色产业扶贫、乡村旅游扶贫、电商扶贫、资产收益扶贫、科技扶贫等多种产业扶贫方式，东北地区贫困人数和贫困发生率大幅度下降。

2. 东北地区发展的战略推动

（1）新一轮东北振兴战略助力东北区域走向高质量发展。2014 年，国家出台《国务院关于近期支持东北振兴若干重大政策举措的意见》，提出一系列东北振兴的重大任务和项目。2015 年中共中央、国务院印发《关于深化国有企业改革的指导意见》，提出深化国有企业改革纲领。此外，国家正式实施了"脱贫攻坚"战略。在国家改革背景的基础上，东北振兴迎来新的发展机遇。2016 年，党中央、国务院印发《中共中央 国务院关于全面振兴东北地区等老工业基地的若干意见》《推进东北地区等老工业基地振兴三年滚动实施方案（2016—2018 年)》，并编制出台《东北振兴"十三五"规划》，标志着新一轮东北振兴战略正式启动实施。新一轮东北振兴战略仍主要解决东北地区长期积累的体制性、结构性矛盾，重点任务有优化营商环境、国有企业改革、产业结构改革、社会保障改革等。在高质量发展基点指导下，东北地区重点推进产业转型升级，深化东北与京津冀协同发展、长江经济带发展、粤港澳大湾区建设等国家重大战略的对接和交流合作，促进南北互动；积极参与"一带一路"建设，完善重点边境口岸基础设施，建设开放合作新前沿；严格环境保护，实现生态文明。东北地区着力提高经济的市场化程度，促进经济增长动能的顺利转换，努力破除发展的体制机制障碍，提高城镇化质量，加强区域合作，促进高质量发展。

（2）牢牢把握国家战略旗帜，因地制宜，科学灵活调整发展策略。我国经济由高速增长阶段进入高质量发展阶段，党中央和国务院一系列政策"组合拳"打出，指明了东北振兴的方向。东北各区域牢牢把握发展机遇，在党中央指导下，灵活调整发展路线。

吉林省积极推动"三个五"发展战略、长吉图战略、中东西"三大板块"建设。省委、省政府两办联合印发《关于开展质量标准提升行动推动高质量发展的实施方案（2020—2022年)》，专门成立以省长为组长的质量强省战略领导小组。努力发展外向型经济，向东由珲春入海，联通东北亚各国；向南与丹东对接，融入环渤海经济带中韩（长春）国际合作示范区。此外，吉林省加强与宁波市的对口合作，借鉴沿海地区海洋经济发展经验，推动海洋产业集聚发展。细化实施"一主、六双"产业空间布局，调整产业结构，培育了一批诸如中国标准动车组、美国波士顿地铁、一汽新能源重卡车、吉林一号卫星等的新兴产业。吉林省紧跟国家政策导向，启动实施新基建"761"工程，与华为、阿里、腾讯等科技公司建立29家协同创新实验室，构建红旗品牌创新生态圈联盟。同时建立"赛马"竞争机制，对标高质量发展考评办法，培育新动能、激发新活力、塑造新优势。

辽宁省聚焦基本实现现代化的目标，制定实施《关于辽宁省"一带五基地"建设框架实施方案》，整合34家事业单位组建五大基地服务中心。为推动区域经济协调发展，先后实施沈阳经济区、沿海经济带、突破辽西北、沈抚改革创新示范区、县域经济发展五大区域发展战略。辽宁省在全国首次推出企业登记"五位一体"确认制推动企业改革，制定实施《关于贯彻新发展理念推动工业经济高质量发展的意见》促进工业发展，实施人才服务全面振兴三年行动计划和"兴辽英才计划"吸引人才，积极打通"辽满欧""辽蒙欧""辽海欧"三条国际大通道夯实基础设施建设，努力将辽宁打造成为东北创新中心、区域金融中心、东北人才中心和东北亚物流中心。在生态环境方面，辽宁省先后出台省级、市级生态环境保护法规条例，用最严格的制度、最严密的法治保护生态环境。

黑龙江省重点建设"百千万"工程和"百大"项目。为实现高质量发展，出台《中共黑龙江省委关于贯彻"八字方针"深化改革创新推动经济高质量发展的意见》《黑龙江省工业强省建设规划（2019—2025年)》，提出建设"433"工业新体系，建设"一区两带多基地"的工业区域协同发展新格局。在社会保障方面，全面实行"四零服务""上学不求人"。简化异地就医的办事流程，落实"报销不求人""看病不求人""互联网＋公安政务服务"。实施《黑龙江省"头雁"行动方案》，打造"人才特区"和"科技特区"。推进国资国企改革，防范和化解重大风险，优化融资环境，加快推进电力体制改革。加快发展现代农业，打造保障国家粮食安全的"压舱石"。深度融入"一带一路"，扩大以俄罗斯为重点的全方位合作，推进中国（黑龙江）自由贸易试验区建设，加强区域对接合作，打造开放合作新高地。

3. 东北地区一体化发展探索

（1）完善区域综合交通网络，探索发展地方交通。交通基础设施是区域发展的先行官，是社会经济发展、人居环境改善、公共服务提升和城市安全运转的物质基础和基本保障。东北地区持续加大交通基础设施投入力度，提升规划建设与管理水平，对内打造有效衔接、完善通达的交通网络，对外营造国际交通基础设施互联互通格局，充分发挥东北地区沿边与沿海优势，构筑全方位开放新格局。一方面，区域内部形成以哈大铁路、G102和G202为南北向纵轴，滨洲和滨绥铁路、G301为北部横轴，沈丹和沈山铁路、G102和G304为南部横轴的"干"字形交通主干通道，通行能力较强，具有持续增长的运输量，构筑联系国内的西部通道、中部通道、进出关运输大通道与环渤海跨海运输大通道，完善公路网，推进港口设施大型化、专业化建设。与此同时，各地一并探索地方交通特色。吉林省建设"平安交通"安全体系，形成省级"平安交通"安全体系框架结构，其可复制、可推广的研究成果对推动东北地区以及全国的安全体系建设具有良好的示范作用。辽宁省积极推进"品质工程"示范创建工作，在公路水运品质工程上严把关，借鉴芜湖、梅山港等国内经验，为东北地区交通运输一体化稳固基础。黑龙江省就交通文明畅通的提升做出三年行动计划，有效治理交通拥堵、出行难、停车难等城市问题，推进"信用交通"体系建设。另一方面，东北地区具有沿边沿海的双重优势，通过满洲里、绥芬河、丹东等开放口岸，形成以铁路、公路为主体的跨境通道，构成"一带一路"六大经济走廊中的中蒙俄经济走廊方向的关键部分；凭借大连、营口、锦州、葫芦岛等港口，形成连接国内及世界100多个国家和地区的海上运输网络，实现东北地区与国际交通网络的对接。近年来，结合高铁、交通流等探索交通网络建设的相关研究较多，与大数据、全球化相结合的东北地区交通一体化建设的研究或成为未来的研究方向。

（2）发挥区域产业集群优势，构筑产业发展新引擎。东北地区产业布局与交通网络布局梯度大体一致，基本形成了包括辽中南城市群、吉中经济区和哈大齐工业带在内的哈大交通经济带，主要工业集中区分布于"干"字形交通纵轴和两条横轴之间。陈才等（2004）、李诚固等（2003）较早开展东北地区产业结构及布局研究，提出具有借鉴意义的产业空间结构优化举措，当前相关研究多集中于产业集聚方面。产业集聚有利于做强支柱和放大优势，吉林省汽车、石化、农产品加工和医药等优势产业集群发育良好，通过不断完善特色产业链，能够提升产业集群辐射带动作用。创新产业发展，激活产业潜力，辽宁省开展"产业链＋创新链＋资金链"融合对接会，发掘出一批优秀创新型企业，促进"产业链＋创新链＋资金链"深度融合。东北地区积极发展县域经济，黑龙江省以打造"一县一业"为重点，发展壮大特色经济、拳头经济和民营经济。

（3）两大城市群进一步壮大发展实力，构建功能完善一体化格局。改革开放以后东北区域经济发展中出现了明显的空间极化现象（李秀伟和修春亮，2008），大连、沈阳、长春、哈尔滨四城市成为高"极化点"，沿哈大交通线形成"极化轴"，东北东部、北部、西部经济密度下降。在这一背景下，辽中城市群概念扩大为辽中南城市群，哈长城市群概念也逐渐被接受。近年来，城市群作为城市集聚形态，具有资源高效配置、要素高度集聚、经济开放程度高以及区域间关联网络发达等特征，对于区域经济发展至关重要。哈长城市群与辽中南城市群两大城市群是东北地区两大重要城市群，二者同为东北地区对外开放的重要门户且人流往来密切。作为跨省的区域性城市群，哈长城市群是东北地区的重要增长极和重点建设区域，区位优势独特、经济基础较好，依托哈尔滨、长春两市，哈长发展主轴以及哈大齐牡发展带与长吉图发展带形成"双核一轴两带"的空间格局，以"中蒙俄经济走廊"为重点向外辐射延伸，由自由贸易区、开放试验区与合作示范区等带动城市群一体化发展，打造特色城镇群，逐步形成差异化协调发展新格局。辽中南城市群依托沈大发展轴、辽宁沿海城镇带、沈阳与大连两个核心城市以及沈阳、大连、鞍辽、营盘四大都市区，形成"一轴、一带、双核、四区"的陆海内外联动、南北双向互济开放新格局，主动融入"一带一路"建设中，提升城市群开放合作水平，与哈长城市群对接和分工合作以释放更多活力。城市群研究是各界关注的重大议题，当前城市群研究多与人口、产业和城市网络等结合，有学者认为城市群空间结构在要素流动、资源共享、技术创新和政策制度优化的共同影响下发生了较大改变，绿色、开放和高质量发展的城市群将带动未来东北地区一体化发展（杨永平和周晓勤，2013）。

三、问题困境

1. 人口流失比较严重

（1）人口迁移形势逆转，净迁出规模持续扩大。中华人民共和国成立以来东北地区人口结构不断演化，人口流动在各时期表现出不同的迁移规律。改革开放前，东北地区凭借国家政策支持、邻近苏联的地缘优势及良好的交通与工业基础获得快速发展，人口迁移以流入为主。20世纪90年代后，东北游离在国家重点战略外，人口迁移由净迁入转变为净迁出。进入21世纪，东北人口自然增长和人口机械增长逐步呈现双双下滑趋势，东北三省常住人口占全国人口比重从2014年的8.0%下降至2019年的7.7%，人口净流出规模从2013年的0.79万扩大到2019年的33.17万，人口流失现象持续存在。

人口迁移作为一种重要的社会经济现象与空间过程，在社会科学中一直处于重要地位且已形成相对系统成熟的理论基础与研究范式。自国家东北老工业基地振兴战略实施以来，关于东北地区人口迁移流动特征、过程机制的讨论与研究层出不穷，多为基于推—拉理论、成本—效益论、刘易斯二元结构模型等国外经典理论模型的实证研究。相关研究基于人口学、经济学、社会学、管理学等多维学科角度，通过定性定量结合、数据分析、模型构建等方法分析东北地区人口迁移规律，发现推动东北地区人口迁移的动力机制具有复杂性，但经济因素仍是最重要的动因，经济结构差异、经济发展差距、产业发展局限等对人口迁移有举足轻重的影响（于婷婷，2017）。东北地区在经济活力、新兴产业发展、智慧城市建设等方面与国内先进地区相比存在一定差距，经济发展空间异质性凸显，加之东北地区传统工业产能过剩，资源型企业面临资源枯竭、效益下滑问题，难以吸纳新就业、消化存量人员，加速了东北地区人口流失（赵放和刘雅君，2018）。

（2）人力资本空间失衡，存在较多的城市收缩问题。人口迁移与经济增长之间是相互影响、相互制约的，二者相伴而生，互为因果。新经济地理理论认为凝结于人体之中具有经济价值的知识、智能和体力等质量因素的人力资本是促进经济增长的重要内生因素，人力资本空间极化加剧区域经济失衡。大量研究表明东北人口流失不利于地区经济增长，人力资本流失严重对其发挥人才红利效应、激发经济发展活力、提高技术创新能力以及促进产业结构转型升级等造成较大不利影响，从而导致东北地区陷入人口流失与经济衰退恶性循环中（戚伟等，2017），地区经济持续走低。安虎森等（2017）认为人力资本重置是解决东北经济问题的主要途径。李北伟等（2018）主张增加人力资本存量，提高人力资本质量以促进东北老工业基地全面振兴和经济转型。此外，有学者发现东北地区人力资源与产业发展空间协同性差，高端学术人才比重低且流失严重，本硕博毕业生大比例异地就业等问题削弱东北地区创新活力与发展潜力。

在人口流失宏观背景下，龙瀛等（2015）、张学良等（2016）发现东北地区多城镇存在人口增长停滞甚至负增长的人口萎缩现象，人口不断流失扩大经济社会发展风险，在空间上逐步呈现人口、经济、社会、环境和文化等多维衰退的特征，城市收缩问题凸显。收缩城市的概念界定出现于西方国家，目前尚无明确定论，多以人口持续减少进行衡量，当前收缩识别、类型、成因及影响等方面仍是国内外收缩城市研究的主流。聚焦国内，东北已成为国内收缩城市分布最为集中的地区，其中资源型城市是收缩主力军，董丽晶等（2020）、胡语宸等（2020）分析伊春、齐齐哈尔、鸡西、鹤岗、阜新等典型城市收缩特征与收缩机制并提出引导建议。响应国家发展改革委《2019年新型城镇化建设重点任务》的"收缩型中小城市要瘦身强体，转变惯性的增量规划思维，严控增量、盘活存量，引导人口和公共资源向城区集中"，东北地区未来应对全域型、中心型、边缘型等不同类型、不同收缩过程机制的收缩城市展开分类指导，适应收缩，建立城镇精明收缩理念，转变土地利用模式，有针对性地编制城镇存量与减量规划，以转变城市人口减少而用地扩张的低效发展模式，推动东北老工业基地城镇高质量发展（国家发展改革委，2019）。

2. 体制机制固化

国外已形成包括古典经济学派、新制度经济学派等在产业结构、制度与经济发展关系、区域经济发展策略方面的理论框架体系，并就老工业基地体制机制障碍、美国"锈带"复兴等问题取得系列研究成果（阎宇，2018），为我国东北老工业基地发展提供经验借鉴。国内部分学者认为东北经济衰退的根源在于机制体制障碍（褚敏和踪家峰，2017）。樊杰等（2016）、和军（2019）通过分析结构性与体制机制问题，对东北振兴提出突破路径及前景预判。胡伟等（2020）认为建设东北亚深度合作战略高地的基础是推动开放型经济体制机制创新。

（1）计划经济体制固化，国企改革任务艰巨。东北地区经济结构性问题与体制性问题相互交织、彼此适应，使东北经济体制改革困难重重。东北地区最早进入且最晚退出计划经济体制，经济发展的历史传统赋予东北深刻的计划经济情结，计划经济思维以及政府倾向于"管理""管制"，这影响了经济行为准则和市场交易规则，市场调配作用受限。

自东北地区等老工业基地振兴战略实施以来，东北地区持续加大国企改革力度，但"挤牙膏式"的改革方式未能从根本解决国企历史包袱，诸如僵尸企业处置、离退休员工管理等历史遗留问题对地方政府形成掣肘，影响吸引社会资本的注入，降低国有资产营运效率。国企改革不彻底造成大批国企亏损破产而产生大量下岗工人，企业办社会职能未能彻底剥离，厂办大集体改革成效不佳，债务负担重，造成改革成本攀升，改革推进困难。同时国有企业垄断造成的挤出效应强，加之东北地区产品市场、要素市场、市场中介组织发育不佳，法律环境薄弱，市场准入门槛较高，使东北地区民营经济发展滞后，企业规模小、经营理念陈旧、自主创新能力弱，尚未形成产业集群化发展态势，整体竞争力较弱。

（2）"官本位"思想普遍，创新机制亟待完善。创新是增强区域经济韧性的重要内生动力，是东北地区摆脱路径依赖、实现路径创造、提高经济发展质量效益的必要条件。而"官本位"思想和统治经济思维在东北地区的广泛存在造成人才资源错配与浪费严重，削弱了地区创新动力，降低了政府服务经济发展的效率；国企对扶植政策的依赖造成企业创新进取精神不足，难以营造创新、创业要素充分涌流的良好经济发展环境；产权保护意识不强，知识产权管理体制不健全，地方知识产权管理部门机构编制较弱、经费不足，不利于形成公平公正的竞争型市场体制；"大众创业、万众创新"的"双创"管理机制不完善，缺少统揽全局、整体规划和统筹推进，普遍存在分多统少、各自为政的现象，缺少完备、适用、操作性强的政策体系，制度体系支撑不足。

3. 地方财政吃紧

东北三省一般公共预算收入增速在2014年出现较大程度的下降甚至负增长，经历"断崖式下跌"的财政缩水后，自2015年以来财政收入实际降幅逐步收窄，已趋稳并出现恢复迹象，但财政收入增速仍较慢，处于全国尾部，与区域内部重要产业发展落后、地区经济增速明显放缓有直接关系。2019年，东北三省中辽宁省实现一般公共预算收入1.4%的正增长，吉林省、黑龙江省分别比上年下降10%、1.6%（见图26-6）。财政收支矛盾、可用财力增长缓慢等问题日益突出，财政风险加大。此外，东北地区受经济增速放缓、失业人员增加、财政收入和居民收入增长减速、老年人口比重逐年升高等影响，保工资、保运转、保民生等刚性支出比重明显上升，支出固化给财政带来压力，易引发牵涉经济和社会各个方面的系统性风险，东北地区应采取灵活的财政政策规避风险。财政政策是政府宏观调控的重要手段，财政制度、收支结构、支出规模对地区经济增长、区域经济关系有举足轻重的作用，对此国外已形成不同流派且较为完善的理论体系（白景明等，2016）。国内学者对东北财政问题的关注相对较少，相关研究建议东北地区深化财政制度改革，以科学化、精细化为导向编制和执行财政规划，压缩柔性支出，提升政府抗财政风险能力（赵娜等，2020）。

4. 产业结构失衡

随着东北区域经济的衰落，产业结构失衡问题引发学者们关注，产业结构升级对东北地区的发展具有重要现实意义，相关研究多与东北地区产业结构调整方式和改革必要性有关。东北地区经济不兴与地区产业结构转型不足息息相关，产业结构改革的必要性受到李诚固等（2003）、唐要家（2001）等学者的认可。此外，黄晓军等（2008）认为城市化与产业结构升级互相促进，应加快发展第三产业，扩大对外开放并加强基础设施建设。胡之光等（2017）认为东北国有企业占比过重，应淘汰落后产能，激发科技创新潜能，深化国有企业改革。杨彬彬

（2016）认为应在良好的营商环境基础上大力发展新兴产业。

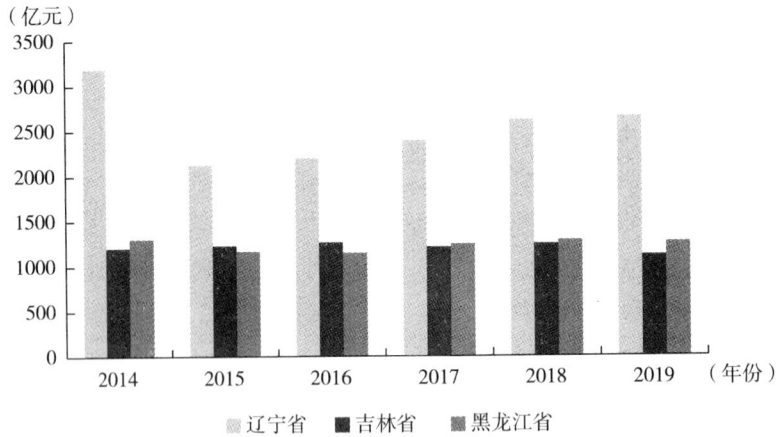

图 26-6　2014~2019 年东北三省财政一般公共收入变化

资料来源：各省份统计年鉴、统计公报。

从相关研究可以看出，产业结构不均衡、重工业占比过高、产业单一化、新型产业发展滞后、产业升级困难和创新能力有限、缺乏创新人才等是学者们公认的问题。

（1）重工业总占比畸高，产业层次低链条短。东北地区重工业占比过高，产业层次偏低，产业链条短，产业附加值低，抗风险能力弱。东北地区是全国重化工业集中地，地区重化工业比重超过 60%，产业结构偏重且经济结构中重工业国企占比过重，形成单一的产业集群。长期以来，东北过多依赖能源原材料等偏重工业。近年来新一代信息技术生物医药等战略性新兴产业在东北地区虽有较快发展，但整体规模有限，产业层次水平仍处于较低状态，多为原料加工产业，缺乏下游相应配套产业。原材料商品行业如煤炭、石化等随着全国固定投资下滑，市场空间大幅缩减，行业利润随之下降，受大宗商品价格波动影响严重，下游加工产品产能不足，东北经济增速下滑。

（2）新型产业发展缓慢，产业升级条件制约。东北地区新兴产业自身生命活力不强，生存环境不佳，且集聚度不高，发展受条件制约。东北地区新兴产业尚处于初级起步阶段，绝大多数属于中小型企业。新兴产业赖以生存的创新能力较为缺乏，核心元件和关键技术对外依赖严重，产品多处在产业链的中低端环节，很少可达到国际高端产品水平。新材料、新能源、生物医药、航空航天等处于上升期的高新技术产业在东北基础薄弱，虽然东北地区出台了一系列战略性新兴产业的扶持政策，但相关产业盈利周期长、市场发展慢，现有直接融资体制下新兴产业门槛高、支持少。此外，金融体制尚不健全、融资渠道单一、手续繁杂也很大程度上制约了新兴产业的发展和产业升级。

（3）产业创新升级受困，投入不足转化有限。东北地区科技创新综合实力薄弱，创新环境有待改善，科研投入不足，人才、成果惯性流失，企业自身创新活力不足。创新是产业升级的内在驱动力，东北地区无论是在创新的人力资源还是在物质条件或发展意识上都与国内较发达地区存在相当大的差距，高技术产业研发投入虽然有所增长但力度远远不够，且投入与产出不成正比。同时，东北大部分地区的企业对技术创新和产业升级以及研发投入重视不足，未能处理好创新与市场的关系，在生产配套设施上缺乏开放性合作；对关键性的核心技术缺乏消化吸收再创新，企业中技术创新的主体地位有待进一步强化。国有企业掌握了优势资源和优势领域，市场化程度不高也使得创新要素无法集聚，科研创新环境相对薄弱，创新发展意识不强。2010年以来整个东北地区研发人员数量出现不同程度的下降，虽然东北对教育的重视程度不低，科研院所重点高校也不在少数，但整个东北地区科研机构和大学相对独立于地方，科研成果在本地转化不足，大量人才异地就业，科研人员、科研成果惯性流失，延缓了东北地区产业创新升级的进程。

5. 发展活力不足

东北区域发展的活力有限，赵淑婷（2015）将东北对外开放程度与东中部地区进行比较，发现东北地区仍处于相对闭塞状态，开放程度不高。潘宏（2014）认为宏观经济环境、思想短板和路径依赖依旧严重制约东北发展，影响其对外联系和区域发展活力的提升。此外，东北地区市场活力不足与国企独大、民营经济起步艰难关系紧密。宋冬林（2015）认为"新东北现象"实质在于东北地区经济体制问题，应该以激发市场活力为突破口，大力发展民营经济，深化国企改革。总体来看，体制机制的改革、市场活力的提升、促进对外开放合作以及改变固有思想观念是当前东北地区发展活力提升的关键所在。

（1）市场活力明显不足，营商环境仍待优化。东北地区以国有企业为主，民营经济本身起步晚，市场多由政府和国企主导，且大多国有企业处于垄断地位，在资源配置上有更大话语权。一般来说民营经济越发达区域经济越有活力，但在此背景下民营企业很难崛起，外来企业生存也受到挤压，形成恶性循环，民营经济难以通过竞争激发市场活力。政商关系的落后也带来了不小的负面影响，政府对民营企业和中小微企业不重视和不在意，政府的相关法制契约精神缺乏，一定程度上使企业利益受损，影响企业积极性，无形中影响了东北地区政府的形象和招商口碑。政府的简政放权与能力建设失衡，微观管理过多、市场干预过度，导致政府行政权力与市场自发配置存在矛盾，市场化程度不高，民营企业制度性交易成本居高不下。

（2）对外开放程度有限，合作推进困难重重。东北地区对外贸易规模小，对外的经济贸易总量同东部沿海地区和全国平均值相比均有不小的差距，进出口产品类型单一，整体开放程度有限，推进其对外开放合作存在多重阻碍。

东北地区整体对外贸易规模较小，在利用外资发展外向型经济上较为落后，相当部分配套产品依赖国内其他地区和进口，生产加工过程缺乏企业间合作，多是单一企业内部完成。同时，东北地区的进出口产品中资源和原料型初级产品比重依然较高，出口的工业制成品附加值不高，技术含量有限，东北地区在对外国际贸易分工中仍处于较低层次。近年来东北地区的对外联系紧密度虽然有所提升，但其资源优势尚未高效转化为经济优势，市场竞争力有限，优势潜力有待发掘。从区域内部格局来看，东北地区对外贸易开放不均衡。沿海地区发展优于腹地沿边地区，省会城市发展优于一般重工城市，且省份间也有明显发展差异。凭借着沿海开放优势，辽宁省借助辽宁自贸区、大连保税区、中国—中东欧"17+1"经贸合作示范区等众多对外开放平台，在东北地区中对外贸易总量位列第一。同样，沈阳、长春、哈尔滨三个省会城市得益于规模经济和集聚效应，外贸规模较大，反观如鞍山、本溪等单一重工业非省会城市，随着资源的枯竭和地区发展动力衰退，其对外开放发展速度缓慢。此外，东北地区的行政壁垒在一定程度上阻碍了跨区域合作，政府在经济事务中的主导作用大于市场，区域间合作主要依靠政府推动，地方保护主义羁绊下缺乏整体的协调，无法满足区域一体化需求，产业链不能优势互补，带来诸多恶性竞争，地区内部联系不紧密，高效决策机制和重点项目难落实。

（3）固有思想观念短板，计划经济路径依赖。东北地区具有较强的路径依赖特征，固有的人情文化根深蒂固。东北地区具有浓厚的移民文化，仗义互助的人情社会是一大特征，而人情文化与市场经济之间存在的矛盾反而消耗企业资源，增大运营难度和成本。相对来说，政府部门管理者缺乏超前意识，直接制约了东北地区的发展，不可避免地在僵化的体制下产生路径依赖。在计划经济时期，东北地区是全国重要工业基地，完善的计划经济体制和政府机关的决策思维互相影响，以至于在新的环境下还是老路子，对过去路径的依赖十分严重，习惯于"等、靠、要"，政策资源依赖严重，创新创造思维受限。

第三节　东北地区未来发展及研究展望

一、发展愿景与战略定位

（一）发展愿景

深入推进东北与战略定位振兴发展，是党中央做出的重大战略部署。新时代东北振兴，应当是全面振兴、全方位振兴。在实现东北振兴的过程中，应坚持以高质量发展为振兴目标，追求整个地区经济发展质量和综合实力的提升（蔡之兵，2020）。

2018 年 9 月习近平总书记在东北三省考察时提到：新时代东北振兴，是全面振兴、全方位振兴，要从统筹推进"五位一体"总体布局、协调推进"四个全面"战略布局的角度去把握，重塑环境、重振雄风，形成对国家重大战略的坚强支撑（习近平，2018）。《中共中央　国务院关于全面振兴东北地区等老工业基地的若干意见》中指出了东北地区全面振兴的方向，即不断提升东北老工业基地的发展活力、内生动力和整体竞争力，努力走出一条质量更高、效益更好、结构更优、优势充分释放的发展新路，争取到 2030 年，东北地区实现全面振兴，走进全国现代化建设前列，成为全国重要的经济支撑带、具有国际竞争力的先进装备制造业基地和重大技术装备战略基地、国家新型原材料基地、现代农业生产基地和重要技术创新与研发基地（中共中央　国务院，2016）。东北地区的振兴发展，事关我国区域发展总体战略的实现，事关我国工业化、信息化、城镇化、农业现代化的协调发展，事关我国周边和东北亚地区的安全稳定（中共中央　国务院，2016）。

党的十九大做出"我国经济由高速增长阶段转向高质量发展阶段"的重要论断，2020 年 7 月，中央政治局会议指出"我国已进入高质量发展阶段"，我国经济从高速增长转向高质量发展，再到进入高质量发展阶段，具有划时代意义（高培勇，2020）。高质量发展既是发展观念的转变，也是增长模式的转型，更是对民生水平的关注（赵剑波等，2019）。高质量发展是体现新发展理念的发展，是创新成为第一动力、协调成为内生特点、绿色成为普遍形态、开放成为必由之路、共享成为根本目的的发展（赵昌文，2020）。推动经济高质量发展，要着力推动经济发展质量变革、效率变革、动力变革，增强经济竞争力、创新力、抗风险能力（习近平，2020）。在高质量发展的背景下，东北振兴的战略重点是推进产业转型升级，实现产业高质量发展；城乡并举，实现区域协调高质量；积极参与"一带一路"建设，实现对外开放高质量；严格环境保护，实现生态文明高质量；提高经济的市场化程度，促进经济增长动能的顺利转换，从根本上破除发展的体制机制障碍；提高城镇化质量，加强区域合作，促进高质量发展（安树伟和李瑞鹏，2018）。

（二）战略定位

东北地区维护国家国防安全、粮食安全、生态安全、能源安全、产业安全的战略地位十分重要，关乎国家发展大局（习近平，2018）。东北地区应该明确自身战略地位，积极打造我国重要的国防安全基地、粮食安全基地、生态安全基地、能源安全基地、产业安全基地。作为我国区域发展"四大板块"之一，东北地区应积极巩固中国主要经济板块的战略地位。

端好中国饭碗，是东北的国家使命，稳定发展粮食生产，让中国饭碗更多地装优质粮、扩面积、提产量、优品质，进一步筑牢国家粮食安全的"压舱石"（王彦堂等，2020；马维维和沈慧，2020）。东北自然条件优越，在农业发展上具有得天独厚的优势。东北地区作为我国最大粮仓之一，历史贡献历历在目，未来也必须要继续承担起维护中国粮食安全的重担。"中国人的饭碗任何时候都要牢牢端在自己的手上""十几亿人口要吃饭，这是我国最大的国情""农业生产不能竭泽而渔""保护好黑土地这一耕地中的大熊猫""要把发展农业科技放在更加突出的位置"等党中央重要论断多次强调东北地区在保障国家粮食安全大局中的重要地位。东北地区要稳固农业这一传统优势产业，不断提升农业发展的效率、质量、效益，既为保障国家粮食安全做出贡献，也为自身健康可持续发展奠定基础，巩固我国粮食安全基地的重要战略地位（蔡之兵，2020）。

东北地区具有打造北方生态屏障和山青水绿的宜居家园的战略任务。习近平总书记2018年在查干湖察看生态保护情况时强调"良好生态环境是东北地区经济社会发展的宝贵资源，也是振兴东北的一个优势。要把保护生态环境摆在优先位置，坚持绿色发展""绿水青山、冰天雪地都是金山银山""要加快绿色农业发展，坚持用养结合、综合施策，确保黑土地不减少、不退化"，为东北发展指明了一条发挥资源环境优势的绿色发展之路（孙启明，2018）。牢固绿色发展理念，坚决摒弃损害和破坏生态环境的发展模式和做法，努力使东北地区天更蓝、山更绿、水更清，生态环境更美好，充分利用东北地区的独特资源和优势，推进寒地冰雪经济发展，打造我国华北、东北地区的生态屏障以及我国的生态安全基地。

改革开放以前，东北地区依托资源环境禀赋和政策环境优势，在工业经济方面优势明显，成为"新中国工业摇篮"，然而改革开放以来，东北地区工业竞争力不断下降，相对优势地位逐渐丧失（和军和张依，2018），但其依然是我国重要工业基地之一，在装备制造业、能源产业等方面依然具有举足轻重的地位（孙启明，2018）。从生产工业母机到重型工矿装备、核电化工装备、高铁客车、工业机器人、船舶、飞机等，东北地区作为"共和国装备部"不断贡献"大国重器"（石庆伟等，2018），在国防安全、能源安全、产业安全保障方面始终有着不可替代的战略作用。

作为我国区域发展"四大板块"之一，东北地区对内应提升东北三省和内蒙古自治区协同发展水平，对外深化与京津冀地区的分工协作，构建内外有效衔接、条块充分互动、陆海深度统筹的区域发展新格局。发挥优势，不断提升东北的区域吸引力水平，恢复东北地区在全国经济地理格局中的相对优势地位，保障国家主要经济板块的战略地位（蔡之兵，2020）。

二、改革深化，创新发展

不断探索创新发展路径是东北地区持续发展的动力，着力在民营经济、县域经济及中小城市经济方面实现突破。

东北地区民营产业长期集中于附加值较低的第二产业和技术资金门槛较低的第三产业。然而，在新一轮东北振兴战略推进过程中，民营经济呈现出新的发展趋势，发展领域不断拓展，在传统产业基础上的新兴产业涌现出一些具有发展特色的代表企业，如福佳集团有限公司、东软集团股份有限公司等；软件与信息技术、工程设计、石油信息技术服务等现代服务业发展迅速，是东北地区可持续发展的巨大潜力所在（闫春英和张佳睿，2020）。东北地区的民营企业和民营经济应该继续发展壮大，并以此促进国有企业的改革，振兴东北老工业基地（吕景春和李梁栋，2021）。在东北地区开展民营经济发展改革示范，重点培育有利于民营经济发展的政策环境、市场环境、金融环境、创新环境、法治环境等，增强民营企业发展信心，加快构建"亲""清"新型政商关系（中共中央、国务院，2016）。

中小城市是推动国民经济发展的重要力量，是优化城镇规模结构的主攻方向，是新型城镇化的主要载体（中国城市经济学会中小城市经济发展委员会等，2017）。县域连接着都市圈、城市群和乡村地区，推动县域高质量发展，不仅是适应我国社会发展不平衡不充分主要矛盾变化的需要，更是推动城乡区域协调发展的必然要求（马红丽，2020）。"十四五"建议里提到，县域经济发展应推动农村第一、第二、第三产业融合发展，扩展农民增收空间。推动县域经济高质量发展，要贯彻新发展理念，引领县域经济走绿色发展、融合发展、产业发展之路，加快区域协同发展，加快产业经济集群化发展，大力支持县域民营经济高质量发展（辛闻，2020）。

东北地区城市首位度高，在2020年的中国城市等级划分中，沈阳位列新一线城市，长春、哈尔滨、大连位列二线城市，少数位列三线城市（鞍山、大庆、吉林），更多的地级市为四线、五线城市，四大中心城市与其他城市之间差距较大，中小城市、县级城市数量较多、特色强、经济基础良好，与大城市相比具有土地税收等政策优势，具备改革创新的尺度优势。以辽宁海城、庄河、岫岩，黑龙江安达、宁安、嫩江、林甸，吉林磐石、榆树等2017年中国中小城市投资潜力百强县市为增长极，积极探索中小城市经济和县域经济改革创新模式，东北地区经济发展尚有相当大的潜力。

三、产业赋能，转型发展

加快东北地区传统产业转型升级，促进工业物联网与智能制造，补齐轻工业短板，促进农业现代化发展。

东北地区工业基础好，但由于科技创新能力、可持续发展能力、企业绩效水平较低及发展方式外延粗放，工业竞争力下降（和军和张依，2018）。创新科技能够推动东北地区传统工业转型升级，转型方向应为，在工业物联网和智能制造方面下功夫，在轻工业上补课。工业物联网是指将具有感知、监控能力的各类传感器或控制器以及移动通信、智能分析等技术融入工业生产各个环节，从而大幅提高生产效率，降低生产成本和资源消耗，最终将传统工业提升到智能化的新阶段（林小春，2017）。智能经济能够给东北老工业基地的转型升级带来新的市场需求，并有助于破除制约东北老工业基地转型发展的科学技术、人力资本、资源环境、营商环境等壁垒，在降低转型成本的同时为东北老工业基地的转型升级指明新的方向，提供跨越式发展的新契机（程娜，2020）。《中共中央 国务院关于全面振兴东北地区等老工业基地的若干意见》指出，东北地区应加快信息化和工业化深度融合，推进制造业智能化改造，促进工业互联网、云计算、大数据在企业研发设计、生产制造、经营管理、销售服务的综合集成应用（中共中央、国务院，2016）。

轻工业是东北产业结构中的短板，未来通过打造爆品、企业创新产品、打造企业名牌的方式，培育大型轻工企业，吸引更多的企业形成配套产业链，形成东北地区轻工业发展竞争优势（吴东华，2017）。鉴于东北地自1930年起曾经历最长的管制经济过程，其工业化是直接建立在煤、铁等重工业基础之上的，轻工业发展过程缺失，自下而上的工商业文化、创业文化培育过程缺课，因而采取积极发展轻工业的路线，是"反弹琵琶"的"笨办法"，具有长远意义。

东北轻工业的发展也是可行的。从市场条件看，东北地区本身就是一个拥有1亿人口的大市场，同时区外市场空间更大；从区域关系看，长三角和珠三角等地区轻工业向外部的转移正在进行中，东北地区参与竞争具有一定优势；从已有成绩看，辽源等地的轻纺工业已成气候，表明东北地区的三、四线以下城市和县城可以在轻工业发展方面有较大作为。可通过厚植产业基础，形成新的比较优势，壮大经济规模，容纳更多就业，防止人口流失，支持东北全面振兴。

东北地区工业转型升级的整体方向应为：积极推进传统工业向工业物联网和智能制造进行转型，提高运营效率，促进生产高度自动化，探索新的商业模式，增强国际竞争力，同时在轻工业方面补齐短板，为东北地区工业发展注入新动力。

在农业发展方面，东北地区应加快发展现代化大农业。率先构建现代农业产业体系、生产体系、经营体系，着力提高农业生产规模化、集约化、专业化、标准化水平和可持续发展能力，使现代农业成为重要的产业支撑（中共中央　国务院，2016）。提高农业综合效益和竞争力，积极发展现代化大农业，建设美丽宜居乡村，把东北地区建成国家重要的现代农业生产基地。大力发展科技农业、智慧农业，实现农业精细化、高效化、绿色化。延伸农业产业链，加快推进农村一、二、三产业融合发展。推广使用物联网、云计算、大数据等现代信息技术，发展"互联网＋"现代农业（国家发展改革委，2016）。

四、开放合作，联动发展

强化东北地区开放合作建设，主动融入以国内大循环为主体、国内国际双循环相互促进的新发展格局。向外融入"一带一路"、推进东北亚一体化建设、扩大对欧美的全面开放，促进自贸区发展；对内扩大国内对口合作，促进区域协同发展。

打造重点开发合作平台，建设开放合作高地。主动融入东北亚区域一体化、积极参与"一带一路"建设。协同推进战略互信、经贸合作、人文交流，加强与周边国家基础设施互联互通，努力将东北地区打造成为我国向北开放的重要窗口和东北亚地区合作的中心枢纽。借助"海上丝绸之路"，借港出海，与东盟、北极国家、欧洲国家等展开深入合作交流；主动融入"中蒙俄经济走廊"建设，加深与俄罗斯远东开发战略、欧亚经济联盟、蒙古国草原之路倡议政策对接，深化毗邻地区合作（刘国斌和田峰，2020）。积极推进东北地区对外开放通道建设，黑龙江省构建"中蒙俄经济走廊"黑龙江陆海丝绸之路经济带，抓住俄罗斯及欧盟两大经贸伙伴；吉林省依托长吉图开发开放先导区积极融入"一带一路"；辽宁省推进"三大通道"——"辽满欧""辽蒙欧""辽海欧"建设。促进东北地区自由贸易区发展，落实辽宁自由贸易试验区重点任务；创新完善大连金普新区、哈尔滨新区、长春新区管理体制机制，充分发挥引领带动作用；依托中德（沈阳）高端装备制造产业园、珲春国际合作示范区，中俄、中蒙、中日、中韩产业投资贸易合作平台以及中以、中新合作园区等对外开放平台扩大合作交流；推动对欧美等国家（地区）相关合作机制和平台建设；提高边境经济合作区、跨境经济合作区发展水平，完善重点边境口岸基础设施；在符合条件的地区设立综合保税区等海关特殊监管区域，扩大东北地区对外开放合作平台（习近平，2018；中共中央　国务院，2016）。

扩大东北地区与国内城市的对口合作。2017年国务院办公厅印发了《东北地区与东部地区部分省市对口合作工作方案》，这是一项发挥我国制度优势促进跨区域合作的创新举措，方案中明确辽宁省与江苏省、吉林省与浙江省、黑龙江省与广东省、沈阳市与北京市、大连市与上海市、长春市与天津市、哈尔滨市与深圳市建立对口合作关系。以东北地区与东部地区对口合作为依托，深入推进东北振兴与京津冀协同发展、长江经济带发展、粤港澳大湾区建设等国家重大战略的对接和交流合作，使南北互动起来（习近平，2018），通过市场化合作方式积极吸引项目和投资在东北地区落地，支持东北装备制造优势与东部地区需求有效对接，增强东北产业核心竞争力（顾阳，2018）。

五、核心带动，一体化发展

深化东北地区内部合作，促进东北区域一体化发展，其中，以四大中心城市为区域发展核心，以四大都市圈辐射影响周边地区，通过辽中南城市群、哈长城市群两大城市群建设，带动整个东北地区实现全面振兴。

优化东北地区城镇发展布局。完善城镇布局和形态，优化行政区划设置，壮大中心城市，发挥规模效应和带动效应，促进大中小城市和小城镇合理分布、协调发展（国家发展改革委，2016）。以哈（尔滨）长（春）沈（阳）大（连）为发展主轴，四大中心城市为增长极，促进哈尔滨都市圈、长春都市圈、沈阳都市圈、大连都市圈发展，打造哈大齐牡、长吉图发展带，增强沈阳经济区和辽宁沿海经济带整体竞争力，加速沈抚同城化进程，加快建设哈长城市群和辽中南城市群，促进城市群内大中小城市协调发展。在两大城市群不断壮大建设的过程中，通过交通网络、信息网络、物流网络等东北地区城市间流动要素，辐射整个东北地区经济发展，统筹优化城市群产业布局及产业结构，不断提高经济资源配置效率，推进区域范围内的一体化进程，降低城市群内部和区域性、地方性城市组团之间的交易成本，形成区域集聚效应，发挥中心城市的辐射带动作用，促进东北地区全面振兴。

六、研究展望

东北地区是国家面向东北亚区域的重要战略前沿，区域经济、区域生态和区域环境的地缘意义重要。面向2035年和2050年国家发展重大战略节点，东北地区在实现国家战略目标上的功能和作用不可或缺。针对东北地区开展科学研究，可能聚焦的领域包括东北地区国有企业混合所有制改革、东北地区营商环境改革、东北地区区域创新价值链攀升机制、东北地区数字化工业经济发展思路、东北地区乡村振兴与农业组织方式调整、东北地区空间经济组织方式与实现路径、东北地区城市网络结构演变与组织优化、东北地区口岸—腹地互动机制、东北地区地缘经济抬升路径等。

参考文献

［1］安虎森，肖欢.东北经济问题解决的主要途径：人力资本重置［J］.南开学报（哲学社会科学版），2017（2）：109－116.

［2］安树伟，李瑞鹏.高质量发展背景下东北振兴的战略选择［J］.改革，2018（7）：64－74.

［3］白景明，于长革，李靖，梁强.应从全局角度认识当前东北财政运行势态——以辽宁、黑龙江调研为样本［J］.财政科学，2016（1）：79－83.

［4］蔡之兵.东北振兴的"一核四梁八柱"［J］.群言，2020（10）：25－28.

［5］常华.新一轮东北振兴战略扬帆起航［J］.科技智囊，2016（11）：18－31.

［6］程娜.东北老工业基地智能化转型发展研究［J］.社会科学辑刊，2020（5）：63－73.

［7］陈才.全力推进长吉图开发开放先导区建设［J］.新长征，2013（11）：26－27.

［8］陈才，杨晓慧.东北地区的产业空间结构与综合布局［J］.东北师大学报，2004（3）：5－13.

［9］崔军.新时代东北地区振兴发展——聚焦民生改善［J］.东北亚经济研究，2018，2（4）：38－47.

［10］董丽晶，苏飞，温玉卿，王永超.阜新市收缩城市经济系统弹性演变趋势与障碍因素分析［J］.地理科学，2020，40（7）：1142－1149.

［11］杜宝贵，隗博文.东北振兴政策变迁过程及影响因素研究——以多源流理论为视角［J］.科学与管理，2020，40（4）：33－40＋111.

［12］潘宏.东北亚区域贸易合作对东北老工业基地开放型经济发展的推动研究［J］.工业技术经济，

2014，33（12）：81 – 87.

　　［13］樊杰，刘汉初，王亚飞，赵艳楠，陈东.东北现象再解析和东北振兴预判研究——对影响国土空间开发保护格局变化稳定因素的初探［J］.地理科学，2016（10）：1445 – 1456.

　　［14］方创琳.“一带一路”背景下中国图们江区域城市国际经济合作战略与格局［J］.东北亚经济研究，2017，1（1）：5 – 14.

　　［15］房艳刚，刘继生.东北地区资源型城市接续产业的选择［J］.人文地理，2004（4）：77 – 81.

　　［16］冯茹.自贸区建设背景下辽宁营商环境优化路径研究［J］.改革与开放，2019（2）：29 – 31.

　　［17］高培勇.深刻认识“我国已进入高质量发展阶段”［J］.智慧中国，2020（9）：39 – 41.

　　［18］谷书堂，谢思全.国有企业改革的回顾与思考［J］.经济纵横，2002（9）：2 – 6.

　　［19］顾阳.东北与东部：对口合作两相宜［N］.经济日报，2018 – 04 – 13（8）.

　　［20］国家发展改革委.2019 年新型城镇化建设重点任务明确［EB/OL］.http：//www.gov.cn/xinwen/2019 – 04/09/content_ 5380627.htm，2019 – 04 – 09.

　　［21］国家发展改革委.东北振兴“十三五”规划［EB/OL］.https：//www.ndrc.gov.cn/xxgk/zcfb/ghwb/201612/t20161219_ 962212.html，2016 – 12 – 19.

　　［22］郭文尧，邹昕，姬霖.吉林省经济发展新业态、新模式的改革路径研究［J］.长春金融高等专科学校学报，2019（3）：85 – 90.

　　［23］国务院办公厅.东北地区与东部地区部分省市对口合作工作方案［EB/OL］.http：//www.gov.cn/xinwen/2017 – 03/17/content_ 5178355.htm，2017 – 03 – 17.

　　［24］国务院办公厅.切实加强东北地区基础设施建设［EB/OL］.http：//www.gov.cn/govweb/ztzl/zxdb/content_ 614765.htm，2007 – 05 – 15.

　　［25］国务院关于深入推进实施新一轮东北振兴战略加快推动东北地区经济企稳向好若干重要举措的意见［EB/OL］.http：//www.gov.cn/zhengce/content/2016 – 11/16/content_ 5133102.htm，2016 – 11 – 16.

　　［26］和军.东北经济的结构、体制关键障碍与突破路径［J］.当代经济研究，2019（8）：96 – 106.

　　［27］何骏，韩增林.浅析辽宁省“五点一线”战略的作用和前景［J］.海洋开发与管理，2007（3）：42 – 47.

　　［28］和军，牛娟娟.改革开放以来东北发展成就与问题及突破路径［J］.东北亚经济研究，2019，3（2）：78 – 91.

　　［29］和军，张依.改革开放以来东北地区工业竞争力演变、原因及提升路径［J］.中国特色社会主义研究，2018（5）：25 – 33 +68.

　　［30］和军，张紫薇.新一轮东北振兴战略实施重点的建议［J］.经济研究参考，2017（71）：14 – 16.

　　［31］贺艳.关于资源型城市的可持续发展与再城市化问题［J］.中国人口·资源与环境，2000（10）：54 – 56.

　　［32］胡伟，夏成，陈竹.东北建设成为对外开放新前沿的现实基础与路径选择［J］.经济纵横，2020（2）：81 – 90.

　　［33］胡语宸，刘艳军，孙宏日.城市增长与收缩的演变过程及其影响因素——以黑龙江省煤炭资源型城市为例［J］.地理科学，2020，40（9）：1450 – 1459.

　　［34］胡之光，陈甬军.所有制结构、产业结构与东北经济振兴［J］.财经问题研究，2017（12）：97 – 103.

　　［35］黄朝翰，杨沐.国企改革、企业冗员和职工下岗［J］.改革，1999（5）：25 – 31.

　　［36］黄晓军，李诚固，黄馨.东北地区城市化与产业结构演变相互作用模型［J］.经济地理，2008（1）：55 – 58.

　　［37］姜昕，宋月婷.“一带一路”背景下辽宁自贸区税收改革发展探讨［J］.辽宁经济，2019（4）：42 – 43.

　　［38］郎毅怀.新型国际关系视野下“长吉图开发开放先导区”之地位与机遇研究［J］.东北亚经济研究，2017，1（1）：85 – 97.

［39］李北伟，毕菲．东北地区人力资本存在的问题、对经济发展的影响及对策［J］．经济纵横，2018（3）：46－51．

［40］李诚固，李培祥，谭雪兰，刘文秀．东北地区产业结构调整与升级的趋势及对策研究［J］．地理科学，2003（1）：7－12．

［41］李凯，易平涛，王世权．东北老工业基地全面振兴进程评价报告［M］．北京：经济管理出版社，2018．

［42］李明娟，李炜．大兴安岭生态功能区建设与国有林区经济转型研究［J］．学术交流，2012（8）：113－115．

［43］李平．东北三省产业优化升级对策研究［J］．经济视角，2019（5）：71－76．

［44］李茜．东北振兴十年综合交通运输发展评价［J］．综合运输，2013（11）：60－65．

［45］李秀伟，修春亮．东北三省区域经济极化的新趋势［J］．地理科学，2008（12）：722－728．

［46］李政．中国国有企业改革的历史回顾与评析［J］．政治经济学评论，2008（2）：36－50．

［47］廖红伟，徐杰．供给侧改革视角下东北地区产业结构转型研究［J］．理论探讨，2019（4）：103－108．

［48］刘国斌，田峰．“一带一路”建设对我国东北地区发展格局的影响［J］．黑龙江社会科学，2020（3）：68－72．

［49］刘国光．中国国有制经济改革的探索［J］．中国经济体制改革，1990（11）：6－9．

［50］刘新梅，孙卫．论国有企业下岗职工再就业的切入点［J］．中国软科学，1998（11）：3－5．

［51］刘云刚．新时期东北区资源型城市的发展与转型——伊春市的个案研究［J］．经济地理，2002（5）：594－597．

［52］林小春．综述：工业物联网：前景光明，机不可失［EB/OL］．新华网，http：//www. xinhuanet. com/world/2017－11/29/c＿ 1122028960. htm，2017－11－29．

［53］龙瀛，吴康，王江浩．中国收缩城市及其研究框架［J］．现代城市研究，2015（9）：14－19．

［54］卢相君．东北地区企业集团运用税收优惠政策进行纳税筹划探析［J］．税务与经济（长春税务学院学报），2005（5）：31－33．

［55］吕景春，李梁栋．以民营促国有：东北经济振兴与国企改革的现实路径［J/OL］．当代经济研究：1－10. http：//kns. cnki. net/kcms/detail/22. 1232. F. 20200720. 1745. 004. html，2021－01－22．

［56］马红丽．“十四五”是县域高质量发展的“黄金时代”［J］．中国信息界，2020（6）：41－44．

［57］马文成，韩洪军，黄集华．东北老工业基地振兴中环境保护的战略思考［A］//中国环境科学学会．发展循环经济，落实科学发展观——中国环境科学学会2004年学术年会论文集［C］．2004：4．

［58］马维维，沈慧．当好国家粮食安全“压舱石”坚决打赢脱贫攻坚战［EB/OL］．https：//baijiahao. baidu. com/s？ id ＝1667811820768826969＆wfr ＝spider＆for ＝pc，2020－05－27．

［59］戚伟，刘盛和，金凤君．东北三省人口流失的测算及演化格局研究［J］．地理科学，2017，37（12）：1795－1804．

［60］桑百川．外资控股并购国有企业的问题与对策［J］．经济研究参考，2002（10）：28－32．

［61］石庆伟，陈梦阳，王炳坤，等．“大国重器”东北再崛起［N］．经济参考报，2018－01－15．

［62］史忠良，林毓铭．实现再就业工程与产业结构调整的互动［J］．当代财经，1999（9）：9－15．

［63］宋冬林．制约东北老工业基地创新创业的主要因素及建议［J］．经济纵横，2015（7）：11－13．

［64］宋涛．国有企业改革与建立现代企业制度［J］．经济问题，1994（11）：22－25．

［65］宋晓梧．我国社会保障制度面临的严峻形势［J］．经济与管理研究，2001（3）：3－8＋14．

［66］宋玉祥，满强．东北地区资源型城市经济结构转型研究［J］．世界地理研究，2008（12）：91－97．

［67］苏明政，徐佳信，张满林．东北振兴政策效果评估［J］．上海经济研究，2017（4）：112－117．

［68］孙久文．破解东北“单一结构”［N］．光明日报，2016－11－24（2）．

［69］孙久文，苏玺鉴，闫昊生．东北振兴政策效果评价——基于 Oaxaca－Blinder 回归的实证分析［J］．吉林大学社会科学学报，2020，60（2）：75－84＋220．

［70］孙久文，苏玺鉴，闫昊生．新时代东北振兴的产业政策研究［J］．经济纵横，2019（9）：2＋19－28．

［71］孙启明．关于东北振兴，习总书记如何谋划——全方位振兴东北的五大战略［J］．人民论坛，2018（35）：76－78．

［72］孙淼，丁四保．我国资源型城市衰退的体制原因分析［J］．经济地理，2005（2）：273－276．

［73］唐要家．东北地区经济结构演进的绩效与挑战［J］．经济纵横，2001（6）：60－63．

［74］王超，王守臣．黑土地保护法治化研究——以吉林省黑土地保护实践为例［J］．农业经济问题，2018（10）：38－45．

［75］王承义，张立志．大兴安岭生态功能区的生态功能研究［J］．知与行，2016（4）：156－158．

［76］王胜今．论长吉图开发开放先导区建设与发展战略［J］．社会科学战线，2010（4）：7－13．

［77］王胜今，赵儒煜．长吉图开发开放先导区的城镇体系建设战略［J］．新长征，2010（8）：22－24．

［78］王彦堂，许畅，周良君．国家粮食安全，东北是块"压舱石"［J］．东北之窗，2020（10）：20－23．

［79］王业强．新形势下老工业基地全面振兴的战略思考［J］．经济纵横，2013（12）：6－10．

［80］魏后凯．东北振兴政策的效果评价及调整思路［J］．社会科学辑刊，2008（1）：60－65．

［81］吴东华．东北轻工业梯度转移为何难［EB/OL］．中国产业经济信息网，http：//www.cinic.org.cn/index.php？a＝show&c＝index&catid＝184&id＝401050&m＝content，2017－09－05．

［82］习近平．解放思想锐意进取深化改革破解矛盾　以新气象新担当新作为推进东北振兴［N］．人民日报，2018－09－29（1）．

［83］习近平在吉林考察时强调：坚持新发展理念深入实施东北振兴战略　加快推动新时代吉林全面振兴全方位振兴［N］．人民日报，2020－07－25（1）．

［84］辛闻．"以数赋能，数字化助推治理现代化"——"第二届中国县域数字发展高峰论坛暨2020县域社会治理现代化论"成功召开［EB/OL］．中国信息界，http：//www.infochina.net.cn/a/shouyebanner/banner1/2020/1118/1131.html，2020－11－18．

［85］闫春英，张佳睿．东北振兴战略推进过程中民营经济发展的影响因素与疏解之策［J］．现代经济探讨，2020（7）：5－9．

［86］阎宇．东北老工业基地政府管理体制机制改革研究［D］．吉林大学，2018．

［87］杨彬彬．长春市产业转型研究［D］．吉林大学，2016．

［88］杨俊青．对"下岗职工"的理论分析及对策建议［J］．中国工业经济，1999（4）：53－55．

［89］杨瑞龙．国有企业股份制改造的理论思考［J］．经济研究，1995（2）：13－22．

［90］杨永平，周晓勤．区域一体化的东北地区综合交通运输发展战略［J］．综合运输，2013（7）：18－24．

［91］衣保中．建国以来东北地区产业结构的演变［J］．长白学刊，2002（3）：90－93．

［92］于慧妍．哈大高铁对辽宁经济发展影响研究［D］．大连交通大学，2015．

［93］于婷婷．东北地区人口迁移与区域经济发展研究［D］．东北师范大学，2017．

［94］张平宇．《东北地区振兴规划》实施5年来的区域发展变化［A］//中国地理学会，河南省科学技术协会．中国地理学会2012年学术年会学术论文摘要集［C］．2012．

［95］张平宇，马延吉，刘文新，陈群元．振兴东北老工业基地的新型城市化战略［J］．地理学报，2004（S1）：109－115．

［96］章铁成．东北振兴的新引擎——哈长城市群发展迈向新台阶的建议［J］．奋斗，2017（15）：41－42．

［97］张学良，刘玉博，吕存超．中国城市收缩的背景、识别与特征分析［J］．东南大学学报（哲学社会科学版），2016，18（4）：132－139．

［98］张志元，雷慧俊，周雪雪．创新驱动东北老工业基地改革振兴［J］．东北亚经济研究，2018，2（1）：88－98．

［99］张卓元．中国国有企业改革三十年：重大进展、基本经验和攻坚展望［J］．经济与管理研究，2008（10）：5－19．

［100］赵昌文．深刻认识"我国已进入高质量发展阶段"［N］．经济日报，2020－10－21（11）．

［101］赵放，刘雅君．为什么东北三省的人口会流失？——基于因子时变系数模型的研究［J］．人口学刊，2018，40（4）：82－91．

［102］赵剑波，史丹，邓洲．高质量发展的内涵研究［J］．经济与管理研究，2019，40（11）：15－31．

［103］赵娜，李光勤，李香菊．财政纵向失衡、地方政府税收努力与资本错配［J］．湖南大学学报（社会科学版），2020，34（6）：83－91．

［104］赵淑婷．东北地区对外开放度的测量及影响因素分析［D］．吉林大学，2015．

［105］赵儒煜，王媛玉．东北经济频发衰退的原因探析——从"产业缺位"到"体制固化"的嬗变［J］．社会科学战线，2017（2）：48－57．

［106］赵儒煜，王媛玉．论"东北现象"的成因及对策［J］．南开学报（哲学社会科学版），2017（6）：56－64．

［107］赵儒煜，肖茜文．东北地区现代产业体系建设与全面振兴［J］．经济纵横，2019（9）：2－29＋45．

［108］赵儒煜，杨彬彬．论东北老工业基地新一轮振兴的几个问题［J］．经济纵横，2016（8）：62－66．

［109］赵树梅．资源型城市转型面临的问题及对策——以东北老工业基地为例［J］．中国经贸导刊，2011（7）：53－54．

［110］中共中央　国务院关于全面振兴东北地区等老工业基地的若干意见［EB/OL］．http：//www.gov.cn/zhengce/2016－04/26/content_ 5068242. htm，2016－04－26．

［111］中国城市经济学会中小城市经济发展委员会，中小城市发展战略研究院，中国中小城市科学发展指数研究课题组．2017年中国中小城市科学发展指数研究成果发布［N］．人民日报，2017－10－09（8）．

［112］"中国社会保障体系研究"课题组．中国社会保障制度改革：反思与重构［J］．社会学研究，2000（6）：49－65．

［113］周民良．东北地区"再振兴"战略下资源型城市转型发展研究［J］．经济纵横，2015（8）：58－63．

［114］周叔莲．20年中国国有企业改革经验的理论分析［J］．中国社会科学院研究生院报，2000（3）：1－11．

［115］褚宏远，赵越，宋一博．"一带一路"背景下黑龙江省对俄自贸区建设研究［J］．商业经济，2019（2）：12－14．

［116］褚敏，踪家峰．东北经济增长缘何艰难：体制藩篱还是结构扭曲？［J］．财经问题研究，2017（4）：114－121．

第二十七章 长江经济带发展研究

　　长江经济带包括上海、浙江、江苏、安徽、江西、湖北、湖南、重庆、四川、云南、贵州 11 个省市，总面积 205.23 万平方千米，占全国国土面积的 21.4%。2019 年末常住人口 60206.11 万，生产总值高达 457805.17 亿元，是全国跨区域最广、人口最多、经济实力最强的区域，在国家发展大局中具有重要的战略地位。推动长江经济带发展，有利于建设陆海双向对外开放新走廊，促进经济增长空间由沿海向沿江内陆扩展，对于缩小东中西发展差距、促进区域经济协同发展具有重要意义。长江经济带作为一个大区级经济单元，其内部的跨区域合作由来已久，唐代即有荆楚、江汉等地经济合作（黄惠贤和李文澜，1988；翁俊雄，1992），改革开放以后，内部合作更为紧密，该区域已成为沿海沿江沿边对内对外开放带，以及引领全国经济发展的重要引擎之一。在当前开放型经济和创新型经济趋势引领下，长江经济带必将在新时期国家高质量发展进程中发挥重要作用，逐步发展成为生态文明建设的先行示范带、引领全国转型发展的创新驱动带、具有全球影响力的内河经济带、东中西互动合作的协调发展带。因此，本章拟对长江经济带的形成与演化、学术进展与发展脉络、研究热点和研究方向等进行总结与梳理。

第一节　长江经济带的形成和演化阶段

　　远古时期，人类先祖逐水草而居，沿流域生存发展，纵观人类文明史实则是一部流域文明史。大河流域经济带的发展往往经历了从农业带到工业带，从水运商贸带到综合立体交通廊道，再到经济带的多层次发展历程（段学军等，2019）。大河流域经济带一直在国家和区域的社会经济发展中占据重要地位，如德国莱茵河流域，逐渐形成了以钢铁、汽车、金融、旅游等产业为主导的经济带（王思凯等，2018）。长江经济带不仅有世界大河流域经济带的共性，又有自身独特的区位特性和历史文脉特征，研究长江经济带的形成和发展有助于理解和丰富世界大河流域经济带的研究。

　　长江是连接中国东、中、西三大区域的重要"黄金水道"，而长江流域一直是中国重要的农业资源带。自唐朝中后期开始，长江下游地区开始发展，中国经济重心逐步南移。南宋时期，长江中下游地区已经超越中原地区成为中国经济中心。明清时期长江流域得到进一步发展，逐步形成贯穿长江上中下游的农业发展轴带，成为中国经济的重要支柱。近代以来，凭借纺织业、食品加工业、酿酒业、制瓷业、造船业等产业发展，长江流域又成为中国基础工业的发源地。中华人民共和国成立以来，长江流域不断开拓创新，在交通一体化、市场一体化、产业协调发展等方面取得了显著成绩，成为中国区域协调发展和高质量发展的典范。目前长江经济带已成为全球规模最大的内河产业带。依据中华人民共和国成立后长江经济带的发展历程，可将其划分为三个阶段：沿江产业带开发阶段、沿江经济带发展阶段、长江经济带规划和发展阶段。

一、基于水陆交通的沿江产业带开发阶段（1949～1990 年）

中华人民共和国成立以后，在七个五年计划的推动下，长江沿岸的水运港口和陆上交通干线建设加快发展，水陆交通体系初步形成，有力推动了长江沿岸产业的开发和形成。20 世纪 80 年代初，连接长江中下游城市上海、南京、马鞍山、芜湖、铜陵等的铁路相继通车（沪宁线、宁芜线、宁铜铁路、皖赣铁路、成渝铁路、京广铁路等)，且南京、武汉、重庆长江大桥相继建成。此外，上海、南京、杭州、汉口、长沙等港口之间的联系日趋紧密，港口体系初步形成，水陆交通网络体系初见端倪。

这一时期，借助良好的水陆交通体系，长江沿岸的商贸业发展迅速，上海成为中国最大的外贸交易中心，南京、汉口、重庆、长沙、宜昌等地成为中国重要的商品贸易节点城市（陆远权，2001）。

在工业发展方面，中华人民共和国成立以后，国家高度重视重工业的发展，具备丰富矿产资源的四川、贵州、湖北、湖南等长江中上游地区成为中国工业经济建设投资的重点地区之一。1964～1978 年，"三线"（国防、科技、工业和交通）建设过程中，在贵州、湖北西部、湖南西部等地建设了多个军事工业基地，在四川攀枝花建成一大批钢铁工业基地。改革开放以后，长江下游成为国家工业布局与发展的重点。1990 年，国务院提出要开发开放浦东新区，在浦东实行经济技术开发区和经济特区的政策。伴随着浦东新区的开放，长江沿岸逐渐成为国家工业发展的重点地区。

在能源开发方面，中华人民共和国成立后为了保障能源平衡并支撑长江沿岸的工业经济发展，国家陆续在长江沿岸建设一系列水电站，如 1958 年建设了丹江口水利枢纽工程，1971 年建设了葛洲坝水利枢纽工程等，这些水利枢纽工程构筑了长江水能资源开发轴带，有效支撑了长江沿岸的经济发展。

在金融业发展方面，中华人民共和国成立前夕受政治环境以及通货膨胀的影响，长江沿岸的金融业务一度萎靡。中华人民共和国成立后，政府取消了外资银行的特权，并对其加强监督管理。同时将华北银行、北海银行、西北农民银行合并，成立中国人民银行，并在上海设立中国人民银行华东区行和上海分行，自此长江沿岸的银行业发展取得一定突破。改革开放后，长江沿岸的银行业积极探索、勇于创新，不断拓宽融资渠道，发挥外贸外汇优势，有效支持了长江沿岸的工业经济发展和城市建设。

二、基于现代化水陆交通廊道的沿江经济带发展阶段（1991～2013 年）

第八和第九个五年计划实施以来，中国全面开启交通运输现代化建设进程，随着航道维护治理及三峡大坝建成蓄水使上游通航条件改善，长江航道逐渐从原始航道向现代航道转变，航道的维护和管理逐步高效智能。20 世纪 90 年代以来，长江货运量得到突飞猛进的提升（曾刚等，2014）。与此同时，国家开始规划沿江铁路大通道，相继修建了沪汉蓉快速客运专线和汉宜铁路，以适应浦东新区的开放和发展，后续又进一步开通了沪渝和沪蓉高速、合武高铁和宜万铁路等。这一时期，随着一些新建铁路、高速公路、港口、机场、高铁等交通设施的建设，串联长江沿岸的现代化水陆交通廊道基本形成，城市与城市之间、港口与港口之间联系愈加紧密，有力促进了长江沿岸社会经济发展和对外开放水平不断提高。

20 世纪 90 年代以后，国家加快浦东新区开发建设，逐步形成以上海为龙头、重庆为龙尾的经济发展格局。这一时期，长江沿岸经济持续增长，各节点城市建设日新月异，然而环境的压力迫使产业结构不断转型升级。钢铁、化工、汽车、纺织、电力等基础工业逐渐向长江上游转移，在上游形成沿江"基础工业走廊"。而中下游地区依托现代化水陆交通廊道，大力发展航运物流业、金融业等服务业，以及高新技术产业，沿江经济带逐渐趋于成熟。

在工业发展方面，长江沿岸逐渐形成了多个工业带，其中钢铁产业形成了以上海宝钢、马鞍山马钢、武汉武钢、重庆重钢、攀枝花攀钢为代表的钢铁工业带；汽车制造业形成了以上海大众、苏州金龙、武汉东风、宁波吉利、重庆长安、芜湖奇瑞等为代表的汽车工业带（段学军等，2019）；石化形成了以上海、宁波、大榭、舟山等化工区为核心，"沿江铺开"的工业带局面。

在航运物流业发展方面，2000 年以来，上海、江苏、湖北、湖南、安徽、江西等地先后提出沿江开发和发展战略，通过提升沿江港口的综合通航能力和综合服务水平，来加强航运物流业的发展。2003 年，上海实施"长江战略"，加强与四川、重庆、湖南、湖北、江苏、安徽等地主要港口在码头经营、水运航线、物流服务、资产整合等多方面的协同发展，同时强化上海国际航运中心建设，并加快建设北外滩、陆家嘴、临港新城等航运物流服务集聚区，注重航运后勤要素的集聚和运营效率的提升；2011 年重庆出台《进一步加快重庆水运发展的意见》，提出加快建设重庆航运服务集聚区。同时重庆港不断加强与市辖区内的涪陵港、万州港、宜宾港等合作，不断拓展集疏运体系，并借助沪渝、渝宜、成渝等高速公路，以及渝新欧国际铁路打造成为长江上游"水、铁、公"综合性物流枢纽；武汉 2012 年出台《关于保障提升"江海直达"外贸集装箱航线航运服务工作的意见》，对水运航班实行差异化补贴。同时武汉港与湖北的黄石港、鄂州港、黄冈港、咸宁港等组建"武汉港航发展集团"，加强各港口航运间的纵向协调和横向合作；南京坚持临港服务业和先进制造业双轮驱动，注重港口枢纽优势的发挥，积极建设南京长江国际航运物流服务集聚区。此外，芜湖、九江、岳阳等城市也在积极加强航运服务业的发展，努力建设航运服务集聚区（曹有挥等，2015）。

在金融业发展方面，这一时期，长江沿岸的金融业在规模和数量上均取得了显著的进步。金融业增加值 2013 年达到 1.78 万亿元，占全国的比重高达 40% 以上。金融业从业人员从 2007 年的 102.39 万人增长到 2013 年的 143.58 万人，金融机构从 2007 年的 7.7 万多家增长到 2013 年的 8.46 万家。截至 2013 年，长江沿岸的银行总部共 47 家，证券公司 48 家，保险公司 67 家（黄逸轩，2018），金融机构的数量和种类较为丰富，金融发展程度较高，为长江沿岸城市的基础设施建设，以及长江沿岸经济的发展提供了充足的资金支持，促进了长江沿岸经济带的发展。

三、基于综合立体交通走廊的长江经济带规划和发展阶段（2014 年至今）

2013 年 7 月，习近平总书记在湖北调研时提出，长江流域要充分发挥内河航优势，重点打造全流域黄金水道，2014 年 3 月，"依托黄金水道，建设长江经济带"被列入国务院 2014 年《政府工作报告》。2014 年 9 月，《长江经济带综合立体交通走廊规划（2014—2020 年）》正式发布，提出"要加快推进长江干线航道系统治理，打造畅通、高效、平安和绿色的黄金水道。要依托长江黄金水道，统筹水路、铁路、公路、航空、管道等多种交通运输方式，加快综合交通枢纽和国际通道建设，建成高效、便捷、低碳的综合立体交通走廊"。2015 年，长江水上货运量高达 40.35 亿吨，占全国水上货运量的比重为 65.75%（靖学青，2017）。2019 年，长江内河航道通航里程为 64825 千米①，占全国内河航道通航里程的 50.92%，居全国各水系首位。此外，

---

① 2019 年中国水路通航里程及港口数量分析［EB/OL］．产业信息网，https://www.chyxx.com/industry/202006/876899.html，2020 - 06 - 24．

长江沿岸陆路和航空交通也发展较快，陆路交通方面，截至 2019 年，沪汉蓉高铁和沪昆高铁已开通，上海至合肥的北沿江高速铁路正在规划建设中，沿江高速公路、宁启高速公路等便捷发达；航空交通方面，长江经济带共有 88 个机场，其中 14 个机场（上海浦东机场、上海虹桥机场、南京禄口国际机场、杭州萧山国际机场、合肥新桥国际机场、宁波栎社国际机场等）的旅客吞吐量过千万，长江经济带的机场群目前已跻身全球前五大机场群①。当前，长江经济带"水、铁、公、航"综合立体交通走廊已初步成形，为长江经济带的社会经济发展奠定了良好的基础。

2016 年 5 月，《长江经济带发展规划纲要》（以下简称《纲要》）正式发布，提出长江经济带共覆盖 36 个地市级以上行政区②，73 个县级以上的行政区③，并确立了长江经济带一轴（长江黄金水道）、三心（上海、武汉、重庆核心城市）、两翼（沪瑞和沪蓉两大通道）、三级（长三角、长江中游和成渝三大城市群）、多点（甘孜州、迪庆州、丽江市、大理州、楚雄州、攀枝花市、昆明市、凉山州、昭通市等三大城市群以外的节点地级行政区）的空间格局。在产业发展方面，《纲要》提出要依托现有的产业基础和发展环境，打造"电子信息、高端装备、汽车、家电、纺织服装"等多个世界级制造业集群，大力发展生产性服务业（航运物流、金融保险、电子商务等）、生活性服务业（教育培训、文化体育、健康养老等）和现代文化产业（现代传媒、数字出版等），同时积极培育战略性新兴产业（新一代信息技术、生物技术、新能源等）。

自《纲要》实施以来，长江经济带社会经济继续保持快速发展。从人口规模上看，2016 年，长江经济带 11 个省市区的常住人口为 5.91 亿人，2019 年增加到 6.02 亿人（周海旺和欧阳才宇，2020）。2016～2019 年常住人口年均增长率基本保持在 0.6% 以上，同比增幅在 2% 以内。从经济总量上来看，2016 年，长江经济带生产总值（GDP）达 33.3 万亿元，经济总量占全国经济总量的 43.1%。2019 年长江经济带生产总值增长到 45.8 万亿元，年均增速在 7% 以上，经济总量占全国的比重也增长到 46.2%。

从产业结构上看，长江经济带的产业结构不断优化，第一产业和第二产业比重不断下降，第三产业比重进一步上升。三产结构比值从 2018 年的 8.1∶40.6∶51.1 调整到 2019 年的 7.8∶38.8∶53.5。在工业发展方面，长江经济带先进制造业增长较为迅速，尤其是电子信息制造、生物医药、航空航天装备制造、化学原料和化学制品制造业、汽车制造业等行业增幅较为明显；在服务业发展方面，信息传输、软件和信息技术服务业和金融业占比较高，且增长较快，此外，数字经济产业也初具规模，其中 2019 年浙江省的数字经济产业增加值高达 6229 亿元，贵州的数字经济产业增速高达 22.1%，增速领跑全国（王振和马双，2021）。

此外，长江经济带内部"三级"发展规划也相继出台。2015 年，经国务院批准印发《长江中游城市群发展规划》，2019 年和 2020 年国家又相继出台了《长江三角洲区域一体化发展规划纲要》《成渝地区双城经济圈建设规划纲要》（见表 27-1、表 27-2），并将长江三角洲区域一体化发展上升为国家战略，与长江经济带发展战略相互配合，共同完善中国长江沿岸改革开放空间布局④。

---

① 聚焦长江经济带民航发展：飞龙在天 以自强不息［EB/OL］. 中国民航网，http://www.caacnews.com.cn/1/tbtj_/202011/t20201125_1315133_wap.html，2020-11-25.

② 甘孜州、迪庆州、丽江市、大理州、楚雄州、攀枝花市、昆明市、凉山州、昭通市、宜宾市、泸州市、重庆市、恩施州、宜昌市、荆州市、岳阳市、咸宁市、武汉市、鄂州市、黄冈市、黄石市、九江市、安庆市、池州市、铜陵市、芜湖市、马鞍山市、南京市、镇江市、扬州市、常州市、泰州市、无锡市、通州市、苏州市、上海市。

③ 金沙江段 5 个（攀枝花、巧家县、永善县、绥江县、水富市），上游河段 17 个（宜宾市、江安县、泸州市、合江县、江津区、长寿区、丰都县等），中游河段 22 个（宜昌市、宜都市、枝江市、荆州市、江陵县、石首市等），下游河段 29 个（湖口县、彭泽县、望江县、安庆市、池州市、铜陵市、三山区、芜湖市等）。

④ 习近平在中国首届国际进口博览会上的讲话，2018-11-05.

表 27 - 1　长江经济带内部"三级"发展规划的范围、定位和空间布局

发展规划	发布时间	规划范围	规划定位	空间布局
长江中游城市群发展规划	2015 年 4 月	湖北省、湖南省和江西省中的 30 个地级市，以及吉安市的部分区县（规划面积约 31.7 万平方千米）	中国经济新增长极；中西部新型城镇化先行区；内陆开放合作示范区；"两型"社会建设引领区	以武汉、长沙和南昌为中心城市，引领带动武汉城市圈、环长株潭城市群、环鄱阳湖城市群协调发展；以沿江、沪昆和京广、京九、二广为重点发展轴线，建设现代产业密集带、新型城镇连绵带和生态文明示范带；支持省级毗邻城市合作发展，建成长江中游城市群一体化发展先行区和示范区
长江三角洲区域一体化发展规划纲要	2019 年 12 月	上海市、江苏省、浙江省和安徽省（规划面积 35.8 万平方千米）	全国发展强劲活跃增长极；全国高质量发展样板区；率先基本实现现代化引领区；区域一体化发展示范区；新时代改革开放新高地	以上海、南京、无锡、常州、南通、扬州等 27 个城市为中心区（面积 22.5 万平方千米），以上海青浦、江苏吴江、浙江嘉善为长三角生态绿色一体化发展示范区（面积约 2300 平方千米），以上海临港等为中国自由贸易试验区新片区
成渝地区双城经济圈建设规划纲要	2020 年 11 月 18 日	重庆各个区县，以及四川省的成都、自贡、德阳等 15 个市，总面积 18.5 万平方千米	西部高质量发展的重要增长极；具有全国影响力的重要经济中心、科技创新中心、改革开放新高地、高品质生活宜居地	持续释放"一区两群"空间布局优化效应，即着力提升重庆主城都市区发展能级和综合竞争力，推进渝东北三峡库区城镇群生态优先绿色发展，推动渝东南武陵山区城镇群文旅融合发展，着力打造成渝地区双城经济圈第三极；建设引领"一干多支"建设，即加快建设成都为国家中心城市，推动环成都经济圈、川南经济区、川东北经济区、攀西经济区竞相发展，形成四川区域发展多个支点支撑的局面

资料来源：依据《长江中游城市群发展规划》《长江三角洲区域一体化发展规划纲要》《成渝地区双城经济圈建设规划纲要》自行整理。

表 27 - 2　长江经济带内部"三级"发展规划中的交通和产业规划

发展规划	交通设施规划建设	重点发展产业
长江中游城市群发展规划	构筑综合交通运输网络。水运网络：加快建设以长江航道为主轴，汉江、洞庭湖水系、鄱阳湖水系为补充，干线畅通、干支衔接的长江中游内河航道体系；陆运网络：积极推动以武汉、长沙、南昌为中心的"三角形、放射状"城际交通网络建设；航空网络：强化武汉天河国际机场、长沙黄花国际机场枢纽功能，发挥南昌昌北机场等干线机场作用，完善支线机场布局，加快上饶、十堰、岳阳、武冈等机场建设	制造业发展方面，重点发展汽车及交通运输设备制造业、石油化工产业、家电产业等，推动传统产业升级改造，大力发展新一代信息技术、高端装备制造、新材料、生物、节能环保、新能源与新能源汽车等战略性新兴产业，联手打造优势产业集群；服务业发展方面，重点推进金融业、物流业、旅游业、文化创意的深度合作，大力发展网上交易等新型服务业态，打造各具特色的现代服务业聚集区

续表

发展规划	交通设施规划建设	重点发展产业
长江三角洲区域一体化发展规划纲要	协同建设一体化综合交通体系。 水路交通方面：协同推进港口航道建设，加强内河高等级航道网建设，推动长江淮河干流、京杭大运河和浙北高等级航道网集装箱运输通道建设； 陆路交通方面：加快建设集高速铁路、普速铁路、城际铁路、市域（郊）铁路、城市轨道交通于一体的现代轨道交通运输体系，构建高品质快速轨道交通网。加快推进宁马、合宁、京沪等高速公路改扩建，规划建设常泰、龙潭、苏通第二、崇海等过江通道和东海二桥、沪舟甬等跨海通道，提升省际公路通达能力； 航空交通方面：规划建设南通新机场，巩固提升上海国际航空枢纽地位；优化提升杭州、南京、合肥区域航空枢纽功能，增强宁波、温州等区域航空服务能力，支持苏南硕放机场建设区域性枢纽机场。加快合肥国际航空货运集散中心、淮安航空货运枢纽建设，规划建设嘉兴航空联运中心	制造业发展方面：围绕电子信息、生物医药、航空航天、高端装备、新材料、节能环保、汽车、绿色化工、纺织服装、智能家电十大领域，强化区域优势产业协作，建设一批国家级战略性新兴产业基地，形成若干世界级制造业集群。聚焦集成电路、新型显示、物联网、大数据、人工智能、新能源汽车、生命健康、大飞机、智能制造、前沿新材料十大重点领域，培育一批具有国际竞争力的龙头企业。 服务业发展方面：围绕现代金融、现代物流、科技服务、软件和信息服务、电子商务、文化创意、体育服务、人力资源服务、智慧健康养老九大服务业，联合打造一批高水平服务业集聚区和创新平台。在旅游、养老等领域探索跨区域合作新模式，提高文化教育、医疗保健、养老安老等资源的供给质量和供给效率
成渝地区双城经济圈建设规划纲要	加速构建轨道多层次、高速多通道、航道千吨级、机场双枢纽、管道一张网、寄递村村通、运输一体化的成渝地区双城经济圈综合交通网络。 水路交通方面：推进长江干支流航道、枢纽、港口及集疏运体系建设，开通南充港至重庆港集装箱班轮，共建长江上游航运中心； 陆路交通方面：推动重庆、成都加快形成"高铁双通道、高速八车道"的复合快速通道，全力打造"多向辐射、立体互联、一体高效"的4个"1小时交通圈"； 航空交通方面：开工建设重庆江北国际机场T3B航站楼及第四跑道工程、重庆新机场等，与成都双流国际机场、成都天府国际机场共同打造国际航空门户枢纽体系。开工建设潼南通用机场，积极推进开州、忠县等一批通用机场前期工作，完善通用机场网络	加快发展高端装备制造、电子信息产业、金融业等，促进高科技产业极化效应形成，带动成渝地区汽车制造、电子装配等传统产业融合发展。 以两江新区、重庆高新区、天府新区、成都高新区等为依托，统筹规划配套完善的战略性新兴产业、现代服务业、总部经济基地、高新技术产业、先进制造业、优势传统产业园区等多层次、全方位的产业空间载体，促进产业集聚化、高端化发展

资料来源：依据《长江中游城市群发展规划》《长江三角洲区域一体化发展规划纲要》《成渝地区双城经济圈建设规划纲要》自行整理。

第二节　长江经济带发展的学术研究脉络

长江经济带的发展实践激发了学术界对长江经济带发展各领域的持续研究，结合长江经济带的发展战略，相关研究经历了以下三阶段的发展历程：

一、研究探索阶段（2000 年之前）

2000 年以前是长江经济带的研究探索期，这一时期相关研究文献较少，且研究主体以政府研究机构为主，研究主题较为片面，主要关注开发开放、产业分布和整体战略构思等方面。

有关长江经济带的学术研究起源于 20 世纪 80 年代。1984 年，陆大道提出沿江—沿海"T"字形发展战略，其中"长江沿岸产业带"是"T"字形发展战略中的一条一级发展轴（陆大道，1984），这是长江沿江区域首次作为区域整体在学术研究中出现；随后，孙尚清等（1985）在长江综合开发利用考察报告中再次提出"长江产业密集带"的概念，形成长江经济带概念的最早雏形。随着"T"字形经济空间布局战略被 1987 年《全国国土总体规划纲要》采用，长江经济带在区域实践与学术研究中逐渐成为一个完整的大区级经济单元（陈修颖，2007），自此展开了国内学者对长江经济带的广泛关注和研究。结合 20 世纪 80 年代改革开放精神对沿江经济发展的推动，这一时期的研究内容围绕政府部门关于长江经济带的战略构想，张国宏（1989）认为中国的生产力主要分布在沿海、沿江与沿线等"三沿"地带，鼓励长江经济带沿江各地打破行政区划影响、加强沿江地区内部联合。还有学者缩小研究视角，结合江西、四川、湖北、江苏等长江沿岸省份的地方经济发展，根据各地发展实际融入长江经济带建设，以谋求区域共同发展（龚绍林，1986；唐洪潜，1986；柯蒂，1986；江士荣，1989）。

进入 20 世纪 90 年代，随着上海浦东新区开发开放以及长江三峡工程开工建设等，长江沿岸各节点相继发展，地区发展问题逐步纳入国家视野。这一时期，相关学术研究发展迅速，各领域学者从经济、社会、地理、生态、文化等多学科角度出发对长江经济带沿江整体的区域协调与产业布局进行解读。这一阶段长江经济带的开发建设以流域为研究主体，研究范围遍及长江沿岸上、中、下游城市，关注各城市之间合理分工相互配合，以实现各地区的资源融合（孙尚清，1994）。在区域发展协调层面，王一鸣（1993）分析了长江经济带开发开放的时代必要性及其建设重点，提出要推动长江沿岸对外开放，把长江沿江地区建成中国运力运量最大的东西向综合运输通道；王合生和虞孝感（1998）分析了长江经济带在中国区域经济发展中的地位与作用，提出应按照"适度发展大城市、积极发展中小城市、合理发展小城镇"的方针进行城市体系的发展。在产业布局层面，虞孝感和陈雯（1993）对长江经济带产业的总体布局进行了初步思考，认为长江经济带的产业布局宜采用分层次推进与中心辐射相结合的发展战略，加强基础产业，发展新兴产业和第三产业，以能源和交通建设先行，改善基础设施；朱英明和姚士谋（1998，1999）主要关注长江经济带的农业发展及农业劳动力转移特征研究，他们认为长江经济带粮食生产仍相对薄弱，现状土地经营规划偏小，应进一步促进农业健康协调发展，同时注重农业劳动力的转移，进一步调整农业产业、就业及产品结构。综合各研究领域，孙尚清（1995）归纳了长江经济发展开发开放需要关注的八大问题，包括：长江经济带统一规划与综合开发，"大流域"与"次区域"结合发展，实行"点线面"开发战略，"两通（交通与物资流通）"问题，产业结构调整与升级，多层次充分利用长江水运优势，建立多元化投融资体制，实现人口、经济与环境的协调发展。

二、研究纵深阶段（2001～2013 年）

进入 21 世纪，2001～2013 年关于长江经济带的研究数量有所下降，这主要是由于西部大开发、中部崛起、长三角都市圈等城市群建设以及"主体功能区"思想的提出使得长江流域被区块化切割，流域整体发展的功能被部分替代，以长江经济带整体作为研究对象的研究逐步转向为不同省份和城市节点的纵深研究。这一时期，研究长江经济带的主力机构是以华东师范大学为代表的长江沿线高校，研究内容偏重生态、物流等基础条件和一体化及空间结构等理论问题。在物流、仓储等区域基础联系层面，张攀和徐长乐（2001）提出要增强上海与长江上游地区的产业联系，将交通、仓储、商贸等部门综合调控，为建设一体化的枢纽中心做准备；随着长江经济带物流业的发展，曾群华等（2011）又提出长江经济带物流产业合作与上海国际航运中心联动建设。在区域一体化发展层面，沈玉芳和罗余红（2000）发现长江经济带各区域经济实力、产业结构、空间结构与居民生活水平等方面发展不平衡的现状，认为应加强区间合作，利用互补优势发挥东部地区龙头作用，有效缩小地区经济差异；徐长乐和殷为华（2004）也强调了上海及长江三角洲的服务与带动功能，提出以"工业化"和"城市化"为动力，实现一体化经济发展战略。在空间结构层面，陈修颖（2007）总结了长江经济带的空间结构特征为核心—外围—边缘结构，存在三大核心、一个外围地区和一个边缘地域，并由一条主轴、一条辅轴和四条地方轴互联互通，需要从空间管理组织创新和空间结构要素优化两方面入手加快长江经济带空间结构优化。

这一时期长江流域一体化发展的效果虽不明显，但长江沿岸各省市自身的发展效果显现。对于长江中游城市群，为紧抓中部崛起战略的发展机遇，长江中游由东向西逐渐形成了皖江城市圈、武汉城市圈、鄱阳湖生态经济区、长株潭城市群及成渝经济区五个经济极化区（段学军等，2011），各地区也形成了相关的纵深研究。中共湖北省委提出要加快武汉城市圈、鄂西生态文化旅游圈与湖北长江经济带"两圈一带"建设（赵霞，2009）；湘鄂两省提出共建荆岳长江产业带，加强荆岳沿江地区在基础设施、产业体系、市场建设、文化旅游、生态环保等各方面的合作（郭庆汉，2012）。对于长江上游城市群，邓玲（2002）认为长江上游经济带是一个跨越中国西南中南腹地的重要经济带，要以成渝地区为核心发挥长江上游经济带对长江沿岸产业辐射带动作用的延伸，带动西部大开发，加强区际经济合作、促进区域协调发展。杨明洪（2001）、张之超和沈玉芳（2001）等学者针对西藏地区进入长江经济带的可行性进行相关研究，一方面，在西部大开发的背景下，西藏地区融入长江经济带开发有利于促进区域经济社会融合；另一方面，从地缘政治和生态环境建设的角度，西藏进入长江上游经济带也存在合理性，通过发展旅游业、电开发、生物资源产业与医药产业，能充分发挥西藏地区特色产业优势，促进区域经济一体化。

三、全面推进阶段（2014年至今）

自2014年习近平总书记提出长江经济带的发展构想后，特别是2016年3月《长江经济带发展规划纲要》的正式发布，标志着长江经济带建设上升为重大国家战略，学术界对长江经济带的研究热潮重新兴起，相关研究文献数量呈现爆发式增长。这一时期的研究机构以武汉大学、华东师范大学、中国科学院南京地理与湖泊研究所等长江沿线高校和中科院的分支机构为主（夏仕亮，2020），研究背景和问题与前两个阶段相比也有了很大变化。首先，随着长江经济带正式上升为国家战略，对于长江经济带的范围也有了正式界定，从"七省二市"变为"九省二市"（王仁贵，2014）。其次，随着长江经济带战略地位的上升，长江经济带发展战略也不再只关注于流域内协调，而是注重区域经济增长极的打造，促进和带动国内区域经济合作，在长期持续注重纵向区域划分、东中西城市发展差异较大的背景下，长江经济带作为横向的经济带对东中西联动协调发展、释放长江中上游的发展潜力尤为重要。最后，不同于前两阶段政府部门的政策与战略研究为主导，这一阶段学术机构的实证分析较为丰富。王丰龙和曾刚（2017）总结2013年以来长江经济带相关的学术研究指出，一方面，不同期刊以专辑形式发表长江经济带相关研究，如2014年《改革》第6期以专辑形式刊出了众多专家从不同学科视角和研究尺度提出的关于长江经济带建设的观点，重点关注长江经济带的发展策略及目前存在的问题；2015 年《长江流域资源与环境》和《地理科学进展》也分别刊出了专辑探讨关于长江经济带开发中的产业、环境、空间、制度等问题。另一方面，相关研究团队在此时期成果颇丰，如曾刚研究团队自 2014 年起多次召开"长江经济支撑带总体发展战略研讨会"和"长江经济带研究会年会"等会议，出版了长江经济带协同发展的专著（曾刚，2014，2016），结合流域经济发展理论梳理了长江经济带研究的理论基础，并借鉴莱茵河等国外重要大河流域的开发经验进一步考察了长江经济带发展进程。这不仅体现出相关研究的丰富性，也体现出长江经济带研究的实践价值和学术价值。

这一时期的研究主要集中在"一带一路"、绿色发展与生态环境保护、城市群与空间格局和产业集聚与创新升级四个方面。

在"一带一路"倡议发展层面，杨继瑞和罗志高（2017）指出长江经济带是"一带一路"的内陆衍生和发展依托，需要通过政策协同、市场协同、设施协同、人员协同等机制共同发挥作用实现"一带一路"建设与长江经济带的战略协同发展。此外，还有学者对不同地区的作用进行分析，王海燕（2015）研究了上海在"一带一路"和长江经济带建设中的定位与作用；杨春蕾（2015）指出了江苏在对接"一带一路"与长江经济带过程中对东西开放的推动作用；杨继瑞等（2015）阐述了川渝城市群由地理节点质变为重要战略支点的过程；陈文玲（2016）分析了重庆在两大战略中的定位等。

在绿色发展与生态环境保护层面，长江经济带主要需要解决工业绿色化研究的相关问题。王树华（2014）指出长江流域的生态安全对推动长江经济带建设至关重要，因此要尽快制定流域生态补偿的相关法律法规，加强中央政府对跨省域生态补偿工作的监督管理。钟茂初（2018）认为产业绿色发展必须要将开发活动控制在环境承载力以内，并建立上中下游地区的产业联动与补偿机制。对于长江经济带绿色发展的复杂性，王维（2017）认为长江经济带是含有复杂类型生态系统的典型区域，二元分割、动力不足、资源和环境不协调等问题对于其可持续发展威胁较大。对此，成金华等（2018）从"共抓大保护，不搞大开发"的视角出发，认为环境规制对协调发展起到了较好的推进作用。

在城市群与空间格局层面，对城市群的研究更加注重协同性。方创琳、周成虎和王振波（2015）认为长江沿江的六大城市群在发育过程中存在着城市群空间范围界定脱离发育标准、带有强烈的政府主导性等问题，并从政策统筹协调、城镇体系构建、创新驱动发展等方面提出改进建议。王维等（2017）的研究结果显示长江经济带上中下游区域在经济发展、社会建设、环境保护、区域发展水平方面存在差异，应根据各地区相应的时空格局特征，探索可持续的城市发展模式。对于空间发展的问题，彭智敏（2014）认为交通是解决该问题的关键点，长江经济带应考虑建设综合立体交通网络，形成区域综合运输体系。此外，在长江经济带各城市群协同发展层面，孙亚南（2016）从经济、生活、资源、科技等全局视角构建长江经济带核心城市可持续发展能力评价体系，并对长江经济带各个城市群进行可持续发展能力对比，结论为自东向西可持续发展水平逐次降低，中心城市可持续发展水平要高于边缘城市。张建华等（2019）通过对长江经济带各城市收入协同和技术协同的现状分析，认为技术创新协同对长江经济带经济增长的驱动效应不断增强。段学军等（2019）研究了长江经济带形成演变的地理基础，总结了长江经济带自提出以来空间格局的形成和演变规律，提出了关于点轴延伸发展和市场一体化路径的发展愿景。

在产业集聚与创新升级层面，相关研究主要关注长江经济带产业集聚的内外部环境以及创新驱动作用。对于产业集聚，吴传清等（2018）采用计量分析方法验证长江经济带高耗能产业集聚水平的主要影响因素，进而指出绿色转型的重点在于优化产业空间布局。黄庆华等（2020）指出产业集聚在促进经济增长、提高经济发展质量的同时也兼顾了环境保护，应加强沿线各地区一体化发展，提升产业集聚水平。对于创新驱动作用也有辩证研究，朱四伟等（2018）通过实证研究发现，长江经济带的空间关联与区域创新能力呈显著正相关，主要通过有效增加研究与发展人员的交流频次和降低创新资源的交流成本实现。此外，方敏等（2019）通过对产业集聚创新发展路径的研究发现，尽管同处于高质量发展背景，不同发展阶段的城市也应采取不同的发展策略：中小城市应以专业化产业集聚为主，鼓励企业竞争创新；大城市则需着力构建多元化产业体系，促进产业融合创新。

第三节　长江经济带发展研究的热点领域

长江经济带的发展构想于 20 世纪 80 年代提出，根据中国知网数据库对长江经济带相关研究的检索与分析，国内关于长江经济带的研究从 1985 年开始，但之后的将近 30 年，关于这一领域的研究相对较少。2013 年《依托长江建设中国经济新支撑带指导意见》发布，长江经济带成为国家层面的重大战略部署，2015 年和"一带一路"倡议、京津冀协同发展并列为中国三大战略，2016 年《长江经济带发展规划纲要》确立了"一轴、两翼、三极、多点"的发展新格局，伴随着国家战略和相关政策的推进，长江经济带在学术领域也获得了更多的关注。从 2013 年到 2015 年，长江经济带相关论文数量激增，并在之后稳定在较高水平。目前，关于长江经济带的研究问题与热点主要集中在以下四个方面：第一，长江经济带协调发展战略构想；第二，长江经济带空间结构与地区差异；第三，长江经济带产业研究；第四，长江经济带绿色可持续发展。

一、长江经济带协调发展战略构想

1. 长江经济带与其他区域的联动发展研究

自长江经济带概念提出以来，其发展战略一直是学术研究的热点。从宏观层面上来看，长江经济带的发展战略应当与中国其他地区的发展相结合，从全国的视角来看待长江经济带在经济布局中所处的地位以及发挥的作用。在长江经济带概念构建之初，陆大道（1987）针对中国国土开发和经济建设提出了"T"字形宏观战略，将沿海和沿江两个一级轴线作为区域开发重点，沿轴线开发产业带与建立经济区，并通过次级轴线及大城市的发展促进全国各个经济区的平衡发展。20 余年后，长江经济带上升为国家战略，陆大道（2014）再次论证长江经济带在"T"字形宏观战略中的重要地位，其所蕴含的巨大发展潜力证明建设经济带是国家经济发展布局的最佳选择。长江经济带作为开放型经济带，应当与其他经济体协同发展，构建沿海、沿江、沿边全方位开放的新格局（彭劲松，2014）。近年来，"一带一路"与长江经济带两大国家战略的协同建设得到较多的关注，其中，节点城市如何发挥作用成为研究重点（陈文玲，2016；杨继瑞等，2017）。

2. 长江经济带一体化发展战略研究

长江经济带是一个整体，其发展战略应着眼于整个长江流域，推进长江经济带的一体化发展有利于促进长江经济带的高质量发展（黄文等，2019；李雪松等，2017）。孙尚清（1994）认为建设长江经济带要从实际出发，遵循流域经济的发展规律，依托上、中、下游城市不同的优势和特点，合理分工，推动整体流域发展。在具体实施层面，推进长江经济带的一体化发展，需要构建长江流域紧密的联系机制，建设长江东西向的立体交通走廊、沿江商业走廊等以加快长江经济带不同区域的联动发展（孙尚清，1994；段进军，2005）。

长江经济带从最初的七省一市到如今涵盖中国的九省二市，其规模的扩大说明长江沿线省级行政单位倾向于共同发展，因此如何实现十一个省市的协调发展尤为重要。张智勇等（2015）从不完全合作博弈的"囚徒困境"角度进行分析，在长江经济带11省市的一体化发展需要打破行政区划的刚性界限，协调地方利益的调配问题，从而优化区域合作路径。突破地方行政壁垒有利于建立统一开放和竞争有序的市场体系，形成若干具有不同特色的经济区，优化长江流域资源配置（尚勇敏等，2014；徐国弟等，1998）。为达成流域内各省市发展共识，11省市的政府之间形成协商沟通机制，构建由沿江11省市共同参与的规划和协调委员会，实现互利共赢（徐长乐，2014）。

城市是构成长江经济带的主体，长江沿线城市群和重点城市的发展是长江经济带实现快速、高效、可持续发展的关键。长江经济带连接中国经济最为发达的长三角城市群，以及内陆迅速成长的长江中游城市群和成渝城市群，在实现长江经济带一体化发展的过程中，重点城市群的发展有利于带动周边区域的发展。长江流域三大都市圈应当发挥引领作用，在经济带中形成合理的区域产业梯度，并带动各个经济区发挥自身优势，形成"多心组团、分层辐射"的集聚效应，推进长江经济带产业分工合作和整体优化升级（彭劲松，2014；徐长乐，2014）。针对一体化中存在的挑战，郝寿义等（2015）认为政府与市场在区域经济合作中不能有机结合，导致了中国区域经济合作机制失灵，因此，建议在三大次级区域结合"自上而下"与"自下而上"两种区域合作模式，鼓励政府为市场创造条件，推进形成高效的协调机制。

此外，重点城市在长江经济带发展中发挥"领头羊"的作用。20世纪末，国家重点开发浦东，浦东新区的开发开放成为长江三角洲以及整个长江经济带对外开放的龙头（许刚和佘之祥，1996）。21世纪，上海、武汉和重庆成为长江经济带上的中心城市。以三大城市为核心形成长江经济带三大经济中心区，辐射带动沿线其他经济区，增强了长江经济带内部的区域联动（段进军，2005）。对于各节点城市内部，也在不断推进新型城镇化水平，提高城市综合承载力，规避人口过度向大城市集聚的问题，大中小城市、小城镇和农村协调发展，共同推进了长江经济带城镇化进程（肖金成等，2015）。

二、长江经济带空间结构与地区差异

1. 长江经济带空间布局与空间结构研究

长江经济带在空间布局上是典型的核心—边缘结构，具体可以划分为核心区域、边缘区域、次核心地域和外围地域（于涛方等，2007）。这一空间结构的形成经历了多个阶段的演化，陈修颖（2007）认为长江经济带特殊的条形核心—外围—边缘结构是经由独立发展阶段、区域集聚与链接阶段、行政经济区阶段和空间竞争与链接阶段四个阶段塑造而成的，冯兴华等（2015）认为长江经济带串珠式核心—边缘结构的形成经历了城市孕育、极核发展、点轴扩散、网络化和局域一体化发展五个阶段，并且在同一个时期，长江经济带内的不同区域可能处于不同的发展阶段。夜间灯光数据佐证了长江经济带这一特殊的空间结构特征与发展历程，数据显示长江经济带城市空间分布呈现出东部相对密集、中西部相对稀疏的条形核心—边缘结构，同时夜间灯光数据的时空变化展现了长江经济带城市体系从"数量增长"向"规模扩张"的演变过程（张超等，2015；官冬杰等，2020）。在长江经济带的演化过程中，大城市的规模仍在不断扩大，而中小城市的发展速度有限（张超等，2015），核心区域对边缘区域的辐射带动作用并不明显，因此长江经济带的发展具有两极化趋势，核心—边缘结构仍在不断强化（白永亮等，2015）。

从具体形态来看，对长江经济带的空间研究主要着眼于点、线、面三个层次。王合生等（2000）提出，长江沿线区域是由三级点形式、三级轴形式和三级集聚区组成的"点—轴—集聚区"空间等级系统。陈修颖（2007）在核心—外围—边缘结构的基础上具体细化了长江经济带的三大核心、一条主轴、一条辅轴、四条地方轴、一个外围地区和一个边缘地域。基于长江经济带一体化联动发展的重要性，既有研究更多地从线与面的角度来探讨长江经济带的空间发展格局，关注走廊建设与城市群发展。郑德高等（2015）从交通角度进行研究，认为长江经济带的空间结构重塑能够带动该区域复合交通走廊的建设，并为此提出"一带两廊，三区四群"的新空间结构。冯兴华等（2015）提出"1＋3＋X"发展格局，认为长江经济带内部空间结构由一条主轴、三大核心圈、多条辅轴共同构成。吴常艳等（2017）通过社会网络分析，以"一轴线、两板块、多中心"来描述长江经济带的经济联系网络。在对"面"的分析中，长三角城市群、长江中游城市群和成渝城市群等受到较多的关注（吴常艳等，2017；冯兴华等，2015）。

2. 长江经济带空间差异及其成因研究

长江经济带横跨中国东、中、西三大区域，沿线各省市发展差异较大，因此长江经济带呈现出显著的空间分异特征，东部最为发达，西部较为落后。长江经济带最为显著的空间差异为经济发展的差异，具体包括经济发展基础、经济发展速度、经济发展水平等多个方面（邓宏兵，2000）。经济发展的差异与流域内各地区产业发展和交通发展的差异有关。就产业而言，长江上游发展资源密集型经济、中游劳动力密集型经济和资源密集型经济并存、下游发展资金技术型经济（邓宏兵，2000）；就交通而言，长江下游的交通可达性水平高于中西部地区，对其他城市的影响力更大（冯兴华等，2015）。

长江经济带空间差异主要源于以下四个因素：第一，从自然条件角度看，长江上中游地区多为山地，下游为平原地区，因此下游具备更为优越的自然条件，从而长期以来长江下游地区发展水平均高于上中游地区（沈玉芳等，2000）。第二，从政策角度看，国家政策在中国东中西部的空间差异中起到基础作用，早期国家实行非均衡发展战略，优先发展东部地区，制定相应的投资政策和优惠政策，使东部发展先于中西部发展，长江经济带东、中、西部的发展差异一定程度上源于国家三大板块的发展差异（沈玉芳等，2000；刘伟，2006）。第三，从市场角度看，经济基础的差异和国家战略政策的倾向性使得长江经济带不同区域的市场化水平有所差异，东部下游地区市场化程度较高，企业能够更好地利用国内外资源，同时形成更为完善的产业结构，从而导致长江上、中、下游区域经济发展差距进一步扩大（胡彬，2006）。第四，从交通区位角度看，长江经济带不同区域均具有较为发达的交通网络，但区域之间的交通连通度不足，缺乏推进各区域联动发展的交通系统，从而导致长江经济带内部发展分裂为多个板块，发展方式与发展水平各异（陈修颖，2007；陈修颖等，2004；陈文娣等，2013）。

三、长江经济带产业研究

1. 产业结构与布局研究

长江流域贯穿中国东、中、西部，拥有中国53%的可开发水能资源和丰富的矿藏资源，开发长江产业带有利于中国产业向中、西部转移（陆大道等，1992），因此长江经济带合理的产业结构与布局至关重要。但是，在长江经济带开发伊始，长江上、下游各个省份之间存在着资源优势和产业优势的不对称性，上游地区拥有丰富的资源却未形成优势产业，而下游地区拥有完善的加工业却缺乏资源的支撑（邓玲，1998），产业结构和地区结构的矛盾制约了长江经济带的发展。

为了提高长江经济带的产业发展水平，一方面，对于区域整体，长江经济带的产业布局不应局限于单一产业，应当重视农业、工业、高新技术产业等多种产业的共同发展，在区内进口替代，共同面向区外市场（王合生等，1999；陈雯等，2003），通过重点开发和整体推进的结合，发挥区域经济协调的整体优势（陈雯等，1997）。同时，针对长江经济带内的技术差异特征，加强东西部之间以及中心城市和其他城市之间的带内技术转移，以此提高长江经济带整体技术水平（杨德新，1995）。另一方面，针对区域中的不同部分，长江经济带上、中游地区的第一、第二产业竞争力较强（黄庆华等，2014），从投资环境的角度进行评价，长江上、中游地区适宜发展基础工业，轻纺工业应向资源和劳动力丰富的云南、贵州、四川等地转移，高新技术产业应向科技和基础设施发达的成都、重庆和贵阳等中心城市转移（沈玉芳等，1999）。长江下游地区的主导产业为第三产业（黄庆华等，2014），第二产业（尤其是传统工业）逐渐由下游地区向中、上游地区转移，但传统工业缺乏竞争优势，而上游地区各省市承接下游工业产业转移的能力也存在较大差异（滕堂伟等，2016）。由于流域内部地域不同，产业发展阶段也大相径庭，长江经济带应当通过产业协作、产业转移与升级，因地制宜制定产业发展路径，充分发挥各地区优势。罗蓉（2007）提出从产业布局、产业转移和产业升级等方面协调长江经济带的产业发展，欠发达地区发展重化工业和装备制造业，发达地区发展高新技术产业和现代服务业。张予川等（2016）将长江流域的省市划分为低质型、低投型、高产型和高质型四个等级，按照上、中、下游产业的不同发展阶段提出产业创新升级的建议。

依托于长江流域丰富的资源，长江沿岸城市集中了大量的大耗水、大耗能、大运量、高科技的企业（徐长乐，2014），随着长江经济带产业格局基本形成，对于长江产业带建设的关注点逐渐集中于绿色可持续发展。在产业转移的过程中，长江经济带逐渐将重度污染产业转出，但是目前长江上、中游地区仍然存在轻度和重度污染产业转入的现象（丁婷婷等，2016）。因此，持续推进污染产业转移，实现产业绿色发展仍是长江经济带产业发展的重中之重。坚持"生态优先、绿色发展"的原则，才能切实推动长江经济带高质量发展（成长春等，2016）。

2. 产业发展研究

2000年以前，有关长江经济带产业发展的研究主要聚焦于农业发展。长江经济带农业发展具有阶段性特征（朱英明等，1998，1999）。长江流域历史上曾是中国最大的粮食生产区域和商品粮提供基地。20世纪90年代，长江流域仍是中国三大粮食主产区；21世纪以来，尤其是中国加入WTO后，长江农业走廊逐渐面向世界，农业优势更为明显（曾本祥，1996；刘新平等，2001）。然而，当前长江经济带的农业发展存在产业化程度低、资源环境基础削弱、发展后劲不足等诸多问题（虞孝感等，1998；刘新平等，2001），因此，建立长江农业协调发展体系十分重要。

近年来，长江经济带产业结构逐渐多元化，对于该地区产业的研究也日趋多元化。第一产业方面，学者强调长江经济带的农业发展模式要因地制宜地进行适度规模化、集约化、基地化、精细化等转变，合理吸收多功能农业生产和网络化乡村发展范式，实现区域农业的多功能转型（李裕瑞，2015）。第二产业方面，研究主要集中于提升长江经济带全要素生产率，通过区域创新、协调发展等措施提升长江经济带工业发展质量（吴传清等，2014；张建清等，2019）。也有学者关注工业可持续发展，提出应通过差异化措施推进工业技术创新，强化共性技术研发，以提升长江经济带工业绿色全要素生产率（任胜钢等，2018；吴新中等，2018；黄磊等，2019；游达明等，2016）。第三产业方面，学者主要对生产性服务业进行细化研究，研究主要聚焦于物流业，包括物流业的产业效率、产业集聚、产业关联等多个方面（程长明等，2018；程艳等，2013；钟昌宝等，2017；俞佳立等，2018），他们强调要推进长江经济带各省市第三产业发展定位的合理性，不断加强产业自主创新机制的建设（刘军跃等，2015）。

四、长江经济带绿色可持续发展

长江经济带在中国区域发展格局构建中具有重要的战略地位。长江流经中国东、中、西三大区域，具有丰富的生物多样性和巨大的生态资源价值，因此，长江流域的生态环境保护是长江经济带社会经济发展的重要基础（杨桂山等，2015）。然而，长江经济带经济在高速发展的过程中常常忽视环境保护的重要性，大耗能、大污染以及水资源过度开发等原因使长江经济带内生态系统失衡，生态环境面临诸多问题与威胁（陆大道，2018）。为了维持长江经济带自身发展，并发挥出其对其他区域发展的带动作用，关注对资源与环境的保护、实现绿色可持续发展是新时期长江经济带发展的关键。

长江流域环境和资源条件的差异性决定了产业布局，而产业布局的合理性和资源利用的适宜性对可持续发展具有重要影响（段学军等，2006）。长江上、中、下游生态承载力有所不同，生态承载力对长江经济带社会经济发展具有决定性影响，上、中游地区生态承载力高于下游地区，生态压力低于下游地区（王维等，2017），长三角地区及上、中游的沿江城市对于长江经济带空气和水质的负面影响较大（邹辉等，2016）。在流域经济内，环境治理涉及众多主体，需要建立流域一体化治理的统筹协调机制，针对各省市的实际情况与利益诉求，实现全流域可持续发展。从纵向治理角度看，应当加强中央对长江经济带政府的监管，对长江经济带生态保护制定标准体系与激励约束机制，以国家试点的形式探索跨省域的生态补偿机制（王树华，2014）。从横向协作角度看，长江经济带内部多元主体应当协作共治，形成流域内网络化的治理机制（罗志高等，2019），不同地区应因地制宜进行经济转型升级，将长江经济带建设成为生态文明示范带（邹辉等，2016）。在治理过程中，长江经济带内城市群应当发挥核心作用，以生态型城市群建设推进长江上、中、下游生态环境的联防联治（方创琳等，2015）。

在长江经济带的环境治理中，水资源和工业发展是两个重点。在水资源治理层面，水资源是流域经济中环境治理的关键领域。长江经济带水资源承载力基本维持在较低水平，且各省市间差异不断加剧。保护水质是水资源治理的基础，长江流域应当对有毒的、污染的水质进行预警与控制，在产业发展的同时加强污水处理（于忠华等，2005；杨洁等，2006）。在保障供水安全的基础上，针对各地区与产业特征提出节水政策，提高长江经济带用水效率（何刚等，2019）。在工业发展层面，长江经济带绿色发展具有空间差异性，互联网发达程度、技术创新程度、高铁联通度、产业结构合理性、产业规模大小等对经济效率提升和资源配置均产生影响，导致了长江沿线城市绿色全要素生产率存在空间分异，其中技术创新程度是长江经济带绿色发展的核心驱动因素（李琳等，2018；吴新中等，2018；张金月等，2020；胡立和等，2019；卢丽文等，2017）。虽然长江沿线绿色发展水平差异较大，但绿色发展存在显著的空间溢出效应。因此，在大力提升长江经济带绿色技术研发水平的同时，应当打造绿色城市群，通过城市群辐射作用带动周边地区实现绿色发展（李汝资等，2018；吴新中等，2018）。

虽然长江经济带仍然面临较大的环境资源治理问题，但发展形势日趋乐观。王维（2017）从经济发展指数、生态保护指数、能源建设指数和教育质量指数四个方面提出"4E"协调发展模式，认为长江经济带的协调发展逐渐均衡化，传统经济向绿色经济转型，生态承载力不断提高。长江经济带将进一步落实"五大发展理念"，从绿色基础设施建设、绿色产业发展、水环境改善、水资源利用效率提升、绿色新政探索等多个方面，持续提升绿色发展水平，实现长江经济带的绿色可持续发展（吴传清等，2017）。

第四节　长江经济带发展研究展望

自 20 世纪 80 年代以来，伴随着长江经济带的发展实践，学术界对长江经济带各领域的发展也展开了持续的研究，在曲折探索、研究纵深与全面展开的过程中取得了丰硕的成果。但目前的研究仍然存在尚未明晰之处，在一些领域需要进行更为深入的研究。随着国内城市群、都市圈及流域经济的发展，区域尺度经济体建设在国家战略部署中的重要性逐步提升，在此社会经济发展条件下，长江经济带未来的研究仍需要重点关注以下几个方面：

一、协同发展目标及策略的进一步明确

长江经济带的发展战略自概念提出以来就一直备受学界关注。长江经济带不仅需要发挥其在全国经济发展布局中的重要作用，而且要注重经济带整体的协同发展。在长江经济带发展的过程中，沿线各省市出台相应规划以部署经济发展，如云南的"三江并流"开发保护、重庆的"两江新区"规划、湖北的"两圈一带"、安徽的"皖江发展战略"，以及各省市结合《长江经济带发展规划纲要》与地方发展情况发布的实施规划。各地积极响应，但难免形成相对分散、各自为政的地方发展战略，存在明显的流域与城市群分割。与此同时，学术研究中也存在着类似的现象，长江经济带横跨中国东、中、西三大地区，上、中、下游人为的流域界定导致目前的学术研究中存在着明显的中上游与下游的流域分割，同时沿线形成了成渝城市群、长江中游城市群、长江三角洲城市群等国家级城市群，沿江发展战略没有得到进一步的整合，导致学术研究中也存在着明显的城市群之间割裂研究的现象。陆大道（2014）指出，长江经济带不同于"西部大开发"和"东北振兴"等国家特定时期的"政策区"发展战略，长江流域是国家在未来一段时间发展的具有战略性和导向性的重点区域。因此要特别注重长江经济带协同发展目标及策略的进一步明确。在目标层面，确定协同发展的具体目标、协同发展需要达到何种状态；在理论层面，从长江经济带源起的点轴理论出发，获得理论上的突破，同时结合长江经济带发展实践探索协同发展的目标状态；在路径层面，明确区域间的差异究竟是协同发展的基础还是障碍，进一步构建测度长江经济带协同程度的指标体系。

二、重视创新效益，创新驱动区域经济转型

如第三节所述，目前关于长江经济带的研究热点主要集中在协调发展战略构想、空间结构与地区差异、产业研究和绿色可持续发展四个方面，对长江经济带内的创新研究并没有形成体系，且较多集中在单个主体与单个地区的创新发展。虽然长江经济带集聚了广泛的创新要素，但由于路径依赖、区域政策壁垒等制度因素的制约，创新要素并没有在经济带内自由流动，创新溢出效应不显著，这些方面较少受到学者的关注，尤其是在创新发展的区域绩效不足方面，研究文献更少。然而，区域发展不仅来源于基础设施建设和制度建设，也源于创新对技术进步的推动，这也是经济转型的重要突破口。2016 年，《长江经济带创新驱动产业转型升级方案》提出，到 2030 年要全面建成长江经济带创新驱动型产业体系，以创新驱动促进产业升级是长江经济带绿色发展转型增长的重要任务。因而有必要进一步推进对长江经济带创新驱动区域经济转型的学术研究，注重长江经济带内部的创新效益、主体合作、机制保障、创新资源流动、创新成果转化与产学研的一体化研究，为长江流域高质量发展献计献策。

三、关注交通运输研究，联通区域发展大动脉

长江经济带是中国流域经济发展的重要区域，横跨区域广，空间差异较大，这也在一定程度上影响了经济带内部的空间联系度，导致区域间交通连通度不足等问题。现有研究主要对长江经济带陆路交通可达性展开讨论，而由于长江航道存在着"长三角地区长江岸线资源基本开发殆尽、中游航道不畅与标准不高、上游大部分地区航道等级低甚至还不能通航"等问题（彭智敏，2014），尽管有《长江经济带综合立体交通走廊规划（2014—2020年）》等相关规划的指导，学界对推进航运、如何构建基于陆运与航运的综合立体交通网络、利用综合立体交通网络开展物流运输工作的学术研究仍然较少。长江是联系长江经济带的自然纽带，也是长江经济带发展的独特优势所在，为充分联系各城市、各城市群，需要进一步关注长江航运体系的建设，以及综合立体交通网络的建设，以联通长江经济带区域发展大动脉。

四、强化绿色经济探索，追求高质量发展

近年来，有关长江经济带绿色可持续发展的研究逐步成为学界研究热点，学者主要基于长江流域丰富的生态资源和环境条件，围绕长江经济带发展过程中要素布局及资源利用的合理性、环境治理的统筹协调机制、生态承载能力研究等方面展开，但对经济发展与绿色可持续发展的探索较少。工业绿色发展是绿色经济发展的关键所在，因此要提升绿色发展水平，离不开产业结构调整。当前，长江沿岸各省份的主导产业中仍包含能源冶金与化工等高污染产业，因此在工业绿色发展的过程中，要将生态标准纳入考量，进一步关注资源开发与环境保护之间的矛盾。为推进长江经济带高质量发展，还要进一步落实"五大发展理念"（吴传清等，2017），未来可以从如何将技术创新融入绿色生产、探索人类活动与生态发展的协调性、自下而上及自上而下强化绿色发展观念、实现绿色产业资源流域内共享和流域外开放等方面进行探索，有针对性地进行认真分析研究。

五、兼顾国际合作交流，开阔研究视野

长江下游区域是开放发展的领头羊，具有制度、区位、人员流动、资金基础等多方面优势。随着习近平总书记在全面推动长江经济带发展座谈会上强调"要推动长江经济带发展和共建'一带一路'的融合，加快长江经济带上的'一带一路'倡议支点建设"，长江中上游区域各城市对外开放度也逐步提高，整体上来看，长江经济带开放基础优越。然而，目前长江经济带的相关研究中，国内出版的文章或专著占了绝大多数，少量以英文发表的论文也大都出自中国学者之手，对外开放的优势并没有体现在学术研究层面上，这在一定程度上也体现了现有研究的局限性。未来应兼顾国际交流合作，开阔区域研究视野。一方面，鼓励国内与国际学者交流合作，增加对国际流域经济研究的经验借鉴；另一方面，随着长江经济带对外开放水平的进一步提高，要增强长江经济带研究的普适性，吸引国际学者参与相关研究，以动态开阔的视野推进长江经济带的研究与发展。

参考文献

[1] 白永亮，郭珊. 长江经济带经济实力的时空差异：沿线城市比较 [J]. 改革，2015（1）：99–108.

[2] 曹有挥，蒋自然，陈欢，等. 长江沿岸港口体系的形成过程与机制 [J]. 地理科学进展，2015，34（11）：1430–1440.

[3] 曾本祥. 长江产业带农业发展的目标及重点 [J]. 农业现代化研究，1996（1）：5–8.

　　[4] 曾刚，等. 长江经济带协同发展的基础与谋略 [M]. 北京：经济科学出版社，2014.

　　[5] 曾刚. 长江经济带协同创新研究：创新·合作·空间·治理 [M]. 北京：经济科学出版社，2016.

　　[6] 曾群华，徐长乐，胡玲玲. 长江经济带物流产业合作与上海国际航运中心建设的联动发展研究 [J]. 华东经济管理，2011，25（4）：5-7+17.

　　[7] 陈文娣，黄震方，蒋卫国，等. 长江中游经济带区域经济差异及其时空演变特征 [J]. 热带地理，2013，33（3）：324-332.

　　[8] 陈文玲. 一带一路与长江经济带战略构想内涵与战略意义——兼论重庆在两大战略中的定位 [J]. 中国流通经济，2016，30（7）：5-16.

　　[9] 陈雯，虞孝感. 长江产业带建设特征、问题与发展思路 [J]. 地理科学，1997（2）：18-24.

　　[10] 陈雯，周诚军，汪劲松，等. 长江流域经济一体化下的中游地区产业发展研究 [J]. 长江流域资源与环境，2003（2）：101-106.

　　[11] 陈修颖，陆林. 长江经济带空间结构形成基础及优化研究 [J]. 经济地理，2004（3）：326-329.

　　[12] 陈修颖. 长江经济带空间结构演化及重组 [J]. 地理学报，2007（12）：1265-1276.

　　[13] 成金华，王然. 基于共抓大保护视角的长江经济带矿业城市水生态环境质量评价研究 [J]. 中国地质大学学报（社会科学版），2018，18（4）：1-11.

　　[14] 成长春，王曼. 长江经济带世界级产业集群遴选研究 [J]. 南通大学学报（社会科学版），2016，32（5）：1-8.

　　[15] 程艳，龙宇，徐长乐. 长江经济带物流产业关联度空间差异研究 [J]. 世界地理研究，2013，22（1）：73-82.

　　[16] 程长明，陈学云. 长江经济带物流业环境效率与环境全要素生产率分析 [J]. 统计与决策，2018，34（18）：125-130.

　　[17] 邓宏兵. 长江流域空间经济系统的特征研究 [J]. 长江流域资源与环境，2000（3）：277-282.

　　[18] 邓玲. 长江经济带产业发展与上游地区资源开发 [J]. 社会科学研究，1998（3）：21-26.

　　[19] 邓玲. 长江上游经济带建设与推进西部大开发 [J]. 社会科学研究，2002（6）：40-44.

　　[20] 丁婷婷，葛察忠，段显明. 长江经济带污染产业转移现象研究 [J]. 中国人口·资源与环境，2016，26（S2）：388-391.

　　[21] 段进军. 长江经济带联动发展的战略思考 [J]. 地域研究与开发，2005（1）：27-31.

　　[22] 段学军，陈雯，朱红云，等. 长江岸线资源利用功能区划方法研究——以南通市域长江岸线为例 [J]. 长江流域资源与环境，2006（5）：621-626.

　　[23] 段学军，邹辉，陈维肖，等. 长江经济带形成演变的地理基础 [J]. 地理科学进展，2019，38（8）：1217-1226.

　　[24] 段学军，张予，于露. 长江沿江国家战略发展区功能识别与培育 [J]. 长江流域资源与环境，2011，20（7）：783-789.

　　[25] 段学军，邹辉，陈维肖，王雅竹，叶磊. 长江经济带形成演变的地理基础 [J]. 地理科学进展，2019，38（8）：1217-1226.

　　[26] 方创琳，周成虎，王振波. 长江经济带城市群可持续发展战略问题与分级梯度发展重点 [J]. 地理科学进展，2015，34（11）：1398-1408.

　　[27] 方敏，杨胜刚，周建军，雷雨亮. 高质量发展背景下长江经济带产业集聚创新发展路径研究 [J]. 中国软科学，2019（5）：137-150.

　　[28] 冯兴华，钟业喜，徐羽，等. 长江经济带区域空间结构演化研究 [J]. 长江流域资源与环境，2015，24（10）：1711-1720.

　　[29] 龚绍林. 江西经济十字型发展战略构思 [J]. 赣江经济，1986（2）：7-9.

　　[30] 官冬杰，和秀娟，陈林. 长江经济带不同尺度城市规模扩张特征及空间差异研究 [J]. 重庆交通大学学报（自然科学版），2020，39（6）：108-116.

　　[31] 郭庆汉. 湘鄂共建荆岳长江产业带研究 [J]. 湖南社会科学，2012（5）：125-127.

[32] 郝寿义，程栋．长江经济带战略背景的区域合作机制重构［J］．改革，2015（3）：65 – 71．

[33] 何刚，夏业领，秦勇，等．长江经济带水资源承载力评价及时空动态变化［J］．水土保持研究，2019，26（1）：287 – 292 + 300．

[34] 胡彬．长江流域板块结构分异的制度成因与区域空间结构的重组［J］．中国工业经济，2006（6）：60 – 67．

[35] 胡立和，商勇，王欢芳．工业绿色全要素生产率变化的实证分析——基于长江经济带 11 个省市的面板数据［J］．湖南社会科学，2019（4）：108 – 114．

[36] 黄惠贤，李文澜．古代长江中游的经济开发［M］．武汉：武汉出版社，1988．

[37] 黄磊，吴传清．长江经济带工业绿色创新发展效率及其协同效应［J］．重庆大学学报（社会科学版），2019，25（3）：1 – 13．

[38] 黄庆华，周志波，刘晗．长江经济带产业结构演变及政策取向［J］．经济理论与经济管理，2014（6）：92 – 101．

[39] 黄庆华，时培豪，胡江峰．产业集聚与经济高质量发展：长江经济带 107 个地级市例证［J］．改革，2020（1）：87 – 99．

[40] 黄文，张羽瑶．区域一体化战略影响了中国城市经济高质量发展吗？——基于长江经济带城市群的实证考察［J］．产业经济研究，2019（6）：14 – 26．

[41] 黄逸轩．长江经济带金融集聚对产业结构调整的影响研究［D］．济南：山东大学，2018．

[42] 江士荣．关于建立江苏沿海地区外向型经济带的构想［J］．外国经济与管理，1989（2）：6 – 7．

[43] 靖学青．长江水运与长江经济带经济增长——基于面板数据模型的实证研究［J］．贵州社会科学，2017（12）：133 – 139．

[44] 柯蒂．论湖北“在中部崛起”的突破口——加速长江经济带的改革开放步伐［J］．湖北社会科学，1988（10）：3 – 7．

[45] 李琳，刘琛．互联网、禀赋结构与长江经济带工业绿色全要素生产率——基于三大城市群 108 个城市的实证分析［J］．华东经济管理，2018，32（7）：5 – 11．

[46] 李汝资，刘耀彬，王文刚，等．长江经济带城市绿色全要素生产率时空分异及区域问题识别［J］．地理科学，2018，38（9）：1475 – 1482．

[47] 李雪松，张雨迪，孙博文．区域一体化促进了经济增长效率吗？——基于长江经济带的实证分析［J］．中国人口·资源与环境，2017，27（1）：10 – 19．

[48] 李裕瑞，杨乾龙，曹智．长江经济带农业发展的现状特征与模式转型［J］．地理科学进展，2015，34（11）：1458 – 1469．

[49] 刘军跃，王伟志，赵晓敏，等．长江经济带生产性服务业集聚水平比较研究［J］．武汉理工大学学报（社会科学版），2015，28（1）：82 – 87．

[50] 刘伟．长江经济带区域经济差异分析［J］．长江流域资源与环境，2006（2）：131 – 135．

[51] 刘新平，杨林章．21 世纪前期长江流域粮食产业发展对策［J］．中国人口·资源与环境，2001（1）：93 – 97．

[52] 卢丽文，宋德勇，黄璨．长江经济带城市绿色全要素生产率测度——以长江经济带的 108 个城市为例［J］．城市问题，2017（1）：61 – 67．

[53] 陆大道，赵令勋，荣朝和．重视长江产业带开发的规划研究［J］．人民长江，1992（11）：4 – 8．

[54] 陆大道．2000 年我国工业生产力布局总图的科学基础［C］．全国经济地理与国土规划学术讨论会，1984．

[55] 陆大道．建设经济带是经济发展布局的最佳选择——长江经济带经济发展的巨大潜力［J］．地理科学，2014，34（7）：769 – 772．

[56] 陆大道．我国区域开发的宏观战略［J］．地理学报，1987（2）：97 – 105．

[57] 陆大道．长江大保护与长江经济带的可持续发展——关于落实习总书记重要指示，实现长江经济带可持续发展的认识与建议［J］．地理学报，2018，73（10）：1829 – 1836．

［58］陆远权．重庆开埠后的商贸与长江区域整体市场的形成［J］．重庆三峡学院学报，2001，17（5）：40－43．

［59］罗蓉．长江经济带产业协调发展研究［J］．开发研究，2007（2）：109－112．

［60］罗志高，杨继瑞．长江经济带生态环境网络化治理框架构建［J］．改革，2019（1）：87－96．

［61］彭劲松．长江经济带区域协调发展的体制机制［J］．改革，2014（6）：36－38．

［62］彭智敏．长江经济带综合立体交通走廊的架构［J］．改革，2014（6）：34－36．

［63］任胜钢，张如波，袁宝龙．长江经济带工业生态效率评价及区域差异研究［J］．生态学报，2018，38（15）：5485－5497．

［64］尚勇敏，曾刚，海骏娇．"长江经济带"建设的空间结构与发展战略研究［J］．经济纵横，2014（11）：87－92．

［65］沈玉芳，罗余红．长江经济带东中西部地区经济发展不平衡的现状、问题及对策研究［J］．世界地理研究，2000（2）：23－30．

［66］沈玉芳，马淑燕．长江沿江主要城市投资环境评价及其产业布局拓展的方向研究［J］．经济地理，1999（3）：42－47．

［67］孙尚清．关于长江开发开放的战略研究［J］．管理世界，1995（3）：5－7．

［68］孙亚南．长江经济带核心城市可持续发展能力评价［J］．南京社会科学，2016（8）：151－156．

［69］唐洪潜．振兴四川经济的几点意见［J］．农村经济，1986（9）：1－3．

［70］滕堂伟，胡森林，侯路瑶．长江经济带产业转移态势与承接的空间格局［J］．经济地理，2016，36（5）：92－99．

［71］王丰龙，曾刚．长江经济带研究综述与展望［J］．世界地理研究，2017，26（2）：62－71＋81．

［72］王海燕．上海在"一带一路"和长江经济带建设中的定位与作用研究［J］．科学发展，2015（3）：92－98．

［73］王合生，崔树强．长江经济带跨世纪发展的定位与思路［J］．经济地理，1999（4）：47－51．

［74］王合生，李昌峰．长江沿江区域空间结构系统调控研究［J］．长江流域资源与环境，2000（3）：269－276．

［75］王合生，虞孝感．长江经济带发展中若干问题探讨［J］．地理学与国土研究，1998（2）：2－6．

［76］王仁贵．长江经济带战略诞生记［J］．瞭望，2014（36）：23－24．

［77］王树华．长江经济带跨省域生态补偿机制的构建［J］．改革，2014（6）：32－34．

［78］王思凯，张婷婷，高宇，等．莱茵河流域综合管理和生态修复模式及其启示［J］．长江流域资源与环境，2018，27（1）：216－224．

［79］王维，张涛，王晓伟，等．长江经济带城市生态承载力时空格局研究［J］．长江流域资源与环境，2017，26（12）：1963－1971．

［80］王维，陈云，王晓伟，文春生．长江经济带区域发展差异时空格局研究［J］．长江流域资源与环境，2017，26（10）：1489－1497．

［81］王维．长江经济带"4E"协调发展时空格局研究［J］．地理科学，2017，37（9）：1354－1362．

［82］王维．长江经济带城乡协调发展评价及其时空格局［J］．经济地理，2017，37（8）：60－66＋92．

［83］王一鸣．加快长江经济带开发开放的构想［J］．中国软科学，1993（6）：7－9．

［84］王振，马双．长江经济带经济发展总报告（2019－2020）［R/OL］．推动长江经济带发展网，http://cjjjd.ndrc.gov.cn/zoujinchangjiang/jingjishehuifazhan/202101/t20210121_1265579.htm，2021－01－21．

［85］翁俊雄．唐后期"江汉"核心地区社会经济的发展［J］．北京师范学院学报（社会科学版），1992（6）：84－95．

［86］吴常艳，黄贤金，陈博文，等．长江经济带经济联系空间格局及其经济一体化趋势［J］．经济地理，2017，37（7）：71－78．

［87］吴传清，董旭．长江经济带工业全要素生产率分析［J］．武汉大学学报（哲学社会科学版），2014，67（4）：31－36．

[88] 吴传清，黄磊. 长江经济带绿色发展的难点与推进路径研究 [J]. 南开学报（哲学社会科学版），2017（3）：50 - 61.

[89] 吴传清，邓明亮. 长江经济带高耗能产业集聚特征及影响因素研究 [J]. 科技进步与对策，2018，35（16）：67 - 74.

[90] 吴新中，邓明亮. 技术创新、空间溢出与长江经济带工业绿色全要素生产率 [J]. 科技进步与对策，2018，35（17）：50 - 58.

[91] 夏仕亮. 长江经济带研究文献计量可视化分析 [J]. 技术经济，2020，39（12）：137 - 146.

[92] 肖金成，黄征学. 长江经济带城镇化战略思路研究 [J]. 江淮论坛，2015（1）：5 - 10 + 12.

[93] 徐国弟，王一鸣，杨洁，等. 加快长江经济带综合开发的战略构想 [J]. 宏观经济管理，1998（8）：6 - 11.

[94] 徐长乐，殷为华. 推进"长江战略"实现长江经济带统筹发展 [J]. 中国城市经济，2004（1）：38 - 41.

[95] 徐长乐. 建设长江经济带的产业分工与合作 [J]. 改革，2014（6）：29 - 31.

[96] 许刚，佘之祥. 浦东开发开放与长江经济带的跨世纪发展问题 [J]. 地域研究与开发，1996（4）：49 - 54 + 98.

[97] 严翔，成长春，徐长乐，易高峰，黄晓虎. 长江经济带研究热点及展望——基于知识图谱计量分析 [J]. 经济地理，2018，38（7）：16 - 25.

[98] 杨春蕾. 东西双向开放：江苏对接"一带一路"与长江经济带 [J]. 南通大学学报（社会科学版），2015，31（6）：1 - 5.

[99] 杨德新. 论技术转移与长江经济带的开发 [J]. 中南财经大学学报，1995（4）：49 - 53.

[100] 杨桂山，徐昔保，李平星. 长江经济带绿色生态廊道建设研究 [J]. 地理科学进展，2015，34（11）：1356 - 1367.

[101] 杨继瑞，李月起，汪锐. 川渝地区："一带一路"和长江经济带的战略支点 [J]. 经济体制改革，2015（4）：58 - 64.

[102] 杨继瑞，罗志高. "一带一路"建设与长江经济带战略协同的思考与对策 [J]. 经济纵横，2017（12）：85 - 90.

[103] 杨洁，毕军，周鲸波，等. 长江（江苏段）沿江开发环境风险监控预警系统 [J]. 长江流域资源与环境，2006（6）：745 - 750.

[104] 杨明洪. 论西藏进入长江上游经济带 [J]. 西藏研究，2001（4）：75 - 85.

[105] 游达明，黄曦子. 长江经济带省际工业生态技术创新效率评价 [J]. 经济地理，2016，36（9）：128 - 134.

[106] 于涛方，甄峰，吴泓. 长江经济带区域结构："核心—边缘"视角 [J]. 城市规划学刊，2007（3）：41 - 48.

[107] 于忠华，黄文钰，舒金华. 沿江大开发背景下长江江苏段水环境污染负荷趋势 [J]. 长江流域资源与环境，2005（3）：348 - 352.

[108] 俞佳立，钱芝网. 长江经济带物流产业效率的时空演化及其影响因素 [J]. 经济地理，2018，38（8）：108 - 115.

[109] 虞孝感，王合生，朱英明. 长江经济带农业发展的态势分析 [J]. 农业现代化研究，1998（5）：44 - 47.

[110] 虞孝感，陈雯. 关于长江产业带建设总体布局的初步思考 [J]. 长江流域资源与环境，1993（3）：193 - 199.

[111] 张超，王春杨，吕永强，等. 长江经济带城市体系空间结构——基于夜间灯光数据的研究 [J]. 城市发展研究，2015，22（3）：19 - 27.

[112] 张国宏. 论我国生产力布局中的短期行为及调整战略 [J]. 经济科学，1989（3）：11 - 16.

[113] 张建华，何宇，陈珍珍. 长江经济带城市协同发展水平测度 [J]. 城市问题，2019（3）：60 - 66.

［114］张建清，龚恩泽，孙元元．长江经济带环境规制与制造业全要素生产率［J］．科学学研究，2019，37（9）：1558－1569．

［115］张金月，张永庆．高铁开通对工业绿色全要素生产率的影响——以长江经济带11个省份为例［J］．地域研究与开发，2020，39（4）：24－28＋47．

［116］张攀，徐长乐．区域物流一体化与上海物流发展［J］．上海经济，2001（5）：27－29．

［117］张予川，石雨晴，沈轩．长江经济带制造业服务化梯度推进路径研究［J］．科技进步与对策，2016，33（18）：51－58．

［118］张之超，沈玉芳．中国西藏开发中的"长江战略"问题研究［J］．长江流域资源与环境，2001（6）：510－516．

［119］张智勇，杨再惠．长江经济带区域合作的优化路径——长期视野的中短期策略［J］．理论与改革，2015（1）：59－61．

［120］赵霞．湖北长江经济带一体化发展对策研究［J］．湖北社会科学，2009（11）：56－58．

［121］郑德高，陈勇，季辰晔．长江经济带区域经济空间重塑研究［J］．城市规划学刊，2015（3）：78－85．

［122］钟昌宝，钱康．长江经济带物流产业集聚及其影响因素研究——基于空间杜宾模型的实证分析［J］．华东经济管理，2017，31（5）：78－86．

［123］钟茂初．长江经济带生态优先绿色发展的若干问题分析［J］．中国地质大学学报（社会科学版），2018，18（6）：8－22．

［124］周海旺，欧阳才宇．长江经济带社会发展报告（2019－2020）［R/OL］．上海社会科学院，https：//cyrdebr. sass. org. cn/2020/1223/c5775a100922/page. htm，2020－12－23．

［125］朱四伟，胡斌，高骞，杨坤．空间关联对长江经济带省际区域创新能力的影响研究［J］．科技管理研究，2018，38（7）：93－99．

［126］朱英明，姚士谋，李昌峰．长江经济带农业劳动力转移若干问题研究［J］．地理学与国土研究，1999（2）：8－14．

［127］朱英明，姚士谋．长江经济带农业发展的特征研究［J］．地理学与国土研究，1998（3）：32－36．

［128］朱英明，姚士谋．长江经济带农业劳动力转移的特征研究［J］．中国人口科学，1999（2）：21－28．

［129］邹辉，段学军．长江经济带经济—环境协调发展格局及演变［J］．地理科学，2016，36（9）：1408－1417．

第二十八章　黄河流域生态保护和高质量发展研究

黄河流域由西向东横跨第一、第二和第三三大阶梯，涵盖青藏高原、内蒙古高原、黄土高原、华北平原、山东丘陵等多种地形地貌，地势西高东低；同时具有丰富的能源资源，且包含山东、河南和内蒙古三个粮食主产区。突出的生态地位、丰富的能源资源以及重要的粮食保障使黄河流域成为我国发展过程中具有全局性、战略性作用的重要区域（李敏纳等，2011）。虽然学术界围绕黄河流域干支流及其上中下游的重点区段进行了大量的研究，但在2019年黄河流域生态保护和高质量发展上升为重大国家战略之前，有关黄河全流域的综合性发展研究仍十分薄弱。2019年9月，习近平总书记在郑州主持召开座谈会，宣布黄河流域生态保护和高质量发展是重大国家战略，强调黄河流域在我国经济社会发展和生态安全方面具有十分重要的地位，指出奔腾不息的黄河同长江一起哺育着中华民族，孕育了中华文明；黄河流域构成我国重要的生态屏障，是我国重要的经济地带，是打赢脱贫攻坚战的重要区域（习近平，2019）。随之，学术界掀起了黄河流域研究的热潮。本章拟从基本文献出发，就黄河流域生态保护和高质量发展的重点研究方向和趋势进行梳理和展望。

第一节　基本文献统计分析

对1990~2020年知网学术期刊全文数据库中收录的北大核心、CSSCI和CSCD三类中文核心期刊的相关文献进行检索。分别以"黄河""黄河流域""黄河流域生态保护/环境""黄河流域水资源""黄河流域高质量发展""黄河流域城市群、都市圈""黄河流域产业""黄河流域文化/文化产业"八个词汇为检索字段。为提高文献检索的相关性和检索精度，仅以"主题"或"篇名"作为检索条件，检索结果如图28-1所示。

一、文献总量分析

从文献总量的历年变化来看，以"黄河""黄河流域"为主题或篇名的论文数量最多，1990~2020年一共有20542篇文章以"黄河"作为研究主题，以"黄河流域"为研究主题的文献有3082篇，以"黄河流域水资源"为研究对象的文献有360篇，以"黄河流域高质量发展"为研究主题的文献有190篇，以"黄河流域生态保护/环境"为主题的研究有174篇，以"黄河流域文化"为研究主题的文献有117篇，以"黄河流域产业"为主题的研究有214篇，以黄河流域整体层面的"城市群"或"都市圈"为研究主题的文献非常少，仅有46篇，但是以"中原城市群"山东半岛城市群"关中平原城市群"等地方尺度的城市群、都市圈为主题的研究比较多。

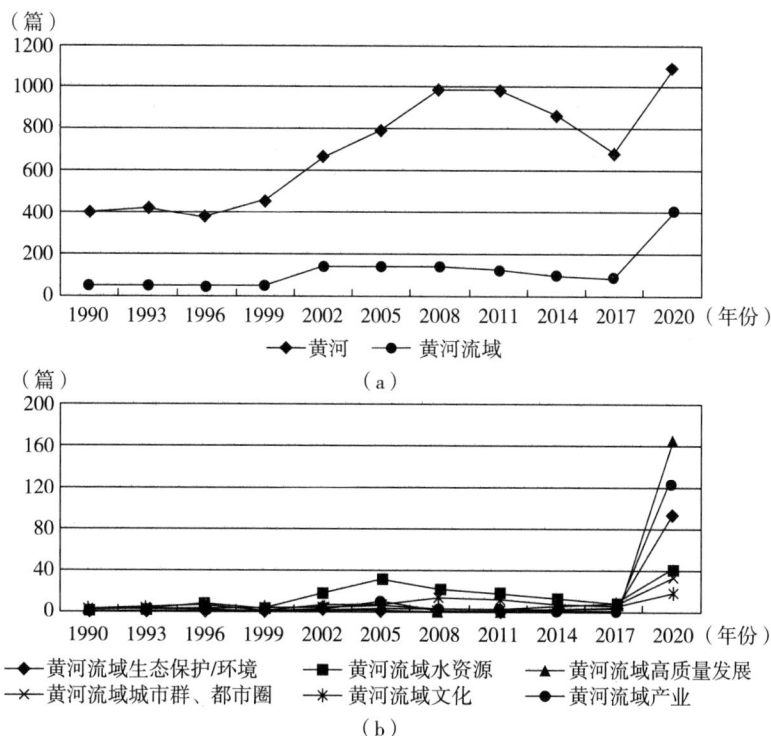

图 28 – 1　1990~2020 年 CNKI 相关主题文献检索统计

二、文献变化趋势分析

从各个主题文献数量历年变化趋势而言，以"黄河"为主题的研究呈现先增后减随后又快速增长的整体趋势，1990~2008 年是相关研究持续增长阶段，2008~2017 年是相关研究减少阶段，2019 年后以"黄河"为主题的研究再次成为研究热点，呈现爆发式增长趋势，仅 2020 年以"黄河"为主题的相关研究数量就高达 852 篇，增长非常明显。1990~2020 年以"黄河流域""黄河流域生态/环境保护""黄河流域水资源"以及"黄河流域文化"四个关键词为核心的研究一直是学者们持续关注的话题，1990~2018 年相关的研究都在持续进行中，相关研究数量变化平稳，整体呈现先增后减的变化趋势，但是 2019 年之后相关研究也呈现爆发式增长趋势。但是以"黄河流域高质量发展""黄河流域城市群、都市圈"为主题的相关研究一直都非常匮乏，2019 年之后才开始出现。

三、研究主题分析

为了找出当今以"黄河"为研究对象的主要研究主题，以文献检索数量较多的"黄河"为主题分析对象，"黄河三角洲""黄河下游""黄河流域""黄河口""黄河上游"等是学者们最为关注的研究主题，如图 28 – 2 所示。

四、文献来源期刊分析

当前以"黄河"和"黄河流域"为研究对象的文献主要集中在《水科学进展》《水力发电

学报》《环境科学》《经济地理》《应用生态学报》《岩土力学》等几个期刊，其比重分别为 28.48%、19.50%、12.38%、8.98%、8.2% 和 7.28%（见图 28-3）。可见以"黄河"和"黄河流域"为主题的研究具有明显的综合性和集成性，涉及多学科的交叉与融合，具体包括环境、生态、经济、地理、工程等相关学科。

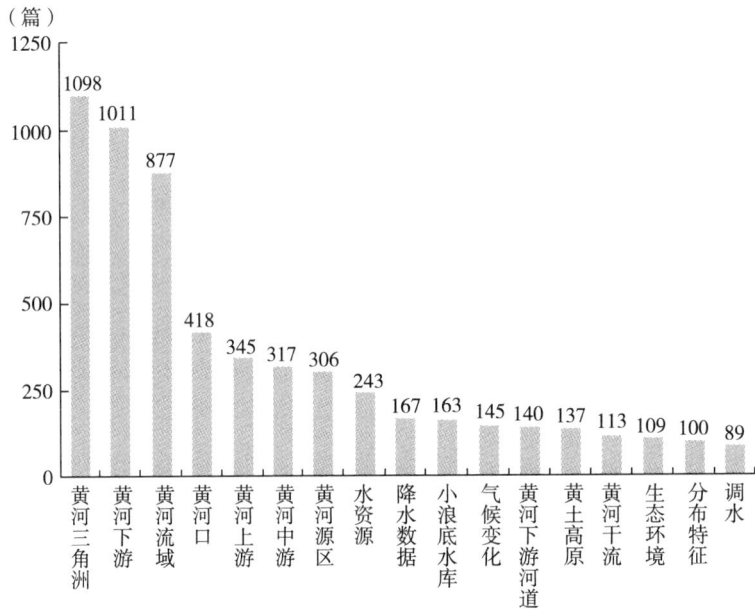

图 28-2　1990~2020 年 CNKI 主要研究主题统计

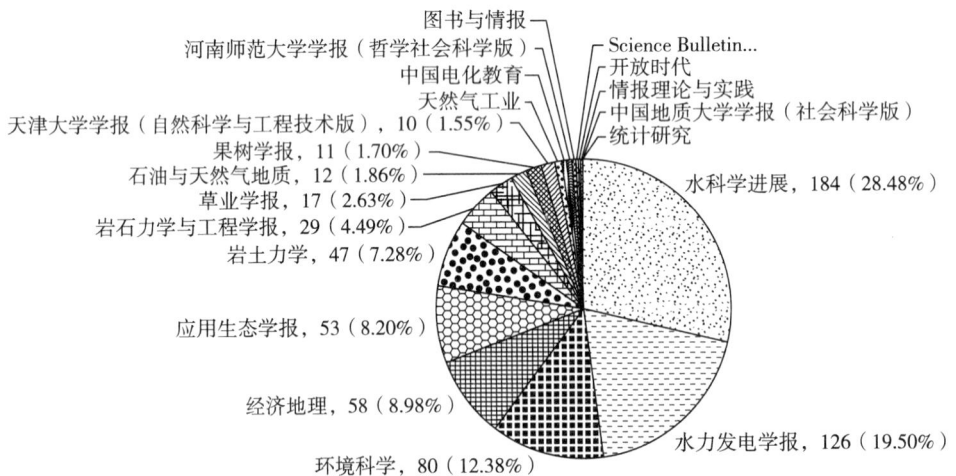

图 28-3　1990~2020 年研究主题 CNKI 主要来源刊物统计

五、关键词分析

（一）1990~2020 年研究主题关键词分析

以 1990~2020 年的 20303 篇文献中以"黄河"为主题或篇名的文章中出现频率高于 4 次的

关键词为分析对象，研究不同关键词的出现频率。1990～2020年核心的关键词包括"黄河""黄河三角洲""黄河下游""调水调沙""高质量发展""水沙变化""黄河泥沙""水资源""黄河口"等，这表明黄河流域的生态保护问题、水沙关系问题、水资源问题以及高质量发展问题是学者们比较关注的议题。

就关键词随时间的变化而言，2015年之前"黄河水系""黄河断流""黄河治理""水利工程"等词汇是学者们比较关注的研究热点，而2018年之后"高质量发展""习近平总书记""中国治理智慧""城市群""黄河文化""滩区治理""生态保护""生态系统服务价值""专项规划"等词汇开始大量涌现并成为学术界关注的焦点，表明对黄河和黄河流域的研究从之前偏重自然要素和单一要素转向关注流域整体的"生态—经济—文化"这一复合系统的发展趋势。

（二）2019～2020年研究主题关键词分析

为了追踪近两年的研究热点，再以2019～2020年的1558篇期刊论文作为关键词分析对象，以关键词出现的频率来看，就研究区域而言，最近两年"黄河流域""黄河源区""黄河下游""黄河三角洲"是学者们关注最多的区域。就研究内容而言，"高质量发展""绿色发展""旅游资源""流域生态""水资源""环境因子""黄河文明""环境治理"成为学者们关注最多的话题。这表明黄河流域生态环境保护和高质量发展是最近两年学术界关注的核心问题，研究黄河流域的生态系统空间分异与生态修复治理、流域水资源节约集约利用、流域城市和产业的协调发展等议题以及黄河流域的文化保护和文化产业具有较大的理论和应用价值。

就关键词随时间的变化而言，2019年6月前，学者们更多关注黄河流域的自然环境要素，"黄河三角洲""黄河源区""气候变化""水沙变化""泥沙""土壤湿度""滨海湿地"等议题是学者们研究的核心。2019年6月之后，"生态保护""高质量发展""生态保护和高质量发展""区域协调发展""可持续发展""产业结构""优化路径""生态安全""黄河文化""植被恢复""用水效率""生态效应""环境规划"等成为新的研究主题。

第二节　主要研究领域

一、黄河流域生态保护和高质量发展总体战略研究

20世纪末，在全国国土开发格局讨论中，国家计委提出的全国十大经济区划分方案中，位于黄河流域的有黄河中游经济区、黄河上游经济区，同时也有学者提出了构建发展"沿黄河地带"或"黄河经济带"的战略构想（魏心镇和韩百中，1992；霍明远等，1999；安祥生和张复明，2000）。21世纪以来，学者们在持续探讨"黄河经济带"构建战略的同时，伴随着"一带一路"倡议的提出和长江经济带战略的实施，有学者提出了构建"黄河—丝路生态经济文化一体化支撑带""黄河生态经济带"等战略构想。2019年全国两会，黄河流域九省区政协主席联名提交提案，建议将黄河生态带列入国家战略规划。2019年9月18日，习近平在郑州主持召开的黄河流域生态保护和高质量发展座谈会上发表重要讲话，宣布黄河流域生态保护和高质量发展是重大国家战略（习近平，2019）。

近年来，学者们对推动黄河流域发展上升为国家战略做出了积极的努力。例如，在河南大学黄河文明与可持续发展研究中心在前期黄河流域经济空间分异（覃成林，2011）、黄河沿岸人地关系（李小建等，2012）、沿黄地区三大城市群发展（苗长虹，2012）等研究的基础上，提出

了构建"黄河—丝路生态经济文化一体化发展支撑带"的战略构想，认为构建以生态保护为基础、以基础设施建设为纽带、以创新驱动产业转型为动力、以黄河文明为根基、以体制机制改革为根本的"黄河—丝路生态经济文化一体化新支撑带"，是构筑我国完善的区域经济协调发展战略的必然要求。根据黄河流域生态与经济发展的特殊性，牛玉国（2018）提出构建黄河生态经济带战略，强调在政策引领下走以良好的生态促进流域经济绿色、协调、可持续、健康发展的道路。张贡生（2019）则对黄河经济带建设的意义、可行性及路径选择进行了研究。2019年4月26日，河南大学黄河文明与可持续发展研究中心等单位主办了首届黄河（生态）经济带发展战略高层论坛，提出了重新审视黄河流域战略地位，把握区域经济高质量发展机遇，积极应对生态本底脆弱、区域发展不平衡、缺乏龙头带动等多重挑战，在国家战略层面构建黄河流域（生态）经济带，以良好的生态促进流域经济绿色、协调、可持续发展（刘勇，2019；苗长虹，2019；金凤君，2019a）。由于黄河干流缺乏航运功能，一些学者认为不存在黄河经济带（陆大道和孙东琪，2019）。尽管学界就黄河流域以什么样的名称和内容上升为国家战略存在不同意见，但就黄河流域生态、经济、文化等在国家发展全局的重要性上看，将黄河流域的生态保护和发展问题上升为国家战略，已经形成了基本的共识。

在黄河流域生态保护和高质量发展上升为重大国家战略之后，有关黄河国家战略推进的机遇与挑战、路径与策略等迅速成为学界关注的热点。《自然资源学报》《资源科学》《经济地理》等期刊均发表了系列专刊论文。区域科学领域的学者也纷纷撰文，对黄河流域的生态和经济特征以及高质量发展路径进行研究。例如，李小建等（2002）认为，黄河流域人地关系趋于紧张，流域社会经济发展不平衡，应对不同类型区的人地关系分类施策，加强流域上下游、左右岸联动发展；杨开忠等（2020）分析了21世纪以来黄河流域经济兴衰的原因，基于"要素—空间—时间"三维分析框架探讨了黄河流域生态保护和高质量发展的制约因素与突破路径；金凤君等（2020）提出要处理好生态与发展的关系，建立长效机制和体系，构建黄河流域"三区七群"协调发展格局，积极推动产业优化升级，强化以水为核心的基础设施体系建设等推进策略。

二、黄河流域生态保护研究

黄河全长5464千米，复杂的地形地貌、较大的流域面积，使黄河流域上中下游的生态环境迥异。黄河上游段是全河主要来水区，蕴藏着丰富的水能资源，同时因支流入汇而含沙量逐渐增大（赵业安和潘贤娣，1996）。黄河中游地区绝大部分属黄土高原，在土壤强烈侵蚀及水土严重流失的动力因素作用下，被切割得支离破碎、沟壑纵横，使大量泥沙入黄（张红武等，2016）。黄河下游由于泥沙长期淤积形成了举世闻名的地上"悬河"，且为淮河、海河流域的分水岭，河道具有"善淤、善决、善徙"特性，突出表现为频繁的洪水决口、泛滥和河流改道，严重威胁着黄淮海平原的安全（胡一三等，1998）。因此，黄河流域生态保护存在两个主要问题：首先是生态环境脆弱和资源环境的高负载，其次是"与水相关"的问题和风险，主要包括洪水风险、水资源短缺、水环境问题突出等（金凤君，2019b）。

1. 青藏高原生态问题的多样性

青藏高原素有"世界屋脊"和"地球第三极"之称，是我国和亚洲的"江河源"、我国水资源安全的战略基地。但在全球变化和人类活动的综合影响下，青藏高原呈现出生态系统稳定性降低、资源环境压力增大等问题，突出表现为：冰川退缩显著、土地退化形势严峻、水土流失加剧、生物多样性威胁加大与珍稀生物资源减少、自然灾害增多等（孙鸿烈等，2012）。现有研究多围绕存在的相关问题进行开展，主要包括冰川退缩（姚檀栋等，2004）、生物多样性下降、草地生态系统退化（丁明军等，2010）、水土流失日趋严重等。部分学者（谢高地等，2003；鲁春霞等，2004）利用修订后的"生态系统服务评价"方法，逐项估算了青藏高原各种草地类型的生态服务价值，认为青藏高原天然草地生态系统每年提供的生态服务价值为2571.78亿元，同时估算了毁草种田所产生的生态价值损失，指出青海和西藏两省区每年的生态损失高达229亿元，占两省区GDP总值的0.9%。

2. 被破坏的"三江源"地区

"三江源"地区地处青藏高原腹地，是青藏高原的重要组成部分，地域辽阔，地形复杂，素有"江河源"之称，被誉为"中华水塔"。"三江源"地区自然环境严酷、生态系统非常脆弱和敏感，且由于全球气候变化和人类经济活动的共同影响，使"三江源"地区面临一系列生态问题，现有研究仍是围绕存在的相关问题开展，主要包括：掠夺性地开发资源，超载过牧（齐月等，2013），滥挖乱采黄金、虫草和草被，加速了环境退化，生态恶化形势十分严峻（徐新良等，2008；苏晓虾等，2020）；草场退化，鼠害肆虐，畜牧业水平降低（王堃等，2005）；水土流失、土地沙化、荒漠化面积逐年扩大（董锁成等，2002；蒋冲等，2017）。

3. 生态日渐恢复的黄土高原

黄土高原地区水土流失影响着黄河的生态安全，长期制约区域经济社会可持续发展。20世纪80年代以来，国家在该地区先后开展了小流域治理工程、水土保持重点工程、退耕还林（草）工程、淤地坝建设和坡耕地整治等一系列生态工程，对土壤侵蚀控制、生态建设等均起到了良好作用。黄土高原的治理也始终是学术界研究的热点，不同学者通过生态工程系统评价（刘国彬等，2017）、植被覆盖评价（张宝庆等，2011）、土壤流失评价（高海东等，2015），均认为黄土高原地区水土流失范围明显缩小、水土流失程度显著减轻，区域生态状况向良性发展。此外，学者们以黄土高原小区域为研究对象进行特定分析进而对黄土高原治理提供建议的研究也涉及较多，认为生态环境建设是基础，水土保持是干旱贫困山区脱贫致富的战略抉择（王海英等，2003），提出了以提高生态经济效益和持续发展为目标，以基本农田优化结构和高效利用及植被建设为重点，建立具有防蚀固沙兼高效生态经济功能的大农业复合生态系统综合治理模式（查轩和唐克丽，2000），还有学者针对土地整治给出了沟道整治的不同工程建设类型（刘彦随和李裕瑞，2017）。

4. 荒漠化威胁下的河套农区

河套地区是黄河中上游两岸的平原、高原地区，又称河套灌区，是西北重要的农业区。降水稀缺、严重的沙漠化现象与重要农业区地位之间的矛盾使河套地区的荒漠化现象受到学术界的广泛关注，相关学者基于覆被数据、遥感及反演数据等对土地覆被、荒漠化指数（朱玉霞等，2007）、叶面积指数（毛志春等，2015）进行了研究，普遍认为河套地区植被覆盖指数仍较低，北部和西南部荒漠化情况加剧，若不采取有效措施，极易出现"沙进人退"的生态环境问题。不少学者还关注到由于荒漠化现象，河套平原的农业发展存在较为严重的水资源匮乏问题，并就此研究了河套灌区在人类影响条件下的水循环特征、农户用水行为和对灌溉水价的承受能力（于法稳等，2005）、农业生产综合效率差异（刘静等，2014）等问题。总之，河套灌区是国家重要的商品粮基地，受国家政策的拉动以及农民增收意识驱动，灌溉面积呈逐年增加之势，需水量增长态势十分明显，随着黄河来水的逐年减少和分水指标的下调，水资源供需矛盾日益尖锐。水资源的高效利用与优化配置将成为强化灌区管理的长期主题。

5. 生态退化的黄河三角洲

黄河流域下游滩区人口众多，农业面源污染和生活污染并存，重污染行业分布较为集中，潜在的环境风险不容忽视，生态环境形势总体不容乐观，治理任务十分艰巨，主要存在以下问题：水资源衰减与用水刚性增长矛盾突出，用水效率有待提高；河流生态功能持续退化，河口自然湿地功能萎缩；部分地区环境污染严重，生态环境风险高；滩区治理压力大，防洪减淤仍存较大隐患。相关学者对以上问题进行了深入分析与研究，其主要结论为：随着人为活动增强，黄河三角洲整体上呈现出生态退化趋势。此外，围绕黄河三角洲的湿地景观格局开展了大量工作，且这些研究已涉及三角洲湿地景观格局动态变化（白军红等，2005；宗秀影等，2009；汪小钦等，2007）、景观演变驱动力分析（赵庚星等，1999）、自然驱动下岸线变迁及河口冲淤变化以及人类活动对三角洲景观格局变化的影响（陈菁等，2010）。

6. 差异显著的流域生态系统服务格局

黄河流域地貌复杂，生态环境敏感脆弱（陈强等，2014），其产水、固碳和土壤保持等生态系统服务功能对维护区域生态安全具有重要作用。通过对黄河流域的研究分析发现，流域生态服务以水文、气候、土壤保持调节服务为主，同时流域生态服务价值空间分布上呈"南高北低、上下游低、中游高"的空间特征。其中，生态系统总服务价值最高的区域为甘肃省南部、阿坝藏族羌族自治州和陕西省（王尧等，2020）。针对生态系统服务价值的研究，学者从生态系统服务功能价值量（肖建设等，2020）、生态功能服务价值系数（孙璐等，2014）、不同情景定量化权衡分析（杨薇等，2019）、生态系统服务间的权衡与协同关系（郑德凤等，2020）等角度对黄河流域不同地段进行了分析。

三、黄河流域水资源与区域发展关系研究

1. 水资源—经济研究

黄河流域水资源利用现状及影响因素研究主要涉及行业、区域的水资源利用特征，水资源利用效率、用水结构等。吴泽宁等（2019）采用生态经济学的能值方法，对黄河流域59个地级市农业系统水资源进行量化，并利用空间滞后回归模型建立农业系统水资源价值与主要因素之间的关系。黄昌硕等（2020）从生态经济学的角度，以黄河流域60个地市为研究对象，量化了流域水资源工业生产价值，并通过空间自相关分析法，研究了水资源工业生产价值空间分布特征。巩灿娟等（2020）利用超效率DEA模型、GIS软件及空间计量模型分析了黄河中下游沿线城市水资源利用效率和影响因素。

黄河流域水资源耦合方面主要涉及水资源与高质量发展、城镇化、产业等经济因素的二维协调耦合情况。近年来，随着国家对黄河流域水资源、能源及粮食的关注度上升，逐渐有学者开始研究三者之间耦合协调关系。彭少明等（2017）为优化流域水资源、能源、粮食之间的关系，引入协同学原理构建水资源—能源—粮食整体分析框架，考虑粮食生产水能消耗、水资源可利用量及配置量，实现水源协调与用水配置、粮食生产和能源优化。邢霞等（2020）研究黄河流域64个地级市的用水效率和经济发展，探究两个子系统之间的耦合协调关系。刁艺璇等（2020）构建了基于人口、经济、土地和社会的城镇化水平综合指标体系，以及基于生活、工业、农业和生态的水资源利用水平综合指标体系，进一步建立了城镇化与水资源利用的耦合协调度模型。

2. 水资源—产业结构研究

水资源对产业结构影响的研究主要以三产耗水量为约束，以社会经济最大化为目标，多采用线性规划的方法计算水资源约束下的产业结构调整问题，研究区域多局限于单个区域。例如，王海英等（2003）分析黄河流域产业结构与水资源短缺的矛盾，发现黄河流域农业向工业演进的过程中水资源供求矛盾加剧、农业水资源利用效率低下、工业结构与水资源承载力的矛盾突出等问题；王文彬等（2020）利用面板数据，构建以产业结构合理化和高级化为被解释

变量，水量、水质和水效为核心解释变量的计量模型，分析黄河流域产业结构变迁规律与影响因素。

四、黄河流域高质量发展研究

1. 黄河流域高质量发展内涵研究

从黄河流域的相关研究看，黄河流域生态保护、资源开发利用与经济发展的矛盾长期存在，其高质量发展的内涵可以追溯到20世纪80年代提出的可持续发展观。陆大道和孙东琪（2019）认为，持之以恒地治理环境、保护生态和黄河安全是黄河流域可持续发展的重要保障。郭晗和任保平（2020）认为，黄河流域可持续发展存在水资源严重短缺，水土流失严重，生态系统非常脆弱，区域环境质量差等一系列挑战。因此，黄河流域的可持续发展是保障生态安全、环境质量、资源节约集约利用的发展。姜长云等（2020）认为，黄河流域绿色发展是生态优先、因地制宜、水产协调、集群集约的，集约、协调、持续的发展。

一些学者认为，黄河流域高质量发展不同于全国整体上的高质量发展，也不同于某一个省区的高质量发展，是典型的大流域高质量发展，具有特殊性（任保平，2019）；流域高质量发展是在流域尺度上，从经济、社会、文化、环境等多角度出发，实现经济稳定增长、区域均衡协调、社会公平正义、经济结构优化、产业规模扩大和创新升级的发展（史丹，2019）。另一些学者认为，黄河流域具有独特的生态环境脆弱、自然资源禀赋短板明显等自然属性以及经济发展相对落后、区域经济发展极不平衡社会经济文化特征（傅伯杰和吕一河，2020；樊杰等，2020；李小建等，2020）。在生态优先、绿色低碳的基础上，黄河流域经济高质量发展是更稳定、更高水平、更高效、更公平、更开放、更均衡的发展（任保平等，2018；马茹等，2019；毛汉英，2020），是经济效益由高成本、低效益转向低成本、高效益的发展，是产业类型向技术、知识密集型倾斜的发展，是产品结构由低技术含量、低附加值向高技术含量、高附加值转变的发展，是发展方式由高排放、高污染向循环经济和环境友好型经济转变的发展（杨永春等，2020）。

2. 高质量发展的测度研究

黄河流域高质量发展的定量测度是一个重要的研究课题。已有学者主要基于对高质量发展概念内涵的理解并结合黄河流域的实际来构建高质量发展水平评价指标体系，相关视角主要包括以下五个方面：①从社会、经济、环境三个层面和经济社会发展、生态安全两大方面（徐辉等，2020）；②从经济结构优化、创新驱动发展、生态适度宜居、资源配置有效、公共服务共享五个维度（张国兴和苏钊贤，2020）；③基于五大发展理念的核心思想，从创新、协调、绿色、开放和共享五个维度（马海涛和徐楦钫，2020）；④从有效性、协调性、创新性、稳定性和分享性五大维度（崔盼盼等，2020）；⑤以生态全要素生产率（ETFP）作为衡量标准，通过超效率DEA及Malmquist指数模型，测算并分析黄河流域主要地市及城市群的高质量发展水平（巨虹等，2020）。

3. 黄河流域高质量发展面临的难题与实现路径研究

黄河流域高质量发展面临生态环境脆弱，资源禀赋差异大，污染治理与经济发展的矛盾突出，发展不协调，中心城市辐射带动能力不强，城市联系不紧密，产业结构单一，新兴产业发展动力不足，对外开放水平较低，创新能力较弱，基础设施投资水平不高等众多长期积累的难题（李小建等，2020；苗长虹和赵建吉，2020）。

关于黄河流域经济高质量发展实现路径的探讨，可以从宏观、产业、创新、公共服务四个方面进行考察。在宏观层面，任保平和张倩（2019）提出，基于黄河流域的区情，从分类发展、协同发展、绿色发展、创新发展、开放发展五个维度出发推动黄河流域的高质量发展，同时要完善黄河流域高质量发展的战略规划、法律制度、空间管控、体制机制等战略支撑体系。在产业方面，学者们提出，优化黄河流域产业空间布局，推动产业改造升级；应大力发展高新技术型企业，更应鼓励低技术型企业的创新，培育壮大高端装备制造业；依托资源比较优势，因地制宜发展区域特色产业；打造智慧互联绿色互融的制造产业集聚发展新生态（韩海燕和任保平，2020；樊杰等，2020）。在创新方面，要促进创新驱动，加强融入国内国际双循环，发挥中心城市的辐射带动作用，加强区域联动，做好流域分工，缩小发展差距；提升进出口水平，扩大黄河流域整体对外开放水平（李小建等，2020；徐辉等，2020）。在公共服务方面，要完善公共产品和服务供给体系，加快完善基础设施建设，加强陆路运输和航空运输，提高资源优势地区的交通可达性，同时加快新型基础设施建设（韩海燕和任保平，2020；钞小静和周文慧，2020）。

4. 现代产业体系构建研究

黄河流域现代产业体系构建面临短板突出、新旧动能转换动力不足、产业发展协调度低、对外开放程度不够等问题（姜长云等，2019）。因此，从现代产业体系构建内涵与特征出发，以产业结构优化升级为导向，从现代农业、现代工业和现代服务业等方面（张明哲，2010；谢泗薪和戴雅兰，2016）梳理黄河流域现代产业体系的相关研究。

（1）加快构建现代农业产业体系，为国家粮食安全供给提供保障。农业高质量发展不仅指农产品质量，同时涵盖农业生产体系效益和生产条件基础等（杨永春等，2020）。关于现代农业产业体系构建的研究集中在黄河三角洲地区。黄河三角洲具有自然资源丰富、生态环境脆弱、农业开垦历史短、传统农业与现代农业并存的典型特征（许学工，2000），面对农业发展面临的严峻挑战，应在生态保护的基础上，优化农业空间布局；延伸产业链条，培育绿色产业链；加强农业基础设施建设，实现农业可持续发展（高明秀和吴姝璇，2018）。

（2）加快新旧动能转换，促进现代工业发展。传统产业转型升级和新兴产业培育是新旧动能转换的两条重要途径。在传统产业转型升级方面，苗长虹和赵建吉（2020）认为黄河流域产业转型升级应加快实施传统产业绿色、智能、技术"三大改造"，推动新一代信息技术与化工、钢铁、有色金属、食品、服装等传统产业的深度融合。此外，黄河流域资源型城市比重较大，已有研究发现黄河流域资源型城市产业路径创造水平提升明显，但地区差异依然显著（卢硕等，2020），山西、陕西资源型城市的路径依赖和路径锁定特征明显，煤炭型城市更易于形成高路径依赖（苗长虹等，2018）。在培育新兴产业方面，李锵（2012）以山东省为例的研究发现，其战略性新兴产业基础雄厚，技术创新能力较强，在新能源、新材料、新信息、新医药、海洋开发和高端装备产业等领域形成产业集群，但也存在产业规模小、产值低、内部结构失衡等问题。

（3）因地制宜培育黄河流域现代服务业。从发展现状来看，黄河流域服务业发展水平日益提升，但增速缓慢，空间差异显著，水平较高的仅有西安、济南、郑州、呼和浩特等省会城市，上游服务业发展以传统服务业扩张为主，发展基础薄弱，中下游更依赖于新一代信息技术，下游金融业突出（王海江等，2017）。从发展对策来看，苗长虹和赵建吉（2020）提出，以服务实体经济、延伸重点产业链为着力点，重点发展现代物流、科技服务等生产性服务业，加快文旅融合发展；赵瑞和申玉铭（2020）认为应因地制宜发展现代服务业，上游应以生态旅游促进服务业发展，中下游加快二、三产业融合发展促进产业转型。

5. 能源安全与能源转型研究

在新的国际发展形势下，中国的能源安全面临着碳减排带来的能源可持续等挑战。黄河流域能源安全问题不能割裂来看，赵良仕等（2020）的实证研究表明，黄河流域水—能源—粮食安全系统综合指数处于中等水平，且流域2007～2017年水—能源—粮食安全系统耦合协调度整体呈上升趋势，发展潜力较大。关伟等（2020）认为黄河流域能源综合利用效率"东高西低，中部波动"，地方财政支出的扩大、城镇化进程的加快、人才结构的升级、对外开放程度的提高，共同驱动能源综合效率提高。刘鹤等（2010）通过产业结构相似指数和偏离—份额分析等手段的分析得出，黄河中上游能源化工区产业结构演进的主要驱动力是资源禀赋优势、市场需求拉动和政府政策引导，需要通过大力扶持装备制造业等具有一定产业基础的非能源型制造业，积极培育电子信息、生物制药、新材料等高新技术产业的发展，为区域产业转型打下基础。

五、黄河流域城市群发育与空间一体化研究

关于黄河流域城市群发育与空间一体化问题，城市群发育程度与形成机制、城市群内部整合、城市群内部城市间的内在联系等问题是学者们重点关注的研究命题。河南大学苗长虹团队较早开展了沿黄山东半岛城市群、中原城市群、关中城市群形成发展机理等研究，并围绕中原城市群的经济联系和空间一体化等问题进行了深入研究（苗长虹，2012）。河南大学的王发曾团队较早地开展了中原城市群方面的研究，从基础设施整合、空间整合、城市体系整合、区域协调机制整合等七个维度探讨了中原城市群整合中的关键问题，并分析了中原、山东半岛、关中城市群地区的城镇化状态与动力机制（王发曾和程丽丽，2010；刘正兵等，2015）。已有研究发现，中原城市群、山东半岛城市群以及关中城市群发育不够成熟、中心带动作用有限、差异性显著，其形成机制主要来自于决策和经济层面、社会和体制层面，受行政区划的屏蔽或行政级别差异影响显著。

关于山东半岛城市群的研究，相关学者认为，山东半岛城市群在发展中仍然存在核心城市的辐射作用都不强、城市间经济联系不密切（刘冲和王德起，2016）、交通基础设施不完善（王振波等，2017）、城市群网络中心性水平始终偏低、经济圈间缺乏资源互通和产业交流（于谨凯和马健秋，2018）。对于关中城市群的研究发现，关中城市群制造业空间集聚水平较高，其中资源密集型产业集聚程度最高，劳动密集型产业集聚水平在降低，资金技术密集型产业虽较低但呈上升趋势（郝俊卿等，2013）。

在黄河流域生态保护和高质量发展上升至国家战略以来，形成了一些系统研究黄河流域城市群的文献，打破了以往注重区块特色的研究格局。方创琳（2020）系统地梳理了黄河流域七个城市群的空间组织特征，发现黄河流域城市群呈现出集聚程度低、发育程度低，高端高新产业比重低、建设用地扩张速度慢、越往上游城市群发育程度越低等特点，不少城市群尚处在发育雏形阶段。盛广耀（2020）同样发现黄河流域城市群发展的差异特点，并指出了城市之间网络联系不够紧密，尚未形成有效的区域空间一体化机制等问题。还有学者对黄河流域城市群高质量发展水平进行了测度，发现中下游的城市群高质量发展指数高于中上游城市群，认为黄河流域城市群应该加强核心城市对城市群整体的辐射带动作用（马海涛和徐楦钫，2020）。

六、黄河流域文旅融合发展研究

黄河流域文化资源和旅游资源种类繁多，内容丰富。近年来，黄河流域的文化产业和旅游产业发展迅速。已有关于黄河流域文旅融合的研究主要包括旅游经济的空间依赖性及影响因素（薛明月等，2020）、黄河流域旅游产业高质量发展（张新成等，2020）、黄河流域旅游生态效率（王胜鹏等，2020）等。但也有学者的研究指出，黄河流域文旅融合发展仍存在一些问题，主要包括融合发展的质量不高，融合深度不够（秦继伟，2020），文旅融合的核心竞争力弱（高春平，2020），重复建设、浪费资源等。

黄河流域的研究区域涉及整个流域、流域片段、省（市）、景点（区），研究内容涉及旅游质性特征、旅游经济、旅游资源、旅游形象、旅游合作等方面。学者们通过区域科学、旅游科

学等不同的学科方法，对黄河流域旅游进行研究并提出了相应对策。相关研究包括黄河流域内3A级以上旅游景区的空间分布特征和影响因素（李冬花等，2020），晋陕豫黄河金三角区域A级旅游景区的空间分布格局（晋迪和王冠孝，2019），黄河金三角区域旅游合作发展的机制、模式、路径和战略（廖四顺和闫静，2018），黄河流域旅游经济时空分异（王开泳等，2014），黄河流域旅游流的网络结构特征及其分异机制（吴姗姗等，2020）。

七、黄河流域生态保护与高质量发展的体制机制研究

体制机制的构建与完善是实现黄河流域生态保护与高质量发展的根本动力。目前，学者们关于黄河流域生态保护与高质量发展体制机制的研究集中于现状、问题及对策。

在现状研究方面，虽然黄河流域已经建立了流域与区域管理相结合的行政管理体制、水资源管理制度、防汛抗旱、突发水污染事件应急处置机制（黄燕芬等，2020），部分地区初步建立了生态补偿机制（胡和平，2019），但在法律层面缺乏从宏观角度对黄河流域生态系统和自然属性进行综合考量（薛澜等，2020），仍存在管理体制不完善、省区间经济发展合作机制缺乏、水污染等联防联控机制尚未建立、流域生态补偿机制不健全（杨玉霞等，2020）、市场化制度不完善等问题（李蕾和鲍淑君，2021）。

在应对策略方面，已有研究主要从法律、水资源、生态环境、区域协调与合作等方面来构建和完善黄河流域生态保护与高质量发展的体制机制。①制定黄河流域法律体系。黄河流域发展的相关法律制度完善应从流域的系统性与整体性出发，以完善空间管控和利益协调"双重机制"为突破口（薛澜等，2020），通过法律法规体系的建立实现流域各省区以生态保护为前提的协同发展（任保平和张倩，2019）。②完善水资源管理机制和生态补偿机制。在水资源管理方面，建立流域水资源承载能力实时监测预警机制（陈晓东和金碚，2019），完善水沙调控管理体制，通过成立相关委员会等措施构建黄河流域多目标水资源一体化管理机制（可素娟和周康军，2007）。黄河流域生态补偿机制的建立应坚持以横向为主导、以水量为核心、以水质为补充、以重要水源涵养区为重点的原则（杨玉霞等，2020），来解决黄河流域生态环境保护与治理问题，协调流域上下游生态经济利益，推动黄河流域实现高质量发展（董战峰等，2020）。③谋划流域协同机制。建立黄河流域九省区生态保护与高质量发展联席会议制度（任保平和张倩，2020），形成地区间的要素自由流动、有效配置、产业的优化布局以及全方位开放合作的跨区域、多部门的协同治理机制（钞小静和周文慧，2020）。④杨永春等（2020）提出实施"中心突破"的体制，寻求中心带动的流域空间重构，徐勇和王传胜（2020）建议完善创新科技成果产业化转化机制和资源优势价值化分配体制。

第三节　研究展望

通过回顾已有文献对黄河流域相关主题的研究可以发现，已有文献对生态保护和生态系统服务、水资源利用及其与经济、产业结构的关系、新旧动能转换与现代产业体系构建、区域一体化与多尺度空间一体化、文旅融合与旅游带构建等方面进行了深入的探讨。在黄河流域生态保护和高质量发展上升为国家战略后，学术界对黄河流域关于生态保护和高质量发展的关注度明显提高，相关研究主题的文献大量涌现，但很多方面仍有进一步提升的空间。

一、生态保护和生态系统服务研究

黄河流域生态系统是一个不可分割的有机整体，需从系统性、整体性的视角出发，从全流域的空间维度来认识黄河流域生态系统的完整性和生态结构的稳定性，对黄河流域生态安全进行全面的分析和评估。黄河流域由于恶劣的环境，生态系统非常脆弱，识别并防范黄河流域的生态风险，进而提出有效的改善和修复措施，对于维护黄河流域生态安全至关重要。同时，黄河流域的生态问题识别和生态保护需要从黄河本身入手，即基于自然生态的本底状态，以自然的方法和手段来修复生态环境。

二、水资源利用及其与经济、产业结构的关系研究

黄河流域内部包含上中下游、南北岸、多个城市群和都市圈，单区域水资源优化缺乏对流域整体、流域内区域间的产业结构的反映，因此，构建多区域的产业结构优化模型，对顺利实施黄河流域生态保护和高质量发展具有重要的现实指导意义。同时，现有的投入产出表以省区为基本的编制尺度，而黄河流域水资源的保护和治理需要以城市为单元展开，因此编制以城市为单元的投入产出表，从而准确地反映水资源对产业结构的影响，就具有重要且急迫的现实意义。

三、新旧动能转换与现代产业体系构建研究

结合当今绿色发展的时代潮流，对黄河流域产业结构演变和新旧动能转换水平进行多维测度与评价。在未来的研究中，不能仅关注某一要素（能源、农业）的评价，要对整个产业体系的演化以及新旧动能转换水平进行测度，才能有利于黄河流域整体现代产业体系的构建和新旧动能的有效转换。同时，对黄河流域新旧动能转换与现代产业体系构建的现状和格局的形成机理和动力机制进行深入分析，并探究现状背后的机制才更加有助于实现路径突破、新旧动能的转换。黄河流域对于构建现代产业体系已渴求多年，探索背后的原因，找到症结的所在，制定行之有效的实施路径和机制保证已迫在眉睫。

四、区域一体化与多尺度空间一体化

城市群/都市圈、高质量发展和区域协调发展是当今黄河流域发展研究的前沿和实践热点，用传统数据（统计年鉴、公报）识别一体化程度已不能准确反映区域协调发展现状。多源数据的可获得性提高，为全方位、多视角、高精度识别黄河流域城市群/都市圈，特别是省际边界区域的一体化程度研究提供了便利。多源数据与时空综合分析方法的集成，可以有效地对流域内经济的集聚规模和效率进行多维评价。同时，从自然地理分割和行政制度分割视角研究一体化的障碍及解决方案。黄河流域自然状态复杂多变、社会经济差异巨大，文化习俗各不相同，因此，黄河流域面临着自然与制度的双重分割，这是黄河流域一体化进程中的最大障碍。重视黄河流域双重分割，从根本上和整体上化解黄河流域的一体化障碍，并推动黄河流域的多尺度空间一体化进程势在必行。

五、文旅融合与旅游带构建研究

文化和旅游研究成为当前区域科学和区域发展研究的热点。黄河流域自然和人文资源丰富多样，从历史文化、经济、行政、社会和生态多角度，构建多维的文旅资源评估框架，分析企业、旅游者、政府等不同主体对文旅融合发展的驱动机制与区域模式，是一个重要的研究方向。

同时，从供给侧与消费侧、区域及区间等多重视角构建黄河文化旅游带推进机制的分析框架，有利于从综合视角分析文旅融合发展机制、区域间的旅游合作机制。

六、黄河流域生态保护和高质量发展的综合研究

理论研究方面，需要从系统性、整体性和综合性视角构建黄河流域"生态—经济—文化一体化"高质量发展理论分析框架。如前所述，黄河流域是一个有机整体，单一要素的研究有其现实意义，但是却割裂了其与流域内其他要素主体的紧密关系；同时，黄河流域作为欠发达地区，流域内的社会—经济—自然复合生态系统的研究和完善更具有了现实意义。

研究内容方面，需要强化生态安全和经济发展的统筹观念。生态系统空间分异是黄河流域生态系统的主要特征。从空间差异与区域协调发展视角研究黄河流域多尺度区域空间一体化，既是理论研究的需要，更是推进黄河流域一体化的现实召唤。

研究方法和数据来源上，要着力推动多源数据融合和多学科理论方法的集成，用精细化的空间数据和时间序列来精确地探究黄河流域不同地区、不同空间尺度的发展变化，从而为科学评价黄河流域生态—经济—文化复合系统发展的现状和存在的问题、开发生态系统安全动态监测平台奠定基础。

参考文献

[1] 安祥生，张复明. 黄河经济带可持续发展的战略构想 [J]. 地理科学进展，2000（1）：50-56.

[2] 白军红，欧阳华，杨志锋，崔保山，崔丽娟，王庆改. 湿地景观格局变化研究进展 [J]. 地理科学进展，2005（4）：36-45.

[3] 查轩，唐克丽. 水蚀风蚀交错带小流域生态环境综合治理模式研究 [J]. 自然资源学报，2000，15（1）：97-100.

[4] 钞小静，周文慧. 黄河流域高质量发展的现代化治理体系构建 [J]. 经济问题，2020（11）：1-7.

[5] 陈菁，傅新，刘高焕. 黄河三角洲景观变化中人为影响力的时空分异 [J]. 水土保持学报，2010，24（1）：134-138.

[6] 陈强，陈云浩，王萌杰，蒋卫国，侯鹏，李营. 2001-2010年黄河流域生态系统植被净第一性生产力变化及气候因素驱动分析 [J]. 应用生态学报，2014，25（10）：2811-2818.

[7] 陈晓东，金碚. 黄河流域高质量发展的着力点 [J]. 改革，2019（11）：25-32.

[8] 崔盼盼，赵媛，夏四友，鄢继尧. 黄河流域生态环境与高质量发展测度及时空耦合特征 [J]. 经济地理，2020，40（5）：49-57+80.

[9] 刁艺璇，左其亭，马军霞. 黄河流域城镇化与水资源利用水平及其耦合协调分析 [J]. 北京师范大学学报（自然科学版），2020，56（3）：326-333.

[10] 丁明军，张镱锂，刘林山，王兆锋. 1982—2009年青藏高原草地覆盖度时空变化特征 [J]. 自然资源学报，2010，25（12）：2114-2122.

[11] 董锁成，周长进，王海英. "三江源"地区主要生态环境问题与对策 [J]. 自然资源学报，2002，17（6）：713-720.

[12] 董战峰，郝春旭，璩爱玉，梁朱明，贾晰茹. 黄河流域生态补偿机制建设的思路与重点 [J]. 生态经济，2020，36（2）：196-201.

[13] 樊杰，王亚飞，王怡轩. 基于地理单元的区域高质量发展研究——兼论黄河流域同长江流域发展的条件差异及重点 [J]. 经济地理，2020，40（1）：1-11.

[14] 方创琳. 黄河流域城市群形成发育的空间组织格局与高质量发展 [J]. 经济地理，2020，40（6）：1-8.

[15] 傅伯杰，吕一河. 黄河流域要发展 加强统筹是保障 [N]. 中国科学报，2020-01-07（1）.

［16］高春平．山西省黄河文化保护传承与文旅融合路径研究［J］．经济问题，2020（7）：106－115.

［17］高海东，李占斌，李鹏，贾莲莲，徐国策，任宗萍，庞国伟，赵宾华．基于土壤侵蚀控制度的黄土高原水土流失治理潜力研究［J］．地理学报，2015，70（9）：1503－1515.

［18］高明秀，吴姝璇．资源环境约束下黄河三角洲盐碱地农业绿色发展对策［J］．中国人口·资源与环境，2018，28（S1）：60－63.

［19］巩灿娟，徐成龙，张晓青．黄河中下游沿线城市水资源利用效率的时空演变及影响因素［J］．地理科学，2020，40（11）：1930－1939.

［20］关伟，许淑婷，郭岫垚．黄河流域能源综合效率的时空演变与驱动因素［J］．资源科学，2020，42（1）：150－158.

［21］郭晗，任保平．黄河流域高质量发展的空间治理：机理诠释与现实策略［J］．改革，2020（4）：74－85.

［22］韩海燕，任保平．黄河流域高质量发展中制造业发展及竞争力评价研究［J］．经济问题，2020（8）：1－9.

［23］郝俊卿，曹明明，王雁林．关中城市群产业集聚的空间演变及效应分析——以制造业为例［J］．人文地理，2013，28（3）：96－100＋129.

［24］胡和平．在黄河流域生态保护和高质量发展中展现陕西担当［J］．求是，2019（21）：47－50.

［25］胡一三，张红武，刘贵芝．黄河下游游荡性河段河道整治［M］．郑州：黄河水利出版社，1998：1－216.

［26］黄昌硕，耿雷华，颜冰，卞锦宇，赵雨婷．水资源承载力动态预测与调控——以黄河流域为例［J］．水科学进展，2021，32（1）：59－67.

［27］黄燕芬，张志开，杨宜勇．协同治理视域下黄河流域生态保护和高质量发展——欧洲莱茵河流域治理的经验和启示［J］．中州学刊，2020（2）：18－25.

［28］霍明远，成升魁，黄兆良．黄河经济带可持续发展战略与关键技术［J］．资源科学，1999（2）：8－13.

［29］姜长云，盛朝迅，张义博．黄河流域产业转型升级与绿色发展研究［J］．学术界，2019（11）：68－82.

［30］蒋冲，高艳妮，李芬，王德旺，张林波，李岱青．1956－2010年三江源区水土流失状况演变［J］．环境科学研究，2017，30（1）：20－29.

［31］金凤君，马丽，许堞．黄河流域产业发展对生态环境的胁迫诊断与优化路径识别［J］．资源科学，2020，42（1）：127－136.

［32］金凤君．黄河（生态）经济带：区域协调发展战略的重要组成［N］．中国社会科学报，2019a－06－06（6）.

［33］金凤君．黄河流域生态保护与高质量发展的协调推进策略［J］．改革，2019b（11）：33－39.

［34］晋迪，王冠孝．晋陕豫黄河金三角A级旅游景区空间结构特征研究［J］．经济论坛，2019（1）：118－121.

［35］巨虹，李同昇，翟洲燕．基于ETFP的黄河流域工业高质量发展水平时空分异研究［J］．资源科学，2020，42（6）：1099－1109.

［36］可素娟，周康军．黄河流域水资源一体化管理机制研究［J］．人民黄河，2007（1）：5－7.

［37］李冬花，张晓瑶，陆林，张潇，李磊．黄河流域高级别旅游景区空间分布特征及影响因素［J］．经济地理，2020，40（5）：70－80.

［38］李蕾，鲍淑君．关于探索建立健全黄河流域市场化机制的政策建议［J］．环境保护，2021，49（2）：57－60.

［39］李敏纳，蔡舒，覃成林．黄河流域经济空间分异态势分析［J］．经济地理，2011，31（3）：379－383.

［40］李锵．山东省战略性新兴产业发展问题研究［D］．山东师范大学硕士学位论文，2012.

［41］李小建，文玉钊，李元征，杨慧敏．黄河流域高质量发展：人地协调与空间协调［J］．经济地理，2020，40（4）：1-10.

［42］李小建，许家伟，任星，李立．黄河沿岸人地关系与发展［J］．人文地理，2012，27（1）：1-5.

［43］廖四顺，闫静．"丝绸之路经济带"背景下黄河金三角区域旅游合作研究［J］．经济论坛，2018（12）：54-57.

［44］刘冲，王德起．山东半岛城市群经济联系比较分析［J］．北京交通大学学报（社会科学版），2016，15（1）：22-32.

［45］刘国彬，上官周平，姚文艺，杨勤科，赵敏娟，党小虎，郭明航，王国梁，王兵．黄土高原生态工程的生态成效［J］．中国科学院院刊，2017，32（1）：11-19.

［46］刘鹤，刘毅，许旭．黄河中上游能源化工区产业结构的演进特征及机理［J］．经济地理，2010，30（10）：1657-1663.

［47］刘静，吴普特，王玉宝，赵西宁，操信春，孙世坤．基于数据包络分析的河套灌区农业生产效率评价［J］．农业工程学报，2014，30（9）：110-118.

［48］刘彦随，李裕瑞．黄土丘陵沟壑区沟道土地整治工程原理与设计技术［J］．农业工程学报，2017，33（10）：1-9.

［49］刘勇．把握区域经济高质量发展机遇使黄河经济带上升为国家战略［N］．中国社会科学报，2019-06-06（6）.

［50］刘正兵，丁志伟，卜书朋，王发曾．中原城市群城镇网络结构特征分析：基于空间引力与客运联系［J］．人文地理，2015，30（4）：79-86.

［51］卢硕，张文忠，李佳洺．资源禀赋视角下环境规制对黄河流域资源型城市产业转型的影响［J］．中国科学院院刊，2020，35（1）：73-85.

［52］鲁春霞，谢高地，肖玉，于云江．青藏高原生态系统服务功能的价值评估［J］．生态学报，2004（12）：2749-2755+3011.

［53］陆大道，孙东琪．黄河流域的综合治理与可持续发展［J］．地理学报，2019，74（12）：2431-2436.

［54］马海涛，徐楦钫．黄河流域城市群高质量发展评估与空间格局分异［J］．经济地理，2020，40（4）：11-18.

［55］马茹，罗晖，王宏伟，王铁成．中国区域经济高质量发展评价指标体系及测度研究［J］．中国软科学，2019（7）：60-67.

［56］毛汉英．"黄河流域高质量发展路径与资源生态保障"专辑序言［J］．资源科学，2020，42（1）：1-2.

［57］毛志春，宋宇，李蒙蒙．基于MODIS反演数据的河套地区荒漠化研究［J］．北京大学学报（自然科学版），2015，51（6）：1102-1110.

［58］苗长虹，胡志强，耿凤娟，苗健铭．中国资源型城市经济演化特征与影响因素——路径依赖、脆弱性和路径创造的作用［J］．地理研究，2018，37（7）：1268-1281.

［59］苗长虹，赵建吉．强化黄河流域高质量发展的产业和城市支撑［N］．河南日报，2020-01-15（11）.

［60］苗长虹．黄河经济带的战略需求与战略定位［N］．中国社会科学报，2019-06-06（6）.

［61］苗长虹．沿黄三城市群发展机制研究［M］．北京：科学出版社，2012.

［62］牛玉国．构建黄河生态经济带战略［N］．学习时报，2018-05-30（4）.

［63］彭少明，郑小康，王煜，蒋桂芹．黄河流域水资源—能源—粮食的协同优化［J］．水科学进展，2017，28（5）：681-690.

［64］齐月，龚斌，徐翠，张林波，吴志丰，冯宏昭，张继平．三江源生态移民对草地资源依赖性分析［J］．中国人口·资源与环境，2013，23（3）：77-81.

［65］秦继伟．河南打造黄河流域文旅融合高质量发展示范区路径研究［J］．经济地理，2020（12）：1-16.

［66］任保平，张倩．黄河流域高质量发展的战略设计及其支撑体系构建［J］．改革，2019（10）：26-34.

［67］任保平．黄河流域如何实现高质量发展［N］．经济参考报，2019-11-20（6）.

［68］任保平．新时代中国经济从高速增长转向高质量发展：理论阐释与实践取向［J］．学术月刊，2018，50（3）：66-74+86.

［69］盛广耀．黄河流域城市群高质量发展的基本逻辑与推进策略［J］．中州学刊，2020（7）：21-27.

［70］史丹．从三个层面理解高质量发展的内涵［N］．经济日报，2019-09-09（14）.

［71］苏晓虾，毛旭锋，魏晓燕，令建康，张艳春，包先霞．基于生物—环境—服务功能模型的三江源高寒草甸湿地不同恢复措施效果评价［J］．地理科学，2020，40（8）：1377-1384.

［72］孙鸿烈，郑度，姚檀栋，张镱锂．青藏高原国家生态安全屏障保护与建设［J］．地理学报，2012，67（1）：3-12.

［73］孙璐，张友静，张滔．黄河源区土地利用/覆盖生态服务功能价值评价及时空预测［J］．地理与地理信息科学，2014，30（5）：99-104.

［74］覃成林．黄河流域经济空间分异与开发［M］．北京：科学出版社，2011.

［75］汪小钦，王钦敏，励惠国，刘高焕．黄河三角洲土地利用/覆盖变化驱动力分析［J］．资源科学，2007（5）：175-181.

［76］王发曾，程丽丽．山东半岛、中原、关中城市群地区的城镇化状态与动力机制［J］．经济地理，2010，30（6）：918-925.

［77］王海江，苗长虹，乔旭宁．黄河经济带中心城市服务能力的空间格局［J］．经济地理，2017，37（7）：33-39.

［78］王海英，董锁成，尤飞．黄河沿岸地带水资源约束下的产业结构优化与调整研究［J］．中国人口·资源与环境，2003（2）：82-86.

［79］王开泳，张鹏岩，丁旭生．黄河流域旅游经济的时空分异与R/S分析［J］．地理科学，2014，34（3）：295-301.

［80］王堃，洪绂曾，宗锦耀．"三江源"地区草地资源现状及持续利用途径［J］．草地学报，2005，13（S1）：28-31.

［81］王胜鹏，乔花芳，冯娟，谢双玉．黄河流域旅游生态效率时空演化及其与旅游经济互动响应［J］．经济地理，2020，40（5）：81-89.

［82］王文彬，王延荣，许冉．水资源约束下黄河流域产业结构变迁规律及其影响因素［J］．工业技术经济，2020，39（6）：138-145.

［83］王尧，陈睿山，夏子龙，郭迟辉．黄河流域生态系统服务价值变化评估及生态地质调查建议［J］．地质通报，2020，39（10）：1650-1662.

［84］王振波，杨励雅，梁龙武，张蔷．山东半岛城市群交通网络载流能力评估与优化研究［J］．地球信息科学学报，2017，19（6）：808-817.

［85］魏心镇，韩百中．沿黄河地带——我国国土开发布局轴线［J］．地理学报，1992，47（1）：12-21.

［86］吴姗姗，王录仓，刘海洋．黄河流域旅游流网络结构特征研究［J］．经济地理，2020，40（10）：202-212.

［87］吴泽宁，黄硕俏，狄丹阳，王慧亮．黄河流域农业系统水资源价值及其空间分布研究［J］．灌溉排水学报，2019，38（12）：93-100.

［88］习近平．在黄河流域生态保护和高质量发展座谈会上的讲话［J］．求是，2019（20）：1-5.

［89］肖建设，乔斌，陈国茜，史飞飞，曹晓云，祝存兄．黄河源区玛多县土地利用和生态系统服务价值的演变［J］．生态学报，2020，40（2）：510-521.

［90］谢高地，鲁春霞，冷允法，郑度，李双成．青藏高原生态资产的价值评估［J］．自然资源学报，2003（2）：189-196.

［91］谢泗薪，戴雅兰．经济新常态下科技服务业与现代产业联动模式创新研究［J］．科技进步与对策，

2016, 33 (5)：9 – 15.

[92] 邢霞，修长百，刘玉春. 黄河流域水资源利用效率与经济发展的耦合协调关系研究 [J]. 软科学，2020，34 (8)：44 – 50.

[93] 徐辉，师诺，武玲玲，张大伟. 黄河流域高质量发展水平测度及其时空演变 [J]. 资源科学，2020，42 (1)：115 – 126.

[94] 徐新良，刘纪远，邵全琴，樊江文. 30 年来青海三江源生态系统格局和空间结构动态变化 [J]. 地理研究，2008 (4)：829 – 838 + 974.

[95] 徐勇，王传胜. 黄河流域生态保护和高质量发展：框架、路径与对策 [J]. 中国科学院院刊，2020，35 (7)：875 – 883.

[96] 许学工. 黄河三角洲的适用生态农业模式及农业地域结构探讨 [J]. 地理科学，2000 (1)：27 – 32.

[97] 薛澜，杨越，陈玲，董煜，黄海莉. 黄河流域生态保护和高质量发展战略立法的策略 [J]. 中国人口·资源与环境，2020，30 (12)：1 – 7.

[98] 薛明月，王成新，赵金丽，李梦程. 黄河流域旅游经济空间分异格局及影响因素 [J]. 经济地理，2020，40 (4)：19 – 27.

[99] 杨开忠，董亚宁. 黄河流域生态保护和高质量发展制约因素与对策——基于"要素—空间—时间"三维分析框架 [J]. 水利学报，2020，51 (9)：1038 – 1047.

[100] 杨开忠，苏悦，顾芸. 新世纪以来黄河流域经济兴衰的原因初探——基于偏离—份额分析法 [J]. 经济地理，2021，41 (1)：10 – 20.

[101] 杨薇，靳宇弯，孙立鑫，孙涛，邵冬冬. 基于生产可能性边界的黄河三角洲湿地生态系统服务权衡强度 [J]. 自然资源学报，2019，34 (12)：2516 – 2528.

[102] 杨永春，穆焱杰，张薇. 黄河流域高质量发展的基本条件与核心策略 [J]. 资源科学，2020，42 (3)：409 – 423.

[103] 杨玉霞，闫莉，韩艳利，王瑞玲，高龙，赵钟楠. 基于流域尺度的黄河水生态补偿机制 [J]. 水资源保护，2020，36 (6)：18 – 23 + 45.

[104] 姚檀栋，刘时银，蒲健辰，沈永平，鲁安新. 高亚洲冰川的近期退缩及其对西北水资源的影响[J]. 中国科学（D 辑：地球科学），2004 (6)：535 – 543.

[105] 于法稳，屈忠义，冯兆忠. 灌溉水价对农户行为的影响分析——以内蒙古河套灌区为例 [J]. 中国农村观察，2005 (1)：40 – 44.

[106] 于谨凯，马健秋. 山东半岛城市群经济联系空间格局演变研究 [J]. 地理科学，2018，38 (11)：1875 – 1882.

[107] 张宝庆，吴普特，赵西宁. 近 30a 黄土高原植被覆盖时空演变监测与分析 [J]. 农业工程学报，2011，27 (4)：287 – 293.

[108] 张贡生. 黄河经济带建设：意义、可行性及路径选择 [J]. 经济问题，2019 (7)：123 – 129.

[109] 张国兴，苏钊贤. 黄河流域中心城市高质量发展评价体系构建与测度 [J]. 生态经济，2020，36 (7)：37 – 43.

[110] 张红武，李振山，黄河清. 宁蒙黄河治理对策研究报告 [R]. 北京：清华大学黄河研究中心，2016：1 – 380.

[111] 张明哲. 现代产业体系的特征与发展趋势研究 [J]. 当代经济管理，2010，32 (1)：42 – 46.

[112] 张新成，梁学成，宋晓，刘军胜. 黄河流域旅游产业高质量发展的失配度时空格局及成因分析[J]. 干旱区资源与环境，2020，34 (12)：201 – 208.

[113] 赵庚星，张万清，李玉环，陈乐增. GIS 支持下的黄河口近期淤、蚀动态研究 [J]. 地理科学，1999 (5)：442 – 445.

[114] 赵良仕，刘思佳，孙才志. 黄河流域水—能源—粮食安全系统的耦合协调发展研究 [J]. 水资源保护，2021，37 (1)：69 – 78.

[115] 赵瑞，申玉铭. 黄河流域服务业高质量发展探析 [J]. 经济地理，2020，40 (6)：21 – 29.

［116］赵业安，潘贤娣．泥沙研究在黄河治理开发中的战略地位［M］．郑州：黄河水利出版社，1996：25－34.

［117］郑德凤，郝帅，吕乐婷，徐文瑾，王燕燕，王辉．三江源国家公园生态系统服务时空变化及权衡—协同关系［J］．地理研究，2020，39（1）：64－78.

［118］朱玉霞，覃志豪，徐斌．基于 MODIS 数据的草原荒漠化年际动态变化研究——以内蒙古自治区为例［J］．中国草地学报，2007，29（4）：2－8.

［119］宗秀影，刘高焕，乔玉良，林松．黄河三角洲湿地景观格局动态变化分析［J］．地球信息科学学报，2009，11（1）：91－97.

第二十九章 京津冀协同发展研究

京津冀区域包括北京市、天津市以及河北省，是以首都为核心的城市群，也是中国北方重要经济核心区，战略地位十分突出。实施京津冀协同发展需要打造以首都为核心的世界级城市群、推进区域发展体制机制创新、探索人口经济密集区优化开发模式，以及实现京津冀优势互补、合作共赢，以带动北方腹地发展，因此这是一项重大国家战略，也是中国区域科学研究和区域发展实践的重要内容。本章梳理和总结京津冀协同发展的历史进程、政策实践以及学术发展脉络。

第一节 京津冀协同发展的历史进程和政策实践

在中国历史上，首都周边地区一般称为"京畿"，由主管京师的官员直接管理，主要是京师的拱卫和物资供应基地（杨开忠和李国平，2000）。北京是战国时期燕国的首都，并先后为辽、金、元、明、清、中华民国和中华人民共和国的都城。历史上，北京周边的城市就组成了以北京为中心的半径在300~400千米的城市圈，包括保定、天津、唐山、秦皇岛、承德和张家口等城市。这些城市一直为北京的发展提供政治、经济、军事和交通等方面的支撑与服务功能。中华人民共和国成立以来，尤其是改革开放以来，随着国家经济社会的发展，区域合作成为地区发展的内在要求，以北京为核心的京津冀区域逐渐成为政府和学术界关注的焦点。

根据京津冀区域发展的基本历程、规划编制和政策实践，可以将京津冀协同发展的历史划分为三个阶段：

一、早期阶段：京津唐和环渤海区域规划的编制

由于京津冀地缘相接、人缘相亲、历史渊源深厚，京津冀区域内部的经济联系和往来早已频繁。梁思成、吴良镛等众多学者自中华人民共和国成立后多次开展北京城市发展与规划设计工作，同时参与河北省及其周边省市的城乡规划建设。20世纪70年代后期，京津冀三地在编制各自的城市总体规划中加入对城市地区发展战略的讨论，有关区域合作的研究也不断开展。1981年，在原燕南、燕北经济协作区的基础上成立环京津经济协作区，包括北京、保定、张家口等。1982~1984年，国家计划委员会联合有关部门进行京津唐地区国土规划纲要研究，规划的京津唐地区包括北京市、天津市、河北唐山市、唐山地区（内含秦皇岛市）和廊坊地区，提出将京津唐作为我国北方经济核心区的发展定位。

1986年，时任天津市长的李瑞环同志倡导环渤海地区的15个城市共同发起成立环渤海地区

市长联席会，被认为是京津冀地区最早的正式区域合作机制[①]。1987 年环渤海经济研究会成立，开展并完成了涵盖辽东半岛、山东半岛和京津冀地区的环渤海经济区经济发展规划纲要研究（毛其智，2004）。1992 年 10 月 1 日北京市实施《北京城市总体规划（1991 年至 2010 年）》，河北省委也提出了两环（环京津、环渤海）开放带动战略。

二、中期阶段：首都圈和大北京的谋划

自 1950 年都市计划委员会成立至今，北京市政府正式组织编制的城市总体规划共有七版，其中 1953 年、1957 年、1958 年是在全国工业化背景下编制的，1982 年、1992 年、2004 年、2016 年是在改革开放的背景下编制的。1982 年，《北京城市建设总体规划方案》首次正式提到"首都圈"的概念。1997 年底，时任北京市委书记的贾庆林同志在北京市第八次党代会提出"首都经济"的概念并得到认可。北京市科委认为"首都经济圈"是以京津为核心，涵盖河北的唐山、秦皇岛、承德、张家口、保定、廊坊和沧州等城市（北京市科学技术委员会，1996），但当时对于"首都圈"的具体范围还没有明确统一的界定。杨开忠和李国平（2000）参照首都圈历史，划分北京、天津、廊坊、保定、唐山、秦皇岛、沧州、张家口和承德为中国首都经济圈的范围，其中内圈包括北京、天津、廊坊、保定、唐山、秦皇岛，其他三个城市组成外圈。李国平（2004）则将首都圈的范围划分为狭域、中域和广域三个圈层，其中广域首都圈即为京津冀两市一省。

吴良镛（2002）提出"大北京"概念，即由北京、天津、唐山、保定、廊坊等城市所统辖的京津唐和京津保两个三角地区组成，疏解大城市功能，调整产业结构，发展中等城市，建设"世界大城市"。之后的城乡空间发展规划中则提出进一步向秦皇岛、张家口、沧州和石家庄等地辐射。时任河北省副省长的才利民（2003）指出，河北省建议再加上一个三角地区，即京张承首都生态屏障三角。以首都为中心，以 100 千米为半径构成大北京经济圈的核心层，以 200 千米为半径构成中心层，以 300 千米为半径构成紧密层。"大北京"规划提出后，时任建设部部长的俞正声同志建议改名字为"京津冀"，要从更大范围来考虑北京的发展和布局问题（苏文洋，2012）。北京市在《关于北京市 2003 年国民经济和社会发展计划执行情况与 2004 年国民经济和社会发展计划草案》中提出，"创新区域合作机制，加速首都经济发展圈的形成""推动京津冀等区域合作"。天津市在 2003 年政府工作报告提出"积极参与京津和环渤海地区合作"，研究改进京津交通的重大举措，为加快京津城际铁路客运专线建设，成立天津市京津城际铁路客运专线建设领导小组。河北省则提出要"发挥环渤海和环京津优势"，"发展以京津为重点的区域经济技术合作"。

三、近期阶段：京津冀协同发展全面推进

1. 京津冀三地合作共识的全面开启

2004 年 2 月，国家发展改革委召集京津冀三地发改部门负责人在廊坊召开京津冀区域经济发展战略研讨会，达成"廊坊共识"，并将石家庄市划入京津冀都市圈。同年，环渤海合作机制会议在廊坊举行，国家发展改革委、商务部和京、津、冀、晋等 7 省份领导在廊坊达成《环渤海区域合作框架协议》，商定成立环渤海合作机制的三层组织架构。2008 年，由天津市发展改革委倡议和发起，经过京、津、冀发展改革委共同协商和酝酿的"第一次京津冀发改委区域工作

---

① 京津冀协同发展历程（1986—2018）［EB/OL］. http：//www. hebeidangshi. gov. cn/article/20190311/2 - 2019 - 11482. html，2019 - 03 - 11.

联席会"召开，并签署了《北京市、天津市、河北省发改委建立"促进京津冀都市圈发展协调沟通机制"的意见》。

京津冀都市圈区域规划的编制是京津冀合作共识的重要成果之一。国家发改委于2004年11月正式启动编制工作，2010年8月获得批复，按照"8＋2"的模式制定区域发展规划，规划范围包括北京、天津2个直辖市和河北省的石家庄、秦皇岛、唐山、廊坊、保定、沧州、张家口、承德8个地市。据此，河北省政府出台《关于加快河北省环首都经济圈产业发展的实施意见》，提出在规划体系等六方面启动与北京市的"对接工程"。

北京在三地区域合作中率先做出表率，如《北京城市总体规划（2004—2020年）》就区域协调发展策略提出"积极推进环渤海地区的经济合作与协调发展，加强京津冀地区在产业发展、生态建设、环境保护、城镇空间与基础设施布局等方面的协调发展"，增强北京的综合辐射带动能力，"在京津冀城镇群的核心地区形成以京津城镇发展走廊为主轴，京唐、京石城镇发展走廊和京张、京承生态经济走廊为骨架的区域空间体系"。在2014年1月的《政府工作报告》中提出，"积极配合编制首都经济圈发展规划，主动融入京津冀城市群发展"。同时，在《北京城市总体规划（2016—2035年）》中又提出"深入推进京津冀协同发展"，"把有序疏解北京非首都功能，优化提升首都功能，解决北京'大城市病'问题作为京津冀协同发展的首要任务"，实现北京城市副中心与河北雄安新区两翼齐飞。

2. 京津冀协同发展上升至国家战略

习近平总书记一直十分关心京津冀协同发展问题。2013年5月，在天津调研时提出，"要谱写新时期社会主义现代化的京津'双城记'"。8月在北戴河主持研究河北发展问题时，提出要推动京津冀协同发展。此后多次就京津冀协同发展作出重要指示，强调要解决好北京发展问题，必须将其纳入京津冀和环渤海经济区的战略空间加以考量，以打通发展大动脉，更有力地彰显北京优势，更广泛地激活北京要素资源；同时，天津、河北要实现更好发展也需要连同北京发展一起来考虑。2014年2月26日，习近平总书记听取了京津冀协同发展工作专题汇报，对三地协作提出七项具体要求，并将京津冀协同发展上升为重大国家战略。2017年2月，习近平总书记视察京冀并发表重要讲话，分别就河北雄安新区规划建设和北京城市规划建设作出重要指示。2019年1月习近平总书记再次考察京津冀，主持召开了京津冀协同发展座谈会并对京津冀协同发展提出六个方面的新要求①。

3. 京津冀协同发展的相关政策

2014年以来，京津冀协同发展领导小组指导办公室会同30多个部门、三省市和京津冀协同发展专家咨询委员会撰写《京津冀协同发展规划纲要》，并反复修改完善，先后七轮征求各方意见。2015年2月中央财经领导小组第九次会议审议研究了《京津冀协同发展规划纲要》②，同年4月中共中央政治局审议通过该纲要。该纲要指出，京津冀协同发展是国家重大发展战略，核心是有序疏解北京非首都功能，并在京津冀交通一体化、生态环境保护、产业升级转移等重点领域率先取得突破③。此后，《京津冀协同发展交通一体化》《京津冀协同发展生态环境保护规划》《京津冀产业转移指南》等相继出台。

（1）京津冀三地双边合作框架协议基本搭建完成，深度对接的协同发展"路线图"逐渐清

---

① 习近平在京津冀三省市考察并主持召开京津冀协同发展座谈会［EB/OL］. http：//www. xinhuanet. com/2019 - 01/18/c_
1124011707. htm，2019 - 01 - 18.

② 习近平主持召开中央财经领导小组第九次会议［N］. 中华工商时报，2015 - 02 - 11（002）.

③ 京津冀协同发展规划纲要获通过［EB/OL］. http：//politics. people. com. cn/n/2015/0501/c1001 - 26935006. html，2015 -
05 - 01.

晰。2014 年 3 月，河北省出台的《河北省委、省政府关于推进新型城镇化的意见》明确，河北省将落实京津冀协同发展战略，以建设京津冀城市群为载体，充分发挥保定和廊坊首都功能疏解及首都核心区生态建设的服务作用，进一步强化石家庄、唐山在京津冀区域中的两翼辐射带动功能；同年 7 月河北省与北京市签署《共同打造曹妃甸协同发展示范区框架协议》《共建北京新机场临空经济合作区协议》《共同推进中关村与河北科技园区合作协议》《共同加快张承地区生态环境建设协议》《共同加快推进市场一体化进程协议》《共同推进物流业协同发展合作协议》和《交通一体化合作备忘录》"6 + 1"合作文件。2014 年 8 月，时任天津市委书记孙春兰率团到北京考察，京津两市签署了"5 + 1"合作文件，分别为《贯彻落实京津冀协同发展重大国家战略推进实施重点工作协议》《共建滨海—中关村科技园合作框架协议》《关于进一步加强环境保护合作的协议》《关于加强推进市场一体化进程的协议》《关于共同推进天津未来科技城京津合作示范区建设的合作框架协议》和《交通一体化合作备忘录》。其中，交通一体化成为京津协同发展的优先领域。

（2）全国第一个跨省市的区域"十三五"规划于 2016 年开始实施。2016 年 2 月《"十三五"时期京津冀国民经济和社会发展规划》印发实施，是全国第一个跨省市的区域"十三五"规划，提出京津冀地区未来五年"将打造国际一流航空枢纽，构建世界级现代港口群，加快建设环首都公园，打赢河北脱贫攻坚战，建立健全区域安全联防联控体系，全面提高首都服务国际交往的软硬件水平，加强与长江经济带的联动"，之后交通、生态环保、产业、科技等一批专项规划相继出台实施。

（3）北京城市副中心与河北雄安新区的建设同步推进。2016 年 3 月，中央政治局常委会审议并原则同意《关于北京市行政副中心和疏解北京非首都功能集中承载地有关情况的汇报》，5月审议通过了《关于规划建设北京城市副中心和研究设立河北雄安新区的有关情况的汇报》。2017 年 4 月，中共中央、国务院决定设立河北雄安新区，并于 2018 年 4 月批复《河北雄安新区规划纲要》。2020 年 3 月，国家发展改革委发布《北京市通州区与河北省三河、大厂、香河三县市协同发展规划》，指导通州区与北三县规划建设，规划范围包括北京市通州区和河北省廊坊市所辖三河市、大厂回族自治县、香河县行政辖区。规划提出立足服务京津冀协同发展大局，以北京城市副中心建设为统领，着力打造国际一流和谐宜居之都示范区、新型城镇化示范区和京津冀区域协同发展示范区①。

第二节　京津冀协同发展的学术进展和研究脉络

京津冀协同发展的区域实践也激发了学术界对京津冀协同发展的持续研究和探索，结合京津冀区域发展历程，京津冀协同发展的学术进展大体也经历了三个阶段：

一、研究探索阶段

改革开放以来，中国经济快速发展，打破行政分割，推进区域合作成为区域发展的内在要求。一些地区开始探索区域发展实践，学术界也展开相关研究。这个阶段，与京津冀发展相关

---

① 《北京市通州区与河北省三河、大厂、香河三县市协同发展规划》发布［EB/OL］. http：//www. beijing. gov. cn/ywdt/zwzt/jjjyth/xy/202003/t20200317_ 1819838. html，2020 - 03 - 17.

的文献数量较少，研究也不系统，多为一些规划设想。

20世纪80年代中期，学术界针对京津唐地区开展了一些研究，涉及水资源开发利用、旅游资源开发、土地资源利用、人口分布和城镇体系等方面。其中最有影响力的是中科院地理所关于京津唐地区国土规划纲要的综合研究，孙盘寿和叶舜赞（1984）提出要控制大城市规模、建设卫星城镇，建立和发展中小城市，积极建设县城和集镇；陆大道（1985）指出要向沿海地带推进、重点开发冀东地区和发展远郊小城镇。中科院地理所于1988年出版了《京津唐区域经济地理》，系统分析了京津唐地区的自然环境、自然资源特点，阐述了国民经济及各主要部门的发展过程，空间布局与经济联系等（中国科学院地理研究所和经济地理部，1988）。

20世纪80年代后期，学术界开始关注京津冀地区的研究，普遍认为研究北京要从京津冀更大的地域空间考虑（孙洪铭，1993；吴良镛和毛其智，1994）。这一阶段，学术界关于京津冀地区的研究主要集中在区域联合、战略定位、工业结构、城镇体系等方面，其中区域联合和城镇体系方面的研究较为突出。在区域联合方面，许树立（1986）首次正式提出京津冀地区要进行横向经济联合；石亚碧（1995）分析了京津冀区域联合的基础与内容；钱智和季任钧（1999）指出京津冀区域经济联合的内涵就是在京津冀三地资源、技术、人才等互补性基础上建立起地域经济组织；陈传康（1989）则关注了京津冀旅游区的协作。在城镇体系方面，穆学明（1995）提出京津冀地区城镇体系构想，即由北京、天津、京津塘高新技术产业带构成京津双心轴向城市带，与由环渤海前沿开放城市秦皇岛、唐山、宁河、滨海新区、黄骅和沧州构成的环渤海明珠链组成"T"形城市带；吴良镛（2000）则提出"大北京"的概念，即包括京津唐、京津保两个三角形地区的京津冀北地区。在其主持的京津冀地区城乡空间发展规划中，吴良镛又提出构筑以京、津两大城市为核心的京津走廊为枢轴，以环渤海湾的"大滨海地区"为新兴发展带，以山前城镇密集地区为传统发展带，以环京津燕山和太行山区为生态文化带的京津冀地区"一轴三带"的空间发展格局。

二、研究深化阶段

进入21世纪，随着区域协调发展战略的全面实施，区域发展更加受到学术界的青睐。2004年《北京城市总体规划（2004—2020年）》提出"首都圈"的概念，引发学术界关于首都圈、京津冀都市圈的深入研究。

2000年以来，学术界系统提出了首都圈发展理论，包括概念界定与范围划分、职能分工、空间结构、发展战略等方面，其中最有影响力的是北京大学杨开忠、李国平团队的研究。①在概念界定与范围划分方面，杨开忠和李国平（2000）基于引力模型和场强模型，确定首都圈的地域范围，并提出知识经济域、旅游文化域、工业经济域、出海通道网络四个新关系域。李国平等（2004）强调以空间联系强度为界定标准，基于引力模型和场强模型，进一步考虑到首都圈的动态变化，从不同空间尺度划分了狭域、中域和广域首都圈；同时又基于不同功能联系划分了首都经济圈、生态圈、旅游圈和生活休憩圈，并进一步识别了知识经济域、外向型经济域、工业经济域、旅游文化域、生态建设域和生活政治域。之后，武义青和张云（2011）识别了环首都绿色经济圈的空间范围，并从生产、生活、生态"三生共赢"的角度搭建框架进行分析。梁昊光（2015）提出首都经济圈生态区概念，并分析了首都经济圈生态区的经济发展。②在职能分工方面，李国平等（2004）指出北京属于知识型地区，在高新技术产业和教育、文化产业等方面具有优势，天津属于加工型地区，以非农产品为原料的加工工业占优势，河北属于资源型地区，采掘业、重加工业和农副产品生产、加工业占优势。③在空间结构方面，李国平等（2004）提出首都圈要由多核松散的点轴型空间结构转变为多核紧密的网络型空间结构，形成

"一环、双核、三轴、四区"的空间格局。④在发展战略方面，杨开忠和李国平（2000）提出空间联系网络化、职能疏导、空间结构国际化三大战略。

首都圈是一种特殊的都市圈，在首都圈研究的基础上，2000年以来学术界开始关注京津冀都市圈的研究，比较有代表性的是京津冀都市圈区域综合规划研究（樊杰，2008），京津冀都市圈区域合作（张可云，2004；孙久文，2009）、区域经济一体化（李景元，2011；周立群，2012）、区域管治（母爱英等，2010）、产业梯度转移（戴宏伟，2004）、产业发展与升级（张文忠，2006；祝尔娟等，2011）、产业联系与合作（肖金成，2010；祝尔娟，2010）、多中心空间结构（于涛方等，2007；孙铁山等，2009）、区域经济增长空间分异（徐勇等，2007；董冠鹏等，2010）等方面的研究。

三、全面推进阶段

2014年以来，京津冀协同发展上升为国家战略后，京津冀协同发展相关的研究引发了学术界的广泛关注，一些学术机构定期举办京津冀相关会议论坛、出版一系列京津冀相关的研究报告。论坛方面，主要有首都经济贸易大学主办的首都圈发展高层论坛，河北省社会科学院主办的京津冀协同发展研讨会，北京国际城市发展研究院主办的京津冀协同发展年会，北京大学首都发展研究院主办的首都发展新年论坛等。研究报告方面，主要有首都经济贸易大学特大城市研究院京津冀研究中心出版的《京津冀发展报告》、北京大学首都发展研究院出版的《京津冀协同发展报告》、河北工业大学京津冀发展研究中心出版的《京津冀经济社会发展报告》、河北省社会科学院京津冀协同发展研究中心出版的《京津冀协同发展报告》、中国社会科学院京津冀协同发展智库出版的《京津冀协同发展指数报告》等。这些综合类研究报告每年都以不同的研究主题，系统性地对京津冀协同发展展开研究。除综合类研究报告外，还有关于一体化物流发展、信息服务业发展等方面的专题类研究报告。

这一阶段，京津冀协同发展相关的文献数量呈现"井喷式"增长，涉及领域也更多样化，有理论研究，也有综合研究和专题研究。理论研究方面，方创琳（2017）研究了京津冀城市群协同发展的科学理论基础与科学规律，提出推进京津冀城市群协同发展应以协同论、博弈论、耗散结构理论和突变论作为科学理论基础，其中协同论为核心理论。综合研究方面，学术界更关注京津冀协同发展的进展与成效（张辉和杨耀淇，2017；京津冀协同发展领导小组办公室，2020）、测度与评价（文魁和祝尔娟，2016；中国社会科学研究院京津冀协同发展智库京津冀协同发展指数课题组，2017）和战略定位、模式及路径（陆大道，2015；孙久文，2018）等方面。其中，比较突出的是协同发展测度与评价研究，文魁和祝尔娟（2016）构建了发展指数、协同指数、生态文明指数、人口发展指数和企业发展指数五大指标体系，并对京津冀协同发展状况及其趋势进行测度与评价；中国社会科学院京津冀协同发展智库京津冀协同发展指数课题组（2017）基于五大发展理念的视角构建了京津冀协同发展指数和京津冀地区发展指数，并进行持续跟踪评价。专题研究方面涉及的领域比较多元，包括区域治理（李国平和陈红霞，2012；汪波，2015）、协同创新（王书华和陈诗波，2016；李军凯，2016）、产业协同（全诗凡，2016；文余源，2020）、协同治霾（吴志功，2015；庄贵阳等，2018）、低碳协同（陆小成，2018；郭晓鹏等，2019）、产业经济生态系统协同（王仕卿，2019）、人才、金融等要素市场一体化（鄢圣文，2016；陈建华，2015）、旅游、文化、教育等公共服务协同（白翠玲等，2018；李军凯，2017）等方面。

这个阶段关于京津冀协同发展方面的研究也得到了学术奖励部门的认可和肯定，如由北京大学首都发展研究院院长李国平教授主编的《京津冀区域发展报告（2014）》和《京津冀协同发展报告（2019）》分别获得北京市哲学社会科学优秀成果一等奖，而以往发展报告系列成果几乎难以获奖，更不用说是一等奖了。

第三节　京津冀协同发展的研究热点和主要领域

基于中国知网数据库对京津冀协同发展相关研究进行检索和分析，发现相关研究数量自2007年开始呈现上升态势，并于2014年出现激增，而后不断攀升。目前，关于京津冀协同发展的研究主要集中在以下五个方面：第一，产业协同与转型升级；第二，城市群空间体系；第三，区域生态环境与可持续发展；第四，区域治理与协同机制；第五，区域协同创新。

一、产业协同与转型升级

1. 产业协同与分工

京津冀产业协同发展是学术界研究的热点，主要涵盖发展问题、发展评估和政策研究等方面。虽然京津冀产业协同发展在多个领域已取得重大突破，但仍存在产业规划滞后和京津冀区域内部发展不协调等问题，需要在规划制定、产业融合发展和区域内部合作等方面继续加强（邬晓霞等，2016）。同时，京津冀地区的产业同构现象（魏丽华等，2017）、区域发展价值取向单一、缺乏跨区域自组织能力（孙虎和乔标，2015）等都是制约京津冀产业协同发展的重要因素。在京津冀产业协同发展评估方面，刘怡等（2017）研究发现京津冀三地第一产业的整体发展程度低于全国平均水平；三地第二产业发展状况相当，但第三产业发展状况差异较大。北京在信息传输、计算机服务和软件业、金融业等方面具有明显优势。天津和河北在交通运输、仓储和邮政业等行业具有比较优势。此外，河北省内部各城市之间的发展水平差异较大，石家庄和保定等城市的产业发展综合性较强，而张家口、唐山、廊坊等城市不同行业（如交通运输、仓储物流等）的发展差异较大。魏丽华（2018）构建了京津冀产业协同指标体系和模型，测算了三地产业协同进程。研究发现北京具有最广阔的协同空间，协同能力也最强，在京津冀产业协同中扮演着举足轻重的作用；天津协同能力、协同创新水平次于北京，是三地产业协同发展的中坚力量；河北的协同能力和协同创新水平最弱。在产业协同政策上，马海涛等（2018）提出虽然京津冀地区现有的产业协同政策极大地推动了区域内跨地区产业合作和城市间产业联系，但在区域协同发展目标及对生态环境的改善方面仍存在不足。

此外，京津冀产业分工的研究主要集聚在分工现状、新型产业分工形成机制、产业分工与合作模式等方面。总体来看，京津冀区域产业分工呈现产业专业化水平不高、产业地域分工不显著等问题（尹征和卢明华，2015）。地区功能专业化与地区经济发展水平紧密相关，国家相关政策对京津冀区域新型产业分工形成机制有最显著的影响（李靖，2015）。此外，京津冀产业分工合作的范围逐步扩大并不断深化，产业协同动力不足是其主要制约因素（吴爱芝等，2015）。

2. 产业转移

京津冀产业转移方面的研究主要集中在京津冀区域产业转移的方向、路径和区位选择三个方面。在京津冀产业转移方向上，李然和马萌（2016）基于京津冀三地工业产业梯度和转出地的产业动态变化进行比较分析，认为三地应分别发展高新技术产业和生产性服务业、石油能源和设备制造业，以及现代工业和现代农业。张杰斐等（2016）发现京津冀区域制造业在区域内部主要从京津走廊向河北东部沿海的唐山、秦皇岛以及河北腹地的冀中南地区转移。石林

（2015）和张贵等（2014）基于京津冀之间优势产业存在产业趋同现象的现状，提出京津冀地区的产业转移需要逐渐向以城市功能为主的产业方向转移，且产业创新、产业升级和产业分工并行发展。在产业转移路径上，邢李志（2017）提出适合京津冀协同发展的产业转移路径包括优化配置路径、产业融合路径和产能淘汰路径。在产业转移的区位选择上，皮建才和仰海锐（2017）提出对环境重视程度较高的地区有动力把产业转移到对环境重视程度较低的地区，但具体的区位选择仍受到协同效应、跨界污染程度、居民环境偏好等因素的影响。

3. 产业转型升级

关于京津冀产业转型升级的研究主要聚焦在产业转型升级的阻力和转型效果方面。孙启明和王浩宇（2016）提出阻碍京津冀地区产业转型升级的主要因素是趋同的地区产业结构；但是邢子政和马云泽（2009）认为产业结构趋同现象主要存在于三次产业的宏观结构中，而工业内部具体优势产业的微观产业结构相似系数则大大降低。在京津冀地区产业转型升级动力研究方面，张为杰和张景（2012）认为三地的产业结构转型升级效果尚未达到最佳。韩英和马立平（2020）提出从产业结构调整对经济增长质量的影响来看，京津冀地区高于全国平均水平，北京高于津冀，而从产业转型升级的效果来看，北京高于津冀。总体来看，京津冀区域产业转型升级的目标是克服产业结构趋同问题，实现产业结构优化升级（邢子政和马云泽，2009）。但目前京津冀三地产业发展仍存在发展不同步、梯度落差大、产业转型升级慢等问题（祝尔娟，2009）。

综上所述，学者对京津冀产业协同与转型升级的研究视角较为广泛，在产业协同发展存在的问题、产业分工趋势、产业转型升级效果等方面达成了较为一致的观点。学者们普遍认为京津冀地区产业的整体专业化水平较低、产业结构转型升级尚未达到最佳效果、产业结构存在趋同等，且现有的一定程度上的产业趋同是阻碍产业转型升级和区域协同发展的重要因素。

二、城市群空间体系

1. 空间结构

对于京津冀城市群空间结构的研究主要集中在空间联系、空间整合和动力机制三个方面。在空间联系方面，京津冀城市群之间虽存在一定程度的空间联系，但整体较为松散（刘建朝和高素英，2013），且区域产业空间联系的弱化是导致"大都市阴影区"形成的关键因素（孙东琪等，2013）。在空间整合方面，京津冀城市群宏观层面上的空间整合能力较差，城市群中不存在由城市空间和功能整合而形成的经济互补性（阎东彬和王蒙蒙，2020）。京津冀都市圈空间联系以非均衡的多中心极化发展为特征，呈现以京津为核心、外围城市零散孤立的分布规律（张陆和高素英，2014；关晓光和刘柳，2014）。在空间结构动力机制研究方面，罗奎等（2020）认为产业的空间重构是推动城市群发育与成熟的关键动力，内部产业空间重构是完善产业合作网络、推动城市群一体化的重要途径，而王利伟和冯长春（2016）则认为降低行政干预、构建市场主导机制、强化内外双向开放、推动产业升级是优化城市群空间结构的重要政策导向。

2. 人口布局

京津冀区域人口布局的研究主要关注人口变动的因素和特征等问题。有关人口增长因素方面的研究认为，自然条件、经济因素和社会因素等是影响京津冀城市群人口增长差异（李国平和陈秀欣，2009）和人口流动的重要原因（孙桂平等，2019）。而人力资本积累、产业结构特征、城镇发展水平、城市规模、经济发展和对外交通条件等是京津冀城市群内部市县域人口集散变化的主要影响因素（孙铁山等，2009；孙桂平等，2019）。京津冀地区整体人口增长与经济发展的协调度较高（李国平和罗心然，2017），劳动力流动促进了京津冀地区的经济增长，缩小了区内人均消费水平的地区差距（刘会政和王立娜，2016）。京津冀地区人口规模巨大且增速较快（席强敏和李国平，2015），人口聚集程度在城市群经济聚集的核心区域更加紧密（孙阳等，2016），人口空间分布总体上呈现以京津为中心、向外围递减的格局（王莹莹等，2017）。其中，京津冀高学历人口呈向心集聚特征，沿点轴演化模式演变，具有显著的空间关联性（童玉芬和刘晖，2018）。

3. 产业布局

京津冀区域产业布局的研究主要集中在地区制造业和工业的空间集聚方面。京津冀区域制造业的空间格局总体呈现出由中心区域的京津走廊向东部沿海及冀中南腹地扩散的特征（李国平和张杰斐，2015）；工业发展总体上表现为由中心向外围扩散的趋势，邻近中心城市的外围郊县区成为工业集聚与发展的热点地区（毛琦梁等，2014）；制造业产业链的空间集聚度呈逐年上升趋势（马国霞等，2011）；高技术制造业仍过度集中在京津，但初步呈现去中心化趋势，开始向分散的多中心结构演变（席强敏和季鹏，2018）。

4. 功能格局

有关京津冀城市群功能格局的研究主要聚焦于城市群功能的整合和分工、职能专业化这两个方面。在城市群功能整合和分工方面，京津冀城市群功能的空间分工仍存在不合理之处（尚永珍和陈耀，2019），空间和功能整合效果尚未凸显（刘会政和王立娜，2016）。城市群内部不同价值区段的功能联系呈现出集聚与扩散并存的演化趋势（赵渺希等，2014）。在城市群职能专业化方面，京津冀城市职能演进表现出显著的空间异质性和行业异质性（张晓涛等，2019）。在产业网络分工上，京津冀区域表现出典型的双中心格局，北京的产业网络分工以服务业为主，而天津主要承担资本和技术型制造业的产业网络分工（吴康，2015）。这种产业分工格局不断强化了京津冀区域核心外围的发展格局，但城市职能之间互补性在提高，城市职能空间联系规模和范围扩大（曾春水等，2018）。

总体而言，现有研究就京津冀城市群空间体系及区域内部经济发展不平衡的问题具有较为一致的认识，京津冀城市群的人口布局和产业布局均呈现典型的核心—外围格局，但高技术制造业初步呈现去中心化趋势，开始向分散的多中心结构演变。城市群的功能格局不完备，空间和功能整合效果欠佳。影响京津冀城市群空间结构的因素比较复杂，但产业的空间重构、行政干预的降低等却是优化城市群空间结构的重要策略导向。

三、区域生态环境与可持续发展

本领域研究主要聚焦在生态环境与可持续发展两个方面。其中，针对生态环境的研究主要围绕京津冀大气污染状况、生态系统评价及生态协同治理等，针对可持续发展的研究主要关注资源环境承载力与低碳经济发展等。

1. 生态环境问题研究

京津冀地区大气污染问题是近年来的研究热点。京津冀地区大气污染呈现自北向南逐步加重的分布趋势，时间上存在黏滞效应（高愈霄等，2016；潘慧峰等，2015），且与城市群多中心化空间结构密切相关（刘凯等，2020）；城市间大气污染具有非线性传输特征，共同构成联动网络（刘华军和刘传明，2016）。现有研究指出京津冀大气污染由自然外因与人为内因共同导致。其中，自然外因包括气象因子、地形起伏度与植被覆盖度等，人为内因包括人口密度、产业结构与能源消费等。对邻近溢出效应贡献最大的自然及人为因素分别为植被覆盖度与能源消费（刘海猛等，2018）。

生态环境评价主要有两条研究脉络：一方面，以评估自然生态系统服务价值为重点。京津冀地区植被净初级生产力呈现南北分异，粮食生产、水源涵养和土壤保持分别呈西北低东南高和西北高东南低的空间分布形态，土地利用因子是导致生态系统服务权衡关系增强的最直接因素（张宇硕和吴殿廷，2019）。另一方面，以评价区域人文环境质量为重点。京津冀人居人文环境呈现由东南向西北依次递减的规律，具体表现为城市地区向非城市地区依次递减的圈层结构，以及高级别行政区优于低级别行政区的层级结构，且京津冀地区人口与人居环境呈正态分布规律（杨雪和张文忠，2016）。

关于京津冀生态协同治理的研究，国内已经相对成熟。研究者主要从大气污染区域联动防治和生态治理模式两方面进行分析。在区域联动防治方面，有学者将大气污染作为优先治理领域，提出构建政府、市场和社会互动的京津冀区域大气污染联防联控体系，通过有效的激励和约束机制，以及完善的法律和制度保障来实现三地可持续发展（谢宝剑和陈瑞莲，2014）。也有学者提出依托创新、协调、绿色、开放和共享五大理念构建京津冀大气污染联防联控体系，来提升三地大气污染治理能力（陆小成，2017）。在生态治理模式上，多数研究认为京津冀生态治理模式应从属地主义向合作治理转变，探索区域府际合作模式、市场调节模式与多元多层次协同治理模式（王喆和周凌一，2015；梁龙武等，2018），研究涉及府际事权划分问题（崔晶和孙伟，2014）、市场主导跨区域生态资源定价与交易机制的探索（王家庭和曹清峰，2014）以及多元主体治理组织的设计等具体问题（汪泽波和王鸿雁，2016）。

2. 可持续发展问题研究

有关京津冀地区可持续发展问题的研究主要关注资源环境承载力和低碳经济发展等。其中，资源环境承载力的研究涵盖城市化、经济发展与资源环境耦合协调等问题。京津冀地区城市化与生态环境系统耦合以濒临失调及中度协调模式为主（梁龙武等，2018），人口和产业过度集聚、低端产能过剩、能源消费结构等因素是资源环境超载的首要原因（贺三维和邵玺，2018）；产业转移升级、能源减量化与技术进步有利于经济与资源环境的脱钩（李健等，2019）。低碳经济发展问题的相关研究涵盖碳排放现状、减排潜力评价与减排路径分析等。京津冀碳排放格局呈分层聚集现象，北京减排潜力最低、唐山潜力最高；同时，产业梯度转移与能源结构调整、区域产业分工和协同（李百吉和张倩倩，2017）、碳交易机制（张俊荣等，2016）等可能是京津冀区域的有效减排路径，而雄安新区建设有利于京津冀低碳协同发展、强化城市群低碳经济联系（张雪花等，2020）。

综上所述，有关京津冀区域生态环境与可持续发展的研究涵盖了较为广泛与多样化的公共议题，普遍以京津冀生态环境保护的必要性和紧迫性为研究背景，致力于协调区域经济发展与资源环境的关系，并谋求构建跨区多元协同的生态治理体系。

四、区域治理与协同机制

本领域的研究主要沿着以下四条思路展开：第一，在历史回顾视角下，梳理京津冀区域治理的演进与发展，并结合不同阶段提出优化建议（孙久文和原倩，2014）；第二，在问题导向视角下，围绕特定议题展开讨论，结合宏观发展趋势形成优化对策（毛汉英，2017；安树伟，2017）；第三，在理论研究方面，研究协同治理过程的理论基础与科学规律，探讨目标和内涵（方创琳，2017）；第四，在比较研究视角下，识别差异、不足并形成政策借鉴（苏黎馨和冯长春，2019）。在上述思路基础上，有关京津冀区域治理与协同机制的研究主要围绕治理价值理念、治理模式选择、治理组织构建、协同机制设计四个方面展开。

治理价值理念方面，现有研究重点关注法治化、社会公正和主张共识的价值层面支撑。京津冀区域治理必须建立完善的法律制度来保障区域利益平衡以及利益取舍（常敏，2015）。强制硬法在管理功能区上会遇到很多障碍，因此需要从创新、实施、监督等环节构建软法机制，在民主协商的基础上促进京津冀协同发展（李颖，2017）。区域治理应以兼顾效率和公平为原则进行决策与协调（孙久文，2016）；治理主体间基于总体目标与互惠偏好塑造共识性观念和"善治"理念（刘秉镰和孙哲，2017）。同时，京津冀地区应确立共生共荣的价值导向，探索构建"你中有我，我中有你"的命运共同体（祝尔娟，2014；薄文广和陈飞，2015）。

治理模式选择方面，现有研究认为京津冀治理体系体现为相对松散的议事模式，应健全整体协作制度建设（李国平，2020）。何磊（2015）总结和借鉴国内外跨区域治理经验提出京津冀区域治理的三大模式：一是中央政府主导模式——适用于京津冀区域治理的早期阶段，主张通过中央政府的权威来协调区域合作，统一制定区域规划，统一进行人才培养和交流合作等；二是平行区域协调模式——适用于京津冀区域治理的中期阶段，倡导充分发挥地方政府的主动性，并通过激励机制吸引多元主体参与区域治理；三是多元驱动网络模式——适用于京津冀区域治理的后期阶段，倡导多元区域主体建立网络化的区域治理结构，更加灵活、自主、高效地参与区域治理。而且治理的范围更为广泛，除公共设施和基础服务外，还包括医疗、科技、教育等专业领域，以此来推动区域更快更好的发展。另有学者从生态、产业、交通、公共服务出发，提出构建京津冀"四位一体"的区域治理模式。通过建立横向生态补偿长效机制，产业开放协作机制和产业集聚机制，交通互联互通机制，以及教育一体化的发展机制来推动京津冀区域协同发展（徐继华和何海岩，2015）。其实，针对京津冀区域治理的模式可以从公共管理、产业协同、绩效评价等多个方面进行探究。

治理组织构建一直是学者们关注的重点。李国平（2020）提出应基于机构创新梳理主体间权责关系，设置央地间承上启下的治理机构，并鼓励社会主体参与治理。尹金宝和毛文瑾（2015）提出京津冀要解决城市发展不均衡、两极分化严重、地方贸易壁垒坚固等问题，急需构建京津冀区域治理三大协调体系：一是建立区域政府网络体系，构建不同区域政府之间多渠道、多层次的横向多边合作关系，缩小地方间差距，实现区域资源共享。二是建立区域市场网络体系，构建多中心产业集群企业网络体系，推动企业优化改革。同时完善市场监管机制，形成统一、开放的区域市场。三是建立区域社会网络体系，推动行业诚信体系建设，完善非政府组织的法律体系、管理体系和内部治理体系。依托三大协调体系创建京津冀区域协调体系，推动京津冀区域治理。

协同机制设计方面的研究主要集中在京津冀三地的利益协调问题上，现有研究认为京津冀三地政府协调的利益补偿机制尚未健全，利益反馈分享机制也未能建立，容易导致地方政府对于京津冀协同发展的抵触（李金龙和武俊伟，2017），解决问题的关键在于建立三地利益协调共享机制（张兵，2016），并构建政府财政与政府预算一体化，降低现有财政体制导致三地利益博弈程度（赵瑞芬等，2017）。但是，也有研究认为基于经济维度和地方利益的角度理解协同机制是片面的（韩兆柱和单婷婷，2014），机制设计应厘清政府与市场、政府与政府等多主体之间的博弈关系（周密和孙哲，2016）。较为一致的观点是，当前京津冀协同治理需要在要素市场一体化、区域补偿和利益分享、区域行为主体合作参与、政府与市场关系等重点领域搭建合作框架和对话机制（李国平，2020）。

综上所述，对于京津冀区域治理的研究从区域治理价值理念塑造，到区域治理模式选择，治理组织构建，再到协同机制设计等，学者们都进行了不同程度的研究和思考，也提出了许多建设性和指导性的建议，为京津冀协同发展理论与实践研究提供了依据。但现有研究在机制设计的理解方面仍较薄弱，缺乏针对具体公共议题的治理内容创新和问题的具体解决途径。

五、区域协同创新

本领域研究涵盖京津冀区域创新联系格局、科技资源配置水平评估、协同创新能力评价与对策研究等。创新联系格局方面，研究表明京津冀城市群创新网络经历了初级发展、增强发展和扩张三个阶段，整体上创新网络的密度较低，呈现以京津为核心的放射状"双核 + 多节点"特征（邢华和张常明，2016）；北京创新吸收能力最强、津石唐次之，边缘结构具有梯度层次且存在结构洞，是未来京津冀城市群创新网络优化的重点（周密和孙哲，2016）。科技资源配置水平评估方面，京津冀地区存在分化和极化特征，且京冀科技成果转化效率低于研发效率（王聪等，2017），科技资源在省（市）内外共享程度差异较大，资源浪费与供给不足并存（李峰等，2011）。协同创新能力评价方面，现有研究指出京津冀科技创新能力存在极化现象，创新单元分布不均衡；京津间创新效率存在扩散，但河北因回流效应导致与京津差距不断增大（张贵和李涛，2017）。同时，北京在创新投入、产出与环境方面遥遥领先，津冀的创新投入产出进步较快，但河北创新环境进步缓慢，北京在全国范围内"跳跃式扩散"的技术转移难以带动津冀的产业创新。此外，制造业集群升级（杜爽等，2018）、城镇化与创新耦合性（马海涛等，2020）、区域一体化程度（张贵和温科，2017）以及制度邻近性、认知邻近性、地理邻近性（吴卫红等，2016）等因素对于缩小京津冀创新能力差距具有正向效应。协同创新对策方面，研究认为应发挥中关村国家自主创新示范区的辐射引领作用，打造"一心、两核、三带、多园区"科技创新格局（李国平，2014）；应从打造创新主体、创新人才培育与优化制度环境三方面推动京津冀地区协同创新体系建设（刘秉镰和王钺，2020）；应整合中关村、天津滨海新区及廊坊沿线技术资源，建设京廊津塘创新驱动发展示范区、"中关村—保定—石家庄"高新区辐射轴等观点（王德利，2018）。

综上所述，相关研究普遍认为京津冀地区在科技资源配置、协同创新能力等方面存在梯度分化和极化现象，京津冀协同创新网络呈现"双核 + 多节点"的空间结构，但整体创新网络的密度较低。部分研究针对京津冀地区协同创新体系在空间上的关联布局有所探讨，但基于整体统筹视角下的、更具针对性的对策研究仍存在持续研究的空间。

第四节　京津冀协同发展研究展望

自 2000 年以来，学术界对京津冀协同发展的研究显著增长，逐渐体系化，在诸多领域取得了丰硕的成果，特别是对京津冀协同发展的必要性和现状有了较清晰和统一的认识。但针对区域协同目标的实现，在大多数领域仍然需要开展进一步的深入研究。随着京津冀区域社会经济的发展和国内外形势的变化，面向国家对京津冀协同的战略要求，未来京津冀协同发展仍需重点关注以下六方面的研究。

一、非首都功能疏解与区域承接的深度推进

非首都功能疏解仍然是"十四五"时期京津冀协同发展的"牛鼻子"，深度推进非首都功能疏解与区域承接，将是未来京津冀协同需要深入研究的内容。结合区域协同发展的需要，未来的研究应关注如何进一步提升市场机制在疏解与承接过程中的作用，提高承接区域的综合承载能力，调整与优化区域人才和产业政策，进一步完善和创新疏解与承接的衔接机制，以及有针

对性地疏解与承接的政策引导与机制保障等。

二、首都核心引领和辐射带动作用的进一步发挥

作为京津冀区域的核心城市，首都的引领和辐射作用的发挥对区域协同发展至关重要，提升首都的辐射带动作用是推进京津冀协同发展的关键。未来研究的重点包括：一是北京中心城区内部功能的重组升级路径，北京空间结构和经济结构的优化方向与模式，平原新城产业集群的定位与发展模式、综合基础设施的升级改造，首都在经济和城市群发展中核心作用的进一步提升；二是以首都为核心的区域产业集群的构建与集聚增长、空间布局与制度保障、区域要素市场一体化进程与支持政策的完善等。

三、河北雄安新区建设的高标准推进和关键性作用

雄安新区的建设是京津冀协同发展的重要阵地。"十三五"期间，雄安新区完成了高品质规划，并有序开展了基础设施建设；进入"十四五"时期，雄安新区建设将全面展开和深入推进，标志性工程、重大基础配套设施、城市及示范开发区建设都将陆续完成。而伴随着基础工程的完善，发挥雄安新区在区域协同和非首都功能集中承接的示范作用，将成为关键的研究热点。雄安新区的制度机制、法律法规、建设标准的创新都需要深度的研究。未来的研究方向将集中在新产业集群的构建，数字化智慧城市建设中的数据安全标准、绿色发展标准的构建及体制机制的创新，韧性城市建设、人才培育和引进的制度保障等方面。

四、推进区域治理与协同创新水平，提升区域综合竞争力

提升区域综合竞争力是京津冀协同发展的总体目标。现有研究认为尽管区域产业协同进入加速期，但专业化分工和协同创新能力仍然不足，协同治理模式和体系需要进一步优化，相关政策的针对性较差，对生态环境的改善力度不显著等问题仍然突出。未来需要进一步研究区域内产业转移的路径、产业集群的发展方向、区域产业协同体系的优化、区域产业链与创新链深度融合、战略性新兴产业链的完善；探讨充分发挥首都科技创新优势，区域内落地转化的引导机制、制度保障和产业支撑，研究重大科技项目研发合作模式，引导人才、资本、信息等要素在区域内合理有序流动的机制、产业和设施基础与政策保障，统筹构建区域协同创新网络，建设区域协同创新共同体等；优化区域多主体的协同治理模式、标准及创新，针对具体区域公共议题的针对性解决方案，特别是雄安新区与首都、北京城市副中心的跨区域联合治理模式和体系的构建等。

五、科学推进京津冀城市群有序发展

京津冀城市群的健康发展是区域协同的基础。现有研究普遍认为，与长三角城市群相比，京津冀城市群的空间联系较弱，城市群空间结构不合理，空间整合能力不足，并对区域内部经济发展不平衡达成了共识。京津冀城市群的错位发展和功能互补仍需要进一步探讨，特别是需要深入研究在非首都功能疏解和分区域承接过程中，各城市自身的功能优化与演替方向、区域城市群空间和功能的整合能力提升、城市空间增长与组织优化的模式、适应京津冀地缘和人文环境特质的城乡协同发展和城镇体系有序增长模式等。区域人口和高技术产业的过度集中仍然比较突出，人口适度增长，产业优化布局，也仍然是未来京津冀城市群领域研究的重要议题。

六、促进区域"三生"空间的协调发展，进一步提高人民幸福感

2020 年北京空气质量有明显好转，但京津冀区域生态安全压力仍然巨大，科学调控区域土地、大气、水、能源等的可持续发展，促进区域生产、生活和生态"三生"空间协调发展，将是未来区域研究的重中之重。未来应进一步探索区域能源消费的结构优化，清洁能源的应用推广模式和路径，生态环境联建、联防、联治机制的优化提升，多元化生态补偿机制和农产品供应保障机制的完善，生态环境协作保护和治理模式的创新，区域互助和利益补偿机制的优化，区域对口协作和合作的模式创新等。此外，"三生"空间的协同发展路径与模式也是未来进一步探索的重点，特别应关注国土空间优化利用的模式创新，面向京津冀人口结构的优化调控措施，养老养生设施在首都周边延伸布局的研究与政策配套，区域综合生活设施服务配套、医疗教育资源均衡化的模式与方法，引导高等级人才、技术区域布局的政策支撑等，全面提高区域人民幸福感。

参考文献

［1］安树伟．京津冀协同发展战略实施效果与展望［J］．区域经济评论，2017（6）：48－54.

［2］白翠玲，杨丽花，张启，等．京津冀旅游协同发展研究［M］．北京：经济科学出版社，2018.

［3］薄文广，陈飞．京津冀协同发展：挑战与困境［J］．南开学报（哲学社会科学版），2015（1）：110－118.

［4］北京市科学技术委员会．北京经济社会发展战略研究报告（B 本）［M］．北京：北京科学技术出版社，1996.

［5］才利民．京津冀优势互补，促进大背景地区共同繁荣发展［J］．港口经济，2003（1）：23－24.

［6］曾春水，申玉铭，李哲，等．京津冀城市职能演变特征与优化对策［J］．经济地理，2018，38（9）：67－77.

［7］常敏．京津冀协同发展的法律保障制度研究［J］．北京联合大学学报（人文社会科学版），2015，13（4）：47－50.

［8］陈传康．华北文化旅游区与京津冀旅游开发协作［J］．城市问题，1989，8（1）：62－66.

［9］陈建华，等．京津冀金融协同发展研究［M］．北京：中国金融出版社，2015.

［10］崔晶，孙伟．区域大气污染协同治理视角下的府际事权划分问题研究［J］．中国行政管理，2014（9）：11－15.

［11］崔晶．京津冀都市圈地方政府协作治理的社会网络分析［J］．公共管理与政策评论，2015，4（3）：35－46.

［12］戴宏伟．"大北京"经济圈产业梯度转移与结构优化［J］．经济理论与经济管理，2004（2）：66－70.

［13］董冠鹏，郭腾云，马静．京津冀都市区经济增长空间分异的 GIS 分析［J］．地球信息科学学报，2010，12（6）：797－805.

［14］杜爽，冯晶，杜传忠．产业集聚、市场集中对区域创新能力的作用——基于京津冀、长三角两大经济圈制造业的比较［J］．经济与管理研究，2018，39（7）：48－57.

［15］樊杰．京津冀都市圈区域综合规划研究［M］．北京：科学出版社，2008.

［16］方创琳．京津冀城市群协同发展的理论基础与规律性分析［J］．地理科学进展，2017，36（1）：15－24.

［17］冯冬，李健．京津冀区域城市二氧化碳排放效率及减排潜力研究［J］．资源科学，2017，39（5）：978－986.

［18］高愈霄，霍晓芹，闫慧，等．京津冀区域大气重污染过程特征初步分析［J］．中国环境监测，2016，

32 (6)：26 - 35.

[19] 关晓光，刘柳．基于修正引力模型的京津冀城市群空间联系分析 [J]．城市问题，2014 (11)：21 - 26.

[20] 郭晓鹏，杨晓宇，任东方，等．京津冀多种能源低碳协同发展研究 [M]．北京：中国水利水电出版社，2019.

[21] 韩英，马立平．京津冀产业结构转型升级的效果测度 [J]．首都经济贸易大学学报，2020，22 (2)：45 - 55.

[22] 韩兆柱，单婷婷．基于整体性治理的京津冀府际关系协调模式研究 [J]．行政论坛，2014，21 (4)：32 - 37.

[23] 何磊．京津冀跨区域治理的模式选择与机制设计 [J]．中共天津市委党校学报，2015 (6)：86 - 91.

[24] 贺三维，邵玺．京津冀地区人口—土地—经济城镇化空间集聚及耦合协调发展研究 [J]．经济地理，2018，38 (1)：95 - 102.

[25] 京津冀协同发展领导小组办公室．京津冀协同发展报告（2019 年）[M]．北京：中国市场出版社，2020.

[26] 李百吉，张倩倩．京津冀地区碳排放因素分解——兼论"新常态"下的变动趋势 [J]．生态经济，2017，33 (4)：19 - 24.

[27] 李峰，张贵，李洪敏．京津冀科技资源共享的现状、问题及对策 [J]．科技进步与对策，2011，28 (19)：48 - 51.

[28] 李国平，陈红霞．协调发展与区域治理：京津冀地区的实践 [M]．北京：北京大学出版社，2012.

[29] 李国平，陈秀欣．京津冀都市圈人口增长特征及其解释 [J]．地理研究，2009，28 (1)：191 - 202.

[30] 李国平，罗心然．京津冀地区人口与经济协调发展关系研究 [J]．地理科学进展，2017，36 (1)：25 - 33.

[31] 李国平，张杰斐．京津冀制造业空间格局变化特征及其影响因素 [J]．南开学报（哲学社会科学版），2015 (1)：90 - 96.

[32] 李国平．京津冀地区科技创新一体化发展政策研究 [J]．经济与管理，2014，28 (6)：13 - 18.

[33] 李国平．京津冀协同发展：现状、问题及方向 [J]．前线，2020 (1)：59 - 62.

[34] 李国平，孙铁山，张文忠，等．首都圈结构、分工与营建战略 [M]．北京：中国城市出版社，2004.

[35] 李健，李海霞．产业转移视角下京津冀石化产业碳排放因素分解与减排潜力分析 [J]．环境科学研究，2020，33 (2)：324 - 332.

[36] 李健，王尧，王颖．京津冀区域经济发展与资源环境的脱钩状态及驱动因素 [J]．经济地理，2019，39 (4)：43 - 49.

[37] 李金龙，武俊伟．京津冀府际协同治理动力机制的多元分析 [J]．江淮论坛，2017 (1)：73 - 79.

[38] 李景元．对接京津与都市区经济一体化——构建环首都经济圈与京津走廊的崛起 [M]．北京：中国经济出版社，2011.

[39] 李靖．新型产业分工、功能专业化与区域治理——基于京津冀地区的实证研究 [J]．中国软科学，2015 (3)：80 - 92.

[40] 李军凯，等．京津冀教育协同发展实践策略研究 [M]．北京：科学出版社，2017.

[41] 李军凯，等．京津冀科技创新园区链构建模式与路径研究 [M]．北京：科学出版社，2020.

[42] 李然，马萌．京津冀产业转移的行业选择及布局优化 [J]．经济问题，2016 (1)：124 - 129.

[43] 李艳梅，孙丽云，张红丽，等．京津冀区域间产业转移对能源消费碳排放强度的影响 [J]．资源科学，2017，39 (12)：2275 - 2286.

[44] 李颖．京津冀一体化框架下软法治理模式的探析 [J]．天津职业学院联合学报，2017 (4)：105 - 109.

[45] 梁昊光．首都经济圈生态区研究 [M]．北京：中国社会科学出版社，2015.

[46] 梁龙武，王振波，方创琳，等．京津冀城市群城市化与生态环境时空分异及协同发展格局 [J]．生

态学报，2019，39（4）：1212 – 1225.

　　［47］刘秉镰，孙哲. 京津冀区域协同的路径与雄安新区改革［J］. 南开学报（哲学社会科学版），2017（4）：12 – 21.

　　［48］刘秉镰，王钺. 京津冀、长三角与珠三角发展的比较及思考［J］. 理论与现代化，2020（3）：5 – 11.

　　［49］刘海猛，方创琳，黄解军，等. 京津冀城市群大气污染的时空特征与影响因素解析［J］. 地理学报，2018，73（1）：177 – 191.

　　［50］刘华军，刘传明. 京津冀地区城市间大气污染的非线性传导及其联动网络［J］. 中国人口科学，2016（2）：84 – 95.

　　［51］刘会政，王立娜. 劳动力流动对京津冀区域经济发展差距的影响［J］. 人口与经济，2016（2）：10 – 20.

　　［52］刘建朝，高素英. 基于城市联系强度与城市流的京津冀城市群空间联系研究［J］. 地域研究与开发，2013，32（2）：57 – 61.

　　［53］刘凯，吴怡，王晓瑜，等. 中国城市群空间结构对大气污染的影响［J］. 中国人口·资源与环境，2020，30（10）：28 – 35.

　　［54］刘怡，周凌云，耿纯. 京津冀产业协同发展评估：基于区位熵灰色关联度的分析［J］. 中央财经大学学报，2017（12）：119 – 129.

　　［55］陆大道. 京津冀城市群功能定位及协同发展［J］. 地理科学进展，2015，34（3）：265 – 270.

　　［56］陆大道. 京津唐地区的区域发展与空间结构［J］. 经济地理，1985（1）：37 – 43.

　　［57］陆小成. 京津冀大气污染联防联控机制构建研究：以五大发展理念为统领［J］. 北京城市学院学报，2017（3）：1 – 7.

　　［58］陆小成. 京津冀雾霾治理与低碳协同发展研究［M］. 北京：中国经济出版社，2018.

　　［59］罗奎，李广东，劳昕. 京津冀城市群产业空间重构与优化调控［J］. 地理科学进展，2020，39（2）：179 – 194.

　　［60］吕拉昌，孟国力，黄茹，等. 城市群创新网络的空间演化与组织——以京津冀城市群为例［J］. 地域研究与开发，2019，38（1）：50 – 55.

　　［61］马国霞，朱晓娟，田玉军. 京津冀都市圈制造业产业链的空间集聚度分析［J］. 人文地理，2011，26（3）：116 – 121.

　　［62］马海涛，黄晓东，罗奎. 京津冀城市群区域产业协同的政策格局及评价［J］. 生态学报，2018，38（12）：4424 – 4433.

　　［63］马海涛，卢硕，张文忠. 京津冀城市群城镇化与创新的耦合过程与机理［J］. 地理研究，2020，39（2）：303 – 318.

　　［64］毛汉英. 京津冀协同发展的机制创新与区域政策研究［J］. 地理科学进展，2017，36（1）：2 – 14.

　　［65］毛其智. 京津冀区域协调发展的回顾与前瞻［J］. 北京规划建设，2004（4）：53 – 54.

　　［66］毛琦梁，董锁成，黄永斌，等. 首都圈产业分布变化及其空间溢出效应分析——基于制造业从业人数的实证研究［J］. 地理研究，2014，33（5）：899 – 914.

　　［67］母爱英，武建奇，武义青，等. 京津冀：理念模式与机制［M］. 北京：中国社会科学出版社，2010.

　　［68］穆学明. 京津冀区域的结构优化与城镇布局——T 字型城市带的规划建设与开发模式［J］. 城市，1995（1）：21 – 25.

　　［69］潘慧峰，王鑫，张书宇. 雾霾污染的持续性及空间溢出效应分析——来自京津冀地区的证据［J］. 中国软科学，2015（12）：134 – 143.

　　［70］皮建才，仰海锐. 京津冀协同发展中产业转移的区位选择——区域内还是区域外？［J］. 经济管理，2017，39（7）：19 – 33.

　　［71］钱智，季任钧. 天津参与京津冀联合的对策分析［J］. 天津经济，1999（6）：15 – 17.

　　［72］全诗凡. 基于区域产业链视角的区域经济一体化——以京津冀地区为例［M］. 北京：经济科学出版

社，2016.

[73] 尚永珍，陈耀. 功能空间分工与城市群经济增长——基于京津冀和长三角城市群的对比分析 [J]. 经济问题探索，2019（4）：77－83.

[74] 石林. 京津冀地区产业转移与协同发展研究 [J]. 当代经济管理，2015，37（5）：65－69.

[75] 石亚碧. 京津冀联合的基础与内容 [J]. 经济论坛，1995（4）：17－18.

[76] 苏黎馨，冯长春. 京津冀区域协同治理与国外大都市区比较研究 [J]. 地理科学进展，2019，38（1）：15－25.

[77] 苏文洋. "大北京"规划怎么走？[N]. 北京晚报，2012－02－27（016）.

[78] 孙东琪，张京祥，胡毅，等. 基于产业空间联系的"大都市阴影区"形成机制解析——长三角城市群与京津冀城市群的比较研究 [J]. 地理科学，2013，33（9）：1043－1050.

[79] 孙桂平，韩东，贾梦琴. 京津冀城市群人口流动网络结构及影响因素研究 [J]. 地域研究与开发，2019，38（4）：166－169.

[80] 孙洪铭. 从京津冀更大的地域空间研究北京城市的发展 [J]. 城市问题，1993（4）：36－40.

[81] 孙虎，乔标. 京津冀产业协同发展的问题与建议 [J]. 中国软科学，2015（7）：68－74.

[82] 孙久文，原倩. 京津冀协同发展战略的比较和演进重点 [J]. 经济社会体制比较，2014（5）：1－11.

[83] 孙久文. 京津冀都市圈区域合作与北京国际化大都市发展研究 [M]. 北京：知识产权出版社，2009.

[84] 孙久文. 京津冀协同发展的目标、任务与实施路径 [J]. 经济社会体制比较，2016（3）：5－9.

[85] 孙久文. 京津冀协同发展的重点任务与推进路径研究 [M]. 北京：北京教育出版社，2018.

[86] 孙盘寿，叶舜赞. 京津唐地区的城镇体系结构和各类城镇的发展前景 [J]. 经济地理，1984（3）：171－173＋175－177.

[87] 孙启明，王浩宇. 基于复杂网络的京津冀产业关联对比 [J]. 经济管理，2016，38（4）：24－35.

[88] 孙铁山，李国平，卢明华. 京津冀都市圈人口集聚与扩散及其影响因素——基于区域密度函数的实证研究 [J]. 地理学报，2009，64（8）：956－966.

[89] 孙阳，姚士谋，陆大道，等. 中国城市群人口流动问题探析——以沿海三大城市群为例 [J]. 地理科学，2016，36（12）：1777－1783.

[90] 孙瑜康，李国平. 京津冀协同创新水平评价及提升对策研究 [J]. 地理科学进展，2017，36（1）：78－86.

[91] 童玉芬，刘晖. 京津冀高学历人口的空间集聚及影响因素分析 [J]. 人口学刊，2018，40（3）：5－17.

[92] 汪波. 城市群流空间与区域一体化治理——京津冀城市群实证研究 [M]. 北京：北京师范大学出版社，2015.

[93] 汪浩，陈操操，潘涛，等. 县域尺度的京津冀都市圈 CO_2 排放时空演变特征 [J]. 环境科学，2014，35（1）：385－393.

[94] 汪泽波，王鸿雁. 多中心治理理论视角下京津冀区域环境协同治理探析 [J]. 生态经济，2016，32（6）：157－163.

[95] 王蓓，刘卫东，陆大道. 中国大都市区科技资源配置效率研究——以京津冀、长三角和珠三角地区为例 [J]. 地理科学进展，2011，30（10）：1233－1239.

[96] 王聪，朱先奇，刘玎琳，等. 京津冀协同发展中科技资源配置效率研究——基于超效率 DEA—面板 Tobit 两阶段法 [J]. 科技进步与对策，2017，34（19）：47－52.

[97] 王德利. 首都科技引领京津冀协同发展存在的问题及对策建议 [J]. 科技管理研究，2018，38（14）：81－86.

[98] 王家庭，曹清峰. 京津冀区域生态协同治理：由政府行为与市场机制引申 [J]. 改革，2014（5）：116－123.

[99] 王婧，刘奔腾，李裕瑞. 京津冀人口时空变化特征及其影响因素 [J]. 地理研究，2018，37（9）：

1802 – 1817.

［100］王利伟，冯长春．转型期京津冀城市群空间扩展格局及其动力机制——基于夜间灯光数据方法［J］．地理学报，2016，71（12）：2155 – 2169.

［101］王仕卿．京津冀区域产业经济生态系统协同发展研究［M］．北京：经济科学出版社，2019.

［102］王书华，陈诗波．京津冀协同创新理论与实践［M］．北京：科学出版社，2016.

［103］王莹莹，童玉芬，刘爱华．首都圈人口空间分布格局的形成：集聚力与离散力的"博弈"［J］．人口学刊，2017，39（4）：5 – 16.

［104］王喆，周凌一．京津冀生态环境协同治理研究——基于体制机制视角探讨［J］．经济与管理研究，2015，36（7）：68 – 75.

［105］魏丽华．京津冀产业协同发展困境与思考［J］．中国流通经济，2017，31（5）：117 – 126.

［106］魏丽华．京津冀产业协同水平测度及分析［J］．中国流通经济，2018，32（7）：120 – 128.

［107］文魁，祝尔娟．京津冀发展报告（2016）协同发展指数研究［M］．北京：社会科学文献出版社，2016.

［108］文余源，等．京津冀城市群产业分工协作与产业转移研究［M］．北京：经济管理出版社，2020.

［109］邬晓霞，卫梦婉，高见．京津冀产业协同发展模式研究［J］．生态经济，2016，32（2）：84 – 87.

［110］吴爱芝，李国平，张杰斐．京津冀地区产业分工合作机理与模式研究［J］．人口与发展，2015，21（6）：19 – 29.

［111］吴康．京津冀城市群职能分工演进与产业网络的互补性分析［J］．经济与管理研究，2015，36（3）：63 – 72.

［112］吴良镛，毛其智．京津冀区域发展二论［J］．北京规划建设，1994（5）：25 – 29.

［113］吴良镛．京津冀北城乡空间发展规划研究——对该地区当前建设战略的探索之一［J］．城市规划，2000，24（12）：9 – 15.

［114］吴良镛等．京津冀地区城乡空间发展规划研究［M］．北京：清华大学出版社，2002：1 – 20.

［115］吴卫红，李娜娜，张爱美，等．京津冀省市间创新能力相似性、耦合性及多维邻近性对协同创新的影响［J］．科技进步与对策，2016，33（9）：24 – 29.

［116］吴志功．京津冀雾霾治理一体化研究［M］．北京：科学出版社，2015.

［117］武义青，张云．环首都绿色经济圈——理念前景与路径［M］．北京：中国社会科学出版社，2011.

［118］席强敏，季鹏．京津冀高技术制造业空间结构演变的经济绩效［J］．经济地理，2018，38（11）：112 – 122.

［119］席强敏，李国平．京津冀地区人口均衡发展对策［J］．中国流通经济，2015，29（4）：77 – 82.

［120］肖金成．京津冀经济合作论——天津滨海新区与京津冀产业联系及合作研究［M］．北京：经济科学出版社，2010.

［121］谢宝剑，陈瑞莲．国家治理视野下的大气污染区域联动防治体系研究：以京津冀为例［J］．中国行政管理，2014（9）：6 – 10.

［122］邢华，张常明．浮现中的城市群创新网络：京津冀城市间专利合作与城市群演进［J］．地域研究与开发，2018，37（4）：61 – 66.

［123］邢李志．链路预测视角下京津冀现代制造业产业转移路径研究［J］．科技进步与对策，2017，34（4）：54 – 59.

［124］邢子政，马云泽．京津冀区域产业结构趋同倾向与协同调整之策［J］．现代财经——天津财经大学学报，2009，29（9）：50 – 56.

［125］徐勇，马国霞，郭腾云．区域经济增长时空分异模拟方法——以京津冀都市圈为例［J］．地理科学，2007，27（6）：749 – 755.

［126］徐继华，何海岩．京津冀一体化过程中的跨区域治理解决路径探析［J］．经济研究参考，2015（45）：65 – 71.

［127］许树立．试论京津冀地区横向经济联合的发展［J］．河北学刊，1986（4）：96 – 98.

［128］鄢圣文．京津冀人才一体化发展战略［M］．北京：中国经济出版社，2016．

［129］阎东彬，王蒙蒙．京津冀城市群功能空间的动态分布及差异性分析［J］．经济问题，2020（3）：11-17．

［130］杨开忠，李国平，等．持续首都：北京新世纪发展战略［M］．广州：广东教育出版社，2000：92-111．

［131］杨雪，张文忠．基于栅格的区域人居自然和人文环境质量综合评价——以京津冀地区为例［J］．地理学报，2016，71（12）：2141-2154．

［132］尹金宝，毛文瑾．京津冀区域治理协调体系的构建［J］．商业时代，2015（25）：134-136．

［133］尹征，卢明华．京津冀地区城市间产业分工变化研究［J］．经济地理，2015，35（10）：110-115．

［134］于涛方，邵军，周学江．多中心巨型城市区研究：京津冀地区实证［J］．规划师，2007，23（12）：15-23．

［135］张兵．京津冀协同发展与国家空间治理的战略性思考［J］．城市规划学刊，2016（4）：15-21．

［136］张贵，李涛．京津冀省域创新效率差异演化与空间计量分析［J］．地域研究与开发，2017，36（4）：13-18．

［137］张贵，王树强，刘沙，等．基于产业对接与转移的京津冀协同发展研究［J］．经济与管理，2014，28（4）：14-20．

［138］张贵，温科．协同创新、区域一体化与创新绩效——对中国三大区域数据的比较研究［J］．科技进步与对策，2017，34（5）：35-44．

［139］张辉，杨耀淇．京津冀城市群一体化格局研究［M］．北京：北京大学出版社，2017．

［140］张杰斐，席强敏，孙铁山，等．京津冀区域制造业分工与转移［J］．人文地理，2016，31（4）：95-101．

［141］张俊荣，王孜丹，汤铃，等．基于系统动力学的京津冀碳排放交易政策影响研究［J］．中国管理科学，2016，24（3）：1-8．

［142］张可云．京津冀都市圈合作思路与政府作用重点研究［J］．地理与地理信息科学，2004，20（4）：61-65．

［143］张陆，高素英．多中心视角下的京津冀都市圈空间联系分析［J］．城市发展研究，2014，21（5）：49-54．

［144］张为杰，张景．地区产业转型对经济增长质量的贡献度研究——来自京津冀地区的经验［J］．经济体制改革，2012（2）：44-48．

［145］张文忠．京—津—冀都市圈产业发展类型划分与发展方向［J］．科技导报，2006，24（11）：45-49．

［146］张晓涛，易云锋，王淳．价值链视角下的京津冀城市群职能分工演变：2003-2016——兼论中国三大城市群职能分工水平差异［J］．宏观经济研究，2019（2）：116-132．

［147］张雪花，许文博，张宝安．雄安新区对京津冀城市群低碳协同发展促进作用预评估［J］．经济地理，2020，40（3）：16-23．

［148］张宇硕，吴殿廷．京津冀地区生态系统服务权衡的多尺度特征与影响因素解析［J］．地域研究与开发，2019，38（3）：141-147．

［149］赵渺希，魏冀明，吴康．京津冀城市群的功能联系及其复杂网络演化［J］．城市规划学刊，2014（1）：46-52．

［150］赵瑞芬，王俊岭，降艳琴．财政整合：财政生态理念下京津冀区域整合新范式［J］．生态经济，2017，33（1）：107-110．

［151］中国科学地理研究所经济地理部．京津唐区域经济地理［M］．天津：天津人民出版社，1988．

［152］中国社会科学研究院京津冀协同发展智库京津冀协同发展指数课题组．京津冀协同发展指数报告（2016）［M］．北京：中国社会科学出版社，2017．

［153］周立群．京津冀都市圈的崛起与中国经济发展［M］．北京：经济科学出版社，2012．

［154］周密，孙哲．京津冀区域吸收能力的测算和空间协同研究［J］．经济地理，2016，36（8）：31－39.

［155］祝尔娟，王天伟，陈安国，等．京津冀产业发展升级研究——重化工业和战略性新兴产业现状趋势与升级［M］．北京：中国经济出版社，2011.

［156］祝尔娟，叶堂林．京津冀都市圈理论与实践的新进展［M］．北京：中国经济出版社，2010.

［157］祝尔娟．京津冀一体化中的产业升级与整合［J］．经济地理，2009，29（6）：881－886.

［158］祝尔娟．推进京津冀区域协同发展的思路与重点［J］．经济与管理，2014，28（3）：10－12.

［159］庄贵阳，郑艳，周伟铎，等．京津冀雾霾的协同治理与机制创新［M］．北京：中国社会科学出版社，2018.

第三十章 长三角区域一体化发展研究

第一节 长三角区域一体化发展国家战略背景

支持长江三角洲区域一体化发展并上升为国家战略，是新时代以习近平总书记为核心的党中央落实新发展理念，构建现代化经济体系，推进更高起点的深化改革和更高层次的对外开放的科学决策。长江三角洲区域一体化发展同"一带一路"建设、京津冀协同发展、长江经济带发展、粤港澳大湾区建设、成渝地区双城经济圈建设相互配合，是完善中国改革开放空间布局的先手棋。长三角区域一体化发展上升为国家战略，也是党中央应对全球百年未有之大变局，站在中华民族实现"两个一百年"目标、实现中华民族伟大复兴中国梦的时代潮头而作出的一项重大部署。

一、世界六大城市群之一

根据国务院批准的《长江三角洲城市群发展规划》，长三角城市群包括上海，江苏省的南京、无锡、常州、苏州、南通、盐城、扬州、镇江、泰州，浙江省的杭州、宁波、嘉兴、湖州、绍兴、金华、舟山、台州，安徽省的合肥、芜湖、马鞍山、铜陵、安庆、滁州、池州、宣城26市，区域面积21.17万平方千米，约占中国面积的2.2%。2019年5月13日，中共中央政治局会议通过的《长江三角洲区域一体化发展规划纲要》，将上海，江苏省南京、无锡、常州、苏州、南通、扬州、镇江、盐城、泰州，浙江省杭州、宁波、温州、湖州、嘉兴、绍兴、金华、舟山、台州，安徽省合肥、芜湖、马鞍山、铜陵、安庆、滁州、池州、宣城27个城市作为长三角区域一体化发展的中心区，在某种意义上可以视为是对长三角城市群范围的微调，将浙江省的温州纳入其中。长三角城市群是国际公认的六大世界级城市群之一，其他五大城市群分别是美国东北大西洋沿岸城市群、北美五大湖城市群、日本太平洋沿岸城市群、欧洲西北部城市群和英国东南部城市群。

从各城市群经济发展数据来看，相较于其他五个城市群，长三角城市群在GDP总量、人均GDP、地均GDP等方面存在显著差距，但也具有人口红利、开发面积广等突出优势（见表30-1）。

尤其是长三角城市群处于中国国土开发"T"形战略空间格局的交叉地带，是"一带一路"和长江经济带的重要交汇点，拥有中国特色社会主义制度优势、庞大的经济腹地和国内市场优势，处于对国内外高端要素持续快速聚合的跃升发展期，城市群经济活力高、创新发展势头强，以企业为主体驱动力的市场一体化、以中介组织为主体驱动力的社会一体化和不同层级政府间协同治理驱动的区域一体化形成了多元化、多主体、多领域、全方位战略耦合的区域一体化发展态势，在成长性方面具有其他五大城市群不可比拟的后来者优势。

表 30 - 1 2017 年世界六大城市群发展对比

城市群	中国长三角 城市群	美国东北部大西 洋沿岸城市群	北美五 大湖城市群	日本太平洋 沿岸城市群	欧洲西北部 城市群	英国东南部 城市群
面积（万平方千米）	21.17	13.8	24.5	3.5	14.5	4.5
人口（万人）	15033	6500	5000	7000	4600	3650
GDP（亿美元）	20652	40320	33600	33820	21000	20186
人均 GDP（美元）	13737	62030	67200	48315	45652	55305
地均 GDP （万美元/平方千米）	974	2920	1370	9662	1448	4485

注：长三角城市群包括三省一市 26 个核心城市。

以六大城市群核心城市为例，2016～2019 年，长三角城市群的龙头城市上海 GDP 年均增长 6.6%，南京、杭州、合肥三大核心城市的年均增长率分别高达 8.0%、7.8% 和 8.7%；美国东北部大西洋沿岸城市群的纽约、华盛顿、费城分别为 4.5%、2.9% 和 1.0%；北美五大湖城市群的芝加哥、底特律、多伦多、蒙特利尔分别仅为 2.5%、3.1%、2.6% 和 3.4%。日本太平洋沿岸城市群的东京于 2018 年首次突破 1 万亿美元，仅次于纽约，位居世界第二，但 2016～2019 年 GDP 年均增长速度仅为 0.6%，大阪、名古屋的年均增长速度仅仅超过 1%。欧洲西北部城市群、英国东南部城市群的核心城市年均增长速度相对普遍较高，但多保持在 2.1%～4.4%（见表 30 - 2）。

表 30 - 2 世界六大城市群核心城市 GDP 增长速度对比　　　　单位：%

		2016 年	2017 年	2018 年	2019 年	年均
中国长三角城市群	上海	6.9	6.9	6.6	6.0	6.6
	南京	8.0	8.1	8.0	8.0	8.0
	杭州	9.6	8.2	6.7	6.8	7.8
	合肥	9.8	9.0	8.5	7.6	8.7
美国东北部大西洋 沿岸城市群	纽约	4.1	4.1	6.0	3.9	4.5
	华盛顿	1.1	2.9	0.7	6.9	2.9
	费城	2.3	-2.5	0.9	3.4	1.0
北美五大湖城市群	芝加哥	1.9	2.5	3.2	2.4	2.5
	底特律	3.5	2.3	3.9	2.8	3.1
	多伦多	2.7	3.3	2.4	2.0	2.6
	蒙特利尔	—	3.2	3.4	3.6	3.4
日本太平洋沿岸城市群	东京	0.6	1.0	0.7	-0.1	0.6
	大阪	0.2	3.1	0.6		1.3
	名古屋	0.5	2.2	—	—	1.4

续表

		2016 年	2017 年	2018 年	2019 年	年均
欧洲西北部城市群	巴黎	1.6	2.8	2.8	1.3	2.1
	阿姆斯特丹	—	—	3.4	2.8	3.1
英国东南部城市群	伦敦	6.1	3.5	3.4	—	4.3
	利物浦	4.1	2.8	3.8	—	3.6
	曼彻斯特	4.2	5.5	3.5	—	4.4

资料来源：根据各城市官方统计数据整理。

二、国内五大城市群之首

《国家新型城镇化规划（2014—2020 年）》首次明确将长三角、珠三角、京津冀、长江中游城市群和成渝城市群确立为五大国家级城市群。长三角已经处在工业化后期或深度工业化阶段，城市群区域综合实力全国领先、工业化水平高、经济发展速度快、人均效益突出，城乡居民生活水平富裕，并不断吸引外来人口流入。

相较于其他城市群，长三角城市群的区位优势十分明显，经济发达，无论是经济总量还是人均 GDP 均位于全国前列（见表 30－3）。

表 30－3　2018 年中国五大城市群发展比较

城市群	城市数量 （个）	面积 （万平方千米）	GDP （万亿元）	常住人口 （万人）	人均 GDP （元）	地均 GDP （万元/平方千米）
长三角	26	21.2	17.9	15336	116488	8427
珠三角	9	5.5	8.1	6226	130182	14736
京津冀	13	21.5	8.4	11243	75030	3924
长江中游	28	34.5	8.3	12639	65829	2412
成渝	16	24.0	5.8	9991	57564	2396
全国	—	963.4	91.9	139538	65880	954
长三角占全国规模	2.2%	19.43%	10.99%	—	—	

资料来源：根据城市群内相关城市的统计年鉴、《中国统计年鉴》（2019）整理计算。

长三角已经处在工业化后期阶段，城市群区域综合实力全国领先、工业化水平高、经济发展速度快、人均效益突出，城乡居民生活水平富裕，并不断吸引外来人口流入。2018 年，全国 GDP 超万亿元的城市有 16 个，其中，长三角城市群的 GDP 超万亿元的城市最多，包括上海、苏州、杭州、南京、无锡和宁波 6 个城市。从时序看，上海 GDP 于 2006 年率先突破万亿元，2017 年 GDP 首次突破 3 万亿元，成为中国第一个跨过 3 万亿元门槛的城市，2018 年上海 GDP 达到 32679.87 亿元。北京 GDP 于两年后的 2008 年迈过万亿元门槛线，2018 年达到 30320 亿元，首次突破 3 万亿元，成为第二个迈入"3 万亿俱乐部"的城市。2010 年广州 GDP 破万亿元；2011 年深圳、天津、苏州、重庆 4 个城市 GDP 突破万亿元；2014 年武汉、成都 GDP 超过万亿元；2015 年杭州 GDP 超过万亿元；2016 年南京和青岛 GDP 突破 1 万亿元；2017 年无锡、长沙 GDP 破万亿元；2018 年，宁波、郑州 GDP 总量首次突破万亿元。

长三角城市群内主要城市的营商环境普遍较好。由中国战略文化促进会、中国经济传媒协会、万博新经济研究院和第一财经研究院联合发布的《2019 中国城市营商环境指数评价报告》显示，排名前十的城市分别为上海、北京、深圳、广州、南京、武汉、杭州、天津、成都、西安，其中长三角独占三席。长三角城市群中进入营商环境指数排名前 50 的城市最多，达到 14 个。

在新一轮人才等事关城市长期竞争优势的高端要素集聚方面，长三角城市群表现出强劲的创新要素吸引和集聚优势。2020 年十大人口净流入城市中，长三角城市群有上海、苏州、宁波、杭州 4 个城市入围，分别居第 1、第 8、第 9、第 10 位。2019 年主要城市人口增量十强中，杭州超越深圳高居第 1 位（55.4 万人），成为人口增量第一城，成为全国第 16 个"千万人口俱乐部"城市；宁波位居第 4（34 万人）。珠三角占 3 席（广州、深圳、佛山）、长三角占 2 席（杭州、宁波）、成渝城市群占 2 席（成都、重庆）、长江中游城市群占 1 席（长沙），京津冀没有一个城市入围。

三、长三角开发区演绎了中国经济成功模式

开发区在中国改革开放中发挥了举足轻重的作用。改革开放 30 年来，中国经济以年均增长率超过 10% 的速度迅猛发展，尤其东部沿海地区已经成为亚太地区经济增长的一个热点。可以毫不夸张地说，中国开发区是经济最具活力的地区。中国经济开发区，广义来讲主要包括经济特区、经济技术开发区、保税区（又称自由贸易区）、高新技术产业开发、国家旅游度假区、综合开发区以及国家综合配套改革试验区，它们虽都具有享受特殊经济政策的共同特性，但相互之间也有明显的差别。狭义来讲，主要是经济技术开发区和高新技术产业开发区等。改革开放以来，我国开发区的建设，在邓小平理论的指引下，既借鉴外国的经验，又不生搬硬套；既敢想敢干，又因地制宜，走出了一条有中国特色的开发区发展道路。沿着这条道路，我国开发区从无到有，从小到大，从弱到强，迅速发展，形成了级别不同、功能各异、各具特色的各类开发区系列。据国家商务部数据显示，截至 2016 年底，中国省级和国家级经济开发区已经达到 1533 个。

长三角地区是中国现代化进程的前沿，面临打造世界级城市群的契机，其开发区的建设和发展对长三角地区面向未来，通过实现产业的转型进而在现代化进程中继续引领中国的发展有重大的意义。目前，长三角地区各类开发区 456 个，其中国家级开发区 140 个（国家级经开区 65 个、国家级高新区 32 个、特殊监管区 43 个），省级开发区 316 个，国家级开发区占全国 27.45%，省级开发区占全国 15.87%，长三角地区开发区发展势头较好，在促进区域经济转型发展过程中具有非常重要的作用。

开发区作为区域发展的增长极，在区域高质量发展过程中具有举足轻重的地位，开发区合作共建是优化区域要素配置、促进区域协调发展、提高区域整体竞争力的重要途径。长三角地区目前已开展了园区与企业、园区与政府、园区之间、政府与企业、政府与政府等多种形式的园区共建，但利益共享机制、合作机制仍是制约开发区协同发展的关键因素。因此，迫切需要从实现长三角地区高质量发展目标着手，研究长三角开发区协同发展的制约因子、协同路径、协同和利益共享机制等问题。

四、中美紧张关系影响我国供应链安全

随着全球化进入新阶段以及全球增长不确定性的凸显，供应链安全开始成为世界主要国家和经济体关注的大问题。早在 2007 年 7 月，美国国土安全部发布的《增强国际供应链安全的国

家战略》首次站在国家角度将供应链安全作为一种多层次、统一的目标进行协调部署。2012 年
1 月，美国白宫发布的《全球供应链安全国家战略》正式将供应链安全提升至国家战略层面，
要求协调政府、产业界等各方力量，促进供应链风险管理。2017 年 12 月，特朗普政府发布的首
份综合安全政策文件《国家安全战略》明确将支持"充满活力的国内制造业、坚实的国防工业
基础以及有弹性的供应链"确立为"国家的优先事项"，正式将供应链安全纳入国家安全的整体
框架内予以重视。2018 年 10 月，美国国家科学技术委员会发布《先进制造业美国领导力战略》
将提升制造业供应链能力与技术、劳动力并列作为三大战略目标之一，并强调通过供应链管控
加强国防制造业基础。在此影响下，"美国优先""制造业回归""贸易战""实体清单"等举措
成为近年来美国频繁打出的"组合拳"，并深刻影响着全球自由贸易、跨国直接投资的健康发
展。在美国的影响下，越来越多的发达国家就跨国并购、高技术国际贸易等问题采取审慎乃至
限制策略，着力增强自身在全球产业价值链中的主导乃至垄断地位。这不可避免地造成了中西
方政治经济关系的紧张，尤其给全面融入全球产业分工体系的中国供应链安全带来了巨大威胁。

中国是全世界唯一拥有联合国产业分类当中全部工业门类的国家，在世界 500 多种主要工业
产品当中，有 220 多种工业产品中国的产量居全球第一。但我国大多数产业在全球价值链中尚处
于中低端位置，核心技术、核心工艺、关键材料、关键装备等仍然控制在发达国家手中，建立
自主可控、安全的供应链迫在眉睫。长三角地区具有人才富集、科技水平高、制造业发达、产
业链供应链相对完备和市场潜力大等诸多优势，在确保新时代我国供应链安全方面处于无可替
代的战略地位。通过创新链、产业链、价值链、供应链的区域重构与优化，不仅能为全国供应
链安全做出贡献，同时作为全国改革开放的前沿和高地，还能代表中国为保障全球供应链稳定
和安全做出积极的贡献。

五、经济全球化新模式

当前全球第四次工业革命方兴未艾，新一代通信、人工智能、大数据、智能制造、区块链
等新兴科技和产业变革力量天然具有开放共享特质，并在深刻重塑着全球化新格局，势必进一
步推动全球化向更高层次、更高水平发展。在此过程中，伴随着资本主义阶段性经济危机、全
球地缘战略格局演化、全球化发展理念转变等因素的复杂影响，逆全球化或全球化脱钩、贸易
保护主义、区域化与本土化、非传统安全冲突开始成为大转折后全球化发展的新表征，全球化
发展已进入新的阶段（冯宗宪，2018）。

作为全球化核心动力与主要表征的经济全球化，其内涵特性在全球化转折过程中呈现出一
些新趋势。一是与传统工业化息息相关的传统的全球贸易和投资呈现一定萎缩态势。2008 ～
2018 年，全球货物出口和跨境直接投资年均增速仅为 3.8% 和 -3.0%，与 1990 ～ 2007 年相比分
别降低 5.3 个、20.3 个百分点。二是经济全球化驱动力快速下降。主要体现在全球主要经济体
经济增长缓慢，新兴经济体经济增长同步放缓，新贸易保护主义给全球经济发展带来明显的负
面制约效应，全球经济增长动力缺乏，全球发展日益充满不确定性。

1. 经济活动的区域化

从空间维度看，新全球化最主要的特征是全球经济格局的区域化趋势。全球经济发展的区
域一体化趋势在经济全球化的推动下日益明显，一系列对区域一体化发展具有重大影响的区域
自由贸易协定或倡议持续达成或推出。其中最主要的包括：

（1）《跨太平洋伙伴关系协定》（TPP）。它是 2002 年由新西兰、新加坡、智利和文莱四国
发起的，在以上四国基础上，包括美国、加拿大、日本、澳大利亚、韩国、秘鲁、马来西亚、
越南在内的 12 个成员国代于 2016 年 2 月 4 日在新西兰奥克兰正式签署《跨太平洋伙伴关系协

定》。《跨太平洋伙伴关系协定》突破了传统的自由贸易协定（FTA）模式，达成包括所有商品和服务在内的综合性自由贸易协议，对亚太经济一体化进程产生了重要影响，将可能发展成为涵盖亚洲太平洋经济合作组织（APEC）大多数成员在内的亚太自由贸易区，成为亚太区域内的小型世界贸易组织（WTO）。美国退出后，11个成员国的领导人于2018年3月8日在智利举行正式签字仪式，在11个成员国中的6个批准后生效。

（2）《跨大西洋贸易与投资伙伴关系协定》（TTIP）/《美欧双边自由贸易协定》。该协定最早于2013年2月12日，美国总统奥巴马在国情咨文中发起；2003年6月17~18日举行的八国集团北爱尔兰峰会上，美国和欧盟共同宣布双方将正式展开《跨大西洋贸易与投资伙伴关系协定》的谈判，议题涉及服务贸易、政府采购、原产地规则、技术性贸易壁垒、农业、海关和贸易便利化等，将涵盖目前世界1/2的GDP，覆盖世界上较富有的8亿人口，一旦建成，将成为全球最大的自贸区，给全球政治经济格局演变、经贸规则制定带来重要影响。

（3）《区域全面经济伙伴关系》（RCEP）。RCEP是应对经济全球化和区域经济一体化的发展而提出的。2011年2月26日举行的第十八次东盟经济部长会议产生了组建区域全面经济伙伴关系的草案，接着在2011年东盟峰会上东盟十国领导人正式批准了RCEP。2012年8月底召开的东盟十国、中国、日本、韩国、印度、澳大利亚和新西兰的经济部长会议原则上同意组建RCEP。历经8年、31轮正式谈判，于2019年11月整体结束谈判。2020年11月15日，在中国国务院总理李克强及日本、韩国、澳大利亚、新西兰、东盟10国领导人共同见证下，RCEP协定正式签署。RCEP协定的15个成员国总人口达22.7亿，GDP达26万亿美元，出口总额达5.2万亿美元，均占全球总量约30%。不同于多数自由贸易协定的"双边原产地规则"，RCEP协定的"原产地累积规则"有利于降低享受关税优惠门槛、促进区域内贸易合作、稳定和强化区域产业链供应链，使得RCEP各成员区域价值链合作关系将更加紧密，区域内产业链布局将更加优化。

（4）《亚太自贸区倡议》（FTAAP）。在2006年APEC河内会议上，建设亚太自贸区的愿景被首次提出。2014年11月7~8日，亚太经合组织第26届部长级会议就《亚太经合组织推动实现亚太自贸区北京路线图》达成共识，意味着长期以来被视作APEC远景目标之一的亚太自贸区，开始走上了变为现实的道路。2016年11月亚太经合组织第二十四次领导人非正式会议批准了APEC部长会议提交的《亚太自贸区集体战略研究报告》和相关政策建议，成为亚太自贸区各经济体完成的第一个实质性动作，对亚太区域一体化进程和经济合作具有里程碑式意义。2020年11月20日，亚太经合组织第27次领导人非正式会议通过了指导APEC未来20年合作的《2040年APEC布特拉加亚愿景》，中国将与APEC各方加紧推动亚太自贸区进程。

亚洲地区已经成为全球经济区域化发展的前沿地带，"一带一路"倡议、《区域全面经济伙伴关系协定》、"10＋1"区域合作机制（东盟—中国）、"10＋3"区域合作机制（东盟＋中、日、韩）、中非论坛、中国—东盟自由贸易区等区域合作机制与平台通过一系列制度安排加强了亚洲地区内部、亚洲与其他地区之间的贸易与投资联系，亚洲，特别是东亚、东南亚和南亚地区正在成为新全球化的热点区域（王正毅，2013）。

新全球化阶段的全球经济区域化同时也面临较大的不确定性，并带来了一定的负面影响，不确定性主要源于WTO争端解决机制日益弱化、G7影响力下降、英国脱欧、大国地缘冲突以及新冠肺炎疫情的全球蔓延，负面影响则突出体现在区域化发展对区域外国家、企业的排他性，一定程度上会使全球经济管控趋于碎片化（金凤君和姚作林，2021）。如何实现全球层面的"公平贸易"，通过建立"公平贸易"理念导向下的全球生产—贸易网络来有效管控并逐步缩小全球贫富差距已成为新全球化阶段的主流共识（Griffin，2003）。新全球化阶段的具体规则也面临着向深度和广度拓展的现实需求。

2. 全球化新模式重塑世界经济地理

世界经济地理正处于快速重构过程之中。亚洲地区经济增长速度持续领跑全球，成为全球经济增长的重要发动机，2018 年占全球 GDP 的比重达到 37.1%，其中东亚和东南亚分别占比 24.4% 和 3.4%，与 20 世纪中期相比均有大幅度提升。全球化新模式下的世界贸易正在形成亚洲东部地区（东亚＋东南亚）、欧盟和北美地区"三足鼎立"的整体格局，中国、印度、巴西等新兴经济体在全球贸易中的地位日益提升。欧盟和亚太地区成为仅有的两个区域内部贸易占比超过区域间贸易的地区，经济发展水平越高的区域内部贸易的活跃程度越高，而区域间的贸易占比相对较低，区域内部贸易将成为新全球化阶段全球贸易的主导形式（Wilson，Mann，Otsuki，2005）。在新全球化生产—贸易网络中，不同经济体参与全球价值链的方式与程度呈现出明显的空间分异特点，创新活动、先进制造业和服务业仍然集中在欧盟、美国、日本等发达经济体，但中国在创新活动、先进制造等领域展示出巨大的潜力（世界银行，2020）。

六、中央的特殊支持与殷切期待

以上海为龙头的长三角地区在中国现代化版图中始终处于重要地位。早在 1982 年 12 月 22 日，国务院设立了上海经济区规划办公室，谋划上海经济区建设，涵盖上海、苏州、无锡、常州、南通、杭州、嘉兴、湖州、宁波，1986 年涵盖沪、苏、浙、皖、赣、闽。1992 年，长三角 14 个城市携手建立了长江三角洲城市协作部门主任联席会议制度。1997 年建立了长江三角洲城市经济协调会，经过历次扩容，2019 年协调会已涵盖江、浙、沪、皖全境的 41 个地级以上城市。国务院 2010 年出台《长江三角洲地区区域规划》，涵盖沪苏浙 21.07 万平方千米，以上海、南京、苏州、无锡、常州、镇江、扬州、泰州、南通，杭州、宁波、湖州、嘉兴、绍兴、舟山、台州 16 个城市为核心区。2016 年出台《长江三角洲城市群发展规划》，涵盖沪苏浙皖 26 个城市。长三角区域合作办公室于 2018 年 3 月在上海正式成立，着手编制《长三角一体化发展三年行动计划》。习近平总书记在 2018 年 11 月 5 日首届进博会开幕式演讲中正式宣布"将支持长江三角洲区域一体化发展并上升为国家战略"，《长江三角洲区域一体化发展规划纲要》于 2019 年 12 月 1 日正式落地实施。

1. 中央的特殊支持

在长三角区域一体化过程中，中央始终给予了高度重视和特殊支持。如为长三角现代化进程提供了强劲动力的 1990 年浦东开发开放战略的实施，中新合作典范的苏州工业园区的批准建设，密集的国家级开发区、国家自主创新示范区布局，中国（上海）自由贸易试验区的建设及后续众多自贸区的批准设立，合肥两大国家综合科学中心的建设，上海科创板的开通运营……实施长三角一体化发展战略更是习近平总书记亲自谋划、亲自部署、亲自推动的重大战略举措。

2. 中央的殷切期待

对于长三角更高质量一体化发展，中央的殷切期待在于：通过推动长三角一体化发展，增强长三角创新能力和竞争能力，提高经济集聚度、区域连接性和政策协同效率。将长三角地区建设成为：全国发展强劲活跃增长极，大幅度提供资源集聚、配置能力，辐射带动能力；全国高质量发展样板区，率先实现质量变革、效率变革、动力变革的示范；率先基本实现现代化引领区，充分体现在政府治理、社会治理、生活水平等方面；区域一体化发展示范区，在不打破行政区划格局的同时，实现区域一体化制度创新；新时代改革开放新高地，实现更高起点的深化改革和更高层次的对外开放。

2020 年 8 月 20 日，习近平总书记在扎实推进长三角一体化发展座谈会上的讲话强调要紧扣一体化和高质量两个关键词，以一体化的思路和举措打破行政壁垒、提高政策协同，让要素在更大范围畅通流动，有利于发挥各地区比较优势，实现更合理分工，凝聚更强大的合力，促进高质量发展。并对长三角区域一体化提出了三个最新要求：一是要率先形成以国内大循环为主体、国内国际双循环相互促进的新发展格局。要发挥人才富集、科技水平高、制造业发达、产业供应链相对完备和市场潜力大等优势，探索形成新发展格局的路径。二是要勇当我国科技和产业创新的开路先锋。上海和长三角区域不仅要提供优质产品，更要提供高水平科技供给，支撑全国高质量发展。三是要加快打造改革开放新高地。要对标国际一流标准改善营商环境，以开放、服务、创新、高效的发展环境吸引海内外人才和企业安家落户，推动贸易和投资便利化，努力成为联通国际市场和国内市场的重要桥梁。

围绕着这些要求，习近平总书记在讲话中就事关一体化和高质量两大关键词的七大重点工作做出了明确指示，包括推动长三角区域经济高质量发展、加大科技攻关力度、提升长三角城市发展质量、增强欠发达区域高质量发展动能、推动浦东高水平改革开放、夯实长三角地区绿色发展基础、促进基本公共服务便利共享等。

第二节　长三角区域一体化发展国家战略科学基础

一、区域创新系统理论

（一）区域创新系统分析范式

区域创新系统理论是在借鉴马歇尔产业区理论、创新环境学派、产业集群理论和国家创新系统等重要理论的基础上发展而成的。20世纪80年代，马歇尔产业区理论得到经济地理学界重视，被应用于阐明后福特主义时代的意大利和德国等以中小企业为基础的地区的经济成功（Brusco，1990；Cooke and Morgan，1998），用于揭示企业的区位选择和地域创新。随着国家创新系统理论在20世纪80年代末90年代初的兴起，系统方法开始为区域创新相关问题的研究提供了一个统一的分析框架。这些相关研究包括学习型区域（Asheim，1996），创新环境（Crevoisier，2004；Camagni，1995），三螺旋模型（Etzkowitz and Leydesdorff，1997；Leydesdorff，2000），产业集群（Porter，1990，1998；Swann and Pevezer，1996）等。区域创新系统理论范式的核心是强调主体间的经济与社会互动，让这些互动跨越公共和私人部门，让创新在区域内得以产生和扩散，而这些区域又是根植于更广泛的国家和全球系统之中的。

区域创新系统与产业集群、区域创新环境学派的共同点在于对合作、网络、制度、信任、组织间学习和知识转移的分析。但区域创新系统范式对产业区、产业集群、创新环境学派的局限性进行了批评，如仅聚焦于特定区位分析而忽略了在国家、全球经济中的根植性（Markusen，1996）。

库克（Cooke，1992）被公认为是"区域创新系统"一词的创造者，后来他对不同类型的区域创新系统予以区分（库克，1998）。区域创新系统主要由根植于同一区域社会经济和文化环境中的知识应用和开发、知识生产和扩散这两个子系统构成。区域创新系统聚焦于演化视角下的社会资本、结网、学习，这一点与集群研究类似，但更加关注于竞争优势、发展绩效，且更受主流经济理论的影响，更加强调联系、网络的区域和制度根植性。从某种意义上看，集群可以被视为区域创新系统的重要组成部分。

知识被认为是区域创新系统的核心，现有研究充分确认了知识转移的地理维度的重要性，将其视为影响区域创新绩效的关键变量。然而，许多因素在调节着这种关系，其中包括：科学基础和知识转移系统的强度、制度设置、金融系统、教育和培训、人力资本的可用性和流动性以及旨在促进创新和增长的公共政策措施。区域创新系统范式近年来开始探索这些不同因素之间的相互联系，以及它们如何结合起来影响着创新和区域经济绩效（Asheim and Gertler，2005）。

总体上看，学术界已经公认，区域创新系统由两个子系统构成：①知识应用和开发子系统，主要由企业及其垂直供应链网络所占据；②知识生产和扩散子系统，主要由公共机构组成。区域创新系统强调要促进本地创新要素（企业、大学、科研院所、中介机构等）的互动，并通过促进创新主体的良性互动对产业集群发生作用。区域创新系统包括：①来自于本地区内产业集群及其支持性产业的企业。②支撑性知识创造和扩散组织，如大学、培训机构、研发机构、技术转移机构、商会与协会、金融机构等，在支持区域创新中，这些组织拥有关键能力、培训劳动力、融资保障等。③以上这些行动者之间的互动。区域创新系统的分析框架是，企业、大学和研究院所、政府、中介机构是创新体系的四个执行主体，四者之间有着双向联系。④相关多样性、不同类型的知识基础与区域创新系统类型、绩效等成为相关研究的前沿热点。

（二）不同尺度创新系统的耦合

国家创新系统方法的核心思想就是技术变化和创新的比率是由一系列私人和公共部门组织的互动而决定的——包括企业、大学、研究机构、政府、教育机构、投资者，它们集合起来去创造、开发和传播新技术和创新（Freeman，1988），国家和区域政府在其中发挥着重要作用。这个论点的必然性在于国家、区域的创新和经济绩效是由组织之间系统的互动来塑造的，这些组织包括市场（价格）和其他（非价格）机制，国家和区域的差异一直都存在。甚至在贸易增加、资本流动和全球化时代中情况也如此，因为知识的种类和知识资本比其他的资源流动性更小，也因为知识转移的复杂性以及创新扩散是一个复杂动态的过程，它很难跨国、跨区域简单复制和转移。因此，即使全球化日益深化，但随着知识资本在所谓的"平滑空间中的黏性区域"（Markusen，1996）的创造中作用越来越大，地方性和区域也日益变得重要。

创新系统方法在区域、部门、技术维度的扩展应用，引发了如何定义系统边界的问题。划定系统开放和重叠的边界是很难的，这个边界通常是模糊的。

创新系统在空间尺度上表现为区域创新系统、国家创新系统和全球创新系统，在认知边界上存在着部门创新系统和技术创新系统。区域创新系统与不同空间尺度、不同认知尺度的创新系统的集成耦合正在成为学术研究的新热点，在具体的创新与发展实践中也正在被各地践行。知识的类型、企业的能力（尤其是外部资源吸收能力）、创新的性质等决定了认知邻近和空间邻近的尺度和范围，决定了区域创新系统的边界和开放性。

从空间尺度上看，区域创新系统与国家创新系统的协同与战略耦合是学术界研究的重点问题。一般认为，区域创新系统是国家创新体系的重要组成部分，是国家创新体系在行政区域上的划分，也是提高区域创新能力的根本保证，地方的区域创新能力已成为地区间竞争优势资源的决定性因素。对于区域创新体系与国家创新体系之间的关系，Cooke（2000）主张国家创新体系在设立科学重点、资助基础研究与大学一级的培训方面发挥着强大而持续的作用。区域创新体系会对政府拨款产生影响，但没有大的税收提高和保留权力，如果有一些系统有，也是很少见的，存在着一个国家创新系统的垄断问题。但这是一个基于历史的路径依赖的功能分工的问题，从进化的角度来说，事情可以改变。基础研究投资领域的市场失灵观已经发生变化，基础研究领域通过私人基金会而展开的基金的私人化和非中央化。或者区域可以从中央夺取更多的税收控制，积累足够的预算以确立和资助它们自己的基础研究重点。在关系方面，区域游说集团使事情发生了变化，如在美国国防科技拨款的政治分肥系统中，就不成比例地青睐特定地区。最后，由于先进的产业更倾向于集群而不是产业组织合作模式，专业化的区域创新系统有必要与国家创新体系中的主要科学政策和资助建立起密切的关系。

区域创新系统是开放系统，是国家创新体系中的子系统，其重点是培育技术开发、转移、应用、扩散能力和相应的区域社会支撑体系。区域创新系统将比国家创新体系呈现更多的独具特色的制度安排，产业、技术专业化程度更强，企业的创新性也更明显。区域创新系统的高效运转需要面向市场经济的科技资源、不断衍生和壮大的经营机制灵活的新型企业、新的经济政策与政府管理办法。由于不同地区有着不同的创新制约因素，如不同的价值观念、制度安排、消费习惯、产业专有因素等，造成了区域创新系统的差异，而正确分析和运用这些差异性因素，就能找到区域创新系统的内核，这也是地区经济获得核心竞争力的关键。因此，区域创新系统绝不是国家创新体系的缩影，而是创新的区域化。

尽管国家创新体系与区域创新系统在利益和目标定位等方面都是不同的，但完全独立于国家创新体系之外的区域创新系统和忽略区域创新系统的国家创新体系都是不存在的，两者存在着密切的联系。

第一，两者在目标、形成与发展和体系构成等方面都存在一致性联系。尽管区域创新系统和国家创新体系的利益射程范围和目标定位不同，但在我国现行制度、体制下，国家创新体系与区域创新系统都是政府主导的，与企业创新活动遵从的市场原理和利益原则不同，两者遵从的都是政府原理和公众利益原则。从这点来讲，中央政府主导的国家创新体系和区域（地方）政府主导的区域创新系统的基本利益目标是一致的，即国家目标化。

第二，两者存在相互补充、相互支持的互融互动性联系。区域创新系统能力的提高和体系目标的实现，需要一些重大、共性、关键的科学技术及一些基础设施平台，其中有许多需要而且应该由国家创新体系来提供，区域创新主体自身不具备解决的能力和条件。因此，从这个意义上讲，国家创新体系也是区域创新系统的一个补充。尤其是经济、科技欠发达的中西部区域，更需要这种补充。另外，无论是国家创新体系还是区域创新系统都存在着创新资源尤其是财力资源不足的问题。国家创新体系的建设与完善，除了由国家创新主体承担外，也需要区域创新主体提供平台和资源的补充。

总之，区域创新系统作为国家创新体系的组成部分即子系统，受到国家创新总体系（系统）的约束，并承担国家总体系的要求或赋予的功能；但子体系的功能不可能是总体系功能的全部，也不应该是总体系功能的等比例缩小，更不是要和国家创新体系之间一一对应。而是在国家创新体系原则指导下建立适合本区域特点的、能够迅速提升本区域创新能力的创新体系。区域创新系统富有特色的多样性和灵活性并与国家创新体系保持有效的互动互融机制是永葆区域创新系统生命力之所在。

二、关系经济学

20 世纪 90 年代以来，随着知识经济的兴起，知识日益成为经济活动的一个关键要素，知识已成为高新技术产业发展的内在组成部分，而且为了保持国际竞争领先地位、占领利基市场、保持竞争优势等，知识的创造和创新的过程也成为传统产业发展的关键，而知识获取并转化为经济价值的过程已经深深地植根于经济实践之中。这些过程在不断加快，并成为经济变革的关键驱动力。面对这一重大动态变化，关系经济学或经济地理学"关系转向"应运而生（Bathelt and Gluckler，2003），并深刻主导了近年来经济地理研究，甚至成为主流经济地理学的同义语（Overman，2004）。

（一）关系经济学的理论内涵

关系经济学从空间视角探究本地化和跨本地经济过程动态，特别是当这些过程涉及知识和创新的生产与分布时；强调社会制度关系在经济过程及其产出中的作用。关系经济学作为一种分析范式或方法，具有以下七个重要内涵特性：①聚焦于经济主体而不是空间，反对把区域作为主体的空间本体论，而是强调区域内、跨区域的经济行动及互动的机遇和制约因素，以取代主要对诸如区域、国家等空间表征的分析。②聚焦于微观层面。为了解释空间情境下的经济过程，关系经济方法基于微观层面上的视角，分析经济决策背后的原因和策略，重点是宏观背景下的个体和集体经济行为。③将经济行为视为社会行为，批评经济理性人的传统假定，强调社会情境对经济决策的形成的作用。④将制度安排作为研究的核心，以此理解空间经济关系的稳定性或者经济行为模式。⑤超越空间描述或者静态结构分析，关注过程的动态。⑥强调全球—本地关系而非关注特定空间尺度的分析，从跨地区、跨国家、全球关系层面研究特定地方层面的发展，在本地/区域情境下，强调全球化对经济活动组织的影响，研究全球—本地张力的结果。⑦积极的区域政策观。这些研究促进了区域政策范式的转型，从解决问题的政策模式转向积极主动的区域政策模式，有时明显地依赖于行动者—网络分析框架。关系经济（地理）学与传统区域/空间分析的区别如表30-4所示。

表30-4　关系经济（地理）学与传统区域/空间分析的区别

	传统区域/空间分析	关系经济（地理）学
空间的内涵	作为物理性的客体、经济成因	作为分析的视角（地理透镜）
研究对象	经济行为在空间上显示出的结果（结构）	情境下的经济关系/联系（社会实践，过程）
对经济行为的理解	原子化的：方法论上的个人主义	关系的：网络理论/根植性视角
认识论	新实证主义/批判理性主义	批判现实主义/演化视角
研究目标	发现经济行为的空间法则	空间视角下社会经济交换法则的非情境化

资料来源：Bathelt H. The Relational Economy：Geographies of Knowing and Learning ［M］. Oxford：Oxford University Press，2011.

（二）区域发展观与研究维度

关系经济（地理）学强调区域发展的情境性、路径依赖性和或然性。所谓情境性，即强调经济主体置身于社会和制度关系的情境之下，其行为具有情境根植性，因此采用普适的空间法则来解释经济行为是无效的。所谓路径依赖性，即从动态视角来看，情境性导致发展的路径依赖，过去的经济决定、行动和互动让当前的行动成为可能，也限制着当前的行动，还会在某种程度上影响未来的动机和行动。所谓或然性，即经济过程是或然的，主体的决策和行为有可能会与原来的发展路径相偏离，开放系统中的经济行为并不是被绝对决定的，并不能通过普遍的空间法则来预测，从根本上看区域发展的结果是开放性的。

关系经济地理学旨在建立一个基于空间视角的经济行为分析的关系框架。这一框架是围绕着组织、演化、创新和互动四个维度展开的（见图30-1）。

（三）关系经济（地理）学的理论优势

关系经济（地理）学并非去试图建立一个全面的一般性理论，以此来解释和预测空间上社会经济过程的所有可能的结果。相反，这个框架提出了一个跨学科、多维度的关系视角，这可以被用于深入探究大量的实践命题，例如关于特定区域和国家背景下地方化和专业化问题；在

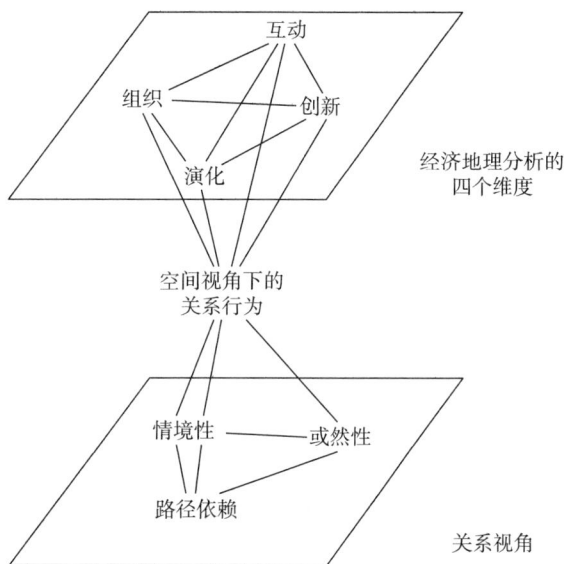

图 30 -1　关系经济地理学框架

资料来源：Bathelt H. The Relational Economy：Geographies of Knowing and Learning ［M］. New York：Oxford University Press，2011.

全球范围内，这些背景如何与其他地区的发展相联系；企业如何互动，以克服地方问题或与不同制度条件下距离遥远的主体进行交流；或是在不同地区，互动模式如何产生不同的创新路径。关系经济地理学研究内容的核心主题之一在于，为知识经济中制度是如何塑造情境性的行为提供一个更好的解释，同时有助于理解或然性行为改变现有制度、创造新制度的方式。关系方法的应用范围可以说是潜在的无穷之大，尤其是在研究区域创新活动、高技术产业发展等领域（Sunley，2008）。

三、复合生态系统理论

我国著名生态学家马世骏先生于 20 世纪 80 年代提出了基于多层次、多功能、多目标的"社会—经济—自然复合生态系统"（SENCE）的概念。它是指以人为主体的社会、经济系统和自然生态系统在特定区域内通过协同作用而形成的复合系统，即以人的行为为主导、自然环境为依托、资源流动为命脉、社会体制为经络，人与自然相互依存、共生的复合体系。它是由自然子系统、社会子系统和经济子系统耦合所构成的复合系统。其中，自然子系统是指人类周围的自然界，是人类生存和发展的物质基础和空间条件，由环境要素和资源要素组成，为生物地球化学循环过程和以太阳能为基础的能量转换过程所主导。社会子系统由科技、政治、文化等要素耦合构成，由政治体制和信息流所主导。经济子系统由生产者、流通者、消费者、还原者和调控者耦合而成，由商品流和价值流所主导。

人类是社会—经济—自然复合生态系统的核心，是社会经济自然复合生态系统的调控者，对社会经济自然复合生态系统的形成、演变和发展，具有决定性影响。由于复合生态系统不是单纯的生态系统，而是广义意义上的生态系统，也可以称为泛生态系统，其组成要素可称为泛生态元。在泛生态系统中，各泛生态元之间并不是孤立存在的，而是存在着相互影响、相互关联、相互依存、相互制约的关系。具体来说，这些泛生态元之间的关系可大致分为三类：一是人与自然之间的促进、抑制、适应、修复关系；二是人对资源的开发、利用、储存、扬弃关系；

三是人类生产、生活活动中的竞争、共生、隶属、乘补关系。那些具有相互关联、相互制约关系的泛生态元，依据生态学、系统学、经济学以及其他科学原理所构成的链状序列，称为泛生态链。在泛生态系统中，存在着多种多样的泛生态链，而那些相互关联、相互影响、相互制约的泛生态链纵横交错构成网络结构，即泛生态网。

（一）复合生态系统理论核心

复合生态系统理论的核心是生态结构的合理组合，具体涉及生态物质和社会学诸多因素的变异性、层次性、和谐性和演绎性。

复合生态系统理论的宗旨在于生态整合。而生态整合包括结构整合、过程整合和功能整合。结构整合包括生物链的能量流动以及物质循环过程，环境物理与环境化学因素、城市自然生态因素、科技含量与人力资源、社会文化因素组合体的比例、变异和多样性；过程整合包括生物物种能量传递、信息沟通、平衡反馈过程，生态演替和社会经济过程的运作模式畅达、稳定程度；功能整合包括城市的生产、流通、消费、还原和调控功能的效率及和谐程度。

复合生态系统理论将整体论同还原论、定量分析同定性分析、客观评价与主观认知、宏观调控与中观及微观的需求协调、区域竞争潜能与整体系统的相互依托、资源与能源信息等有机结合了起来；关注共生和再生能力的循环，生产、流通、消费与还原功能的运作，社会、技术经济与环境目标的结合结构与次序、空间与时间、能量与物质的统筹，科学人文、经济与工程技术方法的统一等方面的研究。

复合生态系统演替的动力来源于自然和社会两种作用力。自然力的源泉是各种形式的太阳能，它们流经系统的结果导致各种物理、化学、生物过程和自然变迁，特别是从个体、种群、群落到生态系统等不同层次生物组织的系统变化。社会力的源泉包括经济杠杆（资金）、社会杠杆（权力）和文化杠杆（精神）。资金刺激竞争，权力推动共生，而精神孕育自生，资金、权力、精神三者相辅相成，共同推动社会系统演变。自然力和社会力的耦合不同，复合生态系统的运动规律也不同。

复合生态系统的行为遵循生态控制论规律，具体包括八条生态控制论原理，即开拓适应原理、竞争共生原理、连锁反馈原理、乘补协同原理、循环再生原理、多样性主导性原理、生态发育原理、最小风险原理。这八条原理受三条原则支配：①对有效资源及可利用的生态位的竞争或效率原则。竞争是促进生态系统演化的一种正反馈机制。在市场经济条件下，强调发展的效率、力度和速度，强调资源的合理利用、潜力的充分发挥，倡导优胜劣汰，鼓励开拓进取。竞争是社会进化过程中的一种驱动力和催化剂。②人与自然之间、不同人类活动间以及个体与整体间的共生或公平性原则。共生是维持生态系统稳定的一种负反馈机制，它强调发展的整体性、平稳性与和谐性，注意协调局部利益和整体利益、眼前利益和长远利益、经济建设与环境保护、物质文明和精神文明间的相互关系，强调体制、法规和规划的权威性，倡导合作共生，鼓励协同进化。共生是社会冲突的一种缓冲力和磨合剂。③通过循环再生与自组织行为，维持系统结构、功能和过程稳定性的自生或生命力原则。自生是生物的生存本能，是生态系统应付环境变化的一种自我调节能力。自生的基础是生态系统的承载能力、服务功能和可持续程度。

（二）复合生态系统的特点

第一，系统的层次性。系统内部存在不同层次、等级的结构。系统中的不同层次及不同层次等级的系统之间相互制约、相互关联。自然系统、社会系统都有层次结构。第一级层次是高一级层次的基础，层次越高越复杂，组织越有序，并且系统本身也是另一系统的一个组成要素。

第二，系统的整体性。整体性是系统最本质的属性之一。系统整体性体现在：①要素和系统不可分割。凡系统的组成要素都不是杂乱无章的偶然堆积，而是具有一定秩序和结构的有机整体。系统与要素、整体与部分具备"和则两存""分则两亡"的有机性。②系统整体的功能不等于各组成部分的功能之和，即"非加和定律"。在某些情况下，"整体大于部分之和"，系统整体功能放大效应明显；在另一种情况下，"整体小于部分之和"，系统整体功能缩小效应为主。③系统整体具有不同于各组成部分的新功能，系统整体的质不同于部分的质，单个子系统指标不能反映或代表整体功能。

第三，动态性相关性。所有系统都处在不断发展变化之中，系统状态是时间的函数，具有动态性特征。系统的动态性，取决于系统的相关性。而系统的相关性是指系统的要素与系统整体之间、系统与环境之间的有机关联性。他们之间相互制约、相互影响、相互作用，存在着不可分割的有机联系。

从本质上讲，自然、环境、资源、人口、经济与社会等要素之间存在着普遍的共生关系，构成了社会—经济—自然复合生态系统。复合共生体系的各个子系统之间相互作用、相互制约、相互依赖，构成一个复杂的网络系统。复合生态系统是一种特殊的人工生态系统，兼有自然和社会两方面的复杂属性。一方面，人类以其特有的智慧和强大的科学手段，改造和利用自然，促使人类文明和生活持续发展。另一方面，人类来自自然界，是自然进化的产物。其一切改造和管理自然的活动，都要受到自然界的反馈约束和调节，不能违背自然生态系统的基本规律。这种矛盾冲突是复合生态系统最基本特征之一。

第四，系统的开放性。生态系统本质上是开放系统，不同于封闭的物理系统。系统与环境不断进行着物质、能量和信息的交换，保证了系统在环境中保持自身有序的、有组织的稳定状态。因而在分析系统的影响因素时，必须综合考虑系统内外各种因素。

第三节　长三角区域一体化发展水平评价

一、城市一体化水平评价指标体系及计算方法

与以往区域一体化不同，长三角区域一体化高质量发展是一种注重经济、社会、生态综合效益的协调性发展。虽然已有学者对如何实现长三角区域高质量一体化进行了初步探讨，一体化过程旨在消除各地区之间联系的物理障碍和制度障碍，前者主要指交通一体化，后者为制度一体化（孔令刚等，2019），但对于高质量一体化的测度仍然缺乏综合性。

（一）长三角区域高质量一体化指标体系

本节结合现有理论与《长江三角洲区域一体化发展规划纲要》内容，对已有指标体系进行梳理，按照科学性、代表性和数据可获得性原则进行甄选，从经济一体化、创新一体化、交通一体化、生态一体化、社会一体化五个方面构建长三角高质量一体化评价指标体系（见表30－5）。经济一体化指标强调经济持续健康高质量发展，故本节从经济发展、经济结构、资金流动、外商投资综合考虑其衡量指标；创新一体化以构建区域创新共同体视角切入，从创新投入、创新产出、创新主体来表征；交通一体化指标考虑了长三角区域内主要的运输方式与信息基础设施；生态一体化指标从节能减排和环境治理等理念入手；社会一体化指标选取主要以长三角区域的人民美好生活是否基本满足为思路。

表 30 - 5　长三角区域高质量一体化指标体系

要素层	子要素层	指标层
总体一体化	经济一体化	人均 GDP（元）
		单位 GDP 工业总产值（亿元）
		固定资产投资/GDP（亿元）
		实际利用外资额（万美元）
	创新一体化	财政科技支出占比（%）
		每万人发明专利数（件）
		科技从业人员（万人）
		每万人在校大学生数（万人）
	交通一体化	公路里程/总面积（公里/平方公里）
		货运量/GDP（万吨/亿元）
		客运量/总人口（万人次/万人）
		互联网普及率（%）
	生态一体化	空气质量优良天数/地均烟尘排放量（天·平方公里/吨）
		工业固体废物综合利用率（%）
		人均工业废水排放量（吨/人）
		单位 GDP 能耗（千瓦时/元）
	社会一体化	社会保障支出公共财政支出比例（%）
		城镇人均可支配收入（元）
		城镇登记失业率（%）
		恩格尔系数（%）

（二）长三角区域高质量一体化研究方法

1. 熵权 Topsis 法

熵权 Topsis 法是根据各指标数值的变异程度对其进行客观赋值，然后通过计算与最优方案的相对接近程度对各评价对象进行综合排序（Yoon et al.，1995）。运用该方法可以客观反映长三角区域高质量一体化发展的水平。

首先对数据进行归一化处理，分别构建科技创新与绿色发展归一化矩阵。y_{ij} 代表第 i 个城市第 j 个指标的归一化数值，m 为城市个数，n 为指标个数。

$$A = (y_{ij})_{m \times n} \tag{30-1}$$

确定评价指标的熵权 a_{ij}：

$$a_{ij} = \frac{1 + \sum_{i=1}^{m} y_{ij} \dfrac{\ln y_{ij}}{\ln m}}{\sum_{i=1}^{n} \left(1 + \sum_{i=1}^{m} y_{ij} \dfrac{\ln y}{\ln m}\right)} \tag{30-2}$$

构造加权矩阵 B：

$$B = (a_{ij} y_{ij})_{m \times n} = (b_{ij})_{m \times n} \tag{30-3}$$

确定评价对象的理想解 B^+ 和负理想解 B^-：

$$B^+ = (\max b_{ij}),\ B^- = (\min b_{ij})(i = 1,\ 2,\ 3,\ \cdots,\ m;\ j = 1,\ 2,\ 3,\ \cdots,\ m) \tag{30-4}$$

计算各方案与理想解 B^+, B^- 的距离 D^+ 和 D^-:

$$D_j^+ = \sqrt{\sum_{j=1}^{n} (b_{ij} - B_j^+)^2}, D_j^- = \sqrt{\sum_{j=1}^{n} (b_{ij} - B_j^-)^2} \quad (i = 1, 2, \cdots, m) \quad (30-5)$$

计算各方案与理想解的相对接近度 (即评价指数)

$$CI = \frac{D_i^-}{D_i^+ + D_i^-} (i = 1, 2, \cdots, m) \quad (30-6)$$

式中，CI_i 取值范围为 $[0, 1]$，根据熵权 Topsis 确定的 CI_i 值可以用来检验某方案的优劣，CI_i 值越大，该方案越好。

2. 基尼系数

基尼系数一般计算组内间数值的差异，本节用基尼系数计算长三角区域各城市的一体化发展程度 (Cowell et al., 1995)，基尼系数取值在 0~1，越靠近 1 说明长三角区域各城市间的差距越大，一体化程度越低，计算公式为:

$$G = \frac{1}{2n^2 \bar{s}} \sum_{i=1}^{n} \sum_{j=1}^{n} |s_i - s_j| \quad (30-7)$$

式中，G 为基尼系数；$1-G$ 表示区域一体化发展指数；n 为城市的数量；$\bar{s}$ 是各城市发展指数的平均值；s_i 和 s_j 分别代表 i 城市和 j 城市的发展指数。

3. 空间探索性分析

(1) 全局莫兰指数。

莫兰指数 (Moran's I) 在数学意义上对地理学第一定律进行了阐述：任何事物之间均相关，而离得较近的事物总比离得较远的事物相关性要高 (Tobler W. R., 1970)。全局莫兰指数反映空间邻近或空间邻接的地区单元观测值整体的相关性和差异程度，计算公式如下:

$$I = \frac{\sum_{i=1}^{n} \sum_{j \neq 1}^{n} \omega_{ij}(x_i - \bar{x})(x_j - \bar{x})}{S^2 \sum_{i=1}^{n} \sum_{j \neq 1}^{n} \omega_{ij}} \quad (30-8)$$

式中，I 表示全局 Moran's I；x_i 表示第 i 城市的发展指数；$S^2 = \frac{1}{n} \sum_{i=1}^{n} (x_i - \bar{x})^2$；$\omega_{ij}$ 表示空间权重矩阵，文中选择 Queen 空间邻接方式。

在全局 Moran's I 的基础上，对其进行 Z 检验，计算公式如下:

$$Z = \frac{1 - E(I)}{\sqrt{VAR(I)}} \quad (30-9)$$

(2) 局部 LISA 集聚图分析。

LISA 集聚图度量城市 i 与其周边城市之间的一体化发展指数空间差异程度及其显著性，计算公式如下:

$$I_i = z_i \sum_j \omega_{ij} z_j \quad (30-10)$$

式中，z_i 和 z_j 是第 i 城市和第 j 城市上观测值的标准化，ω_{ij} 是空间权重，其中 $\sum_j \omega_{ij} = 1$。

(3) 双变量莫兰指数。

双变量莫兰指数是对传统莫兰指数的改造。传统莫兰指数表现了空间中同一要素之间存在的集聚关系，而双变量莫兰指数则解释了空间某一要素的一个指标与其相邻位置要素的另一个指标的相关关系，计算公式如下:

$$I = \frac{\sum\limits_{i=1}^{n}\sum\limits_{j=1}^{n} W_{ij}(x_i - \bar{y})(x_j - \bar{y})}{S^2 S_o} \tag{30-11}$$

式中，x_i 是某一空间单元的值；$\bar{x}$ 为第一变量的均值，$\bar{y}$ 为第二变量的均值；$S^2 = \frac{1}{n}\sum\limits_{i=1}^{n}(x_i - \bar{y})^2$ 是变量的方差，$S_o = \sum\limits_{i=1}^{n}\sum\limits_{j=1}^{n} W_{ij}$ 是所有变量的空间权重之和。空间权重 W_{ij} 指企业或位置 i 与 j 之间的空间权重，当相邻时 $W_{ij} = 1$，否则 $W_{ij} = 0$。

空间相关性通常利用 Z 值进行判断，其基本公式如下：

$$Z = \frac{1 - E[I]}{\sqrt{V[I]}} \tag{30-12}$$

式中，Z 值是判断变量空间自相关的指标，当 $Z = 0$ 时，空间要素之间是相互独立的；当 $Z > 0$ 时，空间要素之间呈现正相关，且值越大，相关性越高；当 $Z < 0$ 时，空间要素之间呈现负相关，且值越小，相关性越高。

本书所使用的数据包含基础地图数据和社会经济数据两部分。2005 年前后习近平总书记在浙江工作时倡导和推动建立了长三角党政主要领导定期会晤机制，长三角区域间的合作机制正式启动，因此，研究时间为 2005~2017 年共 13 年。社会经济数据主要是研究年份内的城市数据，考虑到数据的权威性、可得性以及连续性，所有数据来源于 41 个城市的统计年鉴和统计公报、《中国城市统计年鉴》以及国家专利局；对于个别年份数据的缺失，采用插值法补齐。长三角区域三省一市的矢量地图数据，来源于国家基础地理信息中心（http：//ngcc. sbsm. gov. cn）。

二、长三角区域一体化发展趋势与格局

从总体情况来看，长三角地区总体一体化基尼系数在 0.96 左右浮动，数值较高但增长趋势不明显，说明长三角地区一体化基础良好，但缺乏政策及实践层面为其注入活力，目前区域一体化规划的提出正是为长三角地区未来发展提供了重要的发展方向和政策保障。在研究期内 5 个领域一体化进程的先后顺序为：生态、社会、经济、交通、创新。其中，生态指数的增速最大，说明生态一体化相对容易实现。2005~2017 年长三角区域一体化指数如图 30-2 所示。

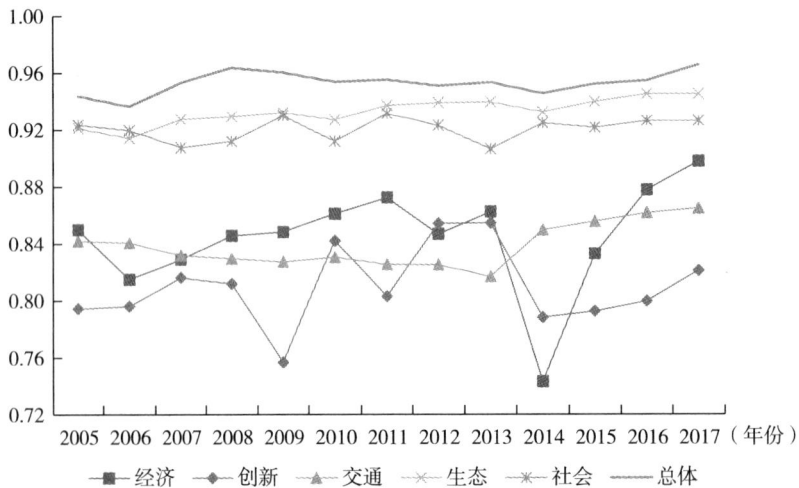

图 30-2　2005~2017 年长三角区域一体化指数

具体来看，生态和社会领域在区域一体化发展中先达到较高水平，其一体化指数较高，虽然在2005～2017年指数有波动，但仍呈现上升趋势。本节认为生态一体化受到政策因素的影响较大，2007年党的十七大创造性地提出了生态文明的原则、理念和目标，提升了生态文明在社会主义建设总体布局中的地位。之后长三角区域陆续出台的相关的政策和法规，使生态一体化程度不断加深。世界银行在2009年发布的《重塑世界经济地理》报告中提出"富庶的、城市化水平更高的省区，其生活水平的差距也更小。即使是在收入水平较低的中国，这也是不争的事实"（The World Bank，2010）。说明社会一体化最先在区域一体化的进程中出现。具体到特定区域的语境中，长三角区域本身的工资水平、消费水平、公共服务较其他地区要好，使社会一体化的发展维持在一个较高的水平。

经济、交通、创新处于区域一体化发展中的起步阶段，且呈现出明显的阶段性发展特征。2014年是经济一体化的拐点时期，此时的经济发展水平处于研究时期的最低值，而自2014年后经济发展水平不断提高。张安驰等（2019）研究发现2014年以前产业结构与外商投资共同作用对经济发展产生影响，原有外资与产业结构已不能很好地促进长三角经济一体化的发展，长三角经济发展进入转型期。而2014年后长三角的空间联系和经济收敛程度不断加强，表明长三角城市之间的经济联系更紧密。创新一体化的过程中出现三个重要的时间节点，分别是2009年、2011年、2014年，在这三个时期均出现一些城市，如2009年上海的专利发明总量远超区域内其他城市，区域内城市间的差异拉大而产生低值。交通一体化发展共分为两个阶段，以2014年为重要发展的时间节点。2014年长三角三省一市主要领导座谈会提出"要积极参与'一带一路'和长江经济带国家战略，在新的起点上推进长三角地区协同发展"，长三角地区的交通发展程度进一步加深。

（一）长三角区域总体一体化空间差异

借助自然断裂点（Jenks，1963）分析方法，将长三角区域41个地级及以上城市一体化指数分为4类：高水平、较高水平、中等水平、低水平。根据图30－3中2005～2017年长三角区域一体化指数，选取2005年、2011年、2017年内三个时间点分析一体化指数的空间分异现象。长三角区域的41个城市区域差异逐渐缩小，一体化趋势明显上升。上海、苏州、南京、杭州的一体化指数一直处于高水平阶段，在空间上呈"Z"字形分布。南部地区发展较北部好，东部地区发展较西部好。从行政区划分来看，上海处于区域的龙头地位；浙江次之；江苏虽然有苏州、无锡、南京等高水平一体化城市，但仍有大部分地区一体化指数较低，总体一体化程度不高；安徽省只有合肥一个高水平一体化城市，其余地区一体化水平较低，总体一体化程度最低。但值得注意的是，经过这12年的发展，合肥增速迅猛，并在2017年成为新的高水平一体化城市。

（二）长三角区域一体化空间关联性

1. 长三角区域总体一体化空间差异

长三角区域各城市之间的一体化发展不是相互隔离、随机分布的，而是存在空间关联。从图30－3可以看出，2005～2017年长三角区域总体一体化数值均大于0，且均通过Moran's I的检验，统计量Z值均通过10%的显著性水平检验，拒绝了空间不相关的原假设。具体来看，2005～2017年长三角区域总体一体化的莫兰指数波动较大，其中2008年出现最低值，可能是由于2008年发生的金融危机导致长三角地区城市之间的联系减弱；2011～2014年Moran's I指数处于波动下降的趋势，由于长三角地区处于"经济换挡"的时期（张安驰等，2019），原先的"前厂后店"的区域经济模式已经不适应新时期的经济发展格局，长三角区域此时正在经历新一轮的格局调整。但从整体来看，Moran's I指数仍处于上升趋势，长三角区域的城市间空间依赖性是逐渐增强的。可以认为经过12年的不断发展，长三角区域总体一体化正向协同化的趋势发展。

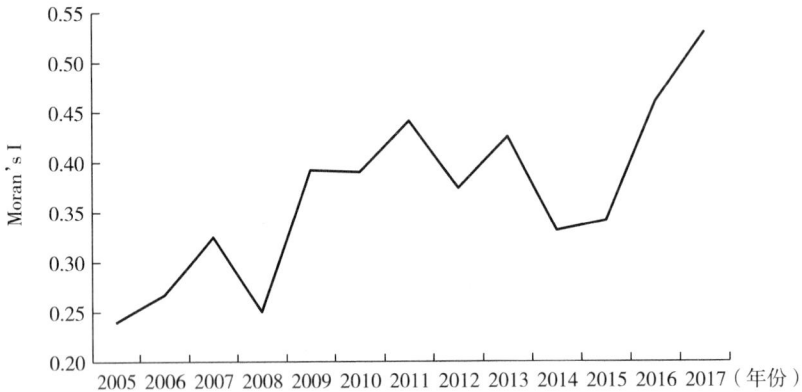

图 30 – 3 2005～2017 年长三角区域总体一体化全局自相关指数

从城市发展来看，区域差异逐渐缩小，呈现良好的一体化态势。2005 年长三角区域中处于第一象限高—高值集聚区显著的城市是上海、苏州、杭州；位于第二象限低—高集聚区的城市仅有泰州、宣城、湖州；属于第三象限的低—低值集聚显著区的城市主要聚集在皖西地区；位于第四象限高—低集聚的城市是南京。2011 年长三角 41 个城市中，嘉兴进入了第一象限的高—高值聚集区，此时位于第一象限高—高值集聚区显著的城市有上海、苏州、杭州、嘉兴；宣城退出了低—高集聚区，此时位于第二象限低—高集聚区的城市是泰州和湖州；位于第三象限的低值聚集区的城市开始减少，只集中于皖西北的淮北、亳州、蚌埠、阜阳；合肥进入了第四象限的高—低值聚集区，此时属于第四象限高—低集聚区的城市有南京、合肥。2017 年长三角 41 个城市中，无锡、常州进入了第一象限的高—高值聚集区，此时位于第一象限高—高值集聚区显著的城市有上海、苏州、杭州、嘉兴、无锡、常州，高—高集聚区的城市持续增加；湖州退出了低—高集聚区，低—高集聚区城市数量减少，此时第二象限低—高集聚区的城市只有泰州；位于第三象限的低值聚集区的城市持续减少，只有淮北和蚌埠 2 个城市；第四象限高—低集聚区的城市有南京、合肥。

从长三角区域总体一体化的 LISA 集聚图来看，在 2005～2017 年，高值聚集区逐渐连片，形成 "Z" 的空间形态；低值聚集区逐渐减少，说明长三角区域总体一体化的水平不断提高，政策得到很好的落实。就长三角三省一市的情况而言，上海一直处于长三角区域的龙头地位，扩散效应明显，靠近上海的城市在 12 年期间均成为长三角区域的中心城市；对于浙江省来说，在本省区域出现 2 个高值城市，并且随着区域一体化政策的实施过程中，湖州退出了低—高值集聚区，到 2017 年形成嘉兴—杭州—宁波为主的空间格局；对于江苏省来说，从空间上看，位于高值集聚区的城市由原先的 1 个增加到 4 个，增加了无锡和常州，主要集中在苏南地区。这得益于上海和南京的双向联动：上海向西辐射，带动靠近江苏的部分区域得到较好的发展；南京向东辐射，从原先江苏省的核心城市过渡到长三角区域的中心城市，并带动了南京—上海沿线的城市的发展。但从总体情况看，苏中、苏北地区的总体一体化水平并没有得到显著提高，并在泰州出现了低—高值区，空间分布不平衡。对于安徽省来说，总体一体化水平远落后于二省一市，但是于自身来讲提升了不少。位于低值集聚区的城市在 2005～2017 年逐渐减少，并且合肥在 2011 年成为安徽省的中心城市。总体上来说，长三角区域一体化政策给安徽省带来了发展机遇，但是显然并没有融入到长三角一体化的建设当中。

2. 长三角区域分领域一体化空间关联性

从表30-6可以看出，2005~2017年长三角区域经济莫兰指数均大于0，且总体上呈现上升的发展趋势，在2009年出现最低值，可能是由于金融危机的影响导致了经济的下行使得区域间的经济联系减弱；2010~2013年数值波动较大，2014~2017年又恢复上升趋势，这与张安弛等（2019）研究结论相吻合，进一步验证了其结论。

表30-6　2005~2017年分领域全局Moran's I指数

年份	经济	创新	交通	生态	社会
2005	0.251 ***	-0.128	0.066	0.090	0.325 ***
2006	0.271 ***	-0.147	0.014	0.107	0.244 *
2007	0.393 ***	-0.009	0.011	0.054	0.176 **
2008	0.348 ***	0.041	0.103	0.073	0.215 **
2009	0.270 ***	0.116	0.134	0.078	0.291 ***
2010	0.424 ***	0.111	0.250 **	0.049	0.143 *
2011	0.468 ***	0.127	0.200 **	-0.077	0.312 ***
2012	0.519 ***	0.150 *	0.228 *	-0.054	0.406 ***
2013	0.507 ***	0.161 *	0.254 **	0.052	0.489 ***
2014	0.522 ***	0.176 **	0.301 ***	0.087	0.402 ***
2015	0.532 ***	0.181 **	0.256 **	0.114	0.536 ***
2016	0.536 ***	0.227 **	0.265 **	0.081	0.650 ***
2017	0.542 ***	0.231 **	0.268 **	0.083	0.654 ***

注：*表示p在0.1水平下显著，**表示p在0.05水平下显著，***表示p在0.01水平下显著。

创新莫兰指数在2012年之后通过显著性检验，且数值一直呈上升趋势，可能是由于党的十八大于2012年提出的"创新驱动发展战略"促进了长三角地区的创新交流，且依据上文对创新一体化的解释，2011年后长三角区域创新程度高的城市明显增加，长三角区域各城市科技创新的关联程度增加。

交通莫兰指数于2010年后通过显著性检验，数值呈波动上升趋势。2010年实施的《长江三角洲地区区域规划》将安徽定位在泛三角地区，标志着长三角区域合作范围拓展至安徽省，安徽省的加入给长三角交通一体化带来了新的发展道路，从数据上也印证了长三角区域从2010年开始交通一体化进程。

生态莫兰指数没有通过显著性检验，说明长三角区域41个城市之间的生态一体化不存在空间相关性，已经跨越"小世界"（小团体）发展阶段（曾刚等，2018），生态一体化整体上步入一体化发展的新阶段。

社会莫兰指数在2005~2017年均通过显著性检验，且数值均大于0。这表明总体上长三角区域各城市之间的社会一体化发展不是相互隔离、随机分布的，而是存在空间关联。从时间序列来看，2005~2017年长三角区域社会一体化的莫兰指数波动较大，但从整体来看，Moran's I指数仍处于上升趋势，长三角区域的城市间的社会服务空间依赖性是逐渐增强的。

全局空间自相关分析是用于探测整个研究区域的空间模式，局部空间自相关分析是计算每一个空间单元与邻近单元就某一属性的相关程度。全局指标有时会掩盖局部状态的不稳定性，为进一步揭示长三角区域经济、创新、交通、社会一体化在局部尺度上的空间集聚程度，运用

Geoda 软件进行 LISA 聚类分析，并制成表格来展示其空间自相关和空间差异（见表 30 - 7）。

表 30 - 7　长三角区域分领域一体化发展区域聚类

分领域	年份	高—高	高—低	低—低	低—高
经济	2005	上海、南京、苏州、宁波、杭州		宿迁、蚌埠、亳州、淮北、淮南、阜阳	宣城、泰州
	2011	上海、南京、苏州、宁波、杭州	合肥	丽水、阜阳、淮南、蚌埠	
	2017	上海、南京、苏州、宁波、杭州、无锡	合肥	阜阳、淮南、蚌埠	
创新	2005		南京、上海	泰州、池州	
	2011	南京、上海、苏州、无锡	合肥、杭州	丽水、淮安	马鞍山
	2017	南京、上海、苏州、无锡	合肥、杭州	池州、宿州、亳州、宿迁	马鞍山
交通	2005	苏州		温州、连云港、淮安、蚌埠	宣城、马鞍山、安庆
	2011	苏州、湖州		淮安	
	2017	苏州、无锡、湖州、嘉兴		盐城、淮安、宿迁、宿州、徐州	宣城
社会	2005	上海、苏州、南京、杭州、宁波		宿迁、徐州、宿州、淮北、亳州、蚌埠、淮南、滁州、芜湖、安庆、六安	
	2011	上海、苏州、南京、无锡、杭州、宁波、无锡、嘉兴		池州、宿迁、宿州	
	2017	上海、苏州、南京、无锡、杭州、宁波、无锡、嘉兴、常州		池州	宣城

由表 30 - 7 可见，从时间序列来看，经济、创新、交通、社会一体化的高值集聚区在逐渐增加，低值集聚区在逐渐减少，一体化程度逐渐加深。从空间格局来看，总体呈现东强西弱的空间特征。经济、创新、社会一体化在空间上呈现多中心格局，主要由上海、苏州、无锡、南京、杭州、宁波、合肥 7 个城市构成，而低值城市主要集聚在皖北、苏北地区；交通一体化呈现明显的"中心—外围"空间分布，处于中心区的城市有苏州、嘉兴、无锡、湖州，而位于长三角区域的北部如盐城、淮安、宿迁、宿州、徐州是低值城市的集聚区，属于交通一体化的外围区。从城市发展来看，上海处于长三角区域的龙头地位并具有显著的空间溢出效应，与其相邻的城市如苏州、无锡等均受到辐射效应成为长三角区域一体化中的中心城市；合肥作为安徽省的省会城市，在创新一体化的发展中有比较亮眼的表现，合肥成为安徽省唯一的一个高—低型城市，说明合肥作为安徽省创新驱动转型升级的"排头兵"，空间溢出作用不明显，未能带动周围地区实现科技创新。从发展路径来看，形成以上海为中心，南京、苏州、合肥、杭州、宁波为副中心辐射带动沿线城市发展。从一体化的时序发展来看，上海与江苏沿线的城市互动较好，但上海与浙江联通的城市如嘉兴、湖州的互动较弱，未能缩小区域差异达到协同发展。

3. 长三角区域一体化双变量空间自相关

为了考察长三角区域一体化 5 个领域之间的相关关系，运用 Geoda 进行双变量局部 Moran's I 分析研究期内 2005 年、2011 年、2017 年两两之间的相互关系，如表 30 - 8 所示。

表 30 - 8　2005 ~ 2017 年长三角区域一体化双变量 Moran's I 统计值

年份	经济			创新			交通			生态			社会
	2005	2011	2017	2005	2011	2017	2005	2011	2017	2005	2011	2017	—
经济	—	—	—										
创新	- 0.08	0.23 *	0.26 **	—	—	—							
交通	0.30 ***	0.25 **	0.27 **	- 0.05	0.15 **	0.26 ***	—	—	—				
生态	0	0.10	0.18 **	- 0.04	- 0.01	- 0.03	- 0.08	0.02	- 0.13	—	—	—	
社会	0.24 **	0.20 **	0.23 **	0.15	0.29 **	0.26 ***	0.09	0.12 *	0.35 ***	- 0.01	0.09	0.15 **	—

注：* 表示 p 在 0.1 水平下显著，** 表示 p 在 0.05 水平下显著，*** 表示 p 在 0.01 水平下显著。

在区域一体化发展的过程中，经济、创新、交通、生态、社会一体化均存在一定的空间关联性，双变量 Moran's I 值均为正，但在不同年份的关联程度存在显著差异。

从各个领域来看，经济领域与交通、社会在 2005 年、2011 年、2017 年均通过 0.05 水平的显著性检验，双变量 Moran's I 值均为正，呈 "U" 形变化特征，表明经济发展与交通、社会的空间关联特征明显，历年关联程度不同；2011 年、2017 年创新领域与经济、交通、社会双变量 Moran's I 值均为正，且均通过显著性检验，其中创新领域与经济、交通的数值逐渐增大，说明科技创新与经济、交通有很强的空间促进效应；生态领域与经济、社会在 2017 年通过显著性检验，双变量 Moran's I 值均在 0.2 以下，说明生态领域与经济、社会存在空间相关性但作用不强。从时间演变方面看，2005 年仅经济与交通、社会两对通过显著性检验，2011 年有经济与创新、创新与交通等 6 对通过显著性检验，2017 年增加至 8 对，说明在区域一体化的过程中，各组成要素之间的联系不断加强，增强了区域内部的空间关联性。

总体来说，经济、创新、交通、社会一体化这四个领域的两两相关系数均大于 0.2，相互促进效益明显，但它们与生态一体化的相关系数较弱。生态一体化与其他三个领域的相关系数分别为 0.18（经济一体化）、- 0.03（创新一体化）、- 0.13（交通一体化）、0.15（社会一体化），相关系数均小于 0.2 且出现负值，说明生态领域相对独立，虽然生态一体化处于较高的水平，但与其他四个领域的相互转化能力较弱，未来应注意生态与经济、社会等领域的转化，挖掘生态领域中的应用价值等。

三、长三角区域高质量一体化城市类型与发展对策

对于处在不同发展特点的城市，其发展路径与模式也存在差异。因此，对不同城市之间的一体化发展程度不能一概而论，在分析长三角区域高质量一体化与政策制定的时候需要加以区分，突出不同城市的发展格局。用横坐标表示总体一体化指数，纵坐标分别以经济一体化指数、创新一体化指数、交通一体化指数、生态一体化指数、社会一体化指数表示高质量一体化发展的 5 个层面，第一象限代表高—高水平、第二象限代表低—高水平、第三象限代表低—低水平、第四象限代表低—高水平，选取 2017 年 5 个层面进行横向对比，长三角 41 个城市高质量一体化发展类型的划分结果如图 30 - 4 所示。

2017 年，在经济一体化发展类型划分中，处于高—高型的有上海、南京、杭州等 11 个城市，处于低—高型的有金华、南通、连云港等 8 个城市，处于高—低型的有温州、徐州、盐城等 5 个城市，处于低—低型的有池州、淮安、淮北等 17 个城市。在创新一体化发展类型划分中，处于高—高型的有上海、南京、杭州等 16 个城市，处于低—高型的有南通、湖州等 10 个城市，

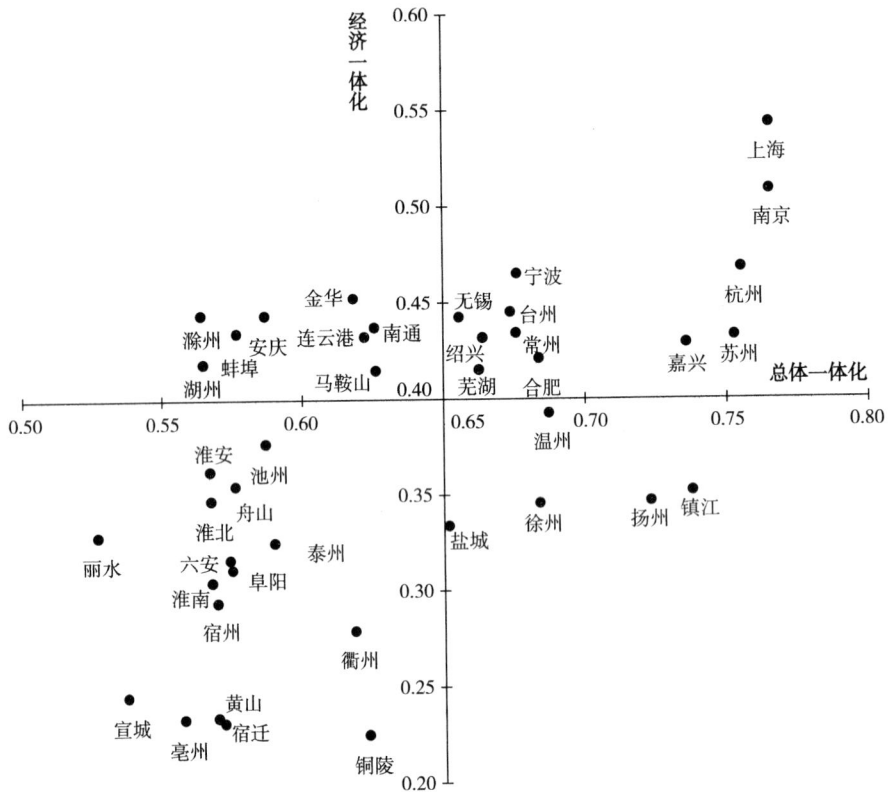

（a）经济一体化指数发展格局

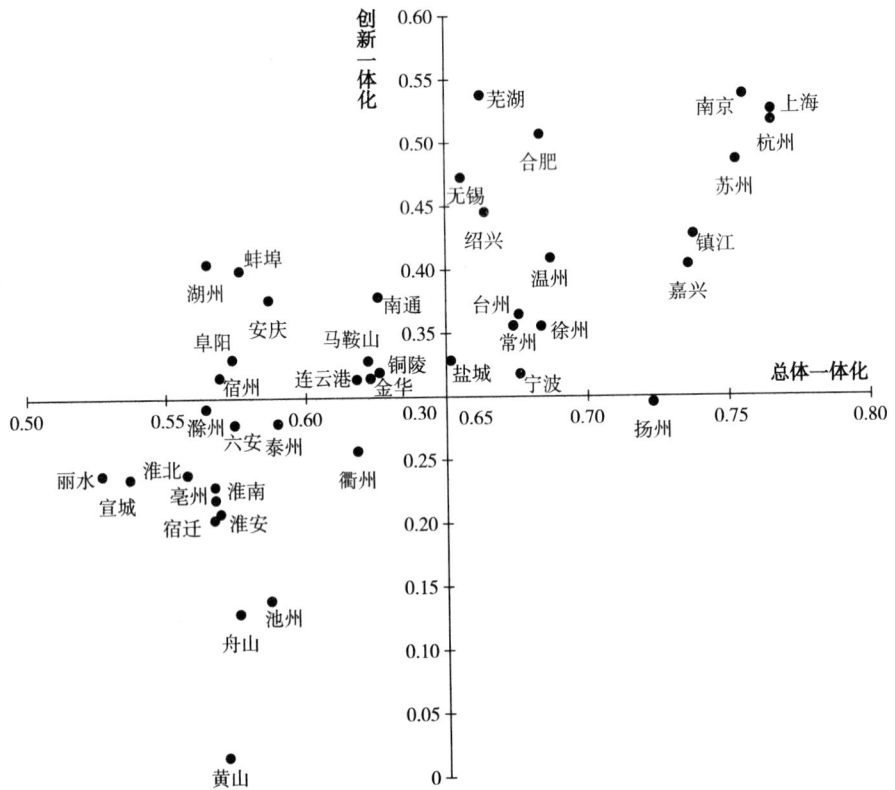

（b）创新一体化指数发展格局

图 30 – 4 2017 年长三角区域高质量一体化发展格局

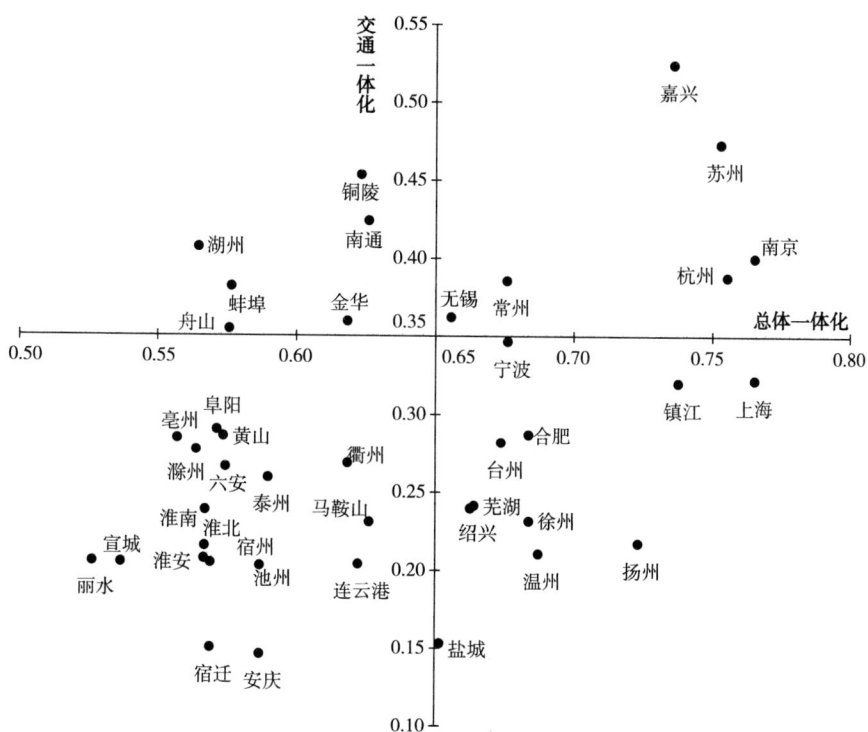

（c）交通一体化指数发展格局

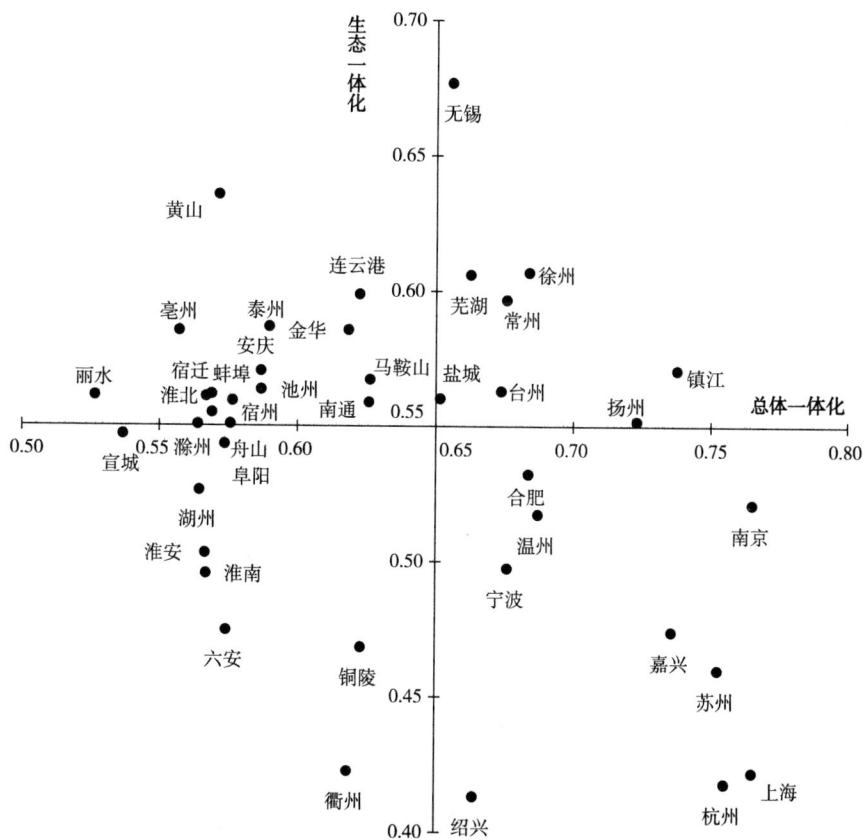

（d）生态一体化指数发展格局

图 30 - 4 2017 年长三角区域高质量一体化发展格局（续）

社会一体化

0.80

0.75 杭州 上海
苏州 南京

0.70 绍兴 台州
宁波 嘉兴

金华
0.65 无锡 常州
湖州 南通 温州

马鞍山 镇江
0.60 泰州 衢州

舟山 盐城
丽水 0.55 总体一体化

阜阳
淮安 黄山
淮南 铜陵
铜陵 芦湖
亳州 宿州 连云港
滁州 宿迁 池州
宣城 六安 安庆 扬州
淮北 蚌埠 徐州

0.50 0.55 0.60 0.65 0.70 0.75 0.80

0.50

0.45 徐州

0.40

0.35 合肥

0.30

（e）社会一体化指数发展格局

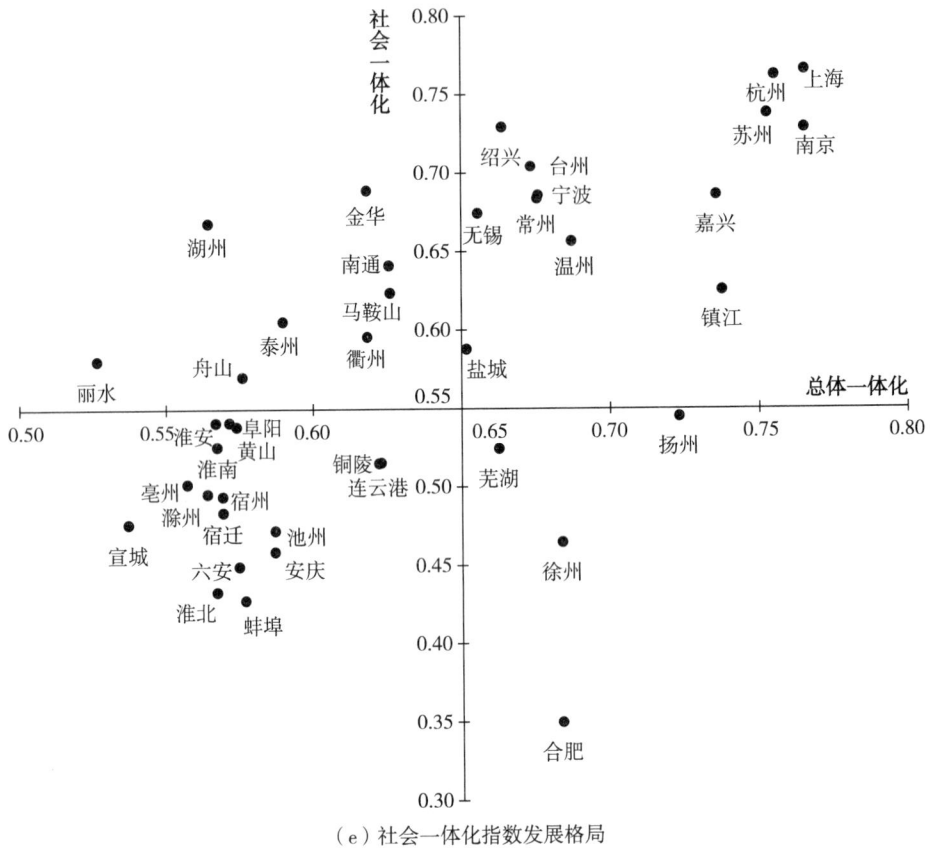

图 30-4　2017 年长三角区域高质量一体化发展格局（续）

注：图中横坐标为总体一体化指数，纵坐标分别为经济一体化指数、创新一体化指数、交通一体化指数、生态一体化指数、社会一体化指数。

处于高—低型的只有扬州 1 个城市，处于低—低型的有黄山、舟山、池州等 14 个城市。在交通一体化发展类型划分中，处于高—高型的有嘉兴、苏州、南京等 6 个城市，处于低—高型的有舟山、铜陵、湖州等 5 个城市，处于高—低型的有上海、镇江、宁波等 11 个城市，处于低—低型的有宿迁、安庆、丽水等 19 个城市。在生态一体化发展类型划分中，处于高—高型的有无锡、上海、镇江、芜湖等 9 个城市，处于低—高型的有连云港、马鞍山、南通等 15 个城市，处于高—低型的有南京、合肥、温州等 8 个城市，处于低—低型的有衢州、铜陵、六安等 9 个城市。在社会一体化发展类型划分中，处于高—高型的有上海、杭州、苏州等 13 个城市，处于低—高型的有金华、湖州、南通等 8 个城市，处于高—低型的有扬州、芜湖、徐州等 4 个城市，处于低—低型的有阜阳、淮安、黄山等 16 个城市。

　　总体来说，综合考虑城市总体一体化发展水平和经济一体化水平、创新一体化水平、交通一体化水平、生态一体化水平、社会一体化水平，可以得到不同城市类型的发展途径。针对高—高型城市，应该发挥其优良的一体化发展基础，进一步提升经济、创新、交通、生态、社会 5 个领域的一体化；对于高—低型城市来说，可以借助总体一体化的优势，结合上文提到的要素相关性，有目的地提升自身城市薄弱的某些领域；低—高型城市总体一体化程度相对较低，但有些领域发展水平较高，可以利用本城市的优势领域带动总体的发展水平；而低—低型的城市，总体发展水平不高，各个领域发展也相对缓慢，可以从自身的实践历程总结经验或者加强与周边高水平城市的联系，提升本城市的一体化水平，鼓励发展经济的同时也要关注各领域的发展，缩小各区域之间的差距，努力融入长三角区域一体化进程中，并以更高质量一体化为发展目标。

四、长三角公共管理体制机制创新

自 2008 年起，长三角沪苏浙皖政府层面实行决策层、协调层和执行层"三级运作"的区域合作机制。2018 年，三省一市联合组建的长三角区域合作办公室在上海挂牌成立，实现三省一市合署办公，主要负责研究拟定长三角协同发展的战略规划，以及体制机制和重大政策建议，协调推进区域合作中的重要事项和重大项目，统筹管理合作基金、长三角网站和有关宣传工作。

（一）优化完善区域公共行政的体制机制

贯彻落实中共中央对长三角的"顶层设计"和战略构想，构建起有效、高效管理区域公共事务、解决区域问题的地方政府间关系，优化完善区域公共行政的体制机制，提升区域政府间协同治理水平。长期以来长三角一直以非正式合作关联（合作备忘录、合作倡议、领导人互访考察等）和正式的组织结构（从地方政府联席会议制度发展到长三角区域合作办公室）为主，但在地方间协议关联和政策协调关联领域则较为薄弱，在新时期一是强化三省一市政府间行政协议制度的完善、优化并不断推进其法治化，构建其区域公共行政的法治化路径；二是要增强区域性规划、部门协商、专题合作等政策协调领域的区域共识和有机衔接，提高区域政策协调的精准性和有效性。

（二）设立"长三角创新一体化委员会"

设立"长三角创新一体化委员会"，构筑区域创新资源共建共享协调机制。在长三角一体化发展上升为国家战略的背景下，提请国家设立"长三角创新一体化委员会"，由国务院牵头，发改、教育、科技、工信、财政等相关部委作为成员单位，统筹协调各有关部委支持长三角创新发展，研究一体化发展中的重大问题，制定并推进落实相关政策措施，在法律法规制定、政策先行先试、重大项目布局、体制机制创新等方面优先支持长三角地区。同时，建立健全跨省市政府、跨部门的统筹协调管理机制，"三省一市"发改、教育、科技、工信、财政、人社等有关部门参与，强化长三角地区科技创新资源统筹服务工作，推动建设市场体系统一开放、基础设施共建共享、产业错位协同发展、公共服务统筹协调、创新创业环境优化的一体化发展体制机制。

五、民非组织作用发挥

民非组织是现代化治理体系的重要主体之一，作为第三方发挥着不可替代的协调作用，民非组织的角色在区域一体化的过程中十分重要。民非组织可以在区域一体化中扮演重要角色。与企业相比，民非组织的公益属性使其在与企业对接时更容易促进合作和达成协议。与政府部门相比，民非组织具有跨区域合作方面的业务目标一致性的优势。例如，由政府提出的产业集聚，在税收、就业与当地经济增长等多重因素考量下一般自然更倾向于将产业落于本地，而民非组织能够有效参与产业集群的工作，则不考虑将产业集聚的特定区位，所有企业可以根据自身需求选择长三角区域内具备比较优势的地理位置落地。如此便能形成一个有机的分布式产业集群、分布式产业链，企业依然由民非组织这一平台串联起来，提供跨地区有机协同发展的服务。

1. 组建一体化国有非营利组织

德国史太白基金会成功经验表明，国有非营利组织具有政府管理部门、一般服务企业所不具有的独特优势，能够较好地兼顾社会公益和运营效率的平衡。应由长三角"三省一市"政府共同出资，组建国有非营利的长三角科技创新协调机构，具体负责创新平台构建、创新资源集聚、创新服务升级、创新人才流动等的运营与执行。

此外，应发挥专业组织作用，积极推进专业技术组织在创新机构运行、创新资源配置、创新活动组织、创新中介服务、创新人才流动等方面发挥作用。破除长三角行政壁垒，改革创新组织、评估、监管体系，推动"三省一市"政府有序向行业协会、经营主体的权力下放，发挥行业协会的自律作用，规范长三角地区创新资源流动、遏制企业间不合理竞争。推动长三角资质互认，对经"三省一市"科技部门认定的包括高新技术企业、高新技术产品、科技型中小企业、科技中介服务机构、技术经纪人等实现资质互认。

2. 打破区域行政壁垒

一大批非政府组织开始在长三角区域一体化战略实践中活跃起来，调研发现，区域行政壁垒、当地政府职能外化载体等是限制民非组织在三省一市范围内发挥活力的原因之一。

旧金山湾区委员会为国内区域一体化实践提供了某些可借鉴的经验。美国加州湾区覆盖了101个城市，州内任何公共政策的推进都需要所有城市政府的协作，作为第三方的旧金山湾区委员会的协调功能在其中发挥了重要作用。湾区著名捷运系统BART的设计与通行、旧金山机场的改建等这些与当地公共政策相关的大型项目，都是在其领导倡议下实施的。委员会通过将企业代表组成不同专项委员会的方式，关注不同的社会公共议题，从而对区域内的公共政策建言献策。委员会的性质为会员制非政府组织，运营资金主要来自于企业缴纳的会费以及承办、组织企业或国际客户委托的活动所带来的经费。

与国外相比，国内第三方组织主动关注的公共议题有限，许多国外非政府组织倡议与跟进的议题在国内已经有专门的政府办公室在关注与负责。中国区域一体化中的第三方组织在短期内不太有可能转型成为与旧金山湾区委员会性质类似的非政府组织，但可以尝试成立企业联合基金，并以投资公司的形式投资一些产业发展的新领域。基金属于企业合股，能够不受单个企业所在地的政策限制进行区域内以及跨区域投资，投资自由度的提升对于区域一体化的融资与资源整合有积极意义。同时，借鉴国外许多第三方组织都具备研究机构职能的成功经验，如旧金山湾区委员会下设的著名的湾区经济研究院，鼓励设立民非研究机构，激发企业参与区域政策讨论的热情，为企业家创新型的战略决策、区域行业发展提供专业咨询服务。

六、世界级产业集群建设

《国务院关于依托黄金水道推动长江经济带发展的指导意见》提出了打造电子信息、高端装备、汽车、家电、纺织服装等世界级制造业集群，《长江经济带发展规划纲要》对上述五大世界级产业集群建设进行了具体部署。党的十九大报告特别强调，"促进我国产业迈向全球价值链中高端，培育若干世界级先进制造业集群"。一般而言，世界级产业集群的七个共性特征：深度参与全球分工、具有全球影响力、拥有全球性龙头企业、占据全球价值链中高端、活跃的区域创新网络、具备全球创新策源力、国际领先的营商环境。

1. 长三角世界级产业集群建设的问题

长三角地区在电子信息、汽车、生物医药、高端装备、新材料、纺织服装等领域都具有很高的对外开放度和产业链集聚度，已具备世界级的产能优势。但与真正意义上的世界级产业集群对比，差距或者短板仍很明显。一是行业龙头企业的全球影响力仍有距离。多数本土龙头企业与全球最强的龙头企业相比，在规模、产业链布局、关键核心技术拥有及行业规则权威性上，存在不少差距。二是关键核心技术的创新策源力仍很不足。电子信息、生物医药、高端装备、新材料、航空航天等引领性产业中，核心零部件、关键材料、关键生产设备等仍然高度依赖进口；在关键核心技术攻关上的产学研协同、区域协同效果不明显。三是比较成本优势为主但呈现弱化态势。由于处于全球价值链的中低端，成本仍然是长三角主要支柱产业的重要竞争优势，但随着房地产价格飞涨、人员薪酬上涨以及其他要素成本上涨，竞争优势有所下降，企业乃至产业转移态势明显。

长三角地区只有摒弃传统的行政区竞争模式，消除各自为政、行政壁垒，推进强强联合、资源整合，才能加快建成世界级产业集群。既要充分发挥区域分工的效能，各地各扬所长，聚力最具优势的产业领域和企业群体，提高创新资源配置的专业集聚度，培养造就一批行业龙头企业、行业配套企业和专业化集群，并通过积极有效的区域分工体系，形成长三角地区的整体合力和全球影响力；又要充分发挥区域合作的作用，在市场机制作用下，建立健全基于区域有效分工的产业链强大合作体系，在各地政府一体化行动下，建立健全基于共享资源优势，无行政区分割的大载体、大通道、大网络。这样的区域分工和合作，正是长三角地区实现更高质量一体化发展的最重要命题之一。

2. 长三角世界级产业集群建设的对策

生物医药产业是长三角三省一市及其内部诸多城市战略性新兴产业发展的重点领域，是国内生物医药产业的重要集聚区，产业发展整体上处于全国领先地位。世界级生物医药产业集群发展的国际经验表明，尽管存在着多样化的成长路径和发展模式，但地方集聚、区域协同、全球竞合三重空间尺度上的互动结网、分工合作，是世界级集群建设的内在需求。长三角地区生物医药世界级产业集群建设的对策建议包括：

（1）推动科技创新一体化战略布局，聚力长三角生物医药创新策源力。围绕创新药、免疫治疗、基因编辑、脑科学与脑机接口等前沿技术领域，培育支持源头创新项目，依托长三角科技资源共享服务平台、长三角实验动物产业联盟、长三角绿色制药协同创新中心、长三角干细胞产业联盟、长三角 G60 科创走廊生物医药产业联盟等，联手突破基础研究和卡脖子领域，发挥平台带动张江科学城产业创新发展作用。此外，向上申请整合长三角优质临床试验、公共技术服务、高校、科研机构等创新资源，搭建线上创新服务平台，引入专业平台运营机构，推动线下资源对接与交易。

以源头创新、创新转化为抓手加强长三角生物医药协同创新体系。充分发挥长三角一体化产业基金的引导作用，建设长三角生物医药创新中心，聚焦新药、创新医疗器械的基础研究与源头创新，协同提升自主创新能力；支持中介组织在研发成果转化中的作用，促进产业化进程和效率。

（2）探索推动高值医用耗材的集中采购，协同打造长三角大市场。在上海医药采购"阳光平台"的基础上，总结江苏、安徽高值耗材带量采购成熟经验，对于临床用量较大、采购金额较高、临床使用较成熟、多家企业生产的高值医用耗材，协同卫健委、药监局等部门推动高值耗材分类集中采购，平等扶持优质企业发展，在长三角区域打造共同的市场。

（3）推动体制机制一体化，向上申请形成国家标准。一方面，依托目前已形成的三省一市药品监管部门共同打造的药品监管区域协作体系，积极向国家部门争取形成全国标准，在药品、医疗器械上市许可持有人跨省委托监管层面实现全国监管政策及标准统一、检查员资格和检查结果互认、监管信息与资源共享。另一方面，参考北京经验，联合长三角临床试验机构，推动临床试验多中心伦理互认，节省临床试验时间，降低研发成本，提升研发效率。

（4）建立长三角生物医药产学研合作机制。长三角生物医药企业、高等院校、科研机构在创新链的不同环节，所发挥的作用不尽相同，在创新链的前端，高等院校和科研机构的重要性更甚，越至创新链的后端，企业的重要性越为凸显。具体而言，需要建立生物医药产业孕育期的学研主导机制、生物医药产业成长期的研产主导机制、生物医药产业发展期企业主导机制。

（5）建立长三角生物医药知识产权保障机制。长三角生物医药园区、平台的合作必须以建立健全知识产权机制为前提。通过知识产权保障机制保障技术开发收益激励技术创新活动；推动新兴企业的二次创新；作为工具支持长三角生物医药企业参与国际竞争，生物医药企业要充分认识自主知识产权保护的重要性，善于拿起知识产权武器捍卫自己的权益，提高对知识产权进行自我保护的能力。

（6）加大"科创板＋注册制"与生物医药产业衔接。针对研发型生物医药企业的特殊性，科创板在稳步运行一段时间后，有必要进一步强化创新导向。一方面让越来越多的研发型生物医药主流企业进入科创板，特别是鼓励"金字塔尖科学家＋原跨国药企高管团队＋全球化技术研发团队＋顶级风投"的主流生物科技公司在科创板上市。另一方面让科创板更好运用中国的主场创新优势，用好上海和长三角地区的主场创新优势，使科创板能在生物医药创新群体崛起的历史机遇中，抓住时机、互为促进、共赢发展，让生物医药成为科创板最受瞩目的板块。建议针对研发型生物医药板块的特殊性，补充出台精细化细则，以更好匹配准入门槛和监管要求。

第四节　长三角区域一体化研究及其展望

长三角区域一体化研究自进入 21 世纪以来持续得到学界关注。按照"长三角区域一体化"进行主题检索，中国知网 CSSCI/CSCD 期刊刊文情况的检索结果显示，学术界对长三角区域一体化的关注在 2004 年初步形成，当年有 7 篇论文，研究领域包括金融联动、产业分工、共同市场、区域创新体系、人才开发、城市关系、国外经验等领域。此后到 2010 年达到第一个高潮，当年发表论文 33 篇。2016 年达到一个低点，当年发表相关论文 9 篇，2017 年、2018 年、2019 年、2020 年分别发表论文 15 篇、19 篇、49 篇、94 篇，迅速成为学界研究的一大热点。

一、国内长三角一体化研究机构及其特色

学界以智库联盟、成立长三角一体化研究院等多种方式积极响应长三角一体化发展国家战略。

在智库联盟建设方面，2019 年 10 月 18 日，长三角高校智库联盟在上海成立，计划通过联合研究、互鉴特色、人才培养等机制，逐渐形成一体化的引领性智库集群；2019 年 10 月 26 日，中科院在长三角区域布局建设的 9 家研究院所正式"牵手"，在宁波成立长三角一体化科技创新战略联盟，聚焦先进制造和新材料等领域，推进应用技术研发、科技成果转移转化及产业化。

一些大学纷纷成为专门的研究机构，如 2019 年 5 月 14 日，安徽师范大学成立了长三角一体化发展研究院；2019 年 6 月 19 日，浙江大学成立了长三角一体化研究中心等。总体上看，目前长三角地区内的 985 高校均已成立了各自的长三角区域一体化专门研究机构。

长三角区域一体化研究机构以长三角区域内的大学与科研院所为主。从学术论文发文机构看，南京大学、浙江大学、华东师范大学属于第一集团，形成了诸多领军学者领衔的多个研究团队，整体研究优势明显；中国科学院南京地理与湖泊研究所、南京师范大学、复旦大学、华东政法大学、上海社会科学院处于第二研究集团，形成了 1 个核心学者引领的学术团队支撑、聚焦专题领域深入研究的发展格局；以上海财经大学、南开大学、中国科学院大学、宁波大学、安徽大学、中山大学、南通大学、苏州大学、江苏省社会科学院、安徽师范大学等长三角区域

内外的大学及科研机构，形成了积极参与型研究集团，研究的领域较为宽泛，尤其是在积极参与新近一轮的研究热潮。此外，上海师范大学、上海理工大学、上海交通大学、华东理工大学、南京审计学院、上海体育学院、河海大学、东南大学、浙江工商大学、上海对外贸易学院、嘉兴学院等区域内高校以及中国人民大学、华南师范大学、中国科学院地理科学与资源研究所、清华大学、武汉大学、厦门大学等区域外高校及科研院所零星参与相关研究。

在这些研究机构中，华东师范大学基于人文经济地理学、应用经济学、社会学、生态学等学科优势，打造了具有鲜明特色的实体机构支撑、科学研究支持、决策咨询导向的智库建设"三位一体"的长三角区域一体化研究新格局。所谓"实体机构支撑"，即以2013年成立的"华东师范大学城市发展研究院"作为校级层面的实体研究机构，为学科交叉研究、研究团队组建、科研活动开展、社会服务组织等提供行政管理服务。所谓"科学研究支持"，即以教育部人文社科重点研究基地中国现代城市研究中心为核心开展学术研究，为决策咨询和社会服务提供科学支撑。该中心成立于2003年3月，于2004年11月通过教育部组织的评审，正式成为首批我国普通高等学校人文社会科学重点研究基地（KRI），是基地中唯一关注城市科学的研究机构。"十三五"时期，城市中心秉承"求真务实，精准高效"的原则，围绕国家发展战略需求和中国城市研究的学术前沿，聚焦我国城市发展中的新型城镇化与城市协同发展等重大问题，在学术论文、著作、决策咨询研究报告等方面取得了重要成就，发挥了城市研究在本领域的领先地位和突出优势。城市中心共取得670项论著科研成果，其中202篇SSCI论文（89篇）和国内权威期刊论文，是"十二五"时期45篇的4.5倍，增长了348.89%；在Springer、Edward Elgar、人民出版社、科学出版社等国内外知名出版社出版专著77部，相较于"十二五"期间的7部，增长了10倍，城市中心集刊《中国城市研究》出版已连续出版十五辑；荣获51项国家级、省部级各类科研奖、教学成果奖，成功立项193项国家级、省部级各类课题，线上和线下主办124次各类重要学术会议、城市科学知名学者讲座、学术工作坊，举办各类学术讲座125次，出国访学、参加会议、合作研究等国际交流157人次。所谓"决策咨询导向的智库建设"，就是建成了上海市人民政府决策咨询研究基地长三角区域一体化研究中心/曾刚工作室、上海市高校智库上海城市发展协同创新中心两大智库机构。其中，上海市人民政府决策咨询研究基地长三角区域一体化研究中心/曾刚工作室成立于2009年，受上海市人民政府发展研究中心的固定资助和业务指导，曾刚工作室以国家战略和上海城市发展需求为指引，聚焦长江经济带、长三角区域一体化发展国家战略、上海卓越全球城市建设问题。2018～2020年，共承担完成了153项国家级、省部级课题，提交专报67篇，获得国家级批示5篇，省部级领导批示10篇，中央有关部委及新华社内参等采用16篇，市委市政府及各委办局采用20篇。荣获光明智库索引CTTI最佳成果奖2项、省部级一等奖3项、二等奖12项，"学习强国"（上海频道）录用文章7篇，在重要媒体发表文章25篇，接受媒体采访67次，出版智库报告5部，学术专著6部，发表英文论文25篇，重要学术论文67篇，培育国家级人才1名，在长江经济带城市协同发展、长三角一体化与高质量发展、上海全球城市建设路径等领域取得了显著成果，形成了具有重要影响力的智库品牌——"长三角议事厅"。工作室与国内官方最大网络媒体"澎湃新闻"共同创办时政性智库研究平台，旨在解读长三角区域一体化国家战略最新动向，提供一线调研报告，呈现务实政策建议。专栏设有制度创新、产业融合、区域协同、公共服务、绿色发展及"沙龙"六大板块。截止到2020年8月28日，已经发布线上专栏62期，举办线下沙龙9期，引起了社会的广泛关注和热烈反响，阅读量"100万+"文章频现。多篇文章被《人民日报》、新华网、"学习强国"学习平台、《改革内参》、学习强国平台等重要媒介转载，"'长三角议事厅'工作案例"入选"2019年度CTTI智库最佳实践案例"。

二、长三角一体化研究的区域科学意义

长三角区域一体化国家战略实践，为新时代区域科学创新提供了鲜活的案例。推进长三角区域一体化研究，需要在以下几个领域取得理论突破。

（1）对传统区位论的突破和创新。传统的区位论分别从特定产业视角入手探讨农业区位、工业区位、商业区位、创新区位等，用以解释、指导企业的选址及其空间成长、产业集聚与城市体系等，但面对当前第四次产业变革所伴随的产业快速迭代和产业高度融合发展态势，这些传统区位理论的解释力显得力不从心。为此需要从区域、现代化产业体系整体视角入手，探究特定企业的区位选择，推进综合区位论研究，从传统的单一化最佳区位指向迈向区域与产业整体最优区位指向。

（2）分析范式的转型。传统的区域科学是作为经济的空间秩序和组织的科学（Isard，1956，1960）。在该理论中，通过对空间变量即跨越距离的过境和运输成本的分析而将新古典经济理论和模型纳入经济地理学之中，其目标是开发关于经济的空间法则的一般理论和模型，用距离、腹地及其经济等价物等空间参数来解释区位模型、贸易关系和集聚过程。20世纪80年代兴起的新经济地理延续这一传统，基于报酬递增、运输成本和其他交易性的相互依存关系的分析，为空间分布和均衡等传统问题提供了一个有趣的经济学视角，但其重点主要侧重于可量化因素而忽略了经济生活的复杂社会现实（Bathelt，2001；Martin and Sunley，1996）。新经济地理学所研究的与其所忽略的内容几乎一样多，在这点上与传统贸易理论的问题是一样的（Krugman，2000）。退一步讲，如果说以上研究对成本驱动的传统工业化尚具有一定的解释力的话，那么在当前创新驱动时代，既有研究范式就不合时宜了。为此，需要从动态演化、竞争优势构建、主体能动性等方面入手探究情景化、或然性的多类型空间秩序机理及其后果。

（3）区域一体化的成本—收益、动态均衡分析。现有研究似乎回避了区域一体化的成本—收益问题，尤其是区域一体化成本的分担、区域内不同城市的获益受损问题，更直接地说，如果说区域一体化从假设上具有卡尔多改进性质，但一个潜在的问题在于，在区域一体化过程中，什么样的城市最受益，受损的城市则一般具备哪些特点，这种损益的动态时序特征是什么？更进一步说，区域一体化是否会陷入"锁定"状态，在锁定状态下，哪些主体、哪些力量以何种方式能够打破锁定？

（4）主动型区域治理与政策科学。在区域一体化过程中，在创新驱动发展过程中，区域政策不应是传统的基于自上而下的分级规划和监管，而是要基于集体行动和新思路的交流与协商，需要把经济主体的行动和互动置于政策举措的核心，而非传统区域科学以成本指向的空间激励政策。政策制定者在制定政策方案、协调区域主体间的行动计划协商中，扮演的是调解者和边界扳手而不是创造者或支配者。区域政策的目标是通过激活现有资产并将其与新知识相结合来加强主体的本地化，还涉及制度建设、网络生成、企业成立、互动学习和联合招聘等，并能通过不同政策刺激更广范围的区域发展路径机会。区域政策传统上利用区域资产来产生竞争力，但在当前经济联系日益在全球尺度上融合的时代背景下，传统区域政策方法的价值值得怀疑，要求将全球和地方力量的组合置于新型区域政策框架的核心。

参考文献

（一）中文文献

[1] 冯宗宪."逆全球化"挑战与新全球化的机遇 [J].国际贸易问题，2018（1）：7.

[2] 金凤君，姚作林.新全球化与中国区域发展战略优化对策 [J].世界地理研究，2021，30（1）：

1 – 11.

　　［3］孔令刚，吴寅恺，陈清萍. 长三角高质量一体化发展论坛综述［J］. 区域经济评论，2019（5）：145 – 150.

　　［4］马世骏，王如松. 社会—经济—自然复合生态系统［J］. 生态学报，1984（4）：1 – 9.

　　［5］世界银行. 2019 年世界发展报告［R］. 世界银行，2020：18 – 21.

　　［6］王正毅. 中国崛起：世界体系发展的终结还是延续？［J］. 国际安全研究，2013，31（3）：3 – 20 + 155.

　　［7］曾刚，王丰龙. 长三角区域城市一体化发展能力评价及其提升策略［J］. 改革，2018（12）：103 – 111.

　　［8］张安驰，范从来. 空间自相关性与长三角区域一体化发展的整体推进［J］. 现代经济探讨，2019（8）：15 – 24.

（二）外文文献

　　［1］Asheim B T，Smith H L，Oughton C. Regional Innovation Systems：Theory，Empirics and Policy［J］. Regional Studies，2011，45（7）：875 – 891.

　　［2］Asheim B，Gertler M. The Geography of Innovation：Regional Innovation Systems［A］//Fagerberg J，Mowery D C，Nelson R R（Eds）. The Oxford Handbook of Innovation［M］. New York：Oxford University Press，2005：291 – 317.

　　［3］Asheim B. Industrial Districts as "Learning Regions"：A condition for Prosperity？［J］. European Planning Studies，1996，4（4）：379 – 400.

　　［4］Bathelt H. Regional Competence and Economic Recovery：Divergent Growth Paths in Boston's High Technology Economy［J］. Entrepreneurship and Regional Development，2001（13）：287 – 314.

　　［5］Bathelt H，Glückler J. Toward a Relational Economic Geography［J］. Journal of Economic Geography，2003，3（2）：117 – 144.

　　［6］Bathelt H. The Relational Economy：Geographies of Knowing and Learning［M］. Oxford：Oxford University Press，2011.

　　［7］Brusco S. The Idea of the Industrial district：Its genesis［A］//Pyke F，Baccattini G，Senenberger W.（Eds）. Industrial Districts and Inter – firm Cooperation in Italy［R］. International Institute for Labour Studies，Geneva，1990：177 – 196.

　　［8］Camagni R. The Concept of Innovative Milieu and Its Relevance for Public Policies in European Lagging Regions［J］. Regional Science，1995，74（4）：317 – 340.

　　［9］Cooke P，Morgan K. The Associational Economy：Firms，Regions and Innovation［M］. Oxford：Oxford University Press，1998.

　　［10］Cooke P. Introduction：Origins of the Concept［A］//Braczy K H J，Cooke P，Heidenreich M（Eds）. Regional Innovation Systems：The Role of Governances in a Globalized World［M］. London：UCL Press，2004：2 – 25.

　　［11］Cooke P. Regional Innovation Systems，Clusters，and the Knowledge Economy［J］. Industrial and Corporate Change，2001，10（4）：945 – 974.

　　［12］Cooke P. Regional Innovation Systems：Competitive Regulation in the New Europe［J］. Geoforum，1992，23（3）：365 – 382.

　　［13］Cowell F A. Measuring Inequality（Second edition）［M］. London：Prentice Hall / Harvester Wheatsheaf，1995.

　　［14］Crevoisier O. The Innovative Milieus Approach：Toward a Territorialized Understanding of the Economy［J］. Economic Geography，2004，80（4）：367 – 369.

　　［15］Etzkowitz H，Leydesdorff L. Universities in the Global Economy：A Triple Helix of Government – industry and Government Relations［M］. London：Croom Helm，1997.

　　［16］Freeman C. Japan：A New National Innovation System？［A］//Dosi G，Freeman C，Nelson R R，Silverberg G，Soete L（Eds.）. Technical Change and Economy Theory［M］. London：Pinter，1988：330 – 348.

［17］ Griffin K. Economic Globalization and Institutions of Global Governance ［J］. Development and Change, 2003, 11 （34）: 789 – 807.

［18］ Jenks G F. Generalization in Statistical Mapping ［J］. Annals of the Association of American Geographers, 1963, 53 （1）: 15 – 26.

［19］ Krugman P. Where in the World is the "New Economic Geography"? ［A］ //G Clark, M Feldman, and M. Gertler （Eds.）. The Oxford Handbook of Economic Geography ［M］. Oxford: Oxford University Press, 2000: 49 – 60.

［20］ Leydesdorff L. The Triple Helix: An Evolutionary Model of Innovations ［J］. Research Policy, 2000, 29 （2）: 243 – 255.

［21］ Markusen A. Sticky Places in Slippery Space: A Typology of Industrial Districts ［J］. Economic Geography, 1996, 72 （3）: 293 – 313.

［22］ Martin R., Sunley P. Paul Krugman's Geographical Economics and Its Implications for Regional Development Theory: A Critical Assessment ［J］. Economic Geography, 1996 （74）: 259 – 292.

［23］ Overman H G. Can We Learn Anything from Economic Geography Proper? ［J］. Journal of Economic Geography, 2004, 4 （5）: 501 – 516.

［24］ Porter M. Clusters and the New Economics of Competition ［J］. Harvard Business Review, 1998, 76 （6）: 77 – 90.

［25］ Porter M. The Competitive Advantage of Nations ［M］. New York: The Free Press, 1990.

［26］ Sunley P. Relational Economic Geography: A Partial Understanding or a New Paradigm? ［J］. Economic Geography, 2008, 84 （1）: 1 – 25.

［27］ Swann G, Prevezer M. A Comparison of the Dynamics of Industrial Clustering in Computing and Biotechnology ［J］. Research Policy, 1996, 25 （7）: 1139 – 1157.

［28］ The World Bank. World Development Report 2009: Reshaping Economic Geography ［R］. The World Bank, 2010.

［29］ Tobler W R. A Computer Movie Simulating Urban Growth in the Detroit Region ［J］. Economic Geography, 1970, 46 （2）: 234 – 240.

［30］ Wilson S, Mann L, Otsuki T. Assessing the Benefits of Trade Facilitation: A Global Perspective ［J］. World Economy, 2005, 6 （28）: 841 – 871.

［31］ Yoon K, Hwang C L. Multiple Attribute Decision Making: An Introduction ［J］. European Journal of Operational Research, 1995, 4 （4）: 287 – 288.

第三十一章　粤港澳大湾区发展研究

粤港澳大湾区包括广东省的广州市、深圳市、珠海市、佛山市、惠州市、东莞市、中山市、江门市、肇庆市（即珠三角九市）和香港特别行政区、澳门特别行政区，总面积 5.6 万平方千米，2018 年末常住人口 7115.98 万，是我国开放程度最高、经济活力最强的区域之一，在国家发展大局中具有重要战略地位。深化粤港澳大湾区合作发展，有利于加快建设国际一流湾区和世界级城市群，提升粤港澳区域在国家经济发展和对外开放中的支撑引领作用，对于推动区域经济协调发展、构建开放型经济新体制、打造高质量发展典范、探索"一国两制"新实践具有重要意义。粤港澳大湾区是一个空间地理的概念，改革开放后粤港澳合作日趋紧密，该区域成为内地对外开放的重要窗口和外向型经济发展最活跃的地区之一，而湾区经济是区域经济发展的高级阶段，其本质上是开放型经济和创新型经济，在新时期国家高水平开放合作进程中将发挥重要作用。因此，本章拟对改革开放以来粤港澳大湾区合作发展的历史进程、政策实践、学术脉络、研究热点和研究方向等进行总结与梳理。

第一节　粤港澳大湾区发展的演进阶段与政策实践

粤港澳三地属于不同的关税区，经济社会等制度也不相同，1997 年和 1999 年香港、澳门相继回归祖国后，香港和澳门特别行政区实行"一国两制"，因此粤港澳合作不同于国内的区域合作，也不同于一般的关税区之间的跨境合作，是一种特殊类型的跨境合作。从经贸合作制度的演进角度来看，改革开放 40 年来粤港澳合作大致经历了三个阶段，并表现出不同的合作模式与合作机理（毛艳华等，2018），即改革开放后基于要素禀赋发挥各自比较优势的"前店后厂"制造业分工合作阶段、中国加入 WTO 后在 CEPA 框架下基于服务业市场开放的服务业分工合作阶段和构建全面开放新格局下推动营商环境对接的粤港澳深度融合发展阶段。粤港澳"前店后厂"的制造业分工合作模式推动了珠三角地区的工业化和城市化，港澳特区也转型为以服务业为主的经济；而 CEPA 框架下的粤港澳服务业合作和服务贸易自由化促进了内地"边境之后"的制度创新，为服务市场开放积累了经验，港澳特区的服务功能也得到进一步巩固与加强。新时代推动营商环境对接，促进粤港澳融合发展，携手参与"一带一路"建设和共建国际科技创新中心，有利于加快建设富有活力和国际竞争力的一流湾区和世界级城市群。

一、以"前店后厂"为特征的制造业分工合作阶段

从党的十一届三中全会内地实行改革开放到 1997 年香港回归，这一时期的粤港澳合作主要体现为基于比较优势和市场自发的"前店后厂"制造业分工合作模式。改革开放初期，珠三角

和广东有廉价的劳动力和土地，在环境规制方面也比较宽松。香港和澳门具有资金、管理和市场开拓方面的优势，港澳与广东尤其是珠三角地区之间形成了"前店后厂"的垂直产业分工体系，它集中反映了港澳与广东之间由于资源禀赋条件不同形成的比较优势有效组合，并且有效地促进了经济体制改革和区域经济发展（周溪舞，2006）。"前店后厂"的产业分工模式实际上是一种投入和产出"两头在外"的、"大进大出"的直接投资和产业分工模式。在这一模式中，投资和贸易相互补充与相互促进导致粤港之间贸易量的高速增长，使香港自由港的制度优势发挥到了极致；同时在制造业中实现了加工生产和其他环节的分工，珠三角主导制造，香港主导生产服务，从而使香港成为一个国际性的贸易、金融、物流和商贸服务中心。"前店后厂"合作模式是香港的体制、资金和它掌握的国际市场与内地尤其是珠三角地区的劳动力、土地等资源优势，在中国内地市场局部开放条件下相结合的产物。总体来看，港澳回归之前的粤港澳合作主要是由私人资本所主导的"自下而上"的合作模式，充分发挥了市场力量和广东乡镇等地方政府对经济增长的强烈愿望，并使粤港澳区域经济得到了快速的发展。但是，由于当时香港和澳门都还未回归，粤港澳三地合作没有中央政府的有效制度安排和顶层设计，诸如基础设施互联互通、人员和货物通关便利化等问题亟待解决，急需中央政府层面的制度供给，粤港澳三地政府和民间都盼望加强政府之间的战略合作。

二、以市场开放为基础的服务业分工合作阶段

港澳顺利回归至党的十八大召开提出加快构建开放型经济新体制，这一时期的粤港澳合作表现为由市场自发形成走向政府间合作推动，合作领域则由货物贸易扩大到服务贸易，尤其是政府间合作的制度安排和协调机制逐步形成后，改善了粤港之间和粤澳之间在贸易、经济、基建发展、水陆空运输、道路、海关旅客等事务的合作与协调，有力地促进了粤港澳合作深化发展。1998 年 3 月，经中央批准粤港合作联席会议制度设立，这是内地省份与港澳特区之间建立的第一个高层联席会议机制，为推进三地进一步合作搭建了基本制度框架①。2003 年 6 月和 9 月《内地与香港关于建立更紧密经贸关系的安排》（即香港 CEPA）和《内地与澳门关于建立更紧密经贸关系的安排》（即澳门 CEPA）分别签署，此后每年还签署 CEPA 补充协议。CEPA 包括货物贸易、服务贸易和贸易投资便利化三方面的内容，但服务业开放和服务贸易自由化是 CEPA 及其补充协议的主要政策安排。同时，CEPA 及补充协议还加入了广东省"先行先试"的措施，支持粤港澳率先实现服务贸易自由化，推动粤港澳从制造业"前店后厂"向服务业"先行先试"合作转型提升。另外，2003 年 7 月，泛珠三角区域合作（即"9 + 2"）正式提出，并在中央指导和国家有关部门支持下建立了合作框架与机制。2008 年 12 月，国务院批复《珠江三角洲地区改革发展规划纲要（2008—2020 年)》，从国家发展战略层面谋划粤港澳区域合作发展方向，单列"推进与港澳更紧密合作"章节，明确重大基础设施对接、产业合作、共建优质生活圈、创新合作方式四方面内容，标志着粤港澳合作正式上升为国家战略，国务院相继批复《粤港合作框架协议》和《粤澳合作框架协议》。同时，深圳前海、广州南沙、珠海横琴等重点合作载体建设成为粤港澳三地深化服务业合作的重要内容。2011 年，国家"十二五"规划纲要单列港澳专章，从建设中华民族共同家园的战略高度，要求深化粤港澳合作，落实粤港、粤澳合作框架协

---

① 从 2003 年第六次粤港合作联席会议开始采用新的架构和新的机制，由原来的"双首长制"升格为双方行政首脑出面主持的粤港合作联席会议制度。粤港合作联席会议下设"粤港合作联席会议联络办公室"，粤方由常务副省长负责，港方由政务司司长负责，并对应成立相应机构，负责日常具体事务。粤港合作联席会议下设 15 个专责小组，专责小组对各专题合作项目负责研究、跟进、落实。为加强粤港合作的前瞻性和科学性，双方增设了"粤港发展策略协调小组"。澳门回归后，于 2001年设立粤澳合作联席会议，采用粤港合作联席会议相一致的架构和机制。

议，促进区域经济共同发展，打造更具综合竞争力的世界级城市群。

三、以营商环境对接为特征的粤港澳融合发展阶段

党的十八大报告要求"深化内地与香港、澳门经贸关系，推进各领域交流合作"。这标志着内地与港澳的合作从产业功能性合作全面转向制度性合作，粤港澳区域从合作全面进入融合发展，支持港澳全面融入国家发展大局。一方面，2008 年全球金融危机爆发后，全球化进入拐点，发达国家贸易保护主义逐渐兴起，新一代国际贸易投资协议更强调消除"关境之后"壁垒，国际直接投资更加看重营商环境的整体优势，推动粤港澳融合发展有利于全面对接港澳营商规则，为推动制度型开放探索新经验。另一方面，内地经济发展进入新常态，改革开放进入深水区，追求高质量发展、探索构建对外开放新格局、加快建立开放型经济新体制成为党的十八大后新一轮改革开放的重大任务，推动粤港澳融合发展有利于打造高质量发展的典范。因此，2015 年 3 月，国务院授权发布《推动共建丝绸之路经济带和 21 世纪海上丝绸之路的愿景与行动》，提出要充分发挥深圳前海、广州南沙、珠海横琴等开放合作区作用，深化与港澳合作，打造粤港澳大湾区。2015 年 4 月，国务院发布的《中国（广东）自由贸易试验区总体方案》，明确广东自贸试验区战略定位之一是依托港澳、服务内地、面向世界，将自贸试验区建设成为粤港澳深度合作示范区。2015 年 10 月，党的十八届五中全会通过"十三五"规划建议，要求加大内地对港澳开放力度，加快前海、南沙、横琴等粤港澳合作平台建设。2017 年签署的《深化粤港澳合作推进大湾区建设框架协议》提出，支持广东全面深化改革，探索粤港澳合作新模式，推动主要合作区域和重点领域的体制机制创新，以点带面深化合作，充分释放改革红利。2019 年 2 月 18 日，《粤港澳大湾区发展规划纲要》正式发布，提出建设国际一流湾区和世界级城市群的愿景。在 2018 年底召开的中央经济工作会议上，习近平总书记强调"粤港澳大湾区建设重在规则相互衔接"。因此，在这一阶段广东不断深化与港澳的营商环境对接，促进粤港澳大湾区要素便捷流通，推动粤港澳大湾区经济社会全面融合发展。

第二节　粤港澳大湾区发展研究的重点领域

内地实行改革开放后，粤港澳合作的实践和政策制定为学术研究不断提出新课题。因此，粤港澳合作的不同阶段学术界关注的领域和问题各有侧重。20 世纪 80 年代初重点对粤港澳"前店后厂"的制造业分工合作模式进行理论阐释与功能分析，21 世纪初中国加入 WTO 和 CEPA 签署后重点对服务业开放路径与制度创新进行研究，党的十八大以来关注大湾区合作的深层次体制机制创新与规则对接问题。同时，伴随着区域产业转型升级和更具国际竞争力新经济区域的建设，粤港澳科技创新合作和粤港澳城市群发展也一直是学术界探讨的课题。40 年来粤港澳区域合作研究探索在多学科交叉融合中孕育与积累，粤港澳区域合作的学术研究不仅丰富了异质性区域合作理论，而且完善了"一国两制"下港澳与内地优势互补的分工合作实践。

一、制造业分工合作与"前店后厂"模式研究

内地改革开放后，香港加工制造业逐渐迁移至珠三角地区，形成了粤港澳制造业分工合作的"前店后厂"模式。在 20 世纪 80 年代以来的高速全球化背景下，"前店后厂"模式成为多学科学者们关注的课题。综观相关文献，研究重点主要是关于"前店后厂"模式的特征、成因、

经济影响和发展趋势等几个方面。

（1）对于"前店后厂"模式的特征分析。薛凤旋（1989）对战后香港工业化过程中出现的以中小企业与本地大企业及外贸公司之间构筑的分包关系进行了刻画，并认为自内地实行改革开放之后，这种国际分包网络成功地向珠三角地区延伸，香港把大部分劳动密集型制造业的生产环节转移到广东的珠三角地区，而在香港仅保留营销、信息处理及设计等关键功能，形成了香港外向型出口加工业的虚拟化组织，也被形象地称为"前店后厂"。在粤港两地形成的这一制造业分工合作格局中，香港商人发挥的是"店"的功能，他们直接与国际市场联系，负责订单处理、购买原材料、供给成品及半成品和资金调配等主要环节，保持着对生产、营销、设计等环节的控制、协调，而珠三角的企业则进行产品的加工和制造，扮演"工厂"的角色。韩宗琪（1997）认为这里面要旨有五点：一是拿到订单；二是进入世界市场；三是实用技术（科技硬件和知识软件）；四是必要的资金（以上四点由港方负责）；五是内地的廉价劳动力。

（2）对于"前店后厂"模式的成因分析。粤港澳生产成本差别和比较优势的基础上，加上毗邻的地理位置、密切的历史联系和人文文化，在比较利益驱动下形成了这种独特的"前店后厂"模式（毛艳华，2010）。李新春（2000）则从战略联盟与网络的角度分析了改革开放后珠三角地区与香港形成的产业分工协作关系，认为珠三角作为我国最早实行对外开放的地区之一，依靠政府的优惠投资政策和泛华人文化关系以及地方政府积极的推动作用，抓住了港澳台资本的转移机会，利用中小资本和劳动密集型资本率先建立了外向型经济中小企业出口网络，形成了强大的产业竞争优势。

（3）对该模式下的各方经济影响的分析。"前店后厂"模式以比较优势为原则、以市场导向为基础的区域内资源的合理配置，推动了珠三角地区成为全球制造业基地和香港成为亚太重要的服务中心。因此，在该合作模式下，粤港澳三方并不是零和博弈，虽然各自的经济效应大小存在差异，但能不同程度上双赢，是一种存在帕累托改进的合作。例如，MIT在1996年发表的有关香港制造业状况及前景的调研报告大致说明了香港制造业是如何通过与珠三角地区建立起新的劳动分工关系来实现规模扩张的（Berger and Lester，1997）。香港制造业迁移至广东可能导致香港"产业空心化"，但也成就了其金融、法律、咨询等中介生产性服务业的快速成长（Tao and Wong，2002）。而在制造业"前店后厂"的合作中，珠三角地区获得了资本、技术和信息，实现了快速工业化和城市化（丘杉，1997）。

（4）"前店后厂"模式是否可持续之争。从大的方向来看也存在两种观点：一种观点认为"前店后厂"合作模式是以前经济不发达的产物，在世界经济出现高科技浪潮以及中国加入WTO的条件下，应该取消这种垂直型分工的模式，采取接近于水平型分工的模式。路平（1995）通过翔实数据说明，在粤港两地"前店后厂"的制造业分工合作模式中，无论是香港还是珠江三角洲地区的企业都主要是在这一分工合作下寻求企业的增长扩张，香港的企业并没有充分利用内地丰富的研究和发展资源，只是将珠江三角洲的工厂作为其扩大生产、降低成本的企业规模经济方式，而珠江三角洲的企业也只在非常有限的程度上借助于引进外资和技术而对传统产业进行改造，因此，其产业高度和技术能力都还没有超越香港工业化时期加工业的水平。另一种观点认为"前店后厂"模式在新的形势下应该继续存在，但应有所转变。郭郁彬和刘德学（2011）对东莞玩具业在全球生产网络中的升级与优化研究表明，"前店后厂"模式并非只停留在低水平，随着大部分企业职能向珠三角转移，企业自己树立了品牌，体现这个运营模式的优化与升级过程，对整个广东乃至中国玩具业产生重要的影响，成为行业发展的方向与标杆，但企业大部分还处于价值链低端，因此需要加快向高端环节攀升。

二、粤港澳服务业分工合作与 CEPA 安排研究

20 世纪 90 年代末期，随着比较优势的逐渐变化和合作范围及深度扩大，粤港澳三地服务业尤其是在生产性服务业方面的合作既十分必要，也具有重要现实意义。同时，港澳相继回归和 CEPA 安排为粤港澳服务业合作和服务贸易自由化提供了制度保障。相关文献就此进行了深入研究，主要包括以下三个方面的学术问题。

（1）分析粤港澳服务业合作的现状和存在的问题。段杰和阎小培（2003）认为，港澳回归后的粤港澳产业分工合作，由以劳动密集型制造业为基础的"前店后厂"式的合作格局，转变为以科技创新和资源优化配置为核心的分工合作。但是，随着珠三角自身生产性服务体系的逐渐建立，导致粤港两地经济结构高度同质性，造成资源内耗，并可能发展成城市间两败俱伤的恶性竞争，使区内经济机构的重叠导致整体竞争力下降；香港生产性服务业的发展面临着内地城市，特别是广州、深圳、上海和北京等城市的竞争与挑战。关秀丽（2006）认为 CEPA 的实施加快了香港服务业进入广东的速度，人流、物流、资金流已经较为畅通，但两地优势互补合作互动还存在合作地域的局限性、合作层次的初级性以及合作内容的有限性等问题。钟韵（2008）认为 CEPA 通过改变有关服务贸易的法规、降低市场准入门槛，为香港服务业进入广东市场提供了政策保障，促使更大量的香港服务企业进入广东市场，还将使香港服务业提供者在广东市场面临更多国际同行的竞争，主体仍然以中小规模的生产性服务业为主，未来需要与此相对应的最重要任务是重新认识和调整各自的职能和定位。

（2）探讨粤港澳服务业分工合作的内在动力和原因。进入 21 世纪后，香港要实现经济转型，继续保持繁荣、稳定，广东要基本实现现代化，迫切需要两地加快产业结构调整与升级，进一步加强粤港经济整合。毛艳华（2004）通过对香港经济面临的结构性问题的分析，指出 CEPA 安排完全针对了香港经济面临的问题与需要，对重建香港制造业和拓宽金融服务业市场腹地提供了契机，有利于增强香港的全球营运能力，对香港经济发展无疑是重大利好。龚唯平（2007）认为 CEPA 的签订和实施是粤港澳三地针对新的环境下深化合作的标志性事件。对于广东而言，香港服务企业大规模直接进入珠三角和提供全方位的服务，有利于建立起最具国际竞争力的全球性的生产供应链。如果广东制造业较低生产成本优势与香港服务业较低交易成本优势结合起来，就能强强合作实现互利双赢。谢宝剑（2013）认为制度环境的变化、制度收益的强化和制度需求是粤港服务贸易强制性制度变迁的主要动因，而 CEPA 及其系列补充协议、粤港合作联席会议制度等则是具体制度安排。

（3）有关 CEPA 的经济效应和开放效应评估。CEPA 签署以来，围绕 CEPA 的作用与效应开展了较深入的学术研究。张天桂（2005）对内地与香港 CEPA 实施的经济效应进行具体分析，认为对香港而言 CEPA 的实施使香港对内地的贸易依存度进一步增强，并获得了贸易创造效应；对内地而言 CEPA 的实施虽然没有增加香港在其对外贸易中的比重，但也没有形成贸易转移。俞肇熊等（2007）选取运输、金融与保险服务三个行业就 CEPA 服务贸易自由化对香港的影响进行了详细的分析。刘力和林志玲（2008）通过实证分析也验证了服务贸易合作是能实现粤港澳三方多赢的局面。毛艳华和肖延兵（2013）在对 CEPA 有关开放服务贸易进程与具体承诺详细分析基础上，对 CEPA 实施以来服务贸易的开放效应进行了评价，认为 CEPA 发挥了内地与香港服务贸易的比较优势，促进了双边服务贸易的快速发展，并获得了服务贸易开放的静态效应与动态效应，并针对 CEPA 实施过程中对双边服务贸易的促进作用不如预期显著、现代服务在双边贸易中的比重偏低以及服务提供者以传统服务领域为主等问题，提出了 CEPA 框架下加快内地与香港服务贸易自由化的政策建议。

三、粤港澳科技产业与科技创新合作研究

改革开放以来，广东在跨境科技合作体制机制创新中推进了一系列的改革探索，粤港澳科技合作取得了显著成绩。梳理粤港澳科技合作的相关研究，主要集中在以下三个方面：

（1）探讨粤港澳科技合作的历史与发展历程。改革开放使一向有着深远地理、历史、社会渊源的广东和香港的关系，得到了进一步的发展，这种发展为粤港科技合作提供了可能性和必要性（江枫，1990）。香港与广东分别于2004年和2005年不约而同地提出发展创新科技与自主创新的策略，并且通过粤港区域科技合作，完善区域创新的体制，驱使粤港合作由松散型的"前店后厂"自由合作关系向战略型的技术经济合作关系转变（邝缇纶和毛艳华，2017）。总的来看，粤港澳科技创新经历了"三来一补"末端跟随时期（1978—1990年）、跟随生产到产生转型需要时期（1990—2004年）、深港全面合作时期（2004年至今）三个不同阶段。

（2）探讨粤港澳科技合作的现状和存在的问题。由于粤港澳三地社会制度不同，政治和经济体制不同，又属于不同关税区，因此在科技创新合作过程中，政策法规上的差异制约了三地战略规划制定和协同发展的进程，主要体现在科创环境差异、信息不对称、科技要素流动受到诸多限制、配套服务跟不上、缺乏具有影响力的市场主体以及政府对知识产权保护不足等方面（艾德洲，2018）。同时，粤港关键领域合作仍需进一步完善，两地在联合资助计划的选题、评审、立项、资助、审计等各个环节都存在差异，难以形成合力，造成研发成果大多不能产业化、项目立项缺乏灵活性、项目数太少，一些项目的合作只是一个框架性的，承担项目的合作伙伴缺乏长期稳定的合作关系，这类项目的合作成果对推动当地产业的发展影响不大（邝缇纶和毛艳华，2017）。

（3）探讨粤港澳科技合作的机制和模式。港澳相继回归后，随着"顶层设计"使粤港澳科技创新合作的组织机构不断健全，粤港澳科技创新合作的机制进一步确立。自2003年始，在粤港联席会议机制下，广东省科技厅与香港特区政府商务及经济发展局牵头成立"粤港高新技术专责小组"，定期召开专责小组全体会议，落实有关科技合作计划与交流活动。自2004年开始，粤港双方合作开展关键技术领域重点突破联合招标工作，开启了关键技术领域重点突破联合资助计划。此外联合搭建科技创新平台推动粤港科技创新合作，如2006年香港科技大学在南沙资讯科技园成立了霍英东研究院。梁经伟等（2018）基于论文合著视角对粤港科技合作的演变特征进行研究，发现早期粤港合作水平不及京港与沪港，而2008年之后两地科技合作得到迅猛发展，认为粤港科技论文合作网络呈现核心—边缘结构特征，如香港大学、香港中文大学、中山大学等实力较强的科研机构处于网络的中心地位，而实力较弱的则位于边缘位置。同时，他们也发现粤港间合作的相对强度不及港粤，需进一步加强广东省同香港间的科技交流，通过两地科技优势互补，共同推动粤港澳大湾区科创中心建设。

四、珠三角城市化动力与城市群研究

珠三角地区的城市化快速启动得益于20世纪80年代快速的工业化进程，而后者又与粤港澳"前店后厂"的制造业分工合作关系密切，粤港澳日趋紧密的经济社会联系又持续推动了粤港澳城市群和深港都会区的形成。许学强（2009）认为，1978年以来珠三角地区改革开放"先行一步"，不仅创造经济增长奇迹，而且带来了快速的城镇化过程，并成为中国城镇化研究的热点。

综观现有相关研究的文献，珠三角城市化动力可以归为以下内因和外因两类。就内因而言，一般认为是外来人口迁入、产业集聚、政府政策等方面。李若建（2014）通过对珠三角城市群城市化历程的分析，认为大规模人口迁移是珠三角城市群城市化的直接原因，其动力源于工业

化，并从主要依靠工业转为工业与第三产业并重。韩靓（2019）发现 20 世纪 90 年代以来，以跨省农村流动人口为主力的大规模人口流入是珠三角城市群迅速城市化的直接动因，近年来户籍制度改革和家庭化趋势助推了户籍人口增长逐步成为常住人口增长的主因；工业化的迅猛发展是珠三角城市群流动人口井喷式增长乃至推进城市化的根本动力；产业结构的优化升级是吸引外来人口、助推城市化进程的持续动力，提升了广州、深圳超大城市人口的聚集度。也有学者从政府或制度层面探讨了珠三角城市化的动力。李郇和黎云（2005）认为珠三角地区快速的城镇化过程与财政分权和分散的土地集体产权单位密切相关。沈建法等（2006）讨论了中国在改革时期双轨城市化兴起的政治经济因素，发现人口迁移政策的放松以及经济特区城市的迅速发展造成了相对集中的暂住人口的增长。城市集聚经济和特区政策使非农业人口在经济特区城市集中和迅速增长。

就外因而言，他们认为全球化和外商直接投资是珠三角城市化的重要推动力，提出了"外向型"城市化的概念。薛凤旋和杨春（1997）指出在资本、人力、技术和市场走向"全球化"的情况下，新的国际分工 1980 年以来已成为一些发展中国家和地区的人口及经济活动急剧增长与集中的主要动力。珠三角利用港资的导向效应与城市化发展跨境效应的一致，正反映出珠三角通过香港这一世界城市而逐渐渗入世界市场和世界城市体系，纳入世界经济轨道。空间上，通过外资特别是来自港澳地区的投资驱动，一个珠三角—香港—澳门城市三角体正在形成。不同于外资在大多数发展中国家集中在已开发的大城市地区，外资在珠三角却显示出"小城镇"倾向，与之相一致的是以小城市、小城镇为主导的城市化。外资的涌入，在小城镇甚至农村城区兴建外资企业，不但吸收了当地农村剩余劳动力，而且为大量来自区外、省外的迁移人口创造了就业机会。外资的涌入，不但促进了农村地区的工业化，而且也使农村景观迅速向城市景观转变，从而加速了城市化的进程。

国家"十二五"规划和《珠三角规划纲要》提出，粤港澳携手打造亚太地区最具活力和国际竞争力的城市群，率先形成最具发展空间和增长潜力的世界级新经济区域，并力争在"十二五"期间大珠三角世界级城市群的格局基本形成。毛艳华等（2014）通过与世界级城市群的对比分析，概括了大珠三角城市群的基本内涵和发展特征，找出了发展差距和影响竞争力的主要因素，并就提升大珠三角城市群国际竞争力提出了对策建议。陆大道（2017）认为，在全球化与信息化的大背景下，以香港和广州为核心城市的珠江三角洲正在发展成为我国的世界级大城市群之一，成为我国南部区域进入世界（特别是进入"一带一路"）的枢纽（区）及世界进入中国南部的门户，并阐述了珠江三角洲大城市群的优化发展及其各部分的功能定位。还有文献围绕城市群交通基础设施规划、社会服务融合、旅游公共服务、养老服务等方面展开了深入的讨论。郑天祥等（2012）指出，粤港基础设施对接仍面临覆盖区域小、污染重、塞车严重、物流成本高、与珠三角同质化竞争等瓶颈性问题，不利于综合轨道交通网和多式联运运输枢纽的形成。徐涵等（2008）以大珠江三角洲城镇群（珠江三角洲和香港、澳门）作为研究对象，将宜居城市研究拓展到区域视角，从居住、生态环境、文化休闲、联系等方面研究了宜居城镇群的建设思路，针对四个方面的宜居性障碍因素和未来的要求，提出了七大行动计划：阳光海岸计划、轨道公交计划、生态优先计划、绿荫计划、生活合作计划、居住融合计划、畅通计划。

还有文献提出了"都会经济区"的概念。薛凤旋（2000）讨论了香港和广东省在近 20 年来的紧密经济合作关系即"前店后厂"模式的出口型轻工业的地域分工和以这个为基础所形成的香港和广东省的珠三角共同组成的新的经济区域单元——香港都会经济区，探讨了都会经济区的定义以及香港都会经济区所涉及的政策和规划问题，对两地将来在经济合作与分工的考虑时，建议以都会经济区的整体协调和利益为起点。罗小龙和沈建法（2010）在《从"前店后厂"到港深都会：三十年港深关系之演变》一文中指出，30 年港深关系的发展大体经历了三个阶段：1979 ~ 1996 年，"前店后厂"的跨界地域生产体系在香港与深圳间形成，市场（跨界投资）成为引领港深一体化的主要推动力，政府是区域一体化中缺失的部门；1997 ~ 2003 年，随着内外政治、经济和社会环境的变化，香港特区政府开始调整自己的区域政策，对区域一体化重新认识；2004 年以来，制度化的区域一体化开始在港深两市出现，"港深都会"成为两市合作的旗帜，区域一体化加速发展。

五、粤港澳区域合作机制创新研究

在"一国两制"制度下推动粤港澳区域合作体制机制创新是港澳回归后学术界关注的重要课题，相关文献主要集中在探讨合作障碍与机制创新两个方面。

就粤港澳合作面临的障碍，王圣军和田军华（2012）认为粤港澳合作的障碍主要来源于社会体制和思想认识差异。一方面，粤港澳三地的社会管理体系和服务体系存在较大的差距，导致三地资源整合难度大，实施合作程序多、效率低等问题，再加上合作自主权的不对等，使三地相互沟通和协调的成本高、难度大，依然缺乏统领全局的粤港澳合作协调机制。另一方面，认识未统一，合作创新领域趋于保守。粤港澳出于历史的原因，各自的文化和社会管理制度存在一定的差异性，因而其管理模式和管理理念有所不同，导致三地政府未必能形成统一的认识，各自都有自己的担忧和考虑，在港深、珠澳合作创新领域趋于保守。谢宝剑（2012）讨论了粤港澳社会福利、教育、医疗和工会服务等领域的社会融合，认为利益共享机制尚未完善、制度壁垒尚未完全突破和社会政策尚有制度落差是当前粤港澳社会融合的主要问题。

就粤港澳合作机制创新策略，马捷等（2013）以珠三角"9 + 2"城市群为背景，解释了地方政府跨界政策网络的形成过程，并指出实现信息互通和建立信任关系，能够降低地方政府正式和非正式合作关系中的交易成本。叶林（2010）以珠三角地区的粤港合作经济协调为背景，提出区域一体化合作已经成为我国地方政府治理和推进公共政策的主要手段之一。左连村（2016）认为实施"一带一路"倡议、发展自由贸易区战略和创新驱动战略是粤港澳深度合作面临的三大历史机遇。应借助国家推进"一带一路"建设的战略机遇，促进粤港澳合作开放发展；借助国家加快自由贸易区建设的战略机遇，促进粤港澳深度融合发展；借助国家实行创新驱动发展的战略机遇，促进粤港澳合作创新发展。

第三节　粤港澳大湾区发展研究的热点课题

湾区经济是区域经济发展的高级形态，开放性、创新性、协调性和宜居宜业是国际典型湾区的共同特征。自 2017 年 7 月 1 日签订《深化粤港澳合作推动大湾区建设框架协议》后，尤其是 2019 年 2 月 18 日发布《粤港澳大湾区发展规划纲要》以来，聚焦粤港澳大湾区发展战略和重要建设任务的研究成为热点课题，跨学科和宽视野的理论分析与比较分析，对于厘清相关理论问题和提供精准施策具有重要的意义。

一、粤港澳大湾区发展战略与愿景

2015 年 3 月 28 日，国家发展改革委、外交部、商务部联合发布《推动共建丝绸之路经济带和 21 世纪海上丝绸之路的愿景与行动》，并首次指出要建设粤港澳大湾区。为什么要提出建设粤港澳大湾区，它肩负着什么样的历史使命？自"粤港澳大湾区"概念提出以来，大湾区战略定位和发展愿景成为热点探索问题。蔡赤萌（2017）认为共建粤港澳大湾区世界级城市群，既是粤港澳区域经济社会文化自身发展的内在需要，也是国家区域发展战略的重要构成与动力支撑点，承载着辐射带动泛珠三角区域合作发展的战略功能；同时，也是国家借助港澳国际窗口构建开放型经济新体制的重要探索，是"一带一路"建设、构建"走出去""引进来"双向平台的重要区域支点；此外，也是构建港澳经济长远发展动力，成功实践"一国两制"、达致港澳长远繁荣稳定和凝聚港澳向心力的重要措施。李莉莉和申明浩（2017）认为，将粤港澳大湾区建设成国际航运物流中心枢纽，有利于推动落实"一带一路"和亚太自贸区的战略构想；建设世界级粤港澳大都市圈，有利于提升粤港澳合作广度和深度；将粤港澳大湾区建设成高端生产性服务中心，有利于深化我国开放型经济体系的建设。覃成林等（2017）认为粤港澳大湾区所担负的战略使命是对标纽约、旧金山、东京三大湾区，发展成为对世界经济具有主导作用的大湾区，在发展理念和经济结构方面引领世界经济发展新方向，成为"一带一路"建设的重要枢纽。赵晓斌等（2018）认为粤港澳大湾区是在"一带一路"倡议下，由珠三角经济圈的强化合作而产生的新地理概念。作为新兴的全球化港湾，粤港澳大湾区如何突破新自由主义框架理论，探索出符合社会主义市场经济体制的发展路径，是当前决策者和规划者需要思考的重要问题，并提出可通过粤港澳三方通力合作，创造一个内生型的经济与产业本土增长模式作为大湾区的发展路径。具体表现为：一方面，要以先进制造业为立足点、实现自我创新的产业升级，形成完善的制造业产业链，并成为全球生产网络的重要节点与区域性枢纽；另一方面，大湾区还应利用自身的科研与教育、金融与创新资源优势，推进"一国两制三关税区"，尤其是与香港在大湾区建设中的全方位参与联动，完善产权制度，加强合规和的市场经济体系建设，将大湾区打造为中国的科创中心及全球性金融中心。毛艳华和荣建欣（2018）对粤港澳大湾区的战略定位与发展愿景进行了详细研究，认为在国家"双向"开放、"一带一路"建设和实现经济发展方式转变的战略背景下，粤港澳大湾区发展规划要有更高的战略定位，要成为高水平开放的引领者、新经济发展的策源地和合作机制创新示范区。围绕粤港澳大湾区的战略定位，规划建设粤港澳大湾区将致力于使其成为"一带一路"重要支撑区域、国际科技创新中心、全球最具活力经济区、世界著名优质生活圈、"一国两制"实践示范区。规划建设粤港澳大湾区，应从凝聚区域合作共识、创新区域合作体制机制、培育利益共享产业价值链、共建湾区优质生活圈和完善湾区发展规划协调机制五个方面入手，形成湾区协同发展的格局，加快把粤港澳大湾区建设成为国际一流湾区和世界级城市群。

二、粤港澳大湾区空间结构与布局

空间是经济社会发展的载体和支撑，世界一流湾区都具有高度整合的空间结构。在空间布局上，《粤港澳大湾区发展规划纲要》提出，"坚持极点带动、轴带支撑、辐射周边，推动大中小城市合理分工、功能互补，进一步提高区域发展协调性，促进城乡融合发展，构建结构科学、集约高效的大湾区发展格局"。自"粤港澳大湾区"概念提出后，其空间结构和布局问题受到广泛关注。李郇等（2018）从边界、功能、核心区、区域基础设施四个维度对粤港澳大湾区空间结构的发展进行了分析，认为未来粤港澳大湾区将呈现去边界化、产业功能网络化、城市联动双城化以及基础设施共享化四大趋势，预测未来粤港澳大湾区空间结构将形成"两核＋若干功能区"的新格局。曹小曙（2019）分析了从三角洲地理基础到建设湾区经济一体化高级形态的发展历程，论述了时空压缩效应下区域发展的均质化是粤港澳大湾区经济一体化的理论基础，认为产业发展、建设用地扩张和人口与快速城镇化的推进是粤港澳大湾区经济一体化的特色实践，共同推动区域"点—轴—面"的空间结构演化，并从智能交通一体化发展、多极化空间格局、制度创新、公平发展和生态文明建设等方面阐述了粤港澳大湾区未来发展趋势。邱坚坚等（2019）基于信息流和交通流的视角，从内部与外部联系两个维度对粤港澳大湾区的网络结构特征进行识别与分析，并发现湾区内部联系网络呈现以广深为双核心的结构，佛、莞、珠的中心性地位较突出，香港是湾区外部联系网络的枢纽，以深、广、澳为核心节点，区域格局深受全球非局域中心联系的影响，但整体的交通外部联系较为匮乏；湾区综合网络格局以三大枢纽为核心，但制度差异下的空间融合联系受到地方化及地缘偏向的约束，对等级关系有一定的依赖，结构上存在主导性缺失。覃剑和巫细波（2020）通过经济总量、人口、就业、企业和城市联系强度空间分布的分析发现，粤港澳大湾区经济高度集中在内湾地区，东岸经济密度高于西岸，经济空间呈现层级分布特征，认为应强化响应速度、平台建设、功能提升、协同联动、要素配置、制度创新六个方面积极推动粤港澳大湾区空间协同发展。熊瑶和黄丽（2020）通过链锁网络模型及社会网络分析法，利用上市企业总部—分支机构数据，分析粤港澳大湾区城市网络的演化特征。结果表明粤港澳大湾区上市企业总部呈高度集聚分布，总部经济的辐射范围逐步扩大。港深广之间高强度联系构筑一条联通廊道，香港、深圳的双核心地位凸显。城市网络单向流动特征明显，除香港为输出型城市外，其他城市均为输入型，流入—流出不对称性逐渐减弱。粤港澳大湾区城际联系由地理邻近的片区化组团向跨片区融合发展转变。整体城市网络呈现高密度、去中心化趋势，并由形式多中心向功能多中心转变，进入离心化的功能多中心发展阶段。

三、粤港澳大湾区国际科技创新中心建设

《粤港澳大湾区发展规划纲要》明确提出，将粤港澳大湾区打造为具有全球影响力的国际科技创新中心及全球科技创新高地和新兴产业重要策源地。对该问题的研究主要集中在以下四个方面：一是国际科技创新中心的主要演进特征（廖明中和胡彧彬，2019）。国际科技创新中心的核心要素特征主要包括创新要素的集聚（主要包括高水平院校和科研机构等），支柱产业的多元化、影响力和引领性，政府高效的保障和监管能力，科技金融、法律等专业服务能力，开放包容的创新文化氛围，良好的基础设施等，以"科技"和"人才"为核心的要素之间的交叠与联系往往是创新活动的关键，创新投入、客户需求、企业竞争、产业联系、区域发展等要素构成了区域创新的驱动力。二是国外科创中心建设对粤港澳大湾区科创中心建设的启示（林柳琳和吴兆春，2020）。在对发达国家或地区建设科创中心的研究中，国内大部分学者尝试通过主导因素来总结全球科创中心的建设模式，并以此分门别类，以期为国内因地制宜地探索科技创新中心建设路径寻找共性参考。三是总结当前粤港澳大湾区建设国际科创中心的制度障碍（王子丹等，2021）。"一国两制"和三个独立关税区构成了粤港澳大湾区独特的法律环境，特别行政区、经济特区、自由贸易试验区等经济体制多重叠加，法律和体制层面的差异和隔阂，将提高粤港澳三地创新成本。创新要素聚而不联，创新要素流动不畅，体制机制转换对接困难成为影响粤港澳大湾区协同创新的最大障碍。创新要素资源流动阻碍科技创新合作的深化，创新协同的差距提高融合创新、协同创新的成本。大湾区创新主体高度集聚，创新产出和创新服务具有全球竞争力，但仍存在基础创新较弱、创新协作不足、创新服务品质不高等问题（樊德良等，2019）。四是基于经典理论模型探讨粤港澳大湾区国际科创中心的建设路径等方面。粤港澳大湾区建设国际科技创新中心的路径应沿着以"科技"和"人才"为核心、以"科技—产业—全球生产网络"和"人才—环境—世界城市网络"为核心链条进行推进，创造一切条件鼓励科技创新，加强人才建设（王云等，2020）。在构建粤港澳大湾区产业科技创新体系中，必须充分发挥湾区内各地区和城市科研资源的优势，在优势互补和专业分工基础上，建立"香港、广州知识

创造—深圳知识转化—珠三角产品应用"的协调创新体系（陈广汉和谭颖，2018）。此外，游玎怡等（2020）重点对香港在建设粤港澳大湾区国际科技创新中心中的作用进行了研究，认为大湾区国际科技创新中心需要明确香港角色，并促使其更好地发挥作用，并提出香港在四个方面具有独特优势：一是高水平大学集群与自由的学术氛围，培育出大量创新人才；二是基础研究优势，并在与大湾区其他城市的互动中促进技术创新；三是一流的现代服务业，可为企业发展提供法律、金融等方面的支撑；四是全球视野和良好国际形象，提升大湾区国际化水平。但是，香港也在产业发展、创新政策实施和创业成本等方面有不少教训。善用"一国两制"、加强两地互动，既有助于香港在已有的良好基础上探索形成新的、更加符合科技创新具体要求的优势领域，实现自身突破，也有利于贡献独特智慧，辐射大湾区建设，并推动我国科技体制改革，促进创新事业发展。

四、粤港澳大湾区基础设施互联互通

基础设施互联互通有利于支撑粤港澳大湾区要素便捷高效流动，因此粤港澳大湾区城际铁路规划、大型基础设施建设与管理和基础设施互联互通与规则对接等问题成为政策制定和研究热点。《粤港澳大湾区发展规划纲要》设立专题"加快基础设施互联互通"，要求加强基础设施建设，畅通对外联系通道，提升内部联通水平，推动形成布局合理、功能完善、衔接顺畅、运作高效的基础设施网络，为粤港澳大湾区经济社会发展提供有力支撑。2020年7月30日，国家发展和改革委员会批复《粤港澳大湾区（城际）铁路建设规划》[①]，要求在继续实施并优化原珠三角地区城际轨道交通网规划基础上，进一步加大城际铁路建设力度，做好与大湾区内高铁、普速铁路、市域（郊）铁路等轨道网络的融合衔接，形成"轴带支撑、极轴放射"的多层次铁路网络，构建大湾区主要城市间1小时通达、主要城市至广东省内地级城市2小时通达、主要城市至相邻省会城市3小时通达的交通圈，打造"轨道上的大湾区"，完善现代综合交通运输体系，促进港澳融入国家铁路网络。吴春燕和曾勇（2018）指出，2018年9月23日，广深港高铁香港段正式开通运营，标志着广深港高铁全线贯通，首次实现了香港连入祖国高铁网，大大缩短祖国内地与香港特区的时空距离，增强祖国内地与香港特区的经济协作，强劲提振粤港地区经济融合发展，助推粤港澳大湾区经济繁荣。

港珠澳大桥是粤港澳三地首次合作共建的世界级跨海交通集群工程，总投资约1050亿元，总路线约长56千米，设计使用寿命120年，地理位置上横跨珠江口伶仃洋水域，是跨越香港、广东和澳门连接珠江东西两岸的重要陆海路通道，对促进粤港澳大湾区发展和提升珠三角地区综合竞争力意义重大。黄振东和杨斌（2017）探讨了港珠澳大桥驱动下珠江两岸经济关联格局演变，认为港珠澳大桥可有效弥补珠江两岸陆运交通可达性短板。实证结果显示港珠澳大桥的建成通车会大幅提升珠江两岸地区经济关联强度，并有助于间接改善珠江两岸地区经济格局，还进一步提出西岸地区应把握港珠澳大桥历史发展机遇，东岸地区要逐步实现经济发展模式转型以及珠江两岸地区政府应高度重视地区间经济协同发展等建议。李迁等（2019）分析了重大工程决策治理的基本内涵，以港珠澳大桥为案例研究对象，研究了港珠澳大桥在"一国两制"的政治背景下工程决策复杂性和决策治理基本原则，基于对决策问题的系统分解与重构来形成港珠澳大桥决策治理的"适用属地法律"的行动准则，建立了"三级架构、二级协调"的多级决策治理结构和权力配置方案，形成了多主体"友好协商"的治理行动过程。刘珺如和毛艳华

---

① 国家发展改革委关于粤港澳大湾区城际铁路建设规划的批复（发改基础〔2020〕1238号），https：//www. ndrc. gov. cn/xxgk/zcfb/tz/202008/t20200804_ 1235517. html.

（2020）基于对港珠澳大桥和欧盟 TEN－T 项目两个案例的比较，探讨了粤港澳大湾区跨区域基础设施协调制度的构建与完善，认为跨区域基础设施项目的建设、运营和管理是区域治理的重要内容之一，往往面临集体行动困境，因此需要建立区域治理的协调制度来协调多元治理主体、项目建设以及不同利益群体这三个层面来克服集体行动困境，共同提供跨区域的公共产品和服务。欧盟和粤港澳大湾区在各自的跨区域基础设施项目中建立起了各具特色的区域协调制度。他们进一步提出，未来粤港澳大湾区跨区域基础设施的治理可以借鉴欧盟的经验，在法治化的框架下实施区域协调；完善中央层面、区域层面以及地方层面的多元治理主体之间的权能分配制度；区域协调机构应着重提升"跨区域"的公共利益；扩大区域治理的协调范围，创新公众参与机制。

五、粤港澳大湾区产业分工与协同发展

粤港澳大湾区产业经济基础扎实，促进产业优势互补、紧密协作、联动发展，有利于培育若干世界级产业集群。因此，如何构建大湾区合理的产业分工和协同发展机制成为理论与政策关注的热点。孙久文等（2019）对粤港澳大湾区产业集聚的空间尺度进行了研究，认为粤港澳大湾区是在珠三角城市群的基础上升级的新型产业集聚区域，通过对粤港澳大湾区产业集聚的城市尺度和区域尺度的分析，提出在全球化背景下应以大都市圈作为粤港澳大湾区的产业集聚尺度，利用基础设施建设提升一体化水平，采取差异化政策协调城市关系，开展产业发展模式、贸易体系、经济版图的三层重构。赵祥（2019）认为高效的产业分工是城市群经济发展总体效率提升的必由之路，而商品与要素的自由流动是实现区域产业分工的基础。促进粤港澳大湾区城市群产业分工的关键在于提高区域产业政策的协调性，降低商品和要素的流动成本。电子信息产业是粤港澳大湾区最主要的产业，具有较强的成长性和代表性。李艺铭（2020）通过采用莫兰指数、区位熵等空间集聚指数分析方法测算，总结出粤港澳大湾区电子信息产业协同发展存在"东高西低、自我强化"的空间集聚特征、"未有协同、方向各异"的协同发展特征、"成效初显、联动不足"的要素集聚形态三大特征。通过对标日本东京湾城市群产业协同发展，进一步分析粤港澳大湾区城市群在产业空间集聚和协同发展方面的不足和发展潜力，建议通过对标世界级湾区产业集群，发挥核心城市向心力，增强城市群产业整体空间布局和产业协同效应，推动产业差异化发展。黄卫华和陈海椰（2020）研究了粤港澳大湾区金融发展与产业升级之间的关系。实证结果表明，尽管在"一国两制三币"的特殊情况下，粤港澳大湾区的金融发展仍然能够通过科技创新的中介效应，对产业升级产生显著的促进作用。因此，应鼓励金融工具创新，完善金融制度，维护金融市场信息安全，加大对科技事业的财政支持，推动"金融＋科技"模式发展，以科技创新促进产业升级。刘毅等（2020）对粤港澳大湾区与三个世界级湾区的产业发展进行了比较分析，发现粤港澳大湾区具备世界一流湾区的总量规模和条件，但是经济增长质量不高；区域化和工业化特征明显，高端服务业具有巨大的发展空间；香港、澳门与珠三角九市间的产业分割格局严重，合作潜力大，而珠三角九市间产业同构现象需要进一步统筹协调解决。未来需要进一步推动区域协同发展，通过扩大开放提升湾区的国际竞争力和影响力。

六、粤港澳参与"一带一路"建设

《粤港澳大湾区发展规划纲要》提出，全面对接国际高标准市场规则体系，加快构建开放型经济新体制，形成全方位开放格局，共创国际经济贸易合作新优势，为"一带一路"建设提供有力支撑。对这一问题的研究主要集中在三个方面：一是粤港澳大湾区营商环境建设。卢纯昕（2018）对粤港澳大湾区法治化营商环境建设中的知识产权协调机制进行了研究，认为粤港澳大

湾区优良的法治化营商环境建设，必须保障知识产权制度的运作顺畅。由于粤港澳大湾区属于"一个国家、两种制度、三个法域"的格局，由此产生的知识产权挑战已成为粤港澳大湾区创新要素自由流通的阻力。粤港澳大湾区知识产权问题的实质是知识产权的地域性与湾区内的区域发展不平衡性，需要通过在湾区内构建知识产权政策互认机制、创意产业集聚机制、知识产权运营服务机制、知识产权保护联动机制等协调机制，通过不同法域之间的协调合作才能有效解决。李猛（2018）认为粤港澳大湾区从区域经济合作上升到全方位对外开放的国家战略，未来粤港澳大湾区有望成为亚太地区最具活力的经济区。与此对应，迫切需要高标准和国际化的现代经贸规则支撑，推进实现粤港澳大湾区的规范有序发展。应当把握历史机遇，对接高标准国际经贸规则，尽快制定更高水平的、多边性质的粤港澳大湾区自由经贸协定，为粤港澳大湾区长久建设发展提供坚实有效的法治保障。为进一步促进大湾区投资贸易自由化，2017年内地与香港、澳门先后签署《〈关于建立更紧密经贸关系安排〉投资协议》（CEPA《投资协议》），不仅丰富了CEPA协议内容，填补CPEA投资领域法律空白，也在港澳投资保护方面有诸多创新。李可（2019）探讨了粤港澳大湾区投资法律体制的构建与方向选择，认为随着粤港澳大湾区投资合作的进一步深化，府际协议的法律基础、新旧法之间衔接、政出多门等问题凸显，严重阻碍投资优惠和投资保护政策的落实。为解决这一困境，需要梳理和协调大湾区投资法律体系内部不同法律法规之间的关系，特别是《外商投资法》与CEPA系列协议之间的衔接与协调，加强粤港澳三地法律合作，增强互信共识，通过本地立法巩固和完善相关配套措施，为粤港澳大湾区打造良好的投资法律环境。

二是基于"一带一路"倡议下粤港澳大湾区建设的机遇、挑战和发展路径。毛艳华等（2018）对粤港澳携手参与"一带一路"建设的优势、进展、路径、挑战和体制机制创新等进行了系统研究，认为在构建以"一带一路"为重点的全面开放新格局中，粤港澳区域拥有独特优势；"一带一路"建设以来，粤港澳三地形成了携手参与"一带一路"建设的政治共识，建立了携手参与"一带一路"建设的制度安排，深化粤港澳合作的体制机制创新取得了新进展；对标"五通"任务与需求，建立粤港澳携手参与"一带一路"建设的联动机制，设计好科学的合作路径，粤港澳发挥各自优势可在公共关系与经济治理、基础设施建设、贸易投资促进与贸易便利化、"走出去"与国际产能对接、人文交流与旅游服务等多个领域开展合作，携手参与"一带一路"建设。当前，粤港澳合作参与"一带一路"建设在沿线市场开发、湾区要素便捷流动、合作意向落地和政策措施对接等方面仍然面临一些重要的问题和挑战。因此，以粤港澳大湾区建设为契机，加速湾区贸易投资便利化、加快完善携手"一带一路"建设的制度化机制、加强粤港澳三地在"一带一路"具体政策推进中的合作对接，对于粤港澳大湾区建设成为"一带一路"重要支撑区域具有重要的意义。

三是基于粤港澳三地各自比较优势参与国际分工。蔡赤萌（2016）就香港对接"一带一路"的原则与策略进行了分析，认为香港作为国家对外开放的重要窗口，需要提前布局，找准定位、扬长补短、选择重点、做好对接，在参与和助力"一带一路"倡议推进过程中提升自身优势与发展动力。潘圆圆（2019）探讨了澳门对接"一带一路"和粤港澳大湾区的机遇及建议，认为在"一带一路"建设和粤港澳大湾区战略背景下，内地企业在"一带一路"投资并购中面临融资难和投资风险高的问题，澳门可以利用"一国两制"的优势，为企业"走出去"提供资金融通和投资中介服务，还可以有效利用投资基金，积极参与"一带一路"基础设施建设和产业升级。大湾区战略为澳门提供了展开城市合作、拓展生存与发展空间的机遇，澳门由此能够吸引人才和培育人才，为大湾区建设提供人力资源支撑，也能将自身打造成中华文化和多元文化的交流合作中心。

七、粤港澳大湾区优质生活圈建设

《粤港澳大湾区发展规划纲要》以"宜居宜业宜游的优质生活圈"为定位之一，提出建设生态安全、环境优美、社会安定、文化繁荣的美丽湾区。田新朝（2017）探讨了粤港澳大湾区跨境养老服务的协同合作的机制、结构与模式，主张推进三地养老服务协同治理的长效机制。许乃等（2018）从四个方面提出了粤港澳大湾区绿色低碳发展对策，以绿色低碳技术工程体系、绿色低碳发展评价体系、绿色低碳生产生活体系和绿色低碳区域合作机制"四大创新"，引领绿色低碳发展，为建设美丽湾区、打造宜居宜业宜游的优质生活圈提供支撑。周丽旋等（2019）对粤港澳大湾区生态环境一体化协同管理模式进行了研究，认为现有环保合作机制仍不适应全面支撑粤港澳大湾区生态文明共建，应基于粤港澳大湾区生态环境管理的现实需求，在"一国两制"的基础上深化粤港澳生态环境合作，探索区域生态环境一体化协同管理模式，具体包括凝聚共识，使建设美丽生态粤港澳大湾区成为共同目标；建立粤港澳大湾区生态环境协同决策平台；构建协调统一的粤港澳大湾区环境管理制度体系；构建粤港澳大湾区生态环境协同管理保障机制。张树剑和黄卫平（2020）探讨了新区域主义理论下粤港澳大湾区公共品供给的协同治理路径，认为促使大湾区打造世界级城市群和美好优质生活圈，关键在于三地政府和社会在公共品供给方面加大协同治理，增强区域内公共政策协作，提升区域公共服务均等化水平，提高区域发展的核心竞争力。新区域主义理论下粤港澳大湾区公共品供给的协同治理路径应重视大湾区的区域联合规划协同，加强大湾区发展的顶层设计；探索特区租管地作为区域融合的重要法律手段；建立平行社会保障体系，解决跨境就业者的"社保可携性"难题，给人力资源要素的流动带来最大便利；用协同合作模式延伸港澳跨境养老公共服务，解决大湾区人口老龄化压力；借鉴港澳优势培育发达的生产关系配套社会网络；重视人才的协作培养等。

八、粤港澳大湾区合作体制机制创新

《粤港澳大湾区发展规划纲要》指出，在"一国两制"下，粤港澳社会制度不同，法律制度不同，分属于不同关税区域，市场互联互通水平有待进一步提升，生产要素高效便捷流动的良好局面尚未形成。因此，创新合作体制机制是粤港澳大湾区建设的难点，也是理论与政策研究的热点。钟韵和胡晓华（2017）探讨了构建粤港澳大湾区的四大基础特征，认为区域合作制度的创新能够提高湾区内生产要素配置的效率，从而带来经济效益的提升；制度创新应成为粤港澳大湾区深层次整合的重要途径；网络型城市体系的建立对于打破等级化的城市发展观念、营造更密切的区域合作氛围具有重要意义。毛艳华和杨思维（2018）探讨了粤港澳大湾区建设的理论基础与制度创新，认为推进粤港澳大湾区建设面临着跨境协调、要素流通、社会融合等深层次体制机制问题。理论分析表明，经济一体化、空间分工和空间重构水平的提升有助于提升湾区生产要素配置效率和区域协调能力，制度性整合有助于区域功能性整合，制度创新是实现湾区高效治理的重要途径。基于理论分析，在"一国两制、三个关税区和三种法律体系"下推动粤港澳大湾区建设应加强制度创新探索，重点包括基于市场一体化创新湾区跨境协调机制、基于已有平台和合作基础创新湾区城市合作机制、基于"共享产业价值链"创新湾区产业分工机制、基于"区域利益共同体"创新湾区公共治理机制四个方面的体制机制创新着手，加快形成粤港澳大湾区协调发展新格局。

制度的多样性和互补性是粤港澳大湾区最大的特征与优势，在"一国两制"背景下，尽量减少和降低制度差异导致的成本，增加制度互补带来的收益，追求制度差异成本最小化和制度互补收益最大化，是深化粤港澳区域合作不断追求的目标。毛艳华（2018）认为需要整合和完善政府层面的协调机制。一方面，要突出国家层面的推进粤港澳大湾区建设领导小组的作用，统筹推进粤港澳大湾区发展规划，研究解决粤港澳大湾区合作发展重大问题，为大湾区的建设与发展规划的高效实施提供制度保障，使港澳更好地融入国家发展大局。另一方面，要发挥粤港合作联席会议和粤澳合作联席会议的协商机制优势，适应粤港澳大湾区作为一个共同体协调发展的需要，整合两个联席会议的功能。为了完善省区层面的协调机制与对话框架，可以探索成立粤港澳合作联席会议，共同研究基础设施建设、科技装备设施布局、重点产业创新合作、生态环境保护等重大问题，从而实现规划衔接，确保空间布局协调、时序安排统一。廖程浩等（2019）在总结美国和加拿大的跨境大气污染防控合作体制机制建设经验基础上，基于粤港澳大湾区"一国两制三法域"特征下的区域大气污染协同防控需求和不足，从建立区域性权威管理机构和技术支撑机构，联合开展跨界科研、中长期政策制定和实施情况跟踪评估等方面提出深化粤港澳大湾区区域大气污染防控合作体制机制建设，进一步推进区域大气污染协同改善的策略建议，为粤港澳大湾区的大气污染防治提供借鉴。赵辰霖和徐菁媛（2020）认为推进粤港澳大湾区建设的过程中，内地政府部门在敲定与香港政府的合作计划时，应充分权衡香港内部政治生态中立法、司法部门对该政策的态度和影响，从而维持协同网络的稳定和效率。同时，对香港公共机构间的动态关系加以充分考量也将帮助内地政府部门减少行政资源浪费，并提高各级政府对区内跨境公共问题的治理能力。

第四节　粤港澳大湾区发展研究展望

《中华人民共和国国民经济和社会发展第十四个五年计划和2035年远景目标纲要》（以下简称"十四五"规划）明确提出，支持粤港澳大湾区形成国际科技创新中心，建设大湾区综合性国家科学中心，提升创新策源能力和全球资源配置能力，加快打造引领高质量发展的第一梯队。同时，提出要积极稳妥推进粤港澳大湾区建设，高质量建设粤港澳大湾区，支持港澳更好融入国家发展大局。"十四五"时期及未来很长一段时期，面向更高水平开放、更深层次改革和更大力度创新的战略任务，粤港澳大湾区合作发展的学术研究要聚焦区域经济理论创新和区域发展政策需求，为构建双循环新发展格局提供理论支撑，也为"一国两制"下建设国际一流湾区和世界级城市群提供决策服务。

一、新发展格局下大湾区的功能与角色研究

构建新发展格局是"十四五"规划最大的亮点，也是今后一个时期我国发展战略的重大转变。在粤港澳大湾区中，香港和澳门两个特别行政区是自由港，珠三角地区开放型经济和现代产业体系发达，激发大湾区制度异质性合作的潜能具有十分重大的意义。进入"十四五"时期后，面对百年未有之大变局，学术界和政策部分需要重点探讨大湾区在构建以国内大循环为主体、国内国际双循环相互促进的新发展格局中的功能与角色，深度梳理大湾区服务新发展格局的有效路径，加快打造成为服务构建新发展格局的重要支撑。发挥粤港澳大湾区和深圳先行示范区"双区"驱动的制度创新优势，加快重点领域和关键环节深化改革，打造成为优质制度供给高地；找出港澳发达的金融体系、遍布全球的经贸网络优势与广东完备的制造体系和市场优势的结合点，加快建立统筹内外的贸易、投资、生产、服务网络，依托国内大循环形成集聚全球高端要素的引力场的路径；探索大湾区通过规则等制度型开放深化与东盟、日韩、南太平洋

以及欧美等经济区域的务实合作，打造"一带一路"开放合作的重要支撑区。

二、新时代高质量建设粤港澳大湾区研究

创新是高质量发展的第一动力。国家"十四五"规划纲要提出，支持粤港澳大湾区形成国际科技创新中心，建设大湾区综合性国家科学中心，提升创新策源能力和全球资源配置能力。为此，粤港澳三地需要在产业转型升级、大湾区科创中心建设、大湾区生态环境建设合作、大湾区高标准贸易投资规则衔接等议题创新合作。学界需要进一步探究珠三角作为全国重要制造业中心，加快技术创新实现产业转型升级的理论路径和政策方案；探讨粤港澳对标全球主要科学中心和创新高地，实现产学研科创要素跨境深度结合，并进一步集聚全球高端创新和产业资源，打造全球科技创新重要策源地的途径；讨论粤港澳三地创新现有生态合作机制，全面改善湾区生态环保水平，创新跨境市场机制贡献国家碳中和目标的机制方案；提出促进湾区要素跨境便捷流动，实现珠三角金融和其他敏感服务业对港澳进一步开放，实现高标准贸易投资规则衔接，打造湾区制度型开放高地的路径。

三、新时代巩固和提升港澳竞争优势研究

随着内地改革开放的深入和产业转型的加速，香港和澳门两个特别行政区相对内地在市场经济体制、制造业与服务业产业发展、对外开放和城市管理经验等方面的优势有所缩减。然而，港澳在金融市场和专业服务业、对外开放程度与经验、基础科研、社会治理等方面仍然具备其独特的优势。国家"十四五"规划就支持港澳巩固提升竞争优势单列段落提出要求，包括支持香港提升国际金融、航运、贸易中心和国际航空枢纽地位，强化全球离岸人民币业务枢纽、国际资产管理中心及风险管理中心功能；支持香港建设国际创新科技中心、亚太区国际法律及解决争议服务中心、区域知识产权贸易中心，支持香港服务业向高端高增值方向发展，支持香港发展中外文化艺术交流中心；支持澳门丰富世界旅游休闲中心内涵，支持粤澳合作共建横琴，扩展中国与葡萄牙语国家商贸合作服务平台功能，打造以中华文化为主流、多元文化共存的交流合作基地，支持澳门发展中医药研发制造、特色金融、高新技术和会展商贸等产业，促进经济适度多元发展。因此，如何在新时代巩固和提升港澳在各领域的竞争优势，弥补短板，实现粤港澳大湾区的深度融合和互补合作，服务国家发展大局，是需要进一步探讨的紧迫课题。学界需要就如何在构建双循环新发展格局中巩固和提升港澳的双向开放体制优势、在建设湾区国际科创中心中完善和利用港澳的基础科研优势、在建设湾区优质生活圈时梳理和借鉴港澳的社会治理规则优势等方面总结理论和归纳方案。

四、新时代港澳融入国家发展大局路径研究

内地改革开放以来，港澳对国家的发展发挥了投资兴业的龙头作用、市场经济的示范作用、体制改革的助推作用、双向开放的桥梁作用、先行先试的试点作用、城市管理的借鉴作用。国家"十四五"规划提出，完善港澳融入国家发展大局、同内地优势互补、协同发展机制，支持港澳更好融入国家发展大局。因此，粤港澳大湾区建设需要探索新的产业合作模式、制度规则衔接模式和对外开放合作模式，从而在新时代继续充分发挥港澳特区的重要角色，助力港澳融入国家发展大局。学界需要进一步研究粤港澳大湾区的经贸、科创合作关系，支持港澳参与、助力国家全面开放和现代化经济体系建设，打造共建"一带一路"功能平台；研究粤港澳大湾区跨境金融互联互通，助力推进人民币国际化等的具体方案；研究推进深圳前海、珠海横琴、广州南沙、深港河套等粤港澳重大合作平台建设制度创新举措，发挥重大合作平台的先行示范

作用；研究如何通过深化社会管理体制改革，完善便利港澳居民在大湾区发展和生活居住的政策措施，加强粤港澳三地各领域交流合作。

五、粤港澳融合发展与合作治理研究

建设粤港澳大湾区是探索"一国两制"的新实践。近两年来，香港政治局势发生复杂变化，香港国安法的通过和实施，为有效维护国家安全和香港稳定、确保"一国两制"行稳致远提供了坚实的法律支撑，也为新时代推动粤港澳融合发展与合作治理提供了制度激励。如何在制度异质性条件下深化大湾区的区域治理，促进粤港澳大湾区的融合发展，为大湾区的协同发展树立良好预期，为"一国两制"新实践建立长远前景，是亟待探讨的课题。学界需要探索粤港澳三地如何在中央领导下，创新"一国两制"实践，探索香港长治久安的长期机制；探索如何通过民生互助，解决港澳青年创新创业、社保衔接、医疗服务等问题，为湾区居民在湾区学习、就业、创业、生活提供更便利条件，从而助力解决港澳深层次民生问题；探索如何在营商规则、社会治理规则等方面加强沟通、取长补短、提升水平、实现衔接。

六、粤港澳大湾区区域协调发展研究

在改革开放以前，粤港澳区域的协调发展短板在于港澳与内地的经济发展水平与经济规则差距。经过40多年的不懈努力，珠三角经济水平有突飞猛进的增长，但港澳与珠三角的规则制度差距、珠江东西岸的发展水平差距以及珠三角和广东省内其他区域、广东与周边省份的发展差异成为粤港澳大湾区及泛珠区域协调发展的重要课题。国家"十四五"规划纲要提出，以中心城市和城市群等经济发展优势区域为重点，增强经济和人口承载能力，带动全国经济效率整体提升；提出以粤港澳大湾区等为重点，提升创新策源能力和全球资源配置能力，加快打造引领高质量发展的第一梯队。因此，粤港澳三地如何加快基础设施的"硬联通"、规则标准的"软联通"以及人员流动的"心相通"，实现大湾区高水平协调发展和粤港澳三地经济社会融合发展，是新时代需要研究的重大课题。广东如何持续优化重大基础设施、重大产业、公共服务资源布局，健全财政转移支付、生态补偿等保障机制，高质量加快构建"一核一带一区"区域发展格局，特别是如何通过跨江跨海通道建设、都市圈布局和制度创新，推动珠江口东西两岸融合发展，培育世界级先进产业集群，发挥湾区经济的集聚效应和溢出效应，也是值得进一步研究解答的问题。

参考文献

（一）中文文献

［1］艾德洲．新形势下粤港澳科技合作面临的问题与改革路向［J］．当代港澳研究，2018（4）：101－115.

［2］邝祺纶，毛艳华．粤港科技创新合作机制研究［J］．科学管理研究，2017，35（5）：116－120.

［3］蔡赤萌．香港对接"一带一路"：原则与策略［J］．社会科学战线，2016（5）：57－65.

［4］蔡赤萌．粤港澳大湾区城市群建设的战略意义和现实挑战［J］．广东社会科学，2017（4）：5－14.

［5］曹小曙．粤港澳大湾区区域经济一体化的理论与实践进展［J］．上海交通大学学报（哲学社会科学版），2019，27（10）：120－129.

［6］陈广汉，谭颖．构建粤港澳大湾区产业科技协调创新体系研究［J］．亚太经济，2018（6）：127－134.

［7］春燕，曾勇．广深港高铁全线开通粤港经济融合提速［J］．城市轨道交通研究，2018，21（10）：33.

［8］段杰，阎小培．粤港生产性服务业合作发展研究［J］．地域研究与开发，2003（3）：26－30.

［9］樊德良，罗彦，刘菁．全球视角下的粤港澳大湾区创新发展研究［J］．南方建筑，2019（6）：6-12．

［10］龚唯平．粤港区域服务贸易自由化的困境及其对策［J］．广东社会科学，2007（6）：137-141．

［11］关秀丽．香港服务业与广东制造业优势互补、合作互动的现状及前景［J］．经济研究参考，2006（28）：2-10．

［12］郭郁彬，刘德学．从"前店后厂"到产业一体化——广东玩具业在全球生产网络中的升级与优化［J］．特区经济，2011（4）：39-41．

［13］韩靓．珠三角城市群人口城市化特征及机制演化——兼与长三角、京津冀城市群比较分析［J］．深圳社会科学，2019（4）：26-36+156．

［14］韩宗琪．"前店后厂"的战略优势［J］．商业经济文荟，1997（5）：59-61．

［15］黄卫华，陈海椰．粤港澳大湾区金融发展促进产业升级机制研究——科技创新的中介效应视角［J］．经济体制改革，2020（4）：158-165．

［16］黄振东，杨斌．港珠澳大桥驱动下珠江两岸经济关联格局演变［J］．世界地理研究，2017，26（3）：96-104．

［17］江枫．粤港科技合作的基础和思路［J］．科技管理研究，1990（2）：24-27．

［18］李郇，黎云．农村集体所有制与分散式农村城市化空间——以珠江三角洲为例［J］．城市规划，2005（7）：39-41+74．

［19］李郇，周金苗，黄耀福，黄玫瑜．从巨型城市区域视角审视粤港澳大湾区空间结构［J］．地理科学进展，2018，37（12）：1609-1622．

［20］李可．粤港澳大湾区投资法律体制的构建与方向选择［J］．亚太经济，2019（3）：100-105．

［21］李猛．"一带一路"背景下制定高标准粤港澳大湾区自由经贸协定研究［J］．亚太经济，2018（2）：135-142．

［22］李迁，朱永灵，刘慧敏，程书萍．港珠澳大桥决策治理体系：原理与实务［J］．管理世界，2019，35（4）：52-60．

［23］李若建．珠江三角洲城市化得失探讨——基于人口普查数据的分析［J］．人口与经济，2014（1）：15-18．

［24］李晓莉，申明浩．新一轮对外开放背景下粤港澳大湾区发展战略和建设路径探讨［J］．国际经贸探索，2017，33（9）：4-13．

［25］李新春．企业联盟与网络［M］．广州：广东人民出版社，2000．

［26］李艺铭．加快推进粤港澳大湾区城市群产业协同发展——基于与东京湾城市群电子信息产业的对比分析［J］．宏观经济管理，2020（9）：83-88．

［27］梁经伟，毛艳华，李彦．论文合著视角下粤港科技合作的演变特征研究［J］．现代情报，2018，38（12）：164-171．

［28］廖程浩，曾武涛，张永波，熊雪晖．美加跨境大气污染防控合作体制机制对粤港澳大湾区的启示［J］．中国环境管理，2019，11（5）：32-35．

［29］廖明中，胡彧彬．国际科技创新中心的演进特征及启示［J］．城市观察，2019（3）：117-126．

［30］林柳琳，吴兆春．德国科技创新经验对粤港澳大湾区建设国际科技创新中心的启示［J］．科技管理研究，2020，40（16）：8-16．

［31］刘珺如，毛艳华．粤港澳大湾区跨区域基础设施协调制度的构建与完善——基于港珠澳大桥和欧盟TEN-T项目的比较［J］．公共行政评论，2020，13（2）：94-108．

［32］刘力，林志玲．粤港区域产业转移及产业升级路径——CEPA协议效应与泛珠区域合作影响分析［J］．国际贸易问题，2008（7）：113-118．

［33］刘毅，王云，李宏．世界级湾区产业发展对粤港澳大湾区建设的启示［J］．中国科学院院刊，2020，35（3）：312-321．

［34］卢纯昕．粤港澳大湾区法治化营商环境建设中的知识产权协调机制［J］．学术研究，2018（7）：66-70．

［35］陆大道．关于珠江三角洲大城市群与泛珠三角经济合作区的发展问题［J］．经济地理，2017，37（4）：1－4．

［36］路平．珠三角经济区实施可持续发展战略的深层思考［J］．科技管理研究，1995（4）：4．

［37］罗小龙，沈建法．从"前店后厂"到港深都会：三十年港深关系之演变［J］．经济地理，2010（5）：711－715．

［38］马捷，锁利铭，陈斌．从合作区到区域合作网络：结构、路径与演进——来自"9＋2"合作区191项府际协议的网络分析［J］．中国软科学，2014（12）：79－92．

［39］毛艳华．产业分工、区域合作与港澳经济转型［M］．北京：中国社会科学出版社，2010．

［40］毛艳华．广东参与"一带一路"建设蓝皮书（2013－2018）［M］．广州：广东人民出版社，2018．

［41］毛艳华，李敬子，蔡敏容．大珠三角城市群发展：特征、问题和策略［J］．华南师范大学学报（社会科学版），2014（5）：108－115．

［42］毛艳华，荣健欣．粤港澳大湾区的战略定位与协同发展［J］．华南师范大学学报（社会科学版），2018（4）：104－109．

［43］毛艳华，肖延兵．CEPA十年来内地与香港服务贸易开放效应评析［J］．中山大学学报（社会科学版），2013，53（6）：160－173．

［44］毛艳华，杨思维．粤港澳大湾区建设的理论基础与制度创新［J］．中山大学学报（社会科学版），2019，59（2）：168－177．

［45］毛艳华．粤港澳合作四十年［M］．北京：中国社会科学出版社，2018．

［46］毛艳华．CEPA与香港经济结构转型研究［J］．中国软科学，2004（6）：106－111．

［47］潘圆圆．澳门对接"一带一路"和粤港澳大湾区的机遇及建议［J］．宏观经济管理，2019（10）：79－83．

［48］丘杉．论粤港产业合作的发展与深化［J］．南方经济，1997（3）：15－17．

［49］邱坚坚，刘毅华，陈浩然，高枫．流空间视角下的粤港澳大湾区空间网络格局——基于信息流与交通流的对比分析［J］．经济地理，2019，39（6）：7－15．

［50］沈建法，冯志强，黄钧尧．珠江三角洲的双轨城市化［J］．城市规划，2006（3）：39－44．

［51］孙久文，夏添，胡安俊．粤港澳大湾区产业集聚的空间尺度研究［J］．中山大学学报（社会科学版），2019，59（2）：178－186．

［52］覃成林，刘丽玲，覃文昊．粤港澳大湾区城市群发展战略思考［J］．区域经济评论，2017（5）：113－118．

［53］覃剑，巫细波．粤港澳大湾区空间布局与协同发展研究［J］．城市观察，2020（1）：7－18．

［54］田新朝．跨境养老服务：粤港澳大湾区的协同合作［J］．开放导报，2017（5）：109－112．

［55］王圣军，田军华．粤港澳区域合作创新机制研究［J］．经济与管理，2012，26（8）：83－87．

［56］王云，杨宇，刘毅．粤港澳大湾区建设国际科技创新中心的全球视野与理论模式［J］．地理研究，2020，39（9）：1958－1971．

［57］王子丹，袁永，胡海鹏，廖晓东，邱丹逸．粤港澳大湾区国际科技创新中心四大核心体系建设研究［J］．科技管理研究，2021，41（1）：70－76．

［58］谢宝剑．"一国两制"背景下的粤港澳社会融合研究［J］．中山大学学报（社会科学版），2012，52（5）：194－200．

［59］谢宝剑．基于强制性制度变迁视角下的粤港服务贸易自由化发展研究［J］．亚太经济，2013（4）：136－140．

［60］熊瑶，黄丽．粤港澳大湾区城市网络的时空演化——基于企业组织关系视角［J］．世界地理研究，2019，28（5）：83－94．

［61］徐涵，李枝坚，姚江春，程红宁．打造"优质生活圈"，建构大珠三角宜居城镇群［J］．城市规划，2008（11）：24－28．

［62］许乃中，奚蓉，杨昆．突出四大创新：粤港澳大湾区绿色低碳发展对策研究［J］．环境保护，2019，

47（23）：52 – 53.

［63］许学强．珠江三角洲地区进入发展新时期——关于《珠江三角洲地区改革发展规划纲要》的几点想法［J］．现代城市研究，2009，24（4）：18 – 20.

［64］薛凤旋．香港工业：政策、企业特点及前景［M］．香港：香港大学出版社，1989.

［65］薛凤旋，杨春．外资：发展中国家城市化的新动力——珠江三角洲个案研究［J］．地理学报，1997（3）：3 – 16.

［66］薛凤旋．都会经济区：香港与广东共同发展的基础［J］．经济地理，2000（1）：37 – 42.

［67］艳华．粤港澳大湾区协调发展的体制机制创新研究［J］．南方经济，2018（12）：129 – 139.

［68］叶林．新区域主义的兴起与发展：一个综述［J］．公共行政评论，2010，3（3）：175 – 189.

［69］游玎怡，李芝兰，王海燕．香港在建设粤港澳大湾区国际科技创新中心中的作用［J］．中国科学院院刊，2020，35（3）：331 – 337.

［70］俞肇熊，王坤．CEPA 对香港和内地经济的影响与发展前景［J］．世界经济研究，2007（6）：80 – 85.

［71］张树剑，黄卫平．新区域主义理论下粤港澳大湾区公共品供给的协同治理路径［J］．深圳大学学报（人文社会科学版），2020，37（1）：42 – 49.

［72］张天桂．内地与香港 CEPA 经济效应的实证分析［J］．国际贸易问题，2005（11）：108 – 112.

［73］赵辰霖，徐菁媛．粤港澳大湾区一体化下的粤港协同治理——基于三种合作形式的案例比较研究［J］．公共行政评论，2020，13（2）：58 – 75.

［74］赵祥．粤港澳大湾区城市群协调发展的战略途径——一个基于文献的评论［J］．开发研究，2019（3）：1 – 9.

［75］赵晓斌，强卫，黄伟豪，线实．粤港澳大湾区发展的理论框架与发展战略探究［J］．地理科学进展，2018，37（12）：1597 – 1608.

［76］郑天祥，赵大英，钟黄河．粤港基础设施协调与合作发展［J］．当代港澳研究，2012（1）：106 – 118.

［77］钟韵，胡晓华．粤港澳大湾区的构建与制度创新：理论基础与实施机制［J］．经济学家，2017（12）：50 – 57.

［78］钟韵．粤港合作新阶段香港服务业发展前景分析［J］．广东社会科学，2008（2）：107 – 112.

［79］周丽旋，易灵，罗赵慧，刘蕴芳，周永杰，房巧丽，杨晓．粤港澳大湾区生态环境一体化协同管理模式研究［J］．环境保护，2019，47（23）：15 – 20.

［80］周溪舞．深圳经济特区初期经济体制改革的回顾［J］．特区实践与理论，2006（4）：33 – 38.

（二）外文文献

［1］Berger, Suzanne, Lester, Richard（edited）. Made by Hong Kong［M］. Oxford：Oxford University Press, 1997.

［2］Tao Z G, Wong Y C. Hong Kong：From an Industrialized City to a Center of Manufacturing – Related Services［J］. Urban Studies, 2002, 39（12）：2345 – 2358.

第三十二章　成渝地区发展研究

　　成渝地区地处我国西南，是我国西部地区发展水平最高、发展潜力最大的区域。作为引领西部地区加快发展、提升内陆开放水平、增强国家综合实力的重要支撑，成渝地区在促进区域协调发展和国际合作中具有重要的战略地位。成渝地区一直是国家关注和建设的重点区域。中央财经委员会第六次会议提出大力推动成渝地区双城经济圈建设，2020 年 10 月审议通过了成渝地区双城经济圈建设规划纲要，国家"十四五"规划也明确提出推动成渝地区双城经济圈建设。川渝两地应当紧抓时代机遇，加快推动落实成渝地区双城经济圈建设工作，打破行政区划范围开展协同合作，开展产业结构和空间布局高效一体化建设，力争将成渝地区建设成为我国具有世界影响力的重要经济、科技创新、改革开放新高地、高品质生活宜居地。

第一节　成渝地区发展概况

　　成渝地区位于长江经济带的上游地区，东邻湘鄂，西通青藏，南连云贵，北接陕甘，是承接华南华中、连接西南西北、沟通中亚、南亚和东南亚的重要交汇点和交通走廊。成渝地区可依托综合交通运输干线，与我国其他地区乃至周边国家加强联系。四川盆地的地势较为平坦，气候温和，雨量充沛，土地肥沃，物产丰富，具有丰富的天然气、页岩气、水能、生物、旅游资源，具备进一步发育、成长、壮大的基础条件，能够承载较大规模的人口聚集。

一、战略地位突出

　　成渝地区呈现出陆海内外联动、东西双向互济，助力内陆开放、沿边开放、沿海开放的全方位开放格局。它靠近国内、国际两个市场，为形成我国以国内大循环为主体、国内国际双循环相互促进的发展格局增添了新动力。

　　成渝地区位于国家"两横三纵"空间格局的主轴线上，是长江经济带和"一带一路"的连接点，既连接南北又承东启西，是我国面向中亚、西亚、东南亚等国家和地区的开放前沿，具有辐射周边的优势，是优化国土空间均衡开发和促进东中西部地区经济互动的重要着力点，也是西部大开发的战略支点。成渝地区可通过深化和滇中区域合作，沿中南半岛经济走廊、孟中印缅经济走廊、中缅经济走廊等抵达东盟、南亚、孟加拉湾、印度洋地区，打造出海国际新通道；通过参与泛珠、粤港澳大湾区的区域合作，推进与东亚、东盟国家和地区的区域合作；通过推进与陕西、甘肃、新疆等地合作，依托"渝新欧"等中欧班列，增强与中亚、欧洲等地的经济联系。

二、发展潜力巨大

成渝地区是我国西部经济基础最好、经济实力最强、人口最密集的区域，具有良好的城镇化水平、产业基础和创新能力，是我国重要的开放高地。其电子信息、装备制造和金融产业发展水平较高，已具有一定的国际和国内影响力。成渝地区人力资源丰富，创新创业环境较好，统筹城乡综合配套等改革经验丰富，开放型经济体系正在形成，未来发展空间和潜力巨大。国务院发展研究中心侯永志研究员等认为，在当前新冠肺炎疫情冲击下，由全球产业链和供应链构成的国际价值链和全球经济秩序正在加快调整。成渝地区具有自成体系、自我循环的产业链，加上其靠近南亚、东南亚的地理优势，有望在我国西部打造一个辐射东南亚、南亚的区域经济中心（侯永志等，2020）。

成渝地区也是带动西部地区发展的重要门户。2018 年 11 月，中共中央、国务院发布的《关于建立更加有效的区域协调发展新机制的意见》明确要求以成都、重庆为中心，引领成渝城市群发展，带动相关板块融合发展。作为西部地区经济发展水平最高的区域，成渝地区科技优势显著，人力资源丰富，在维护国家生态安全、国土安全等方面也具有特殊的功能。成渝地区的发展质量和发展速度会直接传导到广阔的西部地区，可以带动整个西部地区的绿色发展，并与长江中游城市联动，和长三角地区相呼应，进而促进长江经济带的可持续发展。

三、城镇体系健全

成渝地区城镇密集，未来发展潜力大。成渝地区拥有成都、重庆两座人口近千万的特大城市、六个大城市和众多的中小城镇，是西部地区城镇分布密度最高的区域。成渝地区的县城（区）和建制镇分布密度达到 113 个/10 万平方千米，远高于西部地区 12 个/10 万平方千米和全国 23 个/10 万平方千米的平均水平。总体上，成都、重庆两大核心城市在成渝地区的引领作用不断增强，区域内人口规模在 100 万至 300 万的 II 型大城市数量较多，一批中小城市特色化发展趋势显著，各级各类城镇间联系较为密切。随着区域内互联互通进程的加快，不同规模城市之间的联系也日益紧密，城市之间基本形成由铁路、公路、内河、民航、管道运输构成的现代化综合交通运输体系。同时，城市基础设施领域的数字化、智能化运用范围不断扩大，有效加快了城乡融合进程，使区域差距逐渐缩小，一体化发展的制度体系初步建立，呈现出以城带乡、以工促农的新趋势和新格局（范恒山，2021）。

四、区域合作深化

成渝地区各城市山水相连、人缘相亲、文化一脉、历史密切，经贸往来频繁，在交通、农业、商贸、教育、科技、劳务等领域的合作不断深化，区域合作进程逐步加快，一体化发展趋势日益显著。

巴蜀一家亲，成渝一盘棋。成渝本身有着很长的合作历史，早在 2004 年，重庆市和四川省就签订了《关于加强川渝经济社会领域合作，共谋长江上游经济区发展的框架协议》。此后，两省市又先后签订了一系列协议，为加强渝西川东邻近市区县经济合作奠定了基础。2008 年，重庆市将广安纳入"重庆一小时经济圈"，2011 年明确在川渝毗邻的潼南、广安建设"川渝合作示范区"。依托 2011 年的《成渝经济区区域规划》、2016 年的《成渝城市群发展规划》和 2020 年的《成渝地区双城经济圈建设规划纲要》等多个国家级政策文件，川渝两地开展了一系列的合作，各类生产要素资源在成渝地区有效流动、高效聚集和优化配置。特别是 2020 年以来，川渝两地坚决落实党中央战略部署，担当起重大责任和重要使命，齐心协力、相向而行，在"唱响"和"建好"上做文章，奏响了"落实迅速""创新发展""合作全面"三重奏，全力打造区域协作的高水平样板，育先机、开新局，全面破题起势。

第二节 成渝地区相关规划及其主要内容

一、成渝经济区区域规划

2003 年，国家发展改革委委托国家发展改革委国土开发与地区经济研究所进行名为《协调空间开发秩序和调整空间结构研究》的"十一五"规划前期研究，研究提出长江三角洲、珠江三角洲、京津冀、山东半岛、中原、成渝等九大地区是支撑我国未来发展的重要潜力地区。其中成渝地区是我国西部地区人口与城镇数量最密集的区域，也是西部地区工农业生产最为发达的区域。因此建议国家对于这样的地区给予重点关注，正确引导，使之健康发展起来①。

2003 年，四川省社会科学院副院长林凌教授和重庆市社会科学院副院长廖元和教授共同承担了国家发展改革委 2003 年招标课题"成渝经济区发展思路研究"。课题组由川渝两地社会科学院、大专院校、科研机构等单位的学者组成，进行了区域经济空间布局的理论准备和广泛的实地考察。课题研究表明成渝经济区的建设和繁荣是川渝两省市的共同任务，而要实现这个任务，必须有高瞻远瞩而又与现实紧密结合的策略思路，同时要有积极的实际行动。该报告由经济科学出版社于 2005 年出版，书名为《共建繁荣：成渝经济区面向未来的七大策略和行动计划》。

2005 年，国务院在《关于加强国民经济和社会发展规划编制工作的若干意见》中提出："国家对经济社会发展联系紧密的地区、有较强辐射能力和带动作用的特大城市为依托的城市群地区、国家总体规划确定的重点开发或保护区域等，编制跨省（区、市）的区域规划。其主要内容是对人口、经济增长、资源环境承载能力进行预测和分析，对区域内各类经济社会发展功能区进行划分，提出规划实施的保障措施等。"

从 2006 年开始，国家发展改革委选择四个地区进行区域规划编制试点，分别为京津冀都市圈规划、长三角城市群规划、成渝经济区规划和东北地区规划。成渝经济区规划编制历时五年，于 2010 年获得国务院批准。2011 年 5 月 30 日，根据国务院批复，国家发展改革委印发《成渝经济区区域规划》（发改地区〔2011〕1124 号）。

成渝经济区的规划范围包括重庆市的万州、涪陵、渝中、大渡口、江北、沙坪坝、九龙坡、南岸、北碚、万盛、渝北、巴南、长寿、江津、合川、永川、南川、双桥、綦江、潼南、铜梁、大足、荣昌、璧山、梁平、丰都、垫江、忠县、开县、云阳、石柱 31 个区县，四川省的成都、德阳、绵阳、眉山、资阳、遂宁、乐山、雅安、自贡、泸州、内江、南充、宜宾、达州、广安 15 个城市，区域面积达到 20.6 万平方千米。规划期为 2011～2015 年，规划展望至 2020 年。

《成渝经济区区域规划》提出把成渝经济区建设成为西部地区重要的经济中心、全国重要的现代产业基地、深化内陆开放的试验区、统筹城乡发展的示范区和长江上游生态安全的保障区，在带动西部地区发展和促进全国区域协调发展中发挥更重要的作用。

---

① 肖金成，等. 空间布局与区域发展［A］//马凯. "十一五"规划战略研究［M］. 北京：北京科技出版社，2006；成渝经济区区域规划［EB/OL］. 新华网，http://news. xinhuanet. com/fortune/2011－05/05/c121383374. htm.

二、成渝城市群发展规划

2014 年，中共中央、国务院印发《国家新型城镇化规划》，提出加快培育成渝、中原、长江中游、哈长等城市群，并提出统筹制定实施城市群规划，明确城市群发展目标、空间结构和开发方向，明确各城市的功能定位和分工，统筹交通基础设施和信息网络布局，加快推进城市群一体化进程。中央政府负责跨省级行政区的城市群规划编制和组织实施，省级政府负责本行政区内的城市群规划编制和组织实施。

从 2014 年起，国家发展改革委根据《国家新型城镇化规划》的相关要求，组织编制跨省级行政区的城市群规划。它委托国家发展改革委国土开发与地区经济研究所进行成渝城市群的规划研究，由所长肖金成研究员任课题组长。国家发展改革委在此研究报告的基础上，编制完成了《成渝城市群发展规划》。2016 年 3 月 30 日，国务院总理李克强主持召开国务院常务会议，审议通过《成渝城市群发展规划》。2016 年 4 月 12 日，国务院印发《关于成渝城市群发展规划的批复》（国函〔2016〕68 号）。2016 年 4 月 27 日，国家发展改革委、住房城乡建设部以"发改规划〔2016〕910 号"文件联合印发《成渝城市群发展规划》。

成渝城市群规划范围包括重庆市的渝中、万州、黔江、涪陵、大渡口、江北、沙坪坝、九龙坡、南岸、北碚、綦江、大足、渝北、巴南、长寿、江津、合川、永川、南川、潼南、铜梁、荣昌、璧山、梁平、丰都、垫江、忠县 27 个区（县）以及开县、云阳的部分地区，四川省的成都、自贡、泸州、德阳、绵阳（除北川县、平武县）、遂宁、内江、乐山、南充、眉山、宜宾、广安、达州（除万源市）、雅安（除天全县、宝兴县）、资阳 15 个城市，总面积为 18.5 万平方千米。2014 年成渝城市群的常住人口达 9094 万，地区生产总值达到 3.76 万亿元，占全国地区生产总值的 5.49%。规划期为 2016~2020 年，远期展望至 2030 年。

《成渝城市群发展规划》提出，成渝城市群是西部大开发的重要平台，是长江经济带的战略支撑，也是国家推进新型城镇化的重要示范区。到 2020 年，基本建成经济充满活力、生活品质优良、生态环境优美的国家级城市群。重庆、成都核心城市的区域辐射带动力持续增强，一批区域性中心城市快速崛起，实力较强的城镇密集区初步形成，区域开放通道上的节点城市发育壮大，功能完备、布局合理、大中小城市和小城镇协调发展的城镇体系基本形成，城镇综合承载力得到有效增强。到 2030 年，重庆、成都等国家中心城市的辐射带动作用明显增强，城市群一体化发展全面实现，同城化水平显著提升，创新型现代产业支撑体系更加健全，人口经济集聚度进一步提升，国际竞争力进一步增强，实现由国家级城市群向世界级城市群的历史性跨越。

《成渝城市群发展规划》以新发展理念为引领，强调重庆、成都两个核心城市为支撑，培育区域中心城市，建设中小城市和重点小城镇，实现城市之间应优势互补、分工合作。

《成渝城市群发展规划》提出以强化核心城市辐射带动作用和培育发展中小城市为着力点，优化城镇体系；以强化创新驱动、保护生态环境和夯实产业基础为重点，增强人口经济集聚能力；以统筹城乡综合配套改革试验区建设为抓手，推进城乡发展一体化；以一体化体制机制建设和双向开放平台建设为切入点，推动形成城市间资源优势互补、功能合理分工、基础设施互联互通、生态环境共建共享的格局。规划提出到 2020 年基本建成国家级城市群，到 2030 年城市群一体化发展全面实现，同城化水平显著提升，实现由国家级城市群向世界级城市群的历史性跨越。

《成渝城市群发展规划》的理论依据是围绕核心城市形成都市圈，而都市圈与周边的城市圈共同构成"城市群"。以强化重庆、成都两个核心城市的辐射带动作用为基础，积极培育区域中心城市，建设中小城市和重点小城镇，不断优化城市规模结构。做强区域中心城市，提升区域性服务能力，加快产业和人口集聚，扩大区域中心城市规模，推动与邻近区县一体化发展。打造绵阳、乐山为成都平原区域中心城市，形成宝成—成昆发展轴带向北和向南辐射的重要节点；打造南充为川东北区域中心城市，带动川东北城乡均衡协调发展；打造泸州、宜宾为川南区域中心城市，带动川南丘陵地区和长江经济带沿线城镇发展；打造万州为渝东北区域中心，形成长江经济带重要节点；打造黔江为渝东南区域中心，成为武陵山区重要经济中心。

建设重要节点城市、培育一批小城市、有重点地发展小城镇也是成渝城市群发展的重点。节点城市重点在于提升城市的专业化服务功能，培育壮大特色优势产业。强化江津、德阳等城市在重庆、成都都市圈中的协作配套功能，加强遂宁、大足等区位优势明显的城市对成渝主轴的支撑，完善内江自贡等的支点作用。

依托县城和发展潜力较大的特大镇，加快基础设施建设，完善城市服务功能。鼓励引导产业项目向资源环境承载力强、发展潜力大的县城布局。加强市政基础设施和公共服务设施建设，推动公共资源配置适当向县城倾斜。小城镇要完善基础设施和公共服务建设，充分发挥其服务农村、带动周边的作用。

区域协调发展也是《成渝城市群发展规划》的重点内容，主要指促进川渝毗邻地区合作发展。规划提出打破行政壁垒，通过体制机制创新，打通"断头路"，合作共建产业园区，加快推进教育、医疗、社保等公共服务对接，实现融合发展。深入推进广安川渝合作示范区建设，支持潼南、铜梁、合江等建设川渝合作示范区。推进广安、合川、北碚合作，重点推进市场建设、路网联通、跨界流域治理和扶贫开发。推进江津、永川、泸州合作，共同承接重庆主城区产业转移，共建基础设施和产业园区，加强电子政务、电子商务合作，推进信息资源共享。推进铜梁、潼南、资阳合作，加快规划衔接和基础设施一体化建设，建立共同市场，探索跨省跨区合作新模式。推进荣昌、内江、泸州合作，共建川渝合作高新技术产业园，共同构建绿色生态产业体系和立体交通网络，加强水域生态修复，解决突出民生问题。

三、成渝地区双城经济圈建设规划

2019年4月，习近平总书记视察重庆时，提出要加快推进成渝城市群一体化发展。2020年1月3日，中共中央总书记习近平在中央财经委员会第六次会议提出，要推动成渝地区双城经济圈建设。这意味着继京津冀、长三角、粤港澳大湾区之后，成渝地区成为国家重点支持和发展的地区，旨在打造中国区域经济发展"第四极"。

随着2016年《成渝城市群发展规划》和2020年《成渝地区双城经济圈建设规划纲要》的实施，重庆和成都的辐射能力不断增强，成渝两城之间"中间塌陷地带"的面积进一步缩小。这是新时期国家有选择有重点地在西部地区进行重点开发和重点建设，意在使成渝及其周边地区共同成为中国经济"第四极"（孙久文，2020）。

2020年10月16日，中共中央政治局召开会议，审议《成渝地区双城经济圈建设规划纲要》。会议强调，要全面落实党中央决策部署，突出重庆、成都两个中心城市的协同带动，注重体现区域优势和特色，使成渝地区成为具有全国影响力的重要经济中心、科技创新中心、改革开放新高地、高品质生活宜居地，打造带动全国高质量发展的重要增长极和新的动力源（见表32-1）。

为了顺应空间结构演进规律和体现国家区域战略整体部署，国家不仅为成渝单独制定了某些特定领域发展的战略文件或规划，还基于成渝一体化专门出台了经济区和城市群两个重要规划，此外还在2020年审议了成渝地区双城经济圈规划。可以说，国家连续三次为一个地区制定战略规划的情况在全国是少有的（范恒山，2021）。

表 32 - 1 成渝双城经济圈建设重点内容

五个重点	具体内容
高质量发展	把高质量发展作为成渝地区双城经济圈建设核心指向，制定和实施各项政策举措的基本遵循；建设双城经济圈成为全国高质量发展的重要增长极
核心城市和城市群间的一体联动	唱好"双城记"；统筹协调、整体谋划；通过中心城市的协调发展带动城市群一体发展，进而带动整个成渝地区乃至整个西部地区发展
构建开放联动的创新体系	革除体制障碍和利益羁绊，一体推动产学研深度衔接融合，共同打造各种类型的创新载体和攻坚平台，对标最好最佳地区，一体建设营商环境，为国内外优势资源要素流入创造良好条件
开拓创新和率先探索	率先建立推进高质量发展的制度、法规、政策与模式，建设成渝地区成为新时代推进改革开放和实施创新驱动的排头兵
促进人民利益实现实质性增长	把改善民生放在突出重要位置，把持续增进人民群众的获得感和愉悦感作为根本取向和评价标准。把解决贫困人口脱贫作为首要任务；把统筹城乡实现城乡融合、一体发展作为核心内容；把促进全区域人民基本公共服务均等化作为主要工作。探索以收入水平为核心、全面反映居民富裕与幸福动态发展状况的指标体系为政策评价参考

资料来源：范恒山. 成渝地区双城经济圈建设的价值与使命〔J〕. 宏观经济管理，2021（1）：12 - 14.

　　成渝地区双城经济圈建设的重点成为各界关注的焦点①。从 2020 年 10 月 16 日中共中央政治局会议精神可以看出，成渝地区双城经济圈建设要进一步突出重庆、成都两个中心城市的协同带动，充分发挥各自的区域优势和特色，把成渝地区建设成为具有全国影响力的重要经济中心、科技创新中心、改革开放新高地、高品质生活宜居地，将成渝地区打造成为带动全国高质量发展的新的动力源。范恒山认为，推进成渝地区双城经济圈建设，要紧扣统筹协调、双城联动等基本要求，把握好着力实现高质量发展、促进中心城市和城市群间的一体联动、协力构建开放联动的创新体系、坚持开拓创新和率先探索、持续促进人民利益实现实质性增长五个重点方面（范恒山，2021）。

　　关于成渝地区双城经济圈的发展重点：①牢固树立一盘棋思想和一体化发展理念。健全合作机制，发挥比较优势，促进协同发展，打造区域协作的高水平样板。②唱好"双城记"。要与我国区域发展其他重大战略更好地衔接，联手打造内陆改革开放高地，共同建设高标准市场体系，营造一流营商环境，以共建"一带一路"为引领，建设好西部陆海新通道，积极参与国内国际经济双循环。③坚持不懈抓好生态环境保护，走出一条生态优先、绿色发展的新路子，推进人与自然和谐共生。成渝地区最大的后发优势在于，就是在生态得到很好保护的前提下加快发展，并引领中国西部地区发展，拓展经济发展新空间（肖金成，2020）。④处理好核心城市和周边区域之间的关系。根据党中央、国务院加快推进新型城镇化步伐、促进区域经济协调发展的决策理念，着力提升重庆主城和成都两大都市的发展能级和综合竞争力，推动城市发展由外延扩张向内涵提升转变，以点带面、均衡发展，同周边市县形成一体化发展的都市圈。⑤以人民为本。把民生福祉放在突出的首要位置，把不断增进人民群众获得感和幸福感作为政策取向和评价标准。

---

　　① 李晓，等. 深化"一家亲"，下好"一盘棋"〔N〕. 光明日报，2020 - 01 - 13.

第三节　成渝地区发展研究及重点领域

长期以来，成渝地区的研究逐步成为学界关注的热点。对成渝经济区的研究始于 1999 年（徐国弟，1999），成渝城市群的期刊论文主要开始于 2004 年，但公开发表的相关文献数量少。林凌等（2005）对成渝经济区未来发展思路展开研究，其成果引起了国家的重视。2004 年，四川省社会科学院刘世庆研究员在《中国城市经济》杂志上撰文《中国区域增长新格局与西部大开发——川渝合作与成渝经济区发展战略思考之一》。此后，林凌和刘世庆（2006）在《西南金融》杂志上发表《成渝经济区发展战略思考》。

参照中国知网、万方数据库和各类网站发布的文献数据库，围绕成渝地区发展问题的研究文献数量呈上升趋势。杨顺湘（2007）从行政体制上提出成渝城市群发展一体化的设想，认为成渝地区一体化的关键在于能否构建一个在制度创新、组织安排、协调合作上实现资源优化分配的制度框架。姚士谋等（2011）提出了成渝城市群是以四川盆地为地理范围形成的城市群，指出了成渝城市群的发展历程、特点以及未来的发展方向。2014 年以来，学者对成渝地区的区域经济协调发展研究较多。周绍杰等（2010）以及张宇（2010）都强调完善市场体制、促进跨区域治理及优化协调体制对成渝地区可持续发展的重要性。张玉锋（2014）从区域经济协调发展的视角，通过发展中心城市与培育中间城市群、创新区域协调机制等方式推进成渝经济区可持续发展。2015～2019 年，研究成渝地区的文献数量飞速增长。这一时期的研究主要围绕经济区和城市群等展开，代表性成果有肖金成等（2019）、盛毅（2019）、王春杨等（2015）、杨任飞等（2017）、张学良等（2018）、吴朋等（2018）。

成渝地区的协调发展问题是国家支持学界研究的热点之一。国家社科基金委对研究成渝地区协调发展问题的学者给予大力资助。根据可获取的国家社科基金公布数据，2008 年以来，尤其在 2008～2011 年，专家学者围绕中国西部成渝经济区产业关联与协调发展、成渝地区统筹城乡综合配套改革、成渝"试验区"城乡基本公共服务均等化政策绩效、成渝地区统筹城乡综合配套改革中农民变市民、成渝经济区域联盟组织机制研究、成渝经济区地方政府跨域治理合作机制的理论与实践、城乡统筹融资机制等领域的研究都获得了国家社科基金项目的支持。以上研究主要从理论经济和应用经济的视角展开分析，重点关注成渝产业发展、公共服务均等化、城乡统筹发展等问题。[①]

2011 年以来，以成都和重庆主城区为核心的两大都市快速发展，但县域经济和地市经济缓慢发展。肖磊等（2019）指出，中小城市与成渝两大核心城市协调发展的能力不足，成都、重庆中心城市极化地位明显。王成港等（2019）通过对比成渝、长三角、珠三角、京津冀、哈长城市群 2012 年与 2017 年的空间格局，发现成渝城市群夜间灯光重心移动最大，呈现向重庆方向移动。与长三角、珠三角、京津冀城市群相比，成渝城市群核心城市和周边中小城市的空间联系相对较弱。

2020 年 10 月，随着《成渝地区双城经济圈建设规划纲要》审议通过，成渝地区双城经济圈建设问题成为社会各界关注的焦点。肖金成（2020）指出，成渝地区双城经济圈建设提上日程，意味着成渝地区在全国区域发展中的战略地位不断上升，这将进一步强化引领西部地区加快发

---

① 资料来源：国家社科基金项目数据库。

展、提升内陆开放水平、增强国家综合实力的重要支撑，未来成渝城市群有望完成由国家级城市群向世界级城市群的历史性跨越。在2021年3月5日召开的全国两会中，川渝两地代表就交通互联互通、产业协同发展、政策协同创新建言献策，这也成为了媒体关注的热点话题。

总的来说，关于成渝经济区、成渝城市群还是成渝地区双城经济圈的研究主要聚焦以下重点领域：

（1）优化空间格局。区域空间格局反映了区域政策影响下的人口、产业等生产要素和经济活动的空间分布形态，是对区域开发结构和开发次序的空间安排。它决定了一个区域开发开放的基本骨架，确定了各个城市、各个组团经济社会联系的方向和方式，其演变对于区域经济发展绩效意义重大。如何优化成渝地区空间格局、如何在空间效率和空间平等上寻求平衡，成为了当前的重要关注点。成渝地区空间格局从《成渝经济区区域规划》中的"双核五带"演变到《成渝城市群发展规划》的"一轴两带、双核三区"，这既体现了空间格局调整的一脉相承，也更加细化和实化，更加符合成渝地区发展实际，更能有效推动成渝地区发展。

（2）建立健全功能完备、布局合理的城镇体系。成渝地区的双核特征较为明显，如何在进一步提升成都、重庆两个核心城市辐射带动力的前提下，培育一批承接相关产业转移的区域性中心城市，壮大一批连接城乡的县城和重点镇，进而形成功能完备、布局合理的城镇体系，是许多专家关注的重点。为此，《成渝经济区区域规划》《成渝城市群发展规划》都对城镇体系建设进行了较为明确的规划。《成渝城市群发展规划》明确提出其发展目标是重庆、成都核心城市的区域辐射带动力持续增强，一批区域性中心城市快速崛起，实力较强的城镇密集区初步形成，区域开放通道上的节点城市发育壮大，功能完备、布局合理、大中小城市和小城镇协调发展的城镇体系基本形成，城镇综合承载力得到有效增强。

（3）构建开放型现代产业体系。产业是区域发展的灵魂和核心，产业兴旺意味着就业有支撑、收入有保障、财政有支持，产业发展是吸引人才和劳动力的关键所在。产业发展受自然禀赋、技术支持、人力保障、外部环境等多方面影响。如何充分利用国内外发展大环境和科技革命技术革命的走势，充分发挥各地的比较优势，进行合理必要的分工协作，形成发展合力，也是学者们研究的焦点。《成渝经济区区域规划》《成渝城市群发展规划》都把现代化产业体系作为专门一章，《成渝地区双城经济圈建设发展规划纲要》也把现代化产业体系建设作为重要的规划内容。

（4）建立保障有力的支撑体系和生态格局。区域、产业、民生都需要强有力的交通、能源、水利等基础设施作为支撑和保障。如何让大中小城市和小城镇的多层次快速交通运输网络有效衔接，如何进一步提升通信、能源、水利设施保障能力是相关学者的研究重点。随着生态文明理念深入人心，"绿水青山就是金山银山"成为各界的共识。学者们聚焦研究如何进一步推动形成生态安全格局，促进资源节约集约利用，进而形成生产空间集约高效、生活空间宜居适度、生态空间山清水秀的可持续发展格局。《成渝经济区区域规划》《成渝城市群发展规划》等政策规划中也充分体现了这些发展思路。

（5）完善区域协同发展的体制机制。成渝地区地跨四川、重庆两个行政单元，川渝两地如何秉持"一家亲"理念，强化"一盘棋"意识，唱好"双城记"，一直是学者们研究的热点。学者们围绕如何消除阻碍生产要素自由流动的行政壁垒和体制机制障碍、推动区域市场一体化步伐加快，如何建立区域交通互联互通、公共服务设施共建共享、生态环境联防联控联治、创新资源高效配置和开放共享的机制，如何创新城市群成本共担和利益共享机制，如何推动川渝合作、各类城际合作取得实质性进展，如何加快重点跨界地区一体化进程，如何推动多元化主体参与、多种治理模式并存的区域治理机制建设进行了大量研究。

第四节　成渝地区发展研究展望

根据国家"十四五"规划要求，成渝地区以增强开放合作效能为主线，以重要开放平台和战略通道建设为重点，将进一步释放成渝地理、自然、交通、人文优势，发挥雄厚的产业基础和先进创新实力，不断提升畅通国内大循环、促进国内国际大循环的能力，进一步增强枢纽城市地位和产业辐射水平。立足新发展阶段、贯彻新发展理念、构建新发展格局，成渝地区将会迎来前所未有的历史机遇，各方面都将取得较为显著的成就，真正形成"北有京津冀、南有粤港澳、东有长三角、西有成渝双城经济圈"的国内协同发展新格局，引领西部地区发展，优化区域经济布局，促进我国区域协调发展。

一、经济高质量发展，有望成为中国第四极

成渝地区是长江上游经济区的核心区域，是我国除长江三角洲、粤港澳大湾区、京津冀城市群以外最重要的城市群，也是西部地区最有可能成为世界级城市群的区域，对我国经济发展起着十分关键的作用。随着国家区域发展战略的调整和国土空间格局的演变，成渝地区的地位不断提升，它在西部大开发中的引领地位和对长江经济带的战略支撑作用也毋庸置疑。2020年5月，中共中央、国务院颁布的《关于新时代推进西部大开发形成新格局的指导意见》指出，成渝经济区对于国家西部大开发战略、国家东西部协调发展和地区可持续发展战略的实施发挥不可替代的作用。随着成渝地区双城经济圈加快建设，成渝地区的交通基础设施日益完善，现代产业体系不断健全，协同创新发展能力显著增强，国土空间布局明显优化，生态环境保护与公共服务共建共享力度不断加大，未来成渝地区极有可能发展成为中国经济发展的第四极。

二、推动更高水平开放，成为参与全球产业链分工的重要区域

面对新冠肺炎疫情后全球化新趋势，成渝地区将成为全球经济网络的重要节点，并在国家对外开放新格局中扮演更加重要的角色。成渝地区具有区位、经济、产业、创新等多方面优势，长期以来积极参与并融入长江经济带战略、"一带一路"倡议等。2021年2月底，中共中央、国务院印发的《国家综合立体交通网规划纲要》明确将成渝地区双城经济圈作为与京津冀、长三角、粤港澳大湾区并列的经济增长"极"，提出通过建设高效率国家综合立体交通网主骨架，将这四个增长"极"建设成为面向世界的四大国际性综合交通枢纽集群。[①] 未来成渝将继续在交通布局方面科学规划，促进成渝经济圈的交通基础设施互联互通，借助长江黄金水道，破解水运瓶颈，建设西部陆海新通道。随着重庆向南的西部陆海新通道、向西的中欧班列（渝新欧）、向东开通渝甬班列、向北开行"渝满俄"班列日渐成熟，成都的对外通道全面拓展，使成渝对外开放水平得到显著提升、内陆开放高地逐步形成。

另外，成渝将打造成为我国辐射东南亚、南亚的区域经济中心。成渝和云南、贵州等省份接壤，是西南地区重要的交通枢纽和贸易口岸，南下与南（宁）贵（阳）昆（明）经济区紧密连接。今后成渝应进一步结合《成渝地区双城经济圈建设规划纲要》，顺应中国特色社会主义进入新时代、区域协调发展进入新阶段的新要求，统筹国内国际两个大局，继续强化落实发展规

---

① 钟茜妮. 成渝地区双城经济圈，担起"第四极"使命［N］. 成都商报，2021－03－09.

划的关系，处理好大开发与区域协调发展的关系，推进西部大开发形成新格局，在更高水平上扩大开放，在生产要素配置中心、产业链布局中心、供应链统筹中心和创新引领中心方面提高辐射周边国际市场的经济能力，发展成为我国参与全球产业链分工的重要区域。

三、城镇化质量提升，民生福祉不断改善

成渝地区将合力开展以人为本的新型城镇化，把改善民生放在成渝地区双城经济圈建设突出位置（范恒山，2021）。推进公共服务资源合理布局，实现基本公共服务均等化，使城乡区域发展差距和居民生活水平差距显著缩小。参照东部地区普遍超过70%的城镇化率，川渝两地城镇化进程相对较慢。2019年川渝两地城镇化率分别约为54%和67%，未来两地城镇化率还有很大的发展空间。根据2020年12月《成渝地区双城经济圈便捷生活行动方案》，两地将在公共资源共建共享方面不断改进，实现交通通信、户口迁移、就业社保、教育文化、医疗卫生、住房保障6方面16项重点任务的突破。可以预见，随着公共服务均等化建设的推进，成渝地区城镇化进程将进一步加快，房地产、城市公共基础设施等将产生巨大融资需求，事关民生的文化、教育、医疗等公共服务的需求空间将得到进一步优化。

四、体制机制创新加快，经济区和行政区适度分离取得突破

体制机制创新是成渝地区双城经济圈建设顺利开展的制度保障和动力支撑，也是成渝地区未来工作重点和难点。2020年5月川渝两地共建四级合作机制，8月川渝联合印发《关于推动成渝地区双城经济圈建设的若干重大改革举措》，这表明川渝两地全方位、多领域、深层次交流合作意向显著，有望在其他领域加强协调，合力攻坚，在高效推进合作事项的制度性创新方面获得支撑。未来，有望加强成渝两地协同立法，建立跨域协同立法机制、专门的跨域治理组织机制，在针对人才、科技、金融等创新要素的针对性、协同性、联动性规划施策体系方面突破创新；也有望突破建设现代交通体系和发展现代产业体系的体制机制障碍，促进两地特色产业一体化发展，实现产业集群融合，建设具有全国影响力的重要经济中心。具体来说，在协同推进国土空间规划方面，川渝两地将落实联合制定的《成渝地区双城经济圈国土空间规划编制工作方案》，推动解决区域发展空间布局上的重大问题；在同向发力推动生态环境治理方面，川渝两地将以推动长江经济带发展为契机，夯实川渝绿色发展基础；在加快建设改革开放新高地方面，两地将落实共同制定的《共建川渝自贸试验区协同开放示范区工作方案》，持续推进改革创新；在公共服务共建共享方面，两地将加快落实推进事关民生的便利化政策，打造成渝地区高品质生活宜居地。

在经济区和行政区适度分离改革方面取得突破是未来成渝地区双城经济圈建设规划落实的重要保障。长期以来，行政对经济发展的制约是成渝地区建设规划落实的重大干扰，突出表现为区域内协作需求与行政条块分割之间的矛盾。因此，要重点研究成渝地区经济区和行政区适度分离，探讨符合新时代特征的区域协调发展新机制，着力协调经济区和行政区关系，建立跨行政区的管理机构和协调对话机制，促进各主体错位竞争，完善区域利益分享和补偿机制。特别是以川渝高竹新区为代表的川渝毗邻地区要继续积极探索经济区和行政区适度分离，进一步协调经济区和行政区关系，形成可复制可推广的跨行政区的管理机构和协调机制，进一步推动川渝合作迈上新台阶。

参考文献

［1］范恒山．成渝地区双城经济圈建设的价值与使命［J］．宏观经济管理，2021（1）：12-14．

［2］范恒山，肖金成，等．西部大开发：新时期新格局［J］．区域经济评论，2020（5）：1 – 15.

［3］侯永志，等．将成渝地区双城经济圈打造成辐射东南亚、南亚的区域经济中心［N］．中国经济时报，2020 – 09 – 14.

［4］林凌，廖元和，刘世庆．共建繁荣：成渝经济区发展思路研究报告——面向未来的七点策略和行动计划［M］．北京：经济科学出版社，2005.

［5］林凌，刘世庆．成渝经济区发展战略思考［J］．西南金融，2006（1）：6 – 9.

［6］盛毅．以都市圈建设带动成渝城市群发展［J］．中国西部，2019（4）：1 – 13.

［7］孙久文．对"西部大开发新时期新格局"的三个观点［J］．今日国土，2020（7）：24 – 25.

［8］王成港．利用夜间灯光数据的城市群格局变化分析［J］．测绘科学，2019，44（6）：176 – 186.

［9］王春杨，吴国誉，张超．基于 DMSP/OLS 夜间灯光数据的成渝城市群空间结构研究［J］．城市发展研究，2015，22（11）：20 – 24.

［10］吴朋，李玉刚，管程程，等．基于 ESDA – GIS 的成渝城市群人居环境质量测度与时空格局分异研究［J］．中国软科学，2018（10）：93 – 108.

［11］肖金成．成渝两核心城市要在带动区域发展上展现更大作为［N］．新华网，2020 – 11 – 22.

［12］肖金成，汪阳红，张燕．成渝城市群空间布局与产业发展研究［J］．全球化，2019（8）：30 – 48 + 134.

［13］肖磊，潘永刚．成渝城市群空间演化研究——基于 2000 – 2015 年截面分析［J］．城市发展研究，2019，26（2）：7 – 15.

［14］徐国弟．加快我国战略重点区域建设的思路与对策［J］．宏观经济管理，1999（12）：14 – 18.

［15］杨任飞，罗红霞，周盛，等．夜间灯光数据驱动的成渝城市群空间形成过程重建及分析［J］．地球信息科学学报，2017，19（5）：653 – 661.

［16］杨顺湘．成渝合作共谋统筹城乡的机制及制度安排——政治关系新视角论区域政府合作［J］．理论与改革，2007（6）：134 – 137.

［17］姚士谋，等．我国城市群重大发展战略问题探索［J］．人文地理，2011（1）：1 – 4.

［18］张学良，张明斗，肖航．成渝城市群城市收缩的空间格局与形成机制研究［J］．重庆大学学报（社会科学版），2018，24（6）：1 – 14.

［19］张宇．成渝经济区协调发展机制研究［D］．西南财经大学博士学位论文，2010.

［20］张玉锋．统筹区域经济发展视阈下的成渝经济增长极研究［D］．西南政法大学硕士学位论文，2014.

［21］周绍杰，王有强．区域经济协调发展：功能界定与机制分析［J］．清华大学学报，2010（2）：141 – 148.

第三十三章 中国自由贸易试验区（港）研究

第一节 自由贸易试验区（港）发展沿革与制度创新

一、自由贸易试验区（港）的内涵特征

据商务部发布的首份关于自贸试验区发展的系统性报告——《中国自由贸易试验区发展报告（2019）》显示，截至 2019 年底，自贸试验区共形成 171 项可复制、可推广的制度创新成果，为我国区域经济的发展提供了巨大的动力。自贸试验区建设已成为我国深化改革、扩大开放的一项国家战略，也是贯彻落实"一带一路"发展战略而先行先试的重要载体和平台。

关于自贸试验区的概念辨析，我国商务部和海关总署发布的《商务部海关总署关于规范"自由贸易区"表述的函》对自由贸易区（Free Trade Area，FTA）做了详细规范的阐释，也对容易与之混淆的自由贸易园区（Free Trade Zone，FTZ）进行了规范表述，从而权威地对二者进行了区分。

自由贸易区是指两个及两个以上拥有主权的国家为促进彼此的贸易往来，相互设置各种优惠政策的特定区域。自由贸易园区指一国或地区对外经济活动中在货物监管、外汇管理、税收政策、企业设立等领域实行特殊经济管理体制和特殊政策的特定经济区域，属于"境内关外"的区域。FTA 与 FTZ 的共同点都是以实现贸易的自由化与便利化为目标，不同之处在于设立的时候，自由贸易区是经济体之间成立的，而自由贸易园区是在一个经济体内成立；自由贸易区的设立地区不一定是发达经济体，但是自由贸易园区的设立一般为经济发达的地区或本国内较发达的地区；而且从设立层次上来讲，自由贸易园区的开放层次更高、更全面，自由贸易区开放层次相对较低；自由贸易区所涵盖的范围也要比自由贸易园区大很多，涵盖的是全部而不是部分关税领土（陈志阳，2015）。两者具体的异同点如表 33-1 所示。国内的自由贸易试验区，如上海自贸试验区，实际为我国境内的特殊经济区域，属于自由贸易园区。而我国通过对外签订协议建立的中国—东盟自贸区、中国—巴基斯坦自贸区、中韩自贸区等，属于自由贸易区，发展形式包括松散型的区域经济合作模式、约束性的合作模式以及小范围的次区域合作模式（左连村，2019）。

在历史进程中，世界上自由贸易园区呈现出的总体特征有：①数量不断增加，许多国家与地区都陆续设立了自贸区，以便利化的投资与贸易措施来吸引外商投资、增加外汇收入与增加就业。②功能趋向综合，不再仅以转口和进出口贸易或者出口加工为主，通常还具备进出口贸易、转口贸易、加工存储、金融等多种功能，功能的综合化提高自贸园区的运行效率和抗风险

的能力。③各国自贸园区的管理逐渐趋向规范化，形成各自具有特色的管理体制（陈立虎，2014）。不同于世界上其他国家的自贸园区以及国内现行的保税区、各类园区，自贸试验区的核心优势在于更大范围、更广领域、更多层次持续推进差别化的制度创新探索。自贸试验区以制度创新为核心，与地区发展定位相结合，主动服务国家战略大局，在多个领域实现重点突破，不仅在自贸试验区内部发挥作用，还需在不同的平台、载体，以及更多地区进行复制推广（杜国臣，2020）。基本特征有：①推进"一线放开""二线管住"的监管模式。②推行境内关外的政策，货物进出口不受海关监管。③对接国家战略，以制度创新作为主要的建设目标。④先行先试，在全国范围内推广试点经验，集成创新，释放改革红利（胡晨光，2019）。

表 33-1　FTA 与 FTZ 的异同

		FTA	FTZ
差异	贸易主体	多个独立主权国家	单个独立主权国家或地区
	贸易方式	多个国家或地区（经济体）之间贸易往来	一国（或地区）境内关外的贸易行为，将其作为市场对外贸易
	贸易范围	多个国家地区之间	国家或地区内划分的辖区
	贸易政策	多国合作伙伴一起商议制定给予彼此的各种优惠政策	对市场中的贸易行为不过多插手干预，以免税与优惠税收政策为主
	政策依据	国际双边或多边条约	国内立法或政策
相同	优势	出台一系列经济政策降低贸易成本，促进贸易往来	
	目标	实现贸易的自由化与便利化，扩大开放程度	

资料来源：根据尹轶立（2017）整理。

　　我国设立自贸试验区是在改革开放 35 年之际，面对国内外经济形势变化的背景下进行的，是顺应全球经贸发展新趋势，也是实行更加积极主动开放战略的一项重大举措。自贸试验区的定位是"开放"，试验的意义在于成功经验能在后续全面推广，是深化改革的试验田。不同于经济特区，自贸试验区并不以税收"政策洼地"作为优势，而是探索构建与经济全球化发展趋势相兼容的开放型经济体制，致力于探索管理体制创新，适应经济全球化新趋势，转变政府职能，维护国家经济安全，提升产业结构，创新竞争优势，实现双向开放，为国家实现更高水平的发展探索道路（张幼文，2014）。何力（2014）认为自贸试验区的设立体现了从货物贸易扩大到服务贸易的贸易新含义，有助于我国跟上变化的国际经济贸易新趋势。建设中国自贸试验区的初衷可以从国际与国内两方面进行探究。从国际背景来看，中国在加入世界贸易组织以后，通过不断对外开放和比较自由的国际贸易实现了自身的高速经济发展。然而，2008 年发生的金融危机为经济复苏带来不确定性。国际政治和经济形势正在经历深刻调整，贸易保护主义和单边主义导致国际经贸形势和经济全球化受阻，国际投资贸易的规模、结构、形式发生了深刻变化（王旭阳等，2020）。从国内现实背景出发，我国面临着产能过剩、产业结构有待升级优化、经济发展模式有待转型、金融风险有待优化等复杂的问题（佟家栋，2018）。因此，自贸试验区的建立是进一步落实深化改革、提升国际竞争力、积极寻求对外开放新窗口的战略性举措。陈琪等（2014）认为设立自贸试验区的目的在于利用进一步对外开放倒逼制度改革，通过制度创新解决政府角色转变、金融领域改革、投资管理等领域的改革难题，革除要素流动障碍，发挥市场机制配置资源的基础作用，实现区域协调发展。

　　党的十九大报告提出了"赋予自由贸易试验区更大改革自主权，探索建设自由贸易港"的要求。中国自由贸易港是自由贸易试验区在深化改革以及扩大对外开放层面的进一步升级，战略定位更高，对外开放领域、范围更广，是党中央部署我国未来对外开放战略的高地（李世杰等，2019）。自由贸易港是在自贸试验区所建立的与国际投资和贸易规则相衔接的制度体系基础上，实行更高水平的开放，实施更高标准的贸易和投资便利化制度政策，建设开放度最高的自由贸易园（港）区。自由贸易港的主体功能为整合保税区和港区口岸资源及政策优势，对标国际最高标准，充分发挥"一线放开、二线安全高效管住、区内自由"的贸易便利化制度创新红利，提高贸易便利化、自由化水平，培育贸易新业态新模式，促进贸易转型升级，提升全球航运资源配置能力。按照主体功能的培育要求，发展贸易金融、航运金融、外汇管理、支付结算、全球维修、自然人（专业人士）出入境便利等功能（赵晓雷，2017）。

二、自由贸易试验区（港）的发展沿革

建设自贸试验区是我国推进新一轮改革开放制度创新的重要举措。自 2013 年上海自贸试验区成立以来，我国相继部署建设了六批共 21 个自贸试验区，逐步形成了海陆沿边统筹、东西南北中兼顾、由点及面的雁阵形全方位开放新格局。在建设过程中各自贸试验区形成了各自不同的重点建设方向，既有共性，也各具特色。

2013 年 8 月，国务院批准设立中国（上海）自由贸易试验区，我国的第一个自贸试验区正式投入建设，战略定位为建设成投资贸易便利、货币兑换自由、监管高效便捷、法制环境规范的自由贸易试验区。其设立是先行先试、深化改革、扩大开放、顺应全球经贸发展新趋势，实行更加积极主动开放战略的一项重大举措。这项重大改革是以制度创新为着力点，探索中国对外开放的新路径和新模式，推动加快转变政府职能和行政体制改革，促进转变经济增长方式和优化经济结构，形成可复制、可推广的经验，服务全国的发展。2015 年 4 月，国务院进一步扩展了上海自贸试验区的区域范围，从 2013 年的 28.78 平方千米扩容到 120 平方千米，并设立了广东、天津、福建自贸试验区。其中，广东自贸试验区以制度规则对接为重点，推进与港澳经济民生等多领域深层次合作，成为港澳企业投资、专业人士执业、青年创业的首选地。天津自贸试验区是中国北方第一个自贸试验区，重点为京津冀地区构建功能完善的跨境投融资平台、为京津冀地区打造面向"一带一路"沿线国家和地区的综合服务平台、为京津冀地区构建国际贸易和物流服务大通道三个方面发力，努力建设京津冀协同发展示范区。福建自贸试验区充分发挥沿海近台优势对接台湾，承担加强闽台经济合作的任务，以制度创新促进两岸货物、服务、资金、人员等要素自由流动。

2017 年 3 月，又新设立了辽宁、浙江、河南、湖北、重庆、四川、陕西自贸试验区。辽宁自贸试验区主要目标是着力打造提升东北老工业基地发展整体竞争力和对外开放水平的新引擎，引领东北地区转变经济发展方式、提高经济发展质量和水平。浙江自贸试验区是中国唯一由陆域和海洋锚地组成的自由贸易园区，具备"一带一路""长江经济带""浙江舟山群岛新区""舟山江海联运服务中心""自由贸易试验区"等多重国家战略的叠加效应。河南自贸试验区致力于建设贯通南北、连接东西的现代立体交通体系和现代物流体系，着力建设服务于"一带一路"的现代综合交通枢纽。湖北自贸试验区在中部崛起和长江经济带建设中发挥"示范作用"。对于湖北自贸区的要求凸显了湖北在全国经济发展空间格局中的地位，湖北有能力担当中流砥柱的角色。重庆自贸试验区的战略定位是建设成为"一带一路"和长江经济带互联互通重要枢纽、西部大开发战略重要支点。四川自贸试验区以落实中央关于加大西部地区门户城市开放力度以及建设内陆开放战略支撑带的要求，打造内陆开放型经济高地，实现内陆与沿海沿边沿江协同开放。陕西自贸试验区是西北地区唯一的自由贸易试验区。是中央关于更好发挥"一带一

路"建设对西部大开发带动作用、加大西部地区门户城市开放力度的要求，打造内陆型改革开放新高地，探索内陆与"一带一路"沿线国家经济合作和人文交流新模式。

2018 年 4 月，党中央在庆祝海南省办经济特区 30 周年大会上宣布支持将海南全岛建设成中国特色自由贸易港，指出海南的发展不能以转口贸易和加工制造为重点，要以发展旅游业、现代服务业、高新技术产业为主导，更加注重激发发展活力和创造力。在内外贸、投融资、财政税务、金融创新、出入境等方面，探索更加灵活的政策体系、监管模式、管理体制，加强风险防控体系建设，打造开放层次更高、营商环境更优、辐射作用更强的开放新高地。海南自由贸易港不是简单照搬现有国际自由贸易港的制度安排和政策体系，而是要在"三区一中心"战略定位下，形成以发展旅游业、现代服务业、高新技术产业为基础的自由贸易港形态（沈玉良，2020）。海南自由贸易港以离岸资源带动在岸产业高质量发展作为基本特征；以"空港为主、海港为辅"作为主要建设模式，重点发展基于三大主导产业附加值更高的空港贸易体系；以一般贸易、免税品贸易和离岸贸易作为主要贸易方式，促进离岸资源为在岸产业提供服务，以及在岸资源为离岸产业提供支撑（曹晓路，2020）。

2019 年 8 月，我国自贸试验区的规模进一步扩大，新设了山东、江苏、广西、河北、云南与黑龙江自贸试验区，上海自贸试验区进一步扩容，新增设了临港新片区。上海临港新片区不再突出试验田及积累可复制、可推广经验的作用，而是主动对标新加坡、釜山等国际公认竞争力最强的自由贸易园区，实施特殊的经济政策和制度。山东自贸试验区提出了培育贸易新业态、加快发展海洋特色产业和探索中日韩国际合作的新路径、新模式、新机制等方面的具体举措。江苏自贸试验区则将重点放在提高境外投资合作水平、强化金融对实体经济的支撑和支持制造业创新发展等方面。广西自贸试验区的定位是打造西南中南西北出海口、面向东盟的国际陆海贸易新通道，形成 21 世纪海上丝绸之路和丝绸之路经济带有机衔接的重要门户。河北自贸试验区努力服务重大国家战略，推动京津冀协同发展，致力于建设国际商贸物流重要枢纽、新型工业化基地、全球创新高地和开放发展先行区。云南自贸试验区着力打造"一带一路"和长江经济带互联互通的重要通道，建设连接南亚、东南亚大通道的重要节点，推动形成我国面向南亚、东南亚辐射中心、开放前沿。黑龙江自贸试验区以推动东北全面、全方位振兴，建成向北开放重要窗口为要求，着力深化产业结构调整，打造对俄罗斯及东北亚区域合作的中心枢纽。

2020 年 9 月，国务院提出设立北京、湖南、安徽自贸试验区，并扩展浙江自贸试验区区域。北京自贸试验区主要落实中央关于深入实施创新驱动发展、推动京津冀协同发展战略等要求，助力建设具有全球影响力的科技创新中心，加快打造服务业扩大开放先行区、数字经济试验区，着力构建京津冀协同发展的高水平对外开放平台。湖南自贸试验区落实中央关于加快建设制造强国、实施中部崛起战略等要求，发挥东部沿海地区和中西部地区过渡带、长江经济带和沿海开放经济带结合部的区位优势，着力打造世界级先进制造业集群、联通长江经济带和粤港澳大湾区的国际投资贸易走廊、中非经贸深度合作先行区和内陆开放新高地。安徽自贸试验区落实中央关于深入实施创新驱动发展、推动长三角区域一体化发展战略等要求，发挥在推进"一带一路"建设和长江经济带发展中的重要节点作用，推动科技创新和实体经济发展深度融合，加快推进科技创新策源地建设、先进制造业和战略性新兴产业集聚发展，形成内陆开放新高地。经过 5 次的扩容，目前我国已形成以上海自贸试验区为领头雁，从沿海到沿边，"1 + 3 + 7 + 1 + 6 + 3"的自贸试验区建设新格局。具体各自贸试验区的详情如表 33 - 2 所示。

表 33-2　我国自由贸易试验区（港）发展沿革

地点、时间	涵盖范围	改革措施	各自特色
上海 2013 年 1.0 版 2015 年 2.0 版 2019 年 3.0 版	外高桥保税区、外高桥保税物流园区、洋山保税港区和浦东机场综合保税区（1.0 版），金桥出口加工区、张江高科技园区、陆家嘴金融贸易区（2.0 版）以及临港新片区（3.0 版）	加强改革系统集成，建设开放和创新融为一体的综合改革试验区；加强同国际通行规则相衔接，建立开放型经济体系的风险压力测试区；进一步转变政府职能，打造提升政府治理能力的先行区；创新合作发展模式，成为服务国家"一带一路"建设、推动市场主体走出去的桥头堡；服务全国改革开放大局，形成更多可复制推广的制度创新成果（1.0 版） 加快政府职能转变；深化与扩大开放相适应的投资管理制度创新；积极推进贸易监管制度创新；深入推进金融制度创新；加强法制和政策保障（2.0 版） 建立以投资贸易自由化为核心的制度体系；建立全面风险管理制度；建设具有国际市场竞争力的开放型产业体系；加快推进实施（3.0 版）	金融创新、投资开放、综合创新
广东 2015 年 1.0 版 2018 年 2.0 版	南沙新区、前海蛇口片区、珠海横琴新区	建设国际化、市场化、法治化营商环境；深入推进粤港澳服务贸易自由化；强化国际贸易功能集成；深化金融领域开放创新；增强自贸试验区辐射带动功能（1.0 版） 对标国际先进规则，建设开放型经济新体制先行区；争创国际经济合作竞争新优势，打造高水平对外开放门户枢纽；开拓协调发展新领域，打造粤港澳大湾区合作示范区（2.0 版）	对接港澳、金融创新、营商环境创新
天津 2015 年 1.0 版 2018 年 2.0 版	天津港片区、天津机场片区以及滨海新区中心商务片区	加快政府职能转变；扩大投资领域开放；推动贸易转型升级；深化金融领域开放创新；推动实施京津冀协同发展战略（1.0 版） 对标国际先进规则；构筑开放型经济新体制培育发展新动能；增创国际竞争新优势深化协作发展；建设京津冀协同发展示范区（2.0 版）	融资租赁制度创新、平行汽车进口
福建 2015 年 1.0 版 2018 年 2.0 版	福州片区、厦门和平潭片区	切实转变政府职能；推进投资管理体制改革；推进贸易发展方式转变；率先推进与台湾地区投资贸易自由；推进金融领域开放创新；培育平潭开放开发新优势（1.0 版） 对标国际先进规则，深入推进各领域改革创新；持续推进简政放权，进一步提升政府治理水平；加强改革系统集成，形成更多可复制可推广的制度创新成果；进一步发挥沿海近台优势，深化两岸经济合作加强交流合作，加快建设 21 世纪海上丝绸之路核心区（2.0 版）	对台合作
辽宁 2017 年	大连片区、沈阳片区、营口片区	推进贸易转型升级；深化金融领域开放创新；加快老工业基地结构；调整加强东北亚区域开放合作	东北老工业基地振兴、国资国企改革

续表

地点、时间	涵盖范围	改革措施	各自特色
浙江 2017 年 1.0 版 2020 年 2.0 版	舟山离岛片区、舟山岛北部片区、舟山岛南部片区（1.0 版），宁波片区、杭州片区、金义片区（2.0 版）	切实转变政府职能；推动油品全产业链投资便利化和贸易自由化；拓展新型贸易投资方式；推动金融管理领域体制机制创新；推动通关监管领域体制机制创新（1.0 版） 建立以贸易投资自由化便利化为核心的制度体系；打造以油气为核心的大宗商品全球资源配置基地；打造新型国际贸易中心；打造国际航运和物流枢纽；打造数字经济发展示范区；打造先进制造业集聚区；构建安全高效的风险防控体系（2.0 版）	油品全产业链投资便利化和贸易自由化
河南 2017 年	郑州片区、开封片区、洛阳片区	加快政府职能转变；扩大投资领域开放；推动贸易转型升级；深化金融领域开放创新；增强服务"一带一路"建设的交通物流枢纽功能	现代综合交通枢纽
湖北 2017 年	武汉片区、宜昌片区、襄阳片区	加快政府职能转变；深化投资领域改革；推动贸易转型升级；深化金融领域开放创新；推动创新驱动发展；促进中部地区和长江经济带产业转型升级	中部崛起战略、科创和推进长江经济带发展
重庆 2017 年	两江片区、西永片区、果园港片区	建设法治化国际化便利化营商环境；扩大投资领域开放；推进贸易转型升级；深化金融领域开放创新；推进"一带一路"和长江经济带联动发展；推动长江经济带和成渝城市群协同发展	国际物流大通道建设、服务"一带一路"建设和长江经济带发展、推动构建西部地区门户城市全方位开放新格局
四川 2017 年	成都天府新区、成都青白江铁路港片区、川南临港片区	切实转变政府职能；统筹双向投资合作；推动贸易便利化；深化金融领域改革创新；实施内陆与沿海沿边沿江协同开放战略；激活创新创业要素	内陆与沿海沿边沿江协同开放
陕西 2017 年	陕西西安	切实转变政府职能；深化投资领域改革；推动贸易转型升级；深化金融领域开放创新；扩大与"一带一路"沿线国家经济合作；创建与"一带一路"沿线国家人文交流新模式；推动西部大开发战略深入实施	扩大"一带一路"经贸往来与人文交流、推动西部大开发战略
海南 2018 年	海南全岛	在海南全岛建设自由贸易试验区；加快构建开放型经济新体制；加快服务业创新发展；加快政府职能转变；加强重大风险防控体系和机制；建设坚持和加强党对自贸试验区建设的全面领导	全岛型自由贸易港
山东 2019 年	济南片区、青岛片区、烟台片区	加快转变政府职能；深化投资领域改革；推动贸易转型升级；深化金融领域开放创新；推动创新驱动发展；发展海洋经济深化；中日韩区域经济合作	新旧动能转换、发展海洋经济、中日韩合作
江苏 2019 年	南京片区、苏州片区、连云港片区	加快转变政府职能；深化投资领域改革；推动贸易转型升级；深化金融领域开放创新；推动创新驱动发展；积极服务国家战略	开放型经济、"一带一路"交汇点建设、产业转型升级

地点、时间	涵盖范围	改革措施	各自特色
广西 2019 年	南宁片区、钦州港片区、崇左片区	加快转变政府职能；深化投资领域改革；推动贸易转型升级；深化金融领域开放创新；推动创新驱动发展；构建面向东盟的国际陆海贸易新通道；形成"一带一路"有机衔接的重要门户	面向东盟开放
河北 2019 年	雄安片区、正定片区、曹妃甸片区、大兴机场片区	加快转变政府职能；深化投资领域改革；推动贸易转型升级；深化金融领域开放创新；引领雄安新区高质量发展；推动京津冀协同发展	数字贸易、生物医药等产业、京津冀协同发展
云南 2019 年	昆明片区、红河片区、德宏片区	加快转变政府职能；深化投资领域改革；推动贸易转型升级；深化金融领域开放创新；创新沿边经济社会发展新模式；加快建设我国面向南亚东南亚辐射中心	南亚东南亚开放
黑龙江 2019 年	哈尔滨片区、黑河片区、绥芬河片区	加快转变政府职能；深化投资领域改革；推动贸易转型升级；深化金融领域开放创新；培育东北振兴发展新动能；建设以俄罗斯及东北亚为重点的开放合作高地	对俄及以东北亚为重点的开放合作
北京 2020 年	科技创新片区、国际商务服务片区、高端产业片区	推动投资贸易自由化便利化；深化金融领域开放创新；推动创新驱动发展；创新数字经济发展环境；高质量发展优势产业；探索京津冀协同发展新路径；加快转变政府职能	科技创新、服务业开放、数字经济
湖南 2020 年	长沙片区、岳阳片区、郴州片区	加快转变政府职能；深化投资领域改革；推动贸易高质量发展；深化金融领域开放创新；打造联通长江经济带和粤港澳大湾区的国际投资贸易走廊；探索中非经贸合作新路径新机制；支持先进制造业高质量发展	贸易便利化水平、创新贸易综合监管模式、推动加工贸易转型升级、培育贸易新业态
安徽 2020 年	合肥片区，芜湖片区，蚌埠片区	加快转变政府职能；深化投资领域改革；推动贸易高质量发展；深化金融领域开放创新；推动创新驱动发展；推动产业优化升级；积极服务国家重大战略	科技创新和实体经济发展深度融合、改革开放高质量发展、传统产业转型升级和战略性新兴产业发展壮大

资料来源：根据相关文献和资料整理。

三、自由贸易试验区（港）的制度创新

我国自贸试验区的政策试验能够不断深入，离不开有效的推进机制。卢迪（2018）将自贸试验区的制度创新分成了三个发展阶段：基本制度框架确立阶段、完善和制度创新推进阶段以及推广政策试验经验阶段。2013 年上海自贸试验区的成立是我国首次将从保税区向自由贸易区转型的设想付诸实践，也为后续设立的自贸试验区提供了宝贵的经验。在上海自贸试验区正式投入建设之后，国家有关部门围绕贸易便利化、金融服务业开放、完善政府监管制度等方面的体制机制展开了积极探索与创新。毛艳华（2018）总结了自贸试验区设立以来的制度创新，具体有以负面清单管理为核心的投资管理制度、在监管制度方面有了更标准化更符合市场需求的改进、进一步开放的同时加强了金融风险防范以及加强了自贸试验区发展的法律与制度保障。

一是确立以负面清单管理为核心的投资管理制度。采用外商投资"负面清单"是政府管理

体制的一项重大变革，也是社会治理中的一项创新，增强了市场准入的透明度，提高了投资便利化和规范化的水平。对外商投资实行准入前负面清单是目前以《北美自由贸易协定》为代表的国际通行规则，对市场开放有更高的要求，也是我国传统的投资管理制度需要改革的地方。正面清单是一个国家或地区允许外资进入的行业清单，负面清单采取了与正面清单相反的思维模式，是一个国家或地区禁止外资进入或限定外资比例的行业清单，对清单以外的领域、行业或部门充分放开（林珏，2016）。王新奎（2014）解释了负面清单设计的基本思路，即先解决准入前国民待遇的不符合措施问题，其次是以《外商投资产业指导目录》为基本依据，保持改革的连续性；最后则是逐年完善负面清单，每年公布经修改的新版本。根据上海自贸试验区2020年12月发布的报告数据显示，2013～2019年，自贸试验区负面清单从190条缩减到了37条，限制类措施与禁止类措施缩减比例达到88.8%和47.4%，服务业限制措施数量从95项下降到28项。清单长度的"减"带来了新设企业数量、进出口和吸收外资"增"的效果。从内容上来看，负面清单的透明度、完整度与开放度都不断提高；从发布清单的政府层级来看，一开始由上海市政府制定和发布，到现在的由国家发展改革委、商务部制定和发布，层级明显提高。负面清单减少了投资者进入行业的限制，提高了市场的开放程度，活化市场的主体行为；政府按照"法无禁止即可为"的法律思想严格执法，推动了政府执法的公开化和透明化。投资管理制度的另一个重要的改革方向是"证照分离"①。为解决企业"办证难"的问题，2016年4月浦东率先开展了"证照分离"试点，随后河北、海南、河南等自贸试验区陆续实施了"证照分离"改革，2019年国务院发布相关通知称，自12月1日起，在上海、广东、天津、福建、辽宁、浙江、河南、湖北、重庆、四川、陕西、海南、山东、江苏、广西、河北、云南、黑龙江等自由贸易试验区对所有涉企经营许可事项实行全覆盖清单管理。"证照分离"是继企业注册资本"实缴改认缴"以及"先证后照"改"先照后证"之后，商事制度改革的第三阶段，是促进贸易便利化的重要途径。"证照分离"改革就是对审批频次较高且与企业经营活动密切相关的行政许可进行清理规范，对所有涉企经营许可事项按照直接取消审批、审批改为备案、实行告知承诺、优化审批服务4种方式分类推进改革，是对商事制度改革的一次升华，通过简化一批不必要的行政审批，解决"准入不准营""办照容易办证难"的问题，压缩了审批时限，优化了审批流程，办事效率明显提升，企业省去了烦琐的审批手续，大幅节约了时间（惠丹，2019）。

　　二是确立符合国际高标准贸易便利化规则的贸易监管制度，形成具有国际竞争力的口岸监管服务模式。实施以信息化和智能化为核心的贸易便利化改革和货物状态分类监管制度，建立了信息化监管为主、现场监管为辅的监管方式，建成国际贸易"单一窗口"②，实现"一个平台、一次提交、结果反馈、数据共享"（匡增杰，2015）。这种"窗口唯一、申报一次性、办结一次性"的快速高效模式有助于国际贸易便利化和边境管理效率的提升。"单一窗口"不仅能够把企业和政府紧紧连在一起，也提高了信息的透明度，使得各个部门办公更加简洁明了。在经济全球化作用下，商品货物的通关一体化是经济发展的必然趋势，中国海关这两年实施的通关一体化，对提高通关速度，降低通关成本，提升中国的贸易便利化水平具有积极作用（郭蒙蒙，2016）。实行通关一体化最直观的效果就是通关效率的大幅提升。上海自贸试验区的进、出口平均通关时间分别较区外减少41.3%和36.8%。从台湾输往福建自贸试验区的产品检验放行时间从原来的5～7天缩减到只需1～2天。浙江自贸试验区将边检、海关、检验检疫、海事4个部门

---

①　"证"是指企业的经营许可证，"照"即营业执照。

②　"单一窗口"是指参与国际贸易进出口的各方只需通过一个统一的信息平台，一次性递交满足监管部门要求的标准化单证和电子信息，而监管部门也同样通过该平台将处理结果及时地反馈给申报人的通关模式。

的手续精简为一个平台，将办理时间从 4 小时缩短为 10 分钟，到 2018 年，浙江自贸试验区进出口平均通关时间分别减少 38% 和 56%。

三是确立适应更加开放环境和有效防范风险的金融创新制度。人民银行创设的自由贸易账户（FT）系统建立了一种"一线审慎监管、二线有限渗透"的"电子围网式"事中事后管理环境，对跨境资金流动进行逐企业、逐笔、全口径、7 × 24 小时的实时大数据监测，目前在上海、广东、天津都陆续开始了试验。自由贸易账户提供了包括跨境融资、跨境并购、跨境理财、跨境发债等在内的经常项目和资本项下的本外币一体化金融服务，支持了"黄金国际板"和上海清算所推出的自贸试验区航运指数及大宗商品衍生品中央对手清算业务等（张新，2016）。金融创新制度还包括建立宏观审慎管理的资本项目可兑换操作模式，实施"分类别、有管理"的资本项目可兑换；构建全国利率市场化改革的操作模式和人民币国际化的实施模式，建立市场利率稳定机制，稳步推进人民币跨境使用；建设面向国际的金融资产交易平台；积极创新金融领域管理方式，构建金融监管和风险防范机制。2014 年，上海自贸试验区开展了跨境双向人民币资金池业务，实现了资金跨境调拨自由、取消审核手续以及资金到账快捷等，有助于跨国集团提升配置全球资金的效率。降低交易成本。根据《上海国民经济和社会发展统计公报》，截止到 2018 年，自贸试验区内新兴金融机构数量达到 4630 个，跨境双向人民币资金池累计 769 家。

四是确立以规范市场主体行为为重点的事中事后监管制度，形成透明高效的准入后全过程监管体系。以综合监管为基础，以专业监管为支撑，形成信息互联共享的协同监管机制，实施风险分类监管。最具标志性色彩的是"双随机、一公开"监管制度，是国务院办公厅于 2015 年 8 月发布的《国务院办公厅关于推广随机抽查规范事中事后监管的通知》中要求在全国全面推行的一种监管模式，旨在构建鼓励企业自律的信用约束机制和社会力量参与的多元监督机制，建立企业年度报告和经营异常名录制度，在行业准入、认证鉴定等方面系统引入社会力量参与，建立安全审查和反垄断审查制度。"双随机、一公开"，即在监管过程中随机抽取检查对象，随机选派执法检查人员，抽查情况及查处结果及时向社会公开。"双随机、一公开"的全面推开将为科学高效监管提供新思路，为落实党中央、国务院简政放权、放管结合、优化服务改革的战略部署提供重要支撑。

作为标杆，上海自贸试验区在投资管理、贸易便利化、金融监管、服务业开放以及事中事后监管 5 大领域的 28 项改革试点经验在全国范围内进行了复制推广，在全国其他海关特殊监管区推广 6 项海关监管和检验检疫制度创新措施。在探索适应自贸试验区的新型海关监管制度方面，上海海关围绕"简政集约、通关便利、安全高效"的要求，先后推出 23 项海关监管创新制度，相继出台了一系列改革措施试点。上海自贸试验区主动开放，大胆探索新形势下推动全面深化改革和扩大开放的新路径，为全国自贸试验区建设提供了可借鉴的经验和模式。

第二节　自由贸易试验区（港）研究热点和重点

一、自由贸易试验区（港）的经济效应

在经济全球化的发展趋势下，自贸试验区已成为促进国际贸易与资本流动的重要载体，对社会发展与经济进步有着显著的影响。自贸试验区的建设效应主要可以分为区域经济效应、贸易创造效应以及金融效应。

设立自贸试验区对各地经济发展有着较明显的正向影响。采用合成反事实方法，谭娜等（2015）发现上海自贸试验区成立对上海市的工业增加值和进出口总额的增长具有显著且稳健的促进作用。王利辉和刘志红（2017）进一步将上海在自贸试验区成立前后的经济变量进行了对比，发现实际人均 GDP、固定资产投资及进出口总额均在上海自贸试验区政策的影响下有所增长。殷华和高维和（2017）构造了上海自贸试验区的"反事实"经济绩效，发现上海自贸试验区产生的"制度红利"效应促进了上海市 GDP、投资、进口和出口的增长。除上海自贸试验区外，张军等（2018）将前三批 11 个自贸试验区作为研究对象，表明自贸试验区的设立能够有效促进地区经济增长，且将沿海与内陆型自贸试验区进行对比后，发现内陆型自贸试验区的经济增长效应显著高于沿海型自贸试验区。

自贸试验区的设立带动了区域间投资、进出口的增长，对区域经济具有一定的正向促进作用。自贸试验区带动了周边地区的发展，上海自贸试验区的设立对长江经济带经济增长产生了辐射效用，在发展过程中相关部门的积极引导下，不仅上海本地区进出口贸易得以快速增长，并且带动了其他经济区域的联动经济效应（李青青和金泽虎，2016）。以天津自贸区为例，天津自贸试验区的设立使得天津更好地发挥了"出海口"的效用，成为京津冀地区对外的重要窗口，推进京津冀经济一体化发展（苏振东和尚瑜，2016）。天津从三个方面对周边发挥辐射效应，分别是制度创新为其他城市的制度创新起到示范作用、产业结构优化升级促进区域间产业分工明确以及城市群合力发展（高增安和李肖萌，2019）。

自贸试验区围绕贸易便利化的改革影响了贸易结构，带来了贸易创造。崔鑫生（2019）测度了贸易便利化对中国各省份国际贸易和省际贸易的影响，结果发现在控制关税等因素的情况下，贸易便利化水平的提升能够大幅提升我国各省份的对外贸易，通过国际贸易刺激省际贸易，推动区域协调一体化发展。中国自由贸易试验区推行的贸易便利化改革有助于降低中间产品进口关税，引导企业由加工贸易向一般贸易转型，进一步提高中国在全球价值链中的分工地位（彭冬冬和杜运苏，2016）。自贸试验区通过选择性税收优惠政策等措施使一般贸易比重提升 5.99%，促进新型贸易方式发展（王鹏和郑靖宇，2017）。

自贸试验区对金融开放和资本流动产生了影响。黄启才（2018）运用合成控制法证明了自贸试验区的设立对当地吸引外商投资具有正向促进作用，并且政策效应随着自贸试验区的逐步发展完善有着更加明显的正面影响。自贸试验区也会促进金融自由化，发展离岸金融，实施汇率浮动与经济自由化政策可降低资本管制，加深自贸试验区与世界金融市场的联系（Daqing Yao and John Whalley，2016）。自贸试验区国际投资和金融领域开放等制度创新对跨境资本流动产生显著正向影响，在国际投资管理制度改革、投资与贸易便利化改革等领域进行一系列制度创新，有效降低了市场进入壁垒和交易成本，促进了国际资本的引进来与国内资本的走出去，有助于促进投资和贸易便利化，提高国际资本配置规模和效率（韩瑞栋和薄凡，2019）。自贸试验区金融开放会引起国际资本流动，资本流动通过改变自贸试验区内资金供求关系而影响到利率水平，倒逼中央银行推进利率市场化改革，而利率市场化推进又进一步促进金融开放，于是就会形成一个正反馈动态循环系统（罗素梅和周光友，2015）。这种金融开放对资本流入和资本流出具有不同的影响效应。例如，项后军和何康（2016）以上海自贸试验区为例，基于双重差分模型和面板数据政策评估方法研究发现，自贸试验区政策对资本流动的影响主要体现在促进对外投资方面。

二、自由贸易试验区（港）的政策研究

自 2013 年我国自贸试验区首次设立以来，出台的改革政策覆盖了投资管理、政府职能转变、

贸易、金融、税收法制等领域。在投资管理领域最大的创新便是由正面清单制度向负面清单制度的转变。我国在自贸试验区试行的"负面清单"政策能够降低国内贸易的交易成本，也赋予了政府在优化体制改革，促进市场行业更加规范有序的发展，释放政策红利方面的主导地位（杨向东，2014）。张相文（2013）认为负面清单管理模式在中国的实践不仅是理念创新，而且也契合了中国逐步扩大开放规模、推进国内改革的需要；同时也是中国适应全球经济形势、接轨国际贸易新规则的要求，面临着国际国内双重背景。在负面清单的作用下，政府虽然需要承担的监管责任进一步扩大，但外资企业在进入我国自贸试验区之后可能出现的信任危机问题得到了有效的解决，而这也在某种程度上提高了外资企业进入我国的积极性，有利于国内自贸试验区实现外资规模扩大的目的（许皓，2017）。负面清单涉及政府与市场的关系的界定，为后面的政府审批制度改革和建立事中事后监管制度奠定了基础。上海自贸试验区加强权力清单、责任清单、市场准入负面清单和信息公开清单等清单建设，目的是探索建立"清单式"管理模式，加快政府职能转变，持续推进简政放权、放管结合，优化服务，以政府权力的"减法"，换取市场活力的"加法"和大众创新创业的"乘法"（欧伟强，2019）。

在推动贸易转型升级方面，上海提出了鼓励跨国公司建立亚太地区总部，深化国际贸易结算中心试点，探索设立国际大宗商品交易和资源配置平台等推动贸易转型升级以及提升国际航运服务能级的措施，为其他自贸试验区制定贸易政策提供了先行经验。贸易便利化的措施在2015年从自贸试验区的试点进而向全国进行推广，对经济稳定增长，居民充分就业起到了关键作用，还对我国《贸易便利化协定》措施的顺利施行提供了便利（郭蒙蒙，2016）。但在推进贸易通关便利化过程中，自贸试验区也面临着利益相关部门缺乏协作的阻碍。由于我国长期实行各职能部门垂直管理，各部门之间协调机制不通畅，缺乏沟通与交流，在推进和实施便利化改革过程中往往会带来许多问题（王珍珍，2017）。

金融创新开放的政策原则主要是服务实体经济、服务改革开放、风险总体可控，主要内容包括自贸试验区账户管理体系、扩大人民币跨境使用、改进外汇管理、扩增金融业务、扩大金融机构体系以及完善金融服务和监管（孙刚强，2019）。周明升等（2018）运用"反事实法"的方法，对上海自贸试验区金融开放创新对上海的经济效应进行评价，结果显示上海自贸试验区金融开放创新提升上海金融业增加值季度增长率4.32个百分点，对上海GDP增长率的贡献达到8.39%。刘洪愧等（2017）指出上海自贸试验区在资本项目可兑换、人民币跨境使用、外汇管理体制改革、金融业开放等金融创新开放领域成效显著。自贸试验区内通过利率市场化、贸易便利化、人民币跨境使用、FT账户、资本项目开放、外汇管理改革等金融创新与开放政策，使人民币结算量、双向投资额大幅增加、提高资金使用和配置效率直接推动金融业发展，从而促进经济增长。与此同时，自贸试验区内金融创新与开放也会改善贸易结构，从而促进产业升级区内政府机构、第三方服务机构以及企业搭建信息共享网络，形成区域产业链，产生集聚效应。但是这些间接效应具有时滞性，需要较长时间才能体现出来（任再萍等，2020）。

税收是各个国家进行宏观调控的重要手段，在自贸试验区的金融创新中扮演着重要角色。自贸试验区战略是新时期全面深化改革的重要突破口，作为制度创新的集中点，以税制优化为核心的税收法治建设是其中的核心议题之一。近年来，我国在自贸区建设中先后实施了制定税收优惠政策、优化税收征管流程、强化关税监管措施、完善具体税种设计等改革措施，体现了注重法治引领与保障、强化地方自主性等思维（李慈强，2020）。国内众多自贸试验区内推广实行了股权激励政策，即自贸试验区中的企业可以对内部的优秀人才等给予股权形式的奖励，其同样适用分期纳税的形式缴纳个人所得税。在这一投资税收优惠政策的帮助之下，以科技型为代表的中小微企业得到了迅速发展，科技金融改革程度不断加深，使得我国众多自贸试验区的就业等问题得到有效解决，外资引进规模也得到进一步扩大（许皓，2017）。离岸金融业务作为金融创新的形式，自贸试验区内离岸业务市场准入准则降低可快速直接提升金融业务自由化、国际化水平。离岸业务是自由贸易港重要的功能性业务，发展离岸金融将催生相关的金融创新，丰富金融市场产品和工具，促进高端金融服务业发展（赵晓雷，2017）。税收政策对离岸金融市场具有重大导向作用，但我国目前离岸金融的法律仅有数年前制定的为数不多的几个制度性文件，在离岸金融业务，对征税主体、税种、征税程序等方面缺乏明确与稳定的规定，不足以为离岸金融业务具体征税活动提供指导（张方华，2019）。

三、自由贸易试验区（港）的发展挑战

中国自贸试验区战略及实施取得了显著成果，但在拥有许多机遇的同时也面临许多的发展挑战。从自贸试验区设立以来，就不断遇到新的挑战。孙久文等（2015）总结在早期背景下，自贸试验区遇到的挑战有金融改革；如何控制资本在自贸区和中国其他地区之间的流动；建立新的金融监管框架；有效在开放市场中管理负面清单以及监管能力有待提高的挑战。谭娜等（2015）提出自贸试验区建设会带来的负效应，即可能与中国其他经济区域产生"挤出"效应，在政策和资源等方面导致竞争和利益冲突，从而对经济产生负影响。自贸试验区投资开放和金融开放产生明显的资本流动效应，同时会加剧资本流动的波动性（韩瑞栋，2019）。此外，自贸试验区的增长效应会受到区内产业发展平衡性、改革推进力度和具体政策实施效果的影响。如果不能及时进行税收、金融、法律等制度方面的创新，与国际惯例接轨，自贸试验区就难以成为深化改革的试验田，其带动整体经济发展的功能也将会受到影响。尹锋林（2014）从知识产权保护的角度，指出自贸试验区内的定牌加工行为，尤其是高科技、高附加值产品的定牌加工活动，必然会快速增长，如何有效解决涉及涉外定牌加工活动的知识产权纠纷，制定和实施合理的定牌加工知识产权行为规则，是摆在自贸试验区面前的一个现实挑战。

四、自由贸易试验区（港）与国家战略

我国自贸试验区的建设也对接了长江经济带、长三角一体化、粤港澳大湾区、京津冀协同发展以及西部大开发等，以及"一带一路"建设。上海提出自贸试验区建设要"推动'一带一路'建设和长江经济带发展"，广东提出要将自贸试验区"建设成为粤港澳深度合作示范区、21世纪海上丝绸之路重要枢纽和全国新一轮改革开放先行地"，天津提出自贸区建设要"努力打造京津冀协同发展新引擎，成为京津冀协同发展高水平对外开放平台"，福建提出自贸试验区要"建设21世纪海上丝绸之路核心区，打造面向21世纪的海上丝绸之路沿线国家和地区开放合作新高地"，浙江提出自贸试验区要"建设成为东部地区重要海上开放门户示范区、国际大宗商品贸易自由化先导区和具有国际影响力的资源配置基地"，辽宁提出自贸试验区要"建设成为提升东北老工业基地发展整体竞争力和对外开放水平的新引擎"，河南提出要"建设成为服务于'一带一路'建设的现代综合交通枢纽、全面改革开放试验田和内陆开放型经济示范区"，等等。

建立自贸试验区是"一带一路"倡议经济发展的创新点，在行政管理精简化、贸易便利化、投资自由化和金融国际化方面引领改革，为进一步推动国内贸易自由化累积经验，促进国家战略的早日实现（汪闻勇，2017）。"一带一路"对中国自贸试验区建设带来许多机遇，其中，既包括提供良好贸易环境、创造更加紧密合作关系的基础优势，也包括对外资的吸引和开拓合作领域的深化优势（王睿巍，2020）。自贸试验区的建设对中国的国家战略具有重要意义，通过自贸试验区这个平台，可有效推进与"一带一路"沿线各国间的文化交流、经贸合作与制度融通，从而消减和化解"一带一路"倡议实施过程中的文化隔膜、贸易壁垒和制度障碍。并且通过地

理交通互联以形成中国自贸区体系，将会为"一带一路"自由贸易区网络的形成与发展起到协助推进作用（李猛，2017）。同样，"一带一路"倡议在自贸试验区的建设和发展中正日渐发挥着重要作用。将自贸试验区和地方经济发展的特点相结合，可以促进区域经济的发展。在新的国际时代背景下，我国的自贸试验区除了继续承担着对外开放的责任，更应当为中国经济"走出去"做出有效探索。借助"一带一路"倡议，逐渐形成立足周边、辐射"一带一路"沿线区域、最终面向全球的自贸试验区网络（曾婧，2015）。

长江经济带覆盖了上海、浙江、湖北、重庆、四川五大自贸试验区，自贸试验区是连接长江经济带的重要载体和平台，有助于实现长江经济带的互联互通。上海自贸试验区的建设给长江经济带带来了巨大的溢出效应，其中既包含正向的溢出效应，也包含负面的溢出效应。长江经济带沿线城市要利用好上海自贸试验区建设的正向溢出效应，同时合理规避其负面影响，加快新型开放型经济的发展（金泽虎等，2014）。自贸试验区对长江经济带城市的产业发展具有辐射效应，包括学习借鉴扩大服务业对外开放、推动贸易转型升级、深化金融领域开放创新、完善制度保障等的经验，尤其在贸易、航运、港口、物流等领域，可以通过借鉴上海自贸试验区进一步接轨国际贸易、金融和航运等相关政策，为长江经济带城市发展外向型经济提供了新的思路与路径（黄南，2015）。梅新育（2016）指出在"长江经济带+自贸区"的结合中，上海、江苏、浙江要发挥龙头和国际竞争高地的作用，安徽、江西、湖北、湖南、重庆、四川6省市则应当做好产业转移和开放经济新局面，湖北、湖南、江西和安徽开放经济的重心主要侧重于传统外贸商路，而重庆、四川可以致力于在开辟丝绸之路经济带和南方丝绸之路。湖北自贸试验区作为内陆区域，侧重于调动区域内生产要素，在构建以国内大循环为主体、国内国际双循环相互促进的新发展格局，实施中部崛起战略以及推进长江经济带发展中发挥示范作用（李雪松，2020）。

2018年11月，在第一届进口博览会上，习近平主席提出"将支持长江三角洲区域一体化发展上升为国家战略"。于立新等（2015）认为，应该充分借助上海自贸试验区的平台优势，为自贸试验区和长三角产业链对接助力。徐美娜（2016）认为在长三角协调发展中，上海自贸试验区可以发挥制度改革示范效应、产业联动效应和辐射外溢效应。当前，长三角地区已有5个城市设立自贸试验区，依靠制度创新，自贸试验区主动突破限制区域协同发展的瓶颈，致力于构筑一体化开放格局，为本地区对外开放迎来又一次重大发展机遇。

粤港澳大湾区作为我国经济增长新动能和接轨全球经济的新支点，是我国迈进区域经济协调发展新格局、融入并引领全球经济发展趋势的重要标志。在国内外新形势下，广东自贸试验区通过融合粤港澳资源，促进产业转型升级，提升创新能力等方面推动粤港澳大湾区的发展（高颖欣，2020）。广东自贸试验区以开放的经济结构、高效的经济资源配置能力、强大的外溢效应以及发达的国际联系网络四方面促进粤港澳大湾区的发展，推动内地与港澳的合作深化（徐奔，2018）。从制度创新层面，深圳承接着粤港澳大湾区中深港两地制度深度融合的角色，需要通过自贸试验区的制度创新来实现（吴燕妮，2018）。广东省社会科学院在2018年发布的《粤港澳大湾区建设报告》中提出充分发挥南沙、前海、横琴三大自贸试验区片区的作用，通过自贸试验区带动高端资源"引进来"，推动自主创新成果"走出去"，进一步明确以广东自贸试验区驱动湾区区域发展的重要定位。广东自贸试验区在发挥政策外溢效应，推动跨境一体化合作的深度发展方面的建设可以为粤港澳大湾区提供一些经验与启示。

天津、河北与北京自贸试验区的主要任务之一是为京津冀协同发展服务。应抓好北京自贸试验区成立的契机，利用天津、河北与北京自贸试验区联动促进京津冀协同发展。可以通过制度创新优势打破京津冀产业协同障碍，以强吸引力优势实现产业承接集聚，辐射带动区域发展以及作为开放新高地帮助企业"走出去"（李清，2021）。天津自贸试验区自成立以来，积极推动实施各项服务京津冀区域发展的项目和措施，优化了京津冀区域营商环境，推动了区域要素流动与资源配置一体化发展，对京津冀区域经济发展产生了辐射效应，带来了新的发展动力。

西部大开发对外开放是多层次、全方位的开放，不仅面向全国所有地区，也面向邻近国家，可以对接京津冀协同发展、长江经济带发展、粤港澳大湾区建设等国家战略。推进西部地区自贸试验区建设是构建西部内陆多层次开放平台，提高西部地区对外开放水平的重要举措（孙久文等，2020）。在西部地区增设重庆、四川以及陕西自贸试验区的主要目的在于探索西部地区开发开放新模式，进一步扩大西部地区对外开放程度，促进地区经济发展。重庆、四川、陕西三省市应在各自比较优势的基础上，加强彼此的区域协同合作，降低市场分割程度，实现双赢（程锐，2019）。

第三节　自由贸易试验区（港）研究展望

一、自由贸易试验区（港）建设的未来方向

习近平同志指出，"不断提高自由贸易试验区发展水平，形成更多可复制可推广的制度创新成果，把自由贸易试验区建设成为新时代改革开放的新高地，为实现'两个一百年'奋斗目标、实现中华民族伟大复兴的中国梦贡献更大力量"。作为党中央在新时代推进改革开放的一项战略举措，自由贸易试验区港建设不仅承担着全面深化改革与实施新一轮高水平对外开放的责任，而且承担着推动高质量发展，打造动力更强、结构更优、质量更高的增长极的责任，必将在未来发展中发挥更大的作用。在经济全球化的大趋势下，我国自贸试验区港要继续深化对外开放，重点要在服务贸易领域加大相关制度创新的探索和突破力度；推进政府职能转变，在营造体现更高层次理念的现代市场体系和适应新技术新业态新模式要求的政府管理方式上实现突破；在改革的同时坚持法治建设、法治引领、法治保障。

我国自贸试验区（港）未来的建设在制度集成创新、高质量发展、高水平开放等方面仍有可进步的空间。其中，制度集成创新需要排在首位。制度集成创新是党中央赋予海南自由贸易港的全新使命，习近平同志对海南自由贸易港建设赋予了重大希望，做出"要把制度集成创新摆在突出位置，解放思想，大胆创新，成熟一项推出一项，行稳致远，久久为功"的指示，海南自由贸易港在未来要以制度集成创新为着力点，突破现行政策体系和体制机制障碍，打造法治化、国际化、便利化的国际一流营商环境，形成最高开放形态的具有中国特色的海南自由贸易港制度体系（董涛，2020）。在如今的新形势新任务下，自贸试验区（港）要全力推动高质量发展，通过更大范围、更广领域、更深层次的改革探索，激发高质量发展的内生动力；通过更高水平的开放，推动加快形成发展的新格局，把自贸试验区（港）建设成为改革开放新高地。开放是自贸试验区港最鲜明的特色之一，作为全国开放水平最高的区域，未来要把推动自贸试验区高水平开放与构建以国内大循环为主体、国内国际双循环相互促进的新发展格局紧密结合起来，不断释放自贸试验区发展活力，进一步增强我国经济高质量发展的内生动力。上海自贸试验区临港新片区被赋予了进行更深层次、更宽领域、更大力度的全方位高水平开放，努力成为集聚海内外人才开展国际创新协同的重要基地、统筹发展在岸业务和离岸业务的重要枢纽、企业走出去发展壮大的重要跳板、更好利用两个市场两种资源的重要通道、参与国际经济治理

的重要试验田的重要意义。临港新片区具有较好的区位，在未来应积极发挥联系"全球化"和"区域化"价值链的作用，响应全球与国家的需求，将新片区优势产业向长三角地区拓展延伸、服务辐射形成世界级产业集群，带动长三角地区新一轮更高水平的改革开放（王旭阳等，2020）。

二、自由贸易试验区（港）建设的深化路径

未来我国的自贸试验区（港）可以在具体以下三个方面开展深化改进：

首先，在与国家战略对接方面，未来一段时期内我国还需尽快设立专业的国家战略协调机构，完善创新容错机制以加快自贸区制度创新复制推广及红利共享，并要加强与"一带一路"沿线各国间的金融合作，为国家战略建设和对接提供更为可靠的资金支持（李猛，2017）。自贸试验区应接轨国家战略，推动"一带一路"经济带建设，使"一带一路"的"五通"问题与自贸试验区中的"四话"要求目标高度契合，合力打造中国国际贸易新局面（孙天娇等，2020）。在自贸试验区的管理创新与制度改革上，应从宏观、中观以及微观三个角度加以完善，在宏观层面上要加快法律法规的顶层设计，打造良好的宏观营商环境；中观层面上要继续探索创新自贸区的准入和监管制度；在微观层面上培育中国特色的企业家精神，予以制度和投资保障，鼓励企业治理与国际接轨（尹轶立，2017）。其次，在金融改革方面，自贸试验区可以在以下方面进行加强：一是建立以人民币资本项目可兑换、人民币跨境使用、利率市场化、外汇管理改革为主的制度框架和监管体系；二是扩大金融开放领域，鼓励新兴金融业态发展；三是明确双向资金池的具体操作细则，开放离岸人民币业务，实现金融重要领域和关键环节改革"破冰"。为实现金融业的进一步开放，要加强和金融业相关的法律法规的完善、金融业实体和程序方面的监管。金融税法规则的"碎片化"是我国金融业普遍存在的问题，加强对离岸金融税收体系进行梳理、对个税进行修正是解决离岸金融重复征税问题的前提（孙元欣，2017；张方华，2019）。最后，在政府职能领域中，自贸试验区可以从推动政府治理模式向"政府+企业"模式的改革，促进国家层面的统筹协调，优化行政管理架构，完善综合监管体系以及健全法律法规建设几个方面进行改革，为政府治理能力现代化提供先行先试经验（张婷玉，2020）。自由贸易港是自贸试验区全面深化改革开放的重要突破口，在建设中要遵循自贸试验区建设的路径，坚持将扩大开放与体制改革相结合，培育功能与政策创新相结合，把住制度创新这条主线，努力构建与国际投资、贸易通行规则相衔接的开放型经济新体制，将自贸试验区建设成为投资贸易自由、规则开放透明、监管公平高效、营商环境便利的国际高标准自由贸易园区（赵晓雷，2017）。当前，中国自贸试验区设立的数量和空间分布不是很利于促进中国区域经济四大板块协调发展，有待进一步地"扩容升级"。对于当地区域经济的带动作用随着时间的推移正在逐渐减弱，中西部地区应当继续增加自贸试验区设立的数量，东部地区也有必要根据经济发展的需要适当扩大自贸试验区的数量，继续拓展自贸试验区（港）的功能空间。

参考文献

（一）中文文献

［1］曹晓路，王崇敏．建设自由贸易港的国际经验与海南路径［J］．国际贸易，2020（4）：48－55.

［2］陈立虎．自由贸易试验区的特点和立法问题［J］．法治研究，2014（10）：23－27.

［3］陈琪，刘卫．建立中国（上海）自由贸易试验区动因及其经济效应分析［J］．科学发展，2014（2）：43－50.

［4］陈志阳．中国自由贸易区战略研究［D］．武汉大学博士学位论文，2015.

［5］程锐，马莉莉．西部地区自贸区建设与地方经济发展［J］．新疆财经，2019（5）：15－27．

［6］崔鑫生，郭龙飞，李芳．贸易便利化能否通过贸易创造促进省际贸易——来自中国贸易便利化调研的证据［J］．财贸经济，2019，40（4）：100－115．

［7］董涛．解放思想　敢闯敢试　大胆创新　以制度集成创新引领海南自由贸易港建设［N］．海南日报，2020－12－16（A05）．

［8］杜国臣，徐哲潇，尹政平．我国自贸试验区建设的总体态势及未来重点发展方向［J］．经济纵横，2020（2）：73－80．

［9］高颖欣．粤港澳大湾区内自贸区的发展与问题研究［J］．中国经贸导刊（中），2020（11）：29－31．

［10］高增安，李肖萌．自贸区设立背景下的区域创新发展及其影响路径［J］．管理现代化，2019，39（5）：50－54．

［11］国家税务总局广州市税务局课题组，王义平，夏志胜，吴静怡．税收视角下的粤港澳大湾区创新协调发展［J］．国际税收，2019（6）：50－53．

［12］郭蒙蒙．上海自贸区贸易便利化的发展和影响［D］．辽宁大学硕士学位论文，2016．

［13］韩瑞栋，薄凡．自由贸易试验区对资本流动的影响效应研究——基于准自然实验的视角［J］．国际金融研究，2019（7）：36－45．

［14］何力．贸易含义的演进与中国（上海）自由贸易试验区性质探析［J］．海关与经贸研究，2014，35（1）：69－75．

［15］胡晨光，厉英珍．中国自贸区建设回顾、问题与展望［J］．中国发展，2019，19（2）：14－20．

［16］黄南．上海自贸区建设与长江经济带开放型经济发展［J］．中国发展，2015，15（4）：20－25．

［17］黄启才．自贸试验区设立促进外商直接投资增加了吗——基于合成控制法的研究［J］．宏观经济研究，2018（4）：85－96．

［18］惠丹．“证照分离”的实质是减少审批［N］．中国市场监管报，2019－12－17（03）．

［19］金泽虎，李青青．上海自贸区经验对促进长江经济带贸易便利化的启示［J］．国际贸易，2016（4）：30－37．

［20］匡增杰．加快推进中国（上海）自由贸易试验区海关监管制度创新：贸易便利化的视角［J］．经济体制改革，2015（4）：65－69．

［21］李慈强．论自贸区战略中的税收法治建设及其完善［J］．法治现代化研究，2020，4（4）：152－165．

［22］李猛．中国自贸区服务与“一带一路”的内在关系及战略对接［J］．经济学家，2017（5）：50－57．

［23］李清，温可仪，刘海云．利用自贸试验区联动促进京津冀协同发展［J］．商业经济，2021（1）：13－15＋28．

［24］李世杰，曹雪菲．论自由贸易区、自由贸易试验区与自由贸易港——内涵辨析、发展沿革及内在关联［J］．南海学刊，2019，5（3）：28－41．

［25］李雪松，龚晓倩．打造湖北自贸区升级版建设内陆对外开放新高地［J］．决策与信息，2020（8）：80－88．

［26］林珏．区域自由贸易协定“负面清单”的国际比较研究［J］．四川大学学报（哲学社会科学版），2015（5）：120－129．

［27］刘洪愧，谢谦．上海自由贸易试验区金融开放创新实践及制约因素辨析［J］．经济纵横，2017（12）：56－66．

［28］卢迪．上海自由贸易试验区制度创新的演进过程与推进机制［J］．当代经济研究，2018（2）：81－87．

［29］罗素梅，周光友．上海自贸区金融开放、资本流动与利率市场化［J］．上海经济研究，2015（1）：29－36．

［30］毛艳华．自贸试验区是新一轮改革开放的试验田［J］．经济学家，2018（12）：47－56．

［31］梅新育．“长江经济带＋自贸区”图景［J］．重庆与世界，2016（12）：12－14．

［32］欧伟强．上海自贸区建设中创新政府治理的探索与实践［J］．新东方，2019（3）：72－77.

［33］彭冬冬，杜运苏．中间品贸易自由化、融资约束与贸易方式转型［J］．国际贸易问题，2016（12）：52－63.

［34］任再萍，黄成，施楠．上海自贸区金融创新与开放对经济增长贡献研究——基于金融业政策效应视角［J］．中国软科学，2020（9）：184－192.

［35］沈玉良，彭羽．海南自由贸易港建设思路［J］．中国口岸科学技术，2020（4）：4－11.

［36］苏振东，尚瑜．京津冀经济一体化背景下的天津"出海口"效应研究——兼论天津自贸区对京津冀协同发展的推动作用［J］．国际贸易问题，2016（10）：108－118.

［37］孙刚强．中国自由贸易试验区与金融创新经验借鉴［J］．河北金融，2019（1）：59－61.

［38］孙久文，彭芳梅，姚鹏．自贸区发展与经济特区的机遇和挑战［J］．特区实践与理论，2015（4）：21－25＋45.

［39］孙天娇，黄瑞，钟佩言，杨思睿．自由贸易试验区设立对地区经济效应探究［J］．时代金融，2020（26）：22－23.

［40］孙元欣．中美BIT谈判与自由贸易试验区金融创新［J］．科学发展，2017（101）：62－68.

［41］谭娜，周先波，林建浩．上海自贸区的经济增长效应研究——基于面板数据下的反事实分析方法［J］．国际贸易问题，2015（10）：14－24＋86.

［42］佟家栋．探索建设自由贸易港蓝皮书［M］．北京：中国经济出版社，2018.

［43］王利辉，刘志红．上海自贸区对地区经济的影响效应研究——基于"反事实"思维视角［J］．国际贸易问题，2017（2）：3－15.

［44］王鹏，郑靖宇．自由贸易试验区的设立如何影响贸易方式转型——基于广东自由贸易试验区的实证研究［J］．国际贸易问题，2017（6）：71－82.

［45］王睿巍．探析"一带一路"倡议背景下中国自贸区的发展策略［J］．天津职业院校联合学报，2020，22（2）：110－115.

［46］汪闻勇．"一带一路"背景下宁波保税区和自贸区发展研究［D］．中国社会科学院研究生院博士学位论文，2017.

［47］王新奎．中国（上海）自贸试验区改革的重点：对外商投资准入实施"负面清单"管理［J］．上海对外经贸大学学报，2014，21（1）：5－11.

［48］王旭阳，肖金成，张燕燕．我国自贸试验区发展态势、制约因素与未来展望［J］．改革，2020（3）：126－139.

［49］王珍珍，甘雨娇．贸易监管制度创新：四地自贸试验区建设的经验总结及路径探索——基于贸易通关便利化视角［J］．全球化，2017（9）：100－112＋136.

［50］吴燕妮．粤港澳大湾区新挑战广东自贸区的发展进路［N］．哈尔滨日报，2018－12－29（08）.

［51］项后军，何康．自贸区的影响与资本流动——以上海为例的自然实验研究［J］．国际贸易问题，2016（8）：3－15.

［52］徐奔．广东自贸区在粤港澳大湾区中的战略支点功能研究［J］．知识经济，2018（9）：37－38.

［53］许皓．"一带一路"战略下国内自贸区投资法的分析——以天津自贸区为例［J］．法制与社会，2017（27）：85－86.

［54］徐美娜．上海自贸区建设对长三角区域发展的带动效应研究［J］．中国商论，2016（18）：118－119.

［55］杨向东．中国（上海）自由贸易试验区的经济与政治效应关系初探——以国民待遇为视角［J］．上海财经大学学报，2014，16（6）：97－104.

［56］尹锋林，张嘉荣．上海自贸区知识产权保护：挑战与对策［J］．电子知识产权，2014（2）：34－39.

［57］尹轶立．中国自由贸易试验区经济效应研究［D］．北京科技大学博士学位论文，2017.

［58］殷华，高维和．自由贸易试验区产生了"制度红利"效应吗？——来自上海自贸区的证据［J］．财经研究，2017，43（2）：48－59.

［59］于立新，柯建飞，王东方．上海自贸区政府职能转变对供应链提升作用研究［J］．国际贸易，2015（7）：18 － 24 ＋35.

［60］曾婧．"一带一路"战略下的中国自贸区机遇［J］．特区经济，2015（8）：13 － 16.

［61］张方华．论上海自贸区离岸金融税收法律制度的构建［D］．华中科技大学硕士学位论文，2019.

［62］张军，闫东升，冯宗宪，李诚．自贸区设立能够有效促进经济增长吗？——基于双重差分方法的动态视角研究［J］．经济问题探索，2018（11）：125 － 133.

［63］张婷玉，王海杰．新形势下中国自贸区深化政府职能改革的痛点与对策［J］．区域经济评论，2020（4）：123 － 130.

［64］张相文，向鹏飞．负面清单：中国对外开放的新挑战［J］．国际贸易，2013（11）：19 － 22.

［65］张新．上海自贸区：以自由贸易账户系统为基础推进八大核心金融改革取得突破性进展［N］．金融时报，2016 － 09 － 29（2）.

［66］张幼文．自贸区试验与开放型经济体制建设［J］．学术月刊，2014，46（1）：11 － 19.

［67］赵晓雷．建设自由贸易港区将进一步提升上海自贸试验区全方位开放水平［J］．经济学家，2017（12）：11 － 12.

［68］赵晓雷．自贸港是比自贸试验区开放水平更高的功能区［J］．中国外汇，2017（24）：35 － 36.

［69］周明升，韩冬梅．上海自贸区金融开放创新对上海的经济效应评价——基于"反事实"方法的研究［J］．华东经济管理，2018，32（8）：13 － 18.

［70］左连村．从自贸区到自由港：中国对外开放的阶段性发展［J］．中国发展，2019，19（3）：9 － 14.

（二）外文文献

Daqing Yao，John Whalley．The China（Shanghai）Pilot Free Trade Zone：Background，Developments and Preliminary Assessment of Initial Impacts［J］．The World Economy，2016，39（1）：2 － 15.

第三十四章 "一带一路"研究

共建"一带一路"是习近平总书记统筹国内、国际两个大局做出的重大决策。"一带一路"以丝路精神为纽带,以沿线国家共商大计、共建项目、共享收益为原则,以政策沟通、设施联通、贸易畅通、资金融通、民心相通为主要内容,旨在打造开放、包容、均衡、普惠的新型国际合作平台,促进沿线国家实现共同繁荣发展,推动构建人类命运共同体。本章在梳理"一带一路"倡议实践脉络的基础上,梳理近年来学术界的研究热点及存在的问题,并对今后研究作出展望。

第一节 "一带一路"倡议的实践脉络

2013 年秋,习近平总书记代表中国政府倡议共建丝绸之路经济带和 21 世纪海上丝绸之路。"一带一路"倡议把中华民族追求伟大复兴的中国梦同沿线国家人民向往美好生活的梦想紧密连接在一起,为促进中国全面开放和全球共同发展搭建了一个新型平台。国际社会对"一带一路"倡议给予积极响应和广泛支持,一大批标志性项目和示范性工程落地实施,取得了丰硕成果。

一、"一带一路"倡议的提出背景

从国内背景来看,改革开放推动中国综合国力大幅提升,新时代高质量发展任务艰巨。改革开放 40 多年来,中国从计划经济体制转型为社会主义市场经济体制,从封闭半封闭经济转变为全方位对外开放,农业现代化、工业化、城镇化、信息化快速推进,中国跃升为世界第二大经济体和第一大工业国,迈入中高收入国家行列。近年来在国际金融危机沉重打击世界经济的背景下,中国成为世界经济增长的主要稳定器和动力源。经过长期艰苦奋斗,"中华民族迎来了从站起来、富起来到强起来的伟大飞跃"[1]。作为一个负责任的大国,中国不仅欢迎其他国家搭乘中国经济发展的"快车",而且有能力为世界和平与发展做出更大贡献。与此同时,当前中国经济由高速度增长转向高质量发展的新时代,中国经济要在新时代转变发展方式、优化经济结构、转换增长动力,必须在全球更大范围内谋划发展、配置资源,加快形成全面开放新格局。丝绸之路沿线地区是世界上经济发展最有活力、经济增长最具潜力的国家和地区,建设"一带一路"可以通过更广泛的国际合作,为中国扩大开放和实现经济高质量发展提供强劲动力。

从国际背景来看,世界发展面临增长动能不足、治理体系滞后、南北发展失衡等问题,各

---

① 习近平. 决胜全面建成小康社会 夺取新时代中国特色社会主义伟大胜利——在中国共产党第十九次全国代表大会上的报告 [M]. 北京:人民出版社,2017.

国需要携手应对挑战。当今世界处于百年未有之大变局，进入 21 世纪以来，以"金砖国家"为代表的新兴经济体快速发展，成为推动国际经济格局向"多极化"发展的重要动力。世界银行数据显示，传统西方发达国家"七国集团"的 GDP 规模占全球比重由 2000 年的 65.5% 降至 2017 年的 45.5%，"金砖国家"[①] 同期所占比重则由 8.1% 上升至 23.3%，其中，中国占世界比重由 3.6% 增加至 15.2%。在此背景下，传统发达国家与新兴经济体的力量对比发生了明显变化，但全球治理体系未能适应这一变化而做出合理调整。与此同时，西方发达国家主导的经济全球化在创造巨大物质财富和推动人类文明进步的同时（王颂吉和何昊，2017），增长动能不足、治理体系滞后、南北发展失衡等负面影响日益显现（习近平，2018），保护主义、单边主义等"逆全球化"现象此起彼伏，新兴经济体对于改革全球治理体系、构建新型国际关系、维护发展开放型世界经济、推动经济全球化健康发展的呼声高涨。习近平总书记深入思考国际发展面临的突出矛盾和严峻挑战，认为在全球"和平赤字、发展赤字、治理赤字"面前，单个国家不仅难以独善其身，而且无法解决世界发展面临的问题[②]。作为一个日益走近世界舞台中央的负责任的大国，中国有必要对接各国政策，在全球更大范围内形成发展合力。基于此，"一带一路"正是倡导全球合作、应对世界挑战的中国方案。

二、"一带一路"建设的重点领域及进展

"一带一路"倡议提出之后，中国政府成立了中央推进"一带一路"建设工作领导小组，出台了一系列政策文件，组织举办了两次高峰论坛，这为推进"一带一路"建设提供了重要支撑（王颂吉和何昊，2017）。2013 年 11 月，建设"一带一路"被列入党的十八届三中全会通过的《中共中央关于全面深化改革若干重大问题的决定》，凸显了"一带一路"建设的重大政治意义。2015 年初，中央推进"一带一路"建设工作领导小组成立。2015 年 3 月，国家发展改革委、外交部、商务部联合授权发布了《推动共建丝绸之路经济带和 21 世纪海上丝绸之路的愿景与行动》，向世界传递了共建"一带一路"的总体设想。2017 年 5 月，首届"一带一路"国际合作高峰论坛在北京召开，与会国家领导人确定了共建"一带一路"的目标、原则与举措。2018 年 8 月，中央召开推进"一带一路"建设工作 5 周年座谈会，提出推动"一带一路"建设向高质量发展转变。2019 年 4 月，第二届"一带一路"国际合作高峰论坛在北京召开，来自 38 个国家的领导人和联合国、国际货币基金组织负责人举行领导人圆桌峰会，就高质量共建"一带一路"达成广泛共识。

"一带一路"建设的空间范围重点面向亚欧非大陆，同时向所有伙伴开放，相关各方遵循"共商大计、共建项目、共享收益"的原则，围绕政策沟通、设施联通、贸易畅通、资金融通、民心相通开展互利合作，目标是推动构建人类命运共同体。在政策沟通方面，沿线国家围绕发展战略和对策进行交流对接，共同制定推进区域合作的规划和措施，协商解决合作中的问题。截至 2019 年 3 月底，中国已同 125 个国家和 29 个国际组织签署 173 份合作文件。在设施联通方面，沿线国家在尊重国家主权和安全的基础上，建设铁路、公路、航运、航空、管道、空间综合信息网络等基础设施网络，促进资源要素在更广阔的空间范围内实现优化配置。截至 2019 年 3 月底，中欧班列累计开行数量超过 1.4 万列，通达境外 15 个国家 50 个城市。在贸易畅通方面，相关国家研究解决投资贸易便利化问题，共同商建自由贸易区，激发释放合作潜力。

---

① "七国集团"即七个发达工业化国家，包括美国、日本、德国、英国、法国、加拿大、意大利；"金砖国家"包括中国、印度、俄罗斯、巴西、南非。

② "一带一路"国际合作高峰论坛重要文辑［M］. 北京：人民出版社，2017.

2013～2018 年，中国同"一带一路"沿线国家的货物贸易总额超过 6 万亿美元，中白工业园等经贸合作园区建设稳步推进。在资金融通方面，国际多边金融机构以及各类商业银行创新投融资模式，弥补"一带一路"沿线的融资缺口。中国倡议成立的亚洲基础设施投资银行、丝路基金运行顺畅，中国先后同 20 多个沿线国家建立了双边本币互换安排，同 7 个国家建立了人民币清算安排①。在民心相通方面，沿线国家弘扬丝路精神，在科技交流、教育合作、文化旅游、绿色发展、对外援助等方面取得一系列成果，为深化双边及多边合作奠定了坚实的民意基础。

"一带一路"重点建设新亚欧大陆桥、中蒙俄、中国—中亚—西亚、中国—中南半岛、中巴和孟中印缅六大国际经济合作走廊。近年来，国际经济合作走廊进展顺利，尤以中巴经济走廊建设最具标志性和示范性意义。中巴经济走廊以能源、交通基础设施、产业园区合作、瓜达尔港等建设为重点，中国与巴基斯坦组建了中巴经济走廊联合合作委员会，建立了定期会晤机制。一大批基础设施建设项目开工建设，部分项目已获得早期收获②，中巴经济走廊成为"一带一路"建设的标杆，为中国同沿线国家合作共建"一带一路"提供了示范。

第二节 "一带一路"研究的总体情况与热点分析

"一带一路"倡议提出之后，国内外学术界对相关问题的研究迅速跟进，涌现出了一大批研究成果。本章接下来先分析"一带一路"研究的总体情况，然后对"一带一路"研究的热点问题进行评述。

一、总体情况

从国内学术界发文数量和发文年度来看，截至 2021 年 1 月 30 日，中国知网（CNKI）收录的全部期刊中主题为"一带一路"或"丝绸之路经济带"或"21 世纪海上丝绸之路"的文献数量共计 72168 篇，其中 2014～2020 年分别发表了 1472 篇、8561 篇、10027 篇、15493 篇、11149篇、15203 篇和 10263 篇，整体呈现先增后减的趋势，发文量在 2017 年达到了最高点。中国知网收录的 CSSCI 核心期刊中，主题为"一带一路"或"丝绸之路经济带"或"21 世纪海上丝绸之路"的文献数量为 11041 篇，2014～2020 年分别发表了 192 篇、1152 篇、1674 篇、2332 篇、1746 篇、2231 篇和 1714 篇（见图 34 - 1）。

从研究的关键词来看，除"一带一路""丝绸之路经济带""经济新常态""'一带一路'倡议"等高频词外，其他出现频率较高的依次是："人类命运共同体"（993 次）、"走出去"（944次）、"俄罗斯"（919 次）、"互联互通"（890 次）、"高峰论坛"（878 次）、"对外贸易投资"（751 次）、"人才培养"（707 次）、"全球化"（706 次）、"民心相通"（629 次）、"亚投行"（607 次）、"人民币国际化"（604 次）。由此可见，国内围绕"一带一路"开展的研究主要涉及经济、政治、社会、文化多个方面，研究主题较为发散，整体偏向宏观层面。

---

① 政策沟通、设施联通、贸易畅通、资金融通等相关数据来源于国家发展改革委网站，具体见 https：//www. ndrc. gov. cn/xwdt/xwfb/201904/t20190418_ 954411. html.

② 推进"一带一路"建设工作领导小组办公室. 共建"一带一路"倡议：进展、贡献与展望［EB/OL］. 商务部网站，http：//www. mofcom. gov. cn/article/i/jyjl/e/201904/20190402855421. shtml.

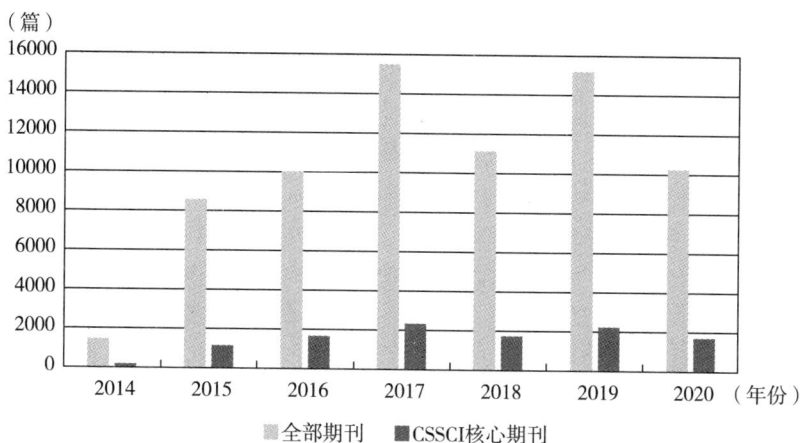

图 34 - 1 2014 ~ 2020 年国内期刊主题为 "一带一路" 的学术论文发表情况

资料来源：笔者根据中国知网数据整理而得。

从学科分布来看，"一带一路"是一条经济合作走廊，因此经济问题是学术界讨论的重心。以中国知网收录的 CSSCI 期刊为例，在已发表的"一带一路"研究文献中，与经济问题相关的文章数量为 7739 篇，占文章总数量的一半以上。从图 34 - 2 可以看出，同经济相关的研究主题涉及国民经济（3716 篇）、国际贸易（958 篇）、理论经济学（854 篇）、金融（575 篇）、区域经济（518 篇）、工业经济（377 篇）、工商管理（309 篇）等。但从研究内容来看，现有关于"一带一路"经济问题的研究大多集中在实践操作层面，探讨"一带一路"经济规律的理论成果较少。

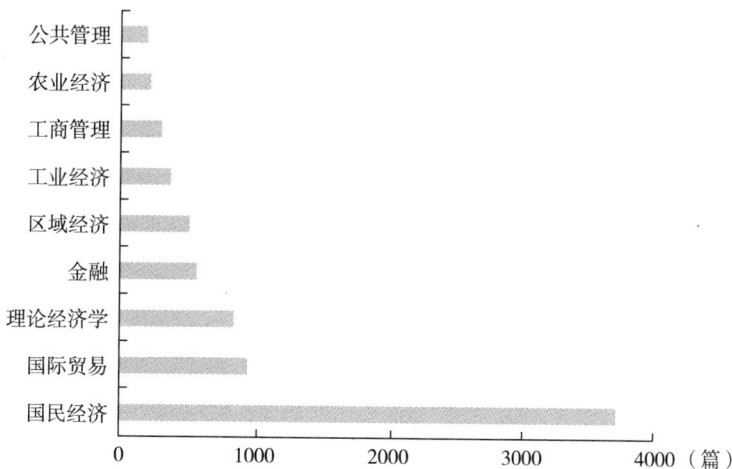

图 34 - 2 中国知网收录 CSSCI 期刊中的 "一带一路" 文献学科分布

资料来源：笔者根据中国知网数据整理而得。

从高等院校发表"一带一路"相关论文的数量来看，以中国知网收录的全部期刊为例，中国人民大学（738 篇）、新疆财经大学（620 篇）、对外经济贸易大学（458 篇）、武汉大学（443 篇）、北京大学（426 篇）、北京师范大学（342 篇）、清华大学（324 篇）、吉林大学（320 篇）、兰州大学（318 篇）、新疆大学（313 篇）、复旦大学（303 篇）、西北大学（291 篇）等发文数量较大，且涉及学科众多。

从研究机构发表"一带一路"相关论文的数量来看，中国商务部国际贸易经济合作研究院、中国国际经济交流中心、中国社会科学院世界经济与政治研究所、国务院发展研究中心、中国社会科学院亚太与全球战略研究院的发文量相对较多。

从研究学者来看，在中国知网收录的 CSSCI 核心期刊中主题为"一带一路"或"丝绸之路经济带"或"21 世纪海上丝绸之路"的文献中，居发文数量前 10 位的学者分别为王义桅（24 篇）、王娟娟（20 篇）、陈继勇（19 篇）、白永秀（18 篇）、刘卫东（16 篇）、孙慧（15 篇）、李兴（14 篇）、王颂吉（13 篇）、何伦志（13 篇）、葛岳静（13 篇），其中文献引用率较高的是白永秀、王娟娟和王义桅，总引用次数均超过 200 次。

从著作出版情况来看，学术界已出版了数百部"一带一路"相关研究著作，其中具有一定学术水平的研究著作有：刘卫东等著的《"一带一路"——引领包容性全球化》《"一带一路"建设对策研究》，王义桅著的《世界是通的——"一带一路"的逻辑》《"一带一路"：机遇与挑战》，刘伟等著的《"一带一路"：全球价值双环流下的区域互惠共赢》《"一带一路"：产业与空间协同发展》《"一带一路"：区域与国别经济比较研究》，邹磊著的《中国"一带一路"战略的政治经济学》，以及白永秀等著的《丝绸之路经济带研究》等。以上这些出版著作主要从提出背景、理论内涵、战略意义、合作内容等方面对"一带一路"展开了较为深入扎实的研究（白永秀等，2019）。

二、热点分析

学术界围绕"一带一路"开展的研究，主要集中在内涵与战略意义、合作重点、合作机制、国别与区域研究、风险与障碍以及保障措施方面。

1. "一带一路"的内涵与战略意义

"一带一路"倡议提出之后，国内学术界在较短时间内发表了大量关于"一带一路"内涵与战略意义的研究文献。相关文献通常在阐释"一带一路"的内涵之后，基于国内外视角论证"一带一路"建设的意义。

在内涵研究方面，白永秀和王颂吉（2014）认为丝绸之路经济带是以沿线国家互利共赢和经济一体化为目标的带状经济合作区。卫玲和戴江伟（2014）提出丝绸之路经济带形成的根本动力是产业和人口的"点—轴"集聚、丝绸之路经济带的基本框架是交通干线和自由流动的要素、丝绸之路经济带的现实基础是地缘政治和能源合作、丝绸之路经济带的战略目标是建立区域经济一体化组织。裴长洪和于燕（2015）认为，"一带一路"建设是在古代丝绸之路的基础上重塑一个新的经济发展区域，是以自由贸易区建设、经济走廊为依托，涵盖政治、经济、外交、安全等诸多领域的区域合作框架与双边合作框架相结合的综合性新型国际合作构想。卢锋等（2015）指出，"一带一路"倡议将东亚经济圈同欧洲经济圈联通，实现共同合作、共谋发展。金玲（2015）认为，"一带一路"倡议以务实合作为导向，以共同发展为根本属性，这同马歇尔计划有根本差别。胡键（2020）认为，"一带一路"是中国提出并与世界各国共同建设的一种全新的国际公共产品，从多个维度提升了中国的软实力。

在战略意义研究方面，白永秀和王颂吉（2014）认为"一带一路"是横贯亚欧大陆的新型经济合作模式，其目标是把亚欧国家打造成互利共赢的利益共同体，这对于推动全球经济增长、加强区域经济合作、优化中国经济结构具有深远意义。袁新涛（2014）指出，"一带一路"建设是促进亚欧国家共同发展的必然选择、是实现中国全方位开放新格局的现实要求、是续写古丝绸之路辉煌的必由之路。宋国友（2015）认为，"一带一路"是迄今为止中国综合投入各种资源最多的经济外交战略，也是区域合作最重要的倡议。刘慧等（2015）围绕"五通"合作重点指出，"一带一路"倡议的实施将对我国国土开发空间格局产生重要影响。金碚（2016）则指出，当今世界正在兴起第三次经济全球化浪潮、进入经济全球化3.0时代，"一带一路"构想将成为经济全球化3.0时代具有标志性意义的伟大壮举。李小帆和蒋灵多（2020）认为，"一带一路"建设通过降低中西部地区的外贸成本大幅促进了中西部开放，有助于缩小地区之间的收入差距。

总体而言，国内学术界在"一带一路"倡议提出之初，重点讨论了"一带一路"的内涵与意义，大致形成了以下三个方面的研究共识：一是在新型全球化、世界政治经济格局演变不断深化以及全球治理体系变革的背景下，"一带一路"倡议以反对"霸权主义"和"零和博弈"的发展思维，致力于加强国际合作、完善全球治理。二是"一带一路"建设致力于促进沿线国家的繁荣发展，加强不同文明互学互鉴，是一项造福世界各国人民的伟大构想。三是共建"一带一路"可以推动中国开放空间由沿海、沿江向内陆、沿边的有效延伸，形成东西双向互济、陆海内外联动的开放新格局。

2. "一带一路"的合作重点

2015年中国政府发布《推动共建丝绸之路经济带和21世纪海上丝绸之路的愿景与行动》，标志着"一带一路"建设进入务实合作阶段，合作重点主要包括政策沟通、设施联通、贸易畅通、资金融通、民心相通等方面，国内学术界基于"五通"展开了关于"一带一路"合作重点的广泛研究。

（1）研究基础设施联通的顶层设计、重点领域、实施路径与经济效应等问题。石泽（2015）认为，在"一带一路"建设中应以能源资源合作为抓手，搭建面向周边地区的合作平台，畅通各层次的对话渠道、制定合作规则、确定务实的合作项目，这是开展能源资源合作和保障其可持续运营的重要途径。白永秀和王颂吉（2015）认为，丝绸之路经济带建设应将中心城市建设、产业分工合作、贸易投资便利化作为重点任务，而丝绸之路经济带战略实施的支持体系应基于设施互联互通、合作机制构建、发展战略统筹、风险辨识与防范等多个方面来构建。余俊杰（2020）通过研究发现，中国与"一带一路"沿线国家的交通基础设施互联互通的整体水平显著提升，其中航空与港口基础设施互联互通水平的提升速度高于整体水平。马德隆（2020）研究了"一带一路"交通基础设施的投融资机制。

（2）研究贸易投资便利化的顶层设计、战略举措、水平测度以及价值链视角下的产业分工合作等问题。张亚斌（2016）构建了一套系统的投资便利化测度体系，测度了"一带一路"沿线多个亚欧非国家的投资便利化水平，并在此基础上实证分析其对中国对外直接投资的影响。顾春光和翟崑（2017）通过构建"一带一路"贸易投资指数指标体系，量化了沿线国家贸易投资互联互通的水平，并建立贸易投资进展监测机制，检验沿线各国在"一带一路"倡议驱动下贸易投资合作的动态变化。刘镇等（2018）通过构建针对"21世纪海上丝绸之路"投资贸易便利化的评价指标体系，揭示了沿线国家投资贸易便利化的时空特征，并实证检验了投资贸易便利化及其分项指标对沿线贸易的影响。朱明侠和左思明（2019）构建了投资便利化评价体系，评估了"一带一路"沿线国家投资便利化的发展水平。廖佳等（2020）通过研究发现，"一带一路"沿线国家的投资便利化，有助于吸引来自中国的对外直接投资。黄华华等（2020）通过研究发现，"一带一路"倡议显著提高了中国对外贸易总额、促进了对外贸易畅通，并且这一促进作用主要是通过政策便利、设施联通以及文化效应实现的。

（3）研究金融合作和人民币国际化的顶层设计、重点领域、经济效应和实施路径等问题。蒋志刚（2014）认为，金融合作的基本原则是"规划先行、金融先导"，通过金融"走出去"实现中国标准、技术、装备以及企业"走出去"。马广奇和姚燕（2018）认为要进一步促进人民币国际化，应加强国际经贸合作和金融市场建设、推进"人民币区"的形成与发展、深化区域金融并构建货币合作机制、努力增加人民币在国际市场中的占有份额以及借力互联网金融，稳步实现人民币由"丝路货币"走向"世界货币"的战略目标。程贵和张小霞（2020）通过研究发现"一带一路"倡议显著促进了人民币国际化进程。丁一兵和申倩文（2020）认为，中国向"一带一路"沿线国家出口资本品与零部件以及从"一带一路"沿线国家进口最终消费品都显著促进了人民币的交易使用，而与"一带一路"沿线国家的初级产品贸易及向其出口消费品则无益于人民币国际化。

由此可见，国内学术界关于"一带一路"合作重点的研究涉及面较为宽泛，研究内容相对庞杂，对此也取得了部分研究共识，主要包括：①共建"一带一路"是以沿线国家或地区实现互联互通为主要目标的协同发展。②互联互通是"一带一路"实现协同发展的重要实践路径，重点在于政策沟通、设施联通、贸易畅通、资金融通、民心相通五大方面。

3. "一带一路"的合作机制

作为"一带一路"顺利实现互联互通、协同发展的重要保证，合作机制也是国内学术界研究的重要问题。国内学术界关于"一带一路"合作机制的研究主要集中在以下三个方面：

（1）研究"一带一路"协同发展机制，包括国家以及国际经济组织战略统筹的宏观协同机制，产业、城市和区域发展对接的中观协同机制，资源要素流动的微观协同机制。杨飞虎和晏朝飞（2015）认为，在"一带一路"倡议背景下，我国对外直接投资实施机制应包括建立适合"一带一路"建设发展的对外直接投资法律体系、加强和完善对外投资的信息服务系统、建立对外直接投资风险防范措施与多元化国际投资争端解决途径。甄晓英和马继民（2017）认为，我国西部地区不能简单地复制沿海地区的经验，应在完善双向投资布局机制、构建多层次的对外开放合作机制、拓展对外开放新空间、深化投资贸易便利化改革以及强化金融创新机制等方面进行创新。王颂吉和何昊（2017）认为，"一带一路"经济学的研究对象是"一带一路"建设中沿线国家形成的新型国际分工合作关系，研究主线是"一带一路"沿线国家以互联互通为基础的协同发展。

（2）研究"一带一路"双边及多边争端解决机制。张晓君和陈喆（2017）认为，"一带一路"沿线国家应增强主动参与意识，充分借鉴现有国际经验，总结现有争端解决机制存在的问题，在平衡区域利益、寻求区域利益的共同点基础上，构建一套符合现实发展需要的"一带一路"区域投资争端解决机制。廖丽（2018）认为，"一带一路"争端解决机制的构建，需要中国与"一带一路"沿线国家立足于原有国际争端解决机制，构建创新性争端解决机制，并结合国内司法机制，形成预防与解决相结合、双边与多边联动、国际与国内互补的符合新时代国际法治要求的争端解决机制。王伟域（2019）讨论了"一带一路"国际税收争端的解决机制。张悦和匡增军（2019）从发展导向与规则导向的视角出发，讨论了"一带一路"争端解决机制的构建问题。魏庆（2020）认为，应切实推动"一带一路"建设工程争端预防机制的应用。

（3）研究"一带一路"双边及多边风险规避与防控机制。白永秀和宁启（2018）提出并设计了"一带一路"境外企业"双险三控"的安全保障体系，包括"双险"识别机制、评估机制与控制机制，同时提出应采取制定安全保障预案、建立安全保障组织体系、完善双边投资保护机制、形成多渠道保险体系、安全保障教育等措施来加强对"一带一路"境外企业的安全保护。姜涛（2018）讨论了中国企业参与"一带一路"建设的腐败风险防控问题。郭周明等（2019）在逆全球化背景下，讨论了中国企业向"一带一路"沿线投资的风险防控方案设计问题。

总体而言，国内学术界关于"一带一路"合作机制的研究内容较为丰富，取得了以下共识：健全协同发展、争端处理、对外投资风险规避等方面的合作机制，是高质量推进"一带一路"

建设的重要保证。

4. "一带一路" 的国别与区域研究

学术界围绕 "一带一路" 的国别及区域合作问题展开了较为充分的研究, 其中中国同中亚国家、俄罗斯、巴基斯坦以及东盟之间的合作, 是 "一带一路" 国别与区域研究的热点。

(1) 中国同中亚国家之间合作的相关研究。中亚毗邻中国西北地区, 经济发展潜力巨大, 中国同中亚五国交往频繁、政治关系稳定, 因此中亚是中国合作开展丝绸之路经济带建设的重点区域 (袁胜育和汪伟民, 2015)。近年来, 中国同中亚国家围绕丝绸之路经济带建设达成广泛共识, 一大批基础设施项目开工建设 (陈长和楚树龙, 2018), 中国已成为中亚五国最为重要的贸易伙伴和投资来源国之一, 以油气、采矿为代表的投资项目先后落地, 经贸产业园区建设如火如荼 (韩璐, 2017)。

(2) 中国同俄罗斯之间合作的相关研究。俄罗斯是有着全球影响力的重要国家, 中国同俄罗斯之间近年来保持高度互信, 这为合作开展 "一带一路" 建设提供了前提条件。俄罗斯是较早明确支持 "一带一路" 倡议的国家, 并作为创始成员国加入亚洲基础设施投资银行, 中俄积极推进 "一带一路" 倡议同欧亚经济联盟之间的对接, 打造互惠互利的利益共同体和命运共同体 (杨闯, 2015)。在 "一带一路" 建设背景下, 学术界对中国东北同俄罗斯远东地区之间的产能合作等问题开展了讨论 (许永继, 2019; 彭广宇, 2020; 杨莉, 2020)。

(3) 中国同巴基斯坦之间合作的相关研究。巴基斯坦是中国唯一的全天候战略合作伙伴, 也是 "一带一路" 建设的重要支点和示范国家。在 "一带一路" 框架下, 中国同巴基斯坦之间的经贸合作更为密切, 中巴经济走廊建设进展顺利, 《中巴自由贸易协定》得到升级 (张振举, 2020)。宋周莺和祝巧玲 (2020) 研究了 "一带一路" 背景下中国与巴基斯坦的贸易关系演进及其影响因素。刘方平 (2020) 研究了 "一带一路" 视域下中国对巴基斯坦的经济援助问题, 认为应在看到援助对巴基斯坦的经济发展带来帮助的同时, 避免使巴基斯坦形成对中国的 "援助依赖"。此外, 一些文献讨论了中巴经济合作中面临的民族主义威胁、宗教风险等问题 (黄平, 2017; 涂华忠等, 2018; 程多杰和金炳镐, 2018)。

(4) 中国同东盟之间合作的相关研究。中国同东南亚国家山水相连, 东盟是 "一带一路" 合作的优先方向。近年来, 中国同东盟各国政府签署了共建 "一带一路" 谅解备忘录, 积极推进 "一带一路" 倡议同东盟各国发展战略之间的对接 (郭延军, 2019), RCEP 协议成功签署, 东盟超过美国成为中国第二大贸易伙伴, 一大批 "一带一路" 建设项目落地实施。在此背景下, 学术界围绕中国同东盟国家的经贸合作问题、旅游合作问题以及金融合作问题等开展了较为广泛的研究 (王桀等, 2021; 陈婷婷, 2020; 李俊久和蔡琬琳, 2020)。

5. "一带一路" 的风险与障碍

风险与障碍是国内 "一带一路" 相关研究的重要话题。国内学术界关于 "一带一路" 风险与障碍的研究主要聚焦于地缘政治风险障碍、投资风险障碍、文化理念障碍和地区安全风险障碍等方面。

(1) 关于我国同沿线国家或地区等在地缘政治、贸易投资、领土安全、能源资源等方面风险障碍的研究。周平 (2016) 认为 "一带一路" 可能面临的地缘政治挑战和风险包括: 可能会激起相关国家主动参与地缘政治博弈, 可能会将由于地缘关系而限于一隅的矛盾激活, 可能会引起地缘政治的相关方的反弹或反制, 可能会出现因地缘关系改变而形成的大量移民, 可能会对中国经过长期努力而形成的地缘政治格局形成冲击。何茂春等 (2015) 认为, "一带一路" 倡议实施的主要障碍在于区域内的国家充满疑虑、大国暗中掣肘、内部关系有待理顺、基础设施的建设与维护成本较高以及我国企业是否能够担起开发重任。马旭平等 (2019) 从主权风险网络化和区域国家集团化视角出发，考察了"一带一路"沿线国家主权风险溢出网络的节点特征和结构特征。张晓通和许子豪（2020）讨论了"一带一路"海外重大项目的地缘政治风险与应对策略。

（2）基于政治风险、经济风险、法律风险的视角来研究"一带一路"的投资风险障碍。徐奇渊等（2017）指出，很多发展中国家政治环境不稳，社会矛盾和制度问题根深蒂固，财政和货币纪律失控，这将导致"一带一路"沿线国家的投资需求背后隐含着巨大风险和不确定性。朱兰亭和杨蓉（2019）研究了东道国政治风险和经济风险对中国在"一带一路"沿线国家直接投资的影响。国家税务总局河南省税务局课题组（2019）讨论了"一带一路"背景下中国企业"走出去"面临的税收风险及应对路径。张原野（2019）研究了中国企业参与"一带一路"对外投资活动存在的政治、文化、经济等风险，并讨论了风险规避策略。

（3）通过宗教信仰、道德风险、语言交流等方面来研究"一带一路"的文化理念障碍。王义桅和郑栋（2015）研究了"一带一路"所面临的道德风险。此外，一些文献研究了"一带一路"建设中的风险类型、风险成因、风险评估、风险预警和管控机制等问题。杜德斌和马亚华（2015）预测了"一带一路"建设中可能遇到的四大战略风险：可能会遭遇美国的战略反制、来自周边区域大国的战略制衡、沿线地区民族宗教问题的羁绊以及沿线国家对中国战略意图的误解。此外，宋弘等（2021）研究认为，"一带一路"倡议对中国国家形象的影响具有异质性，这可能跟海外媒体宣传导致的误解有关。

总体而言，国内学术界关于"一带一路"风险与障碍形成了以下三点共识：①"一带一路"倡议的目标能否顺利实现、成果能否惠及沿线国家，其关键在于能否妥善解决建设过程中面临的各种障碍。②"一带一路"建设中最主要的障碍并不是来源于资金、资源与技术，而是来源于沿线国家政府的认可、人民内心的认同、发展环境的安全以及干扰力量的化解。③只有客观、全面地认清这些障碍，才能对症下药，为"一带一路"建设的顺利推进扫清负面影响，推动"一带一路"建设目标的早日实现。

6. "一带一路"的保障措施

国内学术界关于"一带一路"保障措施的研究主要聚焦在经济合作、政策沟通、人文合作、风险防范、生态环境等方面，具体可以概括为以下两点：

（1）在经济合作保障措施方面，主要包括产业合作保障、能源合作保障、基础设施建设保障和贸易投资合作保障等。渠立权等（2017）认为，应在积极开展资源外交、加强能源基础设施互联互通合作、共同维护能源运输通道安全、消除投资和贸易壁垒以及深入开展资源勘探开发合作等方面采取保障能源资源安全的措施。刘波（2018）认为，"一带一路"建设需要多元化的安全保障体系，既要外交保护、领事保护、执法保护，同时也需要私营安保公司等非国家行为体力量的支持参与。林乐芬和潘子健（2020）在测算"一带一路"沿线国家的债务可持续性状况的基础上，提出建立"一带一路"海外利益保护机制。

（2）在风险防范保障措施方面，主要包括政治风险防范措施、金融风险防范措施和市场风险防范措施等。谭畅（2015）针对我国企业应对境外投资风险提出了相关对策，主要包括充分熟悉海外投资环境、增强海外投资企业的环境责任感、构建投资安全保障体系以及营造积极舆论为海外投资保驾护航四个方面的内容。赵明昊（2016）认为，在"一带一路"倡议落地的起步阶段，须对安全风险保持清醒头脑，强化对安全风险的预警、预防和化解，从机制、资源、人力等多方面强化与"一带一路"建设相适应的安全保障能力建设，力争实现"防范为主、风险共担、重心下移、行动有力"。周平（2016）针对地缘政治风险提出管控措施，认为应构建地缘政治风险的预警和管控机制、通过主动和积极的外交战略来化解地缘政治风险、协调地方政府参与"一带一路"的行动，以必要的军事部署来配合"一带一路"地缘政治风险的化解。此外，常非凡（2020）在新冠肺炎疫情背景下，提出"一带一路"沿线国家应构建公共卫生多边防控机制。刘亚军（2021）认为应重构我国的海外投资保险法律制度。

不难发现，国内学术界关于"一带一路"保障措施的研究表明，"一带一路"倡议虽然已向全世界表明了"和平合作、开放包容、互学互鉴、互利共赢"的合作理念与"共商、共建、共享"的基本原则，但面对复杂多变的国际形势以及一些国家或地区的恶意猜忌、诋毁等现实问题，我们只有在多个方面构建保障机制，才能确保"一带一路"健康、稳定、持续地发展。

第三节 "一带一路"研究存在的问题

自2013年底至今，"一带一路"倡议不仅得到了国际社会的积极响应，也引起了国内学术界的持续讨论。国内学术界关于"一带一路"研究的内容丰富，涉及学科众多，成果丰硕。然而，基于对"一带一路"研究进展的评述，我们认为，目前国内学术界关于"一带一路"的研究仍存在前瞻性不够、理论性不够、系统性不够、全面性不够、持续性不够五个方面的问题。

一、前瞻性不够

随着国际投资贸易格局和多边投资贸易规则不断调整，加之"逆全球化"和贸易保护主义暗流涌动，"一带一路"建设必将面临严峻的发展困难与风险挑战。作为一项长期战略构想，"一带一路"建设涉及面广、内容众多、时间跨度长。然而，目前国内学术界关于"一带一路"的研究成果多集中在对现实问题的讨论、检验或相关政策的解读上，缺乏针对"一带一路"未来发展所面临的合作困难、风险障碍、机遇挑战等方面的前瞻性探究，尤其缺少以全球视野、战略眼光来审视"一带一路"与人类命运共同体、"一带一路"与我国持续对外开放和长远发展的关系的相关研究。此外，国内部分杂志社、出版社以及研究机构忌讳讨论"一带一路"建设面临的难点与障碍，导致国内学术界对"一带一路"未来建设发展面临的困难与风险认识不足。因此，现阶段国内关于"一带一路"的前瞻性研究明显不够，这可能导致"一带一路"建设缺乏全面扎实的理论指导。

二、理论性不够

尽管目前"一带一路"研究文献数量巨大，且多数集中在基础研究、行业指导和政策研究三个方面，但总体上以分散的对策研究为主，较多关注"一带一路"倡议在操作层面的问题，探讨"一带一路"建设规律的理论成果相对较少，难以为"一带一路"建设提供科学系统的经济学理论支撑（王颂吉和何昊，2017）。国内"一带一路"研究机构的数量虽然在不断增加，但整体研究水平参差不齐，研究方向与涉及学科更是五花八门，其中真正意义上的理论研究机构寥寥无几。由此可见，国内关于"一带一路"研究的理论性仍存在较大的提升空间。

"一带一路"研究的理论性不够，一方面导致整体研究方向、研究主题和研究内容较为分散；另一方面导致整体研究的理论高度不足，难以形成完善的理论体系。理论性不够是现有研究成果大多尚未深入到问题本质的体现，不利于在国际范围内形成对"一带一路"建设与发展的"共同知识"（白永秀和王泽润，2017）。

三、系统性不够

任何理论研究都离不开完整的逻辑体系与研究框架。建立系统的理论体系与研究框架不仅可以使"一带一路"研究更具有科学性，而且能为"一带一路"倡议的顺利实施提供更为扎实的理论支撑。综观国内关于"一带一路"研究的成果，学术界并未形成统一的研究思路和较为系统完善的研究框架，因而研究的系统性问题仍需要我们重点关注。

系统性不够不仅导致难以形成明确的研究思路、研究主线和研究重点，而且影响部分学术成果水平的提高，进而导致一些研究带有"蹭热点"之嫌。此外，系统性不够也是造成国内"一带一路"研究成果理论性不够的重要因素之一。研究逻辑体系和框架结构不具系统性，在一定程度上反映出国内学术界关于"一带一路"研究的理论体系还不完善、理论高度有待提升。

四、全面性不够

虽然目前国内"一带一路"的相关研究主题较为广泛、内容较为丰富，但针对热点问题、重点领域、重点区域的研究广度与深度仍存在明显不足。从研究的广度来看，一是多数研究成果仅仅关注"一带一路"在经济、政治、文化方面的发展问题，而忽略对社会、生态方面的相关研究。二是"一带一路"沿线涉及国家众多，而现有研究成果关注到的国家或地区数量却极为有限。三是相关研究主题关联性普遍较低，甚至部分文献打着"一带一路"的"招牌"却在研究与之不太相关的问题。四是相关研究虽然涉及学科众多，但学科间过于分散，难以形成有效的学科交叉和相关理论的结合。五是部分研究成果缺乏国际视野，易陷入"闭门造车"的误区。从研究的深度来看，一方面，部分研究成果仅停留在宏观层面的对策研究，缺乏对重点领域的深入探索以及对重点问题的深入剖析；另一方面，部分文献以经验研究、定性研究为主，缺少现实数据的有效支撑，缺乏针对重点问题的定量研究。

五、持续性不够

"一带一路"建设是一个长期的动态过程，在这个过程中会不断出现一些新现象、新问题和新挑战，对此需要我们经常性地探索新的解决方案，因而"一带一路"研究应具有可持续性。然而，目前国内学术界针对"一带一路"研究的长期性和追踪性存在明显不足，且研究波动性较大。具体来看，一是相关学术研究具有明显的短期行为，从国内发表论文数量整体趋势来看，相关研究正处于"由热到凉"的变化期，部分研究存在明显的"赶热点、蹭热度"现象。二是一些研究者没有将"一带一路"建设本身视为一项长期性、可持续性的事业，仅作为短期的对策性问题研究，从而没有将"一带一路"建设视为长期的研究对象。三是部分研究虽然前期涉入较深，但后续追踪调查与研究明显不足，导致研究的时效性与实用性无法满足现实需要。四是一些研究将"一带一路"作为孤立问题对待，缺乏从全局角度出发的系统研究，难以为"一带一路"未来的实践发展提供全面、持续性的理论支撑。

第四节　"一带一路"研究展望

在对国内外学术界关于"一带一路"研究进展进行梳理与总结的基础上，结合现阶段国内学术界关于"一带一路"研究中存在的主要问题，考虑到"一带一路"持续建设发展对理论指导的实际需求，我们认为应以构建人类命运共同体作为"一带一路"研究的主线，以创新"五通"作为"一带一路"研究的主要内容，以推进新型全球化作为"一带一路"研究的依托，以增强科学性作为"一带一路"研究的导向。

一、以构建人类命运共同体为研究主线

当今世界政治经济格局复杂多变，逆全球化与保护主义呼声高涨，甚至一些国家出现所谓的"中国威胁论"。对此，中国倡导构建人类命运共同体，植根于源远流长的中华文明，符合中华民族历来秉持的天下大同理念，契合了各国求和平、谋发展、促合作、要进步的真诚愿望和崇高追求。作为构建人类命运共同体的重要探索与实践平台，"一带一路"倡议用实际行动向全世界表达了对话协商、共建共享、合作共赢、交流互鉴的理念，致力于造福沿线各国人民。鉴于此，以人类命运共同体作为"一带一路"研究主线符合"一带一路"的研究趋势。

围绕构建人类命运共同体这一主线开展"一带一路"研究，一方面能够针对当前全球治理的失灵、失序问题做出进一步的理论探索；另一方面能够为推进全球化健康发展提供必要的理论支撑，为解决世界经济发展不平衡问题提供"理论良方"与基本操作框架。

二、以创新"五通"为主要研究内容

为持续推动"一带一路"高质量建设，我们认为学术界应以创新"五通"作为"一带一路"研究的主要内容，应围绕重大项目落地、金融支撑体系建设、教科文交流活动、投资环境优化、风险管控机制、安全保障体系等关键问题开展创新性研究。具体来说，研究内容主要包括以下五个方面：①在项目建设方面，应研究如何完善项目前期工作机制、落地与运行机制、配套支持体系、效果评估等问题。②在投资环境与市场方面，应研究如何优化对外投资环境，并积极探讨对外贸易新业态、新模式和贸易平衡等问题，开拓新市场、新领域。③在金融保障方面，应研究如何进一步完善金融支持政策体系、有序推动人民币国际化以及有效引导社会资金流动等问题。④在教科文交流方面，应研究如何推动教育、科技、文化、体育、旅游、卫生、考古等领域交流的持续开展，以及如何开展有效的民生援助等问题。⑤在境外风险防范方面，应研究如何进一步完善安全风险防范体系、全面提高境外安全保障以及应对风险能力等问题。

明确以创新"五通"为主要研究内容，不仅可以有效提升"一带一路"研究的理论性和系统性，而且能够通过对合作重点、合作机制及风险防范等现实方面的创新研究，为"一带一路"实践提供必要的理论依据。

三、以推进新型全球化为研究依托

经济全球化既是生产力发展和科技进步的必然结果，也是市场经济发展的客观规律，但毫无疑问，它是一把"双刃剑"。不可否认，由西方国家主导并推动的现行经济全球化极大地促进了世界经济增长，但也要看到它的"负遗产"：霸权"失控"、秩序失治、发展失衡（金碚，2016）。如今经济全球化的红利即将消耗殆尽，未来必将直面发展不平衡这一全球性的结构问题。可见，现行经济全球化及其秩序亟须转变，因而新型全球化应运而生。对此，中国通过共建"一带一路"旗帜鲜明地支持并倡导新型全球化，并不遗余力地推动新型全球化健康有序发展。

与以往西方主导的、新自由主义控制的经济全球化不同，新型经济全球化把协调效率与公平放在重要位置，更加注重协同发展，更加注重文化与制度的多样性，更加注重实现世界经济的包容性发展（白永秀和王泽润，2017）。基于此，应以推进新型全球化作为"一带一路"未来

研究的依托，其中以国际经贸合作为基础，以各国产业协同融合为实践途径，更加关注以"一带一路"建设为重点的对外贸易和投资全球化机制的建立与完善。

四、以增强科学性为研究导向

鉴于目前国内学术界"一带一路"研究中存在前瞻性不够、理论性不够、系统性不够、全面性不够、持续性不够的问题，我们认为应以增强科学性作为"一带一路"未来研究的导向。具体来说，应该从以下四个方面增强研究的科学性：①增强研究的前瞻性。应充分考虑当今国际经济与政治形势，结合我国的发展现状，对"一带一路"未来建设发展所面临的现实困难和风险挑战进行及时有效的前瞻性研究。②增强研究的理论性。可以基于"一带一路"倡议提出以来的相关研究成果，构建"一带一路"经济学或"一带一路"学，逐步形成一套完善的理论逻辑体系和分析框架，揭示"一带一路"发展的理论规律，并用于指导其实践发展。同时，应改变"一窝蜂"式设立"一带一路"研究机构的局面，政府应选取一些有实力、有特色的研究机构给予扶持，从而为"一带一路"理论研究提供有效的平台与机构保障。③增强研究的全面性。应拓宽与加深"一带一路"在热点问题、重点领域、重点区域等方面研究的广度与深度，以国际视野提升相关研究的层次，并增加以空间统计、空间经济计量为主的相关定量研究。④增强研究的持续性。改变目前国内学术界存在的短期性、应急性、新闻性的研究状态，应将"一带一路"作为长期性的研究对象，同时做好"一带一路"的追踪调查与研究，注重研究的时效性和实用性。

参考文献

［1］白永秀，王颂吉. 丝绸之路经济带的纵深背景与地缘战略［J］. 改革，2014（3）：64 – 73.

［2］白永秀，王颂吉. 丝绸之路经济带：中国走向世界的战略走廊［J］. 西北大学学报（哲学社会科学版），2014（4）：32 – 38.

［3］白永秀，王颂吉. 丝绸之路经济带战略实施：目标、重点任务与支持体系［J］. 兰州大学学报（社会科学版），2015（4）：1 – 6.

［4］白永秀，王泽润. "一带一路"经济学的学科定位与研究体系［J］. 改革，2017（2）：17 – 25.

［5］白永秀，宁启. "一带一路"境外企业安全保障：体系构建与对策研究［J］. 西北大学学报（哲学社会科学版），2018（2）：5 – 13.

［6］白永秀，何昊，宁启. 五年来"一带一路"研究的进展、问题与展望［J］. 西北大学学报（哲学社会科学版），2019（1）：149 – 161.

［7］陈长，楚树龙. "一带一路"在中亚地区的进展、前景及推进思路［J］. 和平与发展，2018（3）：89 – 101.

［8］陈婷婷. "一带一路"背景下中国对东盟各国跨境电商发展潜力测度——基于二阶段贸易引力模型的实证［J］. 商业经济研究，2020（22）：80 – 83.

［9］常非凡. "一带一路"沿线国家构建公共卫生多边防控机制［J］. 人民论坛，2020（29）：66 – 67.

［10］程多杰，金炳镐. "一带一路"建设面临的国外民族主义威胁及对策分析——以俾路支为代表的巴基斯坦地方民族主义为例［J］. 黑龙江民族丛刊，2018（5）：1 – 5.

［11］程贵，张小霞. "一带一路"倡议是否促进了人民币国际化？——基于 PSM – DID 方法的实证检验［J］. 现代财经（天津财经大学学报），2020（10）：80 – 95.

［12］丁一兵，申倩文. 中国对"一带一路"沿线国家贸易影响人民币国际化的机制研究［J］. 社会科学战线，2020（6）：84 – 92.

［13］杜德斌，马亚华. "一带一路"：中华民族复兴的地缘大战略［J］. 地理研究，2015（6）：1005 – 1014.

［14］顾春光，翟崑. "一带一路"贸易投资指数：进展、挑战与展望［J］. 当代亚太，2017（6）：4－23.

［15］郭延军. 中国东盟"一带一路"合作：主要进展、多元认知及推进路径［J］. 当代世界，2019（9）：61－66.

［16］郭周明，田云华，周燕萍. 逆全球化下企业海外投资风险防控的中国方案——基于"一带一路"视角［J］. 南开学报（哲学社会科学版），2019（6）：17－27.

［17］国家税务总局河南省税务局课题组. "一带一路"视野下"走出去"企业面临的税收风险及应对［J］. 税务研究，2019（12）：68－70.

［18］姜涛. 让"一带一路"成为廉洁之路——中国企业参与"一带一路"建设的腐败风险防控［J］. 中国高校社会科学，2018（3）：103－110.

［19］蒋志刚. "一带一路"建设中的金融支持主导作用［J］. 国际经济合作，2014（9）：59－62.

［20］金碚. 论经济全球化3.0时代——兼论"一带一路"的互通观念［J］. 中国工业经济，2016（1）：5－20.

［21］金玲. "一带一路"：中国的马歇尔计划？［J］. 国际问题研究，2015（1）：88－99.

［22］韩璐. 丝绸之路经济带在中亚的推进：成就与前景［J］. 国际问题研究，2017（3）：108－124.

［23］何茂春，张冀兵，张雅芃，田斌. "一带一路"战略面临的障碍与对策［J］. 新疆师范大学学报（哲学社会科学版），2015（3）：36－45.

［24］胡键. "一带一路"的国际公共产品功能与中国软实力的提升［J］. 国外社会科学，2020（3）：4－18.

［25］黄华华，赵凯，徐圣翔. "一带一路"倡议与沿线国家贸易畅通——基于2006—2018年中国对外贸易的双重差分检验［J］. 调研世界，2020（5）：9－16.

［26］黄平. "一带一路"建设中的宗教风险——以巴基斯坦为例［J］. 上海交通大学学报（哲学社会科学版），2017（3）：14－22.

［27］李俊久，蔡琬琳. "一带一路"背景下中国与东盟货币合作的可行性研究［J］. 亚太经济，2020（4）：39－48.

［28］李小帆，蒋灵多. "一带一路"建设、中西部开放与地区经济发展［J］. 世界经济，2020（10）：3－27.

［29］廖丽. "一带一路"争端解决机制创新研究——国际法与比较法的视角［J］. 法学评论，2018（2）：166－173.

［30］廖佳，潘春阳，雷平. 投资便利化及其效应：来自中国对"一带一路"国家OFDI的证据［J］. 贵州财经大学学报，2020（2）：22－27.

［31］林乐芬，潘子健. 共建"一带一路"海外利益风险与保护机制——基于"一带一路"沿线国家政府的债务可持续性分析［J］. 学海，2020（2）：107－114.

［32］刘波. "一带一路"安全保障体系构建中的私营安保公司研究［J］. 国际安全研究，2018（5）：120－136.

［33］刘方平. "一带一路"视域下中国对巴基斯坦援助研究［J］. 南亚研究，2020（1）：125－147.

［34］刘慧，叶尔肯·吾扎提，王成龙. "一带一路"战略对中国国土开发空间格局的影响［J］. 地理科学进展，2015（5）：545－553.

［35］刘亚军. "一带一路"海外投资保险法律制度重构［J］. 社会科学辑刊，2021（1）：184－188.

［36］刘镇，邱志萍，朱丽萌. 海上丝绸之路沿线国家投资贸易便利化时空特征及对贸易的影响［J］. 经济地理，2018（3）：11－20.

［37］卢锋，李昕，李双双，姜志霄，张杰平，杨业伟. 为什么是中国？——"一带一路"的经济逻辑［J］. 国际经济评论，2015（3）：9－34.

［38］马德隆. "一带一路"交通基础设施投融资机制研究［J］. 宏观经济管理，2020（10）：56－63.

［39］马广奇，姚燕. "一带一路"背景下人民币由"丝路货币"走向"世界货币"的推进策略［J］. 经

济学家，2018（8）：60-66.

[40] 马旭平，王军，孙晓蕾，李建平．主权风险溢出网络动态特征研究：以"一带一路"国家为例[J]．系统工程理论与实践，2019（6）：1363-1372.

[41] 裴长洪，于燕．"一带一路"建设与我国扩大开放[J]．国际经贸探索，2015（10）：4-17.

[42] 彭广宇．中国东北和俄罗斯远东两地产能合作的现状、问题及对策——基于"一带一路"倡议[J]．价格月刊，2020（2）：79-83.

[43] 渠立权，骆华松，胡志丁，洪菊花．中国石油资源安全评价及保障措施[J]．世界地理研究，2017（4）：11-19.

[44] 石泽．能源资源合作：共建"一带一路"的着力点[J]．新疆师范大学学报（哲学社会科学版），2015（1）：68-74.

[45] 宋国友．"一带一路"战略构想与中国经济外交新发展[J]．国际观察，2015（4）：22-34.

[46] 宋弘，罗长远，栗雅欣．对外开放新局面下的中国国家形象构建——来自"一带一路"倡议的经验研究[J]．经济学（季刊），2021（1）：241-262.

[47] 宋周莺，祝巧玲．"一带一路"背景下的中国与巴基斯坦的贸易关系演进及其影响因素[J]．地理科学进展，2020（11）：1785-1797.

[48] 谭畅．"一带一路"战略下中国企业海外投资风险及对策[J]．中国流通经济，2015（7）：114-118.

[49] 涂华忠，聂姣，王垚，汤世萍．"一带一路"倡议实施过程中的宗教风险探析——以巴基斯坦为例[J]．世界宗教文化，2018（4）：13-19.

[50] 王桀，宋俊楷，孟帅康．"一带一路"对云南与东盟旅游经济联系的影响分析[J]．经济问题探索，2021（3）：92-99.

[51] 王颂吉，何昊．"一带一路"经济学的理论渊源与研究框架[J]．兰州大学学报（社会科学版），2017（3）：12.

[52] 王伟域．"一带一路"国际税收争端解决机制的中国策略[J]．税务研究，2019（12）：65-68.

[53] 王义桅，郑栋．"一带一路"战略的道德风险与应对措施[J]．东北亚论坛，2015（4）：39-47.

[54] 卫玲，戴江伟．丝绸之路经济带：超越地理空间的内涵识别及其当代解读[J]．兰州大学学报（社会科学版），2014（1）：31-39.

[55] 魏庆．"一带一路"建设工程争端预防机制的应用[J]．国际贸易，2020（2）：82-88.

[56] 习近平．习近平谈"一带一路"[M]．北京：人民出版社，2018：164.

[57] 徐奇渊，杨盼盼，肖立晟．"一带一路"投融资机制建设：中国如何更有效地参与[J]．国际经济评论，2017（5）：134-148.

[58] 许永继．"一带一路"倡议下中国东北与俄罗斯远东区域经贸合作探析[J]．学术交流，2019（8）：93-103.

[59] 杨闯．从分歧到契合——"一带一路"下俄罗斯的战略调整与选择[J]．人民论坛·学术前沿，2015（12）：51-63.

[60] 杨飞虎，晏朝飞．"一带一路"战略下我国对外直接投资实施机制研究[J]．理论探讨，2015（5）：80-83.

[61] 杨莉．"一带一路"倡议与俄罗斯远东开发战略融合的路径[J]．国际贸易，2019（12）：76-82.

[62] 余俊杰，支宇鹏，陈禹帆．中国与"一带一路"沿线国家的交通基础设施互联互通水平测度及动态演进[J]．统计与决策，2020（19）：56-59.

[63] 袁胜育，汪伟民．丝绸之路经济带与中国的中亚政策[J]．世界经济与政治，2015（5）：21-41.

[64] 袁新涛．"一带一路"建设的国家战略分析[J]．理论月刊，2014（11）：5-9.

[65] 张亚斌．"一带一路"投资便利化与中国对外直接投资选择——基于跨国面板数据及投资引力模型的实证研究[J]．国际贸易问题，2016（9）：165-176.

[66] 张晓君，陈喆．"一带一路"区域投资争端解决机制的构建[J]．学术论坛，2017（3）：50-56.

[67] 张晓通，许子豪．"一带一路"海外重大项目的地缘政治风险与应对——概念与理论构建[J]．国

际展望，2020（3）：80 – 96.

[68] 张原野 . "一带一路" 倡议下的中国对外投资风险与规避策略 [J] . 人民论坛·学术前沿，2019（21）：100 – 103.

[69] 张悦，匡增军 . "一带一路" 争端解决机制构建研究——以发展导向与规则导向为视角 [J] . 青海社会科学，2019（6）：54 – 61.

[70] 张振举 . "一带一路" 背景下中国与巴基斯坦贸易合作的机遇与挑战——基于《中巴自由贸易协定》升级的视角 [J] . 对外经贸实务，2020（2）：34 – 37.

[71] 甄晓英，马继民 . "一带一路" 战略下西部地区的对外开放与机制创新 [J] . 贵州社会科学，2017（1）：130 – 135.

[72] 朱明侠，左思明 . "一带一路" 沿线国家投资便利化的评价体系研究 [J] . 广东社会科学，2019（1）：46 – 53.

[73] 周平 . "一带一路" 面临的地缘政治风险及其管控 [J] . 探索与争鸣，2016（1）：83 – 86.

[74] 朱兰亭，杨蓉 . 东道国国家风险对中国在 "一带一路" 沿线国家直接投资的影响研究 [J] . 投资研究，2019（6）：36 – 46.

[75] 赵明昊 . "一带一路" 建设的安全保障问题刍议 [J] . 国际论坛，2016（2）：1 – 6.

附　录

附录一　中国区域科学协会三十年

砥砺前行三十载，矢志不渝；逐梦奋进三十年，不忘初心。中国区域科学协会成立三十周年来，紧密结合国家现代化建设的重大需求，组织团结中国区域科学专家、学者和实践工作者，积极推进国际国内学术交流与合作，积极为党和国家国土空间发展、城镇化和区域发展决策提供科学依据和咨询服务，发展和繁荣中国区域科学。面向新发展阶段，砥砺新征程，中国区域科学协会要进一步团结凝聚区域科学各方力量，为推进中国区域科学的健康发展做出新的更大贡献。

第一节　中国区域科学协会的成立与发展

中国区域科学协会成立于1991年10月18日，是中国改革开放的产物。30年来，在各方面支持下，中国区域科学协会不断迈上新的发展台阶，走过了创立期、成长期，进入了稳定发展期。

一、创立期：探索的十年

中共十一届三中全会开启了我国改革开放的进程，社会主义计划经济开始向社会主义市场经济转型。随着改革开放深入，以计划经济为基础的传统生产（力）布局学越来越不适用于回答和解决现代化建设中面临的国土空间发展、城镇化和区域发展问题，引进和发展与市场经济相适应的空间经济和发展理论、方法成为中国学科发展面临的重大理论和实践问题。于是，20世纪80年代末90年代初，在国内外有关人士的关心和支持下，杨开忠先生发起和领导筹备创立了中国区域科学协会，中国区域科学应运而生。

（一）发起筹备与创立

中共十一届三中全会以后，计划经济体制下的生产力布局理论和方法的局限性越来越大，亟须引进和发展与市场经济相适应的空间经济的理论和方法。推动多学科理论和方法的融合，建立和发展中国区域科学，成为学术界面临的重要而十分紧迫的任务。为了组织团结中国空间经济和区域科学领域的专家、学者和实践工作者，推进国土空间发展、城镇化与区域综合研究和国际国内学术交流与合作，20世纪80年代末，中国区域科学的主要开创者、时为中国社会科学院经济系博士研究生的杨开忠先生，开始积极着手筹备创办中国区域科学协会。

筹备区域科学协会源于杨开忠参与国务院发展研究中心主任孙尚清研究员、中国社会科学院学部委员陈栋生研究员牵头的中国区域经济学会创立工作。在参与过程中，杨开忠先生发现中国区域经济学会限于社科院系统、政府发展研究中心系统（现在有变化），跨学科性质不足，且未对接国际，有一定局限性。因此，杨开忠认为有必要在正在筹备的中国区域经济学会之外创立中国区域科学协会，并把这一想法向孙尚清、陈栋生做了汇报，得到他们的肯定和支持后，开始了中国区域科学协会的筹备工作。协会创办的筹备工作得到了包括著名经济学家马洪、孙尚清、吴树青、李京文、刘再兴、杨树珍，著名地理学家林超、吴传钧、陈述彭、陈传康、杨吾杨、王恩涌、胡兆量、卢培元、胡序威、李文彦，著名生态学家马世骏，著名系统科学家、投入—产出专家陈锡康，著名城市规划专家邹德慈（时任中国城市规划设计院院长）以及时任国家计划委员地区经济司司长高纯德等领导和国内著名学者在内的关心和指导。并在北京大学卢培元教授帮助下，同美国纽约州立大学教授、著名区域科学家马纳斯·恰特吉（Manas Chatterji）教授取得了联系，并主要经由马纳斯·恰特吉联络得到了西方区域科学奠基人沃尔特·艾萨德（Walter Isard）等一大批区域科学国际学者们的关心和指导。在国内外有关著名专家学者和有关领导关心和指导下，在国务院发展研究中心乔仁毅研究员，中国社会科学院数量经济与技术经济研究所研究员明安书，北京大学地理系谢长青、王仰麟、李贵才，北京大学数学系邬伦，中国人民大学张可云等协助和支持下，中国区域科学协会筹备工作在杨开忠的领导下迅速展开。应该特别提到的是，筹备人员的有关家属也参与支持了一些具体工作，充分体现了20世纪80年代末90年代初全社会昂扬向上、积极进取的精神和氛围。

协会筹备之初确定的业务主管单位为中国社会科学院，并经中国社会科学院报请民政部注册登记。1988年底杨开忠先生转入北京大学地理学博士后流动站做博士后。之后，按民政部要求，经中国社会科学院和教育部同意，业务主管单位由中国社会科学院转为教育部，由教育部重新报请民政部注册登记。在中国社会科学院作为业务主管单位和业务主管单位转换过程中，李京文先生给予了充分关心、指导和支持，时任中国社会科学院数量经济与技术经济研究所科研

协会社会团体登记证书原稿

处处长的明安书同志协助发挥了关键沟通作用。经过 3 年多的努力，1991 年 8 月，杨开忠同志在明安书教授和李京文教授的共同帮助下，经教育部同意正式向国家民政部提交了中国区域科学协会（The Regional Science Association of China，RSAC）成立的申请书及相关审批材料。1991 年 10 月 7 日，国家民政部向协会正式颁发了中华人民共和国社会团体登记证书，杨开忠为协会法人代表。在登记过程中，时任国务院发展研究中心马洪同志秘书的乔仁毅先生协助发挥了关键沟通作用。

1991 年 10 月 18 日，中国区域科学协会在北京组织召开了成立大会暨第一次学术研讨会。参加会议的有来自全国经济学、地理学、规划学、系统科学、政策科学及管理部门的近百名专家、学者。会议收到了国际区域科学协会（Regional Science Association International，RSAI）及国内近百个单位和个人发来的贺信，国际区域科学协会还派出执行理事、美国著名区域科学家马纳斯·恰特吉教授专程到京表示祝贺。

成立会议由协会主要创始人杨开忠主持，一致通过了中国区域科学协会章程，选举北京大学校长、著名经济学家吴树青教授担任协会会长，选举时任北京大学副教授杨开忠担任协会社会团体法人、秘书长，聘请国务院发展研究中心主任、著名经济学家孙尚清为名誉会长，同时成立了空间经济、全球工业变化、城乡发展、持续发展、国土与区域规划、区域开发战略与政策、空间信息系统 7 个专业委员会。

杨开忠教授主持成立大会

中国区域协会首任会长、北京大学校长吴树青教授，中国科学院院士、
北京大学程民德教授和杨开忠秘书长在成立大会期间交谈

中国科学院院士吴传钧研究员、北京大学杨开忠教授和
日本区域科学学会秘书长在会议期间交谈

中国科学院院士陈述彭研究员在会议期间交谈

成立大会期间，代表们就区域科学的理论和方法、城市经济与规划、地区开发、环境变迁、流域规划、区域政策等专题进行深入广泛的研讨，取得了丰富的成果。

（二）开启国际化探索

中国区域科学协会成立后，就开始不断加大国际化的探索力度，与国际区域科学界保持密切联系，并积极着手筹办发展中国家区域科学国际会议，开启积极推动中国区域科学协会加入国际区域科学协会的进程。为此，1992 年在中国政府与 UNDP（The United Nations Development Programme）合作项目资助下，杨开忠访问纽约州立大学宾汉姆分校管理学院马纳斯·恰特吉教授、康奈尔大学经济学系沃尔特·艾萨德教授、宾夕法尼亚大学区域科学系藤田昌久（Masahisa Fujita）教授以及马里兰大学和加州伯克利大学地理学系，重点交流讨论拟在北京召开的发展中国家区域科学国际会议事宜。

石元春院士（中）与美国科学院院士
沃尔特·艾萨德（左）在一起

区域科学大师马丁·贝克曼教授（左）
在欢迎宴会上

区域科学大师贝克曼（右1）、阿隆索（右2）
教授和杨开忠在一起

日本著名区域科学家藤田昌久教授、北京大学
杨开忠教授等接受中央人民广播电台采访

成立大会活动剪影

1993年10月11～14日，"发展中国家区域科学国际会议"在京顺利召开，这是该学科在中国举行的首次高层次、较大规模的国际学术会议，也是国际区域科学界以区域科学与发展为主题的重要盛会。来自30多个国家和地区以及世界银行和货币基金组织的近50名国外专家和70名国内学者参加会议。国务院发展研究中心主任、著名经济学家孙尚清应邀出席开幕式并致辞。西方区域科学奠基人沃尔特·艾萨德教授，区域科学大师马丁·贝克曼教授、威廉姆·阿隆索教授，国际区域科学协会时任主席詹姆斯·吉布森，时任秘书长美国伊利诺伊大学香槟－厄巴那分校（UIUC）杰弗里·休因斯教授应邀出席会议。与会学者普遍反映，这次会议给他们创造了空前的、与世界一流学者交流的机会，将给其学术生涯带来重大的意义。艾萨德教授评价此次会议为区域科学在中国发展的种子会议，推动了区域科学在中国的发展，为中国与世界搭建了区域科学交流合作的桥梁。

会议期间，专家们就区域科学理论和方法的最新研究进展，发展中国家区域与城乡发展经验以及在新的国际环境中如何正确处理现代化中的区域问题、城乡关系和如何利用区域方法促进人口、资源、环境、经济和社会综合的持续发展，提高国际竞争力等方面，展开了深入讨论。会议对提高中国区域科学国际地位，调整国际区域科学发展方向，加快发展中国家区域科学发展，以及探讨适合中国发展社会主义市场经济、提高国际竞争力和优化生存空间的区域方法等方面都起到了很好的作用。

《科技日报》《光明日报》对中国成功举办首届"发展中国家区域科学国际会议"做出报道

此次会议结束日起即开启区域科学国际高级研讨班。这个研讨班基本上一年举办一次，面向全国开放，1998年后研讨班内容开始从区域科学经典理论与方法转到新经济地理学。艾萨德、阿隆索、贝克曼、藤田昌久、雅－弗朗斯瓦·蒂斯、曾道智等一批国际知名学者先后主讲，全国一大批中青年学者学生积极参与研讨班学习。

翌年，艾萨德邀请杨开忠教授在美中学术交流委员会基金支持下前往康奈尔大学进行为期半年的访学，并在此期间资助杨开忠教授参与在加拿大召开的北美区域科学年会，推动中国与北美区域科学的国际交流。

二、成长期：奋进的十年

2000年，时任北京大学城市与环境学系系主任兼北京大学遥感与地理信息系统研究所所长的杨开忠教授由协会常务副会长改任协会会长。中国区域科学协会也进入了一个全新的发展阶段。这一阶段，协会进行了大刀阔斧的制度改革，取得了重要进展，迎来了奋进的十年。其主要工作包括以下几个方面。

一是进一步促进协会的规范化发展。结合协会工作的实际，面向社会、面向市场，大胆探索，创新协会工作组织形式、运行机制和活动方式，不断完善协会自我管理、自我规范、自我发展的行业自律规范。协会出台了专业委员会成立管理办法。2009年6月协会网站建设成功，成为协会发展交流的重要平台。适应不断扩大的会员数量和组织规模，更新组织和委员相关管理办法，2009 年 12 月在北京大学召开的常务理事会上重点进行了新一届常务理事会换届工作及专业委员会整改工作的讨论。

二是着力推动协会的国际化建设。期间协会先后与国际区域科学协会、北美区域科学协会、欧洲区域科学协会等主要的区域科学学术团体，以及国内外相关高等院校、科研院所、政府部门、企业之间不断完善交流合作的机制。2007～2012 年，举办一年一度的海峡两岸区域科学研讨会；2007～2008 年，与日本应用区域科学理事会联合主办中日区域科学研讨会；2009 年，与韩国、泰国、越南、菲律宾等相关学会发起成立亚洲城市与区域研究协会（Association of Asian Urban and Regional Science，AAURS），并先后在韩国首尔、中国广西南宁、泰国曼谷等地成功举办亚洲城市与区域国际研讨会；2010 年起，在中日区域科学国际会议基础上举办一年一度的亚洲区域科学国际研讨会，并先后在中国北京、日本北九州、中国台湾花莲和台北、韩国首尔、中国哈尔滨、日本仙台举办了八届亚洲区域科学国际研讨会，自第九届起正式更名为亚洲区域科学会议，并于 2019 年 4 月在中国上海成功召开。另外，还不定期举办发展中国家区域科学国际会议、空间经济学国际会议、新经济地理学国际研讨会等。

三是高度重视培育青年人才和新生力量的培育工作。2009 年 5 月 23 日举办第一届"中国区域科学协会青年"学术沙龙，2010 年始每年举办中国区域经济青年学者高级培训班，2010 年始举办全国城市管理学科发展年会以及区域科学/空间经济学国际高级讲习或研讨班、全国区域经济学教师高级培训班等。

四是持续举办了一系列区域科学国内国际学术交流活动。2011 年成功举办协会成立 20 周年庆典，同时召开了"2011 年海峡两岸区域科学研讨会"，来自国内外 200 多名专家学者出席了协会 20 周年庆典。

中国区域科学协会成立 20 周年庆典

三、创新期：创新的十年

2012 年，党的十八大顺利召开，新区域协调发展理念不断深入，中国区域科学协会的发展也进入创新期。一方面，协会内部逐步建立起现代化治理体系；另一方面，积极发挥创新共同体的作用，大力推进协会的国际交流和国内研究不断创新发展，国际国内影响力与日俱增。

（一）建立现代化治理体系

为适应新时代对专业协会发展的要求，2012 年 1 月 9 日，协会在清华大学举办了 2012 年的第一次理事会议，主要商讨了协会章程修改、协会第四届理事换届等事项。2012 年 4 月，协会召开常务理事会，讨论通过了协会章程修改报告，并进行了新一届的常务理事会换届选举。会议决定完善协会会长制，探索实行理事长、候任理事长工作制，每届理事长任期两年。经过推选，北京大学杨开忠教授任会长，南开大学经济学院原院长郝寿义教授当选首任理事长，北京大学沈体雁教授任秘书长。2014年、2016年、2018年，中国人民大学孙久文教授、中国社科院农村发展研究所所长魏后凯教授、中国宏观经济研究院国土地区研究所原所长肖金成研究员分别当选第五届、第六届、第七届理事会理事长。

中国区域科学协会理事会第六届第一次常务理事大会

在新的治理体系下，协会运行迈上新的台阶。

一是进一步规范了协会的各项工作。规范了协会下设的专业委员会工作机制，出台了专业委员会管理办法。2013年3月30日，协会召开区域科学学科研讨会暨2013年中国区域科学协会第一次理事长会议，会议主要讨论了专业委员会管理办法及实施细则及批准成立新申请专业委员会。在新的制度框架下，协会由2013年14个专业委员会发展到2016年的19个，新增加长江流域专业委员会、生态文明专业委员会、新经济地理专业委员会、自贸区专业委员会等分支机构，专委会规模和会员规模均进一步壮大。2014年3月，新改版网站上线使用，增加了会员在线注册、会议发布、在线报名、在线缴费等应用功能，提升了交流便利性。

二是着力加强了以协会为中心的产学研一体化建设。2012年10月，协会举办北京大学瓮安县城镇化建设高级研修班，来自贵州瓮安县政府的40名学员在北京大学接受为期一周的培训，培训课程主要围绕宏观经济、土地规划、社会管理创新、中国城镇化道路、领导艺术等内容展开。2013年3月，协会联合北京大学中国区域经济研究中心与中共晋江市委共建北京大学中国区域经济研究中心晋江研究基地。同年6月协会主办的北京大学六安市招商引资与园区建设高级研修班顺利开班，来自六安市各政府部门的近50名学员在北京大学接受了为期一周的学习培训。2013年11月在沧州临港经济技术开发区建立了中国区域科学协会沧州渤海新区研究基地，这是中国首个集产学研于一体、专门从事区域规划和发展的地方研究机构，通过联合开展调研、设立高端论坛、组织双向交流、培养高层次人才、共建学生实践基地和创业基地等形式，打造了一个集高端人才培养、创新成果转化、决策咨询服务等功能于一体的高起点、高水平、高质量的综合性平台。

（二）创新国际交流，正式加入国际区域科学协会

协会自成立之日起，从未停止过国际化的探索与努力。在过去多年持续性国际交流工作基础上，本阶段着力强化创新，不断消除此前国际交流组织化程度不够的短板和瓶颈，不断推进

国际交流工作的改革创新。

2012年10月，在日本北九州与日本应用区域科学理事会共同主办第二届亚洲区域科学国际研讨会；2013年6月，在武汉举办第三届中国空间经济学国际研讨会；2014年2月，联合北京大学、韩国韩中领导人协会在四川省广安市主办首届低碳·智慧城市发展论坛；2015年6月，与华中师范大学共同举办第六届空间综合人文学与社会科学国际论坛；2015年7月，在哈尔滨工业大学召开第五届亚洲区域研讨会。2016年6月，杨开忠会长会见美国纽约州立大学宾汉姆顿分校马纳斯·恰特吉教授。2016年11月国际区域科学协会秘书长托马兹·庞塞·登蒂尼奥（Tomaz Ponce Dentinho）来访，与协会领导共同商议关于中国区域科学协会加入国际区域科学协会的相关事宜。

2019年中国区域科学协会正式加入国际区域科学协会。2019年4月，中国区域科学协会在上海大学主办第九届亚洲区域科学会议，此次会议恰逢区域科学创始人沃尔特·艾萨德百年诞辰，赋予了会议特别的纪念意义。美国纽约州立大学马纳斯·恰特吉教授、印度加尔各答大学苏蒙纳·班纳吉教授、美国伊利诺伊大学香槟分校茨昌浩·约翰·金教授、台湾国立大学林祯家教授、浙江大学石敏俊教授、日本东北大学伊藤良教授、韩国清州大学Cheol – Joo Cho教授以及英国伯明翰大学艾玛努伊·特拉诺斯教授分别发表主旨演讲。会议同时举行了共24场平行会议，会议主题涉及空间经济、国际贸易、城市交通、环境经济、企业创新、房地产市场、集聚经济以及乡村研究等多项相关的理论及实证问题。

（三）创新国内活动模式

协会自成立之日起，一直致力于扩大区域科学领域的多样化学术交流。本阶段更是召开了系列高水平的年会，并发起举办高端论坛，协会的学术影响力与日俱增。

协会总会每年召开年会，各分会也定期召开了系列一流的学术会议，会聚大批专家学者，塑造了一大批精品学术会议品牌。2012年6月，在上海财经大学召开中国区域科学协会2012年年会暨城市群经济协调发展研讨会；2012年11月，协会参与举办2012年北京论坛城市分论坛，主持主题为"世界城市精神传承——经验与创新城市"的分论坛；2013年10月，在天津南开大学召开中国区域科学协会年会暨创新、集聚与区域发展主题研讨会，并开始专门设立青年学者论文评选办法，专门开展青年学者培训，大大激发了青年学者参与的热情与积极性；2014年9月，与中国（上海）自由贸易试验区协同创新中心联合举办中国（上海）自由贸易试验区制度创新绩效评估研讨会；2014年10月召开2014年学术年会；2015年10月在南昌大学召开2015年中国区域科学年会；2017年10月，2017年年会在辽宁师范大学成功召开；2017年11月新时代中国区域经济发展前瞻高端论坛暨全国区域与城市经济学专业建设委员会成立大会在南开大学举行；2018年10月，中国区域科学协会年会现代化城乡区域发展体系探索主题研讨会在成都召开；2018年3月，中国区域科学协会在河北大学经济学院召开了2018年中国区域科学协会理事换届大会暨京津冀协同发展与雄安新区建设研讨会；2019年10月，2019年中国区域科学协会年会在浙江丽水召开。

协会积极拓展合作发起"中国区域经济50人论坛"等高端论坛，支撑国家重大区域战略。2017年2月26日，中国区域科学协会与中国区域经济学会、国家发展和改革委员会国际合作中心发起成立中国区域经济50人论坛，致力于推动国家区域发展战略的贯彻实施。2019年3月，中国区域经济50人论坛年会在京召开，会议主题为"2019：区域政策与稳增长"。2018年1月6日，协会与北京大学首都发展研究院共同举办了以"新时代的大国首都与京津冀协同发展"为主题的北京大学首都发展新年论坛；2019年1月，再次共同主办2019年北京大学首都发展新年论坛，论坛主题为"超大城市与区域治理现代化"。

中国区域科学协会 2019 年年会

第二节　中国区域科学协会组织架构

1991 年中国区域科学协会成立时，实行会长制，设会长、副会长、理事会、秘书长。2012 年 4 月起，为调动各方力量的参与积极性，共同推动中国区域科学发展，协会调整完善会长制，实行理事长制。理事长每届任期 2 年。

一、会员代表大会

协会的最高权力机构是会员代表大会，会员代表大会的职权是：（一）制定和修改章程；（二）选举和罢免理事；（三）审议理事会的工作报告和财务报告；（四）决定终止事宜；（五）选举新的理事会；（六）决定其他重大事宜。会员代表大会须有 2/3 以上的会员代表出席方能召开，其决议须经到会会员代表半数以上表决通过方能生效。会员代表大会每届 5 年。因特殊情况需提前或延期换届的，须由理事会表决通过，报教育部审查并经民政部批准同意。但延期换届最长不超过 1 年。

二、理事会

理事会是会员代表大会的执行机构，在会员代表大会闭会期间领导协会开展日常工作，对会员代表大会负责。理事会的职权是：（一）执行会员代表大会的决议；（二）审议通过和罢免理事长、副理事长、秘书长；（三）筹备召开会员代表大会；（四）向会员代表大会报告工作和财务状况；（五）审议通过会员的吸收或除名；（六）审议通过设立办事机构、分支机构、代表机构和实体机构；（七）审议通过副秘书长、各机构主要负责人的聘任；（八）领导本会各机构开展工作；（九）制定内部管理制度；（十）审议通过活动经费分配并监督其使用情况；（十一）决定其他重大事项。理事会须有 2/3 以上理事出席方能召开，其决议须经到会理事 2/3 以上表决通过方能生效。理事会每年至少召开一次会议，情况特殊时可采用通讯形式召开。

三、常务理事会

协会设立常务理事会，常务理事人数不超过理事人数的 1/3。常务理事会由理事会选举产生，在理事会闭会期间行使理事会第一、第三、第五、第六、第七、第八、第九项的职权，对理事会负责。常务理事会须有 2/3 以上常务理事出席方能召开，其决议须经到会常务理事 2/3 以上表决通过方能生效。常务理事会至少每半年召开一次会议，情况特殊时可采用通讯形式召开。

四、理事长、副理事长

理事长、副理事长担任人须具备下列条件：（一）坚持党的路线、方针、政策，政治素质好；（二）在本会业务领域内有较大影响；（三）最高任职年龄不超过 70 周岁；（四）身体健康，能坚持正常工作；（五）未受过剥夺政治权利的刑事处罚；（六）具有完全民事行为能力。理事长、副理事长如超过最高任职年龄的，须经理事会表决通过，报教育部审查并经民政部备案后，方可任职。理事长、副理事长任期两届。

协会理事长行使下列职权：（一）与会长协商提名秘书长，经常务理事会通过后生效；（二）召集和主持常务理事会和理事长工作会议；（三）检查会员代表大会、常务理事会决议的落实情况；（四）代表本会签署有关重要文件；（五）代表本会开展国际交流合作；（六）提请常务理事会通过后，组织召开本会会员代表大会、学术年会和重要的国际学术会议；（七）组织制定协会发展计划，募集协会发展资金，领导和监督秘书处工作。

五、秘书长

秘书长担任人须具备下列条件：（一）坚持党的路线、方针、政策，政治素质好；（二）在本会业务领域内有较大影响；（三）最高任职年龄不超过 70 周岁，须为专职；（四）身体健康，能坚持正常工作；（五）未受过剥夺政治权利的刑事处罚；（六）具有完全民事行为能力。如超过最高任职年龄的，须经理事会表决通过，报教育部审查并经民政部备案后，方可任职。秘书长任期两届。

协会秘书长行使下列职权：（一）主持办事机构开展日常工作，组织实施年度工作计划；（二）协调各分支机构、代表机构、实体机构开展工作；（三）提名副秘书长以及各办事机构、分支机构、代表机构和实体机构主要负责人，交常务理事会决定；（四）决定办事机构、代表机构、实体机构专职工作人员的聘用；（五）处理其他日常事务。

六、专业委员会

协会专业委员会，是协会在住所地以外属于其活动区域内设置的代表该协会开展活动、承办协会交办事项的机构。协会现设有 23 个专业委员会，即中国区域科学协会长江流域经济带专业委员会、中国区域科学协会城市经济学专业委员会、中国区域科学协会精准脱贫专业委员会、中国区域科学协会民族经济专业委员会、中国区域科学协会区域创新专业委员会、中国区域科学协会区域经济学专业委员会、中国区域科学协会区域文化发展专业委员会、中国区域科学协会区域与城市规划专业委员会、中国区域科学协会人口与区域发展专业委员会、中国区域科学协会生态文明研究专业委员会、中国区域科学协会欠发达地区发展专业委员会、中国区域科学协会城市管理专业委员会、中国区域科学协会老工业基地振兴专业委员会、中国区域科学协会国土空间规划专业委员会、中国区域科学协会海洋经济研究专业委员会、中国区域科学协会空间分析专业委员会、中国区域科学协会空间经济学专业委员会、中国区域科学协会区域可持续发展专业委员会、中国区域科学协会区域旅游开发专业委员会、中国区域科学协会新经济地理专业委员会、中国区域科学协会"一带一路"专业委员会、中国区域科学协会城乡融合发展专业委员会、中国区域科学协会自由贸易区港专业委员会。

成立专业委员会的条件包括：（一）随着学科的发展，某专业已形成专门学科，但建立专业委员会的学科领域及工作任务又与其他专业委员会不重复；（二）已形成覆盖全国的从事本专业工作的学会会员队伍，并有学术造诣较深的学科带头人和一批热心学会工作、有一定学术威望的学术骨干力量；（三）能独立开展国内外学术活动。协会专业委员会是社会团体的组成部分，不具有法人资格，其法律责任由设立该专业委员会的协会承担。协会专业委员会在协会的授权范围内发展会员、收取会费，其发展的会员属于协会的会员，其收取的会费属于协会所有。

第三节 中国区域科学协会主要学术交流与合作网络

协会成立三十年来，以学术会议、专题研讨、研修学习、学术研究等多种形式在国际国内的区域科学领域开展了广泛深入的交流合作，取得了卓越的成果，形成了稳健的、广泛的学术合作网络，成为推动中国区域科学发展的核心主体。

一、以区域科学协会为纽带开展的学术交流

（一）协会学术交流概况

协会成立以来，各类学术交流活动十分频繁，尤其是近 15 年来，协会已经举办 30 余次学术年会、80 余次主题研讨会、51 次学术论坛、30 余次国际会议以及若干次日常会议和各类研修班，推动了区域科学理论、方法研究，极大地加强了全国区域科学研究与实践工作者的学术交流。协会在团结和组织中国区域科学领域的学者和研究人员、开展国内外学术交流与合作、服务国家城镇和区域发展战略决策等方面，发挥了重要作用。

中国区域科学协会先后设立的 23 个专业委员会，为学术科研获取区域科学和区域经济理论前沿资讯，加强与国内外相关高等院校、科研院所、政府部门、企业之间的合作交流搭建了良好的平台。

（二）关注关键领域引领学科方向

纵览协会成立以来的学术交流活动，都是紧紧围绕区域科学前沿，尤其是中国城镇和区域发展的重大需求而展开。涵盖了西部大开发、海峡两岸合作与发展、环渤海与京津冀发展战略、海洋经济、世界城市、"一带一路"、长江经济带、粤港澳大湾区、贫困发展、生态文明等热点与难点问题，同时在推动空间经济学学术交流、区域与城市经济学科建设等方面做出了持续的努力。

围绕西部大开发，2004～2018 年，协会连续举办了 13 届中国西部开发研究联合体学术年会。与会专家先后围绕可持续发展与全球化挑战——中国西部开发的新思路探讨、中国西部农村经济与地区可持续发展、反贫困与国际区域合作、贫困地区发展与和谐社会构建、西部大开发八年评估与展望——西部经济全面、协调与可持续发展、改革开放 30 年——中国西部发展的回顾与展望、中国区域发展模式——西部开发十年的实践与探索、西部的脆弱性与可持续发展、中国西部生态文明与西部城市新区建设等主题进行探讨，从不同角度、不同领域提出了宝贵的学术见解和建议。年会增进了中国西部开发研究联合体的凝聚力，掀起了新型城镇化与西部大开发研究的新一轮热潮，为西部地区城镇化的推进提供了学术意见。

为促进海峡两岸学术交流，2007～2012 年，中国区域科学协会与台湾区域科学学会先后举

办六次海峡两岸区域科学研讨会，着眼于海峡两岸经济社会与科技创新的发展需求交流搭建了稳固的平台，极大推动了海峡两岸区域科学的创新合作与共同发展。2017～2020年，协会城市管理专业委员会先后组织三届海峡两岸城市管理论坛，有效地促进了两岸城市管理学者之间的交流与合作。论坛主题分别为新时代城市发展与精细化管理、安全健康生态智慧城市与城市管理学科建设。论坛上，海峡两岸的城市管理学者就新时代城市发展与问题、城市精细化管理、城市管理体制与机制、城市道路与交通管理、城市垃圾分类及处理、城市防震减灾与应急管理、城市管理学科发展与人才培养、生态智慧城市建设、城市管理学科建设、安全健康城市建设等关乎经济社会发展的重要议题展开深入探讨，推动了城市管理学科高质量发展。

随着全球化的深入，以世界城市为核心的大都市圈成为世界经济最为活跃的区域，世界城市正是城市区域的关键节点。在这样的背景之下，协会先后承办多次北京论坛城市分论坛，就构建和谐的世界城市、世界城市精神传承——经验与创新等议题进行深入讨论，为丰富人文社科交流和推进多元文化共融搭建了平台，取得了一系列丰硕成果。为进一步扩大开放，推动完善开放型经济体制机制，2013年（上海）自由贸易试验区正式成立，随后，协会于2014年12月成立自由贸易区港专业委员会，每年定期举办中国自贸区建设学术研讨会和自贸区经济青年学者及研究生学术论坛，依托中国区域科学协会中国自贸区研究专业委员会这一平台，就自贸试验区改革经验进行及时的梳理和总结，又立足构建开放型经济新体制，就自贸试验区下一步更加广泛、深入的改革探索进行前瞻性的思考和探讨，为政府相关部门制定有关改革方案、发展规划和方针政策提供意见和建议。此外，推动构建开放型世界经济，实现国内国际要素有序流动、资源高效配置和市场深度融合，离不开国际贸易与区域经济的进一步融通发展，基于此，协会于2019年11月举办国际贸易与区域科学前沿研讨会，为两个领域研究者的深入交流提供了良好的平台。2020年6月，协会还召开海南建设高水平自由贸易港建设的思路和路径视频研讨会，旨在交流对海南自由贸易港建设核心要义的认识。

在生态文明领域，协会做出了重大的积极贡献。为加强环渤海区域统筹合作，促进环渤海地区协调发展，杨开忠教授主持国家重大决策咨询课题《环渤海地区2006～2015年经济社会发展环境承载力研究》，最终形成23万字研究报告和《关于缓解环渤海地区环境超载严峻形势的对策建议》等7个政策建议专题报告，该项研究也通过各专题会议进行了广泛交流。研究结果表明2005年环渤海地区的人口超载2558万，经济超载5524亿元，分别超载12.7%和13.3%。杨开忠指出环渤海地区人口经济超载源于近一二十年的快速增长，但在此过程中，资源、环境、生态等方面已出现严峻态势，环渤海地区应扎实推进重化工业节能降耗减排，加快建立区域水权、排污权交易市场，建立区域资源环境综合协调机制，更加努力落实和推广循环经济模式。研究成果被国家和北京市采纳。党的十九大以来，围绕生态文明建设与绿色发展要求，协会每年召开一次全国生态文明建设与区域创新发展战略学术研讨会，系列会议扩大了协会在生态文明研究等领域的学术影响，为推动我国区域可持续高质量发展产出了大量高质量成果。根据习近平总书记在党的十九大报告中提出的"必须树立和践行绿水青山就是金山银山的理念"，2017年12月，协会举办"中国山水论坛"，发起成立"中国山水联盟"，发布"山水宣言"，主要围绕智库建设、科研协同、特色学科发展、人才培养、区域文化传播和政产学研用平台建设等方面开展相关工作。2018年3月协会举办"绿色·智慧·韧性：可持续的城市发展与管理"学术会议，探讨如何更好地运用可持续发展的理念来指导未来的城市发展与管理，不同学科背景的专家学者热烈讨论，碰撞出许多宝贵的学术火花，极大拓宽了学术视野。

为更好地培育海洋经济发展新动力，2017年12月协会举办首届海洋区域科学国际研讨会暨第四届海洋经济与海洋城市创新发展国际论坛，与会人员就海洋经济发展与管理、交通与港口经济管理、海洋区域发展与海洋城市创新和海上"一带一路"与港口城市社区活力等方面开展了讨论。会议以建设海洋区域科学、拓展蓝色发展空间为主题，深入学习、领会和贯彻党的十九大精神，对于支撑"一带一路"倡议和海洋强国战略，助推国家海洋经济可持续发展和"十三五"规划的实施，加强海洋区域科学学科建设与学术研究具有重要作用。协会还与国际海洋工程师协会共同举办第三届中国（天津）海洋产业创新与发展国际论坛，围绕论坛主题特色海洋产业园区创新发展，讨论海洋新兴产业和特色海洋产业园区发展经验、机遇与挑战、扶持政策、园区规划、管理模式、技术平台以及招商引资等，为探索建立有中国特色海洋产业园区发展体系建言献策。

2014年，中国区域科学协会丝绸之路经济专业委员会正式成立，其宗旨是对丝绸之路经济带沿线区域经济发展、城市改革、农村发展进行理论研究，开展相关学术会议和调研活动，为政府相关部门制定改革方案、发展规划以及出台方针政策提供智力支持。此后协会定期举办丝绸之路经济带学术研讨会，深化了学术界对"丝绸之路经济带"的认识，促进学术界相关领域的学术交流。2016年，协会召开新经济地理前沿："两带一路"下的地缘经济学术会议和"一带一路"——人口与发展学术研讨会，将经济地理学的研究方法同地缘经济主题的研究相结合，会议结合"一带一路"与地缘经济和新经济地理有关的空间经济学主题、共同探讨"一带一路"沿途国家和地区的人口与发展问题，对推动新经济地理学、地缘经济学学科的发展以及解决中国在新常态和新开放形势下的区域经济发展和人口问题具有重要意义。

2016年9月，协会与西南民族大学共同举办全国贫困地区精准脱贫学术研讨会，深入研究精准扶贫、精准脱贫中的理论与实践问题，总结精准扶贫、精准脱贫的经验与规律，更好地、更有效地开展精准扶贫、精准脱贫工作。会议主题明确，研讨深入，提出了诸多有创新意义的观点和政策建议，体现出了学者坚实的理论基础和对贫困人口的关照和尊重。2017年9月，协会协办民族地区精准扶贫与精准脱贫学术研讨会，会议强调了民族地区精准扶贫与精准脱贫对国家及民族地区治理能力和水平现代化的意义，与会110多位专家学者围绕民族地区精准扶贫与精准脱贫理论与政策、民族地区精准扶贫与精准脱贫实践等主题进行了广泛而深入的讨论，对推动民族地区科学开展精准扶贫、实现脱贫工作以及对学校相关学科的建设发展具有重要的意义。

随着乡村振兴战略的不断推进，坚持农业农村优先发展、建立健全城乡融合发展体制机制和政策体系、加快推进农业农村现代化成为区域科学领域的研究热点。协会于2017年分别举办人口变动与城乡发展高端论坛、城乡安全治理论坛暨第三届InSAR大数据高峰论坛、中国区域科学协会年会（RSAC'2018）现代化城乡区域发展体系探索主题研讨会、第四届人口变动与城乡发展高端论坛等学术活动，围绕人口发展与乡村振兴、农村人口转移与城市化、城市化发展的路径选择、城市人口集聚的经济社会效应、城市与城市化的未来发展等议题展开讨论，加强了学界和政府机构间的对话与交流，在农村人口转移、乡村振兴、新型城镇化等重要问题方面取得了广泛共识。

随着长江经济带发展与国土开发空间结构优化重要性的凸显，2017年协会发起长江经济带发展与国土开发空间结构优化高端论坛，就长江经济带发展与国土开发空间结构优化等相关议题展开讨论。随后，协会与中国地质大学共同举办主题为"十九大后长江经济带发展路径与战略的长江经济带绿色与创新发展"的高端论坛，为该方向的研究者们搭建了高水平的学术交流平台，扩大和深化相关领域学者的交流和合作。与会学者围绕长江经济带城市协同发展能力、绿色发展、生态补偿路径、生态强省建设、绿色城镇化建设和城市发展质量等方面进行深入的学术交流。

在前述环渤海和京津冀研究基础上，自 2018 起协会相继举办以新时代的大国首都与京津冀协同发展、新发展格局下"十四五"首都与京津冀协同发展为主题的北京大学首都发展新年论坛，举办京津冀协同发展与雄安新区建设研讨会、后疫情与"十四五"时期京津冀协同发展会议、北大首都智库云论坛——"十四五"时期京津冀协同发展重大问题与发展路径选择专家研讨会，以同筑生态文明之基，同走绿色发展之路——坚持生态优先、绿色发展，加快构建以京津冀生态安全屏障为主题的 2019 年京津冀协同发展参事研讨会等学术交流活动，就新形势下北京发展的思考、京津冀的绿色创新、北京分区规划的实践与探索、京津冀区域污染协同防治、中心城市和城市群的发展方向等展开讨论。一系列学术活动的组织为相关领域学者提供了便捷的交流机会，与会专家积极探索新思路、提出新措施，为京津冀协同发展建言献策。

为加强国内外空间经济学者的学术交流，聚焦新问题、新理论、新方法，促进空间经济学研究的经典传承和与时俱进，2015 年 6 月协会与华中师范大学联合主办第六届空间综合人文学与社会科学国际论坛，论坛以信息化时代下大数据、人文地理与空间综合人文社会科学发展为主题，围绕地理信息科学发展，互联网、大数据与地理计算技术在人文地理学、经济学、社会学、历史学、城市科学、旅游管理、文化遗产、公共卫生、公共政策等领域的应用以及空间综合人文学与社会科学的理念、方法与平台建立等方面展开了深入研讨，旨在促进人文科学、社会科学与计算科学、地理信息科学交叉融合创新、综合集成研究思想与共识。面对互联网、大数据、云计算等科技进步带来的重大机遇，本次论坛对深入探索地理信息科学与人文科学、社会科学融合发展，推动空间综合人文社会科学国际与合作具有重要意义。协会还开展了新时代、新空间与新方法——全国空间经济分析学术研讨会、空间数据科学理论与方法——2017 年空间数据科学研讨会、长江经济带发展与国土开发空间结构优化——全国空间经济分析高端论坛、百年未有之大变局下的空间经济新发展格局——2020 空间经济学学术年会等学术活动，致力于空间经济学的探索与创新，深入讨论空间数据科学的发展趋势、理论前沿、方法进展、技术研发、软件应用以及中国发展空间数据科学的机遇、挑战、途径与重点领域。

新时代的经济社会发展迫切需要形成中国特色的区域与城市经济学理论和分析框架，构建规范化的区域与城市经济学专业建设机制，实现对中国区域与城市发展实践的超强解释力和科学指导力。2017 年 10 月协会在南开大学举办"新时代中国区域经济发展前瞻高端论坛暨全国区域与城市经济学专业建设委员会成立大会"，此次论坛是党的十九大胜利召开以来，国内首次举办的区域经济发展高层次学术性大会，论坛最终经过充分研讨，发布了"南开共识"——《共同推进中国区域与城市经济学科发展建设的倡议》，旨在为深入发展区域与城市经济学科奠定坚实的组织基础。此外，协会还在暨南大学举办"第三届中国区域发展高层论坛"，论坛围绕港澳大湾区建设、中国区域发展 40 年、如何促进区域协调发展等议题展开研讨。2020 年，协会城市管理专业委员会举办"2020 年城市高质量发展与治理能力现代化学术研讨会"，研讨城市转型发展背景下，城市高质量发展面临的制度创新、可持续发展、智慧城市、精细化管理、人才培养等议题，助力城市管理水平提高，推动学科专业建设，促进学术交流合作。

（三）促进学科专业人才队伍建设

协会自 2009 年开始定期举办中国区域科学协会青年学术沙龙、中国区域经济青年学者高级培训班、中国区域科学青年学者与研究生学术论坛、区域科学/空间经济学国际高级讲习或研讨班、全国区域经济学教师高级培训班等交流活动，为区域科学领域的青年学者提供了一个很好的学术思想交锋、学术观点碰撞平台，提升了区域科学领域青年科技人才的研究能力，极大推动和拓展了青年学者在区域经济领域的研究和应用。

2008 年以来，协会与中国国土经济学会、中国区域经济学会、中国城市经济学会、全国经济地理研究会共同举办中国国土区域城市经济学家新春论坛。论坛结合相关经济学家们的研究领域和业务专长，通过跨学科、跨部门、跨领域的互动碰撞，就不同主题进行深入对话和交流。

2013年11月，中国区域科学协会与沧州临港经济技术开发区共同发起建立中国区域科学沧州渤海新区研究基地，这是中国首个集产学研于一体、专门从事区域规划和发展的地方研究机构，旨在加强高等学府与地方政府的优势互补和有效对接。

2017年2月，协会与中国区域经济学会、国家发展改革委国际合作中心共同发起中国区域经济50人论坛，旨在深化区域经济理论研究，提出促进区域协调发展政策建议，推动国家区域发展战略的贯彻实施。论坛先后围绕区域发展：新形势·新思路·新举措、中美贸易战和区域经济发展、长三角一体化与东西互动、疫情对区域发展的影响及对策、黄河流域生态保护和高质量发展：沿黄中心城市的地位与使命等议题展开研讨，对促进中国区域协调发展的理论、政策研究与实践发展廓清方向、寻找路径。

城市管理作为新兴学科，在全国开办的学校逐步达到近百所，但是缺乏标准的学科体系和人才培养体系。为了促进城市管理学科建设，除了前述城市管理学科建设年会和城市管理竞赛，2017年起协会还举办了三届西南地区城市管理学科发展与人才培养研讨会，以期提升城市管理专业毕业生的就业竞争力和发展潜力，推动西南地区城市管理学科领域的交流，推进西南地区城市管理专业的高校合作和可持续发展。举办以新时代城市治理：改革创新与人才培养为主题的华东地区城市管理学科建设研讨会，聚焦于城市管理的学科建设和专业建设，探寻城市管理专业的发展思路和人才培养模式。2019年6月协会举办了第二届华中地区城市管理年会暨财经类高校城市管理专业人才培养研讨会，会议加强了华中地区及财经类高校城市管理学科领域的交流，对新时代背景下城市管理学科基础理论和实践进行了探索，推动了城市治理理论和人才培养模式创新。

（四）开展对外交流促进国际合作

协会自成立以来，在对外交流方面十分活跃，与国际区域科学领域的知名专家、学者们一直保持着紧密的学术联系和交流合作。协会成立时，沃尔特·艾萨德教授及区域科学大师马丁·贝克曼教授等悉数出席并热烈祝贺，这也是中国首次举行关于区域科学学科的高层次、大规模的国际学术会议。成立以来，为了加强国际国内学术交流合作，协会举办了一系列学术活动，与国际区域科学协会、亚洲太平洋区域科学协会、北美区域科学协会、欧洲区域科学协会、金砖国家区域科学协会以及世界主要国家区域科学和研究组织建立了机制性的合作学术交流平台，定期、不定期地邀请国外专家学者举行前沿讲座，有力地促进了中国区域科学学科建设、学术发展和人才培养。2019年协会整体加入国际区域科学协会，体现了从区域化到国际化的发展趋势。

在亚洲，协会的对外学术交流由最初的中日韩合作举办研讨会，到推动成立亚洲区域科学协会，成效卓著。2007~2009年，协会先后与日本应用区域科学理事会等共同举办三届中日区域科学研讨会，对中日区域科学的研究进展进行系统回顾与总结、对当前区域科学研究与实践中面临的关键性问题进行深入剖析、对区域科学的未来发展方向进行全面探讨。在促进中日区域科学研究与决策的交流、整合亚中日区域科学研究资源、引导中日乃至亚洲范围内区域科学发展趋势等方面具有重要意义。2010年，在中日区域科学研讨会的基础上，建立一年一度的亚洲区域科学国际研讨会，先后在中国北京、日本北九州、中国台湾花莲和中国台北、韩国首尔、中国哈尔滨、日本仙台、中国上海等地举办了十届亚洲区域科学国际研讨会（会议）。在开展有效的国际合作、把握学术研究前沿、交流学术研究成果、促进亚洲区域科学的学科建设及人才队伍建设等方面具有突出作用。2009年协会与韩国、泰国、越南、菲律宾等相关学会发起成立亚洲城市与区域研究协会（AAURS），并先后在韩国首尔、中国广西南宁、泰国曼谷等地成功举办亚洲城市与区域国际研讨会，旨在为亚洲各国的区域科学组织构筑一种正式的合作关系，打造亚洲区域科学学术交流平台，推动亚洲城市的可持续和谐发展。

为了促进空间经济学的国际交流，推动空间经济学在中国的发展，2011 年至 2019 年中国区域科学协会先后举办九届空间经济学国际研讨会，有效加强了国内外空间经济学者的学术交流，促进了空间经济学领域研究的经典传承和与时俱进，助推新时代区域经济高质量发展。

2016 年 7 月，中国区域科学协会协办转型中国的城市治理与规划国际研讨会暨第十届国际中国规划学会（IACP）年会，大会深入探讨了中国城市发展面临的问题与机遇、中国城市规划转型方向与途径、中国城市治理体系构建模式、交通与城市协同发展格局、中国与世界规划学科发展的脉络与走向、北京大学规划学科发展战略等重要问题，先后举办了交通与城市协同发展国际高峰论坛、第四届城乡规划院长/系主任论坛、城市治理平台论坛、北大规划 60 年平行论坛以及 30 多个分论坛，共 200 个演讲。

2019 年，中国区域科学协会整体加入国际区域科学协会，中国区域科学协会进入新的对外交流合作阶段。

二、以区域科学协会为平台开展的学术合作

协会成立三十年来，会聚了经济学、政治学、社会学、地理学、人口学等众多区域科学相关领域的著名专家、学者，迄今已在多个领域取得了突破性进展，形成了以主要专家、主要机构为核心的广泛的、稳健的学术合作网络。

（一）形成以主要专家为核心的广泛合作网络

区域科学研究领域的学者合作密度整体较高，合作关系明显。高产作者以协会专家等为代表，已经形成了以杨开忠、李国平、肖金成、魏后凯、贺灿飞、孙久文、曾刚、白永秀等为核心的合作网络，表明其在区域研究领域中的权威性较高。

（二）搭建以主要机构为架构的稳健研究网络

区域科学领域的研究力量主要集中于高校与研究院（所），研究机构合作网络呈现多核心多联系节点的结构特点，形成了北京大学政府管理学院、西北大学经济管理学院、北京大学城市与环境学院、华东师范大学中国现代城市研究中心、中国人民大学区域与城市经济研究所等多个合作核心机构，发文数量较多的研究机构存在相互合作关系，研究互动紧密，研究成果广泛。

第四节　中国区域科学协会未来发展展望

过去三十年，中国区域科学协会在协会会长、理事长的坚强领导和广大区域科学相关学科工作者的大力支持下，开展了多学科、多层次的区域综合研究，推动了国内外学术交流与合作，积极为政府和企业的决策提供科学依据和咨询，发展和繁荣了中国区域科学，为社会主义现代化事业做出了重大贡献，取得了辉煌成就。下一个三十年，是中国全面建设社会主义现代化国家新征程、向第二个百年奋斗目标进军的关键三十年，是实现中华民族伟大复兴的中国梦的关键三十年，中国区域科学协会将继续在服务国家战略、领跑国际前沿、加强学术交流和完善制度建设等方面加大投入力度，为繁荣中国区域科学做出更大努力，为全面建设社会主义现代化强国提供更强有力支撑。

一、服务国家战略，为全面建设社会主义现代化强国提供强有力支撑

协会成立三十年来，服务国家重大发展战略，始终是协会坚持落实的中心任务。尤其是进入 21 世纪以后，伴随国家新型城镇化和区域发展新战略的提出，协会加大服务国家战略力度，先后成立了城乡融合专委会、长江经济流域带专委会、精准扶贫专委会、区域创新专委会、生态文明专委会、老工业基地振兴专委会、"一带一路"专委会、自由贸易区港专委会等专门研究分支予以充分对接，满足国家发展战略的紧迫需求，支撑区域经济发展。

展望未来三十年，围绕全面建设社会主义现代化国家，协会将继续响应社会主义现代化强国建设的战略需求，解决国家建设中区域和空间领域的政策需求，加强在新型城镇化、区域协调发展、国土空间开发、乡村振兴等领域的学术交流和合作，全力服务国家发展战略。"十四五"时期，协会将重点关注乡村振兴战略，主体功能区和国土空间开发保护战略，京津冀协同发展、长江经济带发展、粤港澳大湾区建设、长三角一体化发展、黄河流域生态保护和高质量发展等重大区域战略，区域协调发展以及特殊类型地区加快发展战略，海洋经济发展战略等，为社会主义现代化强国建设贡献智慧。

二、领跑国际前沿，促进中国与国际区域科学研究的深度融合

2000 年以后，协会开始与国际接轨，积极参加国际区域科学相关组织的学术活动，与国际区域科学协会、亚洲太平洋区域科学协会、北美区域科学协会、欧洲区域科学协会、主要国家的区域科学学术团体建立了广泛的国际联系。同时，协会还与国外相关高等院校、科研院所、政府部门、企业之间的交流合作也不断深化。经过二十多年来与国际区域科学的"并跑"，中国区域科学已经逐步赶上国际区域科学发展水平，并且在一些领域实现了赶超。

2019 年，中国区域科学协会整体加入国际区域科学协会，是中国区域科学协会发展史上的一个重大事件，标志着中国区域科学国际化程度进一步提升，中国区域科学协会也充分融入国际区域科学大家庭。展望未来三十年，中国区域科学协会将充分利用好国际区域科学协会大平台，进一步促进中国区域科学研究的国际化交流，鼓励更多的中青年学者开展国际化合作。协会将努力在国际化平台上发挥更大的引领作用，力争在未来三十年实现中国区域科学发展在世界区域科学发展中处于领先地位。

在近期的国际化进程中，协会将在中日韩、海峡两岸区域科学交流的基础上，依托亚洲区域科学协会，引领亚洲区域科学研究，更好促进亚洲学者的交流与合作，适应国家"一带一路"发展需要。

三、加强学术交流，繁荣中国区域科学

中国已进入高质量发展阶段，一系列新的区域科学问题将更加复杂化、综合化、系统化。为适应未来新的形势，协会将进一步促进跨学科的理论化、模式化和实验化区域综合研究，促进相关学科、领域及其专家学者团结一致，通力合作，协同攻关。在加强学术交流的基础上，繁荣中国区域科学研究。

为此，协会将在以下六方面进一步着力。一是继续举办好一系列一流的学术会议，塑造不同功能、不同领域、不同类型的学术会议品牌，继续培育一批在学科和专业领域内有较强国内外影响力和辐射力的精品学术会议，尽快成为国际知名的品牌主场学术会议。二是将根据国家战略发展需求，逐步调整和完善专业委员会的设置，充分发挥专委会在各自分支领域的专业优势，加强专委会内部的组织与交流。三是更大程度地鼓励中青年区域科学学者之间的交流与合

作，为广大会员搭建更广阔的交流平台。四是更加注重区域科学人才培养和队伍建设，与相关高校和科研院所积极合作，共同为培养区域科学研究人才而努力。目前，国内高校已有华东师范大学和上海财经大学成立了城市与区域科学学院。协会将推动更多的高等院校成立相关的区域科学学院或研究机构。五是推动省级区域科学组织机构的创立，推动省级区域科学交流。2016 年 5 月，四川省区域科学学会成立，为推动四川省区域科学发展提供了重要支撑。六是继续高水平举办中国区域科学协会青年学术沙龙、中国区域经济青年学者高级培训班、中国区域科学青年学者与研究生学术论坛等交流活动，推动中国区域科学实现大发展大繁荣。

四、完善制度建设，推动协会管理和服务水平再上新台阶

协会将进一步完善制度化建设，通过不断完善的制度机制推动协会管理和服务水平再上新台阶。一是协会将完善奖励制度，探讨设立中国区域科学贡献奖等专门奖项，以为中国区域科学发展做出重大贡献的学者和机构命名。通过奖励制度的不断完善，树立良好的学术标兵形象，营造争先创优的学术氛围。二是继续完善优秀青年论文奖评选，鼓励更多青年学者投身区域科学研究。三是培育和发展中国区域科学的旗帜性刊物。在前期创办《中国区域经济》杂志的经验和探索基础上，协会将进一步与多方合作，创办更具特色的旗帜性刊物，推动旗帜性刊物专业化和国际化。四是与国内外相关机构加强合作，开展智库建设，进一步推动中国区域科学发展，为全面建设社会主义现代化强国提供战略支撑。

附录二　中国区域科学协会大事记

1991～2006 年度

1991 年 8 月，中国区域科学协会经教育部同意正式向中华人民共和国民政部提交了成立申请书及相关审批材料。

1991 年 10 月 7 日，国家民政部向协会正式颁发了中华人民共和国社会团体登记证书。

1991 年 10 月 18 日，中国区域科学协会在北京组织召开了成立大会暨第一次学术研讨会。参加会议的有来自全国经济学、地理学、规划学、系统科学、政策科学及管理部门的近百名专家、学者。会议收到了国际区域科学协会及国内近百个单位和个人发来的贺信，国际区域科学协会还派出执行理事、美国著名区域科学家马纳斯·恰特吉教授专程到京表示祝贺。成立会议由协会主要创始人杨开忠主持，一致通过了中国区域科学协会章程，选举北京大学校长、著名经济学家吴树青教授担任协会会长，选举时任北京大学副教授杨开忠担任协会社会团体法人、秘书长，聘请国务院发展研究中心主任、著名经济学家孙尚清为名誉会长，同时成立了空间经济、全球工业变化、城乡发展、持续发展、国土与区域规划、区域开发战略与政策、空间信息系统七个专业委员会。

1992 年，杨开忠访问纽约州立大学宾汉姆分校管理学院马纳斯·恰特吉教授、康奈尔大学经济学系沃尔特·艾萨德教授、宾夕法尼亚大学区域科学系藤田昌久教授及马里兰大学和加州伯克利大学地理学系，在此期间重点交流讨论了拟在北京召开的发展中国家区域科学国际会议事宜。

1993 年 3 月，由中国区域科学协会主办，中国矿业大学承办的全国社会经济布局与区域发展学术会议在徐州召开。

1993 年 10 月 11～14 日，"发展中国家区域科学国际会议"在京顺利召开，这是该学科在中国举行的首次高层次、较大规模的国际学术会议，也是国际区域科学界以区域科学与发展为主题的重要盛会。来自 30 多个国家和地区以及世界银行和货币基金组织的近 50 名国外专家和 70 名国内学者参加会议。国务院发展研究中心主任、著名经济学家孙尚清应邀出席开幕式并致辞。西方区域科学奠基人沃尔特·艾萨德教授，区域科学大师马丁·贝克曼教授、威廉姆·阿隆索教授，国际区域科学协会时任主席詹姆斯·吉布森，时任秘书长美国伊利诺伊大学香槟－厄巴那分校杰弗里·休因斯教授应邀出席会议。与会学者普遍反映，这次会议给他们创造了与世界一流学者交流的机会，将给其学术生涯带来重大的意义。艾萨德教授评价此次会议为区域科学在中国发展的种子会议，推动了区域科学在中国的发展，为中国与世界搭建了区域科学交流合作的桥梁。

1993 年 10 月 14 日起，开启区域科学国际高级研讨班，面向全国开放，此后基本上一年举办一次。1998 年后研讨班内容开始从区域科学经典理论与方法转到新经济地理学。先后有艾萨德、阿隆索、贝克曼、藤田昌久、雅－弗朗斯瓦·蒂斯、曾道智等一批国际知名学者主讲，全国一大批中青年学者学生积极参与研讨班学习。

1994 年，杨开忠教授应艾萨德邀请在康奈尔大学访学期间参加了在加拿大召开的北美区域科学年会，推动了中国与北美区域科学的国际交流。

1995 年 5～8 月，中国区域科学协会与国家自然科学基金委员会、中国系统工程学会、四川省科学与技术协会等机构在成都联合筹备和举办了最优化国际会议。

1997 年，中国区域科学协会"中国区域旅游开发学术研讨会"在湖南召开。

1998 年 4 月，中国区域科学协会"邓小平区域经济理论与特区理论高层研讨会"在北京召开。

1998 年 7 月，中国区域科学协会"旅游可持续发展研讨会"在广西召开。

2000 年 8 月，中国区域科学协会"第八届全国区域旅游开发学术研讨会暨西部大开发与黔中旅游经济开发研讨会"在贵阳召开。

2000 年，时任北京大学城市与环境学系（现北京大学城市与环境学院）系主任兼北京大学遥感与地理信息系统研究所所长的杨开忠教授由协会常务副会长改任协会会长。

2000 年以后，协会开始与国际接轨，积极参加国际区域科学相关组织的学术活动，与国际区域科学协会、亚洲太平洋区域科学协会、北美区域科学协会、欧洲区域科学协会、主要国家的区域科学学术团体建立了广泛的国际联系。同时，协会还与国外相关高等院校、科研院所、政府部门、企业之间的交流合作也不断深化。经过二十多年来与国际区域科学的"并跑"，中国区域科学已经逐步赶上国际区域科学发展水平，并且在一些领域实现了赶超。

2001 年 5 月 25 日，中国区域科学协会"21 世纪中国区域发展学术研讨会暨中国区域科学协会会员代表大会"在天津南开大学召开。

2003 年 10 月 20～22 日，中国区域科学协会"全球化、信息化和可持续发展条件下的城市与区域发展"国际会议在北京召开。

2004～2018 年，协会连续举办了 13 届中国西部开发研究联合体学术年会。与会专家先后围绕可持续发展与全球化挑战——中国西部开发的新思路探讨、中国西部农村经济与地区可持续发展、反贫困与国际区域合作、贫困地区发展与和谐社会构建、西部大开发八年评估与展望——西部经济全面、协调与可持续发展、改革开放 30 年——中国西部发展的回顾与展望、中国区域发展模式——西部开发十年的实践与探索、西部的脆弱性与可持续发展、中国西部生态文明与西部城市新区建设等主题进行探讨，从不同角度、不同领域提出了宝贵的学术见解和建议。年会增进了中国西部开发研究联合体的凝聚力，掀起了新型城镇化与西部大开发研究的新一轮热潮，为西部地区城镇化的推进提供了学术意见。

2007 年度

7 月

2007 年 7 月 3 日，由中国区域科学协会与台湾区域科学理事会联合主办，北京大学政府管理学院城市与区域管理系承办的"2007 海峡两岸区域科学研讨会"在北京大学召开。

10 月

2007 年 10 月 20～21 日，由中国区域科学协会、日本应用区域科学理事会联合主办、北京大学政府管理学院城市与区域管理系承办、中央财经大学政府管理学院协办的"首届中日区域科学研讨会"在北京大学召开。

2008 年度

3 月

2008 年 3 月 14 日，由中国区域科学协会与台湾区域科学学会主办，台湾铭传大学都市规划与防灾学系承办的"2008 年海峡两岸区域科学研讨会"在台湾铭传大学举行。

10 月

2008 年 10 月 18～19 日，第二届中日区域科学研讨会在中国北京举行，会后举办了"空间经济学高级研修班"，由国际著名学者藤田昌久（Masahisa Fujita）等教授领衔主讲。

2008 年 10 月 18 日，中国区域科学协会 2008 年常务理事会在北京大学博雅国际会议中心召开。

2009 年度

2 月

2008 年 2 月 11～14 日，杨开忠教授及薛领教授赴泰国曼谷参加关于 2009 年在北京举行的第二届亚洲区域开发协会会议筹备会。

5 月

2009 年 5 月 23 日，中国区域科学协会在北京大学政府管理学院举办第一届"中国区域科学协会青年"学术沙龙。

6 月

2009 年 6 月，中国区域科学协会网站建设成功，从而为国内外区域科学工作者交流提供了更广阔的交流平台。

8 月

2009 年 8 月 29 日，由中国区域科学协会与台湾区域科学学会共同主办、天津滨海综合发展研究院承办的"2009 海峡两岸区域科学研讨会"，在天津滨海新区举行。

10 月

2009 年 10 月 18～19 日，由日本应用区域科学理事会、中国区域科学协会共同主办的第三届中日区域科学国际研讨会在日本京都市召开。

11 月

2009 年 11 月上旬，由中国区域科学协会区域旅游开发专业委员会主办的第十四届全国区域旅游开发学术研讨会暨第二届海南国际旅游岛大论坛，在海南省海口市召开。

12 月

2009 年 12 月在北京大学召开协会常务理事会，大会主要汇报协会今年的活动情况及未来的工作计划，并进行新一届常务理事会换届工作及专业委员会的整改工作希望。

2010 年度

5 月

2010 年 5 月 1 日，由台湾区域科学学会、中国区域科学协会、台南成功大学规划与设计学院共同主办，铭传大学都市规划与防灾学系承办的第五届海峡两岸区域科学研讨会在台湾成功大学顺利召开。

9 月

2010 年 9 月 11～12 日，首届亚洲区域科学国际研讨会在北京大学政府管理学院举行，会议由中国区域科学协会和日本应用区域科学协会主办，由北京大学政府管理学院城市与区域管理系和北京大学中国区域经济研究中心共同承办。来自亚洲各国高校和科研机构的近 100 位区域科学领域的专家学者出席了会议。

10 月

2010 年 10 月 28 日，第十五届全国区域旅游开发学术研讨会暨度假旅游论坛在成都市大邑县花水湾温泉小镇召开。

11 月

2010 年 11 月 5 日，由中国区域科学协会承办的 2010 年北京论坛（经济分论坛）："构建和谐的世界城市"在钓鱼台国宾馆八方苑举行，来自中国、法国、日本、韩国、印度、新加坡等多国学者主要就"如何构建世界城市"这一议题进行了深入讨论。

12 月

2010 年 12 月 11～12 日，"第二届亚洲城市与区域国际研讨会"在广西民族大学隆重召开。由来自韩国、日本、泰国、马来西亚、英国及中国十多所大学、研究机构、政府组织、非政府组织和亚洲开发银行的 50 多位专家学者官员出席研讨会并发表学术报告，对"构筑可持续的亚洲大都市"与"中国—东盟自由贸易区建设"进行交流和探讨。

2010 年中国区域科学经济杂志正式创刊，年内杂志正式出版了 6 本月刊和 1 本增刊，得到了广大区域科学专家学者的一致好评。

2011 年度

6 月

2011 年 6 月 21 日，中国区域科学协会在京的常务理事围绕中国区域科学年会筹备工作及增补理事、常务理事名单等事项进行了商讨。

7 月

2011 年 7 月 4~5 日，中国区域科学协会年会暨中国区域科学协会成立 20 周年庆典及 2011 年海峡两岸区域科学研讨会在北京大学英杰交流中心召开。

2011 年 7 月 2~3 日，由中山大学、中国世界经济学会、中国区域科学协会联合主办的空间经济学国际研讨会在广州中山大学召开。

12 月

2011 年 12 月 9~12 日，中国区域科学协会会长杨开忠、秘书长沈体雁赴泰国曼谷参加第三届亚洲区域与城市国际会议（AAURS），会长杨开忠教授作了关于中国城镇化发展的主旨报告，使更多的外国学者对中国的城镇化发展有了更深入的了解。

2012 年度

1 月

2012 年 1 月 9 日，在清华大学举办了 2012 年第一次理事会议。常务理事、理事代表共 18 人出席。会议主要就修改协会章程、协会第四届理事换届等事项进行了商讨。

4 月

2012 年 4 月 13~14 日，在天津滨海新区滨海一号温泉度假酒店，召开了第二次常务理事长会议，会议进行了换届选举工作。会议审议了理事会工作报告，研究章程修改报告和章程修改对比报告。出席会议的 200 名会员进行无记名投票，由会员中推选出 3 人进行唱票、计票和督票，根据选举结果，协会选举出第四届理事会成员。由郝寿义任理事长，杜平、樊杰、孙久文、李国平、赵昌文、刘震涛、魏后凯、孙海鸣、金祥荣、梁琦、肖金成、张建清、赵作权等任副理事长，沈体雁任秘书长，姜玲、张春晓、孙铁山等任副秘书长。

2012 年 4 月 28 日至 5 月 1 日，2012 年海峡两岸区域科学研讨会在台湾召开。大陆方面由北京大学政府管理学院副教授、中国区域科学协会秘书长沈体雁带队，随行人员有北京大学政府管理学院的梁涵、张云飞，中央财经大学的杨燕英，首都经济贸易大学的彭文英，山东大学的许峰等 6 人参会。

6 月

2012 年 6 月 15 日，中国区域科学协会第三次常务理事长会议在上海财经大学召开，会议由秘书长沈体雁主持。会议的主要议题是：①关于增补协会副理事长的说明。②关于协会专业委员会建设的说明。③关于协会会费收取与管理的说明。④关于协会预算的情况说明。会上大家对各项议题进行了充分探讨，并制定了协会会费收取标准和管理办法。

2012 年 6 月 16~17 日，2012 年中国区域科学协会年会暨城市群经济协调发展研讨会在上海财经大学召开。17 日下午及 18 日上午为鼓励青年学者与研究生之间的学术交流，会中还召开了中国区域科学青年学者与研究生学术论坛。

10 月

2012 年 10 月 29~30 日，由日本应用区域科学理事会、中国区域科学协会共同主办的第二届亚洲区域科学国际研讨会在日本北九州召开。

2012 年 10 月 28 日，中国区域科学协会第四次常务理事长会议在北京西郊宾馆第五会议室召开。会议由协会理事长郝寿义老师主持。会议第一议题是年会的筹备工作。第二议题是协会下设的专业委员会工作调整。第三议题是由石敏俊、赵作权副理事长分别对今年参加亚洲区域科学协会和与国际区域协会联络情况进行了介绍。

2012 年 10 月 22~29 日，由中国区域科学协会举办的"北京大学瓮安县城镇化建设高级研修班"正式开班。来自贵州瓮安县政府的 40 名学员，在北京大学接受了为期一周的培训。培训课程安排主要围绕宏观经济、土地规划、社会管理创新、中国城镇化道路、领导艺术等内容展开。

11 月

2012 年 11 月 2~3 日，协会参与举办了 2012 年北京论坛城市分论坛，主题为"世界城市精神传承——经验与创新"城市分论坛首场论坛在北京的钓鱼台国宾馆四季厅展开，研讨会由协会会长杨开忠教授和协会秘书长沈体雁主持。

2012 年 11 月 17~18 日，由中国区域科学协会发起，浙江大学经济学院暨浙大国际经济研究所等多家学术机构联合主（承）办的"空间经济学国际研讨会（2012）"，在浙江大学举行。

2013 年度

3 月

2013 年 3 月 30 日，协会在北京大学政府管理学院召开"区域科学学科研讨会暨 2013 年中国区域科学协会第一次理事长会议"。会议主要讨论专业委员会管理办法及实施细则及批准成立新申请专业委员会，2013 年年会筹备工作，讨论青年学者论文评选办法及年会青年学者培训安排。

2013 年 3 月 30 日，北京大学中国区域经济研究中心与中共晋江市委，建立北京大学中国区域经济研究中心晋江研究基地。北京大学秘书长杨开忠教授与福建省晋江市委书记陈荣法在北京大学光华管理学院进行了签约仪式。

5 月

2013 年 5 月 17~19 日"中国区域和城镇化发展"专家论坛暨"区域开发"名栏建设研讨会在重庆召开。

6月

2013年6月21~23日，第三届中国空间经济学国际研讨会在武汉举行。

2013年6月24日，由中国区域科学协会举办的"北京大学六安市招商引资与园区建设高级研修班"顺利开班。来自六安市各政府部门的近50名学员，在北京大学接受了为期一周的学习培训。

7月

2013年7月5~6日，中国西部开发研究联合体第八届学术年会在成都举行。

8月

2013年8月7~8日，协会成员参加了在台湾举行的第三届亚洲区域科学研讨会。

2013年8月15日，"中国第五次人的发展经济学研讨会"由中国区域科学协会协办，在北京大学政府管理学院举行。

10月

2013年10月11~15日，中国区域科学协会年会暨"创新、集聚与区域发展"主题研讨会在天津南开大学成功举办，参会人数300余人，同时召开了第四届第五次理事和常务理事会。

11月

2013年11月2日，"中国区域科学协会沧州渤海新区研究基地"在沧州临港经济技术开发区揭牌成立。这是我国首个集产学研于一体，专门从事区域规划和发展的地方研究机构。

2014年度

1月

2014年1月22日，中国区域科学协会换届领导碰头会在北京大学政府管理学院召开，会议议题主要围绕协会换届大会及协会年会筹备等相关事宜进行了商定。

2月

2014年2月19日，由北京大学、中国区域科学协会、韩国韩中领导人协会主办，北京大学城市规划设计中心、中国低碳产业投资中心承办的首届"低碳·智慧城市发展论坛"在四川省广安市举行。

3月

2014年3月协会新的改版网站上线使用，新网站增加了会员在线注册、会议发布、在线报名、在线缴费等应用功能。

4月

2014年4月26日，"中国区域科学协会理事换届大会暨区域发展与城镇化学术研讨会"在中国人民大学顺利召开。会上孙久文教授当选第五届理事会理事长，魏后凯为侯任理事长。杨开忠任会长，郝寿义任副会长，孙久文任理事长，樊杰、高新才、金祥荣、李国平、梁琦、石敏俊、魏后凯、肖金成、张建清、赵昌文、赵作权、韩增林、邓翔、成金华、殷存毅、刘秉镰、赵晓雷等任副理事长，沈体雁任秘书长。同时召开第五届第一次常务理事会和理事大会，会上新申请成立两个专业委员会（中国区域科学协会长江流域专业委员会和中国区域科学协会生态文明专业委员会）。

6 月

2014 年 6 月 7 日，由中国区域科学协会丝绸之路经济带专业委员会主办、陕西永秀经济管理研究院承办的"中国区域科学协会丝绸之路经济专业委员会成立大会暨首届丝绸之路经济带学术研讨会"在西安召开。

2014 年 6 月 28 ~ 30 日，北京大学政府管理学院、北京大学科学与工程计算中心、北京大学社会调查研究中心、北京大学中国区域经济研究中心主办"第五届空间综合人文学与社会科学国际论坛"。

7 月

2014 年 7 月 5 ~ 6 日，由贵州财经大学、中国西部开发研究联合体、中国区域科学协会欠发达地区发展专业委员会、中国留美经济学会联合主办的西部开发研究联合体第九届学术年会在贵州财经大学举行。

2014 年 7 月 12 ~ 13 日，中国"区域科学与城市经济前沿"暨"自贸区经济"青年学者及研究生学术论坛在上海财经大学举行。

8 月

2014 年 8 月 5 ~ 7 日，第四届亚洲区域科学协会年会在韩国首尔举行，协会组织了学者代表参会。

9 月

2014 年 9 月 14 日，中国（上海）自由贸易试验区协同创新中心联合中国区域科学协会举办了"中国（上海）自由贸易试验区制度创新绩效评估"研讨会。本次研讨会邀请国内相关领域著名学者，共同探讨"自贸试验"对中国对外开放新路径、新模式的催动及绩效评估策略。

10 月

2014 年 10 月 18 ~ 19 日，中国区域科学协会和武汉传媒集团《支点》杂志社，在中国地质大学（武汉）召开"2014 年学术年会"，参会人数 200 余人。同时召开第五届理事会第二次常务理事会。会上新申请成立两个专业委员会（中国区域科学协会新经济地理专业委员会和中国区域科学协会自贸区专业委员会）。

12 月

2014 年 12 月 5 日，中国区域科学协会自由贸易区港专业委员会成立大会暨中国自贸区建设学术研讨会在上海财经大学召开。

2014 年 12 月 6 日，由中国区域科学协会和上海对外经贸大学共同指导，国家开放与发展研究院和上海国际贸易学会主办的第一届"新经济地理前沿学术研讨会"在上海对外经贸大学成功举办。

2015 年度

4 月

2015 年 4 月 11~12 日，由中国区域科学协会城市管理专业委员会主办的"中国城市管理学科研讨会暨北京大学城市管理专业建设十周年庆"在北京大学政府管理学院召开。

6 月

2015 年 6 月 15~16 日，中国西部开发研究联合体第 10 届学术年会在重庆西南大学召开。

2015 年 6 月 20 日，中国区域科学协会生态文明研究专业委员会成立大会暨首届全国生态文明建设与区域创新发展战略学术研讨会，在武汉地质大学召开。

2015 年 6 月 21~22 日，由华中师范大学、中国区域科学协会共同举办的"第六届空间综合人文学与社会科学国际论坛"在华中师范大学召开。

7 月

2020 年 7 月 17~20 日，第五届亚洲区域研讨会在哈尔滨工业大学召开了以优化经济发展空间格局为主题的会议，中、日、韩学者 50 余人参会。

10 月

2015 年 10 月 9~11 日，中国区域科学年会在南昌大学召开，同时还召开了第五届三次常务理事会，会上新申请成立两个专业委员会（中国区域科学协会区域与城市规划专业委员会和中国区域科学协会民族经济专业委员会）。

2015 年 10 月 24~25 日，由中国区域科学协会海洋经济发展专业委员会和教育部人文社会科学重点研究基地——辽宁师范大学海洋经济与可持续发展研究中心共同举办的"中国区域科学协会 2015 年区域发展战略与海洋区域科学论坛"在大连辽宁师范大学召开。

11 月

2015 年 11 月 20 日，第二届天津海工发展论坛在天津滨海新区召开。

2016 年度

1 月

2016 年 1 月 9 日，中国区域科学协会城市管理专业委员会、中国区域全国城市管理专业教学指导委员会 2016 年度工作规划联席会议在北京大学政府管理学院召开。

4 月

2016 年 4 月 22~23 日，"2016 年中国区域科学协会理事换届大会暨扶贫开发与全面小康学术研讨会"在中南民族大学经济学院召开。

5 月

2016 年 5 月 21 日，在四川省成都市顺利召开四川省区域科学学会成立大会暨第一次会员代表大会。

6 月

2016 年 6 月 18 日，在四川省成都市召开《四川省"十三五"时期应对气候变化与绿色低碳发展思路研究》课题开题报告会，由中国区域科学协会长江经济带研究专业委员会秘书长周江研究员主持。

2016 年 6 月 30 日，杨开忠会长会见美国纽约州立大学宾汉姆顿分校 Manas Chatterji 教授。

2016 年 6 月 30 日在北京交通大学及 7 月 1 ~ 3 日在北京大学召开了第十届国际中国规划学会（IACP）年会，会议由国际中国规划学会、北京大学举办，中国区域科学协会、北京交通大学协办。

7 月

2016 年 7 月 9 ~ 10 日，在四川成都西南民族大学举行中国西部开发研究联合体第 11 届学术年会。本次会议由中国西部开发研究联合体、西南民族大学、中国区域科学协会欠发达地区发展专业委员会、中国留美经济学会联合主办，西南民族大学经济学院、中国西部民族经济研究中心、中国区域科学协会民族经济专业委员会联合承办。

9 月

2016 年 9 月 16 ~ 17 日，由中国区域科学协会和西南民族大学主办的"全国贫困地区精准脱贫学术研讨会"，在西南民族大学召开。

2016 年 9 月 24 ~ 26 日，第六届亚洲区域科学研讨会在日本仙台的东北大学召开。

10 月

2016 年 10 月 15 ~ 16 日，中国区域科学协会年会（RSAC'2016）暨"拓展发展新空间——创新、集聚与区域发展"主题研讨会在长沙湖南师范大学召开。

2016 年 10 月 21 ~ 22 日，第三届中国（天津）海洋产业创新与发展国际论坛会议在天津召开。

2016 年 10 月 28 ~ 30 日，"第十五届全国区域经济学学科建设年会暨'服务国家发展大战略，开创学科建设新局面'学术研讨会"在中国人民大学成功召开，会议由中国人民大学经济学院、南开大学城市与区域经济研究所、兰州大学经济学院主办。

11 月

2016 年 11 月 8 日，国际区域科学协会秘书长 Tomaz 来访，与协会领导共同商议关于中国区域科学协会加入国际区域科学协会的相关事宜。

2016 年 11 月 26 日，由浙江大学和中国区域科学协会城市管理专业委员会主办的"2016 中国城市管理学科发展年会"在杭州召开。

12 月

2016 年 12 月 10 日，在西南财经大学召开 2016 年"新经济地理前沿：两带一路下的地缘经济"学术会议，由中国区域科学协会新经济地理专业委员会、西南财经大学国际商学院、中国区域科学协会空间分析专业委员会、四川省"内陆地区对外直接投资创新发展"协同创新中心、西南财经大学国际商学院地缘经济与政治研究所主办。

2016 年 12 月 17 日，由云南大学和中国区域科学协会空间经济学专业委员会主办了"中国空间经济学国际研讨会（2016）"，在云南大学成功召开。

2016 年 12 月 16～18 日，由中国区域科学协会区域文化发展专业委员会、中国艺术科技浙江协同创新平台主办了"2016 年中国区域科学协会区域文化发展委员会学术年会暨区域文化发展与特色小镇建设专题研讨会"。

2016 年 12 月 16～18 日，在云南省蒙自市召开了"'一带一路'人口与发展学术研讨会"，会议由中国区域科学协会区域人口发展专业委员会、复旦大学人口研究所和河北大学经济学院联合举办。

2017 年度

2 月

2017 年 2 月 12 日，中国国土经济学会联合中国区域经济学会、全国经济地理研究会、中国区域科学协会、中国城镇化促进会等五家中央级学术团体，共同在京举办第十届"中国国土区域城市经济学家新春论坛"。

2017 年 2 月 26 日，由中国区域科学协会、中国区域经济学会、国家发展改革委国际合作中心发起并举办的"中国区域经济 50 人论坛"成立大会暨第一次研讨会在北京召开。

4 月

2017 年 4 月 28～30 日，中国区域科学协会生态文明研究专业委员会、中国区域经济学会区域创新专业委员会决定"第三届全国生态文明建设与区域创新发展战略学术研讨会"在湖南长沙举行。会议主题为"新城市、新文明——城市群创新发展与生态文明建设"。

6 月

2017 年 6 月 17～26 日，由北京大学研究生院和中国区域科学协会主办，北京大学政府管理学院、光华管理学院、国家发展研究院承办，中国地理信息产业协会空间大数据技术与应用工作委员会、中国城市治理创新联盟、北京大学出版社、Esri 中国信息技术有限公司协办的第二届北京大学研究生暑期学校《空间计量经济学前沿》暨首届空间数据科学国际研讨会在北京大学廖凯原楼举行。

2017 年 6 月 30 至 7 月 3 日，由中国区域科学协会空间分析专业委员会、湖南师范大学主办的"长江经济带发展与国土开发空间结构优化"高端论坛在湖南师范大学举办。

9 月

2017 年 9 月 8～10 日，第七届亚洲区域科学研讨会在台北成功召开。

2017 年 9 月 28～30 日，中国区域科学协会区域旅游专业委员会联合湖南科技学院，在湖南永州召开"第十八届全国区域旅游开发学术研讨会暨永州旅游发展论坛"。

2017 年 9 月 23 日，中国区域科学协会城市管理专业委员会联合华东理工大学社会与公共管理学院，在上海华东理工大学成功举办了"2017 中国城市管理学科发展年会"。

10 月

2017 年 10 月 14～15 日，中国区域科学协会年会（RSAC'2017）暨"新地缘格局下经济地理重塑理论与实践"主题研讨会在大连市辽宁师范大学成功召开。

2017 年 10 月 14～15 日，由中国区域科学协会空间经济学专业委员会、中国城市百人论坛、西南民族大学联合主办，西南民族大学经济学院、中国西部民族经济研究中心、中国区域科学协会民族经济专业委员会、四川省金融学会藏区金融专业委员会承办的中国·空间经济学国际研讨会（2017）成功召开。

2017 年 10 月 28～29 日，由中国区域科学协会区域经济专业委员会主办，宁夏大学新农村发展研究所、中国人民大学区域与城市经济研究所共同承办的 2017 年脱贫富民与可持续发展研讨会在宁夏大学召开。

11 月

2017 年 11 月 10 日，由中国区域科学协会、南开大学主办，南开大学经济与社会发展研究院、中国区域科学协会城市经济专业委员会、《经济学动态》杂志社、南开大学中国区域政策研究中心协办的"新时代中国区域经济发展前瞻"高端论坛暨全国区域与城市经济学专业建设委员会成立大会在南开大学召开。

2017 年 11 月 18 日，由中国地质大学（武汉）、中国区域科学协会区域创新专业委员会、中国区域科学协会生态文明研究专业委员会主办，中国地质大学（武汉）经济管理学院承办的"长江经济带绿色与创新发展高端论坛——'十九大'后长江经济带发展路径与战略"在中国地质大学（武汉）召开。

12 月

2017 年 12 月 9 日，由中国区域科学协会人口发展专业委员会、复旦大学人口研究所、复旦大学人口与发展政策研究中心、复旦大学城市与区域发展研究中心共同主办的"人口变动与城乡发展"高端论坛在上海召开。

2017 年 12 月 16～18 日，由中国区域科学协会和集美大学主办，中国区域科学协会海洋经济专业委员会、区域与城市规划专业委员会、集美大学财经学院、集美大学东南国际航运研究中心、集美大学区域经济研究中心等单位承办的"首届海洋区域科学国际研讨会暨第四届海洋经济与海洋城市创新发展国际论坛"在厦门集美大学召开。

2017 年 12 月 16～19 日，由中国区域科学协会区域文化发展专业委员会、中国艺术科技研究所浙江协同创新平台、保山学院、丽水学院主办，保山学院美术与设计学院承办的"2017 年中国区域科学协会区域文化发展委员会学术年会暨中国山水论坛"在云南省保山市保山学院召开。

2018 年度

1 月

2018 年 1 月 6 日，中国区域科学协会、北京大学首都发展研究院在北京大学廖凯原楼，共同举办了以"新时代的大国首都与京津冀协同发展"为主题的北京大学首都发展新年论坛。

3 月

2018 年 3 月 3 日，中国国土经济学会联合中国区域经济学会、全国经济地理研究会、中国区域科学协会、中国城镇化促进会等五家中央级学术团体，共同在京举办了第十届"中国国土区域城市经济学家新春论坛"。

2018 年 3 月 23 ~ 24 日，"绿色·智慧·韧性：可持续的城市发展与管理"暨中国区域科学协会区域可持续发展专业委员会 2018 年学术年会在浙江大学紫金港校区成功举办。

2018 年 3 月 31 日，中国区域科学协会在河北大学经济学院召开了"2018 年中国区域科学协会理事换届大会暨京津冀协同发展与雄安新区建设研讨会"。

5 月

2018 年 5 月 26 日至 6 月 1 日及 6 月 3 ~ 9 日由北京大学政府管理学院、中国地质大学（北京）信息工程学院、中国区域科学协会联合成功主办了两期主题为：（一）自然资源大数据理论与关键技术；（二）空间计量经济学理论与方法的研究生暑期学校课程的研讨活动。

6 月

2018 年 6 月 8 日，由北京大学城市治理研究院、清华大学地球系统科学系、中关村新型城镇化大数据技术服务联盟、清华大学 EMBA 数据经济协会主办的 URSGF2018 城乡安全治理论坛暨第三届 InSAR 大数据高峰论坛在北京成功召开。

2018 年 6 月 30 日，中国区域科学协会城市管理专业委员会，在宁波成功召开了主题为"新时代城市治理：改革创新与人才培养"的学术会议。

7 月

2018 年 7 月 5 ~ 7 日，在上海财经大学成功举办了中国"区域科学与城市经济前沿"暨"自贸区经济"青年学者及研究生学术论坛。

8 月

2018 年 8 月 24 ~ 25 日，中国区域科学协会城市管理专业委员会成功召开了第二届海峡两岸城市管理论坛，论坛主题为"新时代城市发展与精细化管理"。

2018 年 8 月 26 日，中国区域经济 50 人论坛在国家发展改革委国际合作中心召开了第七次专题研讨会。

9 月

2018 年 9 月 14 ~ 16 日，在湖南长沙召开了由中国区域科学协会空间分析专业委员会和《经济地理》杂志社主办的"第一届全国空间经济分析学术研讨会",会议主题为"新时代、新空间与新方法"。

10 月

2018 年 10 月 12 ~ 14 日,中国测绘科学研究院、中国区域科学协会空间经济学专业委员会成功主办了"空间经济学国际研讨会(2018 年)暨自然资源与地理国情时空大数据分析交流会"。

2018 年 10 月 13 ~ 14 日,中国区域科学协会城市管理专业委员会在首都经济贸易大学成功举办了 2018 年中国城市管理学科发展北京年会,会议主题为"新时代下城市管理创新:体制、机制与技术"。

2018 年 10 月 20 ~ 21 日,中国区域科学协会年会(RSAC'2018)"现代化城乡区域发展体系探索"主题研讨会在成都成功召开。全国 25 个省市、近 100 所高校及科研机构从事区域科学研究和实践的专家学者、硕博士研究生、政府和企业工作人员 300 余人参加了本次年会。

12 月

2018 年 12 月 8 ~ 9 日,中国区域科学协会区域可持续发展专业委员会 2018 年学术年会在宁夏大学国际交流中心成功召开。

2018 年 12 月 8 ~ 9 日,第三届中国区域发展高层论坛"中国区域发展四十年暨粤港澳大湾区建设"学术研讨会,在广州暨南大学成功召开。

2019 年度

1 月

2019 年 1 月,中国区域科学协会正式加入国际区域科学协会。

2019 年 1 月 5 日,由北京大学首都发展研究院、中国区域科学协会共同主办了 2019 年北京大学首都发展新年论坛,论坛主题为"超大城市与区域治理现代化"。

2019 年 1 月 19 日,中国区域科学协会区域与城市规划专业委员会在北京大学廖凯原楼成功召开了 2019 年区域与城市规划委员会年会。

2 月

2019 年 2 月 23 日,中国国土经济学会联合中国区域经济学会、全国经济地理研究会、中国区域科学协会、中国城镇化促进会等五家中央级学术团体,在北京梅地亚中心举办了以"中小城市高质量发展"为主题的第十二届中国国土区域城市经济学家新春论坛。

3 月

2019 年 3 月 31 日,"中国区域经济 50 人论坛"2019 年年会在北京钓鱼台国宾馆举行,会议主题为"2019:区域政策与稳增长",协会多位领导出席并致辞。

4 月

2019 年 4 月 9 日,中国区域科学协会城乡融合发展专业委员会在武汉大学成功召开了国家社科重大项目开题报告会暨区域利益补偿机制专题研讨会。

2019 年 4 月 20~22 日，由中国区域科学协会主办的第九届亚洲区域科学会议在上海大学顺利召开，此次会议恰逢区域科学创始人 Walter Isard 百年诞辰，赋予了本次会议特别的纪念意义。

2019 年 4 月 26~27 日，中国区域科学协会城市管理专业委员会在电子科技大学成功召开了第三届西南地区城市管理学科发展与人才培养研讨会。

5 月

2019 年 5 月，中国区域科学协会空间经济专业委员会在云南大学成功召开了云端经济论坛小型会议。

2019 年 5 月 17~18 日，中国区域科学协会区域与城市规划专业委员会在山西大学成功召开了《中国产业集群研究报告 2019》暨中国产业集群地图系统（CCM）建设与应用高端学术论坛。

2019 年 5 月 18 日，中国区域科学协会城市管理专业委员会在中国台湾铭传大学成功召开了第三届海峡两岸城市管理论坛。

2019 年 5 月 25 日，中国区域科学协会城市管理专业委员会在浙江财经大学成功召开了 2019 年华东地区城市管理学科建设研讨会暨城市治理高端论坛。

6 月

2019 年 6 月 28~29 日，第二届华中地区城市管理年会暨财经类高校城市管理专业人才培养研讨会，成功在中南财经政法大学召开。

2019 年 6 月 28~29 日，中国城市发展 2019 年国际会议在北京大学英杰交流中心成功举办。

7 月

2019 年 7 月 12 日，中国区域科学协会国土空间规划专业委员会 2019 年度学术研讨会在北京国宏大厦成功召开。

10 月

2019 年 10 月 19~20 日，由中国区域科学协会、浙江省社会科学界联合会主办的 2019 年中国区域科学协会年会在浙江丽水市成功召开。

11 月

2019 年 11 月 1~3 日，由中国区域科学协会区域旅游开发专业委员会、青岛大学主办的第十九届全国区域旅游开发学术研讨会在青岛大学国际交流中心顺利召开。

2019 年 11 月 2 日，由中国区域科学协会主办，中国区域科学协会城市管理专业委员会、南开大学周恩来政府管理学院承办的 2019 中国城市管理学科发展年会在南开大学成功召开。

2019 年 11 月 16~17 日，由中国区域科学协会新经济地理专业委员会和中南财经政法大学工商管理学院联合主办的"国际贸易与区域科学前沿研讨会"在中南财经政法大学成功举办。

2019 年 11 月 22~23 日，由中国区域科学协会区域可持续发展专业委员会、广州市社会科学界联合会主办，华南理工大学承办的"中国区域科学协会可持续发展专业委员会 2019 年学术年会"在华南理工大学顺利举行。

12 月

2019 年 12 月 13 日，北京大学城市服务创新研讨会暨物业管理企业家高峰论坛在英杰交流中心成功召开。

2019 年 12 月 14 日，中国空间经济学国际研讨会（2019）暨中国—南非经济合作与社会发展论坛在云南大学召开。

2020 年度

4 月

2020 年 4 月 18 日，"中国区域经济 50 人论坛"第十五次专题研讨会以视频会议方式在线上召开，会议主题为：疫情对区域发展的影响及对策。我协会杨开忠教授、肖金成研究员、李国平教授、孙久文教授等多位专家出席并发言。

5 月

2020 年 5 月 15 日，协会以视频方式线上召开了第七届三次常务理事会暨"黄河流域生态保护与高质量发展"专题研讨会。

2020 年 5 月 31 日，在南开大学文创楼以视频方式召开了后疫情与"十四五"时期京津冀协同发展会议。会议由中国区域科学协会城市经济学专业委员会、全国经济地理研究会京津冀协同发展专委会、南开大学京津冀协同发展研究院主办，南开大学经济与社会发展研究院承办。

6 月

2020 年 6 月 28 日，协会以视频方式线上召开了"海南自贸港建设的思路与路径专题研讨会"，会议由中国区域科学协会和北京大学首都发展研究院联合主办。

7 月

2020 年 7 月 12 日，"中国区域经济 50 人论坛"第十六次专题研讨会以视频会议方式在线上召开，杨开忠教授、肖金成研究员、李国平教授、魏后凯研究员、孙久文教授、沈体雁教授、范恒山教授等多位专家出席并发言。

9 月

2020 年 9 月，"北大首都智库云论坛——'十四五'时期京津冀协同发展重大问题与发展路径选择专家研讨会"在线成功举行。论坛围绕"十四五"时期京津冀地区的发展目标和对策建议，与会学者进行了深入交流。论坛由北京大学首都发展研究院、京津冀协同发展联合创新中心、中国区域科学协会联合主办。

10 月

2020 年 10 月 30 ~ 31 日，中国区域科学协会区域可持续发展专业委员会 2020 年学术年会在中国地质大学（北京）经济管理学院线上线下同步召开，会议主题为："后疫情时代的城市与区域可持续发展：协同、韧性、健康。"

2020 年 10 月 10～11 日，第十届亚洲区域科学会议以视频方式在线上成功举办，协会多位专家参与会议并发言。

11 月

2020 年 10 月 30 日至 11 月 1 日，中国区域科学协会区域可持续发展专业委员会 2020 年学术年会在北京线上线下同步召开。

2020 年 11 月 1 日，中国区域经济 50 人论坛第十七次专题研讨会在河南成功举办，会议主题为"黄河流域生态保护和高质量发展：沿黄中心城市的地位与使命"。协会领导杨开忠、李国平、肖金成、张学良、张建清，特邀专家黄奇帆、苗长虹、沈体雁、董雪兵、杨刚强等和国家有关部门负责人出席会议。

2020 年 11 月 24 日，"中国区域科学未来 30 年发展"系列研讨会在线上成功召开。会议由中国区域科学协会主办，中国区域科学协会空间分析专业委员会、全国经济地理研究会城市群与都市圈发展专业委员会、上海财经大学长三角与长江经济带发展研究院承办，多位领导及专家出席并发言。

2020 年 11 月 29 日，由中国区域科学协会城市管理专业委员会主办，天津城建大学经济与管理学院、天津城镇化与新农村建设研究中心承办，上海哲寻信息科技有限公司、沈阳化工大学经济与管理学院、城市绿色发展研究中心、天津城市科学研究会协办的城市高质量发展与治理能力现代化学术研讨会在天津城建大学隆重举行。

12 月

2020 年 12 月 12～13 日，第四届"人口变动与城乡发展"高端论坛在复旦大学线上线下同步召开，会议由中国区域科学协会区域人口发展专业委员会、复旦大学人口研究所、复旦大学人口与发展政策研究中心、复旦大学城市与区域发展研究中心主办，复旦大学泛海书院协办。

2020 年 12 月 12～13 日，中国空间经济学 2020 年年会在广州中山大学线上线下同步召开。会议由中国区域科学协会空间经济学专业委员会、国家社科基金委重大项目"虚拟集聚的理论及其应用研究"课题组主办，中山大学管理学院、中山大学产业与区域发展研究中心承办。

2021 年度

1 月

2021 年 1 月 9 日，北京大学首都发展新年论坛（2021）在线上隆重召开。此次论坛以"新发展格局下'十四五'首都与京津冀协同发展"为主题，会议由北京大学首都发展研究院与中国区域科学协会联合主办。

2021 年 1 月 12 日，民族地区金融发展与乡村振兴学术研讨会以线上视频方式召开，会议由四川省金融学会、西南民族大学主办，中国区域科学协会民族经济专业委员会承办，共计140 余人参加了本次会议。会议围绕"民族地区金融发展，助力乡村振兴"主题，进行了充分研讨。

4 月

2021 年 4 月 26 日，中国区域经济 50 人论坛第十九次专题会议暨首届黄河流域生态保护与郑洛西高质量发展会议在河南省洛阳市成功召开。此次会议由中国区域经济 50 人论坛、河南省发展和改革委员会和洛阳市人民政府联合主办，会议主题为"黄河流域生态保护和郑洛西高质量发展合作带建设"，多位领导出席并发言。

2021 年 4 月 28 日，中国区域科学协会区域可持续发展专业委员会学术讲座以视频会议方式召开，会议由中国区域科学协会区域可持续发展专业委员会主办，哈尔滨工业大学可持续发展与城市治理研究所承办。

5 月

2021 年 5 月 14～16 日，"第三届全国生态文明学术研讨会暨第七届全国生态文明建设与区域创新发展战略学术研讨会"在上海师范大学召开，会议由中国区域科学协会生态文明研究专业委员会、中国区域经济学会区域创新专业委员、上海师范大学、中国地质大学（武汉）主办。会议主题为"谱写生态优先绿色发展新篇章打造区域创新协调发展新样板"。

2021 年 5 月 22 日，"地缘政治研讨会"在中国人民大学召开，会议由中国人民大学应用经济学院、外交部规划司、中国区域科学协会区域经济专业委员会共同组织。

7 月

2021 年 7 月，吉林省经济高质量发展高端论坛，在东北师范大学经济与管理学院举办，论坛由中国区域科学协会老工业基地振兴专业委员会承办。

2021 年 7 月，"第四届海峡两岸城市管理论坛"，在福建师范大学召开，会议由中国区域科学协会城市管理专业委员会主办，福建师范大学公共管理学院承办。

8 月

2021 年 8 月，"2021 年全国城市管理发展年会"，在电子科技大学召开，会议由中国区域科学协会城市管理专业委员会主办，电子科技大学公共管理学院承办。

10 月

2021 年 10 月 22～24 日，2021 年中国区域科学协会学术年会（RSAC'2021）（中国区域科学协会成立 30 周年纪念庆典）暨"区域承载美好生活——迈向高质量发展的新空间格局"主题研讨会在昆明召开。会议由中国区域科学协会、云南大学主办，中国区域科学协会空间经济学专业委员会、云南大学经济学院承办。

附录三　中国区域科学协会
专业委员会介绍

一、中国区域科学协会长江经济带专业委员会

(一) 发展历程

中国区域科学协会长江经济带专业委员会(以下简称专业委员会)成立于2015年12月,是由中国区域科学协会主办,四川省社会科学院承办,以及长江经济带其他省(市)社会科学院和高校单位协办的学术团体。专委会的宗旨在于对推动长江经济带建设的相关理论、方法和经验的研究,为政府部门制定经济改革方案、发展规划和方针政策提供意见和建议。专委会办公机构原设在四川省社会科学院,2018年12月,经报请中国区域科学协会,长江经济带专业委员会常设管理机构转设在四川省区域科学学会,管理机构负责专委会的日常工作和成员单位联络沟通,并组织开展各种学术活动和实践活动。

(二) 组织架构

长江流域经济带专业委员会主任为侯水平教授,副主任分别为罗波阳(湖南省社会科学院)、杨俊龙(安徽省社会科学院)、黄仁伟(上海社会科学院)、吴先满(江苏省社会科学院)、秦尊文(湖北省社会科学院)、宋彦(北卡罗来纳大学教堂山分校)、李勇(青海省发改委经济研究院)、易小光(重庆市综合经济研究院)、邓宏斌〔中国地质大学(武汉)〕、周江(四川省社会科学院)、杨春健(四川省经济研究院)、车茂娟(四川省统计局)、曾海鹰(贵州大学)。

学术委员分别为杜肯堂(四川大学)、袁文平(西南财经大学)、罗勤辉(四川省社会科学院)、邓良(四川省社会科学院)、丁一(四川省社会科学院)、徐莉(四川师范大学)、王汝辉(四川师范大学)、李南成(西南财经大学)、聂富强(西南财经大学)、王学义(西南财经大学)、夏显波(西南交通大学)、赵飞(西南交通大学)、赵丽(四川省统计局科研所)、孙洁华(四川工程咨询院)、蒋瑛(四川大学)、黄勤(四川大学)。

秘书长为周江,副秘书长为吴振明、邹洋,工作联系人为王波。

(三) 主要研究领域及研究成果

长江经济带专业委员会成立以来,组织学界同仁围绕长江经济带相关问题开展研究,成为重要的学术交流平台。专委会组织召开了长江经济带高端装备制造业发展研讨会,中国西部地区文化自然遗产保护与开发中的社区组织发展研讨会,中国区域科学协会长江经济带研究专业委员会年会暨长江经济带发展学术研讨会等学术会议。专委会团队在核心期刊发表长江经济带相关论文20余篇,出版著作1部,主持国家社会科学基金重点项目、国家自然科学基金项目、四川省哲学社会科学研究项目和四川省软科学项目等课题10余项,获省级以上奖励2项。

（四）发展愿景

长江经济带专委会将一如既往地组织学界同仁加强学术研究和交流活动，承担各级委托项目研究。为政府和企业参与长江经济带建设提供咨询建议，为长江经济带发展行稳致远贡献学术智慧。

二、中国区域科学协会城市管理专业委员会

（一）发展历程

中国区域科学协会城市管理专业委员会是最早设立的专业委员会之一，也是中国区域科学协会唯一挂靠北京大学的二级学会。城市管理专业委员会首届主任由北京大学李国平教授担任，副主任由杜德斌、陈建军、叶裕民三位教授担任。

城市管理专业委员会已经成立了三十年。三十年来致力于组织城市管理学科领域的专家学者，探索城市管理发展规律和专业人才培养模式，提高全国城市管理水平，促进学科建设发展。2017年、2018年、2019年连续三年获中国区域科学协会"优秀专业委员会"称号。

（二）组织架构

城市管理专业委员会现任主任为北京大学陆军教授，副主任分别为孙涛（南开大学）、杨宏山（中国人民大学）、纪晓岚（华东理工大学）、王德起（首都经济贸易大学）、张蔚文（浙江大学）、刘广珠（青岛科技大学）、田艳平（中南财经政法大学）、谭善勇（首都经济贸易大学）、张本效（浙江农林大学）、项英辉（沈阳建筑大学）、王培茗（云南大学），秘书为张健。

（三）主要学术活动及成果

1. 举办全国城市管理学科发展会议

自城市管理专业委员会成立以来，专委会积极主办各项国内外学术研讨活动，推动了当前城市管理的学科发展。2006~2019年分别在浙江、云南、上海、北京、青岛、天津等地举办了全国城市管理专业建设研讨会。

2. 举办地区城市管理学科发展会议

2015~2019年专业委员会分别在山东、浙江、辽宁、湖北、重庆、天津等地举办了华东地区、东北地区、华中地区、西南地区和华北地区城市管理专业研讨会。

3. 举办海峡两岸城市管理论坛

2017年6月17日，城市管理专业委员会和台湾中华城市管理学会联合在台北举办了首届海峡两岸城市管理论坛。会后，在台北将论坛交流的论文出版了《2017海峡两岸城市管理论文集》。

2018年8月25日，在青岛科技大学举办了"第二届海峡两岸城市管理论坛"。

2019年5月18日，在台北举办了"第三届海峡两岸城市管理论坛"。

2020年11月，在台北出版了《2020海峡两岸城市管理论文集》。

4. 城市管理专业委员会会刊

城市管理专业委员会创办了会刊《城市管理研究》，专业委员会主任陆军教授担任主编。原北京大学政府管理学院院长俞可平和中国区域科学协会会长杨开忠担任学术顾问。2016年4月在华东理工大学举办了创刊仪式，2016年11月在浙江大学举办了首发仪式。《城市管理研究》主要包括专稿、理论视野、学科发展与专业建设、实践思考四个专栏。

2017年10月、2018年4月、2019年2月、2020年9月分别出版了第二、第三、第四、第五辑。

5. 与境外合作和交流

2013年、2015年、2017年三年组织中国城市管理专家代表团到韩国首尔市立大学、高丽大学等高校参加中韩城市管理大会。在2016中国城市管理学科发展年会上，城市管理专业委员会副主任刘广珠教授与韩国城市管理协会主席宋锡辉教授，代表双方签订了合作协议。

2017年12月16日组织内地专家学者访问台湾铭传大学、逢甲大学、中国文化大学、东吴大学、亚洲大学等六所高校，并参加了台湾中华城市管理学会年会。

2018年5月10日组织内地专家学者访问香港中文大学、香港城市大学、香港浸会大学、澳门城市大学、澳门科技大学五所高校，组织了多场座谈会，向参访大学赠送了城市管理专委会会刊《城市管理研究》。

6. 举办城市管理名家讲坛

城市管理专业委员会旨在将学者的理论研究、前沿观点同城市管理践行者的实践思考、现实工作融汇到一起，理论联系实际，在北京、上海、天津、重庆、辽宁（沈阳）、浙江（杭州、宁波）、湖北（武汉）、湖南（长沙）、山东（泰安）等地举办了多期城市管理名家讲坛。2018年7月20日和9月21日分别在沈阳建筑大学和中南财经政法大学举办了中国城市管理高峰论坛。

（四）发展愿景

城市管理专业委员会将一如既往地组织学界、政界、企业界同仁，加强学术研究和交流活动，在理论研究和实践活动中推动城市管理的发展和应用。

坚持年会制度，继续办好全国和各个地区的年会。

继续办好专业委员会的学术刊物《城市管理研究》。

坚持国际化道路，广泛与境外学术团体和学者开展国际交流。

三、中国区域科学协会城市经济学专业委员会介绍

（一）发展历程

城市经济学专业委员会由刘秉镰教授倡导设立，挂靠南开大学经济与社会发展研究院和南开大学城市与区域经济研究所。2013年3月，刘秉镰教授在前期筹备的基础上，向中国区域科学协会提出成立城市经济学专业委员会的申请。2013年10月11日至15日，中国区域科学协会年会暨"创新、集聚与区域发展"主题研讨会在南开大学成功举办，同时召开第四届第五次理事和常务理事会，经审议批准成立中国区域科学协会城市经济学专业委员会。城市经济学专业委员会成立以来，积极参加中国区域科学协会组织的各项活动，致力于推动中国城市经济学科建设和服务中国城市经济发展实践。

（二）组织架构

城市经济学专业委员会主任为刘秉镰教授，副主任分别为江曼琦（南开大学）、倪鹏飞（中国社会科学院）、王建廷（天津城建大学）、王雅莉（东北财经大学），秘书长为李兰冰，副秘书长为周密、张志强。

（三）主要研究领域及研究成果

专委会成立以来始终秉承开放式创新发展的理念，逐渐形成了鲜明的发展特色，坚持围绕城市经济理论与政策相关问题展开研究，运用先进的研究方法，理论联系实际，注重城市经济研究的理论性、实践性和适用性，已形成一系列具有影响力的成果。专委会积极参与筹备并组织了2013年中国区域科学协会年会、2017年"新经济地理视角下的区域转型：理论创新与政策选择"学术会议、2020年"'十四五'时期推进天津市高质量发展"高端论坛、2020年"中国

城市经济学会学科建设专业委员会成立 20 周年大会暨 2020 年年会"、2021 年 "新发展格局下我国区域协调发展展望暨京津冀协同发展战略七周年" 等高端论坛。与此同时，团队成员在《中国社会科学》《经济研究》《管理世界》《中国工业经济》《经济地理》等重要期刊发表数十篇论文，出版多本著作，多篇成果被《新华文摘》《中国社会科学文摘》《中国人民大学复印报刊资料》转载，主持国家社科基金重大项目、教育部哲学社会科学研究重大课题攻关项目、国家社科基金、国家自科基金、教育部人文社科基金、天津社科基金项目等国家级和省部级基金项目数十项，获教育部人文社科优秀成果奖 3 项（一等奖 1 项、二等奖 1 项、三等奖 1 项）、天津市社会科学优秀成果奖 5 项（一等奖 4 项、三等奖 1 项）。

（四）发展愿景

专委会将继续以城市经济发展规律为研究对象，注重加强城市经济研究的理论性；对中国城市发展面临的实际问题进行科学阐释，注重加强城市经济研究的实践性；运用先进的研究方法，理论联系实际，注重城市经济研究的适用性。专委会不仅将致力于推进中国特色的城市经济理论体系建设，而且将积极服务于中国城市经济的高质量发展，为中央及地方政府提供具有参考价值的咨询报告，为中国城市经济发展做出新的更大贡献。

四、中国区域科学协会城乡融合发展专业委员会

（一）发展历程

城乡融合发展专业委员会，挂靠武汉大学中国中部发展研究院暨区域与城乡发展研究院。武汉大学中国中部发展研究院成立于 2007 年 4 月，是武汉大学为更好地服务国家促进中部崛起战略而成立的一所直属学校管理的跨学科实体性研究机构，是国家发展改革委高度重视和关注的战略性研究机构。2009 年 9 月，经中国区域科学协会批准成立 "中国区域科学协会中部发展专业委员会"。2018 年 6 月，武汉大学为进一步提升学校服务国家区域协调发展战略和乡村振兴战略的能力，决定成立武汉大学区域与城乡发展研究院，与中国中部发展研究院实行 "两块牌子、一套班子" 的建设管理模式。2020 年 8 月，专委会更名为 "中国区域科学协会城乡融合发展专业委员会"。

（二）组织架构

城乡融合发展专业委员会主任为王磊教授（武汉大学），副主任分别为刘承良（华东师范大学）、王圣云（南昌大学）、李雪松（武汉大学）、何甜（湖南师范大学），专委会委员分别为：文毅（湖南大学）、庞玉萍（郑州大学）、肖泽磊（华中师范大学）、陈志刚（武汉大学）、黄永明（武汉大学）、杨刚强（武汉大学）、张司飞（武汉大学）、范斐（武汉大学）、谢靖（中南财经政法大学）、肖刚（江西财经大学）、卢飞（西南财经大学）、黄磊（西南大学）、李子明（武汉大学）、王嵩（东北大学）、刘帅（北京大学），秘书长为范斐，副秘书长为王嵩、刘帅，工作联系人为范斐。

（三）主要研究领域及研究成果

城乡融合发展专业委员会成立以来，秉持 "以服务求支持，以贡献谋发展" 的理念，围绕区域与城乡发展以及中部地区发展的重大理论和实践问题，汇聚多学科资源卓有成效地开展了全方位、持续性和系统性研究。城乡融合发展专业委员会创设中国中部发展论坛，论坛由国家发展改革委地区经济司支持，武汉大学中国中部发展研究院理事会于 2010 年设立，中部六省发展改革委与有关高校等理事单位轮流承办。论坛是学术界与决策层之间思想的碰撞与精神的升华的盛会，目前已分别在武汉、太原、南昌、长沙、郑州和合肥召开了八届，分别就中部地区发展的重大战略和前瞻性问题进行了研讨，孕育出不少关于促进中部地区崛起的优秀的思想和

成果，已成为研究和探讨中部地区发展的常设高层论坛。

"新时代促进区域协调发展的利益补偿机制研究"获准国家社科基金重大项目立项资助。策划出版《中部崛起战略研究丛书》《长江中游城市群蓝皮书》，出版专著20部，出版外文专著和译著8部。在《经济研究》等权威和核心期刊发表论文226篇、发表SSCI论文58篇。提交咨询报告90余份，若干份报告被省部级以上单位采纳。280余人参加了高层次、应用型的学术会议和咨询会议。

牵头组织理事单位开展了"中部地区承接产业转移有关重大问题研究""'十二五'期间中国中部地区发展思路""促进中部地区崛起战略实施5年评估""中部地区深化对外开放与区域合作的战略与策略""促进中部地区崛起利益平衡机制的构建与展望""中国中部地区发展报告2015""新十年促进中部地区崛起面临的机遇、挑战与对策""长江中游城市群协同发展评价与对策研究""发挥优势推动中部地区崛起的总体思路与具体措施研究""促进中部地区崛起十三五规划中期评估""'十四五'促进中部地区崛起规划编制总体思路研究""支持湖北省经济社会发展一揽子政策实施效果评估"等重大问题研究。围绕中部地区发展热点、难点问题，承接了国家发展改革委系列研究项目近40项。

系列论文《中国出口技术复杂度研究》获第九届湖北省社会科学优秀成果二等奖，系列论文《经常项目失衡问题研究》获第七届湖北省社会科学优秀成果三等奖，SSCI论文《改革时期城市发展进程中的政府与市场》获第十届湖北省社会科学优秀成果三等奖，发表于《经济研究》论文《中国制造业省际间资源配置效率演化：二元边际的视角》获第十一届湖北省社会科学优秀成果三等奖，SSCI论文《跨区双向贸易调整的地区化方法：中国湖北省的案例》获武汉市（第15次）社会科学优秀成果二等奖。

（四）发展愿景

在新时代中部崛起战略和城乡融合发展的大背景下，城乡融合发展专委会将进一步提升服务国家区域协调发展战略和乡村振兴战略的能力，为国家中部崛起战略、区域协调发展战略和乡村振兴战略的实施承担政策咨询、理论研究和人才培养等任务，努力打造成为国内一流智库的核心载体。

五、中国区域科学协会国土空间规划专业委员会

为了更加积极地促进区域科学协会会员对国土空间规划研究的关注与交流，为各级政府进行区域与城市规划提供智力支持，2015年，在中国区域科学协会的指导下，依托国家发展和改革委员会国土开发与地区经济研究所，成立了国土空间规划专业委员会，开展了一系列学术活动与项目咨询。

（一）发展历程

2015年9月6日，经中国区域科学协会理事会批准，国土空间规划专业委员会正式成立，由肖金成研究员担任主任委员。国土空间规划专业委员会挂靠在国家发展和改革委员会国土开发与地区经济研究所开展相关工作，同时吸纳其他相关高等院校和科研机构的科研人员参与。在国家高度重视国土空间规划的背景下，国土空间规划专业委员会成立后，在学术交流、科研合作、人才培养与智库建设等方面持续发挥学术和行业影响力，围绕国土开发战略、国土空间规划、区域规划、区域协调发展新机制等方面持续开展学术研究和交流活动。国土空间规划委员会每年参与组织国土区域城市专家新春论坛，针对国土经济领域重要问题展开研讨，定期或不定期地组织小型研讨会、学术报告会以及实地考察，为地方政府提供战略和规划咨询。

（二）组织架构

中国区域科学协会国土空间规划专业委员会挂靠在国家发展改革委国土开发与地区经济研究所，负责组织和联系专业委员会学术指导委员会、专业委员会组织机构及成员，以专业委员会名义组织开展相关学术活动和实践活动。主任委员为肖金成（中国宏观经济研究院）；副主任委员为安树伟（首都经济贸易大学）、黄征学（国家发展改革委国土地区所）、贾若祥（国家发展改革委国土地区所）；秘书长为贾若祥（国家发展改革委国土地区所）；副秘书长为腾飞（国家发展改革委国土地区所）、马燕坤（国家发展改革委体制与管理所）。

（三）主要研究领域及研究成果

国土空间规划专业委员会成立以来，开展的主要活动为学术交流、课题研究、规划编制、咨询项目等方面。

1. 学术交流

国土空间规划专业委员会成立以来，国土空间规划专业委员会积极开展学术交流活动，其中肖金成研究员为委员会做了《优化国土空间开发格局》《区域发展战略与国土空间规划》《中国的城市群、都市圈与增长极》等一系列学术报告；安树伟教授做了《促进都市圈优化发展》等一系列学术报告；贾若祥研究员结合自身在吉林省珲春市挂职副市长的经历，做了《促进东北亚区域合作》的学术报告。此外，国土空间规划专业委员会还邀请我国农业领域的知名专家王宏广教授做了《保障中国粮食安全》的学术报告，邀请孙久文教授做了《我国区域经济发展回顾与展望》的学术报告。

2. 理论研究

国土空间规划专业委员会的各位委员积极围绕《优化国土空间开发格局和国土空间规划》这一主题发表了大量学术论文，在学术界引起较好的学术反响。

肖金成研究员在《经济学动态》《宏观经济研究》《今日国土》《宏观经济管理》上发表了《实施主体功能区战略，加快推进生态文明建设》《建立空间规划体系》《优化国土空间开发格局的基本思路》《促进空间结构调整，实现区域协调发展》《中国空间规划编制——基本情况与设想》等学术论文。

安树伟教授在《改革》《区域经济评论》《人文杂志》等杂志上发表了《拓展我国区域发展新空间的战略思路》《落实国家空间规划体系的关键是利益协调》《黄河流域高质量发展的内涵与推进方略》《改革开放 40 年以来我国区域经济发展演变与格局重塑》等学术文章。

贾若祥研究员发表了《"十四五"时期完善我国区域政策体系和区域治理机制》《以三个"更加注重"推进西部大开发加快形成新格局》《京津冀城市群发展的思路与对策》等学术文章。

黄征学研究员在《改革》《中国土地》《规划师》等杂志上发表了《国家规划体系的演进历程、融合难题与完善策略》《国土空间治理体系和治理能力现代化的内涵及重点》《国土空间用途管制政策实施的难点及建议》《把握好省级国土空间规划的五大要点》等学术文章。

肖金成与贾若祥共同在《经济日报》内参上发表了《如何从源头控制污染》，获得时任环境部部长周生贤的肯定性批示。贾若祥在《形势要报》上发表的《如何化区域发展之忧为优》，获得宁吉喆副主任的肯定性批示；在《形势要报》上发表的《推动长三角区域高质量一体化发展的重大举措建议》，获得胡祖才副主任和林念修副主任的肯定性批示；在国家发展改革委信息上撰写的《我国南北经济差距拉大的深层次原因分析、长期影响及对策建议》，获得中央领导批示。

3. 课题研究

国土空间规划专业委员会以国家发展和改革委员会国土开发与地区经济研究所为依托,积极开展国土开发与国土规划研究,满足国家宏观决策和地方政府发展的实际需求。

(1) 肖金成、黄征学研究员主持了国土资源部委托、国家开发银行资助的国土开发战略研究,为国土规划编制提供了基础和依据,课题成果获得国土资源部科技成果二等奖。

(2) 肖金成主持了国家发展改革委委托、国家开发银行资助的《成渝城市群规划研究》和《哈长城市群规划研究》,为国家发展改革委编制《成渝城市群发展规划》和《哈长城市群发展规划》提供了基础和依据,两个规划都得到了国务院批复。

(3) 国土空间规划专业委员会还通过投标程序,接受泸州市人民政府的委托,开展了《泸川新区发展战略研究》,并按期完成通过了专家评审。

(4) 国土空间规划专业委员会接受上饶发改委的委托,开展上饶医疗健康先行区发展规划研究,按期提交了研究成果。

(5) 国土空间规划专业委员会接受邯郸市政府的委托,研究邯郸市发展战略与空间布局,得到较高评价。

(6) 安树伟教授主持了国家社会科学基金重大项目《拓展我国区域发展新空间研究》,已结题。

(7) 贾若祥研究员主持了国家发展改革委地区经济司委托的《建立更加有效的区域协调发展新机制研究》《淮河生态经济带发展规划研究》等10余项重大课题研究。

(8) 贾若祥主持了国家发展改革委宏观经济研究院重点课题《地区间建立横向生态补偿制度研究》,课题成果获得国家发展和改革委员会优秀研究成果三等奖。

(9) 贾若祥主持了地区振兴司委托的国家发展改革委重大课题《十四五时期我国特殊类型地区振兴发展重大问题研究》,为编制《我国特殊类型地区十四五振兴发展规划》提供了有力支撑。

(四) 发展愿景

2019年,中共中央、国务院颁布了《关于建立国土空间规划体系并监督实施的若干意见》,其中明确指出国土空间规划是国家空间发展的指南、可持续发展的空间蓝图,是各类开发保护建设活动的基本依据;建立国土空间规划体系并监督实施,将主体功能区规划、土地利用规划、城乡规划等空间规划融合为统一的国土空间规划,实现"多规合一",强化国土空间规划对各专项规划的指导约束作用;坚持新发展理念,坚持以人民为中心,坚持一切从实际出发,按照高质量发展要求,做好国土空间规划顶层设计,发挥国土空间规划在国家规划体系中的基础性作用,为国家发展规划落地实施提供空间保障;健全国土空间开发保护制度,体现战略性、提高科学性、强化权威性、加强协调性、注重操作性,实现国土空间开发保护更高质量、更有效率、更加公平、更可持续。当前,按照自上而下、上下联动、压茬推进的原则,国家正在抓紧启动编制全国、省级、市县和乡镇国土空间规划(规划期至2035年,展望至2050年)。今后,国土空间规划专业委员会将围绕国土空间规划,促进国土空间规划领域的学术交流与合作,对国土空间规划发展的理论、方法和经验进行研究,为政府相关部门编制国土空间规划和政策提出意见和建议,为地方政府提供咨询服务,成为国土空间规划、区域发展的重要智库。

六、中国区域科学协会海洋经济研究专业委员会

(一) 发展历程

海洋经济研究专业委员会成立于2011年,由我国知名区域经济学家、辽宁师范大学原校长

韩增林教授倡导设立。专委会以教育部人文社会重点研究基地——辽宁师范大学海洋经济与可持续发展研究中心为依托单位，广泛吸收海洋大学经管学院、综合性大学资源环境管理专业、经济地理专业等相关师资力量并开展学术交流和科研合作。专委会定期召开研讨会，围绕相关学术前沿和应用实践热点进行充分交流和互动研究，致力于发展成为区域海洋经济学者之家。

（二）组织机构

专委会主任为韩增林。副主任分别为杜德斌（华东师范大学）、刘曙光（中国海洋大学）、栾维新（大连海事大学）、孙才志（辽宁师范大学）。委员分别为刘广东（大连海洋大学）、刘振福（大连海事大学）、狄乾斌（辽宁师范大学）、王泽宇（辽宁师范大学）、刘良忠（鲁东大学）、孙雅静（渤海大学）、王列辉（华东师范大学）、全永波（浙江海洋大学）、黄阳平（集美大学）、朱芳阳（北部湾大学）、李加林（宁波大学）、张效莉（上海海洋大学）、郭建科（辽宁师范大学）。秘书长为郭建科，秘书处联系人有刘锴、钟敬秋。另有会员121名。

（三）主要研究领域及研究成果

中国区域海洋经济学发轫于改革开放以来海洋资源开发与利用的实践需求。学者们从1980年参与全国海岸带资源调查以来，不断通过海洋资源评价、海域功能区划、沿海地区海洋国土空间规划、海域有偿使用等不同阶段的大量实证课题研究积累，逐渐形成了系统的人海关系地域系统理论，构建了区域海洋经济理论体系和学科体系。学者们围绕海洋经济与沿海地区可持续发展，依托海洋遥感与空间计量分析，重点开展了五大领域的科研与教学工作。

1. 研究领域

（1）海洋资源与环境经济。海洋资源的综合评价及合理开发利用规划；海陆经济一体化研究；海岸带资源承载力与环境脆弱性研究；针对海洋经济发展的资源约束和环境容量，探讨经济、生态、环境间的耦合协调关系。

（2）区域海洋经济与产业布局。海洋产业结构的基本演变规律、特点及调整方向；区域海洋产业的空间组织、空间布局及空间模式；区域海洋产业发展规划、产业集聚与产业链识别与构建；区域海洋产业体系发展与产业转型；区域海洋产业发展的要素支撑、要素联系及要素配置。

（3）港口航运与交通经济。主要关注沿海交通运输与物流的产业要素、空间组织及网络；探讨交通运输对沿海地区及区域海洋经济发展的影响及响应；研究港口体系、航运网络与海洋运输的区域过程及空间联系；重视沿海城市与内陆城市、港口门户与腹地中心间的交通网络、点轴系统发育及演化。

（4）海洋地缘经济与地缘政治。把地缘政治与地缘经济结合起来研究，研究我国与周边邻国间的海洋地缘政治格局、过程与机理，分析我国如何适应地缘政治、战略及经济中心由大西洋向太平洋转移的趋势，开拓国家的利益空间和安全空间，维护我国的海洋权益和西太平洋的安全形势。

（5）沿海城乡融合与海岛振兴。主要针对沿海地区新型城镇化过程中的城乡经济转型与融合发展问题，研究"三渔"问题与沿海地区美丽乡村建设中的产业转型与区域治理，研究海岛经济地域系统的形成、发展、演化及海岛的开发保护、发展振兴。

2. 研究成果

"十三五"时期是海洋经济研究专委会逐步发展壮大的关键阶段，实现了由区域性团队向全国性团队的转型发展。来自全国各地研究海洋经济、关注海洋发展的领导、专家和青年学生加入进来，取得了丰硕的研究成果。

（1）科研项目方面。据不完全统计，专委会成员获批的国家社科基金重大项目4项，国家社科基金重点项目 3 项，国家自然科学基金重点项目 1 项，国家社科基金和国家自然基金一般项目 30 余项，教育部人文社科基地重大项目近 10 项。区域海洋经济学者承担了中央部委和地方海洋经济五年规划、海洋功能区划、海域承载力评估等大量实践应用课题，为服务地方经济社会发展做出了自己应有的贡献。在陆海统筹战略、北极战略、科技创新、水资源经济、海洋可持续发展理论与实践、海域资源环境承载力、"一带一路"港口航运经济、港口空间效应、海洋国土空间规划、海洋地缘系统理论体系等方面取得了一大批具有重大学术价值和实践应用价值的创新性成果。

（2）学术专著方面。辽宁师范大学海洋经济研究中心先后出版了《中国海洋经济地理学》（张耀光著）和《世界海洋经济地理》（韩增林、张耀光著），为高等学校教材建设填补了历史空白。出版了《海洋经济学概论》（韩立民）、《中国海洋战略性新兴产业发展问题研究》（韩立民）、《中国水资源绿色效率研究》（孙才志）、《中国陆海统筹战略取向》（李靖宇）、《海洋经济可持续发展研究——以环渤海地区为例》（孙才志）、《中国港航交通运输系统经济研究》（栾维新）、《环渤海地区污染压力的统筹分区与调控研究》（栾维新）、《国家海洋创新体系建设战略研究》（刘曙光）、《现代渔业公共政策理论与实践》（刘广东）《海岛资源开发利用法律问题研究》（全永波）、《港口物流与湾区经济发展研究》（朱芳阳）、《海岸带资源开发与评价》（李加林）、《海洋信息产业发展模式研究》（张效莉等）、《我国海陆产业统筹的理论与实证研究》（狄乾斌）、《经济地理学视角的港城关系》（郭建科）、《互联互通：中国航运网络的结构与演化》（王列辉）、《中国海洋经济可持续发展的产业学视角》（王泽宇）、《人海关系地域系统脆弱性与适应性》（李博）等 40 多部重点学术专著，在学术界产生了重大影响。

（3）学术论文方面。在 *Ocean & Coastal Management*、*Plos One*、*Cities*、*Sustainability*、*Chinese Geographical Science* 等国际性学术期刊发表 SCI 和 SSCI 论文 30 余篇，在《中国软科学》《地理学报》《资源科学》《自然资源学报》《经济地理》《经济纵横》《统计与决策》《地理研究》《海洋通报》《中国海洋大学学报》《人口资源与环境》《财经问题研究》等国内重要期刊发表学术论文 100 多篇。在海洋经济可持续发展、承载力、人海经济地域系统、港口城市、航运网络、弹性与适应性等学术前沿和热点领域形成了集群化的学术成果。

（4）科研奖励与决策应用方面。获得教育部人文社科成果奖、省级哲学社科成果奖 20 多项，资政建议获得习近平总书记等中央领导同志批示，省部级领导批示的资政成果几十次。

3. 主要学术活动

专委会坚持"以人为本，搭台唱戏"的理念，坚持每年组织举办或承办全国性大型学术会议，丰富会员的学术人生和科研生活。

（1）举办 2017 年中国区域科学协会学术年会。会议于 10 月 14~15 日在大连仲夏花园酒店举行，参会人员超过 300 人。国土资源部规划司庄少勤司长、杨开忠教授、魏后凯研究员、韩增林教授、陆铭教授、张平宇研究员分别就国土规划与空间治理、区域经济发展的新逻辑、中国农村全面转型的战略问题、中国海洋经济地理学研究进展、在集聚中走向平衡——谈区域科学的几个基本问题、东北农业供给侧结构性改革的问题与策略做出大会主旨报告。大会还设置了青年学者论坛、院长系主任论坛、中国城市群发展专题研讨会、塑造中国区域发展新格局、集聚经济和空间计量经济理论方法和应用、新地缘格局下"一带一路"政策与区域创新发展、东北区域发展的问题与出路等多个分会场。

（2）承办 2019 年经济地理学术年会。会议于 2019 年 6 月 29 日在大连召开，来自国内外近百所高校和科研机构 500 多人参加会议。刘卫东研究员、曾刚教授、王姣娥研究员分别就制度和文化转向、创新地理学、大数据的应用及影响等当前学术研究，在理论创新、方法论、研究范式、新兴领域成长等方面的热点话题做了精彩讲解。陈雯研究员、叶玉瑶研究员、刘艳军教授、郭建科教授分别围绕长三角、珠三角、东北地区、陆海统筹与海洋强国建设等实践应用热点问题做了专题报告。专业委员会主任金凤君研究员就"新时期经济地理学的学科融合与创新"做了主题发言。

（3）举办 2020 年"学术协同助力海洋经济高质量发展学术论坛"。会议由国家海洋信息中心、辽宁省社科联和辽宁师范大学主办，海洋经济与可持续发展研究中心承办。全国政协委员、国家海洋信息中心主任何广顺研究员和辽宁师范大学校长李雪铭教授共同为辽宁师范大学海洋可持续发展研究院揭牌。来自国家海洋信息中心、自然资源部海洋发展战略研究所、国家海洋环境监测中心、浙江海洋大学、大连海洋大学等高校科研院所 100 余人参加本次会议。专家学者围绕海岸带综合管理、国际航运中心高质量发展、粤港澳大湾区、小岛屿海洋经济规划编制、区域海洋环境治理、公海保护区、渤海跨海通道、冰上丝绸之路、海洋经济"十四五"等重点内容做了专题报告并开展了热烈讨论。

（四）未来展望

21 世纪是全面开发海洋的世纪，国内外均重视海洋开发。我国高度重视海洋经济的高质量发展，在国民经济"十一五""十二五""十三五"发展战略中，以及党的十八大、十九大工作报告中，均把"海洋强国战略"作为重点任务提出。在新的时代，海洋经济高质量发展是未来海洋经济的发展方向，海洋经济专委会将以习近平新时代中国特色社会主义思想为指导，运用马克思主义哲学与政治经济学原理和可持续发展演化的历史唯物辩证法为方法论，结合经济学、地理学、管理学、信息科学、环境科学与系统论等多学科理论成果，将海洋经济系统置于人海复合系统的框架内，将高速增长到高质量发展的转变过程用可持续发展理论与实践演化升级这一思路来统领，建立海洋经济高质量发展理论分析的内在逻辑框架。

另外，海洋经济研究专委会在未来要加强学术交流活动，在区域科学协会的统一领导下，每年要举办一次全国性的学术研讨会，以发布和交流海洋经济领域的研究成果。要加强地区间和国际间的合作研究，有选择性地与国内外一些涉海大学、研究机构、实际工作部门建立稳定的合作与交流关系，实现跨地区、跨国界的人员、信息和成果共享。

七、中国区域科学协会精准脱贫专业委员会

（一）发展历程

中国区域科学协会精准脱贫专业委员会是由中南民族大学李波教授发起，经中国区域科学协会批准，于 2020 年正式成立的学术团体。中国区域科学协会精准脱贫专业委员会主体位于中南民族大学，现有成员 20 余人，包含中南民族大学、北方民族大学、中南财经政法大学、华中农业大学、中国地质大学、湖北民族大学、湖北师范大学等多所高校学者和研究人员，研究团队聚焦于贫困与反贫困、乡村振兴等经济社会发展的重难点问题开展研究。

（二）组织架构

主任为李波（中南民族大学）；副主任分别为李俊杰（北方民族大学）、陈祖海（中南民族大学）；秘书长为刘家悦（中南民族大学）；副秘书长为甘天琦（中南民族大学）；委员分别为李俊杰（北方民族大学）、柯尊韬（中南民族大学）、李波（中南民族大学）、陈祖海（中南民族大学）、吴海涛（中南财经政法大学）、颜廷武（华中农业大学）、程胜（中国地质大学）、谭世明（湖北民族大学）、叶慧（中南民族大学）、孟庆雷（中南民族大学）、熊芳（中南民族大学）、毛中明（中南民族大学）、刘丽娜（湖北师范大学）。

（三）主要研究领域及研究成果

近年来，中国区域科学协会精准脱贫专业委员会致力于脱贫攻坚、反贫困、乡村振兴等主要领域展开研究，取得了一系列具有代表性的成果。获得多项国家社会科学基金重大项目、国家自然科学基金项目、国家社会科学基金项目等国家项目，在《中国人口·资源与环境》、《中国土地科学》、*China Agriculture Economic Review*、*Tourism Management Perspectives* 等国际国内权威期刊发表论文近 100 篇，相关研究成果在政策咨询、学术研究、服务社会等方面产生了重要的影响。

（四）未来愿景

2021 年 2 月 25 日，习近平总书记在《全国脱贫攻坚总结表彰大会》向全世界宣布，我国脱贫攻坚战取得了全面胜利，中国区域科学精准脱贫专业委员会学术团队依然持续围绕巩固拓展脱贫攻坚成果同乡村振兴有效衔接的相关问题展开研究，未来将会在以下几方面扎实推进：

1. 筑牢理论研究基础

为现实问题的产生和解决提供学理依据，对于重要问题要能够第一时间进行充分理论阐释，做到真懂、会讲、善用。筑牢理论研究基础，也是为现实提供决策咨政的重要前提保障。团队成员定期进行集体或分散式的理论学习，学习习近平新时代中国特色社会主义思想，学习湖北省乃至全国发展的重要指导理论和战略思想，不仅要掌握现实，也要追溯根源。

2. 强化调查研究之风

习近平总书记在党的十九届一中全会的讲话中强调："要在全党大兴调查研究之风，调查研究是谋事之基、成事之道，没有调查就没有发言权，没有调查就没有决策权。"研究、思考、确定决策思路和举措，闭门造车不行，必须要对现实充分调查和思考。要把团队研究建在田野上、建在贫困户家里、建在企业、建在地方、建在问题的第一线。农业农村发展问题需要什么政策，农民最具有发言权。深入调研，充分掌握一线情况和一手数据资料，是形成高质量咨政成果的重要前提。因此，团队成员要树立把研究建在基层一线的发展理念，就某一具体区域的具体问题开展专门的蹲点调研与咨询服务，充分瞄准具体区域和具体问题，提高成果的针对性和可操作性。

3. 加强研究团队建设

人才是发展的关键要素，团队建设发展离不开高水平的人才队伍。研究团队建设要体现分类、协同、梯队三个特征。一要围绕湖北省某一领域重要问题划分关键主攻方向，组建攻坚团队；二要在团队组建中体现纵向、横向协同，学科之间、区域之间、单位之间等的协同，这是系统性解决问题的需要；三要梯队建设，包括年龄梯队、职称梯队，梯队化是团队形成合力的重要方面，也是团队培育壮大和可持续发展的条件之一。因此，在 2020 年团队建设的基础上，继续凝练研究方向组建研究团队，对湖北省某一领域的重大问题进行攻关。积极向学校申报人才引进指标，切实充实研究队伍。

4. 强化日常运行高效管理

加强日常管理的常态化和规范化，为研究团队的高效运转提供坚实保障。包括团队日常学习机制、研讨机制、对外交流机制，等等。加强网站建设、明确并规范精准脱贫委员会对外宣传的标识，打造高端对外交流和推介的平台。

八、中国区域科学协会空间分析专业委员会

（一）发展历程

中国区域科学协会空间分析专业委员会（以下简称"专委会"）成立于 2013 年 10 月，现挂

靠单位为湖南师范大学。石敏俊教授担任首届主任委员，赵作权教授担任第二届主任委员，张学良教授担任第三届主任委员。

在理事会的领导下，已成功举办多次"空间统计与空间计量经济分析"培训班及研讨会。自2013年起，在历年的协会年会设立了分会场。近年来，举办的培训班及研讨会主要有：2017年7月1日，首届全国空间经济分析高端论坛在湖南师范大学举行；2018年9月12~14日，第一届全国空间经济分析学术研讨会在湖南长沙召开；2019年6月17~24日，《空间计量经济学前沿——北京大学政府管理学院》暑期学校在北京大学举办，同期举办了第三届空间数据科学研讨会暨空间计量经济学高端论坛；2020年4月5日，第三届空间分析专业委员会第一次主任秘书长扩大会议暨"新冠疫情与区域协调发展"研讨会召开。自2020年以来，组织开展十余场学术研讨会与空间前沿学术报告。

（二）组织架构

专委会主任由张学良（上海财经大学）担任，副主任由刘修岩（东南大学）、董雪兵（浙江大学）、孙慧（新疆大学）、沙宗尧（武汉大学）、秦建新（湖南师范大学）、刘家诚（海南大学）担任。

委员主要有石敏俊（浙江大学）、赵作权（中国科学院）、薛领（北京大学）、吴玉鸣（华东理工大学）、谢炳庚（湖南师范大学）、吕拉昌（首都师范大学）、魏也华（美国犹他大学）、李兰冰（南开大学）、傅十和（厦门大学）。

秘书长由刘春腊（湖南师范大学）兼任，副秘书长由李培鑫（上海社科院）、任建辉（山西财经大学）、郑臻（上海财经大学）担任。

（三）主要研究领域及研究成果

专委会一直致力于空间经济理论和空间分析方法的研究创新，在国家、城市群、都市圈、城市、开发区等多个空间尺度展开相关研究，服务于国家重大区域经济发展政策和问题，取得了丰富的成果。

1. 中国区域经济协调和高质量发展研究

专委会长期关注经济发展方式转变与区域经济高质量发展，提出高质量发展不能忽略空间因素的影响，从资源空间优化配置的视角，建立经济高质量发展的空间分析框架，从全要素生产率贡献、小城镇高质量发展、区域协调发展等方面进行了理论分析，具有较强的学术价值；提出实现区域协调与高质量发展、小城镇高质量发展的路径，对于破解中国区域发展的困局、实现城乡区域协调发展具有重要的现实意义。相关的成果发表在《中国社会科学》《中国工业经济》《世界经济》《经济学（季刊）》《学术月刊》《人民日报》《光明日报》理论版。

2. 城市群和都市圈发展研究

城市不是孤立存在的，而是与周围地区存在着多方面的联系，企业和要素的跨城市配置日益明显，一个城市的发展越发受到其他地区和城市影响，传统的行政区逐渐向经济意义上的功能区转变，由地域上相近的不同规模和功能的多个城市聚合而成的城市群逐渐成为我国区域经济发展和新型城镇化推进的重要空间载体。专委会成员对城市群的理论演进和现实发展进行了深入分析，结合相关理论成果，聚焦关注长三角、京津冀、粤港澳、成渝等我国主要城市群地区的发展。在城市群研究基础上，也更加重视小尺度、跨区域、相对精准的都市圈发展，形成多篇论文以及若干份相关内参专报，相关观点也被国家有关部门采纳。

3. 城市收缩与城市蔓延研究

改革开放以来，我国经历了一个快速城镇化的阶段，城市数量和城市人口都得到了较大的提高，但是在城市化进程中，人口的流向与结构存在很大的差异，城市发展也呈现出不同空间特征。专委会成员对我国城市体系演进规律和空间结构分布特征进行了深入研究，提出人口变化需要放在城市群与都市圈的空间视角进行分析，关注部分城市人口出现持续下降趋势，对城市收缩现象进行了考察和识别。另外，采用夜间灯光数据、人口栅格数据，更为准确地对城市内部空间结构的蔓延特征及其可能带来的影响进行了分析识别。相关研究发表在《经济研究》《管理世界》《世界经济》《经济学动态》《东南大学学报（哲学社会科学版）》等期刊。

4. 空间分析统计和计量方法研究

区域经济和空间经济的相关研究离不开空间分析方法的支撑，除了关注重大理论前沿和现实热点问题，专委会成员对空间统计和计量方法也进行了积极创新，在空间格局统计、空间信息可视化、空间数据挖掘、决策支持系统、空间信息系统应用等方面取得了较多成果。

（四）发展愿景

围绕区域经济、城市经济或管理中的空间分析、空间分析方法及其应用以及经济学中的空间分析与模型等内容，结合专委会主任、副主任及各委员的学术专长和优势，每年筹办主任秘书会议、专业委员会分会场和主题学术研讨会，并为参会人员增设空间分析方法和模型构建等培训类项目。同时，本专委会将组织成员编写《城市群系列丛书》《都市圈系列丛书》与《空间分析系列丛书》，促进更广泛的学术合作，不断扩大社会影响力。

九、中国区域科学协会空间经济学专业委员会

空间经济学专业委员会是聚集国内外研究以集聚为主线、资源空间配置为对象的空间经济学学者的平台。

（一）发展历程

空间经济学专业委员会是中国区域科学协会副会长、中山大学管理学院梁琦教授发起，于2014年经过中国区域科学协会常务理事会批准，经中国区域科学协会授牌成立的专业委员会之一。

空间经济学专业委员会在中国区域科学协会的领导下开展工作，秘书处组织会员参加中国区域科学协会的学术年会和各类学术活动，参加一年一度的常委理事会并汇报专业委员会的工作总结和工作计划，每年向中国区域科学协会秘书处提交年度工作总结和工作计划等。

（二）组织构建

空间经济学专业委员会设有主任委员1名，副主任委员9名，下设理事会。秘书处是专业委员会的办事机构，设秘书长1名，副秘书长3名，秘书处常设于云南大学经济学院。每年参加学术年会的专家学者自然成为空间经济学专业委员会的理事。组织构建如下：

主任委员为梁琦（中山大学）；副主任委员分别为赵伟（浙江大学）、陆铭（上海交通大学）、范创勇（复旦大学）、郑思齐（麻省理工学院）、田波平（哈尔滨工业大学）、梁双陆（云南大学）、郑长德（西南民族大学）、董春（中国测绘科学研究院）；秘书长为梁双陆（云南大学）；副秘书长分别为张庆华（北京大学）、肖光恩（武汉大学）、蒋涛（江苏师范大学）。

（三）主要研究领域及其研究成果

空间经济学专业委员会的宗旨是开展空间经济学的理论创新、学术发展与中国空间经济实践的理论总结，主要且不限于在以下领域聚集专家学者：①聚集理论及其在中国的实践与发展；②虚拟集聚理论；③空间政治经济学；④空间产业经济学；⑤空间计量经济学；⑥空间演化经济学；⑦城市群与城市集聚理论；⑧边疆经济学；⑨多学科在空间经济学中的交叉与融合。

空间经济学专业委员会所汇聚的专家学者在《中国社会科学》《经济研究》《世界经济》《财贸经济》《经济学（季刊)》《管理世界》以及其他国内外期刊发表学术论文、在各类出版社

出版学术著作、开展调研和提供政府决策咨询服务，大量的研究成果转化为各级政府决策文件和决策参考。以梁琦教授作为首席专家的空间经济学研究团队承担了国家社科办第一次为空间经济学设立的重大项目"空间经济学在中国的理论与实践"，也承担了国家社科办第一次为虚拟集聚设立的重大项目"虚拟集聚的理论与应用研究"，为空间经济学在中国的发展起到了重要的支撑作用。

（四）未来愿景

空间经济学专业委员会致力于为迈向社会主义文化强国，开展空间经济学领域的理论创新、学术交流、学科建设和人才培养。未来计划重点如下：

（1）办好每年一次的学术年会，通过学术年会聚集国内外研究空间经济学的专家学者开展理论创新、学术交流、学科建设和人才培养。主办方以国内高校的经济学院和管理学院为主，兼顾其他学科与空间经济学的交叉融合为导向的非经济学院举办，吸收主办方的经济学专家进入专业委员会领导层（副主任委员）。

（2）参加中国区域科学协会每年一次的学术年会和每两年一次的理事换届大会，加强与其他专业委员会的交流与合作，促进学科交叉融合的集成创新。

（3）动员和激励会员积极开展服务于国家和地方空间经济发展的现实经济问题研究、规划编制、决策咨询等工作。

（4）为会员在人才培养方面提供学术交流的平台，在学术年会中举办青年学者论坛，推进学者之间的人才推荐和学术互访机制建立。

十、中国区域科学协会老工业基地振兴专业委员会

为有效落实"东北地区等老工业基地振兴"国家区域发展战略，推动和加强对东北地区等老工业基地研究的关注和交流，服务和支持东北地区等老工业基地城市与区域可持续发展，中国区域科学协会研究决定并指导成立了老工业基地振兴专委会，组织和开展相关学术活动与学术交流。

（一）发展历程

2014年10月17日，经中国区域科学协会理事会批准，老工业基地振兴专委会正式成立，宋玉祥教授和李秀敏教授曾先后担任第一任、第二任主任委员。2019年以来，修春亮教授担任专委会主任委员。老工业基地振兴专委会挂靠在东北师范大学经济与管理学院，开展相关工作的同时吸纳其他相关高等院校和科研机构的科研人员参与。老工业基地振兴专委会成立以来，在学术交流、科研合作、人才培养与智库建设等方面持续发挥学术和行业影响力，围绕区域发展战略规划、城市与区域规划、东北老工业基地新型城镇化发展、资源型城市的脆弱性、韧性城市研究等方面持续开展学术研究和交流活动。专委会每年定期举行"东北高端论坛"，针对东北老工业基地振兴的重要问题展开研讨，定期或不定期地组织小型研讨会、学术报告会以及实地考察，为地方政府提供战略和规划咨询。

（二）组织架构

中国区域科学协会老工业基地振兴专业委员会挂靠在东北师范大学经济与管理学院，负责组织和联系专业委员会学术指导委员会、专业委员会组织机构及成员，以专业委员会名义组织开展相关学术活动和实践活动。

主任委员为修春亮（东北大学）；副主任委员分别为宋玉祥（东北师范大学）、赵儒煜（吉林大学）、张平宇（东北地理与农业生态研究所）、陈晓红（哈尔滨师范大学）、项英辉（沈阳建筑大学）；秘书长为李雨停（东北师范大学）；副秘书长为魏冶（东北师范大学）。

（三）主要研究领域及研究成果

专业委员会成立以来，主要活动为学术交流、课题研究、规划编制、项目咨询等方面。

1. 学术交流

专委会主办"区域经济理论与实践""东北振兴发展""城乡融合的空间发展""东北经济高质量发展"等主题论坛，北京大学杨开忠、中国人民大学孙久文、南开大学安虎森、上海财经大学张学良等专家作论坛主旨演讲并进行学术交流，提高了东北区域研究的开放性和前沿性。

开展区域科学人才培训与交流，邀请南开大学、南昌大学、兰州大学等高校专家，定期培训空间计量经济学理论与应用方法，累计200余名青年学者参加，壮大东北区域经济研究的学术梯队。专委会将全国的学科资源转化为东北地区人才培养和东北经济发轫的力量，引领东北区域经济学科发展。

2. 理论研究

聚焦东北与东北亚区域经济，在图们江开发、东北老工业基地振兴、国家主体功能区规划、资源型城市脆弱性等领域的基础理论和应用性问题取得重大研究成果，以陈才先生为代表的团队开创区域经济地理学学科体系，学术研究自成一派。

丁四保、宋玉祥等教授带领的学术团队主持国家社科基金重大课题"完善主体功能区的生态补偿机制研究"，完成《东北振兴规划》《长白山国有林区生态保护与经济转型规划（2015 – 2024年）》等国务院委托项目。

（四）未来愿景

为适应把握引领经济发展新常态，贯彻落实发展新理念，加快实现东北地区等老工业基地全面振兴，中共中央、国务院于2016年颁布了《关于全面振兴东北地区等老工业基地的若干意见》，明确提出，到2026年左右，东北地区实现全面振兴，走在全国现代化建设前列，成为全国重要的经济支撑带、具有国际竞争力的先进装备制造业基地和重大技术装备战略基地、国家新型原材料基地、现代农业生产基地和重要技术创新与研发基地。面向"十四五"和2035年发展愿景，党的十九届五中全会对国家和区域发展提出了系统要求和建设任务，为新时代区域经济发展指明方向。今后，老工业基地振兴专委会将围绕东北地区全面振兴、全方位振兴的建设思路，促进区域经济研究领域的学术交流与合作，对老工业基地可持续发展的理论、方法和经验进行研究，为国家和地方政府相关部门编制区域发展战略规划提出意见和建议，成为老工业基地可持续发展研究的重要智库平台。

十一、中国区域科学协会民族经济专业委员会

（一）发展历程

"中国少数民族经济"（以下简称"民族经济"）是伴随我国改革开放而兴起的具有中国特色的新学科，以我国少数民族和民族地区经济社会发展为研究对象，兼有民族学和经济学科的双重性质，具有多学科交叉的综合特性。该学科建立以来，以马克思主义民族理论和马克思主义经济学理论为基础，借鉴现代经济学和区域科学的理论和方法，围绕我国少数民族和民族地区经济社会发展的重大问题开展研究，取得了丰硕的成果，研究队伍也在不断壮大。为了给相关学者搭建学术交流平台，更深入地把现代区域科学的理论与方法和民族地区经济社会发展实践有效结合，更好地为少数民族和民族地区经济社会发展服务，并提升民族经济研究水平，西南民族大学经济学院郑长德教授提议在中国区域科学协会下设立民族经济专业委员会。

2015年10月8日，郑长德教授代表发起单位——西南民族大学经济学院/中国西部民族经济研究中心，在中国区域科学协会在南昌举行的常务理事会议上，提交了《关于成立中国区域

科学协会民族经济专业委员会的报告》，经研究同意设立中国区域科学协会民族经济专业委员会（筹），筹备期为 1 年。2016 年 9 月 16 日，中国区域科学协会在《关于设立民族经济专业委员会的批复》中指出在筹备期内，民族经济专业委员会（筹）开展了大量卓有成效的学术交流和研究工作，根据中国区域科学协会关于设立专业委员会的规定，同意中国区域科学协会民族经济专业委员会正式挂牌成立。2016 年 9 月 17 日，在"全国贫困地区精准脱贫学术研讨会"开幕式上，中国区域科学协会副会长、全国经济地理研究会会长、中国人民大学区域与城市经济研究所所长孙久文教授宣读中国区域科学协会《关于设立民族经济专业委员会的批复》，并举行了"中国区域科学协会民族经济专业委员会"授牌仪式。中国区域科学协会理事长、中国社会科学院农村发展研究所所长魏后凯教授、中国区域科学协会副会长孙久文教授、中国区域科学协会副理事长、中国科学院科技政策与管理科学研究所赵作权教授向民族经济专业委员会授牌。至此，中国区域科学协会民族经济专业委员会正式成立。

（二）组织架构

根据中国区域科学协会《关于设立民族经济专业委员会的批复》，中国区域科学协会民族经济专业委员会设主任委员 1 人，副主任委员若干名，秘书长 1 人，秘书处设在西南民族大学中国西部民族经济研究中心。具体的组织架构为：

主任委员单位为西南民族大学经济学院、中国西部民族经济研究中心；副主任委员单位为中央民族大学、中南民族大学、西北民族大学、北方民族大学、大连民族大学；秘书长单位为西南民族大学经济学院、中国西部民族经济研究中心；副秘书长单位为有中国少数民族经济博士点的单位。

中国区域科学协会民族经济专业委员会现任主任委员为郑长德（西南民族大学），主任委员分别为张丽君（中央民族大学）、李波（中南民族大学）、才让加（西北民族大学）、刘志强（北方民族大学）、张巨勇（大连民族大学）；秘书长为单德用（西南民族大学）。

（三）主要研究领域及研究成果

中国区域科学协会民族经济专业委员会成立以来，严格遵守国家法律和法规，严格执行中国区域科学协会《章程》，开展了大量卓有成效的学术交流和研究工作。一是在中国区域科学协会指导下，以民族经济专业委员会为承办单位承办学术会议，搭建学术沟通平台；二是积极参与中国区域科学协会组织的各类学术活动；三是以中国区域科学协会民族经济专业委员会为智库平台发布科研成果，承接研究咨询项目。

1. 搭建合作交流平台，主办和承办学术会议

2016 年 9 月 16 ~ 18 日，"全国贫困地区精准脱贫学术研讨会"。2016 年 7 月 9 ~ 10 日，"中国西部开发研究联合体第 11 届学术年会"。2017 年 10 月 13 ~ 15 日，"中国·空间经济学国际研讨会暨中国城市百人论坛"。2018 年 10 月 26 ~ 28 日，"贫困地区 2020 年后相对贫困与乡村振兴战略学术研讨会"。2019 年 6 月 15 ~ 16 日，"中国·空间经济学青年学者研讨会"。2019 年 8 月 21 日，"中美经贸关系发展论坛 2019 年夏季论坛暨中美经贸合作：新机遇与新挑战学术研讨会"。2021 年 1 月 12 日，"民族地区金融发展与乡村振兴学术研讨会"（线上）。

2. 积极参与中国区域科学协会组织的各类学术活动

中国区域科学协会民族经济专业委员会成立以来，积极组织参加由中国区域科学协会组织的各类学术活动，并取得较好的成效。在中国区域科学协会 2018 年年会上，民族经济专业委员会单德朋教授的论文《乡镇污染企业能带来农村贫困减缓吗——来自中国家庭追踪调查联立方程模型的证据》被评为优秀青年论文杰出奖。在中国区域科学协会 2019 年年会上，民族经济专业委员会单德朋教授等提交的论文《农户创业与贫困减缓》和《老龄化、创新资源错配与企业

家精神》被评为"优秀青年论文优秀奖"。同年，民族经济专业委员会被评为优秀专业委员会。

民族经济专业委员会秘书处积极响应中国区域科学协会号召加入亚洲区域科学协会，并组织人员参加了第九届亚洲区域科学会议。此外，民族经济专业委员会以主旨演讲、主持人或评论人参加了 20 多次国际和全国性学术会议。

3. 科研成果与项目

以中国区域科学协会民族经济专业委员会为智库平台发布科研成果，承接研究咨询项目：组织编写并出版了《中国少数民族地区经济发展报告》（中国经济出版社）、《跨越的 70 年——民族地区经济发展研究》丛书（中国经济出版社）、《减贫与发展》（中国经济出版社）。专业委员会成员完成国家社会科学基金（含重大、重点项目）、国家自然科学基金、国家民委及地方政府科研项目 20 余项。研究成果获第八届高等学校科学研究优秀成果（人文社会科学）三等奖 1 项，全国民族问题研究优秀成果一等奖 1 项，省级政府人文社会科学优秀成果奖多项。多篇论文在 2020 年度"学习习近平总书记关于扶贫工作的重要论述"主题征文活动中获奖。

4. 社会服务与决策咨询

以专业委员会名义组织完成了四川省 20 多个县的脱贫攻坚第三方评估；指导广西德保县、内蒙古巴林右旗等深度贫困地区脱贫攻坚工作；专业委员会主任委员郑长德教授作为国家民委决策咨询委员会专家委员，多次参加决策咨询；组织召开了四川藏区寺庙财政金融相关会议，并多次参加决策咨询会议；专业委员会多人受聘四川省专家服务团，为地方政府提供决策咨询服务。专业委员会中的 1 名成员先后荣获"全国脱贫攻坚创新奖和全国脱贫攻坚先进个人"称号。

（四）未来愿景

今后，中国区域科学协会民族经济专业委员会将继续在中国区域科学协会的领导和指导下，为推动中国区域科学研究贡献力量。①充分利用中国区域科学协会民族经济专业委员会这个平台，承办相关学术会议；②组织会员参加中国区域科学协会开展的各类学术会议；③组织撰写《中国少数民族地区经济发展报告》；④紧紧围绕"铸牢中华民族共同体意识"开展相关学术研究。

十二、中国区域科学协会欠发达地区发展专业委员会

（一）发展历程

欠发达地区发展专业委员会是根据民政部的要求，于 2020 年由西部发展专业委员会更名为现名。西部发展专业委员会肇始于 2004 年成立的中国西部开发研究联合体，为规范运行，在中国区域科学协会下设置专业委员会名称时，采用西部发展专业委员会名称。之后，西部发展专业委员会与中国西部开发研究联合体并行开展活动。中国西部开发研究联合体主要发起机构有美国的哥伦比亚大学、密歇根大学等 12 所国外机构和包括四川大学、重庆大学、兰州大学、西南大学、云南大学、新疆大学、宁夏大学、西南财经大学、贵州财经大学在内的中国西部的主要大学，联合国秘书长特别顾问、哥伦比亚大学杰弗里·萨克斯教授和国务院发展研究中心吴敬琏教授分别担任西部开发研究联合体的外方和中方顾问委员会主任；中国西部开发研究联合体设国内秘书处和海外秘书处，国内秘书处挂靠在四川大学，由国务院发展研究中心产业经济部部长赵昌文教授任秘书长；海外秘书处挂靠在美国密歇根大学中国信息研究中心，由胡永泰教授任秘书长，鲍曙明任副秘书长。

（二）组织架构

1. 中国西部开发研究联合体组织架构

外方顾问为杰弗里·萨克斯（哥伦比亚大学地球研究所、四川大学）；外方秘书长为胡永泰（美国加州大学戴维斯分校）；外方副秘书长为鲍曙明（美国密歇根大学中国信息中心）；中方顾问为吴敬琏（国务院发展研究中心）；中方秘书长为赵昌文（四川大学）；中方副秘书长为杨明洪（四川大学）。

2. 欠发达地区发展专业委员会组织架构

主任为洪名勇（贵州大学）；秘书长为伍国勇（贵州大学）；副秘书长为汪磊（贵州大学）、周恩宇（贵州大学）、李文钢（贵州财经大学）、孙红雨（贵州大学）。

（三）主要研究领域及其研究成果

欠发达地区发展专业委员会（原西部发展专业委员会）成立以来，已经连续举办了13届高层次国际学术研讨会。2004年第1次会议在成都召开，主题为"可持续发展与全球化挑战：中国西部开发的新思路探讨"（四川大学承办）；2005年第2次会议在银川召开，主题为"中国西部农村经济与地区可持续发展"（宁夏大学承办）；2006年第3次会议在成都召开，主题为"反贫困与国际区域合作"（四川大学承办）；2007年第4次会议在贵阳召开，主题为"贫困地区发展与和谐社会构建"（贵州财经大学承办）；2008第5次会议在西安召开，主题为"西部大开发八年评估与展望：西部经济全面、协调与可持续发展"（西北大学承办）；2009年第6次会议在兰州召开，主题为"改革开放30年：中国西部发展的回顾与展望"（兰州大学承办）；2010年第7次会议在成都召开，主题为"中国区域发展模式：西部开发十年的实践与探索"（四川大学承办）；2013年第8次会议在成都召开，主题为"西部的脆弱性与可持续发展"（四川大学承办）；2014年第9次会议在贵阳召开，主题为"中国西部生态文明与西部城市新区建设"（贵州财经大学承办）；2015年第10次会议在重庆召开，主题为"新型城镇化与西部大开发"（西南大学承办）；2016年第11次会议在成都召开，主题为"拓展区域发展新空间与西部开发"（西南民族大学承办）；2017年第12次会议在贵阳召开，主题为"'十三五'西部开发：减贫与绿色发展"（贵州财经大学承办）；2018年第13次会议在贵阳召开，主题为"新时代西部开发：乡村振兴与绿色发展"（贵州大学承办）。欠发达地区发展专业委员会成为研究西部问题的重要学术交流平台。

欠发达地区发展专业委员会紧紧围绕西部开发的理论与实践，产生了丰富的研究成果。

（四）未来愿景

在全面小康的背景下，欠发达地区发展专业委员会将继续加强学术研究，围绕新发展格局下的欠发达地区经济、社会、生态环境等开展学术交流，聚焦乡村振兴、双循环、西部陆海新通道建设等形成系列高水平成果，推动欠发达地区发展专业委员会服务地方经济建设、服务高校学科建设与人才培养。

十三、中国区域科学协会区域创新专业委员会

（一）发展历程

为了满足国家新时期创新驱动发展战略需要，经华东师范大学曾刚教授申请，并经中国区域科学协会第三次理事长会议讨论批准，于2012年10月将2008年7月批准设立的中国区域科学协会流域发展专业委员会更名为中国区域科学协会区域创新专业委员会。区域创新专业委员会主要致力于解决区域发展过程中遇到的创新难问题，为学界、政界、企业界搭建沟通的平台，从而为促进区域经济高质量发展服务。区域创新专业委员会自成立以来，在协会的指导和协调下，依托教育部人文社科重点研究基地中国现代城市研究中心、华东师范大学城市发展研究院，定期组织区域创新专业委员会会议、青年学者沙龙、企业创新实地考察调研活动，专委会成员向中办、国办、科技部、教育部、国家发展改革委以及各省市党组织、政府等部门撰写序列决策咨询专报，相关研究成果为我国区域创新系统建设、高科技园区改造升级、高新技术产业发展提供了重要科学依据和行动方案参考。区域创新专业委员会已发展成为国内重要的区域创新研究学术团体。

（二）组织架构

中国区域科学协会区域创新专业委员会设立主任、副主任、委员、秘书长等职位。现任主任为曾刚（华东师范大学），副主任包括吕拉昌（首都师范大学）、王兴平（东南大学）、苗长虹（河南大学）、汪涛（南京师范大学）、滕堂伟（华东师范大学）、林兰（上海社会科学院），秘书长为曹贤忠（华东师范大学）。

区域创新专业委员会委员包括王琛（浙江大学）、汪涛（南京师范大学）、滕堂伟（华东师范大学）、林兰（上海社会科学研究院）、苗长虹（河南大学）、王兴平（东南大学）、吕拉昌（首都师范大学）、文嫣（湖南大学）、王灏（河南财经政法大学）、千庆兰（广州大学）、赵建吉（河南大学学报）、朱华友（浙江师范大学）、涂建军（西南大学）、李同昇（西北大学）、王承云（上海师范大学）、曹贤忠（华东师范大学）、曾刚（华东师范大学）。此外，区域创新委员会还与国外同行建立了密切的合作与交流关系，聘请了国际著名学者 Harald Bathelt（University of Toronto）、Fulong Wu（University College London）、Ingo Liefner（Leibniz University of Hannover）、Yehua Dennis Wei（The University of Utah）担任专委会海外顾问。

（三）主要研究领域、研究成果、学术活动及影响

中国区域科学协会区域创新专业委员会的主要研究领域为产业集群、区域创新模式、区域创新网络、创新多尺度空间系统等。

近年来，区域创新专业委员会聚焦创新议题，对我国不同区域的创新发展问题进行了深入研究，形成了诸多研究成果。如专委会主任曾刚教授自1989年8月在德国 Justus Liebig University of Giessen 攻读博士学位以来，从事创新地理研究超过了30年，对创新地域系统、创新网络结构及其演化机理、创新集群等进行了系统研究，相关研究成果发表在 Regional Studies、Erdkunde、《地理学报》、《中国软科学》等国内外 SSCI、CSSCI 权威期刊上，文章被引总数超过1000次。此外，连续多年发布《长江经济带城市协同发展能力指数报告》，牵头主编了《生产网络与区域创新论丛》，自2006年出版以来，丛书已出版约20册，在学界引起巨大反响，为长三角区域一体化发展、长江经济带、创新驱动发展国家战略提供了诸多理论支撑。专委会副主任吕拉昌教授研究团队长期致力于城市创新、产业园区创新相关研究，相关研究成果发表在 Journal of Economic and Social Geography、《地理学报》等权威期刊上，其中2010年发表于《地理学报》的《基于城市创新职能的中国创新城市空间体系》一文被引171次，从创新职能视角对我国创新城市空间体系进行了系统研究。专委会副主任王兴平教授研究团队主要致力于研究区域创新与国土空间规划、产业园区创新发展与规划。近年来，牵头与"一带一路"沿线国家高校和有关国际组织合作，开展"一带一路"产业园区发展与规划、"一带一路"城镇化与空间规划等研究，著有《中国城市新产业空间：发展机制与空间组织》等多部创新相关著作。2003年9月发表于《城市规划》的《中国城市开发区的空间规模与效益研究》一文在学界引起巨大反响，被引228次。专委会副主任苗长虹教授研究团队长期致力于全球—地方创新空间尺度、产业集群等相关领域研究，近年来聚焦于黄河流域城市创新发展模式的研究。2006年2月发表于《地理研究》的《河南省城市的经济联系方向与强度》一文被引418次，受到学界广泛关注。专委会副主任

汪涛教授研究团队长期致力于国家创新系统、长三角生物技术创新网络、知识网络的演化研究，2015 年 3 月发表于《地理研究》的《中国城市尺度科学知识网络与技术知识网络结构的时空复杂性》一文被引 109 次。专委会副主任滕堂伟教授研究团队长期致力于产业集群创新网络、长三角创新模式等研究，在 Growth and Change 等学术刊物上发表了系列研究成果，在科学出版社出版的专著《集群创新与高新区转型》，系统地、深入地论述了上海张江高科技园区形成与演化特征及其机理，受到社会各界的高度关注与好评，产生了良好的影响。专委会副主任林兰研究员长期致力于技术创新与扩散、技术权力以及德国创新空间集聚特征相关研究，在 Erdkunde、Tijdschrift Voor Economische En Sociale Geografie、《地理学报》等权威期刊发表了多篇高被引论文。专委会秘书长曹贤忠副教授致力于创新网络与区域经济发展、创新效率评价等方面的研究，对创新网络中的网络资本与社会资本，特别是《长三角城市群 R&D 资源投入产出效率空间分异》进行了系统比较研究，相关研究成果发表在 Growth and Change、Anthropologist 等重要学术期刊上，产生了重大影响。其他专委会委员在农业创新合作、淘宝等电商创新模式、产业集群创新网络、新能源汽车创新、技术转移转化等领域进行了有益探索。区域创新专业委员会的相关研究引领了区域经济学、经济地理学、管理学等学科领域的创新研究，为服务国家创新驱动发展战略做出了重要贡献。

在专委会主任曾刚教授带领下，专委会逐渐形成了产业集群与区域发展、区域创新青年学者沙龙以及国家重大战略的相关高端论坛等品牌学术活动，得到了社会各界的称赞和好评。2019 年 5 月 18～19 日，专委会在上海华东师范大学主持召开了"长三角高质量一体化发展高端论坛"，来自上海、江苏、浙江、北京的高校、科研院所以及政府管理部门、政协的 57 名专家、领导参会，围绕长三角绿色生态、江南水乡文化、创新和治理等方面开展讨论，以推动示范区成为长三角高质量一体化发展的新引擎。此次会议受到了央广网、央视、中国社会科学网、东方网、澎湃新闻等新闻媒体广泛关注与报道。2019 年 10 月 22～23 日，在上海华东师范大学主持召开了"城市创新系统理论与城市转型发展国际学术研讨会"，来自中国、法国、英国、加拿大的 125 位专家学者参会。会议聚焦于区域创新网络、知识流动、技术扩散以及产业升级等议题，与会专家学者进行了热烈讨论，并形成了诸多学术共识。

（四）未来愿景

展望未来，中国区域科学协会区域创新专业委员会将继续围绕国家重大战略需求，致力于解决国家转型发展中的创新地域系统演化机理与治理模式问题，构建具有中国特色的区域创新系统理论体系、方法工具库、案例应用集。重点组织好下列活动：①推动区域创新网络研究的国际交流与合作。每隔四年举办一次区域创新的国际学术会议，鼓励会员积极参加各种国际学术交流活动，展示中国学者研究成果，强化创新地理学学科建设。②举办专委会年度会议。瞄准国际学术前沿动态，围绕创新型国家建设的重大现实需求，举办中国区域创新与区域发展学术研讨会、中国区域科学协会区域创新专业委员会青年学者论坛，深入交流研究成果和心得，壮大研究队伍，推动学者之间、研究机构之间的深度合作。③搭建区域创新研究成果展示平台。利用专委会关系资源，与 German Journal of Economic Geography、《中国城市研究》等学术刊物合作，联合推出中国创新网络研究专题专刊，彰显区域创新专委会的魅力。

十四、中国区域科学协会区域经济学专业委员会

（一）发展历程

区域经济学专业委员会是中国区域科学协会成立首批专业委员会时就设立的，设立时间是 2012 年 10 月，并由协会颁发钢制牌匾。区域经济学专业委员会最初挂靠中国人民大学经济学院，后因院系调整，现挂靠中国人民大学应用经济学院。专业委员会成立后，积极配合协会开展相关学术活动。由于学术活动开展得有声有色并产生较大的影响力，在2016年获得优秀专业委员会荣誉。

（二）组织架构

区域经济学专业委员会主任委员为孙久文教授，副主任委员分别为张可云（中国人民大学）、邓翔（四川大学）、高志刚（新疆财经大学）、赵儒煜（吉林大学）、覃成林（暨南大学）、郭爱君（兰州大学）、高国力（国家发改委宏观院国土所）、文余源（中国人民大学）。

委员分别为虞义华（中国人民大学）、安树伟（首都经贸大学）、张贵（南开大学）、陈斐（浙江理工大学）、殷存毅（清华大学）、张耀军（中国人民大学）、肖春梅（新疆财经大学）、胡晨光（浙江工业大学）、王卫东（中国计量大学）、张满银（北京科技大学）、聂正彦（西北师范大学）、何雄浪（西南民族大学）、张林（广西大学）、白永亮（中国地质大学）、孙三百（中国人民大学）、席强敏（中国人民大学）、李世杰（海南大学）、胡安俊（中国社科院数量经济技术经济研究所）。

秘书长为文余源（中国人民大学），工作联系人为文余源（中国人民大学）。

（三）主要研究领域及研究成果

区域经济学专业委员会成立以来，积极开展各类学术活动，围绕区域经济学理论和现实问题开展学术研讨和交流活动，已成为区域经济学领域具有一定影响力的重要学术交流平台。本专委会五年来作为参与方组织举办了一次国际性学术研讨会和三次全国性研讨会：2016年10月28～30日在中国人民大学举办"第十五届全国区域经济学学科建设年会暨'服务国家发展大战略，开创学科建设新局面'学术研讨会"；2017年12月9～10日在中国人民大学举办"城市与区域永续发展——环亚太地区研究与政策挑战"国际学术会议；2019年6月22～23日在中国人民大学举办"十四五中国城市发展·重大问题与理论创新"全国性学术研讨会；2020年11月26～27日在中国人民大学举办"十四五·中国城市发展论坛2020"全国性学术研讨会。

近三年来本专业委员会作为共同组织方组织小型学术研讨会十余次。专委会团队成员近十年来在国内外学术期刊发表区域经济学及相关领域学术论文成果超过300篇，出版专著数10部，编著相关教材5部，主持承担国家社科重大项目项目5个，主持承担国家社科重点项目、国家自然科学基金项目、教育部人文社科基金项目等省部级以上纵向项目20余项，承担中央和地方政府发展规划等服务咨询等横向课题上百项，承担并完成马工程教材《区域经济学》一部。

（四）发展愿景

《习近平在哲学社会科学工作座谈会上的讲话》（2016年5月17日）指出"需要不断在实践和理论上进行探索、用发展着的理论指导发展着的实践"，当前我们正面对世界百年未有之大变局，历史表明，社会大变革的时代，一定是哲学社会科学大发展的时代。中国经过四十余年的改革开放，经济建设、社会发展取得了举世瞩目的成就，当代中国正经历着历史上最为广泛而深刻的社会变革，也正在进行着人类历史上伟大壮阔的实践创造。这种伟大实践，给实践性极强的区域经济学的理论创造、学术繁荣和现实应用提供了强大动力和广阔空间。区域经济学专业委员会将乘着新时代的东风，继续协同推进区域经济学的发展。注重学科建设和发展，立足国内，面向世界，提升在国际学界的影响力，在国际上讲好中国区域经济发展的故事的同时继续重视将区域经济学理论用于服务国家和地方建设需要，继续贡献学术智慧并持续为中国区域科学协会奉献力量。

十五、中国区域科学协会区域可持续发展专业委员会

（一）发展历程

为了更好地推进我国区域经济、社会、环境可持续发展的研究与实践，在 21 世纪初，中国区域科学协会成立了区域可持续发展专业委员会，首届专委会主任由北京师范大学地理科学学部教授吴殿廷担任。

2017 年 10 月，专委会进行了换届，由浙江大学公共管理学院石敏俊教授担任专委会主任。2018 年 3 月 23 日至 24 日，专委会在浙江大学公共管理学院召开了以"绿色·智慧·韧性：可持续的城市发展与管理"为主题的春季会议。2018 年 12 月 8 日，在宁夏大学经济管理学院召开了以"大数据时代的城市可持续发展"为主题的 2018 年学术年会。2019 年 11 月 22 日至 23 日，在华南理工大学经济与金融学院召开了以"建国 70 年来中国区域可持续发展与粤港澳大湾区的实践"为主题的 2019 年学术年会。

2020 年 10 月，专委会再次换届，新一届专委会主任由哈尔滨工业大学经济与管理学院马涛教授担任。2020 年 10 月 30 日至 11 月 1 日，专委会在中国地质大学（北京）经济管理学院召开以"后疫情时代的城市与区域可持续发展：协同、韧性、健康"为主题的 2020 年学术年会。受疫情影响，此次年会采取线上线下同步进行的形式，取得了较好的社会效果。

在各届主任的带领下，专委会积极参与了中国区域科学协会的各项活动，开展了大量与区域可持续发展相关的工作，组织架构日益完善，学术影响力和社会影响力日渐增强。

（二）组织架构

目前，区域可持续发展专委会建立了包括两位名誉主任、1 位专委会主任、17 位专委会副主任、8 位秘书长和副秘书长为主要成员的组织架构。专委会成员的选举考虑了专业成就、社会影响、地域差别、学科交叉等因素，较为全面地反映我国在区域可持续发展研究和实践方面的面貌。

本届专委会的主要成员如下，名誉主任石敏俊（浙江大学）、吴殿廷（北京师范大学），主任马涛（哈尔滨工业大学），副主任丁焕峰（华南理工大学）、马国霞（生态环境部）、毛涛（工业和信息化部）、孙斌栋（华东师范大学）、曲世友（哈尔滨工业大学）、陈彬（北京师范大学）、陈雯（中科院南京地理与湖泊研究所）、陈兴鹏（兰州大学）、张晓玲（香港城市大学）、张力小（北京师范大学）、米志付（伦敦大学学院）、岳文泽（浙江大学）、胡守庚［中国地质大学（武汉）］、唐杰（哈尔滨工业大学）、黄勤（四川大学）、雷平［中国地质大学（武汉）］、邹永华（浙江大学）。

专委会秘书长由邹永华兼任，副秘书长由王晓岭（北京科技大学）、孙东琪（中国科学院）、郑丹（中国科学院大学）、郭琪（南开大学）、郝庆（中国社会科学院）、徐元朔（浙江大学）、蒋晶晶［哈尔滨工业大学（深圳）］担任。

（三）主要研究领域及研究成果

在实现区域经济、环境、社会可持续发展的目标导向下，本专业委员会主要围绕以下几个领域开展深入研究：

1. 区域绿色转型与高质量发展

当前区域绿色转型与高质量发展的研究集中于对区域绿色转型和高质量发展程度评价以及对其发展影响因素和实现路径与模式的分析。其中，从评价测度的讨论来看，包括基于效率视角的测度和综合指标体系构建的分析；从实现路径与模式的讨论来看，主要从调整空间布局、财政分权、结构优化、资源要素供给的视角进行分析，并进一步提出区域绿色转型与高质量发

展模式的对策建议。

2. 区域生态环境协同治理

一是对协同治理效果与特征的评价，常见分析框架包括"驱动力—压力—状态—响应"、"投入—产出"体系以及文本分析或内容分析等；二是对协同治理障碍与问题的研究，进一步优化财政分权制度、加强中央政府环境治理的统筹协调，强化各地方政府对环境污染的联防治理和政策协同被看作是解决协同治理障碍的关键；三是对协同治理模式与路径的探讨，主要围绕治理结构与网络特征、治理主体与制度建设、治理机制的完善几个角度进行研究；四是对协同治理国际化经验的总结，即通过国际区域生态环境治理典型案例的研究，形成相应的经验借鉴。

3. 区域资源环境承载力研究

一是对资源环境承载力的理论探讨，主要包括可持续发展、区域发展与产业布局、资源稀缺与增长极限、系统工程、生态经济学及人地关系协调等理论；二是围绕资源环境承载力的构成要素与影响因素的研究，主要包括生态足迹、系统动力学、状态空间法等；三是对研究方法的探讨，系统动力学法、生态足迹法、能值分析法、模糊综合评价法、主成分分析法等已经被广泛运用于区域资源环境承载力评价；四是通过不同层次的实证分析，识别区域资源环境的禀赋特征、承载能力及承载水平、主要障碍因子等，探讨区域社会经济发展与资源配置、环境保护之间的关系及其协调运作模式。

4. 区域可持续发展的中国制度

我国地域发展条件差异显著、各地发展水平和模式不一、区域和城乡之间发展矛盾突出、经济基础相对薄弱和资源环境约束趋紧的现状，对我国实现可持续发展提出了巨大挑战。但与此同时，也意味着基于中国情景构建适合中国国情的区域可持续发展制度研究的重要性。分委会针对国家、省域和市域等不同层面，积极开展我国可持续发展制度的建设与优化研究。

（四）未来愿景

在前期工作积淀的基础上，专委会将持续致力于传播可持续发展理念、探索可持续发展的中国模式，推动我国区域可持续发展道路越走越宽。下一阶段，专委会将在区域可持续发展相关理论和方法层面不断深入，重点开展以下工作：

（1）拓展区域可持续研究角度和内容。实现经济、社会、资源和环境的协调可持续发展需要从技术、制度、政策、行为等多角度同步着力，此外不同单元、发展的不同阶段面临的可持续问题也存在差异，需要不断更新和丰富可持续发展研究内容。面对不断涌现的新需求，需要从不同角度入手，开展更具有针对性和时效性的可持续发展研究将是未来专委会的重要工作之一，例如针对城市群、超大城市、资源枯竭型城市可持续发展的理论和实践研究，或者从地理单元、流域单元、产业单元开展的可持续发展研究。

（2）完善区域可持续发展评价指标体系。评价指标体系对于区域可持续发展具有方向引导和实践检验价值，但由于可持续发展涵盖经济、社会、环境等多领域以及制度、技术、行为等多维度，所以造成指标数量众多、侧重点差异显著等问题，不利于区域可持续发展的科学决策和应用。探索通过科学方法将多种指标进行集成，开发具有普遍认可性的区域可持续发展综合评价指标体系或指数是未来工作的重要方向之一。

（3）改进和创新区域可持续发展研究方法。随着可持续发展研究的不断深入，层次分析法、德尔菲法、系统动力学模型等研究工具难以满足新的需求。如何将多因子模拟、物质流分析、能值生态足迹、生态系统服务价值核算等方法应用于区域可持续发展研究，同时新问题、新需求、新数据的引入和创新研究方法也是下一阶段专委会的重要工作内容。

（4）助力区域可持续发展政策制定。随着理论、评价指标、研究方法及工具的不断完善以及丰富实证研究的开展，专委会还将致力于为区域走向可持续发展道路提供智囊支撑。如何针对不同区域的突出问题以及不同发展阶段城市的现实需求将研究成果转化为政策建议，如何构建区域可持续发展的决策支持系统也是未来专委会工作的重要方向。

把"可持续发展能力不断增强"是我国全面建设小康社会的目标之一，未来专委会将围绕区域可持续发展不断提高科学研究水平和社会服务能力，为我国实现可持续发展做出有力贡献。

十六、中国区域科学协会区域旅游开发专业委员会

（一）发展历程

伴随着中国区域旅游发展的实践与相关研究的萌芽，经北京大学陈传康教授和青岛大学孙文昌副教授等的前期推动，1989 年，在中国地理学会和吴传钧院士的支持下，"全国区域旅游开发研究会"在青岛成立并召开了首届学术研讨会。此后，全国区域旅游开发研究会先后被中国旅游协会、中国区域科学协会接纳为下属的专业委员会。

专委会成员多来自大专院校和科研单位，并与中国地理学会、中国旅游协会、台湾观光学会和韩国观光学会等学术团体保持密切联系。1991 年同台湾观光学会共同举办"海峡两岸旅游观光研讨会"；1997 年同韩国观光学会举办"中韩旅游学术交流会"。

30 多年来，专委会先后在青岛、贵阳、开封、沈阳、杭州、海口、成都等地举办全国性学术研讨会 19 届，出版会议论文集 16 部，会议规模逐年扩大，参会单位逐年增加，学术水平和社会影响力逐年提高。

（二）组织架构

区域旅游开发专业委员会现任主任委员为北京大学旅游研究与规划中心吴必虎教授和青岛大学旅游与地理科学学院马波教授，专委会主要成员组成如下：

名誉主任委员分别为孙文昌（青岛大学）、刘德谦（北京旅游学院）；主任委员分别为吴必虎（北京大学）、马波（青岛大学）；副主任委员分别为杨振之（四川大学）、徐德宽（武汉大学）、李明德（北京旅游学会）、李永文（河南大学）、吴承照（同济大学）、程道品（桂林旅游学院）、陈文君（广州大学）、王永生（黑龙江省旅游局）、陈耀（海南省旅游开发委员会）、王远坤（湖北经济学院）、李仲广（中国旅游研究院）、殷红梅（贵州师范大学国际旅游文化学院）、刘俊（华南师范大学）、白凯（陕西师范大学）、吴巧红（旅游学刊编辑部）；秘书长为耿庆汇（青岛大学）；副秘书长分别为张言庆（青岛大学）、吴春涛（四川大学）；委员分别为张文建（上海师范大学）、黄金火（莆田大学）、黄羊山（东南大学）、王明星（仲恺农业工程学院）、彭顺生（广州大学）、简王华（广西师范学院）、王琳（海南大学）、陈金龙（洛阳师范学院）、李志飞（湖北大学）、叶欣梁（上海工程技术大学）、肖建红（青岛大学）、王红（海南大学）、吴承忠（对外经济贸易大学）、赵玉宗（青岛大学）、邓祖涛（湖北经济学院）、黄文（西南民族大学）、张杰（东北林业大学）、骆培聪（福建师范大学）。

（三）主要研究领域及研究成果

专委会以研究区域旅游开发为宗旨，涉及经济、地理、管理、历史、文化等诸多学科。在陈传康、孙文昌等一批老学者的共同带领下，聚集各界有志同仁，积极开展学术研究、交流与社会服务活动，为中国区域旅游的健康发展做出了积极贡献。

陈传康先生是我国著名的地理学家、区域旅游开发学的奠基人，其区域旅游开发思想有着深厚的理论基础、系统而丰富的内容，是我国区域旅游开发学领域的优秀思想遗产，对我国区域旅游开发学术研究和区域旅游开发实践产生了深远的影响。孙文昌编著的《应用旅游地理学》《旅游学导论》《现代旅游学》《现代旅游开发学》《中国名山大川辞典》《东北区自然地理》

《区域旅游开发研究》《区域旅游开发与旅游业发展》等，为中国区域旅游研究的进展做出了突出贡献。

在区域旅游规划方面，早在1994年4月，在汕头召开的"第四届全国区域旅游开发学术研讨会"聚焦研讨了旅游规划的理论和实践，以期能够更好地提高我国旅游规划的水平，同时防止某些乱象的发生。此外，以吴必虎、杨振之教授等为代表的专委会成员长期从事区域旅游规划理论研究，参与区域旅游规划实践，取得了丰硕成果。

在区域旅游业转型方面，以马波教授为代表的专委会成员自20世纪90年代起，持续关注区域旅游业转型发展的理论和实践，并在此领域取得了系列研究成果。

（四）未来愿景

专委会将在中国区域科学协会的领导下，进一步优化和完善专委会的组织运作，积极开展学术交流活动，持续举办全国区域旅游开发学术研讨会，以及小规模、高规格的专家高峰论坛和面向青年学者、在读研究生的研讨班，为学界和业界深化对区域旅游开发的理论认识和实践应用提供新视角、新思路，为新时代我国区域旅游开发的理论研究和实践工作贡献力量。

十七、中国区域科学协会区域文化发展专业委员会

（一）设立初衷

党的十九大通过关于《中国共产党章程（修正案）》的决议，把中国特色社会主义文化写入党章。中国特色社会主义文化是中国特色社会主义的重要组成部分，是激励全党全国各族人民奋勇前进的强大精神力量。组建文化和旅游部，文化强国进入新时代。文化发展专委会的宗旨就是增强文化自觉和文化自信，激发区域文化的生机与活力，挖掘区域特色文化资源，传承弘扬区域优秀传统文化，推动区域科学发展。其目的，一方面是把区域科学的"水"引到文化建设的"田"里来，为文化建设研究提供理论支撑和方法论；另一方面就是强化文化建设对于区域科学发展的支撑，强调文化在区域中的主体作用。主要围绕智库建设、科研和特色学科协同发展、人才培养培训、区域文化传播和政产学研用平台建设等方面开展工作。

（二）组织架构

文化发展委员会成立于2013年10月，首届委员会主任为原文化部中国艺术科技研究所所长白国庆同志，后为浙江丽水学院校长肖刚教授，现为浙江师范大学美术学院周绍斌教授；首届委员会副主任为中国社科院文化研究中心常务副主任张晓明研究员、北京大学文化产业研究院副院长向勇教授、中国传媒大学蒋伟教授、上海社会科学院文化产业研究中心主任花建研究员、云南大学文化产业研究院院长李炎教授；本届委员会副主任为浙江丽水学院中国（丽水）两山学院副院长陈光炬教授、丽水学院中国青瓷学院副院长周晓峰教授、浙江工业大学钱塘江文明研究中心执行主任孙以栋教授；湖北工业大学艺术设计学院王梦林教授、江西省艺术研究院院长卢川研究员、浙江工业大学学报总编石东坡教授、西安建筑科技大学祁嘉华教授等担任委员，秘书长为文旅部驻外文旅机构总部（筹）许立勇研究员。中国民间文艺家协会民协副主席苑利研究员、浙江省民间文艺家协会副主席郑蓉担任专委会顾问。

（三）主要研究领域及研究成果

在协会领导的指导帮助下，具体开展以下工作：

1. 加强区域文化理论研究

（1）发挥地方优势，进行区域文化发展相关研究。近年来文化专委会核心成员承担国家课题五项，为国家社科基金艺术学重点项目"文化艺术科技融合视域下的文化产业发展路径研究"，国家社科基金艺术学一般项目"互联网＋传统文化产业链模式研究""中国当代手工艺方法论研究""中日手工艺文化传承与教育比较研究"等。完成国家财政社会公益专项项目"新型城镇化背景下文化建设关键指标采集及其应用系统平台研发"、中国艺术科技研究所自主课题"新型城镇化进程中的文化建设关键指标构建——对首都文化要素分布及其布局的分析"等。

（2）进行区域文化发展理论建设工作。周邵斌教授完成《区域文化发展学》大纲，进行区域文化发展的理论建构工作，填补学术领域空白。

（3）集聚专家力量，出版《中国新型城镇文化建设指数 UCI》第一辑和第二辑，形成文化专委会的品牌项目。

2. 进行区域文化实证研究

完成实证项目数十项，主要有：《提升西湖文化创新能力和传播影响力研究》、《南孔文化资源汇总与南孔文化旅游区域空间发展策划》、杭州市上城区政府《"文化传承标杆区"建设策略建议》、《南宋文化传承与创新策略建议》、《白马湖生态创意城的发展路径与未来展望》、浙江蓝皮书《浙江风情小镇发展报告》等，其中《杭州钱塘江流域传统村落影像志》获杭州文化精品工程。

3. 开展调研进行学术成果传播与应用

专委会老师高度重视智库建言和成果应用。孙以栋及多位专家学者撰写了《关于加快推动钱塘江流域文明体系构建与研究的建议》获得浙江省委常委、宣传部部长朱国贤的肯定性批示，并成立浙江工业大学中国钱塘江文明研究中心，孙以栋教授担任执行主任。许立勇研究员撰写了《在广西自贸试验区建设"中国—东盟文化艺术中心"的建议》获广西壮族自治区委常委、统战部长徐绍川批示，《关于推动广西东盟大健康和文旅装备产业发展的政策建议》获广西壮族自治区政府副主席李彬批示。

高度重视实地调研和田野调查，积极进行学术成果传播与应用。2019 年 2 月与杭州城市学研究中心联合召开乡村振兴沙龙，浙江大学、浙江工业大学、杭州城市学研究中心及相关乡村基层管理者经营者参与了沙龙研讨。专委会周晓峰研究员主持瓯江区域文化遗产普查等。

4. 承办 2019 中国区域科学协会年会

在协会领导的信任和指导支持下，文化发展专委会和浙江丽水学院承办 2019 协会年会。一是在协会领导的指导下，确立"生态文明建设与区域高质量发展"主题，设立"两山"理念与生态文明建设、文旅融合与区域文化发展、都市圈与城市群协同发展、乡村振兴战略理论与实践、空间结构与区域经济发展、区域政策与产业发展研究、"一带一路"与长江经济带发展进程、城乡融合与新型城镇化等主题分论坛，契合新时代生态文明建设与区域协同发展的新要求。二是协同浙江省社科联、丽水市政府等机构，开放办会，传播协会声音，扩大协会影响力，凝聚学界业界专家，打通央地科研机构高校界限，打造"政产学研用"大会。三是结合丽水特色，发布《丽水生态文明建设调研报告》，与丽水"两山"生态发展实际结合，是一次理论研讨与实地应用、区域科学与地方发展的有益尝试。

5. 召开文化发展论坛

以专委会年会为依托，召开多届区域文化发展论坛。

2013 年在北京大学召开"新型城镇化与文化建设"论坛，与会学者就视角下中国"文化—空间"规划管理系统构建探讨、"新型城镇化进程中城市创意产业集聚的动态演化"等学术论文进行了研讨。中国区域科学协会会刊《中国区域经济》出版了《区域文化发展专刊》。

2016 年文化发展委员会年会暨区域文化与特色小镇建设研讨会在浙江丽水学院举办。中国民协副主席苑利研究员，中国区域科学协会副理事长，北京大学政府管理学院教授薛领，浙江省民间文艺家协会副主席兼秘书长郑蓉，浙江省文化厅政策法规处郭驰，龙泉市副市长张长山、黄国勇，浙江丽水学院校长肖刚、副校长蒋黎红等出席会议。会议真正开到了田间地头，被誉为"最接地气"的特色小镇研讨会。会议简报报送文化部并在文化部官网刊载。

"2017 年中国区域科学协会区域文化发展委员会学术年会暨中国山水论坛"在云南保山学院举行，已故协会副理事长陈建军教授出席，云南社科联原主席范建华研究员、保山学院李治刚书记、保山学院赵周校长、保山市旅游发展委员会主任朱光亮等 40 多位专家学者参加。发起成立"中国山水联盟"，西南林业大学园林学院、贵州师范大学国际旅游文化学院、上海体育学院休闲艺术学院、浙江省龙泉青瓷协同创新中心等作为联盟首批成员单位进行响应，联合发布"山水宣言"。

（四）未来愿景

（1）积极应对疫情影响，为区域文旅行业献计献策。继续开展区域文化发展理论相关研究，组织力量编写区域文化发展理论相关书籍，服务学科发展。

（2）围绕"十四五"时期文化和旅游重点任务，继续开展政策研究，为央地文旅发展建言献策。继续开展相关项目，服务地方。

（3）积极参加协会活动，更好地为协会服务。在举办协会年会的基础上，文化专委会更有信心和经验，为继续服务协会以后的活动做准备。

总之，文化发展委员会践行"绿水青山就是金山银山"和"文化自信和文化自觉"，聚焦区域特色文化的传承发展，以区域文化和旅游、特色小镇和古村落等为重点，继续加强理论和实证的协同研究与传播应用。我们也迫切希望得到领导与专家的更多支持并热盼新同仁加盟。

十八、中国区域科学协会区域与城市规划专业委员会

（一）发展历程

为了更加积极地促进区域科学协会同仁对区域与城市规划研究的关注与交流，为各级政府进行区域与城市规划提供智力支持，2016 年 10 月成立"区域与城市规划委员会"并以专业委员会的名义进行相关学术活动与实践活动。

中国区域科学协会自 1991 年成立以来，在地理学、经济学、管理科学、信息科学、系统科学、行为科学、环境科学等多学科领域内促进了区域综合研究的发展。随着城乡规划成为一级学科，城乡规划在促进区域与城市发展中的作用备受关注。区域与城市规划在国际和国内开始受到各领域专家的共同关注，并形成了专门的研究领域并推动了一批研究机构的诞生。

区域与城市规划委员会成立后，在新型城镇化背景下，经过五年发展在学术交流、科研合作、人才培养与智库等方面持续发挥学术和行业影响力，在国土空间规划、多规合一、智慧城市、社区治理等方向持续展开学术工作。委员会每年年初组织学术年会，针对区域与城市规划领域年度重要问题展开研讨，定期或不定期地组织小型研讨会、知识分享会以及技术考察，并通过国际交流加强中国与海外区域与城市规划的学术交流和合作，通过丰富的学术活动，在学界和业界发挥积极的影响。

（二）组织架构

中国区域科学协会区域与城市规划委员会挂靠北京大学城市与环境学院，秘书处设在北京交通大学建筑与艺术学院，负责组织和联系专业委员会学术指导委员会、专业委员会组织机构及成员，以专业委员会名义组织开展相关学术活动和实践活动。

主任委员为吕斌（北京大学）；常务副主任委员为沈体雁（北京大学）；副主任委员分别为夏海山（北京交通大学）、李贵才（北京大学）、王兴平（东南大学）；秘书长为张纯（北京交

通大学）；委员分别为余高红（北京交通大学）、赵鹏军（北京大学）、殷成志（清华大学）、胡军（河南省发展改革委城市发展处）、张忠国（北京建筑大学）、朱力（中国城市规划设计研究院）、李翅（北京林业大学）、黄斌（国务院发展研究中心）、赵敏（云南大学）、史中华（天津经济技术开发区建设发展局）、徐辉（中国城市规划设计研究院）、和朝东（北京市城市规划设计研究院）、张良（中国城市发展研究院）、徐勤政（北京市城市规划设计研究院）、陈睿（中国城市规划设计研究院）、余猛（中国城市规划设计研究院）、向岚麟（北京林业大学）、陈轶（南京工业大学）、翁一峰（无锡市规划设计研究院）、胡映洁（上海社会科学院）、高鹏（大连市规划局）、唐鹏（成都市规划设计研究院）。

（三）主要研究领域及研究成果

委员会成立以来，研究成果主要分为代表性学术交流、学术发表、科研项目、成果转化和资政四个方面。

学术交流活动主要包括：

承办第十届国际中国规划学会（IACP）年会；承办北京大学"城市与空间分析"暑期学校；承办 2016～2020 年学术年聚；承办第三届中国（天津）海洋产业创新与发展国际论坛海洋产业与城市规划分论坛；承办"2019 北京大学研究生《空间计量经济学前沿》暑期学校暨第三届空间数据科学研讨会"；承办"2019 年港澳与内地师生交流计划"（万人计划）。

发表学术论文十余篇，承担国家社科基金项目、教育部等项目多项，承担和参与多项成果转化和资政项目。

（四）未来愿景

今后，在全球疫情影响和"双循环"新发展格局下，2021 年的中国城市城乡规划面临更多挑战。委员会将结合近期工作重点，展开国土空间规划、疫情常态下的城市发展、"一带一路"倡议、新基建带动的区域发展等话题开展一系列的学术活动。安全、可靠的区域与城市体系，在未来中国的发展中发挥着更关键的作用。区域与城市规划委员会也将在学术交流、科研合作、人才培养与智库等方面持续发挥学术和行业影响力，在国土空间规划、多规合一、智慧城市、社区治理等方面持续展开学术工作，并通过国际交流加强中国与海外区域与城市规划的学术交流和合作，为中国区域一体化与城市空间规划工作做出突出贡献。

十九、中国区域科学协会人口与区域发展专业委员会

（一）发展历程

在中国区域科学协会领导下，人口与区域发展专业委员会于 2013 年由复旦大学王桂新教授发起成立，挂靠复旦大学人口研究所、城市与区域研究中心。人口与区域发展专委会旨在团结组织我国区域人口与发展相关领域的专家学者，开展国内外学术交流与合作，进行人口与区域发展的理论研究和实证分析，为国家与区域人口与发展战略和规划提供参考信息。

（二）组织架构

专业委员会主任委员为王桂新教授。人口与区域发展专委会目前已有会员 40 余人，分别来自中国科学院、中国社会科学院、北京大学、清华大学、复旦大学、南开大学、云南大学、西南财大、中国测绘科学研究院、中国人口与发展研究中心、香港大学等国内外知名高校和研究机构。

人口与区域发展专委会专业委员分别为王桂新（复旦大学）、陆杰华（北京大学）、原新（南开大学）、王广州（中国社会科学院）、童玉芬（首都经济贸易大学）、王金营（河北大学）、刘传江（武汉大学）、杨成钢（西南财经大学）、段成荣（中国人民大学）、顾宝昌（中国人民

大学)、张力（复旦大学）、朱宇（福建师范大学）、李建新（北京大学）、朱宝树（华东师范大学）、蔡平（齐鲁师范学院）、王晓峰（吉林大学）、原华荣（浙江大学）、任强（北京大学）、李强（华东师范大学）、沈洁（复旦大学）、张震（复旦大学）、骆维祥（复旦大学）。

为了加强组织管理，人口与区域发展专业委员会制定了《中国区域科学协会区域人口与发展专业委员会工作规程》等文件。《中国区域科学协会区域人口与发展专业委员会工作规程》（2014 年 4 月）主要包括总则、主要任务、会员与委员、组织机构和管理四章九条内容。

（三）主要研究领域及研究成果

人口与区域发展专委会关注中国区域人口与发展相关领域的重要议题。人口作为区域发展的基本资源要素之一，其规模、空间分布与流变是制定区域平衡发展战略的重要依据，也是确保区域战略顺利关联国家战略与地方发展的最具活力的因素。区域人口与发展涉及的内容包括区域人口空间分布、城市化与人口迁移、劳动力与就业、老龄化与社会保障、区域人口发展与人口安全、人口健康与生育问题、资源环境承载力。

专委会成立以来承担了诸多国家和区域人口与发展相关课题。新近的一些项目包括教育部哲学社会科学重大课题攻关项目"老龄化对中国经济发展的影响及应对策略研究"。该项目由首席专家南开大学原新教授（本专委会副主任）领衔，突破人口学和人口经济学的视野，从经济学、社会学、公共政策、系统工程等多学科视角，综合交叉分析人口老龄化和经济发展各重要领域及社会稳定之间的关系。专委会副主任、北京大学陆杰华教授承担的国家社科基金项目"家庭养育成本分担机制及其对生育的影响研究"，从家庭视角出发，探讨家庭养育成本的内在结构，重点对育龄夫妇在分担养育成本上的差异进行分析，进一步研究家庭养育成本对生育行为的影响及其社会机制，为优化生育支持政策、增强生育政策包容性提供有益参考。专委会副主任、河北大学教授王金营承担了区域发展相关的项目，包括国家社会科学基金重点项目"中国实现经济发展的人口回旋空间及其作用研究""京津冀协同发展背景下人口流动研究""资源、环境约束下京津冀人口与经济发展研究""人口资源环境约束下首都经济圈和河北经济发展"等若干项目。专委会副主任、首都经济贸易大学劳动经济学院童玉芬教授多年来致力于人口与可持续发展以及少数民族人口方向的研究工作，近年来主持的项目主要有"国家社科基金项目《中国西北地区全面建设小康的人口与环境问题》""国家自然科学基金项目《新疆人口变动与环境演变的互动机制与未来趋势》"。专委会委员黄苏萍教授主持国家社科基金项目"高铁影响人口流动的路径、趋势和制度创新研究"。专委会还致力于支持和培养区域人口与发展领域的青年学者，复旦大学副研究员潘泽瀚主持国家自科基金青年项目"2000 年以来中国老年流动人口分布的时空演变及形成机制研究"以及教育部人文社科基金青年项目"中国人口就近城镇化的区域差异及其形成机制研究"。专委会委员辛宝英副教授主持国家社会科学项目"城乡融合发展的就业、土地与农民增收联动机制研究"。

专业委员会成立以来举办了多次学术活动。2013 年 9 月，"中国区域人口与发展"学术研讨会在复旦大学召开。会议期间，复旦大学人口研究所还发起成立了中国区域科学协会区域人口与发展专业委员会。该专业委员会的成立，必定有利于推动中国区域人口与发展问题的研究。2015 年 8 月，中国区域科学协会区域人口分委会在河北省黄骅市召开主题为"都市圈与区域人口发展"的学术研讨，围绕京津冀协同发展中的区域人口发展以及长三角、珠三角等都市群发展中的人口发展问题展开讨论。2016 年 12 月，"'一带一路'人口与发展"学术研讨会在云南省蒙自市召开，探讨"一带一路"沿途国家和地区的人口与发展问题，为国家实施"一带一路"倡议提供基础依据。从 2017 年开始，专委会重点关注城乡协调发展战略，由中国区域科学协会区域人口发展专业委员会、复旦大学人口研究所、复旦大学人口与发展政策研究中心、复旦大学城市与区域发展研究中心共同主办4届"人口变动与城乡发展"高端论坛（2017～2020年），先后围绕特大城市人口控制与可持续发展、新时代人口流动新特征、权利平等与城镇化健康发展、区域经济发展与人口城市化的政治经济逻辑、乡村振兴与就地城市化等议题展开热烈讨论。

（四）未来愿景

人口与区域发展专委会将继续发挥人口与区域领域的学术专长，围绕中国人口与区域发展的重大议题，积极开展学术交流活动和政策咨询工作，办好年度的人口与区域发展学术研讨会活动。积极做好会员发展工作，不断壮大会员队伍，积极组织委员会活动。积极参与中国人口与区域发展的政策咨询工作。

二十、中国区域科学协会生态文明研究专业委员会

（一）发展历程

2014年10月17日，中国区域科学协会第五届二次常务理事会决定由中国地质大学（武汉）牵头组建生态文明研究专业委员会。2015年6月20～21日，在中国地质大学（武汉）召开"中国区域科学协会生态文明研究专业委员会成立大会暨首届全国生态文明建设与区域创新发展战略学术研讨会"，正式成立中国区域科学协会生态文明研究专业委员会。2017年4月28～30日，在湖南商学院召开"第三届全国生态文明建设与区域创新发展战略学术研讨会"期间，于4月29日换届成立第二届专业委员会。2020年4月参加中国区域科学协会统一组织的分支机构2019年年检。2021年3月参加中国区域科学协会统一组织的分支机构2020年年检。

（二）组织架构

中国区域科学协会生态文明研究专业委员会在中国区域科学协会领导下开展工作，挂靠湖北省区域创新能力监测与分析软科学研究基地［中国地质大学（武汉）区域经济与投资环境研究中心］。生态文明研究专业委员会首届及第二届主任委员为成金华教授，常务副主任委员为邓宏兵教授，秘书长为白永亮教授。

生态文明研究专委会首届专业委员会成员分别是成金华［中国地质大学（武汉）］、邓宏兵［中国地质大学（武汉）］、杨树旺［中国地质大学（武汉）］、严耕（北京林业大学）、赵建军［中共中央党校（国家行政学院）］、龙花楼（中国科学院）、吴传清（武汉大学）、张荣华［中国石油大学（华东）］、朱远（中国浦东干部学院）、耿步健（南京财经大学）、郑逸芳（福建农林大学）、吕志祥（兰州理工大学）、杨红娟（昆明理工大学）、白永亮［中国地质大学（武汉）］、李金滟［中国地质大学（武汉）］、郭明晶［中国地质大学（武汉）］。

生态文明研究专委会第二届专业委员会成员分别是成金华［中国地质大学（武汉）］、邓宏兵［中国地质大学（武汉）］、杨树旺［中国地质大学（武汉）］、龙花楼（中国科学院）、吴传清（武汉大学）、朱远（中国浦东干部学院）、吕志祥（兰州理工大学）、杨红娟（昆明理工大学）、薛领（北京大学）、林震（北京林业大学）、高志刚（新疆财经大学）、何天祥（湖南商学院）、马勇（湖北大学）、陈兴鹏（兰州大学）、原新（南开大学）、曾鹏（桂林理工大学）、赵细康（广东社科院）、李雷鸣［中国石油大学（华东）］、安海忠［中国地质大学（北京）］、卢虎生（内蒙古科技大学）、冯兵（武汉工程大学）、张俊彪（华中农业大学）、白永亮［中国地质大学（武汉）］、郭明晶［中国地质大学（武汉）］、许力飞（湖北大学）、李新宁（南阳师范学院）。

为了加强组织管理，生态文明研究专业委员会制定了《中国区域科学协会生态文明研究专

业委员会工作规程》等文件，建立了生态文明研究专业委员会工作群及中国区域科学协会生态文明研究专业委员会网站（www.cugqy.com）。《中国区域科学协会生态文明研究专业委员会工作规程》（2017 年 4 月）主要内容包括总则、主要任务、会员与委员、组织机构和管理。

（三）主要研究领域、研究成果、学术活动及影响

生态文明研究专业委员会聚焦生态文明问题开展了学术系列活动，形成了一批标志性成果。具有代表性成果有中国区域科学协会会长杨开忠教授直接指导专委会工作并在生态文明评价、生态文明治理等领域取得了标志性成果；生态文明研究专业委员会主任成金华教授承担了国家社会科学重大招标项目"我国资源环境问题的区域差异和生态文明指标体系研究"及研究阐释国家社科基金重大专项项目"加快生态文明体制改革、建设美丽中国"；"推进湖北生态补偿机制建设研究" 2016 年获得湖北省人民政府湖北发展研究奖一等奖；"基于生态文明的少数民族农户低碳行为模式研究——以云南为例" 2016 年获得云南省第二十一次哲学社会科学一等奖。生态文明研究专业委员会专家教授为区域生态文明建设提出了许多有价值的决策参考建议，产生了良好的学术和社会效益。

生态文明视角下区域发展问题及区域发展中的生态文明问题为生态文明研究专业委员会的主要研究领域。

生态文明研究专业委员会自 2015 年以来，每年结合年会及相关活动内容组织编写出版一本论文集，截至 2021 年初共出版六辑。其中，前四辑书名为《生态文明建设与区域创新发展战略研究》，从第五辑开始更名为《生态文明研究进展》。

2020 年生态文明研究专委会与华中师范大学学报（自然科学版）以正刊形式联合《生态文明研究》专刊，专刊作者以生态文明研究专委会主任、副主任、秘书长为主。专刊推出后反响强烈，引用下载率高。

生态文明研究专业委员会成立以来积极开展学术活动，效果良好，生态文明研究专业委员会的活动受到中国区域科学协会的肯定和表扬。2018 年 9 月，生态文明研究专业委员会获中国区域科学协会"2017~2018 年度优秀专业委员会"奖励称号；2019 年 9 月，生态文明研究专业委员会获中国区域科学协会"2018~2019 年度优秀专业委员会"奖励称号。

（四）未来愿景

坚持从区域科学（区域经济学）视角研究生态文明问题。以生态文明理论、理念为指导，研究并解决区域发展中的重大生态文明问题，形成区域研究的生态文明特色。

坚持年会制度，整合资源，把年会打造成全国生态文明学术研讨品牌。

以书代刊，把《生态文明研究进展》办成具有一定影响力的书刊。

坚持国际化道路，广泛开展国际交流。

二十一、中国区域科学协会新经济地理专业委员会

（一）发展历程

新经济地理自 20 世纪 90 年代兴起以来，该学科方向会聚了一大批杰出的经济学家与地理学家，形成了大量的理论与实证研究成果。相关研究成果不仅在学术界产生巨大影响，也对各国的经济政策制定产生了重要影响。毋庸置疑，中国学者在新经济地理领域的国际舞台具有一定的影响力，形成了为数众多的研究者队伍，亟须成立新经济地理学科的相关学术组织，凝聚学术共识，推动学科发展。在此背景下，中国区域科学协会杨开忠会长邀请在日本东北大学从事新经济地理理论研究的曾道智教授牵头筹建中国区域科学协会新经济地理专业委员会。

曾道智教授与石敏俊教授、朱希伟教授、孙楚仁教授等学者商量成立筹备小组，并于 2014

年 12 月 6 日在上海对外经贸大学召开"新新经济地理前沿学术研讨会"，邀请国内从事新经济地理研究的学者共同商讨筹建中国区域科学协会新经济地理专业委员会事宜。会后，筹备小组向中国区域科学协会递交了"关于成立中国区域科学协会新经济地理专业委员会的申请"。中国区域科学协会于 2015 年 10 月正式批准成立"中国区域科学协会新经济地理专业委员会"，曾道智教授被聘为专委会主任。

中国区域科学协会新经济地理专业委员会自成立后，除受 2020 年疫情影响外，每年都会召开年度学术会议，首届年度学术会议于 2015 年 12 月 12～13 日在上海对外经贸大学举行，第二届年度学术会议于 2016 年 12 月 10～11 日在西南财经大学举行，第三届年度学术会议于 2017 年 12 月 2～3 日在南开大学举行，第四届年度学术会议于 2018 年 11 月 17～18 日在东南大学举行，第五届年度学术会议于 2019 年 11 月 16～17 日在中南财经政法大学举行。举办年度学术会议，通过邀请 Masahisa Fujita 教授、Takatoshi Tabuchi 教授等新经济地理领域的国际著名专家做主旨报告，不仅加强了新经济地理领域国外学者与国内学者的联系与交流，而且对新经济地理在国内的传播与深化研究起到了很好的推动作用，初步形成了本专委会致力于促进国内外新经济地理学术界良性互动的特色学术品牌。

（二）组织架构

中国区域科学协会新经济地理专业委员会名誉主任为杨开忠（中国社会科学院）；主任为曾道智（日本东北大学）；副主任分别为石敏俊（浙江大学）、贺灿飞（北京大学）、郑思齐（美国麻省理工学院）、朱希伟（浙江大学）；秘书长分别为孙楚仁（广东外语贸易大学）、刘修岩（东南大学）、谭立力（云南大学）、郑丹（中国科学院大学）、汪健（上海大学）。

（三）主要研究领域及其研究成果

中国区域科学协会新经济地理专业委员会旨在促进新经济地理领域的学术交流与合作，对国家间与地区间经济改革、地理发展的理论、方法和经验进行研究，为政府及相关部门制定有关改革方案、发展规划和方针政策提供意见和建议。本专委会的研究领域主要包括新经济地理与贸易理论、经济地理与产业规划、城市发展与环境经济、新经济地理理论及其在中国的应用等。目前，本专委会已初步形成四支各具特色的研究团队和一批具有国内外学术影响的高水平研究成果。

曾道智教授团队的贡献主要是深化了新经济地理的理论基础，同时用新经济地理方法解决了一些区域经济和城市经济里的问题还有国际贸易、资源经济、旅游经济、环境经济等相关领域的问题。

石敏俊教授团队致力于区域经济学、空间经济与绿色发展、城市发展与环境治理以及全球变化应对与低碳发展等领域的研究。

贺灿飞教授团队聚焦经济地理与产业规划等研究领域，在产业经济地理、贸易经济地理、演化经济地理和环境经济地理研究等方面取得重要突破。

郑思齐教授团队深耕于城市发展与环境经济等研究领域，在环境可持续性、区位导向政策、城市发展等方向取得具有重要国际学术影响的研究成果。

朱希伟、孙楚仁、刘修岩等教授团队的研究领域主要为新经济地理理论及其在中国的应用，已在城市发展与住房市场、中国企业出口、工业化与区域发展等方向取得丰富的高质量成果。

（四）未来愿景

中国区域科学协会新经济地理专业委员会自批准成立以来，已成功举办五届学术年会，在加强新经济地理领域国外学者与国内学者之间的学术联系与交流方面发挥了桥梁与纽带作用，同时也促进了新经济地理在国内的传播与研究深化。

本专委会未来将继续举办年度学术会议，并努力每年举办面向国内新经济地理领域的研究生、年轻教师开展的新经济地理前沿理论与实证研究的培训活动。该活动将分为专家讲授相关课程与研究生及年轻教师报告研究论文两个主要环节，旨在使国内研究生与年轻教师能够了解和把握新经济地理的国际学术前沿，引导其开展与国际接轨的学术研究。

此外，本专委会将加大会员发展的力度，将重点发展从事新经济地理研究的博士生及 35 岁以下的年轻教师，为本专委会注入新鲜血液，进一步增强本专委会的活力，加强学术人才储备。与此同时，为适应国际化发展的需要，本专委会将积极选拔潜力较好的年轻会员，推荐加入国际区域科学协会，使年轻会员能在国际舞台上得到更好的锻炼，进一步提高本专委会的国际化水平和国际学术影响。

二十二、中国区域科学协会"一带一路"专业委员会

（一）发展历程

"一带一路"专业委员会由白永秀教授倡导设立，挂靠永秀智库经济管理研究院。2013 年 11 月，白永秀教授在前期筹备的基础上，向中国区域科学协会提出"关于成立丝绸之路经济带专业委员会的申请"。2014 年 4 月 26 日，经中国区域科学协会第五届常务理事会第一次会议审议，批准成立"中国区域科学协会丝绸之路经济带专业委员会"。2014 年 6 月 7 日，"中国区域科学协会丝绸之路经济带专业委员会成立大会暨首届丝绸之路经济带学术研讨会"在西安召开。2014 年 12 月 25 日，专委会更名为"中国区域科学协会'一带一路'专业委员会"。

（二）组织架构

"一带一路"专业委员会主任为白永秀教授，副主任分别为：吴振磊（西北大学）、罗新远（培华学院）、张鸿（西安邮电大学）、何风隽（宁夏大学）、郭爱君（兰州大学）、陈蛇（成都市社科联）、曹宗平（华南师范大学）。委员分别为：邵金萍（西北大学）、卫玲（西北大学）、吴航（西北大学）、刘科伟（西北大学）、吴丰华（西北大学）、岳利萍（西北大学）、刘儒（西安交通大学）、汪小梅（西北工业大学）、刘瑞明（中国人民大学）、赵勇（国务院发展研究中心）、唐志强（河西学院）、毛粉兰（陇东学院）、刘晓平（青海大学）、自然（福建省社科院）、任晓红（重庆交通大学）、聂亚珍（湖北师范学院）。秘书长为王颂吉，副秘书长为宁启、陈煦，工作联系人为王颂吉。

（三）主要研究领域及研究成果

"一带一路"专业委员会成立以来，组织学界同仁围绕"一带一路"相关问题开展研究，成为重要的学术交流平台。专委会组织召开了"一带一路"经贸与产业园国际高峰论坛、纪念"一带一路"倡议四周年暨"一带一路"经济学国际研讨会、"一带一路"背景下中国西部经济发展问题学术论坛、"一带一路"物流产业发展论坛、中国区域科学协会年会"一带一路"分论坛等学术会议。专委会团队在核心期刊发表关于"一带一路"论文 40 余篇，所发表的论文被《新华文摘》《中国社会科学文摘》《高等学校文科学术文摘》《中国人民大学复印报刊资料》转载、摘录 8 篇（次），发表在《改革》2014 年第 3 期的论文《丝绸之路经济带的纵深背景与地缘战略》被引用 360 次（中国知网数据，截至 2021 年 1 月 30 日）；出版著作 2 部；主持国家社会科学基金重点项目、教育部人文社会科学研究项目等课题 10 余项；获陕西省哲学社会科学优秀成果一等奖、陕西省科学技术二等奖、西安市科学技术一等奖等科研奖励。

（四）发展愿景

在高质量共建"一带一路"的时代背景下，"一带一路"专委会将一如既往地组织学界同仁加强学术研究和交流活动，从理论层面推动构建"一带一路"经济学理论框架和话语体系，从

实践层面为政府和企业参与"一带一路"建设提供咨询建议，为"一带一路"行稳致远贡献学术智慧。

二十三、中国区域科学协会自由贸易区港专业委员会

（一）发展历程

2014 年 12 月，中国区域科学协会自贸区港专业委员会正式成立。自贸区港专业委员会以国家自由贸易试验区港建设的需要为导向，对接国家重大战略部署，合理布局、超前谋划、科学统筹，立足于可复制、可推广，就自贸试验区港的改革经验进行及时的梳理和总结；立足构建开放型经济新体制，就自贸试验区港下一步更加广泛、深入的改革探索进行前瞻性的思考和探讨；立足于对自贸区及辐射区域的改革、发展的理论、方法和经验进行研究，以及聚焦"一带一路"倡议研究和长三角一体化高质量发展研究，为政府相关部门制定有关改革方案、发展规划和方针政策提供意见和建议。

（二）组织架构

专业委员会现任主任为上海财经大学自由贸易区研究院院长、中国自由贸易试验区协同创新中心首席专家赵晓雷教授，副主任为上海财经大学城市与区域科学学院曹建华院长，秘书长为上海财经大学城市与区域科学学院张祥建教授，工作联系人为上海财经大学上海发展研究院、自由贸易区研究院殷华助理研究员，同时以上海财经大学城市与区域科学学院和上海发展研究院、自由贸易区研究院的科研骨干为主要研究力量，汇集了一批国内一流的自由贸易区、区域经济、城市经济的专家学者。

（三）研究成果

自贸区港专业委员会的主要研究任务是立足上海、对接全国、放眼全球，通过基础、交叉、前沿的理论研究，推进学科建设并提升我国在自由贸易学科领域的话语权；通过开放、包容、前瞻、可行的政策研究，服务地方政府，献策中国，推动自由贸易区港的改革与发展；通过自由贸易区港数据库建设、模型开发、实验室建设支撑自由贸易区港研究与相关评估。在过去的三年里，专业委员会成员在科学研究、资政启民、合作交流等方面取得了一系列的显著成果。

1. 科学研究

专业委员会主要成员深入开展自由贸易试验区研究、自由贸易港建设研究、"一带一路"战略研究以及长三角一体化高质量发展研究，承接国家级和省部级等课题共计 26 项，其中包括国家社科基金重大项目 2 项，国家自然科学基金课题 2 项，教育部课题 1 项，上海市人民政府发展研究中心课题 8 项，上海、广东、四川、辽宁、福建、湖北等自贸试验区管委会委托课题 8 项。具有代表性的如赵晓雷教授主持的研究阐释党的十九大精神国家社科基金专项"建设中国自由贸易港研究"、国家社科基金重大项目"中国（上海）自由贸易试验区建设的实践探索与经验研究"、国家自然科学专项基金项目"中国（上海）自由贸易试验区发展机制与配套政策研究"等；孙元欣教授主持的国家社会科学基金一般项目"我国外资准入负面清单文本和管理模式研究"、财政部关税司委托课题"准入前国民待遇加负面清单管理模式的推广研究"等。阶段性地形成了自贸试验区理论体系和研究方法，为探索和实施自由贸易区战略打下坚实基础。同时，赵晓雷教授撰写的《上海实施区港一体化推进自贸试验区建设暨中国自由贸易港建设研究》获第十二届上海市决策咨询成果奖一等奖，《中国（上海）自由贸易试验区建设的实践探索与研究》荣获教育部第八届高等学校科学研究优秀成果（人文社科类）咨询服务报告奖一等奖。

专业委员会主要成员聚焦于自贸区发展理论研究，在国内外主要杂志上发表 30 多篇论文，为自贸区发展研究奠定了重要的理论基础。如《建设自由贸易港区将进一步提升上海自贸试验

区全方位开放水平》、《上海自贸试验区建设开放度最高的自由贸易园区难点评估及战略思路》、《自由贸易试验区产生了"制度红利"效应吗？——来自上海自贸区的证据》、《中美 BIT 谈判与自由贸易试验区金融创新》、Is China's Autidumping More Retaliatory than that of the US? 等论文发表于国内外学术期刊。出版研究著作共 12 部，如赵晓雷教授撰写的《胜在自贸区 II——赵晓雷和他的团队论自贸区与"一带一路"建设》《国家战略：中国（上海）自由贸易试验区发展研究》，孙元欣教授撰写的《2019 中国自由贸易试验区发展研究报告》，另外还出版了《中国（上海）自由贸易试验区与长江经济带协调发展研究》《中国（福建）自由贸易试验区与两岸经济协同发展》等多本专著，研究成果上报相关国家部委和地方相关委办局，部分成果受到国家和上海市有关领导批示。

专业委员会已在金融、经济、国际贸易、全球投资等领域内建设了一批数据库，包括"国际金融数据库""GTI 海关数据库""上海、长三角、全国与全球产业分工与合作数据库""房地产数据库""自由贸易区、经济开放与全球化数据库""自贸区发展指数与评价数据库""自贸区卓越指数"和"自由贸易区政策模拟仿真实验室"的建设初具成效，并且研制了"中国自由贸易试验区发展指数"，已发布三届。

2. 资政启民

专业委员会主要成员建立报送渠道，积极向政府机关提交专家建议，为自贸试验区港建设提供智力支持，被采纳的专家建成共计 39 份，多篇获国家领导人及上海市主要领导批示，扩大了自贸区研究的影响力。如赵晓雷教授报送《对照国务院〈方案〉，上海自贸试验区需要加快完成的主要任务和措施梳理分析》、孙元欣教授报送《自贸区背景下的政府职能转变：浦东新区深化改革框架》、江若尘教授报送《自贸试验区 4.0 和服务贸易创新 2.0 融合发展的路径》获得上海市主要领导批示等。专业委员会成员主持完成了上海自贸试验区三周年系统评估和经验总结研究、中国（广东）自贸试验区运行评估、广东自贸试验区南沙片区三周年评估、天津自贸试验区第三方评估、广东与福建自由贸易试验区条例、四川自贸试验区川南临港片区一周年评估等多项关于自贸试验区建设重大任务，其中第三方评估成果受到上海市政府、天津市自由贸易试验区、广州南沙开发区口岸工作办公室的高度评价，提交了多篇决策咨询报告，为全国自贸试验区的建设提供了智力支持。

专业委员会与商务部、上海市政府、福建省商务厅、中国（陕西）自贸区西安管委会、中国（湖北）自贸区武汉片区管委会、中国（四川）自贸区片区管委会、中国（河南）自贸区郑州片区管委会、中国（辽宁）自贸区沈阳片区管委会、中共福建省委党校建立长期合作培养机制，专业为会员专家先后 40 多次应邀作自贸区战略、自由贸易港建设和"一带一路"建设的专题讲座和相关报告，受到当地领导和干部的好评。面对来上海学习交流的海南省考察团、湖北省自贸区专题班、四川省国资委班、广西省自贸区专题班、湖南省湘西自治州财政班、贵州遵义市保税园区班、大连市金普新区经贸代表团、海口市政协调研组等，专业委员会专家就"对标国际最高标准推进自贸区建设""外资准入负面清单管理""自贸试验区制度创新""开放型经济中自贸试验区的价值"等作专题报告。

3. 合作交流

专业委员会举办和重点参与了十余场学术论坛与研讨会，丰富了"中国自由贸易试验区论坛""中国自由贸易区司法论坛""投资贸易系列论坛""中国自由贸易试验区金融创新论坛""中国开放新阶段论坛"等多个品牌性论坛体系，通过专家的深入剖析和独到讲解，在为自贸试验区建设发展有关问题提供有价值政策建议的同时，也较好地提升了研究院的社会影响力。除研究院主办的各类品牌论坛、研讨会和成果发布会之外，研究院专家还受邀参加各级各类自贸区内部专家座谈会和全国各地举办的自贸区高端论坛，多次向上海市人民政府、市相关委办局领导汇报研究成果，针对当下亟待解决的问题提供专家咨询建议。

此外，专业委员会主要成员就自贸试验区港的发展、政策解读等接受彭博新闻社、中央电视台、东方卫视、《解放日报》、《第一财经日报》、《中国教育报》等各大主流报刊媒体采访百余次，并接受美国《华尔街日报》采访、英国经济学人、美国中文电视台等国际媒体的采访，同时，专业委员会主要成员在主流报刊上发表了百余篇时评文章。例如，在《文汇报》上发表的《改革红利共享开放成果普惠》《自贸区建设评估要有三个维度》等专题文章；在《经济参考报》上发表的时评文章《把自贸区建设成改革开放新高地》，该文被新华社客户端转发，浏览量已超过 36 万；在《人民日报》海外版发表特约稿《让世界自贸区评价标准融入中国元素》；在《解放日报》专版发表专家观点《上海自贸区应为国家顶层战略提供制度支持》《自贸区建设：将散落珍珠串成珍珠链》。一大批专稿、特稿在社会上引起了良好反响，促进了学术思想的传播与交流。

（四）未来愿景

"十四五"时期，自贸区港专业委员会将进一步优化明确建设目标愿景，在深化体制革新、高质量推进科学研究和学科建设、优化特色人才培养、强化资政启民作用、持续扩大社会影响力等方面，产出一批高质量的成果，实现更好的社会效益。科学研究是自贸区港专业委员会的核心主业与使命，也是进行决策咨询与学科建设的基础。自贸区港专业委员会将基于国家、地方发展需要，每年提出若干重大专项课题，从不同角度对自由贸易区、自由贸易港发展进行理论与政策研究。研究既围绕某一方向持续进行，也将对新的问题进行前瞻性研究。资政献策是自由贸易区研究院的主要任务之一。结合国家以及地方在自由贸易区、自由贸易港建设发展中的决策需求，进行深入的研究，一方面，每月提交《专家建议》等决策咨询建议，及时上报相关部门；另一方面，基于专项研究，通过网站等媒介，向社会发布系列研究报告，供政、产、学、研等领域人员参阅。同时还将推出"双月政策前瞻论坛"品牌活动，基于自由贸易区最近政策与热点问题，每两个月召集领域内的专家，进行自由讨论，并将论坛内容以专家反映的形式报送有关部门。除自有研究外，积极申请、参与国家和上海以及其他地方的决策咨询项目，参与一系列的活动，为国家及地方决策提供智力支持。